JN409510

파사집

17세기 중국인의 기독교 비판

파사집

17세기 중국인의 기독교 비판

서창치 · 우가이 테츠쵸우
엮음
안경덕 · 이주해
옮김

일조각

머리말

이주해 박사와 십 년 가까운 각고 끝에 『성조파사집聖朝破邪集』(1640)과 『벽사집闢邪集』(1643)의 역주본이 『파사집—17세기 중국인의 기독교 비판』이라는 이름으로 '명말청초 반기독교 문서'로는 두 번째로 빛을 보게 되었다. 첫 번째 반기독교 문서인 『부득이—17세기 중국의 반기독교 논쟁』에는 중국인 양광선이 쓴 『부득이不得已』와 함께, 이를 반박한 예수회 신부들의 『부득이변不得已辨』, 『역법부득이변曆法不得已辨』이 수록되어 있다. 그중 『부득이』가 청나라 강희 4년(1665)에 최초로 판각된 데 비해, 『성조파사집』과 『벽사집』은 이보다 20여 년 앞서 명나라 멸망 직전에 각판되었다. 『부득이』 등은 역법을 중심으로 옥사를 일으킨 형사 사건의 전말을 원고와 피고의 입장에서 기록한 내용이고, 『성조파사집』과 『벽사집』은 예수회 선교사들이 중국 대륙에서 선교를 시작한 1583년 이후 60년이라는 세월이 흐르는 동안 중국 지식인(유학자와 불승)들이 쓴 기독교에 대한 비판의 글을 집성한 것이다.

원나라에 이어 역사에 등장한 명나라는 개방적이며 유연했던 원나라에 비해 수구적인 경향이 강하여 중화 사상을 크게 앞세웠다. 이런 상황에서 마테오 리치Matteo Ricci(1552~1610, 利瑪竇)를 비롯한 예수회 선교사들이 중국에 들어오면서 중국에 서양의 문명과 기독교가 전해졌다. 이들 유럽인 선교사와 중국의 학자들이 16세기 말부터 18세기까지 집필한 서학 관련 문헌들은 『천주교 동전 문헌天主教東傳文獻』(타이페이: 學生書局, 1965~1972)이라는 방대한 문헌집에 실려 있다. 이처럼 서양의 문명이 중국에 소개되는 한편, 중국의 고전들 또한 유럽 선교사들에 의해 라틴어로 번역되어 서양 지식인들에게 전달되었는데, 그중 특히 유교의 경전은 근대 서양 계몽주의가 꽃을 피우는 데 영향을 주기도 하였다. 이와 같이 동서양 간 문화 교류가 이루어지는 가운데 중국의 지식인층 사이에서 기독교에 대한 비판적 견해가 널리 퍼지게 되면서 『성조파사집』, 『벽사집』과 같은 책이 나오기에 이른 것이다.

우리나라에서는 조선 후기에 중국을 통해 서학을 접한 학자들을 중심으로 실사구시의 학풍이 불었다. 하지만 과학 기술과 함께 서학의 한 축이었던 기독교 사상은 유교 사상과의 충돌을 피할 수 없었다. 『천주실의天主實義』 등을 탐독한 남인을 중심으로 천주교에 경도된 실학자들이 많았던 반면, 「천주실의발天主實義跋」을 쓴 이익李瀷(1681~1763)을 필두로 천주교에 대한 비판 세력이 많았던 것 또한 사실이다. 가장 대표적인 것으로는 순조 때 유학자 이기경李基慶이 편찬한 『벽위편(闢衛編)』과 윤종의尹宗儀의 『벽위신편闢衛新編』을 꼽을 수 있는데, 이 책들을 통해 천주교가 전래되면서 조선에 불어닥친 파란의 역사를 읽을 수 있다. 특히 이기경의 책에는 조야의 계사啓辭와 상소, 유림의 통문에 이르기까지 다양한 장르의 문헌이 기록되어 있어서, 중국의 『성조파사집』과 체례體例와 내용이 비슷한 조선의 『파사집』이라 일컬을 만하다. 윤종의의 『벽위신편』은 '척사론斥邪論'과 '해방론海防論'의 두 축을 근간으로 서세동점西勢東漸의 상황 속에서 '어떻게 서양 세력의 침입을 막아낼 것인가' 하는 문제의식의 반영물이다. 이는 단순히 개인의 편찬물로만 규정할 수 있는 것은 아니며, 당시 서양 세력의 침입과 천주교의 확산이라는 위기의식을 공유하고 있었던 중국과 조선 지식인들의 지적 고민이 망라된 결과물이라 할 수 있다.[1] 이밖에도 신후담愼後聃(1702~1761)의 「서학변西學辨」, 안정복安鼎福(1712~1791)의 「천학고天學考」·「천학문답天學問答」, 이헌경李獻慶(1719~1791)의 「천학문답天學問答」, 홍정하洪正河(1684~?)의 「천주실의증의天主實義證疑」 등이 있는데, 그 내용을 보면 『파사집』에서 주장하는 바와 대동소이하다. 따라서 이들이 『파사집』 등 천주교에 대한 비판의 글을 참고하였음을 짐작할 수 있다.

『파사집』 발간의 시대적 배경은 '명말청초 반기독교 문서' 제1권 『부득이—17세기 중국의 반기독교 논쟁』에 실린 김상근 교수의 「중국 그리스도교사와 반그리스도교 운동의 전개 과정」을 통해 이해하기 바란다. 당시 기독교의 복잡한 선교 과정을 반기독교 문서와 연관하여 정연하게 설명하고 있어 기독교의 중국 전래와 수용 과정을 세세하게 파악할 수 있을 것이다.

---

1 「〈闢衛新編 評語〉를 통해 본 瓛齋 朴珪壽의 천주교 인식과 대응론」, 조지형, 『누리와 말씀』 제29호, 2011년, 125~164쪽.

‘명말청초 반기독교 문서’ 제2권인 이 책 『파사집—17세기 중국인의 기독교 비판』은 『부득이』와 마찬가지로 한문 이외의 글로 전체가 번역이나 주해된 것으로는 세계 최초로 알고 있다. 이러한 귀중한 문헌을 기꺼이 출판해 주신 일조각 김시연 사장님과 안경순 편집장님께 역자를 대표하여 감사드린다. 또한 머지않아 출간될 마카오 풍물지인 『오문기략澳門記略』으로 ‘명말청초 반기독교 문서’가 모두 빛을 보게 될 것이기에 직간접으로 도움을 주신 많은 분들에게 이 자리를 빌려 다시 감사드린다.

2018년 8월
옮긴이들을 대신하여
안경덕

사교와 사설을 깨뜨리자
17세기 중국 지식인들의 울분 어린 외침

이 책 『파사집—17세기 중국인의 기독교 비판』은 '명말청초 반기독교 문서' 시리즈로 발간되는 두 번째 도서로, 명나라 말기에 천주교의 세력 확장에 위기를 느낀 중국의 관료와 문인, 승려 등이 쓴 기독교 비판 문서를 모은 『성조파사집聖朝破邪集』과 승려 지욱智旭의 글 두 편을 위시하여 승려들의 논저가 주를 이루는 『벽사집闢邪集』을 함께 엮은 것이다. 따라서 17세기의 중국 지식인들이 유교와 불교의 입장에서 천주교의 전래에 대응하여 어떻게 비판하고 맞섰는지를 잘 보여 주는 대표적 문헌이라 할 수 있다.

『성조파사집』의 출간 과정과 의의

『성조파사집聖朝破邪集』의 정식 명칭은 『황명성조파사집皇明聖朝破邪集』이지만, 일반적으로 『성조파사집』, 혹은 더 간략히 『파사집』으로 불린다. 명나라 말 숭정崇禎 12년(1639)에 절강성에서 판각되어 1640년에 세상에 첫선을 보였다. 이 책을 처음 편찬하기 시작한 사람은 천향天香 황정黃貞이었다. 당시 예수회 선교사 알레니(1582~1649, 艾儒略)는 복건성 일대에서 상당히 활발하게 포교 활동을 하고 있었는데, 유자儒者였던 황정은 알레니와 직접 담론을 나눈 뒤 숭정 8년(1635)에 『차마 아니 할 수 없는 말(不忍不言)』을 지어 천주교 사설로 인해 대중화大中華가 오랑캐의 종교와 풍습에 개변당하고 있는 현실에 대해 울분을 토하였다. 이어 숭정 10년(1637)에는 복건성의 문인들이 천주교를 비판한 문장을 엮어 일차로 『파사집』을 완성하고, 절강성 천동사天童寺의 밀운密雲 원오圓悟(1566~1642)[1]를 찾아가 의기투합하였다. 이렇게

1 圓悟(1566~1642)는 명말청초 臨濟宗의 승려로 속세의 성은 蔣이며 호는 密雲이다.

대략 모습이 갖추어진 『파사집』을 황정은 숭정 12년에 절강성의 비은費隱 통용通容(1593~1661)[2]에게 건네주었다. 비은 통용은 황정의 『파사집』을 받은 후 그의 제자인 서창치徐昌治에게 부탁하여 복건성과 절강성의 '파사'의 문장들을 추가로 찬집하도록 하였다. 그 결과 내용이 보다 풍부해진 『황명성조파사집』이 세상에 나올 수 있게 되었다.

오늘날 유전되는 판본은 일본 안세이安政 을묘년(1855) 판각본이다. 일본인 미나모토노 나리아키源齊昭가 이 책을 번각翻刻하면서 널리 유전되었는데, 번역의 저본으로 삼은 것 역시 이 판본으로, 1984년 교토의 중문출판사에 의해 출간되었다.

이 책의 편자인 서창치徐昌治(1582~1672)는 절강성浙江省 해염海鹽 사람으로, 자字는 근주覲周이며, 법명은 효렴孝廉, 별호는 무의도인無依道人이다. 젊어서는 유학을 공부하던 유자儒者였으나, 『능엄경』을 읽고서 깨달은 바가 있어 관직을 버리고 불교에 입문했다. 숭정 원년(1628)에 금속사金粟寺의 밀운 원오 선사를 찾아가 그에게서 불법을 배웠으며, 숭정 11년(1638) 원오 선사의 제자인 비은 통용을 따라 천동산天童山에 들어가 머무르게 되었다. 이러한 까닭에 『성조파사집』은 그 태생부터가 유불儒佛 합작품인 셈이다.

『성조파사집』은 모두 8권으로 이루어져 있는데, 1616년 7월에 발생한 중국 최초의 천주교 박해 사건이라 할 수 있는 남경교안南京教案[3] 당시 남경 예부를 중심으로 해당 관청 사이에 주고받은 공문들로부터 시작해, 지식인들이 집정자와 백성을 향해 쏟아 낸 호소의 글들, 명유名儒와 고승高僧들이 비분강개하며 펼친 천주교 교리 및 의식에 대한 반박의 글들, 더 나아가 서구의 과학 기술과 천문학 지식에 관한 변박 등 구체적인 내용이 다량 수록되어 있다. 명실상부한 명 말 반기독교 문헌의 집결체요 중서 문화 충돌 시기의 역사 현장을 입증할 수 있는 중요한 사료라 할 수 있다. 특히 천주교의 유입으로 인해 중국인의 전통 가치관이 흔들리고, 유·불·도 삼교

---

2 通容(1593~1661)은 속세의 성이 何이며 호가 費隱이다.

3 남경교안은 사실상 중앙정부가 개입한 첫 번째 그리스도교 박해 사건으로, 예수회가 중국 선교를 시작한 지 30여 년 만에 발생하여 그리스도교가 기존 질서에 대한 위협세력으로 인식될 때 어떠한 적대적 반응이 있었는지를 살필 수 있는 중요한 사건이다. 남경교안에 관하여는 『破邪集』 외에도 예수회의 보관 자료(보고서 및 세메도의 자료 등)가 남아 있다.

三教가 위기에 직면하는 등 위태로운 시국에 대한 우려 가득한 통탄을 피부로 느낄 수 있고, 더불어 천주교 교설에 대한 철학적 비판이 담겨 있기 때문에 이 시기의 대외적·대내적 정치적 고민 및 새로운 종교와 서학西學에 맞선 중국 전통 지식인의 철학적 사유를 엿볼 수 있다는 점에서 가치가 크다.

『성조파사집』 출간의 시대적 배경

『성조파사집』은 1582년 마테오 리치(1552~1610, 利瑪竇)가 중국 마카오에 들어온 지 약 반세기 뒤에 출간되었다. 이를 통해 반세기 만에 천주교 교세가 얼마나 확장되었는지 짐작할 수 있다. 마테오 리치는 두말할 나위 없이 중국에 천주교를 전파하는 데 가장 큰 공을 세운 선교사다. 그는 포교의 기반 조성에 큰 힘을 기울였는데, 무엇보다 거부감 없이 자연스럽게 중국인에게 다가가기 위해 중국어를 배우고 중국인의 의복을 착용하는 등 낯선 종교로 인해 야기될 수 있는 위화감을 최소화하기 위해 노력했다. 특히 중국의 전통 유교 사상과 천주교 사상을 융합하기 위해 애썼으며, 중국 유학자들과의 교류 및 토론을 통해 천주교의 중국화를 꾀함으로써 중국인들의 유럽에 대한 인식 전환에도 크게 기여하였다. 아울러 그가 사용한 또 하나의 포교 수단은 바로 서양의 학술 문명을 이용하는 것이었다. 특히 천문학과 새로운 관측기구·기기·무기·세계지도 등의 소개는 중국 지식인들의 호기심을 자극하기에 충분하였다. 그 결과 방이지方以智(1611~1671)나 주자우周子愚 등은 서양의 학문에 큰 관심을 보였고, 양정균楊廷筠(1562~1627) 등은 종교에 큰 관심을 보였다. 특히 양정균과 더불어 명 말 천주교의 3대 주춧돌이라 일컬어지던 서광계徐光啓(1562~1633)나 이지조李之藻(1565~1630) 같은 인물은 두 방면 모두 적극적으로 수용하는 태도를 보이면서 천주교의 정착과 전파에 큰 영향을 미쳤다.

마테오 리치 사후에도 서양 선교사들의 중국 포교 활동은 계속되었으며, 점차 많은 중국인들이 천주교에 입교하였다. 이에 허대수許大受·황종희黃宗羲(1610~1695)·양광선楊光先(1597~1669)을 위시한 정부의 관료들은 천주교를 이단 사설로 치부하여 배격하였으며, 특히 천문 역법을 관장하던 흠천감欽天監 관리 등은 서양의 과학 기술까지 배척하기에 이르렀다. 이처럼 내부적으로 천주교에 대한 반대의 목소리가 점차 커진 데에는 세 가지 이유가 있다.

첫째, 예수회 선교사들이 중국 지식인들과 긴밀히 교류하면서 서학 관련 서적을 점차 대량으로 간행하게 된 것이다. 처음 『천주실의』가 나왔을 때도 반론이 없었던 것은 아니지만, 그러한 서적의 출판이 점차 늘어나고 저들의 화법이 점차 대담해지면서 이에 대한 우려의 목소리가 높아질 수밖에 없었던 것이다. 또한 중국 지식인들과의 교류와 접촉을 통해 사대부들 사이로 천주교가 침투해 들어가고 있던 것도 좌시할 수 없는 현실이었다. 지식인층의 사상적 동요는 나라의 근간을 흔들 수 있기 때문이다.

둘째로, 선교사들의 불교와 도교 및 전통 신앙에 대한 격한 공격을 들 수 있다. 천주교 교리에는 근본적으로 중국의 전통 종교 내지는 사상과 융합하기 어려운 부분이 적지 않은데, 중국에서 유가의 위상을 의식해서인지 유교는 그다지 공격하지 않았으나, 불교와 도교에 대해서는 조목조목 공격하였다. 이에 불교계의 고승들이 앞장서 천주교 교리의 불합리성과 허위, 과장을 반격하기 시작했는데, 주로 불교와 유교의 이론을 근거로 하여 교리 자체의 허황됨을 지적하는 데 주력하였다. 이것이 바로 『성조파사집』 안에 불교 승려의 저술이 다량 포함된 이유이다. 특히 저자의 대부분이 절강성 혹은 복건성 출신이라는 점이 흥미로운데, 이는 알레니를 위시한 선교사들의 주요 활동 무대가 복건성 일대였다는 사실과 관련 있어 보인다.

마지막으로, 가히 우려할 수준의 교세 확장을 들 수 있다. 1600년대 초기에 이르러 중국에서 활동하던 선교사의 수가 급격하게 증가하였다. 『파사집』에 이들의 이름이 누차 거론되는 것만 보아도 그들의 활동 영역이 얼마나 방대했고, 그 영향력이 얼마나 컸는지를 짐작할 수 있다. 중국 지식인들과 긴밀히 교류하여 천주교의 교세 확장에 큰 기여를 한 선교사로는 예수회 수도사 카타네오(1560~1640, 郭居靜), 로차(羅如望), 우르시스(熊三拔), 판토하(龐迪我), 바뇨니(王豊肅 혹은 高一志), 디아스(陽瑪諾), 알레니 등을 들 수 있다. 이들은 중국 각지에 흩어져 포교 활동을 하였으며, 이로 인해 천주교로 개종한 중국인들의 수가 날로 증가하였다. 이에 천주교를 정확히 파악하고 공격함으로써 중화가 오랑캐로 인해 개변되는 불상사를 막으려는 움직임이 일어났던 것이다.

『성조파사집』의 구성

『파사집』은 총 8권으로 구성되어 있다. 1, 2권에 기록되어 있는 것은 남경교안에 관련된 상하 기관 간에 주고받은 공문 및 상소문, 칙서, 고지문 등이다. 여기 소개된 글들을 통해 남경교안이 일어난 원인, 주도한 기관 및 인물, 연루된 선교사, 그리고 처리 결과를 상세히 알 수 있다. 즉 남경교안의 시말을 살필 수 있는 원시 사료라 할 수 있다.

3, 4권에는 유가儒家에서 천주교를 반격한 문건들이 수록되어 있다. 3권에서 주목할 만한 글은 황정이 지은 「유교를 받들어 거울로 삼다(尊儒亟鏡)」이다. 이 글은 모두 8부분으로 구성되어 있는데, 유가 경전을 통해 천리天理와 심성心性의 도를 밝힘으로써 천주교와 유교는 결코 양립할 수 없음을 천명하고 있다. 더 나아가 천주교와 유교 사이의 생사관生死觀의 차이, 천지만물 생성설의 차이 등을 유가적 입장에서 설명하면서 천주교의 견해가 그릇되다고 반격을 가하고 있다. 다만, 아직 천주교에 대한 충분한 연구가 진행되지 않은 상태에서 쓴 글이다 보니, 중국의 민간 종교에서 사용하는 용어를 천주교 용어와 뒤섞어 사용하기도 하고, 천주교가 사술로 부녀자와 아이들을 유인한다는 등 실증이 부족한 내용들이 보인다. 4권에는 허대수許大受의 「사설 변박에 도움 되는 글(聖朝佐闢)」이 수록되어 있는데, 허대수는 저명한 사상가 허부원許孚遠의 아들로 만력 연간에 복건 순무福建巡撫로서 일본과 스페인이 필리핀을 침략할 당시 공무를 처리한 바 있고, 알레니와 논변을 주고받은 경험도 있기 때문에 그의 '파사'의 글은 다른 사람의 그것보다 설득력을 지닌다. '하늘을 모독함을 변박하다(闢誣天)', '본성을 나누는 것을 변박하다(闢裂性)', '유교를 폄하한 것을 변박하다(闢貶儒)', '윤상을 헐뜯는 것을 변박하다(闢反倫)', '제사를 폐지한 것을 변박하다(闢廢祀)' 등의 제목에서 알 수 있듯이 유가 정통의 입장에서 천주교를 전면적으로 비판하고 있다.

황정과 허대수의 글이 세상에 나오자 절강과 복건 일대의 문인들이 앞다투어 글을 지어 사교를 깨뜨릴 것을 호소하면서 선교사들과 쟁론을 펼치기 시작했는데, 이때 등장한 글들을 모아 수록한 것이 5권과 6권이다.

이와 같이 유가적 입장에서 천주교를 비판한 글들은 주로 세 가지 면에 집중하고 있다.

첫째, 교설 차원의 반박이다. 천주교에서는 상하上下와 친소親疏의 구분을 없애고 만인은 평등하다고 주장했는데, 이는 당시 신분질서를 어지럽히는 사상이라 결코 받아들여질 수 없었다. 또한 조상의 제사를 받들지 못하게 하면서 오로지 상제, 즉 하나님에게만은 누구나 제사를 지내야 한다고 강요하는 것 역시 전통에 대한 전복이라 여겨져 비판의 대상이 되었다.

둘째, 태극을 부정하는 데 대한 반박이다. 천주교에서는 천하 만물을 한 사람의 창세주가 낳았다고 말하면서 태극과 이理를 부정하는데, 이는 천하의 생성 원리에 대한 이해 자체가 천박하기 때문이라며 반박한다.

셋째, 반인륜적 작태에 대한 비난이다. 성유聖油와 성수聖水로 남녀를 유인하고 한데 섞여 예배를 보며 한밤중에 모여 울부짖는 등의 행위는 백련교의 무리보다 더욱 음탕하고 사특하다는 것이다.

7권과 8권에는 불교계의 파사의 목소리가 실려 있다. 흥미로운 것은 유가의 이론과 불가의 이론을 융합하여 천주교 교리에 맞서고 있다는 사실이다. 이는 태극과 이理를 우주의 원리로 이해하는 유자들의 입장과 윤회輪廻와 공空·허虛로 만물의 생성 순환 원리를 해석하는 불자들의 입장에 서로 닿는 점이 많기 때문일 것이다. 「천설天說」·「변천설辨天說」에서는 천天에 대한 불가적 해석을 통해 인격신으로서의 천주를 부정하였고, 「도의 근원을 밝혀 사설을 내치다(原道闢邪說)」 네 편에서는 만물유심론萬物唯心論·만물무시무종론無始無終論 등 심오하고 광박한 불교의 세계관으로 천주교의 교설을 근시안적이고 자아 모순적이라며 비판했다.

이상을 통해 『파사집』은 1616년부터 1639년까지 전개되었던 파사 운동의 결과물들로 이루어져 있으며, 장르상으로는 공문·논설문·서신 등 다양한 문체를 아우르고 있음을 알 수 있다. 또 집필진은 정부 관료부터 중앙의 고관, 지방의 향신鄕紳, 그리고 불교계의 승려에 이르기까지 삼교의 인사들이 두루 참여하여 파사의 뜻을 같이하고 있음을 알 수 있다.

『벽사집』의 출간과 의의

한편 명 말 4대 고승으로 일컬어지는 우익蕅益 지욱智旭[4]은 불교적 입장에서 기독교를 비판하는 『천학초징天學初徵』과 『천학재징天學再徵』을 『벽사집』이라는 이름으로 엮었다. 이 책은 숭정 15년(1642)에 완성되었으며, 여기에 종진지鍾振之와 제명선사際明禪師가 주고받은 서신 및 정지용程智用의 평어評語와 발어跋語를 부록으로 엮어, 숭정 16년(1643)에 지욱은 서문을 짓고 이 책을 간행하였다.

『벽사집』이 간행되고 약 200여 년 뒤인 분큐文久 원년(1861)에 일본 정토종 승려 우가이 테츠죠우養鸕徹定[5]가 『천학초징』과 『천학재징』에다가 반천주교 문서들을 추가로 찬집하여 『번각벽사집』 상·하 책을 간행하였다. 상책上冊에는 지욱의 『천학초징』과 『천학재징』 외에 『성조파사집』에 수록된 나천羅川 여순 선사如純禪師의 『천학초벽天學初闢』이 실려 있고, 하책下冊에도 『성조파사집』의 비은費隱 통용通容의 『원도벽사설原道闢邪說』을 비롯하여 당시 승려들에 의해 저술된 여러 편의 문장이 수록되어 있다. 이 번역본의 저본으로 삼은 것도 바로 이 『번각벽사집』인 까닭에 『성조파사집』의 일부 문서들이 '제2부 벽사집'에 소개되어 있다.

『천학초징』과 『천학재징』은 『벽사집』의 가장 중요한 부분이라고 말할 수 있는데, 지욱은 유생儒生 종시성鍾始聲의 이름을 빌려 이 책을 지었다. 종시성은 유가적 입장을 취한 지욱의 분신이다. 그가 이렇게 자신의 속세의 성에 이름을 붙여 글을 지을 수밖에 없었던 것은, 불가에 입문한 처지로 세속의 시비를 따지는 것이 본분에 맞지 않는다는 염려 때문이었을 것이다. 그의 이러한 염려는 『천학초징』과 『천학재징』 뒤에 부록된 종진지와 제명선사際明禪師의 서간을 통해서도 잘 알 수 있다. 이 서간의 수신 대상인 제명 선사 또한 불교적 입장을 대변하는 지욱의 또 다른 이름이다. 지욱은 이처럼 1인 다역을 하면서, 자신이 '벽사'의 대오에 참여할 수밖에 없는 복잡한 심사를 드러낸 것이다.

---

4 智旭(1599~1655)은 명나라 때 고승으로 중국 정토종 제9대 祖師이다.

5 우가이 테츠죠우(養鸕徹定, 1814~1891)는 일본 淨土宗 학승이다. 福岡縣에서 태어났다. 瑞蓮社順譽金剛寶阿·松翁·古溪·古經堂·杞憂道人 등의 호가 있다. 14세에 京都에서 유교와 불교를 학습했고, 18세에 에도에 있는 增上寺에 머물면서 불교를 배웠으며, 메이지 유신 이후 제1대 정토종 관장이 되었다. 『大藏經對校錄』을 읽다가 오탈자가 심각한 상황을 목격하고 필사본 경전을 수집해 자료를 감정하기 시작했다.

『천학초징』에서는 사람들이 쉽게 이해하지 못하는 22가지 조목을 열거하였고, 『천학재징』에서 다시 28개 조목을 열거하여 더욱 상세한 논박을 펼쳤다. 지욱은 대체로 천주교의 주장을 앞에 제시한 다음 유교나 불교의 이론으로 그것의 상호 모순성과 천박함을 격파하는 형식을 취하고 있는데, 주요 공격 대상은 천주의 성체설性體說, 천지창조설, 전지전능설, 강생 및 속죄설, 원죄설, 영혼불멸설, 천당·지옥설, 천주심판설 등이다.

이밖에 「사설을 주벌하는 명백한 증거 기록(誅邪顯據錄)」, 「존정설尊正說」, 「이마두를 배격하는 말들(拆利偶言)」, 「간교함을 밝히다(昭奸)」 등의 글이 실려 있고, 청나라 때 고승인 백치百痴 행원 선사行元禪師(1611~1662)의 글이 뒤이어 수록되어 있다. 특히 「『대의편』 서문 요약(代疑序略記)」이나 「양정균을 비난하다(非楊篇)」 등 서광계·이지조와 더불어 천주교의 3대 주춧돌(三大柱石)로 일컬어지던 양정균을 직접 공격한 글도 수록되어 있는데, 공맹孔孟의 도를 배운 군자로서 천주교를 앞장서 신봉하고 온 중화에 천주교의 불씨를 퍼뜨린 장본인이라는 것이 그 이유이다.

벽사闢邪의 논리는 유교와 불교 이론에 대한 깊은 이해와 그 우수성에 대한 신뢰로부터 시작된다. 특히 천주교가 식심識心에 집착하여 진정한 의미의 색즉시공色卽是空 공즉시색空卽是色의 뜻도, 이理와 성性, 음양과 태극의 이치도 깨닫지 못하면서 그저 조악한 교설로 혹세무민하고 있는 현실을 애통해하며, 심오하면서도 이성적인 철학적 사유로 사설을 격파함과 동시에 온 중화가 저들의 조악한 면모를 꿰뚫어 보기를 염원하고 있다. 이 글들을 통해 유·불·도 삼교가 합심하여 서세西勢에 맞서고자 했던 근대 역사의 한 페이지를 확인할 수 있다.

『성조파사집』과 『벽사집』을 통해 본 17세기 종교 충돌의 역사

『성조파사집』과 『벽사집』이 등장한 데는 천주교의 교세 확장과 이에 대한 우려라는 주된 기제가 작동하였다. 주목할 만한 것은 전반에 걸쳐 가장 두드러지게 드러나는 것이 바로 불교계의 비판의 목소리라는 것이다. 마테오 리치는 처음 중국 승려복을 입고 불교를 이용한 선교를 시도한 바 있다. 그러나 후에 그는 노선을 바꿔 불교를 배척하고 유교와의 연합을 시도하였다. 당시 중국 사회의 주류 사상은 유교였고, 사대부층에 있어 유교 사상은 절대적인 것이었다. 따라서 천주교가 교세를 넓혀 가기 위한 전략적 차원에서 정치적인 방패막이가 되어 줄 유교와의 연합이 불가피하였던 것이다. 이와 동시에 취한 태도는 바로 배불排佛이었다. 이러한 마테오 리치의 입장은 다음 인용문에 명확히 드러난다.

> "저는 중국에 들어와 문자를 알게 된 이래 요·순 임금과 주공·공자를 옳다 여기고 불교를 그릇되다 여기면서 오로지 그 마음을 바꾸지 않은 채 오늘에 이르렀습니다. 멀리서 온 제가 공자에게 무슨 덕을 입었겠으며, 부처와 무슨 원수를 졌겠습니까? 만약 저더러 공자에게 아첨하여 사대부들의 환심을 산 다음 천주교를 포교하려 한다고 말한다면, 중국의 인사들 중에 부처 믿는 자가 공자 믿는 자보다 한참이나 많거늘, 어찌하여 부처에게 아첨하여 사대부들의 환심을 산 다음 천주교를 전파하지 않겠습니까? 실로 받자온 가르침을 굳건히 지키며, 오로지 한마음을 간직한 채 시시비비를 따질 때마다 공자의 가르침에 맞는지, 그것으로 근거를 삼습니다. 요·순과 주공과 공자는 모두 몸을 수양하고 상제 섬기는 것을 가르침으로 삼았으나, 부처는 상제께 맞서고 상제를 무고하면서 자기보다 높은 존재라 하면 곧 비방하였습니다. 그러니 제가 어찌 감히 그들과 같은 마음을 가질 수 있겠습니까?"[6] (마테오 리치, 『변학유독辨學遺牘』)

여기서 마테오 리치가 유교와의 연합을 시도한 또 하나의 이유가 드러난다. 즉 몸 수양하기와 상제 섬기기라는 도덕적 요구 조건이 기본적으로 일치했던 것이다. 이 때문에 『천주실의』 등 천주교 서적들은 주로 유교 경전 원문에 근거하여 유교와 천주교 사이의 유사성을 밝히는 데 주력하고 있다. 유사성을 밝힐 뿐만 아니라, 더 나아가 천주교의 '상제' 개념과 도덕 율령이 유교의 부족한 부분을 보완할 수 있음을 거듭 강조하고 있다.

---

6 원문은 "竇自入中國以來, 略識文字, 則是堯舜周孔而非佛, 執心不易, 以至于今. 區區遠人, 何德于孔? 何仇于佛耶? 若謂竇姑佞孔以盡諂士大夫, 而徐伸其說, 則中夏人士, 信佛過于信孔者甚多, 何不幷佞佛以盡諂士大夫, 而徐伸其說也. 實是堅于奉戒, 直心一意, 所是所非, 皆取憑于離合. 堯舜周孔, 皆以修身事上帝爲敎, 佛氏抗誣上帝, 而欲加諸其上, 則非之. 竇何敢與有心焉"이다.

그러나 여기서 간과해서는 안 될 사실은 이 시기 중국의 사상은 『파사집』 곳곳에 보이듯 삼교三教가 대치하는 것이 아니라 서로 합류하고 있었다는 점이다. 당시 중국의 불교는 이미 상당히 유교화되어 있었으며, 심학心學의 예에서도 볼 수 있듯 성리학 또한 불교의 선적禪的 요소가 다분하였다. 일반 백성들의 의식 구조는 더더욱 그러하였다. 유·불·도가 어우러져 이미 중국의 종교 사상, 더 나아가 삶 전체를 영위하는 사상 체계를 형성하고 있었던 것이다. 상황이 이렇다 보니, 삼교가 서로 손을 잡는 일은 이론상·현실상 그다지 어려운 일이 아니었다. 따라서 천주교가 유교에 영합하며 불교·도교를 공격하자 이에 위기의식을 느낀 중국 불교계의 지식인들은 삼교 연합, 특히 가장 큰 권위와 정통성을 가지고 있는 유교와의 협력을 통해 천주교의 공격에 맞서 반격을 시도하였다. 우선 유교의 도리를 바로 세워 천주교도들의 반인륜적 행위를 규탄하고, 이어 우주와 천하 만물에 대한 평등하고 혼후한 철학 사상을 기반으로 천주교의 만물창조설, 인간은 유시유종有始有終이지만 인간을 낳은 천주는 무시무종無始無終하다는 주장, 인간의 영혼은 불멸이나 동물의 영혼에는 멸이 있다는 주장 등 그들 사상의 유한성과 모순을 타파하였다.

천주교 비판의 구체적 대상은 『천주실의』였다. 『천주실의』에 실려 있는 천주, 영혼, 천당과 지옥 등의 교설이 주요 비판 대상이었는데, 그 과정에서 연기성공緣起性空·인과응보·자증각오自證覺悟 등의 불교 이론이 깊이 있게 다루어졌다. 마테오 리치는 『천주실의』 2편에서 불교의 '공空' 및 공空에서 만물이 생겨난다는 사상을 비난하면서, 불교가 허무를 떠받드는 종교라 비난한 바 있다. 아울러 천지만물은 모두 천주가 창조해 냈으며, 시작이 있고 끝이 있는 존재라고 주장하였다. 서로 다른 철학적 태도에서 비롯된 피할 수 없는 충돌이라 할 수 있다. 이와 같은 관점의 차이에 대해 원오圓悟·주굉袾宏 등은 '공'과 '무시무종無始無終' 등의 개념으로써 반론을 전개하였다. 특히 허虛와 무無에 관한 천주교의 공격에 반격하기 위해, 유가의 태극太極과 도道, 즉 본체론을 빌려 와 방패막이로 삼기도 했다.

그다음으로 설전을 벌인 주제는 바로 영혼과 윤회설이다. 불교의 윤회설은 불교의 사상 체계를 성립하고 있는 하나의 중요한 틀이다. 그러나 천주교에서는 인간만의 영혼불멸을 주장하고 인과응보로 인한 윤회를 부정하며, 믿음에 대한 심판으로 천당과 지옥이 나뉜다고 주장한다. 교리상 두 종교가 가장 첨예하게 대립하는 대목이며, 같은 시각에서 천주교의 천주강생설, 속죄설, 수난설 등도 반박을 피해 가지 못했다.

세계를 이해하는 눈이 서로 달랐던 동서의 철학은 부딪힐 수밖에 없었다. 깨우치면 누구나 부처가 될 수 있다는 각오설覺悟說과 천주교의 원죄설은 충돌할 수밖에 없는 주제였으며, 세상을 움직이는 원동력은 태극과 이理라는 주장과 하나님 한 분이 모든 것을 낳고 관리한다는 교리 또한 충돌할 수밖에 없었다. 이론 차원을 넘어서 오로지 천주에게만 제사 지내고 조상에 대한 제사를 폐하라는 주장은 윤리, 더 나아가 충효의 문제까지 건드려 심각한 수준의 쟁의를 낳았다. 육식을 금하지 않는 것, 남녀가 허물없이 어울리는 것 등 교리상의 충돌은 더더욱 말할 필요도 없다. 『성조파사집』과 『벽사집』에서 보여 주고 있는 것은 바로 이러한 정신문화의 충돌 지점이며, 타자에 대한 철저한 분석을 통한 극복 의지이다.

이렇듯 천주교는 유·불을 갈라놓는 정책으로 중국 지식인들 사이로 파고들려고 했으나, 중국에서는 외교外教가 중국을 잠식하는 것을 막기 위해 유·불이 연합하여 반격을 가했다. 중국 전통 지식인의 입장에서 보면 서구의 종교는 모두 '오랑캐의 종교' 혹은 '사교邪教'였다. 따라서 진후광陳侯光이 「변학추언辨學蒭言」의 자서自叙에서 말한 바와 같이 "공자의 도가 하늘에 뜬 해와 같거늘, 대서 사람이 어찌 가릴 수 있으리? 다만 오랑캐의 종교가 중국을 어지럽히고 백성들 사이에 스며들고 있으니, 선성의 도가 막힐까 두려워하는 자들이라면 분에 겨워 가만있을 수 없다.(孔子之道如日中天, 大西何能爲翳? 惟夷教亂華, 煽或浸衆, 恐閑先聖者, 必憤而不能默也.)"는 입장을 천명할 수밖에 없었다. 이는 서세동점西勢東漸 혹은 서학동침西學東浸 초기에 중국의 지식인들 사이에서 드높았던 목소리이다. 사교邪教인 외교外教가 중국에 만연하는데 이를 감지하지 못하는 사민士民에 대한 안타까움, 부모도 임금도 모르고 윤리도 강상도 없는 종교로 주·공周孔 이래 중국의 도통을 어지럽히고 더 나아가 나라의 혼란을 야기해 오랑캐로 중화를 개변시키려는 의도, 유·불·도 삼교 정립의 판세를 뒤흔들어 유일신 천주만을 모시게 함으로써 장차 중국인들의 전통 사상 체계를 무너뜨리려는 음모, 이러한 것에 대해 유가와 불가가 손잡고 쏟아 낸 우려의 목소리에서 당시 천주교의 교세가 얼마나 급속도로 확장되었는지 감지할 수 있다. 또 지식인들이 느끼는 위기의식이 얼마나 절박한 것이었는지 느낄 수 있다.

서양의 문文·물物에 접촉하기 시작하던 즈음에, 자신들이 지켜 왔던 전통 자산이 결코 열등한 것이 아님을 스스로 인식하고자 했던 몸부림은 오늘날에도 커다란 울림을 준다. 유교와 불교에서 우주와 세계를 이해하는 눈은 상당히 혼후하며 만물이 평등하다. 따라서 인격체로서의 상제를 설정하여 상제와 사람, 사람과 동물에 차등을 두며, 사람에게 원죄를 강조하면서 외부의 구원을 빌라고 강요하는 종교 교리는 결코 받아들일 수 없었던 것이다. 이에 혹자는 정치적인 입장에서, 혹자는 윤리적인 입장에서, 또 혹자는 전통 화이관華夷觀에 입각하여, 혹자는 종교적 교리로써 천주교 및 서학에 맞섰다. 17세기, 중국 땅에서 중국을 지키고 서양 오랑캐를 내치고자 했던 유·불 지식인들의 일련의 노력과 그 과정이 바로 『파사집—17세기 중국인의 기독교 비판』에 담겨 있다.

차례

『벽사집 闢邪集』

일러두기

- 이 책은 중국의 서창치徐昌治가 편찬한 『파사집』과 일본의 학승 우가이 테츠죠우養鸕徹定가 편찬한 『벽사집』을 우리말로 옮기고 역주를 단 것이다.
- 지명은 우리말 한자음으로 표기하였다. 서양 지명 혹은 현재 지명과 차이가 많이 나는 지명의 경우 (　) 안에 원래 발음을 병기하고, 빈번히 나올 경우 생략하기도 하였다.
  예 간사랍干絲蠟(스페인), 오문澳門(마카오), 불랑기佛狼機(포르투갈)
- 인명도 우리말 한자음으로 표기하였다. 서양인의 경우 (　) 안에 원래 이름을 한글로 병기하고, 빈번히 나올 경우 생략하기도 하였다.
  예 이마두利瑪竇(마테오 리치), 애유략艾儒略(알레니), 왕풍숙王豊肅(바뇨니)
  단, 옮긴이 해제나 주석에서는 원래 이름으로 표기하였다.
- 독자의 이해를 돕기 위해 옮긴이가 추가한 내용은 (　) 안에 넣었다.
- 원문 한자 중 이형동의자를 혼용한 경우 원문 그대로 표기하였다.
  예 龐迪峨/龐迪我, 香山奧/香山澳
- 기독교, 불교 등 종교의 교리와 인물, 사건 등에 관한 설명은 다음 자료를 참고하였다.
  - 운허, 『불교사전』, 동국역경원, 1974.
  - 方豪, 『中國天主教史人物傳』, 中國宗教文化出版社, 2007.
  - 徐宗澤, 『明清間耶蘇會士譯著提要』, 上海世紀出版集團, 2010.
  - 마테오 리치 저, 譚傑 역, 『天主實義今注』, 商務印書館, 2014.
  - L. Carrington Goodrich and Chaoying Fang, *Dictionary of Ming Biography 1368-1644*, Columbia University Press, 1976.

파사집
破邪集

벽사제사

闢邪題詞[1]

서창치

徐昌治

요지

『파사집』을 편집하게 된 과정과 책의 주지를 밝히고 있다. 이 글을 쓴 서창치徐昌治는 비은費隱 통용通容의 거처에서 처음으로 벽사, 즉 천주 사설邪說을 내치기 위해 저술한 글들을 보았는데, 당시 천주교가 가장 창궐하였던 복건성과 절강성의 군자君子와 대부大夫들, 그리고 불문佛門의 대사 운서雲棲·밀운密雲·비은 등의 논술이 포함되어 있었다. 천주교가 사도로 정도를 어지럽히고, 중화에서 오래도록 신봉해 온 불교와 도교를 폄하하며, 유교의 학설을 끌어다가 도리어 유교를 공격하는 등 많은 폐해를 양산하고 있는 현실에 직면하여, 불교와 유교가 함께 정도를 지키기 위해 마음을 합쳤음을 알 수 있다. 서창치는 비은 선사의 부탁으로 이들이 지은 벽사의 논술들을 인쇄하여 널리 알림으로써 세상에 경종을 울리고자 하였다.

내가 유교에 탄복하여 수년간 힘써 공부하며, 밤이나 낮이나 추우나 더우나 나다니거나 머물거나 앉거나 눕거나 늘 그 가운데서 보낸 것은, 아직 도리를 깨닫지 못해 한스러웠기 때문이거늘, 사설이 유교를 어지럽히는 꼴을 어찌 차마 듣고만 있을 수 있겠는가!

余佩服儒教, 攻苦有年, 蓋通晝夜寒暑而行住坐臥於此中, 方以未得理道爲憾, 忍聽邪說亂之也哉. 日兢兢焉, 以一善之得, 一隙之明, 急爲傳布嘉與流通.

1 '題詞'는 '題辭'라고도 하며, 문체의 이름이다. 책의 要旨, 평가, 읽은 감상 등을 주로 적는데, 서문이나 발문과 비슷하며 책의 첫머리에 쓴다.

이에 날마다 전전긍긍하며 한 가지 착한 일에 관해 듣거나 한 줄기 밝은 빛이라도 보게 되면 이를 장려하고 보급하여 세상에 널리 알리고자 급급하였다. 제왕이 쓴 『서경』의 어느 편, 어느 장인들 명신열사名臣烈士와 정절을 지킨 부부를 하나하나 글로 드러내지 않았겠는가. 상고·중고 시대, 그리고 전 왕조의 임금과 재상의 위대한 공적을 빼곡히 기록함과 동시에 기록 밖에서까지 높이 기리는 것은, 모두 대경대법으로 민심을 이끌고 사람의 눈을 뜨게 함으로써 이설異說이 틈타 해치지 못하게 하려 함이다.

何帝典王謨, 名臣烈士, 貞夫節婦, 不一一表章于帙中. 上古中古, 前朝君相, 豐功偉業, 咸密密裒崇于言外, 無非以大經大法迪人心而開人目, 使異說不得乘而中也.

깊은 가을날 우연히 비은 선사[2]와 나란히 배를 타고 가흥嘉興[3]을 찾아갔다가 그의 책상 위에 벌여 놓은 벽사闢邪의 글들을 보게 되었다. 천주교가 사이비似而非한 것으로 참됨을 문란하게 하고, 불교를 폄하하고 도교를 헐뜯으며, 유교의 말을 끌어다가 유교를 공격하는데도, 그 죄를 밝히고 그 간악함을 뚜렷이 드러내 저들이 사람들에게 입힌 재앙과 세상에 끼친 해악을 밝히지 못한 것을 통절히 비판하면서, 온 천하와 더불어 저들을 공격하고 징치한 자들이 있었으니, 남경에서는 종백宗伯[4]이, 북경에서는 간언 드리는 신하[5]가 신종神宗 황제께 부지런히 소장을 올려 사태를

偶於中秋, 偕費隱禪師連舟詣禾, 見其案前所列闢邪諸書, 若痛斥天主教之以似亂眞, 貶佛毀道, 且援儒攻儒, 有不昭其罪洞其奸, 彰灼其中禍於人, 流害於世, 胥天下而膺之懲之不已者, 南有宗伯, 北有諫臣, 娓娓疏論於神宗顯皇帝之前, 已稱直窮到底.

2 費隱은 明代 臨濟宗의 승려 通容(1593~1661)을 가리킨다.

3 원문에는 '禾'라고 되어 있는데, 가흥이 禾城이라고도 불리기 때문이다.

4 宗伯은 예부 시랑 沈漼이다.

5 북경의 조정에서 沈漼을 도와주던 같은 고향 출신의 예부 상서 겸 동각 대학사 方從哲, 환관 魏忠賢, 劉朝 등을 가리킨다.

끝까지 파헤쳤다.

복건성의 군자들과 절강성의 대부들도 곡진히 잘못된 것을 살펴 바로잡았다. 무릇 잔재주로 교묘함을 자랑하고, 이득으로 어리석은 자들을 미혹하였으며, 말로써 자기와 다른 자를 죽이고, 글로써 같은 무리를 쳤으니, 어찌 대담하게 나쁜 짓을 자행한 것뿐이겠는가? 운서雲棲[6]가 『천설』(7권 1)을 쓰고, 밀운[7]이 『변천설』(7권 4)을 쓰고, 비은이 『원도벽사설』(8권 2)을 쓴 것은 사교가 정도를 교란하는 것을 용서치 않겠다는 뜻이다. 편마다 수천 자에 달하는 이 글들은 바로 불교와 유교가 함께 도를 지키고자 하는 마음이라 할 수 있다.

閩諸君子, 浙諸大夫, 侃侃糾繩. 夫以技衒巧, 以利誘愚, 口誅創異, 筆伐黨同, 何啻張膽明目? 至于雲棲有說, 密老有辯, 費師有揭, 邪之不容攙正也. 纚纚數千言, 佛與儒同一衛道之心矣.

비은 선사는 교묘하고 거짓된 말이란 쉽게 자라나게 마련이므로 싹부터 제거해야 하니, 그 판각본을 길거리에 내걺으로써 사람마다 보고 놀라 자신을 성찰하게 하고, 도처에서 보고 놀라 경계토록 해야 한다고 하였다. 가가호호 읊게 하고 알게 하기 위해 몇 질을 내게 넘겨주면서 순서를 정하고, 조항을 배열하고, 또 명목을 열거하도록 하였다. 세상일을 염려하고 사람을 깨우치려는 고심이 손바닥 보듯 훤하다. 대도를 밝히고, 기강을 엄정하게 하고, 사설을 끊어

費師又慮巧僞易滋, 除蔓匪細, 不合[8]諸刻揭諸塗, 使人人警省, 在在聳惕焉. 能戶爲說而家爲喻, 因以數帙授昌治, 編其節次, 臚其條窾[9], 列其名目. 一種憂世覺人之苦心, 洞若指掌一段. 明大道, 肅紀綱, 息邪說, 放淫詞, 闢異端, 尊正朔, 較若列眉於中. 删繁就簡, 去肉存髓,

6 雲棲는 袾宏(1535~1615)을 가리킨다.

7 密雲은 圓悟를 가리킨다.

8 원문의 '不合'은 '不應該'의 뜻으로, 이같이 게시를 내붙이지 말아야 한다는 것인데, 문맥으로 보면 '마땅히 그래야 한다.'라고 옮겨야 한다.

9 원문의 '窾'은 '款'이어야 문맥상 통한다. 條款은 조목 혹은 항목을 뜻한다.

버리고, 음란하고 방탕한 말을 내쫓고, 이단을 제거하고, 정삭正朔[10]을 존중하려 함이 양미간에 놓인 듯 뚜렷이 보인다. 이에 번잡한 것을 추려 간단하게 만들고, 살을 발라내 정수精髓만을 남겼다. 말 한마디 글자 하나라도 인심을 격발시키고 외족(異類)을 말살하여 한 시대에 이로움을 주고 만대에 공을 세울 수 있는 것이라면 모두 시급히 책으로 묶어 인쇄에 부쳤다. 이것이 나 창치가 천박한 견해로나마 벽사를 돕는 일일 것이다.

숭정 12년(1639) 12월 5일
염관 근주 서창치가
대업당에서 쓰다

凡一言一字, 可以激發人心, 抹殺異類, 有補于一時, 有功于萬世者, 靡不急錄以梓, 是則昌治以膚見當佐闢也夫.

崇禎十二禩 季冬 五日
鹽官 徐昌治 覲周甫
書于大業堂中

10 '正朔'은 중국에서 제왕이 반포하여 실시하던 역법을 가리키는 것으로, 왕조의 정통성을 의미한다.

제 1 권

1.「남궁서독」 서문

南宮署牘序

진의전

陳懿典

요지

「남궁서독」은 명나라 신종(재위 1572~1620) 때에 남경 예부 시랑 심각沈潅이 조정에 올린 상소와 관서에서 주고받은 문서인 이문移文의 모음집이다. 이 글에 서문을 쓴 진의전[1]은 심각의 친척 아우이자 동지인데, 사신詞臣이 얼마나 중요한 자리인지를 관각館閣의 전례를 통해 입증하고, 사신으로서 마땅히 지어야 할 중임 중 하나가 바로 공자가 소정묘의 주벌을 주장하고 맹자가 양주와 묵적을 내쳤듯, 중화에 창궐하며 어리석은 백성을 부추기고 사대부의 눈과 귀를 움직이는 서양 오랑캐를 몰아내는 것이라고 역설하였다. 또 심각이 남경 예부를 맡은 이래, 세속의 이목이나 개인의 노고도 아랑곳 않고 서양 천주교를 배척하기 위해 기울여 온 심혈을 공자·맹자와 나란히 놓으면서, 장차 큰 반향을 일으켜 세태를 바로잡는 데 기여할 것임을 확신하고 있다.

「남궁서독」[2]은 오홍(절강성)의 심중우沈仲雨[3]가 남

「南宮署牘」者, 吳興沈仲雨以

1 陳懿典의 자는 孟常이며 호는 如岡이다. 浙江省 秀水 사람이며, 沈潅과는 친척 관계에 있다. 만력 20년(1592)에 진사에 급제하여 中允을 역임했다. 숭정 초에 少詹事로 기용되었으나 나아가지 않았다.

2 '南宮'은 尙書省의 別稱으로 尙書가 列宿中의 南宮과 같다는 데서 유래한 말이다. 唐나라 이후에는 進士 시험을 대부분 禮部에서 주관하였으므로 禮部를 南宮이라 했다. 署는 官署, 牘은 관서의 書信 즉 呈文을 가리킨다.

3 沈潅(1565~1624)을 가리킨다. 字는 銘縝이며, 절강성 烏程 사람이다. 1592년 進士를 했고 庶吉士(한림원 관직)로부터 자리를 옮겨 檢討(史官)에 제수되었다. 명나라 말 남경 예부 시랑으로 있으면서 남경교안을 주도한 인물이다. 이탈리아 선교사 마테오 리치와 같은 무리인 바뇨니가 천주교를 宣揚하여 많은 사대부들의 존경을 받고 있었다. 이 일을 계기로 1616년 그는 세 차례나 「參遠夷疏」를 올려 조정

경 예부 시랑 신분으로 쓴 여러 편의 글[4]이다. 중우는 나와 한집안 사람으로 같이 한림원에서 일했던 막역한 사이이다. 평소에 함께 지낼 때 우리는 늘 경세제민의 도로써 서로를 면려하였지 한갓 글재주로 우열을 다투고자 하지 않았다. 함께 관각館閣의 옛일들을 살펴볼 때마다 고황제(태조)에게 탄복하곤 하였다. 고황제께서는 중서성을 나누어 육부로 만드시고, 늘 유신儒臣들과 더불어 상의하고 자문을 구하였으며, 전각마다 대학사 자리를 두셨다. 그러나 이를 홀로 운영하고 친히 국사를 결정하시었기에 빛나는 계책만이 드러나고 대신들의 도움의 흔적은 보이지 않았다.

少宗伯署南禮部諸稿也. 仲雨與余同籍同館, 號爲莫逆, 居恒以經濟道誼相勗, 不欲徒以文藻稱雄長. 每共討館閣故實, 相與嘆高皇帝析中書省爲六部, 然帷幄未嘗不與儒臣相咨諏, 殿閣皆設大學士, 特乾綱獨運, 親決萬機, 故顯潤色之猷, 而泯參贊之迹.

후세 사람들은 국초에 승상 제도를 없앴고 내각제는 영락 연간(1403~1424)에 생겨났다고들 하는데, 이는 잘못된 말이다. 문황(영락제)께서는 신무神武로써 나라를 세우셨으나, 무기를 버리고 문예를 중히 여기시어 즉시 "삼양三楊과 해진解晉, 호광胡廣 등 일곱 대부에게 명하여 문연각에서 일직을 서게 하였다."[5] 중

後人謂, 國初罷丞相, 而內閣創于永樂間者, 非也. 文皇神武定鼎, 投戈講藝, 即命三楊·解·胡七大夫, 日直文淵閣, 親臣比于重臣, 贊決機務. 有從他曹改入翰林, 官僅編簡, 積漸尊貴,

---

에 천주교를 금지시킬 것을 요구하였다. 1620년에 예부 상서 겸 동각 대학사로 임명되었으나 나아가지 않았고, 1621년에 太子太保 문연각 대학사, 少保 武英殿 대학사로 升晉되었다. 그는 한때 內書堂에 있으면서 환관 위충현의 스승 노릇을 한 적이 있었고, 또 환관 당파인 李進忠, 劉朝 등을 위해 東陽(절강성), 義烏(절강성), 揚州, 淮安에서 군사 200여 명을 모집하여 錦衣衛에 예속시켜 환관 당파들의 세력을 키워 준 일이 있었는데, 이로 인해 탄핵받아 결국 귀향하여 죽었다. 시호는 文定이다.

4 이 세 편의 정문이 이른바 '南京教案'의 도화선이었다.

5 三楊은 명나라 때 臺閣體 문인으로 불렸던 楊士奇·楊榮·楊溥를 말한다. 성조(영락제, 재위 1402~1424)는 황위에 오른 뒤 문연각을 설치하고 국가의 중대사를 결정하는 일을 돕도록 하였다. 영락 4년(1406) 8월 임자일에 侍讀 해진, 編修 황회가 문연각에 들어와 당직을 맡았다. 오래지 않아 侍讀 호광, 修撰 楊榮, 編修 楊士奇, 檢討 金幼孜와 胡儼에게 명을 내려 함께 들어와 당직을 맡고 기무에 참여하게 하였다.

신과 친신이 나란히 국가 중대사 결정을 도왔다. 다른 관서를 거쳐 한림원에 들어올 경우, 관직은 문서 관장하는 일에 지나지 않았으나 점차 신분이 존귀해졌기 때문에 시종 사림詞林을 떠나지 않았다. 후세의 사람들은 내각이 모두 사신詞臣에서 나온 것은 아니라고 말하는데, 이는 틀린 소리이다.

終始不離詞林. 後人謂, 內閣不盡出詞臣一途者, 非也.

경태(代宗, 1450~1457), 천순(英宗, 1457~1464), 정덕(武宗, 1506~1521), 가정(世宗, 재위 1522~1566) 연간에 이르러서 잠저潛邸[6]를 거쳐서 부원部院에 들어오는 일이 생겼으며, 예제禮制를 논하는 신하들은 먼저 관직館職[7]을 거친 다음에야 크게 쓰였다. 그러니 임금이 사신을 아끼고 중히 여긴 지 이미 오래인 것이다. 다만 문학시종文學侍從의 경우, 처음에는 유유자적하며 할 일 없이 지내다가, 경卿이나 시랑侍郎의 자리에 오르고 나면 요직에 있는 고관들과 어깨를 나란히 하게 되는데, 예부 경卿의 경우는 더욱 그러하다.

惟景泰·天順·正·靖之間, 初有繇潛邸部院入者, 而議禮諸臣, 皆先改館職, 而後大用. 則祖宗雅重詞臣, 其來久矣. 惟是文學侍從之臣, 初若優游無所事事, 逮晉卿貳, 則肩仔周應皆鉅且要, 而禮卿爲尤甚.

예를 들어 남경 예부 하면 누구나 한가하고 할 일이 없어서 명망이나 쌓으면서 자리 옮기기만을 기다리는 곳쯤으로 여긴다. 그러나 심중우는 남경 예부를 맡고서 명망이나 쌓으면서 안일하게 지내지 않았다. 그가 상주한 소장疏章·이문移文 및 많은 서독署牘들을 나는 모두 받아 읽어 보았다. 그가 올린 내용인즉, 천계天戒를 신중히 여기라 하고, 세자의 강설講說

若南禮部, 人人以爲閒適無事之地, 用以養望而待遷. 而仲雨典南部, 獨不取優游養尊. 所奏疏移文諸牘若干卷, 余受而卒業焉. 所言謹天戒, 開儲講, 請王婚, 定陵祀, 皆關宗社大計. 引經據禮, 明諍婉諷, 不遺

6 '潛邸'는 황제가 아직 황위에 오르기 전에 살던 곳을 가리킨다.

7 '館職'은 唐나라 때부터 弘文館, 史館, 集賢殿 등에서 修撰, 編校 等의 일을 맡아보던 官職을 통칭하여 이르던 말이다.

을 열라 하고, 황실의 혼사를 주청하고, 능침과 제사를 정하라 하였으니, 모두 종묘사직의 대계에 관한 일들이었다. 그는 경전을 인용하고 예제에 근거하여 명백히 쟁론하고 완곡히 풍간諷諫하는 데 힘을 아끼지 않았다. 그가 발분하여 힘껏 쟁론하고, 두 번 세 번 세속과 시류도 돌아보지 않고, 또 노고와 원한도 피하지 않으면서까지 기필코 모조리 제거하기를 바랐던 이설 가운데, 서양 오랑캐의 일만 한 것이 없다.

餘力. 而其所發憤抗論, 至再至三, 不顧流俗, 不避勞怨, 必期于異說芟除之淨盡者, 毋如西洋夷人一事.

천하의 모든 우환은 실마리에서 생겨나 차츰 커지게 마련이니, 일찍 보고 멀리 생각하는 사람만이 실마리를 미리 살펴서 차츰 커지는 것을 막을 수 있다. 그 가지와 넝쿨을 잘라 버리고 그 줄기와 뿌리를 뽑아내야만 훗날에 큰 우환을 남기지 않을 수 있기 때문이다. 처음 의론을 꺼낼 때, 어떤 사람은 어리석다고 여기어 비웃기도 하고 옆에서 교란시키기도 하며, 마치 신경 쓸 필요조차 없는 대수롭지 않은 일처럼 여기기도 한다. 이것이 바로 깨달은 자가 두려워하고 걱정하면서, 마치 병으로 몸이 아파 하루도 견딜 수 없듯이 여기는 까닭이다.

夫天下之患, 其來有端, 其成有漸, 惟早見遠慮者, 能預察其端, 而力防其漸. 爲能剪其枝蔓, 拔其根株, 而不遺大患于後. 當其初議時, 或目爲迂闊, 而訕笑之, 旁撓之, 若見爲尋常不足介意者, 正智者之所瞿然恐, 蹙然憂, 如疾痛之在身, 不能一朝濡忍者也.

옛날에 가의賈誼는 당시 서얼들의 행태로 인해 통곡하였고,[8] 강통江統은 글을 써서 오랑캐를 쫓아낼

昔賈誼痛哭于庶孽. 江統著論于徙戎. 當時若能聽其言, 則七

8 賈誼(기원전 200~기원전 168)는 西漢의 정론가이자 문학가이다. 그가 지은 「治安策」은 "신이 형세를 헤아려 보건대 통곡할 일이 하나요, 눈물 흘릴 일이 둘이요, 장탄식할 일이 여섯입니다. 그밖에 도리를 저버리고 다치게 하는 일은 이루 다 열거할 수 없을 만큼 많습니다.(臣竊惟事勢 可爲痛哭者一, 可爲流涕者二, 可爲長太息者六, 若其它背理而傷道者, 難遍以疏擧.)"라는 말로 시작되고 있는데, 그중 "오늘날 노비를 파는 자들은 수놓은 옷에 비단신을 신겨 수레에 싣습니다. 이는 고대 왕후의 복식이며 교묘제에서만 입었지 평상시엔 입지도 않던 옷이거늘, 지금은 서민들조차 노비에게 입힙니다.(今

것을 주장하였다.[9] 그때 그들의 말을 들었더라면, 칠국七國의 화란禍亂은 사전에 소멸되었을 것이고, 오호五胡[10]의 난리 또한 어찌 갑작스레 터졌겠는가? 그것은 실마리가 이미 드러났는데도 알지 못하고, 차츰 커지는데도 깨닫지 못한 까닭에 하루아침에 반란이 일어나 수습할 수 없었던 것이다.

國之釁必可逆銷, 五胡之亂何至横決哉. 惟端已見而不知, 漸已成而莫覺, 故一朝發難而不可收拾也.

심중우가 오랑캐 왕풍숙王豐肅(바뇨니)[11] 등을 법률에 따라 참주하고 추방하려 한 뜻이 바로 여기에 있다. 어떤 이들은 "그 오랑캐들에게 법에 어긋나는 반역의 행적도 없는데, 법망을 끌어들여 저들의 근거지를 내치려 한다면 교화를 향하는 저들의 마음을 상하게 할 것이다. 안팎 가리지 않는 일통一統의 도에 포용하지 못할 것이 무엇이 있느냐."고 말한다. 또 "오

仲雨于夷人王豐肅等, 據律參奏, 盡法驅逐, 意正在此. 或云 "彼夷無扞罔逆跡, 引繩批根, 不無傷向化心, 一統無外, 何所不包荒." 又云 "夷人窺天之器殊巧, 適當修正曆法之際, 或可參用, 如回回曆法." 而反覆仲

民賣僮者, 爲之繡衣絲履偏諸緣, 内之閑中. 是古天子后服, 所以廟而不宴者也, 而庶人得以衣婢妾.)"라고 하면서 상하 질서가 어그러진 세태를 비난했다. 이어 "황제조차 검고 조악한 옷을 입는데, 부유한 자는 수놓은 비단으로 집 안 담장을 장식하고, 황후의 옷깃 장식을 서얼 첩의 신발 장식으로 삼으니, 이것이 신이 말하는 패란입니다(且帝之身自衣皁綈, 而富民墻屋被文繡, 天子之后以緣其領, 庶人孽妾緣其履, 此臣所謂舛也)."라고 하였다.

9 晉나라 元康 9년(299)에 太子洗馬로 있던 江統은 戎狄이 중원으로 옮겨 오면서부터 많은 모순이 야기되었고, 이것이 곧 '五胡亂華'의 근원이 되었다고 역설하면서, 「徙戎論」을 지어 그들을 본토로 돌려보낼 것을 주장하였다.

10 북방에서 중원으로 이동한 匈奴, 鮮卑, 羯, 氐, 羌 등 다섯 유목 민족을 가리키며, 이들이 각자 나라(五胡十六國)를 세운 시기는 304~439년까지 136년간이다.

11 Alfonso Vagnoni(1566~1640, 중국명 王豐肅 또는 高一志)는 남경교안의 대표적 인물로 1617년 마카오로 추방되었으며, 그때까지 王豐肅이라는 중국 이름을 썼다. 중국에 재입국 시(1624)에 高一志로 개명했으며, 字는 則聖이다. 이탈리아 출신의 천주교 선교사로, 1604년부터 南京에서 주로 활동하다 남경교안 때 추방당했으며, 재입국하여 絳州(山西省)에서 활동하다 후에 蒲州로 갔는데, 사람들이 산서의 천주교 선교 창시조로 받들었다. 저서로는 『教要解略』(1626), 『聖母行實』(1631), 『天主聖教聖人行實』(1626), 『四末論』(1640), 『則聖十篇』(1626), 『勵學古言』(1632), 『西學修身』(1630), 『西學治平』(1630), 『西學齊家』(1630), 『童幼教育』(1620), 『寰宇始末』(1637), 『斐錄彙答』(1636), 『譬學警語』(1633), 『神鬼正紀』(1633), 『空際格致』(1633), 『達道紀言』(1636), 『推驗正道論』 등이 있다.

랑캐들의 천체 관측 기구가 유달리 정교하니, 마침 역법을 고치고자 하는 지금 혹시나 회회역법回回曆法[12] 처럼 참작하여 쓸 수도 있지 않겠느냐."고도 말하며 심중우와 주고받은 편지에서 신나게 떠벌리고 있다.

雨牘中, 固皆侃侃言之矣.

저 오랑캐들은 '대서양'이라 제멋대로 칭하고, 그 나라 군주의 서신이나 주장奏章도 받들지 않은 채 함부로 북경과 남경에 잠입하였으니, 이는 몇 차례의 통역을 거쳐 조알하러 오는 것과는 다르다. 게다가 그 무리는 날로 늘어나고 있다. 저들은 돈과 부적과 성수聖水만 가지고도 어리석은 백성들을 선동하고 유혹하기에 충분한데, 이교異教의 신비한 기구로 천상까지 관측할 수 있다면 기이한 것을 좋아하는 사대부들의 귀를 솔깃하게 만들기에도 충분할 것이다. 지금 저들을 힘써 쓸어버리지 않았다가 작은 뱀을 어쩌지 못해 큰 독사가 된 후에는 어찌할 것인가?

彼夷妄稱大西洋, 且不奉其主箋表, 潛跡闌入兩都, 與重譯來王不同. 且其徒衆日繁. 金錢符水, 既足煽誘愚民, 異教秘器, 稱天測象, 又足以動士大夫好怪耽奇之聽. 於此不竭力掃除, 爲虺不摧, 爲蛇奈何?

심중우는 남경에서 예부 경을 맡게 되자 주장을 올려 칙지를 받들고, 이 하찮은 것들을 다스리기 위해 거침없는 변론을 펼쳤다. 이에 남북이 호응하여 숲에 잠복한 도적들과 모래에 숨은 독사들을 기필코 다 찾아내고자 하였다. 만약 제거함에 조금이라도 고삐를 늦춘다면, 저들의 저술은 불경처럼 성행할 것이요, 저들의 세력은 황건적[13]처럼 제압하기 어려워질 것이다. 그리된다면 제왕이 사는 수도 아래이자 능침

即如仲雨身任禮卿, 奏請奉旨, 以治此么麼, 而辨揭縱橫. 南北響應, 伏莽含沙, 意正未已, 藉使鋤治少緩, 撰述同貝葉以盛行, 部署如黃巾而難制. 輦轂之下, 陵寢之旁, 其禍可勝道哉.

12 원나라 세조 18년(1281)에 郭守敬 등이 제정한 授時曆을 말한다.

13 황건적은 東漢 말기에 농민 봉기를 일으켰던 무리를 일컫는다. 184년에 일어난 황건적의 난은 張角 등이 영도하였다.

의 옆에 해당하는 이곳이 입게 될 화를 이루 말할 수 있겠는가!

배우는 자들은 공맹의 도를 외우며 그것을 본보기로 삼는다. 공자는 노나라의 소정묘少正卯를 주살하고 말하기를, "행위가 사벽하고 완고하며, 말이 거짓되고 궤변스러우며, 추악한 것을 널리 기억하고 있다."[14]고 하였고, 또 "저들의 거처는 족히 무리를 모아 도당을 이룰 만하고, 저들이 하는 말은 족히 거짓을 꾸며 대중을 현혹할 만하며, 저들의 강한 방어력은 족히 옳은 자들을 몰아내고 홀로 독립할 만하다. 그러니 주살하지 않을 수 없다."[15]고 하였다. 그리고 맹자는 양주楊朱와 묵적墨翟을 배척하면서, "양주의 '위아爲我'는 임금을 부정하는 것이요, 묵적의 '겸애兼愛'는 아비를 부정하는 것이다."[16]라고 하였다. 공자는 정사를 전횡하는 세 집안[17]을 치지 않고 정사를 어지럽히는 소정묘를 먼저 주살하였다. 맹자는 장의張儀와 소진蘇秦이 세상을 위태롭게 하는 것을 공박하지 않고, 먼저 양주와 묵적의 사악함을 배격하

學者誦法孔孟. 仲尼之誅魯之文人也. 固曰"行僻而堅, 言僞而辨, 記醜而博." 又曰"其居處足以撮徒成黨, 其談說足以飾褒熒衆, 其强禦足以反是獨力, 不可不除也." 而孟子之詆楊墨曰"楊氏爲我, 是無君也, 墨氏兼愛, 是無父也." 夫孔子未攻擅政之三家, 而先誅亂政之少正卯. 孟子不攻儀秦之傾危, 而先距楊墨之淫邪. 乃後儒稱孔行周公之志, 孟之功不在禹之下, 則豈非以奇衺詭譎之患, 能早絶其端, 而防其漸哉.

---

14 『荀子』「宥坐」에 나오는 말이다. "사람에게는 다섯 가지 악행이 있는데 도둑질은 여기에 들지 않는다. 첫째는 마음이 明達하지만 품은 심사가 음흉한 것이고, 둘째는 행위가 邪僻하고 완고한 것이며, 셋째는 말함이 거짓되고 궤변스러운 것이며, 넷째는 추악한 것을 널리 기억하고 있는 것이고, 다섯째는 그릇된 것을 붙좇아서 분식해 주는 것이다. 이 다섯 가지 가운데서 한 가지만이라도 사람에게 있다면 군자에게 살육당하기를 면하기 어려운데, 소정묘는 이 다섯 가지를 모두 가지고 있다.(人有惡者五, 而盜竊不與焉. 一曰心達而險, 二曰行辟而堅, 三曰言僞而辯, 四曰記醜而博, 五曰順非而澤. 此五者, 有一於人, 則不得免於君子之誅, 而少正卯兼有之.)"

15 『孔子家語』「始誅」에 나오는 내용이다.

16 『孟子』「滕文公下」에 있는 내용이다.

17 '三家'란 公室을 僭越한 노나라의 세 대부, 즉 季孫氏·孟孫氏·叔孫氏를 가리킨다.

였다. 후세의 유가들은 공자를 일러 주공의 뜻을 행하였다 찬양하고, 맹자의 공적은 우임금 못지않다고들 하는데, 이는 저들의 기이하고 사악하고 거짓되고 황당무계한 것들이 초래할 우환을 실마리부터 일찌감치 끊어 버림으로써 점차 자라나지 못하게 막았기 때문이 아니겠는가.

심중우의 뜻은 실로 심원하다. 지금 나라 안에 변고가 많고 나랏일을 예측하기 어려운데, 모두 일찌감치 실마리를 찾아내지도 못하고, 그것이 자라나는 것을 막지도 못한 채 무궁한 재난만을 키우고 있다. 그러나 심중우는 일을 처리함에 있어 관련된 자들을 가차 없이 처벌하였다. 이전에 나와 함께 관각의 옛일에 관해 이야기할 때부터 오늘날에 이르기까지, 그가 베푼 정사는 앞으로 온 나라에 퍼져 나가 모두가 괄목상대하게 될 것이다. 그가 새롭게 참주參奏[18]한 글이 장차 일으킬 작용 및 그의 책략과 공훈의 위대함은 이 글로 다 드러내기에 부족하다. 나는 그저 이 글을 지어 그의 목적이 무엇인지만을 드러내고자 할 뿐이다.

1620년 2월
취리就李[19]의 친척 형제 진의전이
머리 조아려 짓다

仲雨之意, 蓋深遠矣. 方今寓內多故, 疆事叵測, 皆坐于見端不早, 積漸不防, 以養無窮之禍. 仲雨遇事, 有關係者不少寬假, 向與予尋討館閣舊聞遺事, 止爲今日. 政將及于海內共拭目. 新參之作用, 其擘畫建樹, 玆稿不足盡其大. 余特爲玆刻表其用心之所在云.

庚申 春仲
就李 年眷弟 陳懿典
頓首拜撰

18 ‘참주’는 懲治하라고 조정에 상주하는 일을 말한다.
19 ‘就李’는 檇李라고도 하며, 절강성 嘉興의 별칭이다.

2.「남궁서독」

南宮署牘

남경 예부 시랑 심각

南京 禮部 侍郎 沈㴶

요지 「남궁서독」에는 「멀리서 온 오랑캐를 참주하는 상소」 세 편이 수록되어 있다. 이는 모두 당시 남경 예부 시랑으로 있던 심각이 상주한 글들인데, 첫 번째 상소 「멀리서 온 오랑캐를 참주하는 상소(參遠夷疏)」에서는 멀리서 온 오랑캐가 남경에 함부로 들어와서 몰래 제왕의 교화를 해치고 있음을 성토하고 있다. 「멀리서 온 오랑캐를 참주하는 두 번째 상소(再參遠夷疏)」는 첫 번째 상소에 대한 비답을 받지 못한 상황에서 거듭 올린 글이다. 「멀리서 온 오랑캐를 참주하는 세 번째 상소(參遠夷三疏)」는 두 차례에 걸쳐 주장을 올렸지만 칙지를 받지 못하여 다시 올린 글이다.

2.1. 멀리서 온 오랑캐를 참주하는 상소

參遠夷疏

요지 첫 번째 상소로, 멀리서 온 서양 오랑캐가 제왕의 교화를 해치고 있음을 성토하고 있다. 심각이 들고 있는 주요한 근거는 첫째, 저들이 자기 나라를 '대서大西'라 자칭함으로써 '대명大明'에 맞서고 있는 점, 둘째, 저들의 종교를 '천주교'라 높이고 그 '천주'를 성조聖朝의 '천자' 위에 올려놓으려는 점이다. 셋째는, 그럼에도 불구하고 사군자四君子라는 자들은 저들의 사설을 따르려 하고, 더 나아가 저들의 천체 관측기구 등 과학 기술의 정교함을 칭찬하며 동경하고 있다는 점으로, 심각은 이 점이 특히 요순 이래의 법도와 기강을 개변시키고 혼란시키려는 음모라며 격분하고 있다. 넷째는, 저들이 재물로써 어리석은 백성을 유인하면서 제사도 지내지 말라고 권도한다는 점 등이다. 즉 대중화大中華 사상 전반이 흔들리고 대대로 영위해 온 전통과 습속이 뒤바뀌어 가고 있다는 위기의식하에 작성한 상주문이라 볼 수 있다. 이상의 이유에 근거하여 저들의 종교가 점점 자라나 세력이 커지기 전에 기한을 정해 이 땅에서 영구히 쫓아 버려야 한다고 주장하였다.

멀리서 온 오랑캐들이 함부로 도성에 들어와 암암리에 임금의 교화를 방해하고 있으니, 율령을 엄히 펼쳐 민심을 바로잡고 풍속을 지켜 줄 것을 참주하는 건.

奏爲遠夷闌入都門, 暗傷王化, 懇乞聖明申嚴律令, 以正人心, 以維風俗事.

신이 듣건대, 제왕이 천하를 다스릴 때에는 유학에 근거하여 기강을 정하고, 이 기강을 틀어쥐고서 상벌을 명확히 실행하며, 백성에게 나날이 악을 바로잡고 선행을 권도하여 사악한 세력에 빠지지 않도록 해야 한다 하였습니다. 이는 이른바 도리와 풍속을 하나 되게 함을 일컫는 것으로, 민심을 바로잡고 국맥을 수호하는 근본 대계입니다. 태조 고황제께서 먼 변방까지 다스리시니, 나라 안의 모든 백성이 각기 직무를 수행하고, 사방 오랑캐들이 귀순하였습니다. 그러나 오랑캐와 중화의 구분을 엄히 하시어 후환을 방

職聞帝王之御世也, 本儒術以定紀綱, 持紀綱以明賞罰, 使民日改惡勸善, 而不爲異物所遷焉. 此所謂一道同風, 正人心而維國脉之本計也. 以太祖高皇帝長駕遠馭, 九流[1]率職, 四夷來王, 而猶諄諄于夷夏之防. 載諸祖訓及會典等書, 凡朝貢各國有名, 其貢物有數, 其應貢之期, 給有勘合, 職在主客司.

1 백성을 士農工商 네 개로 구분하던 것이 점차 아홉 종류(九流)로 세분화되었는데, 이는 다시 上九流, 中九流, 下九流로 세분화되었으며, 시대에 따라 많이 바뀌었다. 이에 따라 九流란 사회 구성원들의 각양각색의 직업, 나아가 모든 백성을 가리키는 말로 사용된다.

비하셨습니다. 『조훈祖訓』[2]과 『회전會典』[3] 등에 기록된 내용을 보면, 조공을 바치는 나라의 이름, 공물의 수량, 조공 시기 등을 일일이 기재하고 감합[4]을 찍어 대조, 확인하게 하였으며, 그 일은 주객사[5]에서 주관한다 하였습니다.

여기에 기록되어 있지 않거나 감합이 없는 자들은 함부로 관문을 넘어온 자를 다스리는 법이나 간첩 행위를 조사하는 법으로 다스려야 합니다. 신이 소속되어 있는 예부의 직무는 사도와 정도에 관한 금령에 매우 엄격하여서, 좌도로써 정도를 어지럽히고 착한 일을 하는 것처럼 가장하여 백성을 선동하는 자가 있으면, 두목과 추종자를 구분하여 두목은 교수형에 처하고 추종자들은 유배 보냅니다. 병사나 민간인 가운데 저들의 내력도 묻지 않고서 숨겨 주거나 끌어들여 국내 사정을 염탐해 준 자가 있으면 변방으로 보

其不係該載, 及無勘合者, 則有越渡關津之律, 有盤詰奸細之律. 至于臣部職掌, 尤嚴邪正之禁, 一應左道亂正, 佯修善事, 煽惑人民者, 分其首從, 或絞或流. 其軍民人等, 不問來歷, 窩藏接引, 探聽境內事情者, 或發邊充軍, 或發口外爲民, 律至嚴矣.

---

2 『祖訓』은 『皇明祖訓』을 가리키며 朱元璋이 撰輯했다. 명나라 태조가 황권을 공고히 하기 위해 후세에게 훈계를 내린 것인데, 내용은 持守, 제사, 예의, 법률 등을 포함하고 있다. 처음 서명은 『祖訓錄』이며 洪武 2년(1369)에 편찬을 시작하여 홍무 6년에 완성된 것을 홍무 9년에 다시 수정하였다. 이어 홍무 28년(1395)에 재수정을 가한 후 반포하면서 서명을 『황명조훈』으로 바꾸었다. 본문은 『四庫全書存目叢書』에 수록되어 있다.

3 여기서 『會典』은 『明會典』을 가리킨다. 명나라의 典章 제도를 기록한 법령집으로 세 차례에 걸쳐 개정되었다. 弘治 10년(1497)에 編修를 시작하여 15년(1502)에 끝냈다. 총 180권으로 되어 있으며, 이를 『大明會典』이라 칭한다. 正德 6년(1511)에 重刊本을 간행하였고, 嘉靖 8년(1529)에도 다시 편수했으나 간행하지는 않았다. 萬曆 4년(1576)에 이를 중수하여 1587년에 『重修會典』을 간행하였는데, 申時行 등이 편찬하였다고 적혀 있으며 모두 228권으로 되어 있다. 현재 일반적으로 『명회전』이라 지칭하는 것은 만력본을 가리킨다. 『명회전』은 6부의 관제를 중심으로 각 행정 기구의 직무와 사례를 주로 기술하고 있다.

4 '勘合'이란 발송할 공문서 한 끝을 원부에 겹쳐 찍던 인장을 말한다. 지금의 '원본대조필', '間印'과 같은 쓰임새이다.

5 主客司는 예부에 속한 부서로 여러 藩屬의 朝貢, 접대 등을 주관하였다.

내 군사로 충원하거나 장성 밖으로 보내 백성으로 살게 합니다. 율령이 이같이 엄격합니다.

먼 곳에서 온 자들의 인의를 앙모한다는 명분은 취할 만하며, 조정의 덮어 주고 양육하는 도량은 안팎 가리지 않고 모든 것을 품을 수 있음을 신이 어찌 모르겠습니까? 그러나 산천에는 본디 봉토의 경계가 있으니, 네 땅 내 땅을 서로 정확히 나누어 자기 구역에 머물러야만 왕도에 치우침이 없어집니다. 미련한 백성이란 나쁜 일에 쉬이 빠지게 마련이므로 사도를 누르고 정도를 높여 지존의 자리를 명확히 해야만 풍속이 순후해질 수 있습니다.

夫豈不知遠人慕義之名可取, 而朝廷覆載之量, 可以包荒而無外哉? 正以山川自有封域, 而彼疆我理, 截然各止其所, 正王道之所以蕩平. 愚民易與爲非, 而抑邪崇正, 昭然定于一尊, 乃風俗之所以淳厚.

그러므로 불교와 도교는 전해진 지 오래된지라 유교와 나란하게 놔두고, 무당들의 하찮은 법술은 보고 듣기에 새로울지라도 엄히 근절하여 미련한 백성들을 선동하고 현혹하지 못하도록 하는 것입니다. 이 천하 만대를 위한 치안책은 지극히 심원하다 하겠습니다.

故釋·道二氏, 流傳旣久, 猶與儒教並馳, 而師巫小術, 耳目略新, 即嚴絶之, 不使爲愚民煽惑. 其爲萬世治安計, 至深遠也.

그런데 뜻밖에 요즘 갑자기 간교한 오랑캐들이 멀리서 왔습니다. 북경에는 방적아龐迪峨(판토하)[6] · 웅

不謂近年以來, 突有狡夷自遠而至, 在京師則有龐迪峨·熊三

6 Didace de Pantoja(1571~1618, 중국명 龐迪峨)는 스페인 출신의 천주교 선교사로 字는 順陽이다. 1589년 예수회에 가입하였고, 1597년 마카오에 도착하여 신학 훈련을 받았다. 1600년 일본으로 파송될 예정이었으나 마테오 리치의 두 번째 북경행에 동행하여 그를 도왔으며, 마테오 리치가 죽은 다음 예수회 중국 구역 회장으로 추대되었다. 1611년 조정의 명을 받아 역법을 수정하였고, 남경교안 때 마카오로 추방되어 그곳에서 죽었다. 그가 쓴 『龐子遺詮』은 천주교의 교리를 해설한 책이다.

삼발熊三拔(우르시스)[7] 등이 있고, 남경에는 왕풍숙(바뇨니), 양마락陽瑪諾(디아스)[8] 등이 있으며, 그 밖의 오랑캐들이 성省 소재지와 각 군郡 도처에도 있습니다. 저들은 저들 나라를 '대서양'이라 칭하고, 저들의 종교를 '천주교'라 부릅니다. 하늘 아래 바다 안팎에 오직 황제만이 하늘처럼 덮어 주시고 땅처럼 만물을 실어 주시며 밝은 곳에 임해 계신 주인이기에 국호를 '대명大明'이라 한 것인데, 저 오랑캐들이 어찌 '대서大西'라고 일컬을 수 있단 말입니까? 이미 귀화했다고 말하면서 어찌 두 개의 큰(大) 나라라는 말로 맞설 수 있단 말입니까?

拔等, 在南京則有王豐肅·陽瑪諾等, 其他省會各郡, 在在有之, 自稱其國曰大西洋, 自名其教曰天主教. 夫普天之下, 薄海內外, 惟皇上爲覆載炤臨之主, 是以國號曰大明, 何彼夷亦曰大西? 且旣稱歸化, 豈可爲兩大之辭以相抗乎?

저 융성했던 삼대三代[9] 때는 제후들을 다스린다 하여 '천왕'이라 하였고, 천하에 군림한다 하여 '천자'라 하였습니다. 지금 이 조정에서도 옛일을 고찰하여 제도를 정하였기에, 조서가 내려올 때마다 '하늘을 받든다〔奉天〕'고 말합니다. 그런데 지금 저 오랑캐들이 마치 그보다 위에 군림하고 있는 듯 '천주'를 사칭하여 어리석은 백성들을 현혹하고 있으니, 백성들이

三代之隆也, 臨諸侯曰天王, 君天下曰天子; 本朝稽古定制, 每詔誥之下, 皆曰奉天, 而彼夷詭稱天主, 若將駕軼其上者, 然使愚民眩惑, 何所適從?

---

7 Sabbathino de Ursis(1575~1620, 중국명 熊三拔)는 이탈리아 출신의 예수회 신부로 字는 有綱이다. 1606년에 중국에 와서 마테오 리치와 함께 있으면서 徐光啓·李之藻를 도와 行星說을 번역하고, 북경의 經度를 측정하였다. 1616년 남경교안이 일어나자 마카오로 압송되었다. 저서로는 『泰西水法』(1612), 『簡平儀說』(1611), 『表度說』(1614)이 있는데, 모두 『四庫全書』에 수록되었다.

8 Emmanuel Diaz(1574~1659, 중국명 陽瑪諾)는 포르투갈 출신의 천주교 선교사이며 천문학자이다. 1592년 예수회에 가입하였고 1605년 마카오에 와서 신학을 가르쳤다. 韶州, 南雄, 北京, 南京, 上海, 杭州, 福州, 寧波 등지에서 활동하였고, 1623년에 중국 구역 예수회 부구장이 되었다. 주일 예배용으로 색인을 넣은 전 14권(1642, 재판은 8권)으로 된 성경 해설집 『聖經直解』(1636)와 『景教碑詮』(1644), 『天問略』(1615) 등의 저술이 있다.

9 상고 시대인 夏·殷·周를 일컫는 말로, 태평성대를 상징하는 용어로 사용된다.

누구를 따르겠습니까?

신이 처음 남경에 왔을 때 들으니, 저들이 모은 신자들이 무리를 이루었고 가옥과 건물까지 소유하고 있다 하였습니다. 이에 예부의 직무를 엄격히 밝히기 위해 저들을 잡아들여 다스려 쫓아내고자 하였습니다. 그런데 어떤 사람이 말하기를, "저들의 무리가 실로 많을뿐더러 저들의 교설教說이 인심에 젖어들어 사대부들 가운데도 믿고 따르는 자가 있는데, 하물며 일반 백성들이랴. 그러하니 갑자기 가가호호 깨우치게 하기 어렵다."고 하였습니다. 신이 그만 저 자신도 모르게 길게 탄식하게 되는 것은, 존귀한 중국의 대일통大一統이나 민심과 풍속에 관계되는 일을 들어 고해 오는 자가 한 명도 없었다는 점입니다. 생각이 여기까지 미쳤다면, 어찌 사군자士君子로서 저들의 말을 차마 따를 수 있었겠습니까?

臣初至南京, 聞其聚有徒衆, 營有室廬, 即欲修明本部職掌, 擒治驅逐. 而說者或謂 "其類實繁, 其說浸淫人心, 即士君子亦有信向之者, 況于閭左之民, 驟難家諭戶曉." 臣不覺喟然長嘆, 則亦未有以尊中國, 大一統, 人心風俗之關係者告之耳. 誠念及此, 豈有士君子而忍從其說乎?

또 어떤 사람은 "역법을 연구하고 천시를 밝히는 법이 실전失傳된 지 오래라, 천문대와 흠천감의 추산에 점점 오차가 생기고 있다. 하지만 저 오랑캐들이 제작한 하늘과 해를 관측하는 기구는 아주 정교하다."고 하였습니다. 이에 만력 39년(1611)에 해당 부서를 거쳐 제본을 갖추어 상주하니, 평소 역법의 이치를 연구해 오던 사람들과 저 오랑캐가 함께 관서를 열어 천문 서적을 번역하게 되었습니다.[10] 아아! 이 또

說者又謂 "治曆明時之法, 久失其傳, 臺監推算, 漸至差忒, 而彼夷所製窺天窺日之器, 頗稱精好." 以故萬曆三十九年, 曾經該部具題, 欲將平素究心曆理之人, 與同彼夷開局繙繹. 嗚呼! 則亦不思古帝王大經大法所在, 而不知彼之妖妄怪誕, 所

10 남경교안 전까지 간행된 천문 역법 관계 서적은 李之藻의 『渾蓋通憲圖說』(1607), 徐光啓·利瑪竇의 『幾何原本』(1605), 우르시스의 『簡平儀說』(1611)과 『表度說』(1614), 李之藻의 『同文算指』(1614), 디아스의 『天問略』(1615) 등이다.

한 옛 제왕의 대경대법의 소재를 생각하지 않고, 저들의 요망함과 황당무계함을 모르고서 하는 소리입니다. 지극히 혐오해야 하고 통절히 끊어 마땅한 것이 바로 이것입니다.

當深惡痛絶者, 正在此也.

신, 좀 더 상세히 아뢰고자 합니다. 지금까지 역법을 연구할 때에는 반드시 하늘을 말하는 것에 근본을 두어야 하고, 하늘을 말하는 자는 반드시 일정한 본체를 가지고 있어야 했습니다. 「요전堯典」에서는 삼가 사람들에게 역법을 반포하여 절기에 따르게 하였으며[11], '손님 맞듯 뜨는 해를 맞이하고, 손님 보내듯 지는 해를 보낸다.'[12]는 뜻에서 시작하여 태양을 표준으로 삼도록 하였습니다. 예를 들어 낮과 밤의 길이가 같은 때에는 조성鳥星[13]이 나타나고, 낮의 길이가 가장 긴 때에는 화성火星[14]이 나타나며, 밤과 낮의 길이가 같은 때에는 허성虛星[15]이 나타나고, 낮의 길이가 가장 짧은 때에는 묘성昴星[16]이 나타납니다.[17] 해라는 것은 하늘의 변하지 않는 상도常道입니다. 달은 오

臣請得言其詳. 從來治曆, 必本於言天, 言天者必有定體. 「堯典」敬授人時, 始于寅賓寅餞, 以日爲記, 如日中星鳥, 日永星火, 宵中星虛, 日短星昴. 蓋日者, 天之經也. 而月五星同在一天之中, 月之晦朔弦望, 視日之遠近, 而星之東南西北, 與日之短永中相應, 是故以日記日, 以月記月, 以中星記時.

11 『尙書』「堯典」의 "희씨와 화씨에게 명해 하늘을 공경히 따라서 일월성신을 보고 역법을 제정하게 하고, 농사철을 공경히 주게 하였다.(乃命羲和, 欽若昊天, 曆象日月星辰, 敬授人時.)"라는 구절을 이른다.

12 위 주석의 바로 다음 구절이다. "해가 뜨는 것을 손님같이 맞아(寅賓出日)"는 仲春을 가리키고, "해가 가는 것을 손님 보내듯 하여(寅餞納日)"는 仲秋를 가리킨다.

13 '鳥星'은 남방 朱雀 七宿로 춘분 황혼에 남쪽 하늘에 나타난다.

14 '火星'은 동방 靑龍 七宿로 하지 황혼에 남쪽 하늘에 나타난다.

15 '虛星'은 북방 玄武 七宿로 추분 황혼에 남쪽 하늘에 나타난다.

16 '昴星'은 서방 白虎 七宿로 동지 황혼에 남쪽 하늘에 나타난다.

17 『尙書』「堯典」에 보면 "낮밤의 길이가 같으면 조성을 보게 되니, 이때를 춘분으로 잡아 정하였다. … 해는 길고 별은 대화성이니, 이때를 하지로 정하였다. … 밤낮의 길이가 같아 허성을 관측하게 되니, 이때를 추분으로 정하였다. … 해는 짧아지고 묘성이 뜨게 되니, 이때를 동지로 정하셨다.(日中星鳥, 以殷仲春, … 日永星火, 以正仲夏, … 宵中星虛, 以殷仲秋. … 日短星昴, 以正仲冬.)"라는 내용이 보인다.

성과 한 하늘에 있는데, 달의 회삭[18]과 현망[19]의 변화로 해의 멀고 가까움을 살필 수 있고, 별자리가 동서남북에 나타나는 것으로 해의 길고 짧음에 상응시킬 수 있습니다. 이 때문에 해로 하루를 기록하고, 달로 한 달을 기록하며, 중성[20]으로써 사계절을 기록했던 것입니다.

「순전舜典」에서는 "선기璇璣와 옥형玉衡을 관찰하여 칠정七政을 가지런히 하였다."[21]고 하였습니다. 이것을 풀이한 자들이 설명하기를, 천체의 운행은 언제나 변함이 없지만 하늘에서의 칠정의 운행에는 빠름과 느림, 순행과 역행의 구분이 있어 마치 임금의 정사와도 같다는 뜻이라고 하였습니다. 그렇지만 칠정이 있어서 제각각 하나의 하늘을 이룬다는 말은 들어 본 적 없습니다. 지금 저 오랑캐들은 학설을 세워

「舜典」在"璇璣玉衡, 以齊七政." 解之者, 以天體之運有恒, 而七政運行于天, 有遲有速, 有順有逆, 猶人君之有政事也, 則未聞有七政而可各自爲一天者. 今彼夷立說, 乃曰 "七政行度不同, 各自爲一重天." 又曰 "七政諸天之中心, 各與地心不同處

18 '晦朔'은 매달 월말의 하루(그믐날)와 초하루이다.

19 '弦望'은 매달 7, 8일과 22, 23일이다.

20 사방에 분포되어 있는 28수는 일정한 궤도에 따라 운행하는데, 순차에 따라 매달 中天 남방에 이르는 별을 中星이라 한다. 중성을 관찰하여 사계절(四時)을 알 수 있다.

21 『尙書』「舜典」에 나오는 말이다. "璇璣玉衡, 以齊七政"에 관한 해석에는 두 가지가 있다. 하나는 主星象說이고 하나는 主儀器說이다. 司馬遷은 『史記』「天官書」에서 북두칠성이 곧 璇璣玉衡이라고 주장하였다. 緯書인 『春秋運斗樞』에서는 북두칠성의 명칭을 璇璣玉衡과 연계시켜 "북두 제1성이 天樞, 제2성이 璇, 제3성이 璣, 제4성이 權, 제5성이 玉衡, 제6성이 開陽, 제7성이 搖光이다. 첫 번째에서 네 번째가 국자 부분이고 다섯 번째에서 일곱 번째가 자루 부분인데, 합쳐서 斗가 된다.(北斗七星第一天樞, 第二璇, 第三璣, 第四權, 第五玉衡, 第六開陽, 第七搖光. 一至四爲魁, 五至七爲杓, 合爲斗.)"라고 설명하였고, 『晉書』「天文志」에서는 "則三星爲玉衡"이라고 하여 사마천의 주장과 약간의 차이가 보인다. 『星經』에서는 "璇璣는 북극성이고 玉衡은 北斗九星이다.(璇璣者謂 北極星, 玉衡者謂 北斗九星.)"라고 하였다. 主儀器說은 한나라 이후에 성행했는데, 孔安國은 璇璣玉衡을 "하늘을 바로잡는 기구로서 운전할 수 있다.(正天之器, 可運轉.)"고 하여 의기설을 주장하였고, 정현도 "움직이는 것이 기이고 바로잡는 것이 형이다. 옥으로 만들어 운행 도수를 살핀다.(運動爲璣, 持正爲衡, 以玉爲之, 視其行度.)"고 하였다. 馬融의 경우는 이를 혼천의로 규정하였다. 七政은 日·月과 오성, 또는 天地人과 4계절이라고도 하고, 북두칠성이라 하기도 한다.

말하기를, "칠정의 운행 도수가 다르기에 제각각 한 층의 하늘을 이룬다."고 하며, 또 "칠정은 여러 하늘의 중심으로서 각기 지심地心으로부터 다른 위치에 있다."고 합니다. 저들의 황당무계함과 혹세무민함이 이토록 심합니다.

所." 其爲誕妄不經, 惑世誣民甚矣.

「전傳」에 이르기를 "태양이라는 것은 뭇 양기의 종주이며, 임금의 표징"[22]이라고 하였습니다. 그러므로 하늘에 두 태양이 있을 수 없는 것은 천하가 하나의 임금만을 받드는 것을 상징합니다. 오직 달만이 태양과 짝을 이루어 황후를 상징합니다. 원수垣宿[23]의 경위로 백관을 상징하며, 구천[24]의 뭇별로 팔방의 백성을 상징합니다. 그런데 지금 해와 달과 오성이 각각 하나의 하늘에 있다고 하니, 이것은 요순 때부터 중국에 전해 오는 법도와 기강 가운데 가장 중대한 것을 바꾸고 어지럽히려는 심사입니다.

「傳」曰 "日者衆陽之宗, 人君之表." 是故天無二日, 亦象天下之奉一君也. 惟月配日, 則象于后, 垣宿經緯以象百官, 九野衆星以象八方民庶. 今特爲之說曰, 日月五星各居一天, 是擧堯舜以來, 中國相傳, 綱維統紀之最大者, 而欲變亂之.

이것이 천도天道를 받드는 것입니까? 아니면 함부로 천도를 어지럽히는 것입니까? 이런데도 인의를 경모하여 왔다는 명분을 내세운다면, 이것이 임금의 교화에 귀순하는 것입니까? 아니면 몰래 임금의 교화를 방해하는 것입니까? 저들이 말하는 천체가 중국의 것과 다르지 않다 해도, 신은 저들이 세운 법이 다

此爲奉若天道乎? 抑亦妄干天道乎? 以此名曰慕義而來, 此爲歸順王化乎? 抑亦暗傷王化乎? 夫使其所言天體, 不異乎中國? 臣猶慮其立法不同, 推步未必相合, 況誕妄不經若此, 而可據

22 『漢書』「孔光傳」의 "해란 뭇 양기의 종주이며 임금의 표징이며 지존의 상징이다.(日者, 衆陽之宗, 人君之表, 至尊之象.)"라는 구절을 말한다.

23 '垣宿'는 별자리의 區域 이름이다. 太微, 紫微, 天市를 三垣이라 한다.

24 '九天'은 원문에 '九野'라 되어 있다. 『呂氏春秋』「有始」에 "하늘에는 구야가 있고, 땅에는 구주가 있다.(天有九野, 地有九州.)"는 말이 있다.

르므로 천상을 추산하는 역법도 나중에 가서는 부합되지 않으리라고 생각합니다. 하물며 황당무계하고 상도에 맞지 않기가 이와 같으니, 그런 것에 근거하여 조종의 제왕들께서 흠정하시고 성현들이 대대로 지켜 온 『대통력법』[25]을 바꾸고 고칠 수 있겠습니까?

以紛更祖宗欽定, 聖賢世守之『大統曆法』乎?

신이 또 듣건대, 저들은 백성들을 거짓말로 현혹하며 말하기를 "조상에게 제사 지낼 필요 없다. 오직 천주를 섬기면 천당에 오를 수 있고 지옥을 면할 수 있다."고 합니다. 무릇 천당과 지옥이란 말은 불교·도교에도 있지만, 이것으로 사람에게 효도와 우애를 권면하고, 불효하고 우애롭지 못하여 악업을 짓는 자들을 징계하는 뜻을 드러내기 위함이니, 이 또한 유술儒術에 도움 되는 것일 따름입니다.

臣又聞其誑惑小民, 輒曰"祖宗不必祭祀, 但尊奉天主, 可以昇天堂, 免地獄." 夫天堂地獄之說, 釋·道二氏皆有之, 然以之勸人孝弟, 而示懲夫不孝不第造惡業者, 故亦有助于儒術爾.

지금 저들이 조상에게 제사 지내지 말라고 대놓고 권하는 것은 사람들에게 불효하라고 가르치는 것입니다. 앞으로 말하자면 온 천하를 임금도 신하도 없는 지경으로 끌고 가는 것이요, 뒤로 말하자면 온 천하를 아비와 자식도 없는 지경으로 끌고 가는 것입

今彼直勸人不祭祀祖先, 是教之不孝也. 繇前言之, 是率天下而無君臣, 繇後言之, 是率天下而無父子. 何物醜類, 造此矯誣! 蓋儒術之大賊, 而聖世所必誅,

25 『大統曆法』은 1384년에 漏刻博士 元統이 『授時曆』을 약간 수정하여 만든 明나라 때의 역법 『大統曆法通軌』를 지칭한다. 『大統曆』이 『授時曆』과 다른 점은 『授時曆』에서 백 년에 1분이 증감하던 비율을 취소하였으며, 윤달에 상응하는 等數도 약간 바꿨다. 『授時曆』은 元나라 世祖가 1276년 郭守敬, 王恂, 許衡 등에게 명하여 1281년에 완성되었는데, 역대 중국 역법 중 가장 정밀한 역법으로 평가받는다. 弧矢割圓術을 응용하여 黃經과 赤經·赤緯 사이의 환산을 처리하였고, 招差法으로 태양, 달과 행성의 운행 도수를 추산하였다. 일 년을 365.2425일로 하였고, 한 달을 29.530593일로 하여 정확도가 아주 높았다. 절기를 추산하는 방법은 24분의 1년을 하나의 氣로 하고 중기가 없는 달을 윤달로 하였으며, 정식으로 고대의 上元(積年法으로 계산하여 수천만 년에 일월오성이 子에 모이는 것을 말한다.)·積年을 폐기하고 근세에 와서 임의의 어느 한 해를 역법의 원년으로 삼는 방법을 택하였는데, 확정한 수치는 전부 실제 측정한 것에 근거하여 고대 역법에서의 관습을 타파하였다.

니다. 얼마나 추악한 족속이기에 이같이 그릇된 거짓 말을 만들어 낸단 말입니까! 유학의 큰 반역자는 성세에 반드시 주살하였습니다. 그런데도 넋 나간 듯 천하 사람들이 그 교설을 따르도록 몰고 갈 수 있겠습니까?

尙可蚩蚩然驅天下而從其說乎?

일반 백성들이 저들의 선동을 받을 때마다 기꺼이 그 종교를 따르는 것은 저들에게 돈과 재물이 많아 사람을 가늠해 나눠 준다는 말을 들었기 때문입니다. 게다가 천주교가 이처럼 사람을 구제한다고 하니, 탐욕스럽고 미련한 무리가 이득을 보려고 그 교를 믿는 것입니다. 저들 가슴에 품고 있는 음흉한 심사가 더욱 가증스럽습니다.

然閭左小民, 每每受其簧鼓, 樂從其敎者, 聞其廣有貲財, 量人而與, 且曰天主之敎如此濟人, 是以貪愚之徒, 有所利而信之. 此其胸懷叵測, 尤爲可惡.

옛날 제나라의 전田 씨는 관부와 사가에서 두 가지 다른 되를 사용하였는데, 관부에서 쓰는 되는 적고 사가의 것은 컸습니다. 그는 사가의 되로 되어서 꾸어 주고 공가의 되로 되어서 받음으로써 민심을 모았고, 마침내는 제나라를 패망시켰습니다.[26] 이는 경계로 삼을 만한 일입니다. 유연劉淵이 태학에 들어가니 명사들은 모두 그의 학식 앞에 물러섰으나 진晉나라를 해친 자는 유연이었습니다.[27] 왕이보王夷甫는 석륵石勒

昔齊之田氏, 爲公私二量, 公量小, 家量大, 以家量貸民, 而以公量收之, 以收民心, 卒傾齊國, 可爲炯鑒. 劉淵入太學, 名士皆讓其學識, 然而寇晉者, 劉淵也. 王夷甫識石勒, 張九齡阻安祿山, 其言不行, 竟爲千古永恨. 有忠君愛國之志者, 寧忍不

26 『左傳』「昭公」 三年에 보인다.

27 劉淵은 흉노족 출신으로 젊어서 책을 많이 읽었으며, 당시 명사로 불리던 崔游 밑에서 『詩經』·『周易』·『尙書』 등을 배웠다. 또 『史記』와 『漢書』 및 諸子들의 학문도 널리 익혔다. 이에 王昶, 王渾 등 명사들의 사랑을 받았다. 무예도 출중하고 인물도 훤칠하여 많은 사람들의 숭앙을 한 몸에 받았으나, 西晋 永興 원년(304)에 漢王을 자칭하고 한나라를 세웠다.

을 간파하였고[28] 장구령張九齡은 안녹산安祿山을 막았으나[29] 그들의 간언이 채납되지 않아 끝내 천고에 길이 한을 남겼습니다. 임금께 충성하고 나라 사랑하는 마음을 품고 있는 사람으로서 어찌 차마 이 일을 경계 삼지 않을 수 있겠습니까? 또 어찌 차마 멀리서 온 오랑캐가 인의를 경모한다느니 함부로 운운하면서 이끌어 주고 도와주어 저들의 등에 날개가 돋게 함으로써 후세에 막대한 화를 남길 수 있겠습니까?

警惕于此? 猥云遠夷慕義, 而引翼之, 崇奬之, 俾生其羽毛, 貽將來莫大之禍乎?

삼가 주청컨대, 예부와 병부에 칙지를 내리시어 회동하여 심의하도록 해 주시옵소서. 만약 신의 말이 틀리지 않았다면 우두머리는 법에 따라 조사하여 유배 보내고, 나머지 자들은 기한을 정해서 축출하셔야 합니다. 또한 율령을 다시 공포하여, 저 교활한 오랑캐들이 어느 해부터 잠입했는지를 밝히시고, 지금 북경과 남경, 각 성의 몇 군데에 모여서 자리 잡고 있는지 밝히셔야 합니다.

伏乞勅下禮兵二部, 會同覆議, 如果臣言不謬, 合將爲首者, 依律究遣, 其餘立限驅逐. 仍復申明律令, 要見彼狡夷者, 從何年潛入, 見今兩京各省有幾處屯聚.

저들은 중국과 팔만 리 떨어진 곳에서 왔다고 했는데, 저들에게 돈과 재물이 끊이지 않으니, 도대체 어떤 사람이 보내 주는 것입니까? 저들이 관문을 통과

旣稱去中國八萬里, 其賫財源源而來, 是何人爲之津送? 其經過關津去處, 有何文憑, 得以越

28 王夷甫는 晉나라의 王衍이다. 석륵이 14살 때 낙양 上東門에 기대어 휘파람을 불고 있는 모습을 보고, 왕연은 후에 천하의 재난을 가져올 인물이라 말했다. 후에 석륵은 유연 밑에 들어가 진나라를 도륙하더니 太興 연간에 趙王을 참칭하고 劉曜를 죽인 후 황제가 되어 後趙를 세웠다.

29 당나라 劉肅이 지은 『大唐新語』「匡贊」에 보면, 다음과 같은 기록이 있다. "장구령이 상주하여 말하기를, '안녹산은 늑대와 같은 야심가이며 반역을 저지를 관상입니다. 신 청컨대 저자를 죄로 다스려 죽임으로써 후환을 없애소서.'라고 하니, 현종은 '그대는 왕이보가 석륵을 알아보았던 뜻으로 충성스런 신하를 잘못 해치지 말라.'고 하셨다.(九齡因奏曰, '祿山狼子野心, 而有逆相, 臣請因罪戮之, 冀絶後患.' 玄宗曰 '卿勿以王夷甫識石勒之意, 誤害忠良.')"

할 때에는 무슨 근거 서류를 가지고 있기에 넘나들 수 있는 것입니까? 이러한 곳을 지키는 관원들과 군인들은 어찌하여 조사하고 묻지도 않고, 엄히 법규를 세우지도 않는 것입니까? 지금부터 이런 무리가 침입하는 것을 다시는 허용치 말아야 할 것이며, 이를 위반하는 자는 『대명률』[30]에 비추어 처단해야 할 것입니다. 그리하여야 우리의 방비는 치밀해지고 저들의 종적은 감추기 어렵게 되어 국가가 만세 동안 태평할 것이고 뜻밖의 우환이 생기지 않을 것입니다. 신 격앙되고 간절한 마음을 걷잡지 못하고 명을 기다립니다.

만력 44년(1616) 5월 일

渡? 該把守官軍人等, 何以通無盤詰, 嚴爲條格? 今後再不許容此輩闖入, 違者炤『大明律』處斷. 庶乎我之防維旣密, 而彼之踪跡難詭, 國家太平萬萬年, 無復意外之虞矣. 臣不勝激切待命之至.

萬曆四十四年 五月 日

30 『대명률』은 朱元璋이 吳王으로 칭해지던 1367년에 左丞相 李善長, 御史中丞 劉基 등에게 명하여 간행한 율령이다. 당시에는 『律令』이라는 명칭을 사용했으며, 총 430여 조목으로 구성되었다. 洪武 6년(1373)에 다시 刑部 尙書 劉惟謙 등에게 명해 『율령』을 기초로 『대명률』을 상정토록 하여 이듬해 천하에 반포하였는데, 모두 30권 606조목으로 구성되었다. 홍무 22년(1389)에 이를 대폭 수정하였고, 홍무 30년(1397)에 다시금 반포하였다. 이후 『대명률』은 명나라가 망할 때까지 다시 수정하는 일이 없었다.

2.2. 멀리서 온 오랑캐를 참주하는 두 번째 상소

再參遠夷疏

요지 「멀리서 온 오랑캐를 참주하는 두 번째 상소」는 첫 번째 상소에 대한 비답을 받지 못한 상황에서 예부에서도 제본을 올렸다는 저보를 읽고 거듭 올린 글이다. 이 상주문은 당시 북경과 남경에서 활동하고 있던 선교사들의 이름을 구체적으로 거론하면서, 이들을 속히 처단하여 온 나라가 사교에 물드는 것을 방지하라고 주청하고 있다. 남경의 경우 왕풍숙(바뇨니) 등이 남경의 정양문·효릉위와 같은 요지에 거주하고 있으니 황실의 근간을 흔들려는 속셈이 심히 음흉하다고 지적하였으며, 북경의 경우 방적아(판토하)·웅삼발(우르시스) 등이 이미 내지인과 연통하여 조정의 정보를 빼내고 있다는 사실에 주목하여, 저들이 더 이상 간교한 농간을 부리지 못하도록 신속한 처결을 내려 줄 것을 요구하고 있다. 이어 이미 잡아들인 왕풍숙 외에 양마락(디아스) 등도 마저 잡아들여 처벌함으로써 나라의 평안을 도모하라 청하고 있다.

멀리서 온 오랑캐들이 함부로 도성에 들어와 암암리에 임금의 교화를 방해하고 있으니, 율령을 엄히 펼쳐 민심을 바로잡고 풍속을 지켜 줄 것을 참주하는 건.	奏爲遠夷闌入都門, 暗傷王化, 懇乞聖明申嚴律令, 以正人心, 以維風俗事.
신, 앞서 금년(1616) 5월에 제본題本을 갖추어 앞의 사건을 상주하였으나 기다려도 칙지가 내려오지 않았습니다. 그러던 중 7월 19일경에 저보邸報[1]를 받아	先該臣於本年五月間, 具題前事, 候旨未下, 頃於七月十九日, 接得邸報, 又該禮部覆題, 亦在

1 '邸報'는 중국 고대의 신문의 통칭이다. '邸報'라는 이름은 지방 장관이 京師에 邸宅을 마련하고 저택 안에서 詔令, 奏章 등을 베껴서 諸藩에 보고한 데서 유래한다.

보니, 예부에서도 제본을 올리고 칙지를 기다리고 있는 중이라 하였습니다. 신이 성상의 뜻을 헤아리건대, 이 일을 염두에 두시지 않은 적이 없으실 것입니다. 다만 신이 올린 말씀에 미진한 바가 있기도 하려니와 국가 중대사란 본래 심사숙고하지 않을 수 없기 때문일 것입니다. 좌도가 민중을 현혹하는 일에 대해서는 율령에 명확한 조문이 있으며, 신이 소속되어 있는 예부의 직책상 엄히 다스려 마땅합니다. 변방에서 온 오랑캐들이 몰래 염탐하고 북경과 남경에 잠입하여 살고 있는 것은 마땅히 근절시켜야 할 나라의 숨은 우환입니다. 황제께서는 사직을 위하여 몸소 계책을 세우고 계실 터, 어찌 이 일을 유념치 않으시겠습니까?

候旨間. 臣有以仰體聖心, 未嘗不留念于此事也. 則臣言有所未盡, 而機務原不可不熟思爾. 夫左道惑衆, 律有明條, 此臣部之職掌當嚴也. 裔夷窺伺, 潛住兩京, 則國家之隱憂當杜也. 聖明自爲社稷計, 豈其不留念及此乎?

그러나 북경과 남경의 일은 정황 자체가 좀 다릅니다. 왕풍숙(바뇨니) 등은 남경에 몰래 들어와 살고 있는데, 이들이 웅크린 채 작당하고 있는 정황은 실로 놀랍고 가증스럽습니다. 그렇다면 신이 지난번 상소에서 미처 다 아뢰지 못한 것이 무엇이겠습니까? 북경은 폐하께서 해와 달처럼 임해 계시는 곳이니, 설사 간교한 요물이 몰래 숨어 있다 하더라도 위로는 황제의 무겁고도 엄한 위엄이 두렵고 아래로는 온 조정의 공론이 겁나 감히 드러내 놓고 제멋대로 창궐하지 못하고, 또 공공연히 선동하지도 못할 것입니다. 남경이라면 나라의 근간이 되는 요지로, 고황제의 능침을 산과 강이 둘러싸고 호위하고 있어 신하들과 백성들이 모두 우러러보는 곳입니다. 성문과 전각이 청정하고 아늑할지는 모두 기강이 바로 서느냐에 달려

惟是兩京事體, 稍有不同, 而王豐肅等潛住南京, 其盤詰勾連之狀, 尤可駭恨. 則臣前疏尚有言之未盡者, 何也? 京師爲陛下日月炤臨之所, 即使有神姦潛伏, 猶或上憚於天威之嚴重, 而下怵於擧朝之公論, 未敢顯肆猖狂, 公行鼓扇. 若南京則根本重地, 高皇帝陵寢在焉, 山川拱護, 固爲臣庶之瞻依, 而門殿閎清, 全在紀綱之振肅. 所以譏防出入, 而杜絶夫異言異服者, 尤不可不兢兢也.

있습니다. 그러므로 드나드는 자들을 일일이 기찰하고 방비하며, 언어와 복장이 다른 자들을 막아 내는 일에 더욱더 전전긍긍하지 않을 수 없습니다.

그런데 왕풍숙이라는 간교한 신부는 드러내 놓고 정양문 안에 기어들어 와 살고 있으며, 홍무강 서쪽에 무량전을 짓고 오랑캐의 화상을 걸어 놓은 뒤 미련한 백성들을 거짓말로 유혹하고 있습니다. 그 교를 따르는 자들에게는 은 석 냥씩 주고 모든 식구의 생년월일을 적어 간다고 합니다. 또 주술을 왼다고 하는데, 나중에 (그 주술로써) 부르면 약속하지 않고도 반드시 오게 되어 있다고 합니다. 이것은 민간에 온통 노래로 떠도는 말입니다. 달마다 초하룻날과 보름날 외에 또 방房·허虛·성星·묘昴[2] 4일을 모이는 날로 정하며, 모일 때마다 적게는 50명, 많으면 200명씩이나 모입니다. 이것은 저들이 스스로 찍어 낸 『천주교해요략天主教解要略』[3] 가운데 모임 날짜를 밝힌 곳을 보면 알 수 있습니다. 저들의 행적이 이러하지만, 사대부들로 하여금 저들과의 왕래를 엄격히 두절하도록 한다면 크게 걱정할 바 아닐 것입니다. 하지만 20년이란 세월 동안 잠입해 살면서 사귐 또한 광범위한 터라, 누가 언제부터 시작했는지도 모르게 이제는 일상처럼 익숙해져서, 저들의 심원한 계략조차 잊은 채 허물없이 어울리는 자가 도처에 있습니다. 신이 눈을

而豐肅神姦, 公然潛住正陽門裏, 洪武岡之西, 起蓋無樑殿, 懸設胡像, 誑誘愚民. 從其教者, 每人與銀叁兩, 盡寫其家人口生年日月. 云有咒術, 後有呼召, 不約而至, 此則民間歌謠遍傳者也. 每月自朔望外, 又有房·虛·星·昴四日爲會期, 每會少則五十人, 多則二百人, 此其自刻天主教解要畧中, 明開會期, 可查也. 蹤跡如此, 若使士大夫峻絶不與往還, 猶未足爲深慮. 然而二十年來, 潛住既久, 結交亦廣, 不知起自何人何日, 今且習以爲故嘗, 玩細娛而忘遠畧, 比比是矣. 臣若更不覺察, 胡奴接踵於城闉. 虎翼養成而莫問, 一朝竊發, 患豈及圖?

2 昴는 酉日을, 虛는 子日을, 星은 午日을, 房은 卯日을 각각 가리킨다.
3 1615년에 바뇨니가 저술한 『天主教要解略』을 가리키는 듯하다.

부릅뜨고 살피지 않는다면 오랑캐들의 발길이 성안까지 이어질 것입니다. 범에게 날개가 돋쳤는데도 묻지 않는다면, 하루아침에 난을 일으킬 때 그 화를 수습할 수나 있겠습니까?

더욱 가증스러운 것은 저들이 살고 있는 성안의 가옥이 홍무강洪武岡이라는 국유지를 차지하고 있고, 성 밖의 화원도 바로 효릉위孝陵衛[4] 앞에 자리 잡고 있다는 사실입니다. 효릉위는 능침을 지키는 곳이며, 고조高祖의 제사를 받드는 곳입니다. 용이 도사리고 범이 웅크리고 있다는 고장이 어찌 여우나 쥐가 살판나 뛰어다니는 곳이 될 수 있겠습니까? 교활한 오랑캐들이 이곳에 기어들어 숨어 있는 것이 대체 무슨 짓을 하려는 심사이겠습니까?

尤可恨者, 城內住房旣據洪武岡王地, 而城外又有花園壹所, 正在孝陵衛之前. 夫孝陵衛以衛陵寢, 則高廟所從遊衣冠也. 龍蟠虎踞之鄕, 豈狐鼠縱橫之地? 而狡夷伏藏於此, 意欲何爲乎?

더욱 놀라운 일은, 신 아직 소장의 초록도 미처 쓰지 못하고 있었고 7월 초경에 저보가 나왔는데도 저 오랑캐는 바로 7월 초순에 벌써 게첩揭帖을 갖추고 있었고, 21일에는 이미 외국어로 부쳐 온 게첩 초고가 왕풍숙의 처소에 있었다는 사실입니다. 역참을 두어 명을 전달하는 것은 중국에서 상하를 통하게 하고 널리 퍼지게 하는 방법입니다. 그런데 간교하고 추악한 족속들이 그 사이에 이리저리 연줄을 펼쳐 놓고 이처럼 신속하게 염탐질을 하니, 장차 무슨 짓을 하려는 것이겠습니까?

更可駭者, 臣疏向未發抄, 頃七月初, 纔有邸報, 而彼夷即於七月初旬具揭, 及至二十一日, 已有番書訂寄揭稿在王豐肅處矣. 夫置郵傳命, 中國所以通上下, 而廣宣達也. 狡焉醜類, 而橫弄線索於其間, 神速若此, 又將何爲乎?

---

4 孝陵은 明나라 太祖 朱元璋과 馬皇后의 능침이다. 따라서 孝陵衛를 이곳에 주둔시켜 능침을 지키게 하였다.

얼마 전 이곳 순시동성어사巡視東城御史 손광유孫光裕가 각 아문에서 함께 작성한 상주문을 살펴보고, 병마사에게 명을 내려 저 오랑캐들을 가두어 두고 상부의 지시를 기다리게 했습니다. 그런데 미련한 백성들 가운데 손에 작은 황색 깃발을 들고 와 천주를 위해 죽기를 원한다고 말하는 자가 있었습니다. 다행히 바로 잡아들이긴 하였으나, 이 일을 통해 일 처리란 때를 놓쳐서는 안 되고, 처분에 관한 상부의 명확한 지시 또한 늦출 수 없음을 알게 되었습니다.

頃該巡視東城御史孫光裕, 查炤會題事理, 行令兵馬司拘留彼夷候旨, 猶有愚民手執小黃旗, 自言願爲天主死者. 幸而旋就拘獲, 然亦可見事機之不可失, 而處分之明旨, 更不可後矣.

신이 『대명률』에서 예를 찾아보았더니, 귀화한 외국인 범죄자는 일괄 법률에 따라 처단한다고 되어 있었고, 황제의 어지御旨를 기다려야 한다는 주석이 달려 있었습니다. 신은 귀화한 외국인 왕풍숙을 법률이 정한 바에 따라 처결하고 어지를 기다리는 것 외에, 나머지 망령스럽게 천주교를 지껄이며 백성들을 선동하고 미혹하여 저희 관서에 붙잡혀 있는 13명에 대해 한편으로 심문을 진행하고, 그 밖에는 한 사람도 더 연루시키지 않을 것입니다. 지금 백성들이 집 문을 깨끗이 씻어 내고 다시는 사교를 따르지 않겠다고 하니, 새롭게 고치려는 마음이 가상하다 이를 만합니다.

臣查得『大明律』例, 凡化外人犯罪者, 並依律擬斷, 註云俱要請旨. 除王豐肅係化外人, 臣謹遵律令明文候旨處分外, 其餘同居徒衆, 妄稱天主教, 扇惑人民, 見在本所捜獲者, 一十三名, 一面行提鞫審, 此外更不株連一人. 今小民洗滌門戶, 不復從邪, 正可嘉與維新.

남경의 사대부들은 저 간교한 오랑캐들을 예측하기 어려움을 특히 잘 알고 있기에, 신이 소리 높여 그들의 미련한 생각을 없앨 수 있습니다. 그러나 두려운 것은 멀리서 풍문만 들은 자들이 실제 정황을 살피지 못하여 혹여 잔꾀 따위에 현혹되지나 않을까 하는 점입니다. 게다가 방적아(판토하)와 웅삼발(우르시

而都士大夫, 尤曉然知狡夷不可測, 臣乃得昌言以畢其愚慮. 惟恐遠聽者不審其情形, 而猶惑於術數之小知也. 且龐迪峨·熊三拔久在輦下, 傳送旣速, 簸弄必巧, 遷延日久, 線索橫出,

스)이 오랫동안 북경에 머물면서 신속하게 소식을 전하고 교묘하게 농간을 부리고 있는 터라, 시일을 오래 끌어 이리저리 연줄을 놓게 된다면 이 또한 염려하지 않을 수 없는 중대 사안일 것입니다.

則亦事機之不可不慮者也.

폐하! 엎드려 빌건대, 나라의 근본이 되는 중요한 일임을 염두에 두시어, 해당 부서에 비답을 내리시고 속히 공문을 내려 주십시오. 신 등은 오랑캐 범인들을 법률에 따라 죄를 따져서 판결할 것이며, 처음 참주할 때 아직 잡아들이지 못했던 양마락(디아스) 등도 공문을 보내 잡아들일 것입니다. 그리되면 성명한 칙지가 환히 빛을 발할 것이며, 민심은 크게 안정되고 교화는 하나로 귀결되어 풍속이 영원토록 깨끗해질 것입니다. 이는 신이 임직하고 있는 예부의 직책을 다하는 길일 뿐만 아니라, 나라의 숨은 근심을 막을 수 있는 길이기도 합니다. 신 격동되고 간절한 마음을 걷잡지 못하고서 명이 내리기만을 기다리겠습니다.

伏乞陛下念根本重計, 蚤賜批發該部, 覆請速咨. 臣等將夷犯從法依律擬斷, 其原參未獲陽瑪諾等者, 行提緝獲, 庶乎明旨昭然, 而人心大定, 道化歸一, 而風俗永清. 不惟臣部職掌得申, 而國家之隱憂亦杜矣. 臣不勝激切待命之至.

만력 44년(1616) 8월 일

萬曆四十四年 八月 日

2.3. 멀리서 온 오랑캐를 참주하는 세 번째 상소

參遠夷三疏

요지

「멀리서 온 오랑캐를 참주하는 세 번째 상소」는 두 차례에 걸쳐 상주했지만 칙지를 받지 못하여 다시 올린 글이다. 심각은 여기서 왕풍숙의 무리는 팔만 리 먼 곳에서 온 것이 아니라 여송, 즉 지금의 필리핀 부근에 둥지를 틀고 있던 오랑캐에 불과하며, 순수한 종교 전파 이외에 중화를 넘보고자 하는 다른 속셈이 있음에 분명하다고 지적하였다. 그들 세력이 날로 확장될 뿐만 아니라, 국내에도 그들을 추종하여 결탁하는 무리가 날로 늘어나니 각별히 두려워해야 마땅하다며 경각심을 호소하고 있다. 더구나 남경은 능침이 있는 요충지이므로 이곳을 침범하는 행위는 더욱 좌시할 수 없는바, 법률에 따라 발본색원할 것을 요청하였다.

멀리서 온 오랑캐들의 정황이 몹시 괴이하여 나라의 근본이 되는 이 남경을 방비하여야 마땅하니, 속히 처분을 내려 이 요지要地를 깨끗이 하고 민심을 바로잡아 줄 것을 참주하는 건.[2]

奏爲遠夷情形甚詭, 留都[1]根本當防, 懇乞聖明蚤賜處分, 以清重地, 以正人心事.

신이 듣건대, 사악한 것은 올바른 것을 해치지 못하지만 좌도로써 백성들을 현혹시키는 자는 반드시

臣聞邪不干正, 而左道惑衆者必誅. 夷不亂華, 而冒越關津者

1 '留都'는 남경을 가리키는 말이다. 북경으로 천도한 후에 옛 도읍에 常設官署를 남겨 두고 지키면서 정사를 처리하도록 하였으므로 이를 일러 '유도'라 했다.

2 沈㴶 등이 정문을 올리는 과정에서 徐光啓는 「辨學章疏」(1616)를 써서 이에 반대하였고, 李之藻는 이에 앞서 서양 역법을 옹호하는 「請譯西洋曆法等書疏」(1613)를 올리는 등 봉교사인들의 방어 노력이 있었다.

주살해야 한다고 하였습니다. 오랑캐들이 중국을 어지럽히지는 못하지만 함부로 관문을 넘는 것을 반드시 금지해야 한다고 하였습니다. 싹이 틀 때 눈치채면 예의와 교화로 막고도 남음이 있지만, 저들이 작당하고 결탁하기에 이르면 무기로 쳐도 부족할 것입니다.

必禁. 方其萌芽窺伺, 則以禮教防之而有餘, 及其黨與勾連, 則將干戈取之而不足.

삼가 살펴보건대, 오랑캐 범인 왕풍숙(바뇨니) 등이 팔만 리 먼 곳에서 왔다고 거짓말하며, 남경에 몰래 기어들어 와 망령되이 천주교를 떠벌이면서 백성들을 선동하고 현혹시킨 지 하루 이틀이 아닙니다. 앞서 담당 신하가 두 차례에 걸쳐 제본을 갖추어 상주하였고, 또 남경 예부와 북경과 남경의 대성臺省[3] 여러 신하들도 앞서거니 뒤서거니 상주하고 독촉하였지만 황제의 칙지를 아직 받들지 못하였습니다.

竊炤夷犯王豐肅等, 詐言八萬里之遠, 潛來南京, 妄稱天主教, 扇惑人民非一日矣. 先該臣兩次具題, 又該禮部及南北臺省諸臣, 先後題催, 未奉明旨.

폐하께서는 어찌하여 저 오랑캐들의 정황이 괴이함을 아직도 모르십니까? 저들의 술수가 사악하고 비열하다는 것은 말로 다 표현할 수 없습니다. 저들이 말하는 바에 따르면 천주는 곧 저들 나라의 한낱 죄인일 뿐인데, 거짓으로 꾸며 존귀하다 부르며 만인의 귀와 눈을 속이고 있습니다. 이것은 반박할 만한 것도 못 됩니다. 하지만 저들이 단지 이교만을 전파하고자 할 뿐 다른 음모가 없다면, 무엇 때문에 왕기가 서려 있는 홍무강에 제멋대로 사사로이 자리를 잡

陛下豈猶未悉彼夷情形之詭乎? 夫其術之邪鄙不足言也, 據其所稱, 天主乃是彼國一罪人, 顧欲矯誣稱尊, 欺誑視聽. 亦不足辨也. 但使止行異教, 非有陰謀, 何故於洪武岡王氣所鍾, 輒私盤據? 又何故於孝陵衛寢殿前擅造花園? 皇上試差官踏勘, 其所蓋無樑殿, 果於正陽門相

3 上書臺와 中書省 등은 황제를 대신하여 政令을 반포하는 중추 기구이므로 臺省은 곧 중앙 기구를 가리킨다.

고 있겠습니까? 또 무엇 때문에 효릉위 침전 앞에 제멋대로 화원을 만들었겠습니까? 황제께서 관원을 보내시어 실사해 보시면 저들이 지은 무량전이 과연 정양문에서 얼마나 떨어져 있는지, 성곽을 따라 성가퀴 가까이 붙여 지은 그들의 행적이 얼마나 의심스러운지 아시게 될 것입니다.

去幾里, 是否緣城近堞, 蹤跡可疑.

남경의 각 아문에서 매달 저보와 서신을 발송하는 곳에 공전을 지급하는 것은 북경과 남경의 일 처리 방식이요 상부의 지시를 받들어 시행하는 것으로, 서로 소식이 통하게 하려 함입니다. 다른 지방 관리나 선비, 백성들은 모두 이렇게 할 수 없는데, 저 오랑캐들만은 저보와 서신을 발송하는 잡부들에게 공전을 내주고 있으니, 이것이 무슨 의도이겠습니까? 더욱 괴이한 것은, 각 아문에서 저들을 참주한 내용의 소장을 올리고 아직 상부의 지시도 받지 못하였는데, 방적아·웅삼발 등도 바로 (자기네들을 변명하는) 소장을 만들어 저들의 간첩인 종명례鍾鳴禮[4]·장채張寀 등의 편에 들려 보낸 다음, 자기네들의 소장이 이미 진정되었다고 거짓으로 떠벌리면서 찍어 내어 뿌리고 있다는 점입니다.

南京各衙門月給報房工食, 蓋謂兩京事體, 奉旨施行, 欲其呼吸相通爾. 其他鄉官士民皆不能得, 而彼夷人亦給工食與報房人, 意欲何爲? 尤可異者, 各衙門參彼之疏, 尙未得旨, 而龐迪我·熊三拔等, 亦造疏揭, 差其細作鍾鳴禮·張寀等, 齎持前來, 詐稱已經奏進, 刊刻投遞.

신이 그 소장을 보았는데, 저들 입으로 북경과 남경, 각 성에 모두 13명이 있다고 공공연히 말하고 있으니, 참으로 놀랍습니다. 옛날 이마두利瑪竇(마테오 리

臣觀其疏揭內, 公然自言兩京各省有十三人, 殊爲可駭. 夫利瑪竇, 昔年進京始末, 此廷臣所知,

4 鍾鳴禮(1581~ ?)는 광동 신회현 출신의 중국인 修士이다. 형 鍾鳴仁 수사와 함께 마카오에서 수학하고 南雄·杭州 등지에서 선교하였으며, 남경교안 때 체포되어 3년 동안 수감된 후 석방되었다.

치)[5]가 남경에 들어오게 된 자초지종은 조정 대신들이 다 알고 있지만, 저들 무리가 이처럼 많을 줄은 전혀 모르셨을 것입니다. 황제께서는 이마두가 혈혈단신임을 불쌍히 여기시어 장사 지낼 땅까지 하사하셨습니다. 이는 멀리서 온 사람을 안무하고자 하는 인의에서 나온 것으로, 성조(영락제)께서 그 옛날 발니浡泥 왕에게 장지를 내리신 것[6]과 같은 뜻에서였습니다. 만약 발니 왕이 황제의 은총을 입어 장지를 받았다는 것을 빌미 삼아 발니국 신하와 백성들이 사사로이 중국에 들어와서 도성과 각 성에 흩이져 살았다면, 성조께서 그대로 내버려 둔 채 따지지 않으셨겠습니까? 그런데 저들은 황제께서 한때 먼 곳에서 온 사람

原未嘗有如許彼衆也. 皇上憐其孤身, 賜之塟地, 此自柔遠之仁, 與成祖當年賜浡泥王塟地相同. 若使浡泥王蒙恩賜葬, 而浡泥國臣民遂借爲口實, 因緣竊入, 散布京省, 成祖能置之不問否? 彼乃欲借皇上一時柔遠之仁, 而潛藏其狐兎蹤跡, 勾連窺伺, 日多一日, 豈可置之不問耶?

5 Matteo Ricci(1552~1610, 중국명 利瑪竇)는 이탈리아 Macerata 태생의 예수회 신부이다. 천주교의 중국 선교를 개척한 선교사이며 학자이다. 1568년 로마에서 법률학을 공부한 뒤 1571년 예수회에 가입하였으며, 예수회가 아시아 선교를 위하여 설립한 Coimbra 대학에서 수학하였다. 1577년 포르투갈을 떠나 1578년 고아(Goa)에 도착하여 신학 공부를 계속하여 1580년 6월 26일 신부로 서품되었다. 1582년 마카오에 도착하여 1583년 양광총독 郭應聘(1529~1586)으로부터 체류 허가를 얻어 루지에리(Michele Ruggieri, 1543~1607, 중국명 羅明堅)와 함께 1583년 9월 10일 肇慶에 머물게 되면서 중국의 첫 천주교 선교사로서 활동을 시작하였다. 1598년 처음으로 北京을 찾았고, 1601년 1월 판토하(Didace de Pantoja, 1571~1618)와 다시 北京으로 가서 1610년 죽을 때까지 그곳에서 서양 과학의 전래와 저술을 통한 선교에 힘썼다. 중국 선비들과 교우하면서 『四書』를 라틴어로 번역하는 것을 시작으로 세계 지도와 많은 번역서(라틴어와 중국어로 번역)와 저술을 남겼다. 역서와 저서로는 『天主實義』(南昌: 1595, 北京: 1601, 北京: 1604, 杭州: 1605), 『交友論』(南昌: 1595, 南京: 1599, 北京: 1603), 『西國記法』(南昌: 1595), 『二十五言』(北京: 1604), 『畸人十篇』(北京: 1608, 南京: 1609), 『辯學遺牘』(北京: 1610), 『西琴八曲』, 『齋旨』, 『奏疏』(1601), 『幾何原本』(北京: 1605), 『同文算指』(北京: 1614), 『測量法義』, 『勾股義』, 『圜容較義』(北京: 1614), 『渾蓋通憲圖說』(北京: 1607), 『經天該』, 『萬國輿圖』(肇慶: 1584, 南京: 1598), 『西字奇跡』(北京: 1605), 『乾坤體義』 등이 있고, 이들 대부분은 『天學初函』에 수록되어 있다. 『天主實義』, 『交友論』, 『畸人十篇』 등은 우리말로 번역되었다.

6 발니는 지금의 브루나이 왕국을 말한다. 명나라 영락 6년(1408) 8월에 발니 국왕이 형제자매, 친척, 신하 등 150명을 이끌고 남경을 찾아왔다. 그러나 한 달 만에 중병에 걸려 남경에서 세상을 뜨자 명나라 성조는 장지를 하사하여 예를 다해 장례식을 치러 주었다.

에게 베풀어 준 인의를 구실 삼아 여우나 토끼처럼 종적을 감추고 서로 결탁하여 염탐하고 있습니다. 하루하루 그 숫자가 불어나는데, 어찌 내버려 두고 묻지 않을 수 있겠습니까?

신이 근자에 복건성 해안에 사는 백성들에게 상세히 물었더니, 저들의 원적을 알고 있는 자들이 말하기를 저들은 확실히 불랑기佛狼機(포르투갈) 사람들이라 하였습니다. (중국 이름으로) 왕풍숙이라는 자는 본래 이름이 파리랑당巴里狼當(바뇨니)입니다. 몇 년 전 무리와 같이 천주교를 전파한다고 사칭하면서 여송국呂宋國[7] 왕을 속여 그 땅을 빼앗은 다음, 그 이름을 대서양이라 고쳤다 합니다. 그러니 복건성과 광동성 가까이 살던 교활한 오랑캐일 따름인데, 무슨 팔만 리나 먼 곳에서 왔겠습니까? 신이 감히 이 말을 근거로 삼을 수는 없지만, 수풀 속에 숨어 있는 복병은 그 우환을 헤아릴 길 없는 법입니다. 요점인즉 근본이 되는 중요한 지역은 단 하루도 방비를 소홀히 할 수 없다는 것입니다.

臣近又細詢閩海士民, 識彼原籍者云, 的係佛狼機人. 其王豐肅原名巴里狼當, 先年同其黨類, 詐稱行天主教, 欺呂宋國主, 而奪其地, 改號大西洋. 然則閩粤相近一狡夷爾, 有何八萬里之遙? 臣雖未敢即以此說爲據, 然而伏戎於莽, 爲患叵測. 總之根本重地, 必不可容一日不防者也.

폐하! 엎드려 빌건대, 즉시 칙지를 내리시어 신 등이 왕풍숙 등을 법률에 따라 처단하도록 윤허하여 주십시오. 저들이 수많은 무리를 선동하고 미혹하였기에, 저희 관서에서는 종명인鍾明仁[8]을 체포하였고,

伏乞皇上即下明旨, 容臣等將王豐肅等, 依律處斷. 其扇惑徒衆, 在本所捕獲鍾明仁等, 及續獲到細作鍾明禮·張寀等, 或係

7 여송은 지금의 필리핀 루손섬이다.

8 鍾明仁(1562~1622)은 마카오 태생의 중국인 수사이다. 마테오 리치를 따라 북경에 갔으며 그의 임종을 지켰다. 소주와 항주에서 선교하였다. 『파사집』에는 중국 최초의 修士로 불리는 鍾鳴仁·鍾鳴禮 형제가 鍾明仁·鍾明禮로 표기된 곳이 눈에 띈다. 현재 연구 문헌들도 '明'과 '鳴'을 혼용하고

뒤이어 간첩 종명례·장채 등을 체포하였습니다. 어떤 자는 주모자와 결탁하였고, 어떤 자는 관계 때문에 따랐습니다. 저들에게 차등 있게 죄를 준다면 법과 기강이 밝아지고, 민심이 안정될 것이며, 간특하고 사악한 무리가 제거되어 남경 또한 영구히 맑아질 것입니다. 신 격동되고 간절한 마음 이기지 못하며 어명이 당도하기만을 기다립니다.

勾連主謀, 或係因緣爲從. 一面分別正罪, 庶乎法紀明而人心定, 姦邪去而重地亦永清矣. 臣無任激切待命之至.

만력 44년(1616) 12월 일

萬曆四十四年 十二月 日

있는데, 프랑스의 Louis Pfister(費賴之)가 짓고 馮承鈞이 번역한 『在華耶蘇會士列傳及書目』 上册, 127~128쪽(1995년, 中華書局)에 「鍾鳴禮傳」이 수록되어 있는 것으로 보아 '鳴'이 정확한 표기임을 알 수 있다. 이들은 廣東 新會 사람으로 마테오 리치를 도와 선교에 전념했으며, 특히 종명인은 마테오 리치의 통역을 담당하기도 하였다.

3. 오랑캐 범인 조사 · 확인을 해당 관서에 지시하는 차부

付該司查驗夷犯箚

남경 예부

南京禮部

요지

만력 45년(1617)에 남경 예부에서 주객청리사로 보낸 차부[1]로, 이미 체포된 오랑캐 범인 및 내지의 간자들을 조사할 것을 지시하는 내용이다. 먼저 남경 예부에서 체포해 온 오랑캐를 차등 있게 처분함으로써 남경의 기강을 바로잡을 것을 신종 황제에게 진언한 내용을 인용한 다음, 순시동성어사 손광유가 죄인 14명으로부터 죄증을 받아 낸 사실을 적시하였다. 조사를 통해 왕풍숙(바뇨니)은 외국인임이 밝혀졌으나 나머지 13명 가운데 사무록(세메도)도 외국인이라고 말하고 있으니, 해당 부서에서는 사무록이 과연 외국인인지 아닌지, 아직 붙잡지 못한 양마락(디아스)은 이미 제 나라로 돌아갔는지 여부를 정확히 조사, 확인하여 정황을 정문으로 갖추어 신속히 보고하도록 지시하였다.

남경 예부에서 칙지를 받들어 오랑캐를 처리한 건.

南京禮部爲奉旨處分夷情事.

예부의 자문에 의거하면, 교활한 오랑캐 왕풍숙(바뇨니) 등이 내지의 간민奸民 종명인·종명례 등과 결탁하여 백성을 선동, 미혹하고 몰래 남경에 숨어들어 여러 해 동안 살아온 정황이 명백하다. 이보다 앞서 본

准禮部咨, 炤得狡夷王豐肅等, 與內地奸民鍾鳴仁·鍾鳴禮等, 勾連扇惑, 潛住輦轂之下多年. 先該本部奏爲"遠夷闌入都門,

1 '箚付'는 상급 官府에서 하급 관부로 보내는 公文書이다.

本 남경 예부에서, "멀리서 온 오랑캐들이 함부로 도성에 들어와 암암리에 임금의 교화를 방해하고 있으니, 율령을 엄히 펼쳐 민심을 바로잡고 풍속을 지켜 줄 것을 참주하는 건"을 소장으로 올렸다. 그 소장에서는 오랑캐 범인 왕풍숙(바뇨니)·양마락(디아스)·방적아(판토하)·웅삼발(우르시스) 등 네 명을 탄핵하였다. 방적아와 웅삼발 두 범인은 북경에 잠입하여 살고 있으므로 최근에 예부에서 칙지를 받들어 압송한 것 외에, 7월에는 예부에서도 제본을 올리기에 이르렀다. 이에 21일에 관할 순시동성어사 손광유가 명을 내려 병마사로 하여금 왕풍숙 등 14명을 체포, 심문하게 하였다.

暗傷王化, 懇乞聖明申嚴律令, 以正人心, 以維風俗事." 內參夷犯王豐肅·陽瑪諾·龐迪峨·熊三拔等四名. 除龐·熊二犯係潛住京師, 近該禮部遵旨遞發外, 七月間, 禮部覆題抄到. 二十一日, 該巡視東城御史孫, 行兵馬司提拘王豐肅等一十四名.

본 남경 예부에서 8월 초하룻날에 소장을 올려서 앞의 사건을 분명히 밝히기를 "신은 귀화한 외국인 왕풍숙을 법률이 정한 바에 따라 처결하고 어지를 기다리는 것 외에, 나머지 망령스럽게 천주교를 지껄이며 백성들을 선동하고 미혹하여 저희 관서에 붙잡혀 있는 13명에 대해 한편으로 심문을 진행하였으며, 그 밖에는 한 사람도 더 연루시키지 않았습니다."라고 하였다. 또 12월 초하룻날에는 이어서 "멀리서 온 오랑캐들의 정황이 몹시 괴이하여 나라의 근본이 되는 이 남경을 방비하여야 마땅하니, 속히 처분을 내려 이 요지要地를 깨끗이 하고 민심을 바로잡아 줄 것을 참조하는 건"을 소장으로 올렸다.

該本部于八月初一, 題明前事"除王豐肅係化外人, 臣謹遵律令明文候旨處分外, 其餘同居徒衆, 妄稱天主教, 扇惑人民, 見在本所搜獲一十三名. 一面行提鞫審, 此外竝不株連一人"等因. 又於十二月初一, 該本部續奏爲"遠夷情形甚詭, 留都根本當防, 懇乞聖明早賜處分, 以清重地, 以正人心事."

그 소장에서 이르기를, "더욱 괴이한 것은, 각 아문에서 저들을 참주한 소장을 올리고 아직 상부의 지시도 받지 못하였는데, 방적아와 웅삼발 등도 소장을

內稱"尤可異者, 各衙門參彼之疏, 尙未得旨, 而龐迪峨·熊三拔等, 亦造疏揭, 差其細作鍾鳴

만들어 저들의 간첩인 종명례·장채 등의 편에 들려 보낸 다음, 자기네들의 소장이 이미 진정되었다고 거짓으로 떠벌리면서 찍어 내어 뿌리고 있다는 점입니다." 라고 하였다.

禮·張寀等, 齎揭前來, 詐稱已經奏進, 刊刻投遞"云云.

"폐하! 엎드려 빌건대, 즉시 칙지를 내리시어 신 등이 왕풍숙 등을 법률에 따라 처단하도록 윤허하여 주십시오. 저들이 수많은 무리를 선동하고 미혹하였기에, 저희 관서에서는 종명인을 체포하였고, 뒤이어 간첩 종명례·장채 등을 체포하였습니다. 어떤 자는 주모자와 결탁하였고, 어떤 자는 관계 때문에 따랐습니다. 저들에게 차등 있게 죄를 준다면 법과 기강이 밝아지고 민심이 안정될 것이며, 간특하고 사악한 무리가 제거되어 남경 또한 영구히 맑아질 것입니다." 와 같은 공문을 올리고 모두 칙지를 기다리고 있는 중이다.

"伏乞皇上即下明旨, 容臣等將王豐肅等, 依律處斷. 其扇惑徒衆, 在本所捕獲鍾鳴仁等, 及續獲到細作鍾鳴禮·張寀等, 或係勾連主謀, 或係因緣爲從. 一面分別正罪, 庶乎法紀明而人心定, 奸邪去而重地亦永清矣"等因. 俱候旨間.

종명인·종명례·장채 등을 본 남경 예부에서 상주한 제본에서 밝힌 내용대로 따로 심사하는 것 외에, 13명 가운데 사무록謝務祿(세메도)[2] 또한 귀화한 외

今該前因除鍾鳴仁·鍾鳴禮·張寀等, 合照本部題明事理另審外, 及查十三名內謝務祿一名,

2 Alvaro Semedo(1585~1658, 중국명 謝務祿 또는 曾德昭)는 포르투갈 출신의 천주교 선교사로 처음에는 謝務祿이란 중국 이름을 썼다. 1602년에 예수회에 입회해 1608년 고아Goa를 거쳐 1610년 마카오에 도착한 후 1613년부터 남경에서 바뇨니와 함께 활동하였다. 1616년 남경교안 때에 마카오로 추방되어 1621년까지 마카오에 머물다가 강소성 일대에서 활동하였다. 1620년부터는 曾德昭란 이름으로 개명하여 활동하였다. 그의 주요 활동 무대는 중국의 중남부 지역이었으며, 1625년 西安에서의 활동이 유일한 서북쪽 경험이다. 그곳에서 그는 大秦景教流行中國碑를 발견하기도 하였다. 1636년 로마 방문 후 다시 중국으로 돌아와 廣州에 정착한 이래 생을 마칠 때까지 줄곧 그곳에서 살았다. 청나라 정권이 세워진 후 청나라 군사에게 체포되었으나 아담 샬(Johann Adam Schall von Bell, 1591~1666, 중국명 湯若望)의 도움으로 풀려났다. 저서로는 漢葡·葡漢辭典인 『字考』와 포르투갈어로 쓴 중국 역사서 『中國通史』(Paris, 1601) 등이 있다.

국인이라고 공초한 것이 심사 서류 안에 들어 있으니, 관할 관서에서는 차부에 따라 왕풍숙과 사무록이 과연 모두 외국 오랑캐인지 아닌지, 아직 잡히지 않은 양마락이 먼저 제 나라로 돌아갔는지 아닌지를 조속히 공문을 갖추어 확실히 보고하고, 이 공문에 근거하여 처리하라. 예부에서 황제께 제본을 올리고 받은 칙지의 내용에 따라 속히 사람을 파견하여 압송한 뒤 귀국을 감독하라. 황제의 명을 받들어 시행하라.

만력 45년(1617) 2월 일

亦供稱化外人在卷. 爲此合箚該司查驗王豐肅·謝務祿果否俱係化外夷人, 其未獲陽瑪諾是否先歸本國, 速具確報, 以憑查照. 禮部題奉, 欽依事理, 速差遞送督歸, 欽遵施行.

萬曆四十五年 二月 日

4. 왕풍숙 등 범인을 합동 심리한 안건
(이첩한 자문도 함께 수록함)
會審王豐肅等犯一案(並移咨)

남경 예부 주객청리사

南京禮部主客清吏司

요지 왕풍숙(바뇨니)과 사무록(세메도)을 합동 심리한 기록이다. 남경교안과 관련된 기록에 따르면 당시 왕풍숙은 장형杖刑 등 모진 고문을 받았다고 하며, 사무록은 중병에 걸린 상태여서 고문은 면했다고 한다. 이 심리안에서는 이들의 개인 신상부터 중국에 온 시기, 중국에서의 활동, 경비 조달 방법 등을 조사하여 밝히고 있다. 또 이 둘 이외에 이마두(마테오 리치) 이래 중국에 들어오기 시작한 선교사들의 명단을 거론하며, 오문澳門(마카오)·남웅·남창·소주·남경, 그리고 북경 등 이들의 활동 범위 및 주요 행적 등을 기술하고 있다. 마지막으로 속히 관리를 파견하여 왕풍숙과 사무록을 광동 무안 관아로 압송한 뒤 감독하에 서방으로 돌려보내도록 처리한 내용이 보인다.

남경 예부 주객청리사에서 칙지를 받아 오랑캐를 처리한 건.

南京禮部主客清吏司爲奉旨處分夷情事.

남경 예부의 차부를 받들었는데, "종명인·종명례·장채 등을 본 남경 예부에서 상주한 제본에서 밝힌 내용대로 따로 심사하는 것 외에, 13명 가운데 사무록(세메도) 또한 귀화한 외국인이라고 공초한 것이 심사 서류 안에 들어 있으니, 관할 관서에서는 차부에 따라 왕풍숙(바뇨니)과 사무록이 모두 외국 오랑캐인

奉本部箚付, 內開"鍾鳴仁·鳴禮·張寀等, 合照本部題明事理另審外, 及查十三名, 內謝務祿一名, 亦供稱化外人在卷. 合箚該司查驗王豐肅·謝務祿果否俱係化外夷人, 其未獲陽瑪諾

지 아닌지, 아직 잡히지 않은 양마락(디아스)이 먼저 제 나라로 돌아갔는지 아닌지를 조속히 공문을 갖추어 확실히 보고하고, 이 공문에 근거하여 처리하라. 예부에서 황제께 제본을 올리고 받은 칙지의 내용에 따라 속히 사람을 파견하여 압송한 뒤 귀국을 감독하라." 는 내용이었다.

是否先歸本國, 速具確報, 以憑查炤. 禮部題奉, 欽依事理, 速差遞送督歸"等因.

이 명령을 받들고 동성병마사에게 영패令牌[1]를 내려 멀리서 온 오랑캐 왕풍숙과 사무록 두 명을 압송해 오도록 하였다.

奉此隨牌行東城兵馬司, 將遠夷王豐肅·謝務祿二名提解前來.

본 주객청리사의 오吳 낭중이 사무청의 장張 사무司務, 사제사祠祭司의 서徐 낭중, 정선사精膳司의 황黃 낭중, 의제사儀制司의 문文 주사, 사제사의 서徐 주사와 합동으로 심문하여 다음과 같은 사실을 알아냈다.

該本司吳郎中, 會同司務廳張司務, 祠祭司徐郎中, 精膳司黃郎中, 儀制司文主事, 祠祭司徐主事, 會審得:

왕풍숙은 얼굴이 붉고 희며, 눈썹이 희고 길다. 눈은 우묵하고 콧대는 우뚝하며, 수염은 누런색이다. 진술하기를, 나이는 50세이고 대서양 사람이며, 어려서 오랑캐 글을 읽어 인문학·이학·신학[2]을 공부하여 박사[3]가 되었다고 하였는데, 이는 중국에서 진사에 해당하는 것이다. 벼슬을 마다하고 단지 예수회[4]에 들어가기만을 바랐고, 임비리林斐理(실바)[5] 등과 함께 천

王豐肅, 面紅白, 眉白長. 眼深鼻尖, 鬍鬚黃色. 供稱年五十歲, 大西洋人, 幼讀夷書, 繇文考·理考·道考, 得中多耳篤, 即中國進士也. 不願爲官, 只願結會, 與林斐理等講明天主教. 約年三十歲時, 奉會長格老的惡之

1 '令牌'는 군사 행동 시에 전권을 부여함을 증명하는 일종의 증빙 문서를 말한다.

2 '繇文考'는 인문학, '道考'는 신학을 말한다.

3 '多耳篤'은 doctor의 음역이다.

4 원문에는 단지 '會'라 하였지만, 문맥이나 정황을 보아 '예수회'로 번역하였다.

5 Felicianus de Silva(1578~1613, 중국명 林斐理)는 1599년에 바뇨니·디아스와 함께 중국에 왔다. 먼저 마카오에 이르렀고 후에는 韶州에 이르렀다가 江西 南昌府에 갔으며, 1611년에는 南京에서 선교하였다.

주학을 강해했다. 나이 삼십쯤 되었을 때 예수회 총장 격로적오格老的惡(클라우디오)[6]의 명을 받고, 임비리·양마락 등 셋이 함께 큰 배를 타고 해로로 2년 4개월을 달려와서 만력 27년(1599) 7월에 광동 광주부 향산현 오문澳門에 도착하였으며, 그로부터 다섯 달가량 머물렀다. 양마락은 오문에 머물러 있었고, 왕풍숙은 임비리와 함께 소주부韶州府에 와서 며칠, 또 강서 남창부南昌府에 이르러 넉 달을 머물렀으며, 만력 39년(1611) 3월에는 남경 서영가西營街에서 살았다.

命, 同林斐理·陽瑪諾三人, 用大海船, 在海中行走二年四個月, 于萬曆二十七年七月內前到廣東廣州府香山縣香山灣中, 約有五月. 比陽瑪諾留住灣中, 是豐肅同林斐理前至韶州府住幾日, 又到江西南昌府住四月, 于萬曆三十九年三月內前到南京西營街居住.

이보다 십 년 전에 이마두(마테오 리치)·방적아(판토하)·곽거정郭居靜(카타네오)[7]·나유망羅儒望(로차)[8] 등이 먼저 남경 등 여러 곳에 흩어져 살고 있었다. 이마두가 북경에 들어가 공물을 바치기 위해 오문에 있는 왕풍숙에게 편지를 보내어 방물을 보내 달라고 부탁하자, 왕풍숙은 자명종과 유리 거울 등을 가지고 왔다. 그때에는 이마두가 먼저 북경에 간 뒤였으므로

先十年前, 有利瑪竇·龐迪峨·郭居靜·羅儒望等, 已分住南京等處. 利瑪竇要得進京貢獻, 寄書灣中到王豐肅處, 索取方物進獻, 是豐肅攜自鳴鐘·玻璃鏡等物前來. 比時利瑪竇先已進京, 隨將方物等件寄進京貢獻

6 Claudio Acquaviva(1543~1615)는 1581~1615년에 예수회 총장을 맡은 인물로 천주교 해외 선교의 터전을 닦은 인물이기도 하다. 총장 재임 중 회원 수가 5,000명에서 13,000명으로 증가하였다. 중국어 음역 표기로는 『파사집』처럼 格老的惡라고도 하고 克劳迪奥·阿奎维瓦라고도 한다.

7 Lazare Cattaneo(1560~1640, 중국명 郭居靜)는 이탈리아 출신의 천주교 선교사로 字는 仰鳳이다. 1581년 예수회에 가입했다. 1593년 중국에 도착하여 이듬해에 마테오 리치의 조수가 되어 신부의 복색을 승려 복색에서 선비 복색으로 바꾸는 일을 하였다. 마테오 리치가 南昌으로 간 뒤 韶州에 남아 남경교안 때 검거된 鍾鳴仁·鍾鳴禮 형제를 거두었다. 마테오 리치의 北京 초행길에 동행하기도 하였다. 南京과 南昌을 거쳐 주로 상해와 杭州에서 활동하였고, 徐光啓 및 李之藻와 교분이 깊었다. 남경교안 때 세례를 준 楊廷筠의 도움으로 杭州에 머물면서 중국 어문을 깊이 연구하였다. 저서로는 『靈性詣主』·『悔罪要旨』가 있다.

8 Joannes de Rocha(1566~1623, 중국명 羅儒望 또는 羅如望)는 포르투갈 출신의 천주교 선교사로 字는 懷中이다. 1598년에 중국에 왔으며, 마테오 리치가 북경으로 가자 그를 대신해 南京에 와서 카타네오와 함께 있었다. 1603년에 徐光啓에게 세례를 주었다. 漳州에서 처음으로 선교 활동을 펼쳤으며, 마지막에는 嘉定으로 갔고, 남경교안이 일어나자 杭州의 楊廷筠 집에 피난해 있었다.

이어 방물 등 물건을 북경으로 부쳐 주어 바치게 하였다. 그때 나유망은 기구들을 왕풍숙에게 넘겨준 뒤 이내 그곳에 천주당을 세우고서 신자들을 모아 천주교를 강설하였는데, 대략 2백여 명이 모였다. 방일房日·허일虛日·묘일昴日·성일星日이 되면 한 차례씩 모임을 가지는데, 인시에 모이고 진시에 헤어지기를 매달 한결같이 하였으며, 결코 다른 곳으로 이사 가 살지 않았다. 임비리가 만력 41년(1613) 6월에 병들어 죽자 그의 시신을 넣은 관곽을 천주당 안에 놓아두었다.	訖. 比時羅儒望將家火交與王豐肅, 遂在此建立天主堂, 聚徒講教, 約二百餘人. 每遇房·虛·昴·星日一會, 寅聚辰散, 月以爲嘗, 竝未他往. 其林斐理, 于四十一年六月內病故, 其屍棺見停天主堂內.
양마락은 본디 오문에 살았는데, 먼저 남웅부南雄府로 옮겨 가 살다가 몇 달 후에 남경에 와서 왕풍숙과 2년 동안 함께 살았다. 또 북경에 가서 3년을 살다가 남쪽으로 다시 돌아와 살았는데, 만력 43년(1615) 12월까지도 남웅부에 살면서 제 나라로 돌아가지 않았다. 왕풍숙이 쓰는 돈과 식량은 서양 나라의 상선 편에 오문으로 가져왔는데, 대략 육백 냥가량 된다. 집을 지으려고 할 때는 천 냥으로 늘어난다. 해마다 한 차례 각 지방에 경비를 나누어 주는데, 방적아 등에게 시켜 나누어 주어 쓰게 하였다.	其陽瑪諾向住澚中, 亦于先年移住南雄府, 約有幾月前到南京, 與豐肅同住兩年. 又往北京三年, 仍復回南同住, 于四十三年十二月內仍往南雄居住, 竝未回還本國. 一向豐肅所用錢糧, 自西洋國商船帶至澚中, 約有六百兩. 若欲蓋房, 便增至千金. 每年一次, 是各處分, 教龐迪峨等分用等語.
또 다음과 같은 사실도 심문을 통해 알아냈다. 사무록은 얼굴이 붉고 희며, 눈이 우묵하고 콧마루가 우뚝하고, 수염이 누렇다. 진술에 따르면, 나이는 32세이고 대서양 사람이며, 일찍이 박사가 되었으나 벼슬을 마다하고 예수회 회원들에게 강학하였다고 한다. 정확한 날짜는 기억하지 못하지만 몇 해 전에 배를 타고 광동 오문에 들어왔는데, 대략 3년 6개월이	又審得謝務祿, 面紅白色, 眼深鼻尖, 黃鬚, 供年三十二歲, 大西洋人, 曾中多耳篤, 不願爲官, 亦只會友講學. 于先年失記月日, 自搭海船前到廣東澚中, 約有三年六個月等語. 據此看得謝務祿面貌與豐肅相同, 其爲遠夷

걸렸다고 한다. 이에 근거해 보면 사무록의 생김새는 왕풍숙과 같은바, 그가 멀리서 온 오랑캐임에 분명하다. 양마락이 비록 제 나라로 돌아가지 않았으나 저들의 말에 따르면 지금은 남웅에 있다 하니, 이곳에 잠입하여 숨어 있지 않음이 분명하다.

無疑. 陽瑪諾雖未回還本國, 據稱見在南雄, 則非潛匿此中明矣.

차부에서 심리한 내용에 연루된 사람을 모두 압송한 다음, 삼가 결재를 기다려 시행할 것이다.

緣係箚審事理理合具繇連人解堂, 伏候裁奪施行.

수지.[9] 정문 올린 사람

須至呈者

법정에서 압송할 오랑캐 범죄자 모두 2명:

왕풍숙. 사무록. 병에 걸렸음.

計開解夷犯二名:

王豐肅, 謝務祿. 見病.

9 '須至'는 옛 공문의 마지막에 쓰던 용어이다. 그 뜻에 대해 宋나라 朱熹는 「減木炭錢曉諭」에서 "향촌의 민호들이 통지할 줄을 모를까 봐 반드시 방을 뿌려 밝히 알리도록 하라는 뜻이다.(竊恐鄕村人戶未能通知, 須至散榜曉示者.)"라고 설명하였고, 청나라 瞿灝는 『通俗編』 「政治」에서 "수지는 오늘날 공문의 형식인데, 그 뜻을 물으면 설명할 길이 없다. 『歐陽公集』 「相度銅利牒」에 따르면 '일을 그르치지 말도록 하라.'라는 말이 나오고, 「五保牒」에 '장황하고 어리석게 처리하지 말라.'는 말이 보이는데, 모두 문장 끝에 사용되고 있다. 대체적으로 주의를 줄 때는 '無至'라 하고 권할 때는 '須至'라 하였으니, 正反의 차이만 있을 뿐 같은 말인 것이다.(須至, 今公文中習爲定式. 問其義, 則無能言之. 據『歐陽公集』 「相度銅利牒」云, '無至悞事者' 「五保牒」云, '無至張皇鹵莽者' 亦俱用之篇末. 大抵戒之曰'無至', 勸之曰'須至', 其辭僅反正不同耳.)"라고 설명하였다.

당사(남경 예부)[10]의 비답

두 범인을 조사한 결과가 명백하므로 바로 도찰원에 정문을 이첩하고, 순성 아문에 보내어 지시에 따라 신속히 관원을 파견하여 광동 무안 아문으로 압송토록 하며, 감독하에 서방으로 돌려보내도록 하라.

堂批

二犯既查驗明白, 即移咨都察院, 轉行巡城衙門, 遵旨速差員役, 遞送至廣東撫按衙門, 督令西歸.

10 '堂司'는 명·청 때 중앙 행정 관서를 두루 일컫는 말이다. 여기서는 남경 예부를 가리킨다.

【이첩 자문】

만력 45년 2월 ◯일 남경 예부 주객청리사 낭중주사 오이성이 남경 도찰원에 이첩한 자문

萬曆四十五年二月 日 署郎中主事吳爾成移南京都察院咨

오이성

吳爾成

요지

남경 예부의 주객청리사 오이성이 남경 도찰원에 이첩한 자문이다. 이 자문의 처음에는 북경 예부의 하종언何宗彥[1]이 남경 예부의 정문을 수리하여 황제에게 상주한 내용이 실려 있는데, 남경 예과의 안문휘晏文輝가 왕풍숙(바뇨니)을 중심으로 한 세력이 황실의 위엄을 넘보는 지경에 이르렀음을 강조하며 속히 처분을 내려 줄 것을 간언하며 올린 게첩이 인용되어 있다. 그다음에 오이성이 황제의 명령에 근거하여 남경 도찰원에 지시하는 내용이 실려 있는데, 그 내용을 보면 왕풍숙을 광동 무안 관아에 압송한 후 서방으로 돌려보냄으로써 남경 지역을 평정할 것을 강조하고 있다.

남경 예부에서 멀리서 온 오랑캐들을 오랫동안 구류해 두고 지시를 기다리고 있으므로 황제께서 조속히 처분을 내리시어 풍교風教를 수호하고 정사를 엄정히 하여 주실 것을 간곡히 주청한 건.

南京禮部爲遠夷久羈候旨, 懇乞聖明速賜處分, 以維風教, 以肅政體事.

주객청리사에서 정문呈文을 본부(남경 예부)로 올리자, 본부에서는 (북경) 예부에서 이 사건에 대해 보내

主客淸吏司案呈奉本部送. 准禮部咨前事, 該本部題主客淸

1 何宗彥(1559~1624)은 字가 君美 혹은 若善이며 號가 昆柱이다. 江西省 金溪 東漕 사람으로 만력 23년(1595)에 진사가 되었으며, 42년(1614)에 예부 右侍郎 겸 署部事가 되었다.

온 자문咨文에 의거하여[2] 주객청리사에서 본부로 보내온 정문을 상주하였는데, 거기에 남경 예과 급사중 안문휘晏文輝[3]가 이 사건에 대해 올린 게첩[4]의 내용을 다음과 같이 인용하였습니다.

吏司案呈奉本部送, 據南京禮科給事中晏文輝揭稱前事, 內云:

"신이 생각하건대, 천지개벽 이래 유교는 복희씨부터 주공·공자에 이르기까지 마음을 전함에 요지가 있고 도를 천명함에서 종지가 있었기에 하늘과 사람의 도리를 남김없이 발현하고 이단과 사설이 끼일 틈을 용납하지 않았습니다. 뒤이어 노자가 나타나고 양주와 묵적이 나타나니 별난 것을 좋아하는 자들이 그들을 떠받들었지만, 어디까지나 우리 유가의 찌꺼기나 훔쳐다가 각자의 치우친 견해를 떠들어댄 것에 지나지 않았기에, 당시 도를 지키던 자들은 힘써 그것이 퍼지지 못하도록 하였습니다. 그런데 오늘날 천주교를 부르짖는 자들이 있으니, 북경의 방적아(판토하) 등과 남경의 왕풍숙(바뇨니) 같은 자들은 명분상 유교에 붙는 듯 보이지만 그 주장하는 바는 실로 정도와 다릅니다. 그 때문에 남경과 북경의 예부 고위 관원들이 그들을 참주하고, 북경의 과도관[5]들이 저들을 참주하였으며, 남경의 경시卿寺와 순시巡視 등 아문에서 각기 주소를 올린 것입니다.[6]

"臣惟天地開闢以來, 而中國之教, 自伏羲以迄周·孔, 傳心有要, 闡道有宗, 天人之理, 發洩盡矣, 無容以異說參矣. 嗣是而老氏出焉, 楊·墨出焉, 好異者宗之, 然不過竊吾儒之緒餘, 以鳴其偏見, 故當時衛道者, 力闢焉而不使滋蔓. 乃今又有倡爲天主教, 若北有龐迪峨等, 南有王豐肅等, 其名似附於儒, 其說實異乎正, 以故南北禮卿參之, 北科道參之, 而南卿寺等巡視等衙門, 各有論疏也.

2 '呈文'은 하급 기관이 상급 기관에 보내는 공문, '咨文'은 동급 기관 간에 주고받는 공문을 말한다.

3 자는 懷泉이며 江西省 南昌 사람이다. 만력 26년(1598)에 진사가 되었다.

4 '揭帖'은 정문에 부록되어 오는 공문이다.

5 '科道官'은 명·청 때 六科의 給事中과 도찰원의 각 道 감찰사에 대한 통칭이다.

6 만력 44년(1616)에 예과 급사중 余懋孳, 예과 낭중 徐如珂가 모두 소장을 상주하였다. 余懋孳는 安徽省 婺源 사람으로 명나라 『신종실록』에 그가 올린 소장의 기록이 있다. "예과 급사중 여무자가 상

소하여 이교를 물리치고 해금을 엄히 할 것을 청하였는데, 그 대략은 이러하다. '서양 마테오 리치가 공물을 바침에 중국에 천주교가 등장했습니다. 그런데 뜻밖에 남경의 바뇨니와 디아스 등이 백성을 현혹하여 적어도 만 명 이상이 교도가 되었으며, 삭망 예배 때는 천 명 이상이 늘 모입니다. 오랑캐와 좌도는 금해야 마땅합니다. 남방에 있는 자들에게 밤에 모여 새벽에 흩어지면서 백련교나 무위교의 사특함을 따라 하게 한다면, 좌도를 그 언제나 주멸할 수 있겠습니까? 저들이 마카오에 있는 자들과 모의하며 자금을 주고받고 있으니, 오랑캐를 주륙하는 일을 어찌 늦출 수 있겠습니까? 오늘로 저들 당류를 해산시키고 관금을 엄격히 하는 것이 화를 미리 방비하는 대계일 것입니다.'(禮科給事中余懋孳疏言闢異敎嚴海禁, 大略謂 '自西洋利瑪竇入貢而中國復有天主之敎. 不意留都王豊肅·陽瑪諾等煽惑百姓, 不下萬人, 朔望朝拜, 動以千計. 夫通夷有禁, 左道有禁, 使其處南中者, 夜聚曉散, 效白蓮·無爲之尤, 則左道之誅何可貸也. 使其資往偵來通濠鏡呑夷之謀, 則通番之戮何可後也. 故今日解散黨類, 嚴飭關津, 誠防微之大計.')"(『大明神宗顯皇帝實錄』 卷 547)

徐如珂의 자는 季鴻이며 吳縣 사람이다. 그는 「處西人王豊肅議」라는 상소에서 다음과 같이 말하였다. "논의에 따르면 바뇨니 등은 몰래 중국에서 살아온 지 오래인지라 조정에서는 익숙해져서 걱정할 것이 못 된다고 하지만, 세도를 주관하는 군자들은 반드시 쫓아 버려서 우환을 끊어야 한다고 하니, 그 죄가 과연 어디에 있겠습니까? 오랑캐가 중화를 어지럽힌다면 그 헤아릴 길 없는 화는 훗날에야 이르지만, 사도로 정도를 어지럽히며 가르쳐서는 안 될 것을 떠벌린다면 그 화는 바로 목전에 있을 터이니, 청컨대 당장에 깨뜨려 꺾으셔야 합니다. 조사에 의하면 바뇨니 등은 마테오 리치의 잔당으로서 천주교의 망령된 학설을 익혔는데, 중국에서 20년간 살며 백 명 천 명에 이르는 백성을 미혹시켰습니다. 더 존귀할 바 없는 상제를 오랑캐 여자의 소생이라 말하며 화상을 그려 놓았는데, 정말 흙과 나무로 빚은 우상과 다르지 않습니다. 더 가까울 바 없는 조종을 자기네 종교에서는 존숭하지 않는다 말하며, 남을 대하듯 제사도 지내지 않습니다. 필적할 바 없는 대명에 大西國이라는 것으로 맞서면서 세상에 두 개의 큰 나라를 버젓이 두고 걸핏하면 귀국이라고 부르니, 오만하기가 이처럼 유별날 수 없습니다. 대명 하늘 아래서 서양의 천주를 떠벌려 속이어, 세상에 진인이 있는 듯 지껄이며 경서를 간행, 유포하기까지 하니, 분수를 잊고 망령되기가 이같이 심할 수 없습니다. 손바닥을 가리키며 하늘을 담론하면서 군자들을 그 술수에 빠지게 하여 사사로이 천문을 배우도록 하는 것도 꺼리지 않습니다. 게다가 말로 했다고 해서 꼭 실행할 수 있는 것은 아니니, 천문이 저들의 본업이 아님은 자명한 사실입니다. 돈을 땅에 뿌려 소인들이 그 이득에 빠져들게 하고, 아무 거리낌 없이 인심을 모아 결속시킵니다. 게다가 주었다고 해서 꼭 받지 말라는 법은 없으니, 사사로이 주고받으며 친밀히 교제합니다. 무량전을 사통팔달한 도시 한복판에 우뚝 세웠으니, 제왕의 기운이 서려 있는 홍무강에 어찌 범이 틀어 앉아 있게 할 수 있겠습니까? 어둠을 기다려 무리를 지어 소란을 피우니 대통일 성세에 어찌 무리를 짓게 할 수 있겠습니까? 저들이 서양에서 왔다고 하나 누가 서양을 알겠습니까? 괴이하고 은밀한 행적은 거의 聲東擊西와도 같습니다. 남경에 있다 해서 꼭 남경에만 전심해 있는 것이 아니라 무리들과 결탁하여 늘 동에 번쩍 서에 번쩍합니다. 만약 '上國을 관광한다.'고 한다면 공물을 바치고서 왜 배를 타고 떠나가지 않습니까? 만약 '기꺼이 내지에 歸附하겠다.'고 한다면 교화를 앙모하면서 왜 교를 나누어 선동합니까? 만약 '딴마음을 품지 않았다.'고 한다면 대놓고 불러서 은밀히 이르게 하여 우리 양민들을 유혹하는 것은 무슨 의도입니까? 만약 '본래 족히 우려할 바가 못 된다.'고 한다면 여기에서 부르면 저기에서 응답하며 메아리처럼 호응하는 것은 무엇 때문입니까? 만약 '몽골도 색목인이어서 모두 조정에 귀부한 속국'이라고 한다면, 왜 성심을 다해서 귀화하지 않고 완민의 처지에 지금 (그 상소문들을) 모두 궁궐에 놓아두고 내려 보내지 않고 계시니, 황제께서 아직 다 읽지 못하신 것입니까? 아니면 이 자들이 끼친 뚜렷한 해악이 보이지 않는다 하여 짐짓 품어 주시려는 것입니까?

今一槩留中而不下, 豈皇上悉未省覽耶? 豈謂此輩未見其顯害而姑優容耶?

방적아 등은 북경에 있어 그 상세한 정황은 알 수 없으나, 왕풍숙 등은 남경에 있으므로 신이 그들이 하는 말을 모두 알고 있었습니다. 왕풍숙은 몇 해 전까지 깊숙이 틀어박힌 채 드나들지 않고 교유하는 일도 적었기에

夫龐迪峨等在輦轂下, 誠不知其詳, 王豐肅等在南中, 臣得畢其說. 豐肅數年以前, 深居, 簡出入, 寡交游, 未足啟人之疑,

---

만족하고 있는 것입니까? 만약 '왜나 만이 등 四夷들도 각각의 館舍가 있다.'고 말한다면, 어찌하여 자신의 행실을 단속하여 명을 기다리지 않고 경사와 지방에 흩어져 있는 것입니까? 만약 '서양 사람은 중국의 법도로 다스릴 수 없다.'고 말한다면 중국은 서양인의 법도로 다스릴 수 있습니까? 세상을 현혹하고 백성을 꾀는 것을 요언이라고 하고, 소란을 부채질하고 궤변을 일삼는 것을 좌도라 합니다. 거짓된 계획을 아직 드러내지 않고 있으니 갑자기 세간으로 잡아들이기는 어려울 것이지만, 사설이 이미 왕성하니 그대로 횡행하게 내버려 둘 수도 없습니다. 용납하는 것이 잘못이나, 쫓아낸다 해도 아마 여기서 흩어지면 저기에 가서 규합할 것이라 그 역시 마땅한 대책이라 할 수 없습니다. 좋은 곳에 안치하여 종생토록 감금함으로써 무리를 이루고 당파를 짓지 못하게 한다면, 병고가 좀 나아지지 않겠습니까? 아, 지금 이 일을 도모해도 처분하느라 시끄러울 텐데, 몇 년 더 늦춰지고 나면 그 화는 이루 다 말할 수 없을 것입니다. 삼가 의론을 올립니다.(議得王豊肅等竊處中國久矣, 中國習以爲無足慮, 而司世君子, 必欲驅而絶之, 此其罪果安在耶? 夫以彝亂華, 釀爲不可知之患者在異日. 以邪亂正, 倡爲不可訓之教者在目前, 則請就目前折之. 按王豊肅以利瑪竇之餘黨, 習天主教之妄談, 居中國者二十年, 惑人心者千百計. 莫尊於上帝, 而謂爲彝女之所生, 繪像圖形, 眞同傀儡. 莫親於祖宗, 而謂非本教之所尙, 匱饗乏祀, 不異路人. 以中國之無耦, 而抗之以大西國, 儼然域中有兩大, 且動稱貴國, 則其傲慢之尤者也. 以大明之中天, 而誑之以西天主, 隱然宇內有眞人, 至刊布一經, 則其僭妄之甚者也. 指掌談天, 能使君子入於其術, 卽私習天文弗顧矣. 況言之而未必能行, 則原非本業, 自供甚明. 揮金布地, 能使小人沒于其利, 卽要結人心弗嫌矣. 況與之而未必不取, 則私相饋遺, 交通甚密. 豎無樑殿於通都大邑之中, 洪武岡王地, 豈容虎踞其右. 聚群不逞於暮夜晦冥之候, 大一統盛時, 安用烏合其群. 且其來自西洋, 誰爲識其西洋, 踪踪詭秘, 幾于聲東而指西. 身在白下, 未必專心白下, 黨與絡繹, 每見乍南而倏北. 若曰 '觀光上國', 則貢琛而來, 何不航海而去? 若曰 '樂附內地', 則慕化而至, 何必分教而馳? 若曰 '中無他腸', 則陽招陰至, 誘我良民者何意? 若曰 '原無足慮', 則此呼彼應, 捷于谷響者何爲? 若曰 '蒙古色目, 亦皆內屬', 何不傾心向化, 而乃甘處于頑民? 若曰 '倭蠻四夷, 各有所館', 何不束躬待命, 而乃分布于中外? 若曰 '西人不可以中國之治治也', 則中國可以西人之治治乎? 惑世誘民, 謂之妖言. 煽亂鼓簧, 謂之左道. 狂謀未逞, 遽難坐以奸細, 邪說已熾, 實難任其橫行. 蓋容之非矣, 而驅之逐之, 恐於此解散, 于彼糾合, 亦未爲得策也. 安置善地, 禁錮終身, 俾不得成群結黨, 斯有瘳乎? 噫! 乃今圖之, 尙費處分, 況遲之數年以後, 而其禍可勝言哉? 謹議.)"(『乾坤正氣集』 권 29; 『徐念陽公集』 권 1)

사람들의 의심을 불러일으킬 만하지 못하였으며 백성과 사대부 들도 그를 잊고 있었습니다.

民與之相忘, 即士大夫亦與之相忘.

그러나 요즈음 들어서 전과 크게 달라져, 사사로이 효릉위孝陵衛에 화원을 만들고 신도를 홍무강洪武岡에 널리 모으고 있습니다. 대예배니 소예배니 방일·허일·성일·묘일을 모임의 약속 날로 삼아 성수를 뿌리고 성유를 바르며, 가위로 오린 글자 쪽지를 문에다 붙여서 표지로 삼고 있습니다. 또 사람들에게 집에서 모시는 신을 모두 집어던지고 오직 천주상만을 걸어 놓게 강요하고, 구제해 준다는 것을 빌미로 저들을 불러 모아 교에 가입하는 자에게는 즉시 돈을 줍니다. 날짜를 적어 공갈하면서 맹세를 저버린 자는 죽음에 처한다고 말합니다.

適來則有大謬不然者. 私置花園於孝陵衛, 廣集徒衆於洪武岡, 大瞻禮·小瞻禮, 以房虛星昴日爲會約. 灑聖水, 擦聖油, 以剪字貼户門爲記號. 迫人盡去家堂之神, 令人惟懸天主之像. 假周濟爲招來, 入其教者, 即與以銀, 記年庚爲恐嚇, 背其盟者, 云置之死.

사대부와 이야기할 때는 천성天性을 논하고, 따르는 무리 앞에서 강론할 때는 신기한 법술을 말합니다. 이에 거리의 사람들은 저들의 종교를 떠들썩하게 전도하고, 사대부들은 이를 의심하고 염려하고 있습니다. 조종의 근본이 되는 땅이요 교화가 비롯된 이곳에 어찌 저들을 오래도록 머물게 할 수 있겠습니까?

對士大夫談, 則言天性, 對徒輩論, 則言神術. 道路爲之喧傳, 士紳爲之疑慮. 祖宗根本之地, 教化自出之區, 而可令若輩久居乎?

이 때문에 예부의 신하 심각沈㴶이 그들이 오늘날 행하고 있는 사실에 근거하여 앞날에 생길 재앙과 우환을 우려하는 마음에 발분하여 소장을 올린 것이니, 이는 참으로 세도와 인심에 크게 도움이 되는 것이라 하겠습니다. 그때에 신은 성문의 방비를 순시하고 있었는데, 저 또한 소장에 이름을 덧붙여 적어 올렸으며, 어사 손광유孫光裕는 저들을 구류한 채 칙지를 기다리고 있었습니다. 이 모두가 한 지방을 위하고 제왕의 교화를 위한 계책이었을 뿐, 어찌 이렇게 군말하는 것이 좋아서였겠습니까?

以故禮臣沈㴶, 據其今日行事, 慮其將來禍患, 發憤疏聞, 誠大有裨於世道人心者. 其時臣巡視門禁, 亦於合疏中附名以上請, 而御史孫光裕羈之以候旨, 皆爲地方爲王化計也, 豈好爲是激聒哉?

천제는 하나입니다. 형체로 말할 때는 하늘(天)이라 하고 주재하는 존재로 말할 때는 제帝라고 하는데, 이는 우리 유자들이 이미 정밀하게 논한 바 있습니다. 그러나 저들이 각인한 『천주교요략天主教要畧』에서는 천주가 한나라 애제 때 태어났고, 이름은 야소耶穌이며, 그 어미는 마리아瑪利亞[7]라고 말하고 있습니다. 또 저들의 악한 관리가 십자가에 그를 못 박아 죽였다고 하니, 서양에서 죄를 짓고 죽은 귀신을 천주라고 하는 것입니다.

且天帝一也, 以其形體謂之天, 以其主宰謂之帝, 吾儒論之甚精. 而彼刻『天主教要畧』云, 天主生於漢哀帝時, 其名曰耶穌, 其母曰亞利瑪. 又云被惡官將十字枷釘死, 是以西洋罪死之鬼爲天主也.

과연 이래도 되는 일입니까? 중국에도 하늘이 하나 있고, 서양에도 하늘이 또 하나 있단 말입니까? 한나라 이전에는 천주가 없다가 한나라 이후에야 비로소 천주가 생겨났단 말입니까? 이 황당한 이야기에 근거해 볼 때, 그것은 그저 무당들이나 하는 사술일 뿐입니다.

可乎, 不可乎? 將中國一天, 而西洋又一天耶? 將漢以前無天主, 而漢以後始有天主耶? 據斯謬譚, 直巫覡之邪術也.

공자께서는 '이단을 치면 그 해로움이 멈춘다.'[8]고 하셨습니다. 지금이 바로 이단을 칠 때입니다. 민심이란 사악한 것을 따르기도 쉽지만, 정도로 돌아오기 또한 쉽습니다.

孔氏有言曰 '攻乎異端, 斯害也已.' 今正其攻之之時矣. 更民心易於從邪, 亦易於返正.

왕풍숙이 논죄되어 구속된 후에, 그 교를 따르던 자들이 일시에 대문에 붙였던 부적들을 모두 찢어 버리고 대문에 붙이는 대련對聯으로 바꾸었으며, 조상의 신위를 모셔 놓고 오랑캐의 화상을 떼어 버렸다고 합니다. 잘못을 후회하고 해로움을 멀리하며 당을 없애고 무리를 해산시켰다 하니, 더는 염려할 것이 없습니다. 단지 왕풍숙 등이

自王豐肅被論被羈之後, 聞從其教者, 一時盡裂户符, 而易門對矣, 安家堂而撤夷像矣. 悔非遠害, 散黨離群, 無復可虞矣. 惟是王豐肅等, 尚在羈縶之中, 未蒙處分之旨, 守候既久, 結局

7 원문에 '亞利瑪'라고 되어 있으나 이는 '瑪利亞'의 오기이다.
8 『論語』 「爲政」 편에 있는 내용이다.

아직도 구류 중이고 처분에 관한 성지를 받지 못하고 있는 터라, 지키고 앉아 기다려 온 지 이미 오래이거늘 결말지을 날이 언제일지 알 수 없습니다. 만일 스스로 죽기라도 하여 법을 밝힐 수 없게 되면 어찌합니까? 조정을 존숭하는 뜻과 오랑캐를 두렵게 만드는 뜻은 어디로 가겠습니까?

無時, 萬一自斃, 其如法之未明何? 烏在其爲尊朝廷, 而懾裔夷哉?

삼가 바라건대, 예부의 결정을 조속히 하달하여 주십시오. 우리 조정의 기강을 엄하게 하여 무거운 죄로 추궁하여 다스리든, 아니면 우리 황제의 너그러운 도량으로 가벼운 죄로 다스려 쫓아 보내든, 모두 풍교를 지키고 정체를 엄정히 할 수 있을 것입니다."

伏乞速下部議, 或飭我皇綱, 從重究治, 或恢我皇度, 從輕驅逐, 庶風教維而政體肅矣."

이러한 내용이 본부(북경 예부)에 도착하였으며, 주객청리사에서 보낸 정문도 도착하였습니다.

等因到部, 送司案呈到部.

이로써 남경 예과 신하가 주청한 바를 알 수 있습니다. 비록 본부에서 아직 성지를 하달받지 못하였지만 멀리서 온 사람이 오랫동안 구금되어 있고, 또한 몹시 추운 계절인 만큼 생명을 소중히 하는 천지의 마음을 상하게 할까 염려되니, 마땅히 게첩에 근거하여 답을 내려 주셔야 할 것입니다.

看得南科臣疏請, 雖未奉旨下部, 但遠人久在羈禁, 時令又值嚴寒, 恐傷天地好生之心, 相應據揭題覆.

삼가 살펴보건대, 오랑캐에 대한 중화의 방비는 예로부터 엄했기 때문에, '나는 중국이 오랑캐를 개변시켰다는 말은 들었어도 오랑캐에게 개변당했다는 말은 들어 본 적이 없다.'[9]고 맹자께서 정확히 말씀하

竊炤夷夏之防自古嚴之, 故'用夏變夷, 未聞變於夷者', 孟軻氏言之確矣. 王豐肅等之在南, 龐迪峨等之在北. 既自稱八萬里

9 『孟子』「滕文公上」에 나오는 내용이다.

셨던 것입니다. 왕풍숙 등은 남경에 있고 방적아 등은 북경에 있습니다. 스스로 팔만 리나 먼 곳에서 온 먼 나라 사람이라고 말하면서 공물도 가져오지 않고 갑자기 중국에 흘러들어 와서 몸담고 살고 있습니다. 그들이 중국에 온 의도가 의심스럽긴 했지만 옛날에는 눈에 띄지 않는 평민 주택에 살면서 이상하거나 놀랄 만한 일을 벌이지 않았기에 문제 삼지 않고 그대로 내버려 두었습니다.

之遠人, 不載貢享, 突流寓於中華. 其來已自可疑, 特昔也隱處廛, 無甚非常可駭之事, 故置之不論.

그러나 지금 효릉위나 홍무강이 어떠한 곳입니까? 우리 태조께서 홍기하시고 등극하신 곳에다 사치스럽게 화원을 만들고 신자들을 널리 모아 천주교를 떠벌리며, 이득으로 유혹하고 술수로 농락하며 못하는 짓이 없으니, 대체 무엇을 하려는 의도이겠습니까? 이것이 어찌 글자며 수레며 하나로 통일되고 도道도 풍속도 한 가지인 성명한 세상의 경관이겠습니까! 더구나 천제보다 더 존귀한 것이 없어 중국에 군림하는 분을 천자라고 일컫는데, 저들이 천자보다 윗자리에 있다는 말입니까?

今孝陵衛·洪武岡何地也? 我太祖龍飛興王之所, 而侈列花園, 廣集徒衆, 大倡天主之教, 利誘術籠, 無所不至, 意欲何爲? 此豈聖明之世, 車書軌物一道同風之景象哉! 況莫尊於天帝, 中國者稱天子, 彼乃出於天子之上乎?

남경 예부의 신하가 특별히 소장을 올려 참주하였으나 답을 내리지 않고, 남경 부서의 부部·대臺·성省에서 함께 참주한 소장에도 답하지 않았으며, 북경 과도관의 여러 신하들 및 본부에서 참주한 것에도 답하지 않았습니다. 그래서 남경 예과의 신하 안문휘가 또 조속히 처분을 내려 주실 것을 주청한 것입니다.

南禮臣特疏參之而不報, 南府部·臺·省合疏參之而不報, 北科道諸臣暨本部參之亦不報, 故南科臣晏文輝又有速賜處分之請也.

신 등이 엎드려 생각건대, 저들이 좌도로 백성을 현혹하고, 목탁을 두드리고 방울을 흔들며 오랑캐의 도를 중국에서 제창하는 것에 그친다면, 이는 『상서』

職等伏念此輩左道惑衆, 止於鼓鐸搖鈴, 倡夷狄之道於中國, 是書所稱'蠻夷猾夏'者也. 此其

에서 이른바 '오랑캐들이 중국을 교란한다.'[10]는 것입니다. 이것은 세도인심世道人心에 관계되는 것이어서 그 화액은 뚜렷하나 늦게 나타납니다. 그러나 저들이 각 성에 도사리고 있으면서 신출귀몰하며 중국의 사정을 해외에 누설한다면, 이는 『상서』에서 이른바 '겁탈과 살인으로 내란과 외환을 만들어 낸다.'[11]는 것입니다. 이것은 종묘와 국시에 관계되는 일이며, 화액은 감추어져 있으나 막대합니다.

關係在世道人心, 爲禍顯而遲. 但其各省盤據, 果爾出神沒鬼, 透中國之情形於海外, 是書所稱'寇賊奸宄'者也. 此其關係在廟謨國是, 爲禍隱而大.

요즈음 황제의 덕과 위엄이 멀리까지 떨쳐 동쪽을 정벌하고 서쪽을 토벌하니, 요사한 오랑캐가 모두 섬멸되었습니다. 그래서 서양의 하찮은 오랑캐들이 머리에 모자를 뒤집어쓰고 얼굴도 가린 채 성性과 하늘〔天〕을 강설하고, 기괴함을 뽐내고, 괴이한 짓을 일삼는 것을 보면서도 '제법 지혜롭구나, 해 끼칠 마음은 없어 보인다.' 여기며 짐짓 포용하여 길러 주었을 뿐입니다. 저들이 천주라는 황당무계한 교설로 임금을 속이고 사악함으로 백성들을 우롱함이 이 지경에 이를 줄 어찌 알았겠습니까?

年來皇上德威遐暨, 東征西討, 諸妖氛小醜, 旋即殄滅. 視西洋零星諸夷, 蒙頭蓋面, 講性說天, 炫奇弔詭, 得無謂其頗有智慧, 無甚禍心? 姑以包荒於覆載耳, 寧知彼天主之說, 謬妄欺君, 淫邪誣民, 一至於此.

사사로이 만들었다는 혼천의·자명종 따위들은 모두 황당하고 법도에도 맞지 않으며, 실제에 부합하지도 않아 쓰기에 마땅치 않습니다. 요순이 다스리던 세상을 살펴보면 '북두칠성의 운행을 관측하여 칠정七政을 가지런히 하는'[12] 역법이 있었습니다. 또 대대

即所私㓗渾天儀·自鳴鐘之類, 俱怪誕不準於繩, 迂闊無當於用. 嘗考堯舜之世, 有'璿璣玉衡, 以齊七政'之法. 歷代相傳, 有銅壺滴漏以測晷刻之法, 豈

10 『尙書』「堯典」에 있는 내용이다.
11 『尙書』「堯典」에 있는 내용이다.
12 이 책 49쪽 각주 21 참조.

로 전해 내려오는 것으로 구리 주전자에서 물방울이 떨어지는 것과 해 그림자를 가지고 시각을 측정하는 방법이 있습니다. 그러니 어찌 새롭고 기이한 것이 (중화에) 없다 하겠습니까? 왕풍숙과 방적아 같은 자들은 이와 같은 규격과 법제가 있다는 말은 결코 들어보지도 못했을 것입니다.

無穎異. 如王豐肅·龐迪峨等, 其人絕不聞有此規制也.

조종들께서 경계하신 영슈을 상고해 보면, 사사로이 천문을 익히는 것을 금하였고, 사사로이 해외의 오랑캐들과 내통하는 것을 금하였습니다. 이는 모두 아직 경미할 때 방지하고 점점 불어나기 전에 막고자 한 것이었으니, 그 사려하는 바가 깊고 원대하였습니다. 만약 황제께서 멀리서 온 사람들을 불쌍히 여겨 사람을 선동한 확실한 근거는 있지만 아직 날뛰고 설친 실제 행적이 없다 생각하신다면, 엎드려 빌건대 왕풍숙과 방적아 등에 대해 본부에 칙지를 내려 각 해당 아문에 전달하여 시행토록 하시고, 광동으로 압송하여 광동 무안 아문에 맡겨 잠시 관리하게 한 후, 감독하에 서방으로 돌려보내도록 해 주십시오. 덮어 주시는 인덕이 날로 넓어짐에 호시탐탐 엿보는 눈길이 점차 사라져 통일의 진체가 중천에 뜬 해와 같고, 나라 안의 평온이 반석같이 공고해진다면, 천하 후세가 영명한 임금의 처사를 길이길이 오래도록 높이 칭송할 것입니다.

稽祖宗令申, 私習天文有禁, 私通海外諸夷有禁, 蓋防微杜漸, 慮至深遠也. 如皇上憫念遠人, 簧鼓雖有的據, 跳梁尙無實跡, 伏乞將王豐肅·龐迪峨等, 勅下本部, 轉行各該衙門, 遞送廣東, 聽彼中撫按暫爲收管, 督令西歸. 庶帲幪之仁以廣, 睥睨之漸以消, 統一聖眞, 如日之中天, 寧謐海宇, 如磐之鞏固, 天下後世誦英君之擧動, 超出尋常萬萬矣等因.

만력 44년(1616) 12월 10일
북경 예부 서부사 좌시랑 겸 한림원 시독학사
하종언 등이 제본을 갖추어 상주합니다

萬曆四十四年 十二月 初十日
本部 署部事 左侍郎 兼
翰林院 侍讀學士 何宗彥等 具題

"28일에 다음과 같은 성지를 받았다.

'이 주청에 언급된 먼 나라 오랑캐 왕풍숙 등은 교회를 세워 민중을 미혹하고 있으니, 그 은밀한 속셈을 헤아릴 길 없다. 너희 예부에서는 남경 예부에 자문을 이첩하고, 각 해당 관아에 공문을 보내서 속히 관원을 파견하여 광동 무안으로 압송한 다음 감독하에 서방으로 돌려보냄으로써 지방을 안정시키도록 하라. 방적아 등은 지난해에 너희가 역법을 잘 안다고 공언하기에 불러와 각 관원과 더불어 칠정을 추론, 연역토록 하였다. 모두 귀화하여 북경에 온 자들이지만 또한 제 나라로 돌려보내도록 하라. 해당 부원에서는 그런 줄 알고, 황제의 명을 받들어 시행하라.'

"二十八日, 奉聖旨

'這奏内遠夷王豐肅等, 立教惑衆, 蓄謀叵測. 爾部移咨南京禮部, 行文各該衙門, 速差員役遞送廣東撫按, 督令西歸, 以靜地方. 其龐迪峨等, 去歲爾等公言曉知曆法, 請與各官推演七政, 且皆係向化來京, 亦令歸還本國. 該部院知道, 欽此欽遵, 擬合就行.'

이에 도찰원에 자문을 보내고, 다시 오성순시어사가 아문에 영을 내리게 하여 방적아 등은 광동 무안 아문으로 압송한 뒤 감독하에 서방으로 돌려보내는 것 외에, 귀부(남경 예부)에서 밝혀 조사할 수 있도록 하라. 본부에서 상주하여 지시받은 사항대로 처리하고, 각 해당 아문에 전달하여 신속히 관원을 파견하여 왕풍숙 등을 광동 무안 아문으로 압송한 뒤 감독하에 서방으로 돌려보내도록 하라. 모든 사항을 황제의 유지에 따라 시행하라."

爲此除將龐迪峨等, 咨行都察院轉行五城巡視御史衙門遞至廣東撫按衙門, 督令西歸外, 合咨貴部查照. 本部題奉欽依内事理, 轉行各該衙門, 速差員役將王豐肅等, 遞送廣東撫按衙門, 督令西歸, 一體欽遵施行"

이상의 공문 내용이 본부(남경 예부)에 도착하였다.

等因到部.

본래 참주하였던 오랑캐 범인 양마락은 이미 먼저 남웅부로 돌아갔으므로 따로 공문을 보내 통지하여 쫓아 버리는 것 외에, 여기 보이는 왕풍숙·사무록 두 사람은 모두 오랑캐이기에 마땅히 압송해야 할 것이

原參夷犯陽瑪諾已經先回南雄府, 另文知會驅逐外, 見有王豐肅·謝務祿二名, 俱係夷人, 相應遞送. 看得狡夷王豐肅等盤

다. 살펴보건대, 교활한 오랑캐 왕풍숙 등은 여러 해 동안 자리 잡고 틀어 앉아서 신도를 나날이 늘리고 있으니, 이 태평스런 세상에 어찌 이같이 부정한 무리를 용납할 수 있겠는가!

據多年, 黨與日衆, 豈容太平之世, 有此不軌之徒!

남경과 북경에서 번갈아 참주함은 이 일이 부득이하기 때문이다. 요즈음에 황제께서 그 사악한 모략을 모두 통찰하시고 즉시 쫓아 버리라는 칙지를 내리셨으니, 비록 죽이지는 않았지만 지방이 오래오래 안정될 수 있게 되었다. 하지만 추악한 종자의 무리가 실로 많고, 갈 길 또한 심히 멀며, 게다가 재물을 가지고 수작까지 꾸미니, 뜻밖에 간악한 자가 생겨날 수도 있으려니와 압송하는 관원이 만일에 소홀하여 실수라도 저지른다면 그 폐해가 적지 않을까 우려된다.

南北交參, 事非得已. 近蒙聖明洞悉邪謀, 立賜驅逐, 雖云待以不死, 業已永靖地方. 但醜類實繁有徒, 而道里又甚遼遠, 兼以挾貲營幹, 不無意外生奸, 仍恐遞送員役, 萬一疎虞, 爲累不小.

이에 귀원貴院(남경 도찰원)에 자문을 보내니, 오성순시어사는 아문에 다시 영을 내려 예부에서 상주하여 받은 성지에 따라 일을 처리하라. 적당한 관리를 골라 파견하여, 교활한 오랑캐 왕풍숙과 사무록 두 명을 광동 무안 아문까지 압송하되 도중 각별히 방비하도록 하라. 명백히 유관 사항을 잘 교부하도록 하고, 장기적 계책에 따라 감독하에 서방으로 돌려보내라. 일을 마무리 지은 날 본부에 회신하여 복제覆題(답장 문서)를 올릴 수 있게 하라. 조사하는 데 번거로움이 있겠지만 모든 것을 황제의 명을 받들어 시행하라.

爲此合咨貴院, 轉行五城巡視御史衙門, 查炤禮部題奉欽依事理, 擇差的當員役, 將狡夷王豐肅·謝務祿二名, 沿途加意隄防, 遞送至廣東撫按衙門, 交割明白, 仍聽從長計議, 督令西歸. 事竣之日, 希回文過部, 以便覆題. 煩爲查炤, 一體欽遵施行.

만력 45년(1617) 2월 일

萬曆四十五年 二月 日

5. 남경 도찰원의 회답 자문

南京都察院回咨

남경 도찰원

南京都察院

요지 남경 예부 주객청리사에서 보낸 자문咨文에 대한 도찰원의 회답 자문이다. 좌우 포정사가 안찰사·도지휘첨사 등과 합동으로 왕풍숙·사무록을 심리하였는데, 저들이 천주교를 제창하며 백성을 우롱한 죄가 명백하나 대국의 아량으로 치죄하지 않고 본국으로 압송하기로 결정했다는 내용이다. 왕풍숙 등은 오문(마카오)으로 돌아가기를 바라고 있으나, 세 관서가 의논한 결과, 이는 그들에게 본거지를 남겨 주는 것과 마찬가지라 허락하지 않기로 했다. 그들을 성 소재지에 구류해 두고, 서양으로 출항하는 배가 있으면 돌려보내되, 여러 지역을 거쳐야 하는 만큼 이에 관련한 업무 교대를 분명히 하여 모든 증빙 자료를 갖춰 올릴 것을 해당 관서에 요구하고, 방적아와 웅삼발도 이미 도착하였으니 왕풍숙·사무록과 한꺼번에 조치하도록 하고 있다. 또한, 양마락은 오래전에 귀국하였다고 하지만 별도로 조사하여 사실을 확인해야 함을 적시하고 있다.

남경 도찰원에서 멀리서 온 오랑캐들을 오랫동안 구류해 두고 지시를 기다리고 있으므로 황제께서 조속히 처분을 내리시어 풍교風教를 수호하고 정사를 엄정히 하여 주실 것을 간곡히 주청하는 건.

南京都察院爲遠夷久羈候旨, 懇乞聖明速賜處分, 以維風教, 以肅政體事.

순시경성감찰어사[1] 곽일악郭一鶚·조불趙紱·손광유

據巡視京城監察御史郭一鶚·

1 據巡視京城監察御史는 도찰원에 속해 있던 관직이다.

孫光裕 등이 정문을 올렸는데, 지휘사 이옥李鈺·유사효劉仕曉 등이 지금 남경 호부 상서로 승진한 양광군문兩廣軍門 후대주侯代周[2]에게 지난 사건에 관하여 회보한 게첩에 근거하여 다음과 같이 말하였습니다.

趙紘·孫光裕呈, "據指揮李鈺·劉仕曉等齎回總督兩廣軍門, 今陞南京戶部尙書候代周揭帖前事, 內開:

"순시남경 등 성城과 하남 등 도道에서 지난 사건에 관하여 올린 게첩에 근거하여 주객청리사에서 작성한 정문을 본부(북경 예부)로 받들어 올리고, (북경) 예부의 자문에 근거하여 해당 본부(남경 예부)에서 주객청리사로 보낸 공문을 본부(북경 예부)로 받들어 보냈는데, 남경 예과급사중 안문휘가 지난 사건에 관해 올린 게첩에 근거하고 있었습니다.

"准巡視南京中等城, 河南等道揭帖前事, 奉南京都察院劄付, 准南京禮部咨主客淸吏司案呈, 奉本部送, 准禮部咨, 該本部題主客淸吏司案呈, 奉本部送, 據南京禮科給事中晏文輝揭前事.

제본을 올려 '이 주청에 언급된 먼 나라 오랑캐 왕풍숙 등은 교회를 세워 민중을 미혹하고 있으니, 그 은밀한 속셈을 헤아릴 길 없다. 너희 예부에서는 남경 예부에 자문을 이첩하고, 각 해당 관아에 공문을 보내서 속히 관원을 파견하여 광동 무안으로 압송한 다음 감독하에 서방으로 돌려보냄으로써 지방을 안정시키도록 하라. 방적아 등은 지난해에 역법을 잘 안다고 공언하였기에 불러와 각 관원과 더불어 칠정을 추론, 연역토록 하였다. 모두 귀화하여 북경에 온 자들이지만 또한 제 나라로 돌려보내도록 하라. 해당 부원에서는 그런 줄 알고 황제의 명을 받들어 시행하라.'는 성지를 받았습니다.

題奉聖旨'這奏內遠夷王豐肅等, 立敎惑衆, 蓄謀叵測, 爾部移咨南京禮部, 行文各該衙門, 速差員役遞送廣東撫按, 督令西歸, 以靜地方. 其龐迪峨等, 去歲爾等公言曉知曆法, 請與各官推演七政, 且皆係向化來京, 亦令歸還本國. 該部院知道, 欽此欽遵.'

2 원문에는 '候'라고 되어 있으나 '侯'의 誤記이다. 田生金이 편한『按粵疏稿』에는 그가 만력 45년에 작성한「報暹羅國進貢疏」가 수록되어 있는데, 그 글에 田生金이 당시 總督兩廣右都御史 兼 兵部 右侍郎이었던 侯代周와 함께 섬라인의 행적을 조사했다는 기록이 보인다.

차부가 부서에 이르렀는데, 이 차부를 보면 교활한 오랑캐 왕풍숙과 사무록은 개나 양[3]과도 같은 무리와 연합하여 뱀이나 돼지와도 같은 간교한 마음을 길렀음을 알 수 있습니다. 저들은 둥지를 틀고 살아온 지 이미 몇 년이어서 무리의 소재지가 곳곳에 있습니다. 포용하고 길러 준 은혜가 깊건만, 그것으로 목숨을 부지하면서 정황을 염탐하였으니, 좋은 의도를 품고 있지 않을 수도 있습니다. 뜻밖에 실수라도 있을까 근심이 되니 반드시 조심해야 할 것입니다.

備劄到職. 奉此看得, 狡夷王豐肅·謝務祿, 連犬羊之類, 蓄蛇豕之奸. 盤詰且歷有年, 黨與所在而是, 雖覆載恩深, 旣以假其殘息, 而窺伺情熟, 未必懷好音, 意外踈虞, 萬宜加愼.

이를 위해 지휘사 이옥과 유사효를 선발, 파견하여 병졸을 거느리고 왕풍숙·사무록 두 명의 연령, 용모를 일일이 적어 압송하도록 하였습니다. 연도에서 각별히 방비하면서 광동 무안 아문으로 압송해 간 다음, 광동 무안 아문에 사안을 명백히 교부하도록 하고, 장기적 계책에 따라 감독하에 서방으로 돌려보내도록 하였습니다. 일을 마무리 지은 날 도찰원에 회신함으로써, 예부에 답복하고 상주문에도 답복하도록 하였습니다. 또 남경 예부에서 이전 사건에 관하여 보내온 자문에 의거하여 일일이 조사하고, (북경) 예부에서 제본을 올려 하달받은 성지를 받들어 시행하였습니다. 교활한 오랑캐 왕풍숙과 사무록은 관원에게 넘겨 확실히 관할하도록 하였으며, 본부(북경 예부)에서 본래 참주한 오랑캐 범인으로 지금은 남웅부에 돌아가 거주하고 있는 양마락도 한꺼번에 잡아들이겠습니다."

爲此選差指揮李鈺·劉仕曉, 帶領兵勇, 將王豐肅·謝務祿二名, 開具年貌, 押解前去. 沿途加意隄防, 遞送廣東撫按衙門, 交割明白, 仍聽從長計議, 督令西歸. 事竣之日, 希回文過院, 以憑回報覆部覆題施行. 又准南京禮部咨前事, 煩爲查炤禮部題奉欽依事理, 將狡夷王豐肅·謝務祿, 委官的當收管, 及查本部原參夷犯, 今回住南雄府陽瑪諾, 一併行提."

3 개와 양은 예전에 외적을 멸시해 부르던 말이다.

이상의 내용이었다.

等因.

파견한 관원이 잡아 온 오랑캐 범인 왕풍숙과 사무록 두 명은 문건을 작성하여 광동 포정사로 하여금 안찰사·도찰원 두 관사와 합동으로 통역을 통해 심사하도록 하였다. 저들이 과연 서양 사람이 맞는가? 어느 해 어느 달 어느 날에 어디를 거쳐 중국에 들어왔는가? 어느 길을 거쳐서 남경에 들어왔는가? 지금 성지를 받고 돌려보내는데, 어느 길을 거쳐 저희 나라로 돌아갈 것인가? 양마락은 지금 어디에 있는가? 이미 먼저 돌아가지 않았는가? 방적아가 머지않아 압송되어 올 것인데, 그를 기다려 함께 돌아가야 하지 않겠는가? 오문澳門(마카오)에 있는 제각각의 오랑캐들은 서로 아는 사이인가? 오문에 있는 오랑캐들에게도 책임을 물어 함께 귀국시켜야 하는 것 아닌가? 이러한 것들에 관하여 확실한 공술을 받아 내고 참작, 상의하여 보고하도록 하였다.

幷據差官解到夷犯王豐肅·謝務祿二名, 俱經案發廣東布政司會同按·都二司, 將二犯譯審. 果否西洋國人? 於何年月日, 從何處入中國? 從何路入南京? 今旣奉旨遣還, 仍從何路歸還本國? 陽瑪諾見在何處? 曾否先回? 龐迪峨計不久解到, 應否候其同歸? 其在濠境澳各夷, 有無相識? 應否責成澳夷伴送歸國? 取具的確口詞, 酌議通詳.

아직 잡아들이지 못한 양마락에 대해서는 엄히 수배하여 체포하도록 한 후, 두 관사에서 다음과 같은 정문을 올렸다.

及將未獲陽瑪諾嚴去緝拿去後, 今據該司呈稱:

"광주부 서인 동지[4] 임유량林有樑이 심문하여 오랑캐 왕풍숙 등이 좌도로써 선비와 백성들을 선동하였음을 알아냈습니다. 이에 저들을 쫓아 보내고자 하니, 이는 '다스리지 않는 법'으로 다스리는 것입니다.

"廣州府署印同知林有樑, 審看得夷人王豐肅等, 以左道簧鼓士民, 麾之使去, 是治以不治之法也.

4 '署印'은 代理 官職, '同知'는 副職이다.

왕풍숙을 조사해 보니, 그는 대서양 사람으로 만력 29년(1601) 오문에 배편으로 도착하였습니다. 셋이 같이 왔는데, 하나는 임비리林斐理(실바), 다른 하나는 양마락입니다. 왕풍숙은 임비리와 함께 먼저 소주韶州에서 며칠 머문 후 곧 강서에 가서 성 소재지에서 넉 달 동안 살다가 바로 남경에 이르렀는데, 아마도 이마두利瑪竇(마테오 리치)의 무리인 듯합니다. 이마두가 북경으로 갈 요량으로 먼저 세 오랑캐를 남경에 살게 하면서 일을 보게 하였던 것입니다. 그 뒤 만력 41년(1613)에 사무록도 대서양大西洋에서 배를 타고 와 오문에 머물렀는데, 광동을 거쳐 강서를 지나 곧장 남경에 도착해 왕풍숙 등을 찾아갔습니다.

查王豐肅大西洋國人, 萬曆二十九年船泊濠境澚. 同行三人, 一林斐理, 一陽瑪諾. 肅與理先駐足韶州數日, 乃往江西入省住四月, 直至南京, 蓋利瑪竇徒也. 因利瑪竇有望北之行, 先息于三夷人使居于南爲之管事耳. 後四十一年, 謝務祿亦繇大西洋船泊澚, 亦繇廣東而江西, 直抵南京以尋豐肅等.

이에 앞서, 양마락이 오문에 들어갔을 때 병이 들어 남경으로 올 수 없게 되자 오문에 칠팔 년 머물렀습니다. 소주에 가서 2년을 머물고 이어 남경에 들어와 몇 달 동안 머문 다음 곧장 북경으로 갔습니다. 이 사람은 천문에 대한 지식이 있으므로 방적아가 불러들여 함께 갔던 것입니다. 방적아와 웅삼발熊三拔(우르시스)은 이마두와 함께 온 자들입니다. 양마락은 나중에 물과 토양에 적응하지 못하고 추위와 서리를 견디지 못해 하다가 41년(1613)에 다시 남경으로 돌아와 43년(1615) 섣달에 남웅으로 돌아갔습니다. 현재 조사한 바에 의하면 그는 서양 배를 타고 갔다고 하나, 그 행적은 알 길 없습니다.

先陽瑪諾入澚時患病, 不能進南京, 留于澚七八年, 方往韶州二年, 方進南京駐數月, 即進北京. 此人頗識天文, 故龐迪峨邀之同往. 龐迪峨·熊三拔, 即與利瑪竇同來者. 諾後因不服水土, 不耐寒霜, 于四十一年還南京, 至四十三年臘月還南雄. 今查其人已駕西洋船去, 其蹤跡不可考也.

두 오랑캐에게 가고자 하는 곳을 물으니, 대체로 오문으로 가고 싶다고 하였습니다. 그러나 일단 오문에 들어가면 저들이 제 나라로 돌아가는지 돌아가지 않는지 견제하기 어려우므로, 마땅히 성내 한 곳을 택하여 묶어 두

問二夷去向, 大抵欲入澚也. 但一入澚, 去與不去, 難以鈐制, 合就省內另擇一所羈候, 日撥營兵二名防護之, 五日一換, 禁

고 기다리게 해야 할 것입니다. 날마다 병졸 둘을 배치해서 방비하며 보호하게 하고, 닷새에 한 차례씩 (병졸을) 교체하여 절대 소식이 통하지 못하도록 막아야 할 것입니다. 영패令牌를 오문에 보내 돌아가고자 하는 서양 배가 있음을 알게 되면, 그 즉시 지휘관 두 명을 보내어 병졸을 거느리고 배에까지 압송한 다음, 배가 떠날 때를 기다렸다가 돌아와 보고함으로써 공문을 보낼 수 있도록 할 것입니다.

絶通息. 即牌令澳中探有大西洋船欲回時, 隨即省差指揮官二員, 帶兵押至船, 直待其開駕回報, 以便轉文.

방적아는 언제 압송해 올지 알 수 없지만, 양마락은 남웅부에 영패를 보내어 그 행방을 엄밀히 조사하도록 하였습니다. 임비리는 41년(1613) 6월에 남경에서 병으로 죽었기에 올 3월에 부서에서 상원·강녕 두 현에 위탁하여 관에서 꺼내 확인하고 다시 매장을 끝냈습니다. 왕풍숙과 사무록은 오랑캐 땅으로 돌아갈 날이 얼마나 남았는지 알 수 없으므로 달마다 각각에게 땔감과 먹거리로 쓰도록 은 두 냥씩 주도록 하였습니다."

龐迪峨未知解到何期, 陽瑪諾合行牌南雄府屬嚴查下落, 其林斐理四十一年六月內在南京病故, 今年三月部委上元·江寧二縣, 開驗埋葬訖. 豐肅·務祿回夷日子未知久近, 月各給火食銀二兩"

이상의 구체적인 내용이 이곳 포정사에 도착했다.

等因具詳到司.

포정사의 좌포정사 장이권臧爾勸, 우포정사 도유원堵維垣이 안찰사 서인 부사 나지정羅之鼎, 도사 장인서 도지휘첨사 양유원楊維垣과 합동으로 통역을 세우고 심리하여 "오랑캐 왕풍숙·사무록은 모두 서양 나라 사람이며, 왕풍숙은 만력 29년(1601)에 배를 타고 오문에 정박했다가 소주로 가고, 다시 강서를 거쳐 곧장 남경으로 갔으며, 사무록 또한 41년(1613)에 배를 타고 오문에 정박하여, 광동·강서를 거쳐 남경에 이르렀다."는 사실을 알아냈다.

該本司左布政使臧爾勸, 右布政使堵維垣, 會同按察司署印副使羅之鼎, 都司掌印署都指揮僉事楊維垣, 譯審得 "夷人王豐肅·謝務祿俱西洋國人. 豐肅於萬曆二十九年, 船泊濠境澳, 轉抵韶州而遠江西, 直至南京. 務祿于四十一年亦船來泊澳轉繇廣東·江西而至南京."

이때 다음과 같은 성지를 받았다.	玆奉明旨:
"본국으로 돌려보내고 더 이상 심의할 필요 없다. 다만 귀국하는 길에 반드시 오문을 거친다면 거기에 머물지 떠날지를 모두 알 수 없으므로 반드시 서양 배가 오문에 이른 다음, 그때에 압송해 돌려보내야 할 것이다. 지금 서양 배가 아직 도착하지 않았고 출항 일시 또한 확정하기 어려우니, 함께 구류해 두고 기다리다가 배가 도착하기를 기다려 송환하라.	"遣還歸國, 無庸再議. 但歸國必取道于澳, 去留皆不可知, 須西洋船至澳庶便遣還. 今西洋船尚未至, 難定開洋日期, 合應羈候, 俟其船到發還.
방적아는 아직 압송되어 오지 않았으므로 압송해서 도착하는 날을 기다려 별도로 돌려보내는 것이 마땅하다. 출항하는 날을 모두 알아내 오문의 오랑캐가 잠적해 남아 있지 못하도록 할 것임을 감결[5]을 바쳐 보고하도록 하라. 또 왕풍숙이 공술한 바에 따르면, 양마락은 43년(1615) 12월에 남웅에서 오문으로 돌아갔다고 하나, 아직 사실 여부를 정확히 알지 못하니, 달리 남웅부에 영을 내려 엄히 조사하여 별도로 보고하라. 또 오랑캐가 경내에 머물면서 먹을 것을 조달할 길 없으니, 해당 부서에서는 논의하여 별도로 병졸을 배치하여 방비하며 보호하고 달마다 은 두 냥씩을 지급하라. 마땅히 이에 따르라."	其龐迪峨解尚未到, 應候解到之日, 另行發遣. 通取開洋日期, 及澳夷不致潛留, 甘結繳報. 又據豐肅稟稱, 陽瑪諾于四十三年十二月内繇南雄回澳, 訖未委虛實, 應行南雄府嚴查另報. 再照夷人稽留境上, 無從得食, 該府議另擇一所撥兵防護, 每月給銀二兩, 似應准從."
이러한 공문이 당도한 것이다.	等因到職.
논의대로 집행하는 외에, 해당 부서(포정사)에서 순	除批如議行外, 該職會同巡按

5 '甘結'은 관부에 바치는 서명한 글쪽지이다. 어떤 일을 담보하여 그대로 안 될 때는 달갑게 처벌을 받겠다는 뜻으로 쓰인다.

안광동감찰어사 전田 아무개[6]와 합동으로 조사하여, 왕풍숙 등은 해외 오랑캐로서 몇 해 전 관문을 넘어 광동에 들어온 후, 차츰 북경과 남경에 이르러 장안 저택에 몰래 살면서 천주교를 제창하고 혹세무민하였으니, 이는 법으로 용서할 수 없는 일임을 밝혀냈다.

廣東監察御史田, 看得王豐肅等以海外夷人, 先年越關入廣, 漸達兩京, 潛住長安邸舍, 倡立天主異教, 惑世誣民, 法本難貸.

때맞춰 다음과 같은 공문을 받았다.

玆:

"지금 죽이지 않고 제 나라로 돌려보내는 은택을 입었으니, 이는 진정 정도를 존숭하는 조정의 큰 책략이자 중국을 안정시키고 오랑캐를 몰아내는 장구한 계책으로, 만대에 이르기까지 이 조치를 우러를 것이다.

"蒙待以不死, 遣還歸國, 誠廟堂崇正之訏謨, 安夏攘夷之長計也, 萬代瞻仰在此擧矣.

(이 오랑캐들을) 이미 압송하여 왔으니 마땅히 조속히 저들 나라로 송환해야 할 것이다. 그러나 이 오랑캐들이 서양에서 중국으로 오면서 오문을 거쳤으니 반드시 아는 사람들이 많을 터인데, 일찍이 대면 심문에서 아는 자가 없다고 하였다. 오문에 있는 오랑캐들의 진위는 헤아리기 어려우니, 지금은 잠시 성 소재지에 묶어 두고 병졸로 하여금 지키며 보호하게 하면서 잘 먹여 주다가, 오문에 도착한 서양 배가 귀국할 때를 기다려 마땅한 관원을 파견하여 배에까지 압송한 다음, 서양 배에 영을 내려 저들의 나라까지 실어다 주도록 하라. 그리하여 오문에 더 이상 오랑캐가 남아 있지 않음을 감결을 올려 보고하도록 하라.

既經押解前來, 應即速遣還國, 第此夷自西洋入中國, 取道濠境澳, 夷必多熟識, 曾經面審, 竝無相識, 澳夷情僞叵測, 今當暫羈省城, 防護之以兵, 優給之以食, 俟有西洋船到澳回國, 即差的當官督押至船, 勒令開洋載歸本國, 取澳夷不致容留甘結繳查.

방적아와 웅삼발이 이미 남경에 도착하였다는 보고를 받았으므로 해당 관사에 공문을 보내 모여 의논한 뒤

其龐迪峨·熊三拔續報已到京城, 業行該司會議, 併發取各

6 田生金을 가리킨다.

각기 서양으로 떠나보낼 기일을 정해 정문으로 보고하라. 양마락은 이미 오래전에 귀국하였다고 하는데, 별도로 사실을 확인하는 것 외에, 이 일에 관해 게첩을 갖추어 올리고, 아울러 광주부에 인신印信과 수관收管 한 부씩을 보내도록 하라."

開洋日期呈報. 若陽瑪諾則稱久已還國, 除另查覈外, 爲此具揭, 竝送廣州府印信收管一本." 等因到職.

또 순안광동감찰어사 전 아무개가 지난 일에 대해 회신한 공문도 이와 같았는데, 그 대략은 다음과 같다.

又准巡按廣東監察御史田牒回前事相同, 內開:

"심의된 공문을 안찰사에게 보내어 포정사·도찰원 두 관서와 합동으로 압송해 간 오랑캐 범인들의 통역, 심리를 진행하였습니다. 포정사의 경력사[7]가 본사에 올린 첩문帖文의 진술에 근거하고, 또 포정사에서 총독양광군문 주周 아무개[8]의 공문을 받들어 확인하여도 이미 언급한 건과 같았습니다. 이첩받은 바에 따라 두 관사와 상의하고, 광주부에서 두 범인을 통역, 심문하도록 하였습니다. 아울러 남웅부에 공문을 내려 양마락을 엄히 수배, 체포한 후 회보하게 하고, 향산현에 명을 내려 오문의 오랑캐 중에 양마락을 아는 자가 있는지를 조사하여 아는 자가 있으면 비밀리에 체포하여 압송하도록 하였습니다. 또 본 원院에서 조사 확인하고 도찰원의 차문을 받들어 조사한 결과도 앞에서 언급한 내용과 같았습니다.

"隨經案行按察司會同布·都二司, 將發去夷犯譯審後, 隨據該司經歷司呈奉本司帖文開稱. 又准布政司炤會奉總督兩廣軍門周案驗亦同前事. 依蒙移會二司酌議及行廣州府將二犯譯審, 竝行南雄府嚴緝陽瑪諾解報, 及香山縣查澳夷有無相識瑪諾密緝拏解. 又蒙本院案驗, 奉都察院勘劄亦同前因.

공문에는 '방적아 등이 이미 떠났는데, 경성순시아

內稱'龐迪峨等已行, 京城巡

7 '經歷司'는 都察院, 通政司, 布正司에 설치한 관직이며, 주로 文書를 出納하였다.

8 周嘉謨(1546~1629)를 가리킨다. 字는 明卿이다. 戶部 主事와 韶州知府, 四川 副使 및 按察使를 역임하고, 督兩廣軍務 겸 巡撫廣東이 되어 右都御史를 가자받았다.

문에서 귀국길에 오르는 과정을 감독할 때 다 모이기를 기다려 한꺼번에 출발시켜야 하는가?' 등의 내용이 있었습니다. 또 광주부 서인 청군동지 임유량이 심사한 것에 근거하여 5월 26일 해당 부서에 상세한 내용이 전달되었습니다.

視衙門督令起程還國, 應否候至總發'等因, 行間就據廣州府署印清軍同知林有樑審看, 于五月二十六日具詳到職

논의대로 집행하는 것 외에, 오늘 '오랑캐 방적아와 웅삼발이 관원 앞에 나와 의견을 진술하였으니, 순천부에서 본래 교부한 첩문을 연도의 관아에 차례대로 전송하여 광동까지 압송하도록 하고, 무안에 넘겨 접수시키고 돌아와 회보하라.'는 내용에 근거하여 즉시 안찰사에게 영패를 발부하여 포정사·도찰원 두 관서에서 합동으로 조사 확인하게 하였습니다. 아울러 왕풍숙 등은 한데 구류해 놓고, 관원에게 맡겨 병졸을 배치하여 감독 방비하게끔 함으로써 다른 우환이 없도록 하였습니다. 서양 배가 도착하는 날을 기다려 압송하여 귀국시킬 것이며, 서양으로 떠나는 기일을 알게 되면 정문으로 보고할 것입니다.

除批如議行外, 本日就據'夷人龐迪峨·熊三拔赴職投見, 竝遞順天府原給帖文, 仰沿途衙門遞送至廣東而止, 投撫按查收發回'等因, 隨牌發按察司會同布·都二司查驗, 竝同王豐肅等一體羈候, 及委官督兵防守, 不致他虞. 候有洋船至日, 押發歸國, 取開洋日期呈報.

담당 관서에서 총독양광군문 주 아무개와 합동으로 심문한 결과, 왕풍숙과 사무록이 남경에 들어온 것은 처음에 오문에 머물다가 뒤이어 강서를 거쳐 온 것이며, 사설을 제창하여 백성을 우롱하고, 오랑캐의 사설로 중국을 개변시키려 하였음을 밝혀냈습니다. 이것은 곧 『춘추』에서 이른바 '내외를 구별한다'는 것이며, 맹자께서 이른바 '인심을 바르게 한다'[9]는 것입니다. 성지를 받들어 돌

該職會同總督兩廣軍門周, 看得王豐肅·謝務祿之至南京也, 始托足于濠境, 繼取道于江西, 倡邪說以誣民, 思用夷而變夏, 此固『春秋』所謂'別內外', 而孟氏所以'正人心'者. 奉旨遣歸, 天恩浩蕩, 第兩夷之意, 亟欲准

9 인용문은 『孟子』 「滕文公下」에서 볼 수 있는 구절인데 삭제하고 고쳤다. 원문은 "나도 인심의 偏頗를 규정하고 도리에 어긋나는 사설을 없애 버리며 편파적인 행위를 막아 버리고 과장된 언론을 변박하여 세 분의 성인을 계승하고 싶다. 나라고 어찌 변론하기를 좋아하겠는가?"이다.

려보내는 것만도 성은이 끝없이 넓거늘, 두 오랑캐의 의중 인즉 오문에 들어가는 것을 허락받고자 합니다. 삼사三司가 모여 의논한 결과,

其入澳. 而三司會議謂

'마땅히 압송하여 돌아가게 하여 민심을 참작해야 하니, 만약 저들 뜻대로 오문을 거쳐 돌아가게 해 준다면 그것은 저들로 하여금 오문을 소굴로 삼게 하는 것이나 마찬가지입니다. 오늘을 기한으로 오문의 오랑캐들이 더 이상 남아 있지 못하게 하고, 교활한 오랑캐들이 오문에 버젓이 살면서 후세에 숨은 화를 남기는 일이 없게 하려면, 오직 잠시 성 소재지에 구속해 두고, 관사에서 식량을 공급해 주며, 서양 배가 도착하기를 기다려 돌려보내는 수밖에 없습니다. 방적아와 웅삼발은 이미 당도하였기에 영패를 안찰사에 보내 논의하게 하였으니, 한꺼번에 처리하는 것이 마땅할 것입니다. 양마락은 이미 오래전에 귀국하였다고들 말하는데, 별도로 조사하여 확인하는 것 외에, 함께 정문을 이첩해 주십시오.'

'宜押令開解, 參酌輿情, 若聽其從澳而歸, 是教之以澳爲窟也. 寧使澳夷不致留存界限于今日, 毋使狡夷明居澳滋隱禍于他年, 惟有暫羈會城, 量給館穀, 俟西洋船至遣還耳. 其龐迪峨·熊三拔已到, 已牌行臬司議之, 亦宜一體施行. 若陽瑪諾則稱久已還國, 除另行查覈外, 合行移復'

라는 내용을 보내왔습니다. 이에 따르면, 교활한 오랑캐 왕풍숙 등은 이미 관원을 파견하여 광주까지 압송하였고, 무안의 첩문과 광주부의 수관 한 본씩을 받았음을 알 수 있습니다. 다만 그중에서 안찰사와 포정사는 오랑캐의 정황을 잘 알고 있으니, 앞에서 언급한 내용에 따라 적절히 처리하고, 일을 끝맺거든 정문을 올려 보고해야 할 것입니다. 삼가 바라건대 상세한 자문을 내리어 그에 근거해 심의 평가하여 실시하도록 하여 주십시오."

等因到職. 准此, 看得狡夷王豐肅等, 已經差官押送至廣, 取有撫按牒竝廣州府收管一本. 惟彼中藩臬熟諳夷情, 今准前因, 處置停妥, 事已結局, 理合呈報, 伏乞炤詳咨部, 以憑覆題施行."

이상의 내용이 도찰원에 당도하였다.

等因到院.

이에 근거하여, 이보다 먼저 남경 예부에서 지난 일

據此, 案炤先准南京禮部咨前

을 자문한 내용에 따라 이미 순시오성어사에게 공문을 갖추어 보내 명백히 살피도록 하였으며, 예부에서 제문을 올려 하달받은 칙지에 따라 적당한 관원을 뽑아 보내어 왕풍숙과 사무록 둘을 연도에서 각별히 주의하면서 광동 무안 아문까지 압송하고 인도 확인서를 명백히 받도록 하였다. 또 장구한 계책에 따라 감독하에 서양으로 돌려보낼 것이다. 일을 끝마치는 날, 모든 상황을 회보하여 자문을 올릴 근거로 삼게 할 것이다. 해당 부서에서 심의 평가하여 시행한 후에 지금 이상 회보한 내용에 근거하여 함께 자문을 올려 답복한다. 이에 귀부에 자문을 이첩하니 살펴 시행토록 하라.

事, 已經備行巡視五城御史查炤, 禮部題奉欽依事理, 擇差的當員役, 將王豐肅·謝務祿二名, 沿途加意隄防, 遞送廣東撫按衙門, 交割明白, 仍聽從長計議, 督令西歸. 事竣之日, 具繇回報, 以憑咨覆. 該部覆題施行去後, 今據回報前因, 擬合就行咨覆, 爲此移咨貴部, 煩爲查炤施行.

수지. 자문 올린 사람
만력 45년(1617) 8월 일

須至咨者
萬曆四十五年 八月 日

광동 광주부에서는 지금 넘겨받은 오랑캐 범인 왕풍숙과 사무록을 하속에 맡겨 구금해 두고 기다리며 공문에 밝힌 바에 좇아 시행하는 외에, 중간에 어긋남 없이 수령한 것을 확인합니다.

廣東廣州府今於與收領, 除將發下夷犯王豐肅·謝務祿收候, 遵炤明文施行外, 中間不違, 收領是實.

만력 45년(1617) 5월 일
서인 본부 청군동지 임유량

萬曆四十五年 五月 日
署印 本府 清軍同知 林有樑

제 2 권

1. 멀리서 온 오랑캐를 압송해 보내고 품고하는 주소

發遣遠夷回奏疏

남경 예부 시랑 심각

南京 禮部 侍郞 沈㴶

요지 남경 예부 시랑 심각이 서양에서 온 선교사 왕풍숙(바뇨니) 등을 조사하여 광동으로 압송하고, 그들이 남경에 세운 무량전과 사천당을 철거한 후 황제에게 품고한 글이다. 멀리서 온 오랑캐를 조사하여 처리한 건은 남경 예부가 주축이 되어 주객청리사를 통해 상당 기간 동안 진행되어 왔고, 만력 44년(1616)에 드디어 서양 오랑캐 왕풍숙 등을 각자의 나라로 감독하에 돌려보내라는 칙지가 내렸다. 이에 사건 조사 및 처리와 관련한 그간의 행적에 대해 상세히 서술한 뒤, 45년(1617) 3월 25일에 압송을 끝마치고, 청정하고 엄숙한 능침을 침범한 저들의 무량전과 사천당을 허물어 몰수하였음을 보고하고 있다.

황제의 성명한 칙지를 받들어 멀리서 온 오랑캐를 압송하여 보낸 건에 관해 품고하여 상주하는 건.

題爲欽奉明旨, 發遣遠夷回奏事.

예부의 자문에 준거하여 주객청리사에서 정문을 본부로 받들어 보내왔는데, 멀리서 온 오랑캐가 오랫동안 구속된 상태로 성지를 기다리고 있으니, 황제께서 조속히 처분 칙지를 내리시어 풍속과 유교를 지키고 정사政事의 요체를 숙정하시기를 간곡히 주청하는 내용이었습니다. 해당 본부(남경 예부)에서 제본을 올렸는데, 남경 예과 급사중 안문휘가 지난 사건에 대해 언급한 게첩揭帖에 근거하여, “비록 아직 칙

主客清吏司案呈奉本部送, 准禮部咨, 爲遠夷久羈候旨, 懇乞聖明速賜處分, 以維風敎, 以肅政體事. 該本部題, 據南京禮科給事中晏文輝揭稱前事, “雖未奉旨下部, 相應據揭題覆. 乞將王豊肅·龐迪峨等, 勅下本部, 轉行各該衙門, 遞送廣東, 聽彼

지를 받지 못하였으나 게첩에 대한 답복을 내려 주셔야 할 터이니, 바라옵건대 왕풍숙(바뇨니)과 방적아(판토하) 등에 관하여 저희 본부에 칙지를 내리시고, 다시 각 해당 아문에 공문을 전하시어 저들을 광동으로 압송한 후 그곳 순무巡撫와 순안巡按에 잠시 수용, 관리하다가 감독하에 서양으로 돌려보내도록 해 달라."는 주청이었습니다.

中撫按暫爲收管, 督令西歸"等因.

만력 44년(1616) 12월 10일 본부의 서부사 좌시랑 겸 한림원 시독학사 하종언何宗彥 등이 제본을 상주하여, 28일에 "이 주청에 언급된 먼 나라 오랑캐 왕풍숙 등은 교회를 세워 민중을 미혹하고 있으니, 그 은밀한 속셈을 헤아릴 길 없다. 너희 예부에서는 남경 예부에 자문을 이첩하고, 각 해당 관아에 공문을 보내서 속히 관원을 파견하여 광동 무안으로 압송한 다음 감독하에 서양으로 돌려보냄으로써 지방을 안정시키도록 하라. 방적아 등은 지난해에 역법을 잘 안다고 공언하였기에 불러와 각 관원과 더불어 칠정을 추론, 연역토록 하였다. 모두 귀화하여 북경에 온 자들이지만 또한 제 나라로 돌려보내도록 하라."는 성지를 받았으니, 해당 부원에서는 그런 줄 알고 황제의 명을 받들어 시행하라고 하였습니다.

萬曆四十四年十二月初十日, 本部署部事左侍郎兼翰林院侍讀學士何宗彥等具題. 二十八日奉聖旨, "這奏內遠夷王豐肅等, 立教惑衆, 蓄謀叵測, 爾部移咨南京禮部, 行文各該衙門, 速差員役遞送廣東撫按, 督令西歸, 以靜地方. 其龐迪峨等, 去歲爾等公言 曉知曆法, 請與各官推演七政, 且皆係向化來京, 亦令歸還本國." 該部院知道, 欽此欽遵.

(이에) 방적아 등에 관하여는 도찰원에 자문을 보내 압송하도록 하는 것 외에, 이 자문을 갖추어 보내며 면밀히 조사하되 "문서 내용에 의거하여 처리하고, 왕풍숙 등을 광동 무안으로 압송한 후 감독하에 서양으로 돌려보내라. 이 모든 일을 황제의 명을 받들어 시행"하게 하라고 하였습니다.

除將龐迪峨等, 咨都察院轉行遞送外, 備咨臣部查炤, "欽依內事理, 將王豐肅等遞送廣東撫按衙門, 督令西歸. 一體欽遵施行"等因, 到部送司.

만력 44년(1616) 5월에 신이 멀리서 온 오랑캐들이 함부로 도성에 들어와 암암리에 임금의 교화를 방해하고 있으니 황제께서 율령을 엄히 펼쳐 민심을 바로잡고 풍속을 지켜 주시기를 간곡히 바란다는 내용의 제본을 올리며, "남경에는 왕풍숙과 양마락陽瑪諾(디아스) 등이 있다."고 하였습니다. 만력 44년 7월 20일에 관할 순시동성감찰어사 손광유가 남경 동성병마사에 영을 내려 한 무리의 범인들을 체포하여 잠시 묶어 두고 칙지를 기다렸는데, 그때 제소된 자들은 왕풍숙·종명인鍾明仁·사무록謝務祿(세메도) 등 14명이었습니다. 그들의 말에 따르면, 양마락은 먼저 제 나라로 돌아갔다고 하나 숨겨 두고 은폐하는 자가 있는지는 알 수 없었습니다. 사무록은 체포된 후 자신 또한 외국인이라고 하였는데, 사실인지 아닌지를 알 수 없으므로 이상의 내용을 해당 관서로 보내 심의하고 있습니다.

卷査萬曆四十四年五月內該臣題爲遠夷闌入都門, 暗傷王化, 懇乞聖明申嚴律令, 以正人心, 以維風俗事稱 "在南京有王豐肅·陽瑪諾等." 及炤本年七月二十等日該巡視東城監察御史孫光裕, 行南京東城兵馬司擒獲一干人犯, 暫羈候旨, 聞彼時提有王豐肅·鍾明仁·謝務祿等一十四名. 其陽瑪諾, 據稱先歸本國, 未知有無窩藏容隱. 及見獲謝務祿, 亦供稱化外人, 未知虛實, 今該前因行司審.

왕풍숙이 공술한 바에 따르면, 나이가 50세로 서양 나라의 사람이며, 만력 29년(1601)에 남경에 와서 천주당을 세우고 신도들을 모아서 교리를 강해하였습니다. 양마락은 줄곧 오문澳門(마카오)에 살다가 왕풍숙과 함께 2년 동안 (남경에서) 살았으며, 또 북경에서 3년을 살다가 다시 남경으로 돌아와 살았는데, 43년(1615) 12월까지는 남웅에서 살았다 합니다. 또 사무록을 심문하였는데, 그 또한 서양 사람이라고 하였습니다. 얼굴이 왕풍숙과 같으므로 그가 서양 오랑캐인 것은 의심할 바 없습니다. 명백히 조사한 뒤 정문을 올려 보고하였습니다.

據王豐肅供稱, 年五十歲, 西洋國人, 萬曆二十九年前來南京, 建立天主堂, 聚徒講教. 其陽瑪諾向住澚中, 先曾與豐肅同住兩年, 又住北京三年, 仍復回南同住, 於四十三年十二月內, 仍往南雄居住訖. 又審得謝務祿, 亦拱稱西洋人, 面貌與王豐肅相同, 其爲遠夷無疑, 查明呈覆.

신은 (조사한 바를) 예부에 알리고 황제께서 명하신 바에 의거하여 남경 도찰원에 자문을 보내 오성순시어사의 아문에 전달하는 한편, 속히 관리를 파견하여 왕풍숙 등을 광동 무안 아문에 압송하여 수용, 관리하도록 하였습니다. 뒤이어 (도찰원에서) 회보하여 진술하기를, "소교장중영중초위총 이옥李鈺과 용강龍江, 육병전영파총진무 유사효劉仕曉를 함께 파견하여 병졸 유대량兪大亮 등 8명을 거느리고 3월 25일에 길을 떠나 압송을 끝냈으니, 주본을 올려 회답할 것입니다."라는 내용을 담은 정문이 저희 부서에 도착하였습니다. 신이 살펴보니, 왕풍숙 등은 오랜 세월 잠입해 들어와 살면서 망령되게 천주라는 이름을 부르고 (백성들을) 이득으로 불러모으고 술수로 유혹하였습니다. 미련한 백성들은 저들에게 유혹당하여 아내를 내놓고 자식을 바치는 일까지 쉽사리 하였으며, 심지어 기름 바르고 물 뿌리는 짓을 아낙들마다 하니, 풍속이 무너짐이 극에 달했습니다!

該臣查炤禮部, 題奉欽依內事理, 咨行南京都察院, 轉行五城巡視御史衙門, 速差員役將王豐肅等, 遞送廣東撫按衙門收管. 續據回稱 "會差小教場中營中哨衛總李鈺·龍江, 陸兵前營把總鎭撫劉仕曉, 帶領兵勇兪大亮等八名, 於三月二十五日, 起程遞送去訖, 相應回奏" 等因, 具呈到部. 該臣看得王豐肅等, 潛住多年, 妄稱天主, 利驅術誘, 愚民被其煽惑, 不難出妻獻子, 至於擦油灑水, 婦女皆然, 而風俗之壞極矣!

성명한 칙지에서 이르신, "교회를 세워 대중을 미혹시키니 숨겨진 음모를 예측할 길 없다."는 말씀은 참으로 만 리 밖을 환히 내다보는 통찰력이십니다. 게다가 죽이지 않는 은혜까지 베푸시어 제 나라로 송환하심은 이른바 "먼 황야까지 포용하고 먼 데 남아 있는 사람까지 버리지 않는다."[1]는 것이니, 성인

明旨所謂 "立教惑衆, 蓄謀叵測", 眞是洞見萬里之外, 而尙寬之以不殺之恩, 遞還本國, 又眞所謂 "包荒不遐遺", 聖人之仁明竝用也. 惟是私翃庵觀有禁, 而況乎門庭之淸肅, 陵寢之

1 『周易』「泰卦」의 "먼 황야까지 포용하여 맨 몸으로 황하를 건넌다. 먼 데 남아 있는 사람까지 버리지 않고, 친구를 잃는 일이 있으면 중용의 덕행을 숭상함으로써 그를 얻는다.(包荒用馮河, 不遐遺, 朋亡, 得尙于中行.)"는 구절로, 뜻을 넓고 크게 써서 버리는 바가 없다는 의미이다.

은 이처럼 인애와 명찰을 함께 씁니다. 사사로이 절과 도관을 짓는 것에도 금령이 있거늘, 하물며 청정하고 정숙한 궁정과 엄숙한 능침에서 저 교활한 오랑캐들이 멋대로 코 골며 잠자는 것을 어찌 용납할 수 있겠습니까? 거하는 집이 법식을 어기는 것에도 금령이 있거늘, 하물며 무량전無樑殿은 그 규모가 지존을 위협하고, 사천당事天堂은 그 이름 자체가 크나큰 참람함이니, 어찌 일소해 버림으로써 수도에 사는 사람들의 보고 듣는 경관을 바꾸지 않을 수 있겠습니까? 신이 삼가 상원上元·강녕江寧 두 현의 동성병마사에게 명을 내려 앞에서 언급한 두 곳을 허물어 관청에서 몰수하도록 하였는데, 이는 모두 율령의 명문에 따른 것이며, 황제께서 지방을 정숙하게 하라고 하신 성지를 우러러 한 행동입니다. 이로써 미련한 백성들이 어지러운 것에 유혹당할 단서를 말끔히 없애는 한편, 다른 한편으로는 저 오랑캐들이 기회를 틈타 다시 들어올 여지를 끊어 버리려는 것입니다. 그런고로 감히 서둘러 황제께 품고하지 않을 수 없습니다.

만력 45년(1617) 5월 일

森嚴, 豈容留狡夷鼾睡之迹? 服舍違式有禁, 而況乎無樑殿, 其制逼尊, 事天堂, 其名大僭, 豈容不掃除以易都人耳目之觀? 臣謹行上元·江寧二縣東城兵馬司, 將前項二處拆毁入官, 蓋皆遵律令明文, 仰體我皇上以靜地方之旨而爲之. 一以清愚民積習炫誘之端, 一以杜彼夷覬覦復來之地爾, 然不敢不一倂上聞也.

萬曆四十五年 五月 日

2. 종명례 등 범인을 합동 심리한 안건

會審鍾明禮等犯一案

오이성

吳爾成

요지

남경 예부의 네 관서에서 중국인 천주교도 종명례鍾鳴禮 등을 합동 심리한 기록이다. 이들이 직접 공술한 바에 따르면 모두 왕풍숙에게 세례를 받고 그와 더불어 천주교 활동을 하였다. 특히 중국인 최초의 수사修士인 종명례·종명인 형제의 활약이 두드러진다. 심문을 통해 알아낸 이들의 천주교 입문 과정과 천주교의 의식을 설명하고 있으나, 보다 중점적으로 다루고 있는 내용은 장채가 북경으로부터 가지고 온 게첩을 간행 및 배포하고자 한 사건이다. 이들은 공통적으로 이 죄목에 연루되어 있기 때문이다. 심리 결과에 대한 비답도 함께 수록되어 있는데, 각각의 죄상에 경중이 있으니 분별 있게 죄를 정할 것을 지시하고, 종명례 형제에게는 주모자로서의 죄를 물을 것을 요구하고 있다.

남경 예부 주객청리사에서 사건 관련자들을 체포한 건.	南京禮部主客清吏司爲緝獲人犯事.
동성병마사가 올린 정문에 의거하여 범인 종명례·장채·여성원·방정·탕홍·하옥·주용·오남 등 8명을 본부로 압송해 온 후, 네 관서에서 합동으로 심사하라는 당유堂諭[1]를 받들었다.	據東城兵馬司呈解犯人鍾明禮·張寀·余成元·方政·湯洪·夏玉·周用·吳南等八名到部, 奉堂諭四司會審.

1 '당유堂諭'는 명·청 시대에 州縣의 衙門에서 안건을 심의할 때 제출해야 했던 처리에 관한 의견서이다.

이 지시를 받들어 주객청리사의 오吳 낭중이 사무청 장張 사무, 사제사 서徐 낭중, 의제사 문文 주사와 합동으로 종명례, 즉 종명우鍾鳴宇를 심문하였는데, 그는 금년 34세로 광동 신회현 사람이라고 자백하였다. 그의 아비는 종염산鍾念山이고 슬하에 (종명례의) 친형인 종명인, 그리고 종명례가 있다. 어린 시절에 한때 오문(마카오)에서 살았는데, 오문에 커다란 천주당 하나가 있어 오문 사람들이 모두 천주교를 믿었다. 당시 주교의 이름은 역산歷山(발리냐노)[2]이었고, 우두머리도 있었는데 그 이름은 동보록東寶祿(바울)[3]이었다. 두 사람은 함께 오문에 살았고, 2, 3년에 한 차례씩 다른 사람들로 바뀌었는데, 모두 서양에서 파견한 사람들이었다. 종명례는 일시를 기억하지 못하고 몇 년인지도 모르지만 이마두(마테오 리치)·방적아(판토하)·왕풍숙(바뇨니)·곽거정(카타네오)·나유망(로차) 등이 서양에서 오문으로 들어와 천주교를 더욱 힘써 강설하면서 중국에 선교하고자 하였을 적에, 그의 아비 종염산이 명례 형제를 데리고 가서 절하고 따른 이래로 하루도 그들 곁을 떠나지 않았다고 말하였다. 이마두 등은 소주韶州에 머물면서 집을 짓고 천주상을 모시고 대략 십 년가량을 지냈으며, 다시 강서江西 남

奉此該本司吳郎中, 會同司務廳張司務, 祠祭司徐郎中, 儀制司文主事, 審據鍾明禮, 即鍾鳴宇, 供年三十四歲, 廣東新會縣人. 父鍾念山, 生兄鍾鳴仁及鳴禮. 幼時曾住香山澳中. 澳中有大天主殿一, 澳人皆從其教. 彼時主教者, 名曰歷山. 又有頭目, 曰東寶祿. 兩人共住澳中, 或兩年一換, 或三年一換, 俱從西洋國撥來. 鳴禮失記日月, 不知何年分, 有利瑪竇·龐迪峨·王豐肅·郭居靜·羅儒望等, 從西洋國來入澳, 緣將天主教愈加講明, 要得行教中國. 是父鍾念山, 率鳴禮兄弟, 往拜從之, 自此朝夕不離. 利瑪竇等, 向在韶州地方, 起造房屋, 供奉天主像, 約有十年, 乃至江西南昌府, 賃房居住.

2 발리냐노(Alessandro Valignano, 1539~1606)를 가리키는 듯하다. 그의 중국 이름은 范禮安이다. 마테오 리치는 알레산드로 발리냐노의 부름을 받고 1582년 9월에 마카오에 도착하였다. 또한 1589년에는 로마에 4명의 중국 신부를 받아들여 줄 것을 건의하였는데, 그중에 鍾鳴仁(Sebastião Fernandes)과 黃明沙(Francisco Martins)가 포함되어 있다.

3 동보록에 대한 자세한 사항을 알 수 없다.

창부南昌府에 가서 방을 얻어 살았다.

그 무렵 천주교를 따르는 자들이 적고 천주교가 크게 전파되지 않았기에 함께 의논한 뒤 각지로 흩어져 선교하기로 하였다. 왕풍숙은 남경으로 갔고, 곽거정은 절강으로 갔으며, 나유망은 강서에 머물렀다. 만력 27년(1599)에 이마두와 방적아가 북경으로 가게 되자 종명인이 따라가서 함께 머물렀다. 종명례는 혼자서 강서에 살다가, 만력 33년(1605)경에 남경에 들어와 왕풍숙과 함께 천주당에서 살았다. 이때 형인 종명인도 북경에서 내려와 함께 살았다. 만력 39년(1611)에 이마두가 죽자[4] 종명례 형제는 함께 북경으로 올라가 장례에 참석하였고, 장례가 끝나자 다시 남경으로 돌아왔다.

比時從之者少, 教未大行, 衆議分投行教. 王豐肅至南京, 郭居靜至浙江, 羅儒望住江西. 萬曆二十七年, 利瑪竇·龐迪峨前往北京, 有鳴仁從之同住. 鳴禮自住江西. 於萬曆三十三年間, 鳴禮來至南京, 與王豐肅同住天主堂内. 兄鍾鳴仁亦自北來, 一同居住. 及萬曆三十九年, 利瑪竇死, 鳴禮兄弟同往北京會葬, 葬畢仍復來京.

왕풍숙이 쓰는 모든 비용은 향산香山 오문에서 보내왔다. 그 돈은 서양에서 오문으로 보내온 것인데, 오문 상인이 나유망에게 전하면 나유망이 다시 이곳으로 보내왔다. 돈은 해마다 끊이지 않고 왔다. 무릇 천주당에 찾아와 교를 믿고자 하는 자에게는 종명인이나 종명례가 먼저 강설한 후 왕풍숙에게 안내하여 만나게 하였는데, (그 방식은) 언제나 같았다.

王豐肅一切費用, 俱自香山澚送來. 其銀自西洋國送入澚中, 澚中商人轉送羅儒望, 羅儒望轉送到此, 歲歲不絶. 凡天主堂中有來從教者, 或鳴仁, 或鳴禮, 先與講說, 然後引見王豐肅, 一向無異.

올 5월 중에 종명례가 먼저 항주로 내려가 살면서 곽거정과 만나 이야기를 나누었다. 8월 2일에 왕풍숙 사건이 터지고, 형 종명인이 이미 체포된 사실을 알았다. 또 절강의 군문에서 곽거정을 체포할 것이라는

至今年五月内, 鳴禮前住杭州, 與郭居靜會話. 八月初二日, 知王豐肅事發, 兄鳴仁已被拘獲. 又聞浙江軍門亦將緝拿郭居靜.

4 마테오 리치의 몰년은 1610년이므로 오기이다.

소식도 들었다. 종명례는 곧바로 10일에 남경에 도착했는데, 천주당이 봉쇄된 것을 보고는 교인 왕보王甫와 여성원余成元을 찾았다.

鳴禮即於初十日到京, 見天主堂已封, 即訪教中人王甫·余成元.

그때 왕보는 이미 성안에 체포되어 있었고, 오직 여성원만이 집에 있었다. 장채는 이미 그곳에 와 있었는데, 북경에서 온 서첩을 가지고 있었으나 아무도 감히 열어 보지 못하였다. 종명례가 "열어 본들 무슨 해로울 것이 있겠는가?"라고 하고는 그 보따리를 열어 보니, 봉투 안에 게첩 한 통이 있었다. 종명례가 말하기를 "이 게첩을 각인刻印하여 각 곳의 나리들에 보내면 우리 형과 또 관련된 많은 사람이 석방될 수 있다."고 하였다. 곧바로 10일 밤에 삯전을 받고 각판하는 사람 반명潘明과 반화潘華 및 이미 도망친 진문秦文 등에게 주어 일을 맡아 찍어 내게 하였다. 14일에 판각이 끝나자 곧 봉창으로 가져가 제본한 후 15일에 조천궁朝天宮 습의처習儀處[5]에 가서 뿌리려 했다. 그런데 뜻밖에 성에 소식이 알려져서 병마관이 들이닥쳐 체포되었다. 그때 종명례는 "평상시에 천주의 큰 은덕을 입고도 보답할 길이 없었으니, 오늘 잡혀가도 두렵지 않다."고 말했다.

比時王甫已獲在城, 惟余成元在家. 見張寀先已在彼, 持有北邊書揭, 俱不敢開. 鳴禮云 "開亦何害?" 即開其包袱, 見護封內有揭帖一封, 是禮稱說 "刻此揭帖, 徧送各老爺, 可以釋放我兄, 竝一干人犯." 即于初十夜, 將錢僱已發落刻匠潘明·潘華, 竝已逃秦文等, 包工刊刻. 至十四日刻完, 隨到蓬廠中裝釘, 欲于十五日朝天宮習儀處所投遞. 不意城上聞知, 當有兵馬官前來擒獲. 是鳴禮說 "平日受天主大恩, 無以報答, 今日就拏也不怕"等語.

또 장채張寀가 공술한 바에 따르면, 그는 26세로 산서山西 평양부 곡옥현 사람이다. 만력 42년(1614) 3월부터 북경에 가서 물장수로 살았는데, 고향 사람으

又據張寀供, 年二十六歲, 山西平陽府曲沃縣人, 於萬曆四十二年三月內前往北京, 推水過

5 朝天宮은 南京市 秦淮區 朝天宮街에 있다. 강남에서 최고 규모를 자랑하는 건축물로 조정에서 성전을 거행할 때 禮儀를 익히는 장소로 사용되었다. 조천궁 내에는 習儀亭이 있는데, 여기서 지칭하는 습의처란 바로 습의정을 가리키는 듯하다.

로부터 천주교가 아주 좋다는 말을 듣고 마침내 방적아의 문하에 제자로 들어가게 되었다고 하였다. 방적아는 곧 닭 깃털로 성유聖油를 찍어 이마에 십자를 긋고는 이것이 성유를 바르는 것이라고 하였고, 또 성수를 가져와 천주경을 읽고 나서 이마에 한 번 뿌리고는 이전의 죄를 씻었다고 하였다. 그 후로 이레에 한 차례씩 예배를 드렸는데, 함께 모여 '하늘에 계신 우리의 아버지…' 등 천주경을 외웠다. 동틀 때 헤어지는 것이 일상이었다. 올 7월 21일, 방적아는 남경에서 왕풍숙 사건이 터진 것을 보고, 그를 구해 내려고 장채에게 경비로 은 두 냥과 보따리 하나를 주었는데, 그 안에 큰 봉투에 넣은 게첩이 한 통 들어 있었다. 장채를 남경으로 보내면서 천주당에 들어가서 뜯으라고 하였다. 장채는 8월 8일에 남경에 도착하여 왕풍숙의 천주당이 이미 봉쇄된 것을 보고, 곧 교인 여성원의 집을 찾아갔다. 그때 종명례가 항주에서 그곳을 찾아왔는데, 보따리를 풀고 봉투를 뜯어 게첩을 보고는 각인할 일을 상의한 후 11일에 판각하기 시작하여 14일에 끝냈다. 그날 밤으로 인쇄, 장정하여 모두 100개 본을 제작한 다음, 15일쯤에 습의처에서 뿌리기로 하였으나 뜻밖에 이경二更[6]에 체포되었다.

活, 因見同鄉人說稱天主教極好, 遂拜從龎迪峨門下. 迪峨即以鷄翎粘聖油, 向額上畫一十字, 謂之擦聖油, 乃又持聖水, 念天主經, 向額上一淋, 即滌去前罪. 自後七日一瞻拜, 群誦天主經, 在天我等父者云云. 日將出乃散, 習以爲常. 至今年七月二十一日, 龎迪峨見南京王豐肅事發, 要得救解, 與宋盤費銀二兩, 交包袱一個, 內書揭一大封, 差宋送南京天主堂中開拆. 宋於八月初八日到南京, 見王豐肅天主堂已經封鎖, 乃尋到教中余成元家. 比時鍾鳴禮自杭州來, 解包開封, 因商量刻揭情繇, 十一日刻起, 十四日刻完, 隨於本夜刷印裝釘, 共成一百本, 約十五日習儀處所投遞, 不意二更時即被拘獲等情.

여성원余成元이 공술한 바에 따르면, 그는 29세로 원적은 강서 본경부 군우위 사람이며 응양창 지방에 살았다고 하였다. 줄곧 왕보와 한 울안에서 살며 함

又據余成元供, 年二十九歲, 原籍江西本京府軍右衛人, 住鷹揚倉地方. 向與王甫同院居住,

6 하룻밤을 五更으로 나눈 둘째 부분, 즉 밤 아홉 시부터 열한 시 사이이다.

께 정원을 가꾸었다. 만력 39년(1611) 11월 외숙 조수曹秀가 먼저 천주교를 믿었으므로 여성원도 따라서 믿게 되었다. 먼저 종명인을 만났는데, 종명인은 "인생은 짧고, 누구는 장수하고 누구는 요절한다. 그러니 제때에 수행하여 영혼 불멸을 구하는 편이 낫다."는 등의 강설을 하였다. 드디어 그달 7일에 왕풍숙을 만났다. 여성원이 천주상 앞에 꿇어 엎드리니, 왕풍숙이 먼저 성유를 발라 주고 나중에 성수를 뿌려 주었다. 천주에게 네 차례 절하라고 하더니, 왕풍숙에게도 머리를 조아리며 '왕 나리(王爺)'라고 부르게 하였다. 그 후 이레에 한 차례씩 모임을 가졌는데, 날이 채 밝기 전에 모이고 동트기 전에 헤어졌다. 모일 때마다 삼사십 명씩 또는 오륙십 명씩, 그 숫자가 일정치 않았다. 올 7월 20일 왕풍숙 사건이 터지자 왕보는 성안에서 체포되고 여성원 혼자 정원에 있었다. 8월 6일에 장채가 북경에서 게첩을 가지고 여성원의 집에 이르자,[7] 함께 기거하고 있었으나 아직 게첩을 펴 보지 못하고 있다가 종명례가 항주에서 오자 그제야 펴 보았다. 여성원은 반명·반화 및 이미 도망친 진문 등에게 품삯을 주어 게첩을 각인하게 한 뒤, 15일에 습의처에 뿌리기로 논의하였으나 곧 체포되었다.

또 방정方政이 공술한 바에 따르면, 그는 32세로 휘주부 흡현 사람이며 금분장식으로 먹고산다고 하였

合種一園. 萬曆三十九年十一月, 內有表叔曹秀, 先從天主教, 勸余成元亦入教中. 先遇鍾鳴仁講說"人生不久, 壽夭不同, 不如及今修一修, 使靈魂不滅"等語, 遂于本月初七日進見王豐肅, 成元跪于天主像前, 王豐肅先擦聖油, 後淋聖水, 令拜天主四拜, 竝向王豐肅叩頭, 口稱'王爺'. 自後七日一聚會, 天未明而至, 日未出而散, 每次或三四十人, 或五六十人不等. 至今年七月二十日王豐肅事發, 王甫被城上拘獲, 成元獨住園中. 八月初六日, 値張寀自北京齎揭前來, 至成元家, 即與同住, 尙未敢開揭, 適鍾鳴禮亦從杭中來, 將書揭拆開, 是成元僱得潘明·潘華竝已逃秦文等包工刻完, 議于十五日習儀日投揭, 隨被拘獲等情.

又據方政供, 年三十二歲, 徽州府歙縣人, 描金生理. 先於三十

7 앞에서는 張寀가 남경 余成元의 집에 도착한 때가 8월 8일이라고 되어 있다. 또 余成元은 8월 14일에 체포되었다고 하는데, 뒤에서 余成元이 夏玉의 집에 찾아온 것은 8월 24일로 되어 있는 등 체포된 사람들의 공술에 따른 것이라 서로 다른 기록들이 보인다.

다. 일찍이 만력 38년(1610) 11월 20일에 관직에 나가지 않은 숙부 방문방方文榜이 먼저 천주교를 믿었으므로 방정도 숙부를 좇아 왕풍숙을 따르게 되었으며, 왕풍숙을 '왕 나리'라고 부르고 스스로를 '소인'이라고 불렀다. 성유를 바르고 성수를 뿌리는 것은 무리와 하는 짓이 모두 같았으며, 이레에 한 차례 갖는 모임은 사철 끊이지 않았다. 올 5월에 왕풍숙이 참주당한 뒤, 8월 9일에 북경의 장채가 가지고 온 게첩을 본 여성원은 방정에게 "북경에서 편지가 왔는데 그 안에 무슨 내용이 들어 있는지 알 수 없다."고 말하였다. 종명례가 절강에서 이르자 드디어 게첩을 펼쳐 보고는 바로 각인을 끝내고 15일에 뿌리려 하였으나 14일 밤에 곧 체포되었다.

八年十一月二十日, 有不在官叔方文榜, 向從天主敎, 政因此拜從王豐肅, 稱爲王爺, 自稱小的. 擦油淋水, 其衆俱同, 七日一會, 歲時不絶. 至今年五月內, 王豐肅被參, 至八月初九日, 余成元見北京張寀持揭到來, 遂向政說 "北京有個信來, 不知其中何意?" 値鍾鳴禮自浙江來, 乃開書揭, 即同刊完, 要趕十五日投遞, 十四日夜隨被拘獲等情.

또 탕홍湯洪이 공술한 바에 따르면, 그는 32세로 상원현 사람이며 조천궁 뒤의 역가교 총갑總甲[8] 유과에 거주하고 있었다. 죽은 형 탕응과湯應科가 먼저 천주당에 살면서 만날 때마다 탕홍에게 권유하더니, 만력 40년(1612) 11월에 탕홍을 데리고 천주당에 가서 먼저 종명인을 만나고, 왕풍숙에게 네 차례 머리를 조아렸다. 왕풍숙은 다른 사람에게 하듯이 성유를 바르고 성수를 뿌려 주었다. 그 후 정해진 날마다 모임에 참가하였다. 올 7월 왕풍숙 사건이 터졌을 때 탕홍은 집에 있으면서 수시로 소식을 탐문하였다. 8월 14일에 여성원의 집에 이르러 장채와 종명례 등이 먼

又據湯洪供, 年三十二歲, 上元縣人, 住朝天宮後易家橋總甲劉科地方. 有故兄湯應科向在天主堂中, 每向洪勸誘, 應科即于四十年十一月率洪到天主堂, 先見鍾鳴仁, 即叩王豐肅四頭, 擦油淋水如常, 自後如期聚會. 今年七月內, 王豐肅事發, 洪雖住家中, 時常探聽消息. 至八月十四日到余成元家, 見張寀, 鍾鳴禮等先在, 余成元向洪云

8 '總甲'은 明·淸 시대 때 부세와 노역 등의 업무를 처리하기 위해 설치되었던 관청이다.

저 와 있는 것을 보았다. 여성원이 탕홍에게 "너의 외삼촌 왕계王桂가 감옥에 잡혀 있다. 네가 게첩 발송하는 일을 도와야 네 외삼촌을 구할 수 있다."고 하였다. 탕홍은 그 말을 곧이듣고 함께 장정하는 일을 도왔고, 장정이 끝나자 함께 술을 마시며 15일에 게첩을 가져다 뿌리기로 약속하였으나 곧 체포되었다.

"你母舅王桂捉在監中, 你可幫送揭帖, 救你母舅"等語. 是洪聽信, 亦同在彼幫釘, 釘完即同喫酒, 約十五日投遞, 隨被捉獲等情.

또 하옥夏玉이 공술한 바에 따르면, 그는 33세로 남경부 군우위 사람으로 군우위의 평창에서 전병 장사를 하며 살았다. 만력 40년(1612) 10월에 조수曹秀의 모자 가게를 찾아가 모자를 맞췄는데, 조수가 그 틈에 "천주는 하늘과 땅, 만물을 만드신 분인데, 너는 어찌하여 천주를 믿지 않느냐?"고 말하였고, 종명인 등이 하옥에게 천주의 도리를 설명해 주었다. 그러자 하옥이 "천주라고 하면서 어찌 화상이 있느냐?"라고 물으니, 종명인 등이 "태초에 천주가 단지 일남일녀만 화생化生시켰다. 후에 백성들이 살아가면서 천주를 알지 못하게 되자 홍수가 범람하여 큰 재난을 입었다. 천주가 차마 보고만 있을 수 없어 서양에 강생[9]하여 천하를 교화시켰다. 그로부터 천육백십오륙 년이 흘렀다."고 대답하면서, 오랑캐 종교의 책 15권을 주며 읽어 보라고 하였다. 그런 다음 천주당으로 데려가 기름을 바르고 물을 뿌리는 일 등을 절차대로 행하였다. 만약 부인들이 천주교를 믿고자 하면 왕풍숙은 종명인을 여자 집으로 보내 성수를 뿌리게 하였

又據夏玉供, 年三十三歲, 南京府軍右衛人, 住本衛平倉地方, 賣糕生理. 萬曆四十年十月內, 前往帽子店曹秀家做帽, 曹秀因說"天主生天, 生地, 生萬物, 汝何不從之?" 有鍾鳴仁等與玉講說天主道理, 玉云"既謂之天主, 何以有像?" 仁等答云"當初天主化生止有一男一女, 自後百姓作業不認得天主了, 所以洪水泛濫, 遭此大難. 天主不忍, 降生西洋國, 以教化天下, 至今共一千六百十五六年." 又將夷教書十五本, 付玉誦讀, 隨進天主堂, 擦油淋水, 一一是實. 若婦人有從教者, 王豐肅差鍾鳴仁前往女家, 以聖水淋之, 止不用油. 至今年七月

9 '降生'은 '신이 인간으로 태어남.'을 의미한다.

고 성유는 쓰지 않았다. 올 7월 21일 천주당의 문이 봉쇄된 것을 보고도 하옥은 '나는 천주를 섬기니 재난이 있어도 무사할 것이다.'라고 생각하였다. 8월 24일[10] 여성원이 찾아와서 하옥더러 함께 어육 등을 사오자고 하여 봉창으로 가던 중, 게첩이 이미 다 인쇄된 것을 보고 다음 날 아침에 발송해야겠다고 생각하였는데, 한창 밥을 먹고 있을 때 성에서 온 사람들에게 체포되었다.

二十一日, 見天主堂門已封, 思我既敬天主, 就有災患亦無事. 至八月二十四日, 余成元來叫玉同買魚肉等項, 前往蓬中, 但見揭已刷完, 只要明早送了. 正喫飯間, 被城上拿獲等情.

또 주용周用이 공술한 바에 따르면, 그는 68세로 강서 무주부 동향현 사람이다. 줄곧 남경에 살면서 책방 겸 인쇄소를 운영하며 살았다. 만력 38년(1610) 정월에 왕풍숙이 그를 고용하여 천주경을 인쇄하면서 말하기를, "당신은 나이도 많은데 왜 천주교를 믿지 않습니까? 그러면 훗날 영혼이 천당에 오를 수 있을 텐데요."라고 하기에 천주교를 믿게 되었다. 올 8월 14일 아침에 탕홍이 찾아와, 게첩 판각이 끝났으니 당신이 가서 인쇄해야 한다고 하였다. 주용은 연로한 탓에 제때 인쇄를 끝내지 못할까 봐 오남吳南을 고용하여 봉창으로 데려갔다. 일경一更[11] 즈음 인쇄가 끝나자 곧 장정하여 다음 날 가져다 뿌리기로 의논하였는데, 뜻하지 않게 체포되었다.

又據周用供, 年六十八歲, 江西撫州府東鄉縣人. 一向在京居住, 開設書舖, 竝刷書生理. 萬曆三十八年正月內, 王豐肅僱用刷天主經, 因與用說 "你年紀老大, 何不從天主教? 日後魂靈可昇天堂." 用遂入教. 今年八月十四日早, 有湯洪來說, 揭已刊完, 你須去刷印幾簿. 用因年老, 恐刷不及, 即僱覔吳南同往蓬中, 刷至起更時分方完, 隨即裝釘, 商量明日投遞, 不意被獲等情.

또 오남吳南이 공술한 바에 따르면, 그는 24세로 우림 좌위 사람이다. 평소 인쇄업을 해 먹고살 뿐, 아직

又據吳南供, 年二十四歲, 羽林左衛人. 平日刷印爲生, 竝未從

10 '8월 24일'은 8월 14일의 오기이다.

11 밤 7시에서 9시 사이이다.

까지 천주교를 믿은 적이 없다. 8월 14일 주용이 오남을 보고 "한 어르신이 책 몇 권을 급히 인쇄해서 15일에 여러 나리들한테 보내려고 하는데, 나 혼자서는 미처 해낼 수 없으니 함께 인쇄하러 가자."고 하였다. 인쇄할 때에야 그것이 게첩이라는 사실을 알았으나, 받기로 했던 돈 20문을 아직 받지 못한 탓에 남아서 한창 밥을 먹다가 그 자리에서 체포되었다.

入天主敎中. 八月十四日, 周用向南說 "有一相公, 有幾本書速要刷完, 要趕十五日分送各位爺, 我刷不及, 你同去一刷." 及刷時, 乃知其爲揭帖, 許錢二十文, 尙未交付, 正留吃飯, 隨即被獲等情.

지금 해당 성城에서 사건에 관련된 몇 사람을 압송해 왔는데, 그들이 각기 말한 내용을 보면 앞에서 언급한 것 모두가 사실이다. 조사 확인한 결과, 저 교활한 오랑캐들이 중국에 멋대로 들어와서 조사할 길조차 없는 팔만 리 먼 여정을 거쳐 왔다고 거짓말을 하였으며, 서양 외에는 천고千古에 없던 천주라는 것을 날조했다. 교활하게 남경에 틀어 앉아서 사사로이 높다란 전당을 어느새 지어 놓았는데, 많은 사람들이 우러러 예배하고 어두운 밤에 무리를 짓고 있다. 온 나라가 미친 것만 같으니, 숨은 근심을 헤아릴 수 없다. 이미 (남경) 예부에서 제본을 올려 참주하였고, 순무와 도찰원에서 저들을 구금해 놓고 성명한 칙지를 기다리고 있으니, 곧 저들을 깨끗이 몰아낼 것이다. 한때 사교를 따르던 백성들은 모두 외국 글로 쓴 쪽지와 문에 붙였던 부적을 뜯어 버리고, 오랑캐 종교를 멀리하고 조종에게 제사를 지내고 있다. 새롭게 거듭난 백성을 보니 깨끗이 정비될 조짐이 크게 보인다.

今據該城將一干人犯, 申解前來, 各供口詞, 前情是實. 參看得狡夷之闌入中國也, 駕稱八萬里不可窮詰之程途, 妄捏西洋外千古所無之天主, 狡焉盤踞留都, 突然私駕巍殿, 百千瞻拜, 昏夜成群, 擧國旣已若狂, 隱憂大爲叵測. 已經本部題參, 巡院拘禁, 靜候明旨, 攘除蕩滌. 一時從邪之民, 俱已去番字而貼門符, 遠夷敎而祀宗祖. 會見維新之衆, 大有廓淸之機.

저 종명례 등이 대체 어떤 물건이기에, 눈이 녹는 날을 보고도 이같이 요괴 도깨비 같은 계책에 빠져서 봉창에 숨어들어 공공연히 게첩을 각인하였단 말

而何物鍾鳴禮等, 當此見晛雪消之日, 迺爲魑魅魍魎之謀, 潛集蓬廠, 公行刻揭? 幸被獲於深

인가? 깊은 밤중에 체포하였으니 망정이지, 하마터면 저들의 미친 칼날에 당할 뻔하였다. 종명례 부자와 형제는 오랑캐들과 내통하였으며, 중국의 땅을 밟고 중국의 하늘을 떠이고 살면서도 머리를 풀어 헤치고 옷깃을 외로 여몄다. 장채는 남으로 북으로 분주히 뛰어다니며, 목숨도 아랑곳 않고 못된 짓을 하는 졸개이자 기꺼이 엎어져 숨어 지내는 도적이 되었다. 여성원과 방정은 하나는 정원을 가꾸며 간사한 무리를 숨겨 주는 숲이 되어 주었고, 하나는 금분장식업으로 게첩을 각인하여 퍼뜨리는 데 힘을 바쳤다. 탕홍과 하옥은 하나는 형을 따라 삿된 짓을 하고 외삼촌과 함께 악행을 감행하였고, 하나는 오랑캐의 책을 받고서 이득 볼 마음을 품고 목숨도 아랑곳 않은 채 나쁜 짓을 하였다. 이득이 눈앞에 보이는데 법망인들 마다하겠는가? 마땅히 법사에 보내 경중에 따라 죄를 논함으로써 경계를 보여야 할 것이다. 주용은 죽음에 가까운 나이에 윤회 사상에 중독되어 끝내 미혹된 것이고, 오남은 쥐새끼 같은 무리로서 우연히 돈의 미끼에 유혹되어 이용당했을 뿐이니, 법망을 느슨히 하여 우매함을 덮어 주어야 마땅하겠으나, 상급 관서의 지시를 받고 합동 심리한 사항을 본 사司(주객청리사)에서 감히 마음대로 처리할 수 없으므로 재결하여 시행해 주기를 바란다.

수지. 정문 올린 사람

夜, 幾得中其狂鋒. 鍾鳴禮父子兄弟通夷, 雖戴履中華天地, 而儼然被髮左衽. 張寀天南地北奔馳, 即么麼亡命廝走, 而甘爲伏戎隱寇. 余成元·方政, 一則以灌園而爲保匿奸徒之藪, 一則以鏤金而效刻揭投遞之功. 湯洪·夏玉, 一則從兄邪而與舅同惡, 一則受夷書而利蓄亡命, 此皆利於明條, 亦何辭於法網? 宜參送法司次第輕重, 擬罪儆示者. 若周用則垂盡之息, 或蠱於輪迴而終迷. 吳南則鬼鼠之流, 偶誘以青蚨而效用, 宜即解網以覆顓愚. 緣奉堂諭會審事理, 本司未敢擅便, 伏乞裁奪施行.

須至呈者

압송해 보내는 범인은 모두 8명:

종명례·장채·여성원·방정·탕홍·하옥·주용·오남

計開解犯人八名:

鍾鳴禮·張寀·余成元·方政·湯洪·夏玉·周用·吳南

만력 44년(1616) 10월 일

낭중주사 오이성

萬曆四十四年十月 日

署 郎中主事 吳爾成

당사(남경 예부)의 비답

제본으로 참주당한 각 범죄자들은 조용히 처분을 따라야 할 것이다. 종명례 등은 고의로 법률을 범하였다. 이교異教가 사람을 미혹하는 것이 혐오스러운 까닭은 바로 이러한 자들이 있기 때문이다. 우리 부서에서는 반드시 참주하여 법으로 다스릴 것이지만, 주용은 나이도 많고 당일에 고용되었을 뿐임을 참작하고, 오남은 입교하지 않은 채 고용되었을 뿐이며 돈도 받지 못하였다는 점을 참작하여, 일깨운 후 방면하라. 그 밖에 여섯 명의 범인은 정황에 경중이 있으나 어찌 되었든 오랑캐들에게 이용당했고 결탁하여 선동하고 미혹시켰으며 사건을 조장했다. 종명례는 사실상 주모자다. 관할 법사에서 분별하여 죄를 판정하도록 하라.

堂批

題參各犯, 自合靜聽處分. 鍾鳴禮等, 故來犯法, 所惡異教之惑人者, 正惡有此等輩耳. 本都當參送正法. 姑念周用年老, 止當日受僱. 吳南認不入教, 止受僱, 未得錢, 量與省放. 其餘六犯, 情有輕重, 總之爲夷人用. 而勾連煽惑, 揚波助瀾, 則鍾鳴禮實謀主矣. 該法司分別定罪.

3. 종명인 등 범인을 합동 심리한 안건

會審鍾鳴仁等犯一案

서종치

徐從治

요지

서종치[1]가 남경 예부의 네 부서에서 중국인 천주교도 종명인 등을 합동으로 심리하고 당사(남경 예부)의 비답을 받아 처결한 기록이다. 이 사건에 연루된 자들의 출신지와 행적을 상세히 열거하고, 각각 죄의 경중과 교를 믿는 정도를 감안해 처벌해야 한다고 공문을 올렸다. 이에 대한 비답을 받고 종명인, 조수, 요여망, 유록, 채사명 등은 모두 참주하여 남경 형부 하남 관서에 보내고, 그저 이익에 눈이 멀어 앞잡이 노릇을 했던 나머지 죄인들은 제본으로 참주하는 것을 면제하고 원적지로 압송하였다. 또 어린아이들은 친족에게 찾아가게 하거나 승록사로 보내서 수양하도록 하였다.

남경 예부 주객청리사에서 멀리서 온 오랑캐가 도성에 함부로 들어와 암암리에 제왕의 교화를 해치고 있기에 이를 처리한 건.

南京禮部主客清吏司爲遠夷闌入都門, 暗傷王化事.

본부로부터 앞의 사건에 관해 내린 차부를 받고 그에 따라 시행하였다. 오성병마사가 상정한 정문에 따라 압송해 온 오랑캐를 추종한 범인 종명인 등이 주객청리사에 이르렀다. 관할 청리사의 사사인 사제사[2]

奉本部箚付前事, 奉此遵依行. 據五城兵馬司呈解從夷犯人鍾鳴仁等, 一起到司. 該本司署司事祠祭司徐主事, 會同司務廳

1 徐從治(1574~ ?)는 浙江省 海鹽 사람으로 『聖朝破邪集』을 엮은 徐昌治의 형이다.

2 署司事는 해당 관서의 담당관이라는 뜻이고, 祠祭司는 제사를 주관하는 관서 이름이다.

서徐 주사는 사무청의 장張 사무, 사제사의 서徐 낭중, 의제사의 문文 주사와 합동으로 병으로 죽은 왕계王桂, 즉 왕귀王貴를 제외하고 (나머지를) 심문하였다.

張司務, 祠祭司徐郎中, 儀制司文主事, 除王桂, 即王貴, 病故外, 會審得.

종명인鍾鳴仁은 55세로 광동 광주부 신회현 사람이다. 공술한 바에 따르면, 몇 해 전 그의 아비 종염산, 동생 종명례와 함께 오문(마카오)에 살 때에 천주교를 믿기 시작하였고, 기해년(1599)에 공물을 바치러 가는 이마두(마테오 리치)를 따라 북경에 가서 7, 8년 살다가 남경에서 3년, 또 절강에서 1년 살았다. 지난해 5월에도 천주당에서 왕풍숙(바뇨니)을 위해 신자들을 불러들였는데, 만약 부인네가 천주교를 믿고자 하나 천주당에 들어오기 불편해하면 종명인을 시켜 부인네의 집에 가서 물을 뿌려 주고 다음과 같은 주문을 외우도록 했다. "성부와 성자와 성신의 이름으로 세례를 주노라. 아멘." 열대여섯 명의 부인네들에게 성수를 뿌려 주었으나 그들의 성은 기억하지 못하였다. 물건을 사 오고 돈을 내주는 일을 모두 책임지고 처리했는데, 비용은 모두 오문에서 가져왔으며, 해마다 대략 1, 2백 냥이었다.

鍾鳴仁, 年五十五歲, 廣東廣州府新會縣人. 供稱先年同父念山弟鳴禮住香山澳中, 從天主教, 於己亥年隨利瑪竇進貢, 在北京七八年, 方來南京住三年, 又往浙江一年. 舊歲五月間, 仍來天主堂中, 爲王豐肅招引徒衆, 若婦人從教者, 不便登堂, 令仁竟詣本家, 與婦淋水宣呪, 呪云"我洗爾, 因拔的利揭, 非略揭, 西必利多, 三多明者, 亞們." 大約淋過婦人十五六口, 不記姓. 仍管買辦使費, 所費銀兩在澳中來, 每年約有一二百兩.

조수曹秀는 나이 40세로 강서 남창부 남창현 사람이다. 공술한 바에 따르면, 몇 해 전에 남경에 와서 모자 만드는 것으로 생업을 삼았는데, 아내가 담질에 걸려 5년이나 낫지 않자 천주교가 재앙을 좇아 버리고 복을 가져다준다는 말을 흠모하여 만력 40년(1612) 3월에 아내와 함께 입교하였다고 한다. 천주경을 외는데, 그 경에는 "하늘에 계신 우리 아버지, 이름이 거룩히 여김을 받으시며, 나라에 임하시며, 뜻[3]

曹秀, 年四十歲, 江西南昌府南昌縣人. 供稱先年來京, 結帽爲生, 因妻染痰疾, 五年不愈, 慕天主教可以禳災獲福, 遂於四十年三月間同妻入教, 誦天主經, 經云"在天我等父者, 我等願爾名承盛, 爾國臨格, 爾止承行於地, 如與天焉. 我等望爾,

이 하늘에서 이루어진 것같이 땅에서도 이루어지이다. 오늘 우리에게 일용할 양식을 주시고, 우리가 우리에게 죄진 자를 용서한 것같이 우리의 죄를 용서하여 주시고, 우리를 시험에 들게 하지 마시고 다만 악에서 구하여 주소서. 아멘"이라고 적혀 있었다. 오로지 사람을 끌어들여 입교시키는 데 힘을 써서 여성원余成元·왕문王文 등이 실제 그를 통해 입교하였다.

今日與我, 我日用糧, 爾免我債, 如我亦赦負我債者. 又不我許陷與誘惑, 乃救我與兇惡, 亞們." 專務招引從教, 如余成元·王文等是實.

요여망姚如望은 나이 61세로 복건 흥화부 보전현 사람이다. 공술한 바에 따르면, 짐꾼 노릇을 하며 남경에 30년 동안 살았는데, 갑인년(1614) 정월 16일에 입교하였고, 왕풍숙 사건이 터지자 황기를 손에 들고 "천주를 위해 죽기를 바란다."고 외쳐 체포되었다.

姚如望, 年六十一歲, 福建興化府莆田縣人. 供稱挑腳爲生, 在京三十年, 於甲寅正月十六口進教, 因王豐肅事發, 手執黃旗, 口稱"願爲天主死" 遂被獲.

유록游祿은 나이 53세로 강서 남창부 남창현 사람이다. 공술한 바에 따르면, 이발로 생계를 이어 왔는데, 오랑캐 나유망(로차)이 강서에서 선교할 때 입교하였다. 만력 44년(1616) 5월에 나유망이 편지 한 통을 써서 유록 편에 왕풍숙에게 보냈는데, 그때 천주당에 들어가 대문 밖 한쪽 옆에 있는 작은 방에 살면서 문지기 일을 하였다.

游祿, 年五十三歲, 江西南昌府南昌縣人. 供稱髭頭爲生, 有夷人羅儒望在江西開教, 即便投入教中. 於四十四年五月間, 儒望以書一封, 差祿送王豐肅處, 即入天主堂中, 於頭門外耳房居住看守.

채사명蔡思命은 나이 22세로 광동 광주부 신회현 사람이다. 공술한 바에 따르면, 어릴 때 『시경』과 『서경』을 대충 읽었다고 한다. 만력 37년(1609)에 양마락(디아스)·비기규(페레이라)[4]와 함께 남경에 와서 왕

蔡思命, 年二十二歲, 廣東廣州府新會縣人. 供稱幼年粗讀『詩·書』, 於三十七年間, 同陽瑪諾·費奇規來京, 投入王豐肅

3 원문의 '止'는 '旨'의 오자이다.

4 Gaspard Ferreira(1571~1649, 중국명 費奇規 또는 費奇觀)는 포르투갈 출신의 천주교 선교사이다. 1588년에 예수회에 가입한 뒤 1603년 중국에 도착하여 이듬해 북경으로 갔고, 이어서 南昌과 韶州(廣

풍숙의 집에 들었는데, 책과 서신을 전적으로 관리하고 다방 일도 겸하면서 해마다 약 1,200문을 받았다고 한다. 올 때 나이 겨우 16살이었다. 함께 온 비기규도 오랑캐인데 아직 소주부韶州府에 있다.

家, 專管書束, 兼理茶房, 每年約得錢一千二百文. 來時年止十六歲, 同來費奇規亦夷人, 尙在韶州府.

왕보王甫는 나이 31세로 절강 호주부 오정현 사람이다. 공술한 바에 따르면, 만력 44년(1616) 5월 12일에 동향현 전錢 수재秀才가 그를 고용하여 남경으로 데려왔는데, 돈을 요구하다[5] 뜻대로 되지 않자 왕보를 내버리고 혼자 돌아가 버렸다고 한다. 그때 이웃에 살던 여성원이 그를 왕풍숙에게 인도하여 화원을 지키게 한 덕에 달마다 품삯으로 150문과 쌀 3말, 반찬값 30문씩 받았다.

王甫, 年三十一歲, 浙江湖州府烏程縣人. 供稱四十四年五月十二日, 有桐鄉縣錢秀才僱甫來京, 抽豐失意, 棄甫獨歸, 被鄰居余成元引進王豐肅處看園, 每月得受僱工錢一百五十文, 飯米三斗, 菜錢三十文.

장원張元은 나이 32세로 강서 서주부 사람이다. 공술한 바에 따르면, 모자 만드는 일을 하면서 남경에서 10여 년을 살았는데, 만력 40년(1612)에 우연히 사대부집에서 두건을 만들다가 그 집 관리가 왕풍숙에게 절하는 것을 보고 마음으로 경모하였다고 한다. 이에 천주당 안에 일꾼으로 들어가서 손님이 오면 차를 올리며 달마다 품삯과 밥값으로 은 3전씩 받으면서 오랑캐의 교를 믿고 십계명을 지켰다.

張元, 年三十二歲, 江西瑞州府人. 供稱結帽爲生, 在南京十餘年, 於四十年間, 偶在縉紳家做巾, 見本宦拜禮豐肅, 心竊慕之, 遂傭於天主堂內, 客至捧茶, 每月得受工食銀三錢, 從夷教, 守十戒.

왕문王文은 나이 30세로 강서 구강부 호구현 사람이다. 공술한 바에 따르면, 그물 깁는 일을 하다가 남

王文, 年三十歲, 江西九江府湖口縣人. 供稱補網爲生, 來京二

東)에서 활동하였다. 1612년 신부로 서품되었고, 남경교안 때 嘉定으로 피하여 孫元化에 의지하여 살았다. 저서로는 『週年主保聖人單』, 『玫瑰經十五端』, 『振心總牘』 등이 있다.

5 원문은 '抽豐'인데 각종 관계를 이용하여 남의 돈을 뜯어내는 것을 말한다. 막 과거에 급제한 秀才나 擧人들은 객을 접대한다는 명목으로 하례금이나 노잣돈을 요구하던 관습이 있었다.

경에 온 지 이태째인 만력 43년(1615) 정월 16일에 입교하였다 한다. 제부인 조수曹秀가 먼저 입교하였기에 그를 불러들인 것이다.

世, 於四十三年正月十六日進教, 有姐夫曹秀先在教中, 招之使去也.

유이劉二는 나이 39세로 강서 남강부 도강현 사람이다. 공술한 바에 따르면, 목수일을 하다가 만력 38년(1610)에 남경에 와서 지난해에 왕풍숙을 좇아 입교하였다고 한다. 앞서 천주당에서 수리하는 일을 하다가 그 교리를 듣게 되었는데, 사건이 터지자 상황을 보러 갔다가 체포되었다.

劉二, 年三十九歲, 江西南康府都康縣人. 供稱木匠爲生, 於三十八年來京, 前年從王豐肅教. 先在天主堂中修理做工, 遂聽其教, 迨事發往看, 因而被獲.

주가두周可斗는 나이 27세로 강서 구강부 호구현 사람이다. 공술한 바에 따르면, 어미를 따라 안경부 숙송현의 왕우王佑 집에 머물다가 그를 따라 남경으로 와서 모자 만드는 일을 업으로 삼았다. 만력 44년(1616) 6월 12일에 입교하였고, 왕풍숙이 돈 170문을 주면서 모자 하나를 급히 틀어 달라고 의뢰하였기에 모자를 다 틀어 넘겨주러 갔다가 체포되었다.

周可斗, 年二十七歲, 江西九江府湖口縣人. 供稱隨母在安慶府宿松縣王佑家, 帶至南京, 結帽爲生. 四十四年六月十二日進教, 王豐肅將錢一百七十文, 浼斗結帽一頂, 結完送去被獲.

왕옥명王玉明은 나이 29세로 복건 소무부 소무현 사람이다. 공술한 바에 따르면, 지난해 8월에 남경에 와서 진외랑陳外郎을 따라다니며 시일을 보냈는데, 외랑이 산서 포주로 가족을 방문하러 가서 혼자 남게 되자 그길로 천주당에 들어가 밥해 주며 달마다 품삯으로 120문씩 받았다고 한다. 진외랑이 돌아오자 다시 그를 따라갔다.

王玉明, 年二十九歲, 福建邵武府邵武縣人. 供稱前年八月到京, 跟陳外郎度日, 外郎往山西蒲州探親, 遺下玉明, 遂進天主堂煮飯, 每月得工錢一百二十文, 候外郎回日仍去隨之.

어린아이 삼랑三郎은 나이 15세로 송강부 상해현 사람이다. 공술한 바에 따르면, 아비 추원반鄒元盤이 만력 43년(1615)에 어미와 함께 병들어 죽자 할아비 추사화鄒思化가 항주에서 선교하고 있는 오랑캐 곽거

幼童三郎, 年十五歲, 松江府上海縣人. 供稱父親鄒元盤, 於四十三年同母病故, 有祖父鄒思化送杭州開教夷人郭居靜處讀

정에게 보내어 공부하게 하였는데, 교유하느라 가르칠 겨를이 없어 다시 왕풍숙에게 보내 공부하게 하였다. 지금 전염병에 걸려 있다.

書, 因交遊不暇, 轉送王豐肅處讀書, 今染病.

인아仁兒는 나이 14세로 북직 보정부 사람이다. 공술한 바에 따르면, 아비 유대劉大가 만력 44년(1616) 3월에 방적아(판토하)에게 팔았고, 남경에서 쓸 사람을 구한다 하여 집사 편에 왕풍숙에게로 보내졌는데 두 달 만에 체포되었다.

仁兒, 年十四歲, 北直保定府人. 供稱父親劉大, 於四十四年三月內, 將仁兒賣於龐迪峨, 聞南京要人使用, 差管家送至豐肅處, 兩月被獲.

용아龍兒는 나이 14세로 북직 보정부 칠수현 사람이다. 공술한 바에 따르면, 아비가 죽자 큰 아비 장문정張文正이 방적아에게 은전 1냥에 팔아서 인아와 함께 남경으로 보내졌다고 한다.

龍兒, 年十四歲, 北直保定府漆水縣人. 供稱父故, 有伯張文正將龍兒賣與龐迪峨, 得銀一兩. 同仁兒一起送至南京.

본다本多는 나이 14세로 광동 동완현 사람이다. 공술한 바에 따르면, 아비 유응괴劉應魁가 그곳 군인으로 있었는데, 만력 42년(1614)에 왕풍숙에게 팔려가 불 때는 일을 하고 달마다 70문씩 받았다고 한다.

本多, 年十四歲, 廣東東莞縣人. 供稱父親劉應魁在此當軍, 於四十二年將本多僱與王豐肅燒火, 每月得錢七十文.

웅량熊良은 나이 14세로 강서 남창 사람이다. 공술한 바에 따르면, 아비 웅정시熊廷試는 남경에 오랫동안 살면서 목수일로 생계를 삼았다고 한다. 늘 왕풍숙의 집에 가서 일하면서 웅량을 데리고 드나들었는데, 왕풍숙이 돈 50문을 주면서 닭을 사 오라고 하기에 사 가지고 들어가다가 체포되었다.

熊良, 年十四歲, 江西南昌人. 供稱父親熊廷試, 久住南京, 木匠生理, 時常在王豐肅家做工, 帶良進出, 偶豐肅與錢五十文買鷄, 送進被獲.

각각의 공술이 이와 같았다. 이에 근거해 살펴보면, 이 범인들은 모두 도망 다니는 신세이자 오합지졸임을 알 수 있다. 하는 일도 미천하고 마음을 다잡을 일정한 생업도 없었기에 작은 이득을 보고 미친 듯이 붙좇은 것이다. 타고나기를 기이한 것을 좋아하

各供是實. 據此看得, 此數犯者, 皆亡命之徒, 烏合之衆也. 執業甚賤, 無恒產以固其心, 故投之以纖利, 而奔走若狂. 秉性好奇, 有妖言以熒其聽, 故攻

여, 요망한 말에 솔깃해져서는 이단을 배우며 법망에 걸려드는 것도 아랑곳하지 않았던 것이다. 이들을 즉시 처벌하여야 다른 뜻을 품지 못할 것이나, 자세한 정황을 살펴보면 차이가 없지 않다.

乎異端, 而扞網不顧. 即均置之法, 庶挽異趨, 而細按其情, 不無差等.

예를 들어, 종명인은 거의 단상에 올라가 맹주 노릇을 한 자[6]나 다름없다. 대신하여 오랑캐의 주문을 외우고 널리 조력자들을 불러들였으며 날마다 남자를 끌어들였다. 공공연히 부녀자들에게 성수를 뿌려 남녀 간에 의심받는 짓도 피하지 않았으며, 오랑캐의 풍속으로 중국을 타락시켰다. 아비가 아들을 끌어들이고 형이 동생을 부추기게 했으면서도, 사교로 미혹했다는 말은 모략이라 하고 있다. 달갑게 부림을 당하고 돈과 식량을 관리하여 오랑캐의 전적인 신임을 받았으니, 다른 사건으로 구속된 종명례와 같은 법으로 처결해야 할 것이다.

如鍾鳴仁其殆登壇執牛耳者乎, 代宣夷呪, 廣招羽翼, 猶日引男子也. 至於公然淋婦女之水, 而瓜嫌不避, 幾淪中國以夷狄之風, 父率其子, 兄勉其弟, 猶曰惑邪謀也. 至於甘心供辦之役, 而錢穀是司, 顯受夷人以心膂之寄, 所當與別案之鍾鳴禮同律擬究者也.

조수로 말하자면 그 다음가는 자일 것이다. 천주교를 깊이 믿어 아내까지 끌어들여 따르게 하였으니, 제 아무리 병 때문이었다고는 하나 부끄러움조차 모르는 자일 뿐이다. 천주경을 외우고 익혔으며 자기 벗까지 데리고 갔으니, 저 여성원과 왕문 등이 대체 누구 때문에 그리되었겠는가? 종명인과 나란히 다스려 징치해야 마땅하다.

若夫曹秀其即次焉者乎. 深信其教, 至挈妻以從, 縱託言有疾, 終屬無恥. 誦習其經, 至呼朋以往. 彼余成元·王文等, 是誰之慫? 所當與鍾鳴仁竝擬示懲者也.

요여망은 하찮은 짐꾼일 뿐이지만, 감히 깃발을 들

姚如望一擔負么麼耳, 輒敢揭

---

6 원문의 '執牛耳'는 옛날에 제후들이 동맹할 때, 맹주가 단상에 올라 소의 귀를 잘라 삽혈 의식을 행한 데서 비롯된 말이다. 후에는 어느 방면의 최고 권위를 상징하는 말로 사용되었다.

고 죽기를 바란다고 외쳤으니, 사교를 따랐을 뿐만 아니라 민심까지 교란시켰다. 그 죄가 어찌 종명인이나 조수보다 가볍다 하겠는가?

竿而呼, 聲言效死, 則不但從邪, 抑且亂民矣, 罪豈在鳴仁·曹秀下哉?

유록은 출신 성省에서 나유망을 따른 이래 편지를 나르며 충성을 바쳤고, 저들 사이의 실정을 몰래 전해 주었다. 또 이곳 천주당에 들어가 문지기가 되어서는 조심스레 출입을 관리하면서 남의 앞잡이가 되기도 마다하지 않았으니, 법망[7]에서 어찌 벗어날 수 있겠는가?

游祿旣從該省之羅儒望, 而郵筒自效, 暗通彼此之情, 又登此處之天主堂, 而闇人見委謹司出入之候, 鷹犬不辭, 三尺焉逭?

채사명은 기록을 전담하면서 한가로울 때면 차를 끓였다. 이에 앞서 저 도당들과 함께 들어와 해마다 많은 돈을 벌었다. 법으로 용서할 수 없지만, 그가 올 때 나이 겨우 16세밖에 안 되었으니, 무지하여 길을 잘못 든 경우에 해당한다. 정상을 참작하여 벌을 좀 감해 줄 수 있을 것이다.

蔡思命專供掌記, 暇則烹茶, 先經與匪人偕來, 每年有多錢之入. 法不容貸, 第其來時年止十六耳, 尙屬無知誤入, 量當原情末減.

그밖에 천주교의 복장을 걸치고 천주당에서 기거한 자들을 보면, 그들은 저들의 옷과 밥을 빌린 것이고, 저들은 그들을 고용한 것이니, 왕보가 정원을 돌보고, 장원이 차를 올리고, 왕옥명이 불을 때서 밥을 지은 것 모두가 그러하다. 이득을 꾀했을 뿐, 달리 깊은 모략이 있었던 것은 아니다.

此外則有被服其教, 寢處其廬, 此借彼之衣食, 彼藉此之傭作者, 如王甫之灌園, 張元之捧茶, 王玉明之執爨是也. 因之以爲利, 非有深謀也.

또 신자를 찾아가 모이라고 청하고, 정해진 날에 따라 예배 드리는 등 모이면 교인이었지만 흩어지면

則又有謁徒而來請, 依期而進拜, 聚則爲教中之人, 散猶能自

7 '三尺'은 三尺法을 의미하며 '법률'을 이르던 말이다. 고대 중국에서 석 자 길이의 竹簡에 법률을 썼던 데서 유래한다.

제 재간으로 먹고산 자들도 있다. 예를 들어 왕문이 그물 깁기를 버리지 않고, 유이가 목수 도구를 여전히 잡고 있었으며, 주가두가 모자 트는 일을 그만두지 않은 것이 모두 이와 같은 경우이다. 이들은 어쩌다 유혹에 이끌렸을 뿐, 그들의 본심은 아니었다.

食其技者, 如王文之不棄補網, 劉二之仍操斧, 周可斗之不廢帽匠是也, 偶牽於所誘, 非其本心也.

이밖에 삼랑·인아·용아·본다·웅량 다섯 아이들의 경우, 어떤 아이는 버림받아 교당에 들어갔고 어떤 아이는 종으로 팔렸다. 갓난아이가 우물에 빠진 셈이니 진정 가련하다. 즉시 내보낸다 해도 오히려 늦은 셈이다.

他如幼童五名, 三郎·仁兒·龍兒·本多·熊良, 或捨入於堂中, 或鬻之爲僕隸, 赤子入井, 誠爲可矜. 即時省發, 猶以爲晩.

요컨대, 종명인·조수·요여망의 경우, 전례에 좌도로써 대중을 미혹시킨 자나 향을 피워 신도를 모으고 밤이면 모였다가 새벽에 흩어진 자는 군위에서 먼 변방으로 보내어 군사로 충당하고 관청에서 장성 너머로 보내어 백성으로 살게 하는 법이 있는데, 이들은 모두 이 전례에 부합한다. 또 법률에 좌도로 정도를 어지럽히는 술수를 부리거나, 혹 도상圖像을 숨기고 향을 피워 무리를 모으거나, 밤에 모였다가 새벽에 흩어지는 등 백성을 선동하면, 그 우두머리를 교수형에 처하고 종범從犯은 각기 곤장 백 대씩을 쳐서 삼천리 밖으로 유배시키는 법이 있는데, 이들은 또 이 법률에 부합한다. 법관이 참작하여 적용해야 할 것이다.

要而論之, 鍾明仁·曹秀·姚如望, 引例, 則有左道惑衆之人. 或燒香集徒, 夜聚曉散爲從者, 軍衛發邊遠充軍, 有司發口外爲民, 各犯政與例合. 引律, 則有左道亂正之術, 或隱藏圖像, 燒香集衆, 夜聚曉散, 煽惑人民, 爲首者絞, 爲從者各杖一百, 流三千里. 各犯又與律合, 是在法曹酌而用之也.

유록과 채사명은 비록 오랑캐를 위해 일하였지만 아직까지 벗들을 불러들인 일이 없으니, 법사에 보내서 죄를 판정한 후에 원적지로 압송해 돌려보내도 좋다. 왕보·장원·삼랑은 법사에 보낼 것 없이 곧장 원적지로 압송해 돌려보내도 좋다. 왕옥명은 비록 고용

游祿·蔡思命, 雖爲夷人効用, 尙非引類呼朋, 合送法司定罪, 方行遞回原籍. 王甫·張元·三郎, 免送法司, 竟遞回籍. 王玉明雖係受僱, 實爲愚民, 相應

된 것이지만 실로 미련한 백성이므로 왕문·유이·주가두와 같이 압송을 면제하고 돌려보내 생업에 종사토록 해도 좋을 것이다.

與王文·劉二·周可斗免行遞解, 放歸生理.

어린아이 본다와 웅량은 아비가 있으니 곧바로 알려서 데려가게 해야 할 것이다. 인아와 용아는 모두 북직 사람이고 친족이나 아는 사람도 없으니, 만약 그대로 놓아주면 무뢰한들에게 속아 팔려 갈 수 있으므로 잠시 절에 맡겼다가 북경에서 오는 소식을 기다리는 것이 좋을 것이다. 이에 따로따로 사건 서류를 갖추어서 관련자들을 한꺼번에 상급 법사에 상정하여 처결토록 할 것이며, 차부를 받고 심리한 사항이므로 본 관서에서 감히 마음대로 처리하지 않을 것이다.

幼童本多·熊良, 見有父在, 即宜發領. 仁兒·龍兒, 皆北直人, 無親識者, 若竟放之, 不免爲棍徒拐賣, 姑令寺中收管, 以俟北方之訊可也. 爲此分別具繇, 連人犯一併呈堂定奪, 原蒙箚審事理, 本司未敢擅便.

수지. 정문 올린 사람

須至呈者

압송해 보내는 범인 모두 11명:
종명인·조수·요여망·유록·채사명·왕보·장원·왕문·유이·주가두·왕옥명

計開解犯人十一名:
鍾鳴仁·曹秀·姚如望·游祿·蔡思命·王甫·張元·王文·劉二·周可斗·王玉明

어린아이 5명:
삼랑·인아·용아·본다·웅량

幼童五名:
三郞·仁兒·龍兒·本多·熊良

만력 45년(1617) 5월 일
사사 사제 주사 서종치

萬曆四十五年 五月 日
署司事 祠祭 主事 徐從治

당사(남경 예부)의 비답

각 범인에 대한 심문이 명백하고, 인용한 법률과 관례도 합당한 듯하다. 그러나 종명인·조수·요여망을 조사해 보니, 다른 사건의 종명례·장채와 더불어 평시에 오랑캐 종교와 결탁하여 미련한 백성을 선동 미혹하였고, 일이 터지자 오가며 정탐하였으니, 법을 무너뜨린 죄가 무겁다. 법률에 따르면 도성에 있거나 외방에 있는 군인 및 백성이 조공을 바치는 오랑캐들과 사사로이 내통하며 부탁을 받거나 고용되어 사람을 해치고 그로써 사건의 정황을 누설한 경우, 모두 죄를 물어 변방의 군사로 충당하는 관례가 있다. 다섯 범인들에게 또 이 관례를 적용할 것인지는 모두 관할 관서에서 조사 문서 안에 넣도록 하고, 종명인 등을 유록·채사명과 함께 모두 참제하여 법사[8]에 보내 죄를 정하도록 하라. 왕보·장원·삼랑은 참주와 압송을 면하게 하고 바로 원적지로 압송하라. 왕문·유이·주가두·왕옥명은 일단 놓아주도록 하라. 어린아이 본다·웅량은 친족이나 아는 사람에게 알려 데려가게 하고, 정황을 진술한 정문을 교부하라. 인아·용아는 잠시 승록사僧錄司[9]에 맡겨 기르도록 하고, 해당 부나 현에서 친족이나 아는 사람이 있으면 데려가도록 하라.

堂批

各犯既審問明白, 所引律例, 似亦允當. 但勘鍾鳴仁·曹秀·姚如望, 與別案鍾鳴禮·張寀, 平時勾連夷教, 扇誘愚民, 臨事又往來偵探, 壞法情重. 按律有在京在外軍民人等, 與朝貢夷人, 私通往來, 投託管顧, 撥置害人, 因而透漏事情者, 俱問發邊衛充軍之例. 五犯是否又與此例, 合該司竝入繇內, 將鍾鳴仁等, 與同游祿·蔡思命俱參送法司定罪. 其王甫·張元·三郎, 免其參送, 竟遞回籍. 王文·劉二·周可斗·王玉明, 姑准省放. 幼童本多·熊良, 着令親識人領回, 取領狀繳. 仁兒·龍兒, 暫令僧錄司收管寄養, 俟該府縣有親識人來發領.

8 남경 형부 하남 관서를 말한다.

9 明代에 남경 예부 산하에 소속되어 불교의 도첩 발급 등의 일을 담당하던 官署로, 남경의 天界寺에 설치되었다.

이 명령에 따라 종명인·조수·요여망·유록·채사명을 5월 25일에 참제하고, 남경 형부 하남 관서에 압송하여 처결하게 한 뒤 회답 공문을 받아 문서 안에 넣었다. 왕보는 상원현에 영을 내려 절강 호주부 오정현으로 다시 압송하도록 하고, 삼랑은 강녕현에 영을 내려 관할 송강부 상해현에 다시 압송하도록 하였다. 장원은 남경에 산 지 오래되었으니 상원현에 영을 내려 이웃 아무개에게 수관하도록 하였다. 상원과 강녕 두 현에서 회답한 수관 문서를 안에 넣었다. 왕문·유이·주가두·왕옥명은 방면하여 돌려보내 생업에 종사하도록 하였다. 어린아이 인아·용아는 승록사에 보내 맡아 기르도록 하고, 본다·웅량은 각기 그 아비에게 데려가게 한 다음 데려갔다는 증명 문건을 받아 문서 안에 넣었다.

奉此遵將鍾明仁·曹秀·姚如望·游祿·蔡思命, 于五月二十五日參送南京刑部河南司收問定罪, 取有批迴在卷. 其王甫行上元縣轉遞浙江湖州府烏程縣. 三郎行江寧縣轉遞直隸松江府上海縣. 張元在京年久, 行上元縣着落甲隣收管. 取上·江二縣回報收管在卷. 王文·劉二·周可斗·王玉明, 放歸生理. 幼童仁兒·龍兒, 發僧錄司收養. 本多·熊良各發伊父領回, 各領狀在卷.

4. 삿된 무리를 체포한 후에 낸 고시

拿獲邪黨後告示

남경 예부

南京禮部

요지

남경 예부에서 왕풍숙(바뇨니) 등과 이들과 결탁한 천주교도들을 체포하여 각기 법률에 따라 처벌하고, 금령을 백성들이 자세히 알게끔 하여 의혹과 두려움을 없애고자 고시한 글이다. 그들의 죄목인즉 공공연히 게첩을 내고, 이를 판각하여 반포하는 등 이교異教의 사설을 행하고 백성을 미혹에 빠뜨린 것이다. 이에 이들의 죄를 경중에 따라 처벌하고, 뉘우친 자들은 양민으로 돌아가게 해 주었음을 밝히고, 아울러 타파해야 할 오랑캐의 사설 네 가지를 엄중히 선포했다. 첫째, 중국에서 존봉하는 천제를 천주라고 망령되이 일컬으며 중국의 예법을 따르지 않는 것, 둘째, 사사로이 천문을 가르쳐 중국의 명확한 금령을 범하였으며 심지어 칠정七政과 칠중천七重天 등의 사설을 만들어 내어 천체를 망가뜨리려 한 것, 셋째, 『대명률大明律』로 개인 집에서 하늘에 제사하는 것을 금하고 있는데 오랑캐들은 무리를 모아 천주에 예배하는 것, 넷째, 오랑캐들이 금은과 사술로써 대중을 미혹하고 있는 것 등이다.

남경 예부에서 금령을 알리는 건.

南京禮部爲禁諭事.

교활한 오랑캐인 왕풍숙(바뇨니) 등이 남경에 잠입해 살면서 천주교를 망령되이 떠벌려 백성을 선동한 일이 있음을 알아내고, 본부(남경 예부)에서 우선 참제하였는데, 이는 율령의 지엄함을 알리고 무리를 해산시키고자 함이었다. 그 후 줄곧 칙지를 기다리며 곧바로 시행에 옮기지 않고 있었고, 예부와 예과에서

炤得狡夷王豐肅等潛住都門, 妄稱天主教, 煽惑人民, 先該本部題參, 只欲申嚴律令, 解散其徒衆耳. 向在候旨, 未遽有行, 及部科兩疏竝前疏發抄該城兵馬司, 奉察院明文提人候旨, 本

나란히 소장을 올려 관할 성城 병마사에 범인을 잡아들이라는 고시를 내렸을 때에도 도찰원의 공문을 받들고 영을 기다리며 이 또한 시행하지 못하고 있었다. 다만, 보고에 따르면 서영西營 지방에서 13명과 어린아이 5명을 수색·체포하였고, 효릉위 지방에서 한 명을 수색·체포하였을 뿐이라고 하였다. 본부(남경 예부)의 의견은 만약 명문 칙지가 내려오면 이미 체포된 자들만을 추궁하여 논죄하고, 그밖에는 한 사람도 연루시킬 필요가 없다는 것이었다. 지금 지방에 살면서 사교를 따른 적이 없는 자들은 다행히 교활한 오랑캐들이 체포된 후라 혹시라도 교란시킬 수 없을 터, 제각기 안심하고 살아갈 수 있을 것이다. 설사 현혹되어 끌려들어 갔다 하더라도, 법률이 금하는 바를 범했음을 깨우쳤을 터, 마음을 돌려 잘못을 고치고 하루아침에 씻어 버린 후 다시 태평성세의 양민이 될 수 있을 것이다. 본부(남경 예부)에서 새롭게 살기로 다짐한 자들을 가상히 여겼을 뿐, 언제 조사하고 들춰낸 적이 있었던가?

部亦未有行也. 但據申報西營地方搜獲十三名·幼童五名. 孝陵衛地方搜獲一名, 如此而已. 本部之意, 若明旨一下, 只此見獲者究論, 此外不必株連一人. 目今地方素不從邪者, 固幸獲狡夷之發露, 無或撓亂我, 而可以各安生理, 即有爲所引誘者, 知其犯律令所禁, 而回心改過, 一朝洗滌, 依然是平世良民. 本部嘉與維新, 何曾搜剔?

한둘의 삿된 무리가 있는 것은 어쩔 수 없는 일이다. 종명우鍾明宇[1] 등 8명은 먼 곳에서 방적아(판토하)·웅삼발(우르시스) 등의 소장과 게첩 두 건을 가지고 찾아와서, 남몰래 움막을 지어 놓고 사사로이 각인, 발행하여 함부로 전파하려 하였다. 본부에서는 패표牌票 하나 발부하여 다스린 적이 없거늘, 교활한

無奈有一二邪黨, 如鍾明宇等八名, 自遠而來, 齎有龐迪峨·熊三拔等疏揭二件, 潛搭窩棚, 私行刊刻, 肆出投遞. 夫本部未有一牌票提治, 而狡夷公然揭, 又公然疏, 又公然刻, 此等伎倆,

1 鍾鳴宇는 鍾鳴禮(鍾明禮)의 또 다른 이름이다.

오랑캐들은 공공연히 게첩을 내고 공공연히 소장을 적었으며 공공연히 각인하였다. 이 같은 수작을 어찌 법령과 기율이 용서할 수 있겠는가! 이에 하는 수 없이 체포하였을 뿐, 그밖에는 아직 한 사람도 연루시킨 적이 없다. 어리석은 백성들이 알지 못하고 겁을 먹을까 염려하여 공문으로 알리는 바이다.

豈法紀所容! 爲此不得不拿, 此外仍未嘗株連一人, 猶恐愚民無知怵惕, 合行曉諭.

이제부터 각기 본분을 지켜 생업에 힘쓸지니 거짓을 퍼뜨려 공갈하는 것을 허여치 아니한다. 편안한 마음으로 사단 없이 태평세월의 백성으로 산다면 의심하고 겁낼 필요가 없을 것이며, 오랑캐 편에 있던 자라 하여도 고분고분 처분에 따른다면 관부에서 반드시 긍휼히 여길 것이다. 그러나 한 차례 더 일을 꾸며 헛되이 또 하나의 죄증을 더한다면, 이는 백해무익할 것이다. 이에 금령을 내려 알리는 바이니 잘 알도록 하라.

今後各務本等生理, 不許訛言恐喝, 安心無事做太平百姓不必疑畏, 即在彼夷, 若能靜聽處分, 官府必且哀矜, 若多一番鑽刺, 徒增一番罪案, 無益有損, 爲此出示禁諭各宜知悉.

이제 세상을 속이고 백성을 미혹시키는 교활한 오랑캐들의 삿된 교설에서 마땅히 타파해야 할 사항을 다음에 조목조목 열거한다.

今將狡夷邪說欺世惑人, 相應破除者, 開欵于後.

하나. 오랑캐들은 소장疏章과 게첩揭帖을 써서 변론을 펼쳤는데, 그럴 때마다 천주를 칭하고 있다. 이는 곧 중국에서 존숭하는 '하늘'인데, 저들의 사설에 부화뇌동하는 자들은 "우리 중국이 하늘을 섬기지 않은 적이 있었던가?"라고 말한다. 저 오랑캐가 스스로 각인한 『천주교해요략』[2]에서는 천주가 한나라 애제

一. 夷人辨疏辨揭, 俱稱天主, 即中國所奉之'天', 而附和其說者, 亦曰 "吾中國何嘗不事天也." 乃彼夷自刻『天主教解要畧』, 明言天主生於漢哀帝某年, 其名曰耶穌, 其母亞利瑪,

2 이런 제목의 책은 발간된 적이 없으며, 바뇨니가 쓴 『教要解略』(1626, 絳州)을 가리키는 것으로 보

때 태어났고, 그 이름은 예수이며, 그의 어미는 마리아[3]라고 밝히고 있다. 그러니 한낱 서양 오랑캐일 따름이다. 또 악독한 관원에 의해 십자가에 못 박혀 죽었다고 하니, 죄를 짓고 죽은 한낱 오랑캐 죄인일 뿐이다. 죄지은 오랑캐를 천주라 부를 수 있단 말인가? 심지어 변론을 펼친 소장에서는 천주가 서쪽 나라에서 강생하였다고 밝히고 있으니, 거짓과 무례함으로 감히 하늘을 속이고 있다. 중국에 그 속임수를 알아차릴 사람이 하나도 없다고 생각했단 말인가?

是西洋一胡耳. 又曰被惡官將十字枷釘死, 是胡之以罪死者耳, 焉有罪胡而可名天主者乎? 甚至辨疏內, 明言天主降生西國, 其矯誣無禮, 敢於欺誑天聽, 豈謂我中國無一人覺其詐耶?

하나. 『대명률』에 사사로이 천문天文을 배우는 것을 금한다는 조문이 있다. 이는 『대통력법』이야말로 만대토록 고쳐서는 아니 될 준칙이므로 혹시나 후세에 간교한 무리가 오행설을 무시하고 천도를 속이고 법도를 위반하면서 사설을 창도하여 역법을 혼란시킬까 우려하는 마음에 이처럼 미리 엄격히 방비한 것이다. 신하된 우리도 모두 그 말씀을 삼가 받들며 감히 고치고 바꾸지 못하거늘, 간교한 오랑캐들이 갑자기 찾아와 드러내 놓고 우리의 금령을 범하면서, 따로 만든 혼천의 같은 기구를 몰래 감춰 놓고 있을 뿐만 아니라, 심지어 칠정七政이나 칠중천설七重天說을 조작하여 온 천체를 갈라놓으려 하고 있다. 그러니 천하의 무슨 일인들 진위를 전도하고 속여 넘기지 못하겠는가? 백 리를 벗어나면 풍속이 다르고, 천 리를

一. 『大明律』有私習天文之禁, 正謂『大統曆法』爲萬世不刊之典. 惟恐後世有姦宄之徒, 威侮五行, 逦天倍法者, 創爲邪說, 以淆亂之也, 故預嚴其防耳. 凡我臣子, 皆凜凜奉若, 不敢二三, 而狡夷突來, 明犯我禁, 私藏另造渾天儀等器, 甚至爲七政七重天之說, 擧天體而欲決裂之. 然則天下何事非可以顚倒誑惑者耶? 無論百里不同風, 千里不同晷, 九萬里之外, 晷影長短懸殊, 不可以彼格此. 目今聖明正御, 三光順度, 晦朔弦望, 不愆于月,

---

인다.

3 원문에는 '亞利瑪'로 되어 있으나 '瑪利亞'의 오기로 보인다.

지나가면 해그림자가 다르며, 구만 리 밖은 해그림자의 길고 짧음이 현저하게 다르다. 그러니 그곳의 역법으로 이곳의 천문을 바로잡을 수는 없다. 지금 성명하신 황제께서 재위하고 계시기에 일월오성이 천도天度에 맞게 운행하고 있고, 회삭晦朔과 현망弦望이 달의 운행에 어긋남이 없으며, 춘분·추분·동지·하지의 시작과 끝이 사계절의 바뀜에 어긋남이 없다. 그런데 무슨 까닭으로 역법을 고쳐 저들 간교한 오랑캐들에게 여지를 준단 말인가?

分至啓閉, 不愆于時, 亦何故須更曆法, 而故以爲狡夷地耶?

하나. 『대명률』에서는 사가에서 하늘에 제사하는 것을 금하고 있고, 부적을 쓰고 물 떠 놓고 주문을 외는 일, 화상畵像을 몰래 감추고 향을 사르는 일, 무리를 모아 놓고 밤에 모였다가 새벽에 헤어지는 일 등을 금하고 있다. 지금 저 오랑캐들은 망령되이 천주를 칭하면서 사람들을 유혹하여 명색이 큰 예배 작은 예배라는 것을 드리니, 이것이 곧 사가에서 하늘에 제사하는 것이 아니란 말인가? 그 교를 따르는 자들에게 물을 뿌려 주면서 '성수를 뿌린다' 하고, 기름을 발라 주면서 '성유를 바른다' 하니, 이것이 곧 부적을 쓰고 물 떠 놓고 주문을 외는 것이 아니란 말인가? 달마다 방房·허虛·성星·묘昴일에 크고 작은 예배를 드리며, 삼경三更[4]에 모였다가 날 밝으면 헤어지니, 이것이 곧 밤에 모이고 새벽에 헤어지는 것이 아니란 말인가? 갖가지 삿된 술수로 인민을 선동하고

一. 『大明律』禁私家告天, 書符呪水, 隱藏圖像, 燒香集衆, 夜聚曉散等欵. 今彼夷妄稱天主, 誘人大瞻禮, 小瞻禮名色, 不爲私家告天乎? 從其敎者, 灑之以水曰 '灑聖水', 擦以油曰 '擦聖油', 不爲書符呪水乎? 其每月房·虛·星·昴, 大小瞻禮等日, 俱三更聚集, 天明散去, 不爲夜聚曉散乎? 種種邪術煽惑人民, 豈可容于堯舜之世?

4 밤 11시에서 새벽 1시 사이를 가리킨다.

미혹하였으니, 어찌 요순시절에 용납될 수 있겠는가?

하나. 오랑캐들이 어리석은 백성을 선동하고 미혹하면서 그 교를 따르는 자에게는 사람마다 은 석 냥씩을 준다. 이는 민간에서 노래로 전해지는 바인데, 멀리까지 듣는 군자로서 어찌 저들의 소굴로 들어가서 숨겨 놓은 재물을 뒤지고, (한편으로는) 저들의 무고함을 두둔하고 곡진히 증명하면서 용서해 줄 수 있겠는가? 어떤 이들은 "사람으로서 자기 나라와 임금을 사랑하지 않는 자가 없거늘, 유독 저 오랑캐에게만 주문을 외는 사술이 있다고 의심하기에 부득이 비호하는 것이다."라고 말한다. 이는 저들의 귀신 놀음과도 같은 술수로는 그저 도깨비 나라의 천하고 어리석은 자들이나 속일 수 있을 뿐 밝디 밝은 세상에서 행해질 수 없음을 모르고 하는 소리이다. 당당한 사군자士君子라면 처세하고 행동함에 스스로 법도가 있어야 하는 법, 어찌하여 저들의 교활하고 간사함에 겁을 먹고 도리어 정기를 손상시킨단 말인가? 지금 남경 예부에서 고시를 낸 후로는, 설령 저들 오랑캐에게 사술이 있다 해도 자연 영험해지지 못할 것이니 두려워하여 비호할 필요가 없다.

만력 44년(1616) 8월 일 고시

一. 夷人煽惑愚民, 從其教者, 每人與銀三兩. 此係民間歌謠遍傳者, 而遠聽之君子, 豈能入彼窟穴, 探彼蓋藏, 遂身任其無咎, 曲證爲借貸乎? 或曰 "人未有不自愛其鼎者, 獨疑彼夷有禁呪之術, 是以不得已而護之." 不知彼鬼術者, 只可在魑魅之邦騙下愚耳, 豈能行于大明之世? 而堂堂士君子, 立身行己自有法度, 何至畏彼狡獪, 反沮其正氣耶? 今該本部出示之後, 彼夷縱有邪術, 自然不靈, 不必畏護.

萬曆四十四年 八月 日 示

5. 오랑캐의 소유물을 자세히 조사한 안건

清查夷物一案

응천부 상원·강녕현

應天府 上元·江寧縣

요지

오랑캐의 소유물에 대해 조사한 경위 및 압수한 물건을 처리한 건에 대한 기록이다. 응천부의 상원현과 강녕현에서 동성병마사와 합동으로 오랑캐의 소유물을 조사해 등록부를 작성하여 보고하고, 이에 대한 회답 공문을 받아 지시대로 처리한 과정이 상세히 드러난다. 중국은 먼 곳에서 온 물건을 진귀하게 여기지 않으니 서방에서 가져온 기이한 기구를 왕풍숙에게 돌려주도록 하고, 금령에 위반되는 천문 관측기구 및 서적은 저들이 가져가지 못하게 하라는 회시가 내려왔다. 또한 잡동사니는 팔아서 돈으로 바꾸되 사람을 정해서 대리로 가격을 논의해서 거래하게 하고, 권세 있는 호족이나 관아의 하급 관원이 기편 수단을 써서 억지로 사지 못하게 하였으며, 임비리(실바)의 관곽은 왕풍숙에게 지시하여 안장하도록 하였다.

응천부應天府[1] 상원上元·강녕江寧 두 현에서 오랑캐의 소유물을 자세히 조사한 건.	應天府上元·江寧二縣爲清查夷物事.
순시경성감찰어사 조趙·곽郭·손孫이 보낸 아래와 같은 내용의 패문 초록을 받았다.	抄蒙巡視京城監察御史趙·郭·孫憲牌, 內開

1 지금의 남경에 해당하는 지역으로 1356년에 朱元璋이 이 지역을 점령하고 集慶路를 應天府로 바꿔 수도로 삼았다.

"교활한 오랑캐 왕풍숙(바뇨니)·사무록(세메도)에 관하여, 최근에 남경 도찰원의 차부를 받아 남경 예부의 자문에 따라 성지를 받들어 수행할 적당한 관원을 파견한 다음, 광동 무안 아문으로 압송하여 넘겨 보냈다. 근방의 모든 오랑캐가 지니고 있던 방 안의 소유물들을 자세히 조사해야 할 것이다. 바라건대 이를 위해 상원·강녕 두 현에서는 동성병마사와 합동으로 원래 관리하던 사람 세 명과 수행원 세 명을 요량해서 데리고 간 다음, 봉쇄된 오랑캐 방 안을 열어 조사하고, 당초 게첩에 보고된 오랑캐 증거물과 미처 다 찾아내지 못한 숨겨 둔 물건들을 일일이 조사하라. 사사로이 보관해 둔 중국 서적 및 스스로 만든 외국말로 된 서적, 그리고 금령에 위반되는 천문 관측기구 등을 게문을 갖추어 감찰원에 보고하고, 그에 근거하여 다시 예부에 전달하여 창고에 보관하게 하는 것 외에, 옷·그릇·가구 등은 일일이 왕풍숙에게 넘겨주어 돈으로 바꾸어 팔게 하여 노자에 보태게 함으로써 먼 곳에서 온 자를 안무하는 인의를 보여 주고, 그 수령증을 받아 보고하라. 또 당직 병졸을 배치하여 앞뒷문을 지키게 함으로써 한량들이 섞여 들어와 물건이 없어지는 일이 발생하지 않도록 하고, 어기는 자가 있으면 체포하여 추궁하라. 그들이 효릉위와 홍무강에 관례를 어기고 지은 집들에 대해서는 예부의 결정에 따르라."

"炤得狡夷王豐肅·謝務祿, 近奉南京都察院劄付, 准南京禮部咨, 奉有欽依事理擇差的當員役, 押解廣東撫按衙門交割發遣, 在邇所有夷人原存房內貨物, 合行清查, 爲此仰上·江二縣, 會同東城兵馬司, 原經手三員, 量帶隨役三人, 前往夷人房內驗開原封, 將原日揭報驗存貨物, 竝隱藏未盡物件, 逐一清查. 除私置中國書籍, 及自造番書違禁天文器物, 具揭報院, 以憑轉送禮部貯庫存炤外, 其餘衣物器皿家伙等項, 逐一交付王豐肅收領變賣, 以資盤費, 以示柔遠之仁, 取領狀回報, 仍着兵番把守前後門, 毋令閑人混入, 致有遺失, 違者許行拿究. 其孝陵衛·洪武岡違例置造房屋, 徑聽禮部定奪施行."

이를 받고 즉시 동성병마사와 합동으로 처음에 담당하였던 군병 세 명과 함께 해당 범인의 집 안에 가서 자세하게 조사하였다. 금령을 위반한 천문 서적과 기구, 그리고 본래부터 가지고 있던 외국어 서적과 천

蒙此隨經會同東城兵馬司, 原經手兵馬三員前詣本犯屋內查明, 違禁天文書籍器皿, 竝自置番書天主像造册, 竝應給本犯

주 화상, 해당 범인에게 공급된 옷과 기물과 그릇 등은 해당 범인에게 넘기고 수령증을 받은 다음 경과를 보고하였다. 그 후 다만 본원의 감찰원 손 아무개의 비준을 얻어 교활한 오랑캐가 가져가지 못하도록 한 물건은 천문기구와 서적뿐이다.

衣物器皿等件, 當給本犯收領, 取有領狀具繇通詳. 去後只奉本院孫蒙批所不許狡夷帶去者, 惟違禁天文器物書籍耳.

등록부에 다음과 같은 내용이 적혀 있었다.

據册開報:

"수정·호박·진주목걸이, 그리고 고금古琴·그림·구리 그릇 같은 것들 중에서 붉은색 갈고리 표지가 있는 것은 모두 왕풍숙에게 돌려준 뒤 수령증을 받아 제출하라. 중국은 먼 나라 물건을 진귀하게 여기지 않으며 털끝만 한 이득도 챙길 의사가 없으므로, 앞으로 팔게 될 각종 물품은 대리할 사람을 지정하여 값을 논해 거래하게 하며, 권세 있는 호족이나 관아의 하급 관원이 속임수를 써서 억지로 사지 못하게 하라. 오랑캐를 쫓아 보내는 가운데서도 멀리서 온 사람을 안무해 주는 은혜를 고려하지 않을 수 없으나, 다만 사나운 짐승을 우리 밖으로 내놓는 것과 같은 소홀함으로 인해 일을 그르칠 수는 없음이다. 임비리林斐理(실바)의 관곽은 저들이 떠날 때 꺼내 의총義塚에 안장하도록 한다. 동성에 영을 내려 합동으로 조사, 시행한 뒤 보고하도록 하라."

"如玻璃·琥珀·珠串·琴·畫·銅器等件. 硃筆勾的, 仍給還王豐肅收領, 取領狀繳示. 中國不寶遠物, 毋利分毫之意, 其變價什物, 着人代爲議價交易, 不許勢豪衙役勒騙强買. 驅夷之中, 不失柔遠之恩, 第毋縱兕出柙, 致有疎虞可也. 林斐理屍棺, 臨行聽其領出安埋義塚, 仰行東城會同查行繳."

이 공문을 받고 동성東城 당唐 이목[2]과 합동으로 다시 해당 범인의 집에 가서 장부 안에 붉은색 갈고

蒙此隨經會同東城唐吏目, 復詣本犯屋內, 將册內硃勾, 應給

2 吏目은 명나라 때 지방, 중앙의 각 관서에 두었던 參佐官을 말한다.

리 표지가 있는 것과 그에게 돌려줄 각종 물품 및 기구 등을 일일이 조사하여 밝히고, 해당 범인에게 넘겨준 뒤 수령증을 받아 끝마쳤다. 모든 의복과 각종 물품과 기구 등은 해당 범인에게 주어 팔게 하였다. 또다시 조사를 거쳐 관부에서 몰수해야 할 화상畵像과 외국어 서적의 수량과 목록도 장부에 적어 넣었다. 임비리의 관은 왕풍숙 책임하에 의총에 매장하고 수령증을 받아 보관하였다. 관부에서 몰수할 금령을 어긴 각종 물품과 기구들은 모두 해당 범인의 집 안에 봉인하여 보관하였다. 비답을 받지 못하여 창고에 보관되어 있는 물건에 대해서는 두 현에서 감히 제멋대로 처리하지 않았다. 상세한 신고서를 작성하여 앞에서 언급된 연유와 함께 관부에 몰수해 들일 각종 물품과 기구에 관한 등록부를 만들고, 거기에 영수증을 붙여서 함께 제출한다.

什物逐一查明, 當付本犯收領訖. 所有衣服什物等件, 給發本犯收領變賣. 又經復查出, 應入官圖像竝番書數目, 造册見在. 其林斐理屍棺, 責令王豐肅領出葬埋義塚, 取有領狀見在. 其入官違禁什物俱封貯本犯屋內, 未蒙批示貯庫, 二縣未敢擅便, 擬合申詳, 爲此今將前緣竝造完入官什物文册, 粘連領狀, 理合具申.

6. 제도를 위반한 누각과 화원을 허물어 버린 안건

拆毁違制樓園一案

서종치

徐從治

요지

남경 예부 주객청리사의 서종치가 왕풍숙 등의 위법 재산 처리에 관해 남경 예부에 보고한 내용이다. 이와 관련한 문서들이 첨부되어 있는데 그 내용인즉, 부지를 허물어 나온 자재로 황공사黃公祠를 수리하고, 남은 자재는 발니 왕의 분묘를 보수하는 데 쓰며, 가옥과 부지는 이성李成이라는 자가 은 150냥에 사고, 그 돈은 국고에 보관하고 지시를 기다려 시행한다는 것이다.

남경 예부 주객청리사에서 칙지를 받들어 오랑캐를 처분한 건.

南京禮部主客清吏司爲奉旨處分夷情事.

교활한 오랑캐 왕풍숙(바뇨니) 등이 제도를 위반하고 무량전 이층집과 화원을 지은 정황을 알게 된바, 이에 관해 이미 제본을 올려 허물어 버리고 관부에 몰수할 것을 주청한 바 있습니다. 목숙원苜蓿園 대청에 사용한 재료들은 발니국浡泥國 왕의 분묘가 허물어졌으므로 이미 상급 관서에 품고하여 동성東城 당唐 이목吏目에게 회시를 내리고 가져다 수리하게 하였습니다. 화원의 모든 부지는 성城 관서에서 중개인과 함께 은 15냥에 값을 정한 데 근거하여 태감 왕명王明에게 팔았습니다. 당 이목은 이 돈을 곧 공사비로 지급했습니다. 홍무강의 허물어 버린 이층집과 부지, 담

炤得狡夷王豐肅等, 違制蓋造無樑殿樓房花園, 已經題請拆毁入官, 其苜蓿園廳房物料, 因浡泥王墳屋盡毁, 業經稟堂批行東城唐吏目移蓋, 所有園基當憑城官同經紀估價銀一十五兩, 賣與內相王明. 唐吏目隨將前價給發工費訖. 至於洪武岡拆毁樓房及基地墻圍, 初議欲建公署一所, 比緣帑藏如洗, 不能爲無米之炊, 而拆卸既久, 又

장과 뜰에 대해서는 처음 의논에서 관공서 한 채를 짓기로 하였으나, 국고가 근래에 씻은 듯이 비어 있는 형편이어서 이미 불가능한 일이 되었고, 허문 지가 오래되어 또 좀도적이 생겨날까 우려되는바, 앞에서 말한 부지의 벽돌 등 재료를 중개인에게 맡겨 팔도록 한 다음 그 값으로 돈을 받아 현의 부고에 보관했다가 저희 관아에서 집을 지을 때에 가져다 쓰기로 하였습니다. 그리되면 재료가 손실될 일도 없을 것이고, 부지를 보고 침을 흘리는 자들도 잠잠해질 것입니다. 본 관서에서 감히 함부로 처분할 수 없으므로 마땅히 품고하여 결재 지시를 기다려 시행할 것입니다.

恐滋鼠竊之弊, 合無將前基地甎料發經紀變賣, 收其價銀, 送貯縣庫, 俟本衙門修造取用. 庶物料不致散失, 而垂涎此地者, 亦可息念矣. 本司未敢擅便, 擬合稟候裁奪批示施行.

수지. 정문 올린 사람

須至呈者

만력 45년(1617) 8월 일
낭중사 주사 서종치

萬曆四十五年 八月 日
署 郎中事 主事 徐從治

당사(남경 예부)의 비답

사(남경 예부 주객청리사)에서 보낸 정문에 근거하여 다섯 칸의 이층집은 (허물어서 그 재료를) 황공사黃公祠로 옮겨 개축하였으니 남겨진 부지와 벽돌 등의 재료는 위탁하여 내다 팔도록 함으로써, 분수에 맞지 않게 침을 흘리는 자들의 욕심을 잘라 버리고, 그 돈은 국고에 보관하는 것이 합당하다. 계획한 대로 살펴 시행하라.

堂批

前據司呈五間樓, 移蓋於黃公祠, 則遺下地基甎料委應發賣, 以杜非分垂涎者, 銀貯縣庫, 尤爲得體, 依擬查行.

정문을 작성한 이성李成이 관부의 가옥과 부지를 사들인 건.

具呈人李成爲承買入官房地事.

최근에 남경 예부에서 오랑캐 범인 왕풍숙(바뇨니)을 체포할 것을 주청하여, 압송을 모두 마쳤습니다. 관가에 몰수된 부지가 남았는데, 숭례가崇禮街 서영 삼포 지역에 있으며, 이 집의 앞거리에서 뒷골목까지의 부지에 모두 7칸의 집이 있습니다. 이를 헐어 나온 벽돌 등 재료를 내다 팔고 있기에 저 이성이 외람되오나 받들어 구입하고자 합니다. 중개인 과구주戈九疇가 정한 대로 시가 은 150냥에 따르겠습니다. 이에 정문을 갖추어 은량과 함께 올리오니, 삼가 바라건대 굽어 살피시어 비준을 내려 주십시오. 해당 관서 창고에 보관된 물건을 조사 확인하고, 역시 부지 증서도 내려 주십시오. 사들인 다음 이성의 소원대로 생업을 지켜 가며 새 집을 지어 살게 해 주신다면 참으로 크나큰 은혜일 것이옵니다. 예부 나리들께 상정하오니 은덕을 베풀어 주십시오.

近有南京禮部奉請拏獲夷犯王豐肅, 起解去訖, 遺下入官房地一塊, 坐落崇禮街西營三舖地方, 前街至後巷基地通共七間, 併拆毁甎料等物發賣. 竊成愿得承買, 當憑經紀戈九疇議定, 時値價銀一百五十兩整, 爲此具呈, 連銀投上, 伏乞俯賜批准發下. 該司驗明貯庫, 仍賜給執炤. 自買之後, 聽憑成執業翻蓋居住, 實爲恩便. 上呈禮部老爺施行.

만력 45년(1617) 8월 일

상정인 이성

萬曆四十五年 八月 日

具 呈人 李成

당사(남경 예부)의 비답

이성이 관부의 부지를 사려고 은량과 정문을 올렸으니, 해당 관서에서 정황을 살피고, 상원현 국고로 보내 보관토록 하라. 우리 부서에서 정식으로 시행령을 내릴 때까지 기다리라.

주객사에서 동성 당 이목에게 표를 올리니, 관가에서 몰수한 교활한 오랑캐 범인 왕풍숙의 가옥과 부지를 사려고 하는 이성이 두 차례에 걸쳐 가져온 가옥과 부지의 값 은량 150냥을 명백히 확인하고, 이를 상원현에 다시 전달하여 저울에 달아 국고에 보관하게 한 다음, 예부에서 정식으로 시행령을 내릴 때까지 기다리라. 본 저택 안에 있던 이층집 7칸과 목재 및 벽돌 등은 황공사에 운반하여 수리하도록 하라. 황공사를 수리하고 난 다음 화원을 허물어 발니 왕의 분묘를 보수하라. 모든 공금과 수량 및 항목은 장부로 만들어 회보하고, 이에 근거하여 시행한 후 공문으로 답신하라.

만력 45년(1617) 8월 일

堂批

李成呈買官地銀兩, 該司查明, 發上元縣貯庫, 候本部正項修造支發.

主客司票仰東城唐吏目, 即將承買狡夷王豐肅入官房地人李成, 二次齎來價銀共一百五十兩, 驗看明白, 轉送上元縣秤兑貯庫, 聽候本部修造作正支銷. 其本宅內原樓房七間, 木料甎瓦等件, 運至黃公祠蓋造. 仍將修過本祠竝拆花園修造浡泥王墳, 一應工料數目造册回報, 以憑施行. 須票.

萬曆四十五年 八月 日

황공사 수리 비용의 합동 예산에 관한 건 **會估修黃公祠一案**

남경 예부 주객청리사에서 명신名臣의 사당을 수선하여 제사를 빛나게 한 것에 관한 건.

南京禮部主客淸吏司爲修造名臣祠宇以光俎豆事.

앞서 본 관서(남경 예부 주객청리사)의 낭중 서종치가 정문을 올려 성지를 받아서 오랑캐 사건을 처리하였다. 연달아 성지를 받고, 본 관서에서 한림원으로, 다시 인사人司와 오부五府로 보냈다. 오부는 첨사부·종인부·흠천감·태의원·금의위이다.

先該本司郎中徐從治, 呈爲奉旨處分夷情事, 奉一連送, 該司行翰林院, 行人司, 五府. 詹事府, 宗人府, 欽天監, 太醫院, 錦衣衛.

만력 46년(1618) 정월 일

萬曆四十六年 正月 日

7. 복건 순해도 고시

福建巡海道告示

시방요

施邦曜

요지 복건 순해도 겸 안찰사부사 시방요가 영덕·복안 두 현에서 서양의 선교사 및 중국인 천주교도를 체포하고 순안어사의 비답을 받아 처리한 경과를 상부(남경 예부)에 보고한 뒤, 비답에 근거하여 선고한 고시문이다. 시방요는 정문에서 오랑캐의 종교가 성인의 도를 어지럽히고 교묘한 언설로 혹세무민하고 있고, 저들의 종교 행위는 공맹의 가르침을 어기는 것이 분명함에도 그들은 천주교가 있기에 공자의 가르침을 알게 되었노라 주장하면서 백성을 현혹하고 있으니 "그 교를 따르는 경우에는 열 집이 연좌하며, 그 교를 따른 자는 좌도로써 대중을 미혹시킨 죄로 처벌한다."고 분명히 기록하여 줄 것을 요구하였다. 또 천주교를 따른 무리에 대해서는 향약鄕約으로 먼저 깨우쳐 보고, 그래도 안 될 경우 법으로 처벌해야 한다고 주장하였다. 상부의 윤허 비답이 내려오자 해당 도의 관원들에게 집행을 명령하는 고시문을 선고하였다.

흠차欽差 순시해도[1] 겸 이변저理邊儲 복건 포정사사 좌포정사 겸 안찰사부사 시방요施邦曜[2]가 오랑캐와 결탁한 자를 체포한 건.

欽差巡視海道兼理邊儲福建布政使司左布政使兼按察司副使施爲拿獲通夷事.

1 '欽差'는 황제의 특명을 받고 지방으로 파견 나온 대신의 관직명 앞에 붙이는 명칭이다. 明나라 때 海防을 담당케 하기 위해 提刑按察司巡視海道副使를 설치했는데, 간략히 巡察海道 혹은 巡視海道라고 부른다.

2 施邦曜(1585~1644)는 자가 爾韜, 호는 四明이며, 浙江省 餘姚 사람이다. 벼슬이 左副都御史에 이르렀다.

10월 22일 독무 심沈 군문이 내린 비답을 받들고, 본 도道에서 올린 정문은 다음과 같다.

十月二十二日, 奉督撫軍門沈批據本道呈詳:

"이달 15일에 순해도에서 영덕현으로 보낸 패문에 따르면, '오랑캐에 대한 중국의 방비는 심히 엄한 것이므로 오랑캐와 사통한 죄는 용서할 수 없다. 신고에 따르면 왕춘王春이 처음 오랑캐와 사통한 범인을 고발하였는데, 오랑캐 네 명이 이미 죽은 오吳 향관鄕官의 장원 안에 숨어 있는 것을 보았다고 한다. 이에 귀 현에 패판[3]을 보내니, 중군관 고세신顧世臣과 함께 가서 장첩에 기록된 오랑캐와 사통한 범인을 체포한 다음, 우리 도까지 압송함과 동시에 장물 증거까지 보고하라.'고 하였습니다. 이 패문을 받고 해당 현에서는 비밀리에 순포전사 하여환何汝煥에게 일을 위임하여 고顧 중군과 함께 오가 장원을 찾아갔습니다. 그때 오랑캐 한 명을 체포하고, 같은 패거리인 복안 사람 황극사黃克私, 즉 황상애黃尙愛와 나머지 오랑캐 두 명을 체포하였습니다.

"本月十五日, 據寧德縣申蒙本道牌'炤得夷漢之防甚嚴, 通夷罪在不赦. 據稱王春首告通夷之犯, 稱見有夷人四名, 窩藏在已故吳鄕官庄內, 爲此備牌仰縣, 會同中軍官顧世臣前往拘拿, 狀内通夷人犯, 竝通夷贓證一竝解道'等因, 蒙此隨該本縣即時密委巡捕典史何汝煥同顧中軍, 到吳家庄時, 獲得夷人一名, 同夥福安人黃克私, 即黃尙愛, 餘夷二名.

장원에 이르러 정자 안에 있던 여러 기물들은 고 중군이 모두 색출한 다음 늘어놓고 조사 확인해 보았는데, 죽롱竹籠 8개, 가죽 가방 3개, 헝겊 가방 3개가 있었습니다. 그 안에는 옷과 서양 그림 3장, 곰 가죽 2장이 들어 있었습니다. 이어서 오랑캐 마방제瑪方濟(디오스)·아뇌백阿腦伯(오노프레)·다명아多明莪(도밍고)[4]라고 하는 자들

及到庄亭内諸等物件, 顧中軍俱已搜出, 攤開見在查點, 竹籠八隻, 皮包三隻, 布包三包, 内係裹衣物, 番畫三張, 熊皮二張. 隨查夷人一名瑪方濟, 一名阿腦伯, 一名多明莪. 福安縣

3 '牌板'은 관부에서 증거로 쓰던 작은 나무판 또는 금속판이다.

4 1637년 11월 21일에, 성프란시스회의 신부 奧諾菲(P. Onofre de Jesús)와 維慈開(Domingo Vizcaino), 그리고 馬方濟(Francisco de la Madre de Dios)가 체포되었고, 중국인 羅文藻와 그의

을 조사하였습니다. 복안현에 사는 황상애와 장원의 주인 이재육李財六을 죽롱 등 물건과 함께 현에 압송하였습니다.

一名黃尚愛, 庄户一名李財六, 竝籠箱物件, 押解到縣.

본 해당 현에서는 곧바로 고 중군 및 하 전사와 만나, 관청에서 오랑캐와 복안현에 사는 황상애가 보는 데서 함께 물건들을 일일이 점검하고 표를 붙여 농에 넣었습니다. 그밖에 오랑캐 한 명은 미처 체포하지 못했는데, 저들의 진술에 따르면 복안현 백석사에 머물러 있다 하기에 체포하러 사람을 보냈습니다. 복안현 34도都 당변보장塘邊保長 부갑두副甲頭로 있는 황청포黃清褒·목문명繆文明·황흥黃興·완복阮福 등이 수결한 공초에 따르면, 숭정 9년(1636) 8월에 그 마을에 사는 생원 곽방옹郭邦雍·황대성黃大成·목조앙繆兆昂·곽약한郭若翰 등이 오랑캐의 도관을 짓고 무리를 모아 교를 따랐다고 합니다. 해당 현에서 그 소식을 듣고 경계 밖으로 쫓아 버리라고 지시하였으나 곽방옹 등은 이에 따르지 않았는데, 오늘 파견한 관원에게 체포되었다고 합니다. 28명의 말에 의하면 (10월) 8일 밤 이경쯤에 오랑캐와 천주교인 임일林一·황상경黃尚絅 등이 호송 도중 배에서 뛰어내려 탈주하였다고 합니다.

當該本縣即會顧中軍, 何典史, 當堂與夷人及福安縣人黃尚愛, 眼同逐件報明, 填票入箱. 外更未獲夷人一名. 據稱在福安縣白石司停住, 隨復差役前往緝拿. 即據福安縣三十四都塘邊保長副甲頭黃清褒·繆文明·黃興·阮福等僉結, 稱崇禎九年八月內, 本鄉生員郭邦雍·黃大成·繆兆昂·郭若翰等, 設立夷館, 集衆從教. 本縣聞知給示驅逐出境, 雍等不遵, 今蒙差官到處擒拏. 據廿八口稱, 初八夜二更時分, 夷人同受教人林一·黃尚絅等, 護送落船走脫等情.

서백헌徐伯獻·황이팔黃利八·홍약한洪若翰·황첩黃沾 네 명의 천주교도 범인을 체포하면서 물건이 들어 있는 농짝 하나를 몰수하였습니다. 그밖에 크고 작은 천주

只獲得從天主教犯人徐伯獻·黃利八·洪若翰·黃沾四名, 竝籠一隻, 内貯物件. 及外獲大小

하인 두 명 역시 체포되어 寧德 감옥으로 압송되었다. 이로써 보건대 阿腦伯은 Onofre de Jesús를, 多明莪는 Domingo Vizcaino를 가리킨다는 것을 알 수 있다.

의 감상龕像 하나씩, 십자가 하나, 인쇄용 각판 10장, 매매 계약서 2장도 몰수하였습니다. 각기 현에 이르러 문건들을 헤쳐서 숫자를 밝히고 등록부에 올려 보관하였습니다. 체포하지 못한 오랑캐와 그를 따라 도망친 임일 등 범인에 대해서는 복안현에 엄히 영을 내려 체포하면 따로 압송토록 하십시오.

天主龕各一座, 經架一隻, 印板十板, 賣契二張. 各到縣隨炤數備開文册見在, 其未獲夷人, 與從逃林一等犯, 乞嚴行福安縣捕緝另解.

지금 여기에 있는 사람들과 장물을 함께 압송해 가며, 압수품 목록 한 부와 함께 복안현 천주교도인 생원 곽방옹郭邦雍·진태신陳台臣·진오신陳五臣·황대성黃大成·황원중黃元中·목사향繆士响·목조앙繆兆昂·목중선繆仲選·왕지신王之臣·왕도숙王道淑·곽곤郭崑·진서진陳瑞震·곽홍혜郭弘惠·원공관阮孔貫 등을 순해도로 압송하였습니다.

今將見在人贓, 合就解報, 物件數目册一本, 併供開福安縣從夷敎生員郭邦雍·陳台臣·陳五臣·黃大成·黃元中·繆士响·繆兆昂·繆仲選·王之臣·王道淑·郭崑·陳瑞震·郭弘惠·阮孔貫等, 緣繇到道.

본 도道에서 조사한 바에 따르면, 이들은 여송呂宋(필리핀 루손섬)의 오랑캐 이마두利瑪竇(마테오 리치)의 일파로서 천주교의 선교사입니다. 중국과 오랑캐 사이의 경계는 예로부터 아주 엄하였으며, 좌도로 백성들을 미혹시키는 자에 대해서는 가장 무거운 법이 적용된다는 것을 알아야 할 것입니다. 그러므로 오랑캐의 풍속으로 중국의 풍속을 어지럽히고, 사도로 정도를 어지럽히는 것은 참으로 인심과 세도에 깊은 걱정을 끼치는 일입니다. 옛날 성인의 다스리던 바를 고찰해 보면 사람들에게 가르친 것은 인륜뿐, 요순 이래로 바뀐 적이 없습니다. 그런데 어디에서 갑자기 천주교라는 것이 나타났단 말입니까? 이마두라는 자가 배를 타고 와서 사설을 퍼뜨린 이래, 중국인들은 너도나도 흠모하고 따르면서 그것의 그릇됨을 깨닫지 못했습니다.

該本道查是呂宋夷利瑪竇一派, 專講天主者, 看得華夷界限, 從古甚嚴, 左道惑人, 法律最重. 故以夷亂華, 以邪亂正, 實深人心世道之憂. 粤稽古聖人治世, 敎人惟有人倫, 自堯舜以來未之有改, 何忽有所謂天主敎者? 自利瑪竇一人航海而來, 闡揚其說, 中國之人轉相慕效, 莫覺其非.

본 도道에서 그 책들을 자세히 검열해 보니, 천주를 받들어 따르는 것을 견도見道[5]라 여기고, 천당과 지옥을 귀착지로 여기며, 인간 세상의 모든 것은 하찮게 여겨 내버리고, 오직 천주 하나만을 지존으로 여깁니다. 부모가 죽어도 울며 슬퍼하지 않고, 부모의 장례를 추모하는 마음으로써 받들지도 않습니다. 그러니 이야말로 맹자가 이른바 '아비도 임금도 필요 없다는 것은 짐승이나 마찬가지'[6]라는 것입니다. 그들이 사설로써 사람들을 미혹한 것은 명백하고 쉽게 알 수 있습니다. 그러나 저들의 교묘한 언사와 무성한 변설은 새롭고 기이한 것을 보고 들으려는 마음을 만족시키기에 충분하며, 저들의 하찮은 재능은 백성들의 기호를 바꿔 놓기에 충분합니다. 이 때문에 외진 동네에도 사당과 도관을 세워 놓고 도포 입은 선비들이 정성껏 예배를 드리는 것이요, 굳게 믿으며 쉽게 바꾸려 하지 않는 것입니다. 생원 오백일吳伯溢 같은 자는 사대부의 자손으로서 기꺼이 외국 종교의 신자가 되었고, 황상애 등은 재야의 필부로서 굳게 천주교의 법도를 지키는 무리가 되었습니다. 제가 재판장에서 황상애 등에게 그 교를 따르는 까닭을 물었더니 '중국에서는 공자 이후 사람들이 공자를 배우지 못했지만, 천주교가 중국에 들어와 사람들에게 선을 권하자 누구나 공자를 배울 수 있게 되었다.'고 하였습니다.

本道細閱其書, 大槩以遵從天主爲見道, 以天堂地獄爲指歸, 人世皆其唾棄, 獨有天主爲至尊. 親死不事哭泣之哀, 親葬不修追遠之節, 此正孟子所謂'無父無君人道而禽獸'者也. 其爲邪說惑人, 明白易見. 然其巧詞深辨, 足新好異之聽聞. 細小伎能, 又足動小民之嗜好. 於是窮鄉僻壤, 建祠設館, 青衿儒士, 投誠禮拜, 堅信其是而不可移易. 如生員吳伯溢, 以縉紳之後, 甘作化外之徒. 黃尚愛等, 田野匹夫, 堅爲護法之衆. 本道庭問尚愛等以從敎之故, 則云 '中國自仲尼之後, 人不能學仲尼, 天主入中國, 勸人爲善, 使人人學仲尼耳.'

공자께서는 사람들에게 '부모의 장사를 신중히 하고

夫仲尼敎人'愼終追遠', 又曰

5 見道란 지혜로써 진리를 발견하는 것을 가리킨다.

6 『孟子』「滕文公下」에 나오는 구절로, 원문은 "無父無君是禽獸也."이다.

조상의 제사를 정중히 받들라.'[7]고 가르쳤고, 또 '부모가 살아 계실 때에는 정해진 예절로 모시고, 돌아가시면 정해진 예절로 장사 지내며, 정해진 예절로 제사 지내라.'[8] 고 가르쳤습니다. 어찌 부모가 돌아가셔도 슬퍼하지 않고 부모의 장례도 지내지 않으면서 공자의 가르침을 입에 담는단 말입니까?

'生事之以禮, 死葬之以禮, 祭之以禮.' 寧有親死不哀, 親葬不奠, 而稱爲仲尼之教者乎?

게다가 중국에서 부모 사후에 죽은 이를 추모하는 것을 극구 비방하며, 천주를 따르면 천당에 오른다고 말합니다. 또 봄가을에 제사를 지내는 것은 모두 예의에 맞지 않는다고 말하니, 이는 오랑캐의 종교를 빌려 성인의 도를 어지럽히는 것으로 실로 유교의 죄인입니다. 그러나 이것은 이치상 옳고 그름을 놓고 말한 것입니다. 제가 황상애 등을 타이르면서, 잘못을 깨달아 뉘우치고 사교를 따르지 않으면 징계와 책벌을 면해 주겠다고 하였더니, 그들은 벌을 받을지언정 교를 따른 잘못을 후회하지 않겠다고 하면서, '수재秀才들이 따르지 않는다면 우리들도 따르지 않을 것입니다.'라고만 말하였습니다.

且極詆中國親死追薦之非, 既從天主便生天堂, 春秋祭祀, 俱屬非禮, 是則借夷教以亂聖道, 眞爲名教罪人. 然此猶以理之是非言也. 本道諭令尚愛等悔悟從教, 免其戒責, 彼則寧受責, 而不肯悔從教之非, 但云'秀才不從, 則某等亦不從矣!'

어쩌면 이교異教가 사람들을 이같이 깨뜨릴 수 없을 정도로 굳게 믿고 따르게 만들 수 있단 말입니까? 한 사람이 신자 수십 명을 선동할 수 있다면 수십 명은 수백 명을 선동할 수 있을 것이며, 이미 수백 명을 선동하고 미혹시켰다면 천만 명도 선동하고 미혹시킬 수 있을 것입니다. 그 교를 따르는 자들은 누구나 이와 같이 굳

是何異教之令人信從牢不可破如此? 夫一人能鼓數十人之信從, 數十人便能鼓百人, 既能鼓惑百十人, 即能鼓惑千萬人. 從其教者, 人人皆堅信若斯, 使之赴湯蹈火, 亦所不辭, 又何事

---

7 『論語』「學而」편에 曾子의 "愼終追遠, 民德歸厚矣."라는 말이 있다.

8 『論語』「爲政」에 실려 있는 내용으로, 孔子가 孝에 대한 질문에 답변하며 한 말이다.

게 믿고 있어서, 설사 끓는 물이나 타는 불길 속에 뛰어들라 하여도 마다하지 않을 것이니, 또 무슨 짓인들 못하겠습니까? 사람의 도리가 짐승과 나란해질 뿐만 아니라, 기어이 오랑캐가 중국에 재앙을 가져오는 지경에 이르고야 말 것이니, 실로 시사時事 중에 가장 크게 우려해야 할 바일 것입니다.

不可爲哉? 是不但人道等于禽獸, 必至夷狄而亂中華, 誠時事之大可慮者也.

하물며, 요즈음에는 해금海禁[9]이 지엄하거늘 어찌 우리와 다른 족속을 용납하여 이곳 가까이에 살게 할 수 있겠습니까? 바라건대 본 원(도찰원)에서 연해의 각 군과 현에 엄히 명을 내려서 이런 무리가 남아 있지 못하게 하도록 명을 내려 주십시오. 십가패식十家牌式[10]에 '그 교를 따르는 경우에는 열 집이 연좌하며, 그 교를 따른 자는 좌도로써 대중을 미혹시킨 죄로 처벌한다.'고 분명히 기록하여 주십시오.

況近奉功令海禁甚嚴, 安容非我族類, 實逼處此, 伏乞本院嚴飭沿海各郡縣, 不許容留此輩, 於十家牌內註明'有從其教者, 十家連坐, 從教者處以左道惑衆之罪.'

지금 오랑캐 세 명과 그 교를 따른 범인 여럿은 모두 중벌에 처해야 합니다. 이 교가 사람들을 미혹시킨 지 오래되었는데도 이들을 처벌할 칙령이 아직 위에서 내려오지 않았음을 염두에 두어, 오랑캐들에게 일단 처음 가져왔던 행장을 다시 챙겨 속히 귀국할 것을 명한 뒤, 다시는 중국 땅에 머물지 못하게 하십시오. 오랑캐를 숨겨 준 생원 오백일 등은 도리를 배우도록 징계를 내려 회개하도록 하여야 합니다. 황상애 등은 살고 있는 현에서 향약으로 가르쳐 깨우치고, 그래도 고치지 않는다면 율

見在夷人三名, 竝從教諸犯俱應重處. 念此道惑人有日, 在上申飭未行, 夷人姑着帶原來行李, 速令歸國, 不許再處內地. 藏夷生員吳伯溢等, 俱行學道懲戒, 令其悔改. 黃尙愛等, 該縣講鄉約以誨諭之, 再不改則治之以律. 此亦正人心以正風俗, 杜患於未然之一端耳.

9 옛날 중국에서 해상 교통이나 무역·어업 따위에 두던 제한을 말한다.

10 명나라 때 王陽明이 처음 실시한 제도로, 10家를 牌로 편성하여 낯선 사람이 있으면 관에 보고하게 하고, 만일 은닉할 경우 열 집이 공동으로 처벌받게 하는 방식이다.

법으로 다스려야 합니다. 이 또한 인심을 바로잡고 풍속을 바르게 하며, 우환을 미리 막는 하나의 단초가 될 것입니다.

가장 괴이한 것은, 정문을 준비하는 중에 생원 황대성·곽방옹이 울분에 찬 모습으로 본 도에 달려와 오랑캐들을 위해 법을 지키겠다고 하면서, 사람들이 조상에게 제사를 지내는 것은 허황된 문식일 뿐이고, 오직 천주만이 진실이며, 본 도의 처사는 낡고 괴팍하여 실상에 맞지 않는다고 극구 우긴 일이었습니다. 마치 온 천하가 오랑캐 종교에 입교하지 않으면 그만두지 않으려는 기세였습니다. 두 생원은 마땅히 더욱더 도리를 배워야 할 자들이기에 무거운 징계를 하게 되었습니다."

最可異者, 方具詳間, 有生員黃大成·郭邦雍忿忿不平, 直赴本道爲夷人護法, 極口稱人間追遠祭祀爲虛文, 惟天主爲眞實, 且以本道爲古怪不近情者, 此等情狀似不普天下而入夷教不已者. 二生更應行學道重處等緣繇."

다음 비답을 받들었다.

奉批:

"인심이 예전과 달라 아무리 성인의 가르침이 하늘 한가운데 걸려 있다 하더라도 그릇된 길에 빠져드는 자가 있다. 천주교가 대체 무엇이기에 백성들로 하여금 이토록 깨뜨릴 수 없을 만큼 굳세게 버티게 하는가? 유혹이 쉬이 퍼짐을 족히 알 수 있나니, 더 이상 만연하게 내버려 둘 수는 없다. 오랑캐들을 국경 밖으로 쫓아 버리고 지방에 숨어 있지 못하게 하며, 향약을 분명히 가르쳐 사설을 말끔히 씻어 버려야 한다. 오백일은 징벌하기로 명백히 논의되었고, 황대성 등에게는 도리를 배우게 하는 것으로 징치한다. 이를 받들어 시행하라."

"人心不古, 即聖訓揭於中天, 尙或淪于匪僻. 天主夷教何爲者, 乃能使士民齊嚮牢不可破如此? 足見誘惑易行, 漸不可長矣! 夷人驅逐出境, 勿許地方潛留, 通飭講明鄉約, 一洗邪說. 吳伯溢炤議罰懲, 黃大成等仍行學道處治, 此繳奉此."

또 순안 장張 어사가 본 도에서 이와 같은 내용을

又蒙巡按御史張, 批該本道呈

적어 올린 정문에 대하여 다음과 같은 비답을 받았다.

同前綵, 蒙批:

"백성들이 사설에 미혹된 정황이 특별히 괴이하다. 사교를 전파한 오랑캐들은 압송하여 귀국시키고, 몸에 지니고 왔던 행장들은 가지고 돌아가도록 허락할 것이다. 천주상과 인쇄용 각판 및 십자가 등 물건은 즉시 소각하라. 오랑캐를 숨긴 생원 오백일, 그 교의 법도를 지키겠다는 생원 황대성 등에게는 즉시 도리를 배우도록 책벌을 내리고, 황상애 등과 함께 초하룻날과 보름날에 현에 가서 수결하도록 하라. 이 지방에 아직도 사사로이 이 교를 배우는 자가 있다면 좌도로써 대중을 미혹시킨 죄를 그 자신에게 물을 것이다. 일 년 동안 다시 범하지 않는다면 새로운 사람이 될 기회를 허용한다. 해당 순해도에서는 즉시 보갑保甲[11]에 영을 내려 이 조목을 지킬 것을 엄격히 지시하고, 향약을 강독하는 것은 따로 공문을 반포한 뒤 보고하라."

"據詳士民惑邪, 殊可怪詫. 倡教夷人押令歸國, 隨身行李許其帶回, 天主龕板架等項, 即行燒毀. 藏夷生員吳伯溢, 護法生員黃大成等, 即行學道降責, 仍責同黃尚愛等, 朔望赴縣具結. 該地方尚有私習此教者, 左道惑衆之罪, 悉歸其身, 一年無犯, 許令自新. 該道即於通行保甲中嚴飭此欵, 講讀鄉約, 候另文頒布繳."

이와 같은 영을 받들었으니, 엄금을 시행해야 할 것이다. 이를 위해 지방의 군인과 백성들에게 다음 내용을 분명히 알린다. 무릇 천주교 오랑캐로서 이 지방에 머물면서 교를 전파하여 선동하는 자가 있으면 즉시 검거하여 국경 밖으로 축출하고 숨어 지내지 못하게 하라. 만약 보갑 안에 있는 선비나 백성 중에 사

蒙此合行嚴禁. 爲此示仰地方軍民人等知悉. 凡有天主教夷人在於地方倡教煽惑者, 即速舉首驅逐出境, 不許潛留. 如保甲內有士民私習其教者, 令其悔改自新, 如再不悛, 定處以左道

11 중국에서, 주나라 이후 지방민 사이에서 실시한 작은 단위의 自治·隣保의 제도이다. 隣保란 한 집의 이웃 네 집을 '鄰'이라 하고, 그 집을 보탠 다섯 집을 '保'라 한 데서 유래했다.

사로이 교를 배우는 자가 있다면, 그에게 영을 내려 뉘우치고 고쳐서 새사람이 되도록 하고, 만약 그래도 잘못을 고치지 않는다면 좌도로 대중을 미혹시킨 형률에 따라 단죄하여 징치하며, 열 집을 연좌시켜 추궁하되 절대로 가볍게 용서해서는 안 될 것이다.

惑衆之律, 十家連坐竝究, 決不輕貸.

수지. 고시한 사람

須至示者

숭정 10년(1637) 11월 1일 반포

崇禎十年 十一月 初一日 給

순해도 시방요는
자가 이도이고 호가 사명이며
절강성 여요 사람으로 기미년에 진사가 되었다

巡海道 施諱邦曜
字爾韜 號四明
浙江餘姚人 己未進士

8. 제형안찰사 고시

提刑按察司告示

서세음

徐世蔭

요지 서세음[1]이 칙지를 받아 남경에서 사사로이 천주교를 배우고 사람을 선동, 미혹시킨 동일량董一亮·우군신牛君臣 등을 능지처참하고, 양마락(디아스), 애유략(알레니) 등을 국경 밖으로 축출한 후 내건 고시문이다. 천주교를 당시의 사교邪教였던 무위교와 같은 것으로 정의하면서, 백성들에게 향후 망령되이 무위교나 천주교를 배워서는 안 되며, 만약 잘못을 고집하며 고치지 않는다면 곧 체포하여 관아에 압송하여 법에 의해 엄중히 다스릴 것임을 명시하였다. 특히 마지막 부분에서 가갑家甲 제도에 대해 언급하고 있는데, 이를 통해 당시 몇 집씩 묶어 보갑으로 정한 다음, 천주교 행위를 한 자가 그 보갑에서 나타날 시 연좌제로 다스렸음을 알 수 있다.

복건 등 성省의 제형안찰사가 성지를 받들어 사교 신자들을 체포한 건.

福建等處提刑按察司爲奉旨緝獲邪教事.

삼가 생각건대 성유聖諭는 육장六章[2]으로 백성을 교화하여 대도를 평탄케 하는 것이니, 백성들이 능

欽惟聖諭, 以六章教民, 平坦大道, 百姓克遵, 身家康泰. 若無

1 徐世蔭은 명나라 말의 관리, 유학자로 字는 爾繩이며, 절강 開化 사람이다. 천계 5년(1625) 진사가 되었다. 南京 兵部 車駕司主事로 제수되었고 안찰부사로 두루 옮겨 다녔다.

2 明나라 太祖 朱元璋이 남긴 "聖諭六言"을 가리키는 듯하다. "부모에게 효도할 것, 윗사람을 공경할 것, 이웃 간에 화목할 것, 자손을 잘 가르칠 것, 각자 생업에 안분지족할 것, 불법 행위를 하지 않을 것(孝順父母, 恭敬長上, 和睦鄕里, 教訓子孫, 各安生理, 無作非爲)"이 그 내용이다.

히 따를 수 있어야 자신과 가정이 태평할 것이다. 무위교[3]나 천주교 등은 모두 좌도의 요망한 사설인지라 율법이 엄히 금하는 바이다.

爲·天主等教, 悉屬左道妖妄邪言, 律禁森嚴.

요즈음 간사한 무리인 동일량董一亮·우군신牛君臣 등이 남경에서 사사로이 좌도를 배워 어리석고 미련한 자들을 선동, 미혹하였으므로 이들을 체포하였다. 참주하여 칙지를 받아 동일량 등은 즉시 능지처결을 끝마쳤으며, 이광복李光福 등은 감금해 놓고 처분을 기다리고 있다. 다시 복건에 영을 내려 같은 무리인 진대유陳大有 등을 체포하여 죄를 다스리도록 하였으며, 이어 각 부府와 현에 영을 내려 체포하여 압송해 오도록 하였다.

近者奸徒董一亮·牛君臣等, 在京私習煽惑痴愚, 就經捕獲, 題奉明旨, 將董一亮等即時凌遲處決訖, 李光福等監候處決. 復行福建緝擒黨習陳大有等正罪, 隨行各府縣拿解.

그 후 복건 소속 지방을 찾아가 알아본 결과, 사교를 전파하고 배우는 자들이 적지 않으며, 더욱이 성 소재지에서 심하다는 것을 알았다. 본래 모두 체포하여 법으로 다스림으로써 어지러이 올라오는 싹을 없애 버려야 마땅할 것이나, 우리 관서에서는 무지한 백성이 간사한 자들의 농간에 걸려 그릇된 길에 잘못 들어선 것을 긍휼히 여기는 마음에, 가르치지도 않고 주살한다면 심히 가슴 아픈 일이라 생각한다. 사교가 사람들을 해친다는 소문을 익히 들어 왔지만,

去後訪得閩屬傳習邪教者不少, 而省城尤甚. 本宜盡拿正法以銷亂萌, 本司矜念蠢爾無知, 被奸簸弄, 誤入迷途, 不教而誅, 寸衷惻然. 稔聞邪教害人, 烈愈長乎, 祖宗神主不祀, 男女混雜無分, 喪心乖倫莫此爲甚. 且呼群引類, 夜聚曉散, 覬覦非分之福, 懶惰生業之營, 卒至妄萌鼓

3 無爲教는 羅夢鴻(1442~1527)이 창시한 불교 종파로, 모두에게 불성이 있음을 강조하여 하층민들에게 환영받았다. 최고의 신이며 구원자로서 無生老母를 만들었으며, 삼교 합일의 절충주의 교의를 가지고 『五部六冊』이라는 경전도 만들었다. 불교의 頓悟說, 도교의 創世說, 유가의 心性論을 핵심으로 한 이들의 교의는 이후 중국의 민간 종교에서 보편화되었다. (오금성 외, 『명청시대 사회경제사』, 서울: 이산, 2007, 403~406쪽)

그 기세가 갈수록 맹렬할 뿐더러, 조상의 신주에 제사 지내지 않고, 남녀가 혼잡스레 섞여 구분 없이 지내니, 양지良知를 잃고 인륜을 어김이 이보다 더 심할 수는 없다. 아울러 무리를 모아 밤에 모였다가 새벽에 흩어지며, 분에 넘치는 복을 넘보고 생업을 게을리하였다. 종국에는 망령된 싹이 화란을 불러일으켜 이름이 역당의 무리에 섞이고 형장에서 몸을 버리고 말 것이다. 먼 일은 말할 필요도 없고, 눈앞의 동일량 등의 일만도 거울 삼을 만하다.

亂, 名陷逆黨, 身棄法場. 遠不具論, 即今董一亮等可爲殷鑒.

천주교의 우두머리 양마락(디아스)·애유략(알레니)[4] 등을 국경 밖으로 축출하는 것 외에, 금지령을 고시해야 마땅하다. 이에 군사와 백성에게 알리나니, 앞으로는 각자 힘써 충효를 실행하여 자신의 몸과 가정을 지켜 나가고, 망령되이 무위교나 천주교를 배워서는 안 될 것이다. 만약 전에 미혹당한 자가 있다면 지금부터 각기 자기 잘못을 고치고 새로운 사람이 되어야 한다. 만약 잘못을 고집하여 깨우치지 못하고 조상의 신위에 제사 지내지 않는 자가 있다면 해당 부와 현의 인포관印捕官이 찾아가 사실을 확인한 후 즉시 체포하여 관서로 압송할 것이며, 이에 근거하여

除將天主教首楊[5]瑪諾·艾儒略等驅逐出境外, 合行出示禁諭, 爲此示仰軍民人等知悉, 以後各宜力行忠孝, 保守身家, 不得妄習無爲, 天主邪教. 如前已被惑者, 今各改過自新, 示禁之後, 若再執迷不悛, 及祖宗神主不祀者, 該府縣印捕官採訪得實, 即行擒拿解司, 以憑轉解兩院, 盡法重治, 各家仍遵.

4 Giulio Aleni(1582~1649, 중국명 艾儒略)는 字가 思及으로 이탈리아 출신의 예수회 신부이다. 1610년에 중국에 도착하여 北京에 왔다가 徐光啓와 함께 上海와 揚州를 거쳐 陝西에 이르렀다. 또 山西에서 선교하였고 1620년에 杭州에 와서 李之藻·楊廷筠의 도움을 받았다. 1623년에 常熟, 1625년 福州, 1634년 泉州·興化로 갔다. 교회당 여덟 곳을 세웠다. 관리·사대부들과 교제하여 명성이 높았으며 "서방에서 온 공자"라고 불렸다. 저술로는 『萬物眞原』, 『天主降生言行紀略』, 『聖體要理』, 『職方外紀』, 『坤輿圖說』 등이 있으며, 『직방외기』는 우리말로 번역되었다(천기철 번역, 서울: 일조각, 2005).

5 원문에 '楊'이라고 되어 있으나 디아스의 중국 이름은 보통 '陽'으로 표기된다.

두 원院[6]에 다시 압송한 다음 모두 법에 따라 중히 다스릴 것이니, 집집마다 준수해야 한다.

요즈음 안원按院에서 반포한 가갑패家甲牌[7]에 소속 보갑에는 사교를 퍼뜨리고 배우는 자가 더는 없으며, 만약 서로 숨겨 주다 일이 발각되는 경우에는 함께 연좌시킬 것임을 기록해야 한다. 그 지방에 만약 교회당이나 요사스런 책이 있다면 모두 허물고 불살라 버려야 할 것이며, 숨겨 두어서는 안 된다. 이를 어긴 자는 해당 보갑패에서 가차 없이 처벌해야 한다. 제각기 조심하여 삼가 따름으로써 일이 잘못되지 않도록 하라.

近蒙按院頒行家甲牌上, 仍書本甲竝無倡習邪教等人, 如互相容隱, 事發一體連坐, 其地方若有教堂妖書, 盡行拆毀焚除, 不得隱藏, 違者該保約竝處不貸. 各宜恪遵, 毋貽噬臍.

수지. 고시한 사람

이상의 내용을 상세히 알 것을 명령한다

須至示者

右仰知悉

숭정 10년(1637) 11월 5일 반포

중문에 가져다 펼쳐서 걸라

제형안찰사 서세음

崇禎十年 十一月 初五日 給

發雙門前張掛

提刑按察司 徐諱世蔭

6 두 院은 都察院과 翰林院을 가리킨다.

7 家甲牌는 호적 관리 제도로, 청나라 때는 10호를 1牌로, 10牌를 1甲으로 했다.

9. 복주부 고시

福州府告示

오기룡

吳起龍

요지 복주 지부 오기룡[1]이 윤상을 어지럽힌 자들을 엄히 징벌할 것임을 고시하고 있다. 양마락(디아스)과 애유략(알레니)을 국경 밖으로 내치기는 하였지만 아직 사교의 무리가 모두 제거되지 않았으니 방비를 더욱 엄격히 하며, 저들의 무리가 경내에 잠입할 경우 지체 없이 관부에 고발해야 하며 저들을 숨겨 주었다가는 연좌제로 다스릴 것임을 공포하였다.

복주부에서 사교를 엄히 방비하여 지방을 안정시킨 건.

福州府爲嚴防邪教, 以靖地方事.

법도를 엄정히 하고 민생을 일으킨 일에 관해서는 옛 전적에 기록이 있으며, 강상綱常을 배반하고 풍기를 어지럽힌 죄를 다스리는 일에 관해서는 명확한 형률이 있다. 『주례』에서는 좌도左道에 대해서 관용 없이 징벌해야 한다고 하였고, 『춘추』에서도 그것이 경미할 때에 엄히 막아야 한다고 경계하였다. 지금까지

夫經正民興, 載在古訓, 叛常亂俗, 厥有明刑. 故『周禮』不能寬左道之誅, 『春秋』所以凜防微之戒. 從來邪教聿興, 多方煽惑, 致蚩蚩之衆, 俛首皈依, 或棄倫常而弗顧, 或傾貲產以相

1 吳起龍의 字는 雲卿, 直隸 丹徒 사람이다. 戶部 주사, 應天府 추관, 남경 호부 원외랑, 福州 지사와 兵備副使를 지냈다.

사교가 일어날 때 보면, 갖은 방법으로 선동하여 미련한 무리가 머리를 수그리고 귀의하도록 만들었다. 어떤 사람은 윤상倫常조차 아랑곳 않고 위반하였고, 또 어떤 사람은 재물과 가산을 탕진하면서까지 사교를 따랐다. 갖가지 어리석고 우매한 현상들은 크나큰 우환이다.

從. 種種昏迷, 爲憂方大.

요즈음 보면, 양마락(디아스)과 애유략(알레니) 무리가 천주교의 수괴로서 달콤한 말로 사람들을 유혹하였는데, 만약 일찍이 알아차리고 신속히 쫓아 버리지 않았더라면 그 결과가 어떻게 되었을지 알 수 없다. 비록 국경 밖으로 압송하여 축출하였다고는 하지만 사교의 무리는 아직 모두 제거되지 않았고, 축출당한 자들이 또다시 잠입해 들어와 더 큰 화근이 될까 우려된다.

如近日楊瑪諾·艾儒略輩, 以天主教首, 簧鼓人心, 非覺發之早, 驅逐之速, 漸不可知矣. 雖已押出境, 仍恐邪黨未消, 去向復入, 更爲厲階.

너희들 보갑에 속한 사람들은 이제부터 엄격히 방비하며 살펴야 할 것이다. 만약 천주교의 애유략·양마락 같은 자들이나 무위교의 우두머리들이 성 소재지에 들어오는 것을 발견할 경우, 즉시 관부에 알려서 나포하여 엄히 추궁하고 징치할 수 있도록 하라. 만약 이런 자들을 숨겨 주고 고발하지 않았다가 사실이 발각되는 때에는 한꺼번에 연좌시켜 처벌할 것이다. 상급 관부에서는 가장 가까이에서 보고 듣고 있으며, 금령은 지엄하므로 이를 어긴 자들을 단연코 용서하지 않을 것이다. 이에 특별히 고시하는 바이다.

爾家甲人等, 以後嚴加防察, 如有天主教艾儒略·楊瑪諾等, 竝無爲教首來省城者, 許即稟官嚴拿究治, 如容隱不擧, 事發一體連坐. 上司耳目最近, 禁法森嚴, 斷不爲爾等貸也. 特示.

숭정 10년(1637) 11월 5일 반포
복주부 지부 오기룡

崇禎十年 十一月 初五日 給
福州府 知府 吳諱起龍

제 3 권

1.『파사집』 서문

破邪集序

장덕경

蔣德璟

요지

황천향이 지은 『파사집』에 장덕경[1]이 1638년에 쓴 서문이다. 앞부분에서는 유교의 입장에서 천주교의 오류를 지적하고 있지만 비교적 객관적 태도를 견지하고 있다. 또 황천향이 『파사집』을 지어 천주교를 강력히 내칠 것을 주장한 데 비해 장덕경은 멀리서 온 자를 회유하는 포용을 베풀 것을 주장하고 있다. 마지막 부분에서는 『파사집』의 의의를 인정하며, 이 글이 어리석은 백성들뿐 아니라 선교사들에게도 도움이 될 것이라고 적고 있다.

지금까지 서양 선비들과 사귀면서 저들의 역법과 천지구·해시계·별시계 등 여러 기구가 정교하다는 것만 알았지 저들에게 천주교라는 것이 있는지는 알지 못했다. 저들의 책을 읽고 나서도 저들이 우리 유교에서 하늘을 받드는 요지를 훔쳐다 천주로 삼았으니, 그 천주가 곧 우리 중국에서 받드는 상제인 줄만 알았지 한나라 애제 때 태어난 예수를 천주라고 하

向與西士遊, 第知其曆法, 與天地球·日圭·星圭諸器以爲工, 不知其有天主之敎也. 比讀其書, 第知其竊吾儒事天之旨, 以爲天主, 卽吾中國所奉上帝, 不知其以漢哀帝時耶穌爲天主也. 其書可百餘種, 顯與佛抗.

1 蔣德璟(1593~1646)은 字가 中葆, 號가 八公 혹은 若柳이며, 복건성 泉州 晉江 사람이다. 천계 2년(1622)에 진사가 되어 庶吉士, 編修 등을 역임한 뒤 禮部 右侍郎에 올랐다. 숭정 15년(1642)에 禮部 尙書 겸 東閣 大學士가 되고, 이듬해에 戶部 尙書 및 文淵閣 大學士가 되었다. 그러나 숭정 17년(1644)에 황제와 한바탕 논쟁을 벌여 관직에서 쫓겨났다. 숭정제 사후 福王이 그를 초징하였으나 부름에 응하지 않았다. 『視草』와 『敬日堂集』이 세상에 전한다. 『明史』 권 251에 傳이 있다.

는지는 몰랐다. 백여 가지나 되는 저들의 책은 전적으로 불교와 겨루기 위한 것이었으며, 그 사람들의 행적을 알아본바, 결혼도 하지 않고 벼슬도 하지 않으니 처실을 둔 도사보다 더 나은 것 같았다. 그래서 저들과 절교하지 않았던 것이다.

而迹其人, 不婚不宦, 頗勝於火居諸道流, 以是不與之絶.

내가 가묘家廟를 짓고 조상을 모시고 있는데, 서양 선비가 지나가다 그것을 보고는 내게 "이분이 이 집의 주인인가 본데, 이분보다 더 큰 주인이 있다는 것을 아십니까?"라고 말했다. 내가 웃으면서 대답하기를, "큰 주인이란 상제시지요. 우리 중국에서는 천자만이 상제께 제사를 지낼 수 있고, 그밖에는 감히 그렇게 하는 사람이 없습니다. 우리 유학의 성명학性命學 같은 것은 하늘을 경외하고 하늘을 공경하며 하늘이 아닌 것이 없다고 여깁니다. 그러니 어찌 화상이 있을 수 있겠습니까? 가령 있다고 해도 아마 움펑눈에 높은 콧대를 가진 텁석부리는 아닐 것입니다." 하였다. 이에 서양 선비는 말문이 막혀 버렸다.

比吾築家廟奉先, 而西士見過, 謂予"此君家主, 當更有大主, 公知之乎?" 予笑謂"大主則上帝也, 吾中國惟天子得祀上帝, 餘無敢干者. 若吾儒性命之學, 則畏天敬天, 無之非天, 安有晝像? 即有之, 恐不是深目高鼻一濃鬍子耳." 西士亦語塞.

어떤 이가 "부처는 서방에서 와서 불상을 만들었고, 이마두利瑪竇(마테오 리치)도 대서大西에서 와서 역시 예수상을 만들었으니, 대서로써 서역을 억누르고 예수로써 부처를 눌렀을 뿐, 감히 우리 공자와 맞서지는 못하였습니다. 그런데 불교도는 그들을 부정하는데 유교도 가운데는 그들을 따르는 자가 있기도 하니, 이는 어찌된 일입니까?"라고 말하였다. 얼마 안 되어 도道에서 해당 관서에 격문을 내려 그들을 축출하게 한 다음, 화상도 부수고 처소도 허물고, 그 무리도 모두 잡아 가두었다. 사정이 다급해지자 내게 찾

或曰"佛自西來, 作佛像, 利氏自大西來, 亦作耶穌像. 以大西抑西, 以耶穌抑佛, 非敢抗吾孔子. 然佛之徒非之, 而孔子之徒顧或從之者, 何也?" 未幾, 當道檄所司逐之, 毁其像, 拆其居, 而株擒其黨. 事急乃控於予, 予適晤觀察曾公, 曰"其教可斥, 遠人則可矜也." 曾公以爲然, 稍寬其禁.

아와 하소연하였다. 내가 관찰사 증 공曾公을 만나, "천주교는 배척해야겠지만 먼 곳에서 온 사람은 긍휼히 여겨 줄 수 있지 않겠습니까?"라고 말하니, 증공 또한 그렇다 여기고 금령을 약간 느슨히 풀어 주었다.

장주漳州 사람 황천향黃天香[2]이 『파사집』을 내게 보여 주었는데, 천주교가 반드시 세상을 어지럽힐 것이라 여겨 북을 울리며 힘써 공격하는 듯하였다. 또 내가 천주교를 배척하되 저들 쫓아내는 것을 늦추라고 한 것은 맹자가 양주楊朱[3]와 묵적墨翟[4]을 배척하던 것과 다르다고 말하는 듯하였다.

而吾漳黃君天香, 以『破邪集』見示, 則若以其教爲必亂世, 而亟爲建鼓之攻. 又若以予之斥其教而緩其逐, 爲異於孟子距楊·墨之爲者.

이에 내가 말했다.

予謂:

"맹자는 아주 엄격하게 사교를 배척하였습니다. 하지만 양주와 묵적에서 도망 나와 다시 돌아온 자를 받아 주었으며, 놓친 돼지를 찾아내는 것은 잘못이라 하셨습니다.[5] 지금은 서양 선비들이 도망쳐 나

"孟夫子距邪說甚峻, 然至於楊·墨逃而歸則受之, 而以招放豚爲過, 今亦西士逃而歸之候矣. 愚自以爲善學孟子, 特不敢

2 天香은 黃貞의 字이다. 본디 유가의 서생이었으나 불교를 독실히 믿었다. 그러나 『파사집』을 편찬한 것 이외의 행적은 찾아보기 어렵다. 1636년 알레니가 漳州에 들어와 포교 활동을 다시 시작하자 황정은 그에 맞서 논박을 펼쳤는데, 「尊儒亟鏡」과 「破邪集自叙」, 「十二深慨序」 등이 대표적이다. 그는 복건성과 절강성을 다니며 동지들을 규합하였고, 재야의 유생 및 불교도들과 연합하여 사교 타파 운동을 벌였다. 그 결과물이 바로 『파사집』이라 할 수 있다.

3 楊朱(기원전 440?~360?)는 戰國時代의 학자로, 老子의 사상을 발전시켜 爲我說을 주장하였다.

4 墨翟(기원전 480~390)은 戰國時代 초기의 사상가이다. 그와 그의 후학인 묵가의 설을 모은 『墨子』가 전해지고 있다.

5 『孟子』 「盡心下」에 "맹자가 이르기를 묵적에게서 도망쳐 나오면 반드시 양주로 돌아가고, 양주에게서 도망쳐 나오면 반드시 유가로 돌아온다. 돌아오거든 받아 줄 따름이다. 지금 양·묵과 쟁변하는 사람은 놓친 돼지를 쫓듯이 한다. 이미 우리 속에 들어갔는데 또 따라가서 그 다리를 묶는다.(孟子曰, 逃墨必歸於楊, 逃楊必歸於儒. 歸斯受之而已矣. 今之與楊·墨辯者, 如追放豚. 旣入其苙, 又從而招之.)"라는 구절이 보인다.

와 돌아오는 때입니다. 저는 스스로 맹자를 제대로 배운 사람이라 자부하지만 감히 한유韓愈[6]처럼 '그 공로가 우임금만 못하지 않다.'[7]고는 말하지 못합니다. 게다가 중국은 존귀하기 그지없고 성현 또한 많은 나라입니다. 성명한 천자께서 통일을 이룬 태평성세에 포용하지 못할 것이 무엇이겠습니까? 사이팔관四夷八館[8]에는 지금 번역하는 관원들이 있고, 서승西僧과 비왕匕王에게 '천교闡教'라는 명호를 하사한 바 있습니다.[9] 요즈음 논의되고 있는 역법 찬수의 경우에도, 서양 선비들로 하여금 흠천감과 조를 나누어 함께 측정하도록 하고 번역서를 갖추어 놓았으니, 이 또한 천하를 내외로 구분하지 않는 뜻을 내보인 것일 뿐입니다. 저들은 쫓아 버릴 만한 존재도 못 됩니다. 쫓아 버리려 한다면 뭐가 어렵겠습니까?"

似退之所稱功不在禹下耳. 且以中國之尊, 賢聖之衆, 聖天子一統之盛, 何所不容? 四夷八館, 現有譯字之官, 西僧匕王, 亦賜闡教之號. 即近議修曆, 亦令西士與欽天分曹測定, 聊以之備重譯一種, 示無外而已, 原不足驅也, 驅則何難之有?"

이문절李文節[10]이 말하기를 "한유가 「원도原道」를 쓴 공로는 아주 큽니다. 그러나 선왕의 도를 밝혀 백

李文節曰 "退之「原道」, 其功甚偉, 第未聞明先王之道以道

6 韓愈(768~824)는 당나라의 문학가이자 사상가이다. 字는 退之이고 河南 河陽 사람이다. 문학적, 공적으로 柳宗元과 함께 산문의 문체를 개혁하였다. 사상 면에서 유가 사상을 존중하고 불교·도교의 배격에 힘을 기울였다.

7 한유가 「與孟簡尙書書」에서 맹자를 칭송하면서 한 말이다. "맹자가 없었다면 우리는 모두 왼쪽으로 옷깃을 여미고 오랑캐의 말을 했을 것입니다. 제가 맹자를 높이며 그 공이 우임금만 못하지 않다고 한 것은 바로 이 때문입니다.(然向無孟氏, 則皆服左衽而言侏離矣. 故愈嘗推尊孟氏以爲功不在禹下者, 爲此也.)"

8 영락 5년(1407)에 변강 소수 민족 및 이웃 나라의 언어 문자를 번역하는 기구를 설립하였는데, 그 안에는 몽골·여진·西番·西天·百夷·高昌·미얀마 등 8개 館이 있었다.

9 元·明 시대의 西僧이라 함은 대부분 라마승을 가리키는데, 元·明 이래로 西藏의 승려에게 闡化王, 贊善王, 護教王 및 闡教王이라는 호를 하사하였다. 그러나 匕王이 무엇을 가리키는지는 알 수 없다.

10 문절은 李廷機(1542~1616)의 시호이다. 자는 爾張, 호는 九我이며, 晉江 新門外浮橋(지금의 鯉城區) 사람이다. 禮部 尙書 겸 東閣大學士를 지냈다.

성을 인도했다는 말은 아직 듣지 못하였습니다. 도리어 사원과 도관을 허물어 민가로 만든다고 하였는데, 그럴 필요까진 없는 것 같습니다." 하였다.

之, 而輒廬其居, 亦不必."

이에 나는 이 뜻에 따라 황 군의 생각을 넓혀 보았다. 그러고는 사교가 횡행하여 어리석은 백성들을 미혹하기에 이른 것은 모두 우리가 선왕의 도를 밝히지 못한 탓이지, 사교나 미련한 백성의 잘못이 아니라며 길게 탄식하였다. 나는 백련교[11]나 문향교[12] 등 사교에 든 자들을 한꺼번에 죽여 버린 것을 혼자 속으로 불쌍히 여겼었다. 황 군의 『파사집』도 서양 선비들을 불쌍히 여겨 그들의 목숨을 온전히 보존해 주고자 하는 뜻에서 지은 것이 아닐까. 그렇다면 서양 선비들에게 공을 끼쳤다고 말해도 될 것이다.

予因以此意廣黃君, 而復嘆邪說之行, 能使愚民爲所惑, 皆吾未能明先王之道之咎, 而非邪說與愚民之咎也. 白蓮·聞香諸教, 入其黨者駢首就戮, 意竊哀之. 然則黃君破邪之書, 其亦哀西士而思以全之歟. 即謂有功於西士可矣.

숭정 11년(1638) 7월
진강 팔공 장덕경이 쓰다

崇禎戊寅歲 孟秋
晉江 八公 蔣德璟 書

11 白蓮教는 南宋 때의 白蓮宗에 뿌리를 두고 茅子元이 창시하였고, 원·명·청 때에 유행된 민간 종교이다. 教義는 淨土宗에서 淵源하였고, 오계를 지키고 아미타불을 염송하며 출가를 강조하지 않아서 기성 불교의 반발을 샀다. 원나라를 지나면서 미륵 사상과 결합되었고, 명나라 正德 이후에는 羅教의 영향을 받아 無生老母를 創世主로 받들었다. 원·명·청 때에 이 종교는 늘 농민 봉기를 일으키는 데 이용되었는데, 원나라 말기의 劉福通·徐壽輝 등이 영도한 홍건 봉기, 명나라 말년의 徐鴻儒의 봉기, 청나라 가정 연간의 사천·호북·섬서의 백련교 대봉기 등이 대표적인 것들이다. 朱元璋도 이러한 시대적 반란 기운을 타고 왕조를 이루었지만 이의 폐해를 알고 축출, 탄압하였으나, 명나라 때 민간에 크게 확산되었다. (오금성 외, 『명청시대 사회경제사』, 서울: 이산, 2007, 403쪽)

12 聞香教는 명나라 때 성행했던 민간 종교의 하나로 東大乘教라고도 부른다. 만력 연간(1573~1620)에 河北 사람 王森이 창립했다. 일찍이 요망한 여우 한 마리를 구해 주니, 여우가 그 꼬리를 끊어 그에게 증여하였는데 거기에서 이상한 향기가 풍겼다고 스스로 말하였다. 이로써 신도들을 모으고 자신은 문향 교주라고 칭하였다. 그 신자 무리는 하북, 산동, 산서, 하남, 섬서, 사천 등지에 널려 있었다. 이 교에서는 燃燈佛·釋迦佛·未來佛을 신봉하였다.

2.『성조파사집』 서문

聖朝破邪集序

안무유

顏茂猷

요지

안무유顏茂猷[1]가 제자 황정黃貞의 『파사집』에 붙인 서문이다. 유·불·도 삼교에 정통했던 학자 안무유는 천주교가 중국의 유·불·도를 부정하고, 예수를 요·순·주공·공자 위에 올려놓은 것에 대해 큰 우려를 표하였다. 『파사집』에 서문을 써 달라는 황정의 부탁을 받고 바로 쓰지 못한 이유는 모친상을 당했기 때문이라고 밝히고 있는데, 마침 거상 중이던 고향 장주漳州에 알레니 등이 들어와 백성을 포섭하고 천주교당을 지으려 한다는 말을 듣고는 천주교가 머지않아 정통을 어지럽히고 인성을 해칠까 두려워 거상 중임에도 불구하고 서문을 지었다고 설명하였다. 또한 『파사집』을 통해 많은 사람들이 성현의 우려 의식을 공유할 수 있기를 당부하고 있다.

천지개벽 이래 삼교(유교·불교·도교)가 더불어 홍성하여, 세상을 다스리고 몸을 다스리고 심성을 다스림에 있어 덜거나 더할 수 없는 것이 되었다. 그런데 저 간교한 오랑캐들이 망령되이 예수를 요·순·주공·공자 위에 올려놓고, 부처·보살·신선을 마귀라고 배척

粤自開闢以還, 三教竝興, 治世治身治心之事不容減, 亦不容增者也. 何僻爾奸夷, 妄尊耶穌於堯·舜·周·孔之上, 斥佛·菩薩·神仙爲魔鬼, 其錯繆幻惑固

1 顏茂猷(1578~1637)는 字가 壯其 또는 光衷, 號가 完璧居士이며, 福建 漳州 龍溪縣 사람이다. 천계 4년(1624)에 擧人이 되고, 崇禎 7년(1634)에 진사가 되었다. 그는 朱子의 학설을 계승하는 한편, 왕명학과 도교·불교의 영향을 고루 받아 '三教兼修'로서의 名儒로 존숭되었다. 『五經講宗』, 『六經纂要』, 『天道管窺』 등의 저서를 남겼다.

하고 있다. 천주교의 그릇되고 허황되고 미혹됨이 이미 비웃을 만하건만, 세상에는 이를 살피지 못하고 천주교에 입교하는 자들이 줄을 잇고 있다. 더욱이 중국에 있는 오랑캐들에게는 돈으로 백성들을 유혹하는 음험함과 교활함이 있다.

已覼然足笑. 世人不察, 入其教者比比. 愈有以中夷豢金之陰狡矣.

나는 북경에 있을 적에 천주교를 논박해 달라는 제자 황정黃貞의 편지를 받았다. 예부 시랑 심각의 고달픈 뜻을 속으로 흠모해 왔으나 미처 착수하지 못하고 있던 차에, 얼마 있다 갑자기 모친상을 당하여 고향으로 돌아와 『예기』나 읽으며 상을 지키느라 본분 밖의 일에는 감히 털끝만큼도 간여하지 못하고 지냈다. 그런데 뜻밖에 올 가을 애유략(알레니) 등 요사한 무리가 장주漳州에 잇달아 들어오니 그들에게 귀의한 자가 시장을 이룰 듯이 많아지고, 거기다 또 땅을 사들여 천주당을 지으려 한다는 말까지 듣게 되자 거의 가슴이 벌벌 떨리는 것 같았다.

余在京邸時, 接門人黃貞請闢天主書, 竊有慕沈宗伯苦志而未逮, 無何輒以母喪告歸, 讀禮家居, 未敢干絲毫分外事. 不審此秋季, 艾妖輩踵至吾漳, 旣已歸人如市, 又欲買地搆堂, 幾令人目擊心怖.

아아! 오랑캐의 변고가 이제는 대대로 이어 온 정통을 어지럽히고 유교의 맥을 어지럽히며, 인류를 해칠 뿐만 아니라 인성까지 해칠 지경에 이르렀다. 그런데도 온 세상 사람들은 어둠 속에서 그 상세한 정황을 알지 못하고, 어쩌다 아는 사람이 있다고 해도 감히 말하려 하지 않는다. 말하는 사람이 있다 하더라도 책상머리에 얼굴이나 파묻고서 끝내 아무런 글도 짓지 않는다. 이 때문에 사람들로 하여금 강통江統의 우려[2]

嗟嗟! 夷變至是, 不惟亂世統, 兼亂道脉, 不特戕人類, 竝戕人性. 擧世冥冥, 莫知其詳, 間有知者, 亦莫之敢言. 即有言者, 案架沉埋, 終莫之見其作. 故今日之能使人知, 使人言, 使人見, 江統憂, 賈生哭, 則破邪一集, 其以裨于世道人心, 顧不鉅歟!

2 晉나라 元康 9년(299)에 太子洗馬로 있던 江統은 서쪽과 북쪽의 오랑캐들이 중원으로 옮겨 오면서

와 가의賈誼의 통곡[3]을 알게 하고 말하게 하고 보게 한 것은 오직 『파사집』 하나뿐이다. 그것이 세도인심에 보탬이 되는 것이 어찌 크지 않겠는가! 이 책을 얻고자 하는 사람들이 책을 취하여 읽은 후, 여러 선생들과 덕 많은 군자들의 글자 하나하나가 금쪽같음을 알고서 변모弁髦[4]처럼 내버리지 않는다면 큰 다행일 것이다. 감히 불효를 저지르며 서문을 쓴다.

숭정 10년(1637) 10월

하장 종벽거사 안무유가 쓰다

惟願得是集者, 取而讀之, 知諸先生與碩德君子之一字一金, 而勿弁髦視之, 則幸甚矣. 敢冒不孝姑爲序.

崇禎丁丑年 孟冬

霞漳 宗璧居士 顏茂猷 撰

부터 많은 모순이 야기되었고, 이것이 곧 '五胡亂華'의 근원이 되었다고 역설하면서, 「徙戎論」을 지어 그들을 본토로 돌려보낼 것을 주장하였다. 「徙戎論」은 『晉書』 「江統傳」에 수록되어 있다.

3 賈誼(기원전 200~기원전 168)는 西漢의 정론가이자 문학가이다. 그가 지은 「治安策」은 "신이 형세를 헤아려 보건대 통곡할 일이 하나요, 눈물 흘릴 일이 둘이요, 장탄식할 일이 여섯입니다. 그밖에 도리를 저버리고 다치게 하는 일은 이루 다 열거할 수 없을 만큼 많습니다.(臣竊惟事勢, 可爲痛哭者一, 可爲流涕者二, 可爲長太息者六, 若其它背理而傷道者, 難遍以疏擧.)"라는 말로 시작되고 있는데, 그중 "오늘날 노비를 파는 자들은 수놓은 옷에 비단신을 신겨 수레에 싣습니다. 이는 고대 왕후의 복식이며 고묘제에서만 입었지 평상시엔 입지도 않던 옷이거늘, 지금은 서민들조차 노비에게 입힙니다.(今民賣僮者, 爲之繡衣絲履偏諸緣, 内之閑中. 是古天子后服, 所以廟而不宴者也, 而庶人得以衣婢妾.)"라고 하면서 상하 질서가 어그러진 세태를 비난했다. 이어 "황제조차 검고 조악한 옷을 입는데, 부유한 자는 금수비단으로 집 안 담장을 장식하고, 황후의 옷깃 장식을 서얼 첩의 신발 장식으로 삼으니, 이것이 신이 말하는 패란입니다.(且帝之身自衣皁綈, 而富民墻屋被文繡, 天子之后以緣其領, 庶人孽妾緣其履, 此臣所謂舛也.)"라고 하였다.

4 弁은 검은색 관모이고 髦는 늘어뜨린 머리이다. 옛날 귀족 자제들이 관례를 행할 때 먼저 검은 관으로 늘어뜨린 머리를 잘 묶은 다음 세 차례 관례를 지냈는데, 관례가 끝나면 이 검은 관모를 바로 내다 버렸다. 이 때문에 나중에 쓸모없어져서 버리는 물건을 '변모'라고 부르게 되었다.

3. 문단의 맹주 황천향에게 쓰는 글

題黃天香詞盟

당현열

唐顯悅

요지 당현열唐顯悅[1]이 황정黃貞의 벽사闢邪에 대한 열정을 예찬하며 『파사집』이 지니는 의의를 밝혔다.

장하도다, 황 선생이여! 천 리 길도 멀다 않고 벗들에게 사교 변박할 것을 호소하니, 그 힘이 보이도다. 저 서양 사람들을 미워하는 까닭은 화근을 키웠다가는 성교의 맥이 거의 끊어지고 부처 또한 나날이 빛을 잃게 될까 걱정해서라네. 능히 이를 막아 낼 수 있어야 세도世道가 끊이지 않을 터.

壯哉黃子, 不遠千里, 呼朋闢邪, 惟力是視. 疾彼西人, 釀茲禍水, 聖脈幾沉, 佛日漸晦, 能言距之, 世道攸繫.

숭정 10년(1637) 하지 밤에
어석거사 당현열이 쓰다

崇禎丁丑 長至夜
語石居士 唐顯悅 書

1 唐顯悅은 字가 子安, 호가 枚丞이며, 복건성 仙游縣 사람이다. 천계 2년(1622)에 진사가 되어 嶺南巡道를 역임하였다. 그에 관한 사적은 『廈門志』에 보인다.

4. 『파사집』 서문

破邪集序

주지기

周之夔

요지

주지기周之夔[1]가 황정黃貞이 지은 『파사집』에 붙인 서문이다. 매우 강력한 어투로 천주교도들은 오랑캐라 칭하기에도 부족한 '금수'일 뿐이라고 규정하고, 『파사집』에 실린 유신儒臣들의 소장訴狀이나 여러 현인들의 논술은 구구절절 엄정하고 도리에 맞는 말이라고 긍정하며, 서양의 오랑캐들이 정교한 기술을 가지고 해외에서 강자로 자처하지만 그들의 종교는 가장 천박하고 비루하다고 비난하였다. 그럼에도 추종자가 줄을 잇는 것은 바로 '이욕利慾'으로써 사람을 유인하기 때문이니, 이욕의 본성을 이용해 내지의 백성을 선동하는 천주교도들은 오랑캐의 예로써 대해 주기에도 부족하다고 하였다. 또한 『파사집』의 저자인 황정이나 자신 등이 힘을 다해 저들의 간교함을 논박할 수 있으나, 결국 나라를 방비해야 하는 것은 조정의 몫이라면서 당국자들의 경각심을 일깨우고 있다.

나 주지기는 요즈음 힘을 다해 천주교의 무리를 규탄하다 보니 사람들로부터 욕을 먹지 않을 수 없었

夔邇來力闢社黨, 不無見尤焉, 吾師董見龍先生, 諭以安命之

1 周之夔(1586~?)는 자가 章甫이며, 福建省 合縣(오늘날의 福州) 사람이다. 崇禎 4년(1631)에 진사가 되었다. 蘇州推官을 지냈으나 이내 벼슬을 버리고 귀향하여 글씨와 그림을 팔아 살아가다가 후에 절에서 기거하다 세상을 떴다. 『福建通志』 「南宗名畵苑」에 傳이 실려 있다. 그는 일찍이 알레니와 교유하였다고 알려져 있고 『熙朝崇正集』에 알레니를 찬양하는 시도 전하지만, 후에 천주교를 극심히 반대했다.

다. 이에 나의 스승 동견룡董見龍[2] 선생께서 천명에 따라 분수를 지키는 학문을 깨우쳐 주셨고, 선가禪家의 벗 조원曹源은 쟁론하지 않는 뜻을 말해 주었다. 그들의 가르침에 탄복하여, 유가의 종지를 닦으며 마음을 구하고, 불교의 계율을 지키며 입으로 지은 죄업을 참회했다. 여드레 밤을 좌선하자 마음이 차가운 돌처럼 되더니, 다음 날엔 몸을 움직이려 해도 움직여지지 않았다. 평소 효성이 지극한 작은아들 발渤이 서당에 있다가 문병을 왔는데, 서로 말을 주고받는 가운데 몸이 풀렸다. 그때부터 다시는 인간 세상사의 시비를 말하지 않겠노라 맹세했다.

學, 禪友曹源公又進以無諍之旨. 佩服其教, 方修儒宗而求諸心. 持佛戒而懺口業. 臘八夜坐, 心如寒石, 次日猶推轉不下. 次子渤素孝, 自書館來問疾, 談次方消, 誓從此不談人間是非.

그런데 청장清漳[3]의 현자 황천향黃天香이 판각한 『파사집』을 가지고 와서 내게 서문을 써 달라고 청하였다. 유신儒臣들이 올린 소장과 여러 현인들이 지은 논술을 읽어 보니 모두 서양의 사교인 천주교를 논박한 내용이었는데, 언사는 엄정하고 뜻은 올곧아 군말을 덧붙일 데가 없었다.

而清漳賢者黃天香, 持所刻破邪集問序於夔. 觀儒臣之疏, 諸賢之論, 凡所以闢西洋天主邪教者, 詞嚴義正, 已無庸更置喙矣.

본래 교활하고 하찮은 서양 오랑캐들은 교묘한 재주가 많아서, 유리로 만든 망원경을 가지고 높은 곳에 올라가 멀리 조망하여 이웃 나라의 형편을 살피고, 잠복해 있다가 대포로 공격한다. 이 때문에 다른 오랑캐들은 모두 저들의 재주에 겁을 집어먹고 대부

西洋本猾黠小夷, 多技巧, 能製玻璃爲千里鏡, 登高遠望, 覘隣國所爲, 而以火炮伏擊之. 故他夷率畏其能, 多被兼併, 以此稱雄于海外.

---

2 董應擧(1557?~1639)를 가리킨다. 見龍은 그의 字이고 호는 崇相이며, 福建省 閩縣 龍塘 사람이다. 만력 26년(1598)에 진사가 되어 工部 侍郎 등 관직을 거쳐 천계 연간에 太僕卿 兼 河南道御史를 역임했다.

3 漳州의 옛 이름이다. 漳州市方志書目에 송나라 嘉定 및 淳祐 연간에 『清漳志』가 편찬된 바 있다는 기록이 보이나, 전하지 않는다.

분 서양 오랑캐들에게 병합되었다. 이런 방법으로 저들은 해외에서 패자로 군림하게 된 것이다.

저들의 종교로 말하자면 너무도 비천하고 아무 의미가 없는데도 많은 사람들이 따른다. 그 까닭은 무엇일까? 아마도 이욕利慾으로 유혹하기 때문일 것이다. 오랑캐들은 미련하고 탐욕스러운 자를 돈으로 먼저 유혹하는데, 제아무리 사대부라 할지라도 욕심이 없지 않기 때문에 그들의 술수에 걸려들고 만다. 병폐의 발단은 실로 이러할 뿐, 어떤 현묘하거나 기이한 것이 따로 있는 것이 아니다. 맹자는 "이치에 어긋나고 실없는 사람"을 대할 때 "저들이 짐승과 다를 것이 없으니 짐승이라고 부른들 어찌 비난하겠는가?"[4] 라고 하였다.

若其爲教, 最淺陋無味, 而人多從之, 何哉? 蓋利慾相誘, 夷先以金啖愚而貪者, 雖士大夫非無欲亦墮其術耳. 病端實實如此, 別無玄妙奇異也. 孟子待横逆妄人, 以爲與禽獸奚擇, 于禽獸何難?

어리석은 나는 늘 이렇게 생각했다.

'천주교와 천주교도들은 단지 짐승처럼 보면 그뿐, 오랑캐를 대하는 예의로써 대해서는 안 된다. 어째서인가? 오랑캐들은 그래도 겉모습은 사람이기 때문이다. 그런데 군자들이 벌벌 떨며 성현의 말을 인용해 저들과 시비를 따지고 있으니, 이는 저들을 지나치게

夔愚每謂:

'視天主教與從其教者, 只宜視如禽獸, 不當待以夷狄之禮. 何則? 夷狄猶靦然人也, 而諸君子猶鰓鰓焉引聖賢與之析是非, 此不亦待之過厚? 與佛慈悲等,

4 『孟子』「離婁下」에 "여기에 어떤 사람이 있는데 자기에게 난폭하게 대한다면, 군자는 반드시 스스로를 돌이켜 '내가 인으로 행하지 않고 예가 없는가 보다. 그렇지 않으면 이 사람이 어찌 이 지경에 이르렀겠는가?' 하고 반성한다. 스스로를 반성해 보아서 인으로 행하였으며, 스스로를 반성해 보아서 禮가 있었는데도 그 난폭함이 여전하였다면, 군자는 스스로 돌이켜 '내가 반드시 진실하지 않았을 것이다.' 하고 반성한다. 스스로를 반성해 보아서 진실하였는데도 그 난폭함이 여전하다면, 군자는 말하기를 '이는 또한 망령된 사람일 따름이다. 이와 같다면 짐승과 무엇을 구별하겠는가? 짐승이라면 또한 어렵게 여길 것이 무엇이겠는가?'(有人於此, 其待我以横逆, 則君子必自反也, '我必不仁也, 必無禮也, 此物奚宜至哉?' 其自反而仁矣, 自反而有禮矣, 其横逆由是也. 君子必自反也, '我必不忠.' 自反而忠矣, 其横逆由是也, 君子曰, '此亦妄人也已矣. 如此則與禽獸奚擇哉? 於禽獸又何難焉?')"라고 하였다.

후대하는 것 아니겠는가? 이는 부처의 자비와 같은 것이지, 우리 맹자께서 처신하신 뜻과는 다르다.'

而非吾孟子所以自處乎!'

나는 또 이렇게 생각했다.

夔又謂:

'우리 유교에 맹자가 있는 것은 선종에 달마가 있는 것과 마찬가지여서, 모두 사람의 마음을 이끌어 천성을 깨닫게 하였다. 맹자는 공자에게서 배웠으니 우리는 오직 맹자만을 배워야 마땅하다. 맹자를 배우면 천하의 모든 능사가 다 그 안에 있다.'

'吾儒之有孟子, 猶禪釋之有達摩, 皆直指人心見性. 孟子學孔子, 吾輩只宜學孟子, 學孟子而天下之能事畢矣.'

맹자는 인류를 구원하려면 먼저 인심을 구원해야 한다면서 간곡하게 타이르기를, "사람과 짐승의 차이는 크지 않다."[5]고 하였고, 또 "야기夜氣[6]를 보존할 수 없으면 짐승과 차이가 크지 않다."[7]고 하였으며, 또 이르기를 "배불리 먹고 따뜻하게 입고, 일없이 한가롭게 살면서 교육을 받지 못한다면 짐승과 별반 다르지 않다."[8]고 하였고, 또 이르기를 "양주와 묵적의 도에서는 아비도 필요 없고 임금도 필요 없다고 하니, 이것은 짐승의 도이며 짐승을 끌고 와 사람을 잡아먹게 하는 것이다."[9]라고 하였다. 그의 말은 아프

孟子救人類先救人心, 而又諄諄告戒曰"人之所以異於禽獸者幾希." 又曰"夜氣不足以存, 則其違禽獸不遠." 又曰"飽食煖衣, 逸居而無教, 則近于禽獸.' 又曰 '楊·墨之道, 無父無君, 是禽獸, 而率獸食人." 其言痛切幾于一字一淚. 則以禽獸視天主教與從其教者, 誠非刻而可以佐天香闢邪之本心矣.

---

5 『孟子』「離婁下」에 "사람과 짐승의 차이는 크지 않은데, 다만 사람들은 인의를 저버리고 군자는 인의를 보존할 뿐이다.(人之所以異於禽於獸者幾希, 庶民去之, 君子存之.)"라고 하였다.

6 '夜氣'는 맹자가 「告子」에서 사용한 용어로, 밤에 홀로 고요히 앉아 있을 때 생겨나는 良知의 善念을 가리킨다.

7 『孟子』「告子上」에 "낮과 밤에 자라는 마음과 새벽의 기운에는 그 좋고 싫음이 남들과 비슷한 것이 드물다. 그러나 낮 동안의 행위는 이를 얽어맨다. 반복해서 얽어매다 보면 밤에 지녔던 생각이 보존되지 못하고, 밤에 지녔던 생각이 보존되지 못하면 짐승과 크게 다르지 않다.(其日夜之所息, 平旦之氣, 其好惡與人相近也者幾希, 則其旦晝之所爲, 有梏亡之矣. 梏之反覆, 則其夜氣不足以存. 夜氣不足以存, 則其違禽獸不遠矣."라고 하였다.

8 『孟子』「滕文公上」에 나오는 말이다.

9 『孟子』「滕文公下」에 "양씨는 나만을 위하니, 이것은 임금이 없음이요, 묵씨는 겸애하니, 이것은 아

고도 절실하여 한 글자가 눈물 한 방울이다. 그런즉 천주교와 천주교도들을 짐승으로 보자는 말이야말로 각박한 말이 아니라, 천향이 벽사론을 펼친 본심을 돕는 길일 것이다.

비록 사교가 유교와 불교를 어지럽히는 일에 관해서는 나와 천향, 그리고 군자들이 말로써 공을 세울 수 있을지 모르나, 역모를 막아 내고 난적을 쳐 없애서 씨를 뿌리지 못하게 하는 일은 집권자들이 할 일이고, 조정이 행사할 권한이다. 부처처럼 자비로운 분도 오역五逆[10]과 칠차七遮[11]의 죄는 참회하지도 못하도록 판결하였으니, 하물며 세상을 다스려야 하는 우리 유교야 더 말할 것이 있겠는가? 저들의 천문天文이 그럭저럭 쓸 만하다고 한다면, 그 좋고 나쁨은 논하지 않겠다. 그러나 저들은 이미 우리 유교의 두려워하고 수신하며 반성하는[12] 학문의 맥을 끊어 놓았음이 명백할 뿐만 아니라, 요임금과 순임금, 주공과 공자를 모두 연청지옥에 떨어뜨렸다. 우리 성현을 훼손하고 우리 조상을 업신여김이 이 지경에 이르렀는데

雖然邪敎之亂儒亂佛也, 吾與天香諸君子能以口舌爲功, 至於嚴不軌之防, 芟除殄滅, 無俾易種, 則當事之責, 廟廊之權. 即佛慈悲, 尙判五逆, 七遮不通懺悔, 況吾儒治世者乎? 倘謂其天文尙可用, 則不主休咎, 已明絶吾儒恐懼修省一脈. 且彼以堯·舜·周·孔皆入鍊淸地獄矣, 其毁吾聖賢, 慢吾宗祖至此, 而尙爲寬大不較, 羈縻勿絶之語, 此之謂失其本心, 而違禽獸不遠也!

비가 없는 것이다. 아비가 없고 임금이 없는 것이 바로 짐승이다. 공명의가 '푸줏간에 살진 고기가 있으며 마구간에는 살진 말이 있으나 백성이 주린 빛이 있으며 들에 굶어 죽은 시체가 있으면, 이는 짐승을 거느리고 사람을 먹는 것이다.'고 하니, 양묵의 도가 그치지 않으면 공자의 도가 나타나지 못할 것이니, 이것은 간사한 말이 백성을 속이고, 인과 의를 막음이라. 인과 의가 막히면 짐승을 거느리고 와서 사람을 먹다가 나중에는 사람이 사람을 먹게 될 것이다.(楊氏爲我, 是無君也. 墨氏兼愛, 是無父也. 無父無君, 是禽獸也. 公明儀曰, '庖有肥肉, 廐有肥馬, 民有飢色, 野有餓莩, 此率獸而食人也.' 楊墨之道不息, 孔子之道不著, 是邪說誣民, 充塞仁義也. 仁義充塞, 則率獸食人, 人將相食.)"라고 하였다.

10 '五逆'은 불교에서 지옥에 떨어지게 한다는 다섯 가지 악업 대죄를 말한다.

11 '七遮'는 七逆罪라고도 하며, 聖道를 가려 善根을 이루지 못하게 하는 일곱 가지 대죄를 말한다.

12 『易經』「震卦」象에 "거듭한 우레가 진이니 군자가 이를 보고 놀라고 두려워하여 수양하고 반성한다.(洊雷震, 君子以恐懼脩省.)"라는 구절이 있다.

도 관용을 베풀어 따지지 않는다거나, 회유하면서 끊어 버리지 말자는 따위의 말을 한다면, 이야말로 본심을 잃은 것이니 짐승과 별반 다를 게 없을 것이다.

숭정 11년(1638) 12월 초순	崇禎戊寅 臘月 初旬
복건에서 장보 주지기가 쓰다	閩中 周之夔 章甫 書
(소주부 추관 신미년 진사)	(蘇州府 推官 辛未進士)

5. 안장기 스승께 천주교 변박을 청하는 글

請顔壯其先生闢天主教書

하장 거혹거사 황정

霞漳 去惑居士 黃貞

요지 황정黃貞이 은사인 안무유顔茂猷에게 천주교를 물리치는 글을 써 주기를 부탁하는 편지이다. 저자는 천주교의 해독을 다섯 가지로 지적하였다. 첫째, 천지·천주·사람이 각기 삼물三物이라 하나로 합치될 수 없다고 하면서 중국에서 대대로 이어 온 만물일체설과 왕양명의 양지良知를 부정하는 것, 둘째, 십계명에 일부일처의 계율을 두고, 이를 근거로 중국의 제왕, 예컨대 문왕과 같은 성왕일지라도 많은 비빈을 두었기에 지옥에 갔을 것이라 함부로 말하는 점, 셋째, 중국 민간에서 신으로 모셔 온 모든 존재를 부정하고 그 소상塑像을 불태워 버리는데, 머리를 내치고 변소에 처박아 버리는 등 잔인하기가 이를 데 없다는 점, 넷째, 윤회를 부정하고, 천지의 종말과 심판의 날 천당과 지옥으로 나뉘어 들어간다고 주장하며, 짐승에겐 영혼이 없기에 살생도 무방하다고 하는 등 갖은 황당하고 거짓된 주장을 일삼고 있다는 점, 다섯째, 애유략(알레니) 등 20여 명이 중국의 10여 개 성에서 천주교를 전파하자 벼슬아치들과 재력 있는 대관들까지 무리 지어 천주교를 따르고 있으니, 그 상황이 실로 걱정스럽고 분개할 만하다는 점 등이다. 황정은 스승 안무유에게 이 편지를 보내면서, 이상 다섯 가지 이유에 근거하여 천주교를 변박하는 글을 써 주십사 당부드리고 있다.

요즈음 천주교 선교사 가운데 이마두利瑪竇(마테오 리치)와 같은 예수회 회원으로 성은 애艾, 이름은 유략儒略(알레니)이라는 사람이 있습니다. 그가 우리 장주漳州에 이르자 얼빠진 사람들이 줄지어 귀의하였으니, 심히 가슴 아픕니다. 더욱이 평소에 인걸이라고

邇來有天主教中人利瑪竇會友, 艾姓儒略名, 到吾漳, 而鈍漢逐隊皈依, 深可痛惜. 更有聰明者素稱人傑, 乃深惑其說, 堅爲護衛, 煽動風土, 更爲大患. 貞一

불리던 총명한 사람들까지 사교에 깊이 미혹되어서 사교를 굳게 수호하고 풍속을 선동하고 있으니, 이는 더욱 큰 근심거리입니다. 제자 황정黃貞은 그것이 사교임을 단박에 알아보았으나, 다만 상세한 것을 알지 못했을 따름입니다. 그러다 만력 연간부터 오늘까지의 행적을 살펴보고 나서야 비로소 이 오랑캐 종자들이 중국에 끼친 해독이 적지 않음을 알게 되었습니다. 제자 황정은 부득이 며칠 동안 찾아가 저들의 강설을 들었는데, 저들의 교리를 도저히 분석해 깨뜨릴 방도가 없어 큰 병이 날 지경이었습니다. 네댓새가 지난 후 비로소 사교의 본질을 환히 보게 되고, 하나하나 뚜렷이 말할 수 있게 되자 마음과 정신이 드디어 가뿐해졌습니다. 천주교가 세상에 큰 해가 될 만한 것으로는 크게 다섯 가지를 들 수 있습니다. 자잘한 것들은 지적할 겨를이 없으니, 간곡히 바라건대 스승님의 자애로우심으로 세세히 살피시고 귀 기울여 들어주시어, 제자 황정이 사교의 흉악한 해독을 낱낱이 밝히는 것을 스승님께 전달할 수 있도록 용납하여 주십시오.

見即知其邪, 但未知其詳耳. 乃稽自萬曆間以至今日, 始知此種夷邪爲毒中華不淺. 貞不得已, 往聽講數日, 未能辨析破除之, 幾至大病. 至四五日以後, 方能灼見其邪說所在, 歷歷能道之, 心神始爲輕快. 大端則有五者, 能爲人世大害, 餘且未暇多指, 懇祈師慈細察俯聽, 容貞縷析其兇毒, 得以達于師臺也.

저들 종교에서는 하늘과 땅을 만들고 사람과 만물을 낸 자를 '천주'라고 하며, 이 천주는 없는 곳이 없고, 알지 못하는 것이 없으며, 해내지 못하는 일이 없다고 말합니다. 천주가 사람에게 영혼을 주었는데 그것을 '본성'이라고 합니다. 따라서 본성이 곧 하늘이라 할 수 없으며, 하늘이 곧 나의 마음이라고도 말할 수 없습니다. 또 "천지는 궁전과도 같고 해와 달은 등롱과도 같다. 그러니 천지를 곧 천주라고 말할

蓋彼教獨標生天生地生人生物者, 曰'天主', 謂其體無所不在, 無所不知, 無所不能. 謂主賦畀靈魂于人, 曰'性'. 不可謂性即天, 不可謂天即吾心. 又謂"天地如宮殿, 日月似燈籠, 更不可謂天地即天主. 天地也, 天主也, 人也, 分爲三物, 不許合

수는 더더욱 없다. 천지·천주·사람은 각기 삼물三物이니, 하나로 합쳐질 수 없다."고 말합니다. 저들은 우리 중국의 만물일체설을 부정하고, 왕양명王陽明 선생의 '양지良知가 하늘과 땅을 낳고 만물을 낳았다.'는 말[1]을 모두 틀렸다고 합니다. 이런 말로 천하 만세토록 전해져 내려온 학문의 맥락을 어지럽힌 것이 바로 그 첫 번째입니다.

體." 以吾中國萬物一體之說爲不是, 以王陽明先生'良知生天生地生萬物'皆非也. 此其壞亂天下萬世學脉者, 一也.

부처·보살·신선을 '마귀'라 내치면서 반드시 지옥에 빠질 것이라고 말합니다. 저들의 책에 적혀 있기를 하늘과 땅, 해와 달, 보살과 신선 등에게 제사 지내고 절을 올리는 것은 모두 천주의 큰 계명을 범하는 것이어서 천주에게 크게 죄짓는 것이라 하였습니다. 또 저들의 교에는 십계명이라는 것이 있는데, 그 안에 "자식이 없어 첩을 얻는 것은 십계를 범하는 것이어서 반드시 지옥에 들어간다."는 항목이 있으니, 이것은 비빈妃嬪을 두었던 중국 역대 성왕들 모두가 천주의 지옥에서 벗어나지 못한다고 말하는 것과 진배없습니다. 제자 황정이 "문왕에게는 후비가 많았는데, 이 경우는 어떠합니까?"라고 따져 물었더니, 애유략은 아주 오래도록 침묵하면서 대답하지 않았습니다. 이튿날 제가 또 물었더니, 또 침묵하면서 대답하지 않았습니다. 사흘째 날 제가 또 "이 뜻을 명백히 논해서 천고에 큰 사안을 확정지어야만 사람들이 그

佛·菩薩·神仙斥之曰'魔鬼', 言其必入地獄. 彼書云, 祭拜天地·日月·菩薩·神仙等物, 皆犯天主大戒, 深得罪于天主是也. 又彼教中有十誡, 謂"無子娶妾, 乃犯大戒, 必入地獄." 是擧中國歷來聖帝明王有妃嬪者, 皆脫不得天主地獄矣. 貞詰之曰"文王后妃衆多, 此事如何?" 艾氏沉吟甚久不答. 第二日, 貞又問, 又沉吟不答. 第三日, 貞又問曰"此義要講議明白, 立千古之大案, 方能令人了然, 皈依而無疑." 艾氏又沉吟甚久, 徐曰"本不欲說, 如今我亦說." 又沉吟甚久, 徐曰"對

1 王陽明(1472~1529)은 이름이 守仁, 자가 伯安이며, 陽明은 호이다. 浙江省 餘姚 사람이다. 명나라 때의 유학자이며 양명학의 주창자이다. 知行合一說과 心卽理說 및 致良知說을 주장하였는데, '良知'란 곧 本性을 이르는 말이다.

제야 정확히 알고 아무 의심 없이 귀의할 수 있을 것입니다."라고 말했더니, 오랫동안 침묵하고 있다가 천천히 말하기를, "원래 말하려고 하지 않았으나 오늘은 저도 말하겠습니다." 하고는, 또 한참 침묵하고 있다가 천천히 말하길, "노형이니까 말하지, 다른 사람 앞이라면 말하지 않았을 것입니다. 문왕도 아마 지옥에 들어갔을 것입니다." 하더니, 말머리를 돌려서 "도리만 논하고 사람은 논하지 맙시다. 아마 문왕도 뒤에 통절히 후회했을 테지만, 그 또한 논할 수 없겠지요."라고 말했습니다. 아마도 천주교에서 계명을 범한 후에라도 천주에게 귀의하여 진심으로 가슴 아프게 회개하면 지옥에 들어가는 죄를 면할 수 있다 하고, 죽을 때까지 가슴 아프게 회개할 줄 모르면 더 이상 어쩔 수 없다 하기 때문일 것입니다. 아아, 말이 막혀 도망갈 길이 없자 성인을 헐뜯어 용납할 수 없는 죄를 지은 것이 그 두 번째입니다.

老兄說, 别人面前, 我亦不說. 文王亦怕入地獄去了." 又徐轉其語曰 "論理不要論人. 恐文王後來痛悔, 則亦論不得矣." 蓋彼教中謂犯戒後, 能皈天主, 眞心痛悔, 則地獄之罪亦可免, 直至氣盡而不知痛悔, 則無及故也. 嗟嗟! 辭窮莫遁, 謗誣聖人, 其罪莫容者, 二也.

관음보살·관성제군·자동제군·괴성군·여조제군[2] 등의 소상塑像 모두를 천주교도들에게 명해 천주당으로 가져오게 한 다음, 그 머리를 모조리 자르고 어떤 것은 변소에 버리고 어떤 것은 불 속에 던졌습니다. 이 말까지 하다 보니 머리털이 곤두서고 가슴이 아프고 마음이 슬퍼집니다. 이것은 제자 황정이 직접 목격한 것입니다. 천주교인들이 성인을 배반하

觀音菩薩·關聖帝君, 及梓潼帝君·魁星君·呂祖帝君等像, 皆令彼奉敎之徒送至彼所, 悉斷其首, 或置厠中, 或投火內. 語及此, 令人毛髮上指, 心痛神傷, 此貞親見者. 此其教人叛聖, 殘忍莫甚大罪大逆者, 三也.

2 관성제군은 도교에서 모시는 관우신이고, 자동제군은 功名과 녹위를 주관하는 신이다. 魁星君은 文運과 文章을 주관한다는 奎星을 신격화한 것이고, 여조제군은 당나라 때 도사 呂洞賓을 신격화한 것이다.

고 잔인하기 그지없는 큰 죄 큰 반역을 저지른 것이 그 세 번째입니다.

저들은 사람이 죽어도 윤회가 없다고 말합니다. 오직 천주교 계명에 귀의하는 자만이 그 영혼이 영원히 천당에 머무를 수 있고, 귀의하지 않는 자는 다른 모든 것이 훌륭해도 영혼이 영원히 지옥에 머문다고 합니다. 아마도 천주의 큰 은총을 알지 못하고 근본을 잊었다고 여기는 까닭일 것입니다. 천지가 장차 무너져 내리려 할 때에 천주가 공중에 모습을 드러내고 수많은 천사들이 에워쌀 것이라고 합니다. 상고 시대부터 지금까지 모든 죽은 자들의 혼이 돌아오고 다시 살아나서 일일이 심판을 받는다고 합니다. 착한 자는 육신의 모습 그대로 천당으로 돌아가고, 악한 자는 육신의 모습 그대로 지옥으로 돌아가, 영원히 바뀌지도 변하지도 않는다고 합니다. 이때에는 하늘이 있어도 운행하지 않고 해와 달도 빛을 잃으며, 땅이 있어도 만물을 생장 발육시키지 못하고 풀과 나무는 모두 말라 죽는다고 합니다. 저들이 살생도 무방하다고 말하는 까닭은, 짐승은 나면서부터 영혼이 없고 죽은 후에도 혼백이 없다 여기기 때문입니다. 저들의 황당무계함과 거짓됨이 이토록 심한 것이 그 네 번째입니다.

謂人死無輪迴, 惟皈依天主教戒者, 其靈魂永在天堂, 不皈依者, 餘雖善, 靈魂亦必永在地獄. 蓋不知天主大恩故也, 忘本故也. 至天地將壞時, 天主現身空中, 無數天神圍遶, 乃自上古以來, 一切死者, 皆悉還魂再生, 一一審判. 善者現成肉身, 歸天堂, 惡者現成肉身, 歸地獄, 永永無轉變. 此際雖有天, 不能運轉, 而日月無光. 雖有地, 不能生發, 而草木俱滅. 謂殺生不妨, 以禽獸生而無靈, 死後無魂故也. 此其妄誕邪謬之甚, 四也.

애유략은 "예수회 선교사 스무 명이 중국에 와서 선교를 시작하였는데, 모두가 천주의 크신 은덕으로 한 몸처럼 일했습니다. 지금 남북의 두 직예直隸[3]·절강·호광·무창·산동·산서·섬서·광동·하남·복건·복주·흥주興州·천주泉州 등에 모두 천주당이 있으며,

艾氏言 "會友二十人來中國開教, 皆大德一體也. 今南北兩直隸·浙江·湖廣·武昌·山東·山西·陝西·廣東·河南·福建·福州·興·泉等處, 皆有天主教

귀주·운남·사천에만 없을 뿐입니다."라고 말했습니다. 아! 당당한 중국이 오랑캐의 사교에 선동되고 미혹된 결과 곳곳에 해독이 퍼져 억만대에 미칠 재앙을 입게 되었는데, 오늘날 벼슬아치와 원로, 그리고 사대부까지 천주교에 입교하고, 천주교에 관한 책을 출판할 때 천주교를 설명하는 서문을 써 주니, 제가 본 것만도 아주 많습니다. 걱정스럽고 분통이 터지는 것이 바로 그 다섯 번째입니다.

會堂, 獨貴州·雲南·四川未有耳." 嗚呼! 堂堂中國, 鼓惑乎夷邪, 處處流毒, 行且億萬世受殃. 而今日縉紳大老士君子入其邪說, 爲刊刻天主敎書, 義爲撰演天主敎序文, 貞目覩所及甚多, 此其可患可憤者, 五也.

저들은 유교의 '부지런히 섬긴다'나 '공경히 따른다'[4]는 말을 훔쳐다 제멋대로 흉악과 간교함을 떨치고 있습니다. 진수석陳水石 형께서 저들을 가리켜 우리 유교 안에 쥐새끼처럼 들어왔다가 강해져서 나갈 도적놈이라고 말씀하신 것은 요지를 잘 드러낸 말입니다. 엎드려 바라건대, 스승님께서 저들의 책을 연구하시고 저들의 말을 살펴보신 후, 서둘러 그것들을 논박하고 제거하는 글을 쓰심으로써 천하 만대에 이어질 인심과 학맥을 유지시켜 주십시오. 이는 이른바 '그 공로가 우임금 못지않다.'는 것이니, 오늘날 서두를 일로 이보다 더 급한 것이 없습니다.

彼竊附儒敎'昭事'·'欽若'之說, 恣逞兇毒奸巧, 陳水石兄謂其于吾敎中做鼠入强出之賊, 旨哉言也. 伏望吾師究其書, 詳其說, 急著論闢之除之, 以維持天下萬世人心學脉, 所謂'其功不在禹下', 今日急務莫此爲甚.

백련교나 무위교 등은 옴 따위의 피부병과 같아

白蓮·無爲等敎, 乃疥癬之疾,

3 명나라 때는 도성 근방 지역을 직예라 불렀다. 영락 연간 초에 북경에 수도를 정하면서 북경에 직할된 지역을 북직예 혹은 北直이라 칭했는데, 지금의 북경과 天津 두 도시와 하북성 대부분, 河南·山東 일부가 해당된다. 남경에 직할된 지역을 남직예 혹은 南直이라 불렀는데, 지금의 강소성과 안휘성 일대에 해당된다.

4 '昭事'는 부지런히 섬긴다는 뜻이며, 『詩經』「大雅」「大明」의 "상제를 부지런히 섬기며 많은 복을 누리다.(昭事上帝, 聿懷多福.)"에 보인다. '欽若'은 공손히 따른다는 뜻이며, 『尙書』「堯典」의 "희화에게 명해 하늘의 뜻을 공손히 따르게 한다.(乃命羲和, 欽若昊天.)"에 보인다.

서 그다지 걱정하지 않아도 됩니다. 하지만 사교인 천주교가 중국에 들어왔는데도 천하에 그것을 배격하는 자가 없다는 것은 참으로 통곡하고 눈물 흘리며 길게 탄식해야 할 일입니다. 지난날 우덕원虞德園 선생[5]과 연지蓮池 대사[6]가 있는 힘을 다해서 삿된 천주교를 배척하였습니다. 연지 대사께서는 "이미 늙어 쓸모없어진 몸이라도 아끼지 말고 일어나 저들을 배격하는 것이 마땅하다."고 하였지만, 애석하게도 얼마 지나지 않아 돌아가셨습니다. 돌아가실 때까지 연지 대사는 이마두를 만난 적이 없었고 사교에 대해서도 상세히 알지 못하였기에 깊이 있게 이치를 밝히고 따지지 못하였습니다. 게다가 천주교 서적들 또한 그다지 많이 출판되어 있지 않았고, 문왕이 지옥에 갔다는 등의 말을 저들이 했다는 사실을 아는 사람도 없었습니다. 그러나 지금 천주교 서적은 명목도 다양해서, 애유략의 말에 따르면 7천여 가지가 중국에 반입되었다 합니다. 지금 장주에 있는 것만 해도 백여 가지나 됩니다. 제멋대로 세상을 어지럽히면서 곳곳에 유통시키고 있으니, 아마도 중국 성현의 유교 도통을 쓸어 없애 일망타진하고 사교의 해독을 다 퍼뜨린 후라야 후련해할 것입니다.

不足憂也. 天主邪教入中華, 天下無有闢之者, 此眞可爲痛哭流涕長嘆息者也. 昔日惟有虞德園先生與蓮池和尙力闢其邪, 蓮池老人至云 "吾當不惜老朽之軀, 起而闢之." 惜乎未幾西歸. 然當時蓮大師與利瑪竇未嘗見面, 未詳邪說, 未深辨擊. 且天主教書未甚多出, 如文王入地獄等語, 亦未有知之者. 今日天主教書名目多端, 艾氏說有七千餘部入中國, 現在漳州者百餘種. 縱橫亂世, 處處流通, 蓋欲掃滅中國賢聖教統, 一網打盡, 行其邪毒, 而後快于心焉.

작은 불씨를 꺼 버리지 않으면 이내 불길이 훨훨 타오릅니다. 하물며 지금은 이미 작은 불씨도 아니지 않

微燃不息, 炎炎可待, 矧今已非微燃之勢者乎! 閩省皈依, 已稱

5 虞淳熙(1553~1621)를 가리킨다.

6 蓮池는 雲棲大師 袾宏을 가리킨다.

습니까! 복건성에서만 천주교에 귀의한 자들이 이미 만 명을 헤아린다고 합니다. 온 나라에 악이 퍼져 실로 무궁한 해를 입게 될 터인데, 어찌 차마 앉아 바라만 보면서 큰 해악을 키울 수 있겠습니까! 제자 황정이 우매함도 헤아리지 못하고 힘을 다해 가슴속 생각을 펼쳤습니다. 『범망경梵網經』[7]에서 "삼백 자루의 창이 가슴을 찌르는 듯하다."고 하였습니다. 가슴이 찔리듯 아팠기에 어쩔 수 없이 이처럼 중언부언하고 말았습니다. 스승님의 자애로우심으로 제 말씀을 받아들이시어 다방면으로 저들을 배척해 주시리라 생각합니다. 말씀 고함에 격동된 마음 건잡을 수 없습니다.

萬數之人, 九州播惡, 實受無窮之害, 豈可忍乎坐視而釀大蠹者耶! 小子貞不揣愚狂, 力陳情旨, 梵網經云 "如三百矛刺心." 唯刺心故, 不禁其言煩贅如此. 伏惟師慈俯納, 多方翦斥. 臨稟不勝感激之至.

7 『梵網經』은 『梵網經盧舍那佛說菩薩心地戒品第十』을 줄인 말로 『범망경보살계경』·『보살계경』이라고도 한다. 後秦(384~417) 시대에 鳩摩羅什이 번역하였다. 『범망경』의 廣本 중 수행의 階位와 戒에 관한 부분인 제10 「菩薩心地戒品」만을 따로 떼어내서 별도의 경을 이루었기 때문에 붙여진 이름이다. 梵網이란 여러 부처님께서 중생들의 근기에 따라 설하고 병에 따라 약을 주되 하나도 빠짐이 없는 것이 범천인 인드라의 그물과 같다는 뜻이다. 이 경전은 『화엄경』과 유사하여 예로부터 화엄의 마무리가 되는 것으로 간주되었다. 상권에는 十住, 十行, 十廻向, 十地 등이 실려 있으며, 하권에는 보살이 지켜야 할 十重禁戒와 四十八輕戒가 실려 있다. 특히 하권은 대승의 독자적인 계이기 때문에 한국, 중국, 일본에서 중요하게 여겼다.

6.「유교를 받들어 거울로 삼다」

尊儒亟鏡

하장 거혹거사 황정

霞漳 去惑居士 黃貞

요지

황정은 천주교가 중국을 잠식하는 방법을 아첨과 절도로 규정한다. 즉 아첨하기 때문에 사람들은 좋아하고, 몰래 훔치기 때문에 경각심을 잃는다는 것이다. 더구나 저들이 사이비한 것으로써 유도儒道를 해치고 있고, 그 세월 또한 오래되어 세력이 만만치 않은바, 마땅히 공자의 도道로 비추어 봄으로써 무엇이 정正이고 무엇이 사邪인지를 식별해 내어, 천주교가 더 이상 혹세무민하는 것을 용인해서는 안 된다고 주장한다. 그것이 바로 제목에서 의미하는 '거울'이다. 즉 유가의 거울로써 오랑캐의 진면모를 밝히자는 것인데, 여기에는 모두 일곱 가지 내용이 실려 있으며, 각 편의 요지는 다음과 같다.

1. 오랑캐의 해독이 끝이 없는데도 변박하지 않는 것은 천리天理를 해치는 행위이다.
2. 성현들이 천명을 알고 하늘을 섬긴 뜻을 오랑캐들이 어지럽히도록 내버려 둘 수 없다.
3. 생사生死와 이욕理慾이 상치된다.
4. 고통과 즐거움을 받아들이는 것이 상치된다.
5. 높여 받드는 바가 상치되고, 미혹됨과 깨우침이 상치된다.
6. 오랑캐들은 도道가 천지·사람·사물에 일관되어 있음을 모른다.
7. 태극太極·이理·도道와 공자는 없앨 수 없다.

6.1. 「유교를 받들어 거울로 삼다」 서문

尊儒亟鏡敘

유교는 우주에서 가장 존귀하여 제자백가諸子百家와 나란히 할 수 없으니, 내가 군더더기 말로 존귀하다 이를 필요 있겠는가? 하지만 오늘날 유교를 인멸하려는 자들이 유교를 비하하고 있기 때문에 온 세상을 향해 유도儒道를 받들라 호소하지 않을 수 없다. 유도는 하늘과 땅에 빛나고 있어 자식·신하·형제·벗이 본래부터 받들어 밝히고 있으니, 내가 군더더기 말로 귀감을 삼으라 이를 필요가 있겠는가? 하지만 오늘날 유교를 인멸하려는 자들이 유교를 혼탁하게 만들기 때문에 온 세상을 향해 귀감을 삼으라고 부탁하지 않을 수 없다.

儒教崇於宇宙也, 諸子百家不能與同行, 予胡庸贅言尊乎哉? 則以今日之欲滅之者之卑之也, 故不忍不號天下以尊. 儒道耀乎乾坤也, 子臣弟友原奉以爲炤, 予胡庸贅言鏡乎哉, 則以今日之欲滅之者之混之也, 故不忍不請天下以鏡.

도대체 유교를 인멸하려는 자들은 어떤 물건들인가? 서양의 오랑캐인 천주교도들, 그리고 중국의 오랑캐로 천주교를 추종하는 무리가 바로 그 물건들이다. 그러나 오랑캐들은 곧바로 유교를 인멸하지 않는다. 먼저 아첨하고 훔쳐 가는 계책을 쓴다. 아첨은 드러내 놓고 하기에 사람을 기쁘게 할 수 있고, 훔치는 것은 은연중에 하기에 사람을 놀라게 하지 않는다. 기쁘기에 추종하며 유교를 비하하고, 놀라지 않기에 급기야 유교를 어지럽힌다. 이빨도 손톱도 갖추어져 있고 혈기 또한 왕성하더니, 하루아침에 공자의 사당에 웅크리고 앉아 포효하며 유교를 인멸하려 한다. 나는

夫欲滅之者何物乎? 西之夷天主耶穌之徒, 與華之夷從天主耶穌之徒者是已. 然夷固不即滅儒也, 而其計先且用媚與竊, 媚能顯授人以喜, 竊能陰授人以不驚. 喜焉從而卑之, 不驚焉遂即混之. 爪牙備, 血力強, 一旦相與蹲素王之堂, 咆哮滅之矣. 予小子誠爲此懼. 雖然仲尼吾心之仲尼也, 仲尼之道惡可得而滅焉, 仲尼日月也. 洙泗一

진정 이 점이 두렵다. 그렇지만 공자는 내 마음속의 공자이니, 공자의 도를 어찌 인멸할 수 있겠는가? 공자는 해이고 달이다. 수사[1]에 모여 예로부터 전수해 오던 광명이 아직 땅에 떨어지지 않았거늘, 또 어찌 비하하고 어지럽힐 수 있단 말인가?

堂, 舊所傳授之光明, 未墜於地, 又惡可得而卑與混焉.

어떤 이는 "요사한 오랑캐가 혹세무민하여 어두컴컴한 가운데 모든 것이 꽉 막혀 있으니, 세상의 운세가 밤에 접어들었다. 어서 하늘 한복판의 해와 달로써 비추어야 하지 않겠는가?"라고 말하고, 또 어떤 이는 "요사한 오랑캐는 말하든 침묵하든 움직이든 멈추든 모두가 기괴하니, 실로 이 땅의 도깨비들이다. 어서 우禹임금의 세발솥[2]으로 비추어야 하지 않겠는가?"라고 말한다. 나는 저들이야말로 거짓 도로써 유가의 도를 해치고, 유가에 아첨하고 유교를 훔쳐서 유가를 해치는 자들로서, 바로 공문孔門의 왕망王莽[3] 같은 자라고 본다. 그래서 어서 공자께서 전수한 거울을 가지고 비추어야 한다고 여긴다.

或曰 "妖夷惑世誣民, 晦盲否塞, 乃世運之夜色也. 其亟以中天之日月鏡之乎?" 或曰 "妖夷語默動靜皆怪, 乃中邦之魍魅也, 其亟以禹王之鼎鏡之乎?" 予則以爲, 此蓋似道非道而害道, 媚儒竊儒而害儒者, 乃孔門之王莽也. 予其亟以仲尼一堂所傳授之鏡鏡之乎.

거울에 비추어 보아야 성현의 수염과 눈썹을 진짜로 알아 요사한 오랑캐의 거짓에 속지 않을 수 있고,

鏡焉然後知聖賢之面目鬚眉有眞, 不至爲妖夷之所假. 鏡焉

1 洙泗는 중국의 洙水(주수이)와 泗水(쓰수이)를 아울러 이르는 이름이다. 공자가 이 근처에서 학문을 강의하였기 때문에 이를 공자의 학문을 칭하는 말로 사용한다.

2 우임금은 九州에서 거둬들인 청동으로 세 발로 된 九鼎을 주조하였는데, 이로써 三足鼎은 천자의 권위를 상징하게 되었다.

3 王莽(기원전 45~기원후 23)은 前漢 제11대 황제 元帝의 王皇后(元后)의 동생 王曼의 차남으로 원후의 아들 成帝(기원전 33~기원전 7)가 즉위하자 列侯에 봉해지고, 大司馬가 되어 군권을 장악하였다. 기원전 1년 哀帝가 後嗣 없이 급사하자 왕망은 원제의 손자인 9살의 平帝를 옹립하고, 攝皇帝가 되어 정권을 독단하였다. 그 후 8년 스스로 천자가 되고 新나라(8~23)를 세웠으나 급격한 복고적 정책과 對匈奴 政策의 실패로 山東과 南陽에서 반란이 일어나 23년 刺殺당하였다.

거울에 비추어 보아야 요사한 오랑캐의 간과 쓸개가 모두 악함을 알아 귀와 눈이 잘못에 빠지지 않을 수 있으며, 거울에 비추어 보아야 기뻐하고 있는 자는 어쩌면 숨은 우환이 있지 않을까, 놀라지 않은 자는 어쩌면 갑작스런 위험이 있지 않을까 여기게 되어, 서로를 이끌어 주어 오랑캐가 되는 꼴을 면할 수 있을 것 아닌가! 이것이 보잘것없는 내가 천하를 비추고자 하면서 행여 신속하게 하지 못할까 봐 두려워하는 까닭이다.

然後知妖夷之肝膽情形皆惡, 不致貽耳目以誤迷. 鏡焉然後喜者或其有隱憂, 不驚者或其有危慴, 庶不相率而爲夷也乎. 此區區所以求天下之鏡之, 而惟恐其不亟焉.

지금 오랑캐들은, "반드시 온 중국이 우리 예수를 떠받들고 오직 우리만을 따르게 하겠다. 그렇지 않고는 그만두지 않겠다."고 말한다. 아! 중국 사람들을 오랑캐로 만들다니, 나는 공자가 미복 차림으로 멀리 떠난 까닭을 알겠다. 지금은 실로 그때 (공자를 죽이려 한) 환퇴桓魋보다도 더 심하도다.[4] 내가 동해에 뛰어들어 죽을지언정, 어찌 오랑캐 세상에 머물러 살기를 구하겠는가?

今夷之言曰 "我等必教中華盡尊我耶穌, 而惟我是從, 不然不能已也." 嗟夫! 苟中華相率而爲夷, 吾知仲尼之微服遠去也, 必且有甚于當年之桓魋. 予小子惟有赴東海而死耳, 豈肯處夷世界以求活也哉?

이 거울은 성현들께서 자신의 마음에서 얻어 만든 것이다. 이미 만들어져 있기에 내가 주조할 필요 없고, 때 하나 없이 밝기에 내가 닦을 필요 없다. 나는 오직 이 거울을 들어 비추고자 할 따름이다. 그러나

斯鏡也, 聖賢先得我心而作之者也, 現成不朽, 毋用予鑄, 光明不垢, 毋用予拭. 予惟擧此鏡以鏡之而已矣. 然妖夷之假也

4 『論語』「述而」에 "하늘이 내게 덕을 내리셨으니, 환퇴가 나를 어찌할 것인가?(天生德于予, 桓魋其如予何?)"라는 말이 있다. 공자가 송나라에 갔을 때 환퇴라는 악인이 공자를 죽이려고 하였다. 공자의 제자가 그에게 대항하려 하자 공자는 이를 말리면서 송나라를 떠났다고 한다. 이 일은 『史記』「孔子世家」에 보이며, 『孟子』「萬章上」에도 "공자는 … 미복 차림으로 송나라에 갔다.(孔子 … 微服而過宋.)"는 말이 있다.

요사한 오랑캐의 거짓 놀음이 오래되어 저들에게 미혹된 백성이 날로 많아지고 있으니, 나의 유교를 높이라는 호소와 거울을 청하고자 하는 마음이 어찌 다급하지 않을 수 있겠는가?

已久, 民物之迷也日衆, 予小子之號尊請鏡也, 又惡可以不亟.

6.2. 오랑캐의 해독이 끝없는데도 변박하지 않는 것은 천리를 해치는 것이라는 주장

狡夷之害無窮, 不辨爲忍心害理說

이마두利瑪竇(마테오 리치)의 무리가 줄줄이 중국에 들어오자 온 나라가 공모하여 오랑캐의 사교로써 중국을 개변시키고자 하고, 중국의 임금과 스승의 두 권위를 묶어 놓으려 하였다. 지금 저들 나라에서는 한자로 된 우리의 경서를 훔쳐다 읽고서 작록爵祿의 등급을 정하고, 해마다 달마다 사람의 능력을 헤아려 뽑아 우리 나라에서 선교하는 자들을 크게 부귀하게 만들어 주고 있으니, 그 계략이 심원하다.[1] 그래서 저들 나라 오랑캐들은 팔을 걷어붙이고서, 사는 날까지 마음과 힘을 다하여 이 일을 하겠노라 앞다투어 맹세한다. 오직 우리 성현의 가르침을 어지럽힐 수만 있다면 극단적인 수단일지라도 쓰지 않는 것이 없고, 아무런 거리낌도 없다.

利瑪竇輩相繼源源而來中華也, 乃擧國合謀欲用夷變夏, 而括吾中國君師兩大權耳. 今其國旣竊讀吾邦文字經書, 復定爵祿之等, 年月考選其人之能, 開敎於吾邦者, 大富貴之, 此其計深哉. 于是彼國之夷, 奮臂爭先, 謁畢世之心力而爲之. 凡可以亂吾聖賢之敎, 無所不用其極而無忌憚焉.

그 가운데 가장 엇비슷하여 시비가 분명치 않은 것으로 '상제'와 '천명'과 '천天', 이 다섯 글자만 한 것이 없다. 교활한 오랑캐들이 좋은 계략을 얻었다고 여기는 것이 바로 이것이다. 그런데 우리 나라에서 개처럼 따라 짖는 녀석들과 재물을 탐내는 무리가 일

其最受朱紫疑似者, 莫若'上帝', '天命'與'天'之五字. 狡夷以爲甚得計者在此. 吾國吠聲之夫與貪貨之流, 起而和之. 各省皆有其羽翼. 吠者無目者也,

1 예수회 대학의 교과 과정과 파송 선교사의 직급 등을 나름대로 알고서 쓴 표현이라고 볼 수 있다.

어나 저들에게 부화뇌동한 결과, 성省마다 저들의 동조자들이 생겨났다. 개처럼 따라 짖는 녀석들은 눈이 멀어서 소리만 듣고 사람은 보지 못한다. 탐욕스러운 무리는 본심을 잃어서 돈만 보고 사람은 보지 못한다. 그러니 도를 해치고 세상을 해침이 끝이 없다.

見聲不見人也. 貪者喪心者也, 見金不見人也. 害道害世, 玆無窮矣.

요물 이마두가 처음 근심거리를 만든 지 어언 반세기가 넘었거늘, 우리 유가의 뛰어난 선비들 가운데 맹자처럼 변박을 펼친 사람이 있다는 말을 들어 본 적이 없다. 충효절의의 모범은 날로 사라지고, 천도와 덕성의 종지는 점차 빛을 잃고 있으니, 진실로 통곡하고 눈물 흘릴 노릇이다. 덕도 없고 무능한 제자가 더듬거리는 말솜씨로 글을 지어 변박하려 하니 부끄러워 진땀이 난다. 그러나 실로 도저히 가만있을 수 없어 애가 탄다. 진실로 생각건대, 차마 이리도 심하게 도를 해치는 것들 가운데, 지금 앉아서 구경만 하고 있는 이 일보다 더 심각한 것이 없을 것이다.

計自利妖首難, 以至今日, 五十餘年, 吾儒豪傑之士, 未聞有爲孟子之辨者, 忠孝節義之像, 日受其斬, 天道德性之宗, 漸以不明. 誠可爲痛哭流涕者矣. 予小子涼德不才, 以期期之口著辨, 愧汗殊深. 然固不得已之苦心也, 誠以爲忍心害理之甚者, 莫甚于今日坐視而不言者也.

6.3. 성현들이 천명을 알고 하늘을 섬긴 것을 오랑캐들이 어지럽히게 할 수 없다는 주장

聖賢知天事天, 夷不可混說

공자께서는 "쉰 살에 천명을 알았다."[1]고 하셨다. 하늘을 앎에 있어 공자만 한 분이 없다! 그러나 그분이 남겨 주신 가르침의 큰 종지는 오직 덕성과 심학이며, 나의 지극히 정성스럽고 그침이 없는 도를 다하라 했을 뿐, 사사로이 상제와 하늘을 섬기는 것[2]을 가르치지 않았다.

子曰 "五十而知天命." 知天莫若夫子矣! 然其垂敎大旨, 惟有德性心學, 盡吾至誠無息之道而已矣, 初不敎人褻事帝天.

아마도 하늘이 하늘인 까닭은 깊고 그윽하여 그침이 없는 것[3] 때문일 게다. 하늘이 곧 이理요 도道요 심心이요 성性이다. 도道는 가장 신령하고 가장 권위 있는 것이기에 『주역』에서는 "하늘의 도는 착한 사람에게 복을 주고 악한 사람에게 화를 내린다."[4]고 하였다. 이理는 가장 신령하고 매우 신속한 것이기 때문에 "한 번의 선한 생각에 상서로움의 조짐이 뒤따른다."고 하였다. 그러므로 우리 유가에서는 오직 본

蓋天之所以爲天, 於穆不已之誠也. 天即理也, 道也, 心也, 性也. 此道最靈而有權柄, 故『易』云 "天道福善禍淫." 此理最靈而甚神速, 故曰 "一念善, 則景星慶雲隨之." 是以吾儒惟有存心養性, 即事天也, 惟有悔過遷善, 即禱天也. 苟舍是

---

1 『論語』「爲政」에 있는 내용이다.

2 『禮記』「表記」에 보인다. "삼대 때 성명한 왕들은 모두 천지신명을 섬겼으나 모두 점을 치기 위해서였지 감히 사사로이 상제를 섬기지 않았다.(三代之明王, 皆事天地之神明, 無非卜筮之用, 不敢以其私褻事上帝.)"

3 『詩經』「周頌」「淸廟之什」 제2편에 보인다. "하늘의 명이, 아! 깊고 그윽하여 그침이 없으시니, 아! 보이지 아니한가, 문왕의 덕의 순수함이여.(維天之命, 於穆不已, 於乎不顯, 文王之德之純.)"

4 원문의 출처가 잘못되어 있다. 『周易』이 아니라 『尙書』「湯誥」에 있는 내용이다.

심을 기를 뿐이니, 이것이 곧 하늘을 섬기는 것이고, 오직 잘못을 뉘우치고 착한 일을 할 뿐이니, 이것이 곧 하늘에 비는 것이다. 이런 것을 제쳐 놓고 달리 하늘이라는 설說이 있다 하고, 달리 섬기는 법이 있다 한다면, 이는 공자의 본뜻이 아닐 것이다.

而別有所謂天之之說, 別有所謂事之之法, 非素王之旨矣.

나는 "(자로가) 천신과 지신께 기원을 드렸다고 하자, 공자께서 '나는 벌써 기도한 지 오래되었다.'"[5]고 한 구절을 읽을 때마다 훤히 깨닫고 깊이 살필 수 있었다. 이것은 공자의 큰 공덕이니, 하늘을 섬기고 하늘에 기도드리는 정심한 뜻을 각기 밝혀 온 세상과 후세에 알리신 것이다. (주자가) 『사서집주四書集註』에서 말하길, "위와 아래를 천지라 하고 하늘의 신을 신神, 땅의 신을 기祇라 한다."고 하였다. 이는 또 주자[6]의 큰 공덕이니, 사람들에게 하늘이 있고 땅이 있고, 위와 아래에 각기 천신天神이 있고 지기地祇가 있음을 알게 한 것이다.

予讀"禱爾於上下神祇, 子曰'丘之禱久矣.'" 未嘗不了然大暢, 悠然深省也. 是吾夫子之大功德, 分別揭事天禱天之精義, 以詔天下後世也. 『註』云 "上下謂天地, 天曰神, 地曰祇." 又是朱子大功德, 使人知有天有地, 有天神有地祇在上在下也.

공자와 자로子路[7]도 지금까지 하늘과 땅을 나란히 말하지 않은 적이 없고, 천신과 지기에게 나란히 기도하지 않은 적이 없었으니, 이는 천신과 지기가 천신

是吾夫子·子路未嘗不竝言天地也, 未嘗不竝禱天神地祇也. 豈非祇神之所以爲祇神者, 一

5 『論語』「述而」에 있는 내용이다.

6 朱熹(1130~1200)는 南宋의 유학자로 자는 元晦·仲晦, 호는 晦庵·晦翁·雲谷老人·遯翁이며, 朱子는 존칭이다. 程顥·程頤·周敦頤(1017~1073)·張載(1020~1077) 등의 철학을 집대성하여 자신의 철학을 완성시켰다. 그의 사상을 집대성한 『四書集註』 가운데 논어와 맹자의 집주는 1177년에 완성되었다. 또 1172년에 『資治通鑑綱目』을 완성하였는데, 이 책은 동아시아 전역에서 널리 읽혔을 뿐만 아니라, 유럽 최초의 중국 역사서로서 『Histoire générale de la Chine』(1777~1785)의 토대가 되었다. 白鹿洞書院의 재건을 계기로 서원이 성리학 발전의 제도적 기반이 되었으며, 19세기 말까지 그의 사상은 官學의 기초가 되었다.

7 공자의 제자인 仲由(기원전 543~기원전 480)의 字이다.

과 지기인 까닭이 곧 우리 마음의 도와 하나이기 때문 아니겠는가? 우리 마음의 귀신이 보아도 보이지 않고 들어도 들리지 않고 외물에 드러나 버릴 수 없는 것이기 때문 아니겠는가? 볼 수 있는 것이 귀신이고 들을 수 있는 것이 귀신이며 미세하나마 드러나 참으로 이처럼 감출 수 없는 것이기 때문 아니겠는가?

吾心之道乎? 豈非吾心之鬼神, 視之而弗見, 聽之而弗聞, 體物而不可遺乎? 豈非能視者即鬼神, 能聽者即鬼神, 夫微之顯, 誠之不可揜如此乎?

성현께서 경서에 쓰신 명백한 뜻이 하늘 한복판의 해와 달처럼 환히 빛나고 있는데, 오랑캐 요물들이 어찌 이를 뒤섞을 수 있단 말인가? 이 같은 까닭에 오랑캐 요물들은 유교에서 하늘을 말하고 상제를 말한 것을 뒤섞고 있긴 하지만 절대로 감히 땅을 말하지 못하고, 감히 지기에게 기도드린다 말하지 못하며, 감히 자기 마음의 도에 관해 말하지 못하고, 감히 자기 마음의 성誠에 관해 말하지 못하는 것이다. 이는 이러한 것들이 천주 예수의 교설에 방해가 되기 때문 아니겠는가? 그런데 우리 중국 사람들이 오랑캐의 천주 예수를 우리 유교 경서에서 말한 상제 및 하늘과 한데 뒤섞고 있으니, 이는 곧 새와 쥐의 찍찍거리는 소리를 봉황의 울음과 뒤섞는 것과 무엇이 다르겠는가?

此聖賢經書之明旨, 昭若日月于中天, 夷妖何得而混之也? 是故夷妖混儒之言天, 言上帝, 而絶不敢言地, 不敢言禱於地祇, 不敢言即吾心之道, 不敢言即吾心之誠, 豈非以其害於天主耶穌之說乎哉? 而我華人, 以夷之天主耶穌, 爲合吾儒之經書帝天者, 何異以鳥空鼠, 即爲合鳳凰之音也與?

6.4. 생사와 이욕이 상치된다는 주장

生死理慾相背說

16자 전심十六字傳心[1] 이래로 중국 유문儒門에 다른 학설이란 아예 있지 않으며, 오직 인의만이 있을 따름이다. 이 때문에 사나 죽으나 올바름을 잃지 않는다. 공자께서 많은 성현들의 말씀을 집대성하였고, 맹자께서 공자를 배워 후세에 선현들의 가르침을 남겼으니, 지극하다고 이를 만하다.

自十六字傳心以來, 中國之儒門無異學, 惟有仁義而已, 故生死皆不失其正. 仲尼集千聖之大成, 孟子學孔子者, 後先垂教, 可謂至矣.

그러나 요사한 오랑캐들은 진체眞體가 어디에 있는지 알지 못하고, 마음으로 오로지 천주만을 따르며 일생을 바쳐 천주에게 아첨하기를 마다하지 않는다. 살아도 망상을 품고 사니, 이는 헛되게 사는 것이나 마찬가지다. 생각이 온통 천당에 미혹되어 쉽사리 삶도 마다하고 천당만을 바란다. 죽어도 망상을 품고 죽으니, 이는 헛된 죽음이나 마찬가지다. 삶과 죽음이 모두 욕망이기 때문이다. 우리에게 있어 살고 죽는 것은 큰일이다. 요사한 오랑캐와 공맹孔孟의 이理·욕慾이 상치됨이 이와 같으니, 하물며 다른 것이야 더 말할 것이 있겠는가?

妖夷不知眞體所在, 心惟天主是逐, 不嫌盡此生而媚之. 則生也, 爲抱妄想, 生是虛生, 志惟天堂是惑, 不難捨此生而求之. 則死也, 爲抱妄想, 死是虛死, 生死皆慾也. 夫吾人之生死大事也, 妖夷與孔孟理慾相背如此, 矧其他乎?

---

1 '十六字傳心'은 『古文尙書』 「大禹謨」에 있는 "사람의 마음은 위태롭고 도심은 잘 드러나지 않으니 오로지 정밀하게 살피고 한 가지에 집중하여 그 가운데를 잡으라.(人心惟危, 道心惟微, 惟精惟一, 允執厥中.)"를 말한다. 송나라의 유가들은 이 16자를 堯·舜·禹가 마음에서 마음으로 서로 전수한 개인적인 수양과 나라를 다스리는 원칙으로 간주하였기 때문에 이렇게 불렀다.

6.5. 고통과 즐거움을 받아들이는 것이 상치된다는 주장

受用苦樂相背說

"공자께서는 명命과 인仁에 대해 거의 말씀하지 않으셨다."[1] 『사서집주』에 이르기를, "명의 이理는 미세하고 인의 도는 크다. 대체로 명이 곧 이理인데, 이 이理는 지극히 정미하다. 인은 곧 도인데, 이 도는 가장 광대하다. 오직 군자만이 광대함에 이를 수 있고 정미함을 다할 수 있다. 한마디로 말하면 덕성德性을 높일 수 있다. 이 덕성은 말로 전할 수 있는 바가 아니며, 뭇 성현들이 전하지 않은 비밀이자 이미 완성되어 있는 쓰임이다."라고 하였다. 『주역』에서는 "등에 머물면 탈이 없다."[2]고 하였으며, 『상서』에서는 "자기의 직책을 안정되게 지키라."[3]고 하였다.

"子罕言命與仁."『註』曰 "命之理微, 仁之道大. 蓋命即理也, 此理極精微. 仁乃道也, 此道最廣大. 惟君子致廣大而盡精微, 總之所以尊德性也. 此德性非可以言傳, 乃千聖不傳之秘, 現成之受用."『易』云 "艮其背, 不獲其身."『書』云 "安汝止."

여기에서 성인은 살았어도 산 적이 없고, 죽었어도 죽은 적이 없음을 알 수 있다. 이른바 삶과 죽음이 서로 간섭하지 않는다는 것이요, 삶과 죽음을 나

如是則可以見聖人生未嘗生也, 死未嘗死也. 所謂生死不相干也, 所謂齊生死也, 超生死也,

---

1 『論語』「子罕」에 "공자께서는 이익과 운명과 어짊에 대해 거의 말하지 않으셨다.(子罕言利, 與命與仁.)"라는 구절이 보인다.

2 『周易』「艮卦」의 卦辭에 보인다. 생각의 끝이 아무런 욕망도 없고 보이지도 않는 등에 머물면 무탈할 수 있다는 뜻이다.

3 『尙書』「虞書」에 "너의 직책을 안정하게 지키며 위험이 일어나고 안녕이 생김을 思慮하여 보좌 신하를 정직한 사람으로 쓰라.(安汝止, 惟幾惟康, 其弼直.)"는 말이 보이며, 이 말은 자신의 직위에서 조심하여 먼저 안정해야 하고, 안정할 때면 악행을 하기 좋아하는 자들이 발길을 멈출 것이니, 미세한 것도 깊이 살펴서 염려하여 그의 안정을 확보하려면 그의 보좌 신하들을 반드시 정직한 사람으로 써야 한다는 뜻이다.

란히 여기고 삶과 죽음을 초월한다는 것이요, 이른바 절대 자기 견해를 고집하지 않는다는 것이다.[4] 성현들이 삶을 받아들인 것이 참으로 즐겁지 아니한가!

所謂毋意必固我者也. 聖賢生之受用誠樂哉.

저 교활한 오랑캐들이 말하는 영혼이란 살아서 갇혀 지내다 죽어서야 어두운 감옥에서 나오는 것이다. 이는 사람에게 삶을 고통스럽게 여기고 죽음을 즐겁게 여기라고 가르치는 것과 같으니, 우리 성현의 도와 너무도 다르다.

如是則與狡夷之所謂靈魂者, 生時如拘縲絏中, 旣死則出如暗獄, 教人苦生樂死也, 毫不相干矣.

교활한 오랑캐들은 진체眞體가 어디에 있는지 모르면서, 밖으로는 천주에 집착하고 안으로는 영혼에 집착하며, 마음은 천당에 가 있어서 천당에 오르고자 애쓴다. 까닭 없이 스스로 형틀을 지고, 죄를 짓지 아니하고서도 가슴을 치며 구해 달라고 애걸한다. 생기 가득한 느낌은 어디에 있으며, 호호탕탕한 뜻은 어디에 있는가? 교활한 오랑캐와 성현 사이의 고락苦樂의 차이가 이와 같으니, 하물며 다른 것들이야 더 말할 것이 있겠는가?

蓋狡夷不知眞體所在, 外執天主, 內執靈魂, 情著天堂, 而謀所以登. 無事而自被刑枷, 非罪而搥胸乞救, 活潑潑之趣何在, 坦蕩蕩之宗奚存. 狡夷與聖賢苦樂相背如此, 矧其他乎?

---

4 『論語』「子罕」에 "공자께서는 네 가지가 없으셨으니, 사사로운 뜻이 없으셨고, 꼭 하겠다는 것이 없었으며, 고집이 없고, '나'라는 것이 없었다.(子絶四, 毋意, 毋必, 毋固, 毋我.)"라는 구절이 있다.

6.6. 높여 받드는 바가 상치되고, 미혹됨과 깨달음이 상치된다는 주장

尊貴迷悟相背說

군자는 덕성을 받들며, 이 덕성을 밝히는 외에는 모두 비천하다고 여기기 때문에 덕성을 빼고 나면 달리 받들 만한 것이 없다. 덕성의 본체는 본래 내 안에 밝게 존재하기에 “능히 덕을 밝힐 수 있다.”고 한 것이다. 덕성의 본체는 하늘과 다른 것이 아니며, 하늘에 있는 것을 일러 천명이라 하기에 “하늘의 밝은 명을 돌아본다.”고 한 것이다. 이 덕성의 본체는 본래 끝이 없으며, 지극히 높고 아름다워서 비길 것이 없기에 “능히 지극히 높은 덕을 밝힐 수 있으니, 모두 스스로 밝히는 것이다.”[1]라고 한 것이다. “밝으면 성誠에 이른다.”[2]는 바로 사람의 도이기에 “성誠에 이르고자 노력하는 것은 사람의 도”라고 한 것이다. 이것은 곧 하늘의 도이기에 “성誠은 하늘의 도”[3]라고 한

故君子尊德性, 明是德性外, 皆卑也. 舍德性, 別無可尊矣. 此德性本體在我原明, 故曰“克明德.”此德性本體與天不二, 在天爲命, 故曰“顧諟天之明命.”此德性本體原無邊際, 極其高峻而莫與儔, 故曰“克明峻德, 皆自明也.”“明則誠矣,”即此是人之道, 故曰“誠之者, 人之道也.”即此是天之道, 故曰“誠者, 天之道也.”即此是天與地之道, 故曰“天地之道, 可一言而盡也. 其爲物不二.”

---

1 앞의 인용문부터 여기까지는 모두 『大學』 제1장의 “『尙書』의 「康誥」에서는 능히 덕을 밝힌다 하였고, 「太甲」에서는 하늘의 밝은 명을 돌아본다 하였으며, 「帝典」에서는 능히 지극히 높은 덕을 밝힌다고 하였으니, 이는 모두 스스로 밝히는 것이다.(「康誥」曰 克明德, 「太甲」曰 顧諟天之明命, 「帝典」曰 克明峻德, 皆自明也.)”에서 인용하였다.

2 『中庸』 21장에 “誠을 통해 밝아지는 것을 性이라 하고, 밝음으로 인해 誠에 이르는 것을 教라 한다. 誠하면 밝아지고 밝아지면 誠해진다.(自誠明謂之性, 自明誠謂之教. 誠則明矣, 明則誠矣.)”라는 구절이 보인다.

3 이 두 구절은 『中庸』 20장의 “誠 그 자체는 하늘의 道이고, 誠해지려고 노력하는 것은 사람의 道이다.(誠者, 天之道也, 誠之者, 人之道也.)”에서 인용하였다.

것이다. 이것은 곧 하늘과 땅의 도이기에 "천지의 도는 가히 한마디로 말할 수 있으니, 그 천지의 도가 물物이 됨에 둘이 아니라 한다."[4]라고 한 것이다.

그러니 어찌 저 천주 예수가 천지를 주재할 수 있고, 천지를 7일 동안에 창조해 낼 수 있겠는가? 이는 곧 만물의 도이며 만물은 모두 이 성誠으로부터 생겨난다. 이 때문에 "만물이 생겨나는 것은 헤아릴 수 없다."[5]고 한 것이다. 어찌 저 천주 예수가 만물을 만들 수 있겠는가?

夫豈天主耶穌之所得而主宰, 所得而七日造成乎? 卽此是物之道, 萬物皆從此誠而生, 故曰 "則其生物不測." 夫豈天主耶穌之所生物乎?

이 때문에 "성은 만물의 끝이자 시작이니 성이 없다면 만물이 없다. 이런 까닭에 군자는 성을 귀히 여긴다."[6]고 한 것이다. 이 성을 밝게 드러내는 외에는 모두 천하여 중요치 않다. 군자들이 귀중히 여기는 바가 이와 같은데 깨닫지 못한 자가 능히 그같이 할 수 있겠는가? 이와 같으니 교활한 오랑캐들이 귀하게 받드는, 눈 우묵하고 콧대 우뚝한 천주 예수와는 털끝만큼도 상관이 없는 것이다.

故曰 "誠者, 物之終始, 不誠無物. 是故君子誠之爲貴." 明是誠之外, 皆賤也, 不足貴也. 夫君子之所尊貴如此, 而謂不悟者能之乎? 如是則與狡夷之所尊貴, 在于深目隆鼻之天主耶穌也, 毫不相干矣.

교활한 오랑캐들은 진체가 어디 있는지 몰라 자신의 도를 스스로 이룰 줄도, 귀중한 것을 스스로 귀히

蓋狡夷不知眞體所在, 不悟自成自道, 自貴其貴, 以故教人乞成

4 『中庸』 26장에 나오는 구절이다. "넓고 두터움은 땅과 짝하고, 높고 밝음은 하늘과 짝하며, 오래 이어짐은 경계가 다함이 없다. 이와 같은 것은 보이지 않아도 나타나고, 움직이지 않아도 변화하며, 어떤 일을 하지 않아도 이루어진다. 천지의 도는 한마디 말로 다할 수 있으니, 그것이 물을 이룸에 둘이 아니고 한결같은지라, 그것이 물을 내는 것은 측량할 수 없이 무한하다. 천지의 도는 넓고 두텁고, 높고 밝고, 계속되고 영구하다.(博厚配地, 高明配天, 悠久無疆. 如此者不見而章, 不動而變, 無爲而成. 天地之道, 可一言而盡也, 其爲物不貳, 則其生物不測. 天地之道, 博也厚也高也明也悠也久也.)"

5 각주 4 참조.

6 『中庸』 25장에 "성은 물의 마침이자 시작이니, 성이 없으면 물이 없다. 이런 까닭에 군자는 성을 귀히 여긴다.(誠者, 物之終始, 不誠, 無物. 是故君子誠之爲貴.)"라는 구절이 보인다.

여길 줄도 모르기 때문에 예수에게 이루어 달라 빌고, 도를 빌고, 천주에게 영험을 빌고, 고귀함을 빌라고 가르치는 것이다. 지금 저들이 형틀을 찬 악당, 십자가에 못 박혀 죽은 죄인을 귀하게 여기며 공경히 받들면서 못하는 짓이 없는 것을 보니 참으로 슬프다.

乞道於耶穌, 乞靈乞貴於天主. 今觀其尊刑枷之兇, 夫貴釘死之罪人, 恭敬奉持無所不至, 誠爲可悲.

교활한 오랑캐들이 귀하게 받드는 것이 이와 같은데, 미혹되지 않았다는 자들이 그같이 할 수 있겠는가! 교활한 오랑캐의 미혹됨과 군자의 깨달음이 이처럼 배치되니, 하물며 다른 것이야 더 말할 것이 있겠는가?

夫狡夷之所尊貴如此, 而謂不迷者爲之乎! 狡夷與君子迷悟相背如此, 矧其他乎?

6.7. 도가 천지·사람·사물에 일관되어 있음을 오랑캐들은 모른다는 주장

道貫天地人物, 非夷所知說

그러므로 이 성誠이라는 진체眞體는 있는 곳이 없으면서도 어디에도 있지 않은 곳이 없다는 것을 알아야 한다. 이것이 성인에게 있으면 성인의 도가 된다. 그러므로 "크도다, 성인의 도여! 온 사방에 넘쳐나 만물을 발육하니 높고도 커서 하늘에 닿는다."[1]고 한 것이다. 또 이것이 군자에게 있으면 군자의 도가 된다. 그러므로 "군자의 도는 그 쓰임이 광대하나 그 본체는 드러나지 않는다. 평범한 사내와 아낙도 더불어 알고 행하게 할 수 있으나, 성인에게도 알지 못하고 하지 못하는 일이 있다."[2]고 한 것이다. 평범한 사내와 아낙은 신성神聖에게 영험을 빌지 않는다. 신성이 평범한 사내와 아낙을 풍족하게 해 줄 수는 없기

是故當知此誠眞體, 無所在而無所不在也. 在聖人則爲聖人之道. 故曰 "大哉, 聖人之道, 洋洋乎發育萬物, 峻極于天." 在君子則爲君子之道, 故曰 "君子之道, 費而隱., 夫婦可以與知能行, 聖人有所不知不能." 是夫婦不乞靈於神聖也, 神聖不能有豐於夫婦也. '竪無上兮, 橫無外兮, 虛空逼塞滿兮.' 語大莫載也. '野馬尿溺兮', '窗前草兮', '物物一太極 兮.' 語

---

1 『中庸』 27장에 "크도다, 성인의 도여! 온 사방에 넘쳐나 만물을 발육하나니, 높고도 커서 하늘에 달했네. 온화함이 크도다! 예의는 삼백이고 위의는 삼천이네. 마땅한 사람을 기다린 후에 행동하네. 고로 말하노니, 진실로 지극한 덕이 아니면 지극한 도는 이루어지지 않는다.(大哉, 聖人之道! 洋洋乎發育萬物, 峻極于天. 優優大哉! 禮儀三百, 威儀三千. 待其人而後行. 故曰, 苟不至德, 至道不凝焉.)"라는 구절이 보인다.

2 『中庸』 12장에 "군자의 도는 쓰임이 넓지만 그 자체는 숨겨져 있다. 미련한 사내와 아낙도 그것을 알 수 있지만 그 지극한 함의에 대해서는 비록 성인이라 해도 알지 못하는 것이 있다. 불초한 사내와 아낙도 능히 그것을 행할 수 있으나 지극한 것에 이르러서는 비록 성인이라 해도 역시 해내지 못하는 것이 있다.(君子之道, 費而隱. 夫婦之愚, 可以與知焉. 及其至也, 雖聖人亦有所不知焉. 夫婦之不肖, 可以能行焉, 及其至也, 雖聖人亦有所不能焉.)"라는 구절이 있다.

때문이다. '세로로는 위가 없고, 가로로는 밖이 없고, 허공은 가득 차 있다.'[3]는 말은 너무 커서 실을 수 없음을 말한다. '아지랑이와 오줌',[4] '창 앞의 풀',[5] '사물 하나하나에 태극이 있다.'[6]는 말은 너무 작아서 더 쪼갤 수 없음을 말한다. 솔개나 물고기에게 있으면 솔개나 물고기의 도가 되니, 하늘 높이 날면서 하

小莫破也. 在鳶魚則爲鳶魚之道, 飛戾天兮忘其天, 躍于淵兮忘其淵, 鳶魚各足也. 生民之食息起居, 何非此道之妙用. 兩間之水流花開, 總屬此理之流行, 造端乎夫婦, 察乎天地矣. 君子

---

3 불교 경전인 『金光明經』 제5권에 "위없이 높은 가장 훌륭한 법의 당기를 세우다.(能竪無上最勝法幢.)"는 말이 나온다. 橫無外는 『紫柏尊者全集』에서 "큰 지혜가 마음에서 나오나니, 어디에서 마음을 찾을 것인가? 모든 의를 이룩하지만, 옛날도 없고 오늘도 없다.(大智發于心, 于心何處尋. 成就一切義, 無古亦無今.)"라는 네 구절의 偈頌을 해석하면서 "큰 지혜로움은 기대는 곳이 없으니, 가로로 그 바깥이 없고, 가로로 그 바깥이 없으니 가로로 기다리는 바가 없는 것이다.(大智無依, 則橫無外, 橫無外, 則橫無待矣.)"라고 언급한 부분이 나온다. 또 『敦煌變文集』 「金剛般若波羅蜜經講經文」에 "굳세건 유하건, 허공은 온 세상을 감싸고 있다.(也剛檠, 也柔和, 虛空逼塞滿娑婆.)"라는 말이 보이는데, 『朱子語類』 권1에서는 "하늘이 사방 상하를 빈틈없이 에워싸고 있어 온 세상 가득한 것이 모두 하늘이다.(天却四方上下都周匝無空闕, 逼塞滿皆是天.)"라고 설명하였다.

4 『莊子』 「知北游」의 "동곽자가 장자에게 물었다. '도는 어디 있습니까?' 장자가 말했다. '없는 곳이 없다.' 동곽자가 말했다. '구체적인 이름을 들어 말해 주십시오.' 장자가 말했다. '땅강아지나 개미에 있다.' '어찌 그리 낮은 곳에 있습니까?' '피에 있다.' '어찌 더 낮아집니까?' '기와나 벽돌에 있다.' '어찌 더 심히 낮아집니까?' '똥 오줌에 있다.' 동곽자는 대답하지 않았다.(東郭子問于莊子曰 '所謂道, 惡乎在?' 莊子曰 '無所不在.' 東郭子曰 '期而後可.' 莊子曰 '在螻蟻.' 曰 '何其下邪?' 曰 '在稊稗.' 曰 '何其愈下邪?' 曰 '在瓦甓.' 曰 '何其愈甚邪?' 曰 '在屎溺.' 東郭子不應.)" 또 『장자』 「逍遙遊」에서는 큰 것과 작은 것을 비교하면서 큰 것의 상징으로 鵬을, 작은 것의 상징으로 아지랑이(野馬)와 먼지를 든 바 있는데 "아지랑이와 먼지는 생물이 호흡으로 뿜어내는 것이다.(野馬也, 塵埃也, 生物之以息相吹也.)"라는 구절이 그것이다.

5 『居士分燈錄』에 周敦頤와 佛印禪師의 일화가 전한다. "불인이 '눈 가득한 청산을 실컷 보네.'라고 말하자 주돈이는 크게 깨달은 바가 있었다. 어느 날 창밖에 풀이 자라난 것을 보고는 '우리들의 생각과 같구나.'라고 말하고는 게송을 지어 불인에게 바쳤다. 옛날에도 미혹하지 아니하였기에 오늘도 깨달을 것이 없다. 마음과 경계가 융회하여 깊이 잠긴 것을 깨닫고 보니, 풀 깊은 창밖의 소나무가 그대로 도이네. 해가 지도록 사람으로 하여금 보기 싫지 않게 하네.(了元曰 '滿目靑山一任看'. 頤豁然有省. 一日忽見窗前草生, 乃曰 '與自家意思一般.' 以偈呈了元曰 '昔本不迷今不悟. 心融境會豁幽潛, 草深窗外松當道. 盡日令人看不厭.')" 이 고사는 작은 풀을 통해 우주의 큰 원리를 체득해 가는 周敦頤의 철학관을 보여 주고 있다. 『河南程氏遺書』 권 3에도 程顥가 이 고사를 언급했다.

6 『朱子語類』 권 94에 나온다. 朱熹는 "사람마다 태극이 있고, 사물 하나하나에 태극이 있다.(人人有一太極, 物物有一太極.)"라고 하여 衆理를 다 갖춘 것이 태극이며, 그 안에 모든 이치가 다 들어 있음을 설명하였다.

늘을 잊고 연못에서 노닐면서 연못을 잊어 솔개나 물고기가 제가끔 만족해한다.[7] 사람이 먹고 쉬고 자고 일어나는 모든 것이 어찌 이 도의 절묘한 응용이 아니겠는가? 천지 사이에 물이 흘러서 꽃을 피우는 것도 모두가 이 도의 운행에 속하니, 평범한 사내와 아낙에게서 시작하여 천지간에 나타나는 것[8]이다. 군자, 성인, 부부, 천지, 하늘을 날고 물에서 헤엄치는 동식물, 이 모두가 하나의 도 안에 있다. 이 때문에 "하늘은 (도를 얻어) 맑아지고 땅은 도를 얻어 고요해지며 왕후王侯는 도를 얻어 천하를 주재한다."[9]고 말한 것이다. 이것이 우리의 도의 일관된 종지이자 본성과 천도의 참뜻이다.

也, 聖人也, 夫婦也, 天地也, 飛潛動植也, 共在一道中矣. 故曰"天得一以淸, 地得一以寧, 王侯得一以爲天下貞." 此吾道一以貫之宗, 性與天道之旨也.

유교의 가르침이 당시 많이 흘러 나갔으나 공문孔門에 나아간 제자도 그 뜻을 얻어 듣지 못하였는데, 하물며 요사한 오랑캐 따위가 오늘날 얻어 들을 수 있겠는가! 그러므로 이런 것을 아는 것을 '하늘을 안다.'고 하고, 이런 것을 실행하는 것을 '하늘을 섬긴다.'고 하는 것이니, 우리 유교에 어찌 그것을 아는 학문이 달리 있겠는가?

洙泗一堂, 當日漏洩已多, 然及門弟子猶不可得而聞, 況妖夷輩今日可得聞此哉! 是故知此者, 謂之'知天', 行此者, 謂之'事天', 吾儒豈別有所謂知之之學?

7 『詩經』「大雅」「文王之什·旱麓」에 "솔개는 날아서 하늘에 이르고 고기는 뛰어 연못에 놀도다.(鳶飛戾天, 魚躍于淵.)"라는 구절이 있는데, 道가 천지에 가득 차 있음을 뜻하는 말이다.

8 『中庸』 12장에 "군자의 도는 평범한 사내와 아낙에게서 비롯되지만 지극한 것에 다다라서는 천지에까지 나타난다.(君子之道, 造端乎夫婦, 及其至也, 察乎天地.)"라는 구절이 있다.

9 『老子』 39장에 "하늘은 하나의 도를 얻어 맑아졌으며, 땅은 하나의 도를 얻어 안정되었으며, 신은 하나의 도를 얻어 영험해졌으며, 골짜기는 하나의 도를 얻어 가득 차며, 만물은 하나의 도를 얻어서 생존하고, 王侯는 하나의 도를 얻어서 천하를 주재한다.(天得一以淸, 地得一以寧, 神得一以靈, 谷得一以盈, 萬物得一以生, 侯王得一以爲天下貞.)"라는 구절이 있다.

오늘날 이마두라는 요물처럼, 천주가 강생하여 예수가 되고 예수가 다시 돌아가 천주가 되었으며, 지옥과 천당에는 몇 층이 있다[10]고 말해야 비로소 '하늘을 안다.'고 하겠는가? 또 우리 유교에 어찌 그것을 섬기는 방법이 달리 있겠는가? 오늘날 요망한 오랑캐들처럼 성수를 뿌리고 성유를 바르고, 또 십자가를 지고 그것으로 스스로 몸과 마음을 속박하면서, 몰래 불러내어 비밀리에 유혹하며 남녀가 혼잡하게 섞여 있어야 비로소 '하늘을 섬긴다.'고 하겠는가? 한마디로, 요사한 오랑캐들은 이같이 일관되어 있는 도를 알지 못하기 때문에 망령되이 천주와 영혼을 세우고 태극과 이理와 도를 비천하게 여기는 것이다.

如今日利妖指天主降生爲耶穌, 耶穌復返爲天主, 地獄天堂有幾重, 始爲'知天'乎哉? 又豈別有所謂事之之法? 如今日妖夷, 淋聖水, 擦聖油, 運十字刑枷以自桎梏其身心, 暗招密誘, 男女混雜, 始爲'事天'乎哉? 總之, 妖夷不能知此一貫之道, 故妄立天主與靈魂, 而卑賤太極與理道也.

---

10 마테오 리치는 『천주실의』 6편에서 천당과 지옥에 관하여 자세히 설명하고 있다.

6.8. 태극·이·도와 공자는 없앨 수 없다는 주장

太極理道仲尼不可滅說

오랑캐들은 "태극이란 것을 이른바 이理라고만 해석한다면, 천지만물의 본원이 될 수 없다. 이理도 무엇인가에 붙어서 존재하는 것으로 홀로 설 수 없으니, 어찌 다른 사물을 세울 수 있겠는가?"[1]라고 말한다. 또 "제 스스로 설 수 없거늘 어찌 영성과 지각을 가질 수 있고, 스스로 한 부류로 설 수 있겠는가? 이理는 사람보다 비천하다. 이理가 사물을 위해 존재하는 것이지, 사물이 이理를 위해 존재하는 것은 아니다. 그러므로 공자는 '사람이 도를 널리 펼칠 수 있는 것이지, 도가 사람을 널리 펼치는 것이 아니다.'[2]라고 한 것이다. 만약 '이理가 만물의 이성 능력을 함유하고 만물을 조화, 생성한다.'고 한다면, 그것은 바로 천주이다. 어찌 이理라고만 말하고, 태극이라고만 말해야 하는가?"[3]라고 말한다. 이로써 보건대, 오랑캐 요물은 대담하게 태극이 천지와 음양을 생성했다는

夷之言曰 "若太極者, 止解之以所謂理, 則不能爲天地萬物之原矣. 蓋理亦依賴之類, 自不能立, 曷立他物哉?" 又曰 "自不能立, 何能包含靈覺, 爲自立之類乎? 理卑於人, 理爲物而非物爲理也, 故仲尼曰 '人能弘道, 非道弘人也'. 如爾曰 '理含萬物之靈, 化生萬物', 此乃天主也. 何獨謂之理, 謂之太極哉?" 繇此觀之, 夷妖明目張膽, 滅仲尼太極是生兩儀之言, 而卑賤之矣, 以天主耶穌滅太極矣.

---

1 『천주실의』 2편에 보인다. 원문은 위의 인용문과 대동소이하다. "若太極者, 止解之以所謂理, 則不能爲天地萬物之原矣. 蓋理亦依賴之類, 自不能立, 何立他物哉?"

2 『論語』「衛靈公」에 "사람이 道를 넓히는 것이지 道가 사람을 넓히는 것이 아니다.(人能弘道, 非道弘人.)"라는 말이 나오는데, 이 말을 통해 공자의 인본주의 정신을 엿볼 수 있다.

3 『천주실의』 2편에 보인다. 원문은 위의 인용문과 대동소이하다. "自不能立, 何能包含靈覺爲自立之類乎? 理卑於人, 理爲物, 而非物爲理也. 故仲尼曰 '人能弘道, 非道弘人也.' 如爾曰 '理含萬物之靈, 化生萬物', 此乃天主也. 何獨謂之理, 謂之太極哉?"

공자의 말씀을 없애고, 그것을 비천하게 여겼으며, 천주 예수로써 태극을 없앴다.

기왕 그것을 없애면서 거듭 "사람이 도를 넓힐 수 있는 것이지, 도로써 사람을 넓히는 것은 아니다."는 공자의 말을 인용한 것은 무엇 때문인가? 아마도 공자로써 공자를 공박하여 천하 사람들에게 공자의 주장이 모순임을 알게 하고, 태극이 천지와 음양을 생성했다는 말이 믿을 바 못 됨을 알리려는 것이리라.

夫旣滅之, 而復引仲尼'人能弘道, 非道弘人'之語, 何爲哉? 蓋欲以仲尼攻仲尼也, 使天下知仲尼之說爲矛盾, 而太極生兩儀爲不足聽也.

높다란 관冠을 쓰고 넓은 띠를 두른 중국인들이 공자의 책을 읽고서도 감히 "이마두 선생의 천주교는 매우 정심하여 우리 유교와 부합한다."고 말한다. 아아! 이런 것을 참을 수 있다면 참지 못할 게 대체 무엇이랴? 태극의 난신적자요 공자의 역적 수괴일 뿐이로다!

華人峨冠博帶輩, 讀仲尼書者, 敢曰"利先生天學甚精, 與吾儒合." 嗚呼! 是可忍也, 孰不可忍也? 祗爲太極之亂臣賊子, 爲素王之惡逆渠魁焉已矣!

청컨대 그 대략을 한번 말해 보고자 한다. 이 도道라는 것은 사람의 본성이며 형체의 주재로서 본래부터 넓고 크며 찬란하고 위대하다. 사람이란 도의 신묘한 응용이며 본성의 신하이다. 오직 본성의 고유한 것에 따라 본연의 분량을 채움으로써 신묘한 응용의 직능을 다 발휘하는 것을 가리켜 '사람이 도를 넓힌다.'고 한다. 도 밖으로 나아가 도에 본래 없었던 것을 넓히는 것이 아니다. 이 때문에 '양지양능을 이끌어 내는' 작용으로 말하자면 '사람이 도를 넓히는 것'이고, '양지양능' 본연의 것으로 말하자면 '도가 사람을 넓힌다.'고 말할 수 있는 것이다.

予請畧言之, 夫道者, 人之體性, 形之君也, 本含弘而光大. 人者, 道之妙用, 性之臣也. 惟當率其性之固有, 而滿其本然之分量, 以盡其妙用之職, 此之謂'人能弘道.' 非能出乎道外, 而弘其道之所本無也. 故以'致良知良能'之功用言之, 言'人能弘道'也, 可若以'良知良能'之本然言之, 言'道能弘人'也, 亦可.

그러므로 격물格物을 아는 데 있어서는 물격物格을 아는 것이 더욱 중요하다. 내 그 사람에게 묻노니,

所以知格物, 尤貴知物格, 吾且即問其人云"何而能弘道, 所

"어떻게 해야 도를 넓힐 수 있으며, 도를 넓힐 수 있다는 그 물건은 대체 어떤 것인가? 그런즉 도가 사람의 주재임이 이미 명백히 드러나지 않았는가? 다만 사람이 도를 따르지 않고 본성을 준행하지 않으면 스스로 도를 위반하고 스스로 본성을 거스르게 되어 자포자기하는 것이다. 그러니 도가 또 어떻게 사람에게 확충해 나갈 권병을 쥐어 줄 수 있겠는가? 이 때문에 '도가 사람을 넓히는 것이 아니다.'라고 말씀하신 것이다. 이는 공자께서 사람들이 본성에 따라 도를 닦기를 희망한 깊은 뜻이요, 거듭 강조하신 미언微言이다. 어찌 요사스런 이마두 무리가 빌미로 삼을 바이겠는가!

以能弘者爲何物? 則道爲人之主宰也, 不已彰明較著乎? 但人不順道不率性, 是自違於道自逆於性, 自暴自棄矣. 而道亦何能授擴充之柄於人乎? 故曰'非道弘人.' 此仲尼望人率性修道之奧旨, 反覆抑揚之微言也. 豈利妖輩所可得藉口哉!

그러므로 '도라는 것은 잠시도 떨어질 수 없으며, 떨어질 수 있다면 도가 아니다.'[4]라고 한 것이다. 어찌 (도를 일러) 무언가에 의지해 있다고 말할 수 있겠는가? 만약 의지해 있다면 떨어질 수도 있는 것이다. 이마두라는 요물이 태극을 없앴으니, 이는 곧 중용을 없앤 것이다. 이마두 요물이 백마白馬를 말하지 않았는가? '말(馬)은 자립하는 것이고 흰색(白)은 의지해 있는 것이다. 흰색이 없어도 말은 여전히 존재한다.'[5]

故曰'道也者, 不可須臾離也, 可離非道也.' 豈依賴之云乎? 若謂之依賴, 則可離矣. 利妖之滅太極, 即滅中庸也. 利妖不言白馬乎? '曰馬乃自立者, 白乃依賴者, 雖無其白, 猶有其馬.' 繇此而言, 則利妖以道爲依賴, 是利妖以道爲可離也, 是利妖實

4 『中庸』 1장에 "道라는 것은 잠시라도 떠날 수 없는 것이니, 떠날 수 있다면 도가 아니다. 그러므로 군자는 다른 사람이 보지 않는 곳에서도 경계하고 삼가며 듣지 않는 것을 두려워한다.(道也者, 不可須臾離也. 可離, 非道也. 是故君子戒愼乎其所不睹, 恐懼乎其所不聞.)"는 말이 나온다.

5 『천주실의』 2편에 보이는 내용이다. 마테오 리치는 제자백가 중의 하나인 名家라는 논리학파의 대표 인물 公孫龍이 지은 「白馬論」을 인용해서 사물은 자립체(道)와 의뢰체로 나눌 수 있다고 설명하였다. 즉 "백마를 놓고 보자면, '희다'와 '말'이지만, 말은 자립체이고 흰색은 의뢰체이므로 흰색이 없어도 말은 존재하지만 말이 없으면 흰색은 존재할 수 없다. 이 때문에 의뢰체라고 한 것이다.(且以白馬觀

고 하였는데, 이로 보건대 이마두 요물이 도를 의지해 있는 것이라 한 것은 도를 떨어질 수 있는 것으로 본 것이니, 실은 도가 없어도 사람은 여전히 존재한다고 말하고 있는 것이다."

謂雖無其道, 猶有其人也."

이런 말이 일단 입 밖으로 나오게 되면 공문孔門은 바로 닫히고 만다. 『시경』에서 "사람으로서 예의가 없거늘 어째서 빨리 죽지 않는가?"[6]라고 하였다. 이 시에서는 사람을 예의보다 낮게 본 것이다. 요사한 오랑캐들이 도道와 이理를 무시함이 어찌 이 지경에 이르렀단 말인가? 그들은 이理와 도道를 없애면서 정심하다느니 높다느니 떠들고, 공자를 공격하고 맹자를 거스르고 중용을 배척하면서 부합한다느니 일치한다느니 말한다. 덕성을 비하하면서 예수를 높이고, 명성明誠을 비루하게 보면서 천주를 귀히 여긴다. 인의를 경시하고 천당을 중시하면서 삶을 속박이라 여기고 죽음을 (삶이라는) 감옥에서 벗어나는 것이라 여긴다. 그런 자들이 끊임없이 중국으로 들어와 선교하면서 천지에 돈을 잔뜩 뿌리고 있으니, 내 어찌 변박을 그만둘 수 있으리오? 이 때문에 '차마 천리를 심히 해치는 것 가운데, 지금처럼 좌시하며 아무 말 않는 것보다 더 심한 것이 없다.'고 한 것이다.

此口一開, 孔之門皆閉矣. 『詩』曰 "人而無禮, 胡不遄死." 詩固謂人卑於禮矣, 何妖夷之無道無理至此哉. 夫滅理無道, 而曰精曰高, 攻孔悖孟斥中庸, 而曰符曰合. 卑德性, 而尊耶穌. 賤明誠, 而貴天主. 輕仁義, 而重天堂, 以生爲縲絏, 以死爲出獄, 源源而來開教於吾邦, 布金幾乎滿地, 予則安能已於辨哉. 故曰 '忍心害理之甚者, 莫甚於今日坐視而不言者也.'

之, 曰白, 曰馬, 馬乃自立者, 白乃依賴者. 雖無其白, 猶有其馬, 如無其馬, 必無其白, 故以爲依賴也.)"라고 인용하고, 이러한 관점에 근거하여 태극을 理로 이해한다면 理도 의뢰체이므로 천지만물의 근원이 될 수 없다고 주장하였다.

6 『詩經』「鄘風」「相鼠」에 "저 쥐도 모양새를 갖추었거늘 사람으로서 예의가 없네. 사람으로서 예의가 없거늘 어찌 빨리 죽지 않는가?(相鼠有體, 人而無禮. 人而無禮, 胡不遄死?)"라는 구절이 있다.

7. 『파사집』 자서

破邪集自叙

하장 사람 천향 황정

霞漳 黃貞 天香

요지

『파사집』을 완성한 후 황정이 그간 지켜 왔던 뜻과 겪어 온 고충을 토로한 글이다. 황정은 이 책을 편집하게 된 계기로, 지난날 심각이 소장을 올려 오랑캐를 축출할 것을 주청했으나, 그 후 오랑캐의 세력이 오히려 지난날보다 천 배나 더 커진 현실을 들고 있다. 유교도儒教徒이든 불교도佛教徒이든 가릴 것 없이 함께 파사의 대의를 위해 떨쳐나설 것을 호소하였으나, 한미한 신분의 그로서는 매우 힘든 과정이었음을 밝히고 있다. 대부분 자신과 가문을 지키고자 과감히 변박에 나서려 하지 않았으며, 오히려 갖가지 이유를 대고 막는 자들이 많았다. 어떤 이는 불가능한 일이라며 차라리 자신을 위해 도모하라 비웃었고, 어떤 이는 저들이 자멸할 터이니 그렇게 고생할 필요 없다고 말렸다. 어떤 이는 이미 충분하니 그만두어도 된다고 권유했다. 그러나 황정은 벽사辟邪의 기치를 높이 들고 글을 쓰고 모으고 판각하는 일에 몰두했으니, 그 목적은 "내가 찾은 모든 나의 동지들이 벽사의 글을 쓰게 되면, 많은 변박의 논술과 노력이 보이게 될 것입니다. 나의 동지들이 몸을 굽혀 나의 청에 따르게 되면 허다한 이해利害가 명백해질 것이고, 양지良知가 격발될 것이며, 이후 다시는 오랑캐 무리에게 미혹당하지 않을 것입니다. 이것이 화란禍亂을 평정하는 미미한 계기가 될 것입니다."라는 그의 말 속에 잘 드러나 있다. 이렇듯 온갖 간난신고艱難辛苦를 겪은 끝에 7년 만에 파사집이 완성되었다.

간악한 오랑캐들이 천주교를 앞세워 우리 중국에 들어와서는 요임금과 순임금, 주공과 공자를 지옥에 떨어뜨리고 있다. 이는 천고에 없던 대담함이다. 저들

奸夷設天主教入我中邦, 以堯·舜·周·孔入地獄, 此千古所未有之膽也. 細查彼國毒法妖術,

나라의 악독한 법과 요사한 술수를 상세히 살펴보니, 실로 천지를 어둡게 만들고 세상 사람을 미혹하여 속일 만하였다. 이는 다른 오랑캐들에게서 찾아볼 수 없던 해독이다. 저들 오랑캐가 중국을 어지럽힌 형세를 두루 살펴보니, 참으로 지혜로운 자를 미련하게 만들고, 현명한 자를 못나게 만들며, 선비와 서민이 함께 미혹되게 하고, 귀한 자와 천한 자가 함께 현혹되게 할 만하였다. 그러니 오호五胡의 화禍도 견줄 바가 아니다. 게다가 저들 오랑캐가 토산물과 금은을 비밀리에 위아래 무리에게 건네주는 것이 참으로 많아 헤아릴 수 없었다. 그러니 양주와 묵적의 화도 견줄 바가 아니다.

眞可暗天黑地, 惑世誣民, 此又諸夷所未有之毒也. 歷窺彼夷亂華機局, 眞能使智者愚, 賢者不肖, 士庶同迷, 貴賤共惑. 五胡之禍未堪匹此. 且彼土產金銀, 密交上下黨羽之多, 不可筭數. 楊·墨之禍未堪匹此.

나 황정은 일찍이 흐느껴 울며 말하였다. 계유년(1633)에 애유략艾儒略(알레니)이 우리 장주漳州에 들어왔을 때부터 알고 있었기에, 늘 홀로 탄식하면서 "이같이 큰 우환을 만나고도 천하에 누구 한 사람 나서서 없애려고 힘쓰지 않는 까닭은 무엇인가?"라고 하였다. 또 혼자서 생각했다. '만력 연간에 예부시랑 심중우沈仲雨가 그들을 내쫓으려고 올린 소장이 벽력과 같았으나, 얼마 지나지 않아 오랑캐들이 뒤이어 다시 들어와 그 수효가 지난날의 천 배나 되었으며, 온 천하가 저들에게 미혹당하는데도 그 상세한 정황을 알지 못하였다. 그러니 오늘 다시 내쫓는다 한들, 훗날 온 천하가 미혹되는데도 그 상세한 정황을 알지 못함이 지금에 못지않을 줄 또 어찌 안단 말인가? 더구나 초야에 묻혀 사는 어리석고 미련한 내가 한미寒微한 처지에 홀로 나선들 무엇을 해낼 수 있

貞嘗泣而言之矣. 始自癸酉年艾儒略之入吾漳也, 貞乃知之, 時每自嗟曰"如此大患, 今天下無一人出力掃除之, 何耶?" 又自思曰'萬曆間, 宗伯沈仲雨驅逐之疏霹靂, 未幾, 而此夷旋踵復入, 千倍於昔. 天下爲其所惑, 莫知其詳. 則今日雖再驅之, 安知後來不如今日之爲其所惑, 而莫知其詳乎? 況予草野愚拙, 微寒孤立, 其何能爲?' 因憤鬱胸熱如火, 累夜鷄鳴不寐, 得一計焉, 曰"我今日當起而呼號, 六合之內共放破邪之炬, 以光明萬世, 以消此滔天禍

단 말인가?' 울분과 답답함에 가슴이 불같이 뜨거워져 여러 밤 새벽닭이 울 때까지 잠 못 이루다가 계책 하나를 얻었으니, "지금 마땅히 일어나 호소하여 온 세상에 파사破邪의 횃불을 올림으로써 만세토록 광명을 비추고, 하늘을 집어삼킬 듯한 재앙의 물길을 없애야 한다."는 것이었다. 그리하여 하늘에 배례하고 기도드릴 때마다 마음속으로 빌기를, '소자 황정은 하잘것없는 이 몸을 공맹孔孟께 보답하고, 임금과 부모님께 보답하고, 천하 만세의 백성들을 구제하는 데 써서, 결코 오랑캐의 사교에 해 입는 일 없이 중국의 문명 예교로 함께 돌아가도록 하겠습니다.' 하였다. 또 스스로 맹세하여 뜻을 굳게 다지면서 "비록 간사한 오랑캐들의 계략이 깊고 교묘하며, 돈이 많고 무리가 크다 하더라도, 몸이 찢기고 뼈가 부서질지언정 나는 아무것도 두려워하지 않을 것이니 천지신명께서 함께 살펴 주실 것이다."고 말했다. 그리하여 유교도이건 불교도이건 내 편이건 네 편이건 가리지 않고, 오직 있는 힘을 다해 격려하고 권도하여 함께 대의를 수호하자 부탁하면서 오월吳越[1] 지방을 뛰어다녔다.

水" 於是每拜天默禱曰 '小子貞願以無用之身, 用報孔孟, 用報君親, 用救天下萬世生靈, 勿爲夷邪所害, 共還中國衣冠.' 又自發誓, 以堅其志曰 "雖奸邪機深局巧, 金多黨大, 粉身碎骨, 我必無畏, 神祇共鑒." 於是不論儒徒佛徒, 是我非我, 惟極力激勸, 乞同扶大義, 乃奔吳越之間.

다행히 심중우 등 여러 공경들이 올렸던 지난날의 소장을 이 가을에 찾아내어 한데 모아 찍어 냄으로써 세상에 알리기에 이르렀다. 그러나 처음에는 대부분의 사람들이 자신의 몸과 가문을 지키고자 감히

幸得沈仲雨等諸公舊疏於沉晦之秋, 遂募刻播聞. 然始也, 保守身家者多, 敢闢者少, 求之旣如逆浪行舟, 且高明特達者微,

1 '吳'는 강소성을, '越'은 절강성을 가리킨다.

나서서 논박하려 하지 않았다. 그런 사람을 찾기란 실로 파도를 거슬러 배를 저어 가는 것만큼 어려웠으며, 식견이 높고 통달한 사람은 거의 없었고 막는 사람만 많았다. 변박을 한다 하더라도 헝클어진 실 뭉치 속에서 실마리를 찾아내는 것 같았다. 이러한 상황을 생각할 때마다 나도 모르게 눈물이 났다.

阻障者衆. 辨之又若紛絲尋緖, 每一回想不覺淚下.

어떤 사람은 나를 비웃으며 "이는 녹봉 받아먹는 자들의 일인데 왜 자네가 나서는가?"라고 말했다. 나는 그에 응대하여 "녹봉을 먹는 자들이 이 일을 하려 하지 않기 때문에 맹물이나 마시는 내가 하려는 것입니다."라고 답했다.

或笑我曰"此乃食祿者事, 何須子爲?" 應之曰"政緣食祿者不肯爲此, 故我飮水者爲之."

어떤 사람은 내 처지를 따지며, "자네는 혼자네. 공경公卿이라 해도 저들과 대적할 수 없을 터인데, 하물며 벼슬 없는 선비가 뭘 어찌하겠는가? 자네는 혼자네. 천만금을 가진 부자라도 저들과 대적할 수 없을 텐데, 하물며 한미한 처지로서 뭘 어찌하겠는가? 괜한 마음과 힘을 쓰고 있을 뿐이야."라고 말하기도 했다. 그러면 나는 그에 응대하여 "나는 혼자라도 반드시 해내고야 말겠습니다."라고 말했다.

或計我曰"子一人耳, 縱爲公卿, 亦不能與之敵, 況韋布耶? 子一人耳, 縱富千萬, 亦不能與之敵, 況微寒耶? 子枉費心力." 應之曰"我一人誓必爲之."

어떤 사람은 나에게 겁을 주며, "저 간악한 무리의 세력을 공경재상으로부터 선비와 서민에 이르기까지, 남경과 북경에서 각 성과 군에 이르기까지, 그중 어느 누가 헤아릴 수 있겠는가? 자네 혼자만 목숨을 아랑곳하지 않는단 말인가? 게다가 그 누가 그 말을 듣고 자네를 따라 일어나겠는가?"라고 말했다. 그러면 나는 "아직까지 목숨이 붙어 있기에 나서기 좋다는 것입니다. 설사 내 말을 듣는 사람이 하나도 없다 하

或危我曰"彼奸黨聲勢, 自卿相以至士庶, 自兩京以至各省郡, 誰能計筭? 子一人獨不爲首領計耶? 且誰聽之而從子之擧乎?" 予曰"我今日首領尙存, 政好出頭, 縱今天下無一人聽我, 我一人亦當決如此做. 況主上聖明, 政恨無人入告耳."

더라도 나는 그렇게 하기로 결심했습니다. 더구나 주상께서 성명하신데 품고하는 사람이 없는 것이 한스러울 뿐입니다."라고 말했다.

어떤 사람은 내게 권유하며 말하길, "나는 다만 명덕明德을 밝히는 일만 관여하면 그뿐, 저들은 절로 사라질 것이다. 자네가 그리할 필요 있겠는가?"하였다. 그러면 나는 "아마도 저들의 간교한 모략이 일단 실현되는 날, 단칼에 그대 몸을 일곱 토막, 여덟 토막 내버려 저들보다 앞서 사라져 버릴 겁니다."라고 말했다.

或辭我曰"我只管明明德, 彼自消滅, 子何須如此?"予曰"我恐奸謀遂時, 把一刀了爾七段八段, 消滅在彼之先耳."

어떤 사람은 내 뜻을 꺾으면서, "천주교에는 아비도 임금도 없으니 결단코 시행되지 않을 것이라 우려할 바 못 되네."라고 말했다. 그러면 나는 "요임금과 순임금, 공자와 맹자를 헐뜯는 사서邪書가 지금 백여 종이나 퍼져 천하 사람들을 미혹하고 있습니다. 후세에까지 만연된다면 세상에 끼칠 화는 끝도 없을 것입니다. 지금 예수 교회당, 반역의 종교가 아닌 곳이 어디 있는지 한번 살펴보십시오!"라고 답했다.

或折我曰"彼敎無父無君, 決不能行, 不足慮也."答曰"邪書毁堯舜孔孟者, 今現百餘種流惑天下, 蔓延於後, 禍世無窮, 試觀今日何處非耶穌之堂, 叛逆之敎也乎!"

어떤 사람이 나를 위로하며, "이는 하늘의 뜻이거늘 자네가 장차 뭘 어찌하려는가?"라고 말했다. 그러면 나는 "오늘날 천지마저도 예수가 창조한 것으로 날조되어 있습니다. 저들은 사람들에게 천지는 궁전과 같으니 제사 지내고 절해서는 안 된다고 호소하고 있습니다. 제사 지내고 절하면 예수 천주를 배반하는 것이니 천주가 노하면 너희를 지옥에 던져 버린다고 말합니다. 하늘의 뜻이 이를 명백히 밝히시려고 이 황정을 태어나게 하였습니다. 못난 저는 날마다 파사破邪를 소임으로 삼으며 하늘의 뜻이 바로 여기

或慰我曰"此係天意, 子將奈何?"答曰"天地今日亦被誣爲耶穌所造, 且號於人, 曰天地如宮殿, 不宜祭拜, 祭拜則背耶穌天主, 天主怒, 置之地獄. 上天之意甚欲昭明, 故生貞也. 不肖日以破邪爲務, 天意其政在斯."

에 있다 여기고 있습니다."라고 답했다.

어떤 사람이 나를 제지하며, "자네가 맹자도 아닌데 어찌 양주와 묵적을 막아 낼 수 있겠는가?"라고 말했다. 그러면 나는 바로 맞받아 꾸짖으며 "맹자도 본래는 맹자가 아니었고, 나 또한 본래는 내가 아니었소."라고 말했다.

或限我曰"子非孟子, 胡能距得楊·墨?" 予應聲喝之曰"孟子原不是孟子, 我原不是我."

어떤 사람이 나더러 그만두라 하며, "자네가 파사의 계책을 세우고 벗들에게 저들을 물리칠 것을 호소하는 것은 지극한 도를 드러내고 미친 파도를 멈추게 하려는 것이며, 우환과 해악을 명백히 보여 줌으로써 나라와 가문을 지키려 함이니 참으로 위대하네. 그러나 뜻이 이미 갖추어졌고, 이치 또한 상세히 알려졌으며, 시일 또한 오래되었으니, 이제 그만두어도 될 것이네. 또다시 사람들더러 변박하라 부탁하면서 이같이 근심 걱정할 필요가 무엇인가?"라고 말했다. 그러면 나는 "간사한 오랑캐들이 도처에서 돈을 찔러 주고 사람들을 결속하고 있는데, 탐심이 없을 사람이 어디 있겠습니까? 날마다 술수를 써서 세상 사람들을 유혹하는데, 미혹당하지 않을 사람이 어디 있겠습니까? 내가 찾은 모든 나의 동지들이 벽사闢邪의 글을 쓰게 되면, 많은 변박의 논술과 노력이 보이게 될 것입니다. 나의 동지들이 몸을 굽혀 나의 청에 따르게 되면 허다한 이해利害가 명백해질 것이고, 양지良知가 격발될 것이며, 이후 다시는 오랑캐 무리에게 미혹당하지 않을 것입니다. 이것이 화란禍亂을 평정하는 미미한 계기가 될 것이나 말로 표현하기 어렵습니다. 하물며 올바른 군자의 문장은 사람들의 마

或止我曰"子設破邪之計, 呼朋作闢, 蓋所以發明至道, 而砥柱狂瀾, 昭揭患害而維持邦家也, 猗歟偉哉. 然詞意已備, 事理已詳, 年月已久, 可以已矣. 今何必復求人闢, 愁苦如斯?" 解之曰"奸夷處處行金結人, 誰不貪者? 日日用術惑世, 誰不惑者? 凡予求得吾儕之作闢章也, 便有許多辨說心力在, 凡吾儕之俯從予請也, 便有許多利害明白在, 良知感激在, 而此後便不爲夷黨所惑, 此撥亂微機, 難以言說, 況正人君子之文章, 可以培植人心, 多多益善乎."

음을 키울 수 있으니 많을수록 좋은 것 아닙니까?" 라고 말했다.

아! 7년 동안 가슴에는 뜨거운 피를 품고 미간에는 수심을 띤 채 이 몸이야 훨훨 타오르는 불속에 들어가건 말건 관여치 않았다. 『파사집』이 어찌 글자 하나에 피 한 방울일 따름이랴. 말로 하려면 입술이 다 말라도 다 말할 수 없고, 쓰려면 붓이 다 닳아도 다 쓰지 못할 것이다. 이제 다행히 『파사집』이 완성되었으니, 두 손 모으고 머리 조아려 천하 후세에 고하고자 한다. 이 나라에 들어온 많은 오랑캐들은 대대손손 남의 국토를 빼앗고 남의 학맥을 어지럽혔다. 오랑캐의 반쪽도 반날 동안도 이 나라 안에 있게 해서는 안 된다. 이 『파사집』은 중국을 지키고 도를 빛낼 훌륭한 계책이며, 여러 성인들이 이 제자에게 영험을 주어서 이루어 낸 것이다. 그러니 대대로 전하여 사라지게 해서는 안 될 것이다.

숭정 12년(1639) 2월에 쓰다

嗚呼! 七年以來, 一腔熱血, 兩晝愁眉, 此身不管落火落湯, 此集豈徒一字一血, 談之唇焦未罄, 錄之筆禿難完, 今幸集成, 謹拜手稽首以白天下後世曰, 此國夷衆, 生生世世, 奪人國土, 亂人學脈, 不可使其半人半日在我邦內也. 此破邪之集, 良存華明道之至計, 諸聖人之授靈於小子者, 其尤當世世流行而不可廢也夫!

崇禎己卯 仲春 書

8. 죄를 자책하는 말

罪言

산음 사람 금여 왕조식

山陰 王朝式 金如甫

요지

이 글은 『파사집』을 읽은 왕조식[1]이 저자인 황정의 노력과 고심에 호응하기 위해 쓴 것이다. 그는 당시 사교邪敎의 교세가 확장된 것을 염려하면서 "중국의 임금과 스승의 두 권위를 온통 끌어내어 모두 예수회 안으로 들어가게 하고, 대명大明 통일천하를 전부 요망한 여우 굴로 만들지 않고서는 그만두지 않을 것"이라 예측하였다. 만력 연간에 열세 명에 지나지 않았으나 지금은 그 수를 헤아릴 수 없고, 사대부들마저 관모를 쓰고 옷자락을 여민 채 예수의 공적을 노래하고 덕을 찬양하는데도 조정에서는 아무도 이를 거론하지 않고 학사대부들은 알지조차 못하는 현실을 한탄하면서, 이러한 때에 황천향 혼자 벼슬 없는 선비의 신분으로 일어나 바른말을 한 것을 칭송하는 한편, 함께 대의를 제창하여 천향의 싸움에 성세를 더해 주자고 지식인들에게 호소하고 있다.

복건의 황천향 선생은 안광충顔光衷[2] 선생의 문하 제자로, 절강성 일대를 홀연 찾아오더니 교활한 오랑캐들이 천주교 사설을 퍼뜨리고 있음을 고발하였다. 또한 동지들과 더불어 저들을 내치고, 기어코 그 뿌

閩中黃天香子, 爲顔光衷先生門人, 翩然來越. 以狡夷之駕爲天主說者相告, 願鳩同志合擊之, 必絶其根株乃已. 蓋痛邪說

1 王朝式은 字가 金如이며 浙江省 山陰(지금의 紹興) 사람이다. 沈國模의 제자로 일찍이 證人社에 들어가 守致知의 학문을 주장하여 "양지로부터 학문을 시작하지 않으면 誠해서는 안 될 곳에 誠하는 폐단이 반드시 생긴다.(學不從良知入, 必有誠非所誠之蔽.)"라는 학설을 펼쳤다. 順治 연간 初에 세상을 떴다.

2 이 책 169쪽 「聖朝破邪集序」의 저자 顔茂猷를 가리킨다.

리를 뽑아 버리고서야 그만두고자 하였다. 아마 사교가 백성을 미혹함이 날로 심해져 이 나라 종묘사직의 근심이 말할 수도 없게 된 것이 가슴 아팠기 때문이리라. 만력 연간에 남경 예부 시랑 심각沈㴶이 처음으로 오랑캐들의 간악함을 고발하면서 소장을 세 번이나 올렸으나 비답이 내리지 않았다. 이에 남경과 북경의 부府와 부部, 대臺, 성省에서 일시에 일어나 황제께 줄지어 주소를 올리고, 드디어 칙지를 받아 오랑캐들을 쫓아 버릴 수 있었다. 우리 중국 사람으로 사교에 미혹된 자들 또한 모두 법에 의해 처벌받으니, 오랑캐들의 기염도 일시에 수그러들었다. 이로써 이 일이 조정의 요긴하고 큰일이었음을 알 수 있다.

之迷人日日已甚, 而我國家廟社之憂, 不可言耳. 萬曆間, 南少宗伯沈公㴶首發其奸, 疏三上未報, 而一時兩都府部臺省, 連章特奏, 相繼竝起, 遂得旨放逐. 我華人惑於其說者, 亦皆依律正法, 夷氛爲之頓熄, 則其爲朝廷一大喫緊事可知矣.

「남궁서독」을 돌이켜 살펴보면, 그때 중국에 와 있던 교활한 오랑캐들은 겨우 열세 명뿐이었으나, 지금은 손꼽아 다 헤아릴 수 없을 정도다. 그때는 천주당을 지어 놓고 대중을 모아 백성들을 미혹하던 곳이 남경의 홍무강 한 곳뿐이었으나, 지금은 경교[3]를 선교하는 곳이 몇 개의 성으로 퍼졌다. 그때는 성유를 바르고 성수를 뿌린 자가 단지 짐꾼이나 어린아이들 여덟아홉에 지나지 않았으나, 지금은 사대부들과 선생들 가운데에도 저들의 책에 서문序文과 발문跋文을 써 주는 자가 있으며, 공적을 노래하고 덕을 찬양함이 우리 중국의 성인을 기리는 것보다 몇 배나 더하다. 예

顧査「南宮署牘」, 爾時狡夷入中國者纔十三人耳, 今則指不勝屈矣. 建事天堂, 聚衆惑民, 止留都洪武岡一處耳, 今則景教之設, 延及數省矣. 擦聖油, 淋聖水者, 特八九擔豎, 今則縉紳先生且爲其書弁首綴尾, 頌功揚德, 加吾中國聖人數等矣. 向使當日諸公及見如事, 其痛哭流涕, 又可勝道耶. 且狡夷欺天侮聖, 篾君毁祖, 其謬妄悖

3 '景教'는 시리아에서 페르시아를 거쳐 비단길을 통하여 동진한 그리스도교의 분파로 7세기 중국에서 붙여진 이름이다. 천주교와 개신교에서는 역사적으로 네스토리안(Nestorian)이라고 불러 이단시하여 왔고, 현재에는 거의 소멸된 분파이다. 여기서는 천주교를 가리킨다.

전의 여러 선생들이 이 같은 꼴을 본다면 이루 말로 다할 수 없을 정도로 통곡하고 눈물 흘릴 것이다. 교활한 오랑캐들이 하늘을 속이고 성인을 모독하며 임금을 멸시하고 조종을 헐뜯으니, 그 황당무계하고 도를 거스름은 일찍이 없었던 일이다. 저들이 벌인 간악한 짓들도 옛날에 없던 일입니다. 돈을 뿌려 탐욕스럽고 미련한 자들을 꾀고, 기교와 잔꾀를 끝도 없이 부려 총명하고 지혜 있는 자들까지 움직이게 했다.

逆, 皆振古所未有. 而所以售其奸者, 亦從來所不及. 或布散金錢, 蠱彼貪愚, 或窮極機巧, 動諸黠慧.

드러내 놓고 『칠극七克』[4]과 『십계』[5]라는 글을 가지고 수행을 좋아하는 선비들을 끌어들인 다음, 하늘에 간다거나 지옥에 빠진다는 말을 몰래 훔쳐서 사교를 따르려는 뜻을 굳히게 하였다. 근본이 다르고 재능도 차이 나는 천하의 모든 사람을 모조리 섭렵하였고, 또한 나라를 일으키고도 남을 재력을 바탕으로 한평생의 심력을 다 쏟았으며, 급기야 명백한 금령조차 감히 함부로 깨뜨리고 들어와서 왕법에 맞서며

陽持『七克』·『十戒』之文, 以收好修之士, 陰竊生天入獄之說, 以堅從邪之志. 天下根殊器別, 固已一網打盡, 而又資之以擧國之物力, 竭其畢世之精神, 遂敢破明禁而闌入, 抗王章而不去, 日蔓月延, 幾遍海內. 斯其心其勢, 不擧我中國君師兩

4 『七克』은 예수회 신부 판토하가 撰集한 것으로 1614년에 각판 인쇄되었다. 楊廷筠·曹于汴·鄭以偉가 서문을, 熊明遇가 머리말을, 陳亮采가 서문을 쓰고, 판토하 자신도 서문을 썼다. 이 책에서는 천주교가 금지하는 근본적인 죄 일곱 가지, 즉 1. 교만, 2. 질투, 3. 탐욕, 4. 분노, 5. 음식 탐하는 것, 6. 음란, 7. 게으름에 대하여 설명하고, 첫째는 교만을 억누른다고 하였고, 둘째는 질투를 잠재운다고 하였으며, 셋째는 탐욕을 푼다고 하였고, 넷째는 분노를 꺼 버린다고 하였으며, 다섯째는 貪食을 막아 버린다고 하였고, 여섯째는 음란을 막는다고 하였으며, 일곱째는 태만을 채찍질하는 것이라 하였다. 그 말들은 儒家·墨家에서 나온 것이지만 모두 근본으로 돌아가서 천주를 존숭하고 섬기게 하였다. 이 책은 우리말로 번역되었다(박유리 역, 서울: 일조각, 1998).

5 『天主聖教十誡直詮』을 가리킨다. 예수회 선교사인 디아스(1574~1659, E. Diaz, 중국명 陽瑪諾)가 저술한 십계명 해설서로 1642년 北京에서 2권으로 간행되었다. 십계명의 각 조목을 神學的 측면과 儒教的 측면에서 상세하게 해설하였고, 문장 또한 간결하고 우아하여 중국의 지식층에게 좋은 반응을 얻었다. 1659년과 1738년에 재판되었고, 1798년 북경 교구장 구베아(Gouvea, 중국명 湯士選)의 감준으로 중간되었으며, 1915년 慈母堂에서도 재편집되어 간행되었다. 우리나라에는 18~19세기에 전래되어 『十誡眞詮』이라는 제목으로 번역, 필사되었다.

물러가지 않은 채 날로 달로 널리 뻗어서 온 나라에 두루 퍼지기에 이르렀다. 이 같은 속셈과 이 같은 기세로 보아, 중국의 임금과 스승의 두 권위를 모조리 끌어내려 모두 예수회(천주교) 안으로 들어가게 하고, 대명大明 통일천하를 전부 요망한 여우 굴로 만들지 않고서는 그만두지 않을 작정인 것 같다. 위태롭도다! 만력 연간에 내린 성명한 칙지에 종교를 세워 대중을 미혹하였다거나 예측할 수 없는 모략을 품은 자에 관한 내용이 있는 것을 보면, 그때 이미 오늘처럼 되리라는 것을 알았던 것이다.

大權, 盡歸之耶穌會裡, 大明一統之天下, 盡化爲妖狐一窟穴不止也. 岌乎殆哉! 故萬曆間明旨有立敎惑衆蓄謀叵測之語, 蓋已逆知其如此矣.

그러나 오늘날 조정에서는 묻지도 않고 학사 대부들은 미처 알지 못한다. 오로지 황천향만이 벼슬도 없는 낮은 신분으로 떨치고 일어나 바른말을 하고, 마치 길에서 잃어버린 아들 찾듯이 동지들에게 호소하고 있으니, 논論을 지어 오랑캐를 이주시킬 것을 주장한 고인[6]보다 더 심오하고 간곡하다. 생각건대, 천하의 호걸다운 선비라면 분명 일제히 호응해 일어나고자 할 것이다. 임금과 어버이를 섬기는 우리의 큰 도리가 사교에 의해 무너지고, 하늘을 받들고 상제에게 제사 지내던 중국 큰 성인들의 글들이 한낱 하찮은 자들에게 도둑맞고 모욕당하는 것을 보고서, 차마 참을 길 없어 한차례 대의를 제창하면서 천향을 위해 적의 칼을 부러뜨리고 적진을 쳐부수고자 할 것

然而今日朝廷不及問, 學士大夫不及知, 獨天香子以韋布之賤, 起而昌言之, 且呼號同志, 若求亡子於道者, 視古人著論徙戎, 更爲深隱. 吾計天下豪傑之士, 必將翕然應之若式, 則視我君父大倫, 爲邪說所破壞, 中國大聖人事天享帝之文, 所么麼所竊侮. 私心固弗忍, 而欲一倡大義, 爲天香子摧鋒陷陣, 力又有所未能, 徒坐而貽君父以隱憂, 蓄生民之酖毒, 則我一人不獨爲大聖人之罪人, 實爲天香子

6 江統(? ~310)을 가리킨다. 그는 자가 應元이며 西晉 사람이다. 元康 9년(299)에 太子洗馬로 있던 江統은 戎狄이 중원으로 옮겨 오면서부터 많은 모순이 야기되었고, 이것이 곧 '五胡亂華'의 근원이 되었다고 역설하면서, 「徙戎論」을 지어 그들을 본토로 돌려보낼 것을 주장하였다.

이다. 역부족이라 생각하여 하릴없이 앉아서 임금과 아비에게 근심을 끼치고 백성들을 죽일 독을 기른다면 대성인에게만 죄인이 되는 것이 아니라, 실은 천향에게도 죄인이 되는 셈이다. 아, 아!

之罪人矣. 嗟夫!

9. 오랑캐를 쫓아내는 직언

驅夷直言

온릉 사람 황정사

溫陵 黃廷師

요지

온릉의 황정사[1]가 서양 오랑캐의 본질을 밝혀 쫓아내고자 쓴 글이다. 중국에서 오랑캐를 회유했던 이유와 화이華夷의 구분이 명확했던 사실을 주지시키고, 바야흐로 태평성세에 이마두와 애유략 등이 황당무계한 사설로 중국을 교란시키고 있다면서, 저들이 말하는 천주의 내력을 일일이 파헤쳐 그 본색을 드러내고자 하였다. 오랑캐들을 포르투갈 인으로 단정하며 이들이 바로 여송, 즉 필리핀을 사교로써 병합하고서 다시 중국으로 그 세력을 뻗어 나가고자 하는 오랑캐들이라 하였다. 그들의 조상은 예수인데, 그들이 믿는 천주 예수는 십자가에 못 박혀 죽은 죄인 귀신이라고 하며 멸시하였다. 또한 그들의 종교 행위, 사람을 부리는 가혹한 율법 등을 예시하여, 오랑캐가 중국을 개변시키는 일을 좌시할 수 없음을 재차 확인하고 있다.

옛날 성세의 제왕들이 오랑캐들에게 길을 열어 놓았던 것은 저들이 귀화해 오자 중국의 법도로써 저들을 다스리고자 했을 따름이다. 우매한 오랑캐 두목과는 조공 기간을 두어 만났고, 나머지 부하들은 마음대로 중국 땅에 들어오지 못했다. 또 (중국 황제

古盛王通道諸夷, 蓋亦因其向化, 而以中國之治治之耳. 蠢彼夷酋, 朝貢有期, 其屬不許私入內地, 正朔是奉. 其人不得謬獻私書, 此華夷不相及之辨也. 我

1 黃廷師는 字가 惟經, 號가 調雨이며 복건성 泉州 사람이다. 만력 47년(1619)에 진사가 되어 湖廣僉事를 역임했고, 청나라에서 光祿寺卿 및 廣西副使를 지냈다.

가 반포한) 정삭正朔만을 받들었으며, 함부로 저들의 사적인 책을 바치지 못했다. 이는 중국과 오랑캐를 구분 짓기 위함이었다. 우리 조정은 하늘의 명에 의해 제위에 올라 미개함을 없애고 문명을 펼쳤다. 이에 사람들은 요임금과 순임금의 천문 역법을 따르고, 주공과 공자의 도통을 따랐다. 열성조列聖祖께서 대대로 일어나고 많은 성현들이 배출되어 천지인 삼재三才의 오묘하고 정미함을 모두 밝혔고, 천고千古의 닫힌 문을 열었다. 모든 것이 남김없이 밝게 드러났지만 오랑캐 이마두利瑪竇(마테오 리치)·애유략艾儒略(알레니)이 말하는 천주 같은 것은 들어 본 적도 없다. 천주에 관한 이야기는 황당무계하고 도리가 통하지 않는데, 이에 관해서는 조야朝野의 여러 선생들과 이름난 선비들이 이미 상세히 논하고 물리친 바 있다. 그러나 그 오랑캐 종자의 근원에 관하여 상세히 논한 것이 없는 것 같아, 내가 오늘 오랑캐 종자의 삿됨에 관해 하나하나 설파하고자 한다.

朝應天御極, 除羶羶[2]而闢文明, 按堯·舜之璣衡, 遵周·孔之統系. 列聖代興, 諸賢輩出, 窮三才奧窔, 闡千古秘扃, 發明已無餘蘊. 未聞有天主之說, 如夷人利瑪竇·艾儒略所云者也. 夫天主一說, 誕謬不通, 朝野諸先生名士擯之詳矣. 但未有詳其夷種原緜者, 余今謹將其夷種夷奸, 一一說破可也.

살펴보니, 오랑캐 종자는 동북쪽 한 모퉁이에서 나온 불랑기佛狼機[3](포르투갈) 사람으로 고양이 눈을 하고 있다. 그 나라는 간사랍干絲蠟[4](스페인)이고 미색과

按此種出于東北隅, 爲佛狼機, 亦爲貓兒眼, 其國係干絲蠟, 而米索果其鎭頭也. 原距呂宋不

2 원문은 '羶羶'이라고 되어 있으나 앞의 글자는 자전에 없는 글자이다. 양의 누린내를 강조하기 위해 그렇게 표기한 것 같으나 일반적으로 누린내를 나타내는 단어인 腥羶으로 보아도 무방할 것이다.

3 '佛狼機'는 Parangis의 차음으로 포르투갈 사람 또는 서양 사람을 혼용하여 가리키는 말이다. 십자군전쟁 이후 아시아에서 유럽을 가리키는 '프랑크'라는 말에서 유래되었다. 산스크리트어로는 'Phitanguin'라고 썼고, 페르시아어로 'Feringhee'라고 썼다. 16세기 남부 인도에서 파랑기라고 부르던 것이 중국에서 그대로 사용된 것이다.

4 '干絲蠟'은 스페인어 Castilla의 음역으로 스페인의 옛 왕국 이름이다. 명나라 말기에 포르투갈과 스

米索果[5]가 첫 번째 진지다. 이곳은 본래 여송呂宋에서 얼마 멀지 않은 곳이니 수만 리라고 한 것은 거짓이다. 그 조상의 이름은 선사습仙士習(요셉)이고, 그 어미는 마리아麻里耶(마리아)[6]인데 출가하지 않고 잉태하여 아들 하나를 낳고 이름을 요씨寮氏(예수)라 하였다. 그는 나이 열다섯에 사술을 부릴 줄 알았다. 다른 나라를 두루 돌아다니며 사람들을 꾀어 지방 각처를 차지했다. 그러던 가운데 재능이 출중한 자가 나타나 그를 사로잡아 십자가에 못 박아 죽였으니, 예수는 결국은 죄인 귀신인 것이다. 후에 그 사교를 계승한 자가 이런 것들에 연유해서 하나의 거짓말을 꾸며서는, 예수가 죽은 것은 인류를 대신해서 속죄한 것이고, 장사한 지 사흘 만에 부활하여 33일 동안 설교한 후 승천하였다고 하였다. 또 말하기를, 예수를 위해 고난받아 죽은 자는 예수가 그를 가장 위층의 하늘에서 살게 해 준다고 하였다. 그리하여 여러 나라에서 십자가를 숭상하면서 끓는 물이나 타오르는 불에 뛰어드는 것도 달갑게 여기며, 목숨을 가볍게 여겨 감히 죽고자 하였다.

遠, 所謂數萬里者, 僞耳. 其祖名仙士習, 其祖母仙礁麻里耶, 未嫁而孕生一子, 名爲寮氏, 年十五頗有邪術. 周流他國, 誘占各處地方, 其間復有豪傑起而擒之, 釘以十字刑架, 而寮氏竟爲罪鬼矣. 後承其術者, 緣此就假一說, 謂寮氏之死也, 蓋爲萬民贖罪, 瘞三日復生, 說法三十三日, 飛昇天上. 又謂凡能爲寮氏死難者, 寮氏生之最上天, 於是諸國崇奉十字刑架, 輕生敢死, 雖赴湯蹈火亦所甘心.

페인이 서로 뒤이어 동방으로 오게 되니, 그때 사람들이 분별하지 못하고 두 나라를 혼돈하여 하나로 여겼다.

5 '米索果'가 어디를 가리키는지 정확히 알 수 없으나 米沙鄢群島(Visayas)를 가리키는 듯하다. 바로 다음 장에 나오는 「천주교가 독이라는 확실한 증거(邪毒實據)」에 "먼 나라에서의 행적은 확인할 길 없으나, 가장 가까이로는 여송·미색과·삼보안·계롱·담수 등에서 모두 그 임금을 살해하고 그 백성들을 빼앗았다.(遠者難稽其踪, 最近而呂宋, 而米索果, 而三寶顔, 而鷄籠·淡水, 俱皆殺其主, 奪其民.)"라는 구절이 보이는데, 나열 순서로 보아 필리핀 북부에 있는 呂宋(Luzon섬)과 남쪽에 있는 三寶顔(Zamboanga) 중간에 위치해 있을 것이므로 그 사이에 있는 비사야스로 추정된다.

6 '仙礁麻里耶'는 Santa Maria의 음역인 듯하다.

또 여러 나라의 군주를 죽이고 그 나라를 차지하고는, 급기야 사원 다섯을 설치했다. 첫째는 선 다라명仙多羅明(성 도미니크), 둘째는 선 파난사색과仙巴難絲索果(성 프란체스코), 셋째는 선 아우실정仙阿牛實丁(성 아우구스티누스), 넷째는 선 폐리씨仙弊里氏(성 필립), 다섯째는 선 단야仙但耶(성 타나)이다. 이 다섯 개 사원을 맡은 자들은 모두 파례巴禮(파드레)[7]라고 불렀는데, 각기 다섯 가지 일을 나누어 맡았다. 예를 들면 싸움이 벌어지면 선 폐리씨(성 필립)에게로 가고, 베풀 일이 생기면 선 파난사색과(성 프란체스코)에게 가며, 화해할 일이 있으면 선 단야(성 타나)를 찾아가고, 사람들에게 문자를 가르쳐 줄 일이 있으면 선 아우실정(성 아우구스티누스)이 그 일을 주관한다. 선 다라명(성 도미니크)에서는 오직 저들의 사설과 사술邪術을 가지고 이웃 나라를 현혹했다. 지금 애유략이나 이마두 등이 말하는 천주교라는 것이 바로 이것이다.

更殺諸國主而襲其國, 遂設五院, 一曰仙多羅明, 一曰仙巴難絲索果, 一曰仙阿牛實丁, 一曰仙弊里氏, 一曰仙但耶. 此五院等番, 俱名巴禮, 分五項備用. 如遇鬪爭, 則以仙弊里氏往, 遇施與, 則以仙巴難絲索果往. 遇講和解紛, 則以仙但耶往, 至若教人文字, 則阿牛實丁司之, 而在仙多羅明, 則專持其邪說邪術, 誘惑隣國, 即今艾·利等所謂天主教是也.

가정 연간 초에 이 서양인들이 여송에 잠입해서 그곳 추장 아우승阿牛勝을 속여 무역을 구실로 땅 한 자락을 빌렸다.[8] 그 후 차츰 여송 토착민을 유혹하여 천주교를 믿게 하더니, 마침내 여송을 집어삼켰다. 이

嘉靖初年, 此番潛入呂宋, 與酋長阿牛勝詭借一地, 托名貿易, 漸誘呂宋土番各從其教, 遂呑呂宋, 皆以天主之說搖惑而併

7 '巴禮'는 서양 신부를 부르는 말로 Padre의 음역이다.

8 『明史』「呂宋傳」에 따르면 포르투갈 사람들이 처음에 여송과 무역했는데, 후에 여송의 국력이 약해 취할 만하다 여기고는 후한 뇌물을 바치면서 집 짓고 살 수 있도록 소가죽만 한 크기의 땅을 달라고 청하였다고 한다. 여송 왕은 저들의 속임수도 모르고 이를 허락했다. 그러자 불랑기 사람들은 소가죽을 찢어 몇십 장丈 길이가 되도록 이은 다음 여송의 땅을 빙 두르고 약속대로 달라고 했다. 왕은 크게 놀랐으나 이미 허락한 뒤인지라 어쩔 수 없이 저들의 말대로 해 주고 저들로부터 약간의 세금을 징수하였다고 한다.

는 모두 천주교 사설로 동요시키고 미혹시켜 차지한 것이니, 사교 자체도 그릇된 것인데 거기에 사술로써 부추기기까지 했다. 나라에서 사람이 죽으면 모두 성당에 묻었다가 50년 후에 뼈를 파내서 불에 태우고, 거기에다 요술을 부려 기름과 물을 만든 다음 다섯 개 사원에 나누어 보관하였다. 사원 안에 들어오는 사람이 있으면 그 기름을 이마에 발라 주는데, 그러면 사람들은 바보처럼 그대로 따랐다. 지금 우리 중국 사람들도 그러한 사실을 깨닫지 못하고 성유나 성수로 여기고 있지 않은가?

之也. 說旣謬而又佐以邪術. 凡國內之死者, 皆埋巴禮院內, 候五十年, 取其骨化火, 加以妖術, 製爲油水, 分五院收貯. 有入其院者, 將油抹其額, 人遂癡癡然順之. 今我華人不悟, 而以爲聖油, 聖水乎?

그 술법이 삿될 뿐 아니라, 모략이 음험하고 게다가 율법 또한 가혹했다. 모든 여송 토착민들을 속이며, 파레(파드레)는 이렇게 말했다. "너희에게 감추어진 죄가 있으면 예수께서 용서하지 않을 것이니, 바로 그날 밤 예수께 죄를 빌라." 시집을 갔건 아니 갔건 예쁜 여자가 있으면 골라 뽑은 다음, 어떤 여자에게는 사원 안에서 물 뿌리고 청소하고 물 긷는 벌을 주고, 어떤 여자에게는 사원에서 예수의 시중을 들게 하니, 파레(파드레) 마음대로 간음을 하는 것이다. 남자들에게 죄를 용서받으라고 속일 때에는 흰색 긴 옷을 가져다 머리부터 발끝까지 씌우고는 짧은 노끈 대여섯 오리를 가져다 끝에 쇠못을 매달고서 스스로 그것으로 제 등을 때리게 했다. 땅에 피가 가득 흐르면 질질 끌고 다섯 개 사원을 다 돌게 한 다음에야 그만두었다. 남자를 학대하는 방법을 빌려 아녀자들을 공갈하였으니, 그 음탕하고 가혹함이 이와 같다. 저들의 종교를 따르지 않았다면 어찌 저들에게 먹히고 점

且不特其術之邪也, 謀甚淫而又濟以酷法. 凡呂宋土番之男女, 巴禮紿之曰"汝等有隱罪, 寮氏弗宥, 當日夜對寮氏解罪." 不論已嫁未嫁, 擇其有姿色者, 或罰在院內灑掃挑水, 或罰在院內奉侍寮氏, 則任巴禮淫之矣. 至若騙男人解罪, 則用白布長衣, 自頭面罩至脚下, 用小縩五六條, 其縩尾繫以鐵釘, 勒令人自打于背上, 血出滿地, 押遍五院乃止. 蓋借虐男人之法, 以嚇婦人也, 其淫酷蓋如此哉. 然使不從其敎, 何至彼呑占, 何至彼荼毒耶? 繇是觀之, 彼所謂天主者, 卽寮氏也. 寮氏乃其祖, 而敢紿我中國曰天主, 是欲

렁당했을 것이며, 어찌 저들로부터 그런 해독을 받기에 이르렀겠는가? 이로 보건대, 저들이 말하는 천주는 곧 예수이고 예수는 곧 저들의 조상인데, 그것을 우리 중국에 가져다 감히 천주라 일컬으며 속이고 있으니, 이는 우리에게도 여송에서 했듯이 무례한 짓을 하려는 것이다. 그 사술이 음험하고 그 계략이 깊으니 점차 자라나게 해서는 안 될 것이다.

加我無禮如呂宋也. 術險機深, 漸不可長.

신종 황제께서는 멀리서 온 자들을 넓은 도량으로 안무하여 저들 나라로 돌려보내라 명하시었다. 그런데 뜻밖에 광동 오문澳門(마카오)으로 돌아가, 어떤 자는 간첩 집에 숨어 있다가 이내 활개 쳤고, 어떤 자는 천문 역법을 관장하였으며, 어떤 자는 화총을 바친 것을 빌미로 다시 각 성과 군에서 선교를 개시하였다. 지금 그 무리가 계롱鷄籠과 담수淡水[9] 등을 차지하고 있으니, 그 의도를 어쩌면 이리도 짐작하기 어려운가!

神宗聖上, 弘柔遠之量, 命撫按驅之歸國. 不意祇歸我廣嶴, 或藏匿諸奸細家中, 旋即夤緣而起, 或掌星曆, 或進鉅銃, 假此使得復開教於各省郡. 今其黨據鷄籠·淡水等處, 其意何叵測也.

아직도 저들의 미끼에 걸려들고 저들에게 미혹당하는 자들이 있으니 어찌할 것인가? 예부와 예과의 공경들이 소장을 올리고, 온 나라 선비들이 변박하였거늘, 모두 귀도 눈도 없는 자들이란 말인가! 맹자께서는 "나는 중국이 오랑캐를 개변시킨다는 말은 들었지만, 오랑캐로 인해 개변당한다는 말은 들어 본 적이 없다."[10]고 하셨다. 삼가 저들의 내력을 이같이

奈之何尚有被其所餌, 被其所惑者, 豈部科諸公之疏參, 海內紳士之辨駁, 無有耳而目之者乎! 孟夫子曰 "吾聞用夏變夷, 未聞變於夷者也." 謹揭之以防猾夏之漸.

9 '계롱'은 지금 대만 북부에 있는 도시 基隆을 가리킨다. '담수' 역시 대만 북부에 있는 도시 이름이다. 네덜란드의 상인들이 대만에 들어와 교역을 관장하고 개신교를 전파한 일이 있다.

10 『孟子』「滕文公上」에 "나는 중화로 오랑캐를 개변시킨다는 말은 들었으되 오랑캐들에게 개변당한

드러내 보임으로써 저들이 중국을 교란하여 물들이
는 것을 막고자 하는 바이다.

숭정 11년(1638) 4월에 쓰다 崇禎戊寅 孟夏 撰

다는 말은 듣지 못했다. 陳良은 초나라 사람이지만 주공과 공자의 도를 좋아하여 북쪽으로 와 중국 문화를 배우니 북방의 학자들도 그를 앞설 수가 없었다. 그 사람은 이른바 걸출한 선비이다.(吾聞用夏變夷者, 未聞變於夷者也. 陳良, 楚產也, 悅周公·仲尼之道, 北學於中國. 北方之學者, 未能或之先也, 彼所謂豪傑之士也.)"라는 구절이 나온다.

10. 천주교가 독이라는 확실한 증거

邪毒實據

하장 사람 소급우

霞漳 蘇及寓

요지

장주漳州에 사는 소급우[1]가 천주교의 해독에 대해 근거를 들어 쓴 글이다. 서양 오랑캐가 쫓아도 다시 들어와 해악을 퍼뜨리고 있는데도 사람들이 믿고 따르고 있는 현실을 목도하고, 이 글을 지어 중국인의 경계심을 일깨우고자 하였다. 구체적으로 저들의 해악을 거론하였는데, 수차에 걸쳐 30여 개 나라를 집어삼킨 점, 화총이나 자명종 등 기묘한 기구로 사람의 눈을 미혹시키지만 실제로는 삼강오륜과 유학의 줄기를 헐뜯고 있다는 점, 일개 사교를 가지고 삼성三聖을 없애고 있다는 점, 풍속을 문란하게 하여 아비를 아비 같지 않게 만들고 아들을 아들 같지 않게 만들며 사내를 사내 같지 않게 만들고 아낙을 아낙 같지 않게 만든다는 점 등이 그것이다. 이에 근거하여 저들이 중국 사람으로 되지 않으면 중국이 오랑캐로 될 수 있음을 우려해야 한다고 강조하고 있다.

애유략(알레니) 등은 오랑캐인데 만력 연간에 우리 중국에 들어왔다. 식견이 있는 사람들이 저들의 품은 속셈이 괴이하고 교활하며 행적이 변화무쌍하고 거짓된 것을 보고는 저들의 음험함에 관해 소장을 올려 쫓아 버렸다. 그런데 오늘날 저들이 어찌하여 다시 들어왔단 말인가? 그 이유는 가히 상상할 수 있

艾儒略等夷人也, 自萬曆間入我中國, 有識者窺其立心詭異, 行事變詐, 已疏其不軌而驅之矣. 今也胡爲乎復來哉, 其故可思矣. 復來而天下不惟莫能詳察其奸, 併且前驅諸疏, 亦幾不

1 蘇及寓는 號가 恬夫이고 福建省 漳州 사람이다.

다. 저들이 다시 왔음에도 불구하고 천하 사람들 가운데 저들의 삿됨을 상세히 살펴보는 사람이 없을 뿐만 아니라, 지난번에 저들을 쫓아내기 위해 올렸던 소장 같은 것도 거의 보이지 않는다. 이에 저 오랑캐 무리는 기뻐하면서 서로 말하길, "우리 서양 사람들에게는 눈이 넷이나 있고, 일본 사람들에겐 눈이 셋이 있는데(두 차례 일본에 선교하러 갔다가 두 번 모두 그들에게 살해되었기에 이렇게 말한 것이다.), 중국 사람들에게는 눈이 둘뿐이며, 여송 사람들은 눈이 하나도 없다."고 한다.

得見. 夷輩喜而相告曰"我西士有四眼, 日本人有三眼(兩到日本開教被其兩殺, 故云) 中國人有兩眼, 呂宋人無一眼."

그리하여 많은 자들이 기예를 이용하여 우리 성명한 천자에게 기물을 바치고서는, 공경대부들로 하여금 앞다투어 시를 지어 기리고, 글을 지어 찬미하고, 소장을 올려 천거하게 하였다. 심지어 예악禮樂·병형兵刑·전곡錢穀·건축 등을 관할하는 중대한 권한까지 오랑캐들이 가진 능력에 못 미친다고 하면서 저들이 맡아 주관하도록 하였다. 이 때문에 오랑캐들의 세력과 해독이 나날이 그 속에서 커 가고 있는데도 아무 말도 하지 못했다.

於是多藉技藝, 希投我聖天子之器, 使胡公卿士大夫相率詩詠之, 文讚之, 疏薦之, 至於禮樂·兵刑·錢穀·營建諸大權, 皆讓能於夷. 欲夷司其事, 繇是夷勢夷毒, 日釀於其中而不可言.

다시 돌아와 이러한 짓을 해 온 지 오래이거늘, 천하에 누구 하나 이를 염려하여 변고를 막아 보고자 하지 않으니, 앞으로 어찌할 것인가? 중국이 이와 같다면 또 어찌 두 눈이 있다고 할 수 있겠는가? 다행히 뜻있는 선비들과 단정한 이들이 있어 이를 듣고 마음 아파하고 이를 보고 통곡하였다. 저들을 내치고 깨뜨릴 계책을 마련하고 호걸다운 문장을 지음에, 어진 사대부들이 그들과 합심하여 오랑캐를 물리치

夫復來而若此之久也, 天下竟無一人憂之而維其變, 將奈何? 夫中邦而若此, 又安得謂有兩眼耶? 所賴志士端人, 聞之心傷, 見之痛哭, 設破闢之計, 起豪傑之章, 賢士大夫有與之闢焉. 嗟嗟! 中邦人士, 今也亦可以有兩眼矣.

고 있다. 아아, 중국의 인사人士들에게 이제야 두 눈이 있다고 할 수 있으리라.

그러나 어리석은 내가 자세히 음미해 보건대, 도덕 선생들은 단지 그 진위만을 분별할 뿐이고, 문인 재사들은 문장을 우아하게 짓는 데만 힘쓸 뿐이어서, 아직 저 교활한 서양인들이 끼치는 해독을 완전히 드러내지 못하고 있는 듯하다. 독자들이 상심하여 통곡하고 잠 못 이루며 불안해할까 봐 걱정이니, 그리되면 앞으로 이 일을 어찌할 것인가? 초야에 묻힌 이 사람은 무지하여 천문 역법에 관하여는 따질 겨를이 없다. 단지 사람들이 중국 사람답지 않게 되고 중국이 오랑캐로 될 것을 근심할 뿐, 역법을 찬수하지 못하거나 찬수할 사람이 없을까 근심하지 않는다. 이제 사교의 해독과 기이한 잔혹함에 대해 한두 가지 직접 보고 들은 것을 사실에 근거하여 말해 보고자 한다.

然愚細玩之, 道學先生祇辯眞僞, 文人才士猶工典雅, 而狡番之所以爲毒, 未昭其備也. 政恐讀者未便傷心痛哭而寤寐不寧也, 又將奈何? 野人無知, 天曆之說, 未暇置辨. 蓋但患人之不華, 華之爲夷, 不患曆之不修, 修之無人也. 今姑擧邪毒異慘, 一二親見聞者, 實而據之.

하나. 이 오랑캐들은 구만리 밖에서 왔다며 거짓말을 했다. 멀리서 왔다고 속인 것은 사람들로 하여금 저들에게 다른 뜻이 없음을 믿게 하고, 저들이 우리를 삼키려 들지 않을까 하는 우려를 불식하기 위함이다. 우리는 이 오랑캐들의 속셈이 깊고 모략이 교묘해서 한 나라에 이르면 반드시 한 나라를 무너뜨리고, 그 나라에 나아가면 그 나라를 침으로써 이미 삼십이 더 되는 나라들을 차지한 사실을 모르고 있다.(올린 주소에서 칭하길, 서양 인근에 있는 삼십이 넘는 나라에서 모두 천주교를 받들고 있다고 한 것이 바로 그것이다.) 먼 나라에서의 행적은 확인할 길 없으나, 가장 가까이로는 여송·미색과·삼보안·계롱·담수 등에서

一. 此夷詐言九萬里, 夫詐遠者, 令人信其無異志, 而不虞彼之我呑耳. 不知此番機深謀巧, 到一國必壞一國, 皆即其國以攻其國, 歷呑已有三十餘.(有薦疏云, 彼西洋鄰近三十餘國奉行此敎是也.) 遠者難稽其踪, 最近而呂宋, 而米索果, 而三寶顔, 而鷄籠·淡水, 俱皆殺其主, 奪其民. 只須數人, 便壓一國, 此其實實可據者歟!

모두 그 임금을 살해하고 그 백성들을 빼앗았다. 몇 명만 있으면 한 나라를 제압할 수 있었으니, 이것은 확실한 근거로 삼을 만한 것이다!

하나. 이 오랑캐들은 간교함을 감추고 충성을 바치는 척했다. 총을 가지고 보잘것없는 공로를 세워 사람들의 환심을 사고, 하늘에 비를 빌어 사람들로 하여금 어쩌면 저들에게 신령한 법술이 있지 않을까 믿게 하였다. 자명종과 자명금, 그리고 망원경 등 저들의 기묘한 물건에 사람들 눈이 휘둥그레지게 만들었다. 또한 돈이 많아 사람을 잘 사귀고 깍듯한 예의로 사람을 잘 유인했다. 한 사람만 유혹하면 그 사람이 이내 몇 사람을 개종시키고, 그 몇 사람이 또 수만 명을 개종시켜서 지금은 그 수가 얼마인지 헤아리기조차 어렵다. 자잘한 사악함이야 이루 다 열거하기 어렵지만, 그 가운데 가장 참담한 것은 성인聖人을 훼손하고 신상神像을 베어 버리고, 또 신주를 부수고 제사를 없앤 것이다. 이 모두가 우리 임금과 스승을 업신여기고, 우리를 조상에게서 끊어 놓아 우리의 강상과 학맥을 일거에 쓸어 내고자 한 짓들이다. 이 또한 명백히 근거로 삼을 수 있는 것이다.

一. 此夷藏奸爲市忠, 助銃令人喜其有微功, 祈雨令人疑其有神術. 自鳴鐘·自鳴琴·遠鏡等物, 令人眩其有奇巧. 且也金多善結, 禮深善誘, 惑一人轉得數人, 惑數人轉轉數萬, 今也難計幾千億萬. 夫邪之淺者, 難以擧盡, 最慘而毁聖斬像, 破主滅祀. 皆以藐我君師, 絶我祖父, 擧我綱常學脈而掃盡者也. 此又其實實可據者歟.

아직 더 있다. 천주교는 책을 지어 설파함으로써 임금과 신하와 선비와 백성을 미혹하고 있는데, 본성을 잃은 중국 사람들이 이에 부화뇌동하고 있다. 저들은 일찌감치 사람들의 현우賢愚가 같지 않아 반반씩 참여하고 있으므로 사교의 해독이 두루 또 신속히 퍼지지 않는 것을 염려하였다. 이에 전후로 '무위無爲', '내내奶奶', '천모天母', '원돈圓頓' 등 여러 종

猶未也. 天主之教創書駕說以惑王臣士子, 華人喪心輩與之唱和矣. 而彼則早慮天下賢愚不一, 出入參半, 邪毒之流行爲未遍未速, 所以必後先陰標諸教曰'無爲', 曰'奶奶', 曰'天母', 曰'圓頓', 多方籠罩以爲羽翼.

교[2]를 은밀히 표방함으로써 다방면으로 포섭하여 조력자로 삼았다.[3] 그 가운데 '무위'의 참혹함이 가장 심한데, 천하의 도망자들과 무뢰배들을 한데 모아 어리석은 남녀들을 선동하고 미혹하였다. 그런데 스스로를 밀어낸 것은 무슨 뜻이었을까? 어허, 그것은 말하기 어렵다.

而'無爲'之慘更甚, 蓋所以鳩天下之亡命無賴, 而煽惑夫一切愚夫愚婦也. 然嘗自排者何意? 吁噫! 難言之矣.

옛날에 한 가지 계책으로 세 현인을 해친다는 이야기가 있으니, 이른바 하나의 사악함이 세 가지 성스러움을 인멸한다는 것이 바로 그것이다. 이에 주술로 압박하여 온 집안이 재계하며 채식하게 하였고, 저들을 우롱하여 곳곳에서 사단을 일으키게 하였다. 겉으로는 나라를 패망시키고 속으로는 도교와 불교를 무너뜨렸으며, 밝은 곳에서는 천주교에 반대하고 어두운 곳에서는 천주교와 결탁했다. 저들은 교회 안에 몰래 음약淫藥을 마련해 두고 있다가 아낙네가 입교하는 것을 신앙의 시작이라 여기고 젖에 점을 찍고 비밀스런 곳을 누르는 것을 귀의라 여겼다. 또 상

古有一計害三賢者, 此所謂一邪滅三聖者也. 於是呪壓之, 使合家持齋素, 愚弄之, 使各處起干戈. 蓋所以陽敗國家, 陰壞道釋, 明與天主反, 暗與天主通也. 教中默置淫藥, 以婦女入教爲取信, 以點乳按秘爲皈依, 以互相換淫爲了姻緣. 示之邪術以信其心, 使死而不悔, 要之發誓以緘其口, 使密而不露. 至於擦孩童之口藥, 皆能制其必從,

---

2 여기 열거한 것은 모두 명나라 때 성행했던 이단 종교들이다. 無爲教는 正德·嘉靖 연간에 羅夢鴻이 창시했다. 宗旨는 禪宗南派에 가깝다. 不立文字를 주장하고 불상이나 절 등을 부정하여 悟空教라고도 불린다. 기본 사상은 金剛般若經에 기초하고 있으며 무위 해탈을 주장한다. 奶奶教는 東嶽泰山天仙玉女碧霞元君으로 일컬어지는 泰山奶奶를 모시는 도교 신앙이다. 明·清 시대에 碧霞元君의 영향력이 매우 커져서 元君에게 바치는 香火가 전국에 가득했다. 天母教는 財源天母를 모시는 불교 신앙이다. 圓頓은 명나라 민간 종교로 天啓 4년(1624)에 弓長이 창시했다. '末劫總收圓'을 구호로 삼으며 弓長을 天眞古佛轉世라 칭하고 無生老母로 받들었다.

3 명나라 때 사교를 행하는 자란 "邪神을 불러오고, 符呪를 물에 써서 扶鸞·禱聖하여 스스로 端公·太保·師婆라고 하는 자, 그리고 망령되게 미륵불의 백련사·明尊教·백운종이라고 칭하고 모여서 左道異端의 術에 따르는 자, 혹은 圖像을 숨기고 향을 사르면서 무리를 모아 밤에 집회하고 새벽이 되면 흩어지며, 善事를 빌미 삼아 인민을 현혹하는 자"를 말한다. (오금성 외, 『명청시대 사회경제사』, 서울: 이산, 2007, 402쪽)

대를 바꾸어 가며 음란한 짓을 감행하는 것을 연분을 맺었다고 여겼다. 사술을 보여 줌으로써 그들의 신임을 얻고, 죽어도 후회하지 못하게 하면서 함구할 것을 맹세하게 하여 비밀이 새어 나가지 못하게 하였다. 어린아이 입에까지 약을 발라 모두 복종하도록 제압하고 남들로부터 손가락질당하게 만들었다.

令其見怪.

만력 초기부터 이 오랑캐들이 중국에 들어오기 시작했다.[4] 그때 중국에 곧 오공吳公과 오파吳婆의 변란[5]이 있었지만 세상 사람들이 모를 뿐이다. 지금 보아하니, 아비를 아비답지 않게 만들고, 자식을 자식답지 못하게 만들고, 남편을 남편답지 못하게 만들고, 아낙을 아낙답지 못하게 만들고, 어린아이조차 어린아이처럼 살 수 없게 만들어서 생령을 죽이고 풍속을 어지럽힘이 이보다 더 심할 수 없다. 내가 천주교에 미혹된 자들을 따져 보니, 백성뿐 아니라 선비도 있고, 어리석은 자뿐 아니라 총명한 자도 있다. 내가 따져 보니, 천주교가 오늘날 세상에 펴짐이 겉으로 드러나는 것뿐 아니라 은밀하기도 하며, 널리 펴졌을 뿐 아니라 신속하기도 하다. 듣자니, 오랑캐 무리는 일찍이 기뻐하며 "중국의 제위帝位를 노려볼 만하다."고 말했다 한다.[6]

自萬曆初年, 此夷入中邦, 中邦即有吳公·吳婆變亂, 特世人未知之也. 今日試觀父不父, 子不子, 夫不夫, 婦不婦, 孩童難保其孩童, 酖殺生靈, 傷風敗俗, 莫此爲甚. 我且計今之惑於邪也, 不惟民而兼士, 不惟愚而兼智. 我且計邪之行於今也, 不特顯而且陰, 不特遍而且速, 聞夷輩蓋嘗喜謂"中邦之大器可窺矣."

4 만력 초년(1573)이라기보다는 만력 초기로 읽는 것이 타당하다. 마테오 리치 등이 중국 본토에서 활동을 시작한 해는 1583년이었다.

5 오공·오파의 변란이 어떤 사건인지 자세히 알 수 없다.

6 마테오 리치는 중국 황제의 개종을 통하여 중국을 그리스도교화하려는 자신의 의도를 유럽에 보낸 편지들에서 여러 차례 말하고 있다.

저들이 제멋대로 만든 관리와 백성들을 대하는 악법에서는, 몇십 리를 하나의 보保로 하고, 보 밖으로는 서로 왕래하지 못하게 하였다. 사람들에게 거주표(里票)를 주어 그것으로 신분 증빙을 삼게 하고 거주표에는 이름과 생김새 등을 적게 하였다. 보를 벗어나 다니는 자나 거주표를 지니지 아니한 자는 가차없이 처형했다. 마을 안에 사교 사원을 짓고 아낙과 딸들을 몰아다가 음란한 짓을 시켰다. 또 자식을 빼내 어미와 헤어지게 하고, 남편을 빼내 아내와 헤어지게 하였다. 고향에서 끌어내어 다른 나라에 가서 살게 하기도 하고, 또 이 땅에서 끌어내어 다른 땅으로 가서 살게 하기도 하였다. 이같이 동서로 바꾸고 남북으로 이동시켜, 익숙한 것을 생소하게 만들고, 강한 것을 약하게 만들며, 용맹한 자들이 서로 내통하지 못하게 하고, 총명한 자들이 서로 모의하지 못하게 하는 것, 이것이 바로 간교한 오랑캐들이 여송·삼보안·미색과 등을 제압할 수 있었던 악법이었다. 이 또한 명백히 근거를 댈 수 있는 것들이다.

其妄擬官民之毒法也, 數十里爲一保, 保外不許相通, 人授里票爲準, 票誌姓名形貌, 有越保而行者, 有行無里票者, 皆斬無赦. 里中設邪寺, 妻女驅入婬, 又嘗抽子以別母, 抽夫以離妻, 或抽本鄉條居別國, 或抽此土條往他邦. 東西變換, 南北移易, 蓋皆所以令熟者生, 强者弱, 勇者不得相通, 智者不得相謀, 是奸夷所以御呂宋·三寶顏·米索果等之毒法也. 此又其實實可據者歟.

명백히 근거로 삼을 것이 세 가지나 있지만, 얼마 후 어떤 식으로 해독을 더 끼치고 어떤 식으로 더 우롱할지 나도 알 수 없다. 일찍이 벗이 이런 말을 했다.

夫既有實實三可據, 吾不知幾時後如何增毒, 如何愚弄. 嘗聞之友人曰:

"저 오랑캐들은 삼킨 모든 나라, 거느리고 있는 모든 백성들에 대해 지혜를 모조리 끊어 없애고 배우고 익히지 못하게 하여, 사람을 나무인형처럼 만들어 버린 후라야 속이 시원해한다. 저 종자들은 기묘한 재주를 배워서 못하는 게 없으니, 이것이 바로 간교한 오랑캐들이 세상을 바꾸지 않고도 왕 노릇을 하는

"彼夷凡所吞之國, 所統之人, 皆欲斷滅其智慧, 不許其學習, 必使人人爲木偶, 然後快於心. 彼種則學習機巧, 無所不至, 此奸夷不易世而王之毒計也. 故嘗嘆胡元無智術, 不百年而亡,

악독한 계책인 것이다. 그래서 일찍이 오랑캐가 세운 원나라가 지혜가 없어 채 백 년도 못 가서 망하였음을 탄식했던 것이다. 오늘날 중국에 들어온 오랑캐들은 유교·도교·불교를 없애고, 문자와 전적들을 모두 불살라 백성들이 영원히 나무인형처럼 되기를 바라고 있다. 그저 그 음모가 아직 실현되지 못하였을 뿐이다. 그 어느 순간인들 이런 생각을 안 하겠는가?"

今入中華實欲滅儒·道·釋, 而焚盡文字典籍, 以木偶萬世, 特其謀未遂耳. 何時而無是念乎?"

이 말을 듣고서 나는 두렵지 않을 수 없었다.

聞此令人心寒.

지금 조정의 모든 대신들은 성상의 은덕을 입고 있고, 온 나라의 선비들은 모두 공맹孔孟의 책을 읽고 있다. 그러나 저 교활한 오랑캐들이 감히 천자를 속이고 예수를 천주로 삼아 예배하면서, 감히 공자와 맹자를 헐뜯고 지옥에 들어간다는 말을 화두로 삼고 있는데도 조정에는 우려하거나 분개하는 사람 하나 없다. 게다가 유학의 줄기와 교화, 병형兵刑·예악·전곡錢穀·건축 같이 당당한 중국의 중대한 권한들을 입으로 찬양하고 글로 천거하여 교활한 오랑캐의 결정에 맡기고자 하고 있으니, 중국의 인사에게 두 눈이 없을 뿐만 아니라 일본 보기에도 부끄럽다. 실로 방촌方寸의 본심을 버리고 점점 여송과 같아지는 것인가! 생각이 여기에 미치고도 마음 아파 통곡하면서 북을 울려 함께 전진하지 않고, 여전히 베개를 높이 베고 누워 있을 수 있겠는가? 옳은가, 그른가? 애달프도다!

今日滿朝俱荷君王恩, 遍野皆習孔孟書, 蠢爾狡番敢誑天子, 拜耶穌爲天主, 敢毁孔·孟, 入地獄爲話柄, 朝廷無人憂憤之, 且也學脉教化, 兵刑·禮樂·錢穀·營建, 堂堂中國大權, 交相口揚筆擧, 欲委狡番秉令, 是中邦人士不惟無兩眼, 而深愧日本也. 實且喪寸心, 而漸同呂宋歟. 念及此, 能不傷心痛哭, 鳴鼓合攻, 尙且高枕而臥? 是耶非耶? 哀哉!

11. 이마두의 말은 황당하고 세상을 미혹시킨다

利說荒唐惑世

건계 사람 위준

建溪 魏濬

요지

위준[1]이 중국의 전통적인 천문지리학에 근거하여 이마두의 말이 황당무계하고 혹세무민함을 입증하고자 쓴 글이다. 이마두의 『여지전도』에서는 중국을 전체 지도의 중간에서 조금 서쪽에 치우쳐 그려 놓았는데 이는 어불성설이며, 서양 사람들의 역법은 '하늘 이야기꾼 추연鄒衍'보다도 더 황당무계하다고 주장하였다. 또 자명종이 비록 정교하지만 그것은 물시계만도 못하다며 폄하함으로써 중국의 높은 위상과 학술의 수준을 다시금 천명하고 있다.

근자에 이마두利瑪竇(마테오 리치)가 사교로써 수많은 사람들을 미혹시키니, 사대부들조차 그에게로 쏠려 믿고 따랐다. 이마두가 죽은 뒤에도 그를 따르는 무리들이 천주교를 높이 외쳐대며, 뭇 사람들을 불러 모아 무리를 이루고, 가는 곳마다 사람들을 속이며 교세를 확장해 갔다. 남경 예부 시랑이 이들을 내쫓을 것을 소장으로 올려 건의하자 비로소 흩어졌으나, 사교에 미혹된 자들이 너무도 확고하여 깨뜨릴 수 없

近利瑪竇以其邪說惑衆, 士大夫翕然信之. 竇旣死, 其徒倡爲天主之敎, 呼群聚黨, 所至譸張. 南宗伯參論驅逐始散去. 然惑于其說者堅而不可破, 人情之好異如此.

1 魏濬(1553~1625)은 字가 禹卿, 號가 蒼水이며, 복건성 松溪 사람이다. 만력 갑진년(1604)에 진사가 되어 戶部 主事·戶部 郎中·右副都御史·湖廣按察史 등의 관직을 역임했다. 『西事珥』, 『峽雲閣存草』 7권이 세상에 전한다.

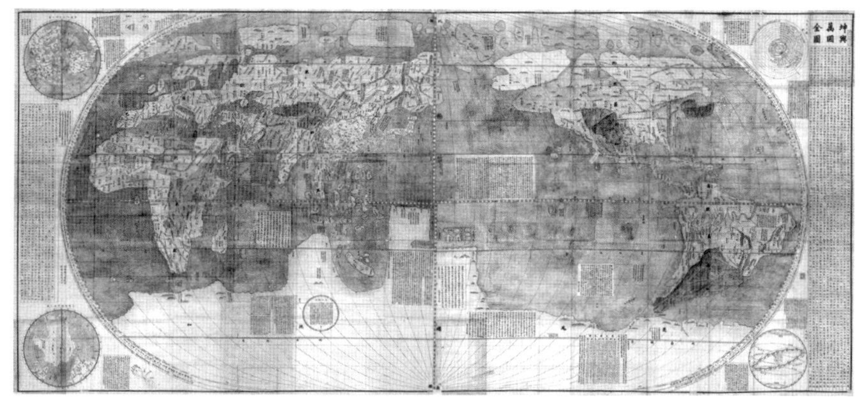

곤여만국전도

었으니, 기이한 것을 좋아하는 사람의 마음이 이와 같은 것이다.

그가 만든 '여지전도輿地全圖'[2]는 아득히 멀고 드넓은 곳에까지 미치고 있는데, 이는 그저 눈으로 볼 수도 없고 발길이 닿을 수도 없어 조사, 확인할 길 없다는 것을 빌미로 사람을 속이고 있을 뿐이다. 즉 화공이 도깨비를 그린 것이나 마찬가지다. 다른 것은 말할 것도 없이, 중국만 놓고 보아도 전체 지도 가운데서 서쪽으로 약간 치우쳐 거의 북쪽에 가깝게 그려져 있다. 밤에 하늘을 쳐다보라. 북두칠성의 첫 번

所著'輿地全圖', 及洸洋窅渺, 直欺人以其目之所不能見, 足之所不能至, 無可按驗耳. 眞所謂畫工之畫鬼魅也. 毋論其他, 且如中國于全圖之中, 居稍偏西, 而近于北. 試于夜分仰觀, 北極樞星乃在子分, 則中國當居正中, 而圖置稍西, 全屬無謂.

2 '輿地全圖'는 '山海輿地全圖' 또는 '坤輿萬國全圖'를 가리킨다. Abraham Ortelius(1527~1598)의 세계 지도를 본떠서 1584년에 광동 肇慶에서 그린 것이다. 1608년까지 14년 동안 이 全圖는 남창, 소주, 남경, 북경, 귀주 등지에서 12차례나 翻刻, 인쇄되었다. 이 전도에서는 세계 각 나라에 대해 주석을 明記한 뒤에 그 지역의 개략적인 정황을 기술하였다. 이 간략한 기술은 중국 사람들의 시야를 넓히는 데 아주 중요한 역할을 하였다. 이 전도에서는 9중천의 관점을 제기하고 여러 하늘 가운데서 지구의 위치를 설명하였고, 또 여러 하늘의 운행 그리고 일식과 월식이 발생하는 원리 및 사계절의 차고 더움, 각 절기의 발생 원인, 한대, 온대, 열대 등 5개 기온대의 획분 등에 대해 서술하였다. 이러한 갖가지 지식은 중국 사람들이 그때까지 듣도 보도 못한 것이었다.

째 별이 바로 자분子分에 있으니, 중국은 한가운데를 차지해야 마땅한데도 지도에서는 서쪽으로 치우치게 놓았으니 전혀 따를 바가 못 된다. 옛날에는 양성陽城[3]을 천지의 중앙이라 했으나, 전적으로 땅의 중앙을 논하자면 마땅히 곤륜산 높은 곳이 중앙이어야 할 것이다. 동쪽으로 조금 치우치면 땅이 적고 바다가 많으며, 서쪽으로 조금 치우치면 땅이 많고 바다가 적다. 곤륜은 땅의 중앙이지 땅과 바다의 중앙이 아니니, 땅과 바다의 중앙은 마땅히 양성이어야 한다. 그러므로 양성에 있는 8척의 규표[4]를 보면, 하지 정오 때의 햇빛은 규표의 1척 6촌 북측에 있으나, 동지 정오 때의 햇빛은 규표 1장 3척 북측에 있다. 동쪽으로 치우치면 아침 햇빛이 빠르고 저녁 햇빛은 느리다. 서쪽으로 치우치면 아침 햇빛이 느리고 저녁 햇빛은 빠르다. 그러니 양성을 중앙으로 하여 측정하고 확인해서 정하는 것은 빈말이 아니다.

古以陽城爲天地之中, 若專論地中, 則應在崑崙高處. 第偏東, 地少海多, 偏西, 地多海少, 崑崙乃地中, 而非通地與海之中也, 通地與海之中, 宜在陽城耳. 故陽城八尺之表, 夏至午景在表北一尺六寸, 而冬至午景在表北一丈三尺. 偏東者, 早景疾, 晚景遲. 偏西者, 早景遲, 晚景疾. 則陽城爲中, 得之測驗而定, 非懸談也.

일찍이 김유자金幼孜[5]의 『북정록北征錄』에서 이러한 기록을 본 적이 있다. "영락 연간에 황제를 따라 북방 정벌에 나선 적이 있는데, 3월 8일 명란수鳴鑾戍에 도착한 다음 밤에 북두칠성을 쳐다보았더니, 바로 머리 위에 있었다."[6] 그가 직접 본 것이 이러하였다.

嘗見金幼孜『北征錄』載 "永樂間從駕親征北虜. 三月八日, 次鳴鑾戍, 夜見北斗, 正直頭上." 其所親見如此.

---

3 陽城은 예부터 중국에서 천문관측을 하던 중심지로 地中이라고도 불렸다. 지금의 河南省 登封 告成鎭을 가리킨다.

4 '圭表'는 해그림자를 측정하는 기구이다.

5 金幼孜(1367~1431)는 이름이 善이고 江西省 陝江縣 사람이다. 영락 원년(1403)에 翰林檢討에 제수되어 解縉과 함께 문연각에서 일한 바 있다.

6 『북정록』에 "8일에, 명란수에 어가를 멈추고 묵었다. 밤에 황상께서 행궁 앞에 앉아 북두칠성을 보

일상적이고 누구나 다 아는 일 한 가지를 들어 말해 보겠다. 춘분과 추분에는 태양이 운행하다가 황도와 적도가 만나는 점에 이르면 남북의 정중앙에 위치하게 된다. 예를 들어, 향시와 회시 두 차례 시험은 춘분과 추분 전후에 치르게 되어 있는데, 우리 복건성 향시 때는 햇빛이 과장의 발밑까지 비치지만 회시 때는 과장의 돗자리 위에까지 비친다. 복건에서 북경까지 5천 리가 안 된다고 해도 그 거리가 대체로 이와 비슷할 것이다. 또 교지交趾[7] 남쪽에서는 북문으로 해를 볼 수 있어 그쪽을 일남日南이라 하는데, 교지는 중국에서 그다지 멀지 않다. 원나라 진부陳孚[8]는 지원 연간에 월남에 사신으로 갔는데, 2월 3일에 온구溫丘 역참에서 유숙할 때 날이 어둡기 전 초승달이 하늘 중간에 있는 것을 보았다고 한다. 이는 모두 확실한 근거로 삼을 만하다. 또 양성에서 하늘을 쳐다보면 북극성은 땅에서 36도 위에 있고, 남극노인성南極老人星은 땅에서 36도 안으로 들어와 있다. 북쪽으로 삭방에 이르면 벗어난 도수가 50도가 되고, 남쪽으로 교광에 이르면 벗어난 도수가 20도가 된다. 명란수와 월남에서 본 것이 이토록 서로 멀리 떨어져

余且擧一常事, 人人皆知者, 春秋二分, 日躔行至黃赤道之交, 正居南北之中. 如鄕會兩試, 時値二分前後, 吾閩場日映止于足趺, 而會場日映席上. 閩去京師, 不能五千里, 相去已爭如許矣. 又交趾以南, 北戶見日, 謂之日南, 交趾距中國未遠也. 元人陳孚, 以至元間使交趾, 二月初三日, 宿溫丘驛, 未昏見新月乃在天心, 皆其較然可據者也. 又陽城仰觀北極出地三十六度, 南極入地三十六度, 若北至朔方, 則出入之度五十; 南至交廣, 則出入之度二十而已. 鳴鑾·交趾所見相遠, 以至於此. 焉得謂中國如此蕞爾, 而居於圖之近北? 其肆談無忌若此. 信之者乃謂其國人好遠遊, 斯非遠遊者耶. 談天衍謂中國居天下八分之

시다가 유자 등을 불러 함께 보자고 하였는데, 북두칠성이 바로 머리 위에 있었다. 이경까지 이야기를 나누다가 나왔다.(初八日, 駐蹕鳴鑾戍. 夜, 上坐帳殿前望北斗, 召幼孜等觀, 北辰正値頭上, 語至二鼓乃出.)"라는 기록이 보인다. 또 "명란수에 어가를 멈추고 묵었다. 황상께서 무서 군사를 열병하셨다.(駐蹕鳴鑾戍. 上大閱武誓師.)", "명란수를 출발했다. 황상께서 산에 올라 점차 행군하셨다.(發鳴鑾戍. 上登山麓漸行.)" 등의 기록이 보이는 것으로 보아 鳴鑾戍가 지명임을 짐작할 수 있다.

7 '交趾'는 지금의 베트남 북부에 해당한다.

8 陳孚(1259~1309)의 字는 剛中, 호는 勿庵이다. 紀行詩를 많이 지었다. 『觀光集』, 『交州集』 등이 전한다.

있는데, 어찌 중국 땅덩이가 이토록 작을 수 있으며, '여지전도'의 북쪽 가까이에 위치할 수 있단 말인가? 저들이 거리낌 없이 함부로 지껄인 것이 이와 같다. 이를 믿는 자는 그 나라 사람들은 멀리 유람하기를 좋아한다고 할 것이나, 결코 멀리 유람한 자가 아니다. 천문에 대해 이야기했던 추연鄒衍[9]은 중국이 천하의 8분의 1분을 차지하고 있다고 하면서, 온 세상을 구주九州로 나누었고 중국을 적현신주赤縣神州라고 하였다.[10] 이들의 황당무계함은 추연보다 심하다.

一, 分爲九州, 而中國爲赤縣神州, 此其誕妄又甚於衍矣.

그리고 구천설九天說에 대해 말하자면, 한마디로 별의 크기로 억측하여 멀고 가까움을 말한 것이다. 해가 도리어 토성이나 화성보다 작다고 하였으니, 그 멋대로 지어낸 것이 가소롭다. 대체로 오성 중에서는 금성이 제일 크고, 목성이 다음이며, 수성과 화성이 그다음이고, 토성이 가장 작다. 측정하는 자들의 말에 따르면 금성은 직경이 백 리이고, 목성은 직경이 90리이며, 다음 것들은 차례로 작아져서 토성에 이르면 직경이 50리에 그친다고 한다. 별의 크기 또한 같

至於九天之說, 總以星體之大小揣臆, 言其遠近. 日反在土火之下, 杜撰可笑. 蓋五星之體, 太白最大, 歲星次之, 辰星熒惑又次之, 惟塡星最小, 測驗家謂太白徑百里, 歲星徑九十, 以次漸殺. 至塡星徑止五十里, 星體大小即一座之間, 亦各異狀. 如心及河鼓三星, 皆中星大, 左右

9 鄒衍(기원전 305?~기원전 240?)은 전국 시대 齊나라의 사상가로, 음양가의 대표 인물이다. 五德終始說과 大九州說을 주장하였다. 그의 음양오행설은 『呂氏春秋』와 董仲舒의 사상 체계에 영향을 끼쳤다. 『主運篇』을 저술하였고, 『漢書』「藝文志」에 『鄒子』·『鄒子終始』 등의 책을 썼다는 기록이 있으나 전하지 않는다. 그가 우주에 관한 이야기를 잘했으므로 제나라 사람들은 그를 '談天衍(하늘 이야기꾼 추연)'이라고 불렀다.

10 『史記』「孟子荀卿列傳」에 추연이 한 말이 보인다. "유자들이 말하는 중국은 천하를 81로 나누었을 때 그중 하나만을 차지하고 있을 뿐이다. 중국의 이름은 적현신주이다. 적현신주 안에 아홉 개의 주가 있으니, 우임금이 다스린 구주가 그것이나 주로서 셀 만한 것이 못 된다. 중국 밖에도 적현신주 같은 것이 아홉 개 있으니, 이른바 구주가 바로 그것이다.(以爲儒者所謂中國者, 於天下乃八十一分居其一分耳. 中國名曰赤縣神州. 赤縣神州内自有九州, 禹之序九州是也, 不得爲州數. 中國外如赤縣神州者九, 乃所謂九州也.)"

은 별자리 안에서도 각기 다르다. 예를 들면 심성心星·하성河星·고성鼓星의 세 별은 모두 가운데 것이 크고 좌우 두 별이 작다. 직녀織女 삼성의 경우는 위의 별이 크고 아래의 두 별이 작다. 북극 오성은 크기의 차이가 더욱 많다. 그러니 어찌 그 큰 것은 반드시 가깝고 작은 것은 반드시 멀다고 하겠는가. '여지전도'에서는 단지 달에 비친 그림자, 즉 세상에서 말하는 보리수[婆羅樹]와 옛사람들이 대지의 산과 강이 비친 그림자라고 여겼던 옥토끼에 근거하여 이와 같은 이야기를 지어내 사람들을 속였을 뿐이다. '여지전도'를 가져다 달그림자와 한번 대조해 보라.

二星俱小. 織女三星, 上星大, 而下二星小. 北極五星, 大小更異, 是豈大者必近, 而小者必遠耶. 全圖只因月中魄影, 如世所謂婆羅樹, 及王兎者, 昔人以爲大地山河之影, 因杜撰以欺世人耳. 試取圖與月影質之.

이마두가 제작했다는 측량 기구를 보았는데, 자명종이라 불렸고 아주 정교하게 만들어졌다. 그러나 이것은 옛날 계명침[11] 따위처럼 인력으로 만들어 낸 것일 따름이다. 내가 일찍이 자세히 분해해 보니, 가장 중요한 것은 두 개의 큰 톱니바퀴에 있었다. 철사를 감아 톱니바퀴 안에 감춘 다음 축으로 꿰어 놓았는데, 철사는 감는 힘을 받지 않으면 펼쳐지게 되어 있으므로 기관을 장치해 펴지지 않고 아주 미세하게 돌아가게끔 만든 것이다. 또 톱니바퀴 몇 개를 서로 맞물리도록 장치해 놓았는데, 차례로 점점 작게 점점 미세하게 맞물리며 쇠바퀴가 조금씩 돌면서 차례대로 밀어 주어 움직임이 점점 빨라지고 급해지도록 한

即見瑪竇所製測驗之器, 謂之自鳴鐘者, 極其精巧, 此自是人力所能, 如古鷄鳴枕之類耳. 予嘗細析而觀之, 大要在兩大輪, 卷鐵暗匿輪中, 而貫之以軸, 鐵不受卷必展, 則設機以製之, 使不得展, 而轉極微細, 又設數輪相承, 以次漸小漸密, 鐵輪微轉, 亦以次相促, 而漸催漸急. 數盈則觸機而機脫, 迅疾如風, 輪上設杵十二如乳, 杵至則刮其挺以擊鐘, 疏密皆有次第. 然

11 닭 모양으로 만든 베개를 말한다. 가운데가 움푹 파여서 가운데를 베면 양쪽의 닭 머리와 닭 꼬리가 위로 높이 올라 가 수탉이 우는 형상이 된다.

것이다. 숫자가 다 차 기관을 건드리면 기관이 쏜살같이 튀어 나간다. 바퀴에는 12개의 젓꼭지같이 생긴 절굿공이가 있는데, 공이가 도착하면 막대에 부딪혀 종을 친다. 종 치는 차수가 빠르고 늦은 것에도 모두 순서가 있다. 태엽이 한번 감긴 후 오랜 시일이 지나다 보면 성능이 좀 느슨해지게 마련이어서 실제 시간과 맞지 않게 된다. 이때는 태엽을 다시 감아서 잘 돌아가게 해야 한다. 대략 하루에 한 차례씩 이같이 조정한다. 그때 해그림자의 시각을 표준으로 삼는데, 며칠 동안 날씨가 흐리면 표준을 얻을 길이 없다. 다만 방법은 물시계보다 간단할 뿐이다.

鐵旣受卷, 久之則性亦稍緩, 不能與時合, 又須再卷使急, 大約每日定須一整, 整時須藉日影爲準, 倘連日陰晦, 則無從取定矣. 但其法簡於壺漏耳.

제 4 권

1. 「사설 변박에 도움 되는 글」 자서

聖朝佐闢自叙

덕청의 후학 허대수

德清 後學 許大受

요지

「사설 변박에 도움 되는 글(聖朝佐闢)」이란 글을 쓰고 허대수[1]가 스스로 붙인 서문이다. 「사설 변박에 도움 되는 글」은 『파사집』 가운데 가장 상세하고도 전면적으로 천주교를 비판한 열 편의 글 모음이다. 지은이 허대수는 천주교가 불교를 드러내 놓고 배척하고 유교를 숨어서 헐뜯지만, 천주교는 불교나 도교에 비해 크게 손색이 있으며 황당하고 오류가 많아 변박할 가치도 없다고 주장하였다. 그럼에도 저들의 정상情狀을 제대로 파악하지 못하고서 사교나 재물에 현혹된 자들이 많기 때문에, 가장 요지가 되는 열 가지를 들어 천주교를 변박했다고 말하고 있다. 여기서 유교만을 언급하지 않고 불교까지 동시에 거론하고 있는 까닭에 대해 그는 천주교설 중에 내세가 있기 때문에 그 설을 깨기 위해서는 부득불 불교를 끌어들여야 한다고 하였다.

무엇을 변박하려는가? 근자에 당국의 허락도 없이 중국에 들어온 오랑캐 이마두利瑪竇(마테오 리치)의 사설을 변박한다. 무엇으로써 (그 변박을) 거들려는가? 초야에 묻혀 사는 부덕한 내가 감히 변박하는 일을

闢者何? 闢近年私入夷人利瑪竇之邪說也. 何言佐? 草茅凉德不敢主闢, 而目擊乎東省白蓮之禍, 與吾西吳赤子之危, 念

1 許大受는 浙江省 湖州府 德清縣 사람이다. 자크 제르네(Jacques Gernet)는 許大受가 명나라 양명학자인 許孚遠(1535~1604)의 아들이라고 하였고(『中國和基督教』, 商務印書館, 2013, 17쪽 참고), 黃虞稷의 『千頃堂書目』에도 "許大受의 『聖朝佐闢』 缺一卷"이라 적은 다음 그를 "許孚遠子"라고 명시해 놓았다.

주도할 수는 없으나, 산동 백련교의 화[2]와 우리 서오西吳 백성들의 위태로움을 목도하고 나서, 이 사악한 무리가 만든 우환과 위해가 참으로 심각하다는 생각을 하게 되었다. 저들이 유교를 훔쳐서 유교를 멸함이 예측할 길 없고, 그 기세가 날로 승하여 그 끝을 알 수 없다. 지금은 밤에도 부녀자들에게 선교하면서, 방 안에서 남녀가 한데 어울린다는 혐의도 피하지 않고 돈을 뿌려 백성을 끌어모으고 있으니, 장차 중대한 우환이 생길 것이다. 심지어 삼황오제 때의 모든 대성인들마저 천고의 억울함을 당하고, 우리 이조열종二祖列宗[3]이 세운 화이華夷의 구분이 하루아침에 뒤집어지고 있다. 그러니 한 수 거들지 않으려 해도 차마 그럴 수 없다.

此邪徒, 禍危實甚, 而竊儒滅儒, 人所叵測, 日熾一日, 靡有底歸. 今且夜授婦女, 不避帷薄之嫌, 揮鏹聚民, 將有要領之懼. 甚至舉三五君師之諸大聖人, 受抑千古, 將我二祖列宗之華夷內外, 忽倒一時. 即欲不佐一臂, 而又有所不忍也.

어떤 사람이 "중대한 우환이 생길까 근심이라면, 무엇 때문에 오랑캐의 예봉에 맞서려고 하시오?"라고 물었다. 나는 "똑같이 두려워하더라도 두려워하는 방법이 정도에 맞아야 합니다. 오랑캐들도 '오랑캐를 위해 고난을 겪고 죽는 자는 가장 높은 하늘에 오른다.'고 말하는데, 당당한 중국이 어찌 사방의 오랑캐만 못할 수 있겠습니까? 조종들께서 선비를 길러 온 지 하루 이틀이 아니거늘, 성인이 되어 천자를 대신해 울분을 토할 수만 있다면 죽음인들 어찌 마다하겠습니까?"라고 답하였다.

或曰 "汝既懼要領, 奈何犯夷鋒?" 應之曰 "等懼也, 懼法爲正. 且夷之言曰'爲夷死難者, 生最上天.' 夫堂堂中國, 豈讓四夷? 祖宗養士, 又非一日, 如能爲聖人, 爲天子吐氣, 即死奚辭?"

2 天啓 2년(1622)에 산동성에서 일어난 徐鴻儒의 백련교 봉기 사건을 가리킨다.

3 '이조열종'은 명나라 太祖인 朱元璋과 成祖 朱棣 이하 역대 제왕을 가리킨다.

또 어떤 사람이 "그렇다면 그대는 변박의 말을 하는 가운데 어찌하여 유교만을 숭상하지 않고 불교의 편도 든 것이오?"라고 물었다. 나는 "오랑캐들이 사람에게 내세가 있다고 말하므로 유교와 불교를 연통시키지 않고서는 요사한 오랑캐를 꺾기에 충분하지 않기 때문입니다. 게다가 오랑캐들의 계략이 간교하여, 불교는 드러내 놓고 배척하면서 유교는 숨어서 헐뜯고, 더욱이 불교 배척을 빌미로 유가에 대해 깊이 알지 못하는 사람들로 하여금 기꺼이 저들을 따르게 만듭니다. 그래서 하찮은 생각이지만 기어이 천하 사람들에게 천주교는 몹시 비루하고 천하여 불교나 도교에 비해서도 손색 있으니, 하물며 우리 유교와는 견줄 수조차 없다는 사실을 명백히 알리고자 하는 것입니다. 그런 다음, 유·불·선 삼교는 네 번째를 절대 용납할 수 없으며, 다스림의 계통과 도의 계통에서도 간악한 종교를 받아들일 수 없음을 알게 한다면, 성인의 도는 만세토록 길이 받들어질 것입니다."라고 답하였다.

或又曰 "然則, 子闢言中, 何不直崇儒, 而乃兼袒佛乎?" 曰 "夷言人有後世, 非貫通儒釋, 不足以折妖邪故也. 況夷之狡計, 陽闢佛而陰貶儒, 更借闢佛之名, 以使不深於儒者之樂於趨. 故區區之心, 必欲令天下曉然知夷說鄙陋, 尙遠遜於佛及老, 何況吾儒. 然後知三教决不容四, 治統道統各不容奸, 而聖人之道, 自常尊於萬世矣."

생각해 보면 이 땅의 선비와 백성 모두 총명하고 정직한데, 이 도깨비불 하나 꺼 버리는 것이 뭐가 어렵겠는가? 다만 호기심 있는 자들은 거짓된 말을 애써 모아다가 새로운 이론으로 삼고, 작은 이득을 보려는 자들은 음란하고 교묘함을 빌려다가 밑천으로 삼으며, 밑바닥에 있는 자들은 저들이 수레에 실어온 재물에 현혹되어 탐욕의 샘물이나 금광으로 여겼을 뿐이다. 임금도 아비도 없고 풍속을 해치고 윤상을 무너뜨리는 저들의 정상情狀을 따져 보지 않았기

竊料我邦士民, 聰明正直, 豈難熄此一燐? 第好奇者, 務採謬言爲新理, 見小者, 思藉淫巧爲用資, 最下則眩其輦璧燒茅爲貪泉金穴, 而未究其無君無父, 傷俗斁倫之情狀, 故致爾爾. 倘肯全披是册, 一旦翻然, 譬之晛見犀然, 立見雪消妖露, 則尤小子佐闢之雅志, 而世道人心之大幸

에 그렇게 된 것이다. 만약 이 책을 한번 펼쳐 보고서, 마치 햇볕 아래 미세한 것까지 밝히 보이듯, 눈 녹은 뒤 요물이 드러나듯 하루아침에 문득 깨우치게 된다면, 나의 벽사闢邪를 돕고자 하는 뜻이 이루어질 것이고, 세도와 인심에도 큰 다행이 찾아올 것이다. 천주교의 황당무계하고 그릇됨은 이루 다 변박할 수 없지만, 여기서는 가장 중요한 요지만을 골라 열 편을 지었다.

云. 其說之荒蕪刺謬不勝闢, 今撮其大要, 凡十篇.

2. 「사설 변박에 도움 되는 글」(열 편)

聖朝佐闢(凡十)

2.1. 세상을 속인 것을 변박하다

闢誑世

요지 이마두(마테오 리치) 이하 속속 중국으로 들어온 선교사들이 하는 말과 행적 등을 기술하면서 그 거짓됨과 참람함을 비판하고 있다. 우선 저들이 대서양으로부터 구만리 바다를 건너왔다고 말하지만, 중국의 옛 전적에는 저들 나라에 대한 기록이 하나도 없는 점과 『여곽극언』에 근거해 광동 지경 밖 오문澳門(마카오) 사람일 것이라고 추정하고 있다. 또 성부와 성자, 노아의 방주 등은 모두 허탄한 소리일 뿐이라 지적하였다. 가장 분개하는 바는 이마두가 장지葬地를 하사받은 것을 빌미로 선교사들이 중국에 뿌리내린 이래, 죄를 물어 본국으로 소환하라는 성지를 내렸음에도 아직 중국에 발을 붙이고 온갖 불경한 행위를 일삼고 있는 현실이다. 이에 저들이 역심을 품고 있는 것이 분명한바, 오랑캐가 더 이상 중국 땅에 머물지 못하도록 내쫓아야 한다는 주지를 펼치고 있다.

저들은 대서양국이 있다고 거짓말하며, 거기에서 구만리 바다를 건너 여기에 이르렀다고 한다. 살펴보건대, 한나라 장건張騫[1]이 서역에 사신으로 가서 황하

彼詭言有大西洋國, 彼從彼來, 涉九萬里而後達此. 按漢張騫使西域, 或傳窮河源抵月宮, 況

1 張騫(기원전 ?~기원전 114)은 前漢 시대 외교가로, 字가 子文이다. 漢中郡 成固(섬서성 城固) 사람이다. 두 차례에 걸쳐 서역에 사신으로 가서 중앙아시아 소수 민족들과의 연계를 강화했다. 匈奴에 의해 하서(甘肅河) 지방에서 伊犁江 방면으로 쫓겨 간 月氏와 동맹하여 흉노를 협공하려는 武帝(재위 기원전 141~기원전 87)의 책략에 따라, 장건은 사절로 기원전 139년 무렵 長安을 출발하여 甘肅에서 10여 년 동안 흉노의 포로로 있다가 탈출하여 西域北道를 경유, 大宛 (페르가나), 박트리아 지방을 견문

의 발원지에도 가 보고 월궁에도 가 보았다고 한다. 세상에 사람의 발길이 닿지 않은 곳이 있다면, 어찌하여 『산해경』[2]·『수신기』[3]·『함빈록』[4]·『서역지』[5]·『태평광기』[6] 등에 단 한 글자도 그런 나라에 관한 언급이 없는 것인가?

是人間有不到者, 『山海經』·『搜神記』·『咸賓錄』·『西域志』·『太平廣記』等書, 何無一字紀及彼國者.

또 거짓말하기를, 저들 천주의 이름은 예수이고 한나라 애제(재위 기원전 7~기원전 1) 때에 태어났다고 한다. 살펴보건대, 우리의 공자와 노자가 모두 그보다 먼저 태어났다. 『주역』에서는 "천하의 도를 포용하는 것은 이와 같을 뿐이다."[7]라고 하였다. 미륜彌綸이나 범위範圍[8] 등의 찬어贊語를 보더라도 어찌 여러 성

又詭言, 彼天主名耶穌, 生漢哀帝中. 按吾夫子及老聃竝生彼前, 『大易』稱 "冒天下之道, 如斯而已." 及彌綸, 範圍等贊, 豈更有剩理, 反超諸聖之上者?

하고 천산남로를 통하여 기원전 126년 귀국했다. 두 번째로 기원전 119년 이리 지방의 烏孫에 사절로 파견되었고, 이때부터 西域과 서아시아의 여러 나라와 중국의 교역이 활발하게 되었다.

2 『山海經』은 중국 고대의 지리에 관한 총 18권의 저작이다. 산천, 도로, 마을, 민족, 물산, 약물, 제사, 무속, 의학, 민간 전설 등을 망라하였다.

3 『搜神記』는 晋나라 干寶가 편찬한 志怪小說集으로 원본은 흩어졌고 후인들에 의해 20권으로 재편집되었다. 귀신, 신령의 괴이한 일들, 인물의 변화 등을 서술하였다.

4 『咸賓錄』은 명나라 羅日褧이 편찬한 책으로 총 8권이며 만력 연간에 간행되었다. 동서남북의 네 개 志로 나누었으며, 당시 중국 변경과 동서양 각국의 역사, 지리에 관한 자료들이 많이 수집되어 있다.

5 『西域志』는 『西域圖記』를 말하는 듯하다. 이 책은 隋나라 裴矩의 저술로 총 3권이다. 대략 605년부터 606년 사이에 찬집, 저술되었다. 저자는 수양제 때에 張掖(감숙성)에서 互市(민족과 국가 간의 무역 활동)를 관리하는 벼슬을 하였다. 서역 상인들로부터 취재한 44개 나라의 산천, 성씨, 풍토, 복장 장식, 물산 등에 관한 자료들을 수집하여 편집하였으며, 그림까지 그려 넣었다. 이 책은 고대 중국과 서양 사이의 교통에 관한 중요한 문헌이다.

6 『太平廣記』는 소설 총집이다. 북송의 李昉 등이 편집하였다. 총 5백 권으로 주제별로 92개 부류로 나누었다. 한나라부터 송나라 초기까지의 소설·필기·비사 등 475종을 채납하였으며, 대량의 옛 소설 자료를 보존하고 있다.

7 『周易』「繫辭上」에 있는 구절이다.

8 『周易』「繫辭上」에 "역은 천지와 동등하기 때문에 천지의 도를 모두 포괄하고 있다.(易與天地準, 故能彌綸天地之道.)"고 하였고, 또한 "천지 화육의 일을 포괄하여 처리해도 과오는 범하지 않고 모든 만물을 작은 부분에 이르기까지 성취하면서도 어느 하나 빠뜨림이 없다.(範圍天地之化而不過, 曲成萬物而不遺.)"고 하였다.

인들을 초월하는 그 밖의 도리가 있겠는가?

저들은 거짓말하기를, "예수는 사람들을 위해 달갑게 십자가에 못 박혀 죽었다."고 한다. 성인에게는 "죽음이 달려들 틈이 없다."[9]고 하고, "살아서 영화로웠다."[10]고 하였거늘, 또 무엇을 취하고자 하는가? 석가는 주나라 소왕昭王(?~기원전 977) 때 태어났다.[11] 그래서 『공자가어』[12]에는 「서방 성인」이라는 한 조목이 기록되어 있다. 그것이 과연 공자의 말인지 아닌지는 잠시 접어 두자. 그런데 저들은 '공자가 말하는 부처는 저들 무리 가운데 중들 패거리가 훔쳐다가 자기네 종교라고 전파한 것'이라며 거짓말하고 있다.[13] 주나라 때 살았던 성인이 한나라 때 벌을 받아 죽은 오랑캐를 미리 찬양하는 법이 어디 있단 말인가?

詭言"耶穌爲人甘罪釘死於十字枷上." 所謂聖人"無死地", "其生也榮", 又何取焉? 釋迦生周昭時, 故『家語』載「西方聖人」一條, 其果是孔子語否, 且不必論. 彼乃詭言孔子所指之佛, 正是彼徒特僧輩竊之, 以行其教耳. 則豈有周之至聖, 而先譽漢之戮夷者?

또 거짓말로 예수 이전에 이미 성부와 성자[14]라는 천주가 있었다고 한다. 요임금 때의 홍수는 그가 진노해서 터뜨린 것이라고 한다. 순후함과 지덕至德은 노하지 않는다는 상고 시대의 말은 일단 차치하더라

又詭言耶穌前, 已有費略罷德勒之天主. 堯時洪水, 係彼怒嗔. 且無論上世淳龐, 至德不怒, 縱使有怒, 豈有不怒于蚩霧

9 『老子』 50장에 있는 구절이다.

10 『論語』「子張」에 있는 구절이다.

11 석가는 기원전 6, 7세기경에 태어났으므로 이 연대 추정은 오류로 보인다.

12 『家語』는 『孔子家語』를 가리킨다. 삼국 시대 魏나라 王肅의 공자에 관한 기록을 모아 주를 붙인 책으로 원래는 27권으로 되어 있으나 현존하는 본은 총 10권으로 이루어져 있다. 王肅은 鄭玄을 공격할 뜻을 가지고 스스로 공자의 22세손 猛에게서 얻은 것이라 공언하였다. 王肅은 『論語』·『左傳』·『禮記』 등 책에서 鄭玄의 것과 다른, 고대 郊廟 전례, 혼인에 유관된 제도와 공자에 관한 유문일사들을 뽑아 鄭玄의 학설이 틀렸음을 증명하였다. 그러므로 후세 사람들은 王肅의 위작일 것이라고 의심한다. 이 책은 비교적 많은 편폭으로 정치 도리를 논하였고, 「問王」·「王言解」 등을 통해서 고대의 뛰어난 책들을 보존하였다.

13 『천주실의』 3편에 있는 내용이다.

14 '費略罷德勒'는 라틴어 Patre et Filio의 음역으로 '성부와 성자'라는 뜻이다.

도, 설사 노한다 한들 어찌 치우蚩尤의 안개[15]나 하夏나라 걸왕桀王의 풍기 문란[16] 시대에 노하지 않고, 요임금의 세상, 대우大禹가 낙수洛水를 다스리던 시대에 노한단 말인가? 일찍이 읽어 본 소설 가운데 전당군錢塘君이란 용이 다른 용과 싸우다가 노하여 요임금 때에 홍수를 일으켜 산과 언덕을 잠기게 했다는 이야기가 있었는데,[17] 저들은 이 이야기의 해학적인 부분을 훔쳐다가 거짓으로 꾸며 환상을 만들었을 뿐이다.

桀風, 而怒于堯天禹洛者? 嘗閱小說中, 有龍名錢塘君與他龍戰, 一怒而堯世懷襄, 彼特竊此諧殘, 以譸張爲幻而已.

대서大西 따위가 절대 있을 수 없음을 어찌 지혜로운 사람이어야만 알 수 있겠는가!

萬萬無大西等說, 豈待智者而後知哉!

우리 고향의 여사회余士恢라는 선비는 사방에 뜻을 품고 친히 천하를 둘러보고 돌아온 다음 『여곽극언藜藿亟言』이라는 책을 지었다.[18] 그 책에서 말하길, 저들은 그저 광동 경계 바깥 지역인 향산오香山嶴 사람일 뿐이라고 하면서, 저들의 흉악무도한 죄상을 낱낱이 적었다. 이 같은 내용은 선친이신 공간공恭簡公[19]께서 복건순무로 있을 때, 왜구 두목을 처단할 것을 논의하려고 올린 소장 가운데도 보인다. "향산오

吾鄉有余生士恢, 負四方之志, 親履其地, 歸而刻書名『藜藿亟言』. 云彼特廣東界外香山嶴人, 極陳其兇逆孔棘狀. 若是則先恭簡撫閩時, 議處倭酋疏中有云 "至於香山嶴交通一節, 委屬有因, 乞勅兩廣總督軍門, 設法禁處. 其浙江·福建·廣東三

15 蚩尤는 고대 전설상의 九黎族의 수령으로, 중화 민족의 시조인 黃帝와 蚩尤가 決戰할 때 치우가 일으킨 안개가 천지에 꽉 찼다 한다.

16 하나라 걸왕은 나라를 망하게 만든 장본인으로 주지육림 등 풍기를 상하게 함이 극에 달했다.

17 唐나라 作家인 李朝威가 지은 傳奇小說 『柳毅傳』을 가리킨다.

18 余士恢는 최초로 마카오 땅을 밟고 여행 기록의 일종인 『여곽극언』을 남긴 절강성 사람이다. 그러나 地方志나 기타 사료를 통해 여사회에 관한 단서를 발견할 수 없고, 『여곽극언』에 관한 언급도 찾아볼 수 없다. 『여곽극언』 및 저자인 余士恢에 관한 기록은 찾아보기 어렵다. 따라서 학계에서는 『여곽극언』의 내용을 오히려 이 허대수의 글을 통해 유추해 가고 있는 실정이다. 「明末記述澳門的浙江人」, 龔纓晏, 『浙江學刊』, 2000年 第二期 참고.

19 恭簡은 바로 허대수의 부친이라고 전해지는 許孚遠의 시호이다. 그는 만력 연간에 福建巡撫를 지냈다.

교통에 관한 사항은 이미 부탁드린 바 있습니다. 바라건대 양광총독군문에 영을 내려, 법규를 만들어 출입 금지 처분을 내리도록 하십시오. 절강·복건·광동 세 성에 사는 왜인들은 머문 기간에 관계없이, 죄가 있든 없든 묻지 말고, 돌아갈 뜻만 있다면 황제의 명에 따라 사신이 돌아가는 배 편에 귀국시키도록 하십시오. 그리하면 따르는 자와 거스르는 자가 분명해지고, 중국과 오랑캐의 구분이 확정될 것입니다." 과연 탁월한 선견지명이다.

省, 住居倭國之人, 不論歲月久近, 有罪無罪, 但有歸志, 詔令跟附差去使客船隻回還, 則順逆之分明, 華夷之防定"等語, 灼有先見.

지금의 일을 살펴보면, 만력 28년(1600)에 오랑캐들이 처음 장안[20]에 잠입해 조공을 바치고 중국에 머물기를 희망하였다. 칙지 내리기를 여러 해 동안 기다렸는데, 성명하신 황제께서는 저들이 저들 나라에서 파견한 자들이 아니므로 각지로 흩어지는 것을 허락하지 않은 채 북경에만 머물러 있게 하였다. 머물러 있게 한 것은 인덕仁德으로 대해 준 것이다. 흩어져 사는 것을 허용치 않은 것은 저들이 사교를 퍼뜨릴까 우려되어 황제의 위엄이 영험한 북경에 남겨 두고 그 족속들을 다스리려 한 것이다.

今考萬曆二十八年, 彼夷始潛入長安, 貢獻方物, 乞留中華. 候旨多年, 神皇聖明, 以若輩未經該國差遣, 不聽散布, 而豢之京師. 其豢之者, 仁之也. 而不聽散布者, 恐其倡邪, 而欲以輦下威靈, 坐治其族類也.

만력 38년(1610)에 이마두가 죽자 방적아龐迪峨(판토하) 등이 소장을 올려 시체 묻을 땅을 하사해 주길 청하였는데, 그 말이 몹시 측은하였으므로 이를 들어 주었다.[21] 이는 황제가 멀리서 온 사람을 안무해

至三十八年, 瑪竇死, 龐迪峨等疏乞給地瘞骸, 其辭絶楚, 故姑聽之, 此聖朝柔遠之法, 自應如是. 初未嘗一念作興, 而崇奉之

20 지금의 '西安'을 뜻하는 것이 아니라, 수도를 뜻하는 말로 '북경'을 가리킨다. 1600년 11월 마테오 리치가 신종에게 바치는 공물을 가지고 두 번째로 북경에 도착하였다.

21 金尼閣(1577~1629, Nicolas Trigault)은 『利瑪竇中國札記』 21장에서 마테오 리치의 장례에 관한 상

주는 법도로서 마땅히 이와 같이 하여 처음에는 어떤 삿된 생각도 한 적 없었기에 저들을 받들어 주었다. 그러나 이마두가 죽자 집정자들은 혹시라도 저들이 불측한 일을 저지를까 우려되어 소장을 올려 돌려보낼 것을 독촉하였고, 또 황제의 조칙을 받들어 모두 저들 나라로 돌려보냈다. 오랑캐의 무리가 사람 하나를 남겨 두어 오랑캐의 무덤을 지키게 해 달라고 빌었으나 황제께서는 결단코 허락하지 않았으며, 질종秩宗[22]에서는 먼 곳으로 추방하라 상소하여 다시 칙지를 받고 사건 당사자들을 고문하였다.

也. 瑪竇既死, 當事者尚恐不測, 上疏促歸, 又奉明詔, 盡行遣回該國. 夷輩又乞止留一人守視夷塚, 上必不許, 及夫秩宗疏逐, 復奉旨詔獄考掠矣.

그런데 오늘날 다시 천주교가 횡행하고 있으니, 대체 국법을 어찌 아는 것인가? 부르지 않았는데도 오고, 파견하지 않았는데도 입국하는 것, 이를 일러 사사로이 왕래한다고 한다. 축출을 명했음에도 따르지 않고, 거듭 제거하였음에도 숨어 세력을 키우는 것, 이를 일러 성지를 모멸한다고 한다. 이마두를 거두어 준 것을 가지고 이마두를 존중한다 여기고, 사람들을 향해 "일찍이 성명하신 천자께서 예로써 존중하여 장지를 택해 장례를 치르게 해 주었다."고 떠벌렸다. 그렇다면 문왕께서 해골에게까지 은택을 베풀어 주신 것이[23] 곧 해골을 존중한 것이란 말인가? 하늘을 속이고 세상을 속임이 이처럼 극에 달했구나.

今更橫行, 豈知國法? 夫不召而來, 不遣而入, 是謂私通. 詔逐不遵, 屢除潛蔓, 是謂蔑旨. 且以收瑪竇, 爲尊瑪竇, 而號於人曰"嘗爲聖天子所尊禮, 擇地祭塟." 則文王之澤枯骨, 亦尊枯骨乎? 欺天罔俗, 至此極矣.

세한 기록을 남겼다.

22 '질종'은 관직명이다. 禮部를 관습적으로 일컫는 호칭이다.

23 『呂氏春秋』「孟冬紀」「異用」에 "문왕은 어질구나. 은택이 해골에게까지 미쳤으니, 하물며 백성이야 말해 무엇하리!(文王賢矣, 澤及髊骨, 又況于人乎!)"라는 말이 나온다.

게다가 공자를 성학이라고 부르는 것은, 바로 제왕들이 공자를 성인으로 여겼기 때문이지 공자 스스로가 성인이라 자처해서가 아니다. 그런데 저 삿된 무리만은 (예수를) 성인이라고 부를 뿐만 아니라 곧바로 하늘이라 부르며, 또 하늘이라고 부를 뿐만 아니라 천주라 부르기까지 한다. 심지어 세상을 우롱하는 기물에까지 '성聖' 자를 붙인다. 삼가 생각해 보면, 한나라 광무제(재위 25~57)는 나라를 다시 일으킨 임금이지만, 일찍이 영을 내려 제사를 관할하는 관리와 사관들에게 '성'이나 '하늘(天)'을 일컫지 못하게 하였다. 저 오랑캐들은 대체 어떤 자들이기에 감히 스스로 '하늘'이라 하고 '성'이라 한단 말인가!

且孔子之稱聖學, 乃帝王聖之, 孔子不自聖也. 獨此邪徒, 不但稱聖, 而直稱天, 又不但稱天, 且稱天主. 至於一切愚世之物, 竝以聖名. 伏思漢光武中興令主也, 尙勅祝史不得稱'聖'稱'天', 彼何夷斯而敢自'天'自'聖'!

또 『병술사騈述詞』[24]에 의하면, "천자의 의례와 제도는 사람이 만든 것에 지나지 않는다. 오직 저들 나라의 교황만이 진주眞主"이며, 또 "살아서 그 주를 만나지 못한다면 누가 진정한 말씀을 얻을 수 있겠는가? 개탄스러운 바는 중국이요, 더욱 한탄스러운 것은 말세."라는 등의 말을 하였다. 역대 천자들을 모멸하였을 뿐만 아니라 감히 황제를 질책하였으니, 마음에 얼마나 큰 역심을 품고 있다는 것인가? 그런데 사대부란 자들 가운데 저들을 비호하고 도와주는 자도 있으니, 어찌하여 무엇이 이롭고 해로운지를 전혀 알지 못한단 말인가?

又據其『騈述詞』云 "天子之議禮制度, 無過人爲, 惟有彼國教化皇, 是爲眞主." 又云 "生也不逢其主, 語焉誰得其眞? 所慨中邦尤嗟末代"等語. 旣蔑歷朝天子, 且敢指斥乘輿, 此其心何等無將? 而爲士大夫者或左袒之, 又何其全不知利害耶.

24 熊士旗가 지은 『天教騈述』이라는 책을 가리키는 듯하다.

삼가 『황명조훈』[25]을 읽어 보니, 조공을 바쳐 온 오랑캐들 가운데 조금이라도 불측한 마음을 품은 자가 있으면 엄히 내쳤다는 기록이 있다. 하물며 『황명조훈』에 나와 있지 않은 자들이야 내칠 수 있는 게 당연하지 않겠는가. 만약 우리 중국의 선비와 백성 가운데 성인을 비방하고 임금을 모멸한 자가 있다면 반드시 법으로써 사방의 오랑캐 땅으로 추방해야 할 터인데, 하물며 오랑캐가 중국에서 용납될 수 있겠는가!

伏讀『皇明祖訓』, 於諸夷之曾通貢者, 稍有叵測, 尙嚴絶之, 何況『祖訓』所不載, 而可使逼處. 若我中國士民, 有非聖侮君者, 法尙必屛四夷, 何況夷民而可容之中國!

일찍이 오랑캐와 한 무리가 된 자가 하는 말을 들었는데, "저들이 우리를 교화하기 위한 방편으로 애초에 우리의 옷을 입었으니 마음대로 결정할 수 없었으니, 반드시 구만리 길을 가서 교황에게 주청한 후에야 행할 수 있었기 때문이다. 저들의 신의가 이와 같다."[26]라고 하였다. 이에 내가 말했다.

嘗聞黨夷者之說, 曰"若輩初欲服我之服, 以便化我而不敢擅也, 必走九萬里, 奏彼之敎化皇而後行, 其信義如此." 余則曰:

"한 차례 왕복하는 데 18만 리 길인데, 누가 따라갈 것이며, 또 무슨 수로 살펴본단 말인가? 이같이 근거 없는 말을 가지고 신의라고 하니, 미련하기 그지없지 않은가! 정말 그렇다 치더라도 의관처럼 별것 아닌 것조차 마음대로 바꾸지 못하면서, 우리 조정의 주인과 신하, 안과 밖의 구분과 풍속 습관을 바꾸는 큰 법도에 대해서만은 지척에 있으면서 그 위엄에 두려워하지 않는단 말인가? 실로 오랑캐만도 못하니, 참으로 개탄할 일이로다!"

"一往一返, 是十八萬里, 何人諧之, 而何從覈之耶? 此不根之論, 而以是爲信義, 不愚甚哉! 就令果爾, 彼一衣冠之細, 尙不擅更, 豈我天朝主臣內外之防, 移風易俗之鉅, 而偏不凜天威於咫尺? 曾夷狄之弗若矣, 眞可浩歎."

25 명나라 태조 주원장이 후대 왕들에게 남긴 훈계집이다.

26 『利瑪竇中國札記』 제5권 9장에 僧衣를 儒衣로 갈아입은 사연과 과정이 기록되어 있다.

2.2. 하늘을 모독함을 변박하다

闢誣天

요지

유학에서 말하는 '하늘'은 오랑캐들이 말하는 '하늘'과 다름을 강조하고 있다. 유가에서 하늘을 경외하지만, 그보다 더 중요한 것은 먼저 인간의 도리를 다하는 것이라 여긴다. 따라서 하늘에 빌면서 응험을 구하지 않는다. 그러나 오랑캐들은 하늘에 아첨한다. 즉 하늘에 기도하여 복을 빈다는 것이다. 천주에게 아첨하지 않으면 착한 일을 해도 무익하며, 평생 악한 일을 해도 일단 하늘에 아첨하기만 하면 죄악이 모두 없어진다고 한다. 이러한 교설에 근거하여 천주는 일반 사람들보다 자신만의 이익을 수천만 배나 더 따지고, 자기감정에 의해 사람들을 조종하고 있는 하등한 존재라 입증하고 있다.

동중서董仲舒[1]는 "도道의 근원은 하늘에서 나왔다."[2]고 하였고, 자사子思[3]는 "하늘이 부여한 것을 본성이라 한다."[4]고 하였다. 성학聖學이라고 언제 하늘을 말하지 않았던가? 그러나 그것은 오랑캐들이 말하는 하늘과 다르다. 저들의 책에는 "착한 행실은 모두 천주가 시켜서 한 것이며, 악한 행실은 모두 네 스

董子曰"道之大原出於天.", 子思子曰"天命之謂性."聖學何嘗不言天? 然實非夷之所謂天也. 彼籍曰"善皆天主使爲, 惡皆爾之自爲."若是則人性皆惡, 爲天主者, 何從得此惡種以

---

1 董仲舒(기원전 179~기원전 104)는 한나라 무제(재위 기원전 141~기원전 87) 때 유교 철학과 음양 철학을 통합하여 유교를 한나라의 사상적 바탕으로 세우는 계기를 마련한 학자이다.

2 『漢書』「董仲舒傳」에 "도의 큰 근본은 하늘에서 나왔고, 하늘이 변하지 않으면 이 또한 변하지 않는다.(道之大原出於天, 天不變, 道亦不變.)"라는 구절이 있다.

3 子思(기원전 483?~기원전 402?)는 공자의 손자로, 이름은 伋이며 子思는 字이다. 『中庸』의 저자로 알려져 있다.

4 『中庸』 1장에 있는 내용이다.

스로 한 것"[5]이라고 쓰여 있다. 만약 그렇다면 사람의 본성은 모두 악한 것일 터인데, 천주 된 자는 어디서 이 같은 악의 종자를 얻어다 모든 사람에게 퍼뜨렸는가? 선한 사람을 도리어 요망하게 만들었단 말인가? 저 천주라는 자는 무슨 고생으로 자기가 만들고 또 자기가 나서서 갚는단 말인가?

蔓之人人? 而人之爲善, 反成妖妄? 彼天主者, 又何苦自爲而自賞之哉?

또 예로부터 하늘을 경외한다는 말은 있었으나 하늘에 아첨한다는 말은 없었다. 오랑캐는 경외를 쓰지 않고 아첨을 썼다. 하늘을 밤낮 쫓아다니며 고행이라도 하는 듯하지만, 그 종자들은 모두 요망한 환심을 얻으려 할 뿐, 지금 있는 자리에서 올바른 것을 소원하려 하지 않으니, 이른바 하늘을 받든다는 것은 사실상 하늘을 모독하는 것일 따름이다! 만약 "상제가 너희에게 임하시어", "높으신 하늘이 충심을 내려 주셨네."[6]라는 말씀을 구실로 삼는다면, 이는 제왕이 생전에 내린 유훈(誥命)이자 종가 자손의 가법이다. 하늘에게 아들은 오직 하나뿐이니, 모두가 하늘의 아들이라고 함부로 칭할 수 없으리라.

且從古有敬天, 無媚天. 夷不用敬, 而用媚. 迹其晝夜翹勤, 似乎苦行, 然其種子無非欲得妖妄之歡心, 全不肯依素位之正願, 所謂尊天, 實褻天耳! 若以"上帝臨汝", "維皇降衷."之典爲藉口, 此又帝王誥辭, 宗子家法. 天止一子, 恐不可以盡人而僭爲天子也.

게다가 저들 책에서 말하길, "하늘과 땅, 그리고 천신들은 모두 천주께서 엿새 낮밤 동안 허공에서 만들어 낸 것"이라고 하였다. 이와 같다면 건원乾元[7]만

且彼籍又曰"天之與地, 及與天神, 皆彼天主, 以六日六夜內自虛空中造成." 如是則不如乾

5 『천주실의』 8편에 있는 내용이다.

6 『詩經』「大雅」「大明」에 "하늘이 그대들을 보고 계시니 두 마음 먹지 말라 하셨네.(上帝臨女, 無貳爾心.)"라는 구절이 있다. 또 『尚書』「湯誥」에 "크신 하늘이 백성들에게 충심을 내리셨네.(惟維皇上帝, 降衷于下民.)"라는 구절이 있다.

7 乾元은 하늘 혹은 天道의 시작을 의미한다. 『周易』「乾卦」에 "크도다, 건원이여! 만물의 시원이 되고 하늘을 통어하도다(大哉乾元, 萬物資始, 乃統天.)"라는 말이 보인다.

한참 못하다. 건원은 급하지는 않으나 신속하다. 천주가 엿새 낮밤을 고생했다고 하니, (건원과 천주의) 우열이 어떠한가.

元多矣. 乾以不疾而速, 彼勞六日六夜, 優劣何如也.

또 "지금 옥황상제라 하는 자 또한 천주께서 처음 만든 서른여섯 신 가운데 하나일 뿐이다. 그가 천주에게 아첨을 잘했기 때문에 순서를 기다리지 않고 발탁되어 이 직위에 있게 되었다."고 말했다. 그렇다면 상제 또한 존숭할 만하지 못하다. 『상서』에서 "하늘의 명의를 도용하여 속인다."[8]고 한 것은 바로 이를 두고 한 말이다. 또 천존설[9]을 살펴보면, 이는 오직 도가에서만 하는 말일 뿐, 우리 유가에서 언제 징험이나 응답을 구하기 위해 하늘을 찾은 적이 있었던가? (春秋五霸였던) 환공과 문공[10]이 천자를 끼고 전권을 횡행하자 유자들은 모두 옳지 않다고 비난했다. 그런데 저들은 천주라는 것을 날조해 내어 하늘을 제압하고, 하늘을 끼고서 천자를 제압하고 있다. 인정상으로나 도리상으로나 타당한 것인지 모르겠다.

又曰 "今之玉皇上帝, 特是天主初造三十六神內之一神. 以其知諂天主, 故不次而擢居此職." 是上帝又不足尊矣. 『書』曰 "矯誣上天", 正此之謂. 又按天尊之說, 道家專稱, 吾儒何嘗覓天於徵應? 桓·文挾天子, 儒者猶非之, 玆且捏天主以制天, 挾天以制天子矣. 于情於理, 不知安否.

송나라의 유자도 "천당은 없으면 그뿐이지만 있다면 군자가 오를 것이다. 지옥은 없으면 그뿐이지만 있다면 소인들이 들어갈 것"[11]이라고 말한 바 있다.

宋儒亦曰 "天堂無則已, 有則君子登, 地獄無則已, 有則小人入." 古之聖賢, 寧其舍修德之

8 『尙書』「仲虺之誥」에 "하왕 걸에게 죄가 있으니, 하늘의 명의를 빌려 속이고 아래에다 명령을 반포했다.(夏王有罪, 矯誣上天, 以布命於下.)"라는 구절이 보인다. 이것은 하왕 걸이 하늘의 명의를 빌려 백성들에게 가혹한 정사를 펼치고 있음을 지적한 것이다.

9 天尊은 지위 높은 신선(原始天尊, 靈寶天尊 등)을 높여 부르는 도교 용어이다.

10 春秋 五霸 중 齊나라 桓公과 晋나라 文公의 병칭이다.

11 이 말은 당나라 高彦休가 지은 『唐國史補』에 나오는데, 虔州 刺史 李舟가 「與妹書」에서 한 말이라고 한다. 따라서 '宋儒'는 잘못된 표현이다.

옛 성현들에게 덕德을 수행하는 것 외에 따로 복을 비는 법이 어디 있었던가? 더구나 오랑캐들이 말하는 선함과 선하지 않음은 성현들이 가르친 바와 서로 어긋난다. 송나라 경공景公이 임금이 해야 할 말을 세 차례 하자 형혹성熒惑星(화성)이 물러났다 하니, 어찌 하늘에 아첨해서였겠는가?[12] 또 우공虞公이 향사饗祀를 정갈히 받들었는데도 나라가 망할 위험에 처한 것을 구해 내지 못했으니, 어찌 하늘에 아첨하지 않아서였겠는가?[13] 그런데 천주교 책에서는, "너희들이 평생 착한 일을 하여도 천주에게 잘 보이지 않으면 착한 일이 무익하며, 평생 악한 일을 하여도 한 순간에 하늘에 잘 보이면 악함이 모두 사라진다."[14]고 한다. 이와 같다면 천주가 자기감정에만 집착하고 자기 이익만을 따르는 것이 보통 사람들보다 백만, 천만

外, 別有修福之法哉? 況夷所指之善不善, 與聖賢所指正相反. 如宋君有人君之言三, 熒惑退舍, 何嘗爲其諂天. 又如虞公饗祀修潔, 無救危亡, 何嘗爲其不諂? 而夷籍乃曰"若爾畢世爲善, 而不媚天主, 爲善無益, 若終身爲惡, 而一息媚天, 惡即全消." 若是, 則爲天主者之着我着情, 自私自利也, 且百千萬倍于嘗人矣, 又何以生天生地, 以爲天之主哉? 而謬欲以此爲邀福免禍之陋計也.

12 『漢書』「杜周傳」에 다음과 같은 기록이 있다. "송 경공은 작은 나라의 제후일 뿐이지만 백성에게 차마 화를 옮기지 못하는 성심이 있었다. 이에 임금이 할 수 있는 소리를 세 번 하였더니, 형혹성이 멀찌감치 물러났다.(宋景公, 小國之諸侯耳, 有不忍移禍之誠, 出人君之言三, 熒惑爲之退舍.)" 송 경공 37년(기원전 480)에 형혹성이 궤도에서 벗어나자 경공은 큰 화가 미칠까 두려웠다. 이에 太史 겸 천문관인 子韋에게 물었더니, 자위는 재상이나 백성에게 죄를 떠넘기라 하였다. 그러나 경공은 둘 다 차마 할 수 없다고 하였다. 바로 그때 형혹성이 멀찍이 피해 물러났다고 한다.

13 僖公은 춘추 시대 姬라는 성을 가진 주나라 황실의 후예로 魯나라를 다스리던 제후인데, 『春秋』「僖公五年」에 "겨울에 진나라 사람이 우공을 사로잡다.(冬, 晋人執虞公.)"라는 기록이 있다. 이를 『左傳』에서는 "진 복양 22년에 우를 멸하고 우공을 사로잡은 후 우공이 모시던 조상의 제사를 이어받았다.(晋復禳二十二年滅虞擄虞公, 而修虞祀.)"고 설명하고 있다.

14 『천주실의』 6편에 보이는 내용을 인용한 것으로, "평생 선을 행하였어도 잠시 마음이 변하여 악으로 향하다 죽는다면 범인이 되는 셈이라 영원한 지옥의 화를 입을 것이며, 그 전에 행하였던 선도 끝에 가서는 사라지고 만다. 평생 악을 행하였어도 오늘 마음을 고쳐 선으로 돌아가 죽는다면 천주께서는 그를 용서하시고, 이전의 죄를 면하고 천당에 오르게 하여 영원한 복을 누리게 하신다.(故平生爲善, 須臾變心向惡而死, 便爲犯人, 則受地獄常永之殃, 其前善惟末滅耳. 平生爲惡, 今日改心歸善而死, 則天主必扶而宥之, 免前罪而授天堂, 萬年永常受福也.)"라는 구절이 있다.

배나 더 심하다. 그러니 또 어찌 하늘과 땅을 만들어 내고 하늘의 주인이 될 수 있겠는가? 이런 것으로 복을 구하고 재앙을 면하려는 졸렬한 계책일 뿐이다.

오랑캐가 또 말하길, "『주역』의 '(두루 포괄하는) 범위'[15]나, 『중용』의 '(참여하여 천지와 나란히 되는) 참배'[16]는 오히려 지당한 말이 아니다. 오직 공자가 '나를 알아주는 것은 하늘뿐'[17]과 '하늘에 죄를 지으면 기도할 데가 없다.'[18]는 구절에 나오는 그 '하늘'만이 천주임을 밝히는 명백한 증명"이라고 하였다. 아, 저들은 천성天性 밖에 하늘이 있다고 여기기에 '포괄하여 처리하다', '참여하고 배합하다'는 말을 비방하는 것인데, 그 비루함은 변박할 필요조차 없다. 그러나 '나를 알아주는 것은 하늘뿐'이라는 말에서의 '하늘'이 정말로 오랑캐들이 터무니없이 내세운 천주라면, 이는 바라고 얻고자 하는 마음을 이기지 못한 것이다. 그 원망하고 탓함이 매우 심하니 어찌 원망도 탓도 하지 않는다고 할 수 있겠는가? 이와 같다면 '하늘을 받든다.'고만 말해야지, '하늘을 원망하지 않는다.'고 말해서는 안 될 것이며, 더욱이 하늘과 사람을 나란히 놓고 논해서는 안 될 것이다.

夷又曰 "如『易』稱'範圍', 『中庸』稱'參配', 猶非至當之語. 惟孔子所謂'知我其天'及'獲罪於天'之'天', 即彼天主之明證." 嗟乎! 彼認性外有天, 故譏'範圍', '參配', 其淺陋固不必辨. 若使'知我其天'之'天', 果屬夷所妄立之天主, 是不勝其畔援歆羡, 其爲怨尤特甚, 寧成不怨不尤? 審如是, 只宜曰但奉天, 不宜曰不怨天, 又不宜以天人平論矣.

---

15 『周易』「繫辭上」에 보인다. "(역은) 천지의 모든 조화(변화)를 포괄하되 어긋남이 없고, 만물을 원만하고 완전히 생성시키되 어느 하나 빠뜨림이 없다.(範圍天地之化而不過, 曲成萬物而不遺.)"

16 『中庸』 22장에 "만물의 본성을 모두 알고 발전시킨다면 천지간의 만물을 도와서 화육시킬 수 있으며, 천지간의 만물을 도와 화육시킨다면 천지와 함께 참여할 수 있다.(能盡物之性, 則可以贊天地之化育, 可以贊天地之化育, 則可以與天地參矣.)"라는 구절이 있다.

17 『論語』「憲問」에 나오는 구절이다.

18 『論語』「八佾」에 나오는 구절이다.

또 평가 절하된 하늘로 하여금 천통天統을 얻은 임금을 가리키지 못하게 하고, 달리 주관을 가진 천주를 추대하였다. 이것이 곧 공자께서 왕손가王孫賈에게 아첨에 뛰어난 것이 어찌 임금을 받드는 본래 뜻이겠느냐고 가르치신 이유인 것이다.[19] 문리를 통한 자라면 언어의 맥락에 따라 생각하기 바란다.

又使折賈之天, 不指得天統之人君, 而別推執我見之天主. 是夫子教賈之精於媚, 而豈尊君之本意哉. 通文理者, 請於語脉思之.

19 『論語』「八佾」에 "왕손가가 묻기를, '오신(안방의 신)에게 아첨하는 것보다는 차라리 조신(부엌의 신)에게 아첨하라는 말은 무슨 뜻입니까?' 하니, 공자께서 말씀하시기를 '그렇지 않다. 하늘에 죄를 지으면 빌 곳이 없느니라.'라고 하였다.(王孫賈問曰 '與其媚於奧, 寧媚於竈, 何謂也?' 子曰 '不然. 獲罪於天, 無所禱也.')"는 내용이 있다.

2.3. 본성을 나누는 것을 변박하다

闢裂性

요지 천주교에서는 짐승의 본성에는 전생도 내세도 없고, 인간의 본성에는 전생은 없지만 내세는 영원히 있으며, 오직 천주의 본성만은 창세 전부터 종말 후까지 일관되어 있어서 시작도 없고 종말도 없다고 한다. 그러나 유교에서는 전생이나 내세에 대해 일체 논하지 않음으로써 복을 빌고 화를 모면하려는 사심을 막고, 오직 윤리에만 정진하도록 한다. 불교는 전생과 내세를 말하지만 이는 사람들의 자타와 유무에 관한 황당한 사념을 끊어 놓고 외부의 사악함에 젖지 않게 하기 위함이다. 도교도 생生과 유有에 집착하는 듯하지만, 이는 사람들이 집착하는 바에 근거하여 점차 바른 길로 인도하고자 하는 고심일 뿐이다. 이처럼 중국의 삼교三敎와의 비교를 통해, 천주교에서처럼 사람과 짐승, 물건의 본성을 여러 개로 나누는 것이 도리에 맞지 않음을 입증하고 있다. 더 나아가 애유략(알레니)과의 대화를 인용해 천지를 창조했다는 설의 열 가지 잘못을 지적하였다. 유가에서는 음양의 기운에 의한 조화造化와 자연적 화육을 말하는데, 천주교에서는 인위적인 창조를 말하니, 그 진위는 진실의 거울에 비춰 봐야 할 것이라고 주장하였다.

문황제(永樂帝)께서 성리학을 학교에 반포하셨는데, 그 안에 세상 모든 것이 갖추어져 있지만, 오직 생전과 사후의 일에 관해서만은 생략하고 말하지 않았다. 공자께서는 "사람의 본성은 서로 비슷하지만 습성은 서로 멀다."[1]고 하였으며, "삶의 도리도 모르면

文皇帝頒性理於學宮, 其於天地之間亦備矣. 獨於生前死後略而不言. 孔子曰"性相近也, 習相遠也."曰"未知生, 焉知死."是以不言言. 至繫易之辭

1 『論語』「陽貨」에 나오는 구절이다.

서 어찌 죽음에 대해 알겠는가?"[2]라고 하였다. 이것은 곧 말하지 않는 것으로 말한 것이다. 『주역』 「계사」에서는 "정기精氣가 모여 만물을 이루고, 떠도는 혼이 만물을 변화시키기 때문에 귀신의 정상情狀을 알 수 있다."고 하여 이미 말하지 않는 것을 말해 주었다. 주희는 또 기화氣化로써 설명하면서 실제 내용을 감추었다. 이것은 무엇 때문인가? 우리 유가는 손과 눈으로 눈앞의 것만을 인식하도록 하지, 이전이나 이후의 일을 생각하는 것을 허용치 않는다. 그러므로 전생이나 내세에 대해 일체 논하지 않음으로써 복을 빌고 화를 면하려는 사심이 싹트는 것을 막고, 오직 인륜과 물리에 정진하도록 한다. 유가의 도리를 정밀히 연구하여 스스로 얻었다고 자신한다면 불교와 도교는 말하지 않아도 될 것이다.

曰"精氣爲物, 游魂爲變, 是故知鬼神之情狀", 已言其不言矣. 而朱晦翁又以氣化詮之, 秘其實義. 若是者何也? 吾儒手眼, 只使人體認目前, 絶不許人想前想後, 所以前世後世總不拈起, 以絶人徼福免禍之私萌, 而專精倫物. 若精研儒理, 自信得及, 不言佛·道亦可也.

불경에서는 후세를 설명한 후 반드시 전생을 궁구하고, 먼저 삼제三際[3]에 대해 말한 다음 나중에 일승一乘[4]을 궁구함으로써 사람들의 자타自他 및 유무有無의 방종한 계책을 끊어 버리고, 외부의 사악함에 젖지 않게 한다.

佛典旣明後世, 必追前世, 先言三際, 後極一乘, 以絶人自他有無之橫計, 而不濫外邪.

저 도교를 믿는 무리도 비록 영생을 구하고 유有에 집착하지만, 장평숙張平叔[5]은 『오진편悟眞篇』 서문에

卽彼道家者流, 雖似狥生滯有, 然張平叔叙『悟眞』云"黃

2 『論語』 「先進」에 나오는 구절이다.

3 前際·中際·後際를 뜻하는데, 과거·현재·미래, 혹은 전생·이생·내생과 같은 개념이다.

4 '一乘'은 모든 衆生이 成佛할 수 있도록 하는 가르침을 뜻한다.

5 '平叔'은 張伯端(983~1082)의 자이다. 호는 紫陽 또는 紫陽山人·悟眞先生·紫玄眞人 또는 紫陽眞人이라고도 불렀다. 北宋 때 天台 사람이다.

서 "황제黃帝와 노자老子는 사람들이 집착하는 것을 불쌍히 여겨 장생술로 점차 인도하고자 하였다." 고 하였다. 이것이 (도교의) 최고의 법도이니, 우리 유가의 성리性理와 서로 위배되지 않는다. 이 때문에 우리의 고황제께서 불교와 도교는 "은연중에 성인의 가르침을 보조하고 암암리에 삼황오제의 기강을 돕는다." 고 말씀하신 것이다. 위대하도다! 고황제의 말씀이여! 참으로 정론이로다.

老悲其貪着, 故以長生之術漸次誘之." 是其極軌, 亦未嘗與吾儒之性理相背. 故我高皇帝謂佛·老爲"陰扶聖教, 暗助皇綱." 大哉王言, 允爲定論.

그러나 이마두와 애유략艾儒略(알레니)·용화민龍華民(롱고바르디)[6] 등 오랑캐들이 본성에 대해 하는 말만은 그렇지 않아, 여러 가지 다른 본성이 있다고 한다. 짐승의 본성은 전생도 없고 내세도 없다. 어째서 그런가? 천주가 창조하실 때 죽으면 바로 본성이 없어지도록 만들었기 때문이다. 사람의 본성은 전생은 없으나 내세는 영원히 있다. 어째서 그러한가? 사람의 영혼도 천주가 만든 것인데, 한번 만든 후에는 고락苦樂의 보응이 끝이 없도록 만들었기 때문이다. 오직 천주의 본성만이 창세 이전부터 종말 후까지 존재하며, 시작도 없고 끝도 없다. 어째서 그러한가? 천주는 모든 것을 만들 수 있으나, 그 어느 것도 만물을 만들 수 없기 때문이다. 또 위는 아래를 포용할 수 있

乃利瑪竇及艾·龍諸夷之稱性, 獨不然, 言諸性不同. 禽獸之性, 無前世, 亦無後世, 何也? 天主剏生, 殺則頓滅也. 吾人之性, 亦無前世, 永有後世, 何也? 人魂亦係天主剏造, 一造以後, 苦樂之報皆無盡也. 惟天主之性, 生於極前, 貫於極後, 而無始無終, 何也? 能造一切, 更無一物能造彼也. 又言上能包下, 所以禽獸魂, 混有草木魂, 人魂混有禽獸魂, 天主魂又混有人·禽·木石諸魂等.

6 Nicolo Longobardi(1559~1654, 중국명 龍華民)는 시칠리아 출신의 천주교 선교사이다. 1597년 중국에 도착하여 韶州에서 활동하다가 1609년 北京으로 가서 마테오 리치의 후계자 훈련을 받았다. 신의 이름에 관하여 마테오 리치가 죽은 후 다른 견해를 가지고 오랜 논쟁을 이끌었다. 서양 도서의 도입에 노력하였고, 남경교안 때 北京에 머물며 선교 활동을 중단하지 않았다. 조선의 사신 鄭斗源과 1631년에 접촉한 일이 있다. 산동 지방 선교에 힘을 쏟았고, 그가 죽었을 때 순치제는 하사금을 내리기까지 하였다. 저서로는 『聖若瑟法行實』(韶州: 1602), 『地震解』(北京: 1624) 등이 있다.

기 때문에 짐승의 혼에는 초목의 혼이 섞여 있고, 사람의 혼에는 짐승의 혼이 섞여 있으며,[7] 천주의 혼에는 또 사람·짐승·목석의 혼 등이 섞여 있다.

그 이리저리 나누고 통하지도 않는 논리가 이 지경까지 이른 것이다. 정말 저들의 말대로 다른 것들의 혼은 문득 사라지는데 사람의 혼만이 홀로 남아 고통을 받는다면,[8] 오랑캐들이 들어오기 이전 우리들의 혼 중에 위로 올라간 것은 하나도 없고 아래로 떨어진 것만 헤아릴 수 없이 많을 것이다. 그러니 오히려 짐승처럼 한 번 죽어 영원히 없어지느니만 못하다. 그렇다면 천주가 사람보다 짐승을 더 사랑한 것이다! 천주의 혼은 짐승 등의 혼과 섞여 있으면서 모든 만물을 죽게 하고 모든 사람들에게 노여워하고, 또 노여워하면서도 영원히 놓아주지 않는다. 그렇다면 천주는 사람을 사랑할 수 없을 뿐더러 자신도 사랑할 수 없는 것이다.

其種種割裂, 萬萬不通之論一至此. 審如彼云, 異類之魂頓空, 而人魂獨苦者, 則夷人未入以前, 吾人之魂升者絶無, 墜者無量, 反不如禽獸之一殺永絶. 是天主之愛禽獸, 甚於愛吾人矣! 天主魂混有禽獸等魂, 又物物而雕之, 人人而怒之, 怒之而又永不肯脫之. 則彼天主必不能愛人, 竝不能自愛矣.

지금 따져 묻노니, 만물을 창조하기 전에 천주는 그 혼들을 어디에 감춰 두었는가? 만물이 생을 탐하고 죽음을 두려워하는 것이 사람과 다름없을진대, 그 혼을 어디로 데려가 죽이려는가? 또 사람이나 사물이 혼을 받을 때 두 개의 다른 몸이 있어서 손으로

今爲之詰曰 不識未造種種以前, 爲天主者, 將諸魂藏向何處? 物類貪生怖死, 與人無異, 又將滅向何處? 又人物等承此魂時, 爲別有二體, 如以手接物

---

7 『천주실의』 3편에 있는 내용이다.

8 마테오 리치는 『천주실의』 3편에서 "사람에게는 혼과 백이 있습니다. 이 둘이 온전하면 살아 있는 것입니다. 사람이 죽으면 '백'은 흩어지고 변화하여 흙으로 돌아가고, '혼'은 늘 있으면서 없어지지 않습니다.(人有魂魄, 兩者全而生焉. 死則其魄化散歸土, 而魂常在不滅.)"라고 하여 혼과 백을 구분하여 설명하고 있다.

물건을 받는가, 아니면 몸이 하나뿐인가? 창조한 사람의 혼은 환상인가, 진짜인가? 천주의 혼은 혼자만 시작도 끝도 없다는데, 시작 없는 것이라도 어쨌든 한 차례의 시작은 있어야 하고 끝없는 것이라도 어쨌든 한 차례의 끝은 있어야 한다. 이 뜻은 대체 어떻게 설명할 것인가? 만약 창조된 사람의 혼이 환상이라면, 환상을 좇아 생겨나 다시 환상을 따라 사라질 뿐, 시작만 있고 끝이 없는 것이 어디 있단 말인가? 만약 이 말이 진실이라면 천주와 사람의 영혼은 고락을 똑같이 느껴야 할 것인데, 천주는 무슨 방법으로 사람만 고통을 겪게 하는가?

耶, 爲直一體耶? 所造人魂幻耶眞耶? 天主之魂獨無始終者, 無始之始必有一始, 無終之終必有一終, 此義竟何歸耶? 若所造之人魂是幻, 則既從幻生, 還從幻滅, 豈有始偏有而終獨無者? 若言是眞, 則天人兩魂苦樂同受, 彼天主者, 何法以獨令人苦耶?

'시작도 끝도 없다.'는 말은 불경의 '불생불멸'을 훔쳐다 만든 지극히 허무맹랑한 말일 뿐이다.[9] 불교에서의 '불생불멸'이란 모든 사물과 현상이 본디 순일하므로 "생멸도 무자성이며, 불생불멸도 무자성"[10] 이라고 한 것이다. 만약 한번 죽어 헛된 자아가 없어진다면, 이 무시무종이라는 것은 두루 갖추어져 있는 법계를 수용하지 못하는 것이다.

至若'無始無終', 尤竊佛典'不生不滅'之吻, 而成其大妄耳. 夫佛言不生不滅, 以一切諸法, 當體純眞, 故曰"生滅無自性, 不生不滅亦無自性." 若執一死煞妄我, 是無始無終而不容法界圓具者.

이 '무시무종'이 이理에 속하는지, 지智에 속하는지, 아니면 인식과 감정에 속하는지 모르겠다. 만약 이理에 속한다면, 도가 사람을 넓히는 것이 아니니,

不知此無始無終, 屬理乎, 屬智乎, 抑屬識情乎? 若屬理者, 則非道弘人, 何爲突生天主? 縱許

9 楊光先의 글에서는 이 無始無終은 유가의 太極說을 훔쳐다가 만들어 낸 것이라고 하였다. 『不得已(上)』·「闢邪論(上)」에 "무시라는 명칭은 우리 유가에서 말하는 무극이 태극을 낳는다는 학설을 훔쳐 간 것이다.(無始之名, 竊吾儒無極而生太極之說.)"라는 구절이 있다.

10 自性은 諸法이 저마다 가지는 고유한 특성, 즉 본래적 실체를 뜻한다. 그런데 諸法은 인연 따라 생겨나고 없어지고 하므로 無自性이라는 것이다. 또 生滅이 無自性이므로 不生不滅 또한 無自性인 것이다.

어떻게 갑자기 천주가 나타나겠는가? 갑자기 생겨났다는 것은 이미 전생이 있는 것이다. 만약 지智에 속한다면, 사람마다 지니고 있는 영험한 본체를 천주만이 사유私有해서는 안 될 것이다. 만약 인식과 감정에 속한다면, 바로 주관과 객관[11]이 있다는 것이고 주관과 객관이 있다면 시대가 있다는 것이다. 그러니 어떻게 시작도 끝도 없단 말인가?

突生, 已有前際. 若其屬智, 即人人虛靈本體, 不應彼所獨私. 若屬識情則有能所, 有能所則有時代, 何無始終?

또 만약 천주가 생성된 것이라면 모든 것이 생성될 수 있고 수행하여 얻은 것이라면 모든 것이 수행하여 얻을 수 있는데, 천주만이 온전한 본성을 가지고 있다는 것은 대체 무슨 근거인가? 저들은 또 삼위일체라느니, 같지도 다르지도 않다느니 등의 말로써 피해 가고 있다. 불경을 읽어 보지 못한 사람들은 이를 정미하다고 여기며, 이것이 그저 법신·보신·화신의 삼신[12]을 훔쳐다 뒤섞어서 멋대로 해석한 것임을 알지 못한다. 대체 무슨 정미함이 있단 말인가?

又若彼是生成者, 一切總是生成. 若從修得者, 一切總可修得, 其於獨具全性之義, 又何居焉? 彼又遁之以一性三位, 非同非異之說. 未讀佛書者, 以爲精微, 殊不知此特竊法·報·化三身之意, 而橫成惡解, 有何精微之有?

저들은 또 "여러 혼들이 뒤섞여 있다."[13]는 등의 말을 하는데, 혼돈의 '혼渾'도 지극한 법도가 아닐진대 하물며 혼잡의 '혼混'이 대체 무엇인가? 한마디로 저들은 사람들에게 함부로 살생을 지껄이게끔 하려고 "윤회가 없다."고 억지를 부린 것이다. 저들은 불

又彼言"混有諸魂"等, 夫渾沌之'渾', 尙非極則, 何況混雜之'混', 成何話言? 總之, 彼欲令人殺生以恣口, 則硬曰"無輪迴", 曾不知如佛典所稱, 想不

---

11 '能所'는 불교 용어로, 인식의 주관과 객관을 나타내는 상반어이다.

12 三身은 부처를 몸에 비유한 것으로, 法身은 부처가 설한 正法, 즉 영원불변의 진리 그 자체를 말한다. 報身은 수련하고 배워서 佛果를 얻은 부처이고, 化身은 衆生을 제도하기 위하여 세상에 나타나는 부처를 말한다.

13 『천주실의』 2편에 있는 내용이다.

경에서 말하는 것처럼 생각이 끊이지 않으면 윤회 또한 멈추지 않는다는 것을 전혀 모르고 있으니, 어찌 (윤회가) 없다고 억지를 안 부리겠는가? 저들은 끝없는 위복威福[14]으로 어리석은 백성들을 미혹하고 겁주고자 또 "천당과 지옥이 있을 뿐, 중간에 천당에 올라갔다가 지옥으로 떨어지는 변화는 없다."[15]고 말한다. 하지만 저들은 불경에서 말하는 것처럼 선업과 악업이 다하면 하늘에 오르거나 지옥에 떨어지는 것이 절로 바뀐다는 것을 전혀 모르고 있으니, 어찌 (천당과 지옥만) 있다고 억지를 안 부리겠는가?

斷則輪不休, 安能硬無? 彼欲以無窮極之威福, 眩嚇愚民, 又曰"有天堂地獄, 而決無升沉之中變." 曾不知如佛典所稱, 善惡旣盡, 則升沉自更, 安能硬有?

내 일찍이 오랑캐 애유략에게 "천주교에서는 사람의 영혼이 착하면 천당에 오르고 악하면 지옥에 떨어져 다시 되돌아올 수 없다고 말한다. 짐승의 혼은 그대로 끊기어 없어져 윤회할 수 없다고 말한다. 그렇다면 사람이 사는 중계中界[16]는 마땅히 비어 있어야 하는데, 그럼 우리는 어디서 나왔는가?" 하고 물은 적이 있다. 이에 애유략은 "선생은 사람의 영혼이 본래부터 있었다고 생각하십니까? 모두 천주께서 만들었습니다. 만든다는 것은 끊임없는 상생相生을 뜻합니다. 그러니 윤회가 없어도 사람이 많아지는 데 아무 문제없습니다. 불가에서 말하는 전생이란 것은 없습니다." 하였다.

余嘗問艾夷曰"爾教謂人之靈魂, 善升天堂, 惡墮地獄, 二俱不返. 而禽獸之覺魂, 又斷滅不輪, 則中界人類應空, 我爾復自何出?" 艾曰"子以人魂爲舊有乎? 皆天主新造耳. 造者, 生生不已, 所以雖不輪轉, 不礙多人, 實無佛家前世之說."

14 위력으로 벌을 내리기도 하고 복록을 베풀어 상을 내리기도 하는 것이다.
15 『천주실의』 6편에서 천당과 지옥에 관한 논변을 펼치고 있는데, 이 부분의 내용을 요약한 것이다.
16 '中界'는 '사람 사는 세상'이다. 위에 있는 上界(仙境), 아래에 있는 下界(陰間)에 상대되는 개념으로서 中界라 칭한다.

내가 말했다.

余曰:

“만약 전생이 없다면 어찌하여 가난함과 부유함, 귀함과 천함, 장수함과 요절함의 구별이 있고 온갖 천양지차가 있는가?”

“若無前世, 爲何有貧富貴賤壽夭, 及種種天淵之別?”

애유략이 답했다.

艾曰:

“유가에서 말하는 것처럼, 기화氣化가 가끔 고르지 못하기 때문입니다.”

“如儒家言, 氣化之偶不齊耳.”

내가 말했다.

余曰:

“유가에서는 성인이라도 불능不能이 있고 천지에도 부족함이 있다고 말하기 때문에 기화 탓이라고 돌릴 수 있다. 그러나 너희 천주교에서 말하기를, 천주는 무소불능이고 천지도 모두 그가 만들었다고 말하니, 기화가 천주의 능력을 막을 수 있다면 천주는 전능한 존재가 아니다.”

“儒言聖人有所不能, 天地有憾, 故可屬之氣化. 若爾教言天主無所不能, 天地皆繇彼造, 而氣化復能爲隔, 是天主無全能矣.”

애유략이 탄식하며 말했다.

艾乃嘆曰:

“선생의 질문이 너무 심오해서 진실을 말하지 않을 수 없겠군요. 태초에 천주께서는 아담이라는 남자와 하와라는 여자에게 처음으로 생명을 불어넣어 인류의 조상으로 삼았습니다. 천지만물 모두 그들 마음대로 쓸 수 있었지만, 오직 한 그루의 과실수에 대해서만은 두 사람이 군침을 흘리지 못하게 하였습니다. 그러나 하와는 한 마귀의 말을 듣고 아담과 함께 그것을 몰래 맛보았습니다. 천주께서는 대로大怒하여 영을 내렸습니다. ‘이제부터 이 두 사람에게서 태어나는 인류에게는 모두 원죄가 있다.’ 원죄를 지었기 때문에 그 후손에게 남자는 햇볕에 등이 갈라 터지도록 곡물을 길러 살아가게 하고, 여자들은 반드시

“子問甚深, 不得不言其實. 天主始生一男曰亞當, 一女曰厄襪, 爲一切人類之始祖. 擧天地間之物恣其受用, 而獨留一菓樹勅二人不得垂涎. 厄襪聽一魔鬼, 與亞當私嘗之. 天主怒甚, 乃著令曰‘自今以後, 凡從二人所生人類, 皆有原罪.’ 以有原罪, 故勅後世子孫, 男必曝日裂背, 粒食乃成, 女必拆腹刳腸, 生育乃就.”

배를 가르고 창자가 끊어지는 고통을 겪으면서 자식을 낳아 기르도록 하였습니다.”

내가 말했다.

“『주역』에서 ‘하나의 음기와 하나의 양기를 도道라고 한다.’[17]고 하였다. 그래서 건乾은 남자가 되고 곤坤은 여자가 된 것이다. 불경의 소교小教에서는 천지개벽 시초에 광음천光音天[18]이 천지를 창조했다고 말한다. 마치 우리 유학에서 반고盤古를 삼재三才, 즉 천·지·인의 시조로 삼는 것처럼 말이다. 동시에 사람의 형태를 창조하였다고는 말하지만 사람의 본성을 창조했다고 말하지는 않는다. 지금 너희가 기왕 본성을 창조했다고 말하고 있으니, 양기를 본성의 근원으로 삼으면 태어나는 자식의 본성 또한 아비를 닮을 터, 그때에는 오직 양기만을 가지고 환술幻術로써 인류를 화생化生시켰으면 족했을 것이다. 그런데 무슨 고생으로 여자라는 성별을 만들어서 식욕과 성욕의 화근이 생겨나게 하였는가? 이것이 첫 번째 잘못이다. 나면서부터 부유한 자는 대부분 밭을 갈지 않고도 먹을 수 있으며, 하소연할 데 없는 과부나 자식 없는 아낙에게는 분만의 고통이 없다. 그렇다면 그들에게만은 원죄가 없는 것인가? 이것이 두 번째 잘못이다.[19] 원죄는 하나뿐인데 그에 대한 응보는 만 가지나

余曰:

“『易』稱‘一陰一陽之謂道.’故乾成男, 而坤成女. 即竺典小教中稱, 刼初光音天爲造世主. 猶吾儒稱盤古爲三才首君之意, 竝言肇人之形, 不言造人之性也. 今彼旣言造性, 而以孑然之陽爲性原, 則厥子所稟之性, 當肖乃父, 而一味以偏陽幻術化生人類足矣, 何苦妄造一性爲女流, 以滋飮食男女之禍? 謬一. 世之生而富厚者, 多不耕而食之人, 無告之嫠, 不育之婦, 皆不受娩身之苦, 豈獨無原罪耶? 謬二. 原罪是一, 而今報萬殊, 謬三. 其人之先得輕罪, 而使盡未來際之苗裔, 皆罹重刑, 與罪人不孥之意不同, 謬四. 祖累子孫, 遠不如佛氏所稱六道輪迴, 自作自受之平明公

17 『周易』「繫辭上」에 있는 구절이다.

18 光音天은 色界 제2禪天 중의 제3천이다. 이 하늘에는 음성이 없고 입에서 나오는 빛으로 언어를 삼는다 한다.

19 당시 중국인들은 전지전능하고 선한 창조주라는 천주가 왜 사람들에게 죄와 타락을 허용했는가에

된다. 이것이 세 번째 잘못이다. 그 사람이 지은 죄는 가벼운 죄일 뿐인데, 미래의 후손 모두를 중형에 걸려들게 하는 것은 죄인의 처자식을 연루시키지 않는다는 뜻[20]과 다르다. 이것이 네 번째 잘못이다. 조상의 죄를 자손들에게 연루시키는 것보다는 불교의 육도윤회에서 말하는 자업자득이 차라리 공평하고 관후하다. 이것이 다섯 번째 잘못이다. 장대를 옮기는 자에게 상을 주겠다는 법[21]은 온 나라의 신용을 세우고자 함이었다. 저 정다웠던 아담 부부에게 과일을 훔쳤다는 이유로 심한 벌을 준 것은 너무 의미 없는 일 아닌가? 이것이 여섯 번째 잘못이다. 사람의 지혜란 한계가 있어서 귀신을 어찌할 수 없는데, 저 천주의 위엄으로 마귀가 자기 후손에게 죄를 덮어씌우는데도 막지 못했다. 이것이 일곱 번째 잘못이다. 조금 어질고 조금 착한 사람은 그 자손들이 불초하면 '하늘의 뜻이니 어쩔 수 없지.' 하며 핑계를 댄다. 천주의 신성함으로 최초로 천주의 몸을 이어받은 인류 둘을 내놓고서, 도둑질을 하도록 유인하여 죄악의

恕, 謬五. 徙木之法, 欲立信於通國耳. 彼亞當夫婦鶼鶼兩人, 乃以盜菓深罰, 不大無謂乎? 謬六. 凡人之智慧有限, 所以不奈鬼何, 以彼天主之威, 魔鬼諉其血胤, 而勿能禁, 謬七. 凡小賢小善之人, 其子不肖, 則諉之曰 '其所不能者, 天也.' 以神聖如天主, 篤生兩人爲最初繼體, 即誨盜而爲戎首, 何神聖之爲? 謬八. 神叢倚木, 所以藉則神枯. 彼既尊爲天主矣, 乃不怒耳, 意雲仍之萬愆, 而獨怒冢子冢婦之一菓, 何其舛歟! 且後人不肖, 曰亞當作俑, 若更追亞當之不肖, 作俑其誰? 吾不知爲天主者, 何辭以對? 則又謬九, 而謬十矣."

대하여 질문하지 않을 수 없었다. 反教士人들은 특히 원죄 문제를 가지고 그리스도교의 불합리성을 입증하는 실마리로 삼았다. 더욱이 후기 유학에서는 성선설을 말하였으므로 그리스도교의 원죄론(성악설)과 대립할 수밖에 없었다.

20 원문의 '罪人不孥'는 周나라 文王이 夏나라와 商나라의 죄인을 대하던 원칙으로, 죄를 지은 본인만 처벌할 뿐 처자식을 연루시키지 않는다는 뜻이다.

21 『史記』「商君傳」에 다음과 같은 내용이 보인다. 전국 시기 秦나라의 商鞅이 변법을 실시하면서 사람들이 믿지 않을까 우려하여 먼저 나라 서울의 남문에 3장 길이의 장대를 세워 놓고, 사람들을 모이게 하여 북문에까지 옮겨다 세우는 자에게는 10금을 내린다고 하였다. 사람들이 괴이하게 여기고 감히 옮겨 가는 자가 없었다. 이에 또 영을 내려 옮겨 가는 자에게는 50금을 내린다고 하자 후에 한 사람이 그것을 옮겨 가니, 즉시 50금을 주어 속이지 않음으로써 법의 엄정함을 내보였다. 이리하여 신법을 반포하여 백성들에게 실시하였다.

괴수가 되게 하였으니, 무엇이 신성한가? 이것이 여덟 번째 잘못이다. 신령이 붙어 있는 과실수를 그대로 두었다면 신령함이 말라 버렸을 터인데, 존귀한 천주가 되어 그 과실수에게는 노하지 않고서, 후손들이 지을 구름같이 많은 허물만을 생각하여 적장자와 그의 아내가 먹은 과일(선악과) 하나에만 노했으니, 이 얼마나 큰 잘못인가! 그러고서는 후세 사람들이 불초한 것은 아담이 그 선례를 열어 놓았기 때문이라고 한다. 아담이 불초한 근원을 더 추궁한다면, 아담의 선례를 열어 놓은 자가 누구인가? 천주라는 자가 무슨 말로 대답할지 알 수 없다. 그러니 이것이 아홉 번째 잘못, 열 번째 잘못이다."

또 애유략에게 물었다.

"이른바 마귀는 어디서 나왔는가?"

애유략이 답했다.

"천주께서 세상을 만들고 난 뒤 바로 서른여섯 명의 천사들을 만들었습니다. 그 가운데 가장 큰 천사가 노제불아(輅齊弗兒, 루시퍼)[22]로 불교의 시조가 되었습니다. 그 스스로 지혜가 천주와 같다고 하니, 천주께서 노하시어 지옥으로 유배 보냈습니다. 그가 바로 오늘날의 염라왕입니다. 그러나 노제불아는 비록 지옥에 들어가서 고통을 겪고 있지만, 그의 영혼의 절반은 마귀가 되어 세상을 떠돌아다니며 사람들의 착

又問艾曰:

"所謂魔鬼安昉耶?"

艾曰:

"天主初成世界, 隨造三十六神. 第一鉅神曰輅齊弗兒, 是爲佛氏之祖, 自謂其智與天主等. 天主怒而貶入地獄, 亦即是今之閻羅王. 然輅齊雖入地獄受苦, 而一半魂神作魔鬼, 遊行世間, 退人善念, 即天主亦付之誰何?"

22 루시퍼(Lucifer, 露際弗爾, 輅齊弗兒 또는 輅齊拂兒)는 마테오 리치가 『천주실의』 4편에서 언급하고 있지만 성경적인 근거는 없다. 계명성을 뜻하는 말로, 영어 성경(Authorized Version)에 번역된 적은 있고, 사탄의 별명이 된 것은 4세기 교부 시대부터였다.

한 마음을 없애고 다닙니다. 그러니 천주인들 그를 누구에게 넘기겠습니까?"

내가 따져 물었다.

"인류가 생기기도 전인데 누가 지옥에 갇혀 있다고 부처(부처의 조상인 루시퍼)가 옥을 지킨단 말인가?"

오랑캐가 말했다.

"그를 따라 유배에 처한 천사가 얼마나 많은데, 지옥에 가두어 둘 자가 없을까 봐 근심입니까?"

내가 말했다.

"큰 두목을 왕으로 삼고, 협박하고 꿇어앉혀 죄를 받게 하는 것이 율법인가? 그리고 부처가 변한 염라왕이 세계를 떠돌아다니는데, 천주라는 자가 누구에게 떠맡기려고만 하고 있으니 염라왕의 위엄과 영험이 천주를 초월한다는 사실을 알 수 있다. 또 천주에게 무궁한 노여움이 있는데, 그 노여움을 받는 자는 또한 무궁한 수壽를 누리고 있으니 그 역량이 천주와 같음을 알 수 있다. 게다가 마귀라는 것도 천주가 직접 자기 손으로 만든 것 아닌가? 어찌하여 이 지경에 이르렀는가? 앞서 말한 아담과 하와의 불초함은 그래도 그들이 사람이기에 천주와 격차가 있다 해도 말이 된다. 하지만 노제불아는 천주가 처음으로 화생시킨 천사인데 그런 그가 먼저 고소당했으니, 천주가 모든 악의 근원임을 알 수 있다. 죄를 천주에게 돌려야 하다니, 배를 쥐고 웃다가 먹은 것을 토해 내지 않을 수 있겠는가? 성性이란 형상과 소리를 초월하고 생성과 소멸의 제약을 받지 않는다. 혼이란 (눈에 보이는) 겉모습이 없다. 그러니 어떻게 만들어 낼 수 있겠는가? 그

詰曰:

"人類未生, 阿誰繫獄, 而以佛主獄耶?"

夷曰:

"從貶之天神其數無量, 繫獄者何慮無人?"

曰:

"以渠魁作王, 而以脅從受罪, 豈律也哉? 且正使佛所作之閻羅王遊行世界, 爲天主者, 但付誰何, 可見其威靈超過天主. 又天主有無窮之怒, 爲所怒者, 亦有無窮之壽, 可見其力量與天主同. 且所謂魔鬼者, 非天主親手製造耶? 何爲至於此? 前云亞當·厄襪之不肖, 尙是人也, 或與天主稍隔, 猶可言也. 若輅齊是彼天主第一化生之神, 而先見告焉, 可見天主是萬惡之源, 還罪天主爲是, 豈不可爲捧腹而噴飯乎? 至於性超形聲, 不受生滅. 魂無色相, 豈可造成? 而彼乃言魂生各造, 如前所駁者, 余亦不必另生辨端."

런데도 저들은 앞에서 반박했듯이 생명체는 각각 창조된 것이라고 말한다. 이제는 또 다른 반박을 시작할 필요도 없겠다."

어떤 사람이 물었다.

"그렇다면 창조에 관한 말은 모두 잘못된 것입니까?"

내가 답했다.

"창조란 인위적으로 조작하지 않음으로써 이루어지는 것인데, 저들의 사설은 인위적인 조작으로 만들어 낸 것으로 창조가 아니다. 인위적으로 조작하지 않은 창조는 공적인 창조이고 스스로 이루어진 창조다. 인위적으로 조작하여 창조한 것은 사사로이 만들어진 것이며 다른 힘에 의해 만들어진 것이다. 이것이 바로 생명의 금침金針이며 정사正邪를 가리는 진경秦鏡[23]이다."

或曰:

"然則造化之說非乎?"

曰:

"造化以不造造, 邪說以造不造. 不造造者, 公造也, 自造也. 造不造者, 私造也, 他造也. 此性命之金針, 而正邪之秦鏡也."

23 '秦鏡'은 진시황이 가지고 있었다는 거울로, 사람 마음의 선악을 비추어 알 수 있다고 한다.

2.4. 유교를 폄하한 것을 변박하다

闢貶儒

요지

천주교가 『천주실의』 등의 책에서 태극太極과 인의仁義를 헐뜯고 그 도리를 폄하하고 있다고 지적한다. 비록 드러내 놓고 배척하지는 못하지만, 그 내막을 살펴보면 불교에 대한 폄하보다 더 심각한 상황임을 직시해야 한다고 주장하고 있다. 사람과 동물을 나란히 여기는 것과 인의를 하찮게 여기는 것 역시 유가 전통에 대한 도전이라고 해석하였다. 또 『여곽극언』에 실린 마카오에서 활동 중인 선교사들의 공자 모욕 발언과 공자도 연청지옥에 갔을 것이라는 말에 격분하고 있다. 특히 겉으로는 유교를 출세의 발판으로 삼아 세상의 영화를 누리면서 뒤로는 공자를 멸시하고 천한 천주를 단상에 모시고 있는 일부 천주교도 지식인층에 대해, 이는 파경破鏡이라는 새가 다 자라나서 저를 키워준 애비를 잡아먹는 격이라며 비난하였다.

저들이 『천주실의』[1]에서 "옛날 군자들이 하늘의 주인을 공경했다는 말은 들었으나 태극을 높이 받들

按彼『天主實義』云 "竊聞古先君子, 敬恭天主, 未聞有尊太

1 『天主實義』는 마테오 리치의 저작이다. 초고의 제목은 『天學實義』였으나 1601년에 책 이름을 고치고 馮應京이 정리하고 서문을 썼다. 1603년에 고아 주교의 심사와 비준을 거쳐 북경에서 정식으로 각판·인쇄되었으며, 후에 여러 차례 다시 각판·인쇄되었다. 1629년에 李芝藻가 그것을 『天學初函』에 수록하였다. 『四庫全書』에서도 "子部 雜家類" 存目에 수록하였다. 작자는 秦나라 이전의 유가 경전을 대거 인용하여 근거로 삼아 계통적으로 천주교의 기본 신앙을 논증하였고, 그 근본 教義를 밝혔다. 동시에 천주교의 입장에서 출발하여 송과 명의 理學과 불교, 도교 두 종교의 세계관을 비판하였고, 저자의 신학 사상을 체계화하였다. 이 책이 세상에 나오자 중국의 종교계와 사상계가 널리 주시하고 관심을 가졌다. 적지 않은 사람들이 이 책의 영향을 받고 천주교에 입교하였으므로 중국에서 천주교 선교가 시작되었다 할 수 있으나, 또한 이 책은 천주교 선교를 반대하는 자들의 첫 번째 과녁이 되기도 하여 천주교 반대자들에게 '요망한 책'으로 불리었다. 명·청 교체 시기에 있었던 중국에 대한 천주교의 선교 활동, 중국 사상계와 종교계 심지어 정치계의 반천주교 운동, 그리고 중국에서의 그리스도교 선교 역사에서 백 년 동안 오래 지속되었던 '전례 논쟁'은 모두 『天主實義』와 관련이 있다.

었다는 말은 듣지 못했다. 만약 태극이 만물의 시조라면 옛 성인들이 무엇 때문에 숨긴 채 말하지 않았겠는가?"[2]라고 하였다. 또 "태극설은 도리에 부합하기 아주 어렵다."[3]고 하면서 『주역』을 배척하고 공격하는 말을 꽤 많이 지껄였다. 아아, 심하도다! 오랑캐들이 감히 성인을 비방하고, 이런 책을 찍어 낸 자가 옛 스승을 감히 배반하다니! 아마도 『주역』에 태극이 있고, 태극이 음양을 낳고, 음양이 사상을 낳고, 사상이 팔괘를 낳은[4] 다음에 만물이 생기고 자라기 때문에 그리 말했을 터인데, 이것은 획이 나오기 이전의 원시 『주역』[5]이다. 오랑캐들의 이런 말은 날 때부터 눈먼 소경이 하는 소리나 진배없으니, 소경이 어찌 태양을 알겠는가?

極者. 如太極爲萬物之祖, 古聖何隱其說?", "太極之說, 甚難合理." 斥擊『周易』, 累若干言. 嗟嗟, 甚矣! 夷人之敢於非聖, 而刻其書者之敢背先師也. 蓋『易』有太極, 是生兩儀, 兩儀生四象, 四象生八卦. 然後化生萬物, 此乃畫前原『易』. 夷輩此言, 如生盲人, 寧見天日?

저들은 또 "만물의 범주에는 두 종류가 있다. 사람과 물건, 날짐승과 들짐승은 자립적인 개체로 존립할 수 있는 종류로서 존귀하며 앞선 것이다. 인의와 오상五常은 다른 물체에 의지하여 존립하는 종류로서 천하고 나중 것"[6]이라고 말한다. 오호라! 이 또한

彼又曰 "物類有二, 人物禽獸等, 自立類也, 爲貴爲先. 仁義五常, 依賴類也, 爲賤爲後." 嗚呼! 此又謬拾老瀋而肆無忌憚者也. 夫天地之性, 人爲貴, 人

2 『천주실의』 2편에 있는 내용이다.

3 『천주실의』 2편에 있는 내용이다.

4 『周易』 「繫辭上」에 있는 내용이다. 당나라 孔穎達이 찬술한 『周易正義疏』에 "태극이란 천지가 나눠지기 전의 元氣가 하나로 혼합되어 있는 것을 말하는 것이니, 이것이 곧 태초이고 太一이다.", "즉 이것이 태극이다.", "혼돈의 원기가 갈라지니 곧 천지가 있게 되었다. 그래서 태극이 음양을 생성하였다고 말한다.", "금·목·수·화는 천지가 부여해 생겨났다고 말하므로 음양이 사상을 생성하였다고 말한다."는 내용이 보인다. 팔괘는 이로부터 사상을 구성하였다. 그러므로 "사상이 팔괘를 생성하였다."는 풀이가 있는데, 이것은 중국의 고대 우주론이다.

5 先天畫을 말한다. 宋나라 邵雍이 『주역』의 卦圖를 해설하고 先天圖와 後天圖를 구분하여 "伏羲氏의 八卦는 後天이다."라고 하였다.

6 『천주실의』 2편에서 마테오 리치는 아리스토텔레스의 범주론을 빌려 태극이 만물의 근원이 될 수

오래전의 것을 잘못 주워다가 함부로 지껄인 소리다. 천지의 성性에 있어서는 사람이 가장 존귀하고, 사람과 짐승의 차이에 있어서는 교화가 가장 앞선다. 어찌 사람과 짐승이 똑같이 존귀할 수 있으며, 어찌 인의가 가장 앞선 것이 아닐 수 있단 말인가?

禽之異, 教爲先. 寧有人禽同貴, 而仁義不先之理?

노자의 학문을 보아도, "도를 잃은 후에 덕을 얻고, 덕을 잃은 후에 인을 얻는다."[7]와 같은 말에서 인이 도·덕만 못하다고만 하였지 짐승만 못하다고는 하지 않았다. 저들은 감히 짐승을 귀히 여기고 인의를 천하게 여기며, 아울러 태극을 천하게 여겼다. 이는 "인은 내재하는 것이고 의는 밖에 드러나는 것"[8]이라는 말보다도 더욱 미치광이 같은 소리이니, 어찌 본성을 잃었다고 하지 않으리오. 그나마 이理는 드러난 현상이 아니라고 하였으니, 사람 중에는 어리석고 미혹되며 눈과 마음이 없는 자도 있는 법, 그래도 용서할 수 있다.

即欲治老氏之圃, 如所云"失道而後德, 失德而後仁"等, 但謂仁義不如道德, 未嘗言不如禽獸也. 彼敢貴禽獸而賤仁義, 并賤太極. 即比之仁內義外之說, 更覺彼猖, 豈不謂之喪心歟! 然尙謂理非迹象, 人有愚迷, 無目與心, 猶可原也.

우리 공자 같은 분께서 (요임금과 순임금을) 조종祖宗으로 삼아 전술傳述하고, (문왕과 무왕을) 법도로 삼아 따르고 지키며, 위로는 하늘의 때를 법도로서 따르고 아래로는 물과 흙의 이치를 좇으니[9], 이에 혈기 있는 모

若我仲尼, 祖述憲章, 上律下襲, 凡有血氣, 莫不尊親, 彼乃謂其與羲皇·堯·舜諸聖同在地獄.

없음을 논증하려고 하였다.

7 『老子』 38장에서 노자는 본성에 따를 것을 주장하였으며, 본성 밖에서 덕을 구하면 도를 잃게 되고, 인의는 인위적인 산물이며 인의가 있으면 곧 本德을 잃게 된다고 여겼다.

8 『孟子』 「告子上」을 보면, 고자는 "식색은 본성이다. 인은 내재하는 것이지 밖에 있는 것이 아니며, 의는 밖에 있는 것이지 내재하는 것이 아니다.(食色性也, 仁內也, 非外也. 義外也, 非內也.)"라는 주장을 펼쳐 맹자와 대립한 바 있다.

9 『中庸』 30장에 "공자는 요임금과 순임금을 조종으로 삼아 전술하고, 문왕과 무왕을 법도로 삼아 따

든 사람이 어버이처럼 존중하였다. 그런데 저들은 공자더러 복희씨·요·순 등 뭇 성인들과 더불어 지옥에 떨어졌을 것이라 말했다.

『여곽극언藜藿亟言』에 따르면, 그곳(마카오)의 오랑캐들은 공자를 '마귀'라고 부른다 한다. 이 어찌 사람의 모습을 가진 자로서 입에 담을 수 있는 말인가? 그때 나는 면전에서 이 말을 듣고서 가슴 아픈 나머지 나도 모르게 발끈 성을 내고 말았다.

據『藜藿亟言』所載, 彼處夷人直名孔聖爲'魔鬼', 豈具人貌者之所宜出口耶? 時余面聆此語, 不覺痛心而作色焉.

애유략(알레니)·용화민(롱고바르디) 등이 말했다.

艾·龍輩乃曰:

"이곳은 연청지옥鍊清地獄(청정을 수련하는 지옥)의 일종인지라 그다지 큰 고통은 없습니다. 천주교를 따랐으되 지극함에 이르지 못한 자들이 이 지옥에 들어가는데, 대체로 천당의 아류라고 할 수 있지요."

"此一種鍊清地獄, 無甚苦事. 凡從彼教而未造其極者, 亦入此獄, 蓋天堂之流亞云."

내가 말했다.

余曰:

"천주라는 분은 내가 알 수 있는 바가 아니고, 여러 개의 천당이란 곳이 사람이 오를 수 있는 곳인가?"

"天主一人, 吾不得而知之矣, 其諸天堂亦是人登者否?"

그들이 대답했다.

彼曰:

"천주교를 믿으면 오를 수 있지만, 그렇지 않으면 안 됩니다."

"從吾教則登, 不然則否."

내가 말했다.

余曰:

"그렇다면 백성이 천당에 오르는 것은 흔한 일인데, 공자만은 지옥에 떨어져야 한단 소린가? 백성이 있은 이래로 공자만큼 크게 찬양받았던 사람도 없는

"然則民之登天堂者, 每每有之, 而孔子反墮地獄? 則自有生民以來, 未有盛於孔子之讚揚,

르고 지켰다. 위로는 하늘의 때를 법으로 따르고, 아래로는 물과 흙의 이치를 좇았다.(仲尼祖述堯舜, 憲章文武. 上律天時, 下襲水土.)"라는 말이 나온다.

데, 찬양한 자들의 혀도 뽑아 버려야 마땅하다. 공자가 지옥에 갔을 것이라고 판단하다니, 공자를 어찌 그리 천히 여기는가? 그러면서 너희들은 오히려 다 같이 천당에 갈 것이라고 판단하다니, 스스로를 대함이 어찌 그리 거만한가!

亦當拔舌矣. 汝判孔子在地獄, 視孔子何卑! 判汝輩同在此中, 自視又何倨歟!

공자가 지옥에 들어갔다고 믿는 교도教徒라면, 자손 있는 자로서 절대로 그 자손이 공자와 인연을 맺지 못하도록 해야 마땅할 것이다. 그런데 기어이 자손에게 사서오경을 익혀 세상의 녹봉을 취하게 하고, 세상의 녹봉을 취한 후에는 화려한 옷을 입고 진수성찬을 먹으며 성현의 명단에 이름을 올려놓게 한다. 그러고는 더럽고 천한 오랑캐를 단 위에 모셔 놓고, 심한 경우는 보잘것없는 재능으로 일 벌이기 좋아하는 못난 유자儒者나 대담하게 글로 농간을 부리는 숙유宿儒를 꾀어, 배운 학문을 모두 버리고 자신들의 천주학을 배우게 한다. 더구나 부형父兄과 무리지어 또 처자식을 이끌고 저들의 신하가 되고, 우리 공자에게는 반쪽의 자리도 내주지 못하게 한다. 참으로 저를 키워 준 애비를 잡아먹는다는 파경조破鏡鳥[10]와 다를 바 없으니, 어찌 애통하지 않으리오!"

且既信孔子入地獄, 則有子若孫者, 萬萬不當令其與孔子作緣, 而必教其習四書五經以取世資, 業取世資, 偃然華裾鼎食, 或繫籍聖賢. 乃尊穢賤夷人於壇坫之上, 甚者簧鼓小才好事之竪儒, 大膽舞文之老宿, 盡棄其學以學彼. 且群父兄出妻子, 以北面之, 而令吾孔子曾不分半席焉, 眞如破鏡鳥子成而即食其父矣. 豈不痛哉!

어떤 사람이 말했다.

或曰:

"저들이 불교를 극력 배척하기는 하였지만 아직 유교는 배척하지 않질 않았소."

"彼極斥佛, 恐未斥儒也."

---

10 『楞嚴經』에 "破鏡鳥가 독이 있는 나무의 열매를 품어서 새끼를 만드는 것과 같으니, 새끼가 자라면 부모가 다 잡아먹히는 그런 종류가 가득 차게 되었느니라."라는 구절이 있다.

내가 말했다.

"태극과 인의를 폄하하는 것은 유교의 도리를 폄하한 것이다. 공자와 요임금과 순임금을 폄하하는 것은 유교의 사람을 폄하한 것이다. 그래도 저들이 유교를 배척하지 않았다고 말할 수 있는가? 저들이 감히 불교처럼 내치지 못한 것은 그저 중국에서 집집마다 공자를 존숭하고 요순을 경모해 오고 있기 때문에 부득이 그 울타리 틈에 기대어 있을 뿐이다. 오랑캐가 세운 원나라처럼 사람들을 열 등급으로 나눈 뒤, 승려를 세 번째에 놓고 유자는 창부나 거지와 함께 여덟 번째, 아홉 번째, 열 번째에 놓았다면, 저들이 유교를 배척함이 분명 불교보다 더욱 심한 것이다."

余曰:

"貶太極仁義, 是貶其理. 貶孔子·堯·舜, 是貶其人, 猶謂其不斥歟? 其所以未敢痛斥如佛者, 徒以我中國戶尊孔子, 家慕堯·舜, 而不得不權傍其籬間耳. 若如胡元時所列十等, 以僧居第三, 儒與娼丐同居八九十者, 則彼之斥儒, 必更甚於佛矣.

지금 저들 무리는 또 '공자가 그래 우리 애유략 선생의 만분의 일에나 미치겠는가!'라고 말한다. 말이 이 지경에 이르렀으면, 지혜로운 자이건 미련한 자이건, 가난한 자이건 부유한 자이건, 무릇 머리털이 나고 이가 있고 정수리와 발꿈치를 갖춘 자라면 모두 세상이 울리도록 통곡하여야 할 터인데, 어찌 입 다물고 있을 수 있겠는가!

今彼徒又言'孔夫子豈能及我艾先生之萬一!' 興言及此, 無論智愚, 無論窮達, 凡存髮齒具頂踵者, 皆當號泣聲振大千, 而尙容默默乎!

나는 일찍이 강담여江澹如 어른께 같은 질문을 한 적이 있었는데, 곁에 있던 벗이 웃으면서, "그래도 해害는 없지요. 예를 들면 저 지장보살도 늘 지옥에 모습을 드러내지 않았습니까."라고 말하자, 담여 어른께서는 역정을 내시며, "이 같은 말을 하는데 어찌 농담을 할 수 있는가!"라고 하여 나는 진땀이 났다. 담여 어른 같은 분은 참다운 불자이며, 또 공자의 참다운 제자이다.

余嘗以此質之江澹如丈, 旁友笑云"此亦無害. 譬如地藏菩薩, 亦常現身地獄中." 澹如怫然曰"說到此際, 豈容滑稽!" 使余汗下. 故若澹如丈者, 此眞佛子, 亦眞孔子弟子也!

2.5. 윤상倫常을 헐뜯는 것을 변박하다
闢反倫

요지 윤상의 관점에서 천주교설 및 천주교도의 비윤리성을 밝혔다. 천주교에서 군신·부자·부부·형제·벗 사이의 도리, 이른바 오륜을 부정하고, 군신 사이에 벗의 도리로 서로를 대하고 부자 사이에 아들보다는 현인에게 자리를 선양하는 등의 행태를 비난하였다. 또 유가의 우월한 강상 전통에 근거하여, 저들이 일부일처제를 주장하여 중국의 처첩 제도를 반대하고 있는 점, 남녀 구분 없고 형제 및 벗들 간에 위아래도 신의도 없는 점 등을 비난하고 있다. 그러한 비윤리성을 지니고 있으면서 오직 천주만 믿으면 모든 것이 해결된다 말하고, 막대한 자금을 배후로 사람들을 끌어들이고 있으니, 이러한 교리와 현상에 비추어 백련도의 무리와 다를 바 없다고 주장하고 있다.

군신·부자·부부·형제·벗 모두 인륜에 속하지만, (군신은) 존경을 위주로 하고, (부자는) 은덕을 위주로 하고, (부부는) 구별을 위주로 하고, (형제는) 서열을 위주로 하고, (벗은) 믿음을 위주로 하는 등 서로 취하는 뜻이 다르다. 따라서 임금을 신하와 나란히 하고, 아버지를 소원하게 만들고, 남편이 아내를 따르게 하고, 형이 동생을 받들게 하면서 공정함을 등지고 당파를 만들거나 대중을 떠나 당파로 들어가서는 안 된다.[1]

君臣·父子·夫婦·昆弟·朋友, 雖是總屬人倫, 而主敬, 主恩, 主別, 主序, 主信, 其間各有取義. 非可以夷天等地, 推親作疎, 陽反從陰, 手顧奉足, 背公以植黨, 去野而于宗也.

1 『周易』「同人卦」에 "많은 사람들이 들판에 모여 있으면 형통하다.(同人于野, 亨.)"는 말이 나오고, 「六二爻辭」에 "많은 사람들이 동족하고만 모여 있으면 결과는 어렵다.(同人于宗, 吝.)"라는 말이 보인다. 野 즉 대중과 함께하면 형통하고, 宗 즉 붕당을 지으면 어렵다는 뜻이다.

오랑캐들은 저들 나라의 임금과 신하는 모두 벗의 도로써 서로를 대한다고 말한다. 또 저들 나라에서는 이제껏 현명한 자에게 왕위를 선양했지 자식에게 주지 않았다고 말한다. 저들 말에 따른다면, 다행할 경우 초나라 사람과 함께 농사나 짓게 될 것이요,[2] 불행할 경우 자쾌子噲나 자지子之가 걸은 길[3]을 가게 될 것이다. 차마 말을 해야 하는가, 하지 말아야 하는가?

夷輩乃曰, 彼國之君臣, 皆以友道處之. 又曰, 彼國至今, 傳賢而不傳子. 審從其說, 幸則爲楚人之竝耕, 不幸則爲子噲·子之之覆轍. 忍言乎, 不忍言乎?

『예기』에서는 "효도와 우애의 덕은 신명께 통한다."고 하였고, 『맹자』에서는 "요·순의 도는 효도와 우애뿐이다."[4]라고 하였다. 그런데 오랑캐 무리는 "부모는 제각각의 부모일 필요 없고, 자손 역시 제각각의 자손일 필요 없다. 땅과 마주하는 하늘도 아버지로 여기기에 부족하며, 오직 천주를 모두의 공통된 아버지로 여겨야 한다."[5]고 말한다. 저들은 부모 자식 사이가 지극히 가까운데도 불구하고 단지 저 남자 저 여자가 이 남자 이 여자를 낳았을 뿐이라고 여긴다. 오랑캐도 머리털 난 동물에 속하거늘, 차마 이처럼 근본을 저버리기까지 한다. 이미 부모가 돌아가셨을 경우, 그 부모가 생전에 천주교에 대해 들어 본

『記』曰 "孝弟之德, 通於神明." 『孟子』曰 "堯·舜之道, 孝弟而已矣." 夷輩乃曰 "父母不必各父母, 子孫不必各子孫, 且對地之天亦不足父, 而同父天主." 其於父子大親, 但目爲彼男彼女, 生此男此女而已. 夷亦屬毛, 乃忍捐本. 且於父母之已歿, 而生前未聞邪教者, 即甚賢哲, 必冤以鍊淸地獄, 稍稍常流, 即誣入鍊罪永苦. 其言以爲縱有孝子, 媚我天主, 得生天堂,

---

2 『孟子』「滕文公上」에 나오는 내용이다. 許行이 滕文公에게 "현능한 군왕은 마땅히 백성들과 함께 농사를 지어서 자기 손으로 밥을 지어 먹으며 나라를 다스린다."는 仁政을 찬양하여 말하였으나, 맹자는 임금과 백성이 함께 농사를 짓는 것은 인정이 아니라고 여기면서 "마음을 쓰는 사람은 남을 관리하고, 힘을 쓰는 자는 남에게 관리를 받는 것"이 "천하의 일반 도리"라고 여겼다.

3 『孟子』「公孫丑下」에 나오는 내용이다. 子噲는 연나라 왕이고, 子之는 연나라 재상이다. 연왕 자쾌는 독단적으로 나라를 子之에게 넘겨주었고, 子之는 사사로이 그 나라를 넘겨받았는데, 맹자는 "그 죄는 벌줄 수 있다."고 하였다.

4 『孟子』「離婁上」에 나오는 구절이다.

5 출전 미상.

적이 없는 사람이라면 설사 매우 현철한 자라 하여도 반드시 연청지옥鍊清地獄에 억울하게 들어가고, 범속한 무리는 무고하게 지옥에 들어가 죄를 씻으며 영원히 고통을 겪어야 한다. 저들의 말인즉 설사 효자가 있더라도 천주에게 잘 보여야만 (부모가) 천당에서 살 수 있으며, 하늘의 노여움은 몹시 두려워 절대 피할 수 없으니, 비록 (자식이) 효도의 뜻을 가지고 있다 하더라도 부모의 영령에 아무 이로움이 없다고 운운하는 것이다. 아! 순임금은 위대한 효자이고 우임금은 효를 바쳤다.[6] 만약 순임금이나 우임금이 황위에 오르는 대신 고瞽(순임금의 아버지)와 곤鯀(우임금의 아버지)이 하늘과 나란히 배향될 수 없었더라면, 순임금과 우임금은 얼굴을 찌푸리며 기필코 제왕이 되려 하지 않았으리라는 것을 나는 안다.

然天怒最嚇, 萬難解免, 雖存孝志, 無益親靈云云. 嗟乎! 舜大孝, 禹致孝, 假使舜·禹陟位, 而瞽·鯀不得配天, 吾知舜·禹之必蹙然而不南面矣.

『주역』의 「가인괘家人卦」에서는 집안 단속하는 일을 매우 중히 여겼고, 「항괘恒卦」의 육오六五 효사爻辭에서는 "그 덕을 항구히 지키면 바르나, 부인에게는 길하고, 지아비에게는 흉하다."[7]고 하였다. 『서경』에서 "암탉이 새벽을 알리면 이 가문은 영락하리라."[8]고 하였으니, 부인은 마땅히 지아비를 따라야 하

『大易』「家人」一卦, 極重閑家, 「恒」之六五曰 "恒其德, 貞, 婦人吉, 夫子凶." 『書』曰 "牝鷄之晨, 維家之索." 則婦當從夫, 夫決不當從婦審矣. 『禮』曰 "男女不同巾櫛·椸枷.", "不通

6 『中庸』 17장에 "공자께서 말씀하시길, '순임금은 위대한 효자이시다.'고 하셨다.(子曰, '舜其大孝也與.')"는 말이 나온다. 또 『論語』 「泰伯」 편에는 "우임금이 조상의 신령에 효를 다했다.(禹致孝乎鬼神.)"는 말이 있다.

7 『周易』 「恒卦」의 「象」에서는 "부인이 정절을 지키면 길한 것은 시종일관하게 한 지아비를 좇기 때문이요.(婦人貞吉, 從一而終.)"라고 하였다.

8 『尙書』 「牧誓」에 "암탉은 아침에 울지 않는 법이다. 또 암탉이 새벽에 울면 집안이 망한다.(牝鷄無晨, 牝鷄之晨, 惟家之索.)"는 구절이 있다.

고, 지아비는 절대로 부인을 따라서는 안 됨이 분명하다. 『예기』에서 "남녀는 수건과 빗을 함께 쓰지 않고, 옷걸이를 함께 쓰지 않으며", "이름을 알리지 않고 중매를 넣는다."[9]고 하였으니, 저 남자와 이 여자가 한데 뒤섞여서는 안 됨이 분명하다.

名聘問." 則彼男與此婦不容混雜, 又審矣.

그런데 오랑캐 무리는 "남편도 부인을 주인으로 삼을 수 있다. 부인이 죽으면 남편 또한 미망인이 되며, 자식이 없다 하여 첩을 들인 자는 사람 축에 낄 수 없다."고 말한다. 심지어 "저들이 거쳐 온 여러 나라에서는 모두 저들의 교를 따랐으며, 교를 따른 후에는 제아무리 고귀한 제왕이라 해도 일부일처만이 용납될 뿐이다."라고 말한다.

夷輩乃曰 "夫亦以婦爲主, 婦死夫亦爲未亡人, 雖無子而續娶者, 不齒人類." 甚而曰 "彼所經諸國, 皆從其教, 從教後, 則雖帝王之貴, 只許一夫一婦."

그러니 순임금과 문왕은 남보다 앞서 사람 축에 끼지 못하는 사람이 되었으며, 이른바 연청지옥에 들어갈 자들은 쉬지 않고 생겨 줄어들지 않을 것이다. 이런 도리가 어찌 있을 수 있는가?

然則舜·文先爲不齒之人, 即所謂在鍊清地獄者, 亦不得已而未減之矣. 有是理哉?

나의 벗 주국상周國祥은 늙고 가난한 데다 아들이 없었는데 다행히 첩을 들여 아들 하나를 얻어 이제 막 두 살이 되었다. 천주교에서 "우리 나라에서는 첩을 두지 않는 것을 현명하다 여기며, '후사가 없는 것이 가장 큰 불효'라고 여기지 않는다."[10]고 가르치자, 주국상은 그 말을 듣고 그 아들을 어미에게 쫓아 버

余友周國祥, 老貧無子, 幸買一妾, 擧一子, 才二歲, 夷教之曰 "吾國以不妾爲賢, 不以'無後爲大.'" 周聽而逐其子之母, 今不知此子活否.

9 『禮記』「曲禮上」에 "남녀는 … 옷걸이를 같이 쓰지 않으며, 수건과 빗을 같이 쓰지 않는다.(男女 … 不同椸枷, 不同巾櫛)"는 구절이 있다. 또 "중매를 통하지 않고는 서로 이름을 알리지 않는다.(男女非有行媒, 不相知名)"는 내용이 있다.

10 『천주실의』 8편에 있는 내용이다.

렸다. 지금 그 아들이 살아 있는지는 알 수 없다.

저들은 또 계율을 만들어 남자들의 음행을 엄금하는 외에, "남의 아내를 엿보아서는 안 된다."는 하나의 계율을 더 만들었다. 천주교를 믿는 자의 아내와 딸들에게는 무리 지어 살 것을 명하면서 오랑캐의 비밀스러운 가르침을 받게 한다. 저들에게 성수를 뿌리고, 성유를 떨어뜨리고, 성함聖函을 준다. 또 성염聖鹽을 먹이고, 성촉聖燭을 밝히며, 성면聖麵을 나눠 준다. 성선聖扇을 부치고, 붉은 휘장을 드리우고, 기이한 의복을 입고 어두운 밤까지 뒤섞여 지낸다. 이것은 또 무엇이란 말인가?

又其設戒於丈夫子戒淫之外, 復立一戒曰 "不覗他妻". 至若從夷者之妻女, 悉令其群居而受夷之密教, 爲之灌聖水, 滴聖油, 授聖櫝, 啜聖鹽, 燃聖燭, 分聖麵, 揮聖扇, 蔽絳帳, 披異服, 而昏夜混雜, 又何歟?

『예기』에서는 "남녀를 구분하지 않는다면 혼란이 일어난다."[11]고 하였다. 나는 그 혼란의 끝이 어디인지 모르겠다. 옛날에 진진陳軫은 젊은 여자를 좋아했지만 욕을 한 여자를 아내로 맞아들였다.[12] 비록 책사策士라도 남녀 합환의 일을 신중히 했거늘, 지금 이처럼 음양이 뒤집혔으니, 차마 말을 해야 하는가, 하지 말아야 하는가?

『禮』曰 "男女無辨, 則亂升." 吾不知其亂於何底也. 昔陳軫悅少婦, 而娶詈人者, 雖策士且修帷薄, 今若此爲陰陽倒置, 忍言乎, 不忍言乎?

---

11 『禮記』「樂記」에 있는 내용이다.

12 『戰國策』「秦策一」에 나오는 고사로, 戰國時代 縱橫家에 속하는 인물인 陳軫이 秦王에게 유세하기 위해 사용한 우언이다. "초나라 사람이 두 아내를 두었다. 어떤 사람이 그중 늙은 부인을 희롱하자 늙은 부인은 욕을 했고, 젊은 부인을 희롱하자 젊은 부인은 받아들였다. 얼마 후 두 아내를 둔 사람이 죽자 한 손님이 찾아와 희롱했던 사람에게 물었다. '늙은 여자를 얻을 텐가, 젊은 여자를 얻을 텐가?' 그러자 그 사람은 '늙은 여자일세.'라고 대답했다. '늙은 여자는 자넬 욕했고, 젊은 여자는 맞장구를 쳐 주었는데, 왜 늙은 여자를 취하려 하는가?'라고 다시 묻자, 이렇게 답했다. '남의 여자일 때에 내게 맞장구쳐 주기를 바랐지만, 내 아내가 된 후에는 나 대신 남에게 욕해 주기를 바라기 때문이지.'(楚人有兩妻者, 人誂其長者, 長者詈之, 誂其少者, 少者許之. 居無幾何, 有兩妻者死. 客謂誂者曰, '汝取長者乎, 少者乎?' 曰, '取長者.' 客曰, '長者詈汝, 少者和汝, 汝何爲取長者?' 曰, '居彼人之所, 則欲其許我也. 今爲我妻, 則欲其爲我詈人也.)"

형제란 하늘이 맺어 준 사이이고, 벗이란 사람끼리 맺은 사이다. 그러니 마땅히 돈독하게 서로 도와야지 사욕을 채워서는 안 된다.

若乃昆弟以天合, 朋友以人合, 固當敦恤, 無取比私.

오랑캐 무리는 호적에 오른 평민들에게 고하기를, "너희들이 천주를 따르기만 하면 아무개 원로도, 아무개 근신도 너를 '교형教兄'이라 부르면서 예를 갖추어 상객으로 받들 것이다. 몹시 가난한 자도 부자가 될 수 있고, 명예를 얻을 수 있으며, 환난을 겪을 때 반드시 도움을 받을 수 있다."고 말한다. 그 말이 열에 아홉은 거짓이지만, 내가 직접 본 아무개의 경우, 본래 글 쓰는 일을 업으로 삼았으나 오랑캐에게 귀의하고 업을 바꾼 지 수개월 만에 부자가 되었으며, 모여서 밥을 먹는 무리가 하루에 수십 명도 더 되었다. 오랑캐들은 또 영을 내려서 "백 사람에게 선교하여 교를 믿게 하는 자에게는 자명종과 자명금을 하나씩 상으로 줄 것이니, 이는 금백金帛에 상당하는 금액이다. 생원 하나를 믿게 하면 열 사람으로 치고, 관원 하나를 믿게 하면 백 사람으로 친다."고 말한다. 천주교인들은 문미에 자라 모양의 표지를 붙이며, 천주교도가 되어 신부를 알현하는 자는 반드시 삼대에 걸친 호적을 적어 오랑캐에게 넘긴다. 그러니 백련교 따위와 다를 것이 무엇인가?

夷輩乃告編氓曰 "汝但從教, 即某某大老, 某某中貴, 亦稱曰'教兄', 禮爲上客. 雖酷貧者可驟富, 功名可掇, 患難必援." 雖其說十九不實, 然余親見某某, 本業刀筆, 今從業歸夷, 不數月而屋潤, 徒之聚食者日益數十人. 夷又爲令曰 "能勸百人從者, 賞自鳴鐘, 自鳴琴各一, 金帛稱是. 若得一青衿, 准十人. 得一縉紳, 准百人." 凡從之者, 楣有鼈形標記, 其徒之晋見者, 必開三代貫籍, 繳歸夷落, 與白蓮等何異?

또 돈으로 사람들을 매수하면서 걸핏하면 "저들에게는 돈과 양식이 수없이 많다."고 속이니, 백성들은 집오리 떼처럼 저들에게 달려간다. 그래서 백련교가 재물을 훔쳐다 사람을 모은 것보다 훨씬 쉽게 무리를 끌어 모은다. 그 심사가 불측하도다. 일찍이 저

且其以金買民, 動輒蠱人曰, "彼徒錢糧不可計量." 民之走者如鶩焉, 則較白蓮之攫金錄用者, 其衆又易集, 而其心又叵測矣. 嘗思其金從何來. 或謂其

들의 돈이 어디서 왔는지 생각해 보았다. 어떤 사람은 연금술로 만들어 냈다 말한다. 저들은 말하기를 심히 꺼리면서 저들 나라에서 급히 사람들을 구제하고자 금을 싣고 와서 도와주는 것이라고 말한다.

繇於黃白, 彼甚諱言, 云是彼國急於度人, 輦金來助.

아! 도를 배우기 위해 스승을 따름에도 행여 몰래 이익을 위해 모이지 않을까 두려워 공자께서는 이利를 적게 말하셨는데, 이익 때문에 몰려간 자들 중에 어찌 의로운 신자가 있을 것이며, 또 정말로 돈을 실어 왔다면 저들 가운데 중국에 흩어져서 선교하는 자가 백여 명이니, 한 사람이 3만 금씩 실어 오면 한 해에 300만 금 이상이 될 터인데, 왜 이 돈으로 북평(北京)을 돕고 □□□[13]을 죽이지 않는가. 그렇게 하면 반드시 천당에 오를 큰 공로를 세울 것이거늘, 어찌 근근이 이 솜을 빠는 일[14]로 세상을 마치려 하는가?

嗟嗟! 爲道從師, 尙恐陰爲利藪, 夫子所以罕言. 今爲利往, 豈有義徒, 且誠輦也, 彼云 若曹之分教中國者, 且百餘人, 一人輦三萬餘金, 則歲得三百萬金以外, 何不以此實右北平, 殺□□□, 豈非一段必生天堂之大功勞, 而僅爲此洴澼絖以歿世也?

저들이 불교의 '불살계不殺戒' 다음에 '인人' 자 하나를 더 넣었기에 절대 사람을 죽이지 않을 것으로 알았고, 또 절대 □□□를 죽이지 않을 것으로 알았다. 그런데 화기火器를 시험하던 중 두 생명을 죽였으니, 살인하지 않는다는 저들의 계율에 비춰 볼 때 어떠한가, 벗의 도에 비춰 볼 때 또 어떠한가? 가히 가

然彼於佛教不殺戒下增一'人'字, 有以知其決不殺人, 因有以知其決不殺□□□也. 則火器一試, 帑命兩糜, 又不知其於不殺人之戒何如? 而於友道又何如也? 此可爲賈生之痛哭者也.

13 몇 글자 누락되어 있다.

14 『莊子』「逍遙遊」에 나온다. 송나라 사람이 손 안 트게 하는 약을 잘 만들어 대대로 솜 빨래 일을 업으로 삼았다. 그때 한 객이 그 비법을 자기에게 팔라고 하여 송나라 사람은 거금을 받고 그 비법을 팔았다. 후에 그 객은 오나라 왕을 찾아가 그 비법으로 병사들의 손을 안 트게 할 수 있으니 자신을 대장으로 삼아 달라고 하여 월나라와 겨울에 수전을 벌여 대승을 거두었다. 이에 그는 봉토를 하사받아 높은 지위에 올랐다. 같은 비법을 가지고도 어떻게 사용하는가에 따라 솜 빨래를 못 면하기도 하고 대장군이 되기도 한다는 뜻이다.

의賈誼가 통곡할 노릇이다.[15]

15 賈誼(기원전 200~기원전 168)는 西漢의 정론가이자 문학가이다. 그가 지은 「治安策」은 "신이 형세를 헤아려 보건대 통곡할 일이 하나요, 눈물 흘릴 일이 둘이요, 장탄식할 일이 여섯입니다. 그밖에 도리를 저버리고 다치게 하는 일은 이루 다 열거할 수 없을 만큼 많습니다.(臣竊惟事勢, 可爲痛哭者一, 可爲流涕者二, 可爲長太息者六, 若其它背理而傷道者, 難遍以疏擧.)"라는 말로 시작되고 있는데, 그중 "오늘날 노비를 파는 자들은 수놓은 옷에 비단신을 신겨 수레에 싣습니다. 이는 고대 왕후의 복식이며 교묘제에서만 입었지 평상시엔 입지도 않던 옷이거늘, 지금은 서민들조차 노비에게 입힙니다.(今民賣僮者, 爲之繡衣絲履偏諸緣, 內之閑中. 是古天子后服, 所以廟而不宴者也, 而庶人得以衣婢妾.)"라고 하면서 상하 질서가 어그러진 세태를 비난했다. 이어 "황제조차 검고 조악한 옷을 입는데, 부유한 자는 금수비단으로 집 안 담장을 장식하고, 황후의 옷깃 장식을 서얼 첩의 신발 장식으로 삼으니, 이것이 신이 말하는 패란입니다.(且帝之身自衣皁綈, 而富民墻屋被文繡, 天子之后以緣其領, 庶人孽妾緣其履, 此臣所謂舛也.)"라고 하였다.

2.6. 제사를 폐지한 것을 변박하다

闢廢祀

요지

제사를 폐하고 천주만 떠받들라고 하는 천주교 교리를 비판하고 있다. 중국인의 뿌리 사상이 깊어 조상에게 제사 지내는 것을 폐하라는 주장이 반박당하자 다시 조상의 신주와 천주상을 나란히 모시라고 말을 바꾸었는데, 이는 임시방편일 뿐 궁극적으로 허여한 것은 아니라며, 그 의도를 간파하고 있다. 또 방사方社 내지 공자 등 성인의 신위를 모두 마귀라 비난하고, 나라와 백성을 보우하는 충신과 지사志士의 영령을 모시는 것까지 모두 음사淫祀라며 폐했는데, 옛날에 들어 본 적 없고 오늘날 본 적도 없는 천주만을 모시는 것이야말로 음사라고 정면으로 공격하였다.

나무에는 뿌리가 있고 물에는 근원이 있지만 오랑캐들만은 그것을 생각하지 않는다. 이 때문에 오랑캐들은 처음 중국에 들어왔을 때 조상에게 제사 지내지 못하게 가르쳤다. 후에 반박당하자 주장을 다시 바꾸었고, 지금은 민간에서 조상의 신주를 천주와 나란히 사당에 모시게 되었다.

木本水源, 惟夷不念. 以故夷之初入, 實教人皆不祀先. 厥後被劾, 又變其說, 而今民間父祖, 得與天主竝廟.

만약 지나간 잘못을 언급하기 싫어서 조상에게 마땅히 제사 지내야 한다고 말한 것이라면, 부모가 죽어도 묘지의 길흉을 점치지 않고, 풍수가들의 말도 비웃으며 죄다 황폐한 무덤에다 던져 버리는 것은 어떻게 설명할 것인가? 또 저들이 우리 중국에 온 지 여러 해이거늘, 지금까지 자기네 조상의 신주 하나도 가져온 적이 없는 것은 어째서인가?

彼若諱言前非, 而云宜祀先者, 何稱彼之親死 皆不卜宅兆, 見形家言, 則非哄之, 擧而委之荒丘乎? 又何爲彼在我中國多年, 曾不携其先夷之一主乎?

만약 저들 말처럼 조상의 신주를 천주와 함께 사당에 모셔야 한다면, 왕이 아니면 큰 제사를 지내지 못한다는 것은 예로부터 정해진 명분일진대, 저들이 말하는 천주는 이 세상 위에 군림해 있어 지금까지 신기神器를 주도하던 그 어떤 제왕도 나란히 해 본 적 없는 존재이거늘, 어떻게 감히 백성과 나란히 모셔 놓고 천자에게나 올리는 제사를 바칠 수 있단 말인가![1]

彼若言宜與天主竝廟者, 則不王不禘, 從古有一定之大分, 況彼所稱之天主, 又在圜丘方澤以上, 從來主神器者, 所未嘗埒, 而輒敢以庶人躋祀, 奚取於三家之堂!

경전에서 규정한 다섯 가지 제사[2], 그리고 사방의 신과 토지신[3], 신농씨 등의 신위에 대해서는 모두 사전祀典에 기록되어 있다. 큰 재난을 막기 위해, 또 큰 환난을 구제하기 위해, 성실히 직분을 수행하다 희생하거나 나라를 위해 몸을 바친 영령에서부터 공자의 성스러운 신위에 이르기까지, 천주교인들은 모두 마귀로 지목하여 침 뱉고 돌아보지 않는다. 이러한 짓을 모두 천주에게 아첨하는 교묘한 수단으로 삼으면서 (그것을) 기필코 변소에 처박아 버리게끔 독려한다. 만약 감실龕室을 가지고 있는 자가 있으면, 그것을 들어다 고을 오랑캐 두목의 집에 사사로이 마련해 놓은 천주당 안으로 가져다 다른 것들과 함께 태워 버리도록 명령한다.

至若經傳所定五祀, 方社田租等位, 祀典所載. 捍大災, 恤大患, 死勤事, 勞奉國等諸靈爽以上, 及吾夫子之聖神, 凡從夷者, 槩指爲魔鬼, 唾而不顧, 以爲諂天主之妙訣, 必督令棄之廁中. 其有龕室者, 令舁至本邑戎首之家所私設天主堂內, 雜燒之.

1 '三家之堂'은 『論語』「八佾」에 나오는 이야기이다. "(맹손·숙손·계손) 세 집안의 자손들이 제사상을 물리며 옹의 노래를 불렀다. 공자께서 말씀하시길, '제후들이 제사를 돕네, 그 가운데 천자의 모습이 장엄하도다라는 노래를 어찌 세 집안의 당에서 부를 수 있겠는가?'(三家者以雍徹. 子曰, '相維辟公, 天子穆穆, 奚取於三家之堂?')" 고작 제후의 신분으로 천자의 격에 맞는 제사를 지냈다는 뜻이다.

2 '五祀'란 禘·郊·宗·祖·報의 다섯 가지 祭禮를 가리킨다.

3 '方社'는 四方의 신과 토지신을 뜻한다.

아, 성스럽고 어질고 충성스럽고 의로운 분들의 신명이 '사람 돼지'의 형벌[4]을 받기도 하고, 진나라 분서갱유의 처참함을 당하기도 한다. 이 얼마나 참혹한 일인가! 역대로 우리 나라에서 떠받들던 성인들과 현인들, 즉 신황神皇이 된 관우關羽나 요즈음 새로이 제왕의 칭호를 더해 받은 영령들을 저들 마음대로 훼손하다니, 이 얼마나 패역한 짓인가!

嗟嗟! 以大聖大賢, 精忠仗義之神明, 或受人彘之刑, 或遭秦火之烈, 何慘也! 擧歷代我朝所褒崇之聖哲, 即關公爲神皇, 近年所新加帝號之英靈, 而恣意私戕, 又何逆也!

게다가 사사로이 암자나 절을 짓는 것은 법이 엄금하는 바이거늘, 저들이 민간인을 부려 천주당을 짓고 집집마다 십자가를 모신 것은 어떤 칙지를 받든 것인지 모르겠다. 명에 따른 것인가, 제 마음대로 한 짓인가? 사사로이 한 짓인가, 나라를 위해 한 일인가? 그러고는 날이 밝으면 거기에 신도를 모아 놓고 천박한 농담이나 강설하고, 밤이면 요사한 도술로 부녀자들과 뒤섞여 머리를 풀어 헤친 채 가슴을 치면서 비밀스러운 주문을 전수한다. 경전에서는 머리를 풀어 헤치고 들에서 제사 지내는 것은 상서롭지 못하다 하였다. 지금 아무 까닭 없이 사람마다 집집마다 이같이 하고 있으니, 상서로운가, 그렇지 아니한가?

且私剏庵院, 律有明禁, 不知彼所令民間人設一天主堂, 戶供一十字枷, 奉何敕旨. 因耶剏耶? 私耶公耶? 且旦則聚其徒於斯, 講膚淺之咲柄, 夜則挾其尤, 混諸婦女, 披髮搥胸於斯, 授秘密之眞詮. 傳記披髮而祭於野者, 以爲不祥. 今無故而人人戶戶若此, 祥耶否耶?

백성들의 어리석음에 끝이 어디 있겠는가? 어떤 사람이 백 가지 신에게 잘 보여야 백 가지 복을 얻을 수 있다고 말한다면, 음사淫祀가 즉시 생겨날 것이다. 그런데 지금 저들은 백 가지 신을 훼멸하여 천주에게

夫小民之愚, 有何底止? 倘有人言, 媚百神可獲百福, 則淫祀立興. 今彼言毁百神以媚天主, 可獲一莫大之福, 則百神又立廢.

4 漢나라 高祖가 죽은 뒤 呂后는 고조의 총애를 받았던 戚夫人의 손발을 자르고 눈을 빼고 귀를 불에 그을리고 벙어리 약을 먹여서 변소에서 살게 하였는데, 그런 척부인을 일컬어 '人彘', 즉 '사람 돼지'라 하였다.

잘 보여야만 더할 나위 없이 큰 복을 얻을 수 있다고 말하니, 백 가지 신이 즉시 폐위되고 말았다. 저들이 높이고 폐하고 하는 것이 어찌 가당하다 할 수 있겠는가? 충신과 지사志士는 나라에 복을 주고 백성들을 보우하거늘, 저들은 음사와 똑같다며 헐뜯고 있다. 저 천주라는 자는 옛날에 들어 본 적 없고 오늘날 본 적도 없거늘, 웃전의 명도 없이 거짓되이 제사를 지내고 있으니, 음사가 아니고 무엇이란 말인가?

其於擧廢, 又何當焉? 若忠臣志士, 福國祐民, 而詆同淫祀. 彼天主者, 古未聞今未見, 上不命而矯擧以祭, 非淫祀而何?

2.7. 불교를 훔치고 욕한 각종 죄과를 변박하다

闢竊佛訶佛種種罪過

요지

불교에 대한 천주교의 갖가지 질책을 비판하고 반박하였다. 오랑캐는 불교의 중생 평등설에는 통괄성이 결여되어 있고 사람을 방종하게 만들 뿐이라고 주장하는데, 이는 형상을 초탈하여 태생 전의 진성眞性을 이해 못하는 것이며, 본체는 하나일 뿐이라는 유교의 이론을 전혀 이해 못하고서 하는 소리라며 반박하고 있다. 불교에서 도를 배우는 사람이 도리를 다한다면 그가 독존할 수 있다고 말하는데, 이 또한 유교에서 사물 하나하나가 태극이고 제각기 모두가 존자尊者라는 말과 같다고 설명한다. 또 천주교에서도 불가사의不可思議를 말하는데, 이는 불경에서 말하는 불가사의와는 서로 다르며, 저들의 불가사의는 미련한 무리에게 공갈하는 것일 뿐이라고 주장한다. 더 나아가 삶을 혐오하고 죽음을 즐겁게 여기는 교리, 남녀가 한데 뒤섞여 패륜을 일삼는 행태, 살생을 금한다면서 실제로는 무한한 살기를 잠복하고 있다는 사실 등에 대해 유교와 불교의 이론을 빌려 비판하고 있다. 특히 천주교의 천당지옥설은 불교의 천당지옥설과 다르며, 또 불교의 참회설을 훔쳐 아첨으로 참회를 삼는 것이어서 마음을 혼탁하게 만든다고 주장한다. 따라서 천주교는 교教라 할 수 없는 술術에 불과한 것이므로 유가와 불가에서 함께 물리쳐야 한다고 역설하고 있다.

오랑캐들은 불경에 나오는 세존의 칭호를 훔쳤으나, 그 뜻을 제대로 이해하지 못하고서 사람들에게 고하기를, "모든 제왕들과 모든 성현들은 천주처럼 독존獨尊이 되지 못한다."고 하였다. 또 "예컨대 천하는 제왕의 다스림을 받고, 자식은 어버이의 다스림을 받으며, 노비는 가독家督의 다스림을 받는 것, 이는 모두 정해진 이치이다. 그런데 유교에서는 복희씨·신농

夷竊佛典世尊之稱, 而不得其義, 輒告人曰 "一切帝王, 一切賢聖, 不如天主之獨尊." 又曰 "譬如天下統於帝, 子統於親, 臧獲統於家督, 方是正理. 若儒言羲·農以至孔子, 竝是大聖, 釋言十方三世佛, 悉皆平等, 不

씨로부터 공자에 이르기까지 모두를 대성인이라고 말하고, 불교에서는 시방삼세불[1]은 모두 평등하다고 말하니, 너무 계통系統이 없는 것 아닌가?"라고 하였다. 또 "모든 중생은 불성을 지니고 있고, 그 불성을 그대로 드러낼 수 있다고 하는데, 이는 사람들이 방자해지도록 만드는 것 아닌가?"라고 하였다.

無統乎?" 又言 "一切有佛性, 如此現成, 不令人於恣乎?"

내가 말했다.

余曰:

"이것이 바로 오랑캐들과 말이 통하지 않는 병폐의 근원이니 변론하지 않을 수 없다. 무릇 형상이 있는 사물은 욕망을 가지기 마련이다. 욕망이 있으니 서로 모이면 다투기 마련이다. 이 때문에 제왕이 있어서 천하를 주재하고, 어버이가 있어서 가정을 주관하며, 가독이 있어 노비를 관할하는 것이다. 지금 오랑캐들은 이러한 뜻을 알지 못하고, 오히려 '벗'이라는 한 글자를 가지고 억지로 평등하게 만들고 있다.

"此正夷說不通之病根, 而不容以不辨者也. 夫有形之類, 必有欲. 有欲而相聚必爭. 故有帝王以主天下, 有親以主家, 有家督以主臧獲. 今夷不識此義, 而反欲以'友'之一字强平之.

만약 형상을 초탈하여 원기 속에 들어가고, 원기를 초탈하여 신의 경지에 들어가고, 또 감정과 인식과 혼과 신을 초탈하여 태어나기 전의 진성眞性으로 되돌아간다면, 그것은 본디 소리도 냄새도 없으니 어찌 주재할 것인가?

若夫超形而入氣, 超氣而入神, 又超情識魂神而反諸未生以前之眞性, 則原非聲臭, 何從主宰?

오랑캐들은 또 이러한 뜻을 알지 못하고서 '천주'라는 말을 세워 강제하고 있다. 형상이 있으나 주재자가 없으면 혼란스러워지는 법, 이 때문에 주재자는

夷又不識此義, 而反欲立'天主'一說, 以强制之. 曾不知有形而無主則亂, 此主之決不可無者.

1 '十方'은 불교에서 동서남북, 四維(동남, 동북, 서남, 서북), 上下 등 10방위를 이르는 말로 無量無邊한 세계를 뜻하고, 三世는 과거, 현재, 미래를 총칭한다. '시방삼세불'은 全 시공간의 모든 부처를 가리킨다. 삼세불 중 대표적인 과거불은 迦葉佛, 현재불은 석가모니불, 미래불은 彌勒佛이다.

결코 없어서는 안 된다. 형상이 없는데 주재자만 있으면 도리어 거칠어지는 법, 이 때문에 주재자는 결코 있을 수 없다. 왜 그런가? 제왕은 그저 제위만을 논하고, 부모는 모두 자식만을 근심한다.[2] 집안일의 시비를 가릴 때에도 오직 노비인지 도련님인지만 구분하지 노소는 따지지 않는다.

無形而有主反粗, 此主之決不能有者. 何也? 帝王但論膺圖, 父母均爲離裏. 摻家者之是非, 但辨奴郎, 不衡老少也.

불교에는 법신法身[3] 이 있어 이상의 일들을 하므로 (법신은) 우리 유가에서 말하는 이른바 '모든 것을 통괄하는 태극'[4]과 같이 견줄 바 없이 지극히 존엄한 존재이다. 그러나 이는 본래 '적체전진覿體全眞'이며 평등여여平等如如하므로 서로 맞세워서 존자尊者를 만들고자 하지 않는다.[5]

故佛有法身以上之事, 如吾儒所謂'統體一太極', 至尊無對者也. 然本'覿體全眞', '平等如如', 而非亢之以成尊.

또 보신報身이나 화신化身, 그리고 응신應身도 있는데, 이는 우리 유교에서 말하는 '사물마다 하나의 태극이고 제각각 모두 존자'라고 하는 뜻과 같다.

亦有報化應機之身, 如吾儒所謂'物物一太極, 各各皆尊者'也.

그러나 여래[6]는 '내가 존재한다는 것은 곧 내가 존재하지 않는 것'이라고 하면서, 누구를 유독 비천하다고 판정한 적이 없다. 도를 배우는 사람이 과연 이

然如來說'有我者即非有我', 而未嘗判誰獨卑. 學道之人, 若果盡理, 謂之獨尊可也, 謂之平

---

2 『詩經』「小雅」「小弁」에 "아버지 말고 누구를 우러르며, 어머니 말고 누구를 의지할 것인가. 머리털도 물려받지 않았는가, 마음도 물려받지 않았는가?(靡瞻匪父, 靡依匪母. 不屬于毛? 不離于裏?)"라는 구절이 있다. 후에 '屬毛離裏'는 부모와 자식의 지극한 관계를 뜻하는 말로 사용되었다.

3 부처의 三身의 하나로 佛法을 신체에 비유하여 표현한 것으로, 진리 자체를 가리킨다.

4 이는 朱子의 주장으로, "모든 물체는 하나의 태극이 통괄하며, 만물은 하나의 태극이다.(統體一太極, 物物一太極.)"라는 것이다.

5 雲門 文偃은 "응화신이 설한 것은 곧 법신이 설한 것이며, 이를 '적체전진'이라고도 부른다.(應化之身說即是法身說, 亦喚作覿體全眞.)"라고 말한 바 있다(『雲門匡眞禪師廣錄』 卷上 참고). 또한 평등여여란 萬法의 본체는 차별이 없이 평등한 진리 그 자체임을 뜻한다.

6 如來는 如實의 道로부터 와서 眞理을 펼쳐 보인다는 사람, 또는 석가모니 열 가지 法號 중 하나이다.

치를 다 안다면, 그를 독존이라고 해도 좋을 것이며 평등하다고 해도 좋을 것이다. 그러나 조금이라도 이치를 다 알지 못한 바가 있다면, 이는 스스로 잘난 체하는 것이니, 녹림[7]이 제왕[8]이 된 것처럼 존귀함을 외쳐 댈수록 패역함이 더욱 클 뿐이다."

等亦可也. 稍有不盡, 則其所挾以自雄, 正如綠林黃屋, 號彌尊逆彌大耳."

지금 살펴보건대, 저들 천주가 능력을 나누고 지위를 나누는 것은 완연히 외도外道의 짓이다. 제멋대로 기뻐하고 제멋대로 노하는 것은 완연히 사악한 마귀의 짓이다. 또 살생을 찬양하고 하늘을 속이며, 임금을 벗이라 하고 아비를 짝이라 하는 것, 뇌물을 좋아하고 음탕함을 가르치며, 경전을 비방하고 성인을 헐뜯는 것 등은 완연히 중죄를 지은 범부凡夫의 짓이다. 대체 어디가 존귀한가?

今按彼天主之分能分所, 宛是外道, 恣喜恣怒, 宛是邪魔. 又且讚殺誣天, 儕君偶父, 尙賂誨婬, 謗經毁聖, 又宛是凡夫之有重過者, 奚其尊?

저들 천주경에 기록되어 있는 바와 같이, 하늘에 계신 우리 아버지 운운하면서 오늘은 천주께 양식을 내려 달라 빌고, 내일은 천주께 채무를 면제시켜 달라 빈다. 어두운 밤에 기도 찬송하고, 기괴한 말을 지어내어 정신을 피곤하게 한다. 이와 같다면 우리의 혼신은 돌볼 겨를도 없을 것은 물론, 날마다 양식을 구해다 주고 액을 막아 주느라 정신을 수습할 길조차 없을 것이다.

如彼天主經所載, 在天我等父云云, 今日也求天主賜糧, 明日也求天主免債, 昏夜祝頌, 揑怪疲神, 則無論我之魂神, 日放於索糧免厄之間, 而不能收拾.

7 王莽의 新나라(8~23년) 말년에 王匡·王鳳 등이 무리를 모아 봉기하고 綠林山(호북성 當陽 북동쪽)을 점거하고 綠林軍이라 칭하였다. 이로부터 녹림은 무리를 모아 산림 속에서 통치자에게 반항하는 무장을 두루 일컫는 말로 쓰이게 되었다.

8 '黃屋'은 천자의 수레에 받드는 日傘을 뜻하는데, 제왕 연거의 차양은 무늬가 있는 누런 비단으로 만들었으므로 이같이 이름을 붙인 것이다. 한나라의 제도에 황제만이 이런 황옥을 쓸 수 있었으므로 제왕을 가리키기도 한다. 따라서 '녹림·황옥'은 匪徒들이 제위를 찬탈함을 가리킨 것이다.

천주는 방자한 도적의 우두머리이니, 그 천하고 비루함은 말할 가치도 없다. 살펴보건대, 불교에 '유아독존'이라는 말이 있는데, 이는 본성과 형체를 잘 드러낸 말이다. 운문 선사雲門禪師께서 몽둥이로 쳐 죽여야 한다는 가르침을 남기셨으니,[9] 그야말로 부처의 은덕에 진정으로 보답한 자라, 어찌 사악한 무리가 훔칠 수 있는 바이겠는가?

恐天主爲肆恣之戎首, 而卑卑不足道矣. 故按佛有惟吾獨尊之唱, 此善表性體者也. 雲門有一棒打殺之機, 此又眞報佛恩者也, 豈邪流所可竊乎?

저들은 또 "천주께서 오신 지 오래라, 상고 시대보다 더 오래전부터 계셨지만 늙지 않아 얼굴은 그대로이다." 하였다. 내가 전에 "천주는 누가 낳았습니까?" 하고 물으니, 저들은 "그 어머니입니다."라고 대답했다. 이에 내가 "어머니가 있다면 더 오래된 분도 계시겠군요." 하자, 저들은 "이분은 강생한 천주일 따름입니다. 스스로 생겨난 자가 사실 가장 오래되었겠지요." 하였다. 그래서 또 묻기를, "(스스로 생겨난) 그는 이理입니까, 사람입니까?" 하니, 저들은 대답하지 않았다. 내가 또 "천주가 세상에 태어나기 전에는 계셨습니까, 안 계셨습니까?"라고 물으니, 또 대답하지 않았다. 그렇다면 무슨 근거로 가장 오래되었다고 하는가?

彼又云 "天主之來獨久. 此即長於上古, 而不爲老之殘頹也." 余嘗問 "天主何人生?" 彼曰 "其母." 余曰 "有母則又有久焉者矣." 彼曰 "此降生之天主耳. 又有所自生者實最久." 又進而問 "其是理是人?" 不答. 又問 "天主於世界未生時, 爲無爲有?" 又不答. 則何據而言獨久耶?

저들은 다만 "천주는 불가사의한 존재입니다. 만

但曰 "天主不可思議, 若思議

9 『雲門宗史話』에 文偃이 남긴 다음과 같은 일화가 전한다. "세존이 막 태어나자마자 한 손으로 하늘을 가리키고 한 손으로 땅을 가리키면서 일곱 걸음 걸은 후 사방을 바라보며 말하길, '천상천하 유아독존'이라 하였다. 문언이 말하였다. '내가 당시에 있었다면 몽둥이로 쳐 죽여서 개나 먹으라고 줌으로써 천하태평을 도모했을 것이다.'(世尊初生下, 一手指天, 一手指地, 周行七步, 目顧四方, 云 '天上天下唯我獨尊.' 師云 '我當時若見, 一棒打殺與狗子吃却, 貴圖天下太平.')" (馮學成 編, 『雲門宗史話』, 南方日報出版社, 2008)

약 생각하고 논변하고자 한다면 곧 큰 벌을 받게 됩니다."라고 말할 뿐이다.

之, 即獲大罰."

저들은 불경에 나오는 '불가사의'에 두 가지 뜻이 있음을 알지 못한다. 하나는 중생계란 본래 헤아릴 수 없다는 뜻이고, 다른 하나는 사람이 부처의 경지에 이르렀을 경우 비로소 오묘하여 헤아릴 길이 없어진다는 뜻이다.

曾不如釋典所稱不可思議有二種義, 一謂衆生界本不思議, 二謂若人造到佛之境界, 始稱妙不思議.

어찌하여 중생계는 본래 헤아릴 수 없다고 하는가? 옛날 이전에 또 옛날이 있고, 오늘 이후에 또 오늘이 있으며, 사방 밖에 또 사방이 있고, 작은 벌레[10]의 눈썹에 온 나라가 다 들어갈 수 있기 때문이다. 또 황량몽黃粱夢[11]과 도끼 자루가 썩은 이야기[12]처럼 예측할 길 없고, 부진浮塵과 승의勝義가 무궁한 것이 중생계이다.[13]

何謂衆生界本不思議? 如古之前又有古, 今之後又有今, 四方之外又有四方, 蟭螟之睫, 亦容國土, 乃至黃粱·爛柯, 當此叵測, 浮塵勝義, 任擧無窮者是也.

10 '蟭螟'은 전설에 나오는 아주 작은 벌레 이름이다. 모기의 눈썹에 집을 짓는다고 한다.

11 당나라 沈旣濟가 지은 『枕中記』에 나오는 이야기로 일장춘몽을 뜻한다. "盧生이 邯鄲의 객점에서 呂翁이라는 도인을 만났다. 노생이 자신의 곤궁한 신세를 한탄하자, 여옹이 그에게 베개를 주어 꿈속에 들어가게 하였다. 노생은 꿈속에서 온갖 부귀영화를 다 누렸다. 그가 깨어나니 주인이 짓고 있던 누런 기장밥이 아직 마저 익지 않았다.(盧生於邯鄲客店中遇道者呂翁, 生自嘆窮困, 翁乃援之枕, 使入夢, 生夢中歷盡富貴榮華. 及醒, 主人炊黃粱尙未熟.)"

12 祖沖之의 『述異記』에 보이는 내용이다. "信安郡 石室山에 晋나라 때 王質이 나무하러 갔다가 童子 몇이서 바둑을 두면서 노래를 부르는 정경을 보았다. 왕질이 노래를 듣고 있는데, 동자 하나가 왕질에게 대추씨 같은 물건 하나를 주었다. 왕질이 그것을 입에 물고 있으니 배고픔을 느끼지 못하였다. 한참 지나서 동자가 '가지 않고 뭘 해요?'라고 하였다. 왕질이 자리에서 일어나 보니 도끼 자루가 다 썩어 있었다. 왕질이 집에 돌아와 보니, 그가 있던 시절의 사람은 하나도 없었다.(信安郡石室山, 晉時王質伐木, 至見童子數人, 棋而歌, 質聽之. 童子以一物與質如棗核, 質含之不覺飢. 俄頃, 童子謂曰 '何不去?' 質起, 視斧柯爛盡, 旣歸, 無復時人.)"

13 바깥 세계를 감각하는 眼·耳·鼻·舌·身의 기관을 浮塵根이라 하며 이들이 대상을 감각하여 內界에 識을 일으키는 작용을 勝義根이라 하는데, 이러한 인식작용이 무궁하므로 중생계도 무궁하다는 것이다.

저 오랑캐들은 천지가 겨우 몇 겹이고, 사방이 겨우 이만큼 크기라고 말한다. 또 고금을 사법死法으로 매어 놓을 수 있다 말하고, 만물의 서로 다른 본성에는 삶의 한 가닥 줄기 따윈 없다고 말한다. 이는 마치 태허太虛 한가운데 억지로 단절된 담장을 쌓고 장작으로 가려 놓은 것과 같으니, 그곳에 태허를 수용할 수 있겠는가?

彼夷則謂天地只若干重, 四方只幾何大, 古今可以死法拴牢, 一切性殊, 別無生活一線. 譬如太虛中而强設一斷垣圯壁, 以柴障之, 太虛寧受耶?

어찌하여 불佛의 경지는 오묘하여 헤아릴 길 없다고 하는가? 부처는 억겁의 시간 동안 부지런히 수행하여 찰나에 공덕을 이루고 원만함이 극에 달하여 본성이 빛을 발한다. 일체삼매一體三昧[14]와 일체무작一體無作[15]의 신통력은 외도外道나 사악한 악마가 삼승십지三乘十地[16]를 통해 미칠 수 있는 바가 아니다. 무상의 묘제妙諦는 언어로 표현할 수도 마음으로 헤아릴 수도 없다.

何謂佛境界妙不思議? 言佛浩刼勤修, 功德刹那, 圓極性光, 以及一切三昧, 一切無作神通, 絶非凡外邪魔三乘十地所及. 言語道斷, 心思路絶也.

그러나 이 오묘하여 헤아릴 수 없는 것은 본디 사람에게 충족되어 있었다. 석가께서 세상에 나온 이유는 사람들로 하여금 사유를 다하게 하기 위해서요, 구름이 일어나듯 묻고 답하기를 반복하신 이유는 불가사의의 극에 이르게 하기 위해서다.

然此妙不思議處, 人所本足. 佛祖出世一場, 正要人殫盡思惟, 雲興答問, 以至於不可思議之極.

---

14 三昧는 寂滅과 寂靜의 상태를 말한다. 三摩地, 三摩提, 等持, 定이라고도 한다.

15 無作은 어떠한 因緣의 조작도 없는 것으로, 生滅을 떠난 無爲의 法性을 가리킨다.

16 '三乘十地'의 三乘은 聲問乘·緣覺乘·菩薩乘이며, 十地는 보살이 수행하는 과정에서 거치는 52위 가운데 제41위로부터 제50위까지의 階位이다. 이는 三乘에 공통적으로 배당되므로 '三乘共十地'라고도 한다. 십지는 각각 乾慧地·性地·八人(忍)地·見地·柔軟地·離欲地·已作地·辟支佛地·菩薩地·佛地인데, 『大品般若經』 권 6에서는 이 十地에 대해 보살이 갖추지 않으면 안 되는 것이라고 하였다.

『맹자』에서 말한 것처럼 "헤아리면 착한 본성을 얻는 것이요",[17] 『중용』에서 말한 것처럼 "얻지 못하여 놓아 버린" 것이다. 그 언제 사람들의 사의思議를 금지하는 것을 불가사의라고 한 적이 있던가?

如『孟子』所謂 "思則得之." 『中庸』所謂 "弗得弗措." 何嘗以禁人思議爲不可思議乎?

그런데 저들은 그때마다 그때의 법을 내어, 도리가 막히고 말이 궁해지면 번번이 "우리 천주는 이런 도리를 말한 적 없다. 사람의 생각을 가장 증오하신다." 라고 말한다. 심지어 "이 세계는 먼 옛적부터 지금까지 개벽한 지 7천 년이 되었을 뿐이고, 그 전에 세계란 없었다."는 등의 잘못된 말을 지껄인다. 우리가 하늘을 창조할 수 있다고 말하는 뜻은 칠정七情이 본성보다 먼저 있었다는 것이고, 7천 년 전에 세계가 없었다는 것은 오늘이 있으나 어제가 있어서는 안 된다는 것이다. (저들이) 천주도 단지 7천 살밖에 안 된다고 하는 것은 사람들로 하여금 생각하지 못하게 막는 것이지만 (사람들은) 실제로는 생각할 수 있으며, 논의하지 못하게 막는 것이지만 실제로는 논의할 수 있다. 단지 어리석은 무리에게 "논의해서는 안 된다."고 윽박지르는 것으로, 이는 또 젖내 나는 아이에게 "어두운 방 안에 도깨비가 있으니 훔쳐보지 말라. 훔쳐보면 재앙이 생긴다."고 말하는 것과 같다. 조금만 지혜가 있는 사람이라면 금세 간파할 수 있을 것이다.

乃彼於世出世法, 凡有理礙詞窮處, 便謂 "我天主不曾說此道理, 最惡人思". 甚謂 "此世界亘古至今, 只闢得七千年, 前此更無世界" 等謬說. 夫謂着我者可以造天, 是七情在一性之先矣. 謂七千年前無世界, 是有今不許有昨矣. 天主亦但有七千年壽, 是禁人莫思而實可思, 禁人莫議而實可議矣. 而但嚇愚流曰 "不可思議." 此又譬之向黃口小兒說, "暗室有鬼, 不可窺瞷, 瞷則禍人." 稍有智者炤之立破耳.

저들은 또 "모든 대성인 및 부처의 지능은 모두 천주의 전지전능만 못하다."고 말한다. 말하노니, 앞서

又言 "一切大聖及佛之知能, 皆不如天主之全知全能." 曰

17 『孟子』「告子上」에 있는 내용이다.

변박한 바와 같이 노제불아(루시퍼)·아담·하와가 불초했던 것을 보면, 정세간情世間[18]에서의 천주의 무능함을 족히 알 수 있다. 엿새 밤을 기다려 창조 사역을 끝내고 허공과 더불어 두 쪽으로 나누어졌다는 것을 보면, 기세간器世間[19]에서 천주의 무능함을 알 수 있다.

如余前篇所駁, 輅齊·當·襪之不肖, 足見其於情世間無能矣. 須六日夜造作之勞, 與虛空判成兩橛, 足見其於器世間無能矣.

이뿐이 아니다. 불경에서는 모든 중생이 본래 부처가 될 수 있으나 망상과 집착 때문에 부처가 되지 못한다고 말한다. 중생이 본래 부처이기에 망상과 집착이라는 업력業力[20]과 불력佛力이 똑같이 존재한다. 업력과 불력이 똑같이 존재하기 때문에 천불을 세상에 보내었어도 억지로 중생을 제도하지 못한 것이지, 부처가 무능했던 게 아니다. 따라서 본체[21]는 다 같은 것임을 깨닫고, 비록 해내지 못하는 것이 있더라도 진여眞如[22]는 전능하다 믿는 것이 바로 공자와 석가다. 억울하게 진여를 다르게 만들어 놓았다면, 비록 전능을 사사로이 차지하고 있더라도 한 가지 능력조차 없는 셈이니, 저들 삿된 사람과 삿된 종교가 바로 그러하다.

不特此也, 佛言一切衆生, 本來成佛, 止因妄想執着, 而不證得. 惟其本來是佛, 故妄想執着之業力與佛力等, 業力旣等佛力, 正使千佛出世, 不能强度一生, 非佛不能, 是故悟本體之皆同, 則雖有所不能, 而眞實全能, 孔子·釋迦是也. 冤一眞之或異, 則雖以全能私據而無一能, 彼之邪人邪說是也.

저들은 「12신경信經」에서 극과極果[23]를 논하면서

至其所論「十二信」之極果, 曰

18 情世間은 有情世間으로 살아 있는 모든 것을 말하며, 衆生世間이라고도 한다.

19 器世間은 중생이 머물러 살고 있는 세상으로 山河, 大地, 草木 등을 포함한 세계 전체를 가리킨다.

20 '業力'은 과보를 이끄는 業因의 힘을 말한다.

21 '本體'는 諸法의 根本自體, 혹은 應身과 상대되는 法身을 말한다.

22 '眞如'는 우주에 존재하는 모든 것의 있는 그대로의 實體로서 평등하고 차별이 없는 진리를 말한다.

23 원래 '極果'는 無上의 正覺, 妙果(즉 正果: 수행하여 얻는 최상의 경지)를 말한다. 그러나 여기서 말하는 12신경은 사도신경을 가리키는 듯하고(사도신경은 총 12항목으로 되어 있다.), 극과는 사도신경

"나는 영원히 사는 것을 믿사옵니다."[24]라고 하였다.

"我信嘗生."

너무나 심하구나! 생의 의미를 알지 못하는구나! 무릇 유가의 '생생生生'은, 우리 본성의 흐름이 천지에 두루 가득해 마치 끝없이 순환하는 것과 같음을 의미한다. 불경에서 말하는 '무생無生'[25]은 우리 본성이 의식적으로 떠나고자 하지 않아도 마치 아무 흔적 없는 허공과 같음을 의미한다. 노자는 천지가 장구할 수 없다는 것을 분명히 알면서도 '뿌리를 깊게 하고 근본을 튼튼하게 한다.'[26]는 다음에 '장생長生'이라는 두 글자를 붙인 것이니, 이는 곧 장생을 빌려 차라리 상무상常無常[27]의 정묘함만 못하다는 것을 드러내 보임으로써 사람들을 깨닫게 하고자 했을 따름이다.

甚哉! 其不知生義也! 夫儒曰'生生', 此據吾性之流行徧滿, 如環無端者言之也. 佛曰'無生', 此據吾性之離過絶非, 如空無迹者言之也. 老氏明知天地不能長且久, 而於'深根固蔕'下, 着有'長生'二字, 正借長生, 以見不如嘗無嘗之有妙竅, 而欲人悟入耳.

지금 천주교에서는 '장생'을 '영원히 사는 것'으로 바꾸었는데, 생이란 시작이거늘 시작에 어찌 영원함이 있을 수 있겠는가? 저들에게 물으면 "사람이 지옥에 떨어지면 혼은 비록 불멸하나 죽은 것과 똑같다."고 대답한다. 저들은 '걷는 시체, 뛰는 육신'의 비유가 경계하기 위한 말이지 실제로 있는 말이 아니라는 것을 모른다. 이미 불멸을 말해 놓고 어떻게 죽음

今彼邪說, 乃改長生爲嘗生. 夫生者起也, 起可嘗乎? 問之則曰"人之墮地獄者, 魂雖不滅, 與死一般." 不知行屍走肉之喩是儆詞, 非實語也. 旣云不滅, 何可謂死? 旣本不死, 何求嘗生? 嗚呼! 此正是彼徒於無主中强

의 맨 마지막 궁극적인 결과 '영원히 사는 것을 믿사옵니다.'를 가리키는 듯하다.

24 원문에는 '嘗生'이라 되어 있는데, '嘗'과 '常'은 혼용하므로 '常生'으로 볼 수 있다.

25 '無生'은 生도 멸절도 없음, 즉 태어나지도 멸절되지도 않음을 이르는 말이다.

26 『老子』 59장에 "나라의 어미(덕)를 소유해야 가히 장구할 수 있다. 이를 일러 뿌리를 깊고 튼튼하게 하여 오래 살고 멀리 보는 길이라 한다.(有國之母, 可以長久, 是謂深根固柢, 長生久視之道.)"라는 말이 나오는데, 이를 인용했다.

27 원문에는 '嘗無嘗'이라 되어 있으나 고문에서는 '嘗'이 '常'과 통용되므로 '常無常'으로 해석하였다. 常無常은 우주는 시간적으로 영원하기도 하고 영원하지 않기도 하다는 의미이다.

을 말할 수 있는가? 본디 불사不死라면서 무엇 때문에 영원히 살기를 구하는가? 오호라! 이는 저 천주교도들이 천주가 없는 가운데 억지로 천주를 지어내다 보니, 천 가지 삿됨과 만 가지 허물이 절로 생겨난 것이다.

作主, 而千邪萬過之所自開矣.

저들의 교법에서는 훗날 영혼이 영원히 살기만을 망령되이 바라는데, 오늘날의 형편을 보니 죽음을 구하기에 급급하구나. 저들 나라에서는 자식을 낳으면 친지와 벗들이 함께 그 집을 찾아와 울며 조문한다고 하며, 부모가 죽으면 모여 노닐며 축하한다고 한다. 또 "이 세계는 짐승의 세계이기 때문에 죽는 것을 하늘의 은덕으로 여기고, 피하지 않을 뿐만 아니라 즐긴다."[28]고 말한다. 두 눈을 잃은 자는 "천주의 큰 은덕으로 두 원수를 던져 버렸다."고 말한다.

至其教法, 第妄希他日之魂嘗生, 而今日之形莫急於求死. 云彼國之遇生子者, 親友共至其門, 哭而弔之. 父母死, 則共作樂而賀之. 又曰 "此世界是禽獸之世界, 故以死爲天恩, 非獨不避, 而且樂之." 人有失其二目者, 謂"是天主大恩, 去其二怨賊"等語.

유가에서 "감히 (몸을) 상하게 할 수 없다."[29]고 말하는데, 이는 형체를 떠나서 본성을 찾지 않기 때문이다. 불가에서는 "몸을 돌보지 않고 법을 구한다."고 하니, 이것이 어찌 결과를 기뻐하며 원인을 없애고자 함이겠는가.

夫儒言'不敢毁傷', 固非離形而覓性. 即佛言'忘身爲法', 豈其欣果以厭因.

---

28 『畸人十篇』 권 上의 내용을 인용하였다. "듣자니 예전에 있었던 어느 한 나라의 예법에서는 아들을 낳으면 벗들이 함께 그 집을 찾아가 곡을 하며 조문하니, 그 아이가 고달픈 세상에 태어났다 여기기 때문이다. 사람이 죽으면 그 집을 찾아가 기뻐하며 축하하니, 그 사람이 고달픈 세상을 떠났다 여기기 때문이다. 즉 삶을 흉으로 여기고 죽음을 길한 것으로 여기는 것이다. 이는 너무도 심한 것이지만, 현세를 달관하는 마음이 있긴 있구나.(又聞近古一國之禮, 凡有產子者, 親友共至其門哭而吊之, 爲其人之生于苦勞世也. 凡有喪者, 至其門作樂賀之, 爲其人之去勞苦世也. 則又以生爲凶, 以死爲吉焉. 夫夫也, 太甚矣! 然而可謂達現世之情者也.)"

29 『孝經』 「開宗名義」 제1장에 있는 구절이다. "신체, 머리털과 피부는 부모님한테서 받은 것이니 감히 상하게 할 수 없다.(身體髮膚, 受之父母, 不敢毁傷.)"

그러나 저들은 "천주를 위하여 고난받고 죽는 자는 하늘나라 가장 높은 곳에 산다."고 하면서, 밤낮으로 어리석은 백성들을 부추겨 사람마다 감히 죽음도 무릅쓰게 하니, 과연 무슨 의도인지 알 수 없구나.

而彼且言'爲天主死難者, 生最上天', 以致日夜鼓舞愚民, 人人敢死, 不知其意果安在乎.

선사께서 말씀하시길, "도를 깨달은 사람은 온종일 밥을 먹어도 한 톨의 쌀도 씹지 않는다."[30]고 하셨다. 만약 아직 깨닫지 못하였다면, 바다에 사는 압유앙壓油殃이라는 업축業畜[31]처럼 몇천 번을 죽고도 껍데기를 버리지 못한다. 그러니 산다 한들 어찌 도에 장애가 될 것이며, 죽은들 하늘에서 태어나는 데 무슨 보탬이 되겠는가? 그런데도 저 사악한 자들은 사람들에게 죽음을 구하라고 가르치는가?

按禪師言, "悟道之人終日喫飯, 不曾咬着一粒米." 設其未悟, 如海中有一業畜名壓油殃, 死幾千番未能捨殼, 則生何礙道, 死又何益於生天? 而彼邪人乃教人求死乎?

저들은 또 "지옥은 많지 않다. 다만 연청·해동·연죄·영고 네 층뿐"이라고 말한다. 연청에는 우리 중

彼又謂 "地獄無多所, 只有鍊清·孩童·鍊罪·永苦等四重."

---

30 당나라 말의 승려 黃檗 希運禪師(? ~850)가 한 말이다. "종일 밥을 먹어도 쌀 한 톨 씹지 않고, 종일 걸어 다녀도 땅 한 자락 밟지 않는다.(終日吃飯, 未曾咬着一粒米. 終日行, 未曾踏着一片地.)" 『古尊宿語錄』 권 3 참고. 이는 참선하는 자가 그 어떤 일을 하여도 '相'에 집착하지 않을 수 있는 경지를 말하는데, 곧 『六祖壇經』에서 말하는 '無住의 自性을 깨달아 일체의 相을 세우지 않는 경지에 도달한 것'을 상징한다.

31 『妙法蓮華經』 「陀羅尼品」 26에 '壓油殃'이란 말이 나온다. "나의 주문에 순종하지 않고, 법을 설하는 이를 괴롭히면 머리를 깨 일곱 조각을 내어 아리 나뭇가지와 같이 하리라. 부모 죽인 죄와도 같고, 기름을 짠 죄와도 같고, 저울과 말을 속인 죄와도 같고, 조달이 화합승을 깨뜨린 죄와도 같이 여기리라.(若不順我呪, 惱亂說法者, 頭破作七分, 如阿梨樹枝. 如殺父母罪, 亦如壓油殃, 斗秤欺誑人, 調達破僧罪.)" '業畜'이란 전생의 죄의 갚음으로 이승에 태어난 짐승을 뜻한다. 淸나라 褚人獲의 『堅瓠集』 권 5 「壓油」에 "개주에 압유라는 이름의 벌레가 있는데, 모습은 물오리와 닮았다. 늦봄이면 물에서 나와 스스로 그 이름을 부른다. 사람들이 이 벌레를 잡아서 무거운 물건으로 짓누르면 기름이 흘러나온다. 기름이 다 나오면 껍질만 남는데, 물속에 던지면 다시 살아난다. 아마도 일종의 업보일 것이다. 불경에서 말하는 압유앙이 바로 이것이다.(盖州有蟲名壓油, 形肖水鳧. 每暮春時, 從水中出, 自呼其名. 人因採取以重物壓之, 油津津出. 油罄皮僅存焉. 投之水中, 復生. 蓋亦一種業報. 內典所謂壓油殃者是也.)"라는 내용이 있다.

국의 성명한 제왕과 성명한 스승들, 그리고 호걸들을 모셨고, 해동에서는 여러 요절한 자들을 후대하고 있으며, 연죄와 영고에는 세상에서 천주교를 따르지 않은 자들을 몰아넣었다고 한다.

鍊淸以處我中國之聖帝·明王·聖師·豪傑, 孩童以厚諸凶短折, 鍊罪·永苦以驅天下之不從彼說者.

저들에게 “해동 지옥을 둔 뜻이 무엇인가?” 묻자, 저들은 “천주께서 아이들의 무지함은 봐줄 만하다 여기시어 그들의 원죄를 가벼이 수련하게 하신 것입니다. 죄가 다 없어지면 그곳에서 나가게 되는데, 키는 영원히 자라지 않고 유유자적 즐기면서 영원을 누립니다. 만약 아이가 생전에 천주교인을 만나 성수를 받았다면 그 즐거움이 배로 커집니다.” 하였다. 이에 선동당한 못난이들은 그 자식이 요절한 것을 다행으로 여기면서, 아이에게 미리 성수를 뿌려 주지 못한 것을 안타까워한다.

問彼“孩童獄之義何居?”答曰“天主以孩童之無知爲可取, 故以此薄鍊其原罪, 罪畢出世, 身量永不長大, 而自在快樂, 靡有窮期. 若孩童生前曾遇彼徒灌聖水者, 其樂更倍.” 於是簧鼓蚩氓, 幸其子之夭亡, 而悼其不曾灌聖水也.

나는 저들이 선동하는 것을 증오하여 저들에게 따져 묻기를 “아이라고 하면 몇 살까지를 말하는가?” 하였더니, 저들이 “총명한지 어리석은지를 보아야 합니다. 총명하면 아이라도 어른에 준하고, 어리석으면 조금 나이가 있어도 아이에 준합니다.”라고 답하였다.

余恨其簧鼓, 詰曰“所謂孩童以幾歲限?”彼曰“視黠癡. 黠者旣孩准長, 癡者稍長准孩.”

이와 같다면 사람들은 자식을 낳으면 요절하게 해 달라고 기도하고 어리석게 해 달라고 기도해야 할 것이며, 장수하고 명철한 사람은 도리어 어린 나이에 죽거나 무지몽매한 자만 못하게 되니, 이 같은 도리가 어디 있단 말인가?

若是則人家生子, 祝夭又祝癡, 而耆頤明哲, 反不如殤悼蔽蒙矣, 有是理乎?

또 『여곽극언』에 따르면, 저들은 아주 잔악하여 열 살이 못 되는 아이들을 몇 차례나 잡아다 삶아 먹었다고 한다. 아이 하나의 값이 백 문文인데, 악랄한

且按『藜藿亟言』中言, 彼夷殘甚, 數掠十歲以下小兒烹食之, 率一口金錢百文, 惡少緣以爲

자들이 아이를 팔아먹어 광동 사람들 모두가 겁에 질려 제명대로 살지 못할까 봐 불안에 떨었다고 한다. 어사 구도륭丘道隆과 하오何鰲가 저들이 벌인 잔악하고 도리에 어긋나는 희한한 죄상을 진술하여 소장을 올렸다. 이것이 바로 저들이 어린아이를 유혹하여 일찍 죽게 하려는 것의 본뜻이니, 저들의 종자를 장수를 어질게 여기는 우리 땅에 퍼지게 할 수 있겠는가?

市, 廣人咸惴惴莫必其命. 御史丘道隆·何鰲, 皆疏其殘逆異狀等語. 此固其誘嬰孩以速死之本意, 而可令其易種於我仁壽之域乎?

저들은 또 말하기를 "지옥에 불교에서 말하는 화도火塗라는 것은 없습니다. 단지 지극히 어둡고 지극히 음습하며 지극히 비좁은 것이 괴로울 뿐입니다." 하여, 내가 "어둡고 음습한 것은 그렇다 치더라도, 만약 비좁다면 그렇게 많은 죄인들을 어찌 다 수용할 수 있는가?" 하였다.

又曰"地獄中無佛氏火塗之說, 但苦極暗極濕極窄." 余曰"暗與濕則不問, 若窄, 安容無量罪人?"

그러자 저들은 "영혼과 육체는 다릅니다. 천 개의 등불이 비추는 것과도 같아 바늘귀만큼 비좁아도 들어가지 못할 걱정은 없습니다." 하였다. 이에 나는 "너희들은 불경의 도리는 허무맹랑하고 너희들의 교리만 실질을 추구한다고 하는데, 너희의 말대로라면 지극히 하찮은 속세에 앉아서 털끝만 한 뜻을 드러낸다는 것과 부합할 뿐이니, 어찌 실질을 추구한다 하겠느냐?"고 하였다.

彼曰"性靈與形骸不同, 如千燈互炤, 雖窄如針鋒, 無憂不容." 余曰"汝輩謂佛理誣虛, 汝獨課實, 若是則與坐微塵裏, 現一毫端之旨合矣, 何成課實?"

저들은 한참 있다가 "비좁다고는 하지만 꽤 큰 것도 있습니다."라고 말을 돌렸다. 이에 내가 "그러면 도리가 더욱 통하지 않는다. 성性과 육체는 천지개벽 이래 대지의 높은 산만큼이나 쌓였다. 앞으로도 무수히 더 늘어날 터인데, 앞으로 어디에 수용하려는가?" 하자, 저들은 드디어 말문이 막혀 버렸다.

彼乃良久又遁其說曰"雖云極窄, 亦頗大在." 答曰"此更不通, 若性同形骸者, 自開闢來, 積骸如大地高山, 復多無筭, 將欲容向何處?" 彼語方塞.

천당이라는 속임수도 이와 비슷하다. 저들의 교리 가운데 가장 실제적이고 존중할 만하며, 저들의 말 가운데 거짓이 없어서 배울 만하다는 것이 어찌하여 이토록 분간[32]이 전혀 없을 수 있는가!

天堂之誑, 與此相類, 則謂彼理最實宜尊, 彼言不誑宜學者, 何其全無涇渭耶!

저들은 또 불경의 '인욕비원설忍辱悲願說'을 훔쳐다가 천주가 일찍이 중생을 위해 십자가에 못 박혀 죽었다고 말한다. 아! 불교에서는 불성이 늘 둥글다고 여길 뿐인데, 어찌하여 생사에 잘못 빠져들어 간단 말인가? 예컨대 맨 정신인 사람이 술 취한 사내를 불쌍히 여기면 자비심이 생겨난다. 그런데 오랑캐들은 여러 가지 성性이 다르다고 말하니, 자비심이 어디서 나왔단 말인가?

彼又竊佛忍辱悲願之說, 謂天主曾爲衆生釘死於十字枷上. 嗟嗟! 佛以佛性總圓, 爲何枉入生死? 譬醒人之憐醉漢, 以是悲生. 而夷則謂諸性不同, 悲從何發?

불교에서는 아무리 악한 사람이라도 생각을 돌리면 병에 걸려도 나을 때가 있는 것처럼 끝내 곤경에서 벗어날 수 있기 때문에 소원이 이루어진다고 말한다. 하지만 저들은 한번 지옥에 떨어지면 영원히 갇혀 있다고 말하니, 그렇다면 소원이 어떻게 이루어질 수 있겠는가? 불교의 참회설을 훔쳐다가 사특한 자에게 아첨하는 데 쓰면서, 죄는 마음에서 일어나고 아첨하면 마음이 흐려진다는 사실을 모르고 있다. 원인이 참되지 못하면 결과가 비뚤어지는 법, 참회법에 어찌 합당하겠는가?

佛以雖極惡人, 若自轉念, 究竟出頭, 譬病瘧之有則瘥期, 以是願滿. 而夷則謂一墜永錮, 願自何圓? 竊佛懺悔之說, 而以諂邪當之, 不知罪從心起, 諂則心濁. 所謂因地不眞, 果招紆曲, 於懺法又何當焉.

저들이 불교를 비방한 말 중에 "한나라 명제가 꿈

至其訶佛者, 如曰"漢明帝所

32 원문은 '涇渭'라고 되어 있다. 경수의 물은 맑고 위수의 물은 흐리니 청탁이 분명하다. 즉 사리의 옳고 그름이나 분별이 있음을 뜻하는 말이다.

에서 본 금용金容[33]이 바로 천주인데, 마귀가 이를 훔쳐서 불교를 퍼뜨렸다."와 같은 것이 있다. 천주의 신령한 위엄이 끝도 없다면서, 어떤 마귀가 감히 그것을 훔칠 수 있겠는가? 잠시 훔쳐 갔다면 그 즉시 주살해야 마땅했을 터인데 다시 꿈에 나타나 알리고, 또 어찌하여 천여 년이나 깊이 잠자고 있다가 오늘에야 깨어났단 말인가? 또 어찌하여 그날 황제 앞에 육신을 드러내지 않고 욕을 당하고 죽은 지 오랜 뒤에야 그런 주장을 하는가? 저들이 가장 싫어하는 것은 부처의 신통력인데, 꿈에 나타난 것은 신통력이 아니란 말인가? 천주가 기꺼이 그런 짓을 하다니!

夢金容, 正是彼天主, 魔鬼竊之以行佛教." 夫天主威神無極, 何物魔鬼而敢竊之? 即暫竊之, 亦當不旋踵誅之, 而復以夢告, 奈何瞌睡千餘年, 今日方醒? 又何爲當日肉身不爲帝現, 而於戮屍久死之後始倡此言? 且彼最惡佛之神通, 夢非神通耶? 而天主乃甘爲之耶!

「열성裂性」[34] 편에서 지적한 바와 같이 저들은 기왕에 부처가 염라대왕이라고 여기면서, 어찌하여 또 사람들에게 "부처는 서쪽 작은 나라의 청렴한 수도사에 지나지 않는데, 중국 사람들이 그 학설을 꾸며 불경[35]으로 만들었다."고 말하는가? 어찌 염라왕이 청렴한 수도사란 말인가?

如「裂性」篇所指, 彼既認佛是閻王, 奈何又向人曰"佛不過是小西洋一清修士, 中國人文其說爲三藏十二部耳." 豈閻王是清修士耶?

저 오랑캐들은 서방의 천주교 서적이 7천 부部나 되고, 도서 목록만 해도 어마어마하게 많지만 미처 가

而彼夷更宣言, 西國天書有七千部, 即書目已有充棟之多, 特

33 '金容'은 금빛처럼 환한 부처의 얼굴을 가리킨다. 『後漢書』「西域傳·天竺國」에 "한나라 명제가 꿈에서 머리 위에서 광채가 발하고 덩치가 큰 金人을 보았다. 신하들에게 물어보니, 혹자가 '서방에 신이 있는데, 이름이 부처입니다. 키가 1장 6척이나 되고 황금색을 띠고 있습니다.'라고 했다.(世傳明帝夢見金人, 長大, 頂有光明, 以問群臣. 或曰 '西方有神, 名曰佛, 其形長丈六尺而黃金色.')"는 내용이 있다.

34 이 책 264~276쪽의 「본성을 나누는 것을 변박하다」를 가리킨다.

35 三藏十二部는 불교 경전을 가리킨다. 三藏이란 經·律·論을 말하고, 十二部란 불경을 契經·重頌·孤起頌·譬喻·因緣·無問自說·本生·本事·未曾有·方廣·論議·授記의 12종류로 나눈 것으로 12分教라고도 한다.

져오지 않았을 뿐이라고 떠벌린다. 지금 있는 책 몇 권만 보아도 도리가 이처럼 통하지 않고 사실이 이처럼 통하지 않으니, 7천 부인들 무슨 도움이 되겠는가?

未到此耳. 夫據現在幾種書, 譚理如此不通, 譚事又如此不通, 雖七千部何益?

또 이르기를 "부처가 태어난 천축국 사람들은 아주 악랄한데, 중국 사람들은 무엇 때문에 서방에 태어나기를 소원하는가?"라고 한다.

又謂 "佛之天竺國, 其人最惡劣, 中國人何苦願生西方?"

서역을 서방이라고 한 것은 접어 두고, 저들은 불경에 대해 전혀 알지 못할 뿐더러, '생즉정생, 거실불거'[36]라는 말의 뜻이, 저들이 말하는 '올라갔다 떨어졌다, 오는 것이 있으면 가는 것이 있다.'는 식의 사설과 크게 다르다는 것을 알지 못한다. 오천축국五天竺國의 지극히 천근한 명호名號에 관해 한번 물어보았더니, 저들은 전혀 모르고 있었다. 그러면서 어떻게 저들이 대서양으로부터 이곳에 올 적에 불교의 나라를 지났다고 거짓말을 할 수 있으며, 도리어 불경이 저들의 교설을 훔쳤다고 무고할 수 있는가? 불법의 영향을 전혀 알지 못하니, 많은 필묵을 허비하여 멍청한 사람들을 가르칠 필요조차 없을 것이다.

且無論其認西域是西方, 懵然不知佛典, 又不知'生則定生, 去實不去'之義, 大非彼所指若升若沉, 有來有去之邪言. 即擧彼五天竺中極粗淺之名號事相一詰問焉, 而全不聞. 又何爲誑人曰彼大西人到此從佛國經過, 而反誣佛經之竊彼說乎? 此又全不知佛法影響, 亦無許多筆札以教誨癡人矣.

어떤 사람이 말하길 "저들은 사람에게 보시를 요구하지 않고 남에게 베풀고자 하니, 불교보다 한 수 위 아닌가?" 하였다. 이에 내가 말했다.

或曰 "彼不求人布施, 而肯施人, 比沙門似勝一籌." 余曰:

"보시란 본래 인색과 탐욕을 깨뜨리고자 하는 것

"布施本破慳貪, 不肖沙門懷貪

36 西方이란 阿彌陀佛의 極樂世界를 가리키는 것으로, 태어난다(生)는 것은 定의 상태에 든다는 것이며 그곳에 간다(去)는 것은 몸이 실제로 가는 것이 아니다. 즉 여기서 태어난다거나 간다고 하는 곳은 마음 밖에 따로 있는 것이 아니라 唯心淨土를 의미한다. 「天學初闢」(이 책 622~623쪽)에 이와 관련하여 상세히 밝히고 있다.

이니, 불초한 승도僧徒가 탐심을 품고 보시를 구하는 것은 본디 잘못된 일이다. 그런데 저 오랑캐들은 재물과 뇌물을 미끼로 사람을 유혹하고 탐욕의 악습을 조장한다. 게다가 인색하게 승려에게 보시를 베풀지 못하도록 가르치는 것은 그릇된 것 중에서도 그릇된 것이다. 돈이란 모든 물건을 교역하는 수단이다. 이 때문에 예로부터 민생과 국가의 대계에서 그것을 특별히 귀중히 여겨 왔다. 지금 저들은 아낌없이 돈을 뿌려서 백성을 사들이고 있으며, 사들인 자들은 모두 시정잡배들이다. 큰 욕심을 부리는 것이 아니라면 무엇 때문에 자기가 심히 아끼는 것을 내놓겠으며, 또 하물며 남에게 보시하고 스스로에게 보시하는 것의 우열을 논할 수 있겠는가!"

求施固非也, 彼夷以財賄餌人, 長人貪習, 且敎其慳不施僧, 尤非之非也. 且金者所以貿百物者也, 故古來之民生國計, 獨珍惜之. 今彼乃不惜揮金以貿民, 所貿者又皆駔獪之徒, 倘非求所大欲, 何爲割所甚珍, 而況可論施人施我之優劣哉!"

어떤 사람이 또 말했다.

或又曰:

"불교에 사중四衆[37]이 있는데, 이것이 혹 남녀가 뒤섞이는 것의 효시 아닌가?"

"佛有四衆, 將無爲男女混雜之嚆矢耶?"

내가 답하였다.

余曰:

"중요한 질문이다! 내가 이제 사교의 음란한 악귀의 근본을 상세하게 분석하겠다. 불조가 불교를 세울 때 교의가 만물에 골고루 미치게 하니, 사중 팔부八部[38]와 타계의 무궁한 품종과 무리에까지 미쳤다. 따라서 근기[39]가 원숙한 자들은 자연히 모두 불법을 알

"要哉此問! 余將詳言以折邪淫魔子之根柢. 佛之設敎, 廣被群機, 故四衆八部, 及他世界無窮之品彙, 有根熟者自然皆得聞法, 初非群婦女至伽藍而私

37 '四衆'은 부처의 弟子인 비구, 비구니, 우바새, 우바이의 通稱이다.

38 '八部'는 불법을 지키는 여덟 신장, 곧 天·龍·夜叉·乾達婆·阿修羅·迦樓羅·緊那羅·摩喉羅迦이다.

39 根機란 중생의 성품을 가리키는데, 根性이라고도 한다. 어떤 것의 근본이 되는 힘을 '根'이라 하며 '機'란 발동한다는 뜻이다.

게 된 것이니, 부녀자들이 무리 지어 절에 와서 사사로이 전수한 것이 아니다. 그리하여 이모가 출가하자 부처는 눈물을 흘렸고, 정법正法이 줄어드는 것을 탄식하였으니, 나쁜 일을 미연에 방지하고자 하는 뜻이 매우 엄격했다. 드디어 계율 가운데 출가한 비구니의 오백 계율을 만들었으며, 승려의 수는 배로 많아졌다. 여인들에게 계율과 의궤를 줄 때는 반드시 삭망의 맑은 새벽에 대중 앞에서 계율을 다 외우고 곧 헤어지도록 하였으며, 자리가 파한 후에는 물러나 말하지 못하게 하였다. 음식을 구걸할 때도 과부나 소녀와 대면하지 않았으니, 그들의 남녀 사이의 유별有別이 우리 성인聖人들이 양陽을 드러내 놓고 음陰을 누르고자 한 뜻과 어찌 다르겠는가? 나조羅祖[40]·백련·문향 등 요사한 무리들이 나타난 이래로 남녀가 뒤섞이기 시작했으니 개탄할 노릇이다. 오늘날 천주교의 사설은 겉으로는 간음하지 말라고 가르치지만 뒤로는 탐욕을 행하고 있다. 또한 남녀의 명분이 뒤섞이지 않은 듯하지만 실제로는 가장 어지러이 섞여 있다. 앞서 말한 성수나 성유처럼 말이다. 내가 어찌 사사로운 미움 때문에 죄 속으로 끌어들이는 것이겠는가? 작은 것이라도 신중히 여기는 군자가 유가의 규율을 삼가 지켜서 저들이 몰고 올 여파를 막고, 불교의 계율에도 밝아 그것이 넘쳐 나는 것을 막는다면, 제왕의 교화의 실마리가 될 것이며 성인의 무리에 귀

授受也. 是故姨母出家, 佛爲之泣下, 而嘆正法之減, 防微何甚. 乃至律中所設尼戒五百, 比僧倍增, 與女人受戒儀軌, 必以朔望清旦, 於大衆前誦戒訖, 即散去, 不得退語. 僧乞食者, 不與寡女少女見面, 其男女之別, 豈有異於吾聖人扶陽抑陰之義哉? 慨自羅祖·白蓮·聞香等妖輩出, 而男女以混而混. 今天主之邪說, 陽教人謹邪婬, 陰以己行貪慾, 而男女名不混而實最混. 如前所言, 聖水·聖油等, 豈能以私憎而故入其罪哉? 謹微君子, 恪守儒規以砥其波, 兼明佛律以防其濫, 則王化之始端, 而聖人之徒端有屬矣."

40 '羅祖'는 명나라 때 羅夢鴻이 창설한 羅教를 가리킨다. 羅祖教 혹은 無爲教라고도 불린다.

속하게 될 것이다."

어떤 사람이 말했다.

"불문에서 살생을 금하는 것은 단지 보복을 우려해서인가, 아니면 달리 깊은 뜻이라도 있어서인가? 오랑캐들도 극기와 정념正念을 말하며, 두 번의 재계齋戒 날에는 생선만 먹는다는데 사실인가 아닌가?"

或又曰:

"佛敎禁殺, 只慮報復耶, 抑另有精義耶? 夷言克己正念, 二齋日單食水族, 是耶非耶?"

내가 말했다.

"인과의 감응에 대해서는 불교 전적에만 상세히 쓰여 있는 것이 아니라, 역사책에도 기록되어 있다. 황노직黃魯直[41]은 다음과 같이 노래했다.

曰:

"因果感應, 不但佛書詳之, 史傳載之. 惟黃魯直頌云

나의 육신과 중생의 육신,
형체는 달라도 본성은 다르지 않네.
근원이 같은 하나의 본성,
단지 몸으로 구분되어 있을 뿐이라네.
고통과 번뇌는 남들이 겪고
달고 기름진 것은 내가 누리겠다고 하네.
염라대왕더러 판결하라 할 것 없이
스스로 헤아려 봄이 어떨까?

我肉衆生肉,
形殊性不殊.
元同一種性,
只是隔形軀.
苦惱從他受,
肥甘爲我須.
莫敎閻老判,
自揣看何如.

살생계의 뜻을 가장 잘 터득한 노래다.

지금 오랑캐들은 생선을 먹는 것이 세상을 다스리는 성인들의 방편이라는 것도 모르고서, 살생을 마땅히 여기면서도 재계齋戒를 주장한다. 또 물고기는 희

最得戒殺之意.

今夷不知鮮食, 是治世聖人之權, 乃以殺爲宜, 而以齋爲號. 又別水族異於牲牷, 宜充素食

41 '魯直'은 북송의 시인 黃庭堅(1045~1105)의 字이다. 山谷道人이라는 자호를 썼으며, 만년에는 涪翁이라는 호를 썼다. 豫章先生이라 부르기도 한다. 북송 시파 중 하나인 江西詩派의 開山祖로서 크게 시명을 떨쳤다. 인용한 시의 제목은 「戒殺」이다.

생으로 쓰던 가축과는 다르므로 마땅히 소식素食에 넣어야 한다고 여긴다.[42] 이것이 회교도들이 말린 고기만 먹지 않지 우습게도 자기 손으로 잡아 자기가 먹는 행위와 무엇이 다른가?

者, 與回回之單不食腌, 自殺自食之可咲, 有何異哉?

게다가 오랑캐들은 살생이 죄가 아니라고 말하면서 또 사람에게 살인하지 말라고 가르치고 있다. 사람을 죽일 수 있는가? 그렇다면 살생계는 무엇하러 세웠는가? 살인하지 않는다고 해 놓고서, 병학兵學과 화학火學을 그토록 열심히 강구하는 것은 또 어찌된 일인가? 사람을 죽이지 않는다는 말이 공적인 싸움에서는 살인하지 않고 사사로운 싸움에서는 살인하는 것을 뜻한다면, 거기 숨어 있는 살기는 끝없는 것 아닌가."

且夷謂殺生無罪, 而但教人不殺人. 人可殺乎? 則戒又何必立乎? 旣曰不殺人, 而盛譚兵學·火學, 又何爲乎? 將無所謂不殺人者, 第不殺於公戰, 而殺於私鬪, 所伏殺機正無窮乎."

저들은 본래 재물을 미끼 삼아 사람들을 낚으면서 악인들에게도 보시를 하는데, 어찌 결당할 때는 보시를 하고 인을 행할 때는 보시하지 않는가? 무리를 모아 살인하고자 하면서도 거짓으로 '사람을 사랑한다.'고 하니, 같은 무리면 살려 주고 같은 무리가 아니면 죽여야 하는가? 남의 아내를 탐하지 말라고 신자들에게 가르치면서 저들 오랑캐의 규범에서는 여자를 가까이해도 무방하며, 신자들에게는 첩을 내쫓으라고 독려하지만 저들 높으신 분 가운데는 첩을 둔 자가 몇이나 된다. 오랑캐를 따르는 자들은 오랑캐가 이득을 가볍게 여기는 것을 배워야 한다고 말하지만, 저들 가운데 가문이 작위와 명호를 받은 자가 무척

彼本以財餌人, 而又惡人布施, 豈結黨則宜施, 而行仁則不宜耶? 本欲聚黨以殺人, 而誑曰'愛人', 豈黨人則宜生, 非黨人則宜殺耶? 戒其徒勿覦他妻, 而夷則不妨近女, 督其徒使出妾, 而他高足之畜妾者至數人. 從夷者宜法夷之輕利, 而封爾家者又比比.

42 『천주실의』 5편에 있는 내용이다.

많다.

불교가 허황됨을 숭상하는 것이 싫어서 저들이 실질적인 것만을 추구한다면, 이른바 천주와 천신과 사람의 혼은 없어지지 않고 짐승의 혼만 없어진다는 말, 천주가 혼을 부여할 때 의장儀仗을 갖추고 광림했다는 말, 초목의 살아 있는 혼이 시들어 죽었다가 돌아온다고 하는 말 등을 하나하나 명백히 볼 수 있어야 하는데 지금 그러한가?

惡佛崇虛, 彼獨課實, 則所謂天主天神與夫人魂之不消, 獸魂之獨滅, 及天主賦魂時之辱臨儀仗, 草木生魂之瘁往榮來, 皆應一一明見, 而今然否?

또 각국의 왕들 가운데 저들을 따르는 자가 아주 많다고 하는데, 비빈을 내보내고 기꺼이 일부일처로 물러났다는 자가 구자[43]의 왕인가, 우전[44]의 주인인가?

又云各國王之從彼者甚衆, 則出妃屛嬪而退甘一夫一婦者, 是龜玆王耶? 于闐主耶?

또 사람들에게 알리기를, "이제 삼 년만 있으면 천하 모두가 절로 우리를 따를 것이고, 우리의 천주가 자연히 공자를 능가하게 될 것"이라고 한다. 또 "만약 일찌감치 따르지 않는다면, 삼 년 후 천주가 진노하여 용납하지 않을 것"이라고 말한다. 선동하고 미혹함이 얼마나 극심한가! 또 사악한 무리 가운데에서 남녀를 구별하지 않고 어떤 한 사람을 가리키며 "천주께서 그를 몹시 사랑하고 있다."고 말하거나, "이런 사람들이 천당에서 사는 것은 아주 쉬운 일이다."고 말한다. 근거가 무엇인가?

又告人曰 "再過三年, 盡天下人自然從彼, 彼之天主, 自然凌駕孔廟之上." 且曰 "若不蚤從, 而待三年後, 則天主亦怒, 而不容之矣." 其煽惑何甚歟! 又於邪黨中不別男女, 指而稱之曰 "天主甚愛念他", 或謂 "此人極易生天", 有何考據?

또 교인들에게 은총[45]을 구하라고 가르친다. 은총

又教人求噶膿際, 噶膿際者, 莫

43 '龜玆'는 고대 서역에 있던 쿠처 왕국이다. 당나라 때는 安西 四鎭 중의 하나였으며, 丘慈·邱玆·丘玆라고도 불린다. 위구르족이 주류를 이루며, 지금의 신강성 일대를 차지했다.

44 '于闐'은 지금 新疆 和田 일대에 있던 고대 국가이다. 당나라 때 安西 四鎭 중의 하나였다.

45 噶膿際는 은총, 즉 grace의 음역으로 보인다. grace는 그리스어 charis에서 왔다.

이란 크나큰 복福을 말한다. 몇 년 동안 중병이 들더라도 천주께서 나를 사랑하신다고 말하니, 복덕이란 대체 무엇인가? 이에 대해 저들에게 따졌더니, "병이란 바로 복 주시는 방법이니 내세에 보답할 것입니다."라고 하였다. 내세라고 말하는데, 누가 내세를 보았다던가?

大之福慧也. 而經年重病, 謂之天主愛我, 福慧之謂何? 詰之, 則曰 "病正所以福之而報在後世." 旣曰'後世', 誰人見來?

지난해 무림(杭州)에 화재가 났을 때, 사교를 따르는 어떤 사람이 우연히 화재를 입지 않았다. 그러자 그는 오랑캐의 보물에 화재를 물리치는 힘이 있다며 거짓말을 했다. 한 집안 여덟 식구만 화재에서 구해 주고 만 명의 재앙은 물리쳐 주지 않았는데도 사람을 사랑한다고 할 수 있는가? 우리 마을에 사는 일꾼 엄아무개도 천주교를 믿었으나, 온 집안이 불에 타고 불길이 삼관三棺에까지 미쳤다. 오랑캐 보물의 영험함이 어디 있으며, 어찌 저들이 사람을 속이지 않는다고 말할 수 있는가? 하물며 고승[46]께서 "만약 사람이 사악함을 배워 팔식전八識田[47]에 하나의 사악한 씨앗을 뿌리면 마치 밀가루에 기름을 넣은 것처럼 영원히 나올 수 없다."고 말씀하셨으니, 그 죄가 너무도 무거워 언제 빠져나올지 모르니 불법의 선양을 도울 수

往歲, 武林火災, 從邪者偶不火. 輒誑人曰, 是夷寶辟火之力. 夫只辟八口火, 而不爲萬竈禳, 可謂愛人乎? 及吾邑有嚴役者, 首從彼教, 而火其闔室, 燼及三棺. 夷寶之靈又安在, 而謂其不欺哉? 況古德謂 "若人被邪師, 熏一邪種於八識田中, 如油入麵, 永不可出." 其罪最重, 不知何日出頭, 而可言助揚佛法乎.

46 '古德'은 연령이 많고 도를 갖춘 高僧을 가리키는데, 인용한 글이 宗杲 禪師의 語錄에 나오므로 고덕은 곧 宗杲 禪師를 가리킨다. 어록의 원문은 "차라리 수미산 같은 것을 파계할지언정 사악함을 배우거나 사념에 젖어서는 안 되니, 씨앗이 情識에서 자라게 되면 기름이 밀가루에 스며드는 것처럼 빠져나올 수가 없다.(寧可破戒如須彌山, 不可被邪師熏一邪念, 如芥子許在情識中, 如油入麵不可出.)"이다.

47 불교의 唯心論에서 여덟 가지 인식 작용을 이르는 팔식, 즉 眼識·耳識·鼻識·舌識·身識의 五識, 意識, 末那識, 阿賴耶識 중에서 여덟 번째인 아뢰야식을 말한다. 아뢰야식은 씨앗을 저장하는 장소라는 의미로 種子識이라고도 부른다.

있을지 모르겠구나.

불교를 반박한 책 중에 "불교에서는 서방을 말한다. 서는 금金의 자리이고 금은 살기殺氣이므로 오호五胡의 침략과 소요가 있었다."라는 내용이 있다. 내가 말하길, "『주역』「설괘전」에 '건괘가 상징하는 것은 하늘이요, 금이요, 추위요, 얼음이요.'라고 하였는데, 그렇다면 건괘도 살기인가? 지금 저 오랑캐들은 우리가 '대명大明'이라고 하니 저들도 분수에 맞지 않게 '대서大西'라 하고 있는데, '대서'라면 곧 '대살大殺' 아닌가! 게다가 오호는 정사를 어지럽힌 임금을 죽였지만, 저들은 성사聖師와 옛 성제聖帝를 곧장 죽이고 있다. 오호는 어쩌다가 중원을 어지럽혔지만, 저들은 오랜 전통의 중국을 뒤엎어서 영원히 저들 오랑캐의 밑에 두려 하고 있다. 저들의 살기가 끝이 없는데도 불교를 헐뜯는 자들은 굳이 오랑캐만을 섬기니 패역이 심하도다." 하였다.

有著闢佛書者, 中有一則云"佛說西方, 西是金位, 金是殺氣, 所以有五胡之擾." 余曰"『易』「傳」曰, 乾爲天, 爲金, 爲寒, 爲冰. 則乾亦殺氣耶? 今彼夷因我大明而僭號大西, 大西者, 獨非大殺乎! 竊謂五胡殺亂主, 而彼直殺聖師及古聖帝. 五胡偶亂華, 而彼直擧從來之中華, 以永遜於彼夷之下. 其所殺有何窮已, 而謗佛者乃偏事夷, 何悖甚也."

어떤 사람이 말했다.

"『능엄경』에 나오는 음마陰魔 가운데 도원종[48]이라는 것이 있는데, 천주교가 혹시 그것이 아닙니까?"

내가 말했다.

"아니다. '자신의 심신이 저 인식으로부터 나오지 않았는지 의심한다.'[49]는 구절을 보면 아주 흡사하긴

或曰:

"『首楞嚴』陰魔有倒圓種, 天主之說, 或是彼否?"

曰:

"非也, 觀'自疑身心, 從彼流出'句, 亦酷似之, 然彼禪定中人,

---

48 '倒圓種'은 『楞嚴經』에 나오는 識陰十種魔 중 하나이다. 圓通을 어기고 涅槃城을 등지면 거꾸로 圓滿하다는 종류, 즉 倒圓種에 난다고 한다.

49 『楞嚴經』에 보인다. 행자가 자신이 돌아갈 바에 대해 돌아가 의지할 곳이 있다고 여겨 나의 심신이 그 識陰으로부터 흘러나온 것임을 늘 의심한다는 뜻이다.

하다. 저 선정禪定에 든 자들은 커다란 욕망은 모두 버렸으나 작은 유혹을 미처 다 없애지 못했을 뿐이어서 이익은 저멀리 던져 놓았다. 하지만 이들은 심신이 무엇인지조차 모르고 날마다 호오好惡와 재색財色과 반역 사이에서 계산을 하면서 천주라는 것을 날조하여 사람들더러 그를 받들라고 하니, 이 얼마나 미련한가! 도원종과의 거리가 하늘과 땅보다도 더욱 멀도다."

粗欲盡遺, 細惑未除, 是利使一邊. 此全不知身心是何物. 日在好惡財色叛逆上作活計, 虛捏一主, 而勸人尊他, 則鈍甚矣! 於倒圓種, 何啻天淵!"

그러자 "그렇다면 이것은 무슨 교입니까?"라고 물었다.

曰 "然則是何教耶?"

이에 내가 대답했다.

余曰:

"근본 사상이 있으면 비로소 교가 생긴다. 생각건대, 저들은 기이한 것을 좋아하는 인지상정에 기인해 기묘한 기술을 만들었고, 이득을 좋아하는 인지상정에 기인해 돈으로 유혹했다. 맛난 음식을 좋아하는 인지상정에 기인해 살생을 용납했고, 아내를 두려워하는 인지상정에 기인해 첩을 두지 못하게 남자를 단속하고 천주교에 귀의하도록 여자를 선동했다. 복을 구하고 화를 면하고자 하는 인지상정에 기인해 위엄과 복을 내리는 권력을 모두 틀어쥐고서, 비록 윤회는 없지만 천당에 오르고 지옥에 떨어지면 영원히 다시 돌아오지 못한다고 말하였다. 윗사람과 맞서기 좋아하는 인지상정에 기인해 임금과 아비를 나란히 놓았다. 남 끌어들이기 좋아하고 과감히 죽고자 하는 인지상정을 선동하려는 욕망에 기인해 유독 벗을 중히 여겼다. 어두운 밤에 마음대로 행동하려는 인지상정을 발현하려는 욕망에 기인해 스승을 존경하지 못

"有宗始有教, 嘗思彼因人之好異也, 製爲奇技, 因人之好利也, 誘以金帛. 因人之好味也, 寬以殺生. 因人之懼內也, 束男以不二色, 而鼓女使歸夷. 因人之求福免禍, 而欲攬盡威福之柄也, 則曰雖無輪迴, 而天堂地獄之升沉者, 永永不返. 因人之好上擬, 則儕君若父. 因欲鼓人之好援而敢死, 則獨重友. 因欲令人之昏夜自便, 則不許人尊厥師, 故謂彼爲聚欲倡亂之 '術'則可, 謂之 '教'則不可.

하게 하였다. 이 때문에 저들의 행위를 일러 무리를 모아 소란을 일으키려는 '술術'이라고 말한다면 괜찮겠지만 '교敎'라고 말할 수는 없다.

본래 부처가 교를 만들 때 다만 마음의 빛을 드러냈을 뿐 나라 다스리는 일에는 관여하지 않았고, 법기法器[50]를 찾는 일에만 힘썼을 뿐 용속한 무리로 넘쳐나지는 않았다. 이 때문에 종문宗門이 준엄하여 방종을 단절하는 것을 귀하게 여겼다. 연사蓮社[51]가 아무리 자비로웠어도 사영운謝靈運을 용납하지 않았으니, 사교의 무리처럼 제왕을 경시하고 공경公卿을 모독하고, 또 군사와 무기를 논하는 자나, 겉으로는 두려운 체하면서 속으로는 탐심을 품고서 총명한 자건 미련한 자건 여자이건 남자이건 따지지 않고 모두 농간하고 미혹하는 자가 어찌 그 안에 있었겠는가? 이러니 단지 유가에서 물리쳐야 할 오랑캐일 뿐만 아니라, 불교가 물리쳐야 할 악독한 마귀이기도 하다. 아!"

且佛之爲教, 但闡心光, 弗于治統, 務尋法器, 弗濫庸流. 是故宗門孤峻, 固貴屛絶孤蹤. 縱使蓮社慈悲, 亦復不容靈運, 豈有如邪流之薄帝侮卿, 譚兵說劍, 且貌怯怯, 而心耽耽, 不論智愚男女, 而一槩蠱惑之者乎! 是不特儒門之介狄, 而亦佛氏之毒魔也. 噫!"

50 '法器'는 佛法을 배우고 수행할 善根을 갖추고 있는 사람을 말한다.

51 '蓮社'는 念佛에 관한 불교의 최초 결사 조직으로 본래는 '白蓮社'라고 불렀다. 東晋 元興 연간(5세기 초)에 慧遠(334~416)이 淨土法門을 수련하기 위해 廬山 東林寺에서 창립하였다. 백련사의 혜원이 당시 유명한 시인 陶淵明을 초대했다고 하는데, 명성이나 신분이 모두 도연명보다 높았던 謝靈運 역시 백련사에 참여하기를 원했으나 謝靈運의 마음이 어지럽다는 이유로 받아들이지 않았다고 한다. 謝靈運은 평생 이를 안타까워했는데, 혜원이 세상을 뜨자 「廬山慧遠法師誄」를 지어 "내 나이 열다섯에 문하의 끝자리라도 되길 원했으나, 안타깝구나! 간절한 소원 이루지 못하고, 영영 이 세상을 떠나는구나.(予志學之年, 希門人之末. 惜哉, 誠願弗遂, 永違此世.)"라고 하였다.

2.8. 오랑캐들이 말하는 선은 실상은 선이 아니라고 변박하다

闢夷所謂善之實非善

요지 유가와 불교에서 말하는 선과 천주교에서 말하는 선을 비교하면서 저들이 말하는 선이 얼마나 도리에 맞지 않는지 역설하고 있다. 우선, 천주교에서도 사람을 선으로 인도하지만 가장 큰 근본이 선에서 벗어나 있기 때문에 하부의 작은 선으로는 보충할 길이 없다고 단정지었다. 다음으로 윤상과 효를 쟁점으로 삼아, 유가와 불교에서는 모두 효를 근본으로 삼지만 『칠극』·『천주실의』 등 대표적인 천주교 서적에서는 효를 한 번도 말하지 않는다는 사실을 지적하였다. 또 남녀의 윤상을 어지럽히고, 군도君道와 사도師道를 부정하는 등 중화 만고의 질서를 부정하는 교리와 행태에 대해 강한 비판을 가하였다.

어떤 사람이 말하길, "악한 자를 이끌어 좋은 사람이 되게 하는 것은 유가의 종지이다. 저들의 교 또한 사람을 선으로 이끌 따름이다." 하였다. 사람에게 있어 군신·부자·부부의 도리보다 더 큰 것이 없다. 이 때문에 큰 것에서 하나라도 선하지 못한 것이 있으면, 작은 것이 선하다고 하여 그 허물을 덮을 수 없다. 의도를 가지고 선을 행했다면 선할지언정 사심에 가깝다. 그러므로 '하늘은 편애하지 않으며, 오직 선한 자를 편애한다.'[1]에서 말하는 선이란, 계산하고 분

或曰"領惡全好, 儒之宗也. 彼之爲教, 亦無非導人爲善耳." 人莫大於無君臣·父子·夫婦, 故大處一不善, 小處之善, 愆不蓋也, 有意爲善, 雖善亦私. 故'皇天無親, 惟善是親'之善, 正非計較邀求之可覬覦也.

1 『尙書』「蔡仲之命」에 "하늘은 따로 친한 사람이 없고, 오직 덕 있는 사람을 돕는다.(皇天無親, 惟德是輔.)"라는 말이 있다.

에 넘치는 것을 얻으려는 자가 넘볼 수 있는 바가 아니다.

저들의 『칠극』이란 책에서는 오만한 마음을 억제하는 것을 가장 귀중하게 여기지만, 「곡례曲禮」의 '오만한 마음이 자라나게 해서는 안 된다.'[2]는 한마디로도 그 뜻을 다 설명할 수 있으니, 저들의 말도 되지 않고 뜻도 명확하지 않은 말을 덧붙일 필요 있겠는가?

如彼籍『七克』, 首貴克傲, 只「曲禮」'傲不可長'一句, 足以盡之, 安事彼不文不了之義, 而多言繁稱爲?

오만한 마음이 일어나는 데에도 근원이 있으며 억제함에도 요령이 있으니, 『곡례』의 한 편장에서 '자식 된 자는 동배지간에 다투지 않는다.'[3]라고 한 것은, 어버이를 사랑함이 진실하기 때문에 같은 항렬끼리 성난 기색을 없애야 한다는 뜻이다. 또 '자식 된 자는 세 번 상賞을 받고도 거마는 받지 않는다. 그래야 원근에서 모두 칭찬한다.'[4]라고 한 것은, 아버지를 지극히 존경하기 때문에 순응의 도가 인척과 붕우에게까지 미친다는 것이다. 이 때문에 효는 백 가지 행실의 근본이라고 말하는 것이다.

且傲之起也有先, 則其克也亦有要, 即『曲禮』一篇有曰 '爲人子者, 在醜夷不爭.' 是因愛親之眞而鋤其色於儕伍也. 又曰 '爲人子者, 三賜不及車馬, 而遐邇皆稱.' 是因尊父之至, 而流其順於姻朋也. 故曰孝爲百行之本.

---

2 『禮記』「曲禮上」에 나오는 "오만함을 길러서는 안 되고, 욕심을 내버려 두어서도 안 되며, 뜻을 가득 채워서도 안 되며, 쾌락을 극도로 추구해서도 안 된다.(傲不可長, 欲不可縱, 志不可滿, 樂不可極.)"를 말한다.

3 원문은 "사람의 자식 된 자의 도리로는 겨울에 따뜻하게 모시고, 여름에 시원하게 모시며, 저녁에 잠자리를 살펴드리고, 아침에 문안 올린다. 또 동배 간에 다투지 아니한다.(爲人子者之禮, 冬溫而夏凊, 昏定而晨省, 在醜夷不爭.)"이다.

4 『禮記』「曲禮上」에 "무릇 자식 된 자라면 임금의 세 번 하사를 받아도 거마는 받지 않는다. 따라서 마을과 향당에서는 그 효심을 칭찬하고, 형제와 친척은 그 자애로움을 칭찬하며, 동료들은 그 공손함을 칭찬하고, 벗들은 어짊을 칭찬하고, 교유하는 사람은 그 믿음을 칭찬한다.(夫爲人子者, 三賜不及車馬. 故州閭鄕黨稱其孝也, 兄弟親戚稱其慈也, 僚友稱其弟也, 執友稱其仁也, 交游稱其信也.)"라는 구절이 보인다.

불경 『심지계품心地戒品』[5]에서는 오직 효도와 순종의 마음만을 만 가지 행실과 다섯 가지 계율의 큰 근본으로 삼았다. 부모를 떠나 출가하는 것은 비록 부모에 대한 사랑을 끊는 것이긴 하지만, 그 참뜻인 즉 속세에서는 불도를 배울 수 없어 (출가하여) 불도를 배움으로써 부모에게 보답하게 되는 것이다. 종파는 비록 다르지만 효에 근본을 둔 마음은 유교와 다름이 없다.

釋典『心地戒品』, 全是以孝順心爲五戒萬行之大根源. 其捨親出家, 雖割愛哉, 其意蓋爲塵中不能學道, 學道正以報親, 是門庭雖異, 而本孝之心與儒無異也.

지금 오랑캐들이 부모를 가볍게 보는 것은 앞의 글에서 언급한 그 남자 그 여자 등 사람들의 말에 그치지 않는다. 저들이 쓴 책, 즉 『칠극』과 『천주실의』, 『기인』[6]과 『사도신경』·『서학범』[7] 등을 두루 읽어보면 마치 경서나 계문戒文과도 같고, 『교우론』[8]·『기하원본』[9] 등 책의 수십만 마디의 글을 보아도 '효'라는 글자는 단 하나도 찾아볼 수 없다. 그런데 삼교의 여러 군자들의 논술 중에서 껍데기만 베껴다 '오만함을 억제한다.'느니, '교만함을 억제한다.'느니 하면서 비루함을 문식하고 있다. 자기 부모를 사랑하지 않고 다른 사람을 사랑한다거나 자기 부모를 공경

今夷之輕父母也, 不但如前篇彼男彼女之說, 徧覽其書, 如所謂『七克』·『實義』·『畸人』·『十二信』·『西學凡』, 若經若戒, 及『交友論』·『幾何源本』等數十萬言中, 曾不錯爲一'孝'字. 而乃襲三教諸子中皮毛, 曰'克傲', '克驕', 以文其陋. 夫不愛吾親而愛他人, 不敬吾親而敬他人者, 未之前聞矣.

5 '心地戒品'은 『梵網經』을 가리킨다.

6 『畸人』은 『畸人十篇』을 가리킨다. 마테오 리치가 쓴 책으로 1608년에 각인되었다. 『四庫全書』 子部 雜家類 存目에 수록되어 있다.

7 『西學凡』은 알레니가 쓴 책으로 1623년에 각인되었다. 당시 서양의 대학에서 가르치는 과목의 요강이다. 과목은 인문학·이학·철학·의학·법률·종교의 6개 과정으로 구성되어 있다.

8 『交友論』은 마테오 리치가 宗室 建安王을 위해 쓴 책으로 1595년에 각인되었다. 벗과 사귀는 道를 논했다. 『四庫全書』 子部 雜家類 存目에 수록되어 있다.

9 『幾何原本』은 『Euclidis Elementorum Libri』 총 15권 가운데 6권을 1605년 마테오 리치가 구두로 傳授하고 徐光啓가 적어 출판한 책으로 『四庫全書』 子部 天文算法類 2에 수록되어 있다.

하지 않고 다른 사람을 공경한다는 말은 지금까지 들어 본 적이 없다.

저들 오랑캐들은 하늘의 진노는 돌이키기 어렵고 부모의 혼령은 제도하기 어려우니, 이 세상에서 만나더라도 행인처럼 대하고, 부모가 살아 있을 때 오랑캐를 따르도록 권면하라고 말한다. 또 조상의 혼백도 행인처럼 대하라고 말하니, 나는 저들이 부모에 대한 그지없는 마음을 언제 펴려고 하는지 모르겠다. 어디서 생겨났는지도 모르는 사사로운 몸뚱이[10]로 분에 넘치는 복을 누리려 하는 것인가! 저들은 부모가 돌아가셨을 때 지전紙錢을 태우지 않고 비단을 태운다. 지금까지 오직 조정에서 공당公堂의 감독하에 고관에게만 신백[11]을 썼을 뿐인데, 감히 오랑캐가 분수도 모르고 방자히 굴다니, 이를 일러 예로써 제사 지냈다 할 수 있는가? 또 부모가 이미 혼령이 되었는데, 도리어 다섯 가지 제사와 백 가지 신을 초월하여 임금에게 하는 것과 똑같이 비단을 불사른다면 천주가 크게 진노하지 않을 것인가! 말이 여기에까지 미침에 효자와 순손順孫(조부모를 잘 섬기는 손자) 중에 창자가 끊어질 듯 슬프지 않을 자가 어디 있겠는가? 이것이 선인가, 아닌가?

且夷旣謂天怒難回, 親魂不度, 而現世相値又等路人, 勸未亡父母從夷, 又復路人祖魄, 吾不知其於罔極之心何時得展, 而但欲以空桑身私非分福乎! 其於親亡者不焚楮而焚帛, 從來惟朝廷有神帛堂督以中貴, 夷敢僭之, 可謂祭之以禮乎? 且親旣是從墜之魂, 而越五祀百神之上, 與主同焚帛焉, 天主不大怒乎! 興言及此, 而孝子順孫有不斷腸欲絶者乎? 則善乎非乎?

저들이 천주에게 지극 공경을 다하는 모습을 보면, 어두운 밤에 애걸하거나 사람이 없는 곳에 가서 꿇

其致敬彼主之狀, 則昏夜乞哀, 或就無人處跪而呼曰 "眞主救

10 '空桑'은 부모로부터 태어나지 않은, 내력이 불분명한 출생을 가리킨다.

11 '神帛'은 招魂 때에 쓰는 布帛이다.

어 엎드려 "참되신 주여, 나를 구하소서!" 하고 외친다. 천주교 경서의 첫마디 축원이 "이름이 거룩히 여김을 받으시며" 등인데, 그 천주가 이미 참된 주라면서 또 참됨을 구해 무엇하려는가? 묶인 적도 없는데 구해 달라고 할 필요는 무엇인가? 저들은 이미 더할 나위 없이 지극히 거룩하다면서 우리의 입을 빌려 거룩하게 받들어지기를 바라고 있으니, 무슨 까닭인지 모르겠다.

我!" 夷經首祝語曰 "我願爾名成聖"等, 夫其主已眞, 求眞何謂? 未嘗被縛, 須救何爲? 且彼旣是至聖而無以加, 又欲借吾人以聖之, 不知何故.

우리 유교에서는 임금을 하늘같이 받들기 때문에 『춘추』 필법에서는 임금을 '천왕'이라 칭했고, 『상서』에서는 '천명天命(하늘의 명령)'과 '천토天討(하늘의 토벌)'라 칭했다. 불도가 비록 인간 세상을 초탈한다고 하지만, 절 안에는 반드시 만세패를 정성스레 모시며 기원의 예를 올린다. 부처가 불경의 법도로써 국왕과 대신들에게 부탁한 것이 어찌 임금에게 아첨한 것이겠는가! 진정 만고에 피할 수 없는 의리였기 때문이다. 오랑캐들은 신하라 칭하지 않고 벗이라 칭하면서 모든 국왕들에게 사설을 따르게 하고, 후궁과 비빈을 모두 없애 일반 백성과 평등하게 만들려고 한다. 그러나 저들은 처소에 무지한 여자들을 모아 놓고 밤이면 붉은 장막 안으로 끌어들인다. 문을 닫아건 채 성유를 바르고 성수를 뿌린다든가, 손으로 다섯 곳을 누르는 등 저들의 비밀스럽고 더러운 행태를 보인다. 남녀 사이의 음란함이 극에 달했구나!

夫吾儒之敎, 君尊如天, 故『春秋』書法稱君曰'天王', 『書』稱'天命'·'天討'. 佛道雖云出世, 而梵宇中必設萬歲牌, 翹勤祝禮. 佛以經法付囑國王大臣, 豈曰諂君! 誠萬古莫逃之義也. 夷乃不稱臣而稱友, 且欲一切國王之皆從邪說, 盡去其後宮妃嬪, 而等於編氓. 然其自處, 又延無智女流, 夜入猩紅帳中. 闔戶而點以聖油, 援以聖水, 及手按五處之秘媟狀. 男女之亂, 曷以加諸!

또 예로부터 임금의 도가 있으면 스승의 도 또한 매우 엄격했다. 이 때문에 '스승이 엄격하여야 도가 높아진다.'[12]고 한 것이다. 삼계 대사三界大師라 불리는 불

又古有君道, 必嚴師道. 故曰'師嚴然後道尊', 即佛稱三界大師, 必禮過去佛塔. 而此夷獨

교의 세존世尊도 불탑에 예를 행했다. 그런데 오랑캐들만은 스승을 세우지 않음으로써 구차하고 사사로운 계략을 실행하기에 편리하게 만든다. 이제껏 이보다 더 오만한 경우가 있었던가? 또 남의 집의 멀쩡한 남녀를 유인하여 아무런 까닭도 없이 귀신을 배알하게 함으로써 본래의 총명을 해치고 만고의 윤리를 뒤집으니, 그 죄는 베어 버리지 않고는 용서받을 수 없다.

不立師, 以便其苟且行私之計, 則古今之傲, 孰大於是? 又況引誘人家好男好女, 無緣無因, 見神見鬼, 悉壞其本來之聰明, 而倒置其萬古之倫理, 其罪眞不容誅矣.

왕망王莽이 겸손하고도 공손하여, 그가 대궐로 나아가자 그의 공덕을 칭송하는 자들이 팔십만이 넘었다고 한다. 그러나 왕망이 스스로를 어떻게 가장하였든, 식견 있는 사람이 어찌 하찮은 유생들이나 아낙들을 따라서 함께 칭송했겠는가? 이 때문에 사서오경을 읽는 것은 선을 행하는 근거이며, 삼강과 오상을 충실히 지키는 것은 선의 근본이 되는 것이다. 귀신에게 아첨하지 않을 수 있고, 이불 속에서 혼자 있을 때도 부끄러울 것이 없으며, 털끝만큼의 인위 없이 스스로 정결하고, 털끝만큼의 유약함 없이 늘 조심하고 두려워해야 한다. 온 천하의 비난을 받더라도 결코 자기의 임금과 부모를 저버리지 않아야 한다. 이 모두는 한 가지 선에서 생겨나 만 가지 선의 종지가 되는 것이다. 중국을 버리고 오랑캐를 따르는 자, 사람을 버리고 귀신과 사귀는 자, 현재를 소홀하게 여기고 미래를 소망하는 자. 나는 그런 자를 결단코 선하다 여기지 않을 것이다.

夫新莽謙恭, 至赴闕而誦功德者, 八十餘萬人. 莽之爲莽奚若, 而明眼人, 可隨豎儒婦女同善之乎? 是故能讀四書五經, 是爲善之據, 能敦三綱五常, 是爲善之本. 能不諂鬼, 不愧衾, 毫無所爲而自潔精, 毫無怯弱而嘗謹凜. 寧冒天下不韙, 而決不忍負吾君親, 是又始於一善而終於萬善之宗. 若使捨華從夷, 棄人暱鬼, 空疎現在, 而希冀未來, 吾斷不敢以爲善也.

12 『禮記』「學記」에 나오는 내용이다.

2.9. 오랑캐의 기술은 존숭할 것이 못 되고, 물건은 탐낼 것이 못 되며, 점술은 믿을 것이 못 된다고 변박하다

闢夷技不足尙, 夷貨不足貪, 夷占不足信

요지

서양인들의 기술에 중국인이 동요되는 현상에 대해 주로 논하고 있다. 오랑캐들의 기술이 비록 정교하지만 심신에 유익할 것이 없음을 근시 안경을 예로 들어 설명하고, 중국 전통의 오행설을 대체하고자 등장한 오랑캐들의 사행四行은 가당치 않으며, 천상의 변화로 길흉을 점치는 내용은 이미 팔괘에 있다고 반박하였다. 특히 서양의 『기하원본』이나 지구가 둥글다는 학설을 거짓으로 치부하거나 가치 없는 것으로 일축하고 있다. 그러므로 고황제가 만드신 '중화를 용납하고 오랑캐를 배척하는 대경대법'은 고칠 수 없다고 결론 맺는다.

어떤 사람이 "저들의 도리가 꼭 오묘한 것은 아니고 사람이 꼭 어진 것은 아니지만, 저들이 만든 기구로 천체를 측정하면 민용民用에 큰 도움이 될 것입니다. 이에 관해 선생께서는 또 어찌 변박하시겠습니까?" 하였다. 이에 내가 말하길, "그대는 공수반公輸盤이 성을 공격하고 묵자墨子가 성을 지킨 이야기[1]도 못 들었나? 공수반이 제아무리 정교한 기구를 만들

或曰"彼理雖未必妙, 人雖未必賢, 而制器步天可濟民用. 子又何以闢之?" 余應之曰"子不聞夫輸攻墨守乎? 輸巧矣, 九攻九却. 而墨又巧焉, 何嘗讓巧於夷狄? 又不聞夫巧輓軏拙鳶, 及楮葉棘猴之不足貴, 與夫修渾沌

1 『墨子』「公輸」에 보인다. 공수반은 전국 시대의 유명한 장인으로 초나라 왕을 위해 송나라를 공격할 기구를 만들었다. 묵자는 전국 시대 魯나라 사람으로 겸애를 주장하며 침략을 반대하였다. "공수반이 아홉 차례 구름사다리를 고치면서 성을 공격하였으나, 묵자는 아홉 차례 그것을 막아 내었다.(公輸盤九設攻城之機變, 子墨子九距之.)"

었어도 아홉 차례 공격해서 아홉 차례 모두 물러났네. 묵자 또한 재주가 있었으니, 언제 오랑캐들에게 재능 면에서 진 적이 있었던가? 또 정교한 수레와 졸렬한 솔개,[2] 닥나무 잎[3]과 가시 끝의 원숭이[4]는 모두 중히 여길 만한 것이 못 된다는 말과, 혼돈씨渾沌氏의

氏之術者之見取於仲尼乎? 縱巧亦何益於身心?"

---

2 『韓非子』「外儲說左上」에 보인다. "묵자가 나무 솔개를 만들었는데, 3년에 걸쳐 완성했건만 날려 보낸 지 하루 만에 망가졌다. 제자가 '선생님의 재주라면 나무 솔개를 날게 할 수 있는 데까지 이르렀습니다.' 하니, 묵자가 '나는 수레 만드는 기술자만큼 정교하지 못하다. 저들은 1척의 나무로 하루도 안 걸려 30섬은 너끈히 실을 수레를 만들어 힘차게 먼 곳까지 달리게 할 수 있다. 그러나 나는 솔개를 3년이나 걸려 만들어 놓고 하루 만에 망가뜨리지 않았느냐?'(墨子爲木鳶, 三年而成, 蜚一日而敗. 弟子曰, '先生之巧, 至能使木鳶飛'. 墨子曰, '吾不如爲車輗者巧也. 用咫尺之木, 不費一朝之事, 而引三十石之任, 致遠力多, 久於歲數. 今我爲鳶, 三年成, 蜚一日敗.')"

3 『韓非子』「喩老」에 보인다. "송나라 사람이 그 임금을 위해 상아로 닥나무 잎을 만들었다. 3년이 걸려서야 완성했는데, 줄기며 윤기 나는 모습이 다른 닥나무 잎과 섞어 놓아도 구분할 수 없을 정도였다. 그는 이와 같은 공로를 빌미로 송나라에서 봉록을 탐하였다. 이 말을 들은 列子는 '3년 걸려야 잎 한 장이 난다면, 잎 가진 식물이 드물겠구나.'라고 하였다.(宋人有爲其君以象爲楮葉者, 三年而成. 豐殺莖柯, 毫芒繁澤. 亂之楮葉之中而不可別也. 此人遂以功食祿於宋邦. 列子聞之曰, '使天地三年而成一葉, 則物之有葉者寡矣.')"

4 『韓非子』「外儲說左上」에 보이며 棘尖刻猴 우언으로 알려져 있다. "연나라 왕이 교묘한 기술을 지닌 자를 찾으니, 위나라 사람이 말하길 '가시 끝에 어미 원숭이를 새길 수 있다.'고 하였다. 왕이 기뻐하여 그에게 5승의 봉록을 주며 받들어 모셨다. 왕이 '그대가 가시 끝에 원숭이 새기는 모습을 한번 보고 싶다.'고 하자, 객이 말하길 '그걸 보고 싶으시면 반년 동안 후궁의 방에 들어서는 안 되고, 술과 고기를 먹어서도 안 되며, 비가 개고 해가 나올 때 음양 중간쯤 지점에서 보면 가시 끝의 어미 원숭이를 볼 수 있다.'고 하였다. 왕은 그를 여전히 모셨으나 어미 원숭이는 보지 못했다. 정나라 태하의 장인이 왕께 말하길 '저는 쇠를 깎는 사람인데 미세한 물건들은 칼로 깎아야 합니다. 조각하는 물건이 칼끝보다 커야 하는데, 가시에는 칼끝이 들어가질 않으니, 아마 가시에 새기기는 어려울 것입니다. 왕이 객을 불러 깎아 보게 하시면 할 수 있는지 곧 알게 될 겁니다.' 왕이 '좋다.' 하고는 위나라 사람을 불러 '가시 끝에 어미 원숭이를 새길 때 무엇으로 깎느냐?'고 하자, 객이 '작은 칼로 깎는다.'고 답했다. 왕이 '한번 보여 달라.'고 하자, 객은 '집에서 가져오겠습니다'라고 하더니 도망쳤다.(燕王好微巧, 衛人曰, '能以棘刺之端爲母猴.' 燕王說之, 養之以五乘之奉. 王曰, '吾試觀客爲棘刺之母猴.' 客曰, '人主欲觀之, 必半歲不入宮, 不飮酒食肉, 雨霽日出, 視之晏陰之間, 而棘刺之母猴乃可見也.' 燕王因養衛人, 不能觀其母猴. 鄭有臺下之冶者, 謂燕王曰, '臣爲削者也, 諸微物必以削削之, 而所削必大於削. 今棘刺之端不容削鋒, 難以治棘刺之端. 王試觀客之削, 能與不能可知也.' 王曰, '善.' 謂衛人曰, '客爲棘削之?' 曰, '以削.' 王曰, '吾欲觀見之.' 客曰, '臣請之舍取之.' 因逃.)"

술術을 수행하는 자를 공자께서 취하셨음[5]을 듣지 못하였나? 아무리 교묘한들 심신에 무슨 득될 것이 있겠나?"라고 대답했다.

살펴보건대, 저들의 자명종은 그저 시각을 정하는 물시계에 지나지 않는데, 많은 재물을 들여 그것을 만든들 무슨 큰 이득이 있는가? 두레박을 만들면 인력을 절약할 수 있다지만, 만들기는 가장 어렵고 만든 다음에는 망가지기 쉬우니 도리어 돈만 허비하는 셈 아닌가? 화차火車 등의 무기도 적은 섬멸시키지 못하고 도리어 먼저 사람을 불에 태우니, 이 또한 귀중하게 여길 만한 것이겠는가? 일찍이 천주교를 따르는 자가 나에게 근시 안경을 보여 주기에 한 차례 써 보았더니, 과연 시력이 곱절이나 좋아졌다. 배를 타고 돌아갈 때에 간절히 생각했다. '안경을 쓰면 멀리 바라볼 수 있을 텐데.' 나의 본성은 두루 미치지 않는 곳이 없거늘, 이로써 멀고 가까운 것에 막혀 있는 것은 그저 형상일 뿐임을 알 수 있다.

今按彼自鳴鐘, 不過定刻漏耳, 費數十金爲之, 有何大益? 桔槹之製, 曰人力省耳, 乃爲之最難, 成之易敗, 不反耗金錢乎? 火車等器, 未能殲敵, 先已火人, 此又安足尙乎? 嘗有從彼之人, 以短視眼鏡示余, 余罩眼試之, 目力果加一倍. 歸舟時, 但切念曰'罩此鏡, 矚便遙.' 可見吾性無處不徧, 隔遠近者特形耳.

점후占候 같은 경우, 옛날에는 천관[6]이 총괄하였고 육대[7]가 나란히 천도天道를 장악하였으니, 어느 오랑캐 나라인들 그 항목 안에 없었겠는가? 먼 나라로 돌

至若占候一節, 古天官所統之, 六大竝掌天道, 則何夷之分野不在目中? 重譯迷歸, 我中國聖

5 『莊子』「天地」편에 보인다. "공자께서 말씀하시길 '저 혼돈씨의 術을 빌려 수행하는 사람은 하나만 알고 둘은 모르며, 안만 다스릴 뿐 밖은 다스리지 못한다. … 저 혼돈씨의 술이라는 것을 나나 너나 어찌 이해할 수 있겠느냐?'(孔子曰, '彼假修渾沌氏之術者也, 識其一, 不知其二, 治其內, 而不治其外. … 且混沌氏之術, 予與汝何足以識之哉?')" 여기서 '혼돈씨'는 無爲로 세상을 다스렸다는 중국 태고의 제왕을 가리킨다.

6 '天官'이란 『周禮』의 기록에서 6官을 총 영도하는 관직을 말한다.

7 '六大'는 商나라 때의 여섯 관직의 총칭, 즉 大宰·大宗·大史·大祝·大士·大卜이다.

아가는 길을 잃을까 봐 우리 중국의 성왕께서 지남거를 하사하여 돌아가게 하였으니, 또 어느 오랑캐의 부락인들 장악하지 않았겠는가?

王, 作指南車以錫而歸之, 又何夷之部落不搀掌內?

선천先天의 팔괘 본체는 자연히 후천의 공용功用을 갖추고 있고, 오행에는 각각 품부받은 직분이 있다. 소요부는 『황극경세』[8]라는 책에서 그가 터득한 바를 펼쳐 수·화·토·석의 사상[9]을 만들었지만, 각기 그 올바른 것만을 남겨 오행을 보좌하였지 감히 오행을 헐뜯지는 않았다. 오랑캐들만은 오행을 그릇된 것이라고 말하면서, 저들이 말하는 기氣·화·토·수의 사행四行만이 옳다고 주장한다. 또 「홍범洪範」[10]의 '불은 위로 타오르고 물은 아래로 흘러내린다.'는 도리를 일일이 비판하고 있으니, 기가 음양에 속하며 오행을 포괄하는 근본이라는 사실은 전혀 알지 못한다.

若乃先天八卦之體, 自具後天之用, 而五行稟職焉. 即堯夫『皇極經世』一書, 雖抒其所得, 爲水·火·土·石四象, 然第各存其是, 羽翼五行, 而不敢非毁五行也. 彼夷獨謂五行爲非, 而夷之氣·火·土·水四行爲是. 擧「洪範」'炎上潤下'之理, 而悉刺譏之, 曾不知氣屬陰陽, 包五行之統宗者也.

목木과 금金은 하나를 살리면 하나를 죽이는 큰 쓰임이자 오행을 구분하는 존재이다. 오랑캐들이 이것은 맞다 하고 저것은 틀리다 하는 것이 어찌 합당하겠는가? 심지어 성궁천星宮天은 일월천보다 높으며, 오성 28수의 실체는 모두 해와 달보다 크다고 말한다. '제왕은 한 해를 단위로 살펴보고, 백성들은 오성을

木·金則一生一殺之大用, 而分五行之能事者也, 夷之是彼非此, 又何當焉? 且言星宮天, 高於日月天, 五星二十八宿之體, 竝大於日月. 且無論'王省惟歲, 庶民惟星'之聖經, 斷乎不

8 『皇極經世』는 북송 邵雍(堯夫는 그의 자이다)의 저작으로 모두 12권이다. 1~10권까지는 內篇인데 6권까지는 '역'의 64괘를 이용하여 세상의 혼란을 다스리는 것을 설명하고, 7~10권에서는 律呂 聲音을 말하였다. 11, 12권은 觀物外篇인데 주역 괘효의 推衍을 빌려 '象數의 학설'의 체계를 성립하였다.

9 邵雍은 四象을 太剛, 少剛, 太柔, 少柔로 나누고 천지의 변화를 그 아래 귀속시켰다. 즉 太剛은 불(火)과 바람, 少剛은 돌(石)과 우레, 太柔는 물(水)과 비, 少柔는 흙(土)과 이슬이라 하였다.

10 「홍범」은 『尙書』의 편명이다. 대우의 치수를 말하였는데, 본래 『구주』(9조목의 대법)에 있다.

따른다.'[11]는 유가의 경전은 결코 고칠 수 없다는 것이야 당연하려니와, 눈 있는 모든 사람들이 해와 달이 크다는 것을 보고 있는데도 저들은 작다고 하며, 삼광三光이 나란히 하나의 하늘에 걸려 있는 것을 보고 있는데도 저들은 (하늘이) 많다고 한다. 해를 작다 여기는 것은 왕을 작다 여기는 것이고, 하늘이 많다 여기는 것은 제왕이 많다 여기는 것이니, 저들이 어찌 이런 것에 중국을 얕보는 참언의 뜻을 실을 수 있단 말인가!

可改易, 凡有目者, 皆見日月之大, 而彼偏小之, 皆見三光共繫一天, 而彼偏多之. 小日是小王也, 多天是多帝也, 彼豈以是寓玩侮中國之讖歟!

오랑캐들에게는 또 『기하원본』이라는 위서僞書가 있다. '기하幾何'라는 말은 아마도 천지간이라 해 보아야 얼마 되지 않는다고 비웃는 것이리라!

夷又有僞書曰『幾可源本』. '幾何'者, 蓋笑天地間之無幾何耳!

살펴보건대, 소요부의 12만 년에 한 배를 더한 것에 지나지 않으니 본래 황당한 건 아니다. 불경에서 화장세계華藏世界[12]를 널리 진술한 것 또한 달리 기괴함을 숨기려는 뜻이 있는 것이 아니다. 다만 심성의 본래 도량은 허공을 포괄하고 있거늘, 중생이 어둠 속에 묻혀 있기에 부처가 가르침을 베풀었을 뿐이다.

按堯夫十二萬年, 不過加一倍法, 初非荒唐. 即釋典廣陳華藏, 非別有隱怪之旨. 不過表心性本量, 包盡虛空, 衆生埋沒, 佛始開敷耳.

훗날 유가들은 불교의 뜻은 알지 못하고서 불교에

後之儒者, 不察佛意, 尙謂其幻

11 『尙書』「洪範」에 "왕은 한 해를 단위로 살펴보고, 경사는 달을 단위로 하고, 사윤은 날을 단위로 한다.(王省惟歲, 卿士惟月, 師尹惟日.)"라는 말이 나온다.

12 『華嚴經』에서는 蓮華藏莊嚴世界海, 華藏世界海, 華藏世界, 華藏界라고도 하며, 비로자나여래가 과거에 세운 서원과 수행에 의해 깨끗하게 꾸며진 세계이고, 십불이 교화를 베푸는 경계라고 한다. 실차난타가 번역한 『華嚴經』 권 8의 「蓮華藏世界品」에 따르면, 세계의 맨 아래에 있는 풍륜이라는 거대한 축 위에 있는 향수해라는 바다에 하나의 커다란 연꽃이 있으므로 연화장 세계라고 한다. 『梵網經』에서는 蓮華大藏世界海, 蓮華大藏世界라고도 하는데, 이에 의하면 1천 개의 꽃잎을 가진 거대한 연꽃이 있어 그 하나하나의 꽃잎이 각기 한 세계를 이루고 있다. 비로자나여래는 그 연꽃 위에 앉아 스스로 몸을 변화시켜서 1천 명의 석가모니불이 되어 각각의 꽃잎에 몸을 나타내고 있다고 한다.

서 천지를 허황되고 허무하게 만들었다고 말한다. 저들은 앙세계仰世界와 복세계覆世界[13]의 불경을 훔쳐다가 어떤 곳과 어떤 곳이 서로 발바닥을 맞대고 있다고 말한다. 지금 그 책에 열거한 것들 가운데 알 만한 것은 모두 우리 유가들이 이미 상세히 천명한 것들이고, 알 수 없는 것은 하나같이 고증할 근거가 없는 것들이다.

妄天地. 彼竊仰世界覆世界之佛書, 而謂某處與某處足踵相對. 今其書所列, 其可知者, 不過吾儒已陳之詮, 其不可知者, 皆一無考據者耳.

저들은 또 열두 겹 하늘은 탄환처럼 둥글어서 늘 천주의 무릎에 붙어 있었다고 하는데, 그렇다면 천주의 몸은 또 어디에 붙어 있다는 말인가?

又謂十二重天如彈丸, 嘗著天主膝上, 不知天主之身又著在何處?

또 사람들이 살고 있는 땅덩어리는 물 위에 떠 있으며 가장 작은 것에 속한다고 말한다. 자비로운 천주가 모두 휩쓸어 없애지 않고, 이 흙덩어리를 남겨 사람들이 살 수 있게 해 주었다고 한다. 또 저들이 태양 곁에서부터 오다가 하마터면 데어 죽을 뻔하였다고 한다. 이 말은 황당무계하고 도리에도 맞지 않는다. 저들이 천지를 허황되게 만들고 허무하게 만든 것이 어찌 도리만을 말한 불경 정도에 그치겠는가?

又言人民所居之土, 浮於水面, 更屬最小. 天主慈悲, 爲人僅留此不盡漂沒之丸泥, 以使人廬耳. 又謂渠從日邊來, 幾乎灼死. 此其言無稽, 且無理, 其爲幻妄天地也, 又豈僅如譚理之佛書哉.

고황제께서는 오랑캐가 세운 원나라의 야율초재耶律楚材로부터 혼천의渾天儀만을 채용하였고 성학性學은 받들지 않았다. 게다가 저들이 말하는 천문은 몹시 황당하고 거짓이 많지 않은가. 살펴보니, 일찍이 홍무 2년(1369) 여름 4월에 황제께서 정아리鄭阿里 등

胡元耶律楚材, 高皇帝但採其渾儀, 不尊其性學, 況彼所言之天文, 又最荒唐悠謬乎. 嘗考洪武二年夏四月, 上徵回回曆官, 鄭阿里等十一人, 至京師議曆

13 『華嚴經』 권 17에 있는 말이다. 우리가 바로 살고 있는 것은 仰世界이고 벌집처럼 거꾸로 살고 있는 것은 覆世界이다. 그러나 기실 앙세계 즉 복세계이다.

열한 명의 회회역관을 부르자 도성에 들어와 역법을 의논하고 천상을 점쳤다고 한다. 이에 그들에게 물자와 의복을 차등 지급하고, 회회흠천감回回欽天監을 설치했다가 홍무 31년(1398) 여름 4월에 이르러 폐지하였다. 엎드려 읽고 난 뒤, 성조께서 중국을 품고 오랑캐를 내치는 대경대법은 결코 고칠 수 없는 것임을 확실히 알게 되었다.

法, 占天象, 給廩餼衣服有差, 因設回回欽天監, 至洪武三十一年夏四月, 罷回回欽天監. 伏讀之下, 深有以識聖祖內華外夷之大經大法, 確不可更也.

더구나 막 역법을 제정할 때는 사방 오랑캐의 장점을 겸해 취했지만, 정치가 안정되고 공업功業이 이루어진 후에는 그런 것을 후세에 가르침으로 전할 수 없다는 것을 알고, 곧바로 오랑캐 관원의 작호爵號를 깎아 버렸었다. 게다가 그때 저들은 부름을 받고 들어온 것이지 몰래 잠입한 것이 아니었다. 지금도 회회족들은 자신의 역법을 비밀에 부친 채 감히 어느 한 사람도 속여 미혹하지 않고 있다. 이로써 성조의 통제가 매우 정밀하였고, 밝히 살피심이 심원하였음을 알 수 있다.

夫當草昧初造, 則兼集四夷之長, 及治定功成, 而知不可以訓後世, 則直削夷官之號, 且當時繇徵入, 不繇潛入. 今回回一種, 自秘其法而不敢以賺惑一人, 則繇聖祖之制馭精而炤臨遠也.

우리 신종 황제 때에 이르러 처음으로 이마두(마테오 리치)를 받아들이셨으나 후에 엄히 다스려 쫓아 버렸다. 가법을 계승하는 뜻이 고황제와 부합하니, 신하된 자로서 어찌 옛것을 고찰하고 요즈음 것을 법 삼아 대대토록 받들지 않을 수 있겠는가! 어찌하여 이민족을 보자마자 기이한 말을 듣자마자 놀라 두려워하는 것이며, 또 어찌하여 저들의 말을 듣고는 심취하여 또다시 저들을 가까이 두고 살고자 하는가!

逮我神皇, 初容瑪竇, 後嚴逐之, 家法相承, 與高皇若合符節, 爲臣子者, 寧不當遠稽近憲, 世世稟之哉! 奈何才見異類, 聞異言, 輒驚怖之, 而聽熒心醉, 復容其逼處耶.

2.10. 사사로이 역법을 편수하고 서응을 떠벌여 역모를 꾀함은 천고에 들어 본 적 없는 대역죄라고 변박하다

闢行私曆攘瑞應謀不軌爲千古未聞之大逆

요지 오랑캐의 역법에는 윤달이 없어서 절기 순서가 자연적으로 옮겨져 정밀하다고 말할 수 없으며, 설사 정밀하다 하더라도 마땅히 황제가 정할 일이지 저들이 농단할 사안이 아님을 밝힌 데 이어, 서응瑞應[1]에 관하여 논하고 있다. 저들은 황하가 맑아지고 봉황이 나타난 것을 위대한 스승이 나타날 서응이라 말하는데, 공자 시대에도 나타나지 않은 것이 지금 세상에 나타날 리 만무하며, 설사 서응이라 하여도 역대의 서응은 위대한 임금이 나타날 징조였음에 비추어 보아 저들의 서응설은 얼토당토않다고 말하였다. 그리고 저들이 중국의 산천 요새를 장악하고 있는 것은 야심을 품고 있다는 증거라고 하면서, 이러한 정황에 근거하여 애유략(알레니)과 용화민(롱고바르디)을 처형하고, 남은 자는 국외로 압송하여 재입국을 불허해야 함을 주장하였다.

옛날 요임금께서는 하늘의 운행을 관찰하고 윤달을 두어 사계절로 일 년을 정한 뒤 삼가 백성들에게 달력을 반포하였다. 후세 유가들에게 비록 왼쪽으로 돈다, 오른쪽으로 돈다 하는 두 가지 설이 있긴 하였으나, 윤달을 두어 일 년을 이루도록 한 것은 자고이래로 바꾸지 못했다. 무엇 때문이었을까? 기氣가 차고 삭朔이 비면 반드시 세차歲差가 생긴다. 세차가 있

昔帝堯欽天, 以閏月定四時成歲, 敬授人時. 後世儒者, 雖有左旋右旋兩說, 而要之置閏以成歲, 則亘古不能易也, 何則? 有氣盈朔虛, 必有歲差. 有歲差, 必須置閏, 惟置閏, 歲功乃成. 而今歲某日, 與明歲某日, 方

1 임금의 선정이 하늘에 감응하여 나타난 길한 징조를 뜻한다.

으면 반드시 윤달을 두어야 한다. 오직 윤달을 두어야만 일 년 사계절 순서가 이루어진다. 금년의 아무 날과 내년의 아무 날 사이에 조금이라도 어긋나 맞아떨어지지 않을 우려가 없어야 사람들로 하여금 함께 그것을 지키게 할 수 있는 것이다.

無參錯不齊之患, 而俾人人可以共守.

오랑캐들은 "중국의 역법가들이 말하는 왼쪽으로 돈다 또는 오른쪽으로 돈다는 주장은 모두 그릇된 것이다. 칠정七政이 하늘을 지날 때는 오직 하나의 기氣가 요동칠 뿐이어서 왼쪽도 오른쪽도 아니다. 또 한 달에 31일을 두어야 한다."고 말한다. 저들은 왼쪽으로 돌고 오른쪽으로 도는 것이 운동의 동動이요, 온전함이요, 정상임을 생각하지 않는다. 만약 요동치는 것이라면, 그것을 뒤흔드는 것으로 요동의 동動이요, 시끄러움이요, 어지러움이다. 건원의 본체가 온전하고 정상적인 것이 되지 못하고, 시끄럽고 어지러운 것이 되는 그런 이치가 어디 있는가?

夷則曰"中國曆家, 所言左旋右旋皆非也, 七政經天, 特繇一氣冲動, 非左非右, 而每月置爲三十一日." 曾不思左旋右旋, 是運動之動, 健也, 常也. 若冲之爲言, 則震撼之, 而爲搖動之動, 躁也, 擾也. 乾元之體, 不爲健爲嘗, 而爲躁爲擾, 有是理乎?

일찍이 태사공의 『율서』와 『역서』를 읽어 본 적이 있는데, 누서累黍[2]에 기인해 율려律呂가 생겼고, 율려에 기인해 천상 역법의 추산이 생겼다고 하였다. 이것은 모두 자연의 법도이지 억측으로 끌어다 붙일 수 있는 것이 아니다. 지금 오랑캐들은 한 해를 이루지 않으므로 윤달을 둘 필요가 없다느니 윤달을 두지 않으니 절기의 순차가 저절로 바뀐다느니 하며 이런

嘗讀太史公『律』·『曆』二書. 因累黍, 然後有律呂, 因律呂, 然後有推步. 皆自然之法度, 非可以己臆穿鑿之者也. 今夷拚歲不成, 則閏不必置, 閏旣不置, 則節序自移, 以此欺世, 而謂夷曆獨精, 眞可咲之極矣. 縱使果

2 累黍란 옛날에 기장 알을 늘어놓거나 쌓아 올리는 계산 방법의 하나이다. 이로써 分·寸·尺을 정하고 음률의 율관 길이를 쟀다. 또 合·升·斗·斛 등 용량을 측정하기도 하고, 銖·兩·斤·鈞·石 등 중량을 재기도 했다.

것으로 세상을 속이면서 오랑캐들의 역법만이 가장 정밀하다고 말하니, 참으로 가소롭다. 설사 정밀하다 하더라도 이는 위에서부터 정해야 하는 법, 칙지 없이는 감히 시행하지 못하는 것이 위반할 수 없는 정리定理이다. 하물며 하夏·은殷·주周 삼대 때도 비록 삼정三正[3]의 변화는 있었어도 사시四時는 고치지 않았다. 진秦나라[4]는 후세 사람들이 정통으로 간주하지 않지만, 당시 백성들은 감히 진시황의 정삭을 어기지 못했다. 하물며 우리 명나라가 만국을 통일하고 하나라의 역법을 시행함에[5] 여러 나라 작은 군주들까지 교화에 따르지 않는 자가 없거늘, 내지에 사는 양민이 감히 사사로이 만든 역법을 따른다면 마땅히 어떤 죄를 주어야 할지 알 수 없다.

精, 當繇上定, 倘無詔旨, 則不敢行, 此不倍之定理. 況夏·殷·周, 雖更三正, 不改四時, 即建亥之朝, 後世不以正統目之, 而一時黔首, 亦無敢違秦政之正朔. 況我大明一統萬國, 行夏之時, 庶邦小君, 罔不從化, 而居內地爲良民者, 敢從私曆, 不知當論何罪.

저들은 오랑캐 무리를 받들도록 하기 위해, 신유년(1621)에 황하가 맑아지고 임술년(1622)에 봉황이 나타난 것이 곧 저 사특한 자들의 서응瑞應이라고 말했다. 지금 폐하의 총명하심과 신무하심은 진실로 하늘이 열어 주신 것이요, 지극한 덕과 크나큰 다스림은 말로 다 표현할 수 없다. 그런즉 황하가 맑아진 것은 바다가 편안해질 단서이며, 봉황이 나타난 것은 용이 날아오를 것에 대한 응답이다. 한데 어떻게 생겨 먹

乃彼欲尊夷輩, 至以辛酉河清, 壬戌鳳見, 爲彼邪人之瑞. 夫今上亶聰神武, 眞天所啟, 至德大治, 難盡名言. 則夫河清豈非海晏之開先, 鳳見實是龍飛之響應, 何物逆黨, 敢指爲夷瑞哉! 況吾夫子之至聖, 而鳳不至, 圖不出, 麟不爲遊而爲獲, 則河清

3 夏나라의 正月은 建寅으로 하고, 殷나라의 正月은 建丑으로 하고, 周나라의 正月은 建子로 했는데, 이를 三正이라 한다.

4 秦始皇은 周의 역법을 바꾸어 十月(간지로 建亥)을 歲首로 삼았기에 '建亥之朝'라고 칭한 것이다.

5 『論語』「衛靈公」에 "안연이 나라 다스리는 방법에 대해 묻자, 공자가 '하나라 책력으로 시행하고, 은나라 수레를 타고, 주나라 면류관을 써라.'라고 말했다.(顏淵問爲邦, 子曰, '行夏之時, 乘殷之輅, 服周之冕.')"는 내용이 있다.

은 역적의 무리가 감히 그것을 가리켜 오랑캐의 서응이라 말한단 말인가! 더욱이 공자처럼 지극한 성인의 시대에도 봉황이 이르지 않았고, 하도河圖도 나오지 않았으며, 기린이 나와 노닐지 않고 오히려 잡히기만 하였다. 그러니 황하가 맑아지고 봉황이 나타난 것은 스승이 나타날 징조가 아니라 임금이 나타날 징조임이 명백하다. 오랑캐들이 어찌하여 감히 이 같은 말을 하는가!

鳳見之不爲師兆, 而但爲君兆, 又明矣. 夷奈何而敢言此!

『여곽극언』을 읽어 보니, 귀주貴州가 곧 광동의 오문奧門(마카오)처럼 될 것이라는 생각이 든다. 가정 연간만 해도 오문에 있던 오랑캐들이 그저 점차 그곳으로 나무와 돌을 운반해 와 집을 짓고 부락을 형성하였을 뿐이었는데, 한참 뒤에는 모든 배들이 모여드는 소굴이 되었다. 그리고 지금은 성벽을 높이 쌓아 놓고 (교활한 토끼의) 세 개 굴로 삼고 있다. 또한 높은 관 넓은 의대를 한 정탐꾼을 나누어 파견하여 각 성과 각 지방에 파고들게 함으로써 벼슬아치들과 왕래하며 교제토록 하였다.

且讀『藜藿亟言』云, 愚以爲黔中之續, 則粤中之奥門是也. 嘉靖間奥門諸夷, 不過漸運木石駕屋, 若聚落爾, 久之獨爲舶藪. 今且高築城垣, 以爲三窟. 且分遣間諜峨冠博帶, 闖入各省直地方, 互相交結.

그러자 중국의 벼슬아치들은 절개를 꺾고 저들을 따랐다. 수천 리 밖에서도 문후 인사가 끊이지 않으며, 저들로부터 재물을 받는 자가 매우 많다. 해마다 빈번히 여송呂宋(필리핀 루손섬) 및 일본과 연계하여 후원을 받는다. 우리의 산과 강, 변방과 요새 등 들고 나는 모든 곳을 저들은 집 안에서 그리고 있다. 저들은 언제든지 어느 지방의 군사와 인민들이 강한지 약한지, 재물이 많은지 적은지를 일일이 훤히 파악하고서 엿보고 욕심내는 마음을 암암리에 품고 있다. 시

即中國之縉紳章縫, 折節相從. 數千里外, 問候不絶, 得其餽遺者甚夥. 頻年結連呂宋·日本, 以爲應援. 凡我山川阨塞去處, 靡不圖之於室. 居恒指畫某地兵民强弱, 帑藏多寡, 洞如觀火. 實陰有覬覦之心. 時時鍊兵器, 積火葯, 適且鼓鑄大銃無虛日, 意欲何爲? 此豈非窺伺中國, 睥

시때때로 병기를 갈고 화약을 비축하고, 또 하루도 쉬지 않고 총포를 주조하고 있으니, 무엇을 하고자 함이겠는가? 이 어찌 중국을 염탐하고 황제의 자리를 엿보는 명백한 정황이 아니겠는가?

睨神器之顯狀耶?

아, 주나라 때의 험윤玁狁[6], 한나라 때의 모돈冒頓[7], 당나라 때의 돌궐突厥[8], 송나라 때의 여진女眞[9] 등 오랑캐들의 기세가 비록 험악했지만 천하 사람들은 그래도 저들이 오랑캐임을 알았다. 치우蚩尤가 (황제와 싸울 때) 안개를 뿜은 것, 진승陳勝과 오광吳廣이 여우 울음소리를 낸 것,[10] 황건적이 길흉을 예언한 것, 백련교에서 주술을 부린 것 등 요망스런 화란이 극심했으나 천하 사람들은 그래도 그것이 사악한 것임을 알았다. 오직 이 사악한 무리만은 공공연히 삼황오제도 받들 만하지 못하고, 공자도 본받을 만하지 못하며, 귀신도 두려워할 만하지 못하고, 부모도 사랑할 만하지 못하지만, 오직 저들의 천주만은 지극히 존엄하고 지극히 가까워서 경외하고 아첨할 수 있다고 말한다. 이는 신新나라 왕망이 타고난 교활한 지략으로써 오랑캐 도깨비들의 온갖 독을 멋대로 퍼뜨린 것과 마

嗟嗟! 周之玁狁, 漢之冒頓, 唐之突獗, 宋之女直, 夷氛雖惡, 天下尙知其爲夷. 蚩尤之霧, 勝·廣之狐, 黃巾之占風, 白蓮之詛社, 妖禍雖煽, 天下尙知其爲妖. 惟此一邪流者, 直謂三·五不足尊, 宣尼不足法, 鬼神不足畏, 父母不足親, 獨彼誑邪爲至尊至親, 可畏可諂, 是以新莽天生之狡智, 肆蠻夷魑魅之兩毒者也. 況自開闢來, 惟我高皇帝掃腥羶, 而還華夏, 故尙論者, 謂功高萬古. 彼徒乃即以高皇帝之聖子神孫, 金甌世界, 而復欲沼華夏, 而再腥羶, 豈非千古

6 '玁狁'은 주나라 때 북방의 소수 민족을 가리키는 말이다.

7 '冒頓'은 서한 초기의 흉노 單于의 이름이다.

8 '突厥'은 6세기에 알타이산맥 남쪽에서 흥기하였던 민족, 또는 그 국가의 이름이다.

9 '女眞'은 만주 동북쪽에 살던 부족이다. 북송을 멸하고 금나라를 세웠고(1115년), 1636년에 청나라를 세웠다. 지금 만주족의 선조이다. 원문에서처럼 '女直'으로 표기된 곳도 다수 있으므로 '女眞'과 '女直'이 혼용되었음을 알 수 있다.

10 진승과 오광이 봉기하기 전에 숲속 사당에서 여우 울음소리를 내서 '大楚가 興하고 진승이 왕으로 된다.'고 외친 일을 말한다.

찬가지다. 천지개벽 이래 오직 우리의 고황제만이 오랑캐들의 비린내를 제거하시고, 우리 중국의 본래 상태를 회복시키셨기에 논자들은 그 공적이 만고에 으뜸이라고 말한다. 그런데 저 무리들이 고황제의 성스러운 자손이 살고 있는 이 완벽한 땅을 다시금 곤경에 빠뜨리고, 다시금 비린내를 풍기려 하고 있으니, 천고에 들어 본 적 없는 대역죄가 아니겠는가!

未聞之大逆哉!

벽사闢邪의 초고를 끝냈을 때 어떤 이가 내게 "그대는 천하고 약하며 또 덕망과 자질도 없으면서 감히 이런 글을 지었으니, 사마귀가 수레 앞을 막은 것[11]과 무엇이 다르리까!" 하였다. 이에 내가 "그렇습니다. 비록 제게 덕망은 없지만 아비와 임금을 시해한 자를 기필코 따르지는 않을 것입니다. 하물며 임금으로부터는 대대로 은덕을 입었고, 아버지로부터는 대대로 학문을 이어받았거늘, 오늘 말하지 않고 가만히 있다가 하루아침에 일이 터진다면 조상의 묘와 처자식들, 그리고 이 목숨까지 보전할 수 없을 터, 오늘 말하고 죽는 게 차라리 낫지 않겠습니까?"라고 답했다.

闢草既終, 或謂余曰 "汝賤而弱, 且無似焉, 而敢爾爾, 得無螳臂歟!" 余曰 "然然. 余雖無似, 弑父與君必不從也. 況君有世恩, 父有世學, 若余今日不言, 一旦有事, 則墳墓妻子及此首領, 且不可保, 何如今日言之而死之猶愈乎!"

그러자 그 사람이 말했다.

曰:

"그렇다면 정사 맡은 군자들이 그 무리를 끝까지 다스려야 한다는 말이오?"

"然則當道君子, 宜窮治其徒耶?"

내가 답했다.

曰:

"아닙니다. 오랑캐 도당이 만연하여 세 개의 굴을

"非也. 夷黨滋蔓, 久成三窟, 即

11 『莊子』「人間世」에 "너는 저 사마귀도 모르느냐? 화가 나서 어깨를 들썩이며 수레바퀴를 막는데 제 힘으로 감당해 낼 수 없음을 알지 못한다.(汝不知夫螳螂乎? 怒其臂以當車轍, 不知其不勝任也.)"라는 내용이 있다.

파 놓은 지 오래이니, 정사 맡은 이들이 분연히 내쫓아 버린다 해도 오랑캐를 떠받드는 사대부들이 애써 저들을 풀어 줄 것입니다. 그러면 저들이 더욱 활개를 칠 터, 그 언제나 깨끗이 쓸어 낼 수 있겠습니까? 간절히 원하기는, 밝은 눈으로 시국의 어려움을 보는 대인과 호걸 들이 깊이 근심하고 먼 앞날을 고려하는 마음에 비밀리에 획책하고 결단성 있게 행동하여, 성과 직예[12]에 있는 오랑캐 종자 애유략과 용화민 무리를 장형으로 처단하거나 붙잡아 추방하고, 항구를 지키는 관원으로부터 회보를 받아 조정에 소장을 올림으로써 영원히 재입국을 불허하였으면 합니다. (만약 그들이) 재입국할 시에는 항구를 지키는 관원과 압송했던 자들을 처형하고, 어느 마을 어느 동네에서 저들의 사설을 받들고 따른 자가 있으면 먼저 보갑으로 하여금 그 무리를 체포하게 한 후, 그 공적을 돌에다 새겨야 할 것입니다. 그런 다음 영을 내려 '감히 후회하지 않는 자는 처결한다.'고 알려야 할 것입니다.

當道奮然驅除, 而崇夷之士大夫, 力爲解免, 則羽翼更張, 永清何日? 伏願蒿目時艱之大人豪傑, 憂深慮遠, 密畫而斷行之, 將省直夷種渠魁, 如艾·龍輩, 或斃之杖下, 或押出口外, 而取津吏之回文, 疏之朝廷, 永永不許再入. 入則戮其津吏及押夷者, 其在某邑某村之祖其說而風靡者, 先以保甲捕黨, 後以勒石銘功, 下令曰'有敢怙終者罪死.'

만약 아끼는 아들이 감히 이런 짓을 하면 스승에게 살피도록 하고, 그 책들을 모두 없애 버리고 한 부씩만 인장을 찍어 서고에 남김으로써 사람들로 하여금 사설을 적은 그릇된 책이 이것밖에 남지 않았음을 알게 해야 합니다. 또 그렇게 함으로써 앞으로 나올 사설 중에 전편에서 언급한 것처럼 저들 나라에

若矜子敢爾, 察以師儒, 又請悉毁其書, 且將其書各一册印鈐貯庫, 使民間咸知邪說謬書, 止有此數, 使此後之邪說, 不得如前篇所稱, 彼國有七千部夷書未來中國之訛言, 而別添紕說

12 북경과 남경의 수도권을 가리킨다.

아직 가져오지 않은 오랑캐의 책이 7천 부나 된다는 그릇된 소리가 나오지 않게끔 하고, 그릇된 말을 더 붙여 장래에 끝도 없는 화가 생겨나지 않게 해야 할 것입니다. 사대부와 유생, 그리고 백성이 문득 깨달아 지난날의 과오를 고치고 기꺼이 다시 시작하고자 한다면, 이 어지러움도 머지않아 끝날 것입니다."

以貽將來不可窮詰之禍. 其有衿紳氓庶, 憬然改絃者, 樂與更始, 則亂庶遄已矣."

제 5 권

1. 서학을 변박하다(서문과 변박문 다섯 편)

辨學蒭言(叙一辨凡五)

삼산 사람 진후광

三山 陳侯光

1.1. 자서

自敍

요지

변학추언辨學蒭言[1]은 천주학을 변박한 총 다섯 편의 글에 저자가 직접 붙인 서문으로 구성되어 있다. 저자인 진후광陳侯光[2]은 유가의 입장에서 천주교설의 황당함을 지적하고 있는데, 수양을 강조하는 대신 상제를 섬기고 환상을 품으라고 말하는 것, 삶을 알고 현실에 맞게 처신하라고 하는 대신 죽어 명복을 구하라고 말하는 것, 태극을 주재로 삼는 대신 의지하는 사물이자 낮고 천한 것으로 보는 관점 등이 주요 비판 대상이다. 이들의 학설이 중국에 만연하는 것은 새싹에 해충이 달라붙은 것과 같아 양주·묵적·고자보다 더욱 인륜에 어긋나기 때문에 미천한 신분임에도 부득불 변박할 수밖에 없었다며 글을 짓게 된 동기를 설명하였다.

---

1 '辨學'은 西學·天學에 대한 辨析과 辨駁의 뜻이고, '蒭言'은 무식하고 비천한 사람의 말이라는 뜻으로 겸칭이다.

2 호는 東庠居士이고 福建省 三山 사람이다.

요즈음 대서국大西國의 오랑캐가 바다를 건너와서 하늘을 섬긴다는 학문을 부르짖고 있는데, 저들이 내건 이름이 대단히 존귀하고, 저들이 내세운 말이 대단히 교묘하며, 저들의 몸가짐이 대단히 고결하다. 불교와 도교를 배척하지만 공자를 존숭하기에 세상에서는 간혹 저들을 좋게 여기고 믿으면서 성인이 났다고까지 말한다. 나는 저들의 책을 자세히 읽어 보고서 이상한 생각이 들었다.

近有大西國夷, 航海而來, 以事天之學倡·其標號甚尊, 其立言甚辨, 其持躬甚潔. 闢二氏而宗孔子, 世或喜而信之, 且曰聖人生矣. 余詳讀其書, 則可異焉.

공자는 사람을 섬기고 행실을 닦으라고 말했지만, 저들은 상제를 섬기고 환상을 품으라고 말한다. 공자는 삶을 알고 현재 처해 있는 자리에 따라 행동하라고 말했지만, 저들은 죽어 명복을 구하라고 말한다. 공자는 태극을 높이 주재로 삼아 실로 지극히 높고 지극히 귀한 것으로 여겼지만, 저들은 태극을 의지하는 사물에 속한다고 판단하면서 가장 낮고 천하다고 말한다.

孔子言事人而修庸行, 彼則言事帝而存幻想. 孔子言知生而行素位, 彼則言如死而邀冥福. 孔子揭太極作主宰, 實至尊而至貴, 彼則判太極屬依賴, 謂最卑而最賤.

저들이 현재의 임금이 내리는 상벌을 가볍게 여기니 임금을 무시한 죄가 (아비도 임금도 무시하고 爲我를 주장한) 양주楊朱보다 더 크며, 부모의 양육을 작다고 여기니 아비를 무시한 죄가 (평등과 겸애를 주장한) 묵적墨翟보다 크다. 저들이 이理를 일러 본성이 본래 가지고 있는 것이 아니라고 여기니 인의를 외면한 죄가 고자告子[3]보다 심하다. 그런데도 유독 하늘을 섬기고 상제를

其以時王之賞罰爲輕也, 則無君之罪甚於楊. 其以親之鞠育爲小也, 則無父之罪甚於墨. 其以理謂非性之本有也, 則外義之罪甚於告子. 獨托事天事上帝之名目, 以行其謬說.

3 '告子'는 전국 시대 사람으로 이름은 不害이다. 맹자와 논쟁하여, 그는 性에는 善과 不善의 구별이 없음을 주장하였다.

섬긴다는 구실로 그릇된 종교를 전파하고 있다.

오호라! 대서 사람들이 유교의 후원을 빌려 창을 쥐고 방 안으로 들어왔구나. 이는 해충이 새싹에 달라붙은 것과 같은지라 그 피해가 분명 많을 것이다.

嗚呼! 大西借儒爲援, 而操戈入室. 如螟特附苗, 其傷必多.

하지만 천주교를 받드는 사람들 가운데 절반은 귀한 자이고 총명한 자들이니, 나같이 미련하고 천한 사람이 일어나 천주학을 배척한다고 외쳐대면, 침 뱉고 욕 퍼붓는 자들이 아주 많을 것이다.

乃崇其學者, 半爲貴人, 爲慧人, 愚賤如小子, 設起而昌言排之, 則唾而罵者衆矣.

그렇지만 공자의 도가 하늘에 뜬 해와 같거늘, 대서 사람이 어찌 가릴 수 있으리? 다만 오랑캐의 종교가 중국을 어지럽히고 백성들 사이에 스며들고 있으니, 선성先聖(공자)의 도가 막힐까 두려워하는 자들이라면 분에 겨워 가만있을 수 없다.

雖然, 孔子之道, 如日中天, 大西何能爲翳? 惟夷教亂華, 煽惑浸衆, 恐閑先聖者, 必憤而不能默也.

우연히 한 손님과 변론한 적이 있기에 이를 다섯 편으로 정리하였는데, 결국 고루하고 촌스러운 말에 지나지 않지만 성인을 고대하는 분들께서 선택하여 받아들여 주시기 바란다.

偶有客與余辨, 因臚列爲五章, 夫亦蒭蕘之言, 願希聖者採而擇焉.

1.2. 서학 변박 1

西學辨一

요지 이마두利瑪竇(마테오 리치)가 『시경』과 『상서』의 말을 증거로 삼아 상제가 바로 예수라고 한 것은 하늘을 참칭한 짓이며, 자고로 천자만이 하늘에 제사를 올릴 수 있는데, 천주교에서 누구나 천주에게 제사 지내야 한다고 하는 것은 이치에서 벗어난 일임을 지적하였다. 또 도교의 신상神像을 보고 인류가 어찌 천제가 될 수 있느냐고 비판하면서, 자신들은 도리어 머리 풀어 헤친 예수를 천주라고 주장하는 모순을 지적하였다.

대서국에서 온 이마두利瑪竇(마테오 리치)라는 자는 수만 리를 항해하여 중국에 왔다고 말하면서, 천주교를 부르짖음과 동시에 『시경』과 『상서』에 나오는 '상제'라는 용어를 끌어다가 증거로 삼았다.[1] 그의 벗 방적아龐迪峨(판토하)·필방제畢方濟(삼비아시)[2]·애유략艾儒略(알레니)·용화민龍華民(롱고바르디) 등이 뜻풀이를 하여 수십 종의 책을 썼는데, 세상에는 믿는 자가 반 의심하는 자가 반이다.

大西國有利瑪竇者, 言航海數萬里而至中華, 以天主之敎倡, 復引『詩』·『書』所稱'上帝'爲證. 其友龐·畢·艾·龍輩, 相與闡繹焉, 著書數十種, 世之疑信者半.

한 손님이 (나) 동상거사東庠居士를 찾아왔기에 손님

有客過東庠居士, 東庠居士問

1 『천주실의』 2편에 있는 내용이다.

2 Francesco Sambiasi(1582~1649, 중국명 畢方濟)는 字가 今梁이며, 이탈리아 출신의 천주교 선교사이다. 1602년에 예수회에 입회하였고, 1610년 마카오를 거쳐 1613년 북경으로 파송되었다. 남경교안 때 롱고바르디와 함께 徐光啓와 楊廷筠의 보호를 받았다. 후에 흠천감에서 일한 적이 있으나 여생을 양자강 하류 지역에서 선교 활동으로 보냈다. 저서로는 『靈言蠡勺』(1624: 『天學初函』에 수록)·『睡答』·『書答』·『奏疏』(1633) 등이 있다.

에게 "상고 시대부터 명나라에 이르기까지, 하늘과 상제에게 제사 지내는 것은 누가 행할 수 있었습니까?"하고 물었더니, 손님이 답하기를 "천자입니다." 하였다.

客曰"自古迄明, 郊天饗帝, 孰得而行之?" 客曰"天子也."

동상거사가 말했다.

東庠居士曰:

"제후는 자기 봉지封地 안에 있는 산천에 제를 지내고, 대부는 종묘에 제를 올리며, 선비와 서민들은 조상에게 제를 지냅니다. 그러니 성인의 제례에는 정해진 법식이 있는 것입니다! 오직 하늘만은 짝할 상대 없는 지존인지라 장작에 불을 붙이고 하늘에 고하는 일은 임금이 아니면 행하지 못합니다. 경서의 기록만 보아도 원구圓丘[3]에서 제사 지내고 상제께 제를 올리던 분이 대우·탕왕·문왕·무왕 아니었습니까? 이마두는 가난한 집에 사는 모든 사람에게까지 하늘에 제사 지내라고 하였으니, 참람함이 이보다 더 할 수 없습니다!

"諸侯祭封內山川, 大夫祭宗廟, 士庶人祭先祖. 聖人祭禮, 有定典矣! 惟天至尊而無對, 則燔柴升中, 非君不擧焉. 凡經書所載, 祀圓丘, 類上帝者, 孰非禹·湯·文·武也? 瑪竇令窮簷蔀屋, 人人祀天, 僭孰甚焉!

더구나 상제는 그 모습을 형용할 수 없고 그 형상을 그려 낼 수 없는데, 이마두는 저들 땅의 예수를 천제天帝라고 하면서, 머리를 풀어 헤치고 등에 형틀을 지고 있는 환상幻相을 그렸으니, 하늘을 모독함이 이보다 더 심할 수 없습니다! 오랑캐들의 책에서도, 도교에서 빚은 상제의 상像은 모두 사람과 비슷할 뿐인데 어떻게 사람이 천황제天皇帝가 될 수 있느냐고

且上帝不可形形, 不可像像, 瑪竇執彼土耶穌爲天帝, 散髮披枷, 繪其幻相, 瀆孰甚焉! 夷書亦云, 道家所塑上帝俱人類耳, 人惡得爲天皇帝耶? 在道家則譏之, 在彼教則崇之, 抑何相矛盾也.

3 '圓丘'는 '圜丘', 즉 圜丘壇을 말한다. 명나라 때 세운 단으로 황제가 동짓날에 祭天大典을 거행하던 장소이다. 祭天壇이라고도 한다.

적고 있습니다. 도교가 하면 비방하고 천주교가 하면 숭상하니, 모순이 아닐 수 없지요.

또 저들이 말하는 예수가 곧 상제라면 이는 대우·탕왕·문왕·무왕·주공·공자께서 부지런히 섬긴 것이 예수를 무고한 일입니까? 아니면 대우·탕왕·문왕·무왕·주공·공자를 무고한 일입니까? 그저 스스로를 무고하고 있을 뿐입니다."

且彼謂耶穌即上帝, 是禹·湯·文·武·周公·孔子所昭事者, 誣耶穌也? 誣禹·湯·文·武·周公·孔子也? 適所以自誣也."

1.3. 서학 변박 2

西學辨二

요지 천주교의 오류를 다섯 가지로 지적하고 있다. 주로 『천주실의』의 내용에 근거하여 변박을 진행하고 있는데, 천주만을 높이면서 세상의 크신 아버지요 유일한 주인이라고 말하는 것은 사람을 불효 불충으로 몰아넣으려는 속셈이며 강상을 어지럽히는 패륜이라고 비판하였다. 특히 천주를 사랑하는 것이 곧 인仁이라는 말이나 부모와 임금도 천주보다는 소원하다는 말 등은 중국의 전통 윤리를 전반적으로 부정하는 것이나 다름없으므로 뜻있는 사람이라면 각성해야 마땅하다고 주장하였다.

서학에 푹 빠진 손님이 저녁때가 지나 또 찾아와 이렇게 물었다.

"선생께서 상제를 높이며 감히 방자하게 굴지도 말고 더럽히지도 말라고 하신 말씀은 명대로 따르겠습니다. 하지만 이마두는 천주야말로 천지만물을 낳고 기르신, 천하에 하나뿐인 큰 아버지라고 하였습니다. 또 때때로 만물을 주재하여 안식을 주시는 더할 나위 없이 높은 모두의 임금이라고 하였습니다.[1] 사람이란 잊지 못하고 사랑하고 공경하는 모든 것에 사당을 세우고 상을 만들기 마련인데, 어찌 하나뿐인 큰 아버지요 모두의 임금인 자를 우러러 섬기고 기도하지

客醉西教, 踰夕復過, 而問曰:

"子尊上帝而不敢僭, 不敢瀆, 則聞命矣. 然瑪竇謂天主化生天萬物, 乃大公之父也. 又時主宰安養之, 乃無上共君也. 人凡愛敬不忘者, 皆爲建祠立像, 豈以大父共君而不仰承拜禱之? 則亦至無忠至無孝矣."

---

1 『천주실의』 8편에 있는 내용이다.

못한단 말입니까? 이는 지극한 불충이요 지극한 불효입니다."

동상거사가 말했다.

"이것은 진정한 도道가 가까이에 있는데 먼 곳에서 찾는 격입니다. 아버지는 나를 낳아 주셨고 어머니는 나를 길러 주셨으니, 효란 오직 자기 부모만을 사랑하는 것뿐입니다. 오직 임금만이 복을 내려 주시고 오직 임금만이 벌을 내리시므로 충이란 오직 자기 임금만을 공경하는 것뿐입니다. 부모를 사랑한다는 것은 인仁이고, 윗사람을 공경하는 것은 의義입니다. 이는 천성으로부터 절로 발현되는 것이거늘 어찌 멀고 아득한 곳에서 찾는단 말입니까? 지금 이마두는 유독 천주만이 세상 사람들의 크신 아버지요 우주에 하나뿐인 임금이라고 받들면서, 반드시 아침저녁으로 연모하고 삼가 우러러야 한다고 말합니다. 이것은 부모를 하찮게 여기며 사랑할 만하지 않다 하고, 임금을 사사롭게 여기며 공경할 만하지 않다고 하는 것이나 다름없으니, 천하 사람들 모두를 불충 불효한 자로 만든다는 것은 분명 이를 두고 한 말일 것입니다! 게다가 이마두가 쓴 책들을 읽어 보니 잘못된 말들이 한둘이 아니었습니다. 지금 그 대략적인 것을 뽑아서 바로잡아 보겠습니다.

東庠居士曰:

"此眞道在邇, 而求諸遠者也. 父兮生我, 母兮鞠我, 孝惟愛吾親已矣. 惟辟作福, 惟辟作威, 忠惟敬吾君已矣. 愛親, 仁也, 敬長, 義也, 天性所自現也, 豈索之幽遠哉? 今瑪竇獨尊天主爲世人大父, 宇宙公君, 必朝夕慕戀之, 欽崇之. 是以親爲小而不足愛也, 以君爲私而不足敬也, 率天下而爲不忠不孝者, 必此之言夫! 且余覽瑪竇諸書, 語之謬者非一, 姑摘其略以相正.

이마두는 '가까이서 부모를 사랑하는 것은 짐승도 할 수 있고, 가까이서 자기 나라를 사랑하는 것은 어리석은 자도 할 수 있다. 오로지 지극히 어진 군자만이 멀리까지 사랑을 베풀 수 있다.'[2]라고 말하였는데, 이는 충신과 효자가 금수나 어리석은 자와 다를

瑪竇之言曰 '近愛所親, 禽獸亦能之, 近愛本國, 庸人亦能之. 獨至仁君子能施遠愛.' 是謂忠臣孝子與禽獸庸人無殊也, 謬一.

바가 없다는 말이니, 이것이 첫 번째 잘못입니다.

또 '어질다(仁)는 것은 바로 천주를 사랑하는 것'[3]이라고 말하였는데, 그렇다면 공자께서 '인이란 사람의 도리를 다하는 것이며, 부모를 사랑하는 것은 그 가운데 가장 중요한 일이다.'[4]라고 한 뜻과 다르니, 이것이 두 번째 잘못입니다.

又曰 '仁也者, 乃愛天主.' 則與孔子'仁者人也, 親親爲大'之旨異, 謬二.

또 '사람 가운데에 부모처럼 가까운 사이도 천주에 비하면 소원하다.'[5]고 하였는데, 이는 효를 버리고 따로 인을 찾는 것이기에 하나뿐인 근본, 즉 진성眞性에 이르지 못합니다. 이것이 세 번째 잘못입니다.

又曰 '人之中雖親若父母, 比于天主猶爲外焉'. 是外孝而別求仁, 未達一本之眞性也, 謬三.

또 '우주에는 아버지가 세 분 계신데, 한 분은 천주이고, 또 한 분은 임금이며, 나머지 한 분은 아버지다.', '아랫자리에 있는 아비가 윗자리에 있는 아비에게 순종하지 않고 자식을 사사로이 여기면서 자기를 받들게 한다면', '자식 된 자가 윗자리에 있는 아비의 명에 따라 아랫자리에 있는 아비를 범한다 하여도 효에 해가 되지 않는다.'라고 말하였습니다.[6] 아! 차마 이런 말을 하다니! 부모가 아무리 잔학하다 하더라도 도에 이르도록 깨우쳐 드려야 하고, 임금이 아무리 포악하더라도 인의에 이르도록 권면해야 합니다. 부모를 거스르고 임금에게 대들면서 천주에게 효도한

又曰 '宇宙有三父, 一謂天主, 二謂國君, 三謂家君.', '下父不順其上父, 而私子以奉已', '若爲子者, 聽其上命, 雖犯其下者, 不害其爲孝也'. 嗟乎! 斯言心亦忍矣! 親雖虐, 必諭之于道, 君雖暴, 猶勉之至仁. 如拂親抗君, 皆藉口于孝天主, 可乎? 謬四.

2 『천주실의』 4편에 있는 내용이다.
3 『천주실의』 7편에 있는 내용이다.
4 『中庸』 20장에 있는 내용이다.
5 『천주실의』 7편에 있는 내용이다.
6 『천주실의』 8편에 있는 내용이다.

다고 핑계를 대서야 되겠습니까? 이것이 네 번째 잘못입니다.

또 '나라의 주인과 나는 군신 관계이고, 아버지와 나는 부자 관계이지만, 세상에 하나뿐인 아버지, 천주께 비길 수야 있겠는가?'[7]라고 말했습니다. 제가 생각하기로, 지존의 존재로서 임금과 부모보다 더한 것은 없습니다. 그런데 오로지 천주만을 섬기면서 자식을 아비와 나란히 놓고, 신하를 임금과 나란히 놓고 있으니, 이보다 더한 패륜이 없습니다. 그러면서 이것이 똑똑히 밝히지 않을 수 없는 윤상倫常이라고 말하니, 대체 무슨 윤상을 말하는 것입니까? 이것이 다섯 번째 잘못입니다.

又曰'國主于我相爲君臣, 家君于我相爲父子, 若比天主之公父乎?' 以余觀之, 至尊者莫若君親. 今一事天主, 遂以子比肩于父, 臣比肩于君, 則悖倫莫大焉. 復云此倫之不可不明者, 何倫也? 謬五.

이 다섯 가지 잘못을 거듭 음미해 보십시오. 제 말이 가혹합니까, 가혹하지 않습니까? 우리들은 요순 세상에서 살면서 공자와 맹자의 책을 읽고 있습니다. 그런데 충효와 강상을 어지럽히고 없애면서 오랑캐를 따르고자 하니, 아마도 뜻있는 사람이라면 크게 가슴 아파할 것입니다."

就五謬而反覆玩味, 謂余言苛耶, 非苛耶? 吾人居堯·舜之世, 誦孔·孟之書. 乃欲擧忠孝綱嘗而紊之, 而廢之, 以從于夷, 恐有心者所大痛也!"

7 『천주실의』 8편에 있는 내용이다.

1.4. 서학 변박 3

西學辨三

요지

천주의 천지창조설에 대한 모순을 지적하며, 주로 원죄에 대한 잘못을 언급하고 있다. 예컨대 천주가 천지만물과 만백성을 낳아 놓고 그들을 사랑하는 마음에 다시 해악을 퍼뜨려 구제한다고 하니 이는 곧 모순이라는 점, 그토록 유능한 천주가 아담과 하와처럼 무능한 자를 인류의 조상으로 창조한 것 또한 모순이라는 점, 아담과 하와가 저지른 원죄를 먼 후손에게까지 미치게 한 것은 조상의 죄를 후세에게 묻지 않는다는 논리와 모순된다는 점 등을 적시하였다. 이러한 사항을 지적한 후 반고가 천지를 창조한 이래로 어진 임금이 나와 천제를 보좌하며 세상을 안정되게 이끌고 만백성을 길러 온 중국의 형편이 저들의 모순된 이론에 비하여 훨씬 뛰어나다고 결론을 맺었다.

손님이 말했다.

"선생께서 말씀하신 임금께 충성하고 부모를 사랑하는 도리는 모두 훌륭한 덕입니다. 그러나 덕을 만들 수 있는 본성을 내려 준 이가 곧 천주 아니겠습니까? 중국에서는 덕을 닦으라고만 말할 뿐, 천제를 우러르며 자애로운 아버지의 보우하심에 빌 줄 모릅니다. 그렇기 때문에 덕을 이룬 자가 적은 것입니다."

客曰:

"子言忠君愛親, 皆善德耳. 然賜我以作德之性者, 非天主乎? 中華第言修德, 而不知瞻仰天帝, 以祈慈父之佑. 故成德者鮮."

동상거사가 말했다.

"덕을 만드는 본성에 대해서는 깊게 말할 겨를이 없습니다. 그러나 이마두가 말한 천주라는 자는 먼저 스스로 혼란을 일으켰습니다. 제가 어찌 근거도 없이 말하겠습니까?

東庠居士曰:

"作德之性, 未暇深言. 即瑪竇所說天主者, 先自矯亂. 余豈無徵而譚?

그 한 가지는 이렇습니다. '천주께서 이 천지만물을 창조하심은 그것을 내어 사람들로 하여금 쓰게 하기 위함이다. 해와 달과 별은 하늘에서 빛을 발해 우리를 비추어 준다. 오색[1]은 나를 기쁘게 해 주고, 오음五音[2]은 나를 즐겁게 해 주고, 온갖 맛과 냄새들은 나를 달콤하게 해 주고, 가볍고 따스한 옷은 내 몸을 편안하게 해 준다. 그러니 마땅히 천주께서 베풀어 주신 존귀한 은혜에 감사드리면서 언제나 조심스럽게 그것들을 써야 할 것이다.'[3] 또 말합니다. '천주께서 사람들을 불쌍히 여기심은 사람들이 지금 세상의 비천한 일들에 빠져서 하늘의 본향本鄕과 죽은 뒤에 고귀하게 될 일들을 바라볼 줄 모르기 때문이다. 이에 이 세상에 해독을 더 퍼뜨려 그들을 건져 내려 하신 것이다.'[4] 그러나 만물을 창조하여 사람을 기르고서 다시 어떤 것을 만들어 내 사람을 해친다면, 천주의 살리고 죽임이 서로 어긋나는 것입니다.

一云 '天主生是天地萬物, 無非生之以爲人用. 如日月星辰, 麗天以炤我, 五色悅我, 五音娛我, 諸味香以甘我, 百端輕煖以逸我. 故我當感天主尊恩, 而時謹用之'. 又云 '天主悲憫于人者, 以人泥于今世卑事, 而不知望天原鄕及身後高上事. 是以增置荼毒于此世界, 欲拯拔之.' 夫既造物以養人, 復造物以戕人, 天主之生殺相左矣.

이마두는 이런 말을 했습니다. '천주께서 태초에 천지를 창조하고 만물을 내고 기르심에, 세상에는 질병도 요절하는 일도 없고 늘 따스하고 즐거운 가운데 살았으며, 날짐승도 들짐승도 감히 침범하고 해치지 못했다.'[5] 또 말했습니다. '우리들의 시조가 천주

一云 '天主始創制天地, 化生萬物, 人無病夭, 嘗是陽和快樂, 今鳥獸無敢侵害.' 又云 '自我輩元初祖先忤逆天主, 物始忤逆我, 而萬苦生. 是多苦非天

---

1 五色은 靑, 黃, 赤, 白, 黑을 말한다.
2 五音은 宮, 商, 角, 徵, 羽의 다섯 음계를 말한다.
3 『천주실의』 5편의 원문을 축약하였다.
4 『천주실의』 5편에 있는 내용이다.
5 『천주실의』 8편에 있는 내용이다.

를 거역한 이래로 만물이 우리를 거역하기 시작했고 온갖 고통이 생겨났다. 이토록 많은 고통은 천주의 본래 의도가 아니었다.'[6] 이 말대로라면 천주의 사랑과 미움이 지극히 변덕스럽습니다.

主初意也.' 信如其言. 則天主之愛憎至變矣.

이마두는 또 말했습니다. '나는 나이고, 자손은 자손이다. 내가 행한 선과 악에 대하여, 천주께서는 결코 본인을 놔두고 자손들에게 갚지 않는다.'[7] 그런데 지금은 어찌하여 인류의 시조가 천주에게 죄지은 일 때문에 천백 세대의 자손들이 함께 그 고통을 받는 것입니까? 천주의 벌이 가혹한 것은 일단 논하지 않는다 하여도, 앞에서 한 말과 서로 어긋나는 것 아닙니까?

且瑪竇云 '我自爲我, 子孫自爲子孫, 若我所親行善惡, 天主必不捨其本身而子孫是報.' 何今以元初祖先獲罪于天主, 乃令千百世子孫共受其苦? 姑勿論天主之罰太酷, 得無與前說戾耶?

더구나 이마두는 '천주께서는 천지만물을 창조하시는 일에 능하시어 어느 것 하나도 적절함을 얻지 못한 것이 없다.'[8]고 말했습니다. 그렇다면 태초에 창조된 인류의 조상은 신성하고 출중해야 마땅할 터인데, 어찌하여 아담이라는 남자와 하와라는 여자는 그토록 못났단 말입니까? 예컨대 토기장이가 그릇을 만들었는데 그 그릇이 쓰임에 적합하지 않다면, 이는 그릇의 잘못이 아니라 솜씨 서툰 토기장이의 탓이라 해야 할 것입니다.[9] 어찌하여 천주의 지혜와 능력은

況瑪竇謂'天主能造天地萬物, 無一不中其節', 則初造生人之祖, 自當神聖超群, 何男曰亞黨, 女曰阨襪, 即匪類若此. 譬之匠人製器, 器不適用, 非器之罪也, 必云拙匠. 豈天主知能獨巧于造天地萬物, 而拙于造人耶?

6 『천주실의』 6편에 있는 내용이다.

7 『천주실의』 6편의 문답을 요약한 것이다.

8 이 구절은 『천주실의』에 직접 보이지 않는다. 아마도 전체적인 내용을 토대로 한 말인 듯싶다.

9 이와는 대조적으로 신약성경 로마서 9:21에서 사도 바울은 같은 '토기장이'의 예를 들어 하나님의 절대 주권을 말하고 있다.

천지만물을 창조하실 때에만 뛰어나고 사람을 창조하실 때에는 이같이 서툴단 말입니까?

우리 중국은 반고盤古[10]라는 분이 천지를 개벽한 이래로, 복희씨·신농씨·황제黃帝·요·순 등 대대로 뛰어난 왕이 나와 천지를 보좌하였으니, 아담과 하와처럼 못난 사람이 있었다는 이야기는 들어 본 적 없습니다. 또 혼돈된 상태가 점차 바로잡혀 백성들은 즐겁게 살 곳을 얻었으니, 처음에는 아주 즐거웠다가 나중에 반대로 고통을 겪었다는 말도 들어 본 적 없습니다. 학설을 세우면서 먼저 스스로 혼란을 만들어 중국 선비들의 마음을 어지럽힘으로써 저들을 따르게 하고자 하였으니, 선생께서 틀리셨습니다!"

我中華遡盤古氏開闢以來, 如伏羲·神農·黃帝·堯·舜, 世有哲王, 以輔相天地, 未聞不肖如亞黨·阨襪者也. 且洪荒以漸而平民始得所, 亦未聞初極樂, 而後反苦者也. 立言先自矯亂, 欲中華士昧心以相從, 吾子過矣!"

10 '盤古'는 중국 창세 신화에서 천지를 개벽하고 창조한 사람이다.

1.5. 서학 변박 4

西學辨四

요지

서방 인사들은 만약 천주의 통제가 없었다면 태초에 만물이 어디에서 생성되었겠느냐고 물으면서 천지창조설을 주장한다. 이에 대해 동상거사는 정情과 식識이 개입된 천지창조의 행위를 부정하면서 음양이 서로 작용하여 만물이 화육·생성되었으니, 천지만물은 태극의 소위所爲인 셈이라고 말한다. 즉 중국의 태극과 음양의 본체론에 근거하여 우주 생성의 원리를 설명하고 있는 것이다. 중국의 본체론에서 태극은 이理를 만든 본지이자 기를 만든 근본이니, 추연하여도 시작이 없고 인증하여도 종말이 없다. 이처럼 자연스럽고 오묘한 이치를 부정하고 인위적인 창조설을 주장하는 것에 대해 터무니없는 소리라며 반박하고 있다.

손님이 말했다.

"이마두는 '천주께서 모든 천지만물을 창조해 주셨으니, 사람이라면 그 깊은 은혜에 감사하며 사랑하고 공경해야지, 만약 그 말이 거짓이라고 반박한다면 이는 천주를 존재하지 않는 인물로 간주하는 것이다.'라고 말씀하셨습니다. 그렇다면 선생께서 말씀하시는 높으신 상제는 어디에 속할 수 있겠습니까?"

客曰:

"瑪竇以'天地萬物皆天主所造, 故人感深恩而愛敬之, 如詆其誑說, 則視天主爲烏有矣.' 若子所云尊上帝者, 又安屬也?"

동상거사가 말했다.

"형체로 말할 땐 하늘이라 하고, 주재의 신으로서 말할 땐 상제라 합니다. 이는 천지간에 사는 사람 모두가 마땅히 경외해야 하는 존재이니, 서양 선비들이 말하는 허깨비 같은 이야기와 다릅니다."

東庠居士曰:

"以形體言則爲天, 以主宰之神言則爲帝. 人居覆載中自當敬畏, 非若西士之幻說耳."

손님이 말했다.

"모든 사물에 운동인·형상인·질료인·목적인이 있어야 한다는 도리는 아주 명백한 것입니다. 천주가 이것들을 장악하지 못했다면 천지만물이 태초에 어떻게 이루어질 수 있었겠습니까?"[1]

客曰:

"凡物有作者, 有模者, 有質者, 有爲者, 理甚明著. 使無天主掌握其間, 則天地萬物, 元初從何而成?"

동상거사가 말했다.

"음양이 서로 작용하여 만물을 화육·생성합니다. 묻건대, 누가 주재하여 이것을 살리고 죽입니까? 아무리 신성한 존재라도 이름을 붙일 길이 없을 것입니다. 그래서 억지로 이름을 붙여 '태극'이라 하였습니다. 이마두는 천주가 7일 동안에 세상을 창조하였다고 말하는데, 이는 이미 감정(情)과 지식(識)으로 만들어 낸 것에 속합니다. 조화의 기틀은 이것과 다릅니다."

東庠居士曰:

"陰陽絪縕, 萬物化生. 問孰主宰而隆施是? 雖神聖不得而名也, 故强名'太極'. 瑪竇謂天主以七日創成世界, 則已屬情識著能所矣, 造化樞機當不其然".

손님은 벙어리처럼 웃기만 하다가 말했다.

"태극은 비어 있는 이理로, 이마두 선생께서 그것을 의지하는 물건이라고 판정하셨는데, 자립할 수 없는 것이 어떻게 천지를 창조하고 만물을 화육·생성할 수 있습니까?"

客啞而咲曰:

"太極虛理, 泰西判爲依賴之品, 不能自立, 何以創制天地, 而化生萬物耶?"

동상거사가 말했다.

"이마두가 여러 곳에서 상제라는 말을 끌어다가 천주임을 증명하려고 하였으나, 이 모두 자기에게 유리하도록 갖다 붙인 것에 지나지 않으니, 기실 하늘

東庠居士曰:

"瑪竇歷引上帝以證天主, 皆屬附會影響, 其實不知天, 不知上帝, 又安知太極?

1 『천주실의』 1편에서 이마두는 존재 근거(所以然)를 설명하면서 運動因(the efficient cause)을 作者, 形相因(the formal cause)를 模者, 質料因(the material cause)을 質者, 目的因(the final cause)을 爲者로 썼다.

도 상제도 모르면서 어찌 태극을 알겠습니까?

태극은 이理의 종지宗旨이므로 이理만 말할 수 없고, 기氣의 근본이므로 기만 말할 수 없습니다. 무시無始까지 밀고 올라가 보면 만물이 시작될 수 있고, 무종無終까지 끌고 가 보면 만물이 끝날 수 있습니다. 이마두는 대롱으로 하늘을 보고, 표주박으로 바닷물을 측량하면서 '허공에 있는 이理는 쓰러지거나 떨어지고 만다.'[2], '처음에는 어떻게 움직이지 않고서 만물을 만들었으며, 나중에는 누가 건드렸기에 움직였는가?'[3], '수레의 이理가 있는데 어찌하여 수레 하나도 만들지 못하는가?'[4] 등등 갖은 천박한 지식으로 이理를 비웃었습니다. 만약 이와 똑같은 이치로 천주에 대해 따진다면, 이마두는 어떻게 해명할 것입니까?

夫太極爲理之宗, 不得單言理. 爲氣之元, 不得單言氣. 推之無始, 而能始物, 引之無終, 而能終物者也. 瑪竇管窺蠡測, 乃云'虛空中理不免于偃墮'. 又云'始何不動而生物, 後誰激之使動?' 又云'今有車理, 何不生一乘車?' 種種淺陋智能嗤之, 即以此還詰天主, 瑪竇亦作何解?

옛날 현인들은 하늘을 말한 것 가운데 『주역』만큼 분석이 뛰어난 것이 없다고 하였는데, 복희씨는 하늘과 땅, 뫼와 못, 천둥과 바람, 물과 불로 우주의 삼라만상을 아울렀고, 공자는 또 그것이 나온 근원을 거슬러 올라가 '『주역』에 태극이 있다.'[5]고 한마디 하셨습니다. 뒤이어 '(태극이) 음양을 낳고, (음양이) 사상四象을 낳고, (사상이) 팔괘八卦를 낳았다.'고 하였으니, 참으로 분명하고도 현묘한 이치입니다! 오로지

昔賢謂說天者莫辨乎『易』, 伏羲以天地·山澤·雷風·水火羅宇宙之法象, 孔子又遡其從出之原, 特揭'『易』有太極'一句, 故下面遂云'生兩儀, 生四象, 生八卦.' 顯矣, 亦玄矣! 惟能認得太極爲生天生地生人生物之主宰, 便不落意識界中, 而仁義

2 『천주실의』 2편에 있는 내용이다.
3 『천주실의』 2편에 있는 내용이다.
4 『천주실의』 2편에 있는 내용이다.
5 『周易』 「繫辭傳上」에 있는 내용이다.

태극이 하늘을 낳고 땅을 낳고 사람을 낳고 만물을 낳은 주재임을 인식해야만 의식의 세계로 떨어지지 않을 수 있고, 무엇을 만나건 인의예지가 그때그때 흘러나올 수 있습니다. 우리 유자들이 본원으로 돌아가는 비밀은 전적으로 여기에 달려 있습니다. 저들이 어찌 감히 거리낌 없이 굴며 태극의 이理는 낮고 천하다고 말할 수 있겠습니까?

禮智, 觸處隨流. 吾儒返本還源, 秘密全在于此. 何彼敢無忌憚, 而曰太極之理卑也, 賤也?

또 인의예지는 이理 다음에 나온 것이라, 인간의 본성이 될 수 없다고 하였습니다. 고자告子는 의가 무엇인지 몰랐기 때문에 의를 바깥의 것이라 간주하였습니다. 지금 이마두는 실제로는 고자의 주장을 따르고 있으면서 이를 숨기고 있습니다. 신의 혼령, 사람의 혼령, 금수의 혼령, 초목의 혼령을 천주가 일일이 조각해 부여했다[6]고 말하고 있으니, 그 허황됨과 지리멸렬함으로 보건대 그의 견해는 고자보다 한참 아래입니다. 고자가 본성에 대해 그릇되게 말하자 맹자께서는 질책하고 물리쳤습니다. 이마두의 그릇됨은 고자보다 더욱 심한데 선생은 더욱 독실히 믿고 있으니, 설마 공자와 맹자도 본받을 만하지 못하단 말씀입니까?"

又曰仁義禮智, 在推理之後, 不得爲人性. 夫告子未嘗知義, 以其外之也, 今瑪竇實祖其說而尤遁焉. 至謂神魂人魂禽獸魂草木魂, 天主一一雕刻以付之, 誣妄支離, 則其見更在告子下矣. 告子誤論性, 孟子辭而闢之, 瑪竇誤逾甚, 而子信逾篤, 豈孔·孟猶不足法與?"

6 『천주실의』 3편 참조.

1.6. 서학 변박 5

西學辨五

요지

서학에서는 유가의 허무를 비판하며 불교 및 노자와 같다고 말한다. 이에 대해 동상거사는 유가는 경세를 위주로 하므로 설사 허무를 논한다 해도 실제 존재하는 것을 놓고 말하며, 도교와 불교조차도 무無와 공空을 논하지만 성性의 본질을 인식하고 있다고 반박한다. 또한 『상서』와 『시경』 등 경전과 공자·맹자와 같은 성인들이 늘 본성에 관한 이理를 논함과 동시에 실공實功을 염두에 두지 않은 적이 없으니, 빈 방에 모여 예수에게 기도하고 주술이나 읊는 천주교에 비해 훨씬 우월하다고 주장한다.

손님이 말했다.

"유가에서는 허리虛理를 성性의 근원으로 여기는데, 이것이 불교와 도교에서 공空과 무無를 담론하는 것과 무엇이 다릅니까? 그러고도 다시 종파를 세워 불교와 도교를 공격하니, 이 때문에 이마두가 연燕나라로 연나라를 치고[1] 혼란으로 혼란을 대체하였다고 비난한 것입니다."

客曰:

"儒認虛理爲性原, 則與佛·老之談空無者何異? 乃復立門以攻二氏, 故瑪竇詆爲燕伐燕, 亂易亂耳."

동상거사가 말했다.

"우리 유가는 경세經世를 위주로 하기 때문에 반드시 모든 사물을 주재하려 합니다. 따라서 허무를 이

東庠居士曰:

"吾儒主于經世, 則必宰事物, 即說到虛無處, 一切俱爲實有.

1 『孟子』「公孫丑下」에 "지금 연나라로 연나라를 정벌하는 것이나 다름없는데, 내가 어떻게 제나라더러 연나라를 정벌하라고 하였겠는가?(今以燕伐燕, 何爲勸之哉?)"라는 구절이 있다.

야기하더라도 모두 실제로 존재하는 것들만 말합니다. 불교와 도교는 세상으로부터 벗어나는 것을 위주로 하기 때문에 반드시 모든 사물을 회피하려 합니다. 따라서 실제로 존재하는 것을 이야기하더라도 모두 허무로 돌아가 버리고 맙니다. (두 학설의) 차이는 천 리나 되지만 시초의 차이는 지극히 미미합니다. 이마두가 함부로 '공空이니 무無니 말하는 것은 자기에게 있는 것이 아무것도 없다는 뜻인데, 어떻게 성질과 형상을 베풀어 물체를 만들 수 있겠는가?'라고 하였는데, 저들은 유가만 모르는 것이 아니라 불교와 도교 또한 알지 못합니다. 불교에서는 '성색性色은 진공眞空이요 성공性空은 진색眞色'이라고 말합니다.[2] 도교에서는 '혼돈의 상태가 천지보다 먼저 생겨났다.'[3]고 말하였으니, 어찌 성性의 바탕을 조금도 보지 못하였겠습니까? 저 이마두가 천주교란 망상으로 마귀를 만들어 내어 성학을 시탐해 보다니, 참으로 문외한입니다. 저자가 감히 연나라로 연나라를 치고, 혼란으로 혼란을 대체하였다 운운하는 것은 실로 메추라기가 봉황을 비웃는 꼴이라, 그저 자기의 오만을 드러낼 뿐입니다."

손님이 말했다.

二氏主于出世, 則必避事物, 即說到實有處, 一切俱歸虛無. 抄忽千里端緖極微. 泰西漫曰'空者無者, 是絶無所有于己也, 胡能施有性形以爲物體?' 非惟不知儒, 併不知佛·老矣. 佛氏云'性色眞空, 性空眞色', 老氏云'有物混成, 先天地生', 豈性地毫無所窺哉? 若瑪竇之天主教, 則妄想成魔, 叩以性學, 眞門外漢也. 敢云燕伐燕, 亂易亂, 譬斥鷃而笑哄鳳凰, 適彰其傲而已矣."

客曰:

2 『楞嚴經』에 보인다. "무량공덕을 갖춘 佛性 성품의 妙色은 바로 眞空이요, 여래가 품고 있는 성품 곧 본체가 비어 있는 空한 자리가 그대로 실상인 眞色이다. 그래서 청정한 진여 불성이 우주에 두루 있는 것이다.(如來藏中, 性色眞空, 性空眞色, 淸淨本然, 周遍法界.)"라는 구절이며, 여기서 眞空은 일체 色相, 意識의 限界를 벗어난 경지를 말한다.

3 『老子』 제25장에 있는 내용이다.

"선생께서는 유가의 종지를 굳게 지키시면서 유독 불교와 도교에 대해서만 너그럽고 서학은 엄히 물리치십니다. 그러나 인성人性만 놓고서 허리虛理만을 연구·탐색하는 데 불과한지라, 우나라·하나라·상나라·주나라 때 하늘을 섬기고 상제를 섬긴 실제적인 공적에 비해 결함이 없을 수 없으니, 아마도 서학을 모두 그릇되다 하실 수는 없을 듯합니다."

"子旣堅守儒宗, 今獨寬二氏, 而嚴斥西學. 不過止就人性上研求虛理, 視虞·夏·商·周所以事天事上帝之實功, 終爲有缺, 恐西學未可盡非也."

동상거사가 말했다.

東庠居士曰:

"옛것을 배우지 않고 얻는 바가 있었다는 말은 들어 본 적이 없습니다. 제가 어찌 감히 억측을 가지고 말하겠습니까! 다만 경서의 취지와 저 오랑캐가 서로 어긋나기 때문입니다. 그러한 말을 끌어다가 세상의 귀와 눈을 틀어막는 일은, 제가 아무리 미련해도 따를 수 없습니다. 옛날에 삼묘三苗[4]가 못나고 잔학하여 신神의 말만 듣자 순임금은 중려重黎[5]에게 명을 내려 땅과 하늘이 서로 통하지 못하게 하였습니다. 지금 이마두가 아침저녁으로 상제에게 아첨하는 것은 삼묘의 전철을 밟는 것과 같습니다. 하늘을 섬기고 상제를 섬기는 진정한 공적에 나아가기 위해 우리 유

"學不師古, 而能有獲者, 未之前聞, 余何敢憑臆而談哉! 正惟經書之旨與彼夷戾, 若附會其說以塗世耳目, 余雖愚魯, 弗能從矣. 昔者三苗昏虐, 惟聽于神, 舜乃命重黎絶地通天. 今瑪竇朝夕媚帝, 猶三苗之故轍也. 豈知事天事帝之眞功, 吾儒自有坦平塗徑.

4 『尙書』「呂刑」에 "苗民들이 정령에 복종하지 않으니 형벌로써 그들을 제재하고 다섯 가지 가혹한 형벌과 법률을 제정하였다.(苗民弗用靈, 制以刑, 惟作五虐之刑曰法.)"라는 내용이 있는데, 삼묘의 임금이 蚩尤의 악함을 따라 교화되지 않기에 중벌로 제재하고, 다섯 가지 가혹한 형벌과 법률을 제정하였다는 것이다.

5 '重黎'는 중국 고대 전설상의 인물인 羲和(重과 黎라는 두 사람이라고 해석하기도 함)이다. 그는 천지와 사계절을 장악하는 관리였는데, 사람과 천신이 서로 교란하지 못하게 하고, 각기 제자리를 찾게 하였다. 이것을 "땅의 백성들이 하늘의 천신과 서로 감응하여 통하지 못하게 하였다.(絶地通天.)"라고 한다.

가가 깔아 놓은 평탄하고 바른 길이 있다는 것을 어찌 알겠습니까.

'나를 아는 것은 하늘뿐'이라는 말을 공자께서 하셨으나, '아래에서 배워 위에 이른다.'[6]란 것이 어떤 일을 말한 것이겠습니까? 하늘을 섬기는 방법에 대해서 맹자께서 말씀하셨으나, '본심을 보존하고 본성을 기른다.'[7]는 것이 어떤 공功을 말한 것이겠습니까? 밝게 상제의 명을 받들 것을 『상서』에서 말하였으나, 반드시 '너의 자리를 안정되게 지키라.'[8]고 하였습니다. 상제를 밝게 섬길 것을 『시경』에서 말하였으나, 반드시 '삼가고 조심하라.'[9]고 하였습니다. 학문의 정미함이 이보다 더할 수 있습니까!

'知我其天', 孔子言之矣, 而'下學上達'者何事? 所以事天, 孟子言之矣, 而'存心養性'者何功? 昭受上帝, 『書』言之矣, 而必曰'安汝止'. 昭事上帝, 『詩』言之矣, 而必曰'小心翼翼'. 學問精微, 孰過于此!

시작하는 관건에 있어서는 하늘에서 찾지 않고 자신에게서 찾았습니다. 이 때문에 『주역』에서는 '하늘의 운행은 굳세며, 군자는 마음을 가다듬어 쉬지 않고 노력한다.'[10]고 하였고, 『상서』에서는 '하늘이 만든 재앙은 그래도 피할 수 있지만, 자신이 만든 재앙은 도망갈 수 없다.'[11]고 하고, 또 '상천上天의 미덕

至下手樞機, 更不求諸天, 而求諸己. 故『易』云'天行健, 君子以自强不息'. 『書』云'天作孽, 猶可違, 自作孽, 不可逭', 又云'惟克天德, 自作元命'. 『詩』云'永言配命, 自求多福', 確然大

---

6 『論語』「憲問」에 "하늘도 원망하지 말고 사람도 탓하지 말라. 밑에서 배워서 위로 통하라. 나를 알아주는 자는 하늘뿐이로다.(不怨天, 不尤人, 下學而上達. 知我者, 其天乎.)"라는 내용이 있다.

7 『孟子』「盡心上」에 "본심을 보존하고 본성을 기르는 것이 하늘을 섬기는 방법이다.(在其心, 養其性, 所以事天也.)"라는 내용이 있다.

8 『尙書』「益稷」에 "너의 자리를 안정되게 지켜라 조짐을 헤아렸으니 편안함을 생각하라.(安汝止, 惟幾惟康)"이라는 내용이 보인다.

9 『詩經』「大雅」「大明」에 "문왕께선 삼가고 조심하셔서, 하느님을 밝게 섬기고 많은 복을 받았도다.(維此文王, 小心翼翼. 昭事上帝, 聿懷多福.)"라는 내용이 있다.

10 『周易』「乾卦」에 있는 내용이다.

11 『尙書』「商書」에 있는 내용이다.

을 어깨에 짊어지고 있으면서 저절로 좋은 운명을 만들었으므로 인간 세상에서 천명을 누릴 자격이 있다.'[12]고 하였으며, 『시경』에서는 '길이길이 천명을 받아 스스로 많은 복을 구하라.'[13]고 하였습니다. 이것이 유교의 근본으로 돌아가라는 명확한 뜻입니다.

學歸本之消息也.

이러한 것에 힘쓰지 않고, 이마두가 말한 못 박혀 죽은 예수에게 나아가 그를 상제라 하고 부지런히 예배드리고 보우해 줄 것을 바란다면, 이는 미혹된 짓입니다! 심지어 어두컴컴한 방에 들어가 성수로 씻고 은밀한 주술呪術을 행하니, 이는 점쟁이의 사술과 다를 바 없습니다. 경서에 이런 것이 있었습니까? 저 이마두 같은 오랑캐들은 상제를 무고하여 아랫사람들에게 명을 내리고 있으니, 성명하신 천자께서 반드시 축출해 내실 것입니다. 풍문만 주워듣고 하늘을 섬기고 상제를 섬긴다는 명분만을 좇으며 그 실체도 살피지 않고 너도나도 따르고 있으니 슬픈 일입니다!"

舍此不務, 而就瑪竇所言釘死之耶穌, 指爲上帝, 勤拜禱以祈祐, 則惑矣! 甚至入闇室, 洗聖水, 佩密呪, 如巫祝邪術, 攷之經書有是乎? 彼瑪竇諸夷, 眞矯誣上帝, 以布命于下, 固當今聖天子所必驅而逐也. 耳食者狥事天事上帝之名, 而不察其實, 遂相率以從之, 悲夫!"

12 『尙書』「呂刑」에 있는 내용이다.

13 『詩經』「大雅」「文王之什」에 있는 내용이다.

2. 천학의 의혹을 파헤치다

天學剖疑

복당 사람 대기봉

福唐 戴起鳳

요지

대기봉戴起鳳[1]은 천주교 또한 사람에게 선을 행하라 가르치니 따르지 못할 이유는 없으나, 그들이 주장하는 교리가 허무맹랑하고 도리에 맞지 않는다고 하며 천주 강생설과 수난설에 대해 변박하고 있다. 강생설에 관해서는 천주가 만물의 주재자라면 33년간 주재의 일을 멈추고 세상에 내려와 있을 수는 없다고 변박하고 있고, 천주의 수난설에 대해서는 천주가 세상을 구하고자 하였다면 성인을 내어 천도를 실행함으로써 구할 수 있었을 터, 굳이 자신이 못 박혀 죽는 수난을 당할 필요가 없다면서 변박하고 있다. 아래 세상에 있을 때는 죄악을 밝게 통찰하지 못하고 도리어 재앙을 당하였으며, 위 하늘에 있을 때는 높은 자리에 있지 못하고 비천한 자의 말을 따랐으니, 우임금·순임금·탕왕·문왕에게 비겨 본다면 턱없이 무능한 존재라 단정 지었다.

손님이 물었다.	客問:
"천주교는 따를 만합니까?"	"天主教可從乎?"
내가 말했다.	愚曰:
"따를 만합니다."	"可."
어떤 사람이 말했다.	或曰:
"따를 만한지 어떻게 알 수 있습니까?"	"曷知其可?"

1 저자 戴起鳳에 관한 자세한 내용은 알려져 있지 않다. 福唐은 복건성 福州의 별칭이다.

내가 말했다.

"성교聖教(유교)의 큰 주지主旨는 마음을 바르게 하고 진실한 마음을 가지며 스스로를 속이지 않는 데 있습니다. 악한 것을 미워하여 그것을 없애기 위해 힘쓰고, 착한 것을 좋아하여 그것을 얻고자 구합니다. 허물을 고치고 덕을 높이며, 미혹된 바가 있으면 반드시 분별합니다. 사람들로 하여금 진실을 체득하여 그것이 몸에 배도록 노력하게 합니다.[2] 하지만 대다수의 사람들은 이것이 고생스러워 소홀히 하다가 어느 날 천주교에 대해 듣고는 착한 일을 하고 악한 것을 멀리하는 가르침이라 여겨 기꺼이 나아갔습니다. 이것(천주교)에 익숙해져 저것(유교)을 깨우칠 수 있다면, 그 또한 광명으로 나아가는 길일진대 따르지 못할 게 무에 있겠습니까?"

曰:

"聖教大旨, 在正心誠意毋自欺, 惡惡務決去, 好善求必得. 修慝崇德, 必辨惑. 令人體認眞切, 著己用功. 世多苦而忽之, 一聞天主教, 視爲善袪惡之訓, 忻心嚮往. 闇此而覺彼, 是亦通明一路, 何不可從?"

어떤 사람이 말했다.

"천주가 강생했다는데 과연 그렇습니까?"

或曰:

"天主降生, 然乎?"

내가 말했다.

"교활한 오랑캐들이 그런 말을 전한 지 오래지만, 이치상 믿을 바가 못 됩니다. 천주란 천지만물을 주재하는 자이니, 창조와 화육의 일을 잠시도 멈출 수 없습니다. 그런데 33년 동안 강생하였다면 온갖 신들에게 주인이 없어진 셈, 창조와 화육의 일이 일찌감치 멈추지 않았겠습니까? 천지만물이 모두 훼멸되어

曰:

"此事狡夷傳久, 理未足信. 天主者, 主宰天地萬物, 化工無一息停. 既降生三十三年, 則百神無主, 化工不久輟乎? 天地萬物不盡毀乎? 甚不可解."

2 『二程全書』「遺書」 권 11에 "배움은 자신의 내면을 채찍질하여 몸에 배게 하려는 것일 뿐이다.(學要鞭辟近裏, 著己而已.)"라는 말이 보인다.

버리지 않았겠습니까? 참으로 이해하기 어려운 일이지요."

손님이 말했다.

"천주는 여전히 하늘에 계시면서 만물의 창조를 주재하시고, 또 다른 천주가 강생하였던 것입니다."

내가 말했다.

"하늘에 계시면서 주재하는 천주가 하나 있고, 강생한 천주가 또 하나 있다면 천주가 둘인 셈이니, 이 또한 이해하기 어렵습니다."

손님이 말했다.

"천주가 강생한 것은 세상을 구하기 위해 부득이 한 것이었습니다. 열두 제자를 뽑아서 포교하였는데, 그때 제사장들은 정전正傳을 계승하고 외적인 예법만을 인습한 사람들이었습니다. 저들은 오만한 마음으로 천주를 공경히 받들지 않고서, 저들 나라의 임금 자리를 노린다고 무고하였습니다. 관청에 송사한 결과, 태장을 맞고 등을 찔리고 머리에 가시관을 쓰는 등 갖가지 고난을 받고 십자가에 못 박혀 죽었습니다. 지옥에 떨어졌다가 다시 살아난 후에 하늘로 올라갔습니다. 천주가 고난을 받은 것은, 수난당하는 자들에게 이를 기꺼이 받아들이는 법을 알게 하고자 함이었으니, 이에 세상을 구원하고 지옥을 벗어나 천당에 올랐던 것입니다."

내가 말했다.

"이러한 이치는 참으로 이해하기 어렵습니다. 천주가 세상을 구하려 하였다면 어찌하여 성인을 내어 천도를 실행함으로써 구해 내지 않고, 자신이 못 박혀

客曰:

"天主仍在天, 主宰造物, 另一天主降生."

曰:

"在天主宰一天主, 降生復一天主, 是二天主矣, 又不可解."

客曰:

"天主降生, 不得已爲捄世, 選十二宗徒敷教. 時有掌教, 原受正傳, 只襲外禮, 心傲滿, 不奉敬天主, 誣以謀圖本國主位, 訟于官, 受木杖笞背棘環籠首諸苦, 至十字架釘死, 入地獄復生, 後昇天. 天主受苦難, 令受難者知甘心, 故得捄世, 超地獄, 升天堂."

曰:

"此理大不可解也. 天主欲捄世, 詎不能生聖人, 行天道以捄之, 何必自受難釘死也?"

죽으면서 고난을 겪었단 말입니까?"

손님이 말했다.

客曰:

"천주의 말씀이 이 일이 일어나기 전에 있었기에 일부러 그같이 하신 것입니다."

"天主言在事前, 故意爲之."

내가 말했다.

曰:

"아닙니다! 천주가 지극히 진실되고 거짓이 없는 분이라면 어떻게 지극히 진실되고 거짓 없는 하늘이 일부러 이 같은 일을 할 수 있겠습니까? 게다가 천주는 지극히 신령한 존재인데, 어찌하여 사람을 잘못 쓰고도 알지 못하고, 사람들에게 무고당해도 변명하지 못하며, 억울하게 못 박혀 죽으면서도 벗어나지 못했단 말입니까? 하물며 어떤 식으로 나라를 도모했다는 것인지 아무 근거도 자취도 없는데, 그냥 묵묵히 앉아서 극형의 참혹을 당하였으니, 어찌 천주라 할 수 있겠습니까? 우물에 빠진 사람을 구하려다 자기가 빠진 것과 무엇이 다릅니까? 천주라는 자가 지상에서는 죄악을 밝게 비추지 못하고 도리어 화를 당하고, 천상에서는 고귀한 곳에 앉지 못하고 도리어 천한 자의 말을 따랐으니, 붙들려 갑자기 지옥에 떨어졌다가 다시 지옥에서 벗어나 부활했다는 것을 어떻게 알 수 있단 말입니까?

"非也! 天主固極誠無妄者, 寧有無妄至誠之天, 行故意之事乎? 且天主至神靈, 何悞用非人不知, 被人誣陷莫解, 冤極釘死罔脫? 況謀國何事, 無形無影, 乃啞坐極刑之慘, 何以爲天主? 何異從井捄人, 而泥其身也? 在下天主旣不能燭奸而罹禍, 在上天主又不能居高而聽卑, 又何見捉之地獄倏入, 脫之地獄更生乎?

살펴보니, 예로부터 성인에겐 죽음이 없었다[3]고 하

按從古聖人皆無死地, 矧天主

3 『老子』 50장에 "듣건대, 삶을 잘 길러 내는 자는 … 코뿔소도 뿔로 들이받지 않고 호랑이도 발톱을 세우지 않으며 병사도 칼을 휘두르지 않는다고 했다. 어째서인가? 그들에게는 죽음이 없기 때문이다.(蓋聞善攝生者, … 兕無所投其角, 虎無所措其爪, 兵無所用其刃. 夫何故? 以其無死地.)"라는 내용이 있다.

는데, 하물며 천주이겠습니까? 탕왕湯王은 하대夏臺[4]에서도 살아났고, 문왕文王은 유리羑里[5]에서도 살아났습니다. 고문하던 관리가 아무리 포악하기로 걸왕桀王이나 주왕紂王보다 더 심했겠습니까? 탕왕과 문왕이 아무리 성인이더라도 천주를 이길 수 있겠습니까? 옛날에 순임금은 부모가 미련하고 악했으며, 아우인 상象은 오만무례했습니다. 그들은 창고를 불태우고 깊은 우물을 파는 등 다방면으로 순을 해치려 했으나, 순은 부르면 달려갔고 죽이려 하면 거기에서 빠져나왔습니다. 어떤 죽을 지경에 놓여도 살아났고 망할 처지에 빠뜨려도 목숨을 부지했습니다. 환퇴桓魋가 공자를 시기하여 나무를 베어서 그를 죽이려 하였지만, 공자가 이미 미복微服 차림으로 송나라를 지나간 사실을 몰랐습니다. 그래서 공자는 '하늘이 나에게 살아날 덕을 주었거늘 환퇴인들 나를 어찌할 것인가?'[6]라고 말했습니다. 순임금이나 공자의 경우를 보면 천주를 더욱 잘 알 수 있습니다.

乎? 湯, 夏臺也而生, 文, 羑里也而生. 問官雖暴, 豈過桀·紂? 湯·文雖聖, 能勝天主耶? 昔舜父母頑嚚, 弟象傲, 多方死舜, 如焚廩浚井等害, 召之則來, 殺之則脫, 何置之死地而生, 亡地而存耶. 桓魋惡孔子, 伐其木將要而殺, 不知微服已過宋, 曰'天生德于予, 桓魋如予何?' 觀舜·孔益知天主矣.

또 살펴보니, 진시황이 사방 오랑캐를 정벌하고 만방에 위세를 떨쳤을 때, 억만 명의 병사가 그를 호위하고 천 명의 기병들이 뒤따랐습니다. 장량張良이 역사力士를 시켜 박랑사博浪沙에서 철퇴로 진시황을 저격했으나 그를 따르던 수레를 잘못 맞추고 말았습니

再按秦皇鞭撻四夷, 威震八方, 億萬擁衛, 千騎輔從. 張良令力士擊博浪之椎, 誤中副車, 大索十日, 匪唯不得良, 併不得力士. 謂天主不能得良且不可, 更不

4 '夏臺'는 하남성 禹縣 남쪽 均臺라는 곳에 있었다고 전해지는 감옥이다. 『史記』「夏虞本紀」에 따르면 하나라 桀王이 탕왕을 이곳에 유폐했다고 한다.

5 '羑里'는 紂王이 한때 姬昌, 즉 文王을 가두었던 감옥으로 하남성 湯陰 북쪽에 있었다고 한다.

6 『論語』「述而」에 있는 내용이다.

다. (진시황은 명을 내려) 열흘을 수색했어도 장량뿐만 아니라 역사마저 잡지 못하였습니다.[7] 천주가 장량 같은 인물을 얻지 못했다 해도 안 될 노릇인데, 역사마저 얻지 못했다면 말이 됩니까? 이것은 절대로 의심할 수 없는 사실입니다."

能得力士也, 可乎? 此萬萬無足疑矣."

7 『史記』「秦始皇本紀」에 "29년에 진시황이 동쪽으로 순유를 나와 양무 박랑사에 이르렀을 때 도적들을 만나 놀랐다. 도적들을 찾았으나 붙잡지 못하자 세상에 명령을 내려 열흘 동안 모두 뒤지게 하였다.(二十九年, 始皇東遊, 至陽武博浪沙中, 爲盜所驚, 求弗得, 乃令天下大索十日.)"라는 내용이 있다.

3. 『천주실의』의 살생론을 변박하다

天主實義殺生辨

항주 사람 덕원거사 우순희

武林 德園居士 虞淳熙

요지

이마두(마테오 리치)가 쓴 『천주실의』의 살생론을 우순희虞淳熙[1]가 불교도의 입장에서 비판한 글이다. 불교에서는 피의 색깔로 생명을 규정짓지 않으며, 금수의 목숨만 중히 여기고 식물의 생명을 가벼이 여기지 않는데, 이마두는 만물을 일체로 여기는 불교의 교리를 제대로 알지 못하고서 터무니없는 주장을 펼쳤다고 비판하였다. 또 약육강식이니 사람의 성性이 소나 말과 다르다느니 하면서 육식을 주장하고, 한순간의 고통으로 평생의 노고를 덜어 주는 편이 낫다고 하는 것은 본성을 거스르는 행위이자 측은지심에 위배되는 것이라 하였다.

청태淸泰 이마두利瑪竇(마테오 리치)가 편지를 보내어 나와 변론하고 싶다고 하였으나 한 달이 되도록 『천주실의』를 펼쳐 보지 못했다.

利淸泰瑪竇書來, 欲與余辨, 一月而闡『實義』不得.

지금 그 책이 모두 갖추어졌는데, 내용을 보니 채식하는 사람들을 극구 비방하면서, "짐승의 피는 붉고 초목의 피는 푸르거나 희다. 그러니 짐승을 중히

今其書具在, 極口詆蔬食者謂 "禽獸紅血, 草木綠血白血, 不當重禽獸而輕草木."

1 虞淳熙(1553~1621)는 字가 長孺이고 절강성 錢塘 사람이다. 만력 11년(1583)에 진사가 되어 兵部 職方主事 및 主客員外郎 등의 관직을 역임했다. 蓮池大師와 인연이 깊은 독실한 불교도이기도 하다. 전하는 말에 따르면 세 살 때부터 염불을 하였으며, 연지 대사와 더불어 三潭의 방생지를 복원하였다고 한다. 후에 南屛山에 들어가 수행하였다.

여기고 초목을 경시하여서는 안 된다."[2]고 하였다.

대저 '조공肇公의 피는 희고[3] 장홍萇弘의 피는 푸르다.'[4]고 하였으니, 어찌 풀과 나무만 그렇겠는가? 초계비구草繫比丘의 이야기[5]나 '제때에 맞지 않게 나무 한 가지라도 베어 내면 효가 아니다.'[6]는 말을 듣지 못하였는가? 초목의 요정도 그것을 찍어 내면 그 피가 칼과 도끼날을 붉게 물들인다. 희지도 푸르지도 않다고 해서 어찌 아픔을 모르겠는가? 사묘寺廟나 선당禪堂 주위의 나무들이 녹음으로 덮어 주고, 우미인초虞美人草[7]가 노래에 화답하고 박자를 맞추는 것은 모두 영혼이 깃들어 있기 때문이니, 어찌 크고 작음을 구별하는 것을 용납할 수 있겠는가?

夫'肇公之白血, 萇弘之碧血', 寧獨草本? 不聞草繫比丘, 及'斷一樹不以其時, 非孝'之語乎? 草木之妖斫之, 血殷刀斧, 非白非綠, 寧不知痛? 故禪枝之蔭覆, 虞美人之和歌應拍, 靈明涉入, 豈容分別大小耶?

또 (『천주실의에서』) 말하길, "살생을 금하는 것은 동물을 기르는 도리에 크게 해가 된다. 소나 말이 죽

又云"禁殺牲, 大有損於牧牲之道. 牛馬等受終身之患, 不如

2 『천주실의』 5편에 있는 내용이다.

3 肇公은 중국 晉나라의 僧肇를 가리키는 듯하다. 『傳燈錄』에 순교 시 흰 피를 흘린 승려(師子尊者, 慈忍大師) 이야기에 僧肇의 기록은 보이지 않지만, 참형을 당하며 다음과 같은 시를 남겼다. "사대(地水火風으로 이루어진 몸)는 원래 주인이 없고, 오온(色受想行識의 집합인 몸과 마음) 또한 본래 공한 것이니, 흰 칼날이 머리를 내리친들, 봄바람을 베어 내는 것과 무엇이 다르리.(四大元無主, 五蘊本來空, 以首臨白刀, 猶如斬春風.)"

4 『莊子』「外物」에 "장홍이 촉 땅에서 죽었는데, 그 피를 감추었더니 3년 후에 벽옥이 되었다.(萇弘死於蜀, 藏其血三年, 化而爲碧.)"는 이야기가 있다.

5 '草繫比丘'는 계율을 엄격히 지키고 있는 비구를 지칭한다. 『賢愚經』 권5와 「大莊嚴論經」 권3에 나오는 이야기에 따르면, 도적 떼가 비구를 나뭇가지로 묶어 놓았는데, 이를 끊고 도망치지 않은 것을 보고 그 나라 왕이 이유를 물으니, 초목도 목숨이 있는 것이라 차마 베어 낼 수 없었다고 답했다 한다.

6 『禮記』「祭義」에 "증자가 말하길, '나무를 자르는 데도 때가 있고 짐승을 죽이는 데도 때가 있다.' 부자께서 말씀하셨다. '나무를 베든 짐승을 죽이든 제때에 하지 않으면 효가 아니다.'(曾子曰, '樹木以時伐焉, 禽獸以時殺焉.' 夫子曰, '斷一樹殺一獸不以其時, 非孝也.')"라는 내용이 있다.

7 虞美人은 項羽의 애첩 虞姬를 말한다. 우미인이 칼로 목을 베어 죽은 자리에서 풀이 자라났는데, 그 풀의 이름을 우미인초라고 했다 한다.

을 때까지 고생하느니, 차라리 한순간 고통으로 죽게 하여 먹어 버리는 것이 낫다."고 하였다.[8]

殺食, 止一時之痛."

그렇다면 보따리 메고 호미 든 사람, 감옥 평상에 누워 지내는 사람, 그리고 소나 말처럼 부림을 당하는 노예나 병졸과 같이 얼마만큼씩 고통과 근심을 지고 살아가는 자들이라면 모두 단칼에 목을 베어 죽여 달라고 구걸해야 마땅할 것이다. 이마두가 기왕 애처로운 마음에 포교하러 왔다면, 어째서 온 나라 사람을 죄악에 집어넣어 모두 죽여 버리지 않고 재계齋戒에 뜻이 있다 칭하는가?

然則負販負鋤之人, 囹圄床第之人, 與奴隸卒伍諸牛馬走, 多少苦患, 皆當引頸乞刀下一死. 而清泰哀憐行教, 何不引國人入犯盡殺之, 乃稱志齋乎?

또 말하기를, "짐승은 길러 부려야 한다. 이 같은 종류는 아주 많으니, 벌레가 누에보다 많고, 벌·파리·모기가 물고기·새우보다 많으며, 날짐승과 들짐승이 가금이나 가축보다 많은 것을 어찌 보지 못하였는가?"[9]라고 하였다.

又云"以牧養而用之. 此類繁多, 不見虫多於蠶, 蜂蠅蚊蚋多于魚蝦, 野禽野獸多於家禽家獸耶?"

이마두는 재지齋志를 재심齋心에 견주었는데,[10] 그 뜻이 크게 도리에 어긋나지는 않지만 본원을 모르고 만물이 일체라는 것을 알지 못하였다. 운서雲棲 대사[11]가 일찍이 말씀하시길, "사람들이 만약 모두 천주교를 받아들여 믿는다면 나는 장차 파사론破邪論을 쓰겠다."

清泰齋志比於齋心, 其義不大謬戾, 第不識本源, 不知萬物一體. 雲棲師嘗言"諸君若皆信受, 我將著破邪論矣!" 蓋憐之云.

---

8 『천주실의』 5편에 있는 내용이다.

9 『천주실의』 5편의 내용에 근거하였다.

10 『천주실의』 5편에 "선교사가 말했다. '살생을 경계한다고 채식만 하는 것은 작은 인자함일 뿐입니다. 재계에는 세 가지 뜻이 있으니, 이것을 아는 것이 더욱 절실하고 높은 것입니다.'(西士曰, '因戒殺生而用齋素, 此殆小不忍也. 然齋有三志, 識此三志, 滋切滋崇矣.')"라고 하면서 痛悔補罪, 淸心寡欲, 助人修德 세 가지를 열거했다. 이것이 곧 여기서 말하는 齋志이다.

11 雲棲는 蓮池大師 袾宏을 가리킨다.

라고 한 것은 아마도 측은하게 여겨 한 말일 것이다.

듣건대, 태초에는 하늘이 기름진 땅을 내어 사람들을 길렀다 한다. 땅이 기름져도 자라는 것이 없기에 오곡을 자라게 하였는데, 그 열매와 잎을 먹되 뿌리를 상하게 하지 않았다. 마른 나뭇가지나 석탄으로 그것들을 익혀 먹으니, 이만저만 충족된 게 아니었다. 요즈음 계戒를 받은 중들은 스스로 농사지으면서 불경을 염송하는데, 그 노고가 종복이나 병든 늙은이 못지않지만, 정력은 육식하는 사람보다 훨씬 나으니, 이는 무엇 때문인가? 즐거우면 살찌고 근심 있으면 여위는 법, 꼭 입에 맞는 기름지고 단 음식이 있어야 그리되는 것은 아니다.

聞之, 㓞初天生地肥以養人. 地肥不生, 乃生五穀, 而啖果茹蔬, 皆不傷其根. 熟以枯桥石炭不啻足矣. 近世戒僧, 耕耘作務, 念誦經行, 其勞不減僕夫老病者, 而精力反勝于肉食之子. 何者? 樂而豐, 憂而瘠, 不待肥甘之足於口也.

만약 하늘이 고기와 해산물을 내어 사람을 길렀다고 말한다면, 장차 하늘이 사람을 내어 독충과 맹수를 길렀다고 말할 것인가? 독충과 맹수가 사람을 먹지 않고는 배부를 수 없는 것은 사람이 음식을 먹지 않고는 배부를 수 없는 것과 마찬가지다. 그렇다면 장차 또 하늘이 약한 자의 고기를 내어 강한 자에게 제멋대로 잡아먹게 하고, 서로 삼키고 물어뜯게 하였다고 말할 것인가? 강하고 포악한 자들이 멋대로 굴면서 약하고 겁 많은 자들을 괴롭히도록 가만두는 것이 천주의 마음일 리 없다.

若曰天生肉食海物以養人, 將曰天生人以養毒虫猛獸乎? 彼非人不飽, 猶人非物不飽也. 又將曰天生弱之肉, 以恣强之食, 而使相呑噬乎? 縱强暴而欺怯弱, 天主之心應不如是也.

먹여 길러 새끼를 낳아 번식시키고, 태어나면 죽여 살생의 순환이 끊어지지 않아야 생명 있는 것들이 번성할 수 있다고 한다면, 가축과 가금이라면 혹 그럴 수도 있겠다. 천주가 독충과 맹수를 내어 신체를 조심시켰다면, 또 무슨 까닭으로 육식과 해산물을 내

若夫豢養孳息, 生而殺之, 殺輪不絶, 遂繁生類, 家禽家獸或有焉. 然天主生毒虫猛獸以警外人, 何故不生肉食海味以安內人乎? 吾國病人老人乳子, 人資丹

어 영혼을 편히 해 주지 않는 것인가?[12] 우리나라의 환자나 늙은이나 젖먹이들은 단약丹藥이나 유즙 등 생명을 상하게 하지 않는 것으로 모두 생명을 보존한다. 그러나 천주가 언제 이러한 것들을 내어 스스로 살기殺機를 끊고자 하였던가?

石酥酪不傷物命者, 皆延年保命. 天主肯嘗生此物自絶殺機?

만약 밭 갈고 수레 끄는 소와 말을 성급하게 죽여서 종신토록 겪어야 할 근심에서 벗어나게 해 주고자 한다면, 그 근심은 마부나 일꾼에게로 돌아갈 것이다. 저들은 또 기꺼이 소나 말처럼 한순간의 고통을 받고 그 노고를 대인大人에게 맡겨 버리고자 할 것이다. 그렇다면 대인은 앞으로 누구에게 그 노고를 맡겨야 하는가? 그러다 보면 사람마다 칼을 받아야 할 것이니, 천당에 오른 자들은 모두 머리 떨어진 귀신일 것이다. 선하고 상서로운 세계가 머리들이 어지러이 날아다니는 나라로 변하다니, 이 얼마나 무서운 일인가!

倘必速殺耕野驂乘之牛馬, 而脫其終身之患, 則患歸僕夫人役, 甘與牛馬同受一時之痛, 委其勞於大人矣, 大人又將誰委乎? 勢將人人受刃, 生天堂者, 皆斷首決脰之鬼, 善吉界, 變頭飛國, 可畏哉!

또 (『천주실의』에서) "신체는 외인外人이고 영혼은 내인內人이다. 호랑이나 승냥이의 경우, 신체에는 위험해도 영혼에는 안전하므로 결국은 사람에게 보탬이 된다. 호랑이와 승냥이는 본디 해가 되지 않으나 상제를 거역한 자들이 스스로 불러들였을 따름이다."[13]라

又云 "身體爲外人, 魂神爲內人, 虎狼輩險外人, 而寧內人, 卒有益於人. 虎狼原不爲害, 忤逆上帝者招之."

12 이 부분은 다음에 나오는 내용과 관계가 있다. 『천주실의』 5편에 "사람에는 두 종류가 있다. 하나는 외인이니 이른바 신체를 말한다. 하나는 내인이니 이른바 영혼을 말한다. 이 두 가지를 비교하면 내인이 더 존귀하다. 독충과 호랑이와 승냥이는 외인을 위험하게 하지만 내인을 편안하게 해 주어 결국에는 사람에게 이익이 된다.(人固有二 曰外人, 所謂身體也. 曰內人, 所謂魂神也. 比此二者, 則內人爲尊. 毒蟲·虎·狼險外人而寧內人, 卒可謂益於人焉.)"는 말이 나온다. 이에 대해 사람의 영혼을 편히 해 주려면 기름진 고기를 내줄 것이지 어찌하여 독충이나 맹수를 내주었느냐고 반박한 것이다.

13 『천주실의』 5편에 있는 내용이다.

고 하였다.

호랑이와 승냥이가 어찌 사람이 상제를 거역한 것을 알겠는가? 나면서부터 알았다면 호랑이와 승냥이가 사람보다 나은 셈이다. 천주의 힘으로 저들을 부려 사람을 경계시킬 수 있다면, 왜 그 힘으로 경계할 필요도 없이 만들지 않았는가? 호랑이와 승냥이는 교화하기 쉽고 사람은 교화하기 어렵기 때문이라면, 천당이 호랑이와 승냥이의 영혼을 위해 만들어 놓은 곳이란 말인가? 가령 호랑이와 승냥이의 위험이 사람에게 경고를 주어 사람에게 보탬을 주는 데 그칠 뿐 잡아먹지는 않는다면, 사람이 호랑이와 승냥이를 두려워하며 경계할 필요도 없는 것 아닌가? 만약 이른바 외인(신체)이 평생 배불리 살았다면 내인(영혼)은 영영 지옥에 떨어져야 하는가? 아니면 놀란 영혼이 두려워할 줄을 알았으니 곧장 천당으로 가서 사는 것인가? 지옥에 떨어질 것이라면 경계해도 무익할 터이고, 천당에서 살 것이라면 몸을 던져서 호랑이 밥이 되어야 할 터이니, 천당에서 살 수 있는 지름길이 바로 이것이란 말인가?

不知虎狼何以知人之忤逆上帝耶? 使生而知之, 則虎狼勝於人. 天主力能使之警人, 何故力不能使人不待警耶? 虎狼易化而人難化, 天堂爲虎狼之魂神設耶? 假令虎狼之險止于警人益人, 不呑噬人, 人亦何畏乎虎狼而戒懼? 倘所謂外人者, 終飽其腹, 其內人將永墮地獄乎? 抑驚魂知懼, 徑生天堂乎? 墮地獄則警之無益, 生天堂則捨身喂虎, 爲生天堂之捷徑, 有是哉?

영혼은 창귀倀鬼[14]가 되고, 창귀는 (호랑이의) 길을 인도하여 사람을 잡아먹게 한다. 그러면 그 사람은 죽어서 또 창귀가 된다. 이러한 일이 끊임없이 이어질 것인데, 창귀 역시 사람에게 유익하단 말인가? 양

況魂神爲倀, 倀導而噬人, 人又爲倀, 如此不已, 倀亦有益于人乎? 仰使舍羊豕而專食人乎? 如倂食羊豕亦有益于羊豕乎? 生

14 '倀鬼'는 호랑이에게 물려가 죽은 사람의 영혼이 귀신으로 되어 호랑이 곁을 떠나지 못하고 호랑이를 도와 나쁜 짓을 한다는 귀신이다.

이나 돼지를 내버려 두고 사람만 잡아먹기를 바라는 것인가? 만약 양과 돼지까지 잡아먹는다면, 양과 돼지에게도 유익한가? 약한 동물을 태어나게 하여 호랑이나 승냥이, 그리고 독충의 먹이로 삼는 일은 천주라면 마땅히 하지 말아야 한다.

弱肉以養虎狼毒虫, 天主當不爾也.

내가 재지齋志의 뜻을 모르는 바 아니나 우연히 원사原思나 고자告子처럼 억지로 마음을 제어하고자[15] 하였다. 불교에서는 하늘을 섬기는 것과 신아神我[16]를 믿는 것은 일개 외도에 불과하다고 말한다. 이를 근본으로 삼았다면 어찌할 수 없는 노릇이다.

吾非不知齋志之義, 偶同原思·告子第强制其心, 佛氏所謂事天神我一外道而已. 本之則無如之何.

이마두와 같은 주장을 하는 자들은 어김없이 "사람의 본성은 소의 본성과 다르고 말의 본성과도 다르다."고 말한다. 지극한 이치가 마음을 즐겁게 하면 노고도 잊은 채 세상을 연모하게 되고, 잔뜩 먹고 힘이 생기면 맛난 음식과 삶을 탐하게 된다. 하지만 세상을 연모하고 삶을 탐하게 되면 천당을 사모하는 마음이 다시 생길까? 게다가 소나 말은 본성이 뛰어

爲清泰之言者, 必曰"人之性, 非牛之性, 馬之性也." 至理悅心, 則忘勞而戀世, 大嚼養力, 則饕味而貪生. 然戀世貪生肯復思天堂乎? 且牛馬性喜馳驅, 同惜軀命, 游牝舐犢, 煦煦相樂. 試令受一時之痛, 免終身之

---

15 原思는 공자의 제자 原憲이다. 『論語』 「憲問」에서 "남을 누르고 자신을 자랑하며, 남을 원망하고, 탐욕을 부리는 일을 하지 않으면 仁이라 할 수 있습니까?(克伐怨欲, 不行焉, 可以爲仁矣?)"라고 原憲이 묻자, 공자가 "어려운 일이기는 하지만 그것을 仁이라 할 수 있을지는 모르겠다.(可以爲難矣, 仁則吾不知也.)"고 대답하는 내용이 나온다. 『朱子語類』 권 44에 "克伐怨慾을 행하지 않는다는 것은 금지하는 것이라 뿌리까지 제거할 수 없다.(克伐怨欲不行, 此是禁制之, 未能絶去根苗也.)"라는 내용이 있다. 王陽明은 『傳習錄』에서 맹자와 性에 관하여 논변을 벌인 告子를 두고, "고자는 자기 마음을 억지로 제어하였으니, 이는 바로 '助'의 병통이다. 그래서 맹자는 '조장'의 해악을 전적으로 말씀하신 것이다. 고자가 조장한 것은 곧 義를 바깥 것으로 여기면서 마음에서 의를 모아야 함을 몰랐던 것이다.(告子强制其心, 是助的病痛, 故孟子專說助長之害. 告子助長, 亦是他以義爲外, 不知就自心上集義.)"라고 말한 바 있다.

16 '神我'는 불교 外道 중의 하나로 모든 행위의 주체가 되고 영원히 소멸하지 않는 자아에 집착하는 것을 말한다.

다니기를 좋아하고 제 몸뚱이를 아낀다. 어미는 새끼를 핥아 주며 그 온정에 서로 즐거워한다. 저들에게 한순간의 고통으로 죽을 때까지 겪어야 할 근심을 면해 주겠다 한다면, 참지 못하고 처량하게 울부짖으며 두려움에 싸여 부들부들 떨면서 달아나 숨으려 할 것이다. 소나 말을 위한다지만 실은 본성을 거스른 것이니, 이른바 "측은지심이 없으면 사람이 아니다."[17]란 바로 이런 것이다.

患, 不勝悲號觳觫奔走而避之. 爲牛馬計而拂其性, 所謂"無惻隱之心, 非人也."

17 『孟子』「公孫丑上」에 있는 구절이다.

4. 천체를 밝힘으로써 오랑캐 이마두가 하늘을 참칭하고 세상을 속인 것을 변박하다

明天體以破利夷僭天罔世

요지 이 글은 저자가 누구인지 알 수 없다. 천주가 만백성을 낳았으니 만백성은 천주에게만 제사 지내야 한다는 주장에 대한 반론이 주를 이룬다. 천주교에서 오로지 천주만을 높이며 부모도 임금도 받들지 못하게 한 데 대해 가장 크게 격분하고 있으며, 유교의 태극, 불교의 자비, 도교의 청정을 무시하는 태도에 대해 반박하고 있다. 저들이 중국을 빼앗으려는 음모를 품고 몰래 재물로 내지의 백성을 유인하여 천주교를 전파하고 있는데, 그 기세로 보아 구묘九廟와 벽옹辟雍까지 어지럽힐 것이 분명하다면서, 이러한 정황에 근거하여 목숨을 걸고서라도 천주교의 세력을 저지해야 한다고 호소하고 있다.

오랑캐 이마두는 천주교로 세상을 속이며 이렇게 말했다.

夷人利瑪竇, 爲天主教以罔世, 曰:

"천주가 태초에 하늘과 땅을 만들고 만물을 안배한 것은 목수가 누각을 건축한 것과도 같다."[1]

"天主開闢時, 能制作天地, 安排萬物, 如工匠之建樓閣."

"그런 다음 즉시 아담이라는 한 남자를 만들고 하와라는 한 여자를 만드니, 이들이 인류의 조상이 되었다."[2]

"即生一男曰亞黨, 一女曰阨襪, 是爲世人之祖."

이 때문에 사람들에게 자기 부모를 사랑하지 말고

故命人莫親父母, 而親天主之

1 『천주실의』 1편에 있는 내용이다.

2 『천주실의』 6편에 있는 내용이다.

천주라는 크신 아버지를 사랑하라 하고, 나라의 임금을 받들지 말고 천주라는 크신 임금을 받들라고 한 것이다. 사람들은 마땅히 천주를 사랑하면서 집집마다 제사를 지내야 하나니, 천주를 사랑하고 천주께 제사 지내는 자는 비록 천하고 못났더라도 반드시 천당에 갈 것이나, 천주를 사랑하지 않고 천주께 제사 지내지 않는 자는 임금이나 성인이라도 반드시 지옥에 떨어진다고 한다.

大父, 莫尊國君, 而尊天主之大君. 人宜愛而戶俱祀也. 愛祀天主者, 雖賤不肖, 必生天堂. 不愛祀天主者, 即君若聖, 必墮地獄.

천주를 세우다 보니 유교의 태극, 불교의 자비, 도교의 청정은 모두가 하찮은 것으로 되어 버렸다.

天主立, 而儒之太極, 佛之慈悲, 道之淸淨, 皆無是君矣.

천주교를 따르는 자 중에는 종묘를 허물고 천주에게 제사 지내면서, 하늘에 제사 지내는 참람한 짓이 대역죄를 범하는 줄 끝내 모르는 경우도 있다. 세상을 속이는 오랑캐들은 나라를 빼앗으려는 뜻을 품고서 몰래 재물을 주어 욕심 많고 어리석은 자들을 유혹한다. 평민 한 사람을 유혹하여 천주교에 입교시키는 자에게는 상을 주고, 생원 한 사람을 입교시키면 열 배의 상을 주며, 관리 한 사람을 입교시키면 백 배의 상을 준다. 손으로 그 책을 받고 그 교리를 숭상하면서 책을 찍어 내 사방에 전파하는 자들이 적지 않다. 갈수록 기승을 부리는 천주교의 기세로 헤아려 보건대, 구묘九廟와 벽옹辟雍[3]에까지 이르지 않고서는 그만두지 않을 것이다.

或從其教者, 至毁棄宗廟以祀天主, 而竟不知祀天之僭, 罪在無將. 罔世之夷, 志將移國, 抑且潛通利貨, 以誘貪愚. 誘一庶人入其教者賞, 誘一庠士賞十倍, 誘一縉紳賞百倍. 手受其書, 崇尚其說, 而爲之梓行傳播于四方者, 不少其人矣. 度其漸久漸焻之勢, 不至於移九廟·辟雍而天主之不已也.

성인의 백성 된 자가 어찌 세도와 인심의 병통을

生爲聖人氓, 寧忘世道人心之

---

3 '九廟'는 제왕을 모신 종묘를 말하고 '辟雍'은 천자를 위해 세운 大學을 말한다.

망각할 수 있으리오! 황하 둑은 개미굴 때문에 무너진다. 천주교가 도리에 어긋나고 보잘것없다고 하여 반딧불처럼 아침까지 가지 못하리라 여기지 말라. 백련교나 무위교가 천주교처럼 널리 전파되었다는 말을 듣지 못하였지만, 한번 불길이 치솟자 하마터면 산동山東이 없어질 뻔했다.[4] 이는 근년에 겪은 교훈이니, 가벼이 여길 수 있겠는가?

痛乎! 黃河之決, 潰于蟻穴, 莫謂其理背, 其教微, 料螢光之不待朝也. 白蓮·無爲之教, 未聞如是之傳誦, 一熾而山東幾不可有. 近鑒也, 蓋可忽乎?

게다가 하늘을 경외하고 경건히 제사 지내야 함은 선유先儒의 엄한 가르침인데, 꼭 오랑캐들이 말해 주어야만 알 수 있는가?

且天之當畏敬而昭事之也, 先儒之訓戒素嚴, 何待夷言而始覺?

하늘 경계의 끝이 어디이고 하늘의 넓이가 어느 정도인지에 대해서는 불경에 상세히 기록되어 있다. 그 안에 포함된 무진장의 것들이 어찌 좁은 식견으로 헤아릴 수 있는 것이겠는가? 그런데 어쩌다가 장인匠人이 일남일녀를 만들었다는 황당무계한 말로 하늘을 무고하기에 이르렀는가!

如欲窮天之界, 極天之廣, 詳載釋典, 函之內藏, 又豈小識之能量? 何至誣天如工匠, 生一男一女之無稽哉!

이 때문에 나도 거리낌 없이 하늘에 대해 말하고 또 천주에 대해 말함으로써 오랑캐가 하늘을 참칭하고 세상을 속이는 진상을 깨뜨리고자 한다. 천주교가 하루라도 그치지 않고, 천주교의 책이 하루라도 불타지 않으면, 우리는 여전히 창(戈)을 베고서 잠자는 것과 같다. 감히 목숨이 아까워 용기 내어 앞장서지 못하는 자는 대장부가 아니다.

故吾不諱言天, 亦不諱言天主, 而特破夷之僭天以罔世也. 夷之教一日不息, 夷之書一日不焚, 吾輩猶枕戈也. 敢惜軀命而不奮勇爲前矛者, 非夫矣.

---

4 백련교는 산동성과 直隸를 중심으로 교세를 확장했다. 무위교의 교주인 羅夢鴻(1442~1527)이 산동성 萊州 사람이라 무위교 역시 산동성이 근원지가 되었다.

5. 사설을 내치다

闢邪解

삼산 사람 장보 황자신

三山 黃紫宸 章甫

요지

이 글에서 황자신黃紫宸[1]은 유가 성명론에 대하여 설명하며 천주교에서 성명性命을 논한 것에 대하여 반박하고 있다. 저들은 "천성을 억제하는 것이 도"라고 하지만, 유가 성현들은 "천성에 따르는 것이 도"라고 한다. 증자에서 자사로 이어져 확립된 성명론에서는 처음 부여받은 성을 '천명天命'이라 하고, 도의 본원을 따르는 것을 '솔성率性'이라 하며, 가르침의 준칙을 따르며 사는 것을 '수도修道'라 한다. 또한 '신독愼獨'과 '계구戒懼'로써 성의 공력을 삼고, '희로애락'으로써 성의 본체를 입증하며, '중화위육中和位育'으로써 성의 쓰임을 드러낸다. 이에 근거하여 오랑캐들이 감히 대롱으로 하늘을 보는 식견으로 본성과 천명에 대해 함부로 논한 것은 주제넘은 짓이라 질타하였다.

오랑캐 천주교도가 말했다.

"자사子思는 '본성을 따르는 것을 도라고 한다.'[2]라고 말했습니다. 하지만 저는 이제부터 본성을 억제하는 것이 도라고 말하겠습니다. 본성의 본체가 무너지지 않았다면 그것을 따르는 것이 바로 도겠지요. 그러나 지금 사람의 본성은 이미 원래 그대로가 아닙

夷教云:

"子思子曰'率性之謂道.'吾將曰'克性之謂道.'夫性體之未壞也, 率之卽已是道. 乃今人之性也, 亦盡非其故矣. 不克之, 又何以成道哉?"

1 福建省 三山 사람이라는 것 이외에는 알려진 사항이 없다.

2『中庸』1장에 있는 내용이다.

니다. 억제하지 않고서 어떻게 도를 이룰 수 있겠습니까?"

내가 변박했다.

闢曰:

"우리 중국 성현들의 도통은 경전에 기록되어 있습니다. 한 글자, 한 구절이 모두 심성心性에서 흘러나온 것입니다. 어찌 개나 양 같은 자들이 함부로 이러쿵저러쿵할 수 있겠습니까? 비록 그들과 더불어 따질 바도 못되지만, 혹시나 식견 없는 자들이 저들에게 농간당할까 염려되어, 부득불 글을 써서 밝히고자 합니다.

"吾中國聖賢道脉, 志之經傳. 凡一句一字, 皆從心性流溢. 豈犬羊所可妄議者? 雖不屑與較, 第恐無見識者爲彼所愚, 不得不以筆舌明焉.

무릇 천성에 따르는 도에 관하여, 자사는 조금도 꾸미거나 다듬지 않고 태어남과 동시에 가지고 온 본성을 거론하면서, 이를 따라 행하면 천도가 아닌 것이 없지만 조금이라도 추측하거나 헤아리려 한다면 곧 감정(情)과 지식(識)에 떨어지므로 진정한 본성이 아니라고 하였습니다. 이 때문에 '하늘이 부여한 것을 본성이라 하고, 본성에 따르는 것을 도라고 한다.'[3]고 말한 것입니다.

夫率性之道, 子思子擧未雕未琢, 與生俱來之性, 順而行之, 莫非天則, 少容擬議, 便落情識, 遂非眞性. 故曰 '天命謂性, 率性謂道.'

만약 '본성을 억제하는 것을 도'라 한다면 어찌 본성이라고 말할 수 있겠습니까? 공자께서는 '사람의 타고난 본성은 서로 비슷하지만 습관이 다르기 때문에 현격한 차이가 생긴다.'[4]고 말했습니다. 본성은 선천적인 것이지만 습관에 의해 물듭니다. 만약

若曰'克性之謂道', 何以謂之性? 孔子曰 '性相近也, 習相遠也.' 則性乃先天, 習爲後染. 若云克習則可, 而曰克性, 則性非外來之物, 又焉用克? 性若克

3 『中庸』 1장에 있는 내용이다.

4 『論語』「陽貨」에 있는 내용이다.

습관을 억제한다면 말이 되겠지만 본성을 억제하다니, 본성이 외부에서 온 사물도 아니거늘 어떻게 억제한단 말입니까? 만약 본성을 억제하여 없앤다면 그 속에 무엇을 넣는단 말입니까?

去, 中藏何物?

또 '억제하지 않으면 어찌 도를 이루겠는가?'라고 했는데, 그렇다면 도가 안에 있고 본성이 오히려 밖에 있단 말입니까? 그게 아니라면 어찌하여 꼭 본성을 억제해야만 도를 이룬다고 말하는 것입니까? 이 말은 너무도 황당하고 그릇됩니다.

又曰 '不克之, 又何以成道?' 則道在中而性反在外歟? 不然, 又何必克性以成道哉? 此言荒謬之甚.

자사의 학종學宗이신 증자曾子는 공자에서 갈라져 나와 중용의 가르침을 열고 은미하고 괴이한 부류를 물리쳤습니다.[5] 이 때문에 천성의 처음을 표방하여 '천명天命(하늘이 부여한 것)'이라 하였고, 도의 본원을 따르는 것을 '솔성率性(천성에 따르는 것)'이라고 하였으며, 가르침의 준칙을 따르며 사는 것을 '수도修道(도를 수행하는 것)'라고 하였습니다. '신독愼獨'과 '계구戒懼'를 천성에 도달하기 위한 공력이라 하였고, '희로애락'으로 천성의 본체를 증명하였으며, '중화위육中和位育'으로 천성의 작용을 드러냈습니다.[6] 장마다

吾子思子學宗曾氏, 派衍尼山, 開中庸之教, 闢隱怪之流. 故標性之初曰'天命', 推道之原曰'率性', 立教之準曰'修道'. 以'愼獨'·'戒懼'爲入性之功, 以'喜怒哀樂'證性之體, 以'中和位育'見性之用, 而章章有法, 井井有條, 聖人復起亦不能少加增減. 何物狡夷, 敢以袾襁管窺, 妄談性命. 此之謂不知量

5 『明儒學案』「唐曙台先生伯元」에서는 唐伯元의 「孟子解」에 나오는 다음 구절을 기록하고 있다. "부자는 성인의 가르침을 서술하되 지어내지 않으셨고 제자들은 감히 책을 쓰지 않았다. 부자께서 돌아가시고 70인의 제자도 세상을 뜨자 성인으로부터 날로 멀어져 점차 은미함과 괴벽함이 일어났다. 증자와 자사는 더 이상 전해지지 않을 것이 근심되어 『대학』과 『중용』을 지었다.(夫子述而不作, 弟子不敢著書. 夫子沒, 七十子喪, 去聖日遠, 漸生隱怪. 曾子子思憂其失傳, 始作大學中庸.)"

6 『中庸』 1장에 "하늘이 만물에 부여한 것을 본성이라 하고, 본성에 따르는 것을 도라고 하며, 도의 원칙에 따라 수양하는 것을 教라고 한다. 도는 한순간도 떠날 수 없다. 만약 떠날 수 있다면 그것은 도가 아니다. 그러므로 군자들은 남들이 보지 못하는 곳에서도 조심하며, 남들이 알지 못하는 곳에서도 경계하며 두려워한다. 은밀한 일일수록 쉽사리 드러나는 법이며, 작은 일일수록 쉽사리 드러나는

법도 있고 조리가 정연하여서 성인이 다시 온다 하여도 조금도 더하거나 빼지 못할 것입니다. 하물며 교활한 오랑캐들이 감히 대롱으로 하늘을 보면서 망령되이 성명을 논한단 말입니까. 이런 것을 두고 자기 분수도 알지 못한다고 합니다."

也."

법이다. 그러므로 군자는 한 사람으로 혼자 있고 혼자 알 때에 더욱 조심한다. 희로애락의 각종 감정이 표현되지 않았을 때를 中이라 하고, 표현된 후에 절도에 부합되는 것을 和라고 한다. 中은 천하의 근본이고, 和는 천하가 보편적으로 따르는 법칙이다. 中和의 경지에 도달하면 천지는 모두 제자리에 있게 되고 만물의 생장은 무성하게 된다.(天命之謂性, 率性之謂道, 修道之謂教. 道也者, 不可須臾離也, 可離非道也. 是故君子戒愼乎其所不睹, 恐懼乎其所不聞. 莫見乎隱, 莫顯乎微, 故君子愼其獨也. 喜怒哀樂之未發, 謂之中, 發而皆中節, 謂之和. 中也者, 天下之大本也. 和也者, 天下之達道也. 致中和, 天地位焉, 萬物育焉.)"는 내용이 있다.

6. 사설을 내치다
闢邪解

삼산 사람 조룡 황문도
三山 釣龍 黃問道

요지

천주교 교리가 도道에 어긋남을 비난한 글이다. 저자 황문도黃問道[1]는 이마두가 저술한 책을 보면 유교의 학설과 큰 차이가 없는 듯하지만, 실제로는 암암리에 천주교를 멋대로 전파하면서 불교와 도교를 배척하고 유교를 제압함으로써 천주교를 요·순·주공·공자 위에다 올려놓고 있음을 지적하였다. 이어서 하늘의 주재자로서의 실체, 강생과 부활설 등 저들이 말하는 천주의 실체에 대해 여러 가지 관점에서 의문을 제기하고, 천주교와 유교의 논리를 비교하며 분석하였다. 천주교는 천주를 종지로 삼고, 칠극七克을 조건으로 하며, 과오를 뉘우치고 복을 기원하는 기도를 하고, 천당과 지옥을 종국終局으로 삼는다. 그러나 칠극이 비록 수신의 조건이지만 단지 대체적인 형적形迹이나 회복할 따름이므로 유가와는 서로 크게 어긋난다. 유가에서는 인덕을 본지로 삼고, 예의를 체제로 삼으므로, 인덕이 존재하면 불인不仁한 것은 저절로 물러가며, 예의가 회복되면 예의가 아닌 것은 저절로 제거된다. 그럼에도 사대부들이 파란을 부추기고 기염을 부채질하는 현실에 격노하면서, 이는 벽옥과 황종黃琮을 버리고 깨진 기와와 자갈을 보물로 여기는 것과 진배없다며 탄식하고 있다.

서양에서 왔다고 하는 손님은 눈이 파랗고 수염이 곱슬곱슬하며 애艾가 성이고 유략儒略이 이름인데,

客有自西洋來者, 其人碧眼虬髯, 艾其姓儒略其名. 蓋聰明智

1 福建省 三山 사람이라는 것과 董應擧(字 崇相, 복건성 福州 사람)에게서 학문을 배웠다는 것 이외에 자세한 사항은 알려진 바 없다.

총명하고 지혜롭고 재주 있는 사람 같았다. 그 손님이 연말에 악양岳陽에서 돌아오자 천주교를 따르는 벗 하나가 말하기를, 애유략은 일전에 이마두와 함께 왔는데, 수십 명과 더불어 광동 향산오(마카오)에서 천주상을 받들고 기이한 물건들을 가지고서 도성에 들어가 신종 황제를 알현했다고 했다.[2] 성명하신 천자께서는 사람을 차등하지 않는 도량을 넓히시고 안팎을 가리지 않는 은덕을 베푸시어 너그럽게 대하면서 서둘러 내치지 않으셨다.

巧人也. 客歲余自岳陽歸, 有友從其教者道, 儒略向同利瑪竇來, 數十人自東粵香山澚, 齎天主像, 挾異物抵京師, 謁神宗皇帝. 惟時聖天子擴同人之量, 示無外之恩, 優容而未之遽絶也.

얼마 후 이마두는 저들의 천주교를 주창하여 사람들을 교화하려고 하였다. 그러나 말이 통하지 않고 음운이 서로 조화되지 않아서, 행여 저들의 종지가 우리 유교를 크게 거스를까 우려하였던 까닭에, 중국의 문인과 학사들을 끌어들여 그들로부터 오경五經을 받아 읽고 외웠다.

無何而利瑪竇欲倡其所爲天主之說, 語言不相通, 音韻不相叶, 恐其旨與吾儒大相刺謬, 於是延中國之文人學士, 授五經而呫嗶焉.

그리고는 오경의 주요한 내용은 빠뜨리고 바깥 것만을 표절하여, 드러내 놓고 천주교에 관한 책들을 쓰기 시작했다. 우리 유교의 요·순·주공·공자의 학설과 큰 차이가 없는 듯하였지만, 실제로는 암암리에 천주교를 멋대로 전파하면서 불교와 도교를 배척하고 유교를 제압함으로써 천주교를 요·순·주공·공자 위에다 올려놓고 있었다.

遺其扃, 剽其廓, 遂陽著其說, 似與吾儒堯·舜·周·孔之學無大差訛, 實陰肆其教, 排佛斥老抑儒, 駕其說于堯·舜·周·孔之上.

아! 이게 대체 무슨 말인가? 옛날에 공자가 돌아가신 후, 양주와 묵적의 화란禍亂이 일어나자 맹자가 힘

嗚呼! 是何言耶? 昔者孔子沒, 楊·墨熾禍, 子輿氏力而排之,

2 이 내용은 史實과 다르다. 신종을 알현한 예수회 신부는 아무도 없다.

써 그들을 배격한 끝에 육경의 종지가 해와 별처럼 밝아졌다. 한나라·당나라·송나라 및 우리 명나라에 이르기까지 양주와 묵적의 사설邪說은 끝내 드러나지 못하였다.

六經之旨皎如日星火. 傳于漢·唐·宋, 以及吾明, 楊·墨之邪終不得逞.

지금 손님이 썼다는 책을 읽어 보니, 대체적으로 천주를 종지로 하고 칠극을 조건으로 삼았으며, 과오를 뉘우치고 복을 구하는 것을 기도 내용으로 삼고, 천당과 지옥을 종국으로 삼고 있다.

今閱客之書, 大率以天主爲宗旨, 以七克爲條件, 以悔過邀福爲祈禱, 以天堂地獄爲究竟.

『도덕경』에 "혼돈의 상태가 천지보다 먼저 생겨났다. 나는 그 이름을 알 수 없어 억지로 '도'라고 이름 지었다."[3]는 말이 나온다. 유학자들은 도덕경의 이 말은 현묘한 것이어서 굳이 도라고 말할 수 없다고 여긴다. 그런데 하늘(天) 다음에 주主를 하나 덧붙이고 형상도 있고 행위도 있다고 한다. 하늘에 숨어 있기도 하고, 사람 세상에 내려오기도 하며, 죄를 받아 참소당하기도 하고, 영혼이 되돌아가서 승천하였다고도 한다. 하늘 아래는 하나의 세상을 공유하고 있고, 온 땅 위에는 오직 하나의 천군天君뿐이라 한다. 천주가 이미 저들 나라에 강생하여 저들 나라의 재앙을 막아 주고자 하였다면, 남의 나라는 빠뜨리고 남의 나라가 고통받는 것은 편히 지켜보았다는 것인데, 어찌 그럴 수가 있는가? 하물며 나라가 백천억만 개이면 백천억만 개의 재앙이 있었을 터, 하늘이 쳐 놓은 그물은 성기지만 틈이 없다 했거늘 이와 같단 말

夫『道德經』有言"有物混成, 先天地生, 吾不知其名, 强名之曰'道'." 儒者猶以爲其說屬玄而不必道. 惡至天之上, 復加一主, 有形有象, 有謀有爲. 或隱于上淸, 或降于人世, 或受罪而遭讒, 或返魄而上昇. 夫普天之下, 共一世界, 則普地之上, 共一天君也. 天主旣降生于彼國, 欲捄彼國之殃, 則遺漏于他國, 坐安他國之虐, 有是理乎? 況百千億萬其國, 則百千億萬其殃, 天網恢恢疎而不漏, 豈若此耶? 又何以昔不降生, 而今降生, 今旣降生, 而後復不降生? 其降生也, 天之權孰代之, 旣降生而復

3 『道德經』 25장에 있는 내용이다.

인가? 또 어찌하여 옛날에는 강생하지 않고 지금 강생하였는가? 또 이미 강생하였다면 후에 다시 강생하지는 않을 것인가? 그가 강생하였다면 하늘의 권세는 누가 대신하여 장악했으며, 이미 강생하였다가 다시 승천하였다면 그 후 지상의 재앙은 또 누가 그 뒤를 이어 막아 주었단 말인가?

昇天也, 地上之殃, 又誰續救之耶?

심지어 천주를 높여 받든다는 이유로, 천지도 영험하지 않고 일월성신도 못난 물건이라 여기며, 산천과 사직의 신도 사악한 마귀라 하고, 조상과 돌아가신 부모에게도 제사 지낼 필요가 없다고 한다. 이런 법이 어디 있는가? 『예기』에서는 "천자는 천지에 제사 지내고, 제후는 봉토 안의 산천에 제사 지내며, 대부는 종묘에 제사 지내고, 일반 백성은 조묘와 부묘에 제사 지낸다."고 말함으로써 하늘은 지존이니 이를 참월하는 것을 용납하지 않을 것이고, 제사에는 등급이 있으니 이를 뛰어넘는 것을 용납하지 않을 것임을 명백히 하였다. 그런데 저들은 모두에게 천주 하나만을 받들도록 하고, 천주상 하나를 빚어 놓고 날마다 달마다 그 곁에서 기도하며 동정을 구걸하게 한다. 이것이 하늘을 격노케 하고 하늘을 모독하고 하늘을 참칭하고 하늘을 모멸하는 것이 아니란 말인가!

至以崇奉天主之故, 指天地爲不靈, 日月星辰爲頑物, 山川社稷爲邪魔, 祖宗考妣爲不必祭, 有是理乎? 『禮』曰 "天子祀天地, 諸侯祀封內山川, 大夫祀宗廟, 士庶人祀祖禰." 以明天至尊, 不容僭也, 祀有等, 不容越也. 今欲人人奉一天主, 塑一天像, 日月禱其側而乞憐焉. 不其邀天褻天僭天瀆天者乎!

그들이 말하는 극복해야 할 일곱 가지(七克)는 교만과 인색과 음욕과 분노와 탐욕과 투기와 게으름이다. 이 일곱 가지가 비록 수신의 조건이긴 하지만 단지 (우리 유가의) 극기복례의 조적粗跡일 따름이다. 공자께서 안자顔子(顔回)에게 말씀하신 본뜻은 이것과 크게 달라, 인을 본지로 삼고 예를 본체로 삼는다. 인이 존

其所謂七克者, 曰驕, 曰吝, 曰色, 曰怒, 曰饕, 曰妬, 曰惰. 夫此數者, 雖修身之條件, 祇克復之粗跡. 夫子告顔子之旨, 大不如是. 以仁爲宗, 以禮爲體. 仁存則不仁自退, 禮復則非禮

재하면 인하지 못한 것은 저절로 물러가고, 예가 회복되면 예가 아닌 것은 저절로 제거된다. 이 때문에 "안씨네 자식 정도면 거의 성인의 경지에 도달하지 않았겠는가?"[4]라고 말한 것이다. '멀리 가지 않아도 회복되는 것은 수신하기 때문이다.'[5]

自除. 故曰"顏氏之子其庶幾乎?" '不遠之復, 以修身也.'

옛날에는 '해와 달이 방수에서 만나 모이지 않으면'[6] 백성들이 달아나고 농부가 불안해하였기에, 천자와 공경들이 달려가서 구해 줌으로써 하늘과 사람이 서로 긴밀히 이어져 있다는 것을 보여 주었다. 그런데 이제는 『천문』에서 말하길, "해와 달에는 일식도 월식도 없다. 일식과 월식은 아래가 기에 덮여 가려진 것에 불과하니 구제할 필요가 없다."고 한다. 춘분과 추분, 하지와 동지, 열리고 닫히는 것의 차이 및 황도黃道와 흑도黑道[7]의 다름, 남극과 북극의 도수度數, 아홉 개 주洲의 구획의 차이에 관해 하는 말이 비슷하긴 하지만 달리 이를 주관하는 역관이 있다. 하물며 천도는 멀고 사람의 도는 가까우니 그렇게 깊이 탐구할 필요 없지 않은가.

古者'辰弗集于房', 庶人走, 嗇夫馳, 天子公卿往救, 示天人相係相關之重也. 今天問之言曰"日月無食, 食者其下蒙氣遮掩也, 弗用救." 至若分·至啟閉之差, 黃道·黑道之異, 南極·北極之數, 九洲分土之殊, 言雖影似, 自有星官曆師董之. 況天道遠, 人道邇, 自不必深究者乎.

그밖에 갖가지 황당한 주장은 이루 다 서술할 수 없다. 요컨대 혹시나 저들 나라에서는 시행할 수 있을지 모르나, 중국에서는 단연코 시행할 수 없는 것

其他種種悠謬, 不容殫述. 大抵或可行於彼土, 斷不可行於中國. 能惑于愚夫愚婦, 不能惑於

4 『周易』「繫辭下」에 있는 내용이다.

5 『周易』「地雷復」의 「象辭」에 나오는 설명이다.

6 『尚書』「夏書」「胤征」에 있는 내용이다. 辰은 해와 달이 보이는 位次이고, 房은 그 位次의 별이다.

7 '黑道'는 해와 달의 궤도 중의 하나이다. 송나라 沈括은 '달이 황도 이북을 운행하는 것을 흑도라 한다.'고 하였다.

들이다. 어리석은 사내나 아낙을 미혹할 수 있을지는 모르겠으나, 고명하고 빼어난 선비를 미혹할 수는 없는 것들이다. 놀라운 것은, 우리 중국의 사대부들이 파란을 부추기고 기염을 부채질한다는 사실이다. 이것이 한혈마汗血馬[8]나 연전총連錢驄[9]을 버리고 노둔한 말을 타려는 것과 무엇이 다르고, 야광주와 조승주照乘珠[10]를 버리고 물고기 눈알을 보배로 여기는 것과 무엇이 다르며, 벽옥과 황종[11]을 집어 던지고 깨진 기왓장과 자갈을 보배로 여기는 것과 무엇이 다른가.

高明俊哲. 所可訝者, 吾中國之縉紳學士, 揚其波而助之焰也, 是何異舍汗血·連錢而乘駑駘也, 是何異舍夜光·照乘而珍魚目也, 是何異棄蒼璧·黃琮而寶瓦礫也.

어떤 사람이 말했다.

或者曰:

"선생께서도 저들의 책을 읽어 보고 저들과 어울려 보았을 텐데, 어찌하여 이렇게까지 공격하십니까?"

"子亦閱其書也, 酬應其人也, 何攻之至是?"

내가 말했다.

余曰:

"그렇지 않습니다. 적을 치려면 반드시 그 소굴에 들어가 무리를 염탐하고, 그들의 동정을 살펴 허실을 엿보아야 합니다. 전에는 저들이 유교를 경모하여 왔다고 생각했는데, 이제야 비로소 저들이 유교를 훔치고 배반했다는 것을 알았습니다. 우리 고향의 동숭상董崇相 선생[12]은 학풍이 올바르고 품행이 단정한 분이십니다. 저는 그의 문하에 들어가 교유한 적이 있

"不然. 夫攻寇者, 必入其穴, 探其群, 察其動靜, 覘其虛實. 余向意其慕吾道而來, 今乃知其竊吾道而叛. 吾鄉崇相董先生, 學正品端, 不肖從遊門下, 先生以天下爲己任, 防遼有疏, 防海有議, 持之數十年之前, 談及夷

8 '汗血馬'는 아라비아산 천리마를 가리킨다. 피처럼 붉은 땀을 흘린다고 해서 붙은 이름이다.

9 '連錢驄'은 동전처럼 둥글고 어룽어룽한 무늬를 늘어놓은 것 같은 털빛이 검푸른 준마를 가리킨다.

10 '照乘珠'는 수레의 보물을 밝게 비춰 준다는 구슬이다.

11 '黃琮'은 중간에 구멍이 있는 모난 기둥 모양의 옥그릇을 말한다.

12 董應擧는 명나라 때 문장가로 字는 崇相이고 閩縣(지금의 복건성 福州) 사람이다. 만력 26년(1598)에 진사가 되어 廣州府敎授에 제수되고, 이어 南京 國子博士로 승진하였다. 吏部 郎中과 南京 大理寺丞·太常少卿 등을 역임하고 工部 右侍郞에 올랐다.

습니다. 선생께서는 천하를 자신의 소임으로 여겨, 요동의 방비에 관하여 주소를 올리셨고, 해안 방비에 관하여 의론을 펼치셨으며, 이러한 지론을 가지고 수십 년 전에 이미 천주교를 언급하면서 정도正道를 존중하고 사도邪道를 변박할 마음을 분연히 품으셨습니다. 저는 그저 글 한두 편을 지어 선생의 말단에 붙고자 할 따름입니다. 남자로 태어났으면, 흐르는 세월 속에서 국난을 물리치고 혼란을 해결하여, 후대 사람들의 비조가 되고 앞선 성인의 공신이 되어야지, 굽실굽실 조심조심 나타났다 사라졌다 하면서 권세가에 아부하고 귀신에게 빌붙는다면, 이는 요·순·주공·공자에게 죄인이 되는 것입니다. 뜻을 품고서 천주교를 변박하고 막아 보려는 선비 중에 선생이 계시니, 선생께서 회맹을 주도하고 높은 대臺에 오르시면, 나는 왼쪽에는 채찍과 활을 잡고 오른쪽에는 전통箭筒을 차고 온 힘을 다 바칠 것입니다."

教, 慨然有崇正闢邪之思. 不肖略撰一二說, 以附先生之末矣. 男子生世間, 旋乾轉坤, 排難解紛, 作後人之鼻祖, 爲前聖之功臣, 浸假委委靡靡, 閃閃抑抑, 媚奧媚竈, 傍鬼傍神, 是亦堯·舜·周·孔之罪人也. 有志之士, 欲闢邪閑道, 有先生在, 執牛耳, 立壇坫, 不肖左執鞭弭, 右屬櫜鞬, 以從事焉."

7. 사설을 깨뜨리다
闢邪說

담산자 이찬
澹山子 李璨

요지

이 글의 저자 이찬李璨[1]은 천주교의 사설이 유교의 학설을 훔쳐다 뒤섞어서 도리어 중국을 부리려 하고 있는데, 일반 백성이야 이욕에 눈멀어 그렇다 치지만 사대부마저 저들을 따르고 있는 현실에 격분하여 천주교 교설의 그릇됨을 일일이 내치고 있다. 그 요지를 살펴보면 다음과 같다. 성현의 학문은 본래 근원이 인심에 있으니, 마음 밖에 하늘이 있다는 말은 성립할 수 없다. 그러므로 자기의 본심을 보존하고 자기의 천성을 양성하면 하늘을 섬길 수 있다. 달마는 서쪽에서 왔지만 곧바로 인심을 가르치고 청정淸淨의 불성을 깊이 깨우쳐서 영원히 생사의 번뇌에서 떠나 무상無上의 정등正等·정각正覺을 성취토록 하였다. 이는 자신을 이기고 예에 부합되게 하여 인으로 돌아가라는 공자의 말씀과 합치한다. 공자에게 있어 사람을 알고 하늘을 아는 것이 모두 수신의 일이었으므로 부모를 섬기지 않을 수 없었다. 그러므로 부모를 섬기는 것을 가장 큰 일로 여겼다. 그러나 이마두는 자신을 떠나서 효를 말하였으니, 이는 큰 불효이다. 이렇듯 불효 불충한 천주교에 현혹되지 않도록 하기 위해 불교와 유교가 합심하여 거센 불길을 돌려놓아야 한다고 주장하였다.

부족한 나는 공자·맹자보다 수천 년 뒤에 태어났고, 주돈이周敦頤[2]나 이정二程[3]이나 주희朱熹보다 수백

余不才, 後孔·孟數千年, 後周·程·朱數百年, 以至我明, 又後

1 '澹山子'라는 자호를 썼다는 사항 이외에는 알려진 바가 없다.

2 周敦頤(1017~1073)는 북송의 사상가로 字는 茂叔이며 湖南省 道縣사람이다. 濂溪에서 태어나 말년을

년 뒤에 태어났다. 우리 명나라에 와서도 왕양명王陽明 선생보다 백여 년이나 뒤에 태어나 서로 얼굴을 맞대고 같은 학당에서 묻고 배우지 못하였기에, 한 가닥 실낱같은 통탄이 있다. 외람되이 유림의 반열을 차지하고서 이러한 글을 마다하기 어렵거늘, 하물며 사설이 기승을 부리는 이때에 정의를 도와 기꺼이 변박하는 책임을 감히 마다할 수 있겠는가.

陽明先生百餘年而生, 未面質於同堂, 竊心痛乎如綫. 忝居儒列, 難諉斯文, 況當邪說橫流之際, 敢辭佐正好辨之擔.

요즈음 천주교라고 부르는 것이 있는데, 그 교설은 서양에서 온 이마두라는 허황된 자의 입에서 나왔다. 그가 세운 뜻을 살펴보건대, 아마도 중국의 정교正教 사이에서 시비와 논쟁을 부추겨 유리한 자리를 차지하려는 속셈인 것 같다. 우리 중국의 무능하고 어리석은 사람들은 저들이 던져 주는 돈꿰미를 탐하여 유혹의 물결과 미치광이 같은 파도를 도와주고 있다. 저들은 드러내 놓고 불교를 멸절시키려 하면서 실은 몰래 유교를 억누르고 있다. 이욕은 사람 마음을 어둡게 해 어리석은 사람들이 쏠리게 마련으로, 그 거센 불길을 헤아려 보니 백련교보다 열 배는 더 되는 것 같다. 길을 잃고 헤맨다면, 옷깃을 왼쪽으로

如頃所見有教名天主者, 其說出於西洋國利瑪竇幻人之言. 窺其立意, 大約期於中土正教之內, 煽鼓雌黃, 爭立雄長. 我中土不才小智之人, 貪其燒茅揮鏹, 助其惑浪狂波, 陽爲滅佛, 陰實抑儒. 利欲昏衷, 群愚往向, 揣其烈禍, 十倍白蓮. 即其迷踪, 奚殊左衽. 不肖聞之, 豎髮疾首, 竊念氓之蚩蚩, 罔知國憲, 徒爲可憫.

廬山 기슭에 濂溪書堂을 세워 가르쳤으므로 염계 선생이라 하였다. 평생을 지방관으로 여러 곳을 돌아다녔고, 덕망이 있어서 임지에서는 인품이 고결하다는 칭송을 들었지만, 당시에는 거의 무명에 가까웠다. 司馬光·王安石 등과 같은 시대의 인물로, 朱熹가 그를 孟子 이래 絶學을 전한 사람이라고 칭송하여 사상계에서 존경을 받게 되었다. 그의 학설은 '易'과 '中庸'을 근거로 道家 사상을 도입했으며, 無極而太極說·主靜說·誠說·聖人可學說 등 宋學의 근간에 관계되는 문제를 많이 포함하고 있는 것으로 알려져 있다. 저서로는 『太極圖』·『太極圖說』·『通書』 등이 있는데, 후에 편찬된 『周子全書』에 수록되었다.

3 北宋의 理學者인 程顥(1032~1085)와 程頤(1033~1107) 형제를 가리킨다. 후기 이학에 크게 영향을 주었는데, 특히 동생 程頤의 사상은 朱熹에게 영향을 주어 程朱學派로 발전되었다.

여민 오랑캐와 무엇이 다르겠는가? 나는 이와 같은 말을 듣고서 머리카락이 곤두서고 분노에 머리가 아팠다. 생각건대, 어리석은 백성들이 나라의 법도를 알지 못한 탓일 터, 그저 불쌍할 따름이다.

그런데 이상한 것은, 요즈음 사대부들이 저들을 따르면서 경서에 나오는 상제라는 말을 따다가 천주의 의미를 채워 주고 있다는 사실이다. 또 부모를 섬기고 하늘을 안다는 성현의 말씀을 구실 삼아 불경을 배격하고, 이리저리 말을 덧붙이고 있다. 제가 한 말을 제가 뒤집으면서 하늘과 성인들을 속이고 양심을 모두 잃어버리고 있다.

獨怪邇來士大夫, 亦翕然從之, 相與采經書類上帝之語, 以實天義. 又藉聖賢事親知天之論, 以闢佛經, 扯曳敷辭, 自語自背, 欺天誑聖, 喪盡良心.

전에 남경에서 소란을 피우다가 성조 황제의 칙지를 받아 이미 모두 추방당한 바 있다.[4] 그런데 요즈음 다시 천문 관측기구 등 한두 가지 재주를 들고 나타나 중국에는 없는 것이라 말하면서, 그것으로써 등용되기를 도모하고 있으니, 그 속에 재앙의 싹이 숨어 있다. 이러한 기예라면 우리 유가의 세상 안에도 원래부터 있었다는 사실은 생각지 못하고 있다.

前者搖煽金陵, 已蒙聖祖屛放. 近復擧其伎倆一二, 如星文律器, 稱爲中土之所未見未聞, 竄圖訂用, 包藏禍萌. 不思此等技藝, 原在吾儒覆載之中.

상고 시기에는 결승結繩 문자를 사용해 다스렸으니, 문교文教가 없었다고는 말할 수 없다. 중고 시기에는 예악이 대신 일어났는데, 비록 고치고 바꾼 것이 없지 않지만 다스림과 교화의 큰 근원은 진실로 인심 안에 있지 예악 자체에 있지는 않았다. 그 사이 제자백가들이 등장해 성명性命에 대해 언급하기도 하였지

上古結繩而治, 不曰缺文, 中古禮樂代興, 不無因革, 誠以治教之大源在人心, 而不在此焉故也. 是以諸子百家雖間有及於性命, 尙以立論不醇, 學術偏襍, 不能入吾夫子之門墻. 而況

4 1616~1617년에 있었던 '남경교안'을 말한다.

만, 논지를 세움에 순정하지 못하고 학술이 너무 치우쳐 있었기에 우리 공자의 문하에 들지 못했다. 하물며 바깥 오랑캐들이 보잘것없는 기예로 바른말을 훔쳐다 뒤섞어 놓고서 우리 유교의 성명性命의 권위를 빼앗아 머리 숙여 저들을 따르게 하고자 하는가! 이는 요망한 재앙이 초래한 화란의 극치이니, 성명한 천자의 부월斧鉞이 내려져야 마땅하지 않겠는가! 잠시 저들의 사설을 간략히 들어 말해 보고자 한다.

外夷小技, 竊淆正言, 欲擧吾儒性命之權, 倒首而聽其轉向! 斯不亦妖孽召亂之極, 而聖天子斧鉞之所必加者乎! 吾且擧其略而言之.

성현들의 학문은 사람의 마음에 근본을 둔다. 이 때문에 "사람이란 천지의 마음"[5]이라고 말하였던 것이니, 마음 밖에 하늘이 있다는 말은 들어 본 적 없다. 맹자가 하늘을 섬긴다는 말을 하지 않았던가? (맹자가) "자기의 본심을 보존하고 자기의 본성을 기르면 하늘을 섬길 수 있다."[6]고 한 말은, 바로 마음과 본성에서 하늘을 볼 수 있다는 뜻이지, 보존하고 기르는 것 말고 달리 섬길 하늘이 있다는 뜻이 아니다. 성명한 제왕이 즉위하면 하늘의 명을 받아 하늘에 제사 지낸다고 말했지, 요·순이 조심하고 두려워하며 제사의 의례만을 숭상했다는 말은 들은 적이 없다. 걸桀 임금·주紂 임금·유幽 임금·여厲 임금은 제사의 예전을 모두 폐지하였다. 저들은 심지어 주자가 한 '상제는 하늘의 주재'라는 말을 빌려다가 천주의 의미와 합치된다고 말하면서, 글자를 삭제하고 문구를

夫聖賢之學, 原本人心, 故曰"人者, 天地之心." 未聞心外有天也. 孟子不嘗云事天乎? 曰"存其心, 養其性, 所以事天也." 所以云者, 見天於此心此性焉爾, 存養外非別有天可事也. 即云明王御極, 受命郊天, 未聞堯·舜兢業, 只崇祀儀, 桀·紂·幽·厲盡廢祈典也. 乃至借朱子云'帝者天之主宰,' 謂與天主之義相合, 删字牽文, 深爲可哂. 朱子生平得力, 不離誠意正心, 宋儒性理一書, 率明此事. 苟明此事, 自卓然見天之有人, 如人之有心, 卷之一掬, 放

5 『禮記』「禮運」에 있는 내용이다.

6 『孟子』「盡心上」에 있는 내용이다.

억지로 끌어다 붙였으니, 몹시 가소롭다. 주자가 평생 학문의 공력을 얻은 바는 성의誠意와 정심正心[7]이며, 송나라의 유학자들이 지은 성리학 저술 또한 모두 이것을 밝히고 있다. 이것을 안다면, 하늘에 사람이 있는 것은 사람에 마음이 있는 것과도 같아, 수렴하면 한 움큼이지만 펴면 천지 사방이 되고, 하늘을 덮고 땅을 덮을 도량은 누구에게나 있기 때문에 바깥에서 구할 필요가 없다는 사실을 분명히 보게 될 것이다. 그런데 저들은 우러러 구하는 하늘이 감정과 혈기를 가졌다고 말하고 있으니, 근본이라곤 없다. 또 사람들이 빈껍데기가 되어 위축되고 마비된 지 오래이니, 그 슬픔이 누가 더 심한가! 또한 천주라고 하는 자는 마음이 있는가, 없는가? 만약 마음이 없다고 한다면 목석처럼 무지하고, 마음이 있다고 한다면 천주에게 또 다른 주인이 있어야 한다. 그 교설이 통하지 않음은 수고스럽게 변박할 필요도 없다.

之六合, 蓋天蓋地之量, 人人自具, 不假外求. 若云仰求之天, 則情類血氣, 悉乏本根, 人物之空殼, 痿痺亦已久矣, 可哀孰甚! 且不思所云天主者, 渠且有心乎, 無心乎? 若云無心, 則頑如木石, 云有心, 則天主復有主矣. 其說之立窮, 可不勞辨也.

선유께서 말씀하시기를, "동해에 성인이 계신다고 하여도 이 마음, 이 이치는 다름이 없다. 서해에 성인이 계신다고 하여도 이 마음, 이 이치는 다름이 없다."[8]고 하였다. 이 때문에 불제자 달마가 서쪽에서 와서 마음을 바로 보아 본성이 드러나면 성불할 수

先儒曰 "東海有聖人, 此心此理同也. 西海有聖人, 此心此理同也." 是以佛弟子達磨西來, 直指人心, 見性成佛, 此理正與孔子"一日克己復禮, 天下歸

7 '正心'이란 心術을 바르게 하고 意念을 至誠스럽게 해야 한다는 뜻이다.

8 송나라 心學家인 陸九淵이 한 말이다. "우주는 곧 나의 마음이요, 나의 마음은 곧 우주이다. 동해에서 성인이 나와도 이 마음은 같고 이 이치는 같다. 서해에서 성인이 나와도 이 마음은 같고 이 이치는 같다.(宇宙便是吾心, 吾心即是宇宙. 東海有聖人出焉, 此心同也, 此理同也. 西海有聖人出焉, 此心同也, 此理同也.)" (『陸九淵集』 권 36 「年譜」)

있다고 말한 것이다. 이 이치는 공자가 말한 "하루라도 나를 이기고 예로 돌아가면 천하가 인으로 돌아온다."[9]는 말씀의 본뜻과 같다. 이 때문에 한나라부터 우리 명나라까지 유교는 불교와 상호 뜻을 드러내 주면서 사승師承이 끊이지 않고 이어졌다.

仁"之旨, 胳一無二. 故自漢以及我明, 道互發明, 薪傳不絶.

또한 우리 고황제께서는 이와 같은 종지를 밝히 아시어, 친히 쓰신 빛나는 글로 어리석고 둔한 자들까지 깨우쳐 주셨다. 공자와 석가의 학설이 부합한다고 여기시고, 영광스럽게도 성승이라는 칭호를 내리시어 정사와 교화를 널리 돕게 하셨다.

且我高皇帝深明此宗, 煌煌御製, 誠見夫啟聾振聵, 孔釋合符, 榮賜聖僧, 廣佐治化.

고황제께서는 타고나신 빼어난 학문에 널리 책들까지 섭렵하셨으니, 어찌 한유韓愈가 쓴 불교를 비방한 글[10]들을 몰라서 이와 같은 폐단을 답습하였겠는가? 그런데 오늘날에 이르러 난신적자亂臣賊子들이 생겨나, 감히 나라의 법도를 무시하고 본심을 민멸시키고 있다. 하늘을 탐내고 악취를 뒤좇으며, 옳은 것을 헐뜯고 그릇된 것을 추어올리니, 천리를 저버림이 이 지경에 이르렀다! 신하 된 자가 임금과 아버지에게 무례하게 구는 자를 보았다면 마치 새매가 제비나 참새 쫓듯이 하여야 할 것이다. 더구나 이 재앙의 말들이 선량한 자들을 해침이 양주나 묵적보다도 더 참혹하여 홍수나 맹수 정도에 그치지 않으니, 그 두려움을

夫高皇帝生知絶學, 博洽群書, 豈不知有韓愈毀佛之書, 而故踵此弊哉? 沿習至今, 乃有亂臣賊子, 敢邈國憲, 澌滅本心. 貪天逐臭, 抑正升邪, 絶棄天理之極, 亦至於此! 夫凡爲臣子, 見無禮於君父者, 如鷹鸇之逐鳥雀. 況此禍言傷入穀種, 慘于楊·墨, 不止洪水猛獸, 懼何可言, 憤何可言?

9 『論語』「顏淵」에 나오는 내용이다.

10 당나라 문인이었던 韓愈(768~824)는 불교를 배척하는 일에 앞장섰다. 그는 부처의 사리를 궁 안으로 들이려고 하는 황제에게 「論佛骨表」를 올려 그 부당함을 역설한 바 있고, 「原道」 등의 글을 지어 불교 및 승려를 비판하였다.

어찌 말로 할 수 있으며, 분한 마음을 어찌 말로 할 수 있겠는가?

또한 저들은 드러내 놓고 불교를 깎아내리고 암암리에 유교를 배척하고 있으나, 그 죄는 이미 훤히 드러났다. 저들은 석가를 일러 아버지를 배반한 불효자라고 말하면서, '부모를 섬김으로써 하늘을 안다.'[11]는 공자의 말을 인용하여 자신들의 교설을 입증하고 있다. 그러나 그런 황당한 말로는 식견 천박한 어린아이나 우롱할 수 있을 뿐, 학문과 세상일에 통달한 사람들을 어찌 꺾을 수 있으리오!

且彼之陽剪佛, 而陰傾儒也, 其罪亦已昭著矣. 其言釋迦背父不孝, 至引孔子事親知天之語以實之. 其說之謬, 止可愚弄淺見小兒, 豈可與通人達士面折而角勝哉!

옛날에 공자는 애공哀公에게, "그러므로 군자는 수신하지 않을 수 없다. 수신을 생각한다면 부모를 섬기지 않아서는 안 되고, 부모를 섬기려고 생각한다면 사람을 알지 못하고서는 안 되며, 사람을 알려고 생각한다면 천명天命을 알지 못하고서는 안 된다."[12]라고 말했지, 곧바로 "부모를 섬기려면 하늘을 알지 못하고서는 안 된다."고 말하지는 않았다. 그 책의 큰 주제는 수신을 중시하는 데 있다. 나의 몸은 곧 어버이의 몸이다. 사람을 알고 하늘을 아는 것은 모두 수신이다. 이 때문에 맹자는 "(사람이) 누구를 섬긴다고 할 경우 어느 것이 가장 크냐 하면 부모를 섬기는 것

昔孔子對哀公曰"故君子不可以不修身, 思修身不可以不事親, 思事親不可以不知人, 思知人不可以不知天." 非徑云"事親不可以不知天也." 其書之一篇大旨, 歸重修身. 吾身即親之身也, 知人知天皆修身中事. 故孟子曰"事孰爲大? 事親爲大. 守孰爲大? 守身爲大." 事歸於守, 親歸於身, 身歸心性, 修身以俟之, 正是本於存養.

---

11 『中庸』 20장에 "그러므로 군자는 수신하지 않을 수 없다. 수신을 생각하면 부모를 섬기지 않을 수 없다. 부모를 섬기는 것을 생각하면 사람을 알지 않을 수 없다. 사람을 알려고 생각하면 하늘을 알지 않을 수 없다.(故君子, 不可以不脩身. 思脩身, 不可以不事親. 思事親, 不可以不知人. 思知人, 不可以不知天.)"는 말이 나오는데, 이를 축약한 내용이다.

12 위의 각주 참고.

이 가장 크다. (사람이) 무엇을 지킨다고 할 경우 무엇을 지키는 것이 가장 크냐 하면 자기 몸을 지키는 것이 가장 크다."[13]고 말했다. 섬김은 (부모) 지키는 일에 귀결되고, 또 부모를 사랑함은 (자신의) 몸으로 귀결되며, 몸은 심성에 귀결된다. 수신으로 이를 기다리는 것은 곧 보존하고 기르는 것에 근본을 둔다.

석가가 나라를 버린 것은 단지 심성이 중요했기 때문이었다. 이것이 바로 부모가 남겨 주신 신체의 본래 모습이기에 영화도 마다하고 돌아보지 않은 것이다. 『효경』에서 "나라에는 직언하는 신하가 있고, 집안에는 바른말을 하는 아들이 있다."고 한 원칙과 딱 들어맞는다. 『논어』에 "멀리 가면 반드시 행방을 알려야 한다."[14]고 한 것은 바로 이를 두고 한 말이다. 고금을 통해 효를 논한 사람들 가운데 공자만큼 상세히 한 사람이 없다. 공자께서는 부모가 돌아가신 다음에도 살아 계시던 때와 같이 섬겨야 한다고 말씀하심으로써 살아 계시건 돌아가시건 부모의 뜻을 거슬러서는 안 된다는 것을 명백히 하였으니, 하물며 먼 곳이건 가까운 곳이건 그 뜻을 거스를 수 있겠는가! 이 때문에 공자는 19년 동안 여러 나라를 돌아다니면서 여묘閭墓[15]에 연연해하지 않았던 것이다.

釋迦棄國, 亦止爲心性事大, 是吾親遺體之本來面目, 故辭榮有所不顧, 與『孝經』"國有諍臣, 家有諍子."之極則永符. 『論語』曰 "遊必有方." 此之謂矣. 古今論孝, 莫備於孔子, 其言事死如事生, 明乎生死皆不違親, 況遠近乎! 是以孔子周流十九年, 非拘拘於閭墓也.

13 『孟子』「離婁上」에 있는 내용이다.

14 『論語』「里仁」에 있는 내용이다.

15 '閭墓'는 마을 어귀와 墓道의 문 앞을 뜻한다. 옛날에는 孝子나 貞女를 표창할 때 주로 이곳에 편액을 내렸었다. 따라서 閭墓에 연연해하지 않았다는 것은 굳이 고향에 남아 머무르면서 효자로 기려지고자 하는 욕심이 없었다는 의미이다.

이마두가 수만 리 바다를 건너 중국에 올 때 부모와 처자를 데리고 왔던가? 이마두에게, 나는 그가 먼 바다를 건너온 것이 불효라고 정죄하지 않겠다. 다만 그가 자신을 제쳐 놓고 효를 말한 것이 가장 큰 불효라고 정죄하겠다.

若利瑪竇泛海數萬里至中土, 曾携父母妻子來乎? 彼利氏者, 吾不罪其泛海遠來之不孝, 而罪其離身言孝之爲大不孝也.

아! 오늘날 천주교를 따르는 자들이 멀쩡히 선비 복장을 한 채 심성의 대권을 들먹이며 저들의 명을 따르고 있다. 공맹의 학문은 이미 강령을 잃어버렸고 지엽만 남았을 뿐이니, 어찌 유자라 부를 수 있겠는가! 그래도 두꺼운 낯으로 세상 사람들에게 힘써 일하라고 할 것인가?

嗟乎! 今之從天學者, 依然儒服也, 旣擧心性之大權, 聽命於彼, 則孔孟之學已去其綱領, 徒存枝葉, 何儒之足云! 而猶靦顏人世與之效力與?

이 때문에 못난 나의 이 말은 불교만을 거들고자 하는 것이 아니라 유교를 보존하려 함이다. 속언에 동쪽 이웃에 불이 나면 서쪽 이웃이 물을 퍼 나른다고 했다. 저쪽 집을 구제하려는 것이 아니라 자신을 구제하려고 말이다. 중도에 거센 풍랑을 만나면 같은 배에 탄 사람들끼리 왼손 오른손 가릴 것 없이 돕는다. 남을 구해 주려는 것이 아니라 자기를 구하려고 말이다. 사교를 따르는 자들 가운데서 못난 나의 질책을 달갑게 받아들일 자가 있을까? 물과 불의 재앙은 감히 피하지 않겠다.

故不才此言, 非僅僅佐佛, 適所以存儒也. 俗云東隣失火, 西隣汲泉, 非救彼也, 自救而已矣. 中流遇風, 同舟之人如左右手, 非相濟也, 自濟而已矣. 從邪者將有甘心于不才者乎? 水火非所敢避矣.

8. 벽사의 요점을 논하다
闢邪摘要畧議

장광첨

張廣湉

요지

이 글은 천주교 교리 중 따라서는 안 될 다섯 가지를 열거하고 논박하고 있다.

첫째, 저들 나라에는 세상을 다스리는 황제와 만국을 통어하는 교황이 있다며, 감히 한 하늘에 두 해를 두는 오랑캐의 풍상으로 한 임금이 다스리는 중국의 치통을 혼란시키고 있다.

둘째, 저들 나라에서는 위로는 임금으로부터 아래로는 백성에 이르기까지 모두 일부일처제를 시행한다며, 중국에서 지존의 대전을 혼란시키고 있다.

셋째, 저들 나라에서는 하나의 천주만을 존숭하고 다른 신령에게는 제사 지내지 않으며 다른 묘우廟宇는 짓지 않는다며, 중국에서 대대로 지켜 오던 사표를 어지럽히려 하고 있다.

넷째, 저들 나라에서는 부모가 죽어도 제사를 차리지 않고 종묘를 세우지 않는다며, 생전처럼 부모를 섬기는 효도의 근원을 혼란시키고 있다.

다섯째, 저들 나라에서는 천주교를 가장 중요하게 여기고 역법을 추산하는 학문을 배운다며, 천문을 비밀리에 배우는 것을 금하는 조정의 금령을 어지럽히려 하고 있다.

저자 장광첨張廣湉[1]은 그럼에도 불구하고 지금의 사대부들은 오히려 저들에게 부화뇌동하고 있다며 격분하고 있다.

---

1 張廣湉은 절강성 杭州 사람이다. 대략 만력 연간에서 숭정 연간에 살았던 사람으로 추정된다. 항주의 百戶 출신인데, 이른바 百户란 100여 명의 병졸을 관리하는 지방 군관을 가리킨다. 圓悟大師가 "有夢宅張君湉者"(『明末清初耶蘇會思想文獻彙編』 권 5, 226쪽)라고 한 것을 보면 夢宅居士 張湉이 그의 본명이다. 그는 일찍이 雲棲大師에게서 불법을 배웠는데, 운서의 제자들의 법명에 모두 '廣' 자가 들어 있어 廣湉이라는 법명을 취한 것이다.

우리 태조께서 사악한 기운을 일소하시고 천하를 통일하여 하늘 가운데에 대명大明을 여시니, 사방이 모두 복종하고 위엄 있는 법령이 천하에 시행되었다. 나라 안에서 윤상을 돈독히 시행하고, 오로지 공자와 맹자의 학문만을 존중하니, 교화가 펼쳐진 모든 곳에 소왕素王(공자)의 사당이 세워져 실로 만대토록 바꿀 수 없는 가르침과 도리가 되었다. 요즈음 외국에서 온 오랑캐들이 스스로 천주교인이라 부르면서 구라파에서 왔다고 떠들고 있다. 그 나라는 기존의 속국도 아니거늘 부름도 받지 않고 우리 나라에 잠입해 들어와 공공연히 저들 나라의 사교로 우리 중국의 풍속을 바꾸려고 하다니, 이는 감히 오랑캐로써 중국을 개변하려는 짓이다. 자세히 살펴보면 천주교에는 우리가 따를 수 없는 사항이 다섯 가지 있다.

我太祖掃清邪氛, 混一寰宇, 開大明於中天, 四方莫不賓服, 威令行於天下矣. 然國中敦秉倫彝, 獨尊孔·孟之學, 凡在攝化之區, 無不建立素王之廟, 誠萬世不易之教道也. 近有外夷, 自稱天主教者, 言從歐邏巴來, 已非向所臣屬之國. 然其不奉召而至, 潛入我國中, 公然欲以彼國之邪教, 移我華夏之民風, 是敢以夷變夏者也. 審察其教中有不可從者五.

저들의 말에 따르면, 저들 나라에는 임금이 둘 있는데, 하나는 세상을 다스리는 황제이고, 다른 하나는 교황教皇이다. 세상을 다스리는 황제는 한 나라의 정사를 관할하고, 교황은 만국을 통어하는 권한을 갖는다. 세상을 다스리는 황제는 그 자손에게 황위를 승계하지만, 그가 다스리는 나라는 교황의 통치에 속하며 공물을 실어 와 바치는 법이 있다. 교황이 자리를 물려줄 때에는 온 나라에서 천주교를 익힌 현인 중에서 천거하여 양위한다. 이것은 한 하늘에 두 개의 해가 있고, 한 나라에 두 임금이 있는 격이다. 요임금·순임금·우임금·탕왕·문왕·무왕·주공·공자의 정교政教와 기강은 말할 것도 없고, 일단 그들의 법으로 바뀐다면 우리 황제 역시 그의 통어 밑에 들

據彼云, 國中君主有二. 一稱治世皇帝, 一稱教化皇帝. 治世者攝一國之政, 教化者統萬國之權. 治世則相繼傳位於子孫, 而所治之國, 屬教化君統, 有輸納貢獻之歎. 教化者傳位, 則擧國中之習天教之賢者而遜焉. 是一天而二日, 一國而二主也. 無論堯·舜·禹·湯·文·武·周公·孔子之政教紀綱, 一旦變易其經營, 即如我皇上可亦爲其所統御, 而輸貢獻耶? 嗟夫! 何物妖夷, 敢以彼國二主之夷風, 亂

어가 공물을 실어다 바쳐야 할 것 아닌가? 아! 요망한 오랑캐가 어떤 물건이기에, 감히 두 임금을 두는 저들 나라의 오랑캐 풍습으로 한 임금을 받드는 우리의 치통을 어지럽히려 하는가!

我國一君之治統!

저들의 말에 따르면, 저들 나라의 결혼 제도는 위로는 임금에서 아래로는 백성에 이르기까지 오직 일부일처제를 실행하고 있으며, 비빈이니 희첩이니 하는 호칭이 없고 '후사가 없는 것이 가장 큰 불효'라는 설 또한 중히 여기지 않는다.[2] 그래서 요임금·순임금·우임금·탕왕·문왕·무왕 등 우리 나라의 성인들도 연청지옥을 면할 수 없다고 말한다. 누구를 막론하고 희첩을 두어 두 여자를 거느리지 말라는 계율을 범해서는 안 된다. 그렇다면 『주례周禮』에 실린 바, 임금이 둘 수 있었던 세 명의 부인과 아홉 명의 빈과 어처부인[3] 등을 모두 쫓아내고 일반 백성들처럼 하나의 아내만을 두어야 한단 말인가? 아! 저 요망한 오랑캐가 어떤 물건이기에, 감히 하나의 아내만을 두는 저들 오랑캐의 풍습으로 우리 나라 지존의 대전大典을 어지럽히려 하는가!

據彼云, 國中男女配偶, 上自國君, 下及黎元, 止惟一夫一婦, 無嬪妃姬妾之稱, 不重'無後爲大'之說. 所以我國之聖人, 如堯·舜·禹·湯·文·武等, 亦皆云不免於錬清之獄也. 無論民庶, 不得畜姬取妾, 以犯彼二色之誡. 即如『周禮』所載, 國君之三宮九嬪, 御妻夫人之屬, 寧亦悉令遣而出之, 若四民之單婦隻妻耶? 嗟夫! 何物妖夷, 敢以彼國一色之夷風, 亂我國至尊之大典!

저들의 말에 따르면, 저들 나라에서는 오직 하나의 천주만을 받들 뿐, 다른 신에게는 제사 지내지 않으며 다른 묘우廟宇도 세우지 않는다. 곳곳에 천주당을 건립하고 천주상을 안치한다. 천주교의 (영세를) 받은

據彼云, 國中惟尊崇一天主, 不祀他神, 不設他廟. 隨方建立天主堂, 而供安其像. 受其教者, 皆得家延戶祀. 如別奉他廟他

---

2 『천주실의』 8편에 있는 내용이다.

3 『禮記』「昏義」에 "예로부터 천자는 6궁, 3부인, 9빈, 27세부, 81어처를 둔다.(古者天子后六宮, 三夫人, 九嬪, 二十七世婦, 八十一御妻.)"는 기록이 있다.

사람은 집에서 천주상을 모시고 제사 지낼 수 있다. 만약 다른 묘우를 짓고 다른 신을 받든다면 천주교의 계율을 범하는 것이다. 저들은 기어코 우리의 공자 사당과 산천의 사직을 보호하는 단대壇臺 및 옛날 칙지에 따라 지은 충효 절의의 사당을 폐하고자 한다. 만약 오랑캐들의 말을 따른다면, 사당에 있는 소상塑像을 똥통에 처넣고, 격문을 보내어 각 성과 군과 주와 현에 천주당을 하나씩 지은 다음 십자가에 못 박혀 죽은 죄인 사내를 받들어 모셔야 한다. 아! 간사한 오랑캐가 어떤 물건이기에, 감히 한 사람에게만 제사 지내는 저들 오랑캐의 풍습으로 우리 나라 만대에 걸쳐 전해 내려오는 사표師表를 어지럽히려 하는가!

神, 則犯天主之教誡. 必先毁我宣尼之廟, 以及山川保社之壇, 併廢往古勅建忠孝節義之祠. 一如夷說, 取其像而投諸糞窖之中, 然後檄令省·郡·州·縣各建一天主堂, 以奉安彼刑架之罪夫. 嗟夫! 何物奸夷, 敢以彼國獨祀之夷風, 亂我國萬代之師表!

저들의 말에 따르면, 저들 나라에 사는 사람들은 부모가 돌아가도 제사를 차리지 않고 종묘도 세우지 않으며, 오직 천주만을 우리 모두의 하나뿐인 아버지라고 여긴다. 자기를 낳아 준 부모는 박대하여 형제로 간주하며, 그렇지 않으면 천주교의 계율을 범한다고 여긴다. 선왕께 올리는 제사를 끊고 구묘九廟의 대향大饗도 폐하고서 백성들에게 따르라고 명하란 말인가? 아! 요망한 오랑캐가 어떤 물건이기에, 감히 부모조차 잊어버리는 저들 오랑캐의 풍습으로 우리 나라에서 부모를 생전처럼 모시는 효도의 근본을 어지럽히는가!

據彼云, 國中人父母死, 不設祭祀, 不立宗廟, 惟認天主爲我等之公父. 薄所生之父母, 而弟兄輩視之, 不然則犯天主之教誡. 將斬先王之血食, 廢九廟之大饗, 以詔民從之耶? 嗟夫! 何物妖夷, 敢以彼國忘親之夷風, 亂我國如生之孝源!

저들의 말에 따르면, 저들 나라에서는 천주교를 가장 중요하게 여기고 역수曆數를 추산하는 학문을 가장 우수한 것으로 여기는데, 이는 중국에서 명경과明

據彼云, 國中首重天教, 推算曆數之學, 爲優爲最, 不同中國明經取士之科, 否則非天主之教

經科를 통해 인재를 뽑는 제도와 다른 것으로, 그렇지 않으면 천주교의 계율이 아니라고 한다. 저들은 천문을 사사로이 배우고 역서를 위조하는 것이 우리 태조께서 영을 내리시어 엄히 금하는 바이며, 아울러 그에 관련되는 책을 출판하는 것 또한 엄격히 통제하고 있다는 사실도 모르고 있다. 가령 우리 나라에서 천주교를 받들게 된다면 공맹의 경전을 없애고, 요순의 도통을 단절시키고, 경세제민經世濟民을 그만두고 점술을 숭상하게 될 것이 뻔한데, 조종의 법과 규범이 무너져도 좋다는 말인가? 아! 요망한 오랑캐가 어떤 물건이기에, 감히 말단을 숭상하는 저들 오랑캐 풍속으로 우리 나라 조정의 금령을 어지럽히려 하는가!

誠矣. 不知私習天文, 僞造曆日, 是我太祖成令之所禁, 而併嚴剞劂其書者也. 假令我國中崇尙其教, 勢必斥毁孔·孟之經傳, 斷滅堯·舜之道統, 廢經濟而尙觀占, 壞祖宗之憲章可耶? 嗟夫! 何物妖夷, 敢以彼國末技之夷風, 亂我國天府之禁令!

대략 뽑아 보아도 우선 위에서 말한 다섯 가지 정도가 보인다. 나머지 것들은 이루 다 열거할 수 없다.

略而摘之, 先此五端, 餘則悉難盡擧.

그런데 요즈음 우리 나라의 사대부들 가운데에는 이미 본심을 잃은 자들이 있어서, 성인의 도를 비방하는 저들을 따르고 저들 오랑캐의 풍속을 경모한다. 몰래 우리 공자의 바른 학문을 허물어뜨리고, 은밀히 우리 성인들의 참된 종지를 훼손하고 있다. 유교도 아니요 불교도 아니요 도교도 아닌, 괴물이요 악의 씨앗이요 요물이다. 어찌하여 전에 유가의 모자를 쓰고 유가의 옷을 입고 임금의 명을 받고 녹봉을 먹던 자들의 모습이 이렇게 변해 버렸단 말인가? 아! 가슴 아픈 일이로다!

邇緣我國之縉紳, 已有喪心者, 踵習其非聖, 而景慕其夷風. 陰壞我素王之正學, 冥毁我列聖之眞宗. 非儒非釋非道, 爲怪爲孽爲妖. 豈現前之冠儒冠, 服儒服, 受君命, 飡君祿者, 耳目面顔之已往乎? 嗚呼! 痛哉!

지금 비적들이 마구 날뛰고 있기에, 모든 군과 주와 현에서는 다른 곳에서 온 간교한 자들이 있는지 조사하고, 집집마다 모임을 금하는 법령을 더욱 엄격

目今流賊豕突, 郡州縣査異地奸細之人, 嚴各家共坐之禁. 即隣縣隔郡, 如越人之來住吳地

히 하고 있다. 월越 땅에서 오吳[4] 땅을 오고가듯 아무리 가까운 이웃 군현이나 한 줄기 시내[5]를 끼고 있을 만큼 가까운 곳이라 하더라도, 반드시 그 행적을 캐묻고 사방을 탐문 조사하고 있으며, 낯설고 의심스러운 자라면 더욱 엄하게 관리하고 있다.

者, 僅爾一衣帶水之間, 尙根究其行踪, 而各門盤詰, 猶嚴面生可疑之輩.

그런데 아득히 먼 바다 밖 오랑캐들이 각 성과 군에 숨어들어 온 것을 누가 알았겠는가? 어디서 왔는지, 어디로 가는지도 알지 못한 채 백성들 사이에 섞여 살고 있다. 이웃들은 저들의 많은 돈이 좋아서, 보갑保甲[6]은 저들의 후한 뇌물이 탐나서, 저들의 행적을 의심하지 않는다. 『대명회전』이 빛나고 있는데도 중국과 오랑캐, 강토 경계에 관한 법조차 살피지 않고 있으니, 어떻게 이 정도로 서로를 알고 서로를 믿게 되었는지 모르겠구나.

至於茫茫海外, 孰知其鄕之夷, 遁形省郡? 來莫之從, 去莫之往, 聽其雜入四民之中. 隣里利其多金, 保甲貪其重賄, 而竟不疑其跡. 煌煌『大明會典』, 罔顧華夷疆界之功令, 不知果何相知相信之確若是乎?

세도가 이 지경에 이르고, 인심은 이미 죽었으니, 실로 통곡하고 눈물 흘리며 장탄식을 해야 할 때이로다! 단지 머리를 풀어 헤치고 옷깃을 왼쪽으로 여미는 정도에 그칠 사안이 아닐 듯싶구나.

世道至此, 人心已死, 眞堪痛哭流涕長太息之時! 吾恐其不止披髮左衽而已也.

4 越 땅은 지금의 절강성 동부, 吳 땅은 지금의 강소성에 해당한다. 서로 가까운 거리를 의미한다.

5 一衣帶水란 허리띠 정도로 좁은 냇물이나 강물을 가리키는 말이다.

6 保甲은 고대 중국에서 행해진 작은 행정 단위의 自治, 隣保 제도이다.

제 6 권

1. 오랑캐를 주벌하자는 논의의 요약

誅夷論略

무안 사람 계륙 임이부

武安 林啓陸 履夫

요지 임계륙林啓陸[1]은 이마두(마테오 리치)가 대서양에서 8만 리를 항해하여 왔다고 거짓말하면서, 천주교를 포교하고 임금과 백성을 속이며 중국의 학술을 분열시킨 데 대하여 분노를 터뜨리고 있다. 특히 생전에 천주를 믿었는지 여부만으로 선악을 심판해 천당과 지옥으로 보낸다는 말에 솔깃해 어리석은 백성들이 천주교를 따르며 조상을 배반하고 있음에 격분하고 있다. 이어서 저들이 불교와 도교만 배격하고 유교에 대해서는 비판하지 않는 것 같지만, 실은 유자들의 힘을 빌려 천주교를 조정에 전파하기 위한 속셈임을 간파하고 있다. 또 불교의 윤회설에 비해 저들이 주장하는 천주의 심판설은 증거가 확실하지 않으며, 특히 천주교가 제사를 없애고, 관제關帝와 관음보살, 문창제군 소상塑像을 없애려고 한 데 대해 경각심을 호소하였다. 후반부에서는 저들의 천문·지리 등에 관해 네 가지로 나누어 속임수를 분석하고, 이에 근거하여 저들이 멋대로 대명大明의 역법을 뜯어고치려 하는 것은 치통을 어지럽히고 황위를 넘보는 망령된 일이라 규정짓고 있다. 마지막으로 저들이 분수를 모르고 감히 중화를 개변시키려 하고 있으니, 위로는 공경대부로부터 아래로는 만백성에 이르기까지 한마음이 되어 막아야 할 것이라 주창하였다.

듣자니, 성군이 다스리는 시대에는 도道의 근원을 밝히고 교敎를 바로잡는 것을 뿌리와 종지로 삼으며,

竊聞聖代以原道正敎爲根宗, 以防邪闢異爲藩垣. 鄕有塾, 國

1 字는 履夫이며 河北省 武安 사람이라는 것 이외에 자세한 사항은 알 수 없다.

사교를 막고 이단을 배척하는 것을 울타리로 삼았다고 한다. 시골에는 글방이 있고 나라에는 학교가 있으며, 주자冑子[2]는 전악지관典樂之官[3]들이 보좌하고 서민들은 학교 교육으로 엄정해졌다. 그런 까닭에 대를 이어 융성한 기세를 유지할 수 있었고 바깥 오랑캐들이 (중화의) 교화에 귀의하는 풍속이 생겨났던 것이다.

有學, 冑子翼以典樂之官, 庶人嚴于庠序之敎, 斯所以世代有昌隆之勢. 外夷有向化之風.

예악이 날로 홍성하고 민심이 바른길로 돌아갔지만, 그런 가운데서도 정말 어쩔 수가 없는 경우에는 율령의 도움을 받아 법에 의해 주멸하기도 하고 거친 곳으로 쫓아 보내기도 하였다. 상고 시대처럼 지극한 치세에도 이 같은 정책은 없애지 않았다.

禮樂日興, 民心歸正焉. 然其間有萬不獲已者, 則佐之以律令, 或從而誅滅之, 或從而要荒之. 雖上古至治亦所不廢也.

순임금이 "고요야, 오랑캐가 중국을 어지럽히며, 도적 떼들이 안팎으로 들끓고 있다. 너를 법관에 임명하니, 형벌을 다섯 가지로 집행하되 세 곳으로 나누고, 귀양을 (죄의 경중에 따라) 다섯 종류로 나누되 귀양지는 세 곳으로 정하라. 오직 밝게 살펴서 사람들이 믿고 따르게 하라."[4]고 말하였다. 이 같은 방법으로 중화와 오랑캐를 엄히 구분했던 것이다. 또 "용아, 나는 남을 헐뜯는 말과 착한 사람을 해치는 행동 때

帝曰 "皐陶, 蠻夷猾夏, 寇賊姦宄. 汝作士, 五刑有服, 五服三就, 五流有宅, 五宅三居, 惟明克允." 所以嚴華夷也. 又曰 "龍, 朕堲讒說殄行, 震驚朕師, 命汝作納言, 夙夜出納朕命, 惟允." 所以謹忠讒也. 遠夷去讒, 國之福也.

---

2 '冑子'는 천자에서 경대부까지의 맏아들을 일컫는다.

3 '典樂之官'이란 조정의 음악 사무를 맡은 관리를 말한다.

4 『尙書』「舜典」에 "임금께서 말씀하시기를 '고요여, 오랑캐가 중국을 넘보고 있소. 또 도둑 떼들이 안팎에 들끓고 있소. 그대를 사에 명하노니, 그대는 다섯 가지 형벌에 복역함을 두되 다섯 가지 복역을 세 곳에서 행하며, 다섯 가지 귀양에 집을 두되 다섯 가지 집 세 곳에 살게 하며 오직 밝게 행하여 믿고 따를 수 있게 하시오.'(帝曰, '皐陶, 蠻夷猾夏. 寇賊姦宄. 汝作士, 五刑有服, 五服三就, 五流有宅, 五宅三居, 惟明, 克允.')"라는 내용이 있다. 여기서 오형은 墨刑·劓刑·剕刑·宮刑·大辟을 말한다. 三就는 대죄인을 벌판에서 처형하는 것, 대부는 조정에서 처형하는 것, 사인은 저자에서 처형하는 것을 말한다.

문에 내 백성이 놀라는 것을 싫어한다. 너를 납언納言에 임명하니, 아침저녁으로 나의 명령을 전달하고 믿고 따르게 하라."[5]고 말하였다. 이 같은 방법으로 충언과 참언을 신중히 분별하도록 한 것이다. 멀리서 온 오랑캐들이 남을 헐뜯지 않는다면 그것은 나라의 복일 것이다.

이마두利瑪竇(마테오 리치)가 대체 어떤 자인가? 일개 외국의 교활한 오랑캐에 지나지 않는다. 대서양을 항해하여 왔다고 거짓말하면서 지나온 거리가 팔만 리라고 하였다. 그는 만력 연간부터 간세奸細를 이용해 우리 대명에 들어와 천주교를 제창하여 임금과 백성을 속이고 학술(유교)을 훼멸시켰다.

乃利瑪竇何物? 直外國之一狡夷耳. 詐稱大西洋航海而來, 間關八萬里, 自萬曆年間, 因奸細引入我大明, 倡天主之教, 欺誑君民, 毁裂學術.

천주교의 내용을 자세히 살펴보니, 천주가 하늘·땅·사람·짐승·초목의 혼령을 만들었다고 한다. 짐승과 초목은 죽음과 동시에 사라지지만, 사람만은 죽어도 혼령이 없어지지 않고 (생전의) 선악에 따라 모두 천주의 심판을 받는다[6]고 한다. 그런데 선악에 대한 판별이란 다름 아니라, 천주교를 따랐으면 선하다고 여겨 비록 천지를 모독하고 귀신을 업신여기며 임금과 어버이를 거슬렀어도 천주의 비호를 받아 천당에 오르고, 천주교를 따르지 않았으면 악하다고 여겨

細查天主之義, 謂天主生天·地·人·禽獸·草木之魂. 禽獸·草木死則隨滅, 獨人雖死, 其魂不滅. 所作善惡, 俱聽天主審判. 而善惡無他分判, 只是從天主教者爲善, 雖侮天地, 慢鬼神, 悖君親, 亦受天主庇而登天堂. 不從天主教者爲惡, 雖敬天地, 欽鬼神, 愛君親, 竟爲天

---

5 『尙書』「舜典」 孔穎達의 「注疏」에서 이르기를, "요임금은 남을 헐뜯는 간사한 말을 미워하였고, 군자의 행위를 극구 찬양하였다. 짐이 명을 내려 납언을 맡기어 후설의 관직으로 삼아 아래의 말들을 위에다 보고하게 하고 위의 말을 아래에다 전달하게 하면서 성실하고 신임 있게 일을 하라.(帝疾人爲讒佞之說, 絶君子之行. 朕命作納言, 喉舌之官, 聽下言納於上, 受上言宣於下, 必以信.)"고 하였다.

6 『天主實義』 3편의 내용을 요약한 것이다.

비록 천지를 공경하고 귀신을 흠모하며 임금과 어버이를 사랑했다 하더라도 마지막에는 천주의 노여움을 사 지옥에 들어가는 것이다. 저 용렬하고 어리석은 자들은 요행을 바라는 마음에 빠져들기 마련이고, 저 은밀하고 괴이한 자들은 제멋대로 굴기에 편리하니, 이에 벼슬아치들은 너도나도 저들을 천거하고 칭찬하기에 이르렀고, 백성들은 너도나도 천주교를 따르고 섬기기에 이르렀다.

主怒而入地獄. 夫庸愚者旣溺于徼倖, 隱怪者又便于放恣, 繇是縉紳相率而薦揚之, 士民相率而從事之.

아! 상고 시기의 제왕들은 공경스러운 마음으로 천명을 따르지 않은 적이 없다. '상제께서 다 알고 계신다.'[7]는 말은 세상을 다스리고 대대로 드리울 만한 종지였다. 그래서 옛 스승들은 모두 '천명을 두려워한다.'[8]는 말로 간곡하게 타일렀던 것이다. 또 "하늘은 이理이고 상제는 주재자로서의 상제이다."[9]라고 하였다. 하늘이 사람을 낳았으니, 만물이 있은즉 반드시 법칙이 있게 마련이다. 사람은 천리天理에 따를 수 있고 상제의 법칙과 화합할 수 있으니, 자연히 만물을 주재하고 세상을 다스리고 우주의 결함을 보완하고 대를 이어 전해 온 학술을 바로잡을 수 있다. 이것이 우리 유교에서 말하는 천주이다. 천하의 백성과 만물은 각기 저마다의 천주를 가지고 있다. 이 모든 것이

嗟乎! 上古帝王, 未嘗不以欽若天命, '簡在帝心'者, 爲致治垂世之宗. 即歷代師儒亦各以'畏天命'之語, 諄諄然相告誡也. 且曰 "天者理也, 帝者以主宰而言也." 夫天之生民, 有物必有則. 人能順天理, 協帝則, 自可以主宰萬物, 統制乾坤, 補宇宙之缺陷, 正世代之學術, 此吾儒之所謂天主也. 而天下民物, 各具一天主也. 堂堂正大, 典籍昭彰, 何我輩盡棄弗顧, 而反聽于魑魅魍魎之敎, 削越祖宗.

---

7 『論語』「堯曰」에 나오는 말이다.

8 『論語』「季氏」에 "군자에게 세 가지 두려워해야 할 것이 있으니, 천명을 두려워하며, 지위가 높은 사람을 두려워하며, 성인의 말을 두려워해야 할 것이다.(君子有三畏, 畏天命, 畏大人, 畏聖人之言.)"라는 내용이 있다.

9 『二程遺書』 권 12에 나오는 말이다.

정정당당하게 전적에 빛나고 있음에도 불구하고, 어찌하여 그것을 모두 집어던지고 돌아보지도 않은 채, 도깨비 귀신놀이를 하는 천주교를 따르며 조상을 배반한단 말인가. 신주를 내팽개치고, 예법을 폐지하고, 전적을 훼멸하면서 성수를 뿌리고 성유를 바르고 십자가 형틀을 떠받들며, 파란 눈에 우뚝한 콧대를 가진 자를 천주라 한단 말인가?

去抛神主, 排禮法, 毁典籍, 滴聖水, 擦聖油, 崇祀十字刑枷, 而以碧眼高鼻者爲天主乎?

저들의 책이 중국에 들어와 번역되었지만 모두 읽어 보지는 못했다. 마침 숭정 8년(1635)에 이마두라는 요물이 남겨 놓은 화근 애유략艾儒略(알레니) 등의 무리가 단하丹霞[10]에 들어와서 나에게 『천주실의』·『성수기언』[11]·『변학유독』[12]·『난곡불병명설』[13]·『대의속편』[14] 등 여러 가지 요상한 책들을 보내왔는데, 거기 적힌 말들은 몹시 천박하고 몹시 허황되었다. 드

其書譯入華地, 不能偏閱, 適逢崇禎八年, 利妖之遺毒艾儒略輩入丹霞, 送余有『天主實義』·『聖水紀言』·『辨學遺牘』·『鸞鵠不竝鳴說』·『代疑續編』諸妖書等. 其言極膚淺, 極虛誕. 陽斥二氏之邪妄, 陰排

10 '丹霞'는 붉은 빛의 노을로, 즉 중국을 상징한다.

11 『聖水紀言』은 楊廷筠이 지은 책으로, 明나라 말기 사람들이 천주교 교의에 대해 가지고 있는 의문과 이해하기 어려운 문제에 대답한 내용이다.

12 『辨學遺牘』의 초판은 1610년 北京에서 각인되었다. 陳垣은 「重刊辨學遺牘序」에서 "『辨學遺牘』은 한 권짜리인데 옛 판본에는 마테오 리치 편찬이라고 되어 있다. 앞부분은 '利復虞淳熙書'라고 되어 있다. 이 책은 袾宏(雲棲)이 이미 보았던 것으로 그의 遺稿인 「答虞淳熙書」에서 언급한 바 있다. 뒷부분은 「竹窗三筆」과 「天說」의 시비를 가린 것으로 마테오 리치가 쓴 글이 아니다. 袾宏에 따르면, 「竹窗三筆」은 만력 43년(1615)에 간행되었는데 마테오 리치는 이미 그 전인 만력 38년(1610)에 죽었다. 아마 그 책이 아직 간행되기 전에 그에 대한 논술이 먼저 나왔기 때문에 마테오 리치가 얻어 보고 시비를 가렸을 것이다. 그런데 「天說」 4편은 「竹窗三筆」이 편찬된 다음에 나왔다. 마테오 리치가 죽은 때와 「竹窗三筆」이 간행된 때와는 5년이라는 간격이 있으므로 마테오 리치가 「竹窗三筆」을 보지는 못했을 가능성이 크다. 그리고 원래 따지는 글귀를 뜯어보면 「竹窗三筆」이 간행된 후의 것이 명확하므로 마테오 리치가 『辨學遺牘』을 지었다는 증거가 보이지 않는다. (중략) 이 책은 천주교인 가운데의 한 명사가 지은 것이지만 그 이름은 알 수 없다."고 하였다.

13 『鸞鵠不竝鳴說』은 楊廷筠이 쓴 『鴞鸞不竝鳴說』을 가리킨다. 천주교가 백련교와 다른 점 14조목의 이유와 세 가지 차이점을 논변하였다.

14 『代疑續編』은 楊廷筠이 천주교 교의에 관하여 쓴 책이다.

러내 놓고 불교와 도교를 그릇되고 망령된 것이라 질타하면서, 암암리에 유교가 잘못된 길을 간다고 배척하고 있었다. 저들이 유교를 배격한 곳에서 감히 입을 함부로 놀리지 못한 까닭은, 유가의 의관 차림을 한 자들[15]을 이용해 천주교를 조정에 전파함으로써 간교한 독을 맘껏 퍼뜨리기 위함이었다. 저들은 불교와 도교에서 말하는 성불 작조成佛作祖[16]란 도무지 증명할 길 없고, 인과 윤회란 아득하여 근거로 삼을 수 없다며 배척하였다. 그렇다면 천주에게 제사를 지내는 자는 반드시 천당에 올라 천주의 충신이 되고 천주를 등진 자는 반드시 지옥에 들어간다고 말함에 있어, 천주가 사람을 심판한다는 것은 능히 증명할 수 있고 근거를 찾을 수 있다는 것인가?

儒教之歧途. 然其闢儒處, 未敢十分啟口者, 竊欲藉儒冠儒服者達其教于朝廷, 使得以肆其奸毒也. 彼夫斥二氏以成佛作祖之言, 杳不可查, 因果輪迴之說, 茫無可據. 何獨以祀天主者, 定登天堂爲天主之忠臣, 背天主者, 定入地獄, 爲天主之判民之可查可據乎?

일찍이 불교와 도교의 글을 읽어 보았는데, 한 번의 선념善念이 곧 부처나 선인이 되는 씨앗이고, 한 번의 악념惡念이 곧 짐승으로 다시 태어나거나 지옥에 떨어질 씨앗이라고 적혀 있었다. 이는 인심을 두렵게 만들기 위함뿐만 아니라, 사람들로 하여금 선을 따르고 악을 버리게 하기 위함이기도 하다. 노자의 『도덕경』[17]이나 불가의 『인과경』[18]도 일찍이 충으로

嘗觀二氏之言, 特謂一念善, 即是成佛成仙種子, 一念惡, 即是畜生地獄種子, 斯不過儆惕人心, 使之遷善以棄惡也. 老氏『道德經』, 佛氏『因果經』, 亦曾教人忠以事君, 孝以事親, 陰以敬神, 陽以愛人, 是亦有以補

15 '유가의 의관을 한 자'란 '奉教士人'이나 '容教士人'을 외양만 유학자라고 비하한 표현이다.

16 도를 닦아 부처가 되고 祖師가 되는 것을 일러 '成佛作祖'라 한다.

17 『道德經』은 老子가 지었다고 전해지며 『老子』 또는 『老子道德經』이라고도 한다. 약 5천 자, 81장으로 되어 있으며, 상편은 『道經』, 하편은 『德經』이라고 한다. '無爲自然' 사상을 기본으로, 相爭은 인위적인 것에서 생긴다고 보고 無와 자연의 不相爭 논리를 펴 나간 책이다.

18 『過去現在因果經』의 약칭이다. 佛陀가 과거세에 善慧仙人으로 보살행을 닦고 현세에 태어나 成佛하기까지의 이야기를 말하는 내용의 경전이다.

임금을 섬기고, 효로 부모를 섬기며, 유명幽冥의 신령을 경외하고, 이승의 사람을 사랑하라고 가르쳤으니, 이 또한 유교에 도움되는 말들이다.

助乎儒教也.

천주교처럼 제왕들한테 교사郊社[19]와 체상禘嘗[20]의 예전을 없애라고 하고, 선비들과 백성들에게 조상 제사의 의례를 버리라고 하는 종교는 아직까지 없었다. 저들은 크고 곧은 신령들을 마귀로 간주하고, 천주를 공경하지 않으면 죄인으로 취급한다. 심지어 사람들에게 관제關帝와 관음보살의 소상塑像을 부수라고 하고, 문창제군 소상의 머리를 자르라고 하며, 조상의 신주를 두엄더미에 던지라고 한다. 이에 사람들이 비로소 놀라고 두려워하며 조금이나마 선조를 추모하고 성인을 공경하려는 생각을 가지게 되었다. 그러나 저들의 재물을 탐내는 자들은 (천주교를 따르려는 마음이) 하도 견고하여 도무지 깨뜨릴 방도가 없다.

未有若天主之說, 使帝王廢郊社禘嘗之典, 士民棄祖宗祭奠之禮. 正大神明, 目爲魔鬼, 不敬天主視爲罪人. 至教人燬關聖·觀音之像, 斬文昌帝君之首, 丟棄祖宗神主于糞穢. 人心始覺驚怖, 稍稍有追先敬聖之思. 而貪利其財者, 竟堅不可破也.

"조심하며 밝게 섬긴다."[21]라고 말한 문왕도, "나는 기도한 지 이미 오래이다."[22]라고 말한 공자도 만약 회개하고 천주에 귀의한다면 천주에게 상을 받아 천당에 오를 수 있지만, 만약 회개하지 않고 천주를 저버리면 천주에게 벌을 받아 지옥에 떨어진다. 우리

且以文王之"翼翼昭事", 以孔子之"丘之禱久", 若肯悔過, 以皈天主, 纔爲天主所賞而登天堂, 苟不悔過, 而叛天主, 遂爲天主所罰而入地獄. 我輩未及

19 하늘에 지내는 제사는 郊, 땅에 지내는 제사는 社라고 한다. 천자가 동지에 남쪽 교외에서 하늘에, 하지에 북쪽 교외에서 땅에 제사를 지냈다.

20 '禘嘗'은 임금이 햇곡식을 종묘에 올리는 제사, 또는 천자나 제후가 종묘에 지내는 여름과 가을의 제사를 말한다.

21 『詩經』「大雅」「大明」에 "공경하고 삼가면서 덕으로 하늘을 섬기다.(小心翼翼, 昭事上帝.)"라는 구절이 보인다.

22 『論語』「述而」에 있는 내용이다.

같은 사람들은 문왕이나 공자의 만분의 일에도 미치지 못한다. 그러니 회개하고서, 문왕과 공자의 전적을 모두 불사르고 모조리 천주교에 귀의하지 않는다면 천당에 갈 길이 없을 뿐만 아니라, 어떤 지옥에 떨어질지 모를 노릇이다. 엄연히 유가의 관을 쓴 자로서 문왕과 공자를 따라 지옥에 들어가야 하겠는가? 아니면 예수를 좇아 천당에 올라야 하겠는가? 무지한 젖먹이라도 마땅히 무엇을 따르고 무엇을 버려야 할지 알 것이다.

文王·孔子之萬一. 若不悔過, 盡燬文·孔之典籍, 悉歸天主之大教, 不惟天堂無路, 而且不知置我于何獄矣. 今世儼然儒冠者, 寧從文·孔入地獄乎? 抑隨耶穌登天堂乎? 雖黃口嬰兒, 亦當識所從違也.

천주교도들은 모두가 명망 높은 벼슬아치들인데, 어떤 자는 표문表文과 주장奏章을 올려 황제에게 저들을 천거하고, 어떤 자는 저들의 글에 서문과 발문을 써 주며, 어떤 자는 도처에서 저들을 치켜세우고, 어떤 자는 지방마다 따라다니며 저들을 옹호하는 등 저들을 지켜 주기 위해 안 하는 일이 없으니, 대체 무슨 의도란 말인가? 저들의 재물을 탐한 것인가? 나는 오랑캐의 재물을 받지 않고서는 달리 치부할 방법이 없다는 말을 들어 보지 못하였다. 저들의 재능이 뛰어나고 저들의 학문이 유교에 가깝기 때문인가? 나는 문왕·무왕·주공·공자를 지옥에 던졌다가 그분들이 회개하기를 기다려 천당에 오를 것을 허락하였다는 말을 들어 보지 못하였다. 머리카락과 치아와 정수리와 발꿈치를 갖춘 사람이라면 마땅히 하늘을 우러러 대성통곡해야 할 일인데, 거꾸로 그것을 바르다고 여긴단 말인가?

奈何入教者俱是名公巨卿, 或進表章薦于聖上, 或作文章爲之序跋, 或徧地吹噓, 或隨方擁護, 爲之持維靡所不周, 此何意哉? 抑利其貨乎? 吾未見不接夷利者之別無可致富也. 抑奇其才之不數出, 且謂其學之近正教乎? 吾未見置文·武·周·孔于地獄, 俟其悔過, 乃許登天堂. 具髮齒頂踵者所當仰天大哭者, 此也, 而反以是爲正乎?

천주교도들은 "우리를 위해 (천상의) 도수度數를 바로잡아 주고, 총을 주조하여 나라에 바쳤으니, 이 두

其徒有曰 "爲我正度數, 鑄貢銃, 此二事, 大有功于朝." 不知

가지로도 조정에 큰 공이 있다."고 말한다. 이는 저들의 천문·지리·일월성신에 관한 논술에 모두 네 가지 허황된 속임수가 있다는 것을 모르고서 하는 소리이다.

此輩之論天文地理, 日月星辰, 儘有四大妄誕.

별이 있는 하늘 하나, 해와 달이 있는 하늘 하나가 있는데, 그 운행 궤도가 서로 다르다고 한 것이 첫 번째 속임수다.

謂星一天, 日月一天, 不相躔次, 誕一.

저들은 또 지구의 형태는 달걀노른자처럼 생겼는데, 위아래 사방에 모두 사람이 살 수 있어서 발꿈치를 마주하고 있으며, 사람도 빙빙 돌 수 있다고 말한다. 마침내 "하늘에 바탕을 둔 것은 위와 친하고 땅에 바탕을 둔 것은 아래와 친하다."[23]는 두 마디 말로 저들의 이치를 그릇되이 짜 맞추면서 무지한 자들을 속인 것이 두 번째 속임수다.

又謂地形如雞旦黃精, 上下四旁, 人可居住, 足踵相對, 人可旋轉而走. 遂以"本天親上, 本地親下"此二語, 謬會其理以欺愚頑, 誕二.

또 이르기를, 저들은 일찍이 태양 곁에서 왔으며, 이마두는 일찍이 (지구를) 한 바퀴를 돌았다고 하였으니, 이것이 세 번째 속임수다.

又云彼嘗從日邊來, 利瑪竇嘗旋轉一週, 誕三.

『상서』에 "임금은 오직 해(年)를 살펴야 하고, 공경과 선비는 오직 달(月)을 살펴야 하며 낮은 관리들은 오직 날(日)을 살펴야 한다. 백성은 오직 별을 살펴야 한다."[24]고 하였다. 이는 위아래를 구별하고 귀천을 규정한 것이다. 천도에는 어긋남이 없으니, 사람은 이

『書』曰"王省惟歲, 卿士惟月, 師尹惟日, 庶民惟星." 是所以別上下, 定尊卑. 天道無乖, 則人事順應, 使凡有血氣者得尊尊而親親也. 彼又謂星高于日

23 『皇帝內經』에 나오는 말이다. "하늘은 오기로 사람을 먹이고, 땅은 오미로 사람을 먹인다. 하늘에 근본을 둔 것은 위와 친하고, 땅에 근본을 둔 것은 아래와 친하므로 이에 승강과 부침의 이치가 드러난다.(天食人以五氣, 地食人以五味. 本天親上, 本地親下, 而升降浮沉之理見.)"

24 『尙書』「洪範」에 있는 내용이다.

에 순응해야 하며, 무릇 살아 있는 자들은 존귀한 자를 받들고 어버이를 가까이 하여야 한다. 저들은 또 말하기를, 별들은 해와 달보다 높은 곳에 있고 오성과 28수宿의 형체는 해와 달보다 크다고 한다. 저들의 역법에는 한 달에 31일을 두며, 윤달은 두지 않는다. 일식과 월식이 있어도 담당 관리를 두어 구제할 필요가 없다고 한다.[25] 그믐이나 일식·월식을 구제하지 못했을 시, 제때에 앞서 보고하거나 늦게 보고한 자를 용서치 말고 죽이라는 칙령이 있다.[26] 윤달을 두지 않을 시 시간이 점차 일정해지지 않고 한 해가 점차 이루어지지 않는 착오가 생긴다. 만약 저들의 역법을 따른다면, 해와 시간이 순서를 잃을 것이고 아래위가 뒤바뀔 것이니, 그리되면 백성이 공경과 사인, 그리고 하급 관리 위를 타고 오르려 하고, 공경과 사인, 그리고 하급 관리는 임금 위를 타고 오르려 할 것임에 분명하다! 요임금이 세상을 다스릴 때에 반드시 역법을 제정하여 시간을 분명히 하는 것을 나라의 으뜸가는 일로 삼았다. 그런데 저 무리가 제멋대로 우리 대명에 들어와 역법을 뜯어고치려 하고 있으니, 이것은 치통을 어지럽히고 황위를 넘보려는 수작으

月, 五星二十八宿形體大于日月. 彼曆中月置三十一日, 未嘗置閏. 日月之蝕, 不須有司扶救. 夫不救晦蝕, 則有先後時殺無赦之戒, 不置閏, 則有時漸不定, 歲漸不成之虞. 若從彼曆, 是使藏時失序, 上下倒置, 庶民得以凌駕乎卿士師尹之上, 卿士師尹得以凌駕乎主君之上也, 明矣! 夫堯治世, 必以治曆明時爲國家之首務, 而此輩之擅入我大明, 即欲改移曆法, 此其變亂治統, 覬圖神器, 極古今之大妄, 誕四也.

---

25 일식이나 월식이 있을 때 사람들은 음식을 절제하고 오락을 삼가면서 경건한 의식을 집행했다. 이를 救蝕禮라고 부른다. 『風俗通義』에 "일식이 있을 때 천자는 음악을 연주하지 않았다. 속어에 이르기를, 일식을 구제하지 않으면 출행 시 비를 만난다.(日有蝕之, 天子不擧樂. 語云, '不救蝕者, 出行遇雨.)"는 말이 보인다.

26 『尙書』「胤征」에 다음과 같은 구절이 보인다. "정전에 이르기를, (일식을) 제때보다 앞서 보고하는 자도 용서치 말고 죽이고, 제때보다 늦게 보고하는 자도 용서치 말고 죽이라.(政典曰, 先時者殺無赦, 不及時者殺無赦.)"

로 고금에 없었던 몹시 망령된 일이다. 이것이 네 번째 속임수다.

이 네 가지 속임수로 황제를 무고하고 백성을 무고하였으니, 그 죄는 죽여야 마땅하다.

有此四誕, 誣上誣民, 罪可勝誅哉.

더구나 우리 조정이 그 위엄과 명성으로 오랑캐를 압도하니, 교화에 귀의하여 조공을 바쳐 오는 외국만 해도 수십에 이른다. 제아무리 간특한 오랑캐라 하여도 병기를 함부로 휘두르지 못하는데, 어찌 하찮은 총자루 하나가 나라의 만년 대계가 될 수 있겠는가? 하夏·은殷·주周 삼대와 당·송 이래로 역법을 제정하여 시간을 명확히 하고, 오랑캐를 방비하여 외적을 방어함에 있어 저 파란 눈에 우뚝한 콧대 가진 교활한 오랑캐들의 역법이나 무기에 의지했다는 말을 나는 들어 본 적 없다. 내가 지금 나라의 큰 치욕으로 여기고 있는 것이 바로 이것이거늘, 도리어 이를 영광스럽게 여기고 있으니 추잡하지도 않은가?

況我朝威聲可以奪夷, 外國向化來貢者數十餘邦. 縱有奸夷, 亦不肆其兵戈, 區區一銃, 能爲國家萬年計乎? 從未見三代·唐·宋以來, 治曆明時, 防夷禦寇者, 俱用此碧眼高鼻之狡番爲哉. 吾且謂國家之大僇辱者此也, 而反以此爲榮, 不亦醜乎?

지금의 성상께서 비록 지극히 명철하시지만, 구중궁궐 깊은 곳에 계시기 때문에 저들을 천거한 표문과 주장을 읽고는 저들의 마음과 이치가 (우리와) 부절符節처럼 맞아 떨어진다고 여기실 수도 있을 것이다. 더구나 백성을 다스리는 분이라면 멀리서 온 자를 부드럽게 덕으로 대하여야 하니, "우리 입장에서는 오랑캐를 개변시킨 권위가 설 것이고, 저들 입장에서는 천자를 배알한 의리가 설 것이니, 무슨 걱정이 있느냐?"고 말하지 않을 수 있겠는가. 하지만 저들이 심히 간교하여 실은 남의 나라를 어지럽히고 있음을 모르고 있다. 왕을 배알하러 온 것은 저들이거늘

當今主上, 雖極明哲, 然深居九重之中, 閱彼表章所薦, 謂此心此理, 若合符節. 況爲君人者, 德合柔遠, 得不曰"在我則有變夷之權, 在彼更有來王之誼, 是何虞慮之有?" 不知此輩奸佞之甚, 實亂人國. 來王者彼反而王我, 變夷者我反而變于夷矣. 若有宰輔諫臣以及四方官府, 陳彼利害, 伸我律令, 此輩自當迸迹絶域. 在內則無奸讒震

도리어 우리의 왕이 되고자 하며, 오랑캐를 개변시킬 자는 우리이거늘 도리어 오랑캐 손에 개변당하고 있다. 만약 재상이 보필하고 신하가 간언하며, 온 나라의 관부에서 나서 저들의 이해득실을 설명하고 나라의 율령을 편다면, 저들은 절로 흩어져 이 땅에서 흔적도 없이 사라질 것이다. 안으로는 간특한 참언으로 도성을 놀라게 할 근심이 없고, 밖으로는 교활한 오랑캐가 중국을 교란시킬 우환이 없어지리니, 당우唐虞[27] 때의 정경이 세상에서 훤히 빛을 발하지 않겠는가!

師之患, 在外則無狡夷猾夏之虞, 唐虞景色不煥然宇宙間哉!

상고 시대를 생각해 보면, 홍수나 호랑이나 표범의 재해가 있었으나 민가의 백성들을 해쳤어도 목숨을 다 해치지는 못했고, 목숨을 해쳤어도 인성人性을 다 죽이지는 못했다. 그런데 오랫동안 객지를 떠돌며 갖은 고생을 하면서[28] 사역하는 저자들은 대체 누구인가?

嘗思上古之世, 洪水虎豹之灾, 害民居者未盡害人命, 戕人命者未必盡戕人性. 然而櫛沐兼驅者, 伊何人哉?

융적戎狄이 중국을 교란하고 이단이 정도를 어지럽히자, 난적들이 두려운 바를 잃었고 제후들이 방자해졌으며 초야의 선비들이 함부로 지껄이기에 이르렀다. 이러한 때에 누구에게라도 그 책임을 맡기지 않으면 어쩌지 못할 판국이다. 이에 어떤 자는 저들을 징치하는 권한을 행사하고, 어떤 자는 필삭筆削의 죄[29]

及至戎狄之猾夏, 異端之亂道, 亂賊因而無懼, 諸侯因而放恣, 處士因而橫議. 彼當時誰不付之沒可奈何, 然而或操膺懲之權, 或僭筆削之罪, 或冒好辨之譏, 車不停轍, 席不暇煖者, 伊

27 '唐虞'는 陶唐氏와 有虞氏, 곧 堯와 舜의 시대를 일컫는 말이다.

28 '櫛沐'은 '櫛沐風雨'의 줄임말로, 바람으로 머리 빗고 빗물로 목욕하는 등 갖은 고생을 다하는 것을 의미한다.

29 '筆削'은 공자가 『춘추』를 지은 것을 말한다. 노나라 사서를 가져다가 삭제할 부분은 삭제하고 첨가할 부분은 첨가하여 미언대지를 담았다. 후에 글을 수정하거나 역사서를 저술하는 행위를 筆削이라 부르게 되었다.

를 무릅쓰며, 어떤 자는 논변 좋아한다는 비웃음도 감수하면서[30] 쉬지 않고 다니느라 방석 따뜻할 새조차 없으니, 무슨 뜻에서이겠는가?

何心哉?

우리 성조 고황제께서 나라를 세우신 이후, 육경으로 세상을 밝히고, 어질고 착한 사람들과 나라를 다스렸으며, 요임금과 순임금의 도를 잇고 주공과 공자의 학문을 근본으로 삼았다. 백성들에게 베푼 교화의 은택과 관리들을 먹여 기르신 은혜가 가히 두텁고 지극하다 이를 만하니, 몸이 가루가 된다 한들 어찌 그 만분의 일이라도 갚을 수 있겠는가!

自我聖祖高皇帝開治統以來, 以六經明世, 以賢良治國, 繼堯·舜之道, 宗周·孔之學. 其所以教澤士民, 祿養簪纓者, 可謂厚且至矣. 雖粉身碎骨, 寧足以報其萬一乎!

그런데 어찌하여 요사한 천주교가 시비를 어지럽히고 인심을 무너뜨리는데도 묵묵히 꿈쩍도 않고 있단 말인가? 나라의 운명과 학문의 맥을 누구에게 맡길 것인가!

奈何妖夷之教, 倡亂是非, 陷溺人心, 遂默然不動? 國運學脉, 付之誰人乎!

나는 초야에 묻혀 사는 서생으로서, 이토록 천루한 말로는 간교한 사설을 물리칠 수 없다는 것을 잘 알고 있다. 하지만 옛말에 독수리가 병아리를 덮치면 어미 닭이 날개를 퍼덕인다고 했다. 어미 닭은 병아리를 보호할 수 없다는 것을 알지만 사랑 때문에 그럴 수밖에 없는 것이다. 혈기가 있고 인성이 있는 내가 어찌 임금과 어버이의 사랑을 저버릴 수 있겠는가? 먹어도 불안하고 잠자도 편안하지 않으며 책을 읽어

陸以草野書生, 極知蕘言不足以斥奸邪. 但古有云, 梟搏雞雛, 其母奮翅, 知不能庇, 愛弗已也. 陸在血性中, 寧捨君親之愛乎? 繇是食不安, 寢不寧, 覩典籍而增愁, 向君親而揮淚, 輾轉一夜, 竊述是篇.

30 맹자를 염두에 두고 한 말이다. 『孟子』 「滕文公下」에 "공도자가 말하기를 '사람들이 부자더러 쟁론하기를 좋아한다고 하는데, 어찌해서인지 감히 여쭙겠습니다.' 하니, 맹자가 말하기를 '내가 어찌 쟁론하기를 좋아하겠는가? 부득이하여 말하는 것이다.'(公都子曰, '外人皆稱夫子好辯, 敢問何也?' 孟子曰, '予豈好辯哉? 予不得已也.')"라는 구절이 보인다.

도 근심만 더할 뿐인지라, 임금과 어버이를 우러러 눈물을 뿌리고 하룻밤도 잠을 이루지 못한 끝에 이 한 편의 글을 지었다.

다행히 이 글을 읽고서 느끼는 바 있어 떨쳐 일어나는 자가 있다면, 한마디라도 저들을 물리치는 말을 함께 해 주기 바란다. 그리해 준다면, 위로는 유교로써 사교를 막아 성명한 임금의 밝은 정치를 도울 수 있을 것이요, 아래로는 예악을 주관하고 윤상을 밝혀 백성의 학맥을 지킬 수 있을 것이다. 또한 저들로 하여금 우리 명나라가 귀머거리나 벙어리처럼 일일이 저들의 농간에 놀아난다고 비웃지 못하게 할 수 있을 것이다.

庶有觀感而興者, 俱出一語以闢此輩. 不惟上可以正教防邪, 佐聖主之盛治, 下可以典樂明倫, 維生民之學脉, 亦使此輩不至哄我大明之聾啞, 一一聽其簸弄耳.

2. 사설을 물리치자는 소견

闢邪管見錄

예장 사람 대사마 덕휘 추유련

豫章 大司馬 鄒維璉 德輝

요지

이 글에서 추유련鄒維璉[1]은 자기의 글을 관견管見[2]이라 칭하며 벽사闢邪의 주장을 펼치고 있다. 이마두(마테오 리치)를 전국 시대 종횡가인 장의와 소진, 그리고 전한 말기의 왕망王莽에 비유하면서, 현란한 말솜씨로 혹세무민하는 자이니 속히 내침으로써 미래의 우환을 근절해야 한다고 주장하고 있다. 특히 이마두가 『천주실의』를 써서 예수를 육경에서 말하는 상제라고 참칭하고, 예수를 삼황·오제·주공·공자 위에 올려놓은 일에 격분하면서, 공자는 스스로 성인이라 하지 않아 성인이 될 수 있었던 것인데, 예수를 천주라 떠받드는 것은 어불성설이라면서 중국 사인士人들의 경각심을 호소하고 있다.

바다 밖 머나먼 서방 나라 오랑캐 이마두(마테오 리치)는 호가 서태西泰인데, 만력 초년에 네댓 명의 무리와 함께 중국으로 흘러들어 와서 『천주실의』 등 책을 지었다.[3] 스스로 천주교라 표방하며 책을 출판하

海外極西之國, 有夷人利瑪竇, 號西泰者, 萬曆初年, 偕徒四五人, 流入中國, 著『天學實義』等書. 自標天主教, 梓以傳世. 其

1 鄒維璉(? ~1635)은 字는 德輝 혹은 德耀, 號는 匪石이며, 江西省 新昌(지금의 宜豊縣) 사람이다. 만력 35년(1607)에 진사가 되어 延平推官에 제수되었고, 천계 연간에 郎中이 되었다. 崇禎 연간 초에 南京太僕寺卿이 되었고 福建巡撫를 역임했다.

2 '管見'은 대롱으로 하늘을 보는 것으로, 곧 좁은 소견을 뜻한다. 자기의 말이나 글을 겸손하게 일컬을 때 쓴다.

3 마테오 리치가 중국 마카오에 도착한 때는 1582년이었고, 중국 선교는 1583년에 시작되었으므로 만력 초창기로 이해하여야 한다.

여 세상에 전하였는데, 내용이 간악하고 기괴하며 앞뒤가 모순된다. 심오한 듯 보이지만 실제로는 천박하며, 세련된 듯 보이지만 실제는 비루하다. 헛되이 말재주나 부려 수다스럽게 지껄이고 망령되이 스스로 존귀한 척하였으니, 이미 형초荊楚가 왕을 참칭한 것과 같은 죄[4]를 범하였다. 본래 도둑질에 능한 저들의 기량이 훤히 보이는 듯하니 도적의 괴수 여불위와 꼭 닮았다.[5] 저들이 천하를 뒤바꾸려 하고 있지만 천하에 밝은 눈 가진 사람이 있음을 어찌 알았으랴? 그러니 어찌 한 손으로 가릴 수 있으랴?

詞意險怪, 首尾矛盾. 似深而實淺, 似文而實陋. 徒以利口喋喋, 妄自尊大, 已蹈荊楚僭王之罪. 而其伎倆善盜, 肺肝如見, 大似呂不韋穿窬之雄. 彼方思以易天下, 孰知天下明眼有人? 寧能一手盡掩哉?

(이마두는) 황당하게도 '천주'를 경서에 있는 '상제'에 꿰맞추었는데, '상제'라는 말이 육경에 거듭 나오는 것을 분명히 알았다면 교사郊社에서 '상제'에게 제사 지내는 것이 '상제'가 곧 지존이기 때문임도 알았을 것이다. 옛날의 큰 학자들은 '제帝'를 하늘의 주재자로 해석했다. '제'는 곧 하늘이고 하늘은 곧 '제'이기에 하늘을 받드는 것은 곧 '제'를 받드는 것이 된다. 그런데 어찌하여 (이마두는) 하늘은 받들 바

謬以'天主'合經書之'上帝', 夫旣明知'上帝'屢見於六經. 郊社所以祀'上帝', 則至尊在'上帝'可見矣. 昔者大儒釋'帝'爲天之主宰, 蓋'帝'即天, 天即'帝', 故尊天即尊'帝'也. 何云上天未可爲尊, 竝諱'上帝'之號而改爲'天主'之號乎? 始曰'天主'是

4 '荊楚'는 지금의 湖南省 일대를 지칭한다. 형초가 왕을 참칭한 죄란 周나라 成王 때에 荊蠻에 봉토를 하사받은 熊繹의 5대손 熊渠가 왕을 참칭한 사건을 일컫는다. 『史記』「楚世家」에 "주나라 이왕 때 왕실이 쇠약해지자 제후들이 간혹 조알하러 오지 않거나 서로 정벌하는 일이 생겼다. 웅거는 장강과 한수 일대 민심을 얻게 되자 군사를 일으켜 용 땅과 양월을 공격하고 악 땅에 이르렀다. 웅거는 '나는 오랑캐라, 중국의 시호를 받지 않겠다.'고 말한 뒤 장자인 강을 구단왕으로, 둘째 아들 홍을 악왕으로, 막내아들 집자를 월장왕으로 세웠으니, 모두 장강 상류 초나라 오랑캐의 땅이었다.(當周夷王之時, 王室微, 諸侯或不朝, 相伐. 熊渠甚得江漢間民和, 乃興兵伐庸·楊粵至于鄂. 熊渠曰, '我蠻夷也, 不與中國之號謚.' 乃立其長子康爲句亶王, 中子紅爲鄂王, 少子執疵爲越章王, 皆在江上楚蠻之地.)"라는 내용이 있다.

5 중국 최초의 통일 왕조인 秦나라의 재상 呂不韋가 자기와 황태후 사이에 둔 아들(秦始皇)로 왕위를 잇게 한 것을 두고 나라를 훔쳤다고 하여 도적질의 괴수라 하였다.

가 못 된다고 하고, 또 '상제'라는 칭호를 피휘하며 '천주'라는 칭호로 바꾸었는가? 처음에는 '천주'가 이理라 하고, 이어서 '천주'가 신이라고 하더니, 급기야 한나라 때 서쪽 나라의 흉악범인 예수를 천주라 떠받들면서 시운에 부응하여 교를 세웠다. 이는 저들이 큰 제목을 표방하고 큰 호칭을 참칭한 것이다. (이 마두는) 불교와 도교를 모욕했을 뿐만 아니라, (예수를) 삼황·오제·주공·공자 위에 올려놓았으니, 지금까지의 큰 변고 중에 이보다 더 심한 것이 없다.

理, 繼曰'天主'是神, 終托漢時西國之兇夫耶穌爲天主, 應運設教. 是其標大題, 僭大號. 不惟呵佛罵老, 且淩駕於五帝·三王·周·孔之上, 從來大變, 未有甚於此者.

그는 공자가 태극을 가르치고 『춘추』를 지은 일, 맹자가 인의에 대해 대답하고, 대를 잇지 못하는 것이 가장 큰 불효라고 말한 일 등에 대해 일일이 지적하였는데, "나는 천주를 아버지로 여기고, 만민을 자식으로 여긴다. 그런데 인효仁孝가 도리어 크다니, 세상 모든 임금과 아버지가 같은 형제인데 섬길 필요가 무엇 있겠는가?"[6]라고 말하였다. 아! 거역함이 심하도다.

至於孔子太極之訓, 『春秋』之作, 孟氏仁義之對, 無後不孝之言, 皆見指摘. 但云"我以天主爲父, 萬民爲子, 而仁孝轉大, 世間君父同爲兄弟, 何足事哉?" 噫! 逆亦甚矣.

또 하늘이 공자를 내어 만세에 사람을 가르치게 한 것은 사람이 생겨난 이래로 다시없던 일이다. 그러나 '지극한 정성은 중간에 멈추는 일이 없다.'[7]거나, '큰 도는 어리석음과 같다.'[8]거나, 인자仁者나 성인聖

且天生素王以教萬世, 生民以來所未有也. 然其'至誠無息', '大道若愚', 辭仁聖而不敢當, 謝生知而云好古, 豈故爲是謙

6 이 인용문과 일치하는 내용은 『천주실의』에서 찾아볼 수 없다. 다만 8편에 "천주를 부모 삼고, 세상 사람을 형제 삼으며, 천하를 내 집으로 삼으니, 그 마음이 바다나 하늘만큼 넓다. 어찌 일개 필부의 아량이리오?(則以天主爲父母, 以世人爲兄弟, 以天下爲己家焉, 其所涵胸中之志如海天然, 豈一匹夫之諒乎?)"라는 말이 나오는데, 이 구절을 대략 인용하여 말한 듯싶다.

7 『중용』 26장에 있는 내용이다.

8 『史記』「老子韓非列傳」에 보인다. 노자가 공자를 보며, "장사 잘하는 사람은 깊이 감춰 놓고 빈 듯

人이란 칭호를 감히 받지 못하겠다고 사양한 일[9]이나, 나면서부터 아는 사람이라는 말을 사절하면서 옛것을 좋아할 뿐이라고 한 말[10]이 어찌 일부러 한 겸손에서 나온 것이겠는가? 성인은 스스로 성인이라고 하지 않기 때문에 성인이 되는 것이다. 그런데 이마두라는 요물이 감히 사설을 육경에 견주다니!

辭哉? 聖不自聖, 故爲至聖, 而利妖敢以邪說比六經乎!

옛사람이 말했다. 장주莊周는 도교의 장의張儀나 소진蘇秦[11]이고, 왕통王通[12]은 유교의 왕망王莽이라고. 이마두란 요물의 번개처럼 빠른 혀, 파도처럼 몰아치는 달변으로 말하자면 참으로 장의·소진과 다름없다. 불교의 깃발을 뽑아 공자의 단상에 오르려 하니 왕망과 다름없다. 성인을 모독하고 하늘을 속이며 터무니없는 거짓말로 미혹하였다. 좌도란 주벌되어야 하는 법, 어찌 요임금·순임금의 성세에 용납될 수 있겠는가!

昔人有言, 莊周道家之儀·秦, 王通孔門之王莽, 若夫利妖電光之舌, 波濤之辨, 眞一儀·秦. 拔佛家之幟, 登素王之壇, 眞一王莽. 侮聖欺天, 譸張爲幻, 左道之誅, 豈可容於堯舜之世哉!

나 추유련이 좁은 소견으로 말을 써 내려가자니

璉以管見而談, 終覺惶汗, 惟望

굳고, 훌륭한 덕을 지닌 군자는 모습이 어리석어 보인다.(良賈深藏若虛, 君子盛德, 容貌若愚.)"고 표현한 것을 말한다.

9 『논어』「述而」에 "공자께서 말씀하셨다. '성인의 경지와 인자함의 경지라면 내가 어찌 감히 바라겠느냐?'(子曰, '若聖與仁, 則吾豈敢?')"라는 말이 나온다.

10 『논어』「述而」에 "나는 나면서부터 아는 자가 아니다. 옛것을 좋아하여 부지런히 구하는 자일 뿐이다.(我非生而知之者, 好古, 敏以求之者也.)"라는 내용이 있다.

11 장의와 소진은 전국 시대 때 합종과 연횡을 주장한 종횡가의 대표적 인물이다. 이들은 현란한 말솜씨로 각국의 왕을 찾아다니며 유세한 것으로 유명하다.

12 王通(584~617)은 隋나라 사상가로 字는 仲淹이며 絳州 龍門(山西省 河津縣) 사람이다. 唐나라 시인 王勃이 그의 손자이다. 文帝 때에 고향에서 저술과 교육에 전념하여 많은 문하생이 있었는데, 唐나라 때 李靖·房玄齡·魏徵 등이 그의 문하였다. 유교의 經世治民 사상을 존중하고 유가 경전(『易經』·『書經』·『詩經』·『禮記』·『樂記』·『春秋』)을 다시 늘린 六經을 완성하였다. 시호는 文中子이다. 그의 저서 『中說』은 후세 유가 철학의 발전에 큰 영향을 미쳤다.

두려움에 진땀이 나는 느낌이다. 그러나 시대를 걱정하고 도를 근심하는 대군자들에게 바라는 것은, 힘써 저들을 쓸어 없앰으로써 세상에 만연하여 혹세무민하고 이로써 천하에 해를 끼치지 못하게 해야 한다는 점이다. 그러나 이 또한 중국의 장래를 근심하는 구차하고 비천한 충정일 뿐이다.

憂時憂道大君子, 極力剪除, 勿使蔓延惑世, 以害天下. 而爲中國將來憂, 實區區之鄙衷也已.

3. 한림원 좌춘방 장덕경 공에게 양이보국을 요청하는 공게를 올리다

上翰林院左春坊蔣公德璟攘夷報國公揭

이유원

李維垣

요지

복건성 복주福州의 관리들이 장덕경에게 보낸 공개 서한으로, 글은 그들 중 이유원李維垣[1]이 지었다. 중국과 오랑캐는 양립할 수 없거늘 오늘날 복건과 광동의 문호가 부서지고 저들의 기세가 온 중국을 삼키고 말 것 같다면서, 저들에 대한 방비를 단단히 하여 중국을 깨끗이 해야 함을 호소하고 있다. 또한 이와 같은 복주 관리들의 바람을 조정에 알려 오랑캐들을 물리치고 나라의 은혜에 보답할 것을 요청하였다.

장덕경 공께서 파견 나왔다가 복명하러 가던 길에 삼산(福州)을 지날 때(1638).

時公奉差復命路經三山.

복주 좌·우·중 삼위三衛의 천호千戶와 백호百戶·장인관掌印官·효용관效用官[2] 등 관직에 있는 이유원李維垣 등과, 복주부의 민현·후현 두 현의 생원 진기陳圻 등이 삼가 게첩揭帖을 올려 충정을 드러내 보인 건.

福州左·右·中三衛, 千百戶·掌印·効用等官李維垣等, 福州府閩·侯二縣儒學生員陳圻等, 謹揭爲共剖丹衷事.

---

1 李維垣은 1638년 「攘夷報國公揭」를 지어 당시 천주교 선교사를 몰아낼 것을 주창한 바 있는 인물이다.

2 모두 관직명이다. 천호와 백호는 금나라 때부터 사용하던 명칭으로 세습하던 軍職이다.

생각건대, 중국과 오랑캐와의 경계는 몹시 엄격하며, 사도邪道와 정도正道는 양립할 수 없습니다. 그런데 어떻게 천주교 오랑캐들이 무리 지어 중국 땅에 들어와 위로는 성명하신 임금을 속이고, 가운데로는 조정의 사대부들과 결탁하며, 아래로는 어리석은 백성들을 미혹할 수 있습니까? 만력 44년(1616)에 신종황제의 칙지를 받들어 국경 밖으로 쫓아냈으나, 천계 초년에 칙지를 무시하고 다시 들어와 온 천하에 널리 퍼져 선동하고 유혹하며 사귀고 결탁하고 있습니다. 만력 연간보다 더 심해져서, 마치 중국을 오랑캐의 나라로 바꾸지 않고는 그만두지 않을 것만 같습니다.

竊思華夷界限甚嚴, 邪正勢不兩立. 胡有天主之夷, 群入內地, 上欺聖主, 中結朝士, 下惑愚民. 萬曆四十四年奉神宗皇帝驅除出境, 天啟初藐旨復入, 布滿天下, 煽惑交結, 甚於萬曆之時, 似不普中國而變夷狄不已也.

또한 (저들은) 우리의 속국인 여송呂宋(필리핀 루손섬)을 비롯하여 교류파咬嚠吧[3]·삼보안三寶顔[4]·굴두랑窟頭朗[5] 등을 삼켰습니다. 그리고 또 우리의 향산오香山澳(마카오)와 대만의 계롱·담수[6]를 차지하고 복건과 광동의 문호를 부수었습니다. 그러다 어느 날 밖에서 침범해 들어오고 안에서 호응한다면 어떻게 막아 낼 수 있겠습니까? (이에 관하여) 나라 사랑하는 이들이 이미 소상히 말한 바 있습니다.

且吞我屬國呂宋及咬嚠巴·三寶顔·窟頭朗等處. 復據我香山澳, 臺灣鷄籠·淡水, 以破閩·粵之門戶, 一旦外犯內應, 將何以禦? 愛國之士已詳言之.

저 이유원 등은, 혹자는 나라의 은택을 입은 처지에 있고, 혹자는 황제께서 내리신 봉록을 먹고 있기

垣等或受國恩, 或叨聖養, 覩玆景象, 深抱心腹之患. 愧卑秩貧

3 '咬嚠吧'는 交留巴라고도 하며, 지금의 인도네시아 자카르타를 가리킨다. 넓게는 자바섬 등을 가리키기도 한다.

4 필리핀 남부 Mindanao Island 서쪽에 있는 항구 도시 Zamboanga를 가리킨다.

5 '窟頭朗'이 어디인지 정확히 알 수 없으나, 발음으로 추정해 볼 때 Mindanao Island에 있는 古麻剌朗(kumalarang)인 듯하다. 古麻剌朗은 명나라 때 조공을 바쳤던 속국이었다.

6 '鷄籠'은 대만 북부에 있는 基隆市이고, 淡水 역시 대만 북부에 있는 도시이다.

에 이러한 광경을 보고서 마음속 깊숙이 숨어 있는 우환을 걱정하였습니다. 그러나 부끄럽게도 관직 낮은 빈궁한 독서인[7]으로 힘이 미약한지라, 적을 멸한 뒤에 아침밥을 먹는다는 말[8]을 실천하지 못하였습니다. 장관 어르신[9]께서 평소에 쌓아 오신 하늘과 사람에 관한 학행學行을 삼가 받들어, 우뚝 서서 이 배를 저어 갈 책임을 맡은 것이야말로 바로 태사[10]께서 오늘 하셔야 할 일이니, 훗날의 근심을 나라에 남기지 않아야 할 것입니다.

儒力棉, 未能除此朝食. 恭逢台臺學素格于天人, 任佇隆乎舟楫, 此正太史今日之事, 勿貽國家他年之憂.

바라건대, 입궐하신 뒤 조정에 알려 오랑캐들을 모두 제거하고 중국을 깨끗이 하여 주십시오. 그리하면 백성들에게 큰 다행이요, 유교에 큰 다행이요, 천하 후세에게 큰 다행일 것입니다. 이유원 등은 게첩을 올리며 격동되고 절절한 마음을 걷잡지 못하고 목청 높여 호소하는 바입니다.

伏乞入告朝廷, 盡除以清華夏. 生靈幸甚, 道脉幸甚, 天下後世幸甚. 垣等臨揭, 曷勝激切, 籲呼之至.

수지. 게첩을 올린 사람
숭정 11년(1638) 11월 일

須至揭者
崇禎十一年 十一月 日

7 '讀書人'은 고대 중국 사회의 민간 학자나 지식인을 말한다. 즉 과거 제도를 매개로 하는 정치적·사회적인 지배층(사대부)인 현직의 관료에서부터 科擧의 수험생까지를 포함하는 광범한 층을 의미하였다.

8 '滅此朝食'이란 말에서 나왔다. 『左傳』 「成公二年」에 "제후가 말하기를, '내 이들을 멸한 후에 아침을 먹겠다.' 하고는 말에 안장도 얹지 않고 달려갔다.(齊侯曰, '余姑翦滅此而朝食!' 不介馬而馳之.)"는 내용이 있다.

9 '台臺'는 옛날에 장관에 대해 사용하던 존칭이다.

10 '太史'는 翰林의 다른 이름이다.

복주 좌·우·중 삼위의 천호와 백호·장인관·효용관 등을 맡고 있는 관원은 다음과 같다.

福州左·右·中三衛, 千, 百戶·掌印·効用等官.

천호千戶[11]에 이유원李維垣·조학연趙學淵·주승문朱繩文·우백정牛伯挺·왕병충王秉忠·대훈戴壎.

千戶 李維垣·趙學淵·朱繩文·牛伯挺·王秉忠·戴壎.

백호에 이장李鏘·당국보唐國輔·임정동林挺楝·채사옥蔡士玉·주계종朱繼宗·유문화劉文華·한요도韓堯道·여조양呂調陽·나만상羅萬象·시원경侍元卿.

百戶 李鏘·唐國輔·林挺楝·蔡士玉·朱繼宗·劉文華·韓堯道·呂調陽·羅萬象·侍元卿.

무원撫院[12] 부하로 일한 원도사첨서原都司僉書 관수비사管守備事 진방정陳邦政. 무원 부하로 일한 원흠의청촌파총原欽依青村把總 도지휘체통행사서都指揮體統行事署, 지휘첨사指揮僉事 백호 왕계무王繼武. 무원 부하로 일한 찬획수비贊畫守備 섭추葉樞. 무원 부하로 일한 수비 공가2급功加二級 정방경鄭邦卿. 무원 부하로 일한 수비 공가도사첨서功加都司僉書 임심林深.

撫院標下効用, 原都司僉書, 管守備事陳邦政. 撫院標下効用, 原欽依青村把總, 以都指揮體統行事署指揮僉事, 百戶王繼武. 撫院標下贊畫守備葉樞. 撫院標下効用守備功加二級鄭邦卿. 撫院標下効用守備功加都司僉書林深.

원임흠의동산채파총原任欽依銅山寨把總 도지휘체통행사서 지휘첨사 하양괴何養魁. 원협리융정군문原協理戎政軍門 찬획가함도사첨서贊畫加銜都司僉書 양헌록楊憲祿. 총진 부하로 일한 파총把總 진주관陳周官. 원 임양주부조마原任楊州府炤磨 육국온陸國熅.

原任欽依銅山寨把總以都指揮體統行事署指揮僉事何養魁. 原協理戎政軍門贊畫加銜都司僉書楊憲祿. 總鎭標下効用把總陳周官. 原任揚州府炤磨陸國熅.

---

11 明나라 때는 衛所의 군사 제도로 千戶所를 설치하고 중요한 府, 州에 군사를 주둔시켰다. 병졸 1,120명을 통솔하였는데 10개 百戶所로 나누어 위에 소속되었다. 천호는 한 개 所의 장관이다.

12 撫院은 명·청 때 관서의 칭호로 각 省의 巡撫 및 都察院 右部都御史 혹은 右僉都御史를 겸칭한다. 標下는 部下라는 뜻이다.

찬수纂修 공생貢生 판사후제중서辦事候題中書 주사의周士義. 후임候任 소무부창대사邵武府倉大使 정덕려鄭德閭.

복주부 민현과 후현의 유학생원儒學生員에 진기陳圻·임호林浩·왕덕준王德畯·진주조陳周祚·채재신蔡在新·육지진陸之珍·이조종李朝宗.

포의布衣에 전정등田正登·유국제劉國齊·도유병涂維揀·고등상高登相·이전李銓.

纂修貢生辦事候題中書周士義. 候任邵武府倉大使鄭德閭.

福州府閩·侯二縣儒學生員陳圻·林浩·王德畯·陳周祚·蔡在新·陸之珍·李朝宗.

布衣田正登·劉國齊·涂維揀·高登相·李銓.

4.「깊이 개탄할 일 열두 조항」의 서문

十二深慨序

황정

黃貞

요지

거혹거사去惑居士라는 자호로 천주교 타파에 몰두했던 황정이 왕충의「깊이 개탄할 일 열두 조항」에 써 준 서문이다. 마음 가진 사람이라면 누구나 생각할 수 있고, 생각할 수 있다면 시비를 가릴 줄 알 터인데, 지금 세상에는 마음 가진 사람이 없어 천주교에 미혹되고 있다면서, 왕충의 글이 사교의 사정과 병폐를 상세하게 비춰 줄 거울이 될 것이라 기대하고 있다.

맹자는 "마음이라는 기관은 생각할 수 있으니, (사람의 본성은) 생각하면 얻을 수 있다."[1]고 말했다. 나 황정은 사람의 신묘한 지혜는 겪어 보아야만 비로소 얻을 수 있다고 생각한다.

孟夫子謂"心之官則思, 思則得之." 貞竊以人之神智必歷而始得焉.

신생信生 왕충王忠 군이 시사時事에 느낀 바가 있어「깊이 개탄할 일 열두 조항」을 지었는데, 이는 곧 온 세상을 비출 거울이다. 온 세상을 비출 거울이란 무엇인가? 세상을 밝게 비추어 정황과 병폐를 모두 그 안에 옮겨 놓음으로써 털끝도 놓치지 않는 것이다. 그러나 마음을 깊이 써서 정도를 위하고 세상을 위하고, 또 날마다 그 사이에서 생각하지 않는다면 어

信生王君感時著「十二深慨」, 即普天鏡也. 普天鏡者何? 普天下之大炤, 其情其病, 備寫於中, 數毫髮而莫逃者也. 然苟不深心爲道爲世, 而日維持履歷於其間, 烏能知之? 是其思誠微矣.

1 『孟子』「告子上」에 있는 내용이다.

찌 그것을 알 수 있겠는가? 생각이란 참으로 미묘한 것이로다.

아! 간사한 오랑캐가 중국을 엿보고서 학맥을 어지럽히며 신출귀몰하고 있다. 이는 천지개벽 이래 일찍이 없었던 변고이거늘, 통탄스럽게도 온 세상이 상세한 정황을 알지 못하니 어찌된 일인가? 세상에 마음 가진 사람이 적어 생각하지 못하기에 그 (마음이라는) 기관이 이처럼 둔감한 것이리라. 내 어찌 마음 있는 사람이 이 거울을 한번 보아 주기를 바라마지 않을 수 있겠는가? 이에 공경히 서문을 쓰는 바이다.

嗚呼! 奸夷覬中華, 亂學脉, 出神沒鬼, 爲開闢未有之變, 痛擧世鮮能知其詳. 何以故? 則亦擧世鮮有心人而未之思也, 故其官之不靈如此. 予焉能不望有心人而一睹斯鏡, 敬爲序.

숭정 11년(1638) 7월
금포 천향 황정 쓰다

崇禎戊寅歲 孟秋
金浦 天香 黃貞 書

5.「깊이 개탄할 일 열두 조항」

十二深慨

장주 사람 신생 왕충

清漳 王忠 信生

요지

왕충王忠[1]은 천주교로 인한 병폐를 12조항으로 나누어 열거하고 있다.

첫째, 저들이 주는 돈에 탐을 내고, 저들의 공손한 태도에 찬탄하며, 저들의 가르침이 삼교三教 위에 있다고 여겨 성현의 가르침을 배반하고 있다.

둘째, 저들의 패륜을 알고 경계심을 가졌지만, 결국 교활한 무리의 뇌물과 위서僞書에 현혹되어 수수방관하고 있다.

셋째, 중국의 사대부들은 저들을 업신여기고 재물 받는 것쯤 아무렇지도 않게 여기면서 저들과 서찰을 주고받고 어울리는데, 오랑캐들은 바로 이 점을 이용하여 중국을 일망타진하려는 것이다.

넷째, 저들의 학설을 비루하게 여겨 한데 휩쓸리지 않을지라도 교제하면서 결연히 끊지를 못해 결국 저들에게 달라붙을 빌미를 제공하고 있다.

다섯째, 중국의 도道에 대한 확신으로 인해 저들을 쉬이 여기며 사교 물리치는 일을 기우라 치부하고 있지만, 그 결과 사교의 흥성함이 날로 심해져 나라가 위기에 처해 있다.

여섯째, 저들이 불교와 도교에서 받드는 신상을 부수는 것을 보고도 신령께서 처벌하시겠지 여기는 것은 잘못이다. 사람이 먼저 의분에 격발되어 일어나야만 신령도 도와주는 법이다.

일곱째, 천주교의 폐해에 대해 무관심한 채 이마두에게 빠져서 일신과 자기 집안만 생각하는데, 이는 곧 닥칠 위험도 모르는 처사이다.

여덟째, 천주교를 물리치는 일은 권세가들이 해야 하는 일이지 일개 포의布

1 王忠에 관한 자세한 사항은 알려진 바가 없다. 清漳은 福建省 漳州의 별칭이다.

衣가 할 일이 아니라고 자조하는 사람들이 있지만, 나라가 위기에 처했건만 권세가들이 나서지 않고 있다.

아홉째, 사람들은 모든 것이 시운에 달려 있다 말하면서 수수방관하고 있다.

열째, 오랑캐를 제거하겠노라 맹서한 자들조차도 도움이 적다는 이유로, 혹은 재앙이 두려워 중도에 포기하고 있으니, 유약하고 무능하기 짝이 없다.

열한째, 정도와 사도를 구분할 줄 안다고 일컬어지던 자들이 후학들과 부지런히 소통하여 나라의 위급함을 구제하지 않고 문 걸어 잠근 채 편안히 살고 있다.

열두째, 세상의 변고를 듣고 처음에는 제법 근심하지만, 이내 주위의 방해로 인해 별일 아닌 듯 치부하고 만다. 이상 열두 가지의 개탄스러운 점을 지적하면서, 재능과 지혜가 뛰어난 군자들에게 갖가지 착오를 거듭 범하지 말고 함께 사악한 오랑캐 무리를 제거하여 오랑캐의 기운을 멸절시키고 나라를 재정비할 것을 호소하고 있다.

간사랍干絲蠟(스페인) 오랑캐들이 우리 중국에 들어와서 천주교를 전파하고 있다. 나는 이 때문에 깊이 근심하며 절박하게 방법을 찾고 있다. 참으로 통탄스럽게도 우리 중국이 오랑캐의 해독으로 인해 앓고 있는 병통이 몇 가지 있으니, 개략적으로 말해 보고자 한다.

干絲蠟夷人, 入我中華, 倡天主教. 予爲之深憂而切計者, 誠痛我中華之自疢夷害, 凡有幾種. 試略言之.

하나. 저들이 돈을 뿌린다는 말을 들으면 즉시 군침을 흘리고, 저들이 겸손하고 공경스러운 것을 보고는 예절 바르다고 찬탄한다. 이 오랑캐들이 금은보화를 뿌려 간사한 짓을 일삼고, 엄숙하고 정중한 태도를 보여 거짓을 덮으려 한다는 사실을 모르고서, 저들의 사설을 듣고는 지극한 가르침이라고 믿으며 유교·불교·도교가 미치지 못한다고 말한다. 이는 성현의 책을 읽고서 성현의 가르침을 배반하는 것이며,

一. 有聞及布金, 輒生垂涎, 見其謙恭, 嘆爲有禮. 不知此夷政借金寶以濟其奸, 設爲矜莊以飾其僞, 及聞其邪說信爲至敎, 謂三敎之所不及, 此則讀聖賢之書, 背聖賢之敎, 貌華而心夷也, 可慨也!

생김새는 중국 사람이지만 마음은 오랑캐인 것이니, 개탄할 노릇이다!

하나. (우리 중국 사람들은) 저들이 인륜에 어긋난다는 것을 알고, 간사한 자들을 제거할 뜻을 자못 가지게 되었다. 교활한 무리가 이러한 정황을 알아채고서 즉시 뇌물을 먹이면서 위서僞書로 현혹하였다. 마음을 어지럽히고 입에 재갈을 물려 수수방관하며 좌시하도록 만들고, 저들이 간교한 모략을 부리도록 내버려 두게 만들었다. 훗날 자신과 집안이 그로 인한 해독을 면하지 못하리라는 것을 생각지 못하다니, 그때 뇌물 받은 자는 어디로 돌아갈 것인가? 개탄할 노릇이다!

一. 有知其悖亂, 頗存鋤奸之意. 狡輩知情, 遂賂以財物, 眩以僞書, 迷其心, 箝其口, 令袖手坐視. 任彼奸謀, 殊不思後來身家難免荼毒, 則所賂者安歸乎? 可慨也!

하나. 저들을 하찮은 무리라 홀시하며 무능하다 여기고, 저들의 보물을 취하는 것쯤이야 해가 되지 않는다 여기며, 저들의 서찰에 응하여 부추겨 줌으로써 중국 사대부들로 하여금 서로 저들의 말을 전하고 저들의 좋은 점을 칭찬하게 한다. 이로 인해 서찰을 주고받기도 한다. 그러나 교활한 오랑캐들이 바로 이를 이용하여 중국을 일망타진하려는 줄을 모르고 있다. 이것이 비록 오랑캐를 바깥에서 비호하는 일은 아니지만, 오랑캐는 이미 그 비호를 받고 있는 셈이니, 개탄할 노릇이다!

一. 有忽彼小醜, 以爲無能, 取其珍寶, 以爲無害, 應其書札爲之吹噓, 使中國之士大夫共相傳說, 稱揚其美. 因亦以書札爲之往來, 不知狡夷正欲假此以網盡中華. 此雖非夷人之外護, 而夷已實得其護也, 可慨也!

하나. 저들의 사설을 비루하게 여겨 한데 휩쓸리지는 않지만, 저들과 일단 교제하게 되면 짐짓 관용을 보이며, 결연히 거절하거나 분명히 끊지 않음으로써 저들로 하여금 달라붙어 연줄로 삼게 한다. 이것이 곧 오랑캐의 물결에 휩싸여 사람들을 오랑캐의 땅에

一. 有陋其說, 不爲同流, 但姑與之交接, 聊示優容, 而不堅拒以明絶之, 使彼得爲夤緣要結之竇. 此則繞夷之波, 開人以入夷之端也, 可慨也!

들어가게 하는 실마리가 되니, 개탄할 노릇이다!

하나. 경서와 역사에 대해 꽤나 밝다는 자들은 스스로 똑똑하다고 믿고서 '우리의 신성한 도리가 반듯하고 본체 또한 그대로 있으니, 어찌 저 하찮은 자들에 의해 멸하여 없어지겠는가?'라고 말한다. 또 사교를 물리치는 자들을 보고는 기우쯤으로 치부하며 어리석고 온당치 않다고 여긴다. 그리하여 사교는 날로 흥하고 유교는 날로 혼탁해져 임금과 어버이와 백성의 위급함이 지금보다 절박했던 때가 없다는 것을 알지 못한다. 어찌하여 군왕의 도가 뒤집혀질 위험에 처했으니 잠복되어 있는 위기에 대비하라[2]는 말을 제대로 알지 못하고, 점차 동량이 휘고 지붕이 무너져 가는 재앙을 이루어 주고 있는가? 개탄할 일이다!

一. 有頗明書史, 自恃靈明, 謂'我神理廓然, 本體自在, 何至爲小醜滅沒.' 見夫闢邪者, 謂之杞人之憂, 迂闊無當. 不知邪教日興, 正教日混, 君父生靈之急, 孰有切於斯者. 奈何昧復隍衣袽之戒, 而漸成棟撓滅頂之凶乎? 可慨也!

하나. 오랑캐 무리가 불교와 도교 및 신령들의 소상塑像을 부수어 버리는 것을 보고서, '신령께서 보이지 않는 곳에서 저들을 죽일 터이니, 저들 스스로 죽기를 기다리면 될 뿐 사람이 힘을 쓸 필요가 무엇 있느냐?' 고 말한다. (그런 말을 하는 자들은) 천지의 정화精華를 모두 사람에게 주었지만, 충성과 의로움에 격발된 자가 나타나야지만 정기正氣를 지닌 신령이 말없이 보호해 준다는 사실을 모르고 있다. 사람은 양계陽界를 주관하고 신령은 음계陰界를 주관한다. 음과 양이 서로 힘

一. 有見夷輩之毁佛·仙及神祇等像, 輒謂神靈自有冥誅, 姑待其自斃, 人安所用力乎? 不知天地精英悉畀之人, 惟有忠誠義激者出, 而後正氣之神因相默護. 人司陽, 神司陰, 陰陽合力, 而後魔祟可滅. 安可坐視而悉聽之神乎? 此則亦無關疼癢之言也, 可慨也!

---

2 '復隍'은 성이 해자로 넘어가는 것을 뜻한다. 즉 왕도가 무너질 위기를 비유한다. 『周易』 「泰卦」의 "성이 해자로 넘어가면 병사를 쓰지 마라.(城復于隍, 勿用師.)"에서 나왔다. '衣袽之戒'란 잠복되어 있는 위기에 마땅히 대비해야 함을 뜻한다. 『周易』 「既濟」에서 "육사, 비단옷에 헝겊으로 기워 쓴 흔적이 있다면 종일 경계한다.(六四, 繻有衣袽, 終日戒.)"라고 한 데서 나왔다.

을 합해야만 마귀의 해코지를 없앨 수 있거늘, 어찌 앉아서 구경만 하면서 모든 것을 신령이 해 주기만을 기다린단 말인가? 이것은 남의 아픔에는 관심 없다는 식의 말이니, 개탄할 일이다!

하나. 이 오랑캐들이 창궐하고 있다는 말을 듣고서도 이상한 일로 여기지 않고, 옳고 그름에 관심이 없으며, 이래도 좋고 저래도 좋다고 한다. 오직 이마두에게만 빠져 자기 일신과 집안만을 생각하는데, 이마두가 끝내는 화근이 되어 자기 일신과 집안을 재난에 빠뜨릴 수 있다는 것을 모르고 있으니, 이는 곧 이른바 '(장차 위험이 닥치는 줄도 모르는) 지붕 위에 사는 제비와 참새'[3]인 것이다. 개탄할 일이다!

一. 有聞此猖獗, 恬不爲怪, 浸無可否, 從此亦此, 從彼亦彼. 但躭利竇, 只顧身家, 不知利竇之竟成禍端, 身家之終爲胥溺, 所謂燕雀處堂者也. 可慨也!

하나. 초야의 선비들이 간교한 오랑캐를 힘써 제거하고 있다는 말을 들을 때면 "이는 힘 있는 자들이 할 일이지, 벼슬도 없는 하찮은 선비가 뭘 어찌할 수 있겠는가?"라고 말하며 쓴웃음을 짓는다. 바로 힘 있는 자들이 소임을 다하지 못하기 때문에 도처를 뛰어다니면서 다급히 호소하며 알리고 있다는 것을 알지 못한다. 이미 저들을 징치하였다면 내가 말할 것이 무엇이겠는가! 이것은 초나라가 넘어지느냐 살아

一. 有聞及草野之士力鋤夷奸, 輒訕笑之曰 "此事必屬之有力者, 區區韋布, 將奈彼何?" 不知正緣有力者未知任其事, 故必到處疾呼告揭. 夫旣治之, 則予何言哉! 此則不知覆楚存楚之機之在絶孝純忠一人也. 又安得自委于韋布, 而日墮彼夷之

3 燕雀處堂이라는 성어가 있다. '지붕 위에 사는 제비와 참새'란 안정된 곳에서 생활한다고 해서 경각심을 상실하고, 큰 화란이 장차 닥칠 줄을 알지 못한다는 뜻이다. 『孔叢子』「論勢」에 "집에 사는 제비와 참새는 어미와 새끼가 편안히 먹이를 먹으며 즐거운 나날을 보내면서 스스로 편안하다 여긴다. 부엌에서 불길이 치솟아 서까래가 다 타들어 가는데도 제비와 참새는 얼굴빛 하나 바뀌지 않은 채 장차 화가 미칠 것임을 알지 못한다.(燕雀處屋, 子母安哺, 煦煦焉其相樂也, 自以爲安矣. 灶突炎上, 棟宇將焚, 燕雀顔色不變, 不知禍之將及也.)"는 내용이 있다.

남느냐 하는 관건이 다시없는 효성과 순수한 충심을 가진 사람[4]에게 달려 있음을 모르고서 하는 소리다. 그러니 어찌 벼슬 없는 선비라고 핑계 대면서 저 오랑캐들의 간교한 계책에 나날이 걸려들 수 있겠는가? 개탄할 일이다!

奸計乎? 可慨也!

하나. 홍망성쇠는 순환하는 것이고 각기 정해진 운수가 있으니, 시운時運이 변하지 않는 한 반드시 감당할 사람이 있을 것이고, 시운이 변하려 한다면 인력으로 어찌할 수 있는 바가 아니라고 말한다. (이런 말을 하는 자들은) 군자라면 천하의 일을 집안일처럼 급히 여겨야 한다는 것을 알지 못한다. 예컨대 부모님께서 병환이 들어 비록 어찌해도 나을 수 없음이 명백하다 할지라도, 어찌 약침으로 치료하지 않고 가만 앉아서 돌아가시기만을 기다릴 수 있겠는가? 이는 (사람의) 정리상 차마 그리할 수 없는 것이다. 더구나 지금까지 호걸들은 세상에 소임을 다하면서 시국에 털끝만큼의 가능성이라도 있으면 온 힘을 다 바쳤다. 이 때문에 전화위복하여 지극히 어렵던 국면을 되돌리는 공적을 이룰 수 있었던 것이다. 그러니 어찌 큰 운수에만 내맡긴 채 가만히 있을 수 있단 말인가? 이는 이른바 '유유히 운에 맡기고, 세도를 버려둔 채 묻지도 않는다.'는 것이니, 개탄할 일이다!

一. 謂剝復循環, 各有定數, 運會未變, 必有擔當, 運會將變, 非人所爲. 不知君子急天下也如其家, 譬如父母有疾, 雖灼知其必不可爲, 寧忍不投以藥石而坐聽其亡, 此情理所不忍者也. 況從來豪傑任世, 苟時事有一毫可爲, 猶必盡全人之力, 故能轉禍爲福, 以成回天之功. 又安得徒委之大數哉! 此則所謂'悠悠任運, 置世道於不問也.', 可慨也!

---

4 춘추 시대 말, 伍子胥는 楚 平王이 아버지와 형을 살해하자 楚나라를 탈출해 吳나라로 갔다. 吳王 闔閭가 즉위하는 것을 돕고 군사를 얻어 孫武와 함께 楚나라로 쳐들어갔다. 이때(기원전 506) 伍子胥는 楚나라 수도를 함락하고, 이미 죽어서 장사 지낸 平王의 무덤을 파헤쳐 아버지와 형의 원수를 갚았다.(『史記』 권 66 「伍子胥列傳」) 이로부터 伍子胥를 다시없는 효성을 대표하는 인물로 꼽았다.

하나. 간교한 자들을 제거하리라 맹세한 자들도 시일이 오래되자 혹자는 원조가 적다는 이유로 중도에 포기하고, 혹자는 재앙을 입을까 두려워 중도에서 불안해하고 있다. 이는 결과를 얻지 못하고 유약함에 묶인 채 아무것도 해내지 못하는 무능한 행위이니, 개탄할 일이다!

一. 有矢志鋤奸之人, 爲之日久, 或緣寡助而中棄, 或緣懼禍而中危, 此則不克有終, 困于懦弱之無能爲也, 可慨也!

하나. 평소 도리에 밝아 정도와 사도의 차이를 분명히 살필 수 있다고 일컬어지던 자들조차도 고대광실에서 한가로이 지낼 뿐, 나라 위해 인재를 찾고자 하는 뜻이 없다.[5] 초야에 어쩌다 자신의 생각을 말하는 사람이 있더라도 어디에도 아뢸 곳이 없다. 이 때문에 간사한 자들이 창궐하여도 전혀 알지 못하고, 그 뜰에는 의사義士들의 발길이 끊어졌으며, 대문은 하늘보다도 더 멀어져 버렸다. 개탄할 일이다.

一. 素稱明理之人, 洞見邪正之分, 但燕安高堂之中, 而無吐握之意. 草野或有所陳說, 欲叩無門. 故奸邪猖獗總莫之知, 遂使庭無義士之跡, 門過九閽之遠也, 可慨也!

하나. 초야에서 변고를 아뢰어 다행히 상달되었을 경우, 처음에는 아뢴 자를 접견하고 퍽 많은 것을 느낀다. 그러나 측근에서 아침저녁으로 방해하면 별로 급한 일이 아니라 여겨, 마음과 정력을 다 써 가며 화란禍亂을 없애려 하지 않는다. 이는 금세 일어났다 금세 물러났다 하며 세상일에 뜻을 두지 않은 채 바다나 산처럼 높은 기망期望을 저버리는 것이다. 개탄할 일이다!

一. 草野告變, 幸而有階, 初心接見, 頗能感發. 而左右朝夕旁撓, 以爲無甚迫切, 遂不殫心竭慮以弭禍亂. 此則旋起旋沒, 無意天下事, 有負海岱之高望矣, 可慨也!

이러한 까닭에 위험을 걱정하고 먼 앞날을 근심하

是故, 憂危慮遠之士, 抱忠君愛

5 원문의 "吐握"은 周公이 감던 머리를 쥐고(握) 입에 든 밥을 뱉으며(吐) 찾아온 현인을 예의로 맞이하였다는 고사에서 유래한 말이다.

는 선비들은, 임금께 충성하고 나라 사랑하는 마음을 품고서, 저들의 신출귀몰함으로 볼 때 한 달을 더 두면 한 달만큼 좀이 슬고, 하루를 봐주면 하루만큼 독이 자란다는 것을 깊이 알고 있다. 그리하여 자신이 병든 것 이상으로 고심하며 죽기를 무릅쓰면서 지켜 내고 있다. 그들의 절절함과 서로 독려함이 온 세상에 드러났으니, 장차 호걸스럽고 정직한 자들이 함께 일어나 호응하기를 바라서이다.

國之心, 深知此輩出神沒鬼, 多一月增一月之蠹, 寬一日滋一日之毒, 於是苦心冒死以維持, 不啻疾痛之在身. 其切切偲偲, 遍暴天下, 將使豪傑端人, 共起而應之耳.

아! 맹자는 당년에 열국을 두루 다니면서 쟁론 좋아한다는 조롱과 제후들에게서 공양을 받는다는 조롱[6]까지 받았다. 저들은 대체 누구이고, 이는 대체 무슨 일이며, 저들은 대체 무슨 마음인가? (굴뚝을 구부리고 장작더미를 옮겨서 화재를 피하라고 알려 주어도)[7] 굴뚝 구부리는 자는 적고, 죽기를 기다리는 자만 많다

嗚呼! 孟夫子當年周流列國間, 至蒙好辨傳食之譏. 伊何人哉? 伊何事哉? 伊何心哉? 苟曲突少, 待斃多, 天下將奈何? 當道大人, 英邁君子, 幸毋蹈種種之愆, 毋忽草草之言, 共芟邪夷之

6 『孟子』「滕文公下」에 나온다. 맹자는 쟁론을 좋아한다는 조롱에 대해 "내 어찌 쟁론을 좋아하겠는가? 부득이하기 때문이다.(予豈好辯哉? 予不得已也.)"라고 답했다. 또 같은 장에 "따르는 수레가 수십 승, 따르는 자가 수백 명에 제후들에게서 음식을 공양 받고 있으니, 너무한 것 아닙니까?(後車數十乘, 從者數百人, 以傳食於諸侯, 不以泰乎?)"라는 말도 보인다.

7 이와 관련하여 『漢書』「霍光傳」에 다음과 같은 고사가 보인다. "신이 듣건대, 한 객이 주인을 찾아왔는데, 굴뚝이 곧게 나 있고 그 옆에 땔감을 쌓아 놓은 것을 보고는 굴뚝을 구부려 놓고 땔감을 멀리 갖다 놓으라고 말했답니다. 그렇지 않으면 불이 날 것이라고요. 그러나 주인은 잠자코 답하지 않았습니다. 얼마 후 집에 정말로 불이 났는데, 이웃이 함께 구제한 덕에 불을 껐습니다. 주인은 소를 잡아 주연을 마련한 후 이웃에게 감사를 표했지요. 그때 피해를 입은 집을 상석에 앉히고 나머지는 공로에 따라 차례대로 자리를 정해 주었으나, 굴뚝을 구부리라고 한 사람은 부르지 않았습니다. 누군가가 '전에 그 객의 말을 들었더라면 소를 잡을 필요도 없고 화재도 없었을 터인데, 지금 논공행상을 하며 손님을 청한 마당에 굴뚝을 구부리고 땔감을 미리 갖다 놓으라고 말한 객은 은혜를 입지 못하고 불로 인해 피해를 입은 사람들만 상석에 모신단 말입니까?' 그러자 주인은 느낀 바가 있어 그 객을 청해 왔다고 합니다.(臣聞, 客有過主人者, 見其灶直突, 傍有積薪. 客謂主人, 更爲曲突, 遠徙其薪. 不者且有火患. 主人嘿然不應. 俄而家果失火, 隣里共救之, 幸而得息. 于是殺牛置酒, 謝其隣人, 灼爛者在于上行, 餘各以功次坐, 而不錄言曲突者. 人謂主人曰 '鄉使聽客之言, 不弗牛酒, 弱亡火患. 今論功而請賓, 曲突徙薪亡恩澤, 焦頭爛額爲上客耶?' 主人乃寤而請之.)"

면 천하의 일을 장차 어찌할 것인가? 권세가들과 영명한 군자들이여! 각종 착오를 거듭 범하지도 말고, 대충대충 한 소리라며 소홀히 여기지도 말고, 함께 삿된 오랑캐의 도당을 제거하여 유교를 지켜 내길 바란다. 그 음모에 관해 상소하여 황제께 고함으로써 오랑캐의 기운이 영구히 사라지게 하고 나라가 깨끗해지도록 하여, 위로는 나라를 안정시키고 아래로는 강상을 지켜 낸다면, 소인의 깊은 개탄도 의지할 바가 생길 것이다.

숭정 9년(1636) 정월에 쓰다

黨, 以閑先聖之道. 疏其淫謀, 聞之當宁[8], 使夷氛永絶, 海宇廓清, 上安邦國, 下扶綱常, 則僕之深慨有賴矣.

崇禎丙子 孟春 撰

8 '當宁'는 황제가 정사를 보는 곳인데 황제를 가리키기도 한다.

6. 품급설

品級說

황우

黃虞

요지

황우黃虞[1]는 중국과 서방 천주교의 품급 제도를 비교하면서, 저들은 외람되이 중국의 것을 가져다 썼지만 도리어 앞뒤가 전도되어 있다고 비난하고 있다. 이에 근거하여 중국에서는 예로부터 화이華夷의 구분이 엄격하였는데, 오늘날 사람들은 도리어 모양새도 전도되어 있는 오랑캐의 것을 끌어다가 중국의 예악 제도를 개변시키려 한다며 개탄을 금치 못하였다.

중국에는 천자 아래 공경公卿과 백관百官에게 각기 품급이 있는데, 1품에서 9품까지 그 구분이 명백하여 서로 어지럽히는 것을 용납하지 않는다. 저들 천주교의 사부와 제자들도 품급을 참칭하여 정하였다. 중국에서는 1품이 제일 높지만 저들은 9품이 가장 높다. 중국에서는 9품이 제일 낮지만 저들은 1품이 가장 낮다. 7품의 사제가 있고 6품의 부사제가 있으며, 그 나머지는 미사를 주관하지 못한다.

中國天子以下, 公卿百官各有品級, 以一至九, 顯然定分, 無容紊也. 彼天主教之師徒, 亦僭定品級. 中國以一品爲尊, 彼則以九品爲至尊. 中國以九品爲卑, 彼則以一品爲至卑. 有七品主祭, 六品副祭之說, 餘不得祭.

또 천주교에는 여러 개의 수도회가 있으며, 반드시 오랑캐가 이를 주관한다. 사제의 의관은 모두 오랑캐의 복색으로 착용한다. 나는 눈으로 본 것에 익숙해

又有宗教分教, 必夷人以主之. 祭制冠裳, 皆用夷服. 吾恐目習其所見, 耳變其所聞, 將義皇以

1 黃虞에 관한 자세한 사항은 알려진 바가 없다.

지고 귀로 들은 것으로 인해 바뀌어 버릴까 걱정된다. 복희씨 이래의 도통道統과 치통治統, 그리고 성조聖祖 고황제께서 호인胡人들을 쫓아내고 세우신 만대에 전해질 금주발같이 공고한 천하, 예악 제도와 인심 풍속, 그 모든 것이 오랑캐에게 개변당하고 만다면, 이보다 더 큰일은 없을 것이다. 맹자께서 "나는 단지 중국의 것으로 오랑캐를 변하게 한다는 말을 들었지, 오랑캐의 것으로 중국을 변하게 한다는 말은 들어 본 적이 없다."[2]고 말씀하셨다. 아! 당장 오랑캐를 변화시켜야 한다.

來之道統·治統, 與聖祖高皇帝驅胡定鼎, 萬世金甌之天下, 禮樂制度, 人心風俗, 一旦變於夷狄, 莫此爲甚. 孟子曰 "吾聞用夏變夷, 未聞變於夷者也." 嗟乎! 今將變夷矣.

관중[3]은 패업霸業을 도왔으나 존왕양이尊王攘夷의 공을 세웠기에 공자께서는 그래도 어질다 여기셨다.[4] 중국과 오랑캐 사이의 방비, 사도와 정도의 구별에 대하여 예로부터 성현들은 매우 엄격하였거늘, 오늘날 만백성은 어찌하여 오랑캐의 종교를 따르면서 도리어 저들과 한목소리로 개 짖는 소리를 낸단 말인가? 품급에 관한 부분만 보아도 의관이 뒤바뀌어 거의 사람 사는 세상이 아님을 알 수 있으니, 참으로 개탄할 일이다.

夫以管仲霸佐, 而有尊攘之功, 孔子猶然仁之. 華夷之防, 邪正之辨, 自古聖賢, 甚峻甚嚴. 今之士庶, 奈何從夷教而反爲同聲之吠耶? 余觀品級一節, 益見其冠裳倒置, 幾不成世界矣, 可慨也夫.

---

2 『孟子』「滕文公上」에 있는 내용이다.

3 管仲(? ~기원전 645)은 춘추 초기에 齊나라의 정치가이다. 이름은 夷吾이며 安徽省 潁上 사람이다. '尊王讓夷(周나라 천자를 존중하여 받들고 외적 오랑캐를 물리치자.)'를 호소하였으며, 桓公을 도와 제나라를 춘추 시대의 첫 霸者로 만들었다. 공자는 비록 이에 동의하지 않았지만, 그가 말한 '尊王讓夷'는 그래도 仁을 잃지 않았다고 하였다. 저서로 『管子』가 있다.

4 '霸業'이라 함은 霸天下를 의미한다. 즉 인의로써 천하의 왕 노릇을 하는 王天下와 반대되는 개념으로 폄하의 뜻이 들어 있다. 『論語』「憲問」에 管仲은 어진 자가 아닐 것이라는 子貢의 말에 스승인 孔子가 "관중은 환공을 여러 제후의 패자가 되게 하여 한번에 천하를 바로잡아 백성들이 지금까지 그 은혜를 입고 있다. 관중이 아니면 우리는 머리를 풀어 헤치고 옷깃을 왼쪽으로 여미는 오랑캐가 되어 있을 것이다.(管仲相桓公, 霸諸侯, 一匡天下, 民到于今受其賜. 微管仲, 吾其被髮左衽矣.)"라 답한 내용이 있다.

7. 사설을 주벌하는 명백한 증거 기록

誅邪顯據錄

서구 사람 유룡 이왕정

西甌 李王庭 猶龍

요지

이왕정李王庭[1]은 천주교의 교리 중 추상적인 것 외에 거짓말하고 있다는 뚜렷한 증거가 될 사례를 들어 비판하고 있다. 첫 번째는 사천성四川省에서 바위가 갈라지면서 경문이 나타났다고 하는 주장에 대한 반박이다. 두 번째는 저들의 수법水法에 관한 반박이다. 즉 변방의 자갈밭에서만 통하는 수법이란 있을 수 없으며, 이는 대단한 일을 해냈다는 것을 빌미로 사람들을 현혹하려는 것에 불과하다는 분석이다. 세 번째는 기억술記憶術에 관한 반박이다. 이는 있을 수도 없는 일이며, 설령 있다 하여도 심신의 공부에 아무 도움될 바 없다고 주장하였다.

주사현거록은 여기 실린 내용에 이어 중화中華로써 오랑캐를 개변시킨 전통을 이어 가자는 부분이 있는데, 이는 이 책의 제10권(694~697쪽)에 실려 있다.

세상[2]에는 존재하나 의논하지 않고, 의논하나 따져 밝히지 않는 것이 있으니, 그것이 사람들의 이목을 어지럽힐까 저어되기 때문이다. 하지만 따져 밝히지 않을 수 없고 의논하지 않을 수 없어서 사방의 성인들 모두가 입으로 주벌하는 힘을 보태고 있는 것이

六合之內, 有存而不議, 議而不論者, 恐其亂人觀聽也. 若夫不得不論, 不得不議者, 凡列衛聖, 皆不可少一口誅之力, 如今日之天主教是已. 第辨之而不

1 李王庭에 대한 자세한 사항은 알 수 없으나 글의 내용에 근거해 볼 때 명나라 말기에 살았던 사람으로 추정된다. 그의 출신지로 표기되어 있는 西甌는 영남 서쪽, 즉 광서성과 귀주성 일대를 지칭한다.

2 '六合'은 하늘과 땅, 동·서·남·북 곧 천지와 사방을 통틀어 이르는 말로 세상을 의미한다.

있으니, 바로 지금의 천주교에 관한 일이 그러하다. 그러나 변별만 하고 뚜렷한 근거를 내놓지 못한다면 진심으로 굴복시키기 어렵다. 변별만 하고 그것이 정말 거짓과 날조라는 사실을 밝히지 못한다면 진심으로 굴복시키기 더욱 어렵다. 그래서 심성과 천당지옥설에 관한 것을 빼고 명확하고 뚜렷한 것만 들어 말하려 한다. 만약 어질고 지혜로운 선비가 내 말을 옳다 여겨 나와 같은 마음을 가진다면, 식견이 비루하지 않은 한 그 간교함을 살필 수 있을 것이다.

得其顯有可據者, 則其心不服, 辯之而不得其事之眞屬矯誣者, 則其心尤不服. 是以余于心性·天堂地獄等說外, 獨擧其彰明較著言之, 令賢智之士, 固賞此語有同心, 而識苟非汚下, 亦得以隨事察奸也.

저들이 천주당에 걸어 놓은 묵각墨刻에, "천주께서 중생을 불쌍히 여기시어 마침내 사천四川에서 바위를 깨뜨려 전자篆字로 새겨진 경문經文을 주셨기에 비로소 천주가 강생한 근본을 알게 되었다."고 보란 듯 써놓은 글을 한번 보라. 아! 얼마나 황당무계한가. 사천은 중국에 속해 있으니, 사람의 발길이 미치지 못하는 곳이 아니며,[3] 또 바위가 갈라지면서 나타난 글도 서양 오랑캐의 경문만이 아니다. 묻건대, 사천 사람들이 과연 어느 해, 어느 달, 어느 날, 어느 시각, 어느 주·현, 어느 마을에서 바위가 갈라진 흔적과 전각된 글을 보았는가? 사천 사람들은 어찌하여 이런 일을 아득히 알지도 못하는가? 사천 사람들도 모르는데 서양 오랑캐들만 그것을 알고 있단 말인가? 이것은 하도河圖[4]를 내주며 땅이 보물을 아끼지 않았다는

試即彼所張掛中堂墨刻云, 稱"天主哀憫衆生, 乃于四川裂山石獻經文篆字, 始知天主降生之本." 噫! 何舛也. 四川列在中華, 固非無人不到之所, 且石崩獻文, 亦非西夷獨有之經. 試問四川之人, 果于何年月, 何日時, 何州縣, 何村落有石崩之迹, 有篆字之文, 四川之人茫然不知也? 川人不知, 而西夷之人獨知之乎? 此不過借河圖地不愛寶之說, 以神鬼其敎, 而謬謂藏之石室耳! 烏知石文可暗刊, 而此石迄今川中竟付烏有, 將何說

3 원문은 '누구나 갈 수 있는 곳은 아니다.(固非無人不到之所.)'라고 되어 있으나, 문맥으로 보아 '누구나 갈 수 있는, 은밀한 곳이 아니다.'라고 해석하는 것이 옳을 듯하여 고쳐 해석하였다.

4 '河圖'는 전설에 따르면 황하에서 나온 말의 몸에 있는 그림을 말하는데, 이에 근거하여 복희씨가 팔

설을 빌려 천주교를 신비스럽게 포장하고자 거짓으로 석실에 감추었다고 말한 것에 지나지 않는다. 비석의 글자라는 것이 몰래 새긴 것일 수도 있지 않은가? 게다가 지금 그 돌은 사천에 있지도 않은데, 대체 무슨 말로 사람을 우롱하려 드는가?

以愚人?

더욱 괴이한 것은 『수법水法』의 한 구절이다. 꼭 변경 밖 자갈밭이라야 사용할 수 있다[5]고 하였는데, 자갈밭에서 쓸 수 있다면 중국의 마른 밭에서도 쓸 수 있을 것이며, 중국의 산밭에서도 쓰지 못할 리가 없다. 그런데 반드시 변경에서 시험해야 한다고 하니, 물이 돌에서 나온단 말인가? 이것도 해내기 어려운 일을 이용해 사람들을 속이고 미혹하는 것에 불과하다. 지금 사대부들이 날마다 근심하는 것이 물길로 식량을 운송하는 어려움임을 알아채고 그런 주장을 펴서 세상 사람들의 관심을 끌려는 것이다. 정말로 경제에 도움 되는 일이라면 어디서건 효과를 드러내야 할 터, 황량한 땅을 빌미 삼아 그 수법의 졸렬함을 문식文飾할 필요 있겠는가?

更可異者,『水法』一節. 必于邊外石田用之. 夫石田可用, 則中都旱田亦可用也, 竝中都山田亦無不可用也, 乃必試于邊, 豈水生于石乎? 此又不過以難能之事, 荒惑今人. 料今士大夫所日悸者, 漕運之艱, 故倡爲此說, 以傾動世耳. 曾思眞眞經濟, 無地不效其實用, 豈待托之遐荒, 以文其拙耶?

기억술의 경우,[6] 저 비루한 오랑캐가 우리를 우습

至如記函一件, 其鄙夷不屑我

괘를 만들었다고 한다. 『禮記』「禮運」에 "하늘은 그 도를 아끼지 않고, 땅은 그 보물을 아끼지 않으며, 사람은 그 정을 아끼지 않는다. 이 때문에 하늘에서 촉촉한 이슬이 내려오고, 땅에서 단 샘이 솟아오르며, 산에서 기물과 수레가 나오고, 황하에서 마도가 나온 것이다.(故天不愛其道, 地不愛其寶, 人不愛其情. 故天降膏露, 地出醴泉, 山出器車, 河出馬圖.)"라는 말이 나온다.

5 우르시스(熊三拔)가 서양의 수리 분야를 전문적으로 소개한 책인 『泰西水法』(北京, 1612)에 있는 내용이다.

6 1595년 마테오 리치는 남창의 순무 陸萬陔의 청을 받고 『西國記法』이란 책을 썼다. (朱維錚 編, 『利瑪竇中文著譯集』, 香港城市大學, 2001, 179~214 참고)

게 여기기가 이보다 더 심할 수 없다.[7] (저들은) 총명하게 태어났기에 스스로 이러한 기술을 창시했다고 떠벌리는데, 한눈에 열 줄을 읽고 한번 보면 하나도 빠뜨리지 않는 사람이 어느 시대엔들 없었겠는가? 그런데 거꾸로 외우고 암송한다[8]는 명목을 붙여 어리석은 자들로 하여금 그들처럼 영민해지기를 바라게 하고, 중간 정도에 드는 선비들로 하여금 그것을 진짜로 여기게 하였다. 절대로 있을 수 없는 이치를 가지고 제대로 사람을 귀머거리나 장님 취급하는 것임을 그 누가 알겠는가? (이런 방도란) 터득할 수 없음은 말할 것도 없으려니와, 설령 어느 날 그 방법을 터득한다 한들 장구章句나 외우는 학문이 마음으로 이해하고 몸으로 실천하는 일에 무슨 보탬이 될 것인가? 하물며 그렇지도 않지 않은가.

輩, 更莫此爲大. 夫天生聰明, 將自我作古, 即一目十行, 一覽無遺, 何代無之? 乃託名倒記背誦, 既使下愚之夫希其捷, 即中材之士認爲眞. 孰知此萬萬無有之理, 實實以聾瞶待人? 勿論不得, 縱使一旦得之, 而章句誦說之學, 何益于心解力行? 矧其不然也.

앞에서 말한 세 가지는 모두 명확하고 뚜렷한 것들이어서 변별하지 않아도 저절로 알 수 있는 것들이다.

如前三事, 夫非彰明較著, 不辯自知者哉.

7 마테오 리치 서신집 19의 '남창에서 마카오의 산데 신부에게 보낸 편지(1595. 8. 29.)'에서 이 사건을 최초로 언급하고 있으며, 이어서 서신집 22의 '남창에서 총장 아콰비바 신부에게 보낸 편지(1595. 11. 4.)'에서도 그 내용을 말하고 있다.

8 마테오 리치가 쓴 기억술에 관한 책 『西國記法』(1595)에 나와 있는 내용이다.

8. 역법론(서양력에서 윤달을 없앤 것을 논박하다)

曆法論(闢西曆棄閏邪說)

복건 지성 사람 개신 사궁화

閩芝城 謝宮花 个臣

요지

서양인들이 중국에 쉽게 수용될 수 있었던 이유 중 하나는 서양의 뛰어난 역법 때문이었다. 그러나 저들의 역법을 쉽게 받아들일 수 없었던 중국의 지식인들은 중국 역대 역법의 장점을 밝혀 서양력이 사리에 맞지 않음을 힘써 입증하였다. 사궁화謝宮花[1]도 이 글에서 서양력이 윤달을 두지 않는 점을 공격하면서 명나라에서 역대 역법의 장점을 참고하여 제정한 대통력이야말로 만세토록 사용해도 폐단이 없다고 주장하고 있다. 만약 역법 추산에 실수가 생겼다면, 이는 역법의 오류가 아니라 흠천감 관원의 죄라고 명시하고 있다.

지금 서양 오랑캐들이 중국 사람들을 놀라게 하고, 공경들 앞에서 교만을 떨며 말할 수 있는 것은 오직 역법뿐이다. 그러나 중국의 역법은 자체적으로 정론定論을 가지고 있으므로 서양 오랑캐들이 왈가왈부할 바 아니다.

今西夷所以聳動中國, 驕語公卿者, 惟是曆法. 然中國之曆法, 自有一定之論, 不待西夷言之也.

우리 태조께서 유 국사劉國師[2]에게 조서를 내려 위

我太祖詔劉國師, 上觀天文, 下

1 字가 个臣이고 복건성 芝城 사람이라는 것 이외에 자세한 사항을 알 수 없다. 芝城은 建甌의 별칭이다. 『紅雨樓書目』을 보면 『尊攘正書』 2권이 소설류에 포함되어 있는데, 그 아래 주석을 달아 "사궁화가 서학을 반박한 내용이다.(謝宮花駁西學.)"라고 설명되어 있다.

2 명나라 태조 때 국사로 있던 劉基(1311~1375)를 가리킨다. 字는 伯溫이며 절강성 青田縣 사람이다. 원말명초의 뛰어난 문장가이자 정치가이며, 天文地理 및 兵法과 數學에도 조예가 깊었다.

로는 천문을 관측하고 아래로는 지리를 살펴 하늘을 관측하는 법도를 제정하게 하고, 천구의天球儀·성수星宿의 분야도分野圖·동호적루銅壺滴漏(물시계)를 만들도록 하니, 밤낮의 시각과 (천상의) 도수의 변화가 (실제의) 천상과 털끝만큼의 차이도 없었다. 지금도 북경에서는 많은 사람들이 그것을 직접 눈으로 볼 수 있다.

察地理, 鑄量天尺, 制定天球, 星宿分野, 銅壺滴漏, 晝夜時刻, 消息度數, 分毫若天. 現在京都, 衆目可觀.

역법의 경우 지난 시대의 역사에서 고찰할 수 있다.

至于曆法, 考諸前代國史.

예컨대 한나라 무제 태초 원년(기원전 104)에 등평鄧平이 만든 태초력[3]이 있고, 그 후 유흠劉歆이 이를 넓혀 만든 삼통력[4]이 있으며, 동한 장제章帝 원화 2년(85)에 만든 사분력四分曆, 헌제獻帝 건안 11년(206)에 유홍劉洪이 만든 건상력乾象曆 등이 있다.

如漢武帝太初元年, 鄧平所造太初曆, 後劉歆衍之爲三統曆. 東漢章帝元和二年, 造四分曆. 獻帝建安十一年, 劉洪造乾象曆.

위魏나라 명제明帝 경초 원년(237)에 양위楊偉가 만든 경초력景初曆, 동진東晉 효무제孝武帝 태원 9년(384)에 강급姜岌이 만든 태원력太元曆이 있다. 또 유송劉宋 문제文帝 원가 20년(443)에 하승천何承天이 만든 원가력元嘉曆, 효무제孝武帝 대명 7년(463)에 조충지祖沖

魏明帝景初元年, 楊偉造景初曆. 東晉孝武帝太元九年, 姜岌造太元曆. 劉宗[5]文帝元嘉二十年, 何承天造元嘉曆. 孝武帝大明七年, 祖沖之造大明曆.

---

3 '太初曆'은 西漢의 落下閎과 鄧平 등이 처음 만든 것이다. 중국 역사상 비교적 완전한 역법이며 최초의 대개혁이기도 하였다. 이 역법은 하루를 81분으로 나누었으므로 '81분력'이라고 칭한다. 24절기를 역법에 처음으로 편정하여 넣었는데, 中氣가 없는 달은 윤달로 하였으며, 135개월에 23차의 일식·월식의 주기가 있었다. 한 回歸年은 365일에 385/1539일을 합한 것과 동등하다고 규정하였으며, 한 삭망월은 29일에 43/81일을 합한 것과 같았다. 원 저작은 실전되었다. 이 역법은 기원전 104년에서 기원후 85년 사이에 시행되었다.

4 '三統曆'은 西漢 말기에 劉歆이 '太初曆'에 근거하여 수정하였다. 정월을 매년의 첫 번째 달로 규정하였고, 1년을 24절기로 하였으며 中氣가 없는 달을 윤달로 하였다. 한 달의 날수는 29일에 43/81일을 합한 날수로 하였으며, 일 년의 달수는 12개월에 7/19을 합한 달수로 하였고, 일 년의 날수는 365일에 385/1539일을 더한 날수로 하였다. 한 章은 19년과 같았고, 한 統은 81장과 같았으며, 한 元은 3통과 같았다. 그래서 '삼통력'이라 하였다.

5 '宗'은 오자이다. 元嘉 연호는 劉宋 文帝(劉義隆) 때의 것이므로 마땅히 '宋'이어야 한다.

之가 만든 대명력大明曆[6]이 있다.

위魏나라 효명孝明 정광 2년(521)에 이업흥李業興이 만든 정광력正光曆, 동위東魏 효정제孝靜帝 흥화 2년(540)에 이업흥이 만든 흥화력興和曆, 북제北齊 문선제文宣帝 천보 원년(550)에 송경업宋景業이 만든 천보력天保曆이 있고, 후주後周에는 무제武帝 천화 원년(566)에 견란甄鸞이 만든 천화력天和曆, 정제靜帝 대상 원년(579)에 풍현馮顯이 만든 대상력大象曆이 있다.

魏孝明正光二年, 李業興造正光曆. 東魏孝靜帝興和二年, 李業興造興和曆. 北齊文宣帝天保元年, 宋景業造天保曆. 後周武帝天和元年, 甄鸞造天和曆. 靜帝大象元年, 馮顯造大象曆.

수隋나라 고조高祖 개황 4년(584)에 장실張實이 만든 개황력開皇曆, 인수 4년(604)에 유작劉焯이 만든 황극력皇極曆, 양제煬帝 대업 4년(608)에 장주원張冑元이 만든 대업력大業曆이 있다.

隋高祖開皇四年, 張實造開皇曆. 仁壽四年, 劉焯造皇極曆. 煬帝大業四年, 張冑元造大業曆.

당나라 고조高祖 무덕 9년(626)에 도사 부인균傅仁均이 술인년부터 시작하여 만든 술인력戊寅曆, 고종高宗 인덕 원년(664)에 이순풍李淳風이 갑자년부터 시작하여 만든 인덕력麟德曆, 중종中宗 신룡 원년(705)에 남궁열南宮說이 만든 을사력乙巳曆, 현종玄宗 개원 12년(724)에 승려 일행一行[7]이 만든 대연력大衍曆[8], 숙종

唐高祖武德九年, 道士傅仁均以元起戊寅, 造戊寅曆. 高宗麟德元年, 李淳風以元起甲子, 造麟德曆. 中宗神龍元年, 南宮說造乙巳曆. 玄宗開元十二年, 僧一行造大衍曆. 肅宗寶應元年,

---

6 祖冲之가 만든 '大明曆'은 세차가 45년 11개월에 1도가 차이 난다. 그는 또 윤달을 두는 법을 개진하여 낡은 역법에서 19년에 7개의 윤달을 두던 것을 채용하여 391년에 144개 윤달을 두는 것으로 고쳐서 그것이 더욱 천상에 부합되게 하였다. 그러므로 역법 역사상 제2차 대개혁이라 한다. 역사상 처음으로 구해 낸 '交點月'의 날수는 27.21223일이었는데, 근대에 측정하여 얻어 낸 교점월의 날수 27.21222일과 극히 근사하다. 祖冲之가 사망한 뒤 그의 아들 祖亘之는 '大明曆'을 史官에게 넘겨주어 고찰하고 검증하게 하였는데, 낡은 역법보다 좋다는 것이 실증되어 梁나라 武帝 天監 9년(510)에 실시하기 시작하였다.

7 一行(683~727)은 당나라 때의 高僧이다. 속세의 이름은 張遂이며 河南 巨鹿(魏州 昌樂) 사람이다. 시호는 大慧禪師이다. 천문학자이자 佛學者이다. 『大日經疏』를 지었으며, 중국 密宗의 시조이다. 717년에 현종의 부름을 받고 역법 찬수에 참여하여 일월 5성의 운행을 실제로 측정하고 대연력을 편수하였다. 또 梁令瓚과 함께 세계 최초의 기계식 시계인 天文義水運渾儀를 제작하였다. 전국 13개 곳에

肅宗 보응 원년(762)에 곽헌지郭獻之가 만든 오통력五統曆, 덕종德宗 건중 5년(784)에 서승사徐承嗣가 만든 정원력正元曆, 목종穆宗 장경 2년(822)에 서앙徐昂이 만든 선명력宣明曆, 소종昭宗 경복 원년(892)에 변강邊岡이 만든 숭현력崇玄曆 등이 있다.

郭獻之造五統曆. 德宗建中五年, 徐承嗣造正元曆. 穆宗長慶二年, 徐昂造宣明曆. 昭宗景福元年, 邊岡造崇玄曆.

오대五代 때 주周나라 세종世宗 현덕 3년(956)에 왕박王朴이 만든 흠천력欽天曆, 송나라 건륭 3년(962)에 왕처눌王處訥이 만든 응천력應天曆, 태종太宗 태평흥국 6년(981)에 오소소吳昭素가 만든 건원력乾元曆, 진종眞宗 함평 4년(1001)에 사서史序가 만든 의천력儀天曆, 인종仁宗 천성 2년(1024)에 송행고宋行古가 만든 숭천력崇天曆, 영종英宗 치평 원년(1064)에 주종周琮이 만든 명천력明天曆, 신종神宗 희녕 7년(1074)에 위박衛朴이 만든 봉천력奉天曆, 철종哲宗 원우 7년(1092)에 황거경皇居卿이 만든 관천력觀天曆, 원부 3년(1100)에 요순보姚舜輔가 만든 통원력統元曆, 휘종徽宗 숭녕 2년(1103)에 또 요순보가 만든 점천력占天曆이 있다. 금나라 태종太宗 천회 5년(1127)에 양급楊級이 만든 태명력太明曆이 있다. 남송 고종高宗 소흥 5년(1135)에 진덕일陳德一이 만든 통원력統元曆, 효종孝宗 건도 3년(1167)에 유

五代周世宗顯德三年, 王朴造欽天曆. 宋祖建隆三年, 王處訥造應天曆. 太宗太平興國六年, 吳昭素造乾元曆. 眞宗咸平四年, 史序造儀天曆. 仁宗天聖二年, 宋行古造崇天曆. 英宗治平元年, 周琮造明天曆. 神宗熙寧七年, 衛朴造奉天曆. 哲宗元祐七年, 皇居卿造觀天曆. 元符三年, 姚舜甫[9]造統元曆. 徽宗崇寧二年, 姚舜輔又造占天曆. 金太宗天會五年, 楊級造太明曆. 南宋高宗紹興五年, 陳德一造統元曆. 孝宗乾道三年, 劉孝榮造乾道曆. 淳熙三年, 劉孝榮造

관측점을 설치하여 자오선 길이를 가장 먼저 계산해 내었다. 그 밖의 저술로는 『七政長曆』·『心機算術』·『宿曜義軌』 등이 있다.

8 '大衍曆'은 당나라 一行이 만들었다. 開元 16년(728)에 시작하여 29년 동안 시행되었다. 이 역법은 모두 7편으로 나뉘어져 있는데 平朔望과 平氣, 72 절후, 태양, 달의 매일의 위치와 운동이 망라되어 있다. 날마다 볼 수 있는 星象·주야의 시각·일식·월식과 5대 행성의 위치도 포함되어 있다. 그 후 역대의 역법가들은 모두 이 격식을 채용하여 역법을 편수하였다.

9 원문을 보면 '姚舜甫'라 표기하였는데 이는 誤字이다. '姚舜輔'가 맞다.

효영劉孝榮이 만든 건도력乾道曆, 순희 3년(1176)에 유효영이 만든 순희력淳熙曆이 있다. 금나라 세종世宗 대정 20년(1180)에 조지미趙知微가 수정한 대명력이 있다. 송나라 광종光宗 소희 2년(1191)에 유효영이 만든 회원력會元曆, 5년(1194)에 양충보楊忠輔가 다시 만든 통천력統天曆이 있다.

淳熙曆. 金世宗大定二十年, 趙知微修大明曆. 宋光宗紹熙二年, 劉孝榮造會元曆, 五年楊忠輔又造統天曆.

원나라 태조太祖 15년(1220)에 야율초재耶律楚材가 만든 경오력庚午曆[10], 송나라 영종寧宗 개희 3년(1207)에 포한지鮑澣之가 만든 개희력開禧曆, 이종理宗 순우 10년(1250)에 이덕경李德卿이 만든 순우력淳祐曆, 보우 원년(1253)에 담옥譚玉이 만든 회천력會天曆, 도종度宗 함순[11] 7년(1271)에 진정陳鼎이 만든 성천력成天曆이 있고, 원나라 세조世祖 지원 18년(1281)에 곽수경郭守敬 등이 제정한 수시력授時曆이 있다.

元太祖十五年, 耶律楚材造庚午曆. 宋寧宗開禧三年, 鮑澣之造開禧曆. 理宗淳祐十年, 李德卿造淳祐曆. 寶祐元年, 譚玉造會天曆. 度宗咸熙七年, 陳鼎造成天曆. 元始祖至元十八年, 郭守敬等定授時曆.

우리 명나라의 대통역법은 (전대의 역법을) 검증 및 짐작하여 변함없도록 참작하지 않은 바 없다. 또 수시력을 재고찰하고 윤달이 생기는 것을 측정하여 대통력을 천하에 반포함으로써 만대에 걸쳐 따르게 하였다. 또 회회력 관원인 정아리鄭阿里 등 11명을 다시 북경으로 불러 역법을 의논하게 하였으며 봉미俸米를 등차 있게 지급했다. 후에 오랑캐들이 천문을 언급하

我朝大統曆法, 莫不參證斟酌無移. 再考授時, 測定閏應, 頒大統曆行于天下, 萬世遵法, 復徵回回曆官鄭阿里等十一人, 至京議曆給廩有差, 後因夷言天文, 皆宗耶律, 荒唐悠謬.

10 여기서의 元은 몽골 제국, 太祖는 칭기즈 칸을 가리키며, 耶律楚材(1190~1244)는 몽골 제국의 천문학자로 字는 晉卿이다. 거란족이며 요나라 왕족의 자손으로 천문·지리·律曆·術數·불교·도교·의학·卜筮에 통달하였다. 태종 때에 中書令으로 제수되었고, 나라의 제도 규범의 대부분을 확정하였다. 문집인 『湛然居士』와 견문기인 『西遊錄』이 있다.

11 원문의 咸熙는 咸淳의 오기이다. 1271년은 咸淳 7년이다.

면서 모두 야율초재의 (역법을) 따르게 되었는데, 이는 황당하고도 크게 잘못된 일이다.

홍무 31년(1398) 4월에 회회흠천감을 내치고 오랑캐에게 주었던 관직 칭호를 삭탈하였다.

洪武三十一年夏四月, 罷回回欽天監, 削夷官之號.

특히 『대명일통지大明一統誌』에는 "황제께서 파견한 사신이 서역에 갔다가 천축을 거쳐 천방국天方國[12]에 이르렀는데, 그 나라 사람들은 오직 하나의 하늘만 떠받들 줄 알았다. 재난이든 복이든 모두 하늘을 우러러 빌었으니, 중국에서 하늘을 경외하는 것과 같았다."라는 기록이 있다. 그러나 천주가 십자가에 못 박혀 죽었다거나 종교를 만들어 세상에 전파하였다는 말을 들은 적이 없다. 또 그 교를 따르는 자들에게는 먼저 (예수의) 오른손에 난 상처에 대고 절하여 용기의 덕을 간구하게 하고, 왼손에 난 상처에 절하여 인내의 덕을 간구하게 하였다. 오른발에 난 상처로는 근면의 덕을, 왼발에 난 상처로는 경외의 덕을 간구하게 했고, 옆구리에 난 상처에 대고 절하여 사랑의 덕을 간구하게 했다. 천주의 덕으로 자기 온몸에 상처 나는 것도 어쩌지 못했으면서 남에게 미칠 덕이 어디 있단 말인가? 천주의 존귀함을 지니고 천사들이 에워싸고 보호하였어도 개법씨蓋法氏(빌라도)에 의해 못 박혀 죽었으니, 천주와 천사 모두 영험하지 못한 쓸데없는 존재인 것이다. 그러니 어찌 만물을 주재할 수 있겠는가?

即『大明一統誌』有載, "上遣使往西域, 經天竺至天方國, 其國人止知崇奉一天, 凡有災福, 望天祈禱, 依然如中國之敬天也." 亦未聞有天主釘死十字架上, 設教行世. 令其從之者, 先拜右手之傷, 求勇德, 拜左手之傷, 求忍德, 右足之傷, 求勤德, 左足之傷, 求畏德, 又拜脇旁之傷, 求愛德. 夫旣以爲天主之德, 且不能保全一體之傷, 又烏有德以及人乎? 夫旣以爲天主之尊, 天神爲之擁護, 尙被蓋法氏釘死, 是天主天神皆不靈無用之物也, 焉能主宰萬物乎?

12 오늘날 사우디아라비아의 메카 지역을 말한다.

하물며 주술 부린 물을 마시고 주술 부린 기름을 바르며, 마시는 술은 천주의 피요, 빵은 천주의 살이요, 책상머리에 놓은 돌멩이 하나는 천주의 뼈라고 한다. 성수를 마시고 성유를 바른 자는 평생 악행을 저질렀어도 천주는 오로지 (천주에) 귀의한 점을 긍휼히 여겨 이전의 모든 죄를 사해 준다. 저 천주 예수란 자는 요망한 언설로 대중을 미혹하여 개법씨(빌라도)에 의해 못 박혀 죽었는데, 스스로 자기 몸도 구원하지 못했으면서 어찌 남을 구원할 수 있겠는가? 이처럼 지극히 황당무계한 말을 믿을 수 있다고 할 것인가?

況曰服呪水, 畫呪油, 食酒爲食天主之血, 食麵爲食天主之肉, 有一石置于案頭, 謂是天主之骨. 人能服聖水聖油者, 雖平生爲惡, 天主恤其一念皈依, 前惡全赦. 夫天主耶穌, 因妖言惑衆, 且被法氏釘死, 不能自救, 焉能爲人赦乎? 此皆誕妄之極, 而謂可信乎?

그러나 천방국에도 회회력이 있다. 그 지역은 중국 변방과 가까워 3도의 기수氣數 차이밖에 나지 않는다. 저들은 회회력이 중국에 있긴 하지만 사용되지 않고 있음을 알고 있었다. 중국의 역법은 태초력에서 수시력까지 모두 옛것을 따라서 윤달을 두었다. 서양 오랑캐들의 사설처럼 윤달을 버릴 수 있다면, 당나라의 흠천력이나 『주역』의 「계사」, 중국의 옛 제왕과 공경재상, 성인 현철, 식견 높은 이들 모두가 저 하찮은 부류만 못하단 것인가? 그런가, 아니 그런가? 우리 명나라의 대통력은 여러 역법을 두루 참조하여 장점만을 취하였으므로 만세에 걸쳐 시행해도 폐단이 없다. 우리 태조께서는 흠천감 내대內臺[13]를 세우고 과科를 나눈 다음, 각기 한 가지 기예씩 익혀 천문과 점복에 정

然天方國亦有回回曆, 其地近邊, 與中國氣數差三度, 固知回回曆中國存而不用也. 即中國之曆法, 自太初以至授時, 莫不遵古置閏. 如西夷之邪說謂閏可棄, 是唐之欽天, 『易』之「繫辭」, 中國千古之帝王卿相, 神聖賢哲, 大識大見, 皆在醜類下也, 是耶非耶? 夫我明大統曆兼參諸曆之長, 行之萬世無弊. 我太祖立欽天監內臺, 分科各習一藝, 專精象占, 無得差移, 至今而曰推算有失, 不能如劉

13 궁궐 안에 설치한 관청이다.

진하게 함으로써 조금의 오차도 생기지 않게 하셨다. 만일 오늘에 이르러 추산에서 실수가 생겨 유 국사가 정한 표준과 달라진 바가 있다면, 흠천감 내대에서 녹봉을 축낸 관원들의 죄를 다스려야 마땅할 것이다.

國師之準, 則當治欽天監內臺糜祿之罪也.

9. 별자리 네 개로 증명하다

四宿引證

요지 별자리와 사회 정치의 관계를 논한 별자리 점괘를 가져와 천주교도들이 혜성에 배례하는 간교한 속셈을 간파하여야 한다고 주장하였다. 즉 천주교도들은 일주일 내내 기도하면서 방수房宿·성수星宿·묘수昴宿·허수虛宿 등 네 성수에 머리를 조아리고, 또 혜성을 보고도 절을 하는데, 이는 이들 별자리가 불길하게 움직여 중국에 화란이 일어나기를 축원하기 때문이라는 것이다.

천주교에서는 칠 일 동안 아침저녁으로 기도드리고 방수房宿·성수星宿·묘수昴宿·허수虛宿 네 성수에 머리를 조아린다. 그런데 또 혜성에 배례를 올리는 것은 어찌된 것인가?

夫天主教之七日, 朝夕持呪稽首房·星·昴·虛四宿, 而又拜慧星者何說也?

천문을 헤아려 보니, 묘수에는 별이 일곱 개 있는데 이것이 곧 수성水星이다.[1] 묘성은 하늘의 귀와 눈이 되며 백의白衣가 모이는 일이 생긴다.[2] 일곱 개의 별 가운데 모두旄頭[3]라는 것이 있는데, 이것이 즉 호

考之天文, 昴宿有七星, 水星也. 昴爲天耳目, 又爲白衣聚會. 七星中有旄頭者, 胡星也. 昴星欲明, 明則獄訟平, 國無佞臣, 天

1 '昴宿'는 白虎 七宿 중의 제4수이다. 밝은 별이 일곱 개가 있다. 『史記』「天官書」에 "목성이 토와 합쳐지면 내란이 생겨 기근이 든다. 군주는 전쟁을 하지 말아야 하니, 싸우면 진다. 수와 합쳐지면 변고와 음모가 생겨 상황이 뒤바뀐다.(木星與土合, 爲內亂, 飢, 主勿用戰, 敗. 水則變謀而更事.)"는 말이 있다. 묘수가 수성이므로 나라에 변고가 생길 조짐이라는 뜻이다.

2 『巫咸占』에 "묘정은 하늘의 귀와 눈이다.(昴井, 天耳目.)"와 "묘는 백의를 모이게 한다.(昴爲白衣聚.)"는 말이 나온다. 이 책은 별자리에 관한 점술서로 瞿曇悉達이 편찬한 『開元占經』에 수록되어 있다. '백의가 모이는 일'이란 제왕의 죽음 등 나라에 凶事가 생긴다는 뜻이다. 묘성은 생김새가 雲氣인 듯도 하고 아닌 듯도 하며 연기인 듯도 하고 아닌 듯도 하기 때문에 묘성을 흉사의 징조로 여기게 되었다.

3 '旄頭'는 昴宿를 가리킨다. '髦頭'라고도 하는데, 白虎의 갈기에 해당하기 때문에 이러한 이름을 붙였다.

성胡星[4]이다. 묘성은 밝아지려는 속성이 있는데, 밝아지면 송사가 평정되고 나라에 간교한 신하가 없으며 천하가 안정된다. 밝아지지 않으면 징벌이 넘쳐나고 간교한 신하가 득의하여 천하에 재난이 일어난다. 여섯 개 별들은 밝아지지 않으려는 속성이 있는데, 밝아지면 변방의 군사들이 많이 죽고, 움직이면 대신이 감옥에 들어가며 참언을 믿어서 충신이 해를 당한다. 또 백의들이 모이게 되고, 밝으면서 자주 움직이면 북쪽 오랑캐가 군사를 일으킨다. 큰 별이 뛰어오르고 다른 별들이 모두 움직이지 않으면 북쪽 오랑캐 군사가 변방을 침범한다. 여섯 개의 별의 밝기가 큰 별과 같아지면 천하가 큰 수재를 입는다. 일곱 개 별이 모두 밝으면서 노래지면 북쪽 오랑캐가 군사를 크게 일으킨다.

下安, 不明則刑必濫, 佞臣得志, 天下凶. 其六星不欲明, 明則邊兵多死, 動則大臣下獄, 信讒害忠. 爲白衣聚會, 明而數動, 則胡兵大起. 其大星跳躍而他皆不動, 則胡兵侵邊. 六星明與大星等, 則天下大水. 七星皆明而黃, 胡虜大兵起.

허수[5]에는 별이 두 개 있는데 이 역시 수성이다. 별이 밝고 조용하면 천하가 안정되고, 밝지 않으면 천하에 큰 가뭄이 들며, 흔들리면 조정의 옛 제도를 바꾸는 자가 나온다.

虛宿有二星, 亦水星也. 其星明靜則天下安, 不明則天下旱, 動搖則有更朝廷舊制者.

방수[6]에는 네 개 별이 있는데, 곧 목성이다. 방수의 별들이 모두 밝으면 천하가 태평하고, 별들이 어두우면 대신이 정사를 어지럽히며, 밝으면서 커지면 북쪽

房宿有四星, 木星也. 房星均明則天下太平, 其星暗則大臣亂政, 明而大則胡兵起. 星動外則

4 『西官候』에 "묘성은 일명 武 혹은 천주 혹은 천로라고 하니, 곧 호성이다. 軍事와 喪事를 주관한다. 그중 별 하나가 사라지면 나라에 전란이 일어나니, 곧 수성이다.(昴, 一名武, 一名天廚, 一名天路, 胡星. 主兵, 主喪. 其一星亡, 邦有兵, 水星也.)"라는 말이 보인다. 이 책 역시 『開元占經』에 수록되어 있다.

5 '虛宿'는 28수의 하나이다. 북방 현무 7수의 제4宿이며 玄枵라고도 한다.

6 '房宿'는 동방 蒼龍 7수의 제4宿이며, 車馬를 주관한다 하여 天駟 또는 房駟라고도 한다.

오랑캐가 군사를 일으킨다. 별이 밖으로 움직이면 재물이 나가고, 안으로 움직이면 재물이 들어온다. 달이 운행하고 별들이 움직이면 나라를 어지럽히는 신하가 모해하며, 그 재앙이 멀리까지 미친다.

財寶出, 動內則財寶入. 月行而星動, 則亂臣謀害, 殃及萬里.

성수[7]에도 일곱 개 별이 있는데, 모두 밝고 크면 왕도가 널리 행해지지만, 작으면 어진 신하가 임용되지 못하며, 천하가 공허하게 된다. 도망쳐 숨으면서 움직이면 북쪽 오랑캐가 군사를 일으킨다.

星宿亦有七星, 均明大則王道大行, 小則賢良不用, 而天下虛空, 遁藏搖動則胡兵起.

그런데 혜성에 배례하는 것은 또 무엇 때문인가? 점성가가 이르기를, "혜성이 들어와서 자궁紫宮[8]을 쓸면 새로운 것이 펼쳐지고 낡은 것이 제거되며 천하에 혁명이 일어난다."[9]고 한다. 이것이 서양 오랑캐들이 아침저녁으로 묘수가 밝으면서 누래지고, 허수와 성수가 동요하며, 방수와 성수가 밝으면서 커지고, 혜성이 자궁에 들기를 비는 까닭이다. 만약 분명히 말하지 않는다면 미련한 사내 미련한 아낙들이 교활한 오랑캐들의 간교한 속셈을 살피지 못할까 우려되어 기록하여 세상 사람들이 거울로 삼도록 하는 것이다.

而又拜慧星者何也? 天文占謂"慧星入掃紫宮, 布新除舊, 天下革命." 此西夷之朝夕祝願. 昴宿明黃, 虛·星二宿動搖, 房·星明大, 慧星入紫也. 若不明言之, 恐愚夫愚婦, 不察狡夷奸猾之意也, 故錄是以爲世人鑒.

---

7 '星宿'는 남방 朱雀 七宿 중의 제4宿이며 모두 7개의 별이 있다.

8 '紫宮'은 紫微星을 가리킨다. 신화 속의 天帝의 居室이다.

9 『晉書』「天文志下」에 다음과 같은 내용이 보인다. "함희 2년 5월에 왕량성(즉 天駟星)에 혜성이 나타났다. 길이는 1장이 넘었고 흰색이었는데, 동남을 가리키며 12일간 머물다 사라졌다. 점을 쳐 보니, '왕량은 천자께서 모시는 말이다. 혜성이 이를 쓸어 버렸으니, 왕이 바뀐다는 표시이자 옛것을 없애고 새것을 펼친다는 조짐이다. 백색은 죽음을 상징한다. 왕량은 동벽수에 있으니, 지금의 병주에 해당한다.' 그해 8월에 문제가 붕어하였다.(咸熙二年五月, 彗星見王良, 長丈余, 色白, 東南指, 積十二日滅. 占曰 '王良, 天子御駟. 彗星掃之, 禪代之表, 除舊布新之象也. 白色爲喪. 王良在東壁宿, 又幷州之分野.' 八月, 文帝崩.)" 또 韋昭의 『洞紀』에 "한나라 황룡 원년에 혜성이 왕량과 각도를 지나 자궁에 들어갔다. 12월에 선제가 붕어했다.(漢黃龍元年三月, 有星孛于王良·閣道, 入紫宮. 十二月, 宣帝崩.)"는 내용도 보인다. 이 두 가지를 합쳐서 이야기하였다.

10. 속정기가

續正氣歌

사궁화

謝宮花

옛날 문산공(문천상)[1]의 정의로운 기개 드높았네.
昔有文山兮, 正氣昂昂.

정의를 위해 한 몸 희생하니 해와 달이 빛을 발했네.
成仁取義兮, 日月斯煌.

우리 중원만은 사람이 곧 봉황이라.
惟我中原兮, 人比鳳凰.

쯧쯧, 저들 서양 오랑캐는 개나 양 무리로다.
嗟彼西夷兮, 類聚犬羊.

몰래 괴이한 모략 꾸며서 천주교를 전파하는구나.
陰蓄異謀兮, 天主教張.

백성들 재앙 입고[2] 횡류하는 물 질펀하구나.
熒惑士女兮, 橫水湯湯.

세상의 장님 귀머거리들 깨닫지 못하고 온 나라가 미쳤도다.
世聾瞶而不悟兮, 擧國若狂.

북채 하나가 여러 북을 울리는데도 이 세상에 성왕이 있음을 알지 못하네.
一桴衆鼓兮, 竟不知當今有聖王.

사설이 가득하고 문명도 예의도 뒤집혔어라.
邪說充塞兮, 顚倒冠裳.

인심이 양지를 잃었거니 뉘라서 이를 바로잡을까.
人心旣喪兮, 夫誰與匡.

내 오늘 노래 지음은 정기의 굳건함을 잇고자 함이니,
我今作歌兮, 續正氣之剛方.

장차 벽사를 논하여 일월과 함께 빛을 다투길 바라노라.
願言闢邪兮, 與日月而爭光.

---

1 宋나라 말 文天祥은 「正氣歌」라는 5언시를 지었는데, 그가 元나라 군대와의 싸움에 지고 포로 신세가 되었을 때 나라에 대한 충성을 읊은 시이다. 謝宮花는 자기의 시에 「정기가」의 뒤를 잇는다는 뜻에서 「續正氣歌」라는 詩題를 붙였다.

2 '熒惑'은 火星의 다른 이름이다. 숨었다 드러났다 하여 사람을 미혹되게 한다는 데서 붙인 이름으로 不祥을 상징한다.

제 7 권

1. 천설(네 편)

天說(凡四)

항주 운서사의 사문 주굉

古杭 雲棲寺 沙門 袾宏

요지 불교 연종蓮宗의 8대조로 일컬어지는 연지蓮池 대사 주굉袾宏[1]이 1615년에 쓴 이 글은 네 편으로 구성되어 있다. 「천설 1」에서는 천주가 지존至尊이라는 설의 시비를 가렸고, 「천설 2」에서는 살생을 금지하려는 뜻에서 나온 '생명 있는 것들은 전생에 부모였다.'는 가르침에 제기한 의문에 대해 유교와 견주어 가며 답하였으며, 「천설 3」에서는 천설에 관하여 중국의 이왕삼제二王三帝 및 공자와 맹자가 이미 다 말하였기에 천주교가 새로운 설을 세울 필요조차 없다 하였고, 「천설 4」에서는 불교의 살생 금지를 비난한 것에 대해 조목조목 반박하였다.

1.1. 천설 1

天說一

요지 「천설 1」에서는 천주가 지존至尊이라는 설의 시비를 가린다. 불교의 교리에 비추어 보면, 천주교에서 말하는 천주는 제천諸天의 주인 한 명에 지나지 않는

1 袾宏(1535~1615)은 浙江省 杭州 仁和 사람으로 속세의 성은 沈이며 字는 佛慧이다. 호는 蓮池이고, 雲棲寺에 오래 머물렀다 하여 雲棲大師로도 불렸다. 일찍이 유학과 도교에 심취하였고 1566년 불가에 입문하였다. 그는 선종과 정토종을 兼修하는 이론을 제창한 당대의 고승으로 추앙된 중국 정토종 8대 조사이기도 하며, 紫柏 眞可·憨山 德淸·藕益 智旭과 더불어 명 말 4대 고승으로 일컬어진다. 반그리스도교 논설인 「竹窗三筆」을 지었다.

존재로, 그 수가 억만 명이나 된다. 따라서 주周나라 천팔백 제후 가운데 하나에 비할 수 있는 미미한 존재이지 결코 지존이라 칭할 수 없다고 말하고 있다. 또한 천주교에서 말하는 천天은 기실 중국에서 말하는 이理에 해당하므로 만민을 다스릴 수도 정령을 시행할 수도 없다고 단정하였다.

한 노승이 "이역에서 온 자가 천주교도라 자처하는데, 그대는 어찌하여 논변하지 않는가?"라고 말하기에, "하늘을 공경하라고 가르치는 것은 좋은 일이라 생각합니다. 그러니 무엇을 논변한단 말입니까?"라고 대꾸하였다. 그러자 노승이 또 "저들은 천주교를 가지고 중국의 풍속을 바꾸고, 아울러 불교를 헐뜯고 불법을 비방하고자 한다. 이는 어진 선비와 훌륭한 벗들 중에 믿고 따르는 자가 많기 때문이다."라고 말하고는, 곧 저들의 책을 꺼내어 내게 보여 주기에 대략 그 한두 가지 시비를 가려 본다.

一老宿言"有異域人, 爲天主教者, 子何不辨?", "予以爲教人敬天, 善事也, 奚辨焉?" 老宿曰"彼欲以此移風易俗, 兼之毀佛謗法, 賢士良友, 多信奉故也." 因出其書示予, 乃略辨一二.

저들이 비록 천주를 섬긴다고 하지만 실상 '천天'의 실체에 대해서 제대로 알지 못한다. 불경에 근거하여 이를 논증해 본다면, 저들이 천주라고 부르는 자는 도리천忉利天의 왕[2]으로, 하나의 사천하四天下[3], 즉 33천天의 주인에 지나지 않는다. 이 사천하는 하나부

彼雖崇事天主, 而天之說實所未諳. 按經以證. 彼所稱天主者, 忉利天王一四天下, 三十三天之主也. 此一四天下, 從一數之而至於千, 名小千世界, 則有

2 '忉利天'은 33개의 하늘이며, 欲界 六天의 하나이다. 불교에서는 須彌山 꼭대기 사방에는 각각 여덟 개의 天城이 있고, 중앙에 帝釋이 거주하는 天城까지 하여 33곳이 있다 한다.

3 '四天下'는 '四洲' 혹은 '四大洲'라고도 한다. 고대 인도의 우주론인 須彌山說에 따르면, 須彌山을 중심으로 하여 그 四方의 바다 중앙에 4개의 대륙(南閻浮洲, 東勝神洲, 西牛貨洲, 北瞿盧洲)이 있는데, 이것이 바로 四天下다. 이 須彌山을 중심으로 한 四天下와 해와 달 등을 합한 것을 단위로 하여 '一世界' 혹은 '一小世界'라고 보는 것 같다. 여기에서 袾宏은 四天下를 一小世界의 의미로 사용하였다. (조홍원, 『이해와 오해의 이중주』, 서울대학교 석사학위 논문, 1999, 각주 333)

터 세어 천에 이르면 '소천세계小千世界'라고 이름 하니, 그런즉 천 명의 천주가 있는 셈이다. 또 하나의 소천세계부터 세어 다시 천에 이르면 '중천中千세계'라 이름 하니, 그런즉 백만 명의 천주가 있는 셈이다. 또 하나의 중천세계부터 세어 다시 천에 이르면 '대천大千세계'라 이름 하니, 그런즉 억만 명의 천주가 있는 셈이다. 이 삼천대천세계를 총괄하는 자는 대범천왕大梵天王[4]이다. 저들이 '지존무상'이라고 부르는 천주를 범천에 비교해 본다면, 대략 주나라 천자가 천팔백 제후를 보는 것과 같다. 저들이 알고 있는 자는 억만 명의 천주 가운데 하나일 따름이다.

千天主矣. 又從一小千數之, 而復至於千; 名中千世界, 則有百萬天主矣. 又從一中千數之, 而復至於千; 名大千世界, 則有萬億天主矣. 統此三千大千世界者, 大梵天王是也. 彼所稱最尊無上之天主, 梵天視之, 略似周天子視千八百諸侯也. 彼所知者萬億天主中之一耳.

(도리천) 외의 다른 욕계欲界[5]의 여러 천天에 대해서 저들은 모르고 있다. 또한 (욕계) 위에 있는 색계色界의 여러 천과, (색계) 위에 있는 무색계無色界의 여러 천에 대해서도 저들은 모르고 있다.

餘欲界諸天, 皆所未知也. 又上而色界諸天, 又上而無色界諸天, 皆所未知也.

또 천주에게는 형체도 없고 빛깔도 없고 소리도 없다고 말하는데, 이른바 천天이라는 것은 이理일 뿐이니, 어떻게 신하와 백성을 다스리고 정령政令을 시행하며 상벌을 내릴 수 있겠는가? 저들이 비록 총명하고 지혜롭지만 아직 불경을 읽어 보지 못했으니, 말을 내세움에 있어 이 같은 오류가 생긴 것도 이상할 것 없다!

又言天主者, 無形無色無聲, 則所謂天者理而已矣, 何以御臣民, 施政令, 行賞罰乎? 彼雖聰慧, 未讀佛經, 何怪乎立言之舛也!

지금껏 천주교를 신봉하는 선비와 벗 들은 모두 정

現前信奉士友皆正人君子, 表表

4 色界의 初禪天에는 梵衆天·梵輔天·大梵天이 있는데, 대범천의 왕이 大梵天王이다.

5 欲界는 사람과 동물 그리고 일부 천사들이 사는 곳으로, 8개의 지옥, 인간계, 6개의 하늘이 충차적 구성을 이루고 있다고 한다.

인군자正人君子로서, 한 시대의 특출한 인재요, 대중이 우러르며 나아갈 방향으로 삼는 사람들이다. 그러니 내 어찌 귀에 거슬리는 말을 한다는 혐의를 피하고자 충고의 말을 다하지 않을 수 있겠는가? 다만 고명한 이들이 무식하고 비천한 사람의 말을 밝게 굽어살펴 주시기를 바랄 뿐이다.

一時, 衆所仰瞻, 以爲向背者. 予安得避逆耳之嫌, 而不一罄其忠告乎? 惟高明下擇蒭蕘[6]而電察焉.

6 '蒭蕘'란 풀 베고 나무하는 사람을 뜻하는 말로, 자신의 의견이 천루함을 나타내는 謙辭이다.

1.2. 천설 2

天說二

요지 「천설 2」에서는 살생을 금지하려는 뜻에서 나온 '생명 있는 것들은 전생에 부모였다.'는 불교의 가르침에 제기한 의문에 대해 유교와 견주어 가며 답하고 있다. 또한 저들이 주장하는 영혼불멸설의 황당함을 지적하고, 생사윤회설에 일정한 근거가 있음을 중국의 역대 문헌에 나오는 예들을 제시하며 변증하였다.

어떤 사람이 물었다.

"저들이 말하길 '『범망경梵網經』에서 모든 생명체는 전생의 부모이기에 그것을 잡아먹는 것은 곧 자신의 부모를 죽이는 것이라고 하였는데, 그렇다면 사람은 장가도 들지 말아야 할 것이니, 이는 제 부모를 처첩으로 맞는 것이기 때문이며, 비복婢僕도 두지 말아야 할 것이니, 이는 제 부모를 부리는 것이기 때문이다. 또 노새와 말도 타지 말아야 할 것이니, 이는 제 부모를 타는 것이기 때문이다.'라고 하였습니다. 이 말에 선비도 승려도 대답하지 못하는 것은 어째서입니까?"

又問:

"彼云, '『梵網經』言, 一切有生皆宿生父母, 殺而食之, 即殺吾父母. 如是則人亦不得行婚娶, 是妻妾吾父母也, 人亦不得置婢僕, 是役使吾父母也. 人亦不得乘騾馬, 是陵跨吾父母也.' 士人·僧人不能答, 如之何?"

내가 말한다.

『범망경』에서는 살생을 깊이 금지하는 뜻에서 이 같은 말을 했을 뿐이다. 그 뜻인즉 억겁의 세월 속에 생이 계속 이어지는데, 그 이어지는 생마다 반드시 부모가 있기 마련이니, 그가 혹 전생의 부모가 아니었을지 누가 알겠는가? 혹여 자신의 부모였을까 우려하는 것일 뿐, 반드시 자기 부모였다고 단언하는 것은 아니다.

予曰:

『梵網』止是深戒殺生, 故發此論. 意謂恒沙刼來, 生生受生, 生生必有父母, 安知彼非宿世父母乎? 蓋恐其或己父母, 非決其必己父母也.

만약 글로 뜻을 해치고 하나를 들어 모든 것을 개괄한다고 여긴다면 유가에서도 (유사한 예를) 찾아볼 수 있다. 예법에서는 성姓이 같은 사람들끼리의 결혼을 금지하기 때문에 첩을 얻을 때에 여자의 성을 알 수 없으면 점을 친다. 유가에서 말하길, "점을 쳐서 성이 다르다고 나오면 첩으로 맞아도 해될 것 없다."고 한다. 우리 또한 말하길, "처를 얻으려는데 그 여자가 전생의 부모인지 아닌지 알 수 없을 경우에도 점을 친다. 점을 쳐서 부모가 아니라고 나오면 처로 얻어 와도 해될 것 없다."고 한다.

若以辭害意, 擧一例百, 則儒亦有之. 禮禁同姓爲婚, 故買妾不知其姓則卜之. 彼將曰 "卜而非同姓也, 則婚之固無害." 此亦曰 "娶妻不知其爲父母, 爲非父母, 則卜之. 卜而非己父母也, 則娶之亦無害矣."

『예기』에서 "나이가 곱이 넘으면 아버지로 섬긴다."[1]고 하였다. 오늘날에는 젊어 관리가 되는 경우가 얼마나 많은가? 그가 탄 가마를 메고 수레를 끌며 일산을 받쳐 주고 극戟을 잡아 주는 자라면 반드시 어린아이라야 하지, 만약 연장자가 그 안에 있다면 이는 부모를 종복으로 부리는 셈이 된다. 이 같은 행동이 아무렇지도 않게 통용될 수 있는데, 왜 불가에서 하는 말만 통용될 수 없다는 것인가? 대개 남녀 혼인에서부터 거마와 동복에 이르기까지 모두가 세상에서 따르고 있는 일반적인 법도이니, 참혹한 살생과 비할 바가 아니다. 그러므로 불경에서는 "일체 생명 가진 것은 죽여서는 안 된다."고만 말할 뿐, "모든 생명 있는 것은 혼인을 해서도 안 되고 부려서도 안 된다."고 말한 적이 없다. 이와 같이 논란論難을 제기하는 것을

『禮』云 "倍年以長, 則父事之". 今年少居官者何限? 其舁轎引車, 張蓋執戟必兒童而後可, 有長者在焉, 是以父母爲隷卒也. 如其可通行而不礙, 佛言獨不可通行乎? 夫男女之嫁娶, 以至車馬僮僕, 皆人世之嘗法, 非殺生之慘毒比也. 故經止云 "一切有命者不得殺", 未嘗云 "一切有命者不得嫁娶, 不得使令也." 如斯設難, 是謂騁小巧之迂談, 而欲破大道之明訓也, 胡可得也?

1 『禮記』「曲禮上」에 있는 내용이다.

일러 하찮은 재주나 부리는 어리석은 이야기를 제멋대로 지껄인다고 한다. 그런 것으로 크나큰 도리의 밝은 가르침을 깨뜨리고자 한다면, 어찌 가능하겠는가?

다음으로, 저들 책이 지어낸 근거 없는 말들을 일일이 열거하기 쉽지 않으나, 그 가운데 사람이 죽으면 영혼은 여전히 존재하지만 윤회란 없다고 말한 것을 예로 들 수 있다. 영혼이 언제나 존재한다면 우임금·탕왕·문왕·무왕은 어찌하여 걸왕·주왕·유왕·여왕에게 한 번도 가르침을 내리지 않았단 말인가? 진나라·한나라·당나라·송나라의 여러 군왕들도 어찌하여 이사李斯[2]·조고趙高[3]·왕망王莽[4]·조조曹操[5]·이순李順[6]·양요楊么[7]·진회秦檜[8]·채경蔡京[9] 따위들에게 모

復次, 彼書杜撰不根之語, 未易悉擧, 如謂人死其魂嘗在, 無輪迴者. 旣魂嘗在, 禹·湯·文·武何不一誡訓於桀·紂·幽·厲乎? 先秦·兩漢·唐·宋諸君, 何不一致罰於斯·高·莽·操·李·楊·秦·蔡之流乎? 旣無輪迴, 叔子何能記前生爲某家子, 明道何能憶宿世之藏母釵乎? 羊哀

2 李斯(?~기원전 208)는 秦나라(기원전 221~기원전 206) 始皇帝를 도와 정치·문화의 급진적 개혁을 주도한 인물이다. 행정 제도, 문자, 화폐 단위와 도량형을 통일하고 흉노의 침입을 막기 위해 만리장성을 쌓았다. 기원전 213년 역사 교육을 금지하고 焚書를 명령하여 후대 모든 유학자들의 증오의 대상이 되었다.

3 趙高(?~기원전 207)는 진나라 때의 환관이다. 秦의 始皇帝가 죽자 정권을 장악하려는 음모를 꾸며, 열일곱 번째 왕자 胡亥를 2세 황제로 등극시키고 국정을 농락했다.

4 王莽(기원전 45~기원후 23)은 新(9~23) 왕조의 창시자로 시호는 假皇帝·攝皇帝이다. 중국 역사에서는 '찬탈자'로 알려져 있다.

5 曹操(155~220)는 字는 孟德이며, 沛國 譙縣(지금의 安徽省 亳州市) 사람이다. 중국 후한 말기의 정치가이자 군인이며 시인이다. 후한 헌제(獻帝, 재위 189~220) 때에 丞相을 지내며 황제를 허수아비로 두고 국정을 좌지우지했다. 훗날 그의 아들 曹조가 한나라 황실을 폐하고 魏나라를 건국한 이후 추증된 묘호는 太祖, 시호는 武皇帝이다.

6 李順(?~995)은 북송 때 농민 봉기를 일으켰던 인물이다. 王小波를 수령으로 사천성 青城에서 농민 반란이 일어났는데, 후에 왕소파가 죽자 그의 매제였던 이순이 수장이 되었다. 994년에 봉기군이 成都를 점령하자 이순은 大蜀王이라 칭하고 應運이라 개원하였다. 그러나 송 조정에서 보낸 군사에 의해 진압되었다.

7 楊么(?~1135) 남송 때 洞庭湖 주변에서 농민 봉기를 일으켰던 인물이다. 이름은 太이지만 농민 봉기를 일으킨 수장 중 나이가 가장 어리다 하여 범어에서 '어리다'를 칭하는 단어 '么'를 가져다가 '么郎' 혹은 '楊么'라 불렀다.

두 벌을 내리지 않았단 말인가? 윤회가 없다면 숙자叔子[10]는 어찌하여 생전에 어느 집 아들이었다는 것에 기억할 수 있었으며, 명도明道는 어찌하여 전생에 어머니 비녀 감춘 것을 기억할 수 있었겠는가?[11] 양애羊哀가 범으로 변하고[12] 등애鄧艾가 소가 되었다[13]는 따위의 이야기들은 모두 유가의 전적에 명백히 기재되어 있으며 그 예가 하나둘이 아니다. 저들은 모두 몰라서 그런 것이니, 말에 오류가 생긴 것도 이상하게 여길 것이 못 된다.

化虎, 鄧艾爲牛, 如斯之類, 班班載於儒書, 不一而足. 彼皆未知, 何怪其言之舛也.

---

8 秦檜(1090~1155)는 남송의 재상이었다. 字는 會之이며, 현재의 남경인 江寧 출신이다. 금나라와의 외교 정책에 있어 화평과 강화를 주창하고, 그 과정에서 주전파인 岳飛와 韓世忠 같은 충신 군벌을 탄압하고, 스스로의 권력 유지를 위해 공포 정치를 동반했기 때문에 후세에 매국노(漢奸)로 지탄받았다.

9 蔡京(1047~1126)은 북송의 재상으로 字가 元長이며, 興化 仙游(지금의 福建省 仙游縣) 사람이다. 사람됨이 흉악하고 간사하며 변덕스러워 수시로 변했으며, 일찍이 4차례나 국정을 집정하였다. 대권을 장악한 기간에 사사로이 부정행위를 하고 자기와 다르면 배척하고 모함했던 간신이었지만, 서예에 조예가 깊어 米芾과 이름을 나란히 하기도 하였다.

10 '叔子'는 晉나라의 장수 羊祜(221~278)의 字이다. 양호는 다섯 살 때 유모에게 자신의 금팔찌를 내놓으라고 했는데, 유모가 애초에 그런 것은 없었다고 하자 이웃집 李氏네 뽕나무밭에 들어가 金環을 찾아왔다고 한다. 이 씨가 놀라서 "이것은 내 죽은 아들이 가지고 놀던 물건"이라고 하니, 당시 사람들은 양호가 전생에 이 씨의 아들이었을 것이라고 말했다.(『晉書』「羊祜傳」)

11 『山堂肆考』「微集」38권에 다음과 같은 이야기가 소개되어 있다. "정명도가 아직 말도 할 줄 모르던 때에, 숙모가 안고 놀다가 그만 비녀를 떨어뜨렸다. 그것도 모르고 있다가 며칠 후에야 알아차리고 비녀를 찾았으나 찾지 못했다. 그러자 명도가 손으로 한 곳을 가리키기에 숙모가 아이를 안고 아이가 가리키는 곳을 찾아가 보았더니 전에 놀았던 자리에서 비녀를 찾을 수 있었다.(程明道未能方言時, 叔母抱之游戲, 不覺墮釵, 後數日乃覺. 尋不獲, 明道以手指示這. 叔母抱墮所指而往, 至原游戲處, 尋之, 乃獲.)" 정명도는 송대 이학자인 二程 중 程顥를 가리킨다.

12 羊哀는 牛哀로 바로잡아야 할 듯하다. 羊哀를 춘추 시대 羊角哀로 보기도 하지만 羊角哀가 호랑이로 변했다는 고사는 찾아볼 수 없다. 『淮南子』「俶眞訓」에 "옛날 공우애가 병에 걸리자 이레 만에 호랑이로 변했다.(昔公牛哀轉病也, 七日化爲虎.)"는 고사가 보이며, 『抱朴子』 내편의 「論仙」에도 "우애가 호랑이로 변하고, 초나라 할미가 자라로 변했다.(則牛哀成虎, 楚嫗爲黿.)"는 고사가 보이므로 牛哀가 맞는 듯하다. 牛哀는 춘추 시대 노나라 사람이다.

13 鄧艾(197~264)는 三國時代 魏나라의 名將으로 字가 士載이며, 義陽郡(지금의 河南省 南陽縣) 사람이다. 『北史』「李士謙傳」에 "등애가 소로 변했다.(鄧艾爲牛.)"는 기록이 보인다.

1.3. 천설 3

天說三

요지 「천설 3」에서는 천설에 관하여 중국의 삼제이왕三帝二王, 공자와 맹자가 이미 다 말하였기에 천주교가 새로운 설을 내세울 필요조차 없다고 하였다. 아울러 자신이 괴이한 설로 천주교를 무너뜨리려고 하는 것이라면 천벌을 받겠다는 태도로 각오를 다지고 있다.

그다음으로, 남쪽 교외에서 상제에게 제사 지내는 것은 군왕의 제도이다. 이르기를 "하늘을 우러러 공경한다.",[1] "천도를 공경한다.",[2] "밝게 상제에게 제사 지낸다.",[3] "상제께서 너를 굽어살피신다."[4]고 하였으니, 이제삼왕二帝三王[5]은 하늘을 법도로 삼아 최고의 표준을 세운 사람들이다. 이르기를 "하늘을 안다.", "하늘을 경외한다.", "하늘을 본받는다.", "부귀는 하늘에 달렸다.",[6] "나를 알아주는 것은 아마도 하늘뿐인가.",[7] "하늘은 나에게 덕을 주셨다.",[8] "하늘에

復次, 南郊以祀上帝, 王制也. 曰 "欽若昊天", 曰 "欽崇天道", 曰 "昭祀上帝", 曰 "上帝臨汝". 二帝三王, 所以憲天而立極者也. 曰 "知天", 曰 "畏天", 曰 "則天", 曰 "富貴在天", 曰 "知我其天", 曰 "天生德于予", 曰 "獲罪於天, 無所禱也". 是遵王制, 集千聖之大成者, 夫子也.

---

1 『尙書』「堯典」에 있는 내용이다.
2 『尙書』「仲虺之誥」에 있는 내용이다.
3 『詩經』「大雅」「文王之什」에 있는 내용이다. 『詩經』 원문에는 '祀'가 '事'로 되어 있다.
4 『詩經』「魯頌」「上帝臨汝」에 있는 내용이다. 『詩經』 원문에는 '汝'가 '女'로 되어 있다.
5 二帝는 堯임금과 舜임금을, 三王은 禹王·湯王·文王을 각각 가리킨다.
6 『論語』「顔淵」에 있는 내용이다.
7 『論語』「憲問」에 있는 내용이다.

죄를 지으면 빌 곳조차 없다."[9]고 하였으니, 군왕의 제도를 따르고 수천 명의 성인을 집대성한 사람은 바로 공자이다. 이르기를 "하늘을 경외한다.", "천명에 즐거이 순응한다.",[10] "천명을 안다.", "하늘을 섬긴다."[11]고 하였으니, 공자 버금가는 성인은 바로 맹자이다. 하늘에 관한 설에 더 부족한 게 무엇이기에 저들이 새로운 설을 지어내길 기다려야 한단 말인가?

曰"畏天", 曰"樂天", 曰"知天", 曰"事天", 亞夫子而聖者, 孟子也. 天之說何所不足, 而俟彼之創爲新說也?

지금까지 한 말이 옳지 않다고 여긴다면 천주에게 고발해서 알리기 바란다. 만약 내가 질투심을 품고 괴이한 설을 내세워 일부러 저 천주교를 막거나 무너뜨리려 한다면, 천주의 신령한 위력으로 밝게 살펴 용맹한 천사를 내려 보내 치죄함으로써 하늘의 징벌로 바로잡으라.

以上所陳, 倘謂不然, 乞告聞天主. 倘予懷妬忌心, 立詭異說, 故沮壞彼主教, 則天主威靈洞炤, 當使猛烈天神下治之以飭天討.

8 『論語』「述而」에 있는 내용이다.

9 『論語』「八佾」에 있는 내용이다.

10 『孟子』「梁惠王下」에 보인다. "큰 것으로 작은 것을 섬기는 자는 천명을 즐거워하는 자이며, 작은 것으로 큰 것을 섬기는 자는 하늘을 두려워하는 자이다.(以大事小者, 樂天者也, 以小事大者, 畏天者也.)"

11 『孟子』「盡心上」에 보인다. "마음을 다하는 자는 성을 알고, 성을 아는 자는 하늘을 안다. 마음을 보존하고 성을 기르는 것이 바로 하늘을 섬기는 도리다.(盡其心者, 知其性也. 知其性則知天矣. 存其心, 養其性, 所以事天也.)"

1.4. 천설 4

天說餘

요지 「천설 4」에서는 불교의 살생 금지를 비난한 데 대해 조목조목 반박하고 있다. 즉 살생은 그 자체가 의심할 여지 없는 죄악이므로 점을 쳐서 가부를 물을 필요조차 없으며, 살생의 죄악이 한 개체의 육신을 죽이는 데 그치지 않으니, 살생하는 순간 품은 잔혹한 생각이 살인자의 혜명慧命까지 멸절시킨다고 하였다.

근자에 내가 「천설」을 쓰자 한 손님이 그 내용에 시비를 걸어오며 말하길, "아내를 얻으려 할 때 점을 쳐서 자기 전생의 부모가 아니면 장가들 수 있다고 말하면서, 왜 살생하려고 할 때 점쳐서 자기 전생의 부모가 아니면 죽여도 된다고는 말하지 않습니까? 아내를 얻지 않으면 인류가 멸절될 것이라고 말하면서, 왜 살생이 없어지면 제사의 의례가 폐지된다고는 말하지 않습니까?"라고 하였다. 시비를 들은 사람은 묵묵히 답을 못 하고 있다가 내게 고하였다.

予頃爲「天說」矣, 有客復從而難曰 "卜娶婦而非己父母也, 旣可娶, 獨不曰卜殺生而非己父母也, 亦可殺乎? 不娶而生人之類絶, 獨不曰去殺而祭祀之禮廢乎?" 被難者默然以告予.

이에 내가 말하기를, "옛사람이 말하기를 점이란 의문을 결정짓기 위해 친다고 하였으니, 의심 가는 일이 아니라면 무엇 때문에 점을 치겠습니까? 성이 같은 사람들끼리 혼인할 수 없다는 것은 천하 고금을 막론하고 큰 법이자 근본 원칙입니다. 그래서 의심이 가면 점을 치는 것입니다. 살생은 천하 고금을 막론하고 가장 큰 잘못이고 죄악이라, 결단코 저질러서는 아니 되는 일입니다. 그러니 의심 가는 것이 어디 있

予曰 "古人有言, 卜以決疑, 不疑何卜? 同姓不婚, 天下古今之大經大法也, 故疑而卜之. 殺生, 天下古今之大過大惡也, 斷不可爲, 何疑而待卜也. 不娶而人類絶, 理則然矣, 不殺生而祀典廢, 獨不聞'二簋可用享', '殺牛之不如禴祭'乎? 則祀典固安然

다고 점을 친단 말입니까. 장가를 들지 않으면 인류가 멸절된다는 말은 사리에 맞습니다. 그러나 살생하지 않으면 제사가 폐지된다고 하였는데, '두 제기로도 신께 제사 지낼 수 있다.'[1]는 말과 '소를 잡은 것은 약제禴祭[2]보다도 못하다.'는 말도 듣지 못했단 말입니까? 그러니 제사는 결코 폐지되지 않을 것입니다. 아! 점이란 잠시 눈앞의 일을 빌려 짐짓 저울질하여 확률을 맞힘으로써 가려져 있어 보이지 않는 것을 밝히고자 하는 것뿐인데, 선생께서는 실제 법회法會로 여기신 것 같습니다. 이는 실로 한잔 술로 즐거움을 보태는 어리석은 말, 또는 희학질로 장면을 떠들썩하게 띄우는 농담이라 할 수 있으나, 어리석은 사내와 아낙들이 이런 말을 귀로 듣고 마음속에 기억해 둔다면 그 해가 적지 않을 터, 말이란 조심하지 않을 수 없습니다."라고 하였다.

不廢也. 嗟乎! 卜之云者, 姑借目前事以權爲比例, 蓋因明道蔽云爾, 子便作實法會, 眞可謂杯酒助歡笑之迂談, 排場供戲謔之諢語, 然使愚夫愚媍入乎耳而存乎心, 害非細也, 言不可不愼也."

손님은 또 시비를 따지면서, "살생은 육신을 멸절시킬 뿐이지만 행음行淫은 혜명慧命[3]을 곧장 멸절시킨다."고 하였다. 뜻인즉 살생의 죄가 오히려 가볍다고 여기는 듯한데, 이는 살생한 것은 그 자의 육신이지만 살생을 행한 자가 품었던 한순간 잔인하고 독한 마음이 그 자신의 혜명을 이미 멸절시켰다는 사실을 모르고서 하는 소리이다. 슬퍼하지 않을 수 있겠는가!

客又難"殺生止斷色身, 行淫直斷慧命." 意謂殺生猶輕, 不知所殺者彼之色身, 而行殺者一念慘毒之心, 自己之慧命斷矣. 可不悲夫!

---

1 『周易』「損卦」의 괘사이다. 二簋란 黍와 稷을 담는 제기를 말한다. 따라서 정성이 가득하면 서직만 올리는 박한 제사라도 신에게 올릴 수 있음을 뜻한다.

2 '禴祭'란 봄과 여름에 지내는 薄祭를 말한다.

3 '慧命'은 본래부터 가지고 있던 法性을 유지하는 지혜, 또는 불법의 명맥을 뜻한다.

2. 「차마 아니 할 수 없는 말」 서문
不忍不言序

증시
曾時

요지 황천향이 쓴 「차마 아니할 수 없는 말(不忍不言)」에 증시曾時[1]가 서문序文을 썼다. 황천향, 즉 황정黃貞의 「차마 아니할 수 없는 말」이 불가를 향해서 호소할 뿐 유가를 향해 쓴 내용이 보이지 않는 까닭을 밝히고, 이러한 정황에 근거하여 유자들을 향해 경전 읽은 선비들이 떨치고 일어나 한마디씩 외쳐 천주교를 내쳐 주기를 호소하고 있다. 특히 당나라 때 한유韓愈가 불교를 배척하며 지은 글 「원도原道」에서 한 말을 인용하여 "천주교도들을 평민으로 환속시키고, 저들의 책을 불살라 버리며, 교당을 민가로 만들어야 한다."고 목청을 높였다.

「차마 아니 할 수 없는 말」이란 글은 하장 사람 황천향黃天香 사형이 지은 것이다. 차마 말하지 않을 수 없었던 까닭은 요망한 오랑캐 천주교 사설이 혹세무민하며, 유교를 멸하고 불교를 멸하고 도교를 멸하고 있는데도, 지금의 사문沙門이라는 자들은 앉아서 보기만 할 뿐, 입 다문 채 누구 하나 어쩌지 못하고 있는 현실을 아파했기 때문이다.

「不忍不言」者, 霞漳黃天香社兄之所作也. 而所以不忍不言者, 妖夷天主之說, 惑世誣民, 滅儒滅佛滅道, 痛當世之沙門, 坐視含結莫可誰何也.

황천향은 유학자인데 어찌하여 명망 높은 공경公卿과 도학 선생들에게 글을 보내지 않고, 기어이 사문들을 향해 피를 짜내고 심장을 꺼내 보였단 말인가?

夫天香儒者也, 胡不寓書於天下之名公巨卿·道學先生, 而必瀝血剖心於沙門? 豈天香不忍

1 曾時에 관한 자세한 사항은 알려진 바가 없다.

천향은 불자들의 행태는 참을 수 없고, 유자들의 행태는 참을 수 있었단 말인가? (그게 아니라) 이는 참으로 하기 힘든 말이었기 때문이다. 황천향은 또 「유교를 받들어 거울로 삼다」[2]라는 제목으로 일곱 편의 글을 지었는데, 유교를 정밀히 분석하고 정종正宗의 날개가 되어 줌이 실로 지극하다 하겠다. 그런데 이어 지은 「차마 아니 할 수 없는 말」에는 유독 유교에 관한 이야기가 보이지 않으니, 할 말을 다 하였다고 할 수는 없다. 그러니 어떻게 나 또한 「차마 아니 할 수 없는 말」을 용인하면서, 할 말을 다 하지 못한 것을 듣고도 입 다문 채 말하지 않을 수 있겠는가?

於釋, 獨忍於儒乎? 此其故難言哉. 且天香尙著「尊儒亟鏡錄」七篇, 精辨儒教, 羽翼正宗, 可謂至矣. 嗣「不忍不言」之作, 獨無言及儒, 是未可爲盡言也. 予亦何忍於「不忍不言」, 而未盡言者聽之不言耶?

천하가 하나로 통일되고 삼교가 하나에 근원을 두고 있는데, 저 요망한 오랑캐가 어찌 함부로 중국에 들어와 천주교를 퍼뜨리며 세 성인을 비방하고 사방을 포섭하게 할 수 있겠는가? 그런데 천하의 대유大儒와 사대부들 중에 경문을 통해 진실을 밝히고 시비를 가리는 자는 볼 수 없고, 오히려 저들을 선전하면서 드러내 주는 자만 있으니, 참으로 저들이 어떻게 해명할지 모르겠다. 혹시나 천주교가 유교와 합치된다고 여기는 것일까?

天下一統也, 三教一源也, 可使妖夷闌入倡教中國, 詆誹三聖, 羅織四方乎? 天下之大儒縉紳, 未見有明經辨析, 且有爲之闡揚, 誠不知其何解也. 抑謂其教與儒合乎?

그런데 『천학실의』[3]란 책에서는 이미 공자의 '태극'을 그릇되다 하였고, 자사子思의 '본성에 따르다.'는 말을 타당하지 않다 하였으며, 맹자의 '불효에 세

則『天學實義』一書, 已議孔聖'太極'之說爲非, 子思'率性'之言未妥, 孟氏'不孝有三'之語爲

2 이 책 187~210쪽 참조.

3 『천주실의』의 初名이 『천학실의』였다.

가지가 있다.'는 말을 어리석다 하였고, 주자의 '교사'에 대한 주해[4]가 통하지 않는다고 하였다. 또 정자의 '형체가 성정을 주재한다.'는 해석[5]에 대해 터무니없다고 하였다. 이 몇 가지만 보아도 유가와 합치된다고 할 수 있겠는가? 하물며 다른 책들은 아직 읽어 보지도 못했는데 이 정도이니, 저들이 유가를 폄하하고 모독한 것을 이루 다 열거할 수 있겠는가!

迂, 朱子'郊社'之註不通, 程子'形體主宰性情'之解爲妄. 凡此數則, 可謂其合儒乎? 矧他書猶未及閱, 其抑儒篾儒難枚擧也哉!

불교를 모독한 데 대한 황천향의 「차마 아니 할 수 없는 말」의 호소는 간곡하고도 상세하기에 사문을 격발시켜 저들을 치게 하기에 충분하다. 그런데 저들이 유교를 모독하는 것을 보고도, 세상에서 유관 쓰고 유복 입고 성인의 문하를 드나드는 모든 자들이 휘장 안에 웅크리고 앉아 육경만 이야기하면서 아랑곳하지 않을 수 있단 말인가? 저렇게 참고 견디며 입 다물고 있는 것이 과연 천주교에 관하여 아무 말도 듣지 못했기 때문인가? 아니면 저들이 쓴 책을 읽어 보지 못했기 때문인가? 아니면 공자도 맹자도 모두 죽은 뒤라 그분들의 학문을 배우는 자들이 이젠 아무 관심조차 없다는 것인가? 아니면 어려운 일을 두려워하여 구차히 안일을 탐하느라 저들의 그릇됨을 똑

夫篾佛, 則天香「不忍不言」之請, 懇切而周詳, 誠足檄沙門而交攻. 至篾儒而世之儒冠儒服, 出入聖人之門者, 可各踞絳帳譚六經而不知顧乎? 吾不知忍隱不言者, 果未聞其教乎? 抑未閱其書乎? 抑孔·孟旣死而學其學者隔膜無關乎? 抑畏難苟安, 明知其非而不敢指乎? 抑身家念重而偸生乎? 抑自知其距而不以天下赤子爲心乎? 抑天學精微, 果足駕夫堯·舜·禹·湯·文·武·周·孔之上乎? 不然毁

4 朱子가 『中庸』에 나오는 "교사의 예는 상제를 섬기기 위함이다.(郊社之禮所以事上帝.)"라는 구절에 단 주해를 두고 한 말이다.

5 『程氏易傳』 권 1에서 "하늘이란 전체로 말하자면 도이며, 하늘은 이를 위배하지 않는다. 나누어 말하자면 형체를 말할 때는 天이라 하고, 주재함을 말할 때는 帝라 한다. 공용을 말할 때는 귀신이라 하고, 오묘한 쓰임을 말할 때는 神이라 하며, 성정을 말할 때는 乾이라 한다.(夫天, 專言之則道也, 天且弗違是也. 分而言之, 則以形體謂之天, 以主宰謂之帝, 以功用謂之鬼神, 以妙用謂之神, 以性情謂之乾.)"라고 한 것을 말한다.

똑히 알면서도 감히 지적하지 못하는 것인가? 아니면 제 몸과 가정이 중한 탓에 구차히 연명하려는 것인가? 아니면 스스로 그 차이를 알았다고 하여 천하 백성들을 마음에 두지 않는 것인가? 아니면 천주교의 교설이 정미하여 요임금·순임금·우왕·탕왕·문왕·무왕·주공·공자를 초월할 수 있다고 여기는 것일까? 그런 것이 아니라면, 우리 유교의 종지를 훼멸하고, 우리 중국을 어지럽히는 해악이 결코 적지 않을 것이다.

我儒宗, 亂我中國, 害不少也.

만력 연간 이래로 반세기가 넘는 세월[6]이 결코 짧지 않건만, 조야朝野의 대유들이 천주교의 그릇됨을 규탄하였다는 말을 들어 본 적이 없으니, 이 무슨 심사인가? 아무 권세 없는 백성이라도 마음에 오직 한 가지 뜻을 지니고서 불후의 글을 써서 이단을 꾸짖을 수도 있다. 조정의 대신이라면 문서를 맡아보고 율령을 펼칠 수 있으니, 좌도를 없애고 국경을 지킴에 무슨 어려움이 있었겠는가! 대체 무엇 때문에 입 다물고 있단 말인가? 오호라! 오늘도 입 다물고 내일도 입 다물고, 나도 입 다물고 너도 입 다물고 있으니, 곳곳마다 천주교당이요 사람마다 천주교도들이다. 살펴보라! 나라 안이 누구의 천하인가! 머지않아 서로 손잡고 다 같이 물에 빠져 죽어야 하지[7] 않겠는가!

萬曆以來, 五十餘年不爲暫也, 曾未聞有朝野大儒闢其非者, 此何心哉? 草莽無權, 則心惟一旨, 可以著不朽, 而誅異端. 朝廷冠冕, 則守簡書而申律令, 左道之誅, 疆界之禁, 誠何難哉! 果何故而不言耶? 嗚呼! 今日不言, 他日不言, 此也不言, 彼也不言, 處處天主之堂, 人人耶穌之教. 請觀域中誰之天下! 不將載胥及溺哉!

옛날에는 보윤普潤 어르신이 지은 「『주좌집』의 편

昔有唯上人之「緣起誅左集」,

---

6 마테오 리치가 중국 선교를 시작한 1583년부터 이 글을 쓸 때인 1635년까지의 기간을 말한다.

7 『詩經』「大雅」「桑柔」에 "어찌 그것이 잘되겠는가, 모두가 빠져 죽게 될 것이다.(其何能淑, 載胥及溺.)"라는 구절이 나오는데, 鄭玄은 『詩經箋』에서 "서는 서로라는 뜻이다.(胥, 相也.)"라고 해석했다.

찬 유래」[8]가 있었고, 지금은 황천향의 「차마 아니 할 수 없는 말」이 있으니 세도에 뜻을 둔 자라면 나와 말해도 좋을 것이다.

今有天香之「不忍不言」, 有心世道者, 可以出而言矣.

어떤 사람이 말하길, "천향을 위해 서문을 짓는데 웬 말이 그리 장황한가?"라고 하였다. 아! 이는 정말이지 차마 말하지 않을 수 없기 때문이다. 공자께서 말씀하시기를, "이것을 차마 할 수 있다면 무엇을 차마 하지 못하겠느냐?"[9]라고 하셨다. 이것이야말로 참지 못함으로써 한 시대에 경종을 울렸던 것이다. 황천향의 참을 수 없음을 거울 삼아 다 함께 참을 수 없는 마음을 드러내고, 말로 꾸짖고 글로 내쳐서 지금 세상에 들리게 함으로써 '교인들을 환속시키고, 그 서적들을 불태우며, 그들의 거처를 민가로 환원시킨다면,'[10] 성인에게 아주 다행한 일일 것이고, 고금에 아주 다행한 일일 것이며, 또 천향에게도 아주 다행한 일일 것이다. 나를 알아주는 것도 나를 벌하는 것도 모두 여기에 달려 있다. 어찌 서문 운운하겠는가!

或曰"子爲天香序, 而何言之長?" 噫! 此正小子之不忍不言也. 子曰"是可忍也, 孰不可忍也." 其庶幾以不忍動當世也. 苟有鑒天香之不忍, 而共發不忍, 口誅筆伐, 疏聞當今, '人其人, 火其書, 廬其居', 則聖人幸甚, 今古幸甚, 亦天香小子之幸甚也. 知我罪我, 斯係之矣. 序云乎哉!

숭정 8년(1635) 동짓날 밤
삼산의 사제 증시가 몸을 깨끗이 하고 삼가 짓다

崇禎乙亥 長至夜
三山 社弟 曾時 薰沐拜題

8 이 책 8권 592~598쪽에는 제목이 「『誅左集』緣起」로 되어 있다. '緣起'란 모든 현상은 인연(원인과 조건의 상호 관계)에 따라 일어나는 것을 이르는 말이다.

9 『論語』 「八佾」에 있는 내용이다.

10 당나라 때 불교가 성행할 당시 韓愈가 불교를 배척하기 위해 지은 「原道」에 나온 구절을 그대로 인용하여 천주교를 배척하고 있다.

3.「차마 아니 할 수 없는 말」

不忍不言

장주 사람 황정

霞漳 黃貞

요지

황정은 이 글을 불교계 승려들을 염두에 두고 지었다. 천주교도들이 불교를 비방함이 극심한데도 침묵하고 있는 승려들을 향해, 더 이상 때를 기다릴 수만은 없다고 설득한 것이다. 이마두가 중국에 들어와 재앙을 불러온 지 50여 년 만에 연해 지역 백성들 가운데 저들의 사교를 따르는 자의 수효가 몇십만 호에 달했으니, 머지않아 중원의 사대부들까지 물들 것임을 근심하고 있다. 더구나 운서雲棲와 설랑雪浪 대사가 불리佛理로써 저들을 반격한 글들이 천주교도들에 의해 무참히 반격당하고 있는데도 그대로 보고만 있는 것은 후진의 도리가 아니라며, 떨치고 일어날 것을 호소하고 있다. 특히 저들의 기치를 꺾은 후, 조정에 표문을 올려 오랑캐 금지법을 제정함으로써 더 이상 백성들이 무지하게 저들을 추종하는 일이 일어나지 않게 해야 한다고 주장하고 있다.

벼슬 없는 선비인 제자 황정이 천하의 큰 스님들께 머리 조아려 절을 올립니다. 듣자니, 불법에서는 비구에게 큰 스님들의 허물을 보지 못하게 한다는데, 하물며 벼슬 없는 선비인 황정이 어찌 감히 거친 말을 던져서 천하의 고명하고 덕이 높으신 스님들에게 당돌하게 굴 수 있겠습니까? 다만 재난이 코앞에 닥쳤는데도 아무 걱정조차 하지 않고들 계시기에, 옛 도읍을 지나며 노래를 부르던[1] 절절한 마음으로 천하의 고명하고 덕이 높으신 스님들에게 호소하는 것이

白衣弟子黃貞, 頓首百拜于天下大沙門座下. 蓋聞佛制比丘不得見大僧過, 況貞白衣人, 何敢出麄獷語, 唐突天下之名師碩德? 惟是灾近剝膚, 恬不知慮, 故以歌謠行國之思, 號呼于天下名師碩德之前, 庶幾憫其志而加察之耳.

니, 이 뜻을 불쌍히 여겨 살펴 주시기 바랍니다.

오늘날 선종의 교율 법사들이 곳곳에서 선종을 선양할 적에 그 누구인들 스스로 부처의 은혜에 보답한다고 말하지 않겠습니까? 저는 보은의 증과證果[2]가 엄숙하게 중생에게 널리 미쳐서 만물을 이롭게 인도하는 데에 그치는 것인지, 아니면 법성法城[3]을 사마외도를 항복시킨다는 뜻도 있는지 알지 못하겠습니다.

夫今天下禪宗教律之師之在在宣揚也, 豈不各各自謂上報佛恩哉? 貞誠不知報恩之果止于儼臨廣衆, 導利群品耶, 抑有在于扞衛法城降伏魔外者耶?

만약 증과가 중생에게 이르러 만물을 이롭게 인도하는 데 그치는 것이라면, 고금의 고명하고 덕이 높으신 스님들도 다만 인계·천계 모두가 불법에 귀의하고, 화化함에 있어 어려움이 없기만을 바랐으면 됐을 터인데, 어찌하여 어떤 사람은 불법을 구하기 위해 몸도 돌보지 않고, 어떤 사람은 구름 일듯 시비를 따졌겠습니까? 멀리로는 보살 용맹龍猛[4]과 무착無着[5], 가

使果止于是, 則古今師德, 唯期人天皈向化無留難, 足矣, 何以或爲法忘軀, 或雲興論辨? 遠則如龍猛·無着, 近則如知玄·明教輩之熠映古今耶?

---

1 箕子가 殷나라의 옛 도읍을 지나다가 황폐한 모습에 가슴이 쓰라려 노래를 불렀다는 고사가 있다.

2 '證果'는 불교에서 '수행의 인연으로 얻는 깨달음의 결과'를 의미한다.

3 '法城'이란 佛法을 가리킨다. 불법이 성곽과도 같이 正法을 수호하고 非法을 막는다는 데서 쓴 말이다.

4 龍樹, 범어로는 나가르주나를 가리킨다. 南天竺國에서 태어났으며, 소승 불교를 대승 불교로 끌어올려 체계적으로 완성했기에 '대승의 아버지'로 추앙되며 '八宗의 조사'로 불린다. 또한 초기 근본 불교를 이 땅에 일으킨 대혁명으로 신성시되어 '제2의 석가모니'라는 極尊의 칭호를 얻었다. 용수의 중요 저서인 『中論』은 근본 불교 시대의 緣起를 空 사상 입장에서 정리, 체계화한 것으로 「연의 고찰」 등 27품에 걸쳐 게송으로 정리한 것이다. 그는 불교의 근본 진리인 연기를 不生不滅·不常不斷·不一不異·不去不來로 표현하면서, '연기는 공이다.'라는 이론을 전개하여 연기의 개념을 체계화하였다.

5 범어로는 아상가라고 한다. 북인도 건타라국 부루사부라성의 바라문 출신이다. 처음 小乘化地部에 들어가 출가하여 賓頭羅(Pindola)를 따라 소승의 空觀을 닦았다. 뒤에 중인도 아유타국의 강당에서 넉 달 동안 밤마다 미륵보살의 설법을 들었다. 『瑜伽師地論』 등 5부의 大論은 이때에 미륵보살이 설한 것이라 한다. 이리하여 무착은 아유타·교상미에서 法相大乘의 교리를 선양하고, 또 여러 가지 많은 論所를 지어 여러 대승경을 해석하였다. 『西藏傳』에 의하면 75세에 왕사성에서 입적하였다. 그의 아우 세친은 본디 소승의 학자였으나, 무착의 권유에 따라 대승에 귀의하여 크게 이름을 드날렸다. 저서는 『顯揚聖教論』 20권, 『大乘阿毘達磨集論』 7권, 『攝大乘論』 3권, 미륵보살의 말을 적은 것으로 전해진 『유가사지론』 100권, 『大乘莊嚴論』 13권이 있다.

까이로는 승려 지현知玄[6]과 명교明教[7]가 고금에 밝게 빛나는 것처럼 말입니다.

그게 아니라 법성을 수호하고 사마외도들을 항복시키는 데 뜻이 있다면, 교활한 오랑캐들이 천주교를 대대적으로 퍼뜨리고 있는 지금, 이마두利瑪竇(마테오 리치)가 처음 재앙을 불러온 이래로 50여 년이 지났건만, 머리 깎고 물들인 옷 입고 다니는 승려들 가운데 일어나 바로잡으려는 자가 있단 말을 들어 본 적 없으니, 세상의 고명하고 덕이 높으신 스님들 모두가 귀를 막고 듣지 않는 것입니까? 아니면 듣고서도 아예 마음에 두지 않는 것입니까? 아니면 뜻은 있지만 형편이 어쩔 수 없어서입니까? 지혜도 능력도 다 바닥이 난 이와 같은 위기에서 죽을힘을 다하지 않는다면, 이른바 구차하게 연명이나 하는 선비인 것입니다. 하물며 아직은 법왕의 보루가 건재하고, 옛 성인들의 기강과 율법이 살아 있지 않습니까!

抑使有在于是, 則目今狡夷大倡天主之教, 首自利妖發難以來, 迄今五十餘年, 曾不聞一圓顱方服之人, 起而匡救其間, 豈普天之下名師碩德, 盡皆塞耳無聞與? 抑或聞之而漠然不在意與? 抑或雖在意中而勢無可奈何與? 夫不能出死力于智盡能索之秋, 謂之偸生之士. 況法王之營壘尚在, 先聖之紀律猶存乎!

진秦나라 조정에서 피눈물을 흘려 (군사를 빌린 끝에) 결국 살아 있는 임금의 나라를 돌려주고, 오나라

彼夫泣血于秦庭, 終還生君之國, 苦心于吳室, 卒報死父之讎

6 知玄은 당나라 때 승려로 속세의 성은 陳이며, 字가 後覺, 眉州 洪雅 사람이다. 당시 丞相이었던 杜元穎의 청을 받고 大慈寺에서 설법을 열었는데, 매일 수만 명의 사람들이 몰려와 그의 설법을 들으며 그를 '陳菩薩'이라 높여 불렀다고 한다. 그에 관한 일화 중에는 도교에 심취해 있던 武宗이 그를 麟德殿으로 불러 道士와 쟁론을 벌이게 하자 거리낌 없는 직언으로 불법을 전했다는 이야기가 가장 유명하다.

7 송나라 때 승려인 契嵩(1007~1072) 禪師를 말한다. 속세의 성은 李이고, 字는 仲靈, 自號는 潛子이다. 藤州(지금의 광서성 藤縣)의 鐔津에 있는 東山 廣法寺에서 불법을 익혔고, 후에 杭州 靈隱寺에 머물다가 皇祐 年間에 도성에 들어와 仁宗에게 장문의 상소문을 올리니, 인종은 그에게 明教大師라는 칭호를 내렸다. 그는 內典에 정통하여 「原教」·「孝論」 등 10여 편을 지어서 당시 闢佛論者들에게 대항하였다. 『鐔津集』 22권이 전한다.

왕실을 위해 고심한 끝에 결국 죽은 아비의 원수를 갚은 사람이 또 누구입니까![8] 공자께서 말씀하시길, "중유仲由를 얻은 후로 험한 말들이 귀에 들리지 않았다."[9]고 하였습니다. 이것은 저들의 모욕을 능히 막아 낼 수 있다는 말입니다.

者, 伊何人哉! 孔子曰"自吾有繇而惡言不入于耳."言能禦其侮也.

지금 나의 자부慈父(부처)를 마귀로 만들고, 우리의 도리(불법)를 망령되다 여기니, 이보다 더 심한 모독은 없을 것입니다. 그런데도 조용히 있으며 염두에 두지 않는다면 흙이나 나무로 빚은 인형이나 진배없습니다. 더구나 저들이 불교를 배격하며 지은 책으로 말하자면, 짐으로 실으면 소가 땀을 흘릴 것이요, 쌓아 올리면 들보에까지 찰 정도입니다. 제멋대로 불교를 헐뜯고 해친 것을 보자면, 가는 곳마다 불상의 머리가 부서지고 불경은 재가 되었으며, 저들 도당이 나누어 근거를 둔 곳으로 말하자면, 광동에서 복건, 더 나아가 장강·회하·황하·한수 유역, 유幽·연燕·계薊·요遼 땅까지 그 무리가 만연하여 가득합니다. 이처럼 백 가지 흉사를 당하고도 어떻게 몽롱한 채 깨어나지 못하고 편안히 지낼 수 있단 말입니까? 생각건대, 위세가 두렵고 화란이 겁나 감히 어쩌지 못하는 것입니까?

今魔鬼我慈父, 謬妄我經嘗, 侮孰甚焉. 而猶恬然不干于懷, 則土木而偶矣. 而況其著書排擊也, 則汗牛充棟焉, 其肆意摧殘也, 則所過之處佛顱粉碎, 貝典灰飛焉, 其分植徒侶也, 則自廣之閩, 以至江·淮·河·漢之地, 幽·燕·薊·遼之鄉, 蕃衍盈升焉. 允哉逢此百凶, 亦何能尙寐無聰, 其安之也? 意者畏威懼禍, 以故莫敢誰何與?

8 楚나라 伍子胥는 부친과 형이 平王에게 살해되자 吳나라로 피신하고, 원래 왕이 되어야 했으나 왕위를 빼앗긴 光을 도와 왕으로 즉위시켰다. 그 후 군을 정비한 다음 기원전 506년에 父兄의 원수를 갚기 위해 楚나라에 쳐들어갔다. 이에 伍子胥의 知交였던 楚나라의 申包胥는 秦나라에 달려가 7일 동안 식음을 전폐하고 애원한 끝에 구원병을 얻어 초나라를 위기에서 구했다.

9 『史記』「仲尼弟子列傳」에 "自吾得由, 惡言不聞於耳"라는 말이 있다.

그렇다면 '사대四大[10]는 원래 공空한 것이고, 오온五蘊[11]이란 존재하지 않는다.'는 말씀은 모두 높으신 스님들이 날마다 사방 중생을 모아 곡록曲彔[12]에 올라 가르치며, 혹시라도 믿고 받아들이지 않을까 두려워하던 것들인데, 막상 자신의 일이 되자 얼룩소처럼 애지중지하고,[13] 쥐처럼 (양단을 놓고) 망설이고 있으니,[14] 어찌하여 "지와蚳鼃를 위해 한 일은 좋은데 자기를 위해 한 일은 잘 모르겠는지요?"[15]

則'四大本空, 五蘊非有', 此皆師德日取四衆, 登曲彔而告之, 而惟恐其不信受者, 乃于己則氂牛愛重, 首鼠爲懷, 是何"爲蚳鼃則善, 而自爲則吾不知"也?

생각건대, 마귀의 설법에는 근거가 없어, 오래되면 절로 망하리라고 여겨 조용히 때가 오기를 기다리는 것입니까?

意者魔說無根, 久將自敗, 姑靜以俟之與?

『시경』에 "벌을 부리다가 스스로 독바늘에 쏘이지 말라. 처음에는 정말 저 작은 뱁새가 날개 떨쳐

『周詩』有曰 "莫予荓蜂, 自求辛螫. 肇允彼桃蟲, 拚飛維鳥."

---

10 '四大'란 만물을 구성하는 地, 水, 火, 風의 네 가지로, 이들로 이루어지는 사람의 몸을 가리키기도 한다.

11 '五蘊'은 色·受·想·行·識의 다섯 가지로 생멸·변화하는 모든 존재의 구성 요소이다. 중생의 몸이란 이들이 잠시 假合하여 이루어진 것이므로 空하다는 것이다.

12 '曲彔'은 나뭇가지의 굽은 모양을 이르는 말에서 승려들의 침상이라는 뜻을 갖게 되었다.

13 얼룩소는 자신의 꼬리를 애지중지해서 사냥꾼이 죽이려고 하면 차라리 죽을지언정 꼬리를 지키고자 애쓴다고 한다. 여기에 기인해서 '氂(牦)牛愛尾'라는 말이 나왔는데, 『妙法蓮華經』「方便品第二」에 보면 "오욕에 집착하여, 마치 얼룩소가 꼬리를 사랑하듯 하며, 탐애에 가리어 눈이 먼 채 아무것도 보지 못한다.(深著于五欲, 如牦牛愛尾, 以貪愛自蔽, 盲瞑無所見.)"는 말이 나온다.

14 '首鼠兩端'이라는 말이 있는데, 양단 사이에서 쉽게 결정을 내리지 못하고 망설이는 모습을 가리킨다.

15 『孟子』「公孫丑下」에 "맹자께서 지와에게 일러 가로되, '선생께서 영구의 땅을 사양하고 士師 자리를 청했던 것이 이치에 맞는 듯하니, 사사가 되면 간언할 수 있기 때문입니다. 지금 사사가 된 지 여러 달이 지났는데도 간언할 수 없었습니까?' 이에 지와가 왕께 간언하였는데 받아들여지지 않자 신하 노릇을 그만두고 떠나왔다. 제나라 사람들이 말하길, '지와를 위하여 한 것은 잘한 일이지만 자신을 위하여 한 것이라면 우리들은 모르겠다.'(孟子謂蚳鼃曰, '子之辭靈丘而請士師, 似也, 爲其可以言也, 今既數月矣, 未可以言與?' 蚳鼃諫於王而不用, 致爲臣而去. 齊人曰, '所以爲蚳鼃則善矣, 所以自爲則吾不知也.')"는 내용이 있다.

날 때는 큰 새”[16]라는 구절이 있는데, 풀이한즉 해독은 작을 때에 막아야 하니, 작다고 업신여기면 커졌을 때 제어하지 못한다는 것입니다. 『북두경北斗經』과 『화호경化胡經』 등의 도서는 장도릉張道陵·두광정杜光庭 등의 무리가 위조한 것인데,[17] 진晉·송宋 때에 시작되어 원나라에 와서야 불태워졌습니다. 이렇게 보면 사악한 학설은 참으로 제거하기 어려운 것입니다. 하물며 요사한 오랑캐들이 겉으로 불교를 공격하고 유교를 좋아하는 척하지만 숨어서는 유교를 억누르고 자기를 높이고 있지 않습니까. 저들 사설의 터무니없음은 『화호경』보다 더 교묘하고 저들이 품은 헤아릴 길 없는 사심은 장도릉이나 두광정보다 더 요망합니다. 성군이 다스리는 시대에 거짓의 씨를 뿌리는 것이 어찌 이치에 맞겠습니까! 지금 바야흐로 사설이 흘러들어오고 있는데도 내버려 두고 있는 것은 누구의 잘못입니까?

言微毒當防, 小而忽之, 則大將不可制. 彼『北斗』·『化胡』等經, 僞造于張道陵·杜光庭之輩, 始終晉·宋, 至元而燔之. 則邪說之難除也. 況妖夷陽攻釋以欸儒, 陰抑儒以尊己. 其說矯誣, 視『化胡』而更巧, 其心叵測, 較張·杜而爲尤. 種訛言于聖代, 豈理也哉! 遺邪說于方來, 誰之咎矣?

생각건대, 저들 사교가 아무리 퍼진다 한들 어리석은 자나 믿겠지 군자의 귀에 들어갈 리 없다고 여겨 저들과 시비를 따지려 하지 않는 것입니까?

意者其說雖張, 愚夫信之, 不可入于君子之耳, 以故不與之較與?

맹자께서 말씀하시길, “(伊尹은) 천하의 백성 가운

孟氏曰“思天下之民匹夫匹婦,

---

16 『詩經』「周頌」「小毖」에 있는 내용이다.

17 『北斗經』의 원래 명칭은 『太上玄靈北斗本命延生眞經』이며, 東漢 때의 도사 張道陵이 지었다고 전한다. 경에서는 북두칠성이 조화의 중추이자 人神의 주재로서 죽은 자를 살리고 액운을 없애는 공력을 지니고 있다고 설명하고 있다. 『化胡經』은 『老子化胡經』을 가리킨다. 원래 西晉 惠帝 때 사람인 王浮가 지은 것으로, 노자가 천축국에 들어가 성불하여 그들에게 불교를 가르쳤다는 이야기를 기록하였다. 五代 때 蜀 땅 사람 두광정은 비록 도교 관련 저서를 많이 짓기는 하였으나, 이 책은 그가 지은 것이 아니다.

데 만약 한 남자 한 여자라도 요순의 은택을 입지 못하는 자가 있으면, 마치 자기가 그를 구덩이에 빠지게 한 것처럼 여겼다."[18]고 하였습니다. 천하의 책임을 몸에 지닌 사람으로서 이와 같은 마음을 지니고 있는데, 하물며 밝은 등으로 어두운 밤을 비추면서 세상의 스승 된 사람이, 몸소 지혜의 횃불을 손에 잡고 있으면서 어떻게 어리석은 자들이 사설의 무성한 숲으로 들어서는 것을 보고도 말리지 않을 수 있습니까? 아무렇지도 않게 중생을 버리는 일이 자비에 어긋남은 논하지 않더라도, 출가할 때 본래 마음에 품었던 소원이 무엇이었습니까? 혹시나 이름난 사찰을 빌미로 명성을 꾀하고 중생을 이롭게 한다는 구실로 이익을 가까이하려는 것은 아닙니까?

有不被堯舜之澤者, 若己推而納之溝中." 彼身任天下之責者, 猶設心若是, 而況明燈炤夜, 爲世導師, 何有親操慧炬而坐視愚夫之入于邪見稠林而莫之止也? 無論安忍棄衆大闕慈悲, 抑出世本懷之謂何? 得無規名剎以邀名, 托利生以近利者乎?

공자께서 말씀하시길, "날씨가 추워진 다음에야 소나무와 잣나무가 가장 마지막에 잎이 떨어진다는 것을 알 수 있다."[19]고 했습니다. 생각건대, 세상의 고명하고 덕이 높으신 스님들도 모두 시들어 떨어지는 부류입니까? 아니라면, 마귀들이 마구 날뛰는 것을 보고 응당 조생祖生이 나보다 먼저 채찍을 휘두를까 두려워하는 자가 있어야 할 터인데,[20] 어찌하여 마음과 눈은 사람이거늘 생각하는 것은 참새나 제비처럼

子曰 "歲寒, 然後知松柏之後凋也." 意天下之名師碩德, 率皆凋之類與? 不然覩玆魔亂縱橫, 當有恐祖生先我以着鞭者矣, 寧有心目其人而燕雀其思也耶?

18 『孟子』「萬章下」에 있는 내용이다.

19 『論語』「子罕」 있는 내용이다.

20 『晉書』「劉琨傳」에 다음과 같은 말이 보인다. "나는 늘 창을 벤 채로 새벽을 기다리고, 적군의 목을 베어 걸 것에 뜻을 두면서, 늘 조생이 나보다 앞서 채찍을 휘두를까 두려워했다.(吾枕戈待旦, 志梟逆虜, 常恐祖生先吾着鞭耳.)" 여기서 祖生은 東晉의 명장 祖逖를 가리킨다.

좁단 말입니까?

게다가 오랑캐들은, "불자가 아닌 사람들을 방치한 채 그대로 두는 것은 모든 중생을 제도한 후에 비로소 성불하겠다는 본원本願에 부합하지 않는다."고 말하고 있습니다. 이 때문에 저들이 지은 책에서 "운서雲棲(연지대사)는 반박당하여 이치 면에서 지고 말았고, 삼괴三槐[21]는 논박당하여 할 말이 궁해졌다."고 하였습니다. 운서와 삼괴가 누구입니까! 저들이 어찌 이 두 노승 모두 이른바 승려들 가운데 박식하고 위대한 진인이고, 그들 문하의 어진 제자들 중 주미麈尾[22]를 들고 (부처께서) 49년 동안에 남기신 대승·소승 불교의 가르침[23]을 이야기할 수 있는 사람이 북두 이남(천하)에 널려 있다는 사실도 모르고서, 재화가 닥칠 것도 마다하지 않은 채 공공연히 비난하였겠습니까? 아마도 그 허실을 알았기 때문일 것입니다.

且夷之言曰, "不佛者置之不辨, 亦非度盡衆生我方成佛之本願也." 故其著于書則, "雲棲被駁而理屈, 三槐受難而詞窮." 夫雲棲·三槐何人哉! 彼豈不知二老皆僧中所謂博大眞人者, 而其門下子孫之賢, 能握麈尾而譚四十九年大小乘教者, 布北斗以南之天下, 乃不悔禍之延, 公然顯揭? 蓋有以窺其虛實故耳.

아! 두 노승이 당대에 이름을 날리던 시절, 승복을 입고 그들의 힘을 빌려 명성을 떨치고자 하던 자들은 너나 할 것 없이 모두 "우리 운서 스님, 우리 설랑

嗟嗟! 二老名播當世, 凡緇流欲藉之以揚聲者, 莫不曰我"雲棲師翁, 雪浪大師." 至于重泉抱

21 雪浪法師(1545~1608)를 가리킨다. 속세의 姓은 黃이고, 諱는 洪恩이다. 字가 雪浪, 또는 三懷, 三槐, 三淮이다. 金陵(지금의 남경) 사람이며 12살에 長干寺로 출가하여 經史를 두루 익혀 명리에 통달하였다. 주로 南京 大報恩寺에 머물렀다. 마테오 리치의 『천주실의』가 세상에 나오자 당시 南京大理寺卿으로 있던 李汝禎이 마테오 리치와 설랑 법사를 집으로 불러 대대적인 설전을 펼치게 했는데, 마테오 리치가 직접 지은 『利瑪竇中國札記』에 보면 上帝와 천지창조에 대한 이야기를 나누다가 마테오 리치가 조목조목 따지자 설랑이 화를 내며 목청을 높였다는 기록이 나온다.

22 '麈尾'는 선비들이 청담을 나눌 때 손에 쥐고 있는 총채 모양의 막대기를 말한다.

23 부처의 가르침을 서술한 경전은 크게 소승 경전과 대승 경전으로 나뉜다. 부처 입멸 후 제자들에 의해 집성된 초기 경전인 『阿含經』이 대표적 소승경이며, 이후 보살도의 실천을 강조하는 대승운동이 일어나며 형성된 경전들을 대승경이라 한다. 대승경에는 『般若經』, 『法華經』, 『華嚴經』, 『阿彌陀經』 들이 있다.

대사님!" 하고 외쳤습니다. 그런데 그들이 황천에서 억울함을 당하고 대의가 펼쳐지지 못하고 있는 지금, 자손입네 하는 자들 모두 웃음을 머금은 채 귀를 막고 있으니, 대체 어째서입니까? 혹 이른바 가깝다는 자들이 반드시 가까웠던 것은 아니고, 현명하다는 자들이 반드시 현명한 것은 아니었던 탓 아닐까요? 아마도 명성을 불러오려 하지 화를 불러오려 하지는 않고, 이익을 가까이하려 하지 해를 가까이 하려 하지 않기 때문일 것입니다. 비록 그렇긴 하지만, 이 드넓은 사해 이 크나큰 중국 땅에, 계숭契嵩[24] 대사처럼 (藤州) 동산東山에 30년간 엎드려 지내면서 때의 변화를 관찰하다가 결국 지혜의 하늘을 맑게 빛나게 하고 크나큰 도리를 깨끗하게 만들 사람이 어찌 없겠습니까?

屈, 大義未伸, 而子兮孫兮, 反褎如充耳者, 何哉? 豈所謂親者未必親, 而所謂賢者未必賢也? 蓋邀其名而不邀其禍, 近其利而不近其害者耳. 雖然, 四海之廣, 神州之大, 安知無相時觀變, 如契嵩大師之伏首東山三十年, 卒使慧天朗耀, 大道廓如者哉?

그렇지만 세상 사람 중에는 지혜로운 자가 적고 어리석은 자가 많은 법입니다. 따져 보니, 요사한 이마두가 이 땅에 들어온 지 채 두 세대도 되지 않아 바닷가에 사는 백성들 가운데 저들의 사설에 미혹되어 따르면서, 성수의 세례를 받고 성유를 발라 가며 저들을 위해 달갑게 죽은 자가 대략 수십만 호나 되었습니다. 중원의 선비와 사대부 집안이야 아직 따질 바 아니지만, 만약 저들에게 시간을 더 준다면 반드시 다 같이 손잡고 물에 빠져 죽는 화가 생기고 말 것입니다.

然天下之人, 智者寡而愚者衆. 計利妖之來不二世, 海濱之民惑其說而從之, 洗聖水擦聖油而樂爲之死者, 蓋數十萬戶. 彼中州之士, 縉紳之家未問焉, 若更假之以歲月, 必有載胥及溺之禍.

---

24 각주 7 참조.

바라건대, 덕이 높으신 대사들께서 지혜와 자비를 크게 베푸셔서, 어서 96종 외도를 거두어들인 서토열조(부처)의 법으로 저들을 거두어들이거나 무너뜨리거나 깨뜨리거나 하시어 저들이 모조리 꿇어 엎드려 적치 아래 스스로 서게 하십시오.[25]

伏願大師大德大發智悲, 亟以西土列祖攝九十六種外道之法以攝受之, 或躬摧, 或量破, 俾之礬然心折, 自立赤幡之下.

그런 다음 표문을 올려 황제께 알리시어, 혹세무민하는 사설을 모두 거두어 물불 속에 집어넣고, 이를 첫 번째 법령으로 드러내게 하십시오.

然後疏表上聞, 收其惑世誣民之說, 投之水火之中, 著爲令甲.

이를 후세의 온 백성들에게 내보임으로써 오랑캐의 물건을 탐내지 못하게 하고, 함부로 거짓된 말을 따르지 못하게 하십시오. 흉악한 죄수를 가지고 상제를 망령되이 무고하지 못하게 하고, 자신의 영혼으로 악을 자행하고서 사형당한 저 알지도 못하는 오랑캐에게 아부함으로써 죄 사함을 받지 못하게 하십시오. 또 십자가를 조상신 위에 두지 못하게 하십시오. 자기의 마음으로 부처가 될 수 있다는 것을 믿고, 임금의 길을 따라 편하고 절도 있게 나아가십시오. 그렇게 된다면 저는 죽는다 하여도 산 것이나 다름없을 터이니, 전날 받은 헐뜯고 비방했다는 죄목 따위를 뼈가 가루가 된들 어찌 마다하겠습니까? 글을 쓰며 흐르는 눈물, 황공하여 어찌할 줄 모르겠습니다.

以示後世之臣庶, 毋貪夷貨, 毋縱詭隨, 毋罔誣上帝以凶囚, 毋作慝于汝神明, 而媚所不可知之夷民罪死者以消愆, 毋以十字刑枷置于祖宗神祇之上. 信自心之作佛, 遵王路以蹐蹌. 如是則貞雖死之日猶生之年, 如前訕謗之罪, 抑粉骨其奚辭哉? 臨書涕泣, 不勝蒼黃.

25 赤幟는 승리를 상징하는 깃발이다. 따라서 적치 아래 선다는 것은 승자 앞에서 무릎을 꿇는 것을 의미한다.

4. 변천설(세 편)

辨天說(凡三)

천동산에 우거하는 석밀운 원오

寓天童 釋密雲 圓悟

요지

임제종臨濟宗[1]의 승려 원오圓悟[2]가 천주교 교리를 변박하며 지은 글 세 편이다. 「변천초설」에서는 천주와 사람을 둘로 나누고 천주에 집착하는 점을 천주교의 병폐의 근원이라 설파하였고, 「변천설 2」에서는 천주교의 도는 유가나 불가의 대통大通의 도와 다르며, 천주교의 경전을 감춰 두고 자기들끼리만 보는 것으로 보아 이단 사설임이 분명하다고 주장하였으며, 「변천설 3」에서는 불교의 이론에 기반하여 천주교 교리의 시비를 따졌다.

4.1. 변천설 1

辨天初說

요지

「변천초설」에서는 불교는 중생과 부처는 깨달음에 따라 차이가 날 뿐 '부처가 바로 중생이고 중생이 바로 부처'라 보는데, 천주교에서는 천주와 사람을 둘로 나누고 천주에 집착하니, 이것이 바로 천주교 병폐의 근원이라 설파하였다.

---

1 '臨濟宗'은 중국 당나라 때 임제 義玄의 宗旨를 근본으로 하여 일어난 불교 禪宗의 한 종파이다.

2 圓悟(1566~1642)는 명나라 말기에서 청나라 초기 臨濟宗의 승려로 속세의 성은 蔣이며 호는 密雲이다. 江蘇省 宜興 사람이며 29세에 출가하여 45년간 天台山 通玄寺, 嘉興 廣慧寺, 黃檗山 萬福寺, 育王山 廣利寺, 天童山 景德寺, 金陵 大報恩寺 등 6대 명찰을 거치며 종풍을 크게 떨쳤다.

거사 황천향이 천주교를 파헤치고서, 저들의 책이라는 것을 가져와 내게 보여 주었다. 내가 그 책을 읽어 보니, 저들은 천주의 옳음을 내세워 부처를 배격하고 있었다. 이로써 저들이 대체 부처가 왜 부처인지조차 모르고 있다는 사실을 알 수 있었으니, 저들과 더불어 따질 필요가 있겠는가?

天香黃居士擬辨天主教, 持其書以示予. 予觀其立天主之義以闢佛. 則知彼不識佛者果何爲佛, 又何足與之辨哉?

그러나 저들이 말한 "불자가 아닌 사람들을 방치한 채 그대로 두는 것은 모든 중생을 제도한 후에 비로소 성불하겠다는 본원本願에 부합하지 않는다."는 것은 곧 불교만 모르는 게 아니라 중생도 모르는 것이다. 어째서인가? 부처께서 밝은 별을 보고 크게 깨닫고 말씀하시길, "기이하도다! 일체 중생은 모두 여래의 지혜와 덕상을 갖추고 있지만 망상과 집착으로 인해 증과를 얻지 못한다."고 하셨다. 저들도 스스로 증과를 얻지 못해 천주를 천주로, 부처를 부처로, 중생을 중생으로 집착하면서 끝내 길을 잃고 고꾸라진 탓에 나와 남, 이것과 저것, 옳음과 그름의 현상을 만들어 냈다. 이것이 바로 저들 병폐의 근원이다.

但彼云"不佛者置之不辨, 亦非度盡衆生我方成佛之本願"者, 則不惟不識佛, 亦且不識衆生. 何故? 我佛覩明星悟云"奇哉! 一切衆生皆有如來智慧德相, 但以妄想執著不能證得." 惟彼不能自證得, 故執天主爲天主, 佛爲佛, 衆生爲衆生, 遂成迷倒, 故有人我彼此是非之相. 此乃彼之病根.

우리 불교에서는 "연緣이 없는 것은 제도할 수 없다."고 하는데, 저들은 스스로가 천주에 집착하고 있다. 그러므로 만약 저들이 스스로 천주를 천주라고 집착하지 않는다면, 저절로 부처를 부처로 집착하지 않고, 일체 중생을 중생으로 집착하지 않게 될 것이다. 이래야만 비로소 우리 불교의 큰 뜻을 알게 될 것이고, 또 모든 중생을 제도한다는 뜻도 알게 될 것이다.

所以我佛云"不能度無緣者", 正以彼自執爲天主故也. 苟彼不自執爲天主, 則自然不執佛爲佛, 不執一切衆生爲衆生, 方始識我佛之旨, 亦識度盡衆生之義.

지금 저들이 망상과 집착으로 불교를 배격하고자 하는 것은 바로 자포자기이자 스스로가 스스로를 배

今彼以妄想執著而欲闢佛, 是則自暴自棄, 自闢自矣. 經云

격하는 셈이다. 불경에서 말하기를, "외도는 총명하기는 하지만 지혜롭지는 않다."[3]고 하였다. 나는 저들의 총명함을 알기에 채찍의 그림자[4]를 보여 주는 바이다. 만약 마음에 집착하여 변하지 않는다면, 그때 천천히 저들의 교설과 더불어 시비를 가려 보겠다.

"外道聰明無智慧." 余固知其聰明, 故聊示鞭影. 倘彼尙執情不化, 然後徐申其說以與之辨.

숭정 8년(1635) 8월 5일

崇禎八年 八月 五日

3 당의 승려 玄覺(665~713)이 禪의 진수를 운문으로 기술한 「證道歌」에 나오는 구절이다.

4 鞭影, 즉 채찍의 그림자는 훌륭한 말이 채찍의 그림자만을 보고서도 가듯이 道에 스스로 입문한다는 말로 사용된다.

4.2. 변천설 2

辨天二說

요지 「변천설 2」에서는 장첨이 「변천초설(변천설 1)」을 가지고 항주의 천주당으로 가 부범제(푸르타도) 주교를 만났는데, 그가 불교와 시비를 가려 보겠다고 한 후에 시빗거리를 남기지 않기 위해 더 이상 시비를 따지지 않겠노라며 발뺌한 사실을 적었다. 천주교의 도는 유가나 불가의 대통大通의 도와 다르다고 말하고, 천주교의 경전을 감춰 두고 자기들끼리만 보는 것으로 보아 이단 사설임이 분명하다고 주장하였다.

「변천초설」이 나온 뒤, 저들 교인 가운데 혹시나 듣지 못하여 알지 못하는 자가 있을까 염려되어 특별히 윤潤 선사[1]를 보내어 항주에 널리 방문榜文을 내붙이게 하고, 더불어 논변을 펼친 자가 있는지 수소문해 보았는데, 이십여 일이 지나도록 아무런 소식이 없었다.

余「初說」旣出, 恐彼教中人不聞不知, 特遣潤禪遍榜武林, 索其辨論, 得二旬餘日不報.

그 후 8월 21일, 몽택 장첨[2]이라는 자가 의연히 천주교당을 곧장 찾아가 고하길, "이 장첨이 일찍이 불교·도교의 문하에서 노닐었지만 아직 문지방을 넘어 심오한 경지에 들어가지 못하였습니다. 그러다 일

後八月念一日, 有夢宅張君湉者, 毅然直持天教之堂以告曰 "湉嘗游二氏之門, 第未入其閫奧. 向聞大教倡乎敝邦, 欲領教

---

1 여기서 말한 潤 선사는 唯一普潤禪師이다. 이 책 538쪽의 「唯一普潤禪師跋」의 저자가 곧 보윤 선사이다.

2 張湉은 이 책 404~409쪽의 「闢邪摘要畧議」의 저자인 張廣湉이다.

전에 듣기를 천주교가 이 나라에 성행한다고 하기에 그 가르침을 받고자 하였으나 아직 기회를 얻지 못하였습니다. 요즈음 사명四明(절강성 영파)에서 온 사람이 「변천초설」 한 부를 가지고 왔기에 읽어 보았는데, 천주교설에 관하여 따지는 내용이었습니다. 또 천주교에서도 이에 대해 따지는 글들을 여러 차례 구했다는 소문을 들었기에, 감히 이렇게 가르침을 청하고 의문을 푼 다음 향방을 결정하려고 합니다." 라고 하였다.

而未得也. 頃有自四明來者, 持「辨天初說」一紙, 湉讀之, 乃與大教辨學之說也. 且聞大教中屢徵詰辨, 故敢將以請教, 以決所疑, 以定所趨."

저들의 주교 부범제傅汎際(푸르타도)[3]라는 자가, "훌륭하고 훌륭하십니다! 저도 예전부터 그런 생각을 하고 있었습니다."라고 대답하고는 곧 「변천초설」을 받아 읽었는데, 거듭 신음하는 품이 그다지 이해하지 못하는 것 같았다. 마침 아존我存 이지조李之藻[4]의 아들이 사람을 인도하여 입교시키려고 그 자리에 있다가 그에게 이해하도록 설명해 주니, 그는 자신도 모르게 놀라 얼굴이 벌게졌다.

彼主教傅姓汎際者對曰 "妙! 妙! 向來原有這個意思." 遽接讀之, 沉吟再三, 似不甚解. 適我存李先生公子以引人入教在座, 乃爲之解說, 不覺愕然面赤.

그러더니 뜬금없이 "황천향은 어디 사람입니까?" 라고 물었다. 장첨이 "모릅니다."라고 답하니, "이 글

率爾問曰 "黃天香是何處人?" 曰 "不知." 曰 "何從得此?" 曰

---

3 포르투갈인 선교사 프란시스 푸르타도(Francisco Furtado, 1587~1653)를 가리킨다. 傅泛濟라고도 쓴다. 李之藻 등과 아리스토텔레스의 저술들을 중국어로 번역하였다.

4 李之藻(1565~1630), 字는 振之 혹은 我存이고 號는 凉庵居士 혹은 凉庵逸民으로 浙江省 仁和(지금의 杭州) 사람이다. 과학, 천문학, 수학 등에 조예가 깊었으며 병법과 천주학에도 박식하였다. 만력 26년(1598)에 진사가 되었으며 太僕寺卿 및 南京 工部 員外郎 등의 관직을 역임했다. 만력 38년(1610)에 천주교에 입교하였으며, 서양의 역법을 번역할 것과 서양 총포를 제작할 것 등을 상주하였다. 천계 3년(1623)에 탄핵받아 관직에서 물러난 뒤 번역과 저술에 종사하였다. 徐光啓와 이름을 나란히 하며 마테오 리치와 깊이 교유하였다.

을 어디서 구하셨습니까?"라고 물었다. "친구에게서 얻었습니다."라고 답하니, "그 스님을 이곳으로 모셔다가 얼굴을 맞대고 시비를 가려 보는 게 어떻겠습니까?"라고 말했다. 장첨이 "그분은 한 지방의 지식인으로 지금 (절강성) 영파에 있는데 어떻게 이곳까지 오겠습니까? 선생께서 책을 지어 따져 주셨으면 합니다." 하자, 부범제는 "좋습니다!"라고 하고는, "앞으로 강우江右에서 선교하려고 하는데, 이곳에도 글 한 편을 남기도록 하지요. 아직 복伏 선생[5] 등이 여기 계시니, 그분과 더불어 분명하게 시비를 가릴 수 있을 것입니다."라고 하였다. 이윽고 장첨이 작별을 고하면서, "글이 완성되면 제가 찾아와 받아 가겠습니다."라고 말했다. 부범제는 "그러십시오!"라고 답하고 『변학유독辨學遺牘』 한 권을 그에게 주었다.

"得之于友人處." 曰 "何不教這僧來這裡面辨?" 曰 "此人乃一方知識, 現在寧波, 何得來此? 乞先生出書爲辨可也." 曰 "善!" 且曰 "吾將治行江右, 亦留一篇于此. 然吾尙有伏先生等在焉, 亦足以與之辨明也." 旣而張君告辭曰 "倘先生稿就, 湉當過領." 曰 "諾!" 隨以『辨學遺牘』一册贈之.

사흘 후 찾아가 묻기를, "책이 다 되었습니까? 장첨이 가지러 왔습니다."라고 하니, 문지기가 막아서며 들어가지 못하게 하면서, "(「변천초설」을 지은) 그 중이라면 지난해에도 교회당을 찾아와 시비를 가리다가 이기지 못하자 성을 내며 돌아간 적 있는데, 오늘 다시 찾아와 시비를 가릴 필요가 뭐가 있습니까? 게다가 「변천초설」은 모두가 저들 불문佛門의 말투성이인데, 대체 무슨 근거가 있단 말입니까? 하물며 저들의 말에도 아상我相에 대한 집착과 불평의 기운이

後三日, 往問曰 "書成否? 湉特來領." 司閽者拒之不復使入, 乃曰 "此僧去歲曾來會中, 與辨不勝, 發性而去, 今又何必來辨? 且「初說」中都是他家說話, 有何憑據? 況自亦有許多我相執著不平之氣. 實非欲與我辨者, 不過恐其徒歸依我教, 故作是說以遮之耳. 若與之辨, 則成

5 예수회 선교사로 1624년에 중국에 들어온 포르투갈인 伏若望(Jeãn Froes, 1591~1638)을 가리킨다. 그가 쓴 『1633年 耶蘇會中國副省年報』 중 「徐保祿進士行實」은 徐光啓가 지닌 신앙의 미덕과 교회와의 밀접한 관계를 서술한 것으로 徐光啓 전기문 중 가장 오래된 것으로 알려져 있다.

다분하지 않습니까? 실로 우리와 시비를 가리려는 것이 아니라, 단지 자기네 신자가 우리 천주교에 귀의할까 두려워 이와 같은 설법을 세워 저들을 막아 보려는 데 지나지 않습니다. 만약 그와 시비를 가린다면 오히려 시빗거리가 될 것이기에 더는 따지지 않으려는 것입니다."라고 하였다. 장첨이 말하기를, "더불어 시비를 가리지 않겠다면, 그 책을 제가 살 수는 없겠습니까?"라고 하니, "우리 천주교의 책은 팔지 않습니다. 진정으로 천주에게 귀의한 자에게만 한두 권 줄 뿐, 그렇지 않으면 아무리 구하려고 해도 얻을 수 없습니다."라고 하였다.

是非, 故不與之辨也." 曰 "旣不與之辨, 請買其書得乎?" 曰 "我教中書不賣錢者. 唯眞歸向天主, 然後與之一二. 不然縱欲求之, 不可得也."

장첨이 직접 들려준 이상의 이야기에 근거해 볼 때, 너희들은 시비를 가리지 않는 것이 아니라 가릴 수 없는 것이다. 시비를 가릴 수 없는 것은 의리가 땅에 떨어져 구제할 수 없기 때문이다. 의리가 땅에 떨어져 구제할 수 없기에, 말문이 막히고 낯빛이 질려 꽁무니 빼려는 모습을 드러내고 만 것이다. 그러나 너희가 시비를 가릴 수 없다고 하여 우리마저 놔 버린 채 시비를 따지지 않는다면, 옳고 그름을 끝내 가릴 수 없을 것이기에 너희가 가리지 못한다 하더라도 우리는 반드시 가릴 것이다.

據張君親述如此, 則見汝非不辨也, 不能辨也. 不能辨者, 蓋義墮而莫可救也. 唯義墮而莫救, 故詞窮色沮, 遁形露矣. 然汝不能辨, 而余復置之而不辨, 則曲直終不分矣, 故汝不能辨而我必辨之.

가린다면 무엇에 기댈 것인가? 도리道理에 기댄다. 무엇에 근거할 것인가? 도리에 근거한다. 도리에 기대고 도리에 근거한다면 우리의 것으로 저들의 시비를 가린다 해도 가능할 것이고, 저들의 것으로 저들의 시비를 가린다 해도 가능할 것이다.

夫辨者曷憑乎? 憑理也. 曷據乎? 據理也. 故以理爲憑, 以理爲據, 則以我辨他可也, 以他辨他亦可也.

지금 너희는 그저 "모두가 불문佛門의 말투성이인

今汝但謂 "都是他家說話, 有

데 무슨 근거가 있단 말인가?"라고만 말하는데, 내가 하는 말에 근거가 없다면, 너희의 말에는 분명 근거가 있을 터, 너희의 말을 가지고 우리의 시비를 가려 보는 것은 어떠하겠는가? 너희가 시비를 가릴 수 없다면, 너희의 교설에는 필시 근거라는 게 없고, 우리의 교설에 근거가 있는 것이다.

何憑據?" 然則我說無憑, 汝說應有憑, 何不以汝說而辨我乎? 汝不能辨, 則汝說必無憑, 而我說有憑矣.

우리가 근거하는 바는 무엇인가? 지극한 도리이다. 지극한 도리란 천하 만세토록 바뀌지 않는 도리를 말한다.

我之所憑者, 何也? 至理也. 至理也者, 天下萬世不易之道也.

그러므로 나는 「변천초설」에서 말하길, 너희가 망령된 생각을 하고 집착하는 이유는 바로 너희가 대도의 근본에 이르지 못하고 다만 명상名相[6]만 좇기 때문이라고 하였다. 그렇기 때문에 너희는 천주를 천주로, 부처를 부처로, 중생을 중생으로 집착하면서, 부처란 깨달음(覺)이고 깨달음이란 진리를 터득하는 것(悟)임을 모른다. 누구든 깨달으면 부처가 될 수 있는데, 천인天人과 뭇 생령 사이에 무슨 구분이 있겠는가.

故余「初說」謂汝妄想執着者, 以汝不達大道之元, 但逐名相. 故執天主爲天主, 佛爲佛, 衆生爲衆生, 而不知佛者覺也, 覺者悟也. 人人覺悟則人人皆佛矣, 又何間于天人群生之類哉.

그러니 부처란 정해진 형태가 없는 것이다. 하늘에 있으면 하늘이요, 사람 세상에 있으면 사람인지라, 색상色相으로 볼 수도 없고 소리로 구할 수도 없다. 그저 너희나 나나 누구든지 본래부터 충족하게 갖추고 있는 그런 것이다. 너희나 나나 본래 충족하게 갖추고 있는 것을 스스로 깨닫지 못하고서 배격만 한다

故佛無定形. 在天而天, 處人而人, 不可以色相見, 不可以音聲求. 以其即汝我人人從本以來具足者也. 以汝我從來具足者不自覺悟, 而乃闢之, 非自暴自棄與?

6 귀로 들을 수 있는 것은 名이라 하고, 눈으로 볼 수 있는 것은 相이라고 한다. 모든 사물에는 名이나 相이 있는데, 이는 영원한 실상이 아니라 망상을 일으키고 미혹하게 하는 허망한 것이라고 한다.

면, 이는 자포자기 아닌가?

지금 너희는 도리어 말하길, 우리 또한 아상我相에 대한 집착과 불평의 기운이 다분하다고 하였는데, 그렇다면 도리란 따질 필요도 없고 오직 천주교만 따르고 너희를 좇아 미로에 빠진 연후라야 아상我相이 없다고 말할 수 있단 말인가? 절대 그렇지 않을 것이다. 이치가 곧으면 기상이 드높고, 이치에 맞지 않으면 말이 궁해지는 법, 이는 필연적인 형세이다.

今汝反謂余亦自有許多我相執著不平之氣, 然則總不必以理論量, 唯汝教是從, 隨汝迷倒而後謂之無我相與? 是大不然矣. 夫理直氣壯, 理屈詞窮, 此必然之勢也.

맹자께서 말씀하시지 않았는가. "스스로 돌아보아 의롭지 않으면 상대가 설령 비천한 사람이라 하더라도 그를 두렵게 할 수 없을 것이요, 스스로 돌아보아 의롭다면 상대가 설령 천만 명이라 하여도 당당히 앞으로 나아갈 것"[7]이라고. 내가 너희에게 아상에 집착한다고 한 말은 도리에 근거하여 단언한 것이고, 스스로 돌아보아 의로운 것이다. 그러나 너희가 나더러 아상에 집착한다고 한 말은 어영부영 발뺌하려는 말이고, 스스로 돌아보아 의롭지 못한 것이다.

孟氏不云乎. "自反而不縮, 雖褐寬博, 吾不惴焉. 自反而縮, 雖千萬人, 吾往矣." 故余謂汝我相執着者, 據理而斷也, 自反而縮者也. 汝之謂余我相執着者, 唐塞之言也, 自反而不縮者也.

게다가 너희는 애초에 장첨에게 "훌륭하고 훌륭하십니다! 저도 예전부터 그런 생각을 하고 있었습니다."라고 말하고는, 이어서 "앞으로 강우江右에서 선교하려고 하는데, 이곳에도 글 한 편을 남기도록 하지요. 아직 복伏 선생 등이 여기 계시니, 그분과 더불어 분명하게 시비를 가릴 수 있을 것입니다."라고 말하였다. 그러다 끝에 이르러 "만약 그와 시비를 가린

且汝初對張君則曰 "妙! 妙! 向來原有這個意思." 旣而則曰 "吾將治行江右, 亦留一篇于此. 然吾尙有伏先生等在焉, 亦足以與之辨明也." 洎其卒也, 則謂 "若與之辨, 則成是非, 故不與之辨也." 噫! 俄爾之頃, 貌言情

7 『孟子』「公孫丑上」에 있는 내용이다.

다면 오히려 시빗거리가 될 것이기에 더는 따지지 않으려는 것입니다."라고 하였다. 아! 어쩌면 눈 깜박할 사이에 말과 행동이 이토록 바뀔 수 있단 말인가.

態, 何變幻錯出之若此也.

너희가 이 땅에 와서 천주교를 전파하려 한다면, 일정한 주관을 가지고 다른 소리를 하지 않은 연후라야 천하의 인심이 모일 것을 기약할 수 있지 않겠는가? "종은 치지 않으면 소리가 나지 않고, 돌은 갈지 않으면 빛이 나지 않으니, 서로 긍휼히 여기면서 누가 옳고 그른지 서로 깊이 있게 쟁론하자."는 말, 이는 너희 이마두가 『변학유독』에서 한 말 아니던가? 그런데 지금 너희는 시비를 따지면 시빗거리가 된다고 말하고 있으니, 앞뒤의 말이 이처럼 모순될 수 있는가?

且汝輩之來倡教于此土也, 必確有一定之見, 更無二三之說, 而後可以約天下之歸趨. 如"鐘不考不聲, 石不擊不光, 共相悵恤, 深相諍論, 孰是孰非"者, 非汝利氏『辨學遺牘』之言乎? 今汝又謂辨則成是非, 抑何前後彼此互相矛盾者耶?

천하의 도리는 대통大通이라는 점에서는 마찬가지이니, 대통한 다음에라야 시비가 사라지고, 시비가 사라진 다음에라야 쟁론이 없어진다. 고로 우리 대성인께서 모든 중생이 여래의 지혜와 덕상을 갖추고 있다고 감탄했던 것은 바로 대통의 도리를 몸소 증험한 것이다. 너희가 시비를 따지면 다시 시빗거리가 될 것을 두려워한다면, 왜 자기 스스로를 돌이켜 보아 몸소 대통의 도리를 증험해 보지 않는가? 대통의 도리를 스스로 증험한다면, 자타·피차·우열이란 상相은 존재하지 않고, 평등이라는 하나의 도리 아래 모든 것이 균등하다는 것을 알게 될 것이다. 이러한 것은 보지 않고 실상을 속이고 단점과 누추함을 덮어 감추려고 하니, 대체 무슨 소용이 있겠는가?

夫天下之理, 同于大通, 大通而後是非泯, 是非泯而後諍論息. 故我大聖人之嘆一切衆生皆具如來智慧德相者, 蓋親證大通之道也. 汝既恐辨則成是非, 則何不反諸己, 躬而自證其大通之道乎? 自證大通之道, 則不見有人我·彼此·勝劣之相, 一道平等, 浩然大均矣. 見不出此, 徒詭譎其情形, 遮護其短陋, 何庸也?

너희의 십계명 가운데 여덟 번째가 "거짓 증언을

且汝有大誡十; 其八曰"勿妄

하지 말라."이다. 주석에서 말하기를, "사람이 원래 그러한 일을 한 적이 없는데 고의로 무함한다면 이를 거짓 증언이라고 한다."고 하였다. 나는 천동사에 거주하면서 용甬(寧波) 동쪽으로 나서지 않은 지가 5년이나 되었고, 지난해에는 항주에 간 적이 없다. 이와 같은 사실은 강남·북의 사람이라면 모두가 알고 있다. 그런 내가 어떻게 너희 교회당을 찾아가 시비를 따지고, 이기지 못하자 성을 내고 돌아갈 수 있겠는가? 남이 하지도 않은 일을 가지고 무함하고 있으니, 거짓 증언인가, 아닌가? 나의 경우는 훤히 드러나 밝게 볼 수 있는 것이었다.

證." 註曰 "儻人本無是事, 而故誣陷之, 如此者妄." 夫余住天童不踰甬東者五載, 其去歲不過武林, 江南北之人塗知矣. 豈來汝會中與辨, 不勝發性而去者乎? 故誣陷人以本未嘗有之事, 妄耶? 不妄耶? 夫余其彰明較著者也.

저 멀고 아득한 땅 어지러운 중에 거짓으로 증언하는 것을 어찌 이루 다 헤아릴 수 있겠는가? 이 때문에 나는 너희가 세운 계율과 너희가 하는 말, 그리고 편찬한 책 모두가 거짓이라고 말하는 것이다. 거짓이 아니라면, 마땅히 성현들의 경상經常의 도리와 서로 표리가 되어야 할 터인데, 천하 사람과 더불어 보고 더불어 아는 게 무슨 문제 될 것 있다고, 반드시 천주에 귀의한 다음에야 책 한두 권을 줄 수 있다고 하는가?

若夫渺茫之地, 恍惚之間, 其爲妄證又安可勝計耶? 故余謂汝所立之誡, 所述之言, 所勒之書皆妄也. 汝若不妄, 則應與聖賢經嘗之道互相表裡, 何妨與天下之人共知共見, 而必欲眞歸向天主者而後與之一二也.

성현들이 후세를 위해 말씀을 남기신 이유는 도를 담기 위해서이다. 성현의 말씀에 담겨 있는 도는 한 사람의 도가 아니라 온 천하가 함께 따르는 도이다. 이 때문에 공자는 육경을 자기 집안의 소유로 하지 않았고, 석가는 5,048부部 불경을 자기 무리의 소유로 간주하지 않았다. 명산대천에 간직하고 모든 도읍에 배포했으며, 성명한 천자는 벽옹辟雍과 상서庠

夫聖賢立言, 所以載道也. 聖賢之言之所載之道者, 非一己之道也, 天下共相率繇之道也. 故六經孔氏不以私其家, 五千四十八部釋氏不以私其黨己之徒, 藏之名山大川, 散之通都國邑, 聖天子頒之辟雍·庠序, 與天下

序[8]에 반포하여 천하의 신하와 백성들과 더불어 세세토록 지켜 왔다.

之臣民世守之.

태조 고황제와 성조 문황제께서도 남북 두 곳에 보관소를 정하시고, 천하의 신자信者들이 보기를 청하면 막지 않으셨다. 오직 저 문향교·백련교만은 그 설법이 요사하고 망령되었기에, 그들 종교에 가담하지 않은 자들은 그 내용을 미리 들어 알 수 없었다. 지금 너희의 책이 과연 어떤 책이고 천주교가 과연 어떤 종교이기에 외부 사람은 아무리 구하려고 해도 얻을 수 없다고 말하는지 모르겠다.

太祖高皇帝·成祖文皇帝定爲南北二藏, 任天下之自信者請焉弗禁也. 唯聞香·白蓮等教, 其說妖妄, 非入其教者不得預聞. 今余又不知汝書果何書, 汝教果何教, 而謂外人縱欲求之不可得也耶.

숭정 8년(1635) 9월 15일

崇禎八年 九月 望日

8 '辟雍'은 周나라 때 천자가 세운 大學의 이름이다. 남을 成均, 북을 東序, 서를 瞽宗, 중앙에 있는 것을 辟雍이라고 한다. '庠序'는 중국 고대의 학교를 말한다.

4.3. 변천설 3

辨天三說

요지 「변천설 3」에서는 장첨이 「변천설 2」를 가지고 가 항주 천주당의 범씨 성을 가진 자를 만났는데, 그는 불가와 시비를 가리지 않는 것이 천주교의 기본 입장이라며 논변을 거절했음을 밝혔다. 이에 불교의 이론에 기반하여 시비를 따졌다. 우선 불교의 교리가 허망하다는 말에 대해서는 고황제의 「어제심경서御製心經序」를 끌어다 불교야말로 본성의 실질을 세우는 데 그 근본이 있으므로 허망하지 않다고 주장하였다. 또한 천주교에서 만물에 영혼을 부여하였다는 말에 대해 영혼은 불완전한 생사의 징조로서 소멸되는 것이니, 불교의 성性과는 본질적으로 다르다고 하였다. 즉 본성의 실질에 힘쓰는 불교와 달리 망상의 공상空相에 집착하고 있는 천주교야말로 허망한 종교라는 뜻이다. 이 밖에도 만물이 부여받은 깨달음의 가능성을 천주교에서 놓치고 있는 점, 천주교에서는 남을 이기기만 바라는 점을 들어, 이는 곧 남을 무함하고 자기를 속이는 짓에 불과하다고 하였다.

9월 보름날, 나는 「변천이설(변천설 2)」을 다시 지어 전처럼 항주에 보내어 내걸게 했다. 10월 9일, 몽택의 장첨은 전처럼 글을 가지고 가 천주당에 알렸다. 한동안 앉아 있으니 범씨 성을 가진 사람이 나왔는데, 그는 중국인이었다. 아마도 기원淇園 양정균楊廷筠[1]

季秋之望, 余「二說」復出, 如前致榜武林. 而孟冬九日, 夢宅張君仍持告天教之堂. 坐移時, 始有范姓者出, 乃中國人. 蓋遊淇園楊公之門而篤信天教者

1 楊廷筠(1562~1627)은 字가 仲堅이고 號가 淇園이며 세례명은 彌格(Michael)이다. 절강성 仁和(지금의 항주) 사람으로 1592년에 진사가 되어 監察御史를 역임했다. 북경에서 마테오 리치와 교류하였고 徐光啓·李之藻와 더불어 천주교의 '三大柱石'이라 일컬어졌다. 관직에서 물러나 항주로 돌아온 후로 東林講會에 참여하였고, 강남에서 활동하던 카타네오(郭居靜)·트리가울트(金尼閣)·알레니(艾儒略)

의 문하에서 노닐면서 천주교를 독실하게 믿게 된 자인 것 같았다. 장첨이 지난날 있었던 일을 말하고 나서 「변천이설」을 보여 주자, 범 군은 그것을 받더니 눈길도 주지 않은 채 곧장 옷소매 속에 넣고는 "보통 책을 보내오면 모두 받지만 답은 하지 않습니다. 공에게 사실대로 알려드리는데, 이것은 우리 교의 큰 뜻입니다."라고 말했다.

也. 張君具言前事, 以「二說」示之, 范君接得竟不目, 即內諸袖, 乃曰"凡有書出來無不收, 然必不答. 實告于公, 此是教中大主意."

장첨이 말했다.

張君曰:

"이것은 불교에서 일을 만들려고 하는 것이 아닙니다. 귀교에서 둘 다 옳은 도리란 있을 수 없고 반드시 하나로 귀결되어야 한다면서 시비를 따져 온 것이 한두 가지가 아니었으며, 또 시비를 가리는 것은 매우 원하는 바라고 하셨기 때문에 천동사의 스님이 「변천초설」을 내놓고 시비를 가리려고 했던 것입니다. 귀교의 부범제 선생께서 시비를 따지겠다고 면전에서 허락하신 후에 그 약속을 지키지 않았기에 「변천이설」이 나왔는데, 오늘 또 대답을 주지 않으면서 천만 가지를 말하여도 일절 답하지 않을 것이라 하니, 어쩌면 이리도 앞뒤가 모순될 수 있습니까?"

"此非釋氏生事. 蓋因貴教中言, 理無二是, 必須歸一, 索辨之言不一而足. 且曰辨者吾所甚願也, 故天童和尙爰出「初說」, 欲與辨論, 以決是非. 而貴教傅先生又面許辨答, 後竟食言, 于是復有「二說」, 今又曰不答, 且曰百說千說一總不答, 何先後矛盾之甚耶?"

범 군이 말했다.

范君曰:

"천주교에 비록 하나로 귀결되어야 한다는 교설이 있기는 하지만, 불교와 천주교는 근본이 다르기 때문에 정녕 합치될 수 없습니다. 불교가 성령性靈을 중시

"教中雖有欲歸一之說, 然而佛教與天教原是不同, 必不可合者. 蓋佛教雖重性靈而偏虛不

등과도 왕래하였다. 그는 본디 불교를 독실히 믿어 항주의 유명한 居士로 일컬어졌는데, 1611년에 李之藻 부친의 서양식 장례를 참관한 후 불교를 버리고 천주교에 귀의했다. 이로 인해 불교도들과 격렬한 쟁론을 벌이기도 하였다. 저서로는 『代疑編』·『代疑續編』·『聖水紀言』·『天釋明辨』 등이 있다.

하긴 하지만 허망함에 치우쳐 실제적이지 못합니다. 우리 천주교만이 사람의 영혼은 천주께서 주셨다고 명확하게 말함으로써 비로소 현실에 발을 딛게 하였으니, 실로 크고 완전하고 진실한 종교인 것입니다. 불교에서도 천당지옥설로 중생을 교화하고 있지만 우리 천주교에서도 천당지옥설로 중생을 교화하고 있습니다. 만약 두 명의 의사가 있다면, 당신과 나 같은 환자는 의사가 처방한 약을 복용하여 낫기만을 바라면 그뿐, 이 의사가 옳고 저 의사가 그르다고 따질 필요가 무엇입니까? 하물며 모든 의사들을 모아 하나로 만들 필요가 무엇입니까! 만약 병이 낫지 않는다면 의사를 바꾸면 그만입니다."

實. 唯我天教明言人之靈魂出自天主, 則有着落, 方是大全眞實之教. 雖然, 佛教以天堂地獄教化衆生, 而我天教亦以天堂地獄教化衆生. 如兩醫者, 爾我如病人, 隨服其醫之藥, 唯期療病而已, 何必是此非彼? 況又欲合衆醫爲一耶? 如病不瘥, 則更醫可也."

장첨이 대답했다.

張君曰:

"그건 환자의 일입니다. 의사의 (사람 고치는) 이치가 어떻게 둘일 수 있겠습니까?"

"此是病者分上事. 夫醫者之理豈有二哉?"

범 군이 말했다.

范君曰:

"이치가 둘일 수는 없지만, 환자가 의사 둘을 집에 모셔 놓고 그들로 하여금 쟁론하게 하면서 하나로 만들려고 한다는 말은 아직 들어 본 적 없습니다."

"理雖不二, 亦未有見病人請二醫於家, 使其爭論而合爲一者."

장첨이 말했다.

張君曰:

"그렇다면 나란히 가면서 충돌하지 않아야 할 터인데, 귀교에서는 무엇 때문에 책을 지어 함부로 불교를 배척하고 불상을 훼손하는 것입니까?"

"若是則竝行而不悖, 胡爲貴教著書排佛, 毁佛形像, 何也?"

범 군이 말했다.

范君曰:

"종교의 교파가 다르면 자연히 이렇게 배격할 수밖에 없습니다."

"教門不同, 自然要如此闢."

장첨이 말했다.

張君曰:

"이쪽에서는 이걸 가져다 저쪽에다 덮씌우고 저쪽에서는 저것을 가져다 이쪽에 보복한다면, 끝내 하나로 귀결될 수 없을 것입니다."

"此即以是加彼, 彼或以是報此, 則終無歸一矣."

범 군이 말했다.

范君曰:

"그렇습니다. 천주교에 귀의한 사람에게는 먼저 천주교의 대의를 명확하게 설명해 주고 두세 번 다시 반복한 다음에야 교리를 가르칩니다. 이렇게 어렵게 입교하기 때문에 출교하는 것 역시 그리 쉽지 않습니다. 불교를 배우는 자들이 불쑥 들어왔다가 불쑥 떠나가는 것과는 다르지요. 이 때문에 저들이 아무리 우리를 교화하고자 해도, 비록 호의에서 나왔다 하더라도, 우리 가운데 절대로 천주교를 떠나 다시 불교에 귀의하려는 자는 없을 것이니, 공연히 힘만 허비할 필요 없습니다. 게다가 운서 대사께서 일찍이 「천설」 네 편을 지어 천주교를 변박하려고 하였지만 이기지 못하였는데, 오늘날 저 천동사의 스님이 설마 운서 대사보다 낫겠습니까?"

"然! 敝教皈依者, 必先與講明天主大義, 至再至三, 然後受教. 其進若此之難, 故其出教亦不易. 不似學佛之徒, 倏爾進, 倏爾退. 故彼欲化我, 雖是好心, 而我輩斷斷無舍天教而復皈依佛者, 不必空費許多氣力. 況雲棲嘗著「天說」四條, 欲辨天教, 尙且不勝, 豈今天童更有過于雲棲者乎?"

이상에 근거해 볼 때, 장첨이 직접 「변천이설」을 가지고 찾아가 고하였건만, 서양인들은 직접 나서 이야기 나누지 않고 중국 사람 범 군을 대신 내세웠으며, 결코 대답하지 않는 것이 천주교의 큰 뜻이라고 하였다. 모습을 숨기고 괴팍한 소리를 하다니, 차갑구나! 모질구나! 삼엄한 성곽과 굳센 군사가 있어 안으로 들어갈 방도가 없음을 우리에게 보여 준 것은, 물속에서 모래를 품고 있다가 그림자를 쏘아 해를 입히는 독충의 심보를 몰래 자행하려 함이다.[2] 지난해에 내가 저들 교회당을 찾아가 따졌으나 이기지 못했다

據張君親持「二說」往告, 西人不自面言, 而假見我國之范君, 且以必不答爲教中大主意. 藏其貌, 愎其詞, 凜乎, 截乎! 若示我嚴城堅兵無自而入者, 蓋欲以含沙之計, 陰肆其鬼蜮之懷. 如去歲曾來會中與辨不勝之說, 或矯誣於異日, 或捏造于他方, 窮其心志, 不過以之惑世行奸耳. 豈明教辨學之意哉! 抑當事

는 말은, 둘러댄 시간도 다르고 날조해 낸 장소도 다르다. 그들의 심사를 궁구해 보건대 세상을 미혹하고 간사한 짓을 하려는 것에 지나지 않는다. 이것이 어찌 교의를 밝히고 학설을 변석하려는 뜻이겠는가! 그러나 이 모두 정치하는 사람들의 걱정거리일 뿐, 숲속에서 늙어 죽어 갈 이 몸이 저들과 더불어 따질 것이 무엇이랴? 그러나 범 군의 말에 의거해 볼 때 내가 따지지 않을 수 없는 것이 있다.

者之有憂, 余身林下老且死, 何必與之計論? 第據范君之言, 則余又不可以不辨也.

범 군은 "불교가 성령을 중시하긴 하지만 허망함에 치우쳐 실제적이지 못하다. 우리 천주교만이 사람의 영혼은 천주께서 주셨다고 명확하게 말하여 현실에 발을 딛게 하였으니, 천주교야말로 크고 완전하고 진실한 종교이다."라고 말했다.

范君謂"佛教雖重性靈, 然偏虛不實, 唯我天教明言人之靈魂出自天主, 則有著落, 方是大全眞實之教."

영혼을 천주가 주었다는 말은 나중에 다시 논하기로 하고, '불교가 허망함에 치우쳐 실제적이 못하다.'는 말에 대해서, 나의 말이 중히 여길 바 못 된다면 우리 고황제께서 「어제심경서御製心經序」[3]를 지어 이에 관해 상세히 말씀하셨으니, 범 군을 위해 한번 설명해 보고자 한다.

靈魂出自天主, 且存後論, '佛教偏虛不實', 余言不足重, 則我皇祖「御製心經序」, 蓋論之詳矣, 試爲范君陳之.

황조의 교훈은 이러하다.

皇祖之訓曰:

"천지가 오래전에 나뉘고 만물이 두루 갖추어졌

"二儀久判, 萬物備周, 子民者

2 含沙射影이라는 고사를 가리킨다. 蜮이라는 동물은 물속에서 입에 모래를 물고 있다가 사람을 만나면 그림자에 대고 뿜는데, 그러면 그 사람이 병들어 죽게 된다고 한다.

3 「御製心經序」는 宗泐과 如玘 등이 明 太祖의 명을 받아 註解한 『般若波羅蜜多心經註解』(『明太祖文集』 권 15)에 들어 있다. 본래 皇覺寺의 승려였던 太祖는 여러 방면에서 불교를 지원하였는데, 幻輪이 편찬한 『釋鑑稽古略續集』을 보면 "洪武 10년(1377)에 名僧들을 불러 『般若心經』·『金剛經』·『楞伽經』을 강의하도록 하고, 宗泐과 如玘에게 명하여 註解하여 유포하도록 하였다."는 기록이 있다.

다. 백성을 사랑하는 사람은 임금이고, 임금이 백성을 기르는 근거는 법이다. 법이란 삼강오상三綱五常을 천하에 내보이고 오형五刑[4]으로써 그것을 보필하는 것이다. 흉악하고 완고하여 교화에 따르지 않는 자들 중에는 늘 물불로 뛰어들면서도 끝내 스스로 깨닫지 못하는 자들이 있다. 이렇게 흉악하고 완고한 자들은 중국에만 있는 것이 아니라 천하 어디에나 다 있다.

君, 君育民者法. 其法也, 三綱五嘗以示天下, 亦以五形輔弼之. 有等凶頑不循教者, 往往有趨火赴淵之爲, 終不自省. 是凶頑者非特中國有之, 盡天下莫不亦然.

어느 날 서역에서 부처가 태어났는데 그 이름은 석가이다. 석가는 부처로서 깊은 원願을 행하며 시종 변하지 않더니, 이내 세간世間을 떠나 고통에서 벗어났다. 석가의 가르침은 인자仁慈와 인욕忍辱으로 힘써 마음을 밝게 하여 천명을 세우고, 이러한 도리를 지켜 행하는 것이었으니, 그의 뜻인즉 모든 사람이 이처럼 많은 중생을 이롭게 하고 제도濟度하기를 바랐던 것이다.

俄西域生佛號曰釋迦. 其爲佛也, 行深願重, 始終不二, 於是出世間, 脫苦趣. 其爲教也, 仁慈忍辱, 務明心以立命, 執此道而爲之, 意在人皆若此利濟群生.

지금 사람들은 부처의 뜻을 알지 못하고서, 늘 불법은 공허하고 실제적이지 못한데 무엇으로써 군자를 이끌고 소인을 가르치겠느냐고 묻는다. 짐이 보건대 그렇지 않다. 부처의 가르침은 실제적이지 공허하지 않다. 부처는 어리석고 혼미한 공허함을 없애고 본성의 실제를 세우고자 하셨기에, 스스로 앞장서 고행하여 교教를 따로 세우고 이름을 달리하여 유정有情[5]의 고해에서 벗어난 것이다.

今時之人 罔知佛之所以, 每云法空虛而不實, 何以導君子訓小人? 以朕言之, 則不然. 佛之教實而不虛, 正欲去愚迷之虛, 立本性之實, 特挺身苦行, 外其教而異其名, 脫苦有情.

---

4 形과 刑은 서로 통용되는 한자이다. 五刑이란 죄인을 다스리던 다섯 가지 형벌로 笞刑, 杖刑, 徒刑, 流刑, 死刑을 가리킨다.

5 有情이란 인간을 비롯한 생명 있는 모든 존재를 뜻하는 불교 용어이다.

옛날에 부처께서 세상에 계실 때, 시중을 들며 따라다니던 사람들은 모두 총명한 선비였고, 연설하는 내용은 모두 삼강오상의 성리性理였다. 설법을 들은 후 사람들은 모두 복을 얻었다. 부처가 입적한 후 불법이 중국으로 전파되었는데, 간혹 총명한 자들이 인천소과人天小果[6]를 말하였어도 흉악하고 완고한 자들을 선하게 교화할 수 있었다. 하물며 총명한 자들이야 대승을 알고 종지를 알고 있지 않은가?

昔佛在時, 侍從聽從者皆聰明之士, 演說者乃三綱五常之性理也. 旣聞之後, 人各獲福. 自佛入滅, 其法流入中國, 間有聰明者動演人天小果, 猶能化凶頑爲善. 何況聰明者知大乘而識宗旨者乎?

『심경』[7]에서는 매번 공空을 말하고 실實을 말하지 않지만, 거기서 말하는 공은 상相이 공하다는 것이다. 그 상이 공한 것을 제외하고 남아 있는 것은 본성이다. 이른바 상공相空에는 여섯 가지가 있으니, 입으로 받아들이는 설상說相도 공한 것이요. 눈으로 보는 색상色相도 공한 것이요. 귀로 듣는 청상聽相도 공한 것이요. 코로 받아들이는 후상齅相도 공한 것이요. 혀로 느끼는 미상味相도 공한 것이요. 몸으로 느끼는 낙상樂相도 공한 것이다. 이 여섯 가지가 공한 상으로, 실제 상이 공한 것이 아니라 망상의 상이 공한 것이다. 상, 즉 이러한 공상空相이 세상 사람들을 아둔하게 만들고 고금에 화가 미치게 하여, 종종 갈수록 더욱 깊이 빠져 이것이 공한 상인지조차 모르게 만든다.

如『心經』每言空不言實, 所言之空, 乃相空耳. 除空之外, 所存者本性也. 所謂相空有六, 謂口空說相, 眼空色相, 耳空聽相, 鼻空齅相, 舌空味相, 身空樂相. 其六空之相, 又非眞相之空, 乃妄想之相爲之空. 相是空相, 愚及世人, 禍及今古, 往往愈墮彌深, 不知其幾斯空相.

6 '人天小果'는 인간이나 천상의 福과 報를 초래하는 業을 말한다.

7 『心經』은 『般若波羅蜜多心經』의 약칭이며 『般若心經』이라고도 한다. 唐나라 때 玄奘이 終南山 翠微宮에서 번역하였다고 하며, 般若 空思想으로 대표되는 6백 권 『般若經』의 정수를 간추린 것으로, 불교의 법회나 의식에서 널리 독송되는 경전이다.

지난 시기의 제왕으로 여기에 미혹되어 하마터면 천하를 잃을 뻔한 자들로는 주나라 목왕穆王,[8] 한나라 무제武帝,[9] 당나라 현종玄宗,[10] 양나라 무제武帝,[11] 북위北魏의 황제 탁발도拓跋燾[12], (南唐) 이후주李後主,[13] 송나라 휘종徽宗[14] 등이 있다. 이들 제왕들은 국사를 황폐하게 만들고 정사에 나태하였다. 양나라 무제와 송나라 휘종은 목숨마저 잃었으니, 모두 승천하여 불천佛天에 들고자 망상하였기 때문이다.

前代帝王被所惑而幾喪天下者, 周之穆王, 漢之武帝, 唐之玄宗, 蕭梁武帝, 元魏主燾, 李後主, 宋徽宗. 此數帝廢國怠政, 惟蕭梁武帝, 宋之徽宗以及殺身, 皆繇妄想飛昇及入佛天之地.

불천은 아득한 곳에 있지 않다. 그 정도의 즐거움이라면 인간 세상에도 늘 있는데 사람들 성품이 탐욕스러워져서 이를 깨닫지 못하고 다시금 즐거움을 취하고자 할 뿐이다. 인간 세상에 있는 것이 무엇이

其佛天之地, 未嘗渺茫. 此等快樂, 世嘗有之, 爲人性貪而不覺, 而又取其樂, 人世有之者何? 且佛天之地如. 爲國君及王侯者,

---

8 『穆天子傳』에 穆王이 여덟 마리의 준마를 몰고 여행하며 西王母를 만나고, 다시 盛姬와 결혼하였다는 이야기들이 기술되어 있다.

9 漢武帝(기원전 156~기원전 87)는 54년간 재위하면서 西漢의 極盛期를 이루었다. 그러나 신선을 믿고 궁궐을 건축하고 세금을 가혹하게 징수하고 해마다 전쟁을 진행하여 인구가 반이나 줄어들었다.

10 唐玄宗(685~762)은 훌륭한 정사를 펴서 盛唐시대를 열었다. 天寶 14년 安祿山이 난을 일으키자 四川으로 도망하고 아들 亨이 肅宗으로 즉위하고 그는 太上皇으로 있었다.

11 梁武帝(464~549)는 齊主를 살해하고 황제로 자칭하고 梁나라를 세웠다. 후에 東魏의 叛將 侯景을 받아들였다가 결국 그에게 구금되어 죽었다. 불교에 심취하여 세 번이나 同泰寺에 가 出家하려고 하였으며 寺院을 많이 건축하였다.

12 拓跋燾(408~452)는 字가 佛狸이며 선비족이 세운 북위의 世祖이자 太武皇帝이다. 직접 병사를 끌고 가 夏·北燕·北凉 등을 물리치고 북방을 통일했으며, 南朝를 공격해 宋의 河南 지역을 차지했다. 특히 불교를 숭상하던 정책을 바꾸어 불교를 탄압한 것으로 유명하다.

13 李後主는 곧 五代 時期 南唐의 後主인 李煜(937~978)을 가리킨다. 불교를 믿고 문예를 즐기면서 朝貢만 하면 宋나라가 불쌍히 여겨 줄 것이라고 생각하였으나, 宋 開寶 7년에 宋나라 曹彬은 군사를 이끌고 토벌하였고, 이듬해(975)에 金陵을 함락하고 李煜을 생포하여 汴梁으로 끌고 갔다.

14 宋徽宗(1082~1135)은 즉위한 후 사치한 생활을 누리고 궁궐을 대대적으로 건축하였으며, 도교를 信奉하고 自稱 教主道君皇帝라고 하였다. 宣和 7년 金나라 군사가 南下하자 국정을 태자 趙桓에게 넘겨주고 太上皇으로 自稱하였다. 靖康 二年 그는 欽宗(아들 조환)과 함께 金나라 군사에게 사로잡혔고 北宋이 멸망하였다.

겠는가? 이 또한 불천과 같을 따름이다. 임금과 왕후된 자가 만약 그릇된 행동을 하지 않고 능히 이 경지를 잘 지켜낼 수 있다면, 그것이 바로 불천 아니고 무엇이겠는가? 그러나 이를 지키지 못하고서 거짓된 행동을 하거나 망상에 빠진다면 이내 공허한 경지에 들게 되므로 이러한 공상이 생겨나는 것이다. 이 공한 상에 부자가 한번 사로잡히면 음욕도 함께 생겨나 부를 잃게 되고, 가난한 자가 한번 사로잡히면 온갖 죄악을 저질러 목숨을 잃게 되며, 장차 현인賢人이 되겠으나 아직 그렇지 못한 자가 한번 사로잡히면 인인仁人 군자가 되지 못하고, 승려나 도인이 한번 사로잡히면 본성을 세워 종지를 볼 수 없게 된다.

若不作非爲, 善能保守此境, 非佛天者何? 如不能保守而僞爲, 用妄想之心, 即入空虛之境, 故有如是斯空相. 富者被纏, 則淫欲竝生, 喪富矣, 貧者被纏, 則諸惡竝作, 殞身矣, 其將賢未賢之人被纏, 則非仁人君子也, 其僧道被纏, 則不能立本性而見宗旨者也.

이 불경의 제목을 『심경』이라 붙인 까닭은, 바로 마음속의 사특한 생각을 없애고 정도正道로 돌아가게 하려 함이니, 불교가 어찌 허망한 종교이겠는가? 짐이 특별히 이 글을 지은 이유는, 총명한 이들로 하여금 하늘은 만물을 덮고 땅은 만물을 싣고 있는 모습, 해와 달이 순환하는 모습, 허와 실이 생명을 취하고 보호하는 모습이 과연 어떠한가를 살피게 하기 위해서이다. 만약 취하는 데 이치가 있고 보호하는 데 방도가 있다면, 이 불법이란 것이 어찌 훌륭한 것이 아니겠는가! 색공色空이란 오묘하도다. 오호라!"

所以本經題云『心經』者, 正欲去心之邪念, 以歸正道, 豈佛教之妄耶? 朕特述此, 使聰明者觀二儀之覆載, 日月之循環, 虛實之孰取保命者何如. 若取有道保有方, 豈不佛法之良哉! 色空之妙乎. 於戲!"

황조께서는 총명과 예지로 만물의 뜻을 열어 천하의 대업을 이룩하신 대성인이신데, 만약 부처의 도가 이치에 맞지 않다면 황조께서 어찌 공정하지 않게 편애하시면서 불교가 실제적이지 허망하지 않다고 하셨겠는가? 성인의 도는 반드시 성인에게 절충되어야

皇祖蓋聰明睿智開物成務之大聖人也, 使先佛之道無當於理, 皇祖豈肯偏黨不公, 而獨謂其教實而不虛耶? 夫聖人之道, 必折衷于聖人, 方始歸一而可

비로소 하나로 귀결되어 실행될 수 있고 길이 전해질 수 있다. 성인이 그렇다고 여기는데 도리어 우리가 그렇지 않다고 여기는 법이 어디 있단 말인가? 성인이 그렇다고 여긴 것을 그렇지 않다고 여기는 것은 성인의 생각과 어긋나는 것이다. 성인의 생각과 어긋난다면 어찌 성인을 따르는 무리라고 할 수 있겠는가?

行可遠. 豈聖人之所然, 而我反不以之爲然乎? 不然聖人之所然者, 則與聖人之見左矣. 與聖人之見左, 抑豈聖人之徒哉?

범 군은 현인이 될 수 있으나 아직 되지 못한 자이니, 그 역시 성인을 따르는 무리이다. 성인을 따르는 무리라면 반드시 성인을 스승으로 섬겨야 한다. 주공은 "문왕은 나의 스승이다."라고 말하지 않았던가. 만약 도로써 논한다면 황조 또한 범 군의 스승이다. 범 군은 황조의 말씀을 본보기로 삼지 않고, 황조께서 절충하지 않은 사람을 스승으로 삼고 있으며, 그 스승이란 자 또한 크게 불측한 마음과 행실을 지니고 있으니, 주공과는 다른 사람인 것이다.

范君殆將賢未賢之人, 則亦聖人之徒也. 聖人之徒必以聖人爲師, 周公不曰, "文王我師也." 若以道論, 皇祖則亦范君之師矣. 范君不師皇祖之言, 而師夫皇祖所未折衷之人, 而其人又其心行大有叵測者, 蓋亦異于周公矣.

하물며 저들은 "(우리 천주교만이) 사람의 영혼은 천주로부터 나온 것으로 확실한 귀속처가 있으니, (천주교야말로) 완전하고 진실한 종교이다."라고까지 말하지 않았던가? 어리석고 혼미하고 제멋대로 헤아린 것은 차치하고라도, 입언의 요지나 입교의 단서조차 가르침이 될 수 없으니, 하물며 세상을 건지고 사람을 교화할 수 있겠는가? 어째서인가? 영혼이란 생사의 큰 징조로, 우리 선성들께서 식신識神이라 꾸짖던 바로 그것이다. 또한 세상의 속인들과 죄인들이 사정을 똑똑히 헤아리지 못하고 혼령이라는 말로 욕보이는 것이기도 하다. 이것을 단서로 삼고 이것을 요지로 삼았으니, 저들의 종교란 것을 가히 알 만하다.

況謂 "人之靈魂, 出自天主, 則有着落, 方是大全眞實之敎." 無論其愚迷橫計, 即一出言之表, 立敎之端, 且不可爲訓, 而況其拯世而化人耶? 何也? 靈魂者蓋生死之大兆也, 即我先聖呵爲識神者, 是亦即世間俗人罪夫, 見事不清, 詆爲魂靈者是也. 以此爲端, 以此爲表, 敎可知矣.

그렇다면 범 군이나 서양 사람이나 모두 영혼이 어디서 생겨나고 성령이 어디로 귀결되는지조차 모르고 있는 것이니, 저들이 업식業識[15]에 얽매여 이 따위 사마외도 사설을 지껄이고 있는 것을 탓할 필요나 있겠는가? 오직 성性[16]만은 애당초 변하지 않지만 혼령은 흔들린다. 흔들림이 있으면 떠돌아다니게 마련이고, 떠돌아다니면 생멸이 생겨난다. 그리되면 미혹이 끊기기도 하고 상주하기도 하여 재앙이 더욱 많이 일어나게 되니, 이 또한 어찌 생사의 큰 빌미가 아니겠는가? 백성을 생사의 큰 빌미 속에 집어넣고서 도리어 교주라고 떠받들려서야 되겠는가? 이 때문에 영혼이 천주에게서 나왔다는 말은 결단코 가당치 않다.

然則范君與西人蓋全不知靈魂何起, 性靈何歸, 又烏怪其業識忙忙而作此外道魔說耶? 夫唯性始無變易, 魂則有動搖. 既有動搖則有遊逸, 既有遊逸則有起滅, 則惑斷惑嘗, 禍且彌運, 詎不亦生死之大兆乎哉? 納民于生死大兆之中, 反尊之爲教主, 可乎不可乎? 故靈魂出自天主, 斷然必無之事.

지금 범 군에게 묻노니, 천주에게도 영혼이 있는가, 아니면 없는가? 만약 영혼이 없다면 천주도 없는 것이니, 어떻게 영혼이 천주에게서 나올 수 있는가? 만약 영혼이 있다면 천주의 영혼은 온전한 지선至善의 본체일 터, 영혼을 낸 자가 그러하다면 거기서 나온 자도 모두 그러해야 할 것이다.

今且問范君, 天主亦有靈魂耶? 其無靈魂耶? 若無靈魂, 天主且屬烏有, 何以靈魂出自天主? 若有則天主之魂, 渾然至善之體, 出者既然, 則爲所出者莫不皆然.

지금 한 집안, 한 마을, 한 읍 안에는 슬기로운 자, 어리석은 자, 어진 자, 사나운 자가 제각각 달리 존재하여 이루 다 따지기조차 어려운데, 하물며 풍속을 달리하는 다른 나라 사람이야 더 말할 것이 있겠는

今一家之內, 一鄉一邑之間, 何以智者愚者仁者暴者, 萬有不齊, 至于莫可窮詰, 而況殊方之外, 異俗之人哉! 然則天主何不

15 '業識'이란 12因緣 가운데의 識, 즉 과거 행위의 과보로 생겨나는 마음의 작용을 말한다. 12인연은 모든 현상은 스스로 존재하는 것이 아니라 다른 것과의 관계가 조건(緣)이 되어 일어난다는 緣起說을 12가지 요소로 나타낸 것이다.

16 '性'은 불교에서 사물의 본질이라는 뜻으로 사용되며 相과 상대하여 이르는 말이다.

가! 그렇다면 천주는 어찌하여 한 몸처럼 똑같이 만들어 평등하게 기르지 않고서, 예로부터 지금까지 넉넉한 자를 기웃거리게 만들고 모자란 자 앞에 자랑하게 만들어서 서로 능멸하고 빼앗으며, 이토록 오래도록 재난의 빌미가 되게끔 하였는가? 편협하고 자질구레하고 터무니없는 말들이야 그대가 스스로 가려낼 터이지만, "진실하고 완전하다."는 말이 대체 무슨 근거에서 나왔는지 모르겠다.

一體同觀, 平等化育, 乃使其覬有餘矜不足者之自古至今, 相陵相奪而長此厲階耶? 偏小虛妄, 君當自擇, 而"眞實大全"之說, 余不知其于義何居矣.

우리 옛 성인의 가르침은 그렇지 않아, 사람들에게 분명히 호소하기를, "기이하도다! 모든 중생은 여래의 지혜와 덕상을 갖추고 있지만 망상과 집착으로 인해 증과를 얻지 못할 뿐이다."라고 하셨다. '모두'라는 뜻에 근거해 볼 때 어찌 크지 아니한가? '갖추고 있다'는 뜻에 근거해 볼 때 어찌 완전하지 아니한가? 사람마다 본래부터 갖추고 있는 성령에 근거하여 고하노니, 허공과 법계에 있는 모든 것들 중에 부합하지 않는 것이 하나도 없고 같지 않은 것이 하나도 없다. 이 어찌 더없이 크고 더없이 완전하고 더없이 진실하고 더없이 공평한 대도大道가 아니겠는가?

若我先聖人之敎則不然, 明號于人曰 "奇哉! 一切衆生, 皆具如來智慧德相, 但以妄想執著故不能證得." 據其'皆'之意, 豈非大者乎? 據其'具'之意, 豈非全者乎? 據其人人皆具本有之性靈而告之, 則盡虛空徧法界之類, 無乎不合無乎不同, 豈非謂之至大至全至眞至實至公之大道者哉?

옛날 우리 대성인께서 이 도를 몸소 체득하시고, 뭇 생령들이 삶과 죽음을 오가며 순환하는 근본을 크게 살피신 다음, 널리 이끌며 지치지 않고 가르치셨으니, 이에 위로는 성스러운 도를 모두 이루시고 아래로는 모든 고락의 상相들을 두루 터득하시어 그렇게 되는 까닭을 모두에게 알려 주셨다. 마치 훌륭한 의사가 병을 치료할 때 증상을 정확히 알고 오한인지 발열인지를 알려 준 다음 약을 먹임에 금세 낫지 않

昔者我大聖人之旣證此道也, 復大觀乎群生生死往復之元, 廣而導之, 誨而不倦, 故上極成其聖道, 下極諸趣苦樂之相, 莫不示其所以然. 如良醫之治疾, 明其證候, 示其寒熱, 投之以劑, 無不霍然者也.

는 것이 없는 것과 같았다.

천당과 지옥이란 중생의 업력業力이 부른 것이며 환자가 느끼는 증세나 오한과 발열 같은 것 아니겠는가! 그런데 천주교에서는 "귀의하는 자는 천당에 오르고 그렇지 않은 자는 지옥으로 떨어진다."는 말로 어리석은 백성을 선동하여 위만 좋아하며 아래는 싫어하게 하고, 이것은 버리고 저것을 따르게 하고 있다. 자기 병을 남에게 전가하면서 도리어 두 의사의 비유를 들고 있으니, 어쩌면 그렇게 자기를 속이고 남을 속인단 말인가? 범 군은 불교에서 천당지옥설로 중생을 교화하는 것 역시 허망하다고 말했는데, 불교에서는 천당과 지옥의 유래를 잘 알고 있기에 계정혜戒定慧[17]의 가르침을 세워, 중생을 밝고 넓은 들판으로 나오게 할 뿐이다.

夫天堂地獄, 蓋衆生業力所召, 非夫病者所受之症候, 所感之寒熱乎! 而天教唱言"皈依者陞天堂, 不則地獄而已." 簧鼓愚民, 欣上厭下, 捨此趣彼, 則己以病而加諸人矣, 反以兩醫爲喩, 抑何其自昧而昧人耶? 故范君謂佛教以天堂地獄敎化衆生者亦妄也, 佛蓋知夫天堂地獄之所繇來, 故立戒定慧之教, 引而出於昭曠之原耳.

무슨 이야기인가? 일체 중생이 삼계三界를 윤회하고 사생四生[18]을 떠도는 까닭은 업감業感[19]이 되풀이되기 때문이다. 업감이 되풀이되는 것은 망상의 인因에서 비롯되며, 망상의 인은 본성에 이르지 못한 데서 생겨난다. 본성에 이르지 못했기 때문에 눈앞의 경境에 집착하게 된다. 경境에 연緣하여 식識이 일어나고, 식에 따라 업業이 쌓이며, 업으로 말미암아 보報를 얻게 된

何也? 一切衆生, 所以輪轉三界, 流浪四生者, 蓋業感爲其累也. 業感之累, 始于妄想之所因, 妄想之因, 始于不達本性之故. 以其不達本性, 著于前境, 緣境爲識, 循識爲業, 繇業得報, 故有六道種種差別之異

17 '戒定慧'는 불교 수행자가 공부해야 할 三學이다. 戒는 계율을 지키고 배우는 것을 말하고, 산란함을 수습하여 마음을 한 경계에 머물게 하는 것을 定이라 하고, 無明과 迷惑을 깨뜨리고 세계의 있는 그대로의 진실을 깨닫는 것을 慧라 한다.

18 '四生'이란 胎生·卵生·混生·化生을 말한다.

19 '業感'이란 善惡의 業因으로 말미암아 苦樂의 果報를 받는 것을 말한다.

다. 이 때문에 육도六道[20]의 온갖 다른 모습의 과보果報가 생겨나는 것이다. 과식果識이 다시 원인이 되어 현재의 행行을 일으키니, 이에 윤회가 그치지 않는다. 그러나 여여부동如如不動[21]한 마음의 정체正體는 무시무종으로, 하늘에서 온 것도 사람에게서 얻은 것도 아니기에 "온 곳도 없고 가는 곳도 없다."고 한 것이며, 그 이름을 '여래'라고 한 것이다. 미혹되면 삶과 죽음이 시작되지만, 깨치면 윤회가 그치게 된다.

果. 果識爲因, 熏發現行, 而輪迴于是乎不息矣. 然此如如正體, 無始無終, 不自天來, 匪從人得, 故曰 "無所從來, 亦無所去", 故名'如來'. 但迷之則生死始, 悟之則輪迴息.

천주라도 스스로 깨닫지 못하면 그 또한 삼계를 떠돌며 윤회하는 한낱 중생에 지나지 않으니, 어찌 영혼을 사람들에게 줄 수 있단 말인가? 삼계를 떠도는 사람이라 할지라도 스스로 깨달으면 머무는 곳마다 주인이 되고,[22] 인연을 만나면 종문宗門을 세워도 무방하다. 하늘에 있으면 하늘을 이끌고 인간 세상에 있으면 사람들을 이끈다. 하늘과 사람이 아닌 것을 하늘과 사람이라 이름지었을 뿐, 하늘과 사람이라 이름지은 것은 이름이 없기 때문이다. 이렇게 볼 때, 이른바 천주라는 것은 그 이름은 비어 있을 따름이지만 천주라고 이름한 것은 비어 있는 것이 아니라 본성의 실질이다. 본성의 실질은 모든 사물이 같지 않음이 없고, 모든 사물이 그러하지 않음이 없다. 그러나 스스로 그리된 것이지 그 무엇이 있어 그리되도록

使天主苟不自悟, 則亦浮沉三界之人耳, 烏能以靈魂與人哉? 使三界之人而苟自悟, 則不妨隨處作主, 遇緣即宗. 在天而導夫天, 處人而導夫人. 非夫天人而命夫天人, 命夫天人者而天人無以命之. 然則所謂天主者, 蓋名也虛也, 而名乎天主者非虛也, 本性之實也. 本性之實, 則無物不同, 無物不然, 然自得其然, 非有所以使之然, 同自得其同, 非有所以使之同.

20 '六道'란 중생의 業因에 따라 윤회하는 길을 여섯으로 나눈 것이다. 즉 地獄道·餓鬼道·畜生道·阿修羅道·人間道·天上道를 말한다.

21 '如如'는 있는 그대로 모습을 가리킨다.

22 어느 곳에도 어떤 경우에도 얽매이지 않아 주체적이고 自在하게 된다는 의미이다.

시킨 것은 아니다. 같은 것 또한 스스로 같아진 것이지 그 무엇이 있어 같아지도록 시킨 것은 아니다.

시키는 것이 없어도 같아지는 것을 대동大同이라 하고, 시키는 것이 없어도 그렇게 되는 것을 대연大然이라 한다. 보아도 그 끝이 보이지 않고 찾아도 그 근원을 헤아릴 수 없지만 천지를 감싸고 고금을 꿰뚫는다. 밝은 해와 달처럼, 신령한 귀신처럼 삶과 죽음을 드나든다. 하늘과 사람을 주재하는 존재를 하늘과 사람이 무슨 수로 주재할 수 있단 말인가? 삶과 죽음을 드나드는 존재를 삶과 죽음이 무슨 수로 들게 할 수 있단 말인가? 지극히 오묘하구나! 본성의 실질이란.

無使而同, 是之謂大同, 無使而然, 是之謂大然. 窺之不見其際, 探之莫測其源, 包乎天地, 貫乎古今. 精日精月, 靈鬼靈神, 出入乎死生. 主張乎天人者, 而天人烏得而主張之哉? 出入乎死生者, 而死生烏得而出入之哉? 至哉妙乎! 本性之實也.

범 군은 본성의 실질에 힘쓰지 않고 허황된 이름만 흠모하면서 망상의 공상空相에 집착하여 천주 천당의 즐거움에 탐닉했으니, 황조께서 이른바 "성품이 탐욕스러워져서 깨닫지 못하고, 다시금 즐거움을 취하려고 하는 자"가 아니겠는가? 그 어리석음은 세상 사람에게 미치고, 재앙은 고금에 미친다. 드넓은 성훈聖訓이 그대 가까이에서 밝게 비추고 있는데, 어찌하여 밝게 깨우쳐 경외하지 않고 오히려 성훈을 떨어뜨리고 참월하려 하는가? 삼계가 불안한 것은 고사하고 마치 화택火宅[23]과도 같구나. 범 군은 낮이 밤이 되게 해서는 안 되며, 밝음이 두려워 어두움으로 나아가서는 안 된다.

范君不務本實, 徒羡虛名, 執妄想之空相, 而甘心于天主天堂之樂, 非皇祖所謂"爲人性貪而不覺, 而又取其樂者"乎? 愚及世人, 禍及今古. 洋洋聖訓, 臨爾有赫, 奈何其不懷明畏, 乃有所隕越耶! 無論三界無安, 猶如火宅. 范君不宜俾晝作夜, 畏日趨冥.

23 '火宅'은 번뇌와 고통으로 가득한 세계를 불타는 집에 비유한 것으로, 중생들이 사는 미혹의 세계를 가리킨다.

천당은 요행으로 이르는 곳이 아니다. 몸으로 십불선도十不善道[24]를 행하지 않고, 육욕六欲[25]의 경계를 높이 뛰어 넘어야 한다. 그러니 하물며 사선팔정四禪八定[26]에나 이를 수 있겠는가? 이 때문에 "오계[27]를 지키지 못하면 사람은 하늘로 갈 길이 없게 된다."고 말하는 것이다. 몸으로 짓는 세 가지 악업에는 살생과 절도와 사음이 있으며, 생각으로 짓는 세 가지 악업에는 탐욕과 노여움(嗔)과 어리석음(痴)이 있다. 입으로 짓는 악업에는 네 가지가 있나니, 거짓말(妄語)과 교묘하게 꾸민 말(綺語)과 이간질(兩舌)과 욕이나 험담(惡口)이 그것이다. 이 모두는 사람이 하늘로 가는 길을 막아 버리는 업인業因들이다. 그중에서도 살생과 도적질과 사음이 으뜸인데, 살생이 더욱 으뜸이다. 탐욕과 노여움과 어리석음이 곧 그것들이 생겨나는 곳이다.

然天堂亦非倖至之鄕, 未有身行十不善道之業, 而能高距六欲之境, 而況其四禪八定者乎? 故曰 "五戒不持, 人天路絶." 夫身有不善業者三, 曰殺, 曰盜, 曰淫. 意亦有三, 曰貪, 曰嗔, 曰痴. 口則有四, 曰妄言, 曰綺語, 曰兩舌, 曰惡口, 皆絶人天之路之業者也. 而殺·盜·淫爲首, 殺尤首矣. 貪·嗔·痴則其所自起者也.

범 군은 천주교에서도 천당지옥설로 중생을 교화한다고 말해 놓고서, 도리어 제멋대로 욕심을 부리면서 모든 중생을 당연히 먹어도 된다고 말하고 있다. 하늘이 사람을 키우고자 낳았기 때문이라고 말하고 있으

范君旣謂天教亦以天堂地獄教化衆生, 而反恣情縱欲, 謂一切衆生固當食啖. 蓋天生以養人者, 天何頗耶? 害性命以育性命,

24 '十不善道'는 十善에 반대되는 十惡으로, 살생·투도·사음의 身業, 망어·기어·악구·양설의 口業, 탐욕·진에·사견(우치)의 意業을 말한다.

25 '六欲'은 여섯 가지 欲樂, 즉 色欲(빛깔에 대한 탐욕), 形貌欲(美貌에 대한 탐욕), 威儀姿態欲(걸음을 걷고 앉고 웃고 하는 등의 애교에 대한 탐욕), 言語音聲欲(말·소리·음성·노래에 대한 탐욕), 細滑欲(異性의 부드러운 살결에 대한 탐욕), 人相欲(남녀의 사랑스러운 人相에 대한 탐욕) 등을 말한다.

26 色界(욕계와 무색계의 중간 세계)를 禪定의 깊고 얕음에 따라 네 등급으로 나누고 四禪이라 한다. 四禪은 四靜慮·色界定이라고도 한다. 이들 色界天의 四禪과 無色界天의 四無色定을 합쳐 八定이라고 한다. 八定 안에 四禪이 포함되어 있는 것이다.

27 五戒란 불교 계율 중 가장 근본이 되는 다섯 가지 계율로 不殺生·不偸盜·不邪婬·不妄語·不飮酒이다.

니, 하늘이 어찌 편파적일 수 있단 말인가? 목숨을 해쳐 목숨을 기르다니, 더없이 어진 하늘의 도가 어찌 이러하겠는가! 이 같은 주장을 하는 자들은 먹고사는 것이 인간의 큰 욕망인지라 그 욕망에 맞추어 사람들에게 영합하려는 것일 따름이다. 지옥의 업인業因을 행하면서 천당의 보과報果를 바라다니, 천당에 가기도 전에 먼저 지옥을 만드는 자가 아니겠는가!

天道至仁豈然乎哉! 唱如是說者, 不過以口腹者乃生人之大欲存焉, 投其所欲以要人耳. 行地獄之因, 希天堂之果, 豈非天堂未就, 地獄先成者乎!

이에 근거해 볼 때, 저들이 몸소 행하여 밝히 보여준 것이 이와 같은데, '반드시 먼저 천주의 대의를 명확히 설명하고, 두세 번 다시 반복한 다음에야 가르침을 받을 수 있으니, 그 교에 들어가기가 이토록 어렵다.'고 말하는 것이 대체 어떤 교의를 설명하는 것인지, 알 수 없는 내용을 사사로이 남몰래 전수하고 있는 것은 아닌지, 내 또한 어찌 알겠는가?

據是則身行明示, 尙乃如此, 如謂'必先講明天主大義, 至再至三, 然後受敎, 其進若此之難'者, 則余又豈能測其講明何義, 而非私傳暗授不可知之說者乎?

가르친다는 것은 이끄는 것이다. 사람을 이끌어 도道를 입증하는 것이다. 이 때문에 도가 아니면 이끌 수 없다. 천 갈래나 되지만 하나로 일치하고 만 가지나 되지만 하나로 얻어지는 이 도가 아니면 도가 될 수 없다. 성명性命의 도는 천 갈래이나 하나로 일치하고 만 가지이나 한번에 얻어진다. 그 누구에게 성性이 없겠는가? 누구에게 명命이 없겠는가? 성인에게 사람들에게 부여할 성명이 있는 것이 아니다. 다만 사람들을 이끌어 본디 갖추고 있는 성명을 각자 증명하게 할 따름이다.

夫敎者導也. 所以導人而證道者也. 故非道莫導, 非千歧而一致, 萬類而一得之道, 不可以爲道. 性命之道, 千歧而一致, 萬類而一得者也. 何人無性? 何人無命? 聖人無性命以與人者也. 導之使各證其本有皆具之性命而已.

성명으로 가르치고 이끌다 보면 미혹됨과 깨달음으로 인해 곧 진퇴가 나뉜다. 깨달은 자는 나아갈 수 있고 미혹된 자는 뒷걸음질한다. 그러나 깨달았다고

以性命爲敎導, 則亦以迷悟爲進退. 悟者爲進, 迷者爲退, 然悟亦無所得, 迷亦無所失. 故進

해도 얻는 게 없고, 미혹되었다고 해도 잃는 게 없다. 이 때문에 나아간다 해도 어떤 경계선이 있는 것도 아니고, 뒷걸음질한다고 해도 일정하게 머물 곳이 있는 것도 아니다. 천하 만물이 지니고 있는 영성靈性을 총괄하여 보아도 날마다 성명 사이에서 나아갔다 물러났다 드나들 뿐이다.

亦無方隅, 退亦無處所. 總天下萬類之含靈, 唯日進退出入于性命之中.

성인께서 혹여 사람들이 어리석어 깨닫지 못할까 우려되어 다방면으로 계발하니, 이에 권교權敎가 생겨나고 실교實敎가 생겨났다. 실교는 돈오頓悟[28]를 보여 주기 위함이고, 권교는 점오漸悟[29]를 보여 주기 위함이다. '점漸'이란 점차적으로 도를 깨치게 되는 것이고, '돈頓'이란 도리를 퍼뜩 깨닫는 것이다. '돈'과 '점'을 보이는 까닭은 타고난 근기가 다르기 때문이다. 권교에는 드러나는 방편(顯權)이 있고 드러나지 않는 방편(冥權)이 있다. 성인이 드러나는 방편을 행하면 얕은 가르침(淺敎)이자 작은 도(小道)가 되며, 신자들에게 잠시 휴식할 수 있는 곳이 되어 준다. 성인이 드러나지 않는 방편을 행하면 다른 도(異道)가 되고 다른 교(他敎)가 되어 선과 악에도 한가지가 되어, 신자가 아닌 자들에게까지 도를 터득할 수 있는 인연을 넓혀 준다. 이 때문에 도는 천인天人을 오묘하게 꿰뚫지만 천인은 이를 헤아릴 수 없는 것이다.[30] 그렇다면

聖人慮其昧而不覺也, 故多方而啟迪之, 于是乎有權教焉, 有實教焉. 實之所以示頓也, 權之所以示漸也. '漸'者漸見此道也, '頓'者頓悟此理也. 頓·漸之示, 機之所繇別也. 權也者有顯權, 有冥權. 聖人顯權之, 則爲淺教爲小道, 與其信者爲其小息之所也. 聖人冥權之, 則爲異道爲他教, 爲與善惡同其事, 與夫不信者廣爲其方便得道之緣也. 是以道妙天人而天人莫能測者也. 然則聖人之道之教, 固已彌綸三際, 磅礴萬有者矣. 豈以從己者爲私人, 而愽惶于進退得失之間哉?

---

28 '頓悟'는 수행 단계를 거치지 않고 단박에 깨달음에 이르는 것을 말한다.

29 '漸悟'는 수행 단계를 밟아 점차적으로 깨달음에 이르는 것을 말한다.

30 이 내용은 송나라 고승 契嵩의 「廣原教」에 보인다. "이러한 까닭에 근기가 높은 사람은 '돈오'하고 근기가 낮은 사람은 '점오'한다. '점오'란 '권교'를 말하고 '돈오'란 '실교'를 말한다. 실교를 일러

성인의 도와 성인의 가르침이 이미 삼제三際[31]에 가득하고 만물에 흘러넘치는데, 어떻게 자기를 따르는 자들을 사인私人으로 여기면서 진퇴 득실 사이에서 방황할 수 있단 말인가?

내가 천주교와 시비를 가리는 까닭은 저들을 이겨서 사람들이 나를 따르게 하려는 것이 아니라, 사람들이 도를 알지 못하고 스스로에 대해 어두울까 두려워서이다. 스스로에게 어두우면 물질을 좇고, 물질을 좇으면 망념이 생겨난다. 망념이 마음속에서 동하지 않으면 인인군자仁人君子가 될 수 있어서 몸이 죽거나 부귀를 잃는 화를 입지 않는다.

夫余所以與天敎辨者, 非求勝之而使人之從我也, 畏夫人之不知道而昧己也. 昧夫己則逐夫物矣, 逐夫物則妄念生焉. 未有妄念動于中得爲仁人君子, 而不罹夫殞身喪富之禍者也.

무엇 때문인가? 남을 부러워하고 스스로를 불쌍히 여기는 것은 평등의 도를 깨닫지 못해서이다. 평등의 도를 깨닫지 못한 자는 본성의 실질에 이르지 못한다. 본성에 이르게 되면 부족한 것도 남는 것도, 지혜도 이득도 없다. 얻고자 하는 바가 없으므로 구하고자 하는 바도 없다. 구하는 게 없는 것이 아니라 자기의 본심에서 구할 따름이다. 얻는 게 없는 것이 아니

何也? 覬夫人, 矜夫己, 而不悟平等之理也. 不悟平等之理者, 不達本性之實也. 達夫本性, 則無欠亦無餘, 無智亦無得矣. 以無所得故無所求. 非無求也, 求自本心而已. 非無得也, 得自本性而已. 所以先德云 "不著佛

대승이라 하고 권교를 일러 소승이라 말한다. 돈오로 점오를 이해하고 점오로 돈오를 이해하니, 성인은 천인을 오묘하게 꿰뚫고 있으나 천인은 이를 헤아리지 못한다. … 권교에는 드러나는 방편과 드러나지 않는 방편이 있다. 성인이 드러나는 방편을 쓰면 얕은 가르침, 작은 도가 되어 신자들에게 잠시 쉬어 가는 곳이 되어 준다. 성인이 드러나지 않는 방편을 쓰면 異道, 他教가 되어 선과 악에도 한가지가 되어 신자가 아닌 자들에게까지 도를 터득할 수 있는 먼 인연을 맺게 해준다. 드러나는 방편은 볼 수 있으나 드러나지 않는 방편은 예측할 수 없다.(是故其機大者頓之, 其機小者漸之. 漸也者言乎權也, 頓也者言乎實也. 實者謂之大乘, 權者謂之小乘. … 預頓而聞漸, 預漸而聞頓, 是又聖人, 之妙乎天人, 而天人不測也. … 權也者有顯權有冥權. 聖人顯權之則爲淺教爲小道, 與夫信者爲其小息之所也. 聖人冥權之則爲異道爲他教爲與善惡同其事, 與夫不信者預爲其得道之遠緣也. 顯權可見, 而冥權不測也.)" (『鐔津文集』 권 2)

31 '三際'란 과거·현재·미래를 이르는 말이다.

라 자기의 본성에서 얻을 따름이다. 이 때문에 선덕先德[32]께서 "(법을 구할 때) 부처에 집착하여 구하지 말고, 불법에 집착하여 구하지 말며, 승가에 집착하여 구하지 말라."[33]고 말씀하신 것이다. 상례란 이와 같은 것이니, 귀의의 뜻이 무엇인지 가히 알 수 있을 것이다.

求, 不著法求, 不著僧求." 嘗禮如是事, 則皈依之義蓋可知矣.

범 군은 내게 '저들이 우리를 교화하려 해도, 비록 좋은 마음에서 나왔더라도'라고 했는데, 이는 공자께서 말씀하신 군자이니, 내 어찌 감당할 수 있겠는가! '우리들 중에 천주교를 버리고 불교에 귀의하는 자는 결코 없을 것'이라 했는데, 네 마리의 말이 끄는 수레로도 이미 뱉은 말을 따라가지는 못하지 않겠는가.

故范君謂余, '彼欲化我, 雖是好心', 夫子之說君子也, 余豈敢當哉! 謂'我輩斷斷無捨天教皈依佛者', 無乃駟不及舌歟.

부처란 깨달음(覺)을 뜻한다. 본성을 모두 깨달아 더 이상 깨달을 것이 없음을 뜻한다. 이 때문에 '대각大覺'이라고도 하고 '정각正覺'이라고도 한다. 이 깨달음은 한 사람만의 깨달음이 아니다. 모든 존재들과 더불어 이 깨달음의 가능성을 똑같이 타고났는데, 부처는 그저 그 깨달음을 먼저 입증했을 뿐이다. 사람이 이 깨달음의 가능성을 타고나지 못했으면 그 사

夫佛者, 覺也. 覺盡本性, 而無餘覺者也. 故名'大覺', 亦名'正覺'. 其覺也非一己之覺也. 與萬靈同稟是覺, 而特先證其覺者也. 人不稟是覺, 則無是人矣, 物不稟是覺, 則無是物矣.

---

32 '先德'은 당나라 고승으로 黃檗宗의 開山 宗祖인 黃檗禪師 希運(?~859)을 가리킨다. 福建省 福清 사람이다. 『傳心法要』와 『宛陵錄』 등의 저술이 있다.

33 당나라 裴休가 編한 『大正藏』 제48책에 수록되어 있는 「黃檗斷際禪師宛陵錄」에 나오는 내용이다. "법을 구하는 자라면 부처에 집착하여 구하지 말고, 법에 집착하여 구하지 말고, 승가에 집착하여 구하지 말아야 한다. 마땅히 아무것도 구하는 바 없이 구해야 하나니, 부처에 집착하여 구하지 않으므로 부처란 없고, 법에 집착하여 구하지 않으므로 법이란 없으며, 승가에 집착하여 구하지 않으므로 승가란 없다.(夫求法者, 不著佛求, 不著法求, 不著衆求. 應無所求, 不著佛求故無佛, 不著法求故無法, 不著衆求故無僧.)"

람은 없는 것과 마찬가지이고, 사물이 타고나지 못했으면 그 사물은 없는 것과 마찬가지다.

범 군이 이 깨달음의 가능성을 타고나지 못했다면 범 군은 없는 것과 마찬가지다. 사람이 없고 부처가 없고 범 군이 없다면, 천지 세계는 공허하고 황량한 멸절의 상태가 될 것이니, 누가 하늘을 명명하고 사물을 명명하고 교화를 명명하고 귀의를 명명할 것인가! 범 군은 지금 범 군 자신으로부터 숨을 수 있는가? 범 군은 범 군 스스로를 피해 달아날 수 있는가? 만약 숨을 수도 없고 피해 달아날 수도 없다면, 범 군은 불교에 귀의하여 다니고, 불교에 귀의하여 머물고, 불교에 귀의하여 앉고 누워 있는 것이다. 범 군은 태어난 이래로 그 어느 겁劫도, 그 어느 생生도, 그 어느 시간도, 그 어느 곳도 불교에 귀의하지 않은 적이 없었으며, '천주교를 버리고 불교에 귀의하는 자는 결코 없을 것'이라고 말하는 것도 불교에 귀의한 것이다.

范君不稟是覺, 則無是范君矣. 無人, 無佛, 無范君, 則天地世界且空荒絶滅矣, 誰爲名天·名物·名教化·名歸依者哉! 夫范君即今能藏竄范君乎? 范君能迴避范君乎? 如不能藏竄不能迴避也, 則范君行皈依佛矣, 范君住皈依佛矣, 范君坐卧皈依佛矣. 自有范君以來, 固無劫·無生·無時·無處而不皈依佛者也, 乃至謂'斷斷無捨天教而復皈依佛者', 亦皈依佛矣.

물고기와 용은 물속에서 살지만 물을 모르고, 중생은 날마다 깨달음 속에 있지만 깨달음을 모르니, 매우 슬프다 아니할 수 있겠는가! 오직 사람만이 깨달음의 가능성을 지니고 있지만 스스로 그 깨달음을 확인하지 못하고 있기에, 대성인께서 우리 모두 똑같이 지니고 있는 깨달음을 먼저 입증하시고, 감히 그 깨달음을 사사롭게만 여겨 깨닫지 못한 자들을 기망하지 않고자, 실제로써 그것을 보여 주고 방편으로써 그들을 가르치면서, 다방면으로 도태시키기도 하고 계발하기도 하셨다. 그렇게 하여 반드시 그들이 초연히 깨달음을 얻어 곧바로 진제眞際[34]에 다가서게 한

魚龍死生在水而不知水, 衆生終日在覺而不知覺, 可不謂大哀耶! 惟人有覺而不自證其覺, 有大聖人者, 先證我所同然之覺, 復不敢自私其覺而欺夫人之不覺, 實而示之, 權而教之, 多方淘汰而啟牖之. 必使其超然契證, 直趨乎眞際而後已.

다음에야 그만두셨다.

성인의 마음은 어떤 것인가! 성인은 어떠한 사람인가? 나도 깨달음의 가능성을 성인과 똑같이 타고났건만 그 깨달음의 가능성을 스스로 알지 못한다면, 사람 된 바를 저버림이 아주 많을 것이다. 또한 성인이 나를 깨닫게 해 주는 것마저 원치 않으며, 함부로 여기고 모욕하고 배척하고 훼방한다면, 이는 성인을 기망하는 것이다. 성인은 나와 똑같이 깨달음의 가능성을 지니고 있으니, 성인을 기망하는 것은 자기를 기망하는 것이나 마찬가지다. 자기를 기망할 수 없을진대 성인을 기망할 수 있겠는가?

聖人何如心哉! 聖人何如人哉? 我與聖人同稟是覺而不自知其覺, 則我之負于人多矣. 復不欲夫聖人之我覺而狎之侮之排之毁之, 則是欺夫聖人矣. 聖人與我同覺者也, 欺夫聖則欺夫自矣. 自不可欺, 而聖人固可欺乎?

오늘날 일반 백성들은 말로써 남을 모욕하고 싶을 때 반드시 '저 사람은 복과 덕이 있는 사람이라 모욕할 수 없다. 모욕하면 오히려 내 복을 깎아 먹을 것이다.'라고 생각한다. 부처는 성인 가운데 성인으로, 삶과 죽음이 아닌 것으로 죽음과 삶을 보여 주었고, 하늘과 사람이 아닌 것으로 하늘과 사람을 보여 주었다. 다른 만물과 다르지 않으나 어찌하여 그런지 알길이 없으니, 옛날 신령스럽고 예지롭고 박식하고 성대하여 모든 것을 갖춘 성인이 아니겠는가! 백성들 가운데 복 있고 덕 있는 사람과 비교해 볼 때 과연 어떠한가? 그렇다면 그를 훼방하는 자는 복만 깎이는 것이 아님이 분명할 터이다. 나는 그것을 심히 걱정하기 때문에 감히 변론하지 않을 수 없다.

今閭巷之人, 欲以言而辱人, 必亦思曰'彼福德人也, 不可辱也. 辱則折吾福矣.' 夫佛者聖人之聖人也, 以非死生而示死示生, 以非天人而示現天人, 與物同然而莫知其所以然, 豈古神靈睿智博大盛備之聖人乎! 視閭巷福德之人爲何如哉? 然則毁者之不特折福也明矣. 余蓋重有憂焉, 故不敢以不辨.

---

34 '眞際'는 본래 평등한 眞性으로, 있는 그대로의 참모습을 뜻하며 成佛의 경지를 가리킨다.

범 군이 내게 '오늘날 천동사의 스님이 운서 대사보다 낫겠느냐?'고 하였는데, 이 말은 제법 옳은 소리에 가깝다. 왜인가? 모든 중생은 여래의 지혜와 덕상을 갖추고 있으니, 어찌 내가 운서보다 나을 수 있겠는가? 아주 먼 옛날의 성자聖者나 신령한 자들에게 본성을 다하였다고 말할 수는 있지만 남보다 나았다고 말해서는 안 된다. 범 군은 들어 보지 못하였는가? 맹자께서 말씀하시기를, "다른 사람과 다른 점이 무엇 있겠는가? 요임금과 순임금도 보통 사람과 같다."[35]고 하였다. 내가 대지 끝까지 살펴보았어도 다른 사람은 없었으며 합치되지 않는 사람도 없었다. 내가 감히 저 서양인들을 속이지 않고 간곡하게 더불어 시비를 따지는 것이 어찌 다른 이유가 있어서겠는가? 남보다 나은 것이 없다는 이 한 가지 사실을 함께 밝혀 보고자 하는 것뿐이다.

若夫范君謂余'豈今天童更有過于雲棲乎?'者, 則斯言也殆庶幾夫其近之矣. 何也? 一切衆生皆具如來智慧德相者也, 豈余有過于雲棲? 即極古之聖者神者, 謂之盡其性則可, 謂之過夫人則不可也. 范君不聞乎? 孟子曰"何以異于人哉? 堯·舜與人同耳." 故余盡觀大地無人不同, 無人不合. 所以不敢欺夫西人, 卒惓惓與辨者, 豈有他哉? 正欲共明此無過夫人之一事耳.

서양인들은 오직 남보다 뛰어나기만을 바라는 마음에, 이 세상에는 기망할 수 없는 현철賢哲이 있고 자기의 마음에 감출 수 없는 영성이 있다는 것조차 잊고서, 언제나 남을 무함하고 자기를 드러내고자 하고, 거짓을 꾸며 어리석은 사람들을 놀라게 한다. 예를 들어 범 군이 운운한 '운서가 일찍이 「천설」 네 편을 지어 천주교와 시비를 가리고자 하였으나 이기지 못하였다.'는 말과, '나도 공연히 많은 힘을 낭비할 필요가 없다.'는 말 모두 이와 같은 부류이다.

西人惟求過人, 遂忘當世有不可欺之賢哲, 自心有不可昧之寸靈, 一味誣人以顯己, 飾詐以驚愚. 如范君謂'雲棲嘗著「天說」四條, 欲辨天教尚且不勝', 至謂'余亦不必空費許多氣力'之類是也.

35 『孟子』「離婁下」에 있는 내용이다.

인도 땅에서 고난을 겪으며 현장玄奘 법사[36]는 의義를 구했다. 하물며 이마두가 변계遍計[37]의 설을 모아 설파함에 있어 운서라고 의를 떨어뜨린 언사가 없었겠는가? 다만 내 뜻에 만족스럽지 못한 부분은 뭇 생명이 모두 갖추고 있는 성의 근본을 절충하지 못한 것뿐이다. 그러나 이 또한 근기에 맞추어 말하고 사실에 나아가 논했을 뿐인데, 어찌 능히 운서의 만분의 일인들 제대로 안다고서 이기지 못하였다 운운할 수 있단 말인가?

夫印土被難, 奘師救義, 況利集馳遍計之說, 雲棲無義墮之詞乎? 所不滿余意者, 第未折衷于群生皆具之性本耳. 然亦就機而談, 即事而論者也, 豈能盡雲棲之萬一而遂謂之不勝耶?

또 범 군에게 묻건대, 이마두가 일찍이 운서에게 직접 질문한 적이 있었는가? 운서와 논란을 주고받은 적이 있었는가? 아마 들어 보지 못했을 것이다. 두 사람이 사망한 해를 따져 보니 이마두가 운서보다 5년 먼저였다. 운서는 그해(1615) 봄에 「천설」을 내놓고 가을에 입적하였다. 「천설」이 나오지도 않았는데 미리 변박하다니, 대체 어떤 도깨비가 이런 속임수로 거짓을 만들어 낸단 말인가? 공자께서 말씀하시기를, "그의 행위를 살펴보고 그의 내력을 관찰하고 그가 마음에

且問范君, 利氏曾與雲棲面質乎? 曾與雲棲往復難問乎? 槩夫未之聞也. 及按二人卒化之年, 則利氏先雲棲五載矣, 雲棲以是春出「說」, 即以是秋入滅. 「說」未出而預辨, 何物鬼魑得能譸張爲幻耶? 子曰 "視其所以, 觀其所繇, 察其所安, 人焉廋哉."

36 현장(玄奘, 602~664)은 당나라 때의 고승이다. 속세의 성은 陳이고 이름은 褘이다. 洛州 緱氏(지금의 河南省 洛陽 偃師) 사람으로 '三藏法師'로 통칭된다. 玄奘은 인도 불교의 중심인 那爛陀寺를 찾아가 眞經을 얻고, 전후로 17년간 대·소승 불교의 학설을 두루 섭렵하여 중국 法相宗(唯識宗 혹은 慈恩宗이라고도 불림)의 창시자가 되었다. 『大般若婆羅蜜多經』·『般若婆羅蜜多心經』·『解深密經』·『瑜伽師地論』·『成唯識論』 등 많은 불경을 번역하였고, 인도의 경험을 기록한 『大唐西域記』 12권을 남겼다.

37 遍計所執性은 法相宗, 즉 唯識宗에서 말하는 三性 중의 하나이다. 遍計所執相·分別性·分別相·妄計自性·妄分別性이라고도 칭하고 간략히 遍計所執·計所執이라고도 한다. 遍計는 이리저리 헤아리고 억측한다(周遍計度)는 뜻이고, 所執은 두루 계탁함으로써 잘못 보이는 집착된 대상을 가리킨다. 법상종에서는 遍計所執·依他起·圓成實 등의 三相으로 우주 만유를 설명하고 있다 하여 三相宗이라고도 불린다.

둔 곳을 이해한다면, 사람들이 자신을 어디에 숨길 수 있겠는가!"[38]라고 하였다.

범 군과 그를 따르는 천하 사람들이 함께 이 뜻을 살필 수 있다면, 내가 나서서 따지는 것보다 훨씬 낫지 않겠는가. 나는 끝내 이러한 뜻을 범 군과 그를 따르는 천하 사람에게 바라는 바이다.

使范君與天下之人之從之者之皆審此意也, 詎不勝於余之辨之也夫. 余蓋終以是意望夫范君與天下之人之從之者.

숭정 8년(1635) 12월 8일

崇禎八年 十二月 八日

38 『論語』「爲政」에 있는 내용이다.

5. 사설의 허황됨을 증명하다

證妄說

운서의 제자 장광첨 필증

雲棲弟子 張廣湉 筆證

요지

주굉의 「천설」 네 편이 세상에 나오고 20년 뒤에 『변학유독辯學遺牘』이라는 천주교 서적이 간행되었는데, 양정균과 이지조의 발문에 운서가 죽기 전에 자신이 길을 잘못 들어 중생을 오도했다는 내용이 적혀 있었다. 이에 운서의 제자 장광첨이 이 글을 지어 『변학유독』이 이마두利瑪竇가 지은 것이라고 하는데, 이것이 모두 허튼 소리임을 입증하고 있다. 첫째, 「천설」 네 편이 들어 있는 『죽창삼필』이 나왔을 때 이마두는 이미 세상을 뜨고 없었으니, 보지도 못한 글에 이마두가 반박했다는 것은 어불성설이다. 둘째, 양정균이 쓴 발문에 운서가 임종 시에 스스로 후회하였다는 말이 있는데, 직접 운서의 임종을 지켜본 증인으로서 말하건대, 이것은 터무니없는 거짓말이다. 셋째, 부범제(푸르타도)가 면담에서 논리를 세워 대답하겠다고 허락하고 후에 또 붓으로 싸우지 않겠다고 말하였으니, 스스로 한 말이 서로 모순된다.

천주교에서 『변학유독』이란 책을 간행하였는데, 우리 운서 대사의 「천설」 네 편과 시비를 따지고자 지은 것이다. 헤아려 보니, 운서가 「천설」을 지은 때는 서양인 이마두가 죽은 지 이미 다섯 해가 지난 뒤였다. 이 책이 누구 손에서 나온 것인지는 알 수 없지만 이마두가 변론한 것이라고 거짓말하고 있으니, 읽으면서 놀라움과 개탄을 견딜 수 없었다. 이제 사실에 근거하여 그것이 허황되다는 것을 직접 입증하겠다. 그

天教中刻有『辨學遺牘』一書, 乃辨吾雲棲「天說」四則而作也. 攷雲棲出「天說」時, 西人利氏已歿五載. 不知此作出自何人之筆, 而僞云利氏所辨, 讀之不勝驚嘆. 今據事直證其誣. 緣彼文繁不能盡錄, 僅將僞跋刻列于首, 願相與共證之.

러나 그 내용이 번다하여 다 옮기지 못하고, 위조된 발문만을 서두에 적고 함께 논증해 보고자 한다.

나는 승려 심 씨(연지 대사)의 「천설」을 읽고 나서 매우 딱한 생각이 들었는데, 뜻밖에도 몇 달 지나지 않아 그만 세상을 떴다. 듣자니, 그가 임종할 때에 후회하며 "나는 길을 잘못 들어섰고, 더욱이 많은 사람을 그릇되게 하였다."고 말했다고 한다. 이런 일이 있을까? 이 말은 진심에서 우러나 평생의 속내를 모조리 드러낸 것으로 털끝만큼의 거짓도 들어 있지 않다.

予視沈僧「天說」, 予甚憐之, 不意未及數月竟作長逝耶. 聞其臨終自悔云"我錯路矣, 更誤人多矣."有是哉? 此誠意所發, 生平之肝膽畢露, 毫不容僞也.

오늘의 군자들이 고승을 믿고 받드는 까닭은 내세에 꼭 서방정토에서 태어날 수 있으리라는 믿음 때문이다. 서방정토로 가는 길이 틀린 것인가? 그가 이미 잘못이라 인정한 이상, 고명한 자라면 마땅히 그릇된 것을 버리고 올바른 것을 따라야 할 것이다. 그렇지 않으면 훗날의 연지 대사가 되지 않겠는가?

今之君子所以信奉高僧者, 以其來生必生西方淨樂土也. 西方錯路乎? 彼旣認爲非, 高明者宜舍非以從是. 否則不爲後日之蓮池乎?

아! 나는 이 책(『변학유독』)을 읽으면서 명확한 변론에 큰 흥취를 느꼈으나, 중생들이 이 위태로운 늪에 빠질까 두려웠다. 그러니 어찌 서술하는 것을 그만둘 수 있겠는가!

양정균 쓰다

'噫! 予讀此書, 津津有味乎其辨之明, 亦惟恐衆生墮此危池耳. 又豈得已而述耶.

彌格子 識

을해년(1635) 가을 영파寧波에서 승려가 찾아와 천동 화상의 「변천초설」을 꺼내 보여 주었다. 나는 그것을 천주당에 가지고 가 저들의 답변을 얻고자 했다. 그때 교회당에서 부傅 선생(푸르타도)이라는 자가 나와 내게 『변학유독』 한 질을 주었는데, 그 속에는

乙亥秋月, 有禪客從四明來, 出天童和尙「辨天初說」見示. 予因持往天敎堂中索其答辨, 時彼堂中稱傅先生者出會, 贈予『辨學遺牘』一帙, 內載「利先

「이마두가 우전부[1]에게 답하는 글」과 「이마두가 연지 대화상의 '죽창천설' 네 편에 답하는 글」이 들어 있었고, 뒤에는 양암거사涼庵居士(이지조)의 발문이 있었다. 나는 놀랍고도 의심스러웠다. 마침 그 (서양) 승려가 복건성에서 각인한 『변학유독』을 또 가지고 왔는데, 거기에는 양정균의 발문이 더 있었고, 발문에는 길을 잘못 들어 사람들을 그르쳤다는 등 돌아가신 스승님(先師)을 무함하는 거짓말이 적혀 있었다. 나는 저들의 황당하고 괴이하고 터무니없음에 더욱 놀라서, 부득이 저들이 무함한 말에 대해 하나하나 그 간교함을 증명하지 아니할 수 없었다.

生復虞銓部書」, 及「利先生復蓮池大和尚'竹窗天說'四端」, 後有涼庵居士跋. 予正駭且疑, 適禪客復持閩中所刻『遺牘』, 又增有彌格子一跋, 更誣先師錯路誤人之僞語. 予益歎其荒誕怪妄, 不得不即其所說之誣, 而一一直證其奸也.

선사의 「천설」 세 편과 「천설여」 한 편은 모두 『죽창삼필』의 끝 부분에 있다. 책머리에 선사께서 「자서」를 지어 때를 기록하였는데, 만력 43년(1615) 봄이라 되어 있다. 각판을 완성했지만 미처 인쇄하지는 못하고 있을 때, 선사께서 그해 7월 초나흗날 원적하셨고, 그 후 점차 읽히게 되었다.

按先師「天說」三則, 「天說餘」一則皆『竹窗三筆』篇末之語. 篇首先師「自序」, 識其歲月, 乃萬曆四十三年乙卯之春, 刻成未印, 而先師以是年七月初四日圓寂, 以後方漸流行.

저들 천주교에서 각인한 이마두의 『행실行實』[2]을 읽어 보니, 이마두는 이보다 앞선 만력 38년(1610) 4월에 죽었다. 그리고 그의 동료 방적아龐迪峨(판토하) 등이 유해를 거두어 묻어 주게 해 달라며 올린 소문疏文에서도 이마두가 만력 38년 윤3월 19일에 늙고 병들어 죽었다고 적혀 있었다. 이 두 설에 근거해 볼

閱彼教中所刻利子『行實』, 蓋瑪竇先於萬曆三十八年庚戌四月已沒. 而同侶龐迪峨等乞收葬骸骨疏文, 亦稱瑪竇于萬曆三十八年閏三月十九日年老患病身故. 準二說去先師著『竹窗三

1 虞銓部는 虞淳熙(1553~1621)를 가리킨다.

2 마테오 리치의 행적에 관하여 알레니가 쓴 『大西利先生行蹟』(1621)을 가리킨다.

때, 이마두가 죽은 때는 선사께서 『죽창삼필』을 지었을 때와 5년이라는 차이가 난다. 그 내용도 보지 못하고 먼저 변론을 세우는 법이 어디 있단 말인가? 선사의 서문에는 시간이 기록되어 있고, 이마두의 『행실』에는 시간이 밝혀져 있지 않다. 확연하게 드러나 눈 가진 자라면 모두 볼 수 있는 것조차 공공연히 속이고 있으니, 하물며 다른 것임에랴!

筆』之時, 相隔五載. 安有未見其說而先爲立辨之理? 先師序文紀歲, 瑪竇『行實』亡期. 昭然顯著, 有目共見者, 猶乃公然欺妄, 況其他乎!

양정균이 발문에서 말하기를, "나는 승려 심 씨의 「천설」을 읽고 나서 매우 딱한 생각이 들었는데, 뜻밖에도 몇 달 지나지 않아 그만 세상을 떴다."고 하였다. 이 몇 마디에 근거해 볼 때, 그 또한 스스로 『삼필』이 선사께서 임종을 앞둔 시기에 쓴 글임을 인정하고 있다. 1615년 이전에 『죽창삼필』이 없었는데, 1610년 이후에 어떻게 이미 저승에 간 이마두의 글이 나올 수 있겠는가! 이것이 터무니없이 날조한 첫 번째 거짓이다.

彌格子跋云 "予視沈僧「天說」, 予甚憐之, 不意未及數月竟作長逝耶." 據此數句, 彼亦自供『三筆』爲先師臨歿之書矣. 夫乙卯前旣無竹窗之『三筆』, 而庚戌後何有鬼籙之瑪竇哉! 此其脫空之謊一也.

양정균은 발문에서 또 이렇게 적었다. "듣자니, 그가 임종할 때에 후회하며 '나는 길을 잘못 들어섰고, 더욱이 많은 사람을 그릇되게 하였다.'고 말했다고 한다." 아, 아! 선사께서는 이런 말씀을 하신 적이 없으니 선사를 비방하지 않았어야 좋았을 것이다. 선사께서는 임종 무렵 한 자락 빛을 발하시더니, 입적하실 날을 미리 알려 주셨다. 선사께서 입적하시던 날 관리들이 구름처럼 몰려들었고, 승려와 백성들이 담처럼 둘러쌌으며, 먼 데 혹은 가까운 데에서 달려온 자들이 줄을 이어 집 안팎이 수많은 사람들로 가득 찼었다. 나 또한 그때 집 안에 있으면서 사람들과 함

彌格子跋又云 "聞其臨終自悔云 '我錯路矣, 更誤人多矣!'" 嗟嗟! 先師無此語, 莫謗先師好. 先師臨終一段光明, 預期告滅, 示寂之日. 縉紳雲集, 僧俗環繞, 遠近奔赴者肩摩踵接, 室內外滿逾千衆. 予時亦在室中, 共聆囑累之言, 靜聽末後之訓, 念佛面西而逝.

께 선사께서 부촉하는 말씀에 귀를 기울이고 마지막 가르침을 조용히 경청하였는데, 선사께서는 염불하시며 서쪽으로 얼굴을 돌리고 세상을 뜨셨다.

양정균이 직접 보고 들은 사람 앞에서 이처럼 근거도 없는 허황된 말을 퍼뜨리다니, 그의 속임수가 대체 어느 정도인지 모르겠다. 더구나 이 발문은 복건에서 판각되었으며 절강 판본에는 있지도 않다. 천 리 밖 복건 사람들은 속일 수 있지만, 절강의 귀와 눈은 가리기 어렵다고 생각했던 것이리라. 선사께서 서토로 떠나가신 지 이미 20여 년이 지난 지금에야 『변학유독』이 세상에 나왔다. 저들이 그때 감히 내놓지 못하고 오늘에야 내놓은 것은, 직접 가르침을 입은 사람들이 모두 죽어 없어지고 남은 이가 적으니, 개 짖어 대는 소리에 따라 짖는 자들은 쉽게 미혹시킬 수 있으리라 여겼기 때문이다. 이로써 우덕원 선생에게 답하는 글(利先生復虞銓部書) 또한 지어낸 것임을 알 수 있다. 이것이 터무니없이 날조한 두 번째 거짓이다.

彌格子于親見親聞者之前, 造此無根妄語, 不知其欺心幾許. 況此跋刻於閩中, 而浙板無之, 蓋謂可以欺千里外之閩人, 而浙中之耳目難掩耳. 先師西逝至今二十餘年, 而此『辨牘』始出, 其不敢出于當年而出于近日者, 彼將謂親炙者物故必稀, 吠聲者隨波易惑耳. 因知答虞德園先生之書, 亦屬烏有先生之作矣, 此其脫空之謊二也.

저들이 위조하여 지은 (이마두가 연지 대화상의) '죽창천설'에 답하는 글(利先生復蓮池大和尙'竹窗天說'四端)에서, "불자가 아닌 사람들을 방치한 채 그대로 두는 것은 모든 중생을 제도해야만 비로소 성불하겠다는 본원本願에 부합하지 않는다."라고 하였다. 또 "시비를 따지는 것은 나 또한 매우 바라는 바이다. 종은 치지 않으면 소리가 나지 않고, 돌은 부딪히지 않으면 빛이 나지 않는다."라든가, "함께 상의하여 옳은 것을 찾고, 변론을 바로잡아야 한다."는 말이 거듭 보인다.

彼僞答'竹窗天說'中云"不佛者置之不辨, 亦非度盡衆生我方成佛之本願."又云"辨者吾所甚願也, 鐘不考不聲, 石不擊不光."又云"相與商求是正其索辨"之語, 層出疊見.

이에 나는 천동 밀운 화상의 「변설(변천설)」을 저들 교회당으로 가지고 가서 보여 주었는데, 저 부씨 성을 가진 자(푸르타도)가 나와 입론하여 답을 주겠노라 약속해 놓고는 사흘 후에 찾아갔더니 답변할 수 없다는 말로 약속을 뒤집었다. 이치가 꿀리고 말문이 막혔기 때문임이 분명한데도, 만나 이야기하는 것은 좋으나 글 싸움은 하고 싶지 않다고 핑계를 댔다. 글로 싸우게 되면 실상이 드러나 저들의 누추함을 덮어 가릴 수 없지만, 만나 이야기하면 거짓을 꾸며 저들의 간사함을 쉽게 치장할 수 있기 때문일 것이다. 검주 당나귀의 잔재간[3]이라야 고작 이것뿐이다.

予因是持天童密雲和尙「辨說」至彼堂中示之, 彼傅姓者出見, 面許立論相答, 三日後往, 乃以不可答見覆. 明是理屈詞窮, 而託言唯喜面談, 不欲筆戰. 蓋以筆戰則徵實而難遮其醜, 面談則駕虛而易飾其奸. 黔驢之技止此矣.

게다가 "밀운이 일찍이 교회당을 찾아와 변론을 벌이다가 지게 되자 옷자락을 떨치며 떠났다."고 말하였다. 밀운 화상은 지금 가장 존경받는 분으로, 남과 이야기를 주고받으면 듣는 이들이 구름처럼 모여들고, 한마디 말씀이라도 하시면 바로 베껴 전하여

且云"密雲曾來會中辨論, 負墮拂衣而去." 夫密雲和尙當今尊宿, 與人談話, 聽者如雲, 一有語言, 即時抄錄傳誦, 何嘗有私相論議不爲人所見聞之時也

3 黔驢之技는 唐나라 문인 柳宗元이 지은 『三戒』 중 「黔之驢」에 나오는 이야기로, 보잘것없는 재주마저 바닥이 드러났음을 뜻한다. "검주에는 나귀가 없다. 한 호사가가 배에 나귀를 실어 검주로 들여왔는데, 아무 쓸모가 없어서 산 아래 풀어놓았다. 호랑이가 나귀를 보니 어마어마하게 큰 동물인지라 신인가 여기고 숲속에 숨어 관찰했다. 조금 기어 나와 다가가 봤지만 도무지 알 수가 없었다. 며칠 후 나귀가 한 번 울자 호랑이는 크게 놀라 멀리 도망치면서 자기를 먹으려는 줄 알고 겁을 잔뜩 먹었다. 그러나 돌아와 살펴보니 별다른 재주가 없어 보였다. 나귀 소리에 더욱 익숙해지자 앞뒤로 다가갔으나 그래도 한판 붙지는 못했다. 조금씩 가까이 가고 조금씩 장난도 치고 이리저리 건드리고 기대자 나귀는 화가 나서 호랑이를 걷어찼다. 호랑이는 기뻐하면서, '저 놈의 재주란 게 이 정도로구나!' 하고는 휙 뛰어올라 목을 물어뜯고 고기를 다 먹어 버린 후 떠나갔다.(黔無驢, 有好事者船載以入. 至則無可用, 放之山下. 虎見之, 龐然大物也, 以爲神, 蔽林間窺之. 稍出近之, 慭慭然, 莫相知. 他日, 驢一鳴, 虎大駭, 遠遁, 以爲且噬己也, 甚恐. 然往來視之, 覺無異能者, 益習其聲, 又近出前後, 終不敢搏. 稍近, 益狎, 蕩倚冲冒, 驢不勝怒, 蹄之. 虎因喜, 計之曰, '技止此耳!' 因跳踉大, 斷其喉, 盡其肉, 乃去.)" 오늘날에는 겉만 멀쩡하고 재능이라곤 없는 사람을 폄하하는 말로도 사용된다.

암송하는 형편인데, 아무도 보지도 듣지도 못한 사이에 사사로이 의논하신 적이 그 언제 있었던가? 시비를 가려야 할 것에는 답하지 않고 자기가 한 말은 스스로 모순되니, 이것이 터무니없이 날조한 세 번째 거짓이다.

耶? 今有辨不答, 自語相違, 此其脫空之謊三也.

이 세 가지만 놓고 보더라도 그밖에 황당무계하게 세상을 기망한 일들의 대략을 모두 짐작할 수 있다. 내가 비록 지혜롭지 못하지만, 헐뜯고 비방하는 말이 후세를 그르쳐 선사께 두 번 죄짓게 되는 꼴을 차마 볼 수 없어서, 이렇게 속된 말로나마 저들의 허황됨을 드러냄으로써 사람들로 하여금 저들이 이처럼 가소롭고 믿을 만하지 못하다는 것을 알리려고 한다. 천주교가 더럽고 추잡하고 천하고 비루하고, 또 성인을 모욕하고 백성을 미혹한다는 사실에 대해서는 밝은 눈을 가진 위대한 문장가가 일어나 내쳐 줄 터, 감히 내가 나설 일은 아니다.

卽此三節, 而其他無稽欺世處, 俱可得其大槩矣. 予雖不慧, 不忍目擊訕謗之語, 貽誤後世, 重獲罪于先師, 故以俚言發其虛罔, 使人知其可笑不可信如此. 若其教之鄙猥淺陋, 侮聖惑民, 自有明眼大手筆起而闢之, 非予之所敢任也.

5.1. 천동 밀운 화상의 답장

天童密雲和尙復書

원오

圓悟

요지 밀운이 장광첨에게 보낸 답서이다. 「사설의 허황됨을 증명하다」의 내용이 깊고 적실하여 저들이 다시금 입을 놀리지 못하게 만들 만하다면서 격려를 아끼지 않았다.

보내 준 가르침을 읽어 보니, (운서雲棲) 문하의 원력願力[1]이 살아 있어 참으로 법문의 담장이요 참호라는 사실을 알게 되었습니다. 「사설의 허황됨을 증명하다」는 더욱 깊고 적실하며 매우 명백하였으니, 저 간사한 물건 따위가 어찌 다시금 입부리를 놀릴 수 있겠습니까! 이 빈도가 지은 간단한 몇 마디는 그 대략적인 것을 제기한 데 지나지 않습니다.

讀來教, 知門下願力生然, 眞法門墻塹者也. 「證妄說」尤深切著明, 何物奸回復能伸其喙哉! 若貧道寥寥數言, 不過略提大槩耳.

1 佛道를 수행함에 있어 이루고자 하는 목표를 願이라 하는데, 이러한 誓願의 힘을 願力이라 한다.

5.2. 유일 보윤 선사의 발문

唯一普潤禪師跋

보윤

普潤

요지 보윤[1] 선사가 「사설의 허황됨을 증명하다」에 덧붙인 발문이다. 운서를 무함하는 말에 대한 시비는 저절로 밝혀질 것이나, 천하 후세를 걱정하는 마음에서 이 글을 지었다고 밝히고 있다.

천주교도들이 책과 발문을 지어 운서 대사를 무함한 지 벌써 20여 년이다. 하지만 끝내 그 터무니없음을 논증하는 사람이 없어 많은 사람들이 그들의 말에 현혹되었는데, 거사께서 입을 여시어 그것의 허황됨을 증명하자 사람들은 모두 "운서의 억울함을 밝힌 것은 모두 거사 글의 힘이다."고 말했다. 아! 거사의 글은 천하 후세를 위한 것이었으니, 어찌 운서만을 위해서였겠는가! 그게 아니라면 운서의 덕은 순수하고도 커서 무함할 수조차 없는데, 무엇 때문에 20여 년 후에 그 억울함을 밝혔겠는가! 20여 년 후 이와 같은 글을 내놓은 것은 바로 천하 후세가 저들의 설법에 미혹되어 되돌아오지 못할까 우려해서이다.

天教之徒, 爲書與跋以誣雲棲二十有餘年矣. 卒無與證者, 故人多惑其說, 而居士乃立言以證之, 人皆曰"白雲棲之誣者, 居士之說之力也!" 嗚呼! 居士之說, 將爲天下後世之人耳, 豈直爲夫雲棲而已哉! 不然雲棲之德純如也, 不可誣也, 尙奚取白於二十餘年之後哉! 爲說於二十餘年之後者, 政慮夫天下後世之人猶惑其說而莫之返也.

1 普潤은 항주 積翠寺의 승려로, 성은 楊이며 절강성 梅東 사람이다. 그에 관한 기록은 際源·了貞이 輯錄하고 達珍이 편찬한 『正源略集』 권 2 「杭州積翠唯一潤禪師」에 보인다. (『卍新纂大日本續藏經』에 수록되어 있음.)

5.3.「사설의 허황됨을 증명하다」 후설

證妄後說

장광첨

張廣湉

요지　「사설의 허황됨을 증명하다」를 지어야만 했던 이유를 설명하고 있다. 첫째는 사설이 날로 기승을 부리고 무리가 날로 번성하고 있는 지금 터무니없는 말로 운서 대사를 무함하고 있으니 나서서 변론을 펴지 않을 수 없으며, 둘째는 천주교가 불교의 삼보를 무함하고 비방하면서 세상을 속이고 백성들에게 재앙을 주면서도 그 정서에 집착하여 교화되지 않으니 부득이 반박할 수밖에 없다는 것이 그 이유이다.

서양인들이 선사를 무함하기에 내가 「사설의 허황됨을 증명하다」라는 글을 지어 변론하였다.

이 글이 막 나오자 논자가 말하기를, "운서 대사께서 생령들을 널리 제도하시고 이롭게 해 주신 덕은 대낮에 밝게 빛나는 해와도 같은데, 어느 누가 그것을 가릴 수 있겠는가? 무함하고 비방하는 무리 스스로 더러워질 뿐, 그 빛에 어떻게 손상을 줄 수 있겠는가? 하물며 덕도 없고 이름도 없어 아무도 중히 여기지 않으니, 그들의 말이 믿음을 얻겠는가? 옛날의 덕 있는 자가 말씀하신 '일체의 시비를 가리지 말라.'는 설법도 듣지 못하였는가? 이렇게 끊임없이 지껄일 필요가 대체 무엇인가?" 하였다.

西人誣罔先師, 余作「證妄說」辨之.

說甫出而議者謂"雲棲弘濟利生之德, 昭如日麗中天, 人孰得而掩之? 彼誣謗者徒自汚耳, 何足以損其光明哉? 矧于無德無名, 人旣不重, 言奚見信? 胡不聞古德云'一切是非莫辨'之說耶? 子烏用是喋喋也?"

나는 조용히 대답했다.

"그대의 말이 진실로 옳기는 하지만 하나만 알고 둘은 알지 못하네. 이른바 '시비를 다투는 일은 있을 수 없지만 시비를 가리는 일은 없어서는 안 된다.'는 말이 있거늘, 하물며 법문에 관한 것 아닌가?

그대는 선사의 『죽창수필』 가운데 「선여공제禪餘空諦」[1]의 논변을 보지 못하였는가? 그대를 위해 한번 읊어 보겠네. 선사께서 말씀하시기를, '오군吳郡에서 「선여공제」라는 책을 판각하고, 그 밑에 불초한 내 이름자를 적어 넣어 운서 아무개 지음이라고 하였다. 이 책을 판각한 사람은 본래 이윤을 추구하기 위해서이지 악한 마음은 워낙에 없었으니 시비를 가릴 필요는 없을 듯하다. 하지만 처음 배우는 승려들이 내가 지은 것으로 여겨 방황한다면, 그 해악은 적지 않을 것이라, 부득이 시비를 가릴 수밖에 없다.'고 하셨네.

그런데 지금 천주교도들은 「변설」과 「발문」을 위조하여 각인하고 몰래 먼 곳까지 뿌려 대면서, 그릇된 것을 후세에 남기고, 도리를 참되게 터득하지 못한 자들로 하여금 그들의 주장을 잘못 믿고 요사한 그물에 걸려들게 하고 있으니, 그 해악이 어디 방황에 빠지는 데에 그칠 뿐이겠는가? 시골의 어리석은 백성은 믿음의 뿌리를 갖추지 못하였으니, 어찌 처음 배우는 승려들과 같을 수 있겠는가? 하물며 저들의 간

余從容應之曰:

"子言誠是, 但知其一不知其二. 所謂'鬬諍是非不可有, 邪正是非不可無', 況有關于法門者乎?

子豈不見先師『竹窗隨筆』中「禪餘空諦」之辨乎? 請爲子誦之. 先師謂'吳郡刻一書, 號「禪餘空諦」, 下着不肖名, 曰'雲棲某著.' 刻此者本爲殖利, 原無惡心, 似不必辨. 然恐新學僧信謂不肖所作, 因而流蕩, 則爲害非細, 不得不辨.'

今天教之徒, 僞刻「辨」·「跋」, 暗布遠方, 貽訛後世, 使見理不眞者, 誤信其說, 陷入邪見網中, 其爲害何止流蕩而已也? 鄉愚不具信根, 那同新學之僧? 況其設奸捏誣, 又非本爲殖利而無惡心者比, 則余證妄之說, 豈得已之述哉?

1 蓮池大師 雲棲 袾宏의 『竹窗隨筆』에 수록된 「禪餘空諦辯僞」를 가리킨다. 空諦란 온갖 법은 인연으로 생긴 것이며, 그 실체와 자성이 있는 것이 아니므로 空이요, 이것이 진실한 도리이므로 諦라고 한 것이다.

사한 계교와 거짓 무고는 그저 이윤이나 추구하려는 저 악한 마음이 없는 자와 비할 바 아니네. 그러니 내 어찌 저들의 허황됨을 증명하는 글을 쓰는 것을 그만둘 수 있겠는가?

그대는 선사께서 「우전부에게 답하는 글」에서 '만약 천주교가 날로 성하여 명망 있는 인사들까지 미혹되기에 이른다면, 늙고 쓸모없는 나는 병든 몸뚱이도 돌보지 않고 구업口業도 아랑곳 않고 일어나서 구해 내겠다.'고 하신 말씀을 보지 못하였는가. 『죽창삼필』에서도 '지금껏 천주교를 신봉하는 선비와 벗 들은 모두 정인군자로서 한 시대의 특출한 인재요, 대중이 우러르며 나아갈 방향으로 삼는 사람들이다. 그러니 내 어찌 귀에 거슬리는 말을 한다는 혐의를 피하고자 충고의 말을 다하지 않을 수 있겠는가?'라고 하셨고, 또 만약 '내가 질투심을 품고 괴이한 설을 내세워 일부러 저 천주교를 막거나 무너뜨리려 한다면, 위엄 있는 천주의 신령한 위력으로 밝게 살펴 용맹한 천사를 내려 보내 치죄함으로써 하늘의 징벌로 바로잡으라'고 하셨네. 그러니 선사께서는 평소 늘 이 때문에 절절해하셨던 것이네.

子更不見夫先師「答虞銓部書」云'倘其說日熾, 以至名公皆爲所惑, 廢朽當不惜病軀, 不避口業, 起而救之.' 又『三筆』中云'現前信奉士友皆正人君子, 表表一時, 衆所仰瞻, 以爲向背者. 余安得避逆耳之言, 而不一罄忠告乎?' 又云'倘余懷妬忌心, 立詭異說, 故沮壞彼主教, 則天主威靈洞照, 當使猛烈天神下治之以飭天討.' 然則先師居恒未嘗不以此切切焉者.

덕원 선생이 지은 「『천주실의』의 살생론을 변박하다」[2]에서도 '운서 대사가 일찍이 말씀하시길, 사람들이 만약 모두 천주교를 받아들여 믿는다면 나는 장차 파사론破邪論을 쓰겠다고 하셨다.'고 적고 있네.

德園先生著「天主實義殺生辨」末亦云'雲棲師嘗言, 諸君若皆信受, 我將著破邪論矣.' 緣先師在日, 彼倡教立說, 尙無如

2 이 책 373~380쪽 참조. 여기에서 末 부분이라고 했으나, 마지막 부분은 아니다.

선사께서 살아 계셨기에 저들이 천주교를 전파하고 교설을 세우는 일에 지금처럼 극성을 부리지 못하였고, 저들을 따르는 무리도 이와 같이 많지 않았던 것이네. 하지만 지금은 천주교 사설이 날로 기승을 부리고 무리가 날로 불어나고 있으며, 게다가 공공연히 허황된 말을 날조하여 우리 대사를 무함하고 있네.

此之熾, 而趨從之者亦無如此之盛. 今其說日熾, 而其徒日昌, 且公然妄言僞揑以誣罔我大師矣.

오호라! 대사께서는 이미 떠나가시고 사교를 믿는 자들이 날로 많아지고 있으니, 어떻게 하면 상적광토常寂光土[3]에 계시는 대사를 깨워 다시 일으킬 수 있을까? 애달프구나! 예전에 명교明教 대사께서 한유韓愈가 불교의 성인을 너무나 혹독하게 비난했다고 하셨기에,[4] 내 일찍이 불평을 품고서 성인의 대공무사大公無私함으로 시비를 가리고 결판을 냄으로써 천하에서 함부로 헐뜯는 언행을 바로잡으려 하였건만, 끝내 뜻을 이루지 못하였네. 그런데 지금은 벌써 쉰이 되어 죽음을 이웃하게 되었으니, 끝내 이루지 못하게 되었구나.

嗚呼! 師今已往, 邪信日多, 余安得起大師於常寂光而復作之也. 傷哉! 昔明教謂韓子譏沮佛教聖人太酷, 吾嘗不平, 比欲從聖賢之大公者辨而裁之, 以正夫天下之苟毁者而志未果. 然今吾年已五十者, 且隣於死矣, 是終不能爾也.

나의 제자 가운데 만에 하나 현명한 자가 있다면, 훗날 내가 지은 책을 가지고 가 바쳐서 시비를 가릴

吾之徒或萬一有賢者, 異日必提吾書貢而辨之, 其亦不忝爾從

3 寂光土라고도 하며 지혜의 광명이 가득 찬 진리 그 자체로 法身佛의 세계를 가리킨다.

4 明教大師는 송나라 때의 고승 契嵩을 말한다. 契嵩은 당나라 문인 韓愈가 「原道」·「論佛骨表」 등을 지어 불교를 비방한 데 대해 「非韓」 30편을 지어 한유를 반박했다. 그는 「非韓」 마지막 편에서 "문장이란 도를 전하는 것이다. 도가 지극하지 못하면 문장이 아무리 뛰어난들 무슨 소용 있겠는가? 한유의 의론이 이와 같을진대, 그의 도를 지극하다고 할 수 있겠는가? 학자들은 그의 도리가 맞는지 맞지 않는지 생각해 보지 않고 번지르르하게 그의 글만 따라 하면서 불교의 성인들을 너무도 혹독하게 비방하고 있다.(夫文者所以傳道也. 道不至, 雖甚文奚用? 若韓子議論如此, 其道可謂至乎? 而學者不復考之道理中否, 乃斐然徒效其文, 而譏沮佛教聖人太酷.)"라고 말하였다.

것이니, 그리되면 불교에 몸 바침에 욕되지 않을 것이네. 지금 우리 운서 대사의 문하에 교유하는 자들 가운데 현명하다 일컬어지는 자들이 많으니, 대사의 은혜를 마음에 두고 대사의 뜻을 이어, 일어나 시비를 가릴 자가 어찌 없겠는가?

事於吾道也矣. 今之從游於吾雲棲門下稱賢者多矣, 寧無念師恩繼師志者起而辨之乎?

'한 사람이라도 제자리를 얻지 못한다면, 이는 내가 함정에 밀어 넣은 것과 같다.'[5]는 말은 유가儒家의 말이네.

夫'一夫不獲, 若予陷之', 儒言也.

우리 부처께서는 하늘과 사람들의 스승으로 불리며, 대자대비하시어 중생을 한 자식처럼 여기시네. 이 때문에 아찬능엄회阿賛楞嚴會[6]에서 세존을 찬송하기를, '만약 한 명의 중생이라도 성불하지 못하면 끝내 이 자리에서 열반涅槃하지 않을 것'이라고 한 것이네.

我佛稱天人師, 具大慈大悲等視衆生猶如一子, 所以阿賛楞嚴會上賛世尊云 '若一衆生未成佛, 終不於此取泥洹.'

그러니 불교를 배우는 사람이라면 마음을 부처의 마음에 계합하고 행동을 부처의 행동에 맞추어, 부처의 뜻을 받들고 부처의 소원을 이어야 마땅할 터인데, 어찌하여 높은 곳만 바라보고 공허한 말만 일삼으며, 일체의 시비를 가리지 말아야 한다고 할 수 있겠는가? 지금 그대는 시비를 가리지 않는 것을 옳다 여기고 시비를 가리는 것을 틀리다 여기고 있으니, 바로 지금 분명하게 구분하고 있고 벌 떼처럼 일어나 시비를 가리고 있는 셈이네. 일체 시비를 가리지 말라는 말로 장차 누구를 속일 셈인가?

是則學佛者, 當心契佛心, 行合佛行, 以承佛志, 以紹佛願, 何乃高視空談而謂一切是非莫辨耶? 今子是莫辨而非有辨, 當下分別宛然, 是非蜂起. 一切莫辨之說將誰欺乎?

---

5 『尙書』「說命下」에 "한 사람이라도 제자리를 얻지 못한다면, 나의 허물이라고 말하라.(一夫不獲, 則曰時予之辜.)"는 내용이 있다.

6 '능엄회'란 능엄주를 독송하면서 안거의 무사를 기원하는 법회를 뜻한다.

『범망경』에 이르기를, '부처를 비방하는 말 한마디를 들으면 삼백 자루의 창끝이 가슴을 찌르는 듯한 아픔을 느껴야 한다.'고 하였네. 지금 큰 스님이라고 불리는 사람 가운데 『범망경』의 계율을 받들지 않는 자가 어디 있겠는가? 만약 부처가 곧 우리 스승이고 스승이 곧 부처라는 것을 안다면, 어찌 비방하는 말을 듣고도 아무렇지도 않은 듯 마음에 동요가 없을 수 있겠는가? 그대가 편안히 아무런 동요도 없을 수 있다면, 또 어찌하여 나더러 끊임없이 떠든다고 뭐라 하는가?"

『梵網經』云 '聞一謗佛音聲, 如三百矛刺心.' 今稱大僧者誰不秉『梵網』之戒? 若知佛即我師, 師即佛等, 寧忍聞其謗而恬然無動於中乎? 子既安忍無動, 而又議予之喋喋也, 何哉?"

어떤 사람이 말하길, "서양인들의 속내는 헤아릴 길 없는데, 그대가 저들의 간교함을 들춰낸다면 그 화가 두렵지도 않은가?"라고 하였다.

或者曰 "西人蓄謀叵測, 子發其奸, 寧不畏其禍?"

내가 답했다.

余應之曰:

"저들은 삿된 천주교를 수호하고 있네. 또 듣자니, 저들은 순교도 할 수 있고 천주를 위해 죽을 수도 있다고 하네. 그렇다면 나는 바르고 참다운 도를 받들고 있는데, 나라고 도를 지키면서 부처를 위해 죽을 수 없단 말인가? 더구나 화복禍福은 전세의 인연에 달려 있고 생사生死는 정해진 업연業緣으로 말미암는 것임을 내가 잘 알고 있는데, 저 서양인들이 어떻게 나를 길하거나 흉하게 만들 수 있겠는가? 그러한즉 내가 천주교도들에 대해 어찌 복수나 시기의 마음을 품고 있겠는가? 저들은 나라를 멀리 떠나와 신체를 단련하고 양생의 길을 찾으면서, 사람들에게 악을 없애고 선한 일을 하여 천제天帝를 공경하라고 하고 있으니, 아니 될 것은 없네. 그러나 집성執性으로 인해

"彼守邪因之教. 且聞其能循教以死天. 余奉正眞之道, 獨不能抱道以死佛乎? 況禍福關於前因, 生死繇乎定業, 余籌之熟矣, 西人何能吉凶我? 然余於天教之人, 亦何有仇讐嫉忌之心哉? 念彼離國遠來, 鍊形攝養, 欲人去惡爲善, 以敬天帝, 亦無不可者. 而無奈執性顚倒, 妄計邪因, 不得佛意.

전도되고 망계妄計가 그릇된 인연이 되어[7] 부처의 뜻을 얻지 못하는 것이네.

저들이 세운 계율에 근거해 보아도, 구의舊醫가 오로지 유약乳藥만을 써서 나무를 파먹은 것에도 미치지 못하면서, 어떻게 멀리서 와서 낡은 의술을 깨뜨린 객의客醫의 여덟 가지 의술을 알 수 있겠는가?[9] 구의의 유약을 『대경大經』에서는 사실은 독이라며 꾸짖었는데, 하물며 이것은 유약도 아니지 않은가?

即據所立之規誡, 尙不及舊醫十善乳藥之正木[8], 又何知客醫八種破舊之遠方術? 舊醫乳藥『大經』猶呵爲其實是毒, 矧玆非乳之邪?

저들은 착한 일을 하면 천당에 간다는 것만 알지, 천당에서 살려면 반드시 십선十善을 닦아야 한다는 것은 모르네. 십선에서 으뜸은 살생하지 않는 것이니, 생명 가진 모든 것은 죽여서는 안 되네. 천주교의 십계명 가운데 다섯째 계명이 '살인하지 말라.'인데, 사람을 죽인 자는 죽어야 한다는 사실은 우리 나라 법

彼徒知爲善生天, 而更不知生天必修十善. 十善者首不殺生, 謂凡有生命者不得殺. 彼十誡之五曰'毋殺人'. 夫殺人者死, 我國中已有著令, 何藉彼今日遠來指出也? 智愚莫不知上帝好

7 執性은 이리저리 억측하여 집착하는 性을 말하고, 妄計는 잘못된 분별 인식을 말한다. 執性과 妄計에 관해서는 이 책 528쪽의 각주 37 '遍計所執性'에 관한 내용 참조.

8 '正' 자는 '征' 자와 통용되므로 각주 9에 나오는 내용에 근거하여 '正木'을 '征木' 즉 '나무를 파먹었다'로 해석하였다.

9 『大般涅槃經』 권 2 「壽命品」에 나오는 비유이다. 부처는 無常과 常住의 관계를 설명하기 위해 客醫와 舊醫가 똑같이 유약을 사용한 사례를 들었다. 옛날에 한 어리석은 왕이 있었는데, 어의 또한 아둔하여 왕이 병에 걸리기만 하면 병세도 살피지 않고 오직 유약만으로 치료했다. 후에 여덟 가지 의술을 가지고 있는 객의가 먼 곳으로부터 찾아와 왕에게 유약을 금하게 했다. 이에 왕은 전국에 유약 금지령을 내렸는데, 후에 왕이 병이 나자 이 객의는 다시 유약을 썼다. 왕이 왜 앞뒤가 다르냐고 따지자 객의는 "벌레가 나무를 파먹어 글자를 만드는 경우가 있으나, 이 벌레는 그것이 글자인지 아닌지 알지 못합니다. … 구의도 마찬가지입니다. 여러 가지 병을 구분하지 않고 모조리 유약만을 썼으니, 이는 벌레가 나무에 우연히 글자를 쓴 것과 같습니다.(如蟲食木有成字者, 此蟲不知是字非字. … 舊醫亦爾, 不別諸病, 悉與乳藥, 如彼蟲道偶成于字.)"라고 하면서 상태에 따라 유약은 묘약이 될 수도 있고 독약이 될 수도 있다고 설명한다. 여기서 舊醫는 外道를 비유하고 客醫는 如來를 비유한다. 구의가 오로지 유약만을 쓴 것은 外道에서 오로지 邪常만을 말하는 것과 같고, 객의가 처음에는 유약을 금한 것은 外道의 邪常을 깨뜨리고 無常을 말하기 위함이며, 無常의 가르침이 완성된 후 다시 大乘眞常의 의리를 밝힌 것이다.

에도 이미 적혀 있는 바이거늘, 저들이 오늘날 먼 곳에서 찾아와 가르쳐 주어야 한단 말인가? 슬기로운 자건 어리석은 자건 하느님이 살리시기를 좋아한다는 사실은 모두 알고 있네. 중국 역대의 성인들 가운데도 살리기를 좋아하지 않은 분이 없었으니, 그물을 풀어 주기도 하고, 방생지를 만들기도 하고, 고기를 잡되 그물로 흐르는 물을 가로막아 고기를 잡지 않고, 주살을 쏘되 둥지에서 쉬고 있는 새는 쏘지 않았네.[10] 푸줏간을 멀리하며 짐승이 슬피 울부짖는 소리를 듣고서는 그것의 고기를 차마 먹지 못하였고,[11] 한창 자라는 곡식을 꺾지 않았다고 하니, 갖가지 인자한 일들은 이루 다 열거할 수 없을 지경이네.

生, 而我國中歷代聖人亦莫不好生, 或解網, 或畜池, 或釣不網不射宿, 或遠庖廚不忍食聞聲肉, 或戒折方長, 種種仁慈悉難盡擧.

그러나 저들 교에서는 짐승 죽이는 것을 금하는 것은 짐승 기르는 도를 크게 훼손시키는 것이라 말하고 있네. 소나 말이 죽을 때까지 고생하게 하느니 차라리 잡아먹어 한순간의 아픔에 그치게 하느니만 못하다고 말하네. 아! 도리를 해치는 잔인한 마음이 어찌 이 지경에 이를 수 있단 말인가! 지옥에 떨어질 업인을 심고서 천당의 보과報果를 바라다니, 결코 그리 될 수는 없을 것이네. 이 한 가지 계명으로도 대강을 알 수 있으니, 나머지 것들이야 무슨 겨를에 그 흠을 일일이 지적하겠나?

而彼教謂禁殺牲, 大有損牧牲之道, 牛馬等受終身之患, 不如殺食止一時之痛. 噫! 是何忍心害理之說一極此也! 種地獄因, 希天堂果, 斷斷必無之理. 即此一誡, 以見大端, 餘何暇盡摘其疵.

저들의 집착과 전도됨이 아무리 인지상정을 넘어

縱彼倒執超情, 何能出一切智

10 『論語』「述而」에 "공자께서는 낚시질을 하되 그물질해서 잡지 않았고 주살을 쏘되 둥지에 잠든 새는 쏘지 않았다.(子釣而不綱, 弋不射宿)"는 내용이 있다.

11 『孟子』「梁惠王上」에 있는 내용이다.

선다 해도, 어떻게 일체지一切智[12]와 신통력을 지닌 위태韋馱[13] 등과 육사六師·삼종三種 외도外道[14]의 견해를 넘어설 수 있겠는가? 하물며 그 만에 하나에도 미치지 못하지 않은가? 천주교에서는 제바달다提婆達多[15]처럼 영원히 아비지옥에 빠질지언정 울두람불鬱頭藍弗[16]의 비비상천非非想天[17]에서 살려고 하지 않겠다고 말하니, 이는 사견邪見을 두려워하는 까닭이네.

神通韋馱等六師·三種外道之見? 況萬不及一乎? 教中謂寧願如提婆達多之永墮阿鼻地獄, 不願同鬱頭藍弗之生非非想天, 以懼邪見故耳.

그렇긴 하지만 법화法華가 드러날 때, 삼승三乘[18]과

雖然, 在法華開顯之時, 三乘·

---

12 一切智란 모든 법(존재와 현상)을 총체적으로 아는 지혜 말한다.

13 '韋馱'는 불법을 수호하는 韋馱天을 가리킨다. 魔王이 불법을 훔쳐 달아났을 때 뒤쫓아 가서 이를 빼앗아 왔다는 신의 이름이다. 불교에서는 護法菩薩로 일컬어진다.

14 外道란 불교 이외의 학파나 종교를 말하는데, 석가모니 당시에 중인도에서 가장 세력이 크던 철학자 6인의 教派를 六師外道라 한다. 첫째는 富蘭那迦葉의 선악 행위와 報應을 부정하는 외도, 둘째는 末伽梨拘賜梨子의 邪命 外道, 셋째는 删闍耶毘羅胝子의 詭辯論과 懷疑說, 넷째는 阿耆多翅舍欽婆羅의 유물론과 쾌락설, 다섯째는 迦羅鳩馱迦旃延의 유물론적인 주장, 여섯째는 尼犍陀若提子의 耆那教이다. 三種 외도는 석가모니가 당시 인도에서 유행하던 여러 외도의 사상을 세 가지의 유형으로 나누어 그 잘못을 비판한 데서 비롯되었다. 첫째, 宿作因論으로 인간의 존재는 과거에 행한 행위에 의해 규정된다는 견해로서 자이나교가 이에 해당한다. 둘째, 尊祐論으로 자재신의 자재력에 의해 일체가 전개된다고 하는 전통적인 브라만 사상이다. 즉 신이 존재한다는 常見에 입각한 견해이다. 셋째, 無因無緣論으로 자아와 세계의 나타남에는 논리적 타당성을 갖는 특별한 원인과 조건이 없다고 하는, 자이나교와 브라만 이외의 모든 견해로 結合因論과 宿命論, 그리고 懷疑說 등이 있는데, 이 모두 단견에 처해 있는 것으로 본다.

15 提婆達多(Devadatta)는 提婆達兜·禘婆達多·地婆達多라고도 한다. 석가모니의 사촌 동생으로 출가하여 부처의 제자가 되었다가 뒤에 五逆罪를 범하여 僧團을 파괴하고 부처에 대항하였다.

16 鬱頭藍弗은 四禪八定의 外道를 수행하였는데, 세속적인 지혜로써 분석하여 잠시 표면적인 탐욕을 버리고 사선팔정의 질서에 따라 하계의 번뇌를 억누를 수 있었으며 非想非非想定을 얻어 五神通을 갖추었다. 그러나 후에 국왕의 딸로 인해 잠재된 욕망이 격발되면서 신통과 선성의 경지를 상실했다. 그 후 다시금 선정에 들었으나 새와 물고기의 훼방으로 인해 원한의 감정이 생겨났다. 나중에 선정을 회복하고 非想天에 올랐으나 물고기와 새에 대한 노여움으로 인해 결국 畜生道에 들어 환생했다.

17 '非非想天'은 非想非非想天으로 三界의 모든 하늘 중 가장 높은 하늘이다.

18 '三乘'은 중생을 태우고 생사의 바다를 건너는, 즉 중생을 깨달음의 세계로 인도하는 데 있어서의 세 가지 교법을 뜻하는 것으로, 聲聞乘·緣覺乘·菩薩乘을 말한다.

오승五乘[19], 칠방편七方便[20]과 구법계九法界[21]는 모두 원승圓乘[22]이라는 하나의 실제 진제로 귀결되나니, 어떻게 저 천주교가 우리와 같은 부류가 아니라고 하여 내버릴 수 있겠는가? 다만 괴이한 것은, 저들이 더러운 말을 날조하여 삼보三寶[23]를 무함하고 훼방하면서, 지존한 천주 하나에 집착하여 세상을 미혹하고 백성들에게 재앙을 주고 있다는 점이네. 그렇지만 삼보는 사람마다 마음에 본래 지니고 있는 것이니, 훼방할 수 있겠는가? 훼방해 봐야 스스로를 다치게 하기에 딱 좋을 뿐, 삼보에 무슨 해가 될 것이 있겠는가?

五乘, 七方便·九法界, 均得會歸於圓乘一實之諦, 何棄乎彼教之不我類也? 獨怪夫僞造汚言誣謗三寶, 自執一主之尊, 以惑世殃民耳. 然三寶乃人人自心本有者也, 其可謗乎? 謗之適足以自損, 於三寶何傷也?

만약 삼계유심三界惟心[24]과 만법유식萬法唯識[25]에 도달하여, 교착되어 있는 것에 집착한 채 자신의 마음을 속이지 않는다면, 나는 장차 마음을 비우고 저들의 가르침을 받을 것이니, 지금처럼 쉬지 않고 지껄일 필요 있겠는가? 지금은 저들의 집착하는 마음을 교

苟達三界惟心·萬法唯識, 不自執其膠固以欺其心, 則余將虛其中而聽其教焉, 又烏用是喋喋也? 今無奈彼執情不化, 止可與結毒鼓緣以遠益之耳. 悲

---

19 '五乘'은 중생을 깨달음의 세계로 인도하는 부처의 가르침 또는 수행법의 다섯 가지, 즉 人乘·天乘·聲聞乘·緣覺乘·菩薩乘을 뜻한다.

20 '七方便'은 천태종에서 『법화경』 藥草喩品에 있는 3草 2木의 뜻으로 말하는 것으로 人乘·天乘·聲聞乘·緣覺乘·藏教·通教·別教의 보살승들이다.

21 '九法界'란 地獄法界·餓鬼法界·畜生法界·修羅法界·人間法界·天上法界·聲聞法界·緣覺法界·菩薩法界를 이른다. '九居'라고도 한다.

22 '圓乘'은 중생을 싣고 佛果에 이르게 하는 원만한 교법으로 일승·불승과 같다.

23 '三寶'는 佛寶·法寶·僧寶를 말한다.

24 '三界惟心'은 욕계·색계·무색계의 三界가 모두 마음에서 생긴 것으로 마음을 만물의 근원으로 여기는 것을 뜻한다. 이것은 불교 유식종의 종지 중 하나이다.

25 '萬法唯識'은 대승 불교 유가행파와 중국 유식종의 주요한 교의로, 세상의 모든 것은 각각 독립적으로 존재하는 것이 아니고 '識'이 변하여 현실적으로 나타난 것이며, 心識은 일체의 근본이라고 여긴다.

화할 수 없어서, 저들과 독고毒鼓[26]의 연을 맺음으로 써 훗날에 보탬이 되고자 할 따름이네. 슬프구나!”

夫!”

26 ‘毒鼓’는 독을 바른 북을 말한다. 그 소리를 들은 사람은 모두 죽는다고 하는 북으로, 사람들의 번뇌와 사악을 없애는 佛法을 비유적으로 이르는 말이다. 佛家에서 大乘의 極致를 說하고 衆生의 五逆十惡을 살해하여 불도에 들게 함을 말한다.

5.4. 부록: 승려와 백성이 함께 증명하다

附緇素共證

석대현

釋大賢

요지 운서의 제자 대현이 운서가 원적할 때의 상황을 기록한 것이다. 이를 통해 운서는 결코 '스스로 후회한다.'는 말을 한 적이 없음을 증명하였다. 또한 「천설」이 세상에 나온 시기를 언급하면서, 그 전에 이미 죽은 이마두가 운서의 「천설」에 변론을 달았다는 것은 황당무계한 소리라고 반박하였다.

돌아가신 대사께서 원적하실 때, 운집한 중생과 승려 수만 명을 향하여, '오로지 정토를 수행하고 제목을 바꾸지 말라.'는 가르침을 간곡히 남기셨다. 그때 모여서 귀로 듣고 마음에 새긴 사람은 이 대현 하나만이 아니다.

先大師示寂, 緇素駢集數萬餘指, '諄諄以專修淨土莫改題目'爲訓. 當時在會入耳銘心者, 非止賢一人也.

『죽창삼필』에 수록된 네 편의 「천설」은 대사께서 원적하시던 해에 처음으로 내놓았다. 그때는 서양 사람 이마두가 죽은 지 이미 다섯 해나 지난 뒤였다. 그러니 「천설」이 나오지도 않았는데 어떻게 미리 변론한단 말인가?

至於『竹窗三筆』四「天說」, 係大師臨滅之年始出, 而西人利氏已先卒化五載. 安有說未出而預辨?

어떤 도깨비가 이런 허황된 망언을 날조하여 세상을 기망하고 백성을 속이는가. 아무리 질박하고 우매한 시골 사람이라도 차마 그런 짓을 하지 못할 터인데, 하물며 세상 풍속을 바꾸고 천주교를 선교하려는

何物鬼魑捏此虛誑妄語, 欺世誣民. 即鄉愚稍樸茂者尚不忍爲, 況欲移風易俗以行其教乎?

자들이 그럴 수 있는가?

몽택 거사가 「사설의 허황됨을 증명하다」를 지어 저들의 간교한 거짓말을 곧장 들춰내었으니, 참으로 법문에 공을 세운 운서의 빼어난 제자이다.

夢宅居士「證妄說」直發其奸詭, 眞法門功臣雲棲挣子也.

운서의 후학 석대현 쓰다

雲棲 後學 釋大賢 題

제 8 권

1.「정통을 바로잡다」의 서문

統正序

유문룡

劉文龍

요지

「정통을 바로잡다(統正)」라는 책에 붙인 서문인데 이 책이 누구에 의해 편찬된 책인지는 알 길이 없다. 서문의 저자는 오래전에 상해를 방문했을 때 이익에 눈이 먼자들이 천주교가 만연하는 것을 그대로 두는 것을 목격하고 탄식했던 일을 기록하였다. 이어 주자의 고향이요 시서詩書의 원류인 복건성에조차 천주교가 전래되었음을 알게 되었기에, 화이관華夷觀을 다시금 높이 세워 천주교를 힘껏 내쳐야 한다고 주장하였다. 또한 비은費隱 선사 등의 글은 세상에 아직 성인이 남아 있다는 증거라며, 저들과 한마음이 되어 선현의 도를 지킬 것을 호소하고 있다.

기억하건대, 전에 화정華亭[1]에서 허하성許霞城[2] 대좌사大座師[3]를 알현하고서 천주교가 전래된 것을 알게 되었다. 그때 읍내에 사는 사대부들과 백성들이 입에 칼을 물고 원수를 치듯이 저들을 공격하니, 날마다 군현을 찾아가 송사하는 자의 수가 억만을 헤아렸고, 올린 소장만도 천만 건이 넘었다. 그런데 저

憶予曩謁霞城大座師許於華亭, 知有天主教來矣. 時邑之縉紳士庶, 口自操刃攻之若寇, 日訟于郡公縣公者, 人不啻萬億計, 狀不只千萬張. 緣以暴銀金多, 攀接貴介, 不肖利其有者, 亦

1 '華亭'은 上海 松江의 옛 이름이다.

2 '許霞城'은 許譽卿을 가리킨다. 자는 公實이며 華亭 사람이다. 魏忠賢을 탄핵했다가 삭탈관직당했고, 崇禎 때에도 다시 관직에 올랐다가 관적에서 삭제되어 귀향했다. 福王이 즉위한 뒤 光祿卿에 제수되었으나 받들지 않았다. 명이 망한 후에 승려가 되었다.

3 '大座師'는 明·淸 시대에 擧人이나 進士들이 主考官을 높여 부른 호칭이다.

들이 많은 돈을 퍼부어 권세가들에게 빌붙자 불초한 자들은 이익을 탐하여 점차 올가미를 느슨하게 풀면서 저들이 맘대로 떠나가도록 내버려 두었다. 이것은 내가 직접 본 일들이다.

稍稍作寬活套子, 聽其自去. 此予目擊其事也.

올 여름에 복건성 건안으로 전임해 간 마석瑪石 왕부모사父母師 및 (복건) 구녕으로 부임해 간 첨월여詹月如[4] 연형年兄[5]을 배알하고 건안과 구녕에도 천주교가 자리 잡은 지 몇 해나 되었다는 소식을 다시 듣게 되었다. 앞날이 크게 기대되는 건안의 뛰어난 선비들이 하나같이 공맹孔孟의 후예로 자부하고 있으니, 어찌 광대 같은 자들이 어지럽힐 수 있으랴! 또한 명유名儒의 고향으로, 주자朱子께서 남겨 놓으신 모범이 아직 멀어지지 않아 그 가운데 어질고 슬기로운 자가 없지 않건만, 백성이 저들의 광망한 미혹에 걸려들었으니, 과연 보잘것없는 도가 가히 볼만하구나. 더구나 운간雲間[6]에서처럼 소송하는 사람조차 없는 것은 아마도 이곳 사람들은 천성이 인정 많고 후하여 도리에 맞지 않은 것으로 남을 얽어매려 하지 않기 때문인가 보다. 다만, 이곳은 선현이 다스려 교화하였던 고장이요 시서詩書의 원류가 유구히 흐르는 곳이라 저들 무리도 감히 사단을 일으키지 못하고 있다.

今夏月謁瑪石王父母師轉任閩之建安, 竝仝詹月如年兄任甌寧, 復聞有天主教之寓于建·寧也有年矣. 建邑之士其高期聳拔者, 莫不以鄒魯之邦自任, 豈小醜能亂哉! 且屬名儒梓里, 儀型不遠, 然其中不無仁智, 百姓受其狂惑, 毋怪乎小道可觀也. 以況雲間之訟之者則未之有矣. 蓋其俗, 天性惇厚, 不欲以非理繩人. 誠先賢過化之區, 而詩書源長, 即此輩亦不能生事耳!

그렇지만 배움이란 반드시 바른 것을 종지로 삼아

雖然學必以正爲宗, 一切吊詭

4 月如의 字는 詹兆恆(1613~1646年)이다. 廣信府 永豐縣(지금의 江西省 廣豐縣) 사람으로, 부친인 詹士龍은 順天 府尹을 역임했다. 詹兆恆은 숭정 4년(1631)에 진사가 되어 甌寧 知縣에 제수되었다.

5 과거에서 같은 해에 급제한 사람들끼리 사용하는 존칭이다.

6 '雲間'은 화정을 가리킨다. 즉 상해 송강의 다른 이름이다.

야 하며, 일체의 거짓 술법을 쓰는 자들은 모두 좌도에 연좌시켜 주벌해야 한다. 하물며 오랑캐가 중화를 어지럽히는 것을 『춘추』에서 가장 먼저 엄히 다스리지 않았던가. 게다가 유가는 유교를 말하지 않고, 불가는 불교를 말하지 않으며, 도가는 도교를 말하지 않는데, 오로지 천주교만 이름을 표방하고 있으니, 좌도 가운데서도 가장 심한 부류라!

皆可坐在左道之誅, 況以夷人亂華,『春秋』首嚴, 而儒不儒, 釋不釋, 道不道, 獨標名曰天主教, 則更爲左道之尤乎!

이는 선현을 지키는 힘이기에, 내 운간의 허하성 스승님 등 여러분들과 같은 마음을 가지고 이대로 가만히 있고자 하지 않았다. 그러다 우연한 기회에 맹사盟社의 이유룡李猶龍[7] 형 및 초楚 땅 도원의 상관법호上官法護 선생을 찾아갔다가 비은 큰스님의 「성명정해性命正解」와 몇몇 선비들이 지은 여러 가지 벽사설闢邪說을 배독하게 되었는데, 이로 인해 삼교의 성인이 아직 세상에 남아 있음을 알게 되었다. 지금이야말로 몸을 돌려 법을 설파할 때이다. 우리도 그것을 수호하는 데 힘을 다하지 않으면 안 되겠기에 한마디 말로써 변론하여 권두에 적어 두는 바이다. 이는 시비 가리기를 즐겨서가 아니라, 훗날 학자들이 힘껏 부월을 휘두르기를 기다리기 위함이니, 그리할 수 있다면 이는 우리의 도에 있어 다행일 것이다.

此閑先之力, 予所以與雲間許老師諸人有同心, 自不甘沒沒也. 偶因訪盟社李猶龍兄, 暨楚桃源上官法護先生, 得拜費隱禪師大和尙「性命正解」, 並諸公闢邪諸說, 因知三敎聖人尙存人間. 此正其轉身說法時耳. 凡切吾徒衛之不可不力, 聊以一言辨之于首. 非好辨也, 以待後之學者大肆斧鉞, 吾道幸孔.

숭정 9년(1636) 여름

임천 사람 운자 유문룡 쓰다

崇禎九年 夏月

臨川 劉文龍 雲子甫 著

---

7 李猶龍(?~1653)은 陝西省 旬陽縣 사람이다. 崇禎 年間에 貢生이 되어 兵部 主事에 제수되었다. 南明의 福王 밑에서 太僕寺少卿까지 지냈으나 順治 2년(1645) 청나라 군대가 남경을 점령하자 청에 투항하였다.

2. 도道의 근원을 밝혀 사설을 내치다(네 편)

原道闢邪說(凡四)

황벽산에 우거하는 석비은 통용

寓黃檗 釋費隱 通容

요지 불교 임제종臨濟宗 31대 종주인 통용[1] 비은 선사가 도道의 본원을 밝혀 천주교 사설을 물리치고자 지은 글이다. 「사견의 근원을 밝히다」, 「사견이 공空과 무無로 불교를 비방하는 것을 밝히다」, 「사견이 본분을 따르지 않고 삼혼三魂으로 세상을 미혹하는 것을 밝히다」이 「만물은 일체가 될 수 없다는 사견의 어리석음을 밝히다」 등 모두 네 편으로 구성되어 있다.

2.1. 사견의 근원을 밝히다

揭邪見根源[2]

요지 이마두가 『천주실의』에서 제기한 바 있는 "천주는 시작도 끝도 없으나 만물은 시작도 끝도 있으며, 귀신은 시작은 있으나 끝은 없다."는 주장에 삿된 생각의 뿌리가 있음을 밝히고, 이에 대해 불교의 무시무종無始無終의 개념으로 반

1 通容(1593~1661)은 속세의 성이 何이며 호가 費隱이다. 福清 사람으로, 圓悟 密雲大師를 섬겨 臨濟宗 31대 종주가 되었다. 金粟·福岩·黃檗·天童 등 절의 주지를 거쳐 만년에 福岩에 은거하였다. 『五燈嚴統』·『費隱通容語錄』 등의 저서가 전한다.

2 마테오 리치의 『천주실의』 제1편 "천주가 만물을 창조하시고 그것을 주재하며 안양하심을 논하다(論天主始制天地萬物而主宰安養之)"에 대한 비판이다. 주로 '無始無終(시작도 끝도 없음)'이라는 天主의 屬性을 佛敎에서 이해하고 있는 '無始無終'의 개념으로 攻駁하였다.

박하고 있다. 불교의 교리에 따르면, 천지만물 그리고 사람은 모두 시작도 끝도 없다. 이 크나큰 도리, 곧 자연법칙의 본원을 사물마다 지니고 있다는 인명학因明學[3]에 따른 추론을 통해 '천주는 시작도 끝도 없는 존재로서 만물을 시작도 끝도 있게 만들었다.'는 주장을 반박하였다.

이마두(마테오 리치)는 삿된 생각을 가지고 망령되이 『천주실의』란 책을 지었는데, 모두 여덟 편으로 되어 있다. 제1편에서는 천지만물이 생겨나고 자리를 잡은 것은 모두 천주로 말미암아서라고 말하였다. 천주를 논하면서는 "천주라는 칭호는 만물의 근원임을 뜻한다. 만약 어떤 것으로부터 생겨났다면 천주가 될 수 없다. 만물 가운데 시작이 있고 끝이 있는 존재는 짐승이나 초목 같은 것이고, 시작은 있으나 끝이 없는 것은 천지와 귀신 및 사람의 영혼 같은 것이며, 천주는 시작도 끝도 없는 만물의 시원이다."라고 하였다. 이것이 바로 이마두가 망령되이 시작도 끝도 없는 것이 천주라고 고집하는 사견의 뿌리이다.

按利瑪竇邪見, 妄著『天主實義』一書, 列爲八篇. 而首篇論天地萬物布置安排, 皆繇天主所生. 論至天主則曰"天主之稱, 謂物之原. 如謂有所生則非天主也. 物之有始有終者, 鳥獸草木是也, 有始無終者, 天地鬼神及人之靈魂是也. 天主則無始無終, 而爲萬物始焉." 據此便是利瑪竇妄執無始無終爲天主之邪見根源矣.

저들은 이 시작도 끝도 없는 것(無始無終)이 바로 우리 크나큰 도의 본원이며, 우리 온전한 진체眞體의 종지라는 것을 전혀 모르고 있다. 이 온전한 진리의 종지는 사람마다 빠짐없이 갖추고 있으며, 크나큰 도리의 본원은 누구에게나 다 있다. 성인이라고 해서 더

殊不知此無始無終, 正是吾大道之元, 亦是吾全眞之旨. 且此全眞之旨, 人人具足, 大道之元, 個個不無. 在聖無增, 處凡不減, 抑亦在天而天, 在人而人.

3 因明學은 五明(5종의 학문)의 하나이다. 五明은 內明(자기가 믿는 종교를 연구하는 것. 바라문교에서는 베다를, 불교에서는 인과의 이치 등을 연구하는 학문), 醫方明(의학과 약학 등의 학문), 聲明(문법학), 因明(인도의 논리학), 工巧明(여러 가지 기술학)을 말한다.

가지지 않았고 평범한 사람이라고 해서 덜 가지지 않았다. 또한 하늘에 있으면 하늘이 되고 사람에게 있으면 사람이 된다.

사물마다 이러하고 만법이 또한 이러하다. 본디 둘이 아니라서 둘로 나누어지지 않고, 본디 구분이 없어서 끊어질 까닭도 없다.[4] 이것을 깨달은 자를 성인이라 하고, 이것을 깨닫지 못한 자를 범부라 한다. 하지만 중요한 점은 범부와 성인이 결코 다르지 않다는 사실이다. 이와 같은즉 성인과 범부 사이에는 차이가 없고 물아物我 사이에도 기우는 것이 없다. 이로써 크나큰 도리의 본원은 피차의 구분이 없고, 온전한 진체眞體는 시작도 끝도 없으며, 하나의 도리는 평등하여 드넓고도 균일하다는 사실을 뚜렷이 알 수 있다.

至於物物如是, 法法亦然, 固無二無二分, 無別無斷故. 悟此謂之聖人, 迷此謂之凡夫. 要且凡夫之與聖人初無二致. 如是則聖凡靡間而物我匪虧, 顯見大道之元無彼無此, 全眞之體無始無終, 一道平等而浩然大均矣.

이마두는 이 뜻을 깨닫지 못하고서 오로지 주관적인 의식을 가지고 천지만물을 터무니없이 추리하고 헤아렸으며, 주관적인 의식을 가지고 천지만물을 터무니없이 추리하고 헤아리다가 헛되고 어둡고 아득한 지경에 이르고 말았다. 그러다 더 이상 갖다 붙일 방법이 없어지자 터무니없이 천주에게 시작도 끝도 없는 능력이 있어서 천지를 양육하고 만물을 낳았다고 주장하기에 이르렀다. 따라서 만물에는 시작이 있고 끝이 있다고 하면서 "짐승과 초목 같은 것이 그것이요, 시작은 있으나 끝이 없는 존재가 있으니 천지

蓋瑪竇不悟此意, 專用心意識向天地萬物上妄自推窮計度, 以心意識向天地萬物上推窮計度到虛玄深邈處. 自家體貼不來, 便妄執有個天主具無始無終之量, 能育天地, 健生萬物, 而萬物則有始有終, 謂"鳥獸草木是也. 有始無終, 則天地鬼神及人之靈魂是也." 惟天主無始無終, 能制造幹旋.

4 『大般若經』에 있는 내용이다.

와 귀신 그리고 사람의 영혼이 그것이다."라고 말하였다. 오직 천주만이 시작도 없고 끝도 없는 존재로서 천지만물을 창조하여 다스린다는 것이다.

또한 만물을 종류대로 가지런히 하여 사람들로 하여금 받들고 따르게 하는 등 지나치게 고상한 논변을 꾸며 내 고금의 성현들을 멸시하고, 사람들을 가리켜 마음속에 모두 주인이 없다고 하였다. 또 갖은 수단을 동원해 끌어들여 유혹하고, 삿된 생각으로 무리를 지으며, 거짓된 언사로 힐난하고 번다하게 변론과 반박을 주고받고 있으니, 가지 위에 가지가 자라고 넝쿨 위에 넝쿨이 자라는 정도에 그치지 않는다. 이 따위 너저분한 변론이나 만들어 내다니, 똑바른 눈으로 바라볼 때 대체 일에 무슨 보탬이 될 것인가? 이른바 한 치의 오차로 천 리가 어긋난다는 말, 참으로 헛말이 아니로구나.

且指物比類, 要人欽奉遵守, 而矯爲過高之論, 卑劣今古聖賢. 指人都無有主, 而引誘多方, 黨于邪見, 假詞擊難, 辨駁繁端, 不啻枝上生枝而蔓上生蔓. 與如此煩碎之辨, 正眼觀之, 何益于事? 所謂毫釐之差, 有千里之謬, 信不誣焉.

어떤 사람이 "사람과 사물, 날짐승과 들짐승, 그리고 천지와 귀신에게서 어떻게 시작도 끝도 없다는 종지를 볼 수 있습니까?" 하고 물었다.

或云 "人物鳥獸與天地鬼神, 如何見得是無始無終之旨耶?"

이에 답한다.

曰:

"앞에서 이미 밝혔는데도 지금 다시 물으니, 일단 둘로 나누어 이야기하겠다.

"前已總明, 今又復問, 姑分二說.

하나는, 사람을 통해 사람과 사물과 천지, 그리고 귀신 모두가 시작도 끝도 없는 존재임을 증명하는 것이다. 사람의 마음을 가지고 그 궁극적인 근원을 돌이켜 비춰 보면, 과거의 마음이란 남아 있지 않고, 미래의 마음 또한 생겨나지 않았으며, 현재의 마음 또한 머무는 곳이 없다. 과거·현재·미래가 없다면, 이

一者因人契證, 以顯人物天地及其鬼神, 俱是無始無終底意耳. 就當人心念上返照窮元, 則過去心念無有, 而未來心念無起, 現在心念無住, 三際旣無, 則心念全無始而亦全無終矣.

마음이라는 것 자체는 시작도 없고 끝도 없는 것이다. 마음이 시작도 끝도 없어지면 육신 또한 매인 곳 없이 초탈한 존재가 되어 과거·현재·미래가 없고 생사의 오고 감도 없어져, 그 즉시 시작도 끝도 없는 실체가 드러난다. 즉 색신色身[5]과 오온五蘊[6]이 완전하게 해탈하여 크나큰 도와 온전한 진체가 내 안에 모두 갖추어진다.	如心念旣無始而又無終, 則身體脫然無繫, 亦無前後三際, 了無生死去來·直下披露無始無終, 即色身五蘊, 完全解脫, 而大道全眞, 備在我矣.
사람마다 궁극적인 근원을 돌이켜 비추어 시작도 끝도 없음을 깨닫게 되면, 초목과 금수, 천지와 귀신 모두 눈앞에서 사라지고 아득히 형적조차 보이지 않게 되나니, 그렇다면 초목 등도 시작도 끝도 없는 존재가 되어 이로써 대동大同의 종지가 드러난다. 또한 초목은 스스로 초목이라 말하지 않고, 짐승은 스스로 짐승이라 말하지 않으며, 천지는 스스로 천지라 말하지 않고, 귀신은 스스로 귀신이라 말하지 않는다. 이 모두는 사람들이 식심識心으로 분별하여 생겨난 차이일 뿐이다. 만약 식심으로 분별하지 않는다면, 사람마다 도가 되고 사물마다 온전한 진체일 터이다.	旣人人返炤窮元, 契無始終, 則草木鳥獸天地鬼神, 當前廓爾, 邈無形迹, 便是草木等類全無始終, 而顯大同之旨也. 且草木自不云草木, 鳥獸自不云鳥獸, 天地自不云天地, 鬼神自不云鬼神. 皆是當人識心分別, 見有差殊. 若無識心分別, 則頭頭是道, 物物全眞.
『능엄경』에서 부처께서 아난阿難[7]에게 '네가 지금 상세히 살펴보니 제법諸法이 어떤 형상이더냐?'라고	故『楞嚴經』佛對阿難云 '汝今諦觀法法何狀?' 正此之謂也.

5 色身은 빛깔과 형상이 있는 몸을 뜻한다.

6 五蘊은 인간을 구성하는 다섯 가지 범주의 요소로 물질적인 것을 의미하는 色, 감각의 受, 개념 표상 작용의 想, 의지 작용의 行, 인식 작용의 識을 가리킨다. 五取蘊·五陰·五衆·五聚라고도 한다.

7 阿難(阿難陀)은 부처의 10대 제자 중 한 사람이다. 無染·歡喜·慶喜라고도 번역된다. 부처의 사촌 동생으로 가비라성의 석가 종족의 집에 출생하였고, 8세에 출가하여 유혹을 이기고 수행을 완성하였다.

물으신 것은 바로 이를 두고 하신 말씀이다.

또 마조馬祖의 '무릇 형상을 본다는 것은 모두 마음을 보는 것이다.'[8]라는 말씀 또한 이 뜻에 지나지 않는다.

又馬祖云'凡所見色, 皆是見心.' 亦不外此意.

현사 선사玄沙禪師가 하루는 땔나무를 하는데 호랑이 한 마리가 눈앞에 나타났다. 옆에 있던 스님이 '스님, 호랑이에요!'라고 급히 외치자, 현사는 '이것은 바로 자네, 호랑이일세.'라고 말하였다. 현사가 사원으로 돌아오자 옆에 있던 스님이 물었다. '방금 호랑이를 만났을 때 이것은 자네라고 말씀하셨는데, 그 높은 뜻이 무엇인지 모르겠습니다.' 현사가 '사바세계[9]에는 네 가지 지극히 중요한 일이 있는데, 만약 그것을 제대로 깨닫는다면 음계陰界를 벗어날 수 있다.'고 답했다.[10] 이로써 식심의 분별이 없어지면 만물이 한가지인지라 아무리 사나운 호랑이가 앞에 있어도 두려워할 것이 없음을 알 수 있다.

又玄沙禪師一日于斫柴次, 見一老虎面前. 傍僧云'和尙, 虎.' 玄沙云'是汝虎.' 玄沙歸院, 傍僧問'適來見虎云 是汝., 未審尊意如何.' 玄沙云'娑婆世界有四種極重事, 若人透得, 不妨出得陰界.' 可見無識心分別, 則物物契同, 縱猛虎當前亦無可懼矣.

또 '하늘이 무슨 말을 하더냐? 사계절이 운행되고, 만물이 자랄 뿐이다.'[11]라고 하였으니, 하늘에도 식심의 분별이 없기 때문에 사계절이 운행되고 만물이 자

又'天何言哉, 四時行焉, 百物生焉', 則天亦無識心分別, 故能行四時生百物, 而與四時百物

8 '馬祖'는 道一을 가리키며, 속성이 馬여서 馬祖라 불린다. 慧能 문하의 南嶽 懷讓의 弟子이다.

9 娑婆世界는 忍土·堪忍土·忍界라 번역되며, 우리가 사는 이 세계를 말한다.

10 고려 승려 慧諶(1178~1234)이 禪宗의 화두를 모아 편찬한 『禪門拈頌集』 중 「見虎」에 玄沙와 天龍의 이야기가 있다. 네 가지 지극히 중요한 일(四種極重之事)이란 애욕의 물결에 빠지는 것(貪愛), 성냄의 불길에 타는 것(嗔怒), 어리석음의 구름에 가리우는 것(愚痴), 기쁨의 바람에 휘날리는 것(掉擧)을 말한다. 陰界는 五陰과 十八界로 五陰은 五蘊을 가리킨다. 十八界란 6종의 감각기관인 六根, 그 대상이 되는 六境, 그리고 根과 境이 緣하여 작용하는 識 6종을 합한 것을 말하는데, 결국 주관과 객관의 모든 세계를 가리키는 것이다.

11 『論語』 「陽貨」에 있는 내용이다.

랄 수 있으며, 사계절과 만물이 고요히 화합하여 모자라거나 어긋나는 일이 없는 것이다.

冥相溥洽, 更無缺悖者矣.

또 '귀신의 덕이 성대하도다! 보려고 해도 보이지 아니하고, 들으려고 해도 들리지 않되, 만물의 본체가 되니 버릴 수가 없도다.'[12]라고 하였다. 귀신을 볼 수도 들을 수도 없지만 만물을 빠뜨림 없이 생성한다면 귀신 또한 식심과 분별심이 없는 것이니, 그 덕은 당연히 성대하다고 할 수 있다.

又'鬼神之爲德, 其盛矣乎! 視之而弗見, 聽之而弗聞, 體物而不可遺.' 夫鬼神旣非視聽可及, 又能體物不遺, 則鬼神亦無識心分別, 而其德固爲盛也.

공자도 귀신의 덕을 이처럼 성대하다고 치켜세웠는데, 이마두는 이것을 일러 시작은 있고 끝은 없다고 하였으니, 어찌 옳다고 할 수 있겠는가? 그런즉 귀신과 천지, 금수와 초목 등은 비록 사람을 통해 시작도 끝도 없다는 사실이 입증되긴 하지만, 그 본성이 이와 같으므로 또한 스스로 의식과 언어의 경계에서 벗어난다. 이 때문에 불경에서 '제법諸法은 스스로 생겨나지도 않고 다른 것으로 인해 생겨나지도 않는다. 자신과 다른 것이 동시에 원인이 되어 생겨나지도 않고 아무 원인 없이 생겨나지도 않는다. 그러므로 무생無生이라고 한다.'[13]라고 한 것이다. 무생의 본체는 혼연일치하여 말없이 이해하고 마음으로 통하여 서로 합치되므로, 그 사이에 망상과 집착과 시비와 분별이 끼어들 수 없다.

且孔子推鬼神之德如此之盛, 而瑪竇謂有始無終, 豈其宜乎? 然則鬼神天地鳥獸草木, 雖因人契證顯其無始無終, 要且自性如是, 而亦自離意言境. 故經云'諸法不自生, 亦不從他生, 不共不無因, 是故說無生.' 無生之體渾然一致, 默識心通而與契合, 無容妄想執着擬議分別于其間矣.

둘째는, 천지와 사람과 사물, 그리고 귀신을 사람을

二者以明天地人物及其鬼神, 不

12 『中庸』 16장에 있는 내용이다.

13 『中論』 제1장 「觀因緣品」에 있는 내용이다. 원문에는 마지막 부분이 '是故說無生'이라고 되어 있으나 『中論』에는 '是故知無生'이라고 되어 있다.

통해 입증하지 않고 본래 시작도 끝도 없으며 전혀 간격의 차이가 없음을 밝히는 것이다.

因人證, 本來是無始無終, 全無間隔之差.

먼저, 실제에 근거하여 그것이 대략 얼마나 넓은지를 논하는 것이다. 그렇게 논해 보면, 허공은 다함이 없고 그것이 포함하고 있는 세계 또한 다함이 없으며, 거기에 살고 있는 중생 또한 다함이 없다. 천지와 귀신, 초목과 금수에 이르기까지 모두 다함이 없어, 숫자로 이루 다 헤아릴 수가 없다. 허공에 끝이 없다면 거기에 있는 모든 사물도 끝이 없으며, 만법도 이와 마찬가지이다. 이는 억지로 그렇게 되게 만든 것이 아니다.

且據實約多廣而論. 則虛空無盡, 而所包世界亦無盡, 以所居衆生亦無盡, 乃至天地鬼神草木鳥獸悉皆無盡, 不得而數量之. 以虛空無有邊際, 則凡所有物悉無邊際, 法爾如是, 非是强爲使之然也.

또 실제에 근거하여 대략 얼마나 오래되었는가를 논해 보는 것이다. 그렇게 논해 보면, 허공은 끝과 시작이 없고, 세계 또한 끝과 시작이 없으며, 중생도 끝과 시작이 없고, 아울러 천지와 귀신, 초목과 금수 모두 끝과 시작이 없다. 그것의 끝과 시작과 일어남과 숨음은 아무리 찾아도 끝내 찾을 수 없으니, 이로써 허공과 세계, 일체의 중생, 천지와 귀신, 초목과 금수는 같은 시간 같은 세상에서 삼세 구분 없이 영원히 존재하며, 꺼지지 않고 생존한다는 사실을 알 수 있다. 이는 약속하지 않았는데 그렇게 된 것이지 시켜서 그리된 것이 아니다.

又據實約久嘗而論. 則虛空無終始, 而世界亦無終始, 衆生亦無終始, 幷及天地鬼神草木鳥獸悉無終始. 覓其終始起伏了不可得, 以顯虛空世界一切衆生及天地鬼神草木鳥獸, 同時同際無分前後, 永久嘗存, 熾生不息. 蓋亦不期然而然, 非使之然也.

우리 나라에 전해 오는 이야기에서는, 반고盤古 때에 와서 비로소 하늘·땅·사람·사물 등의 부류가 생겨났고, 반고 이전에는 하늘·땅·사람·사물 등 일체의 부류가 없었다고 말한다. 이치로써 미루어 보건대, 모든 중생은 감정의 감응으로 인해 생기고 나고

然我土傳說, 謂盤古之時, 始有天地人物等類, 而盤古之前, 無有天地人物一切等類者. 此據理推之, 係一切衆生情分召感, 以成生息始終之道, 正我佛說

숨 쉬고 시작하고 끝나는 도를 이루었을 터인데, 이는 곧 우리 불교에서 모든 중생들의 성품이 서로 다르므로 생성(成)·유지(住)·괴멸(壞)·공空[14]의 겁劫이 서로 같지 않다고 말하는 것과 같다. 모든 미물들까지 전부 이 겁을 갖추고 있다. 겁수의 인연에 대해서는 『장경藏經』의 악자함惡字函[15]과 『기세인본경起世因本經』[16]의 「주세품住世品」[17]에 상세히 기재되어 있다.

隨一切衆生差別之性, 故有成·住·壞·空之劫不同. 至于纖悉之物皆具此劫. 劫數因緣, 載『藏經』惡字函·『起世因本經』內「住世品」備悉.

또 이치로써 미루어 보건대, 세계는 다함이 없을 만큼 매우 많은즉, 이 세계가 생겨나면 저 세계는 괴멸하고, 저 세계가 머무르면 이 세계는 공겁으로 돌아간다. 공에서 다시 생겨나고 생겨났다가 머무르며 머물렀다가 다시 괴멸한다. 이는 약속해서 그리되는 것이 아니라 필연적으로 그리될 수밖에 없는 것이다. 이 세계가 괴멸했다고 해서 저 일체의 세계가 모두 괴멸하는 것이 아니다. 이와 같은즉 반고 이전에는 세계도 사람도 사물도 없었다는 것마저도 우리 사바세계의 설법에 따르자면 지극한 공제空際이거나 모든 세계가 없었다는 뜻이 아님이 분명하다.

又據理推之, 世界有多多無盡. 則此世界成, 而彼世界壞, 彼世界住, 而此世界空. 空而復成, 成而復住, 住而復壞, 亦不期然而然, 勢之必然. 非此世界壞, 而彼一切世界悉皆壞之也. 如是則盤古之前, 無有世界人物. 據我娑婆世界之說, 非極空際, 所有世界悉無之也, 理亦明矣.

예컨대, 한 주州의 성시城市에는 자연 사방이 있게 마련이고, 사방 안에는 모두 집이 있다. 한 귀퉁이에

譬如一州城市, 自有方隅. 據方隅中, 俱有屋宅. 毋論一隅屋遭

14 四劫이라 한다. 세상의 생멸 변화에 대한 불교의 기본적 관점이다. 불교의 우주관에서는 하나의 세계가 성립하고 유지되고 파괴되는 것은 또 다른 세계가 성립되고 유지되고 파괴되는 원인이 된다. 그 과정을 成(성립), 住(유지), 壞(괴멸), 空(공)의 네 시기로 나뉘고, 이를 가리켜 四劫이라 한다.

15 『大藏惡字函』을 이르며 『起世因本經』에 들어 있다.

16 『起世因本經』은 隋나라 때 達磨笈多가 번역한 경전으로 『起世經』이라고도 한다. 세계의 成立과 壞滅에 대해 설한 경전으로 그 내용은 『大樓炭經』과 거의 일치한다.

17 『起世因本經』의 제11품이 「住世品」이다.

있는 집에 불이 났다 하더라도, 불이 지나가고 나면 처음 모양을 따라 다시 집을 짓는다. 처음 모양을 따라 짓는 집 중에도 또 맨 처음으로 짓는 집이 있을 것이다. 맨 처음으로 집을 짓는다는 것은, 하나의 사물이 처음 생겨나면 이로 인해 더욱 많은 사물이 생겨나는 이치에 견줄 수 있다. 하나의 사물이 이러하고 많은 사물 또한 이러하다. 이것이 바로 이마두가 터무니없이 천지와 사람과 사물, 초목과 금수 가운데 최초에 생겨난 것이 있다고 고집하는 까닭일 것이다. 그러나 사방에 있는 모든 집들 가운데는 화재를 당하는 집도, 당하지 않은 집도 있다. 겁수劫數에 비유하자면 머무는 것이 있고 괴멸하는 것이 있는 것과 같다. 이는 대략적인 차이로써 구분하여 천지와 만물에 시작이 있고 끝이 있음을 밝힌 것이다.

回祿, 一回祿後則屋又仍依襲始造. 據始造中, 又有最初第一始造之者. 就最初第一始造之者, 比一物之始生而後依襲多生. 一物如是, 衆物亦然, 此便是喩利瑪竇妄執天地人物及草木鳥獸有最初始生之謂也. 然各方隅中, 所有屋宇, 有遭回祿及不遭者, 喩之劫數有住有壞. 此約別分, 以明天地萬物有始有終也.

한 주현의 성시에 있는 집들은 가지런하게 보여, 타 버린 집과 타지 않은 집의 구별이 없다. 지극한 공空에 비유하자면, 옛날부터 형상으로 성립되어 무너진 것도 없고 무너지지 않은 것도 없는 것과 마찬가지 이치이다. 이는 대략적인 동일함으로써 구분하여 천지와 만물에 시작도 없고 끝도 없음을 밝힌 것이다.

一州縣中城市屋宇, 望之儼然, 無有燬者及不燬者. 喩之極空, 所有世界終古象立, 無有壞者及不壞者. 此約同分, 以明天地萬物無始無終也.

동일함으로써 구분하는 것은 광범위하여 많은 것을 아우를 수 있고, 차이로써 구분하는 것은 간략하고 협소해질 수 있다. 따라서 동일함으로써 구분하여 총괄하여 보건대, 허공도 다함이 없고 중생도 다함이 없고, 세계도 다함이 없으며, 천지와 만물에 이르기까지 모두 다함이 없다. 모두 다함이 없으니 시작도 끝도 없으며, 시작도 끝도 없으니 천지와 만물 모두

以同分言而該多廣衆博故, 以別分言而就約畧窄狹故. 總以同分明之, 虛空無盡, 衆生無盡, 世界無盡, 乃至天地萬物悉皆無盡. 旣皆無盡, 則無始無終, 旣無始終, 則天地萬物皆無始終, 而衆生世界亦無始終, 乃

시작도 끝도 없다. 중생과 세계 또한 시작도 끝도 없으며, 끝도 없는 저 허공과 모든 사물들까지 모두 시작도 끝도 없다.

至極虛空際, 凡所有物悉無始終.

이와 같은 눈에 보이고 손으로 가리킬 수 있는 모든 사물과 현상은 본래 시작도 없고 끝도 없으며, 스스로 크나큰 도의 본원과 온전한 진체의 종지를 갖추고 있다. 또한 한데 모여 한곳으로 돌아가 사람의 마음으로부터 드러나 일체가 된다.

如是則縱目所觀, 縱手所指, 物物頭頭, 事事法法, 本來無始而本來無終, 自具大道之元, 全眞之旨. 又會而歸之, 總備當人自心, 顯爲一體焉.

이제 간략한 비유로써 설명해 보자면, 사람의 생각이 하나의 사물에 미칠 때, 하나의 사물을 알 수 있고 볼 수 있고 아울러 들을 수 있다. 하나의 사물을 생각하지 않는다면, 그것을 볼 수도 없고 들을 수도 없으며 아울러 알 수도 없다. 이와 같이 미루어 보자면, 하나의 사물이 이러하고, 여러 사물이 이러하고, 또 하나의 세계가 이러하고, 많은 세계가 또한 이러하다.

今畧比明, 蓋當人有心思及一物, 則一物可知可見, 幷及可聞. 一物不思, 則不可見, 亦不可聞, 幷不可知. 類而推之, 一物如是, 衆物亦然, 乃至一世界如是, 多世界亦然.

이치가 이러하니, 한 사람에게 마음이 있으면 하나의 세계가 드러나고, 많은 사람들에게 마음이 있으면 많은 세계가 드러난다. 많은 사람들에게 마음이 없으면 많은 세계가 드러나지 않고, 한 사람에게 마음이 없으면 하나의 세계가 드러나지 않는다. 이와 같은즉 세계가 아무리 넓고 많으며 사물이 아무리 가득하고 무성하다 하여도 결국은 하나의 마음속에 모두 담겨 있어 어느 것 한 가지도 포섭되지 않은 것이 없다.

旣爾則一人有心, 一世界現, 多人有心, 多世界現. 無多人心, 無多世現, 一人無心, 無一世現. 如是則世界之廣多, 事物之彌盛, 總在一心包羅該博, 無一法而不具攝者.

이 때문에 맹자는 '일체 만물을 내가 모두 갖추고 있다.'[18] 하였고, 자사는 '중화中和의 경지에 이르면 천지가 제자리를 잡게 되고, 만물이 무성하게 자란

故孟子曰'萬物皆備於我.' 子思曰'致中和, 天地位焉, 萬物育焉.' 程子曰'放之則彌六合, 卷

다.'[19]고 하였으며, 정자는 '펴면 육합(온 우주)에 가득 차고, 감으면 물러나 보이지 않는 곳(마음)에 간직된다.'[20]고 한 것이다.

之則退藏於密.'

불경에서도 '마음이 일어나면 갖가지 법이 생기고, 마음이 사라지면 갖가지 법이 사라진다.'[21]고 하였고, 또 '마음이란 총지總持[22]의 근본이자 만법의 큰 근원이라 지智로써 알 수도 없고, 식識으로써 인식할 수도 없다. 지智는 알 수 없고, 식識은 인식할 수 없으니, 그 뜻을 이해하는 것은 사람의 마음에 달려 있다.'고 하였다.

經亦曰'心生則種種法生, 心滅則種種法滅.' 又云'心也者, 總持之大本, 萬法之洪源, 不可以知知, 不可以識識. 知莫能知, 識莫能識, 默契其旨, 存乎其人也.'

또 여기에 마땅히 삼지비량三支比量[23]을 세워 외도外道가 법을 깨뜨리는 오류를 막아야 한다. 서역의 보살들은 외도와 의義를 논할 때, 삼지가 나란히 갖추어져 있음을 보여 주었는데, 그렇게 하면 의가 승리해 삼지비량을 세울 수 있었다. 만약 종宗·인因·유喩의 삼지가 갖추어지지 못해 종과 인이 어긋나거나 인과 종이 어긋나거나 또는 유와 종·인이 어긋날 경우에는 삼지비량을 세울 수 없었는데, 그럴 때에는 스스로 붉은 깃발[24] 아래에 떨어져 기꺼이 옷을 거꾸로

又於此當立三支比量, 以防外道毁法之謬. 蓋西域菩薩與外道論義, 要顯三支齊備, 則義勝許立. 若宗·因·喩三支不齊, 或宗與因相違, 而因與宗相違, 而喩與宗·因相違等, 皆不能立, 自墮赤幡之下, 甘倒著衣而出, 或自斬首立誓, 以見法有輸勝故也.

---

18 『孟子』「盡心上」에 있는 내용이다.

19 『中庸』 1장에 있는 내용이다.

20 程頤 『中庸傳』에 있는 내용이다.

21 『楞伽經』, 『大乘起信論』에 있는 내용이다.

22 總持란 많은 것을 지니고 기억하여 잊지 않음을 가리키는 말로, 모든 악한 법을 버리고 한량없이 좋은 법을 가지는 것을 말한다.

23 '三支比量'은 因明學의 推理 방법이다. 宗(立義), 因(論證), 喩(設譬)를 '三支'라고 하며, 因과 喩로써 宗을 논증하는 것을 '比量'이라 한다. 이러한 전반적인 논증 과정을 三支比量이라고 한다.

24 赤旛이라고도 한다. 고대 인도에서는 불제자들이 외도와 의론을 벌인 후, 승리한 쪽이 붉은 깃발을

입고 나가거나, 혹은 제 머리를 베어 맹세하면서 법에는 돌아가며 이기고 지는 이치가 있음을 드러내었다.

지금 삼지비량을 처음으로 세움에 있어, 먼저 천지만물 모두 시작도 끝도 없다는 것을 밝힘으로써 크나큰 도의 본원과 온전한 진체로 삼아야 하기에, 이제 먼저 삼지비량을 세워 보겠다.

今初立量, 以先明天地萬物皆是無始無終, 爲道原全眞, 故此當先立量云.

크나큰 도와 온전한 진체를 법으로 삼고, 천지만물을 두루 갖추는 것을 종宗으로 삼으며, 하나같이 시작과 끝이 없음을 인因으로 삼는다. 같은 부류의 유喩로는 허공을 들 수 있다. 허공은 끊임없이 이어지며 경계가 없고, 삼라만상을 두루 갖추고 있다. 다른 부류의 유喩로는 거북의 털과 토끼의 뿔을 들 수 있다. 거북의 털과 토끼의 뿔은 본디 없는 것이므로 시작도 끝도 없는 것과는 다르며, 삼라만상을 두루 갖출 수도 없다.

大道全眞爲有法, 天地萬物具該爲宗, 一於無始無終爲因, 同喻如虛空. 以虛空亦綿亘不斷, 無有邊際, 而具該萬象, 故異喻如龜毛兎角, 以龜毛兎角本無所有, 異于無始無終, 不能與萬象具該也.

다음으로 삼지비량을 세울 때 만법은 유심唯心으로 돌아가므로 유심을 법으로 삼고, 만물이 두루 갖추어져 있는 것을 종으로 삼으며, 시작도 끝도 없음을 인으로 삼는다. 같은 부류의 유와 다른 부류의 유는 앞의 예와 같으므로 여기서 더 이상 말하지 않겠다.

次當立量, 以萬法會歸唯心, 則立量云唯心爲有法, 萬物具備爲宗, 亦以無始無終爲因, 同異二喻一如前例, 玆不煩贅.

그런데 이마두는 망령되게 오직 천주만이 시작도 끝도 없으며, 천주가 낳은 만물은 시작도 끝도 있다고 고집하였다. 도리가 심히 어긋나 실로 믿을 바가 못 되기에 한번 따져서 밝혀 보고자 한다.

且瑪竇妄執有天主獨具無始無終, 而生萬物爲有始有終. 理甚乖舛, 誠不足信, 試以辨明.

높이 들고 개선가를 불렀다고 한다.

만물이 최초에 생겨난 때가 있다면, 최초에 생겨나기 전에는 만물이 없었을 것이다. 만물이 없었다면 그때 천주가 만물을 창조할 수 있었던 공력 또한 반드시 소멸과 끝이 있는 것이다. 천주가 만물을 창조한 공력에 소멸과 끝이 있기 때문에 만물이 처음 생기기 전에는 아무것도 없었다는 사실을 알 수 있는 것이다. 그때 창조의 공력도 없고 또 창조해 낸 사물도 없었다면, 천주란 존재하지 않으며 오직 혼돈의 세계만이 텅 빈 어둠에 싸여 있었을 것이다. 앞에서 밝혔듯이, 중생이 느끼는 혼돈과 공겁空劫이 바로 그것이다. 그런데 이마두는 이것을 깨닫지 못하고, 천주는 시작도 끝도 없다고 착각하고 망령되이 헤아리고 있으니, 삿되고 그릇됨이 심하지 아니한가?

蓋萬物既有最初始生之時, 則最初始生之前, 無有萬物. 既無有萬物, 則必彼時天主能生之功, 亦必有滅有終. 以因天主能生之功有滅有終, 故顯萬物最初始生之前無有. 既彼時無有能生之功, 又無所生之物, 則顯無有天主, 唯一混沌空晦而已. 炤如前論, 衆生召感混沌空劫是也. 而瑪竇不悟, 錯認妄計爲天主以具無始無終, 寧不邪謬之甚乎?

또한 천주가 시작도 끝도 없는 존재라고 한다면, 지혜와 능력, 체體와 용用 모두 시작도 끝도 없이 두루 드러나 전지전능하고 건생불식健生不息하는 도를 지니게 될 것이다. 만약 그 사이에 간격이나 틈이 있다면, 이는 건생불식의 도도 전지전능의 이치도 아닐 터, 그저 시작도 끝도 없는 체량體量을 갖추지 못하였음을 더욱 드러낼 뿐이다.

且伊既謂天主具無始無終, 則應智能體用悉無始終, 方顯爲全智全能, 有健生不息之道. 若有間隔空缺於其中, 則非是健生不息之道, 亦非全智全能之理, 而亦愈顯非具無始無終之體量也.

예컨대, 허공은 삼라만상을 두루 망라하고 있어서 잠시도 떨어지는 법도 없고 도망쳐 숨을 곳도 없다. 저 삼라만상처럼 시작도 끝도 없어야만 온전한 공력이라 부를 수 있다. 어떻게 천주는 시작도 끝도 없고 전지전능한데, 피조물만은 시간도 있고 모자람도 있고 소멸도 있고 끝도 있을 수 있단 말인가?

譬如虛空該羅萬象, 無時間離, 而亦無可逃遁. 直與萬象無始無終, 方稱全功. 豈有天主具無始無終爲全智全能, 而獨生物有間有缺有滅有終乎?

그런즉 저들이 천주를 허황되게 헤아린 것에 착각

然則據伊妄計天主, 錯認雖多,

한 부분이 많기는 하지만, 끝까지 따질 것도 없이 그저 처음 만물을 만들어 냈다는 설 하나만 가지고 반복 변론해 보아도 이치가 이처럼 궁해져서, 천주란 존재하지 않는다는 사실만이 뚜렷하고도 명백하게 드러날 뿐이다. 지혜로운 자라면 그 누가 저 외도에게 미혹당하겠는가!

不用盡究, 就此最初生物一端, 反覆辨論, 理窮於是, 顯見無有天主, 明而且著. 誰有智者受伊外道之所惑哉!

또 저들이 천주는 시작도 끝도 없으나 천주가 만든 사물은 시작도 끝도 있다고 아무리 떠든다고 하여도, 지금 삼지비량으로써 종宗과 인因이 서로 어긋난다는 사실을 밝히 깨뜨렸으니, 참으로 외도의 법이란 성립될 수 없고, 그 도리란 믿을 수 없다.

又縱伊謂天主則無始無終, 而生物謂有始有終, 今以三支比量, 炤破宗·因相違, 誠外道法, 固不能立, 理無可信也.

여기서 삼지비량을 세워 말한다면, 천주를 법으로 삼고, 시작도 끝도 있는 짐승과 초목을 창조할 수 있음을 종宗으로 삼으며, 스스로는 시작도 끝도 없는 존재로서 다른 것으로 인해 생겨나지 않았다는 것을 인因으로 삼는다.

於此當立量云, 天主爲有法, 能生有始有終鳥獸草木爲宗, 自以無始無終非所繇生爲因.

같은 부류의 유喩로 거북 털이 사물을 낳는 것을 들 수 있다. 거북 털은 무엇을 통해 생겨난 것이 아니라 본래 없는 것이니, 사물을 창조할 수 없다. 사물을 창조할 수 없다면 인과 종이 서로 어긋나고 종과 인도 어긋난다. 종과 인이 어긋난다면 저들이 세운 천주의 뜻 역시 성립되지 않는다. 법이 스스로 어긋날 뿐더러 어지러워 하나로 통일되지 않는다.

同喩如龜毛生物, 以龜毛非所繇生, 本無所有, 則無生物之理. 既無生物之理, 則因與宗相違, 而亦宗與因相違, 既宗·因相違, 則伊所立天主之義不極成矣. 唯是自法相違, 矯亂不一者.

다른 부류의 유喩로 사람이 사람을 낳는 것을 들 수 있다. 사람은 사람의 부류이므로, 시작도 끝도 없고 자신은 무엇으로 인해 태어나지 않았지만, 시작도 끝도 있는 짐승과 초목을 낳은 천주와 다르다. 지혜

異喩如人生人, 以人同人類, 故異於無始無終非所繇生之天主, 生出有始有終之鳥獸草木也. 智者於此推而鑒之, 則知伊

있는 자들이 이를 미루어 헤아린다면, 저들이 망령되이 꾸며 낸 천주란 본디 근거 없는 말임을 알 수 있을 것이다.

之妄計天主, 固爲無根之談也.

이마두는 천지만물이 내 안에 갖추어져 있고, 자기와 천지만물은 모두 충족된 존재이며, 시작도 끝도 없는 것과 본래 하나라는 사실을 전혀 알지 못한다. 그러면서 천지만물 밖에서 오직 천주 하나만이 시작도 끝도 없는 존재라고 허황되게 고집하고 있으니, 실로 삿된 생각이자 외도이다. 크나큰 도가 원래부터 충족되어 있다는 것을 믿지 않고 바깥에 따로 법을 세우는 것을 일러 외도라 한다. 크나큰 도가 스스로에게 본디 갖추어져 있다는 것을 알지 못하고, 허황되게 다른 하나의 법이 있다고 여겨 그것을 바라고 흠모하는 것을 일러 삿된 생각이라 한다. 그러한 까닭에 이름을 「사견의 근원을 밝히다」라고 붙였다.

然瑪竇全不省天地萬物備于自己, 而自己與天地萬物具足, 無始無終本來者一着子; 向天地萬物之外, 妄執有一天主獨具無始無終, 誠爲邪見外道也. 蓋不信大道本來具足, 向外別立有法, 名爲外道. 不見大道本來自具, 妄見別有一法爲之企慕, 名爲邪見. 故命名曰「揭邪見根源」.

이 책은 결국 삿된 생각을 밝히고자 지은 것이니, 『천주실의』라는 책은 터무니없이 천주가 있다고 고집하면서 삿된 생각을 실제의 뜻으로 삼았으니, 그 책을 삿된 생각을 쓴 책이라 질타하여야 마땅할 것이다."

然則其書總明是邪見, 而稱『天主實義』者, 正是妄執有天主爲邪見之實義, 則其書當叱爲邪見書云."

2.2. 사견이 공空과 무無로 불교를 비방하는 것을 밝히다

揭邪見以空無謗佛[1]

요지

이마두가 『천주실의』 2편에서 "노자는 무위無爲를 도道로 삼고, 불가는 공무空無가 만물을 낳았고 색 또한 공에서 나왔으니 공에 주력한다."고 비판한 데 대해 비은 통용은 불교의 일승실상요의一乘實相了義[2]의 법을 들어 반박하였다. 즉 일승실상은 모든 존재는 공空도 유有도 인因도 연緣도 아니며 자연적인 것도 아니지만 사람마다 사물마다 본래 갖추고 있어 세간 상相이 그대로 머물러 있다는 것이다. 이마두는 불교를 제대로 이해하지 못하고 망령되이 공무空無를 가지고 반복 변론하면서 불교를 이기고자 하였으니, 결국엔 그 스스로 패하고 말아 무無, 공空, 허虛에 이르게 될 것이라고 반박하였다.

『천주실의』 제2편에서는 중국 선비의 입을 빌려 "우리 중국에는 예로부터 삼교三敎가 각기 교파를 이루고 있다. 노자는 만물이 무無에서 생겨난다고 여겨 무를 도道라고 말하고,[3] 불교에서는 색色이 공空으로부터 나온다고 여겨[4] 공에 힘쓴다."[5]고 적고 있다.

邪書第二篇, 假以中士謂"吾中國有三教, 各立門戶. 老子謂物生於無, 以無爲道, 佛氏謂色繇空出, 以空爲務." 此亦見瑪竇外道. 不識我佛單闡無始無終

1 『천주실의』 2편 "사람들이 천주를 잘못 알고 있는 것을 풀이하다(解釋世人錯認天主)"에 대한 비판이다.

2 '一乘實相了義'란 實相의 도리를 知覺하여 그 의미를 안다는 뜻이다.

3 老子는 天下萬物의 근원으로 '道'를 말하는데 '도'가 '無'라는 것은 '도'의 존재 양식이다. '도'는 유한한 사람의 인식 작용을 초월하는 절대의 존재이다.

4 불교에서 모든 존재(法)는 인연에 따라 생기는 것으로 객관적 실체가 아닌 '공'으로 파악하였다. 따라서 현상(色)이 '공'에서 나온다는 말은 實有를 부정하는 것이다.

5 불교에서는 自性 혹은 佛性을 중시하면서, 이 안에 만물이 들어 있다고 말한다. 그러나 이는 결국 하나의 실체가 아니라 '자성은 늘 청정(自性常淸淨)'하며, '마음이 비고 어둡지 않은 것(虛靈不昧)'이라 도가에서 말하는 '無'와 가깝게 느껴진다. 이에 대해 이마두는 『천주실의』 2편에서 불교를 비판하며, "이는 '공과 무가 만물을 낳는다.(空無生物.)' 및 '색은 공에서 나오므로, 공에 힘써야 한다.(色由

이 또한 이마두가 외도임을 보여 주는 것이다. 저들은 우리 불교가 오직 시작도 끝도 없는 곧고 크나큰 도와 온전한 진체를 드러내는 것을 구경究竟[6]으로 삼는다는 사실을 모르고서, 함부로 "공과 무가 만물을 낳는다."는 말로 우리 불교를 비방하고 있다.

全眞大道爲究竟, 妄以"空無生物"謗我佛矣.

저들은 우리 불교가 시작도 끝도 없는 크나큰 도와 온전한 진체를 일승실상요의법一乘實相了義法으로 펼쳐 사람들로 하여금 도를 깨닫는 입문으로 삼게 하고 있음을 더더욱 모르고 있다.

殊不知我佛以無始無終全眞大道, 演爲一乘實相了義之法, 爲之開示令人悟入.

그렇다면 일승一乘이란 무엇인가? 실상이 늘 머물고 있는 법이다. 이 실상이 늘 머물고 있는 법은 어디에 있는가? 지금 눈앞에 있는 천지만물은 눈을 들면 보이고, 손을 들면 가리켜지며, 하나하나 제자리에 있고 사물마다 본래의 진면모 그대로이다. 이것이 곧 본래부터 실상이 늘 머물고 있는 법이다. 사물이 이러하고 사람도 이러하다. 이 때문에 『법화경』에서는 "이 법이 법의 자리에 머무니 세간 상相이 그대로 머물러 있다."고 말한다.

且一乘者何? 乃實相嘗住之法也. 此實相嘗住之法在於何處? 就現前天地萬物, 縱目所觀, 縱手所指, 頭頭就位, 物物天眞, 從本以來是實相嘗住之法. 物旣如是, 人亦復然. 故『法華經』云 "是法住法位, 世間相嘗住."

사물마다 법마다 본래의 자리에 머물러 있으니 하늘은 하늘의 자리에, 땅은 땅의 자리에, 해는 해의 자리에, 달은 달의 자리에, 사람은 사람의 자리에, 사물은 사물의 자리에 머물러 있는 것이다. 제각기의 상相이 본래의 자리에 머물러 있으니 본래의 자리는 바

以事事法法住於本位, 則天住天位, 地住地位, 日住日位, 月住月位, 人住人位, 物住物位. 旣各相住于本位, 則本位即是無始無終實相嘗住之體.

空出, 以空爲務.)'는 사상을 선양하는 데 지나지 않는다."고 한 바 있다.

6 '究竟'은 最上·畢竟·究極이란 뜻이다. 부처의 覺悟를 究竟覺이라 하고, 깨달음의 가장 높은 단계를 究竟位라 한다.

로 시작도 끝도 없는 실상이 머물러 있는 것이다.

실상이 머물러 있는 본체인즉, 하늘의 상이 머물고 땅의 상 또한 머물고, 해의 상이 머물고 달의 상 또한 머물고, 사람의 상이 머물고 사물의 상 또한 머물러 드러나는 것이다. 모든 것이 머물러 있는, 즉 천지만물 고금의 물리物理 모두가 일승실상이 머물러 있는 법이 된다.

既是實相嘗住之體, 則顯天相嘗住而地相亦嘗住, 日相嘗住而月相亦嘗住, 人相嘗住而物相亦嘗住. 既都是嘗住, 則天地萬物古今物理, 皆一乘實相嘗住之法也.

또 이 일승실상이 늘 머물고 있는 법은 본래부터 공空도 아니고 유有도 아니고 인因도 아니고 연緣[7]도 아니다. 또한 자연의 성질도 아니다. 사구게四句偈[8]가 흩어지고 온갖 비방도 떨쳐버려 입으로는 말하고자 하나 언어가 사라지고 마음은 연을 맺길 원하나 생각이 사라져 생각과 말이 뜻하는 바를 곧장 얻게 되는 그런 것이다. 이것을 묵묵히 체득한 자는 실상이 늘 머물러 있는 법을 깨달았다고 할 수 있다.

且此一乘實相嘗住之法, 從本以來, 非空非有, 非因非緣, 非自然性, 四句既離, 百非竝遣, 口欲言而詞喪, 心欲緣而慮忘, 直得出乎心思言議之表, 默契於斯者可謂悟入實相嘗住之法矣.

이와 같다면 눈앞의 모든 현상과 사물이 어떻게 공에서 나올 수 있겠는가? 공에서 나왔다면 결국 공으로 돌아가게 될 터, 어떻게 실상이 늘 머물러 있다고

夫如是, 則目前色色物物豈從空出耶? 若從空出, 則終歸於空, 豈得謂之實相嘗住乎? 既非空

7 '緣'은 사물이 생성되고 훼멸되는 보조적 조건을 말한다.

8 '四句偈'는 경전이나 가르침의 핵심 내용을 4句의 형식으로 요약한 것을 말하는데, 대표적인 것으로 金剛經의 사구게가 있다. 내용은 다음과 같다. 첫째, 무릇 상이 있는 것은 모두 허망하니, 만약 모든 상이 상이 아님을 본다면 여래를 볼 것이다.(凡所有相皆是虛妄, 若見諸相非相卽見如來.) 둘째, 색에 머물러 마음을 내지 말고 소리나 향이나 맛이나 감각이나 법에 머물러 마음을 내지 말라. 응당 머무는 바 없이 마음을 내라.(不應住色生心, 不應住聲香味觸法生心, 應無所住而生其心.) 셋째, 만약 형상으로 나를 보거나 음성으로 나를 구하면 이 사람은 사도를 행함이니, 능히 여래를 보지 못할 것이다.(若以色見我, 以音聲求我, 是人行邪道, 不能見如來.) 넷째, 현상계의 모든 것은 꿈과 같고 환상과 같고 물거품과 같고 그림자와 같으며 이슬 같고 번개 같으니 응당 이와 같이 보아야 한다.(一切有爲法, 如夢幻泡影, 如露亦如電, 應作如是觀.)

말할 수 있겠는가? 공에서 나온 것이 아닌즉, 저들이 망언으로 불교를 비방하면서 색色이 공에서 나왔다고 하는 것은 뜻이 통하지 않으며, 공에 힘쓴다는 말 또한 뜻이 통하지 않는다. 공이 만물을 낳을 수 있다는 말 또한 뜻이 통하지 않는다. 뜻이 통하지 않는다면, 『천주실의』 2편에서 말하고 시비를 가리고 따져 물은 것 모두가 망언이다.

出, 則是汝妄言謗佛謂色從空出, 義固墮也. 以空爲務, 義亦墮也. 空能生物, 義亦墮也. 汝義既墮, 則汝此篇說話辨論窮詰, 皆妄言也.

이마두는 "도교나 불교를 따르는 무리들 또한 천주이신 위대한 아버지께서 내셨으니 모두 우리의 형제이다. 만약 우리의 동생들이 미친병에 걸려 모든 것을 거꾸로 하고 기괴한 짓을 한다면 형 된 도리로 불쌍히 여겨야 하겠는가, 미워해야 하겠는가? 이치로써 그들을 깨우쳐야 할 것이다."라고 말했는데, 온전히 참된 도리의 근본에 이르지 못하고서 망령되이 천주가 있다고 고집하고 있는 것을 보니, 이마두야말로 삿된 생각을 지닌 외도일진대, 어찌 우리 불가와 형제가 될 수 있겠는가? 이마두는 삿된 생각을 지닌 외도로서 미친병에 걸려 모든 것을 거꾸로 하고 괴이한 짓을 다하였으니, 억겁에 이르도록 돌아오지 못할 것이다. 나는 그를 불쌍히 여기지도 않고 미워하지도 않는다. 다만 온전히 참되고 근원이 되는 지극한 도리로써 깨우쳐 줄 따름이다. 너희 오랑캐 무리들은 돌아올 줄을 아는가?

汝謂"二氏之徒, 竝天主大父所生, 則吾兄弟矣. 譬吾弟病狂顚倒怪誕, 吾爲兄之道, 恤乎恨乎? 在以理諭之而已." 觀汝不達全眞道元, 妄執有天主, 則汝是邪見外道, 豈我佛爲汝兄弟乎? 汝既邪見外道, 正病狂顚倒怪誕, 至無窮劫, 未有返日. 我今且不恤汝, 亦不恨汝, 但以全眞元道之至理喻汝耳. 汝之夷輩, 其亦知返乎?

이마두는 또 "단단한 밧줄로는 쇠뿔을 묶을 수 있고, 이치 정연한 말로는 사람의 마음을 승복시킬 수 있다."고 말했는데, 온전히 참된 도리의 근본에 이르지 못하고, 망령되이 삿된 생각을 고집하고 있는 것

汝又謂"堅繩可繫牛角, 理語能服人心." 觀汝不達全眞道元妄執邪見, 則如野牛妄奔妄觸無有休日, 我但以元道正理爲堅

을 보니, 그야말로 들소가 하루도 쉬지 않고 미친 듯 달리며 뿔로 박아 대고 있는 것만 같다. 나는 단지 근원이 되는 바른 도리를 단단한 노끈 삼아 그의 삿된 생각의 쇠뿔을 잡아맬 뿐, 그가 승복할지 승복하지 않을지는 따지지 않겠다.

繩, 亦可縶汝邪見之牛角, 且不計汝服不服矣.

이마두는 또 허무를 천한 것으로 천주를 귀한 것으로 여기는데, 이것은 그가 실상이 늘 머물러 있는 이치에 이르지 못하였기에 망령되이 불교가 공허하고 허무하다고 말하고 있는 것이다. 허虛라고 말하면 그 스스로가 망령되이 허虛해질 뿐이고, 무無라고 말하면 그 스스로가 망령되이 무無해질 뿐이며, 천賤이라고 말하면 그 스스로가 망령되이 천賤해질 뿐이다. 저들이 어찌 우리 불가를 더럽힐 수 있겠는가?

汝又以虛無爲賤, 以天主爲貴, 是汝既不達實相嘗住之理, 妄謂佛教是虛是無. 如謂之虛, 汝自妄虛也, 謂之無, 汝自妄無也, 謂之賤, 汝自妄賤也. 又何能浼瀆于我佛乎?

이마두는 또 "사물의 존재 이치로써 살펴보건대, 공무空無라고 말한 이상 사물의 운동인(作者)·형상인(模者)·질료인(質者)·목적인(爲者)이 될 수 없다."[9]고 말했는데, 이는 우리 불교는 공무하지 않은데도 늘 그 스스로가 망령되이 공무하다고 파악하고 있는 것이다. 그가 말한 것처럼 사물의 운동인·형상인·질료인·목적인이 될 수 없는 것은 공에 미혹되어 감정이 드러났기 때문이니, 여기서 그 스스로 패배했음이 드러난다.

汝又謂"試以物之所以然觀之, 既謂之空無, 則不能爲物之作者·模者·質者·爲者." 我教既非空無, 是汝妄計爲空爲無. 誠如所言, 不能爲物作者·模者·質者·爲者, 此是迷空情現, 蓋見汝自敗露矣.

9 『천주실의』 1편에 있는 내용이다. 마테오 리치는 Thomism 신학을 익힌 사람이었으므로 그의 고유한 세계관을 이러한 神學觀에 따라 설명하였다. 이는 중국인들이 가지고 있는 음과 양의 대립적 상호작용에 의해 자체적으로 자연스럽게 변화하고 발전한다고 보는 우주관과 크게 상충되었다.

그가 크나큰 도의 본체는 사람마다 본래 갖추고 있고 사물마다 온전히 참되다는 사실을 깨닫지 못하고, 망령되이 공무空無를 가지고 반복 변론하면서 불교를 이기고자 한다면, 나는 그가 결코 이기지 못할 뿐더러 스스로 패하고 말아 스스로 무無하고 공空하고 허虛해질 것임을 잘 알고 있다. 그가 만약 성誠하고 유有하고 진眞하고 실實한 존재라면, 혼자서만 주인 없는 외로운 혼이 되지 않고자, 마음 밖에 하나의 천주를 꾸며 내어 죽은 다음에 찾아가 빌붙으면서, 다른 모든 사람으로 하여금 다 주인 없이 떠도는 외로운 혼이 되게 하지는 않을 것이다. 그와 같은 사람들은 모두 참으로 이른바 업식業識[10]이 아득하여 의지할 근본이 없다고 말할 수 있다.

然汝既不達大道之體, 人人本具, 物物全眞, 妄以空無, 作此反覆辨論, 欲取勝于佛, 吾知汝不能取勝, 特自取敗, 抑亦自無自空自虛. 汝若是誠是有是眞是實, 決不自甘作此無主孤魂, 計心外有一天主, 百年之後, 往彼依附, 使一切人都作無主孤魂. 悉如汝者, 眞所謂業識茫茫無本可據也.

어떤 사람이 말했다.

或云:

"'색이 공으로부터 나온다고 여겨 공에 힘쓴다.'고 말한 것에는 이마두 나름의 근거가 있을 터, 꼭 억측이라고는 말할 수 없다."

"'色繇空出, 以空爲務.' 瑪竇亦有所憑, 未必臆說."

내가 말했다.

曰:

"설령 근거한 바가 있다 하더라도 이는 우리 불가의 소승에서 말하는 변계소집성偏計所執性[11]과 색공에 불과하니, 우리 불가의 일승실상의 이야기는 아니다."

"縱有所憑, 亦不過我家小乘偏計色空之謂, 非是我佛一乘實相之談."

이마두는 불경을 다 읽어 보지도 않은 채 주자가

然瑪竇未曾備覽佛經, 唯迹朱

10 '業'은 몸과 입과 뜻으로 짓는 말과 행위, 작용 등을 뜻한다. '業識'은 業에 의해 초래된 과보로 無明의 힘에 의하여 처음으로 기동하게 되는 것을 의미한다.

11 사물의 있는 그대로의 모습이 아니라, 자기의 주관적 감정과 욕망에 의해 대상을 분별하는 것이다.

쓴 『대학』의 서문만 살펴보고서 불교를 가리켜 이단이며 허무와 적멸寂滅의 종교라고 말하였다.[12] 그의 고원함은 『대학』을 넘어서지만 실속이 없다. 주자 또한 불경에 있는 대승실상의 종지를 깊이 궁구한 바 없으며, 그저 다양한 것을 보고 들은 다음 거기다 이것저것 갖다 붙여 그렇다고 여겼을 뿐이다. 이마두는 주자의 잘못된 말 한 마디를 가져다 근거로 삼은 결과 못생긴 여자가 서시西施의 찡그림을 흉내 냈다가 도리어 추함만 더욱 드러내는 꼴이 되어 버렸다. 사악한 넝쿨이 가지를 뻗어 나가면 자라는 것을 막을 길이 없으니, 우리의 견고한 요새를 위해 응당 베어 버려야 한다.

子『大學』之序, 謂異端虛無寂滅之教. 其高過于『大學』而無實. 且朱子亦不曾備究佛經大乘實相之旨, 不過涉獵見聞, 影響附會于其間, 便以爲然矣. 然朱子一言之錯, 而瑪竇據以爲憑, 醜婦效顰, 轉見其陋. 邪蔓引蔓不可勝長, 凡我金湯固當剪除云.

12 예수회 선교사들은 현실주의적 태도로 중국 불교 철학 사상을 이해했다. 특히 기독 철학은 創始論을 기초로 삼는 데 반해 불교 철학에서는 緣起性空을 기초로 삼아 인류의 생명 및 만물의 존재에 시작과 끝이 있다는 것을 부정한다. 또 마테오 리치는 '有'의 개념을 견지하면서 불교의 '空' 이론 자체를 부정했다. 따라서 여기서 말하는 허무와 적멸은 모두 그러한 취지에서 부정된 개념이라 말할 수 있다.

2.3. 사견이 본분을 따르지 않고 삼혼으로 세상을 미혹하는 것을 밝히다

揭邪見不循本分以三魂惑世[1]

요지

이 글에서는 마음 바깥에 천주를 만들어 내어 흠모하고 수련하는 것에 대해 반박하고 있다. 주로 본분을 따르지 않고서 밖으로만 분주히 뛰어다니며 구한다면, 아무리 노력해도 얻을 바가 없음을 강조하고 있다. 마음과 본성과 도는 사람마다 고유한 것이므로 사람마다 자기의 본분을 지킨다면 상하가 모두 화목하고 세상이 편안할 것이라고 하며, 또한 중국에 유교·불교·도교 삼교가 있어 백성들이 나뉜다는 이마두의 주장에 대해서도 삼교가 각기 추구하는 궁극적인 것은 하나인지라 이로 인해 백성이 분열될 까닭은 없다고 반박하였다. 마지막으로 천주교에서 말하는 사람의 삼혼, 즉 영혼·각혼·생혼의 구분에 대해서 천성의 도에 맞지 않는 어불성설이며, 동물에게 영혼이 없다는 주장도 인의에 크게 어긋난다고 비판하고 있다.

『천주실의』 제3편에서는 중국 선비의 입을 빌려 "어느 누가 본분에 만족하며 외부의 것을 추구하지 않겠는가? 이 넓은 천하와 억조창생을 다 준다고 해도 만족할 줄 모르니, 참으로 어리석다."고 하였다. 여기서도 이마두가 스스로 눈이 멀어 전혀 깨닫지 못하고 있음을 알 수 있다. 그는 마음 바깥에 천주가 있어 흠모하며 (그에게로 가기 위해) 수련할 수 있으며 천

邪書第三篇內, 假以中士謂"誰有安本分而不求外者? 雖與之四海之廣, 兆民之衆, 不止足也, 愚矣." 此亦見瑪竇自昧, 全不知悟. 蓋伊旣妄計心外有天主可慕可修, 可剏業於彼, 便是不循自己本分而向外馳求, 終竟無

1 『천주실의』 제3편 "사람의 영혼은 불멸하여 동물과 크게 다름을 논하다(論人魂不滅, 大異禽獸)"에 대한 비판이다.

주로부터 모든 것이 시작될 수 있었다고 망령되이 생각했기 때문에, 이내 본분을 따르지 않고 밖으로 내달려 구하면서 끝까지 그만둘 줄을 모르는 것이다. 그러면서 오히려 남들더러 "어느 누가 본분에 만족하며 외부의 것을 구하지 않겠는가?"라고 되물었으니, 견해가 전도되면 미혹이 생겨나는 것도 당연하리라.

有了日. 反說他人"誰有安本分而不求外者?", 見倒惑生, 理固然也.

사람마다 본디 가지고 있는 것을 본심·본성·대도라 하는데, 이는 형체가 생겨날 때 같이 생겨난다는 사실을 그는 전혀 모르고 있다. 고금의 성현들은 여기에 심성을 다하였기에 이 도로써 백성들을 깨우쳤고, 이에 백성들은 평안하고 군왕들은 치세를 이룰 수 있었다. 이 때문에 군왕이 온 세상을 가질 만큼 부유해도 수많은 백성이 있어도 많다고 여기지 않았다. 그러나 이를 일러 만족을 모른다고 하지 않고 어리석다고도 하지 않으니, 이는 본분 안에 원래부터 있던 것이기 때문이다.

始不知人人所固有者曰本心, 曰本性, 曰大道, 幷形所繇來者. 今古聖賢莫不於此盡心性焉, 故以斯道以覺斯民, 百姓安而君王治. 故君王富有四海不以爲多, 兆民之衆不以爲盛, 不謂不止足, 抑亦非愚, 蓋分所固有也.

필부가 가난하여 한 소쿠리의 음식을 먹고 한 표주박의 물을 마시며 누추한 골목에서 살더라도, 그 즐거움을 버리지 않고 끝까지 밖의 것을 흠모하지 않는 것은[2] 자기 본분에 만족하기 때문이다.

匹夫之窮, 一簞食一瓢飮, 雖居陋巷, 不改其樂, 終不外慕, 蓋亦自安其分也.

사람마다 자기의 본분에 만족하면 위아래가 화목하고 세상이 안정되며 천하는 이에 태평성세를 이룬

使人人各安其分, 則上下和睦而四海晏然, 天下於是太平矣. 如

2 『論語』「雍也」에 나오는 내용이다. "공자께서 말씀하시기를, '회는 어질구나! 한 소쿠리의 밥과 한 표주박의 물로 누추한 골목에 사는 일이라면 사람들이 그 근심을 견디지 못하거늘, 회는 그 즐거움을 바꾸지 않으니, 어질구나, 회여!'(子曰, '賢哉回也! 一簞食一瓢飮, 在陋巷, 人不堪其憂, 回也不改其樂, 賢哉回也!')"

다. 이렇게 되면 임금은 임금 자리에서 만족하고, 신하는 신하 자리에서 만족하며, 만백성 모두 본분에 만족할 것이다. 모두가 본분에 만족한다면 그 사이에 도가 흐르고 덕의 교화가 이루어지니, 이 모두 자기 마음과 자기 본성 안에 있을 뿐이다.

是則君安君位, 臣安臣位, 而百姓庶民悉皆安分. 旣皆安分, 則道流德化于其間, 固不外乎當人自心與自性也.

그런데 저 이마두는 본심이 뭔지 모르고 본성마저 잃어버렸기 때문에, 이치상 상도常道를 어기고 윤리를 거스르며, 임금을 어리석게 만들고 신하들을 불충하게 만들며, 위아래가 화목하지 못하게 만들 수밖에 없는 것이다. 천하의 모든 일이 이처럼 전도된 것은, 이마두의 무리가 밖을 향해 쓸데없는 일을 만들고 본분을 따르지 않았기 때문이다.

然則瑪竇迷于本心, 失于本性, 理必悖嘗逆倫, 致君爲愚, 使臣不忠, 而上下不和. 凡天下之事悉皆倒置, 必自利瑪竇輩向外多事不循本分之故也.

그는 또 말하기를, "그렇다면 사람의 도를 사람이 미처 깨닫지 못하는데, 하물며 다른 도를 어찌 알 수 있겠는가? 어떤 이는 석가모니를 믿고, 어떤 이는 노자를 따르며, 어떤 이는 공자를 스승으로 삼으니, 천하 사람의 마음을 이 삼교三教로 단절시켜 놓는 것 아닌가?"라고 하였다.

伊又謂"然則人之道, 人猶未曉, 況於他道? 而或從釋氏, 或繇老氏, 或師孔氏, 而折斷天下之心于三道也乎?"

마음을 밝히고 본성을 모두 발휘함에 있어 밖의 것을 빌리지 않을 수 있으면 사람의 도리가 다 갖추어진다. 그래서 석가도 같고 노자도 일치하고 공자도 통하는 것이니, 이 셋은 하나이면서 셋이고 셋이면서 하나이다. 보정寶鼎의 세 개의 발과 마혜摩醯[3]의 세 개

夫明其心, 盡其性, 不假于外, 則人道備, 而釋氏同, 老氏契, 而孔氏貫, 且此三者, 一猶三, 三猶一. 如寶鼎之三足, 摩醯之三目, 不期然而自然, 能復天下

3 摩醯는 색계의 頂上에 있는 天神의 이름으로 摩醯首羅이다. 摩醯伊濕伐羅 또는 濕婆天, 自在天이라고도 부른다. 여덟 개의 팔과 세 개의 눈을 가졌고 흰 소를 타고 다닌다고 한다. 항상 鳩摩羅天과 對稱하여 이른다.

의 눈처럼, 그렇게 되기를 바라지 않아도 절로 그렇게 되어, 천하 사람의 마음을 빠뜨림 없이 되돌릴 수 있으니, 무얼 단절시켜 놓는단 말인가?

之心無有遺逸, 何斷折之有?

이마두는 실로 우리 삼교와 달라서, 본심을 알지 못하고 망령되이 밖에서 구하려 하였다. 사람의 도리에 어두운 것은 당연하고, 불교는 더욱 알지 못하며, 노자와 공자는 꿈에서조차 본 적이 없다. 그러니 삼교로 천하의 마음을 단절시켜 놓는다고 말한 것도 당연하지 아니한가? 여기서도 이마두가 유교·불교·도교를 한꺼번에 내버리고 안중에도 두지 않는다는 사실을 알 수 있다. 만세의 스승인 공자가 하루아침에 사견 때문에 멸시당하게 되었으니, 거울같이 밝은 눈을 가진 군자라면 마땅히 배격하여 올바른 이치로 돌아오게 하는 것이 급선무일 것이다.

瑪竇誠異于此, 昧卻本心, 妄求于外, 則人道固未曉, 抑尤迷于釋氏, 而老氏·孔子全未夢見. 故謂折斷天下之心于三道也, 不亦宜乎? 於此亦顯見瑪竇將儒教與釋·道竝棄, 不在伊目. 豈孔子爲萬世師, 一旦被此邪見所蔑, 而明鑑君子當與排擊歸于正理, 是急務也.

또 세 가지 혼을 가지고 갖은 방법으로 변론을 전개하며 혹세무민함에, 그 폐해가 한둘이 아니다.

又以三魂作多方辨論, 惑世誣民, 其害不一.

성인의 말씀을 가지고 그 사설을 깨뜨려 보고자 한다. 맹자가 말하기를 "(사람의) 신체와 용모는 천성이니, 오직 성인이라야 천성을 실천할 수 있다."[4]고 하였다. '천성을 실천할 수 있다.'는 것은, 본체의 당연한 도리에 나아가 진眞을 온전케 하고 말없이 실천함으로써 천성과 합치되어 일체를 이루는 것을 말한다. 마음과 몸이 하나가 되고, 몸 밖에 남은 것이 없으며, 색심色心이 둘로 나뉘지 않고, 형신形神 사이에

試以聖言量破之. 孟子曰 "形色, 天性也, 唯聖人然後可以踐形." 夫'踐形'者, 就其本體當然之理, 全眞默踐, 合乎天性爲一體. 直是心身一如, 身外無餘, 色心不二, 神形靡間. 而身前弗慮, 死後不計, 聖人于是了生死, 通神明, 亘古今而不磨, 誠爲大

4 『孟子』「盡心上」에 있는 내용이다.

틈이 없다. 이리하여 세상에서 살면서는 걱정이 없고, 죽은 다음에는 따지는 바가 없게 된다. 성인은 이에 생사를 깨닫고 신명과 통하여 고금에 영원불멸한 존재가 되어, 실로 크나큰 도의 근본이 된다.

道之根本也.

그런데 이마두는 성인의 도에 이르지 못하고서 망령되게도 떠도는 혼을 실법實法으로 삼아 사람을 옭아매었으니, 크나큰 도를 바라는 것은 이미 불가능하다. 게다가 한 사람에게는 세 가지 혼, 즉 영혼과 각혼覺魂과 생혼生魂이 있다고 주장하면서, 생혼과 각혼은 사람이 죽으면 사라지지만 영혼만은 죽은 후에도 사라지지 않는다고 말한다. 사라지는 것도 있고 사라지지 않는 것도 있다면 천성을 실천하여 일체를 이룰 수 없고, 천성의 도에도 부합할 수 없다. 그저 (일체의 幻과 같은) 좋아하고 싫어하고 취하고 버리는 마음을 일으키면서 생주이멸生住移滅 현상의 언저리만을 따를 뿐, 타고난 본명本命과 운명을 크게 온전히 하는 뜻은 전혀 실천하지 못한다. 저 주인 없이 외로운 혼은 이곳저곳 떠돌다가 천당으로 달려가지 않으면 곧 지옥으로 들어갔을 터, 천주의 상벌에 모든 것을 내맡긴 채 스스로 설 자리가 없었을 것임을 가히 알 수 있다.

而瑪竇不達聖人之道, 妄以遊揚魂慮爲實法繫人, 望於大道已甚不可. 何況更於一人計有三魂, 曰靈魂, 曰覺魂, 曰生魂. 謂生魂之與覺魂, 百年都滅, 而獨靈魂百年不滅. 夫有滅有不滅, 則不能踐形爲一體, 亦非合乎天性之道. 唯是欣厭取捨生滅邊事, 而當人本命元辰大全之旨, 全無實踐. 可知伊是無主孤魂, 隨處棲泊, 不馳天堂, 便入地獄, 一憑天主賞罰, 自無立地之處矣.

또 짐승을 따로 분리해서 짐승에겐 영혼이 없으니 사람의 배를 채우기 위해 제공되는 것이 당연하다고 하였다. 이에 사람들로 하여금 마음대로 짐승들을 죽이라고 하였으니, 긍휼히 여겨 주는 덕이라곤 전혀 없다. 이는 곧 우리 성현들이 사람과 사물의 본성을 다하고자 하였던 뜻[5]을 한꺼번에 없애 버리는 처사이다.

又裂禽獸不具靈魂, 應供口腹, 致人恣殺, 全無不忍之德. 將吾聖賢盡人盡物之性, 一時迷沒.

사람에게 세 가지 혼이 있다고 구분한 것 자체도 어리석고 허황된데, 하물며 짐승에겐 영혼이 없다고 따로 구분함으로써 사람들로 하여금 마음대로 죽이게 하고 있으니, 미혹된 가운데 또 미혹을 만들어 내고, 허황된 가운데 또 허황된 것을 보태는 것이 아니겠는가?

且人分上計有三魂, 已是迷妄, 何況更裂禽獸不具靈魂, 致人恣殺, 寧非迷中又生迷, 妄中復增妄乎?

이로써 보건대, 실로 억지로 끌어다 붙인 사견임에 분명하다. 어지러이 날리는 업식業識으로 자기를 해치고 남을 해치고 있으니, 그 그릇됨은 이루 다 말할 수 없다. 우리 성인들은 타고난 형체를 실천해 천성이 일체를 이루고, 심신이 하나를 이루고, 몸 바깥에 남긴 것이 없고, 색심色心이 다르지 않고, 형신形神 사이에 틈이 없음을 저들이 어찌 알겠는가. 따라서 태어나기 전이건 과거건 따지지 않고, 죽은 후건 미래건 걱정하지 않으며, 본체를 세밀히 살펴서 통달함에 그 사이에 터럭만큼의 틈도 용납함이 없고, 신명神明으로 고금을 밝혀 천지와 곧장 짝을 이루는 것이다. 그러니 도리를 배우는 군자라면, 천주교의 사견이 얼마나 심하게 혹세무민하고 있는지를 밝히 깨뜨려야 마땅할 것이다.

據此誠爲穿鑿邪見. 業識紛飛, 害己害人, 其謬固不可勝言也. 豈知我聖人能踐乎形, 天性一體, 而心身一如, 身外無餘, 色心不二, 形神靡間. 故生前過去弗計, 而死後未來不慮, 覶體了然, 無容毫髮於其間, 所以神明燭古今, 直與天地伍焉. 此又理學君子, 固宜燭破其外道之邪見, 惑世誤民之太甚也.

---

5 『中庸』 22장에 "오직 천하에 지극한 誠이라야 그 性을 다할 수 있으니 그 性을 다하면 능히 사람의 性을 다할 것이요. 사람의 性을 다하면 능히 물의 性을 다할 것이요. 물의 性을 다하면 천지의 화육을 도울 것이요. 천지의 화육을 도우면 천지와 더불어 참여하게 될 것이다.(唯天下至誠, 為能盡其性, 能盡其性, 則能盡人之性. 能盡人之性, 則能盡物之性. 能盡物之性, 則可以贊天地之化育. 可以贊天地之化育, 則可以與天地參矣.)"라는 구절이 보인다.

2.4. 만물은 일체가 될 수 없다는 사견의 어리석음을 밝히다

揭邪見迷萬物不能爲一體

요지

이 글은 『천주실의』 제4편 "귀신과 사람의 혼이 다르다는 이론을 분석하고, 천하 만물은 한 몸이라고 말할 수 없음을 풀이하다(辯釋鬼神及人魂異論, 而解天下萬物不可謂之一體)"에 대한 비판이다. 즉 이마두의 '만물은 일체가 될 수 없고, 천주와 만물 또한 일체가 될 수 없다.'는 주장에 대한 반박이라고 할 수 있다. 아울러 만물은 무시무종無始無終이고, 심성이기心性理氣에서 일체를 이루며, 큰 근본은 물아物我를 관통하고 만유萬有를 망라하며 중생을 다스린다는 중국의 전통 학설을 설명하고 있다. 이러한 큰 근본은 식심識心과 망상妄想을 초월하며 명名도 상相도 없는데, 이마두는 바로 식심과 망상으로 만물 밖에 천주를 만들어 내어 이에 집착하고 있으니, 결국은 사견邪見밖에 될 수 없다고 하였다.

『천주실의』 제4편에서는 만물은 한 몸(一體)[1]이 될

邪書第四篇, 以萬物不能爲一

1 北宋의 철학자 程顥는 "仁者는 渾然하게 만물과 同體이다."라 하고, 王陽明은 『大學問』에서 "大人이란 天地萬物을 一體로 삼는다."라 하며 만물일체설을 주장하였다. 程顥는 『識仁篇』에서 仁에 대하여 분석하면서 仁은 "만물과 몸을 같이하며(同體), 안과 밖, 만물과 나(物我)를 나누지 않는다. 따라서 天人合一이 최고의 도덕 경지이다."라고 하였다. 따라서 程顥는 "사람이 단지 개체의 形體에 스스로 구속되지 않고, 개체 생명에 집착하지 않고, 천지만물 자체의 發育과 流行에 따르고 자연계의 '生生之理'를 준수하는 각도에서 보면 天地萬物이 한 몸이요, 동시에 仁임을 깨달을 수 있다."고 하였다. 그는 "仁者는 天地萬物을 一體로 삼으니 자기가 아닌 것이 없다. 자기로 인정할 수 있으면 어디엔들 이르지 않겠는가?"라고 하여 仁의 體를 얻게 되면 天地萬物一體의 仁의 경지에 도달할 수 있다고 보았다. 王陽明은 "大人이란 天地萬物을 一體로 삼은 자이다. 그는 천하를 한 집안처럼, 중심 되는 나라를 한 사람으로 간주한다. 그런데 形體를 사이에 두고 너와 나를 나누는 것은 小人이다."라고 하였다. 大人이 天地萬物을 한 몸으로 보는 것은 그 마음의 仁이 본래 이와 같기 때문이라는 것이다. 王陽明은 어린애가 우물에 빠지려는 것을 보고 깜짝 놀라 측은한 마음이 생기는 것은 그 仁이 어린이와 한 몸이 되었기 때문이요, 새나 짐승이 슬피 울부짖고 벌벌 떠는 모습을 보면 반드시 '차마 내버려 두지 못하는 마음(不忍之心)'이 생기는 것은 그 仁이 새나 짐승과 한 몸이 되었기 때문이요, 초목이 꺾인

수 없고, 천주는 만물과 한 몸이 될 수 없으며 만물 또한 천주와 한 몸이 될 수 없다고 주장하였다. 사정을 알고 속내를 헤아려 보건대, 이는 당연한 결과다.

體, 又以自執天主不與萬物爲一體, 亦以萬物不可與天主爲一體. 識情計度, 勢固然也.

저들은 마음을 버리고 본성을 떠나 천지만물 바깥에서 천주를 찾아내 집착하고 있으니, 참으로 허황된 법이다. 거북의 털과 토끼의 뿔이 만물과 조화를 이룰 수 없듯, 만물이 어떻게 허황된 법과 어우러질 수 있겠는가?

蓋伊舍乎心, 離乎性, 向天地萬物之外, 執有天主, 誠虛妄法. 如龜毛兎角, 無可與萬物諧, 而萬物又豈可與虛妄該乎?

그러다 보니 저들은 당연히 사물마다 각기 하나의 부류를 이루고, 피차 하나의 몸뚱이가 되어서 존귀한 것은 절로 존귀해지고 비천한 것은 절로 비천해진다고 말하게 된 것이다. 또 크고 작은 것이 서로 부딪히고, 굵고 가는 것이 서로 침범하기 때문에 함께 큰 근본으로 돌아갈 수 없고, 각각의 본체를 드러낸다고 말하게 된 것이다.

無怪伊謂物物各一類, 彼此各一軀, 尊自尊, 而卑自卑, 大小相背, 巨細相凌, 不能一歸於大本, 親薦其覿體也.

큰 근본이라 함은 천지만물은 무시無始를 근본으로 하고 또 무종無終을 근본으로 하고 있는 것을 말한다. 만물이 결국 생이 다하는 때가 있다면, 그대들 삿된 무리에게 묻노니, 이 천지만물이 오늘부터 미래에 이르는 동안 어느 시, 어느 날, 어느 달, 어느 해, 어느 세世, 어느 겁劫이 그 끝의 증험인가? 만물이 처

夫大本也者, 乃天地萬物本於無始, 而亦本於無終也. 若萬物究竟有終盡之時, 則試問伊邪輩, 即此天地萬物從今日去至於未來, 何時何日, 何月何年, 何世何劫是終盡之驗乎? 若萬物亦有

것을 보고 안됐구나 하는 마음이 생기는 것은 그 仁이 초목과 한 몸이 되었기 때문이요, 기왓장이 깨진 것을 보고 아깝구나 하는 마음이 생기는 것은 그 仁이 기왓장과 한 몸이 되었기 때문이라고 하였다. 그런데 마테오 리치는 『천주실의』에서 이에 반박하며 萬物不同體를 주장하였다. 또한 "天地萬物一體"가 아니라 "天下萬物一體"라고 하여 한 글자를 바꾸었다. 天地와 天下의 차이라고 하지만, 天下에는 天生地成, 즉 生成의 의미가 없다는 것을 잘 살펴보아야 할 것이다.

음 생겨난 때가 있다면, 그대들 삿된 무리에게 묻노니, 이 천지만물이 오늘부터 과거로 거슬러 올라가 반고盤古 이전에 이르기까지, 천주가 창조하였다는 그대들의 망집에서 벗어난다면, 어느 시, 어느 날, 어느 달, 어느 해, 어느 세, 어느 겁이 만물이 처음 생겨난 징조인가?

始生之時, 則亦試問伊邪輩, 即此天地萬物從今日始推至過去, 盤古之前, 離汝妄執天主能生之外, 而此萬物亦是何時何日, 何月何年, 何世何刼是始生之兆乎?

천주가 만물을 창조하였다고 생각하는 망령된 고집에서 벗어나 (생각을) 넓혀 간다면 만물은 곧 무시이고 또한 무종임을 알 수 있다.

吾知離汝妄執天主能生之外推之, 萬物固無始也, 而亦無終也.

무시이고 무종이라면, 이 무시와 무종은 곧 천지만물의 큰 근본이다. 이를 부르는 이름을 모두 열거하면, 본심·본성·지리至理·대의·일기一氣 등이 있는데, 이름이 아무리 많아도 본지本旨인즉 무시무종의 큰 근본을 벗어나지 않는다. 이 큰 근본이 융합하여 고금에 걸쳐 있고, 물아를 관통하고, 만물을 망라하고, 군상群象을 다스려 아우르지 않은 것이 없고 관통하지 못하는 것이 없다고 한다. 이 때문에 이 큰 근본은 만유와 군상과 고금과 물아가 일체를 이루게 하는 것이다. 이름(名)과 상相은 비록 다르지만 타고난 도道의 본체는 하나이다.

既無始而亦無終, 則即此無始無終是天地萬物之大本也. 悉其名則曰本心, 曰本性, 曰至理, 曰大義, 曰一氣, 名目雖多, 而旨固無外此無始無終之大本. 融其大本則曰亘古今, 通物我, 包萬有, 齊群象, 無所不該而無所不貫. 故此大本, 與萬有群象, 古今物我爲一體. 蓋名相雖殊, 而所稟之道體一也.

그런즉, 사물마다 사람마다 도의 본체가 어둡지 않으니, 이름은 그 이름이 없고, 상은 그 상이 없다. 이름과 상이 서지 않으니 전체가 드러나 식심識心과 망상妄想을 초월하고 사의思議의 표면을 벗어난다. 만약 사의가 끼어들고 망상으로 인해 형상이 생겨나면 이름과 상이 달라지고 경계가 드러나 큰 것과 작은 것이 나뉘고 존귀한 것과 비천한 것의 차이가 생겨서,

然則物物頭頭, 道體不昧, 則名無其名, 而相無其相. 名相不立, 而全體覿露, 超乎識心妄想, 出于思議之表矣. 苟涉思議, 形於妄想, 則名相殊而町畦現, 大小別而尊卑異, 欲合爲一體, 不止如人欲到東京而行向

일체가 되고자 하여도 마치 동쪽에 있는 도시로 가고 싶은데 서쪽으로 향하다가 날로 어긋나는 것처럼 끝내 도착하지 못하고 만다.

西, 日劫相背, 終無到日矣.

이것은 이마두가 식심과 망상으로써 만물을 분별하다가 끝내 일체를 이루지 못한 실제 증험과 부합한다. 일체의 뜻도 잘 모르고 일심의 도에도 위배되기 때문에 마음을 버리고 본성을 떠나 천지만물 바깥에서 하나의 천주를 허황되게 고집하는 것이다. 또 우리 삼교 성인의 심성心性의 도를 남몰래 자기들 요량에 끼워 맞추어서는 천주는 무시이고 무종이며, 한량없는 능력을 지니고 있어서 천지만물을 포용하지만 천지만물과 일체는 아니라고 말한다.

此正合利瑪竇用識心妄想, 分別萬物, 不能爲一體之實驗也. 然旣迷一體之旨, 亦背一心之道, 故舍乎心, 離乎性, 向天地萬物之外, 妄執有一天主. 將我三教聖人心性之道, 竊合其量謂天主無始也, 無終也, 具有無量之能, 包乎天地萬物, 而不與天地萬物爲一體.

이 때문에 하늘을 천시하고 땅을 천시하며 사람을 천시하고 사물을 천시한다. 또 고금의 성현을 천시하면서 오히려 우리의 불교에서 말하는 심량지법心量之法[2]이야말로 거짓이고 오만이라고 비방한다. 성현들께서 밝히신 하늘과 땅은 한 뿌리요 만물은 한 몸이라는 것을 모조리 뜯어고치고 뒤섞어서 저들의 식신識神에 미혹당하게 만든다.

故賤天賤地, 賤人賤物, 賤古今聖賢, 反謗我佛說心量之法爲誑經, 爲傲慢. 將聖賢闡天地同根萬物一體, 矯揉悉盡, 幾爲伊識神所迷矣.

오호라! 심성과 영원불멸의 법을 버리고 망집에 사로잡혀 천주를 지나치게 높여 떠받들면서, 성인에게서 훔쳐 온 것을 가지고 오히려 성인을 헐뜯고 있구나! 입에 똥 묻은 말뚝이라도 물은 듯 한동안 냄새를 풍기고 있지만, 우리 성현들의 영원불멸의 도에 견주

嗚呼! 舍乎心性終古經常之法, 妄執天主爲過高, 竊於聖而反毁乎聖! 噴此腥唾, 如口含糞橛, 自臭一時, 比我聖賢終古嘗道, 豈可同年而語乎?

2 '心量'은 바깥 경계의 대상을 헤아려 수용하는 마음의 작용, 또는 마음의 크기를 가리키는 말이다.

어 볼 때, 어찌 같이 놓고 이야기할 수 있겠는가?

어떤 사람이 말했다.

或云:

“천지만물이 무시무종에 근본하고 있는 것이 고금의 상법이라고 하는데, 맞는 말입니까?”

“天地萬物本於無始無終爲今古嘗法, 有義乎?”

내가 답했다.

曰:

“천지만물은 사람들이 잘 깨닫느냐 그렇지 못하냐에 달려 있지만, 그 사이에는 극히 미미한 차이만이 있을 뿐이다. 만약 있다고 여긴다면 이는 상견常見에 집착하는 것이고, 없다고 여긴다면 이는 단견斷見에 집착하는 것이다.[3] 그 사이에 묵묵히 깨닫는 바가 있으면, 터무니없이 있고 없고를 따지는 상견이나 단견의 견해로부터 벗어나 무시무종이요, 진실하고 고금에 영원한 도와 합치할 수 있다.

“凡天地萬物在乎當人善契不善契, 止于幾微之間. 若認以爲有, 是妄執嘗見, 若認以爲無, 是妄執斷見. 默契於其間, 則出乎妄執有無斷嘗之見, 而合于無始無終一實眞嘗亘古亘今之道也.

그런데 이마두는 천지만물에 시작과 끝이 있다고 여겼으며, 참되고 영원한 본체를 깨닫지 못하고 단견에 얽매였다.

若利瑪竇則以天地萬物爲有始有終, 不契眞嘗之體, 計爲斷見.

우리 성현들은 심성 이외에는 다른 법이 없으니, 아무리 있다고 집착하여도 모두 허망무실한 것에 지나지 않는다고 설명하였다. 그런데 이마두는 그릇된 견해로 심성과 천지만물 바깥에 천주가 있다고 집착하며 무시무종이요 한량없는 능력을 가지고 있다고 고집하면서, 허망하고 상도를 벗어난 법을 상법이라 여기고 있다. 이와 같이 상常을 무상無常으로, 무상

且吾聖賢闡心性之外, 更無餘法, 縱執有之皆是虛妄不實, 而瑪竇偏計心性與天地萬物之外, 執有天主, 另具無始無終, 有無量能, 誠以虛妄不嘗之法, 計以爲嘗. 如是則嘗計無嘗, 而無嘗計嘗, 轉偏計度, 疊成六十二種

3 斷見, 常見 모두 범부의 견해이다. 斷見은 萬有는 無常한 것이므로 사람도 한 번 죽으면 心身 모두 없어진다고 여기는 것이고, 常見은 사람은 죽어도 자아는 없어지지 않으며 五蘊 등은 항상 머물러 不變하여 끊어지지 않는다고 여기는 견해이다.

을 상으로 생각하다가 모든 것을 그런 식으로 헤아려 결국은 62가지 사견을 첩첩이 이루게 될 것이다. 우리의 성스러운 경전에서 밝힌 것 같이 이마두는 실로 이 모든 것을 갖추고 있는데, 우리의 진실한 상도를 아무리 바라본들 그 어느 날에나 얻을[4] 수 있을까!"

邪見. 如我聖典所明, 而瑪竇悉皆備足, 望我一實眞嘗之道, 何日而得染指乎!"

4 원문의 '染指'는 손가락을 솥에 넣어 국물의 맛을 본다는 뜻으로, 어떤 일에 참여하고 경험한다는 의미, 혹은 남의 물건을 옳지 못한 방법으로 가지는 것을 이르는 말이다.

3. 『주좌집』의 편찬 유래

誅左集緣起

항주 후학 석보윤

武林 後學 釋普潤

요지

『주좌집』[1]을 편찬하게 된 까닭을 밝힌 글은 숭정 갑술년인 1634년에 승려 보윤이 지었다. 보윤은 천주교가 유심唯心에 통달하지 못하고 일체一體의 뜻을 깨닫지 못한 까닭에 마음 바깥에서 법을 찾고 천주에 집착한다고 비판하며, 저들이 겉으로는 불교와 도교를 배척하는 척하지만, 실제로는 몰래 유가를 폄훼하는 것이며, 더 나아가 이욕理欲을 어지럽혀 결국 화이華夷를 뒤집으려는 속셈이라고 지적하였다. 구체적으로, 저들은 사사로이 악률樂律과 역법을 반포하여 자기네 것이 옳고 중국의 것이 그릇되었음을 보여 주려 하고, 오랫동안 지켜 온 삼년상의 전통을 폐지하고 자기들의 괴수에게 7일의 예배를 올리라고 하는 등 하늘을 속이고, 성인을 모욕하며, 아비도 임금도 없애려 한다는 것이다. 이어 나라를 근심하는 지사들에게 힘써 천주교를 배격할 것을 호소하고 있다.

천주교는 사실 사인외도邪因外道[2]이자 상도常道에 위배되는 이단으로, 법으로 용납할 수 없는바 도리상 내침이 마땅하다. (선교사들의) 처음 작태를 살펴보면, 신기한 기술로 호사가들의 호기심을 끌고, 터무니없

夫天主教者, 實乃邪因外道反嘗異端, 法所不容, 理之必黜者矣. 按其始, 挾技以逢好事, 捏徵以啟信邪. 既而招來醜類, 朋

1 『誅左集』은 左道, 즉 천주교를 주벌하는 글을 모은 책이다.

2 '邪因外道'는 고대 인도의 비불교계 이론 가운데 하나로, 만물은 大自在天에 의해 만들어진 것이라고 보는 바라문교설 중 하나이다.

는 기적을 꾸며 내 사교를 믿게 했다. 그런 다음 추악한 무리를 불러들이고 작당하여 위서僞書를 꾸며 냈다. 여기서는 그 가운데 유별난 것만을 열거하겠지만 나머지는 유추하여 헤아릴 수 있을 것이다.

作僞書. 今擧其尤, 餘推以類.

저들은 유심唯心[3]에 통달하지 못하고, 일체의 뜻을 깨닫지 못하였다. 이 때문에 마음 바깥에 법(法: dharma)이 있다고 집착하여 만물은 모두 천주에게서 생겨났다고 여기며, 성체性體는 보편적인 것이 아니어서 하나의 영혼은 내 한 몸에만 국한된다고 주장한다.

蓋彼不達唯心, 全迷一體, 故執心外有法, 謂萬物皆生于天主, 性體不徧, 一靈唯局于吾身.

또 겉으로는 불교와 도교를 배척하는 체하면서 유가를 의심하게 만들고, 뒤로는 유가의 종사宗師를 폄하하면서 유학을 파헤치고 있다. 본성에 따르는 것은 도가 아니라며 내치고, 부모 섬기는 것은 착한 일이 아니라며 헐뜯는다. 짐승에게 영혼이 없다며 미워하면서 목석에는 생명이 있다고 거짓말을 한다.

且陽排釋道以疑儒, 陰貶儒宗而探學. 斥率性爲非道, 譏事親爲不臧. 怨禽獸以無靈, 誣木石而有命.

이 때문에 짐승을 잡아 제물로 바치며 재齋를 올리고, 훌륭한 호생지덕好生之德을 모멸했다.

因以烹割爲齋, 蔑好生之盛德.

패역을 오히려 효라 여기며 사람이 마땅히 지켜야 할 도리를 어지럽히고, 윤회설을 말살하며 (세상의) 끝은 없지만 시작은 있다고 한다. 사사로이 율력을 반포하여 저들이 정확하고 우리가 틀렸음을 드러내고자 하였다. 후사가 없는 것은 불효가 아니고 첩이 많은 것은 진정 큰 허물이라고 하였다. 이理와 욕欲을 뒤섞

悖逆猶孝, 亂秉彝之大倫, 抹殺輪迴, 謂無終而有始. 私頒律曆, 示彼正而我偏. 無後未爲不孝, 多妾誠爲大愆, 理欲混淆, 華夷倒置.

3 '唯心'이란 마음은 만물의 근원으로서 유일한 실재이며, 외계의 모든 사물은 마음의 표현이라고 하는 『화엄경』의 중심 사상이다.

어 어지럽히고 중화와 오랑캐를 전도시켰다.

이런 까닭으로 천주교에 입교한 자들은 조상의 제사를 없애고 하나뿐인 천주에게 아첨하는 제사를 지내며, 존귀한 성현들의 화상을 불태우고 십자가 형틀만을 모신다.

故凡入其教者, 斬祖宗之祀, 唯諂祭一天主, 火神聖之像, 但供十字刑枷.

부모의 삼년상은 폐하고서 자기네 괴수에게는 7일마다 예배를 올리며, "주여! 제가 죄인입니다!"라고 큰 소리로 외치며 가슴을 치고 머리를 풀어 헤친 채 소리를 지른다. 몰래 성수와 성유로 세례를 받고, 손가락으로 물을 튕겨 이마를 적시며 거짓말을 한다. 귀신을 물리친다고 떠벌리며 괴이한 짓을 하고, 비법을 전한다는 핑계로 음탕한 짓을 가르친다. 풍속을 해치고 인륜을 없애는 짓은 하지 않는 것이 없다.

廢父母三年之喪, 行渠魁七日之禮, 大呼"我主! 我罪!" 搥胸披髮而號. 暗洗聖水聖油, 彈指點額而詭, 罵言卻祟以行怪, 假托授秘而誨婬, 傷俗敗倫, 靡所不至.

심지어 석가를 개미처럼 여기고, 부모와 군왕을 맞먹는 것으로 여긴다. 『주역』에 다소 통하지 않는 것이 있으면 병정 동자丙丁童子[4]라고 말하며, 선종禪宗에서 말하는 '나와 남이 둘이 아니다.(自他不二.)'는 모두 그릇된 것으로 전혀 '있지도 않은 것'이라고 무고

甚則螻蟻佛祖, 伯仲君親, 謂『周易』多少不通, 堪赴丙丁童子. 誣禪宗自他俱悞, 全然烏有先生. 謗太極仁義爲賤, 虛三藏教乘爲謬. 妄指胡女產之耶

4 『碧巖錄』 제7칙에 나오는 이야기다. 玄則은 한번도 法眼 스님을 찾아가 가르침을 청하는 일이 없었다. 어느 날 法眼이 玄則에게 그 까닭을 물으니 "별다른 뜻이 있어서가 아니오라 실은 제가 여기 오기 전에 青林 선사 처소에서 깨달은 바가 있습니다. 제가 '무엇이 부처입니까?' 하고 여쭈었더니, 스승께서 '丙丁童子來求火'라고 대답하셨습니다."라고 답했다. 법안이 그 뜻의 풀이를 요구하자 "丙丁은 五行에서 火에 속하므로 불이 불을 구한다는 뜻입니다. 즉 제가 이미 부처인데 부처를 구한다는 것과 같은 말입니다."라고 답했다. 법안 스님이 그 답이 틀렸다고 말하자, 현칙은 화가 나 그곳을 떠나버렸다. 하지만 善知識인 법안 스님이 틀렸을 리 없다고 생각한 현칙이 다시 뉘우치고 돌아와 사죄하자, 법안은 그 질문을 다시 해 보라고 했다. 현칙이 "무엇이 부처입니까?"라고 묻자, 법안은 "병정 동자가 불을 구하러 왔구나.(丙丁童子來求火.)"라고 대답했다. 그제야 비로소 현칙은 자신의 마음에 집착이 있었음을 깨달았다.

하고, 또 태극과 인의는 천한 것이라며 비방하고, 삼장교승三藏敎乘[5]은 그릇된 것이라며 헛소리를 한다. 망령되게 오랑캐 여자가 낳은 예수를 가리켜 '상제'라고 부르고, 파덕(파더: 聖父)이 변하여 된 마귀의 이름이 '석가'라고 말한다.

穌呼爲上帝, 罷德變之魔鬼名釋迦.

간사한 도적이나 사기꾼의 무리도 성당에 들어가기만 하면 영원한 낙원, 천당에 오를 수 있지만, 요임금과 순임금, 주공과 공자 같은 성인은 천당의 문에 들어가지 못한 채 오래도록 연청지옥에 갇혀 있다고 말한다. 사람이 감히 하지 못할 일을 하고 사람이 차마 하지 못할 말을 하면서, 하늘을 속이고 성인을 모독하고, 아비도 임금도 모르는 것이 이 지경에 이르렀단 말인가!

姦盜詐僞之徒, 一造其室, 遂登永樂之天, 堯·舜·周·孔之聖, 不得其門, 久錮鍊清之獄, 行人之不敢行, 道人之不忍道. 欺天侮聖, 無父無君, 至此極矣!

게다가 조정 대관은 뇌물로 낚아채고, 가난한 수재는 미끼로 건져 올리며, 사대부에게는 진상품을 바치고, 백성들은 달콤한 말로 선동한다. 그런 다음 길한 것을 피해 흉한 데로 나아가라고 가르치면서, 저들이 달게 고난의 길에 나아가게끔 조종한다. 삶을 불쌍히 여기고 죽음을 경축하면서, 저들의 뜻을 고무시켜 죽음의 슬픔을 즐거이 잊게 한다.

況復賂漁中貴, 羶餌寒衿, 貢獻縉紳, 簧鼓黔首. 敎之以避吉趨凶, 制彼甘心而赴難. 弔生慶死, 激其奮志以樂忘.

그뿐만 아니라, 화차를 제작하고 대포를 주조하여 광동과 오문澳門(마카오)에 성을 쌓고 평화平和[6]에도 담을 쌓으니, 처자식은 가야 할 곳을 모르고 사람들

加以製火車, 鑄巨銃, 城廣嶴, 築平和, 帑叵測其所從, 人不定其所止. 鼠竊我土, 業已五十餘

---

5 三藏은 불교 경전의 총칭으로 經·律·論을 잘 간직하여 담고 있는 광주리라는 뜻이다. 敎乘은 부처님이 說한 經文을 말하는데, 敎法으로 중생을 실어 열반의 피안에 이르게 한다는 뜻이다.

6 광동에 접경한 복건성의 縣 이름이다.

은 머물러야 할 곳을 정하지 못한다. 쥐새끼 같은 놈들이 우리 땅을 엿본 지가 이미 반세기가 지났고, 우리 민호民戶를 잠식해 들어온 것이 몇천만 가호인지 알 수 없다. 부르지도 않았는데 찾아오고 쫓아내도 떠나가지 않으니, 저들이 대체 삼척법三尺法[7]을 어찌 여기고 있는 것인가?

年, 蠶食我民, 不知幾千萬戶. 察其不召而來, 旣逐不去, 其視三尺爲何如?

겉모습은 겸손하고 공손하지만 그 속은 거짓되니, 실로 오호五胡와 다르지 않다.[8] 백성 얻는 것을 보배처럼 여겨 흙덩이 던지듯이 돈을 뿌리며, 각 도읍이나 군현 가까이에 거하고 있으니, 과연 무슨 속셈이겠는가?

外貌謙恭, 內懷詭譎, 實與五胡無軒輊. 得民如寶, 揮金若泥, 逼處都郡要隘, 意果欲何爲哉?

고향을 지키고 나라를 위하며, 위로 불도佛道를 구하고 아래로 중생을 교화하려는 사람이라면, 가의賈誼처럼 통곡[9]해도 부족할 판인데, 차마 소보巢父[10]처

苟志於衛道籌邦, 上弘下化者, 應不啻賈生之痛哭, 寧忍乎巢父之傍觀? 是故子輿力排楊·

---

7 옛날에는 3척의 죽간에다 법문을 적었기 때문에 법률을 삼척법이라고도 한다.

8 '軒輊'의 '軒'은 수레의 앞이 높은 것, '輊'는 수레의 앞이 낮은 것을 뜻하며, 高低·上下·大小·輕重·優劣이 엇비슷함을 이르는 말이다.

9 賈誼(기원전 200~기원전 168)는 西漢의 정론가이자 문학가이다. 그가 지은 「治安策」은 "신이 형세를 헤아려 보건대 통곡할 일이 하나요, 눈물 흘릴 일이 둘이요, 장탄식할 일이 여섯입니다. 그 밖에 도리를 저버리고 다치게 하는 일은 이루 다 열거할 수 없을 만큼 많습니다.(臣竊惟事勢, 可爲痛哭者一, 可爲流涕者二, 可爲長太息者六, 若其它背理而傷道者, 難遍以疏擧.)"라는 말로 시작되고 있는데, 그중 "오늘날 노비를 파는 자들은 수놓은 옷에 비단신을 신겨 수레에 태웁니다. 이는 고대 왕후의 복식이며 교묘제에서만 입었지 평상시엔 입지도 않던 옷이거늘, 지금은 서민들조차 노비에게 입힙니다.(今民賣僮者, 爲之繡衣絲履偏諸緣, 內之閑中. 是古天子后服, 所以廟而不宴者也, 而庶人得以衣婢妾.)"라고 하면서 상하 질서가 어그러진 세태를 비난했다. 이어 "황제조차 검고 조악한 옷을 입는데, 부유한 자는 금수비단으로 집 안 담장을 장식하고, 황후의 옷깃 장식을 서얼 첩의 신발 장식으로 삼으니, 이것이 신이 말하는 패란입니다.(且帝之身自衣皁綈, 而富民墻屋被文繡, 天子之后以緣其領, 庶人孼妾緣其履, 此臣所謂舛也.)"라고 하였다.

10 '巢父'는 고대의 高士로, 속세를 떠나서 산의 나무 위에서 살았기 때문에 생긴 이름이다. 요임금이 그에게 나라를 맡기고자 하였으나 거절하였다고 한다.

럼 방관할 수 있단 말인가? 맹자가 양주와 묵적을 힘껏 배격한 것은 실로 까닭이 있어서였거니와, 초조初祖께서 몸소 (유가의) 육경을 공부한 것[11]이 어찌 공연한 일이었겠는가?

墨, 良有以也. 初祖躬擁六部, 豈徒然哉?

오호라! 철인哲人들은 이미 떠났거늘 흠모하는 마음만 쓸데없이 크니, 그 뒤를 이어 오랑캐를 치러 올 사람을 나는 날마다 고대한다. 나 보윤이 헛되이 선방에 머물러 있었던 것은 아니다. 번번이 이러한 일을 도모하였으나 뜻을 이루지 못하였을 뿐이다. 불교를 비방하는 말 한마디 한마디를 들을 때마다 마치 삼백 자루의 창끝이 가슴을 찌르는 듯한 아픔을 느꼈다. 후배로서 죄인의 수괴라는 이름에서 도망칠 길 없고, 먼저 깨우친 공신이라는 명성을 얻을 수 없기에, 부끄럽게도 전서를 다 완성하기도 전에 저들의 사악한 생각을 깨뜨리고, 남보다 앞서 분분한 교설을 밝히 드러내 내 뜻을 보이고자 하였다. 이에 원근에서 몇 편의 글을 모았는데, 승려의 것도 일반 백성의 것도 한데 수록하고, 훌륭한 글도 졸렬한 글도 가리지 않았다. 뜻인즉 모두 옳다 여기는 도리를 널리 모음으로써 좌도를 토벌하려는 마음을 널리 알리고자

嗚呼! 哲人往矣, 景慕空殷, 踵斯作者, 予日望之. 潤也匪似濫居禪窟. 輒興斯擧, 不獲已焉. 每思聞一言而謗佛, 如三百矛以刺心. 後昆之罪首莫逃, 先覺之功臣罔克, 愧未及著全書而破邪, 願先驅揭衆言以見志. 於是蒐諸遐邇得若干篇, 緇素兼收, 拙工靡擇, 意在廣集同然之理, 公誅左道之心. 庶道統治統咸明, 君恩佛恩齊報云爾.

11 '初祖'는 중국 淨土宗의 시조인 東晉의 慧遠大師(334~416)를 말한다. 속세의 성은 賈이고 雁門 樓煩(지금의 山西省 代縣)에서 태어났다. 그는 유가 경전에 조예가 깊은 승려였다. 释僧祐의 『出三藏記集』 권 15 및 『高僧傳』 권 6에 보면 "열세 살에 외삼촌 영호씨를 따라 허락 지방으로 유학을 떠났는데, 육경을 두루 공부했고 특히 노장에 뛰어났다. 성품이 드넓고 안목이 빼어나, 비록 노련한 유자나 영달한 학자라 하더라도 모두 그의 깊은 조예에 탄복하였다.(年十三, 随舅令狐氏, 游學許洛. 故少爲諸生, 博綜六經, 尤善老莊. 性度弘偉, 風鑒朗拔, 雖宿儒英達, 莫不服其深致.)"고 한다. 六部는 유가의 여섯 가지 대표 경전, 즉 육경을 말한다.

하는 것이다. 그리되면 다스림이 밝아지고 임금의 은혜와 부처의 은혜를 모두 갚을 수 있을 것이기에.

숭정 갑술년(1634) 8월 보름	崇禎甲戌 仲秋之望
병든 몸으로 복건 장주 남산 잠운당에서 쓰다	扶病 書於閩漳南山 潛雲堂

4. 천주교를 물리치자는 격문

闢天主教檄

항주 석성용

武林 釋成勇

요지

이 글은 운서雲棲 대사의 제자 성용이 1637년에 지었으며, 『벽사집』에도 수록되어 있다. 성용은 천주교의 죄상으로 몰래 도회지에 살면서 오랑캐의 종교로써 중화를 개변시키고자 한 점, 하늘을 속이고 성인을 기망하며 불법을 비방하고 승려를 모멸한 점, 윤리를 파괴하고 괴이하고 황당무계한 내용을 모아 책을 저술한 점, 돈을 뿌려 백성의 환심을 사고 제사를 폐하게 한 점, 유교의 경전을 배척하고 심지어 운서 대사 및 천동 화상을 비방한 점 등을 열거하였다. 이에 근거하여 그 재앙이 이미 살갗에 닿아 있으니, 불자라면 마땅히 말이나 글로 저들을 내쳐서 요망한 기운을 쓸어 없애야 한다고 주장하였다.

삼가 생각건대, 법이란 본디 쟁론할 것이 없고 도리란 거짓을 용납하지 않는다. 바른 것과 그릇된 것은 본디 양립할 수 없으며, 부처와 마귀는 오래전에 이미 나뉘었다.

竊惟法本無諍, 理難容僞, 正邪元不兩立, 佛魔久已攸分.

그런데 교활한 오랑캐가 도회지에 숨어 살면서 든든한 후원에 의지해 함부로 날뛰고 있으니, 이는 법망에 구멍이 뚫린 것이요, 오랑캐로써 중화를 개변시키고 있으니, 이는 실로 왕도에 잠복해 있는 화근이라. 저들은 도리를 해치고 심성을 상실케 하며, 백성에게 재앙을 가져오고 세상을 미혹하고 있다. 주공周公과 공자를 가리켜 죄인이라 하고, 하늘을 속이고 성인을

爰有狡夷潛居都會, 負固跳梁, 乃法綱之漏網. 用夷變夏, 誠王路之伏戎. 害理喪心, 殃民惑世. 指周·孔爲罪人, 欺天罔聖. 訶佛祖作魔鬼, 謗法蔑僧. 弟父友君, 弔生慶死. 集怪誕以成書, 其心叵測.

기망한다. 불조佛祖를 마귀라고 욕하며 불법을 비방하고 승려를 모멸한다. 아비를 형제로 여기고 임금을 벗이라 여기며, 삶을 슬퍼하고 죽음을 기뻐한다. 괴이하고 황당한 것을 모아 책까지 엮었으니, 그 속내를 헤아리기 어렵다.

돈을 뿌려 가며 백성을 매수하다니, 대체 무슨 심사란 말인가? 엉뚱한 모략을 품고 괴이한 속임수를 쓰며, 제사를 없애고 윤리를 인멸한다. 이조열종二祖列宗[1]이 이룩한 법전을 업신여기고, 『상서』를 내치고 『주역』을 헐뜯으면서 백세토록 통일되어 왔던 다스림의 근원을 막는다. 마치 꺼질 줄 모르는 등불인 양 돈의 힘을 믿고서 제멋대로 굴고, 커다란 횃불과도 같은 반야般若를 알지 못한 채 함부로 상법常法을 깔본다. 여섯 스승[2]을 마치 겨자씨처럼 얕보아 해치고, 심지어 운서 대사를 무함하고 천동 화상을 비방하고 있으니, 재앙이 살갗까지 느껴지고 그 해괴함은 북두성 보듯 뻔하다.

布金錢而買衆, 立意何爲? 包蓄異謀, 譸張詭行, 斬祀滅倫. 藐二祖列宗之成憲, 斥『書』毁『易』, 塞百世一統之治原. 恃錢神如無盡燈, 肆焉作亂, 昧般若如大火聚, 妄敢輕嘗. 害豈六師, 眇同一介, 甚至誣汚雲棲大師, 誹辱天童和尙, 災近剝膚, 怪同見斗.

하지만 우리 불도는 열반 천상의 밝은 달과 같으니, 먼지에 가린들 무슨 걱정이 있으리오! 다만 이들 또한 대자대비한 마음속의 적자인지라, 어찌 가슴이 아프고 안타깝지 않으랴? 우리들은 이미 불제자가 되었고 다행히도 성명한 세상을 만났다. 심종백沈宗伯이

然吾道乃涅槃天上之皎月, 霾翳何虞! 但此類亦大悲心中之赤子, 寧無痛惜? 某等旣爲佛子, 幸際聖明. 沈宗伯之諫疏猶新, 許徵君之闢書尙在, 凡我同仁,

---

1 二祖는 명나라 太祖와 世祖를, 列宗은 나머지 황제들을 가리킨다.

2 중국 禪宗을 창시한 초대 조사 達磨, 2조 慧可, 3조 僧璨, 4조 道信, 5조 弘忍, 6조 慧能 등 여섯 禪僧을 가리키는 듯하나, 정확히 누구를 가리키는지는 알 수 없다.

간한 상소문[3]이 아직도 새롭고, 허징군의 벽서闢書[4] 또한 아직 남아 있다. 그러니 우리 모두 한마음 한뜻으로 입이나 붓으로 저들을 주벌하여 빛나는 음성을 나란히 토해 내거나, 조정에 직접 나가 쟁변하여 각자의 고명한 논변을 펼쳐야 할 것이다. 붉은 기치를 길 한가운데 세워 놓고, 임금의 조정에서 논변의 북을 울림으로써 저 요망한 기운을 모두 쓸어 없애고, 여우나 토끼 같은 잡것들을 숙청해야만 해와 같은 부처는 영원히 빛나고, 불법의 등불은 온 천지에 비출 것이다.

敬期共事, 或口誅筆伐, 齊吐徽音, 或面折庭諍, 各申妙辨. 標赤幡於當道, 鳴論鼓於王庭, 掃殄妖氛, 肅清狐兎, 庶佛日永明, 法燈徧熾.

황송함을 금할 길 없어 울며 고하는 바이다.

曷勝惶悚, 泣告.

숭정 10년(1637) 정월에 쓰다

崇禎十年 春王正月 具

3 沈宗伯은 沈㴶을 말한다. 沈㴶이 올린 상소에 관하여는 이 책 42~66쪽 「南宮署牘」 참조.

4 徵君은 벼슬하지 않고 재야에 사는 사람을 일컫는 용어로, 許大受를 말한다. 여기서 말한 闢書란 이 책 246~341쪽 『聖朝佐闢』 10개 편과 그 서문을 말한다.

5. 천학을 물리치자는 주장(아홉 가지)

天學初闢(凡九)

나천의 석여순

羅川 釋如純

요지

천주교의 교리 및 천주교가 불교를 비방한 아홉 가지 내용에 대해 반박하고 있는데, 먼저 이마두의 『천주실의』 내용을 소개한 다음 그 말에 대해 반박하는 구성을 취하고 있다.

첫째는 천주가 전지전능하다는 말에 대한 반박이다. 전지전능한 천주가 태초의 인류에게 악의 뿌리를 남겨 두어 죄악이 만연하게 한 다음에 상과 벌을 정한 것은 명백히 백성을 속이는 짓이라고 주장한다.

둘째는 본성의 근원 파악에 대한 반박이다. 불교에서는 만물의 본성이 같다고 여긴다. 즉 형체는 달라도 그 본성은 같다는 것인데, 이마두는 본성의 근원을 잘못 파악하고서 인성人性과 물성物性을 나누었다고 지적하였다.

셋째는 허虛와 무無를 천시하는 것에 대한 반박이다. 천주교는 실존하는 것을 귀하게 여기면서 불교와 도교는 무無이고 공空이며 공과 무를 숭상한다고 말한다. 이는 저들이 무無란 없는 것이 아니며, 진공이란 빈 것이 아님(眞空不空)을 모르고 있다는 증거이며, 그 크나큰 뜻을 알지 못하고 함부로 헐뜯고 있으니, 이것은 비방 아니면 곧 무함이라고 반박한다. 이 밖에 유가에서도 허무를 숭상하였으며, 결코 허무를 천시하지 않았음을 강조하였다.

넷째는 살생과 육식에 대한 몰이해를 반박하는 것이다. 천주교에서는 살생을 금하는 것은 도리가 아니라고 하는데, 이는 성인들이 생령을 아끼는 불인지심不忍之心과 살생을 경계하는 뜻을 모르고 함부로 하는 소리라고 비난하면서, 살생하여 성인의 어진 마음을 어긴다면 천벌을 받을 것이라고 경고하고 있다.

다섯째는 윤회를 비방한 데 대한 반박이다. 윤회의 개념은 불교가 중국에 들어오기 전부터 있었으며, 그 예를 유가 경전에서 찾아볼 수 있으니, 윤회란 유가의 전통과도 부합하는 것임을 주장하고 있다.

여섯째는 인성과 물성이 다르다는 데 대한 반박이다. 천주교에서는 본성은 혼령에 따라, 부류는 본성에 따라 같거나 다르다고 한다. 그러나 유교와 불교의 교리에 따르면, 사람과 동물의 성性은 다르지 않으며, 그 차이는 업業에 의해 결정된다. 따라서 사람과 동물은 혼령이 다르기에 본성도 다르다는 말은 성립할 수 없다고 반박한다.

일곱째는 불국 정토를 무고한 데 대한 반박이다. 불국 정토의 본뜻은 유심정토로서 "극락세계에 태어난다는 것은 정定의 상태에 든다는 것이며, 그곳에 간다는 것은 몸이 실제로 가는 것이 아니다."라는 것이다.

여덟째는 불경의 전래 및 불경 번역이 거짓이라는 데 대한 반박이다. 천주교에서는 중국의 제왕이 꿈에 (부처를) 보자 재상들이 아첨하여 불경을 얻어 온 끝에 불교를 믿게 되었다고 말하는데, 이는 모두 역사적 사실과 배치되는 근거 없는 주장이라 일축하였다. 또 외국 문자로 쓰인 불경의 번역 자체를 의심하는데, 역대 조정의 번역 관제가 완벽하게 갖추어져 있었음을 예로 들어 저들의 무지함을 공격하였다.

아홉째는 불경이 모두 중국에서 나온 것이라는 말에 대한 반박이다. 천주교에서는 『주자어록』에 의거해 불경은 모두 중국 문인들이 스스로 찬집한 것이라고 말하고 있는데, 송나라 유학은 전부 선종에서 흘러 나간 것이고 이름난 선비들은 부처를 섬기는 데 독실하였으므로 불경이 중국 문인들의 찬집에서 나온 것이라는 말은 옳지 않다고 반박한다.

천주교에서 말하기를, "천주는 전지전능하시어 천지만물을 창조하고 이를 주재하신다. 태초에 아담과 하와를 내시니, 이들이 인류의 시조가 되었다. 그 영성과 형체에는 본래 지극한 아름다움과 복이 갖추어져 있었으나, 후에 하나님의 명을 한 차례 어겨 (천주로부터 받은) 은혜를 모두 상실하였다. 이에 질병과 근심이 뒤따라 생겨났고, 감정과 욕망이 어지러이 생겨나 결국 하늘에 이르는 길이 막히고 말았다. 조상이

天敎云 "天主者乃全能全智, 造成天地萬物爲之主宰者也. 厥初生亞當·阨襪, 此爲人類之祖. 其靈性, 其形體, 本極備美備福, 後一犯違聖命, 恩澤悉隳. 病患隨至, 情欲錯出, 天路隔焉. 此祖宗之罪汚, 又遞傳於人類. 故人從受孕來, 卽皆體是

지은 죄는 인류에게 그대로 이어져 누구나 잉태의 순간부터 죄에 물들고, 나중에 생겨난 죄악들도 모두 여기에서 싹튼 것이다."라고 한다.

汚染, 而凡後來罪惡無不繇此根芽."

이에 반박한다.

闢曰:

"그렇다면 천주가 부여한 본성은 오로지 선善뿐이요 악이란 없었을 터인데, 어찌하여 아담과 하와로 하여금 착한 본성을 온전히 보존하고 감정과 욕망을 완전히 끊게 하여, 만대 자손의 청정한 근원이 되게 하지 못하였는가?

"然則天主賦命, 唯善無惡, 何不使亞當·阨襪全其性善, 絶其情欲, 不爲萬代子孫清淨之源乎?

처음 창조한 사람에게는 아직 정욕이 자라나지 않았을 터, 그때 신묘한 능력을 조금만 발휘하였다면 욕망을 극복하여 없애 버리는 일이 어찌 쉽지 않았겠는가? 게다가 전지전능하다면 그것이 만대의 악습이 될 것임을 꿰뚫어 볼 수 있었을 터, 명을 어긴 자들을 없앰으로써 후세를 보호하여 사람마다 나면서부터 죽을 때까지 착하게 살게 하고 악의 뿌리까지 끊어 버리게 한다면 어찌 이롭지 않겠는가? 그런데 악한 생각을 그대로 둠으로써 오늘까지 만연한 채 끊임없이 더럽게 물들게 하고 있으니, 어찌하여 스스로 악의 뿌리를 남겨 두었단 말인가? 잡초를 제거하려면 반드시 그 뿌리까지 뽑아 버려야 하고, 병을 고치려면 반드시 그 병의 근본을 없애야 한다. 사람의 힘으로도 끝을 궁구하여 작을 때에 미리 방지할 수 있거늘, 전능하다는 천주가 오히려 이처럼 악창을 자라게 하고 좀벌레를 기른단 말인가?

且當初生之人, 情欲未及滋蔓, 少展神功, 俾渠克肖, 豈不易易? 況全能全智, 則必洞徹萬世之流弊, 即盡去其方命者, 幷護後來人人善始善終, 絶爲惡之根倪, 何不利益? 而乃恣其惡念, 蔓延至今, 以致汚染不了, 是何自遺惡本耶? 蓋斬莠必除其根, 療疾必攻其本. 而此人工猶窮委防微, 何天主全能, 而反養癰蓄蠹如此耶?

저들은 천주가 그때에 즉시 그것을 없애 버리려고 하였으나, 다만 사람의 씨를 전할 길이 없어질까 염려

若云天主彼時即欲滅之, 但恐無傳人種. 然天主有生人不已

되었기 때문이라고 말한다. 그렇다면 끊임없이 사람을 만들어 내는 재간을 가지고 있는 천주이거늘, 어찌하여 다시 착한 사람 하나를 낳아 후대에 전하지 않았는가?

之機, 何不再生一個好人以之傳耶?

저들은 그의 죄악이 아직 중하지 않아 차마 멸절시키지 못하였다고 말한다. 그렇다면 하늘까지 잠기게 하는 큰물은 작은 개울이 모여 된 것이고, 벌판을 불태우는 큰불은 불꽃에서 비롯된 것이거늘, 천주가 버티고 앉아서 구경만 하였단 말인가?

若謂其惡未甚, 不忍遽絶, 則稽天之浸發于涓涓, 燎原之焰起于星星, 天主忍坐視乎?

태어난 이상 반드시 죄지을 것이라고 알고 있으면서 선한지 악한지 판단하여 이로써 상을 줄지 벌을 줄지 결정한다면, 이는 사람들을 기망하는 것이다. 천주가 주재하는 것이 무엇이란 말인가? 천주가 전지전능하다는 것이 무엇이란 말인가? 그런즉 이른바 천주란 천지인물의 대주재자가 될 수 없음을 알 수 있다. 그러니 어찌 저들의 유혹을 따를 것인가!"

若謂已知其有生, 必有過犯, 而聽其自善自惡, 以定賞罰, 是罔民也, 其所主謂何? 其稱全智全能謂何? 則知所謂天主者, 非能爲天地人物之大主宰章章矣, 吾人又胡彼之惑爲."

천주교에서 말하기를, "(불교에서는) 어진 이는 천지만물과 일체가 되어 천지만물을 자기 몸으로 삼는다고 말한다. 그렇다면 이것도 한 몸이고 저것도 한 몸이니, 억지로 같아지게 하여서는 안 된다는 것이 분명하다."[1]고 한다.

天敎云"仁者以天地萬物爲一體, 乃至以之爲體. 則此亦一體, 彼亦一體, 不可强而同, 明矣."

이에 반박한다.

闢曰:

"몸에는 성체性體의 몸이 있고 형체形體의 몸이 있

"蓋體有性體之體, 有形體之

1 『천주실의』 4편의 내용을 요약한 듯하다.

다. 형形이란 허망하고 (각기) 다르지만 성性이란 참되고 (모두) 같은 것이니 (성체와 형체를) 분별하지 않을 수 없다. 따라서 성체로 논한다면, 지혜로운 자나 어리석은 자, 총명한 자나 아둔한 자, 하늘을 나는 것이나 물에 사는 것이나, 동물이나 식물이나, 티끌처럼 작은 것이나 제압할 수 없을 만큼 큰 것이나 조금도 같지 않음이 없다. 형체로 말한다면, 만물은 형상에 따라 절로 다르게 마련이니, 이는 만물일체의 본래 뜻이 취한 바가 아니다. 어찌 상相에 집착하여 성을 비난하고 만물일체의 본성을 의심할 수 있단 말인가!

體, 形則妄而異, 性則眞而同, 不可不辨也. 故論性體則智愚靈蠢, 飛潛動植, 小至塵芒, 大至不可禦, 無少不同也. 如論形體, 則萬品流形而自異, 然非萬物一體之旨之所取, 胡可執相難性, 而疑萬物一體之本性乎!

그대가 만약 상相에 자성自性도 없고 자상自相도 없음을 알게 된다면, 상은 상마다 하나의 상이요 성은 성마다 하나의 성이 되어 모든 의혹이 풀릴 것이다.

今子若能了相無自性, 幷無自相, 則相相一相也, 性性一性也, 而疑釋矣.

나는 저들이 본원을 잘못 이해한 탓에, 걸핏하면 사람과 사물은 성이 다르고, 사람과 천주의 성은 더욱 다르다고 말한 것임을 잘 알고 있다. 이는 천주가 하나의 성을 가지고 있고, 사람이 하나의 성을 가지고 있으며, 물物이 하나의 성을 가지고 있다고 보는 것이니, 이에 일관된 도는 남김없이 산산이 부서지고 말았다. 오호라! 이것으로 성을 말하고 백성들을 가르친다면 참으로 삼교 성인의 으뜸가는 죄인이 될 것이다."

余故知渠錯認本源, 故輒云人·物不同性, 人與天主性尤迥別. 是爲天主一性, 人一性, 物一性, 而一貫之道碎裂無餘. 嗚呼! 以此論性而教斯民, 實三教聖人之罪首矣."

천주교에서 말하기를, "상달上達은 하학下學을 토대로 삼고, 천하는 실유實有를 귀하게 여기고 허무虛無를 천하게 여긴다. 그런데 불교와 도교에서는 무無니 공空이니 말하고 있으니, 천주의 교리와 크게 어긋나

天教云 "上達以下學爲基, 天下以實有爲貴, 以虛無爲賤. 二氏之謂曰無曰空, 於天主理大相剌謬, 不可崇尙, 明矣."

므로 섬길 수 없음이 명백하다."[2]고 한다.

이에 반박한다.

"명분만을 좇다 집착을 일으키는 것은 죄악의 실마리이지만, 터득한 바가 있어 말을 잊는 것은 성현께서 긍정하신 바이다. 저들은 묘무妙無는 무無가 아니고 진공眞空은 공空이 아니라는 것을 알지 못하므로, 묘유진공妙有眞空의 뜻도 진공묘유眞空妙有의 뜻도 알지 못한다.[3] 하물며 불가의 오묘한 뜻은 '4구를 떠나고 100비非를 끊기'[4] 때문에 입으로 말하고자 하여도 언어가 사라지고, 마음으로 생각을 일으키고자 하여도 생각이 사라진다. 노자도 말하지 않았던가. '내 그 이름을 알지 못하여 억지로 도道라고 부른다.'고. 그러니 어찌 공무空無라는 말로 다 설명할 수 있겠는가!

그저 남의 말이나 주워듣는 무리들은 헛된 말을 받들고 소문을 보태면서, 무無란 절대 아무것도 없는 '결단코 없는 것(斷無)'이고, 공空이란 터럭조차 존재하지 않는 '꽉 막힌 공(頑空)'이라며 떠벌리고 있다. 저들은 마치 보물 산에 들어가 보지도 않고서 모두

闢曰:

"循名起執, 罪惡之端, 得意忘言, 聖賢所與. 蓋不知妙無者不無, 眞空者不空, 乃妙有眞空, 眞空妙有之義耳. 況佛氏微旨, '離四句絶百非', 口欲言而詞喪, 心欲緣而慮忘. 老氏亦云'吾不知其名, 强名之曰道.' 遽可以空無盡之哉!

蓋耳食之徒, 承虛接響, 謂無爲絶無所有之'斷無', 謂空爲毫無所存之'頑空'. 不明其旨, 妄加詆訾, 如人未到寶山, 疑皆瓦礫. 封於自見, 非謗則誣矣, 彼

---

2 『천주실의』 2편에 나오는 내용이다.

3 眞空이 바로 妙有라는 뜻, 즉 공이란 이 세계의 사물을 떠나 따로 존재하는 것이 아니라 사물 그 자체의 존재 양상이라는 뜻이다.

4 四句百非는 불교에서 존재를 인식하는 방법으로, 변증법의 논리 형식을 취한다. 어떤 존재에 대해 있다(有)거나, 없다(無)거나, 있기도 하고 없기도 하다(亦有亦無)거나, 있지도 않고 없지도 않다(非有非空)거나 하는 네 가지 설명 방법을 四句라 한다. 이 四句마다 다시 四句를 대입하고, 이미 일어난 것과 일어나지 않은 것을 곱하고, 여기에 과거·현재·미래를 곱하고, 애초의 四句를 더하면 百非가 된다(4×4×2×3+4). 이처럼 否定을 거듭하는 百非로써 有無의 견해에 걸리지 않게 한다는 것이다.

깨진 기왓장만 있을 것이라고 의심하는 사람처럼 뜻도 제대로 알지 못하면서 함부로 비난하고 헐뜯고 있다. 자기 소견에 갇혀 비방하거나 무고하였지만, 백성들이 저들의 무고를 받아들이겠는가!

豈受爾之誣哉!

하물며 '무극無極은 태극太極'[5]이라 했으니, 이 또한 무를 귀히 여긴 것 아니겠는가? '내가 아는 것이 있겠는가? 나는 사실 아는 것이 없다.'[6]고 하였으니, 이 또한 공공空空[7]을 귀하게 여긴 것 아니겠는가? 태극은 모든 이치를 갖추고 있으며, 공공은 원래 양단兩端을 포함하고 있다. 주돈이周敦頤는 정통을 전수받아 공자께서 드리우신 도통의 맥을 잇고, 뭇 성현들의 업적을 계승하여 만세의 사표가 되었는데, 상달의 토대를 비난하며 감히 섬기지 않고 천시하였단 말인가? 오호라! 위대하구나! 공과 무를 가볍게 말해서는 안 된다는 것이 명백하도다. 그런데 공과 무를 말하지 않는 자들이 이것을 빌미 삼아 비난할 수 있단 말인가?"

況'無極而太極', 不以無爲貴乎? '吾有知乎哉, 無知也.' 不以空空爲貴乎? 太極卽具衆理, 空空原涵兩端. 濂溪得嫡其傳, 尼父道統心脉, 業承衆聖, 師表萬世. 抑將非上達之基, 敢不崇尙而賤之耶? 噫! 大矣哉! 空無之不可輕議矣, 明也. 而況不滯于是者, 固可借此以非乎?"

천주교에서 말하기를, "예로부터 지금까지 만국의 성현들 모두 살생하여 고기를 먹었으나 이를 후회하지 않았고, 또한 이 때문에 계율을 어겼다고 생각하

天教云 "自古及今, 萬國聖賢, 咸殺生食葷而不以爲悔, 亦不以此爲違戒. 又孟軻示世主以

5 周敦頤의 『太極圖說』에 있는 내용이다.

6 『論語』「子罕」에 나오는 말이다.

7 '空空'이란 六根의 內身과 六境의 外境은 실체도 자성도 없는 空한 것인데 그 空 또한 空하다는 것이다.

지 않았다.[8] 맹자 또한 '촘촘한 그물을 웅덩이에 넣어서는 안 된다.'고 하고, '도끼는 절기에 맞게 산림에 허용되어야 한다.'[9]고 당대 군주에게 가르쳤으니, 살생을 금지했던 것은 아니다.[10]"라고 한다.

'數罟不可入洿池', '斧斤以時入山林', 非不用也."

이에 반박한다.

闢曰:

"아! 이는 성인께서 크나큰 자비와 깊고 오묘한 뜻을 지니고서 오탁五濁[11]에 생기가 돌게 하셨음을 알지 못하고서 하는 소리이다. 군자들이 하는 일을 보통 사람들은 원래 알지 못한다. 복희씨가 처음 그물을 만들어 다른 생령들을 놀라게 하였으나, 그 상세한 뜻인즉 땅이나 나무 위에 사는 백성들의 고생을 방지해 주기 위함이었지 생령들을 우리에게 공급하기 위해 마음대로 죽이려 했던 것은 아니다. 그 뒤를 이어 우임금이 치수하면서 산과 못가를 불태웠는데, 이 역시 용·뱀·호랑이·표범 등을 못가에서 쫓아내 각기 살 곳으로 돌아가게 해 주려는 것이었지, 살생의 선례를 보여 주기 위함은 아니었다.

"噫! 是不知聖人有莫大慈悲, 甚深妙義, 轉旋五濁生機之微. 君子之所爲, 衆人固所不識也. 伏羲氏始設網罟以警異類, 詳其意總防民土處木棲之囏, 而非以生厥我供恣其殺也. 嗣是禹治洪水, 益焚山澤, 亦不過驅龍蛇虎豹於淵菹, 使各安其所, 殆非爲殺生者作俑也.

이 때문에 탕왕은 그물을 풀어 주었고,[12] 자산子產

是以成湯解網, 子產縱鱗, 與夫

8 『천주실의』 5편에 있는 내용이다.

9 『孟子』「梁惠王上」에 "촘촘한 그물을 깊은 못에 넣어 고기잡이하지 않으면 물고기와 자라가 이루 다 먹을 수 없을 정도로 넉넉해질 것입니다. 제때를 잘 지켜 나무를 벌목하면 목재를 이루 다 쓸 수 없을 정도로 넉넉해질 것입니다.(數罟不入洿池, 魚鼈不可勝食也, 斧斤以時入山林, 材木不可勝用也.)"라는 내용이 있다.

10 『천주실의』 5편에 있는 내용이다.

11 세상에 있는 다섯 가지 혼탁하고 깨끗하지 못한 것, 즉 劫濁·見濁·煩惱濁·衆生濁·命濁을 말한다.

12 『史記』「殷本紀」에 "탕임금이 출타했다가 사냥꾼이 사방에 그물을 쳐 놓고 신께 기도하는 것을 보았다. '천하 사방의 모든 것들이 다 내 그물로 들어오게 해 주소서.' 탕임금은 이 광경을 보고 탄식하며 말했다. '저러다간 모두 멸종되겠구나.' 이에 세 면의 그물을 없앴다.(湯出, 見野張網四面, 祝曰 '自天下四方皆入吾網.' 湯曰 '嘻, 盡之矣!' 乃去其三面.)"라는 내용이 보인다.

은 물고기를 놓아주었으며,[13] 낚시질은 하되 그물은 치지 않았고, 주살을 던지되 잠자는 새는 쏘지 않았다.[14] 목숨을 주었거든 반드시 그들을 키웠던 것이다.

釣而不網, 弋不射宿. 君賜生必畜之.

살아 있는 풀은 꺾지 않고, 살아 있는 벌레는 밟지 않는 것을 공자는 어질게 여겼다. 벌벌 떠는 소를 양으로 대신한 것으로 인술仁術을 보여 주었고,[15] 측은지심의 단서를 통해 양심을 확인했다. 이 때문에 맹자는 '살아 있는 것을 보고서는 차마 그것이 죽는 것을 보지 못하고, 슬프게 울부짖는 소리를 듣고서는 차마 그것의 고기를 먹지 못한다.'[16]고 한 것이다. 가르침을 드리우심에 이보다 더 엄한 것은 없으리라.

至於不折生草, 不履生蟲者, 孔子仁之. 然徵仁術於觳觫之牛, 驗良心於惻隱之緖. 故曰'見其生, 不忍見其死, 聞其聲, 不忍食其肉', 其垂戒也孰嚴於是.

먼저 가신 성인과 뒤에 오신 성인들이 베푸신 어진 행위가 같을 수는 없겠지만, 중요한 것은 살려 주기를 즐기고 차마 죽음을 보지 못하였던 마음이 한결같았다는 사실이다. 만약 하늘이 내 맘대로 죽여 내 맘대로 먹으라고 짐승을 냈다면, 성인들은 무엇하러 차마 짐승을 죽이지 못했던 그런 고식적인 행위를 이어 나갔겠는가? 우리에게 먹거리를 주기 위해 내었다면, 어찌하여 그물코를 제한하고 절기에 맞추어 입산

前聖後聖雖設施不齊, 要之好生不忍之心, 未始有不同者矣. 苟天生禽獸, 我殺我食, 胡爲聖賢襲此姑息之不忍耶? 抑不知生而我給, 反節罟之數, 入山以時耶? 又胡爲必齋戒於禘嘗, 禁屠沽於旱潦, 無故不殺牛羊, 七十政開食肉? 其殺之之罪孰明

13 『孟子』「萬章上」에 나오는 내용이다. "옛날에 어떤 사람이 정나라 자산에게 물고기를 선물로 주었더니, 자산이 하인에게 시켜 못에 넣어 기르게 하였다.(昔者有饋生魚於鄭子產, 子產使校人, 畜之池.)"

14 『論語』「述而」에 나오는 내용이다.

15 『孟子』「梁惠王上」에 나오는 내용이다. 孟子와 齊 宣王의 대화 가운데, "내가 어찌 소 한 마리를 아까워하겠습니까? 이는 바로 그 소가 아무 죄도 없이 죽을 곳에 나아가는 것같이 벌벌 떠는 모습을 차마 보지 못하겠기에 양으로 소를 대신하라 한 것입니다.(吾何愛一牛? 卽不忍其觳觫, 若無罪而就死地, 故以羊易之也.)"를 시작으로, 맹자가 인을 실천하는 법을 설명한 부분이다.

16 『孟子』「梁惠王上」에 나오는 내용이다.

하게 하였는지 또한 모르겠구나. 또 무엇하러 큰 제사에 반드시 재계하게 하고, 가뭄이나 장마철에 짐승을 잡아 파는 것을 금지하며, 까닭 없이 소와 양을 잡지 못하게 하고, 일흔이 되어야 고기를 먹게 하였겠는가?[17] 살생의 죄가 이보다 더 명확할 수 있겠는가?

於是?

불행하게도 저들은 살생이 이미 습관이 되어 그 잘못을 깨닫지 못한다. 지금 저들이 갑자기 '살생을 경계하는 것은 상도常道에 벗어난다. 실은 하늘이 우리에게 주기 위해 낸 것이다.'고 말하는 것은 마치 복어를 먹는 사람이 '절대 죽지 않는다.'고 말하는 것과 마찬가지이다. 아! 내가 간섭할 것이 무엇인가! 만약 저들이 천주로부터 직접 '짐승은 내가 너희를 먹이려고 내었다. 짐승은 죽으면 영혼도 사라지니 짐승을 마음대로 죽여도 너희 죄가 아니다.'라고 말하는 것을 들었다면 그만이다. 만약 그렇지 않은데, 천하 후세 사람들을 이끌고 성현들의 차마 견디지 못했던 마음을 위배하면서까지 차마 그런 행동을 하면서 이런 말을 한 것이라면, 오호라! 너희 죄는 위로 하늘에 닿을 것이다. 식물 속의 붉은 즙을 피라고 하는 등[18]

不幸而習行成性, 莫覺其非. 今子遽曰'戒殺生者爲不經. 實天生而爲我用.' 如食河魨者曰'必不至死.' 噫! 于我何預哉! 苟子親聞天主'禽獸我生食爾也. 禽獸死而靈亦滅也, 恣爾殺不爾罪也', 則可. 否則, 率天下後世之人, 逆聖賢不忍之心, 而爲忍行者必此之言. 嗚呼! 子之罪上通於天矣. 至以桒中紅液爲血, 種種謬妄, 鄙俚之談不足斥."

17 『孟子』「梁惠王上」에 "다섯 이랑의 집에 뽕나무를 심으면 쉰 먹은 사람은 비단옷을 입을 수 있다. 닭과 개와 돼지를 때에 맞게 기르면 일흔 된 사람은 고기를 먹을 수 있다.(五畝之宅, 樹之以桑, 五十者可以衣帛矣. 雞豚狗彘之畜, 無失其時, 七十者可以食肉矣.)"는 내용이 있다.

18 『천주실의』 5편에 "서양 선비가 말한다. '초목에 피가 없다는 말씀입니까? 그 말씀은 다만 붉은 색깔만이 피라고 여기고 흰색이나 녹색도 일찍이 피가 아닌 적이 없음을 모르고 하시는 말씀이십니다. … 무릇 흘러서 관통해 가는 진과 액은 모두 피입니다. (피가) 왜 반드시 붉은 색깔이어야만 합니까?'(西士曰, '謂草木爲無血乎? 是僅知紅色者之爲血, 而不知白者綠者之未始非血也 … 則凡津液之流貫, 皆血矣, 何必紅者?')."라는 내용이 있다. 이는 불교와 천주교 사이의 살생관의 차이가 드러나는 부분이다.

갖가지 황당무계한 이야기들은, 저열한 속임수여서 반박할 가치도 없다."

천주교에서 말하기를, "윤회설은 폐타와자(피타고라스)가 한 말인데, 불교에서도 내심 그 설을 옳다 여겨, 이 말을 빙자하여 사람들을 놀라게 하고 있다. 불교가 중국에 들어와서야 비로소 윤회설이 유행하였으니, 이 말은 실로 믿을 만하지 못하다."[19]라고 한다.

天教云"輪廻之說, 乃閉他臥剌之語, 佛竊爲然, 藉此以駭人者. 自佛教入中國, 始聞其說, 誠不足信."

이에 반박한다.

闢曰:

"성性은 진실한 상도常道 가운데 있기 때문에 오고 감, 나고 죽음, 미혹과 깨달음, 성스러운 것과 범속한 것들 사이에서 찾는다면 끝내 찾을 수 없다. 청정한 마음(淸淨心)[20] 가운데서도 외경유심外境唯心[21]을 깨닫지 못하여 홀연 동요가 일어나는 것을 일컬어 '망妄'이라고 한다. 바로 이 '망'이 원인이 되어 여러 가지 업을 짓게 되는데, 업에는 선한 업과 악한 업, 경미

"性眞嘗中, 求於去來生死迷悟聖凡, 了不可得. 但清淨心中, 不達外境唯心, 倐然而動, 名之曰'妄'. 以'妄'爲因, 作種種事業, 業有善惡輕重之殊. 故感報亦苦樂升沉之別. 蓋果非業不足以召, 業非惑無從而興. 惑

19 『천주실의』 5편에 있는 내용이다. 여기에서 불교 윤회설에 대해 통렬한 비판을 가하며, 피타고라스의 이론이 국외로 漏出되어 인도에까지 전해졌고, 석가가 이를 계승하여 거기에 六道를 덧붙여 갖가지 허황된 이론을 꾸며 낸 것이라고 주장하였다. 이 借用說은 명 말 천주교인들에게는 일반화된 시각이었다고 할 수 있는데, 龐迪峨의 『七克』 제5편, 楊廷筠의 『天釋明辨』 제4 「戒殺」과 제9 「輪廻」 및 『代疑篇』 제3 「答有天堂地獄更無人畜鬼趣輪廻條」, 徐光啓의 『闢妄』 제6 「輪廻之妄」 및 『諮周偶篇』 총 26 항목들 가운데 제6~11 문답에서도 같은 주장을 볼 수 있다.

20 『楞伽經』이나 『大乘起信論』으로 대변되는 진여연기설의 입장에서 진여자성 자체는 허망한 생각과 집착이 없어 온갖 차별상을 여읜 청정한 마음이며, 이 청정한 마음이 바로 중생 본연의 성품(本性)이자 참마음(眞心)이자 존재하는 모든 것의 본체로 규정된다. (조홍원, 『이해와 오해의 이중주』의 각주 458의 요약 인용. 1999년, 서울대학교 석사 학위 논문)

21 '마음 바깥에 있는 대상(外境)'이란 마음에서 緣起한 존재 관념, 인식 내용이 존재로 전화된 것이다. 즉 인식 대상이란 마음 밖 외계에 정말로 실존하는 것이 아니라 오직 마음의 분별 작용, 즉 존재관념에 불과하다는 말이다. 그러므로 이른바 '외계의 대상'이란 마음의 轉變相이며 존재하는 것은 오직 마음뿐이라고 규정된다. (조홍원, 같은 책의 각주 457의 요약 인용)

한 업과 중대한 업의 차이가 있다. 또 업으로 인해 받게 되는 과보果報에도 괴로움과 즐거움, 하늘에 오르는 것과 물속에 가라앉는 것 등등의 차이가 있다. 과果는 업이 아니면 초래되지 않고, 업은 혹惑이 아니면 일어나지 않는다. 혹과 업과 고苦, 이 셋은 서로 이어져 있어서 마치 두레박에 달린 도르래처럼 절로 돌고 돈다. 중천에 해와 달을 걸어 놓은 것처럼 진실로 의심할 여지가 없다.

業苦三, 更相繇藉, 如汲井輪, 自成輪轉. 若揭日月於中天, 誠無得而疑者.

과보가 업에서 기인한 것이 아니라면 모두 똑같이 천주가 만들어 낸 것일 터인데, 열등한 짐승이나 미미한 벌레는 말할 것도 없거니와, 사람들 사이에도 부자와 가난한 자, 신분이 높은 자와 낮은 자, 장수하는 자와 요절하는 자, 우둔한 자와 지혜로운 자 등등 천양지차가 있으니, 천주의 더없이 공평함이란 대체 어디 있단 말인가? 그 윤회의 이치가 이러할진대, 어찌 폐타와자의 말을 훔쳐 올 필요가 있단 말인가?

苟果不繇業, 則均爲天主之所生, 無論禽獸之卑, 蛸蠕之眇, 即人類中富貴貧賤壽夭窮通, 不啻天淵倍蓰, 而天主之至公安在哉? 其輪迴之理如是, 豈待竊閉他卧刺之語耶?

비록 그렇지만 과보란 스스로 존립하는 과보가 아니라 업으로 인한 과보요, 업 또한 스스로 존립하는 업이 아니라 혹에서 생겨난 업이요, 혹 또한 혹 스스로 존립하는 혹이 아니라 망 때문에 생겨난 혹이요, 망 또한 스스로 존립하는 망이 아니라 진眞에서 일어난 망이요, 진 또한 스스로 존립하는 진이 아니라 망에 대비하여 진이라 이름 붙여졌을 따름이다. 이 때문에 (『화엄경』에서는) '마땅히 법계의 본성을 관하라. 모든 것은 마음이 만들어 낸 것이다.'[22]라고 말한 것이다. 그런즉 마음이 일어나면 온갖 것들이 일어나고, 마음이 사라지면 온갖 것들 또한 사라진다. 이것

雖然, 果不自果, 因業而果, 業不自業, 繇惑而業, 惑不自惑, 緣妄而惑, 妄不自妄, 從眞起妄. 眞不自眞, 對妄名眞. 故曰'應觀法界性, 一切唯心造.' 是則心生則種種法生, 心滅則種種法滅. 所謂'夢裡明明有六趣, 覺後空空無大千.' 佛不云乎? '一切衆生, 具有如來智慧德相, 但以妄想執着, 而不證得.' 從迷積迷, 莫知底止, 世尊說爲可憐

이 이른바 '미몽迷夢 속에 있을 때에는 육도가 분명하게 있더니, 깨치고 나니 공하고 공하여 삼천대천세계가 모두 없도다.'[23]는 것이다. 부처님께서도 말씀하시지 않았던가? '일체 중생은 여래의 지혜와 덕상을 갖추고 있지만, 망상에 집착하는 탓에 증득하지 못한다.'[24]고. 미망에서 미망으로 이어지며 그칠 줄 모르니, 세존께서 말씀하신 가련하고 불쌍한 자들이여, 어찌하여 윤회설을 빙자하여 사람들을 놀라게 하는가?

憫者, 又豈藉輪迴之說而駭人哉?

저들이 말하기를, '불교가 중국에 들어오자 비로소 윤회설이 유행하였다.'고 했는데, 결단코 그렇지 않다. 비록 윤회라는 말은 없었지만 그런 일은 있었다. 예컨대 곤鯀이 곰으로 변했다든가, 망제望帝가 용이 되었다든가, 양애羊哀가 범으로 변했다든가, 팽생彭生이 돼지로 변했다든가, 여의如意가 개로 변했다든가, 황모黃母가 큰 자라로 변했다든가, 선무宣武가 자라로 되었다든가, 등애鄧艾가 소로 변했다든가, 서백徐伯이 물고기로 변했다든가, 영변鈴卞이 까마귀로 변했다든가, 서생書生이 뱀으로 변했다든가, 이미李微가 호랑이로 변했다든가 하는 것들이 모두 그 예이다.[25]

若曰'佛教入中國始聞其說', 是大不然. 雖無其言, 業有其事. 如鯀化爲熊, 望帝爲龍, 羊哀爲虎, 彭生爲豕, 如意爲犬, 黃母爲黿, 宣武爲鼈, 鄧艾爲牛, 徐伯爲魚, 鈴卞爲烏, 書生爲蛇, 李微爲虎等. 此種種皆儒書記載, 盡釋教未入中國以前昭昭有之, 特未揭出輪迴兩言耳. 蓋有其言, 而無其事者, 或有之矣, 未有有其事而無其言, 幷不信

22 華嚴經의 대표적인 四句偈로 "만일 삼세의 모든 부처를 알고자 한다면(若人欲了知, 三世一切佛), 마땅히 법계의 본성을 관하라(應觀法界性). 모든 것은 오로지 마음이 지어내는 것이다(一切唯心造)."라는 말이 있다.

23 永嘉 玄覺(665~713)의 「證道歌」.

24 『大方廣佛華嚴經』, 「如來出現品」에 있는 내용이다.

25 『古今事文類聚後集』 권 5 「論前後身」에 "객들 가운데 불가의 응보설을 믿지 않는 자가 있기에 내가 말했다. '선을 쌓은 집에는 넘치는 경사가 있고 악을 쌓은 집에는 넘치는 재앙이 있다 하니, 어찌

이러한 이야기가 모두 유가 서적에 기재되어 있으니, 불교가 아직 중국에 들어오기 이전에 존재했음이 분명하되 윤회라는 두 글자가 드러나지 않았을 따름이다. 용어는 있는데 그에 해당하는 일이 없는 경우는 어쩌다 있을 수 있지만, 그런 일은 있는데 이를 가리키는 용어가 없는 경우는 없다면서 실제 사실을 믿으려 하지 않는다면, 또한 미혹된 것이다.

其實有之事者亦惑矣.

'『서경』에 있는 말을 다 믿는다면 『서경』이 없느니만 못하다.'[26]고 한다면, 육경은 모두 불살라 버려야 할 것이니, 이는 통론이 될 수 없다. 정자程子가 일찍이 말하기를, '시골 사람이 호랑이로 변하여 직접 호랑이를 자기 집으로 끌고 와 제 집 돼지와 양을 잡

若曰'盡信『書』, 則不如無『書』', 則六經可焚棄, 是非通論也. 程子嘗曰'親見村民化爲虎, 自引虎入其家, 食其豬羊.' 聖人亦曰'精氣爲物, 游魂爲

길흉이 없겠는가? … 곤이 누런 곰이 되고, 두우가 두견새가 되고, 포군이 용이 되고, 우애가 호랑이가 되고, 군자가 학이 되고, 소인이 원숭이가 되고, 황 씨의 모친이 자라가 되고, 선무가 자라가 되고, 등애가 소가 되고, 서백이 물고기가 된 것, 이 모두가 불가에서 말하는 異形으로 변한 것들 아니겠는가?'(客有不信佛家報應者, 士謙曰, '積善餘慶積惡餘殃, 豈非休咎耶? … 若鯀為黃熊, 杜宇為鶗鴂, 褒君為龍, 牛哀為虎, 君子為鶴, 小人為猿, 黃母為黿, 宣武為鼈, 鄧艾為牛, 徐伯為魚, 此非佛家變受異形之謂耶?')"라는 내용이 있다. 첫 번째 나오는 鯀은 치수를 하였던 우임금의 아버지다. 『史記』「夏本紀」에 따르면 치수에 실패한 鯀을 순임금은 羽山으로 유배 보냈는데, 누런 곰으로 변해 연못에 들어갔다고 한다. 蜀의 望帝 杜佑는 죽어 두견새가 되었다고 하는데, 용이 되었다는 말은 어디서 왔는지 알 수 없다. 또한 범으로 변한 것은 양애가 아니라 牛哀이다. 팽생이 돼지로 변한 이야기는 『搜神記』 권 6에 나오는 고사로, 魯 莊公 8년에 있었던 일이라 한다. 여의가 개로 변한 고사는 『搜神記』 권 3에 보인다. "만물의 변화는 일정한 형태가 없고, 사람의 변이는 정해진 본체가 없다. 큰 것이 작아지기도 하고 작은 것이 커지기도 하여 우열이 없으니, 만물의 변화란 일관된 도인 것이다. 그러므로 곤은 천자의 아비였고 조왕 여의는 한 고조의 아들이었지만, 곤은 누런 곰이 되었고 여의는 검은 개가 되었다. 이는 지존의 자리에 있으면서 짐승이 된 경우이다.(夫萬物之化, 無有常形, 人之變異, 無有定體. 或大爲小, 或小爲大. 固無優劣, 萬物之化, 一例之道也. 是以夏鯀, 天子之父, 趙王如意, 漢高之子, 而鯀爲黃能, 意爲蒼狗. 斯亦至尊之位, 而爲黔喙之類也.)" 황 씨의 모친이 자라로 변한 이야기는 『搜神記』 권 14에, 등애가 소로 변한 이야기는 『太平廣記』 권 320 「王明」 조에, 서백이 물고기로 변한 이야기는 『異苑』 권 7에, 이미가 호랑이로 변한 이야기는 『宣室志』에 보인다.

26 『孟子』「盡心下」에 나오는 말이다.

아먹는 것을 본 적이 있다.'[27]고 하였다. 성인도 '정기精氣는 물物이 되고 떠다니는 혼은 변한다.'[28]고 하였으니, 참으로 깊은 뜻이 담겨 있다. 살아 있으면 '마음'이라 하고, 죽었으면 '혼'이라고 할 뿐 서로 다른 것이 아니다. 성인은 '변했다'고 하고, 우리 불가에서는 '윤회'라고 하지만 그 이치는 하나이다. 이것이 또 하나의 증거 아니겠는가? 어떻게 성급하게 윤회가 없다고 말할 수 있겠는가? 이 몸은 늘 보존할 수 있는 게 아니라는 것을 알 수 있으니, 만약 선을 등지고 악으로 나간다면 이류異類[29]로 변하는 것을 면할 수 없다. 이 때문에 『현종직지玄宗直指』에서 '사람이 짐승의 마음을 쓴다면 죽어서 반드시 짐승이 되고, 살아서 사람과 하늘의 마음을 쓴다면 죽어서 반드시 사람과 하늘이 된다.'고 한 것이다. 이는 유심의 뜻이자 변치 않는 이치이다.

變.' 甚有深意. 蓋生而曰'心', 死而曰'魂', 非二物也. 聖人曰'變', 吾佛曰'輪', 理則一也. 此非又一證乎? 何遽謂無輪迴耶? 則知此身旣不可以嘗保, 倘背善而趣惡, 固不免爲異類, 故『玄宗直指』云'人用禽獸心, 死必爲禽獸, 生用人天心, 死必爲人天.' 此唯心之旨, 不易之理也.

전생의 일을 기억할 수 없다면서 이것으로 윤회가 없다는 것을 입증하려 하지만, 양호羊祜가 (전생의) 금팔찌를 알아본 일, 포정鮑靚이 (전생의) 우물을 기억해 낸 일, 상정向靖의 딸이 죽었다가 다시 잉태되어 부모에게 물어서 칼을 찾은 일, 문담文澹이 도깨비에게 홀렸다가 환생하여 향낭 일을 이야기하면서 아비를 찾

若謂無能記前世之事, 以證無輪迴者, 不見羊祜識環, 鮑靚記井, 向靖女亡而再育, 問父母以求刀, 文澹幻質以還生, 說香囊而驗父, 龜齡賦橋碑之宿寫, 子瞻指殿陛以曾堦, 事匪無徵, 孰

27 이 말은 명나라 승려 元賢이 지은 『淨慈要語』 권 2에 보이지만, 실제 程頤의 저술에서는 찾아볼 수 없다.

28 『周易』「繫辭上」에 있는 내용이다.

29 異類란 생물학적으로 種이 다른 부류를 말한다. 여기서는 인간 이외의 동물을 뜻하는 말로 사용되었다.

은 일, 구령龜齡이 다리 옆에 있는 비석에 새긴 글을 다시 읊은 일, 자첨子瞻이 전각의 섬돌을 가리키며 계단을 더 쌓은 일 등[30] 그 증거가 없지 않으니, 어찌 감히 안 믿을 수 있겠는가?

敢不信?

우리네 사람들도 자라서는 갓난아이 때의 일을 기억하지 못하며, 늙어서는 젊었을 때의 일을 까맣게 잊는다. 자기 한 몸이 겪은 일도 기억하지 못하는데, 하물며 전생의 일을 어떻게 기억한단 말인가? 평생 글을 써 오고도 붓을 들 때마다 글자를 잊어버리고, 해거름에 걸상을 옮겨 가며 자연을 감상하다가도 밤

且吾人壯而不記襁褓, 耄矣頓忘壯年, 一身所歷之事, 尙然罔憶, 而況隔生乎? 至於終年染翰, 累擧筆而忘字, 薄暮移榻, 夜起而莫辨東西. 豈遂謂不繇昔而突然自有于今耶?

30 羊祜 이야기는 『搜神記』 권 15에 보인다. 鮑靚은 『晉書』 제65에 보이고, 向靖은 『太平廣記』 권 387 「向靖女」에, 文澹은 『태평광기』 권 388 「文澹」에 보인다. 龜齡은 송나라 문인 王十朋(1112~1171)이다. 『天台山志』에 “왕십붕이 직접 말했다. ‘일찍이 꿈에 어느 곳을 노닐었는데 봉우리가 빼어나고 수풀이 우거졌다. 중들이 그 사이를 오고 가는데, 옆에 돌다리가 하나 있었다. 돌다리 옆에 섰자니, 비석이 하나 보이기에 읽어 보았다. 한 중이 말하길, 공(나: 왕십붕)께서 전생에 쓴 것이라 했다. 전생에 (내가) 누구였냐고 물었더니 엄 수좌였다고 했다. 소흥 연간에 왕십붕은 석교사를 지나게 되었는데, 절의 중이 먼저 꿈에서 엄 화상을 맞이하고, 그 이튿날 왕십붕이 도착했다. 십붕이 그곳 산수를 둘러보니 꿈에서 본 것과 똑같았다. 이에 시를 지었다. 돌다리에 오기도 전에 미리 알았나니, 눈에 보이는 것은 꿈에서 꾼 것과 똑같다네. 스님은 나를 엄 수좌라 부르는데, 전생에 이 몸이 돌다리 비석에 글을 새겼지.’(王十朋自云, ‘嘗夢游至一處, 見峰巒秀異, 林木陰邃. 有僧往來其間, 旁有石橋. 予立橋畔, 見一碑, 讀之. 僧曰, 公前身所書也. 叩其何人, 曰嚴首座也. 紹興中, 十朋道經石橋寺, 寺僧先夢迎嚴和尙, 詰旦而十朋至. 十朋覽其山水, 一如夢中所見. 因題詩曰. 石橋未到已先知, 入眼端如入夢时. 僧喚我爲嚴首座, 前身曾寫此橋碑.’)”라는 내용이 있다. 子瞻은 蘇軾의 字이며, 그의 호는 東坡이다. 소식은 전생에 대해 여러 차례 언급한 바 있는데, 한번은 항주의 壽星寺에 놀러 갔다가 함께 간 참모에게 말했다. “평생 이곳에 와 본 적은 없지만 눈앞에 보이는 광경이 마치 언젠가 와 봤던 것만 같네. 이곳에서 懺堂까지는 분명 92개의 계단이 있을 것이네.” 그러고는 사람에게 시켜 계단 수를 세어 보게 하였더니, 정말로 92개였다. 소식은 「答陳師仲書」에서도 다음과 같은 말을 한 바 있다. “나는 해마다 늘 꿈에서 너더댓 차례 서호엘 간다네. 아마도 이른바 전생에 연이 있다는 것이겠지. 항주에서 수성원을 노닌 적이 있었는데, 문에 들어서자마자 일찍이 와 본 적이 있다는 것을 깨달았으며, 절 후당의 전각이며 바위가 있는 곳까지 다 맞힐 수 있었지. 그래서 시에서 ‘전생에 이미 와 본 듯’이라는 말을 했던 걸세.(軾亦一歲率常四五夢至西湖上, 此殆世所謂前緣者. 在杭州嘗游壽星院, 入門便悟曾到, 能言其院後堂殿, 山石處, 故詩中有‘前生已到’之語.)”

중에 일어나면 동서를 분간 못 한다. 그렇다고 해서 옛날을 거치지 않고 갑자기 오늘에 이르렀다고 말할 수 있겠는가?

이생에서 죽어 다음 생의 모태에 드는 과정만 보더라도, 죽음에 임해서는 갑작스런 두려움이 있고, 어머니 뱃속에서는 불안 속의 어둠이 있다. 거꾸로 내려오면서는 어찌할 바를 모른다. 머리도 얼굴도 바뀌고, 익히고 배운 바 역시 현격하게 달라지면서 세상사를 알게 된 이래로 대체 얼마의 세월이 흘렀는지조차 알지 못한다. 그러니 전생의 일을 기억 못 한다고 다그친다면 지나친 처사가 아니겠는가? 이 때문에 '보살도 음양이 달라지면 혼미해지고, 나한도 모태에 들어가면 장애가 생긴다.'[31]고 한 것이다. 지통숙명智通宿命[32]하고 미혹됨이 얕고 업이 가벼워야지, 그렇지 않고서는 전생의 일을 기억하기 어렵다. 이 때문에 기억하는 자는 적고 망각한 자는 많은 것이다.

縱歿彼而即胎此, 尙有臨終倉卒之怖, 母腹局促之昏, 顚倒而下, 莫知所措. 改頭換面, 習業懸殊, 迨識人事來竟不知相去幾歲月矣. 欲責以憶前世之事, 不亦甚乎? 故曰'菩薩有隔陰之昏, 羅漢有出胎之障.' 苟非智通宿命, 惑淺業輕, 未易記往事也. 故憶者少而忘者多也.

하지만 기억하는 자가 적다고 해서 윤회를 증명하기에 부족하다고 한다면, 나도 이 적게나마 기억하고 있는 자들을 가지고 저들 천주교에도 윤회가 없지 않다는 것을 입증하기에 충분하다고 말하고 싶다. 무슨 소리인가? 기억하고 있다는 것은 지난 일을 마음속에 간직하고 있다는 것이기 때문이다.

若云記者少, 不足以徵輪迴, 余亦將曰, 以此少記者, 足徵子教非無輪迴, 何則? 記之云者, 存往事於心也.

31 사람의 神識은 投胎하는 과정을 통해 대부분 전생의 기억을 잊게 마련이라는 뜻으로, 원래는 '羅漢有住胎之昏, 菩薩有隔陰之迷'로 쓰인다.

32 阿羅漢果를 얻은 후 갖게 되는 6종의 초인적 능력인 六神通 중에 자신의 과거를 아는 宿命通이 있는데, 이를 얻게 되는 것을 말한다.

천주교에서 말하기를, '사람이 태어날 때 천주가 영혼을 만들어 그에게 준다.'고 한다. 그렇다면 이 몸은 부모가 물려준 몸뚱이고 영혼은 천주가 처음으로 만들어 준 것일 터이니, 어떤 전생을 기억할 수 있단 말인가? 불경은 믿을 바가 못 된다 치더라도 사서史書 또한 믿을 바가 못 된단 말인가? 불교를 배우는 사람은 믿을 만하지 못하다 치더라도, 유교를 배우는 사람도 믿을 수 없단 말인가? 다 믿으라고 한다면 안 되겠지만 어찌 믿을 만한 것이 없겠는가! 만약 하나라도 믿을 만한 것이 있다면, 그대는 하늘을 속이겠는가, 사람을 속이겠는가? 그저 스스로를 속이기에 딱 좋을 뿐이다.

子教謂'凡人之生時, 天主即造靈魂畀之.' 然則斯身也, 固父母遺體也, 斯靈也, 亦天主之始造也, 其所能記前事者何也? 佛經固不足信也, 書史亦不足信耶? 學佛者固不足信也, 夫學儒者豈亦不足信耶? 欲盡信固不可也, 寧無可信也耶! 苟有一可信, 則子將欺天乎? 欺人乎? 適足以自欺也.

윤회란 오고 감을 말한다. 쉬지 않고 돌고 도는 것이 본디 윤회이고, 여기에서 저기로 옮겨 가는 것 또한 윤회에 해당한다. 반드시 한 곳에 머무른 채 옮겨 가지 않아야만 비로소 윤회가 없다고 할 수 있다. 천주교에서는 살아서는 이 세상에 있다가 죽어서는 선악에 따라 천당에 오르거나 지옥에 떨어지는데, 그런 순환이 영원히 계속된다고 말한다. 그렇다면 하늘에서 세상에 내려오고, 세상에서 다시 하늘로 올라가기도 한다니, 이 순환에서도 윤회가 반이 넘는 셈이다. 게다가 또 '사람에게 조금이라도 악이 남아 있다면 반드시 연청지옥에 떨어지고, 죄가 깨끗해지면 천당에 오른다.'고 말한다. 또 '예수는 하늘에 있다가 세상에 태어나셨고, 세상에서 지옥으로 떨어졌으며, 지옥에서 부활하여 다시 사람이 되고, 사람으로 하늘에 올라갔다.'고 한다. 윤회가 많기도 하구나!

且輪迴者, 往返之謂也. 轉展不息, 固輪迴也, 即從此遷彼, 亦輪迴之分也, 必一定不移而後始可言無輪迴矣. 子教謂生則存斯世也, 死則隨其善惡而升降焉, 永永無盡也. 然則自天降靈乎人, 又自人或復登乎天, 是迴也輪亦過半矣. 況又曰'人稍有惡未盡, 必入煉獄, 伺其罪淨而後升天.' 又曰'耶穌自天而生于人, 自人而墜地獄, 又自獄而復生爲人, 又自人而登于天', 其輪迴亦既多矣!

짐승은 변하지 않으므로 윤회가 없다고 말하지만, 우리 불교에서는 단순하게 사람과 짐승만을 가지고 윤회를 말하지는 않으니, 나 또한 그들이 어찌 될지 보장할 수 없다.

縱曰以不變禽獸爲不輪迴者, 吾教固未嘗單以人獸而論輪迴, 且余亦未敢爲子保也.

마음과 대상이 서로 교차함이 풍화처럼 빠르고, 아침부터 저녁까지 잠시도 쉬지 않는다. 고개 숙였다 쳐드는 사이에 천만 가지로 변하고, 앞의 생각이 사라지기도 전에 딴 생각이 뒤따른다. 도심道心과 인심人心, 금심禽心과 수심獸心이 그 사이를 몇 번이나 휘감는지 알 수 없으니, 쉬지 않고 윤회함이 얼마나 대단한가! 또한 꼭 뿔이나 털이 있어야 이류인가! 이 마음이 실로 윤회의 근본이며, 업에 따라 보과報果를 받는 것이 윤회의 이치이다. 앞서 인용한 것들이 윤회의 사례들이고, 떠도는 혼이 변하는 것이 윤회의 증거이며, 지난 일을 기술하는 것이 윤회의 상징이다. 이처럼 분명하니 아무리 믿지 않으려 하여도 그럴 수가 없구나!"

心境交加, 疾如風火, 從朝至暮, 一息不停. 俯仰之間, 變態萬狀, 前念未滅, 後念繼生. 道心人心, 禽心獸心, 不知其幾週匝乎其間, 其爲輪迴不已甚乎! 又何伺帶角披毛而後爲異類哉! 此心實輪迴之本也. 循業受報, 輪迴之理也. 前所引者, 輪迴之事也, 游魂爲變, 輪迴之證也, 記述往事, 輪迴之徵也, 昭著若此, 雖欲不信不可得也夫!"

천주교에서 말하기를, "본성의 같고 다름은 혼령의 같고 다름에서 연유하고, 부류의 같고 다름은 본성의 같고 다름에서 연유한다."[33]고 한다.

天教云 "性異同, 繇魂異同, 類異同, 繇性異同焉."

이에 반박한다.

闢曰:

"혈기를 지닌 것이라면 반드시 인지 능력이 있고, 인지 능력이 있는 존재라면 반드시 그 본체가 같아서

"夫血氣之屬必有知, 凡有知者必同體, 蓋目均視焉, 耳均聽焉,

33 『천주실의』 5편에 있는 내용이다.

눈으로 보고, 귀로 듣고, 피부로 느끼고, 코로 냄새 맡고, 혀로 맛보고, 마음으로 생각한다. 순조로우면 즐겁고 거스르면 슬프고, 살아 있으면 편안하고 죽으면 불안하다. 배우지 않고도 아는 것을 '양지良知'라 하고, 배우지 않고도 할 줄 아는 것을 '양능良能'이라 하는데, 이것을 어찌 사람만이 가지고 있겠는가! 모기나 파리, 벼룩과 이(蝨) 같은 미물까지도 이로움을 좇고 해로움을 피할 줄 알며, 탐심도 식욕도 있고 나아가거나 숨을 줄도 안다.

身均覺焉, 鼻均嗅焉, 舌均味焉, 心均思焉. 順則樂而逆則悲, 生則安而死則危. 其不學而知曰'良知', 不學而能曰'良能', 豈惟人有哉! 即至微如蚊蚋蚤虱, 莫不知趣利避害, 慾食行藏.

저 미물이 도리를 추론하지 못하는 까닭은 어두운 업에 가려서이지 인지 능력의 본체가 사람과 달라서가 아니다. 만약 도리를 추론하는 능력을 가지고 부류를 구별한다면 어찌 짐승뿐이겠는가. 사람 가운데도 그런 자가 있고 또한 적지 않은데, 그렇다고 해서 같은 부류가 아니라고 할 수 있겠는가? 도리를 추론하지 못한다고 해서 다른 부류로 구분할 수는 없으니, 이는 외형으로써 구분한 것이지 본성으로 구분한 것이 아니기 때문이다. 하물며 그 외형은 사람이지만 하는 짓은 짐승보다 못한 자가 있다면, 무엇을 기준으로 부류를 구분하겠는가? 이 때문에 사람과 짐승이 그 부류가 다르고 본성까지 다르다고 여기는 것은 잘못이다. 공자께서 말씀하시기를, '사람의 타고난 본성은 서로 비슷하지만 습성이 다르기 때문에 서로 현격한 차이가 생긴다.'[34]고 하였는데, 참으로

其所以不能推論道理者, 黑業使之然也, 非知之體有異乎人者也. 若必以推理別其類, 豈惟禽獸哉, 而人亦有之, 且多有之, 亦可謂非類耶? 既不能推理, 未可以遽分類, 是以形而類, 非以性類也. 況人之行猶有甚于禽獸者, 又將何以類之哉? 故人畜異類并異其性者非也. 孔子曰 '性相近, 習相遠.' 斯言得矣."

---

34 『論語』「陽貨」에 있는 내용이다.

옳은 소리이다."

천주교에서 말하기를, "부처의 나라는 비루하기 짝이 없는데, 사람들이 불서佛書를 오독하고서 정토라 믿으며, 심지어는 일찍 죽어서 저 정토의 나라에 다시 태어나기를 바라기도 하니, 참으로 우스운 일이다."[35]라고 한다.

天教云 "佛氏之國, 陋而且鄙, 世人誤讀佛書, 信其爲淨, 甚有願蚤死, 以復生彼國者, 良可笑也."

이에 반박한다.

闢曰:

"이는 근거도 없는 황당한 소리인지라 실로 반박할 거리가 되지 않는다. 저들이 사리에 맞지 않게 조작하여 혹세무민함이 대개 이런 식인데, 이 거짓은 쉽사리 밝힐 수 있으므로 천주교의 교리를 인용하여 그 허황됨을 증명하고, 나머지 것들을 일괄하기로 하겠다. 『미타경』[36]에 이르기를, '(여기서) 서쪽으로 십만 억의 불토佛土를 지나면 극락이라는 세계가 나오는데, 그곳이 이른바 정토'라고 하였다. 삼천대천세계가 하나의 불토인데, 이를 일러 한 분의 부처가 계신 보토報土라고 한다. 사바세계로부터 서쪽으로 가서 하나의 불토를 지나고 두 개의 불토를 지나고 십만 억의 불토를 지나야 (극락에) 이르게 되니, 그 거리가 실로 불가사의하다. 이 때문에 '(극락세계에) 태어난다는 것은 정定의 상태에 든다는 것이며, 그곳에 간다는 것은 몸이 실제로 가는 것이 아니다.'는 말은 유

"此係謬妄無據, 誠不足斥. 但彼不情造過惑世誣民, 人都類此, 且此謬所易明, 引敎證虛以例餘者. 按『彌陀經』云'從是西方過十萬億佛土, 有世界名曰極樂, 即所謂淨土也.' 蓋三千大千世界爲一佛土, 謂一佛之報土也, 正言從此娑婆世界之西去, 過一佛土二佛土, 乃至十萬億之佛土, 其遠亦不可思議矣. 故曰'生則決定生, 去則實不去.' 乃唯心淨土之旨耳.

35 『천주실의』 5편에 있는 내용이다.

36 '彌陀'는 阿彌陀佛의 약칭으로 대승 불교의 중요한 부처님이며 無量壽佛이라고도 한다.

심정토의 의미일 것이다.

지금 저들은 인도를 가리켜 불경에서 설명한 극락이라고 여기고 있지만, 깨끗하고 더럽고 고달프고 즐겁고의 차이는 천양지차 그 이상이다. 서양인은 인도보다 먼 곳에서 배를 타고 이곳에 왔다. 만일 그곳이 정토라면 우리도 찾아갈 수 있는데, 반드시 빨리 죽어 다시 태어나기를 바라야 한단 말인가? 또 (저들은) '사람들이 불서를 오독했다.'고 말하지만 스스로 틀린 줄은 알지 못한다. '참으로 우습다.'고 말하지만 그저 스스로 비웃음당하기에 딱 좋을 뿐이니, 생각이 몹시도 짧구나. 저들이 근거 없이 불교를 비방함이 이와 같으니, 참으로 슬픈 일이다!"

今子指印土國, 以當經中所詮之極樂, 其淨穢苦樂竟不啻霄壤矣. 且西人遠於印土, 尙可航海而來, 如以彼爲淨土, 則吾人亦可往矣, 又何必願早死以生乎? 且曰'世人誤讀佛書', 不知自誤也, 曰'良可笑', 適足以自笑也, 不思之甚也. 其無根謗佛皆若此, 悲夫!"

천주교에서 말하기를, "중국에서는 제왕이 꿈에 (부처를) 보았는데, 재상이 아첨하여서 (인도에) 사신을 보냈다. 군왕과 재상의 뜻을 떠받들자면 무슨 말인들 꾸며 내지 못하겠는가?[37] 외국 문자로 된 경서를 얻어 온들 누가 그 글을 알 수 있었겠으며, 제멋대로 번

天教云"中國緣帝王托夢, 宰相貢諛, 差去使臣. 奉君相意旨, 何所不可崇飾? 取至番文, 誰人識之, 以意翻演, 誰人證之. 蓋自蔡諳·秦景用白馬駝回,

37 『천주실의』 8편에서 "중국의 역사를 고찰해 보면, 당시 漢나라 明帝(재위 57~75)는 일찍이 그 이야기를 듣고서 사신을 파견하여 서쪽으로 가서 경전을 구해 오라고 시켰다. 사신은 중도에 잘못하여 인도에 도달하였고, 그 불경을 가져와 중국에 전하고 퍼뜨렸다.(考之中國之史, 當時漢明帝嘗聞其事, 遣使西往求經, 使者半途誤值身毒之國, 取其佛經傳流中華.)"라고 크게 왜곡하여 불교를 폄하하고 있다. 『魏書』 卷 114, 「釋老志」에는 중국의 불교 전래 과정이 기록되어 있다. 즉 明帝는 67년 사신을 인도에 보내어 승려를 맞이하여 중국에 와 불법을 선전하고 강설하게 하였다. 攝摩騰(迦葉摩騰)과 竺法蘭 등이 사신을 따라 중국에 왔고, 아울러 백마에 불경을 싣고 왔으므로 明帝가 영을 내려 洛陽에 白馬寺를 짓고 승려들이 거기에 머물면서 경문을 강의하는 데 사용하게 하였다. 그리하여 불교는 공식적으로 중국에 전해졌다.

역한들 누가 그것을 증명할 수 있었겠는가. 채음[38]과 진경이 백마에 실어 와 허황된 거짓말을 하였지만, 온갖 거짓되고 망령된 것들이 잠복돼 있었기 때문에 따져 밝혀내지 못하였다."[39]고 한다.

虛恢譎詐, 而百端僞妄, 以潛伏不可究詰矣."

이에 반박한다.

闢曰:

"이 역시 앞의 장절과 비슷하나 망령되이 무고함이 더욱 심하여 근거라곤 하나도 없다. 기왕에 '따져 밝혀내지 못했다.'고 하였으니, 진정 믿을 수 있는 것인지 아니면 거짓과 아첨인지 고증할 길이 없기로는 마찬가지이다. 그러니 '허황된 거짓말'임을 어떻게 알 수 있었겠는가? 구차히 글과 말을 한껏 펼치면서 하지 않는 말이라곤 없는데, 온 세상이 무지하다면 다행일 것이나, 어쩌다 아는 자가 있어 결점을 찾아내 죄를 덮어씌운 그대들의 속셈을 훤히 들여다본다면 무슨 보탬이 되겠는가?

"此亦前章之類, 妄誣尤甚, 一無所據. 既云'不可究詰', 則眞信詐諛均之無考. '虛恢譎詐'等, 又何從而知之? 苟以筆舌抑揚, 固無所不至, 擧世無知則倖. 脫有識者, 其吹毛求疵, 故入人罪, 灼見子之心術, 則何益矣?

꿈을 꾼 것을 가지고 꿈에 의탁했다고 표현한 것은 속셈이 있는 듯하다. 꿈을 꾸기 전에 서역 천축국에 부처가 있다는 사실을 알고 있었는데, 사람들이 믿지 않을까 봐 꿈을 빌려 사실에 부합함을 증명하려 했다면, 그럴 수도 있겠다. 그렇지만 명제는 서방에 대성인이 있다는 이야기를 알지 못하였다. 태사 부의傅毅가 예부터 전해 오던 말을 가지고 명제의 꿈을 풀이하며 말하기를, '신이 듣자니, 서방에 대성인이 있

夢而曰托, 似乎有心. 必未夢之先, 懸知西竺元自有佛, 恐人未信, 特假夢以求其符則可. 然明帝實未嘗知西方有大聖之說. 乃太史傅毅述古語以對明帝之卜夢者, 故曰'臣聞西方有大聖人, 名之曰佛, 不治而不亂, 無爲而成, 陛下所夢, 其必是乎.'

38 明帝가 파견한 사신 가운데 蔡愔은 蔡諳, 蔡暗 등으로 표기된 경우도 종종 있다.
39 이 내용은 『천주실의』에서 찾을 수 없다.

는데 이름은 부처라고 한답니다. 다스리지 않아도 어지럽지 않고 하는 바가 없어도 만사가 이루어진다고 하니, 폐하께서 꾸신 꿈이 정녕 이것이 아닌가 합니다.'[40]라고 하였다. '이것이 아닌가 합니다.'라는 말은 결단을 내리는 언사가 아니다. 부의도 눈으로 본 것이 아니었기에 단지 '들었다'고만 말했을 뿐이다. 그런데 어찌하여 갑자기 '제왕이 꿈에 (부처를) 보자 재상이 아첨하였다.'고 하는가?

'是乎'也者, 未決之詞也. 蓋毅亦未嘗親見, 故秪曰'聞'. 何遽曰'帝王托夢, 宰相貢諛'耶?

아래에서 윗사람의 명을 받들 때 우러러 윤식하지 않을 수는 없겠지만, 우러러 윤식할 수 없는 것도 있다. 석가의 화상畫像은 윤식한 말과 같다. 하지만 사리에서 빛이 흘러 일산처럼 둥글게 휘감으면서 그 빛이 해를 가리었다고 하였는데, 이는 채음 등이 꾸며낼 수 있는 말이 아니다.

下承上命, 不能必其無崇飾, 然亦有不可崇飾在焉. 其釋迦之畫像似崇飾矣, 然而舍利流光, 旋環如蓋, 映蔽日輪, 非蔡諳等可崇飾者矣.

---

40 『佛說四十二章經』 제1권에 실린 「佛教西來玄化應運略錄」에 보인다. "『주서』 「이기」에 따르면, 주소왕 24년 갑인년 4월 8일에 한 줄기 빛이 대전 앞을 비추었다. 왕이 태사 소유에게 물으니, 답하기를 '서방에 대성인이 탄생하였는데, 천 년 후에 이 땅에 그 가르침이 전해질 것'이라 하였다. 후한 효명황제 영평 7년 정월 보름에, 명제는 꿈에 금으로 된 거인을 보았는데, 해처럼 빛을 발하면서 대전 앞으로 찾아와 '가르침이 이 땅에 전해지게 되었다.'고 하였다. 명제는 아침에 신하들을 모아 해몽을 해 보게 했는데, 통인 부의가 답하기를, '『주서』 「이기」에서 서방에 대성인이 나왔는데, 천 년 후면 이 땅에 가르침이 전파될 것이라 하였습니다. 폐하께서 꾸신 꿈이 혹 이것 아니겠습니까?'라고 하였다. 명제는 왕준 등 18명에게 불법을 구해 오라며 서역으로 보냈는데, 월지국에 이르러 摩騰과 竺法蘭 두 보살을 만났다. 그리고는 흰 모포 위에 석가상과 『42장경』을 싣고 백마를 타고 낙양으로 돌아왔다. 때는 영평 10년 정묘해 12월 30일이었다. 이런 까닭에 두 보살이 불경을 번역한 곳을 白馬寺라 불렀다.(又準『周書』「異記」說, 周昭王二十四年甲寅歲四月八日, 有光來照殿前. 王問太史蘇由, 對曰, '西方當有大聖人生, 後一千年教流此土.' 至後漢孝明帝永平七年正月十五日, 帝夜夢金人身長丈六赫奕如日, 來詣殿前曰, '聲教流傳此土.' 帝旦集群臣令占所夢, 時通人傅毅對曰, '臣覽『周書』「異記」云, 西方有大聖人出世, 滅後千載當有聲教流傳此土. 陛下所夢將必是乎?' 帝遂遣王遵等一十八人, 西訪佛法至月氏国, 遇摩騰竺法蘭二菩薩. 將白氎上畵釋迦像及『四十二章經』一卷載以白馬, 同回洛陽. 時永平十年丁卯十二月三十日也. 因以騰蘭譯經之所名白馬寺.)"

가져온 경문은 『42장경』뿐인데 백마에 실어 왔다고 하는 것은 그럴듯하게 꾸며 낸 말 같다. 하지만 불경에 있는 그 글귀나 뜻은 부처가 아니고서는 말할 수 없는 것이니, 어찌 채음 등이 꾸며 낼 수 있었겠는가?

取來之經, 『四十二章』而已矣, 用白馬以馱, 似崇飾矣. 然經中若文若旨, 非佛不足以言, 豈諳等能之乎?

가섭마迦葉摩·축법란竺法蘭 두 존자와 함께 왔다는 것은 그럴듯하게 꾸며 낸 말 같지만, 빛을 발하는 설법과 자유자재로 날아다니는 일 등을 채음 등이 할 수 있었겠는가?

偕迦葉摩·竺法蘭二尊者來, 似崇飾矣, 然其放光說法, 飛行自在, 而諳等能之乎?

백성이란 본디 쉬이 미혹되지만, 사중四衆이[41]이 구름처럼 모여들었다는 것은 그럴듯하게 꾸며 낸 말 같다. 하지만 하늘에서 보화寶花가 내리고 온갖 음악이 울렸다는 말을 채음 등이 꾸며 낼 수 있었겠는가?

凡民易惑, 四衆雲臻, 似崇飾矣. 然天雨寶花, 及奏衆樂, 諳等能之乎?

그때 불교를 공경하고 도교를 경시했다고 한 것은 그럴듯하게 꾸며 낸 말 같다. 하지만 단을 쌓고 경문을 불사르면서 진위를 분별할 때, 도교의 경문은 불타 버렸고 불교의 경문은 남았다. 이 때문에 당 태종은 「분경대焚經臺」라는 시에서 '봄바람도 어지러움 혐오하는가, 그때 태웠던 도교 경서의 재를 다 날려 버렸네.'라고 읊었으니, 이를 채음 등이 꾸며 낼 수 있었겠는가? 한 시대에는 그럴듯하게 꾸며 낼 수 있었다 하더라도, 천하 후세로 하여금 모두 그럴듯하게 꾸며 내게 할 수 있겠는가?

是時欽釋慢道, 似崇飾矣. 然而築壇焚經以辨眞僞, 而道教燼而釋教存. 故唐太宗「焚經臺」詩, 有"春風也解嫌狼藉, 吹盡當年道教灰"之句, 豈諳等能之乎? 縱能崇飾於一時, 寧能使天下後世皆崇飾乎?

41 四衆이란 四部衆 또는 四部大衆이라고도 하며, 남녀 출가 승려인 比丘와 比丘尼, 在家의 남녀 제자인 優婆塞와 優婆夷를 모두 가리킨다.

경기 안팎에 사찰을 세워 스님들을 거주하게 했다는 것은 그럴듯하게 꾸며 낸 말 같다. 하지만 그때 후궁에 있었던 음부인陰夫人 왕첩여王婕妤 등 190명, 사공 양성후楊城侯와 유선준劉善峻 등 260명, 사악四岳의 도사 여혜통呂慧通 등 620명이 한꺼번에 삭발하였고, 황제가 몸소 여러 신하들과 열흘간 음식을 베풀었다고 하였는데, 이를 채음 등이 꾸며 낼 수 있었겠는가?

邦畿內外, 創梵刹以居僧, 似崇飾矣, 於時後宮陰夫人王婕妤等一百九十人, 司空楊城侯·劉善峻等二百六十人, 四岳道士呂慧通等六百二十人同時剃染, 帝親與群臣給供浹旬, 諳等能之乎?

영광과 총애에 안주하고 적막함을 기피하기로는 환관보다 심한 자가 없다. 처자식을 사랑하고 고독을 슬퍼하는 것은 선비나 서민이나 모두 똑같다. 기존의 견해만을 고집하면서 새로운 발단을 싫어하기로는 도사道士들보다 심한 자가 없다. 그런데 학창의鶴氅衣를 벗고 가사를 걸치고, 명예와 자리를 버리고 절에 귀의하는 것이 어찌 채음 등이라고 하지 못할 일이겠는가? 지극한 위세로 군림하고 막중한 세력으로 다그치며, 부모나 친구의 정으로 권도하고 호랑이나 승냥이를 앞세워 내몬다 해도, 실제로 마음에 느낀 바가 없다면 은애를 저버리고 모습을 바꾸고 의복도 고쳐 가며 하루아침에 귀의하는 일은 결코 있지 않을 것이다.

且安榮寵, 忌寂寞, 莫宮宦之若也. 妻孥之愛, 孤獨之悲, 士庶咸若也. 封已見, 疾新端, 莫羽流之若也. 然其脫鶴氅而披袈裟, 捨名位而歸蘭若, 豈惟諳等之不能? 即極威以臨之, 重勢以迫之, 導之以親友, 驅之以虎狼, 苟無實感於心, 遂肯捐棄恩愛, 毁容易服, 一旦皈誠, 未之有也.

또 명찰한 결단에 의거해 볼 때, 명제는 명민한 자질을 타고났다. 이에 자신을 낮추고 현명한 선비를 높여 거의 성인의 치세를 이루었다. 만약 속임수에 눈이 멀었다면 명민하다 일컬어질 수 있었겠는가?

又按鑑斷, 明帝天資明敏. 尊賢下士, 幾成聖治. 倘昧于恢詭譎詐, 尙得稱明敏乎?

그때의 스승들은 올곧고 훌륭한 사람들이었다. 예컨대 장일張佚·장연張衍·환영桓榮·송균宋均 등은 모

當時師傅鯁正循良. 如張佚·張衍·桓榮·宋均輩, 皆宿德純儒,

두 빼어난 덕을 지닌 순수한 유자儒者로서 임금의 낯빛을 범할지라도 감히 간언하였으니, 어떻게 아첨하며 이치에 맞지 않는 일을 빚어낼 수 있었겠는가?

犯顏敢諫, 豈復貢諛而醸非理者乎?

만약 불교를 섬기는 일 또한 아첨이라고 한다면, 한나라 때부터 지금에 이르기까지, 제왕과 경상卿相 중에도 불교를 섬긴 자가 한둘이 아니다. 배도裴度·방현령房玄齡·양국충楊國忠·이임보李林甫 등도 아첨한 신하라고 해서는 안 될 것인데, 감히 당송唐宋의 여러 임금과 우리 명 태조·성조로부터 신종까지 그 모두를 아첨 좋아한 황제라고 말할 수 있겠는가?

如云崇佛即諛也, 則自漢歷今, 其間帝王卿相崇佛者不一而足. 謂裴·房·楊·李等爲貢諛之臣且不可, 敢以唐·宋諸君, 迨我有明太祖·成祖至於神宗, 皆爲納諛之帝, 又安可乎?

또 '외국 문자로 된 경서를 얻어 온들 누가 그 글을 알 수 있었겠는가?'라고 했는데, 어쩌면 이리도 전혀 이치에 맞지 않는 말을 가지고 지극한 가르침에 생채기를 낸단 말인가?

曰 '取至番文, 誰人識之?' 斯言不情之甚, 胡能損至教哉!

나라라면 반드시 사방을 다스리는 직책을 두어 이웃 나라의 글과 법령을 맡아보게 한다. 이 때문에 역관譯館과 경관經館에 열 개의 직위를 두어 총괄하게 하고, 종사자들에게는 팔비십조八備十條[42]의 약조를

蓋國必設掌理四方之職, 以司隣國之詞令, 故譯場經館, 列十位以該羅, 預從事者, 有八備十條之約, 其所以鄭重若此, 正緣

42 隋나라의 彦琮法師는 번역가가 갖추어야 할 법식으로 여덟 가지 요건(八備)과 열 가지 조목(十條)을 열거했다. 팔비는 다음과 같다. 첫째, 성심으로 법을 사랑하고 남에게 보탬이 되고자 바라며 시일이 오래 걸리는 것을 꺼리지 말아야 한다(誠心愛法, 志願益人, 不憚久時). 둘째, 번역 장에 들어오기 전에 먼저 계율을 잘 지키고 있나 단속하며 남에게 비웃음을 살 악습에 물들어 있어서는 안 된다(將踐覺場, 先牢戒足, 不染譏惡). 셋째, 삼장에 통달하고 대승과 소승의 뜻을 관통하여 뜻이 어둡게 막히는 곳이 있어서는 안 된다(荃曉三藏, 義貫兩乘, 不苦暗滯). 넷째, 유가의 경전에도 밝고 글이 매끄러워 번역이 서투르거나 졸렬해지면 안 된다(旁涉墳史, 工綴典詞, 不過魯拙). 다섯째, 흉금이 넓고 도량이 커서 지나치게 고집하는 것을 좋아해서는 안 된다(襟抱平恕, 器量虛融, 不好專執). 여섯째, 도술에 침잠하고 명리에 담박하며 자신을 내세우고자 해서는 안 된다(沉于道術, 澹于名利, 不欲高衒). 일곱째, 범어를 잘 알고 정확한 번역에 익숙해야 하나 그 학문에 얽매여서는 안 된다(要識梵言, 乃閒正譯, 不墜彼學). 여덟째, 『蒼詁』, 『爾雅』 등을 읽고 전서와 예서에 정통하며 한어에 어두워서는 안 된다(薄閱

지키게 한 것이다. 이와 같이 엄격하게 하는 이유는 중국의 문자로 범어를 번역할 시 뜻이 뒤섞일까 우려해서이다.

華梵相翻, 恐誵文義者爾.

열 개의 직위는 무엇인가? 번역을 주도하는 직위(主譯), 받아 적는 직위(筆受), 말을 전달해 주는 직위(度語), 범문을 검증하는 직위(證梵文), 범문의 뜻을 검증하는 직위(證梵義), 선의 뜻을 검증하는 직위(證禪義), 윤색하는 직위(潤文), 번역의 뜻을 고증하는 직위(證譯義), 범패梵唄를 맡은 직위, 교감校勘를 맡은 직위이다.

十位維何? 所謂主譯者, 筆受者, 度語者, 證梵文者, 證梵義者, 證禪義者, 潤文者, 證譯義者, 梵唄者, 校勘者.

삼장[43]에 정통하고 세련되고 엄밀한 자가 아니면 주 역자가 될 수 없으며, 중국 문자와 범어에 정통하지 않고 허점이 있으면 필수筆受가 될 수 없다. 도어度語란 범어로 된 문장을 중국어 문장으로 바꾸어 전달해 주고 뜻을 해석해 주는 것이다. 문장을 검증한 다음에야 범문본이 진실해지고, 뜻을 검증해야 해석이 정확해진다. 선정과 지혜를 함께 수행하여 삼매를 얻어야[44] 비로소 증선證禪의 직분에 어울리고, 문장이 아름답고 우아해야 비로소 윤색을 감당할 수 있다. 증역의의 자리에 있는 자는 이미 번역한 문장의 뜻을 가늠해 보고, 교감은 이미 번역한 문장을 비교하며 바로잡는다. 처음부터 끝까지 갖추어야 할 것은 모두

非精通三藏, 明練顯密, 無以爲譯主. 非言通華梵, 學綜有空, 無以充筆授. 度語者, 變梵成華傳度令生解也. 證文然後梵本眞. 證義則其所詮正. 定慧等持, 方稱證禪之職. 辭章藻雅, 始宜潤色之充. 證義酌旣翻之旨, 校勘讐已譯之文. 自始至終, 能事畢矣, 然有恒位而無恒人, 唯推能者當之.

蒼雅, 精語篆隸, 不昧此文). 십조는 句韻, 問答, 名義, 經論, 歌頌, 咒功, 品題, 專業, 字部, 字聲이다.

43 三藏'은 불교 典籍을 총칭하는 말로 經藏(부처님이 말씀하신 법문을 모은 전적), 律藏(부처님이 제정하신 일상생활에 지켜야 할 규칙을 말한 전적), 論藏(경에 말한 의리를 밝혀 논술한 전적)을 가리킨다.

44 定은 마음을 한 곳에 머물게 하는 것(禪定), 慧는 현상인 事와 본체인 理를 관조하는 것(知慧)을 뜻하는데, 定慧는 戒·定·慧 三學 중 定學과 慧學을 겸칭하는 것이다.

갖추어져 있지만, 그 자리는 늘 있어도 사람은 고정되어 있지 않아서 유능한 자들을 추천하여 담당하게 한다.

섭승원聶承遠 부자[45]와 방융房融 등은 일찍이 필수로 있었고, 이교위李嶠韋와 노장용盧藏用 등은 윤색으로 있었다. 감호監護와 간교簡校로는 주평周平·고공高公·후수侯壽·방량공房梁公·양신교楊愼交·두행의杜行顗 등이 있었으니, 번역하는 일을 감찰, 관장하며 뜻을 해석하고 결정하였던 자들이다. 보아도 조리가 상세하고 엄밀하며 재삼 고증을 거쳐 더 이상 더 보탤 것이 없게 하였거늘, 감히 '외국 문자로 된 경서를 얻어 온들 누가 그 글을 알 수 있었겠으며, 제멋대로 번역한들 누가 그것을 증명할 수 있었겠는가?'라고 말하다니, 생각조차 하지 않음이 심하기도 하구나! 망령되이 무고함이 심하기도 하구나!"

故聶承遠父子·房融等嘗筆受焉. 李嶠韋·盧藏用等嘗潤色焉. 至於監護簡校則有周平·高公·侯壽·房梁公·楊愼交·杜行顗等, 監掌翻譯之事詮定宗旨者也. 觀其條理詳密, 考證再三, 無以加矣. 敢云'取至番文, 誰人識之? 以意翻演, 誰人證之?' 不思之甚也! 妄誣之甚也!"

천주교에서 말하기를, "『주자어록』에 따르면, 불경은 모두 중국의 문인들이 직접 편찬한 것이다. 예컨대 진나라·송나라 때에는 직접 강사를 세워 두고, 누구는 석가가 되고 누구는 아난이 되고 누구는 가섭이 되어 서로 묻고 대답한 내용을 책에 적어 놓았다."[46]고 한다.

天敎云 "按『朱子語錄』, 佛經皆中國文士自相撰集. 如晉宋間自立講師, 孰爲釋迦, 孰爲阿難, 孰爲迦葉, 各相問答, 筆之於書."

45 聶承遠 父子란 聶承遠과 그의 아들 聶道眞을 가리킨다. 西晉의 거사들이다. 이들은 竺法護와 함께 불경 번역에 참가하여 『超日明經』·『迦葉詰阿難經』·『越難經』을 번역하였다. 道眞은 혼자서 『無垢施菩薩分別應辯經』 등 20여 부를 번역하였다.

46 『천주실의』에서 찾을 수 없으며, 어디에서 인용한 내용인지 알 수 없다.

이에 반박한다.

"이것은 너무나 황당무계하고 도리에 어긋나는 말이어서 참으로 시비를 가릴 가치조차 없다. 다만 무지한 사람들이 서로 전하면서 구실로 삼을까 봐, 지금 주자의 사례로써 그릇된 점을 반증하고자 한다.

고증해 보니, 주자[47]는 일찍이 이연평李延平 선생에게서 배웠다. 배운 지 한참이 되었으나 경서의 뜻을 깨달아 안 것이 없음을 한스러워하며 어르신들께 여쭈어 보았더니, 모두 선학禪學을 배우라고 알려 주었다. 얼마 후 선학의 원로들을 두루 찾아뵙고 이동래李東萊[48]·장남헌張南軒[49]과 함께 대혜 선사大慧禪師[50]에게 도를 물었다. 이에 앞서 유병산劉屛山과 유람을 다녔는데, 병산은 주희가 반드시 과거에 뜻이 남아 있으리라 생각하고 그의 책 상자를 뒤져 보았다. 하지만 『대혜 선사 어록』 한 질만이 들어 있었다. 주희는 급제한 후에 개선사開善寺 도겸선사道謙禪師에게 편지를 올려, '저는 이전에 대혜 선사께서 일깨워 주신 구자불성狗子佛性 화두話頭[51]를 들었지만 깨닫지 못하였습니다.

闢曰:

"斯尤謬妄, 誠不屑辨. 第恐無知傳爲口實, 今即以朱子之事反證其非.

考晦翁蚤從學於李延平先生, 久之恨不能發明, 及詢長者, 咸指之禪學. 已而徧謁禪老, 與李東萊·張南軒, 同問道於大慧禪師. 先是從劉屛山遊, 屛山意其必留心擧業, 遂搜其篋. 唯有『大慧禪師語錄』一帙. 及登科, 致書於開善謙禪師曰 '熹向蒙大慧禪師開示狗子佛性話頭, 未有悟入, 願受一言, 警所不逮.' 謙答書云 '把這一念提撕狗子話頭, 不要商量, 勇猛直前, 一刀兩段.' 晦庵覽之有省.

47 朱子는 南宋의 性理學者 朱熹(1130~1200)의 존칭이다. 福建省 尤溪에서 출생했으며, 字는 元晦, 호는 晦庵이다. 중국 사상사는 물론 고려 말 이후 한국 사상계에도 지대한 영향을 끼쳤다.

48 李東萊는 呂東萊(1137~1181)의 오기로 보인다. 이름은 祖謙이고 婺州(지금의 浙江 金華) 사람이다. 南宋 때의 史學者이고 理學者이며 婺學의 창시자이다. 朱熹, 張栻과 가까이 지냈다. 세상에서 이들을 "東南三賢"이라고 불렀다. 『東萊集』과 『東萊左氏博議』 등을 지었다.

49 張南軒(1133~1180)은 이름은 栻, 字는 敬夫로 漢州 錦竹(지금의 四川 廣漢) 사람이다. 南宋의 理學者이고 湖湘學派의 定礎를 놓았다. 朱熹·呂祖謙과 이름을 나란히 하였다.

50 大慧(1089~1163)는 南宋 때의 名僧 宗杲이다. 俗性은 奚이고 寧國(지금의 安徽) 사람으로, 看話禪을 제창하여 禪宗 불교의 발달에 큰 영향을 끼쳤다. 秦檜를 책망하여 嶺南에서 귀양살이를 했으며 秦檜 몰락 후 돌아와 餘杭(杭州) 徑山寺에 머물렀다. 저술로 『正法眼藏』과 『大慧禪師語錄』 등이 전한다.

51 당나라 臨濟宗의 趙州 禪師에게 한 승려가 "개에게도 불성이 있습니까?"라고 물었더니, 선사는 "없

원컨대 한마디 가르침을 주시어 다다르지 못한 바를 경책警責하여 주시기 바랍니다.'라고 하였다. 선사는 답서를 보내, '구狗자 화두를 붙들고 일념으로 (참구하여) 이를 깨뜨리고, 더 이상 헤아려 생각하지 말고 용맹하게 앞으로 나아가 단칼에 두 조각을 내라.'고 하였다. 주희는 그 답서를 읽고서 깨달은 바가 있었다.

아! 갑작스럽도다! 불법이 모두 중국의 문인에게서 나온 것을 알았다면, 어찌하여 직접 몇 권의 책을 짓지 않고서 도리어 다른 사람의 글을 보았단 말인가? 하물며 불교도에게 도를 묻은 것은 또한 어째서인가? 자신은 불교를 배우면서 남들더러는 불교를 배우지 말라고 가르치고, 자신은 불가의 말을 쓰면서도 주돈이朱敦頤와 정이程頤가 불가의 용어를 명백히 드러냈다며 탓하는 것은 또 어째서인가? 진 충숙공陳忠肅公[52]은 성리학을 동림 총선사東林總禪師가 주돈이에게 전수했다고 하였는데,[53] 이 말은 이미 천하에 두루

噫! 勃哉! 旣知佛法皆出中國文人, 何不自撰幾卷, 而反看他人之語, 何也? 況又問道於學佛之徒, 又何也? 自學佛, 敎人勿學佛, 自用佛語, 又怪周·程明露佛語, 又何也? 陳忠肅公謂, 性理之學, 東林總禪師授之濂溪, 其言已徧于於天下矣. 故周·程·張·謝·游·楊·晦庵等著書立言, 凡說道理處, 皆用佛經禪

다."고 대답했다. "위로는 부처부터 아래로는 개미와 벌레까지 뭇 중생에게는 불성이 있다 하였는데, 왜 개에게는 없습니까?"라고 되묻자 "業識이 있기 때문이다."라고 답했다. 그런데 또 다른 승려가 "개에게 불성이 있습니까?"라고 묻자 "있다."고 대답했다. "기왕 불성이 있다면 왜 저 가죽 부대에 들어갔습니까?"라고 묻자 "알고도 짐짓 범하는 까닭이다."라고 대답했다. 이는 개인의 불성 유무를 따져 묻는, 즉 사소한 견해를 타파한 公案으로 유명하다. 話頭는 불교 선종의 화상들이 참선 수행을 위한 실마리로 삼는 이야기를 뜻한다.

52 忠肅은 陳瓘(1057~1124)의 시호이다. 그의 字는 瑩中, 호는 了齋이다. 宋 元豊 2년(1079)에 探花로 급제하여 湖州掌書記에 제수되었다. 특히 『易經』에 정통했다. 불경 중에서는 『화엄경』을 가장 좋아했으며, 明智法師로부터 천태종을 배워 천태종에 심취했다.

53 송나라 승려 普濟의 『五燈會元』에 따르면 , 東林總禪師는 곧 東林常總 照覺禪師(1025~1091)를 가리킨다. 그는 송대 臨濟宗 黃龍派의 승려로 당시의 명사였던 張商英·蘇軾·周敦頤·劉經臣 등과 교유했는데, 특히 濂溪 周敦頤의 '靜' 사상 등은 그와의 토론에 영향을 받은 것으로 보인다.

펴져 있다. 이 때문에 주돈이·정이·장재張載[54]·사양좌謝良佐·유초游酢·양시楊時·주희 등이 글을 써 뜻을 세운 것을 보면, 도리道理를 설명한 부분마다 불경 선어禪語의 뜻을 사용하고 있다. 그런데도 도리어 불경을 가리키며 '이 편은 송유宋儒의 것과 같고 이 몇 마디도 같다.'고 말한다. 오호라! 송나라의 유학이 모두 선종에서 흘러나간 것을 모르는 게로구나. 주희의 뜻을 뜯어보건대 스스로 문호를 지키고자 한 것일 뿐이니, 삼장오승三藏五乘의 가르침이 과연 문사들의 손에서 나왔다고 할 수 있겠는가! 이는 입을 놀릴 필요조차 없는 것이다.

語之意. 故反有指內典曰'這一篇與宋儒相合, 這幾句亦與相合.' 嗚呼! 曾不知宋儒盡是禪宗流將出去者. 詳晦庵意, 不過自護門戶耳, 豈三藏五乘之教, 果出於文士哉! 固無庸置喙者矣.

또 진晉나라·송나라 이래 현명하고도 명철한 이들을 일일이 헤아려 보니, 재덕이 높고 경륜이 아름답기로는 사안석謝安石[55]이 있고, 기량과 식견이 높고 재주가 뛰어나기로는 왕희지王羲之[56]가 있다. 성정이 곧고 처신이 고상하기로는 유유민劉遺民[57]이 있고, 풍취가 멋스럽고 문장이 빼어나기로는 사영운謝靈運[58]이

且晉·宋以來之人物, 賢而且明, 歷歷可數, 才德之望, 經綸之美, 如謝安石. 量識高古, 才思逸群, 如王羲之. 情性之正, 去住之高, 如劉遺民. 風規瀟灑, 文章精遒, 如謝靈運. 曠懷雅

---

54 張載(1020~1077)는 송나라 때의 철학자로 張橫渠라고도 한다. 성리학의 형이상학적·인식론적인 기초를 세워 후대의 뛰어난 성리학자들에게 영향을 주었다. 程顥(1032~1085)·程頤(1033~1107) 형제는 그의 문하생이다. 그의 '心'에 관한 이론을 朱熹가 이어받아 발전시켰으며, 王夫之(1619~1692)는 그의 철학을 체계적으로 계승·발전시켰는데, 이는 최근 중국 사상에 있어서 주요한 업적 가운데 하나이다.

55 謝安(320~385)은 字는 安石이며 陳郡 陽夏(지금의 河南省 太康) 사람이다. 東晉의 저명한 정치가이자 清談에 뛰어났던 사상가이다.

56 王羲之(303~361)는 동진의 서예가이자 문장가이다. 자는 逸少이며 右軍將軍의 벼슬을 하였다 해서 왕우군으로도 불린다. 중국 역사에서 글씨 잘 쓰는 것으로는 고금에 으뜸으로 꼽힌다.

57 劉遺民(352~410)은 동진의 저명한 佛教 居士이다. 이름은 程之, 字는 仲思이며, 彭城(지금의 江蘇省 銅山縣) 사람이다. 어머니를 극진히 모시며 속세의 더러움에 물들지 않은 고고한 삶을 살았다. 노장의 학설에 조예가 깊었다.

58 謝靈運(385~433)은 남북조 시기를 대표하는 시인이자 문학가로, 會稽(지금의 浙江省 紹興) 사람이다.

있다. 흉금이 우아하고 한가로움을 스스로 즐기기로는 도연명陶淵明[59]만 한 이가 없으며, 시서詩書의 법도나 절의의 준엄함으로는 안노공顔魯公[60]만 한 이가 없다. 형양衡陽 사람 방온龐蘊[61]은 식견이 높고 선학禪學의 정수를 심오하게 통달하였으며, 상국 배휴裴休[62]는 문장이 고풍스러웠고 도학의 최고 경지에 이르렀으니, 그들보다 더 높은 이 어디 있었겠는가? 자사 이고李翶[63]와 시랑 백거이白居易[64]는 식견이 드넓고 문장이 고아했으니, 그들보다 더 높은 이 어디 있었겠는가? 소식蘇軾과 소철蘇轍,[65] 그리고 황산곡黃山谷[66]은 타고난 자질이 명철하여 선종에 조예가 깊었다. 양대

韻, 閒靜自樂, 孰如陶靖節. 詩書法程, 節義嚴峻, 孰如顔魯公. 衡陽龐蘊, 識見之高, 禪髓之邃, 相國裴休, 文章之古, 道學之至, 孰能加焉? 刺史李翶, 侍郎居易, 卓識宏度, 文明典雅, 孰能加焉. 二蘇子·黃山谷, 天資明哲, 深入禪窟. 楊大年·李遵勗, 不離塵俗, 悟徹心源, 孰能加焉, 學士王公日休, 秉政李公商老, 皆博學知識, 高明正

동진의 名將 謝玄의 손자이며, 조부의 관직을 世襲하여 康樂公이 되었기에 謝康樂이라고도 부른다.

59 陶淵明(365~427)은 동진 말기의 시인으로 이름은 潛이다. 관리 생활에서 물러나면서 유명한「歸去來辭」를 남겼다. 고향에 돌아가 고된 농사일을 하면서도 술과 국화를 벗 삼아 시를 읊으며 살았다.

60 顔魯公은 顔眞卿(709~785)으로, 당나라 때의 대신이자 명필가이다. 魯國公에 봉해졌다. 德宗 建中 4년(783)에 淮西에서 李希烈이 반란을 일으켰을 때, 그를 설득하러 갔다가 끝내 이희열에게 처형당했다.

61 龐蘊(?~?)은 당나라 승려로 字는 道玄이며 龐居士라고도 불린다. 衡陽郡(지금의 湖南省 衡陽市) 사람이다. 불가의 거사로서, 달마가 동쪽으로 와서 선종을 연 이후 '白衣居士第一人'이라 칭송받으며, '東土維摩'라는 호칭도 갖고 있다.

62 裴休(791~864)는 당나라 문인으로 字가 公美이며 孟州 濟原(지금의 河南省 濟源市) 사람이다. 문장과 글씨 모두 뛰어나서 그에게 사찰의 편액을 부탁하는 절이 많았다.

63 李翶(772~841)는 당나라 문인으로 字는 習之이며 元和 年間에 朗州刺史 및 廬州刺史를 역임했다. 韓愈에게서 고문을 배워 고문과 사상 모두에 조예가 깊었다.

64 白居易(772~ 846)는 당나라 문인으로 字는 樂天이고, 호는 醉吟先生, 香山居士 등이며, 洛陽 사람이다. 中唐 시기의 저명한 정치가이자 문학가이다. 開成 원년(836)에 刑部 侍郎에 제수되었다.

65 蘇軾(1037~1101)은 북송 시대의 시인이자 문장가, 학자, 정치가이다. 字는 子瞻이고 호는 東坡居士이다. 蘇轍(1039~1112)은 소식의 아우로, 자는 子由이고 호는 潁濱遺老 혹은 欒城이다. 四川省 眉山縣에서 태어났으며, 후에 아버지인 蘇洵과 더불어 당송 팔대가로 꼽혔다.

66 黃山谷은 黃庭堅(1045~1105)으로, 자는 魯直, 호는 山谷이다. 북송을 대표하는 시인으로 江西詩派의 종주이며, 글씨와 그림 모두에서 一家를 이룬 문인이다.

년楊大年[67]과 이준욱李遵勗[68]은 속세를 떠나지 않았으나 심성心性[69]을 투철하게 깨달았으니, 그들보다 더 높은 이가 어디 있었겠는가? 학사 왕일휴王日休[70]와 병정秉政 이상로李商老[71]는 모두 박학한 지식을 지니고 있으며 고명하고 정대하여 남들이 쉽사리 따라가기 어려운 바가 있었다. 이들 명현들은 불교를 독실하게 섬기어, 혹 광산匡山의 연사蓮社[72]에 들어가기도 하고, 선문禪門 종장宗匠으로부터 직접 가르침과 단련을 받기도 하였다.

大, 有人所未易及者. 是諸名賢篤志事佛, 或入匡山之蓮社, 或親宗匠之爐鎚.

천주교도들이 말한 진나라부터 송나라까지의 문인들은 그 대략일 뿐이다. 한 사람씩 짚어 설명함으로써 의혹을 없애 달라. 그리고 삼장三藏 5천 48권 불경을 보면, 어떤 경은 누군가의 문답으로 이루어져 있고, 누구 혼자 어떤 경을 강설하기도 하는데, 천하에 분명하게 밝혀 천고의 중첩된 미혹을 깬다면 불가를 진정 감복시킬 수도 있을 터이니, 아니 될 것이 무엇인가? 지금 지적해 내지 못한다면, 그들이 망언을

子云晉·宋間文人, 此其大概者矣. 爲我一一指陳, 令無疑惑. 三藏五千四十八卷, 某經某人問答, 某人獨說某經, 昭晰以示天下, 破千古之重昏, 亦使佛氏心伏, 何不可乎? 今旣不能指出, 則子之妄言明矣. 將引他人不根之談, 欲沮佛祖眞實至敎,

---

67 楊大年(974~1020)은 북송 西昆體 시가의 주요 작가이다. 이름은 億이고 字가 大年이다. 建州 浦城(지금의 福建省 浦城縣) 사람이다. 學士 李維勉으로부터 불법을 알게 되어 독실히 불법을 믿으며 관직 생활과 신앙 생활을 겸했다고 한다.

68 李遵勗(?~1038)은 五代十國 때 後唐의 창건자로 字가 公武이며 汴州(지금의 開封) 사람이다. 무공에 뛰어났고, 높은 관직을 맡으면서도 불법을 독실히 믿어 채식만 하며 불법 연구에 매진했다고 한다.

69 '心性'은 心源을 뜻하며, 불교에서 마음을 萬法의 근원으로 보는 데서 온 말이다.

70 王日休(?~1173)는 송나라 학자로 字가 虛中이고 龍舒居士라고도 불린다. 國學進士가 되었으나 淨土宗을 열심히 수련하였다.

71 商老의 字는 李彭이며, 南康軍 建昌 사람이다. 江西詩派에 속하는 송나라 때 人物이며, 蘇軾·張耒 등과 교유하였다. 佛門의 經典에 밝아 '佛門詩史'로 일컬어졌다. 『日涉園集』 10권이 전한다.

72 蓮社는 東晋의 승려 惠遠이 그의 벗 劉遺民 등과 함께 염불 수행을 위해 조직한 불교 모임으로 白蓮社라고도 한다. 惠遠은 淨土宗의 초조가 되었다.

하였음이 분명하다. 다른 사람의 근거 없는 말을 인용하여 석가의 진실하고 지극한 가르침을 가로막고자 하는 것은, 반딧불이의 불을 불어서 바다를 마르게 하려는 것과도 같아 공연히 심력만 잃게 될 것이니, 안타깝도다!

如吹螢火以涸蒼溟, 徒喪子之心力, 惜哉!

게다가 문인들은 잘못을 많이 저질러서 사후를 두려워하기 때문에 남보다 앞장서서 불가에 아첨한다고 말하고 있지 않은가. 아! 마음이 바로 서지 않으면 말이 어지러워진다는 것을 여기에서도 확인할 수 있다. 저들은 앞에서 불경을 문인들이 직접 지었다고 말하였는데, 그렇다면 부처란 존재하지도 않을 터, 아첨할 것이 무엇인가? 윤회도 스스로 (지어) 말한 것인데 두려워할 것이 무엇인가? 하물며 (저들이) 불가에 아첨한다고 하는 자들 가운데 임금에게 충성하지 않고 부모에게 효도하지 않고 인仁을 이루지 못한 자가 없다. 큰 근본이 다져지고 스스로를 돌아보아 부끄러움이 없거늘 무엇이 두려워 남보다 앞서 아첨하겠는가? 어진 일에 양보하지 않고 남보다 앞장선다면 그가 가는 길은 바른 길이다. 아침에 도를 들으면 저녁에 죽어도 그만이라 여긴다면, 그가 믿고 있는 말은 지극한 말이다. 바른 길을 가며 자기를 잊는다면, 불경이 우리 (문인들의) 말이 아님이 분명하다. 남에게 죄를 무고하고 (없는) 죄를 덧씌우다니, 저들의 업이 실로 깊도다!"

且曰文人作過多端, 偏畏死後, 故其佞佛獨在人先. 噫! 心立不中, 發言矯亂, 於玆可驗. 據子先言, 佛經文人所自說, 則實無佛, 何佞之有? 輪廻亦自所說, 何畏之有? 況佞佛者, 未始有不忠乎其君, 不孝乎其親, 不成乎其仁者. 大本旣基, 內省不疚, 何畏佞偏先人耶? 苟當仁不讓而先人, 則所趨之道正矣. 朝聞夕死而豫行, 則所信之言至矣. 就有道正而忘己, 則經非我說明矣. 誣人之罪, 以罪加之, 子之業深矣!"

벽사집

闢邪集

제 9 권

1. 『벽사집』을 판각하고서 지은 서문

刻闢邪集序

지욱

智旭

요지

명나라 고승인 우익 대사蕅益大師 지욱智旭[1]이 『벽사집』에 붙인 서문이다. 불법이 거의 외도가 되어 가는 현실을 우려하며, 이마두利瑪竇(마테오 리치)·애유략艾儒略(알레니) 등이 유술儒術의 이름을 빌려 불교를 공격하고 있으나, 불교도들의 반응은 그저 저들의 비방을 초래하기에 딱 좋았을 뿐이라며 반성하였다. 오직 「사설 변박에 도움 되는 글(聖朝佐闢)」만이 저 삿된 자들을 꺾을 만하였으나 널리 전파되지 못하였음을 안타까워하면서, 천주교의 무리가 날로 늘어나고 삿됨이 더욱 기승을 부리기에 저들을 내치고자 「천학초징」과 「천학재징」을 지었다며 저술 동기를 설명하였다.

법法에는 사정邪正이 없다. 사정은 사람에게나 있을 뿐. 가섭불迦葉佛이 입적한 이래로 정법正法과 상

法無邪正, 邪正在人. 迦葉佛滅度後, 正法像法俱盡, 而常樂我

1 智旭(1599~1655)은 명나라 때 고승으로 중국 정토종 제9대 祖師이다. 속세의 성은 鍾이고, 호는 蕅益이며 八不道人으로도 불린다. 만년에 절강성 항주에 사찰을 짓고 저술에 몰두했다. 젊어서는 유학을 좋아해 불교를 맹렬히 비난했으나, 17세 되던 해에 袾宏의 『自知錄』과 『竹窗隨筆』을 읽고 이전에 지은 벽불론을 모두 태워 버렸고 24세 때 승려가 되었다. 그는 불교와 도교와 유교의 융합을 주장했다. 憨山·紫柏·蓮池와 더불어 명대 4대 고승으로 일컬어진다. 이 글에 많은 이름이 등장하고 있는데, 모두 智旭 자신이다. 종진지 거사는 유가의 입장을 대변하는 인물이고, 제명 선사는 불가의 입장을 대변하는 인물이다. 마지막에 글쓴이로 등장하는 釋大朗 역시 智旭이 출가하기 전에 사용하던 이름이다. 즉 혼자서 여러 명을 설정해 의견을 주고받는 형태를 취하고 있다.

법像法[2]이 모두 사라지고 상락아정常樂我淨[3]이라는 말이 구십오종외도九十五種外道[4]로 변해 버렸다. 석가모니께서 세상에 오시어 무상無常·고苦·무아無我·부정不淨으로써 이런 것을 깨뜨리심에 정계情計가 일소되고 성스러운 진리가 나타났다. 사라쌍림沙羅雙林에서 입적하시고 진상眞常을 다시금 제창하신 것은, 이른바 그 병폐만을 없앴지 그 법은 없애지 않는다는 것이었다. 오늘날에 이르러 불법은 또 거의 외도가 되어 가고 있다.

淨之語, 變爲九十五種外道. 釋迦出世, 遂以無常·苦·無我·不淨破之, 情計旣蕩, 聖諦現前. 逮雙林示寂重唱眞常, 所謂但除其病, 不除法也. 流至今日, 佛法又幾成外道矣.

이에 이마두와·애유략 등이 대서大西에서 왔다고 하면서, 유술儒術의 이름을 빌려 불교를 망령된 것이라 공격하였다. (저들의 종교는) 스스로 이르기를 천주교라 하며, 천학이라 부르기도 한다. 불교인들이 무리지어 일어나 저들을 꾸짖었으나, 그저 저들의 비방을 초래하기에 딱 좋았을 뿐이다. 오직 「사설 변박에 도움 되는 글(聖朝佐闢)」[5]만이 저 삿된 당파들의 혀를

于是有利馬竇·艾儒略等, 托言從大西來, 借儒術爲名, 攻釋敎爲妄, 自稱爲天主敎, 亦稱天學. 諸釋子群起而詬之, 然適足以致其謗耳. 獨「聖朝佐闢」一書, 頗足令邪黨結舌, 惜乎流通不廣. 邇來利·艾實繁有徒, 邪風

2 불가에서 말하는 三時에 正法時·像法時·末法時이 있다. 부처가 입멸한 뒤에 교법이 유행하는 시기를 3단계로 나누어 설명하는 것인데, 정법시는 교법·수행·증과의 三法이 완전한 시대를 말하고, 상법시는 교법과 수행은 있으나 증과하는 이가 없는 시대를 말하며, 말법시는 교법만 있고 수행과 증과가 없는 시대를 말한다. 이 세 시대를 지나면 교법까지도 없어지는 시대가 오는데, 이를 法滅 시대라고 한다.

3 '常樂我淨'이란 열반의 경지를 나타낸다. 보통 사람들은 자기와 세상의 眞相이 본래 無常·苦·無我·不淨임을 모르고서 네 가지 잘못된 견해 속에 빠져 지낸다. 常이란 사람이 영원히 존재할 것이라 여기는 것이고, 樂이란 인생이 즐거운 것인 줄 아는 것이며, 我란 주체를 장악할 수 있는 자유와 자주로서의 '나'가 있다고 여기는 것이고, 淨이란 심신이 깨끗한 것이라 여기는 것이다. 이러한 四顚倒에서 벗어나야 진정한 常樂我淨의 열반에 이르게 된다.

4 '九十五種邪光' 또는 '九十五種外道'라 함은 석존 당시의 외도의 總數인데, 반드시 實數는 아니며 또 九十六種外道라 하는 경우도 있다.

5 이 책의 '제4권' 참조.

놀리지 못하게 할 만하였으나, 안타깝게도 널리 전파되지 못하였다. 요즈음에는 이마두와 애유략을 따르는 무리가 실로 많아져 삿됨이 더욱 기승을 부리고 있다.

益熾.

종진지 거사는 이에 두려움을 품고 「천학초징」과 「천학재징」을 지어 제명際明 선사에게 보냈다.

鍾振之居士于是乎懼, 著「初徵」·「再徵」以致際明禪師.

선사는 웃으며 말했다.

禪師笑曰:

"석가여래는 외도 육사六師의 비난을 받은 덕에 교리를 크게 퍼뜨릴 수 있었고, 조공肇公의 「물불천론物不遷論」[6]은 공인空印[7]의 반박을 받은 다음에야 온 세상 사람들이 그 글을 탐구하기 시작했소. 이마두와 애유략도 대원력大願力[8]에 힘입어 특별히 불법을 널리 전파하고자 찾아온 불가사의한 보살은 아닌지 또 어찌 알겠소? 그러니 불자들은 분해할 것도 없고 변론할 필요도 없소. 다만 거사가 이학을 주장하고 세도를 지키고자 하시니, 그리 심하게 물리치는 것은 당연하오. 이는 가깝게는 공맹孔孟의 도를 지킬 수 있고, 멀리는 불법을 밝히는 데 도움이 될 수 있겠소."

"釋迦如來, 得外道六師之毀而教道大行, 肇公「物不遷論」, 得空印之駁而擧世方知討究. 吾安知利·艾二人非不思議菩薩, 乘大願力, 特來激揚佛法者耶? 是故釋子不必忿忿, 亦不必辯也. 唯居士主張理學, 綱維世道, 則其闢之也甚宜. 近可閑孔·孟之道, 遠亦可助明佛法."

이에 몽사夢士의 평을 붙여 인쇄에 넘기며, 고암杲菴 화상에게 서문을 부탁했다.

乃屬夢士評付梓人, 而問序于杲菴和尚.

---

6 '肇公'은 東晋의 저명한 승려이자 불경 번역가인 僧肇(384~414)를 가리키며 鳩摩羅什의 문하생이다. 「物不遷論」은 僧肇의 대표작으로 변화와 생멸과 운동의 문제에 관해 논한 글이다.

7 명나라 승려 空印 鎭澄(1547~1617)은 「物不遷正量論」을 지어 "物의 각 性이 하나의 세계에 머문다.(物各性住于一世)"를 주장하는 僧肇의 物不遷論을 반박하며 外道라 폄하하였다.

8 '大願力'은 보살이 모든 중생을 제도하고자 하는 기원의 힘을 뜻한다.

고암은 글을 다 읽고 거사와 선사가 주고받은 두 통의 서찰까지 읽은 뒤, 다음과 같이 평하였다.

杲菴讀竟, 兼讀居士禪師往來二札, 爲之評曰:

"훌륭하다, 이마두와 애유략 두 사람. 통하지도 않는 학설을 지어내어 진리를 두들겼으니! 훌륭하다, 종진지 거사. 불교의 이치를 유교의 이치 삼아 변론했으니! 훌륭하다, 제명 선사. 변론하지 않음으로써 변론하여 몽사의 평에 변론을 맡기다니! 이마두와 애유략도 불가사의하고, 종진지도 불가사의하고, 몽사도 불가사의하고, 제명은 더욱 불가사의하다.

"善夫利·艾二公, 能佯作不通之說以扣擊眞乘. 善夫振之居士, 能以佛理作儒理辯. 善夫際明禪師, 能以不辨辨而寄辨于夢士之評也. 利·艾不可思議, 振之不可思議, 夢士不可思議, 際明尤不可思議.

사邪도 정正도, 말도 침묵도 모두 불가사의하다. 공안公案[9]은 모두 갖추고 있다. 정상正相 속에 사상邪相이 있고, 사상 속에 정상이 있다. 말이 곧 침묵이고 침묵이 곧 말임을 아는 것이 바로 안목을 갖춘 것이다.

不思議邪, 不思議正. 不思議語, 不思議默. 公案具在. 以邪相入正相, 以正相入邪相, 知語卽默, 知默卽語. 是在具眼者矣.

계미년(1643) 가을에 월계 천모봉에서
고암 석대랑 쓰다"

癸未秋日 越溪 天姆峯
杲菴 釋大朗 書"

9 '公案'은 불교 禪宗에서 수행자가 궁구하는 문제를 가리킨다.

2. 천주학에 대한 첫 번째 검증

天學初徵

금창 일사 진지 종시성 지음

金閶 逸史 鍾始聲 振之甫 著

요지

종시성[1]이 『성상약설聖像略說』을 읽고, 천주교의 교설이 성립되지 않음을 스물두 가지 이유를 들어 반박한 글이다. 종시성의 주장은 다음과 같다.

첫째로 저들이 말하는 주재자가 형질을 지녔다면 유한한 생명이고 지니지 않았다면 유가에서 말하는 태극이라고 일축했다. 둘째부터 다섯째까지는 천지만물을 창조했다면서 굳이 악한 존재까지 창조하여 인류를 괴롭히니, 솜씨 좋은 장인만도 못하다고 야유한 내용이다. 여섯째는 십계에 대하여, 일곱째와 여덟째는 천주 강림설에 대하여 의혹을 제기하였다. 아홉에서 열두 번째까지는 천주가 인류의 죄를 대속했다는 주장에 대한 의혹과 반박이다. 열셋과 열네 번째에서는 천주에게만 참배하라는 주장은 불교의 유아독존을 모방했으나 명리를 독차지하려는 것이 심하다고 하였다. 열다섯부터 열여덟 번째까지는 불교의 윤회설과 삼천 대천 화장세계三千大千華藏世界를 가지고 천당지옥설의 불합리함을 지적하였다. 열아홉 번째는 천주교의 십계나 임종 참회설 등 대부분이 불가의 교리를 훔쳐다 자기 것으로 삼은 것이라며 비난하였다. 스무 번째는 불가의 만법유심萬法唯心과 천주교의 만법유천주萬法惟天主를 비교하면서 불교에서는 모든 것을 마음 하나에 맡기지만 천주교에서는 모든 것을 천주에 맡기지 못하고 말과 행동에서 구하라고 하니, 이는 모순된다고 하였다. 스물한 번째와 스물두 번째에서는 천주교에서 불가와 도가를 비방하지만 그 병폐의 근원을 정확히 밝히지 못하고 있으며, 유가의 제사와 불가·도가에서 상을 모시는 것을 비난하면서 정작 저들은 천주상을 모시고 오직 천주에게만 제사 지내라고 한다고 하였다.

1 智旭의 속세의 이름으로 유가의 입장을 대변하기 위해 내세운 또 다른 이름이다.

종자鍾子(鍾振之)가 진택震澤[2] 물가에서 『주역』을 읽고 읽는데, 한 손님이 그의 오두막을 찾아와 물었다.

鍾子讀『易』於震澤之濱, 有客扣廬而問曰:

“그대는 열두세 살부터 천고의 학맥을 자임하며 불교와 노장을 배격하고 성인의 도를 익혔다고 들었네. 그렇게 지내 온 지 벌써 30년이 넘었는데, 그동안 집 밖을 두리번거리지도 않고 재상이나 군자들과 교유하지도 않으며 벼슬하여 임금 모실 생각도 하지 않으니, 세상의 도리에 앞으로 무슨 보탬이 되겠나? 또 요즈음 천주교가 유행한다는 말을 들어 보지 못하였나? 저들은 대서에서 왔는데 우리 중국의 책을 한번 보자마자 모두 통달했다네. 저들 또한 불교를 배척하고 유가를 숭상하니, 자네의 뜻과 매우 잘 맞아떨어지지 않는가. 함께 토론하고 궁구해 봄이 어떠한가?”

“吾聞子年十二三時, 便以千古學脈爲己任, 闢釋老, 閑聖道. 今三十餘載矣, 足不窺戶外, 不與名公大人交, 亦不思致身以事君, 將安補於世道哉? 且子不聞近世有天主教乎? 其人從大西來, 一見我中國之書, 悉能通達. 彼亦闢佛而尊儒, 與子意甚相符也. 曷一共討究焉?”

종자가 기뻐하며 말했다.

鍾子欣而作曰:

“그런 일이 있었는가? 저들이 대서에서 왔는데도 불교 편을 들지 않고 유가 편을 든다니, 어두워졌던 우리 성현의 도가 다시 밝아질 기회가 아닐까 싶네. 저들의 기회가 무엇인지 한번 들어 보고 싶네.”

“有是哉? 彼旣從大西來, 乃不袒釋而袒儒, 意者吾聖道晦而復明之機乎? 願聞其旨.”

손님은 곧 『성상약설聖像略說』[3] 한 권을 꺼내 보여 주었다.

客迺出『聖像略說』一册以示之.

종자는 책을 다 읽자마자 꾸짖으며 말했다.

鍾子讀甫竟, 遂詬曰:

“아! 이것은 요망한 헛소리일 뿐이오. 겉으로는 불교를 배격하는 체하지만 뒤로는 몰래 그 쭉정이를 훔

“嘻! 此妖胡耳. 陽排佛而陰竊其粃糠, 僞尊儒而實亂其道脈.

2 江蘇省 蘇州 吳江에 있는 못 이름이다.

3 羅儒望(Joannes de Rocha)이 지은 『天主聖像略說』을 가리킨다.

치고, 거짓으로 유가를 숭상하면서 실은 그 도맥을 어지럽히고 있소. 저들이 하는 말을 가지고 반격해 보고자 하오.

請卽以彼說攻之.

저들의 말에 따르면 천주는 태초에 천지를 낳고 신과 사람과 만물을 낳은 위대한 주재자요. 묻건대, 저 위대한 주재자에게 형질形質이 있소, 없소? 만약 형질이 있다면 어디서 생겨난 것이오? 또 천지가 생겨나기 전에는 어디에 살았소? 만약 형질이 없다면 우리 유가에서 말하는 태극太極인 것이오. 태극은 본디 무극無極인데, 사랑과 증오가 어디 있으며, 사람에게 자신의 명령을 따르고 받들라고 어찌 말할 것이며, 복과 벌을 내릴 능력이 어디 있단 말이오? 이것이 통하지 않는 첫째요.

彼云, 天主卽當初生天生地生神生人生物的一大主宰. 且問, 彼大主宰, 有形質耶, 無形質耶? 若有形質, 復從何生? 且未有天地時住止何處? 若無形質, 則吾儒所謂太極也. 太極本無極, 云何有愛惡? 云何要人奉事聽候使令? 云何能爲福罰? 其不通者一也.

게다가 태극에는 본래 음양의 이치만이 있을 뿐이오. 그래서 움직이면 양이 되고 고요하면 음이 되는 것이오. 음양은 각각 선과 악을 불러올 수 있기 때문에 이를 다듬고 보좌하여 완성하는 책임은 오직 사람에게 있는 것이오. 공자께서 말씀하시길, '사람은 능히 도를 넓힐 수 있다.'[4]고 하셨고, 또 '인仁을 행하는 것은 나에게 달려 있다.'[5]고도 말씀하셨소. 자사子思는 '중화中和에 이르면 천지가 제자리를 찾고 만물이 화육된다.'[6]고 했고, 『주역』에서는 '천도에 앞서

且太極只是本具陰陽之理, 是故動而爲陽, 靜而爲陰. 陰陽各有善惡之致, 故裁成輔相之任獨歸於人. 孔子曰'人能弘道.' 又曰'爲仁由己.' 子思曰'致中和, 天地位焉, 萬物育焉.' 『易』曰'先天而天弗違.' 若如彼說, 則造作之權, 全歸天主. 天主旣能造作神人, 何不單造善神善人,

4 『論語』「衛靈公」에 있는 내용이다.
5 『論語』「顔淵」에 있는 내용이다.
6 『中庸』 1장에 있는 내용이다.

행해도 하늘은 그 뜻을 거스르지 아니한다.'[7]고 했소. 만약 저들의 말대로라면 창조의 권능은 천주에게만 있는데, 천주가 어차피 신과 사람을 만들었다면 왜 선한 신과 선한 사람만 만들지 않고 악한 신과 악한 사람까지 만들어 만세에 누를 끼쳤단 말이오? 이것이 통하지 않는 둘째요.

而又兼造惡神惡人, 以貽累於萬世乎? 其不通者二也.

또 천주가 만들었다는 노제불이(루시퍼)에게 무엇 때문에 유독 큰 힘과 큰 재능을 내려 준 것이오? 만약 그가 교만함을 부릴 것을 모르고서 내려 주었다면 지혜롭지 못한 것이고, 교만함을 부릴 것을 알고서도 내려 주었다면 어질지 못한 것이오. 어질지도 지혜롭지도 못한 자를 천주라 부르다니, 이것이 통하지 않는 셋째요.

且天主所造露際弗爾, 何故獨賜之以大力量大才能? 若不知其要起驕傲而賜之, 是不智也. 若知其要起驕傲而賜之, 是不仁也. 不仁不智, 猶稱天主, 其不通者三也.

또 노제불이가 벌을 받아 지옥에 떨어진 뒤에도 천주는 그가 이 세상에서 세상 사람을 몰래 유혹하는 것을 용납했소. 이는 순舜임금이 사흉四凶을 주벌하고 오만한 상象을 감금한 것만 못하오.[8] 이것이 통하지 않는 넷째요.

又露際弗爾旣罰下地獄矣, 天主又容他在此世界陰誘世人. 曾不如舜之誅四凶, 封傲象也. 其不通者四也.

천지만물 모두를 천주가 만들었다면, 유익한 것만 택해 만들고 손해 끼치는 것은 가려내 만들지 말고, 어쩌다 만들었다 하더라도 없애 버렸어야 했소. 그런데 무슨 까닭으로 이러한 육신을 만들고, 풍속을 만

且天地萬物, 旣皆天主所造, 卽應擇其有益者而造之, 擇其有損者而弗造, 或雖造而卽除之. 何故造此肉身, 造此風俗, 造此

7 『周易』「乾卦」의「文言」에 다음과 같은 말이 보인다. "천도에 앞서 행하여도 하늘은 사람의 뜻을 거스르지 않고, 천도보다 늦게 행하여도 천시를 받든다.(先天而天弗違, 後天而奉天時.)"

8 순임금은 왕위에 오른 후 사방을 순행하여 四凶이라 일컬어지던 鯀과 共工, 驩兜와 三苗를 제거하였다. 象은 포악했다고 전해지는 순임금의 동생이다.

들고, 마귀를 만들어 세 가지 원수로 삼으면서 없애지 못했단 말이오? 세간의 솜씨 좋은 장인들은 기물을 만들 때 반드시 아름다운 것만 만드오. 만약 아름답지 않은 것이 나오면 반드시 버리오. 지극히 위대하고 지극히 높고 지극히 신령하고 지극히 성스러운 진정한 주재자로서 솜씨 좋은 장인만도 못하다니, 이것이 통하지 않는 다섯째요.

魔鬼, 以爲三仇而不能除耶? 世間良工, 造器必美. 或偶不美, 必棄之. 以至大至尊至靈至聖之眞主, 曾良工之不如, 其不通者五也.

공자께서는 '하늘이 언제 말을 하던가?'[9]라고 하셨고, 맹자께서는 '하늘은 말하지 아니한다. 행동과 사실로써 보여 줄 뿐이다.'[10]고 하셨소. 저들은 옛날에 천주가 십계를 내리셨다고들 말하는데, 그렇다면 한나라와 송나라 때 봉선제封禪祭[11]를 올려 천서天書를 받은 것과 무엇이 다르오? 세상을 어지럽히고 사람들의 판단을 흐리게 하여 속이는 것이 이보다 더 심할 수 없으니, 이것이 통하지 않는 여섯째요.

孔子曰'天何言哉?' 孟子曰'天不言, 以行與事示之而已矣.' 今言古時天主降下十戒, 則與漢宋之封禪天書何異? 惑世誣民莫此爲甚, 其不通者六也.

또 천주가 강생하여 사람으로 태어나 대도大道를 전수하였다고 하는데, 그럼 강생하여 탄생하기 전에는 어디 살았단 말이오? 만약 천당에 살았다면 천주는 천당에 몸을 의지해 살았던 것이니, 천주가 천당을 만들었다고 어떻게 말할 수 있소? 천당을 만들고 천당에 사는 것이 마치 사람이 집을 짓고 집에서 사

又天主降生爲人, 傳受大道, 未降生前, 居在何處? 若在天堂, 則是天主依天堂住, 如何可說天主造成天堂? 若言旣造天堂, 依天堂住, 如人造屋, 還卽住屋, 則未造天堂時, 又依何住? 若無

9 『論語』「陽貨」에 있는 내용이다.

10 『孟子』「萬章上」에 있는 내용이다.

11 '封禪'이란 고대 중국에서 행했던 祭天儀禮의 하나로, 태산 위에 흙으로 단을 쌓고 하늘의 은혜에 보답하는 제사를 '封'이라 하고, 태산 아래에 있는 梁山에 땅을 파고 땅의 은혜에 보답하는 제사를 '禪'이라 했다.

는 것과 같은 것이라면, 천당을 짓기 전에는 또 어디에 의지해 살았단 말이오? 만약 의지해 산 곳이 없다면 태극과 같으니, 태극이 천당에 의지해 살 수는 없고, 사람에게 화복을 내린다 하여도 태극이 강림하여 사람으로 태어날 수는 없소. 이것이 통하지 않는 일곱째요.

所依, 則同太極, 不應太極依天堂住, 福罰人間, 亦不應太極降生爲人. 其不通者七也.

천주가 강림하여 탄생한 후, 저 천당 위에 본신本身이 있소, 없소? 만약 본신이 없다면 천상에 주인이 없어진 셈이고, 본신이 있다면 불가에서 말하는 진신응신설眞身應身說을 남용한 셈이며, 또 이는 천백억 화신化身이라는 기이한 환상에도 미치지 못하는 것이오. 이것이 통하지 않는 여덟째요.

又天主旣降生後, 彼天堂上爲有本身, 爲無本身? 若無本身, 則天上無主, 若有本身, 則濫佛氏眞應二身之說, 而又不及千百億化身之奇幻. 其不通者八也.

또 말하기를, 천주가 자기 몸으로 천하 만세의 허물을 대속했다 하는데, 이것은 더더욱 무슨 소린지 알 수 없소. 천주가 비할 바 없는 지존이고 그 자비와 위엄이 한량없다면 왜 직접 사람의 죄를 사하여 주지 않고 자기 몸으로 속죄해야 했소? 누굴 향해 대속했는지도 모르겠소. 이것이 바로 통하지 않는 아홉째요.

又謂天主以自身贖天下萬世罪過, 尤爲不通. 夫天主旣其至尊無比, 慈威無量, 何不直赦人罪而須以身贖罪? 未審向誰贖之. 其不通者九也.

또 몸으로 사람의 허물을 속죄할 수 있었으면 왜 저들로 하여금 죄를 짓지 않게 하지는 못하였소? 이것이 통하지 않는 열 번째요.

又旣能以身贖人罪過, 何以不能使勿造罪? 其不通者十也.

기왕에 천하 만세의 죄를 대속했다고 말한다면, 어찌하여 아직도 죄를 짓고 지옥에 떨어지는 자가 끊이지 않는 것이오? 이것이 통하지 않는 열한 번째요.

又旣云贖天下萬世人罪, 而今猶有造罪墮地獄者仍贖不盡, 其不通者十一也.

우리 유가는 요순 같은 성인도 그 자식의 죄악을 덮을 수는 없고, 효자 효손도 유왕幽王[12]·여왕厲王[13]의 과오는 고칠 길이 없다고 말하오. 이 때문에 천자

吾儒謂堯·舜之聖, 不能掩其子之惡, 孝子慈孫, 不能改幽·厲之過. 所以自天子至於庶人, 壹

로부터 만백성에 이르기까지 하나같이 수신修身을 근본으로 삼는 것이오. 그런데 천주가 사람의 죄와 허물을 대속할 수 있으니, 사람들은 마음껏 악행을 자행해도 좋을 것이요. 끝내 천주가 나타나 자비로운 마음으로 대속해 주기만을 기다리면 될 것이니 말이오. 이것이 통하지 않는 열두 번째요.

是皆以修身爲本. 而今天主旣可贖人罪過, 則人便可恣意爲惡. 總待天主慈悲贖之. 其不通者十二也.

사람들에게 내린 교지에, 오직 조물주 한 분만이 진정한 주인이며, 지극히 크고 지극히 존귀하니 늘 모시고 참배하라고 하였소. 그러면서 천지와 해와 달과 뭇별을 모두 없애 버렸으니, 불가에서 말하는 '유아독존'과 다를 게 무엇이오? 몰래 그 말씀을 모방해 놓고 겉으로 배격하는 체하니, 이것이 통하지 않는 열세 번째요.

遺下敎規, 謂只有一造物眞主, 至大至尊, 要人奉事拜祭, 而盡抹殺天地日月諸星, 則與佛氏所稱 '唯吾獨尊', 何異? 陰倣其說而陽排之, 其不通者十三也.

불가에서는 비록 '유아독존'이라고 말하고 있지만, 천지와 해와 달과 뭇별은 세상을 밝히는 큰 공덕이 있으며, 세상의 귀신을 보호하고 사람을 보우하므로 마땅히 보답해야 한다고 말하오. 그런데 천주교에서는 '참배해서는 안 된다'고 하니, 명리名利를 독차지하고자 하는 추함이 불가보다 심하오. 이것이 통하지 않는 열네 번째요.

佛氏雖曰'唯吾獨尊', 尙謂天地日月諸星覆炤世間, 有大功德, 護世鬼神保祐人間, 宜思報效. 今乃曰'不當拜祭', 則專擅名利之惡, 甚於佛氏. 其不通者十四也.

저들은 윤회설을 인정하지 않으면서 사람의 영혼은 영원히 불멸하며, 시작은 있으되 끝은 없다고 말하고 있소. 정말 그렇다면 (영혼이) 구르고 굴러 많이

旣不許輪廻之說, 又云人之靈魂嘗在不滅, 有始無終, 則轉積轉多, 安置何所? 其不通者十五

12 西周의 마지막 왕이다. 夏나라 桀왕·商나라 紂왕과 함께 폭군의 대명사로 일컫는다.

13 西周의 10대 왕이다. 폭정으로 인하여 士族인 國人들이 일으킨 폭동으로 왕위에서 쫓겨났다.

쌓이게 될 터인데, 그것들을 어디에 다 놓아둔단 말이오? 이것이 통하지 않는 열다섯 번째요.

也.

만약에 천당도 지옥도 모두 드넓어서 다 수용할 수 있다고 한다면, 불가의 주장과 무엇이 다르오? 이것이 통하지 않는 열여섯 번째요.

若謂天堂地獄皆大, 可以並容, 何異佛氏之說? 其不通者十六也.

또 저들은 불가에서 말하는 '삼천 대천 화장세계三千大千華藏世界는 사람이 보질 못하므로 황당하다'고 하오. 그러나 저들이 말하는 천당과 지옥 또한 누가 보았소? 이것이 통하지 않는 열일곱 번째요.

又彼謂'佛氏所稱三千大千華藏世界, 人所不見, 便是荒唐.' 今彼所稱天堂地獄, 又誰見之? 其不通者十七也.

천당과 지옥이 비록 보이지는 않지만 사실이라고 말하면서, 삼천 화장세계가 사실이 아닌지 어찌 알고서 그리 애써 가며 공격한단 말이오? 이것이 통하지 않는 열여덟 번째요.

又謂天堂地獄雖然未見, 却是實理, 則安知三千華藏非實理乎, 而苦破之? 其不通者十八也.

또 말하길, 임종하는 순간이라도 천주의 교법을 따르면 지난날을 뉘우치고 좋은 곳으로 갈 수 있다고 하는데, 이 또한 불가에서 말하는 임종 십념臨終十念[14]에서 비롯된 말이오. 저들도 진실해야 한다고 말하고, 불가 또한 진실해야 한다고 말하오. 저들은 십계를 따라야 한다고 말하고, 불가 또한 십계를 따라야 한다고 말하오. 저들은 자신의 몸과 마음으로 진실되게 행동해야 한다고 말하고, 불가 또한 자신의 몸과 마음으로 진실되게 행동해야 한다고 말하오. 저들은 진실한 마음과 뜻으로 아프도록 후회하고 힘써 과오를 없애 나중에 다시 과오를 저지르지 않는다고

又謂臨終一刻聽從天主教法, 也還翻悔得轉, 則與佛氏臨終十念相濫. 汝說要眞, 佛氏亦說要眞. 汝說要依十戒, 佛氏亦說要依十戒, 汝說從自己身心上實實做出來, 佛氏亦說從自己身心上實實做出來. 汝說要眞心實意痛悔力除後來不敢再犯, 佛氏亦說要眞心實意痛悔力除後來不敢再犯. 全偸佛氏之說而又非之, 其不通者十九也.

14 죽기 전에 阿彌陀佛의 명호를 열 번 외우면 이전의 죄가 소멸되고 극락왕생하는 것을 말한다.

말하고, 불가에서도 진실한 마음과 뜻으로 아프도록 후회하고 힘써 과오를 없애 나중에 다시 과오를 저지르지 않는다고 말하오. 전부 불가의 학설을 훔쳐 왔으면서 비방하고 있으니, 이것이 통하지 않는 열아홉 번째요.

불가에서는 만법유심萬法唯心에 밝아 모든 일을 마음 하나에 의지하오. 저들이 만법유천주萬法惟天主에 밝다면 천주 하나에 의지하면 족할 것이지, 자기 몸과 마음을 다해 행동할 필요가 무엇이오? 만약 그래도 몸과 마음을 다해 행동해야 한다면, 권능이 천주에게만 있지 않음이 분명하오. 그런데도 천주를 망령되이 세워 놓았으니, 이것이 통하지 않는 스무 번째요.

又佛氏專明萬法惟心, 故凡事只靠一心. 汝旣專明萬法惟天主, 則凡事只靠一天主足矣, 又何用從自己身心做出耶? 若仍要從身心做出, 則權不獨在天主明矣. 而妄立天主, 其不通者二十也.

저들이 불가와 도가(老莊)를 공격하고자 한다면, 그 병폐를 찾아내야만 상대가 비로소 승복할 것이오. 만약 사람들에게 돈과 재물을 시주하게 하고 재를 올리게 하며 종이를 사르게 하면서 이것을 곧 공과功果라고 여긴다면, 불가와 도가에서는 아마도 마음으로 승복하지 않을 것이오. 게다가 저들이 교인들에게 천주의 성상을 섬기고 절하고 제사 지내게 하는 것이 불가나 도가와 무엇이 다르오? 이것이 통하지 않는 스물한 번째요.

汝旣要攻釋道兩家, 須搜其病根彼方心服. 若謂要人施捨些錢財, 備辦些齋飯, 燒化些紙張, 便是功果, 恐彼二氏亦未必心服. 而汝又仍教人奉事拜祭天主聖像, 與彼何異? 其不通者二十一也.

우리 유가는 '만물은 각각 하나에 하나의 태극이 있다'고 하고, '하늘이 만물에 부여한 것을 본성本性'이라 하오. 이 때문에 사람은 누구나 자기에게 알맞은 자리에 오르는 것이오. 또 지위의 높고 낮음에까지 각자 자리가 있어 질서 정연하여 어지럽지 않소. 그러한 까닭에 천자는 상제를 섬기고 제후는 산천과

吾儒謂'物物一太極', '天命之謂性'. 故人人可以成位於中. 至於尊卑名位, 則森然不亂. 故天子事上帝, 諸侯祭山川社稷, 大夫五祀, 士祭其先. 今旣謂天主至大至尊, 又令家事而戶奉

사직에 제사 지내며, 대부는 오사五祀[15]에 제사를 지내고, 선비(士)는 조상에게 제사 지내는 것이오. 그런데 저들은 천주가 지극히 위대하고 지극히 존귀하다 하면서 사람들로 하여금 집집마다 모시게 하고 가가호호 받들게 하니, 부처나 노자의 상像과 무엇이 다르다고 망령되이 제멋대로 주장한단 말이오? 이것이 통하지 않는 스물두 번째요.

之, 與佛老二像何異, 而妄自表彰以爲不同? 其不通者二十二也.

그래서 나는 (저들을 일러) 겉으로는 불가를 배척하는 척하며 뒤로 몰래 그것을 훔치고, 거짓으로 유가를 존숭하는 체하며 실은 그것을 어지럽히는 자라고 한 것이오. 저들을 쫓아내고, 그 책을 불사르며, 천하에 천주상이 하나도 남아 있지 않게 하여야 중국을 해치지 못할 것이오. 저 요망한 무리가 총명하고 변론에 능하다고 하니, 내가 검증해 보인 바에 대해 해명해 오는 자가 있을 것이오. 그때 다시금 그것을 검증해 보이겠소."

吾故曰, 陽闢佛而陰竊之, 僞尊儒而實壞之者也. 逐其人, 燬其書, 禁天下不得存其像, 庶不爲中國之賊耳. 聞彼妖徒聰明能辯, 必有以解吾徵者. 吾將再徵之."

15 『禮記』「王制」에 따르면 "천자는 천지에 제사 지내고, 제후는 사직에 제사 지내고, 대부는 오사에 제사 지낸다.(天子祭天地, 諸侯祭社稷, 大夫祭五祀.)"고 한다. 五祀는 일상생활과 관련 있는 다섯 神으로 宮中을 맡은 司命, 門戶를 맡은 中霤, 城門을 맡은 國門, 길을 맡은 國行, 죽은 뒤 厲鬼가 된 公厲를 말한다.

3. 천주학에 대한 두 번째 검증

天學再徵

금창 일사 진지 종시성 지음

金閶 逸史 鍾始聲 振之甫 著

요지

종지성이 「천학초징」 집필 후에 『서래의』·『삼산논학기』·『성교약언』 등을 읽고 천주교의 교설이 성립될 수 없음을 재차 입증한 글이다. 「천학재징」의 주요 논점은 다음과 같다.

천주가 만물을 창조하고 운행까지 주관한다는데 배를 만드는 사람과 운행하는 사람이 다르듯 창조자와 주재자가 같을 수는 없다고 반박하였다. 또 천주교에서 주장하는 외재적 운동인(外爲者)에 대한 부정이다. 집을 지은 장인이 그 집의 주인이 아니듯 천주가 천지라는 집을 지었다 해도 천지의 주인은 아니라는 것이다. 하나의 하늘에 주인이 하나뿐이지만, 그 주인 또한 귀신과 사람, 동물과 더불어 살아가는 존재이며, 우주에 가득 차 있다면 낮고 천한 곳에도 깃들어야 할 터 홀로 존재하는 지존이 될 수 없고, 천주도 형상을 지닌 존재이니 그에게 형상을 부여한 또 다른 존재가 있을 수밖에 없다고 말한다. 천주교에서 『중용』과 『주역』 등의 상제 개념을 인용하여 천주를 합리화하는데, 이는 하늘에 푸르디푸른 하늘, 상제上帝로서의 하늘, 성性으로서의 하늘, 이렇게 세 가지 차원의 하늘이 있다는 것을 모르고 함부로 내세운 주장이라고 비난한다. 천주교에서 혼삼품설魂三品說을 주장하지만 짐승과 사람의 차이는 그다지 크지 않으며 종종 전도되기도 한다고 반박한다. 천주가 전지전능하다면 해와 달도, 부모도 귀신도 다 불필요하고 혼자 모든 것을 주관하면 그만이라면서 전지전능설 자체를 일축하고 있다. 이 밖에 유가의 태극양의·형이상·성리 등의 개념 분석을 통해 저들이 주장하는 유시有始·무시無始 및 유종有終·무종無終 등의 교설에 근거가 없음을 밝히고 있다.

종진지가 「천학초징」을 짓자 손님이 읽어 보고 웃으며 말했다.

"심하군, 자네의 어리석음이. 천주교의 학설을 얼핏 듣기만 하고 깊이 연구해 보지도 않은 채 바로 통하지 않는다며 검증해 보이려고 하다니. 『서래의』[1]나 『삼산논학기』[2]·『성교약언』[3]을 다시 한번 읽어 보게. 통하지 않는 것은 자네이지 저들이 아니라네."

종진지는 그 책을 가져다 자세히 읽어 본 다음, 다시 아래와 같이 검증해 보이고 있다.

鍾子作「天學初徵」, 客閱而笑曰:

"甚矣, 子之鹵莽也. 乍聞天說, 曾未深究, 遽謂不通而徵之. 子且再閱『西來意』·『三山論學記』及『聖教約言』. 則不通者乃在子而不在彼矣."

鍾子取而細讀之, 復爲之徵如左.

저들이 말했다.

"하늘은 동쪽에서부터 움직이지만, 해·달·별들은 서쪽으로부터 거꾸로 좇아가며, (일정한) 도수대로 각각의 법칙에 따라서 순차적으로 각기 제자리에 안정되게 머문다. 만약 그 운행을 주간하고 기간을 주재하는 높으신 주님이 없다면, 어찌 오차가 없을 수 있겠는가! 비유하자면 강이나 바다를 배로 건너가는데, 위에서는 바람이 불고 아래서는 파도가 치는데도 흔들려 뒤집힐 걱정이 없다면, 비록 (배 안에) 사람들이 보이지 않는다고 하여도, 반드시 그 배 안에는 키를

其言曰:

"上天自東運行, 而日月星辰之天, 自西循逆之, 度數各依其則, 次舍各安其位. 倘無尊主幹旋主宰其間, 寧免無悖! 譬如舟渡江海, 上下風濤, 而無傾蕩之虞, 雖未見人, 亦知一舟之中, 必有掌舵智工等."

1 선교사가 중국으로 온 이유를 설명한 책으로 추측되나, 정확히 어떤 책을 가리키는지 알 수 없다.

2 『三山論學記』는 예수회 선교사 알레니(艾儒略)와 명나라 말기의 名臣 葉向高가 福州에서 천주교에 관해 논한 책으로 1627년에 저술되어 그 후 간행되었다. 鄭安德이 편찬한 『明末清初耶蘇會思想文獻彙編』 제1권 제7册에 수록되어 있다.

3 『天主聖教約言』(1601)은 예수회 선교사 소에리오(Joao Soerio, 1566~1607, 중국명 蘇如望)가 문답식으로 기술한 천주교 교리 해설서이다. 소에리오는 포르투갈 출신의 천주교 선교사로, 1584년 예수회에 가입한 뒤 고아에서 신학 수업을 마치고, 1591년 중국에 도착하여 1595년부터 南昌에서 활동하였다.

권 지혜로운 사공이 있어서인 줄을 모두 알고 있듯이 말이다."[4]

검증하여 말한다.

"배가 강과 바다를 건널 때면 모든 배에 키잡이가 한 명씩 있게 마련이지만, 한 명의 키잡이가 온 배 안의 위아래를 모두 조종한다는 말은 들어 보지 못했다. 게다가 배를 조종하는 사람은 배를 만든 사람일 리 없다. 저들이 하늘에는 오직 주인이 하나 있으며, 그가 천지를 만들고 또 운행까지 주간하고 있다고 말하니, 이것이 가능한 일인가?"

徵曰:

"舟之渡江海也, 舟必各一舵工, 未聞一舵工而徧操衆舟之上下者也. 又操舟者必非造舟人也. 謂天惟一主幷造之, 幷運行之, 可乎?"

저들이 말했다.

"무릇 모든 개체는 스스로 완성될 수 없으며, 반드시 그 개체에 초월적이고 외재적인 운동인[5]이 있어야 이루어진다. (높은) 누대나 가옥들은 저절로 세워질 수 없으며, 장인들의 손에 의해 완성된다. 천지는 스스로 이루어질 수 없으니, 천주에게서 이루어진다."[6]

其言曰:

"凡物不能自成, 必須外爲者, 以成之. 樓臺房屋不能自成, 成於工匠之手. 天地不能自成, 成於天主等."

검증하여 말한다.

"장인이 집을 지을 때는 집이 완성되도록 명령하는 자가 있게 마련이다. (그렇다면) 천주가 천지를 만들 때, 누가 명령을 내렸는가? 장인이 집을 지었다고

徵曰:

"工匠之成房屋也, 必有命之成者. 天主之成天地, 孰命之耶? 工匠成房屋, 不能爲房屋主.

---

4 『천주실의』 1편에 있는 내용이다.

5 마테오 리치가 『천주실의』에서 쓴 용어 '外爲者'는 아리스토텔레스 철학에 바탕을 둔 서양 고유의 세계관을 반영하는 표현으로 볼 수 있으며, 따라서 중국 고유의 세계관과 상당한 차이가 있었다.

6 『천주실의』 1편에 있는 내용이다. 원문의 '樓臺房屋不能自成'은 『천주실의』에는 '樓臺房屋不能自起'로 되어 있다.

해서 집의 주인이 될 수는 없다. 그러니 저 천지를 만든 자가 어찌 천지의 주인이 될 수 있겠는가?"

彼成天地者, 又烏能爲天地主乎?"

저들이 말했다.

"천하의 사물은 지극히 많고 지극히 성대하다. 만약 (이들을) 유지, 조절하고 보호할 하나의 지존이 없다고 한다면, 흩어지고 무너지는 것을 면할 수 없다. 그러므로 한 집에는 하나의 가장만이 있고 한 나라에는 하나의 임금만이 있으며, 한 사람에게는 오직 하나의 몸이 있고, 한 몸에는 오직 하나의 머리만이 있는 것이다."[7]

其言曰:

"天下之物極多極盛. 苟無一尊維持調護, 不免散壞. 是故一家止有一長, 一國止有一君, 一人止有一身, 一身止有一首等."

검증하여 말한다.

"하나의 몸뚱이에 두 개의 머리가 없다는 말은 맞다. 그러나 하나의 몸뚱이 하나의 머리 이외에 다른 몸뚱이와 다른 머리가 없다고 말한다면 옳지 않다. 한 집안에 두 명의 가장이 없다는 말은 맞다. 그러나 하나의 집안 하나의 가장 이외에 다른 집안 다른 가장도 없다고 한다면 옳지 않다. 한 나라에 두 명의 임금이 없다는 말은 맞다. 그러나 한 나라 한 임금 이외에 다른 나라 다른 임금도 없다고 한다면 옳지 않다. 하나의 하늘에 두 명의 주인이 없다는 말 역시 맞다. 그러나 하나의 하늘 하나의 주인 이외에 다른 하늘 다른 주인은 없다고 말할 수 있는가? 또 하나의 몸뚱이에 비록 머리가 하나뿐이지만, 머리란 팔다리와 뼈

徵曰:

"謂一身無二首, 可也. 謂一身一首之外, 別無他身他首, 不可也. 謂一家無二長, 可也. 謂一家一長之外, 別無他家他長, 不可也. 謂一國無二君, 可也. 謂一國一君之外, 更無他國他君, 不可也. 謂一天無二主, 亦可也. 謂一天一主之外, 獨無他天他主, 可乎? 又一身雖惟一首. 首必與四肢百骸俱生, 非首生四肢百骸也. 一家雖惟一長, 長必與眷屬僮僕並生, 非長生眷屬

7 『천주실의』 1편에 있는 내용이다.

들과 함께 생겨난 것이지 머리가 팔다리와 뼈들을 낳은 것이 아니다. 한 집안에 비록 가장이 하나뿐이지만, 가장은 반드시 식솔과 하인들과 더불어 살아가는 존재이지 가장이 식솔과 하인들을 낳은 것은 아니다. 한 나라에 비록 임금이 하나뿐이지만, 임금은 반드시 신료와 백성들과 더불어 살아가는 존재이지 임금이 신료와 백성들을 낳은 것은 아니다. 그렇다면 하나의 하늘에 비록 주인이 하나뿐이지만, 그 주인 또한 반드시 귀신과 사람, 그리고 만물과 더불어 살아야 마땅할 것이다. 그런데 주인이 귀신과 사람과 만물을 낳았다고 말한다면 되겠는가?"

僮僕也. 一國雖惟一君, 君必與臣佐吏民俱生, 非君生臣佐吏民也. 則一天雖惟一主, 主亦必與神鬼人物並生, 謂主生神鬼人物, 可乎?"

저들이 말했다.

"천주는 하늘도 아니고 땅도 아니지만, 천주의 높고 밝고 넓고 두터움은 오히려 천지보다 더하다. 천주는 귀신이 아니지만, 신령이나 귀신 정도에 그치는 것이 아니다. 천주는 사람이 아니지만 성인의 지혜를 훨씬 초월해 있다. 천주는 시작도 끝도 없고 그 어디에도 포용되거나 실려 있지 않으나, 가득 채워져 있지 않은 곳이 없다."[8]

其言曰:

"天主非天也非地也, 而高明博厚, 較天地尤甚. 非鬼神也, 而神靈鬼神不啻. 非人也, 而遐邁聖睿. 乃至無始無終, 無處可以容載, 而無所不盈充等."

검증하여 말한다.

"가득 채워져 있지 않은 곳이 없다면, 천당에만 있을 것이 아니라 지옥에도 있어야 할 것이다. 천지에만 있을 것이 아니라 신령과 귀신, 사람과 짐승, 풀과

徵曰:

"旣無所不盈充, 則不但在天堂, 亦徧在地獄也. 不但徧天地, 亦徧在神鬼人獸草木雜穢

8 『천주실의』 1편에 있는 내용이다.

나무, 그리고 그 밖의 온갖 더러운 것들에도 두루 존재해야 할 것이다. 만약 저 높은 천당에 거하며 지존무상이라고 말한다면 (모든 곳에) 가득 채워져 있다는 말은 성립되지 않으며, 만약 모든 곳에 두루 존재한다고 말한다면 하나뿐인 지존이 될 수 없다."

等處也. 若謂高居天堂, 至尊無上, 則盈充之義不成, 若謂徧一切處, 則至尊之體不立."

어떤 사람이 저들을 거들며 말했다.

或救之曰:

"천주의 존귀함은 저 하늘에 있는 해와 같아서 모든 곳을 비춥니다. 비록 두루 미친다 하더라도 지존의 자리를 잃지 않으며, 비록 지존이라 하더라도 그 빛의 근원은 절로 두루 미치게 마련이지요."

"天主之尊, 如日在天, 光徧一切. 雖徧而不失其尊, 雖尊而光原自徧."

내가 다시 검증하여 말한다.

今再徵曰:

"(천주와 해는 여전히) 처소도 있고 위치도 있으며 형상도 있는 존재이다. 해에게 형상이 있는 것에 대해 저들은 천주가 만들었다고 하는데, 그렇다면 천주도 형상이 있는데 그는 또 누가 만들었단 말인가?"

"是仍有處所有方隅有形像也. 日有形像, 彼謂天主造之, 天主亦有形像, 又誰之所造耶?"

저들이 말했다.

其言曰:

"우리 천주는 바로 옛 경전에서 말하는 상제이다."[9] 그러면서 (『시경』의) 「송頌」·「아雅」와 『주역』 「계사전繫辭傳」 및 『중용』 등[10]에 나오는 말을 인용해 증명된다."

"吾天主, 乃經所謂上帝也." 遂引「頌」·「雅」·『易』「傳」·『中庸』等以證成之.

검증하여 말한다.

徵曰:

"심하도다, 저들이 유가의 이치를 알지 못함이. 우

"甚矣, 其不知儒理也. 吾儒所

9 『천주실의』 2편에 있는 내용이다.

10 이 경전들 외에도 마테오 리치는 『禮記』와 『尙書』 등에서 관련 구절을 인용하였다.

리 유가에서 말하는 하늘에는 세 가지 뜻이 있다.

謂天者有三焉.

하나는 바라다보이는 푸르디푸른 하늘로, 이른바 (지금 저 하늘은) '밝은 빛이 많이 모인 것이니, 무궁한 곳에 이른다.'[11]라고 말한 것이 바로 그것이다.

一者, 望而蒼蒼之天, 所謂'昭昭之多, 及其無窮者'是也.

두 번째는 세상의 권선징악을 주관하는 하늘로, 곧 『시경』과 『주역』과 『중용』에서 상제라 부른 것이 그것이다. 저들은 여기까지만 알 뿐이다. 여기서의 천제는 세상을 다스리기만 할 뿐, 세상을 낳지는 않는다. 마치 제왕이 백성을 다스리기만 할 뿐, 백성을 낳지는 않은 것과 같다. 그런데도 사람을 낳고 만물을 낳은 주인이 있다고 거짓을 말하니, 참으로 말이 되지 않는다.

二者, 統御世間主善罰惡之天, 卽『詩』·『易』·『中庸』所稱上帝是也. 彼惟知此而已. 此之天帝, 但治世而非生世. 譬如帝王, 但治民而非生民也. 乃謬計爲生人生物之主, 則大繆矣.

세 번째는 본디 영성과 밝음을 지니고 있는 성性이다. 이것은 시작도 없고 끝도 없으며 태어나지도 소멸되지도 않으므로, 이를 일러 하늘(天)이라 한다.

三者, 本有靈明之性, 無始無終, 不生不滅, 名之爲天.

이것은 곧 천지만물의 본원이므로 이를 일러 명命이라 한다. 이 때문에 『중용』에서 '천명을 일러 성性이라 한다.'고 말한 것이다.

此乃天地萬物本原, 名之爲命. 故『中庸』云'天命之謂性.'

하늘은 푸르디푸른 하늘도 아니요, 상제로서의 하늘도 아니다. 명命은 간곡히 이르는 그런 명命도 아니요, 하늘로부터 부여받은 그런 명으로 해석할 수도 없다.

天非蒼蒼之天, 亦非上帝之天也. 命非諄諄之命, 亦非賦畀之解也.

공자께서는 '오십이면 천명을 안다.'[12]고 말씀하셨다. 이는 바로 이 본성을 깊이 증명해 주는 말이다.

孔子曰'五十而知天命.' 正深證此本性耳. 亦謂之中, 故曰'喜怒

11 『中庸』 26장에 보인다. "지금 저 하늘은 밝은 빛이 많이 모인 것이니, 무궁한 곳에 이르러서는 해와 달과 별이 그것에 매달려 있다.(今夫天斯昭昭之多, 及其無窮也, 日月星辰繫焉.)"

12 『論語』 「爲政」에 있는 내용이다.

이는 또 중中이라고도 부르기에 '희로애락이 아직 발현되기 전의 상태를 중이라고 하며, 중이란 천하의 대본이다.'[13]라고 말한 것이다. 이는 또 역易이라고도 하기에 '역은 사려함이 없고 작위함이 없어 고요히 움직이지 않다가 감응하여 드디어 세상의 일에 통한다.'[14]고 한 것이다. 이는 또 양지良知라고도 하기에 '앎에 이른 다음에야 뜻이 정성스러워진다.'[15]고 한 것이다. 이는 또 보이지도 들리지도 않는다고도 하고, 독獨이라고도 하기에 '보이지 않는 곳에서 삼가 조심하고, 들리지 않는 곳에서 두려워하라. 군자는 반드시 홀로 있을 때 조심해야 한다.'[16]고 한 것이다. 바로 공자께서 말씀하신 '천명을 경외하라.'는 것과 같은 뜻이다. 이는 또 심心이라고도 하기에 '학문의 도는 다름 아니라 놓쳐 버린 마음을 구하는 것뿐'[17]이라고 한 것이다. 이는 또 기己라고도 하기에 '군자는 스스로에게서 찾는다.'[18]고 하였고, '인을 행하는 것이 나에게서 시작되는 것이지 남에게서 시작하는 것이겠느냐?'[19]고 한 것이다. 이는 또 나(我)라고도 하기에 '만물이 모두 내 안에 갖추어져 있다.'[20]고 한 것이다.

哀樂之未發謂之中, 中也者, 天下之大本也.' 亦謂之易, 故曰'易無思也, 無爲也, 寂然不動. 感而遂通天下之故.' 亦謂之良知, 故曰'知至而後意誠.' 亦謂之不睹不聞, 亦謂之獨, 故曰'戒愼乎其所不睹, 恐懼乎其所不聞, 君子必愼其獨.' 卽孔子所言'畏天命'也. 亦謂之心, 故曰'學問之道無他, 求其放心而已矣.' 亦謂之己, 故曰'君子求諸己', '爲仁由己, 而由人乎哉?' 亦謂之我, 故曰'萬物皆備於我矣.' 亦謂之誠, 故曰'自誠明謂之性', '誠者天之道也.' 此眞天地萬物本原, 而實無喜怒無造作無賞罰無聲臭. 但此天然性德之中, 洪爾具足理氣體用.

13 『中庸』 1장에 있는 내용이다.
14 『周易』 「繫辭上」에 있는 내용이다.
15 『大學』에 있는 내용이다.
16 『中庸』 1장에 있는 내용이다.
17 『孟子』 「告子上」에 있는 내용이다.
18 『論語』 「衛靈公」에 있는 내용이다.
19 『論語』 「顔淵」에 있는 내용이다.
20 『孟子』 「盡心上」에 있는 내용이다.

이는 또 성誠이라고도 하기에 '성誠으로 말미암아 밝아진 것을 성性이라 한다.'[21], '성이란 하늘의 도道이다.'[22]라고 한 것이다. 이것은 참으로 천지만물의 본원으로, 희로애락도 없고 조작造作도 없고 상벌賞罰도 없고 소리와 냄새도 없는 것이다. 그러나 천연히 이루어진 성덕性德은 넓고도 넓어 이理와 기氣, 체體와 용用이 모두 갖추어져 있다.

이 때문에 '역에는 태극이 있고, 이것이 양의兩儀를 낳는다.'[23]는 등의 말이 있는 것이다. 그러나 비록 역에 태극이 있다고는 말했지만 태극은 모두 역이다. 마치 축축한 성질의 것이 물이 되지만, 물은 모두 축축한 성질인 것처럼 말이다. 비록 태극이 양의를 낳는다고 말했지만 양의는 곧 전부가 태극이고, 비록 양의가 사상四象을 낳는다고 말했지만 사상은 곧 전부가 양의이며, 비록 사상이 팔괘八卦를 낳는다고 말했지만 팔괘는 곧 전부가 사상이다. 팔괘가 요동쳐 64괘가 되고 64괘가 서로 변화하여 4천 96괘가 되는데, 저 4천 96개의 괘 가운데 아무 괘나 아무 효爻를 하나만 들어도 모두 팔괘가 아닌 것이 없고, 사상이 아닌 것이 없고, 양의가 아닌 것이 없고, 태극이 아닌 것이 없고, 역리易理가 아닌 것이 없다. 큰 바다의 파도 하나를 건드려도 그것이 모두 물이 아닌 적 없고 축

故曰 '易有太極, 是生兩儀'等. 然雖云易有太極, 而太極卽全是易, 如濕性爲水, 水全是濕. 雖云太極生兩儀, 而兩儀卽全太極, 雖云兩儀生四象, 四象亦卽全是兩儀, 雖云四象生八卦, 八卦亦卽全是四象. 乃至八卦盪而爲六十四, 六十四互變而爲四千九十六, 於彼四千九十六卦之中, 隨擧一卦隨擧一爻, 亦無不全是八卦, 全是四象, 全是兩儀, 全是太極, 全是易理者. 譬如觸大海一波, 無不全體是水, 全是濕性者. 又如撒水銀珠, 顆顆皆圓.

21 『中庸』 21장에 있는 내용이다.

22 『中庸』 20장에 있는 내용이다.

23 『周易』 「繫辭上」에 있는 내용이다. '양의兩儀'는 두 개의 法道라는 뜻으로, 우주를 구성하는 陰과 陽을 일컫는 말이다.

축한 성질의 것이 아닌 적 없듯이 말이다. 또 물을 뿜어 흩어져 날리는 은구슬이 방울방울 모두 둥근 것처럼 말이다.

따라서 범천이든 귀신이든 사람이든 한 가지 사물 속에서 태극 역리의 온전함을 찾아낼 수 있다면, 하늘에 있으면 상제가 될 것이요, 귀신 세계에 있으면 영명이 될 것이요, 사람 세계에 있으면 성인이 될 것인즉, 다스리고 이끄는 권세가 그에게로 돌아갈 것이다.

故凡天神鬼人, 苟能於一事一物之中, 克見太極易理之全者, 在天則爲上帝. 在鬼神則爲靈明, 在人則爲聖人, 而統治化導之權歸焉.

만약 천지가 나뉘기 이전에 벌써부터 가장 신령하고 신성한 존재가 있어 천주가 되었다면, 혼란 없이 다스릴 수 있었을 것이고, 선만 있고 악은 없었을 터인데, 후세에 신령하고 성스러운 철인이 나타나 보좌할 필요가 무엇이 있었겠는가? 사람들은 또 천지와 덕을 합치하여 선천적으로 하늘을 거스르는 자가 없어야 할 것 아닌가. 우리 유가들이 하늘의 뒤를 이어 법도를 세워 지켜 온 진정한 학문의 맥을 저들이 어찌 알 것인가!"

倘天地未分之先, 先有一最靈最聖者爲天主, 則便可有治而無亂, 有善而無惡, 又何俟後之神靈聖哲爲之裁成輔相? 而人亦更無與天地合德, 先天而天弗違者矣. 彼烏知吾儒繼天立極之眞學脈哉!"

저들이 말했다.

"혼에는 세 가지의 품격이 있다. 하품의 이름이 생혼生魂이니, 곧 초목의 혼이 그것이다. 중품의 이름은 각혼覺魂이니, 곧 짐승의 혼이 그것이다. 이 두 가지는 모두 소멸하므로 시작도 있고 끝도 있다고 말한다. 상품의 이름은 영혼靈魂이니, 곧 사람의 혼이다. 이 혼은 소멸되지 않으므로 시작은 있으되 끝이 없다."[24]

其言曰:

"魂有三品. 下名生魂, 草木之魂是也. 中名覺魂, 禽獸之魂是也. 此二皆滅, 亦云有始有終. 上名靈魂, 卽人魂也. 此魂不滅, 亦云有始無終."

검증하여 말한다.

"영혼이 각혼과 달라 시작은 있으되 끝이 없다면,

徵曰:

"靈與覺異, 則有始而無終, 覺

각혼은 생혼과 다른데 어찌하여 둘 다 시작도 있고 끝도 있는가? 짐승한테는 각혼만 있고 영혼이 없다고 하고 사람에게만 영혼이 있다고 하는데, 세상의 어리석은 사람들을 보면 식욕과 음욕에만 집착할 뿐 다른 지각이라고는 없으니, 이들이 짐승과 무엇이 다른가? 요즘 세상에는 의로운 개, 의로운 원숭이가 주인을 위해 자기 목숨까지 바치고 관아에 알려 사건을 끝까지 밝혀내기도 하니, 사람과 무엇이 다른가? 이 때문에 맹자께서 '사람이 짐승과 다른 점은 아주 적은데 보통 사람들은 그것을 잃어버리고 군자는 간직한다.'[25]고 하신 것이다. 어찌 하나는 끝이 있고 하나는 끝이 없다는 망발을 할 수 있단 말인가?"

與生異, 何皆有始而有終也? 且謂禽獸有覺而無靈, 惟人爲有靈者, 現見世之愚人, 但念飮食婬欲, 他無所知, 與禽獸何異? 現見世有義犬義猴, 捨身殉主, 訴官究理, 與人何異? 故孟子亦云'人之所以異於禽獸者幾希, 庶民去之, 君子存之.' 豈可妄分一有終一無終耶?"

저들이 말했다.

"주공[26]과 공자의 의론 중에 상제를 업신여기면서 그와 더불어 '하나'가 된다는 말이 그 어디에 있던가? 한 사나이가 스스로 천자와 동등하게 존귀하다고 말한다면 그가 (황제를 모독한 죄를) 면할 수 있겠는가? 땅 위의 백성들도 망령되게 땅 위의 임금과 견줄 수 없는데, (그들이) 하늘의 상제와 같을 수 있는가?"[27]

其言曰:

"周公·仲尼之論, 孰有狎後帝, 而與之一者? 設匹夫, 自稱與天子同尊, 其能免乎? 地上民不可妄比肩地上君, 而可同天上帝乎?"

검증하여 말한다.

徵曰:

---

24 『천주실의』 3편에 있는 내용이다.

25 『孟子』「離婁下」에 있는 내용이다.

26 周公은 周나라 文王의 아들이며 武王의 동생으로, 武王이 商王朝를 정복한 뒤 3년 만에 죽자 어린 조카인 成王을 도와 섭정으로 있으면서 나라의 문물 제도를 확립한 이상적인 정치인으로 유가에서 칭송되고 있다.

27 『천주실의』 4편에 있는 내용이다.

"서민이 감히 제왕과 견줄 수 없는 바는 명위名位다. 그러나 제왕에게도 감히 양보할 수 없는 것은 바로 덕성이다. 이 때문에 '조정에는 작위만 한 것이 없고, 세상을 돕고 백성을 교도하는 데는 덕만 한 것이 없다.'[28]고 하고, '인仁을 주장함에 있어서는 스승에게도 양보하지 말아야 한다.'[29]고 하고, '천자로부터 서민에 이르기까지 모두 수신을 근본으로 삼아야 한다.'[30]고 말한 것이다. 그러므로 문왕은 임금으로서 '순일함을 그치지 않아'[31] 하늘과 짝을 이룰 수 있었고, 공자는 사나이로서 '요임금과 순임금의 뜻을 펼치고 문왕과 무왕을 따르면서'[32] 감히 참월하지 않았다. 또 그 누구인들 아비가 자식을 낳고 자식이 자기 닮기를 바라지 않겠는가? 그런데 대부大父라는 천주는 사람의 몸에서 태어났으면서 사람들이 자기 닮기를 원치 않았으니, 이는 또 어째서인가?"

"庶民不敢擬帝王者, 名位也. 不敢讓帝王者, 德性也. 故曰'朝廷莫如爵, 輔世長民莫如德.' 又曰'當仁不讓於師.' 又曰'自天子以至於庶人, 壹是皆以修身爲本.' 故文王, 人君也, 而'純亦不已', 可以配天. 仲尼, 匹夫也, 而祖述憲章, 不名僭竊. 且父之生子也, 誰不欲子之克肖者? 天主旣爲大父, 實生於人, 乃不欲人之肖之, 何哉?"

저들이 말했다.

"슬기로운 이의 마음은 천지를 포함하고 만물을 갖추고 있지만, 진짜 천지만물의 몸체(를 담고 있는 것)은 아니다. 만약 잔잔한 물이나 맑은 거울 같은 것이

其言曰:

"知者之心,[33] 含天地, 具萬物. 非眞天地萬物之體也. 若止水明鏡, 影諸萬物, 乃謂明鏡止

28 『孟子』「公孫丑下」에 있는 내용이다.

29 『論語』「衛靈公」에 있는 내용이다.

30 『大學』에 있는 내용이다.

31 『中庸』 26장에 있는 내용이다.

32 『中庸』 30장에 나오는 "공자는 요·순의 뜻을 펼치고, 문왕·무왕의 법도를 따랐다.(仲尼祖述堯·舜, 憲章文·武.)"는 구절에서 따왔다.

33 『천주실의』에는 '智者之心'으로 되어 있다.

만물을 비춘다고 하여, 맑은 거울이나 잔잔한 물결 자체가 모두 (그 안에) 천지를 가지고 있는 것이요, 곧 바로 그것들을 만들어 낼 수 있다고 말한다면, 어찌 옳은 말이겠는가? 천주는 만물의 근원이기에 만물을 생겨나게 할 수 있다. 만약 사람이 천주와 같다면 또한 만물을 생겨나게 하는 것이 마땅하다."[34]

水均有天地, 卽能造作之, 豈可乎? 天主, 萬物之原, 能生萬物. 若人卽與之同, 當亦能生之."

검증하여 말한다.

徵曰:

"잔잔한 물이나 맑은 거울에 만물이 비치는 것을 보면, 거울과 물은 여기 있고 만물은 저기 있다. 거기에는 구분도 있고 위치도 있다. 그러므로 이것은 비친 영상이지 본체가 아님을 알 수 있다. 마음에 천지가 담겨 있고 만물이 갖추어 있는 것을 보고, 마음이 어디에 위치하고 있고 어떻게 나뉘어 있는지, 마치 저 거울과 물처럼 일일이 가리킬 수 있는가? 만약 마음에 형체가 없어 만물을 낳을 수 없다고 한다면, 천주 또한 형체가 없는데 어찌 만물을 낳는단 말인가? 천주는 형체가 없으면서도 형체를 형상화할 수 있는데, (사람의) 마음만 형체가 없어 형체를 형상화하지 못한단 말인가?"

"止水明鏡之影萬物也, 鏡水在此, 萬物在彼. 有分劑, 有方隅, 故知是影而非體也. 心之含天地具萬物也, 汝可指心之方隅分劑, 猶如彼鏡與水乎? 若心無形眹, 不能生萬物者, 天主亦無形眹, 胡能生萬物也? 若天主無形而能形形, 心獨不可無形而形形乎?"

저들이 말했다.

其言曰:

"'사물 안에서 작동하는 성분'이 있는데, (사물을 구성하는) 음양과 같은 것이 그것이다.[35] '사물 밖에서

"有在物之內分, 如陰陽是也. 有在物之外分, 如作者之類是

---

34 『천주실의』 4편에 있는 내용이다.

35 마테오 리치는 음양이라는 중국의 철학 개념을 빌려서 사물의 존재 근거를 설명하고 있으나, 성리학자들은 '所以然(존재 근거)'을 그 사물의 理로 보았고, 음양에서 찾지는 않았다.

작동하는 성분'이 있는데, '운동인(作者)'과 같은 것이 그것이다. 천주가 만물을 지어낸 것은 사물 밖에서 작동하는 성분'이다."[36]

也. 天主作物, 則在物之外分矣."

검증하여 말한다.

徵曰:

"천주가 천지만물을 만들 때, 마치 장인이 기물을 만들 때 반드시 기물 밖에 있는 것처럼 그렇게 천지만물 바깥에 있었을 것이다. 이는 당연한 이치다. 그렇다면 천주에게는 위치가 있고 구분이 있는 것이니, 결코 모든 것에 두루 존재하는 것이 아니다. 그러므로 반드시 단계가 나눠어 있고 변화와 움직임이 있으니, 어떻게 시작도 끝도 없을 것이며, 또 어떻게 만세의 주가 될 수 있겠는가?"

"天主作天地萬物, 必在天地萬物之外, 如匠作器皿, 必在器皿之外, 是固然矣. 然則天主有方隅也, 有分劑也, 原非徧一切也. 則必有分段也, 有變遷也. 何以無始無終, 能爲萬世主乎?"

저들이 말했다.

其言曰:

"형체 있는 것은 공간 안에 있기 때문에 공간을 채운다. '정신'은 형체가 없으니 어떻게 공간을 채울 수 있겠는가? (곡식) 한 낟알의 크기에도 온갖 신령들이 깃들어 사는데, 어찌 이미 간 자들 뿐이랴! 앞으로 찾아올 영혼까지도 아무 구애 없이 다 받아들일 수 있다."[37]

"形者在所, 故能充乎所. 神無形, 則何以滿其所乎? 一粒之大, 萬神宅焉, 豈惟往者! 將來靈魂, 並容不礙也."

검증하여 말한다.

徵曰:

"정신에 형체가 없다고 한 말, 참으로 옳은 소리로

"神之無形, 善乎其言之矣. 然

36 『천주실의』 4편에 있는 내용이다. 在物之外分으로 아리스토텔레스는 운동인(the efficient cause)과 목적인(the final cause)을 들고 있는데, 마테오 리치는 이를 '作者'와 '爲者'라는 용어로 썼다. 『천주실의』 1편 참조.

37 『천주실의』 5편에 있는 내용이다.

다. 그러나 형체가 없으면 오고 감도 없으며 그 수효를 낱낱이 헤아릴 수도 없으며 생멸도 없다. 그런데도 천주가 영혼을 낳았다고 한다면 될 소리인가?"

無形則無往來, 亦無數目, 亦無生滅. 而曰靈魂天主所生, 其可乎哉?"

저들이 말했다.

"천지만물을 낳아 기르신 것은 바로 크게 공평하신 아버지이시다. 아버지는 또한 때때로 천지만물을 주재하고 편안하게 기르시니, 곧 더없이 높으신 모두의 임금이시다. 세상 사람들이 우러르지도 않고 받들지도 않는다면, 아비도 없고 임금도 없게 되는 것이니, 효도할 바 없는 데 이른 것이요 충성할 바 없는 데 이른 것이다."[38]

其言曰:

"化生天地萬物, 乃大公之父也. 又時主宰而安養之, 乃無上共君也. 世人弗仰弗奉, 則無父無君, 至無孝, 至無忠也.[39]"

검증하여 말한다.

"이 세상 법도를 보면 전능이란 결코 없다. 그러므로 천지는 만물을 싣고 덮을 수는 있지만 밝히지는 못하고, 해와 달은 밝힐 수는 있지만 생육하지 못하며, 부모는 생육할 수 있지만 가르치지는 못한다. 스승과 벗은 가르칠 수 있지만 상벌을 주관하지 못하고, 임금은 상벌을 주관하지만 빠뜨리는 것이 없을 수 없으며, 귀신은 빠뜨림 없이 상벌을 주관할 수 있지만 만물을 덮고 싣고 밝히지 못한다. 만약 천주가 전능하다면, 천주 혼자 만물을 덮고 싣고 밝히고 생육하고 가르치고 상벌을 주관하면 될 것이지 하늘과

徵曰:

"夫世間之法, 決無全能. 故天地能覆載而不能炤明, 日月能炤明而不能生育, 父母能生育而不能教誨, 師友能教誨而不能賞罰. 君主能賞罰而不能無漏網, 鬼神賞罰無漏網而又不能覆載炤明等. 若天主果有全能也, 則直以天主覆載炤臨生育教誨賞罰之而可矣, 又何用天地日月君親鬼神爲? 若猶待

38 『천주실의』 8편에 있는 내용이다.

39 '至無孝, 至無忠也'는 『천주실의』 8편에는 '至無忠, 至無孝也'로 순서가 바뀌어 있다.

땅, 해와 달, 임금과 부모, 귀신은 있어 뭐할 것인가? 만약 하늘이 덮어 주고 땅이 실어 주고, 아비가 낳아 주고 임금이 다스려 준다면, 천주의 전능함은 어디 있는가?

天覆地載, 乃至親生君治之也, 則天主全能安在?

지금 세상의 사람들을 보면, 하늘이 덮어 주고 땅이 실어 주고 해와 달이 밝혀 주며 아비가 낳아 주고 어미가 길러 주며 임금이 다스리고 귀신이 밝히 살펴 보우한다. 그런데도 그 은덕에 감사할 줄을 모르고, 보이지도 들리지도 않는 천주에게만 은혜를 돌려 큰 아버지, 큰 임금이라 부르는가! 천주를 큰 아버지, 큰 임금이라 부른다면 반드시 내 아버지와 내 임금을 작은 아버지, 작은 임금이라 여기는 것이니, 어찌 효도도 모르고 충성도 모르는 지경에 이르지 않을 수 있겠는가?

今現見人之生也, 天覆之, 地載之, 日月炤臨之, 父生之, 母育之, 國君統治之, 鬼神昭鑒保護之. 顧不知感其恩德, 獨推恩於漠無見聞之天主, 謂之大父大君! 旣謂之大父大君, 則必以吾父吾君爲小父小君矣, 豈不至無孝至無忠哉?

또 천주가 전지전능하다는 것은 하늘과 땅, 해와 달, 임금과 부모, 귀신을 주재한다는 것으로, 이는 곧 나라의 임금이 공경과 각 지방의 우두머리들의 모든 것을 주재하는 것과 같다. 백성에게 선함이 있다면 담당 관리에게 명해 상을 주게 하면 될 것이고, 백성에게 죄가 있다면 담당 관리에게 벌주게 하면 될 것인데, 사사건건 모두 임금을 거칠 필요가 무엇인가?

又設謂天主全能, 卽宰於天地日月君親鬼神, 如國主宰全用於公卿牧長, 則庶民有善, 官宰賞之可矣, 庶民有罪, 官宰罰之可矣. 豈事事必經國主哉?

또 백성이 명을 받듦에 있어 담당 관리의 명령만 거스르지 않으면 곧 임금의 명을 받드는 것과 다름없는데, 어찌하여 하나의 주인만을 섬겨야 한다고 하면서 담당 관리를 받들지 못하게 하는가! 도교와 불교가 참람하다 하여 받들지 못하게 한다면, 그건 그럴 수 있다고 치자. 천지와 일월과 귀신은 천주가 세

又庶民之所承事, 亦但承事官宰無違, 卽爲承事國主矣, 豈必獨事一主而禁其承事官宰哉! 今謂仙佛僭竊, 禁不承事, 猶之可也. 天地日月鬼神, 固天主所造以覆載炤護人者, 而亦禁其

상을 덮고, 싣고, 밝히고, 사람을 보호하게 하기 위해 만든 것인데, 그것에 제사 지내는 것까지 못하게 한다면 이상하지 아니한가?"

拜祭, 不亦異乎?"

저들이 말했다.

"인심人心과 성명性命은 천주께서 부여하신 것이다."[40]

其言曰:

"人心性命原天主所賦也."

검증하여 말한다.

"천명을 성性이라고 여긴 것은 주자朱子의 해석의 심각한 오류이다. 이에 대해서 내 이미 앞에서 그 대략적인 뜻을 풀이한 바 있다. '부여'할 수 있는 것이라면 반드시 형상이 있는 것이어야 한다. 심성에 무슨 형상이 있기에 부여할 수 있단 말인가? 만약 형상이 없는데도 부여할 수 있다면, 천주의 영명함 또한 누군가 부여한 자가 있을 것이다. 부여할 수 있다면 앗아갈 수도 있으니, 어찌 시작만 있고 끝이 없다고 하겠는가?"

徵曰:

"天命之謂性, 紫陽之解甚謬. 吾已釋大意於前矣. 夫可賦者, 必其有形者也. 心性有何形像而可賦乎? 若無形像而仍可賦, 則天主靈明亦必有賦之者矣. 又可賦則可, 奪云何有始而無終乎?"

저들이 말했다.

"사물이 있은 후라야 이理가 있을 수 있다."[41]

그러면서 『시경』의 '사물이 있으니 법칙이 있네.'[42]를 인용하였다.

其言曰:

"必先有物而後有理."

引『詩』云 '有物有則.'

40 『천주실의』 1편에서 다루고 있는 "천주께서 천지만물을 낳으시고 주재하시며 편히 기르신다."의 뜻을 가리키고 있다.

41 『천주실의』 2편에 있는 내용이다.

42 『詩經』「大雅」「烝民」에 있는 내용이다.

검증하여 말한다.

"무릇 이理라는 것은 사물의 시작부터 끝을 꿰뚫으면서 사물을 완성시켜 주는 것이다. 그래서 '성誠이란 사물의 시작이자 끝이다. 성이 없으면 사물도 없다.'[43]고 한 것이다. 『시경』에서 말한 '사물이 있으니 법칙이 있다.'는 것은 바로 이 이理를 좇아 사물이 완성됨을 이르는 것이다. 그러므로 사물이 곧 이理다. 마치 쇠로 기물을 만들 때 기물이 모두 쇠인 것처럼 말이다. 만약 사물이 있은 후라야 이理가 있다고 말한다면, 사물이 있기 이전에는 그럼 이理가 없었단 말인가? 사물이 없으면 이理도 없다고 한다면, 천지가 있기 이전에는 더욱 이理 따윈 없었어야 한다. 그런데 천주는 천지에 앞서 있었다니, 이치에 닿지 않음이 특히나 심하다."

徵曰:

"夫理者, 貫於物之終始而能成物者也. 故曰 '誠者物之終始, 不誠無物.' 『詩』所謂 '有物有則', 正繇從理成物. 故卽物是理. 如金作器, 器全是金也. 若言先有物而後有理, 則未有物時, 便無理耶? 旣無物卽無理, 則無天地時, 尤必無理. 而天主在天地先, 乃無理之尤甚者也."

저들이 말했다.

"무시無始가 있은 다음에야 유시有始가 있고, 무형無形이 있은 다음에야 형상이 드러난다. 내 몸이 태어나기 전에 반드시 부모가 있어 나를 낳아 주어야 하고, 반드시 천주께서 내게 복을 내려 주셔야 한다."[44]

其言曰:

"必有無始而後有有始, 有無形而後能形形. 吾身之先, 必有父母生我, 必有天主降衷於我."

검증하여 말한다.

徵曰:

---

43 『中庸』 25장에 있는 내용이다.

44 『천주실의』 2편에 나오는 '有無'설에 대한 요약이다. 원문의 '降衷'이란 선을 베푸는 것, 복을 내려 주는 것을 의미한다. 『尙書』「湯誥」에 "저 상제께서 백성들에게 복을 내려 주시었네.(惟皇上帝, 降衷于下民.)"라는 구절이 보이는데, 孔穎達은 『尙書傳』에서 "충이란 선을 말한다.(衷, 善也.)"고 설명하였다.

"무시와 무형이라, 참으로 장쾌한 논의로다. 만약 천주가 무시라면, 부모도 무시란 말인가? 천주가 무형이라면 부모도 무형이란 말인가?"

"無始無形, 快哉論也. 若天主無始, 則父母亦無始乎? 天主無形, 則父母亦無形乎?"

어떤 사람이 저들을 위해 해명하며 말했다.

或解之曰:

"부모는 형상이 있기 때문에 유시有始이고, 천주는 형상이 없기 때문에 무시인 것이오."

"父母有形, 故有始. 天主無形, 故無始也."

검증하여 말한다.

徵曰:

"내 몸이 형상이 있기 때문에 유시라면, 내 심성은 형상이 없는데 왜 무시가 되지 못하는 것인가?"

"吾身有形, 故有始. 吾心性無形, 何爲不無始乎?"

저들이 말했다.

其言曰:

"천지는 궁실과 같다. 궁실과 누대는 반드시 짓는 것을 주관하는 자가 있는 다음이라야 완성된다. 천지처럼 큰 것에 주관하는 자가 없었다면 어찌 스스로 짓고 스스로 완성될 수 있었겠는가?"[45]

"天地猶一宮室也. 宮室樓臺, 必待有主製造而後成. 曾是天地之大, 無有主之者, 竟能自造自成乎?"

검증하여 말한다.

徵曰:

"궁실이 아직 완성되기 전에 그것을 주관하는 자와 장인은 땅에 의지하고 헛간에 의지해 살았다 치고, 천지가 완성되기 전에 천주는 어디에 의지해 살았는가? 또 궁실은 흙과 나무와 기와와 돌이 있어야 완성되는데, 천지는 어떤 물건이 있어야 완성되는가? 천지가 있기 이전에 먼저 천지를 만들 재료가 있었던 것인가? 그 재료들은 원래부터 있던 것인가, (아니면) 천주가 만들어 낸 것인가? 또한 어디에 두었던 것인

"宮室未成時, 主及工匠, 依地依廠, 天地未成時, 天主何依耶? 又宮室則用土木瓦石成之, 天地用何物成之耶? 又未有天地, 先有成天地之料耶? 此料爲本有之, 爲天主生之耶? 且安置何所耶? 爲在天主身內, 爲在外耶? 若在身外, 則天主不徧一

45 『천주실의』 1편의 요약이다.

가? 천주 몸 안에 있었는가, 몸 밖에 있었는가? 만약에 몸 밖에 있었다면 천주는 모든 것에 두루 존재할 수 없고, 만약 몸 안에 있었다면 자기 몸을 해쳐 가면서 천지만물을 만들었다는 말과 진배없지 않은가?"

切, 若在身內, 不幾戕賊其身而以爲天地萬物耶?"

저들이 말했다.

其言曰:

"태극설은 결국 '이理'와 '기氣' 두 글자에 지나지 않아서 신령함도 지각도 없다. 신령함도 지각도 없으면서 어떻게 만물의 화육을 주재할 수 있단 말인가?"[46]

"太極之說, 不過理氣二字, 未嘗言其有靈知覺明也. 旣無靈覺, 何以主宰萬化?"

검증하여 말한다.

徵曰:

"공자께서 '역에는 태극이 있고, 이것이 양의를 낳는다.'[47]고 말씀하시지 않았는가? 역이란 신령함과 지각의 본성이다. 따라서 생각하지도 행동하지도 않은 채 고요히 움직이지 않아도 감응하여 서로 통하게 되니, 이것으로 만물의 화육을 주재할 필요는 없다. 만약 만물의 화육에 반드시 주재가 있어야 한다면 선함만을 화육하며 악함을 화육하지 않고 즐거움만을 화육하며 고통은 화육하지 않아, 성인의 도리를 닦는 가르침은 도리어 쓸모없는 것이 되고 말 것이다."

"孔子不言'易有太極是生兩儀'乎? 夫易卽靈明知覺之本性也. 故無思無爲, 寂然不動, 感而遂通, 然正不必以此主宰萬化. 若萬化定有主宰, 則但化善而不化惡, 但化樂而不化苦, 聖人修道之敎, 反爲無用矣."

저들이 말했다.

其言曰:

"유가에서는 사물 하나하나에 태극이 있다고 말한

"儒云物物各具一太極. 則太極

46 『천주실의』 2편을 요약한 것이다.

47 『周易』「繫辭上」에 있는 내용이다.

다. 그렇다면 태극은 물物과 한 몸인 것이니, 물에 갇혀 있어서 천지의 주재가 되지 못한다."[48]

與物同體, 囿於物而不得爲天地主."

검증하여 말한다.

徵曰:

"태극의 묘리는 구분도 (정해진) 위치도 없다. 이 때문에 사물은 그 온전함을 얻을 수 있는 것이다. 태극은 전체가 물物에 깃들어 있으나 물에 갇혀 있지는 않다. 공자께서 '천지의 조화를 모두 포괄하되 지나치지 않으며, 만물을 원만하고 완전히 생성시키되 (하나도) 빠뜨리지 않으며, 낮과 밤의 도에 통해서 안다.'[49]고 하신 것이 바로 이를 두고 한 말이다. 저들은 오직 하나뿐인 천주는 사물과 한 몸이 아니라 한다. 천주가, 저 사물 밖 높은 곳에 산다면 구분도 위치도 있는 셈이니, 어찌 없는 곳이 없다고 할 수 있겠는가?"

"太極妙理, 無分劑, 無方隅. 故物物各得其全, 全體在物而不囿於物也. 孔子曰, '範圍天地之化而不過, 曲成萬物而不遺, 通乎晝夜之道而知.' 此之謂也. 汝謂獨一天主, 不與物同體, 則必高居物表, 有分劑, 有方隅矣. 何謂無所不在?"

저들이 말했다.

其言曰:

"사람은 천주가 낳았으니, 모두가 선해질 수 있다. 간혹 악을 행하는 것은 사람이 스스로 만든 것이다."[50]

"人爲天主所生, 悉啓翼於善. 或乃爲惡, 則固人所自造."

검증하여 말한다.

徵曰:

"천주가 전지전능하다면, 어찌하여 천주는 선을 좋아하는데 사람들은 선을 좋아하지 않고, 악을 싫어하는데 사람들은 도리어 악을 행하는가?"

"天主旣有全能, 何以好善而人不善, 惡惡而人反惡?"

---

48 『천주실의』 2편을 요약한 것이다.

49 『周易』 「繫辭上」에 있는 내용이다.

50 『천주실의』 7편에 나오는 '性'과 '善惡'의 관계에 대한 요약이다.

어떤 사람이 저들을 거들며 말했다.

"부모가 자식을 낳을 때 착하기를 바라지 악하기를 바라지 않습니다. 하지만 자식이 기어이 악한 짓을 하는데, 부모가 무슨 죄란 말입니까?"

或救之曰:

"如父母生子, 但欲其善, 不欲其惡, 子偏作惡, 父母何辜?"

검증하여 말한다.

"부모는 자식의 몸을 낳았지 심성까지 낳지는 않았기 때문에 부모 마음대로 할 수 없는 것이다. 하지만, 천주가 그 심성까지 낳았다면, 어찌하여 착한 심성만을 낳지 않았는가?"

徵曰:

"父母生子身, 不生子心性, 故不得自在也. 天主旣生其心性, 何不但生善心性耶?"

저들이 말했다.

"천주가 만물을 낳은 것은 사람을 기르기 위해서이고, 사람을 낳은 것은 주를 섬기게 하기 위해서다."[51]

其言曰:

"天主生物欲以養人, 生人欲以事主."

검증하여 말한다.

"천주가 무시無始의 존재라면, 무시의 존재를 어찌 사람이 모실 수 있다고 사람을 내어 자신을 섬기게 할 생각을 갑자기 했단 말인가? 또 부모가 자식을 낳은 것은 늙어 죽을 때를 대비하기 위함인데, 천주는 끝이 없는 무종無終의 존재이거늘 사람을 낳아 어디에 쓰려는가?"

徵曰:

"天主旣無始, 無始何人事之, 而忽起生人事己之想? 又父母生子, 爲防老死, 天主旣無終, 生人何用?"

저들이 말했다.

其言曰:

51 『천주실의』 8편에 대한 전체적인 요약이다.

“사람은 어디서 태어나며 죽어서는 어디로 가는가?”[52]

“人之生從何來, 死從何去?”

검증하여 말한다.

徵曰:

“이는 불가에서 늘 하는 소리이자 우리 유가의 비밀 주지主旨이기도 한데, 그 용법에는 큰 차이가 있다. 공자께서 ‘사물의 시작을 미루어 끝을 생각하면 생사의 문제를 알 수 있다. 정기가 모여 물物이 되고, 떠도는 혼이 변화하므로 귀신의 정황을 알 수 있다.’[53]고 하셨다. (그분의 수제자 가운데) 계로季路가 귀신을 섬기는 것에 대해 묻자, ‘아직 사람을 섬길 수 없는데 어찌 귀신을 섬길 수 있겠는가?’[54]라고 반문하셨고, 감히 죽음에 대해 묻자, ‘삶도 모르는데, 어찌 죽음을 알겠는가?’[55]라고 말씀하셨다. 이로써 보건대, 생사는 두 가지 이치가 아니고, 사람과 귀신 또한 다르지 않음이 분명하다. ‘아침에 도를 깨치면 저녁에 죽어도 좋다.’[56]는 말은 죽어도 죽지 않는 것이 존재함을 뜻한다. 죽어도 죽지 않는다면, 살아도 반드시 사는 것은 아닐 수 있다. 그런데 천주가 생을 부여해야 살 수 있다고 말할 수 있겠는가?”

“此佛氏嘗談也, 亦吾儒秘旨也. 而用之則大異矣. 孔子曰, ‘原始反終, 故知死生之說. 精氣爲物, 遊魂爲變, 是故知鬼神之情狀.’ 逮季路問事鬼神, 則曰, ‘未能事人, 焉能事鬼?’ 敢問死, 則曰, ‘未知生, 焉知死?’ 繇此觀之, 生死無二理, 人鬼無二致, 明矣. ‘朝聞道而夕死可’者, 謂其死而有不死者存也. 旣死而不死, 則生必不生. 而謂天主賦之始生可乎?”

저들이 말했다.

其言曰:

52 『三山論學記』 제9절에 있는 내용이다.
53 『周易』 「繫辭上」에 있는 내용이다.
54 『論語』 「先進」에 있는 내용이다.
55 『論語』 「先進」에 있는 내용이다.
56 『論語』 「里仁」에 있는 내용이다.

"천주께서 강림하실 적에 본성의 원체原體를 우리 인간의 성체性體에 결합시켰다. 마치 배를 복숭아에 접붙이면 배는 복숭아의 몸을 빌려 살게 되지만, 복숭아가 그 본체를 어찌 손상시킬 수 있겠는가?"[57]

"天主降生之時, 第以本性之原體, 結合於吾人之性體. 譬之以梨接桃, 梨藉桃以生, 桃何嘗損其本體?"

검증하여 말한다.

徵曰:

"저들은 사람의 성령은 모두 천주가 창조한 것이라고 말해 놓고서 이제 와서 복숭아와 배를 가져다 비유하고 있다. 세상 모든 배는 복숭아가 낳았다고 말하려는가? 배를 복숭아가 낳은 것이라면, 접붙일 필요가 무엇 있겠는가? 접붙여야 낳을 수 있다면, 복숭아는 절대 배를 낳을 수 없다."

"彼謂人之性靈皆天主造, 而今以桃梨譬之. 將謂世間之梨, 皆桃所生乎? 梨本桃生, 何須待接? 待接方生, 則桃本不能生梨矣."

저들이 말했다.

其言曰:

"천주께서 강생하시기 천몇백 년 전부터 강생의 징조를 미리 보여 주었고, 강생하려 하실 때에는 천사를 보내 알렸을 뿐만 아니라, 각종 기이한 공적과 상서로움이 나타났다. 이를 기록한 책이 산더미처럼 많지만, 아직 전해져 번역되지 않았을 뿐이다."[58]

"天主未降生千百年前, 已豫示必降之兆, 及其將降, 又有天神來報, 乃至種種奇功異瑞, 其書充棟, 特未傳譯等."

검증하여 말한다.

徵曰:

"이 말이 불가에서 말하는 부처가 탄생할 때의 상서로운 조짐과 무엇이 다른가? 만약 석가를 마야 부

"此與釋氏所述佛生瑞應何異也? 若謂釋迦爲摩耶所生, 不過

57 아담 샬(중국명: 湯若望)이 지은 『主制群徵』 卷下에 "천주께서 강생하심은 다름이 아니라 천주의 본성의 원체를 우리의 성체에 결합하신 것이니, 그분이 곧 예수이다. 이에 예수는 한 몸에 두 가지 성을 갖추고 있다.(天主降生非他, 即天主本性之原體, 結合於吾人之性體, 於一位耶穌 是耶穌一位, 具二性.)"라는 내용이 보이는데, 이를 대략적으로 인용한 듯하다.

58 『천주실의』 8편에 있는 내용이다.

인이 낳았기에 결국 사람에 불과하다고 말한다면, 천주 또한 성녀가 낳았는데 그만 유독 사람이 아닐 수 있단 말인가? 만약 예수는 결단코 천주가 강생한 것이라 말한다면, 석가는 천주가 강생한 것이 아닌지 어찌 아는가?

是人, 則天主爲聖女所生, 獨非人乎? 若謂耶穌定是天主降生, 則安知釋迦非天主降生乎?

만약 불교의 경서가 황당하고 거짓되다고 말한다면, 저들의 책은 황당하고 거짓되지 않은지 어찌 아는가? 만약 저들의 책에 일일이 근거가 있다고 말한다면, 불경도 일일이 근거가 있다고 스스로 말하고 있지 않은가? 만약 부처가 서역에서 나왔는데 그곳에서 보고 들은 사람이 아무도 없으니 거짓된 말이라고 한다면, 저들은 대서大西에서 왔는데 그곳에서 본 사람이 더더욱 없으니, 이는 더더욱 거짓된 말 아닌가? 불경이 천축天竺에서 왔다는 것에 대해 저들은 (성경을) 잘못 가져온 것이라고 말하는데,[59] 저들은 구만리 먼 곳에서 왔다고 말하고 있으니, 그 말이 거짓이 아니라는 것을 그 누가 안단 말인가?

若謂佛氏經書荒僞, 則汝書安知不荒僞乎? 若謂汝書歷歷有據, 則佛經不亦自謂歷歷有據乎? 若謂佛出西域, 此間無人見聞, 便稱爲謬, 則汝出大西, 此間尤無人見不尤謬乎? 佛書從天竺來, 汝則以爲悞取, 汝謂九萬里來, 誰知其非說謊乎?

저들은 홀로 이곳에 와, 고향에서 멀리 떨어져 오랜 세월을 보냈는데, 저들과 교류하는 자들은 무슨 경로로 본국의 희한한 물건을 가져와 저들에게 주는가? 설마 저들이 힘이 몹시 세어서 그 당시 가져온 물

汝旣孤身至此, 去家已遠, 歷年已久, 何繇與汝交者猶有本國異物贈之? 豈汝膂力甚大, 當日所攜之物如此其多耶? 抑有神

59 『천주실의』 8편에 있는 내용이다. "중국의 역사를 고찰해 보면, 당시 漢나라 明帝는 일찍이 그 사실을 듣고서 사신을 파견하여 서양으로 가서 성경을 구해 오라고 시켰습니다. 사신은 중도에 잘못하여 인도에 도달하였고, 그 불경을 가져와 중국에 전하고 퍼뜨렸습니다." 그러나 중국 역사(『魏書』 卷114, 「釋老志」)를 보면, 명제는 꿈에 부처를 보고 사신을 인도에 보내 불교를 배우고 불서를 가져오도록 하였다는 기록이 있으므로 마테오 리치가 잘못 설명한 것이다.

건이 그처럼 많았더란 말인가? 아니면 신통한 능력이라도 있어서 아침에 보내면 저녁에 손에 들어온단 말인가? 아니면 기이한 술법을 부려 마음대로 변화시켜 만들어 낸단 말인가?

通, 朝取而夕至耶? 抑有奇術, 隨意能變造耶?

나 또한 저들의 배경에 대해서 들은 바가 있다. 저들은 향산오香山奥[60] 가까이에 있는 작은 나라에서 태어났는데, 총명하고 간교하여 중원의 신기한 기물들을 엿보기 위해 배를 타고 몰래 영남 땅으로 들어왔다. 먼저 그 지방의 말과 글자를 배운 다음, (유교·불교·도교) 삼교의 뭇 서적들을 몰래 읽고서는 불교를 끌어오고 유교를 붙이며 억지로 지어내고 이리저리 틀어서 이와 같은 사교邪教를 만들어 냈다. 그것으로 혹세무민하고 국운의 근본을 좀먹어 무너뜨렸다. 간음도 않고 아내도 맞이하지 않는다고 말하면서 성수를 받는다는 망령된 소리로 저 어리석은 남녀를 유인하여 갖은 더러운 짓을 몰래 자행하였다. 복건과 광동에 사는 백성들은 해마다 반드시 여송呂頌(필리핀 루손섬) 등의 나라와 무역을 위해 오가는데, 저들은 매번 도움을 주면서 해마다 배에 보물을 실어와 밑천을 대 주었다. 그러므로 저들이 저들과 교제하는 자들에게 티끌만큼의 공양도 바라지 않으면서 기이한 물건을 베풀어 주는 것을 보고는 저들의 청렴함과 아무것도 바라지 않는 마음이 불교나 도교에서 사람들에게 보시하라고 권하는 것보다 백배 낫다고 여기

吾亦聞汝之根底矣. 生於近香山奥之小國, 聰明奸宄, 意在覬覦中原神器, 故泛海潛至嶺南. 先學此方聲字, 然後竊讀三教羣書, 牽佛附儒, 杜撰扭捏, 創此邪教, 以爲惑世誑民, 蠹壞國運之本. 自謂絶婬不娶, 而以領聖水之妄說, 誘彼愚夫愚婦私行穢鄙. 然閩粵民庶, 每年必與呂宋等國商賈往來, 汝之羽翼, 每年附舟齎送寶物, 以相資給. 是故與汝交者, 汝不希彼一毫供養, 更以異物而贈惠之, 人遂謂汝廉潔無求, 勝彼釋老之勸人布施, 乃至縉紳達士, 亦被汝惑, 以爲恭慤廉退, 儼然大儒風格. 嗚呼! 安知王莽謙恭, 乃漢室之賊, 介甫新學, 實宋世之蠹哉! 汝之心術, 亦太惡矣."

60 광동성 마카오를 말한다.

기에 이르렀으며, 벼슬아치나 통달한 선비들까지 혹하여 공손하고 성실하며 청렴하고 겸손한 것이 의젓한 대유大儒의 풍모를 지녔다고 여기게 되었다. 오호라! 왕망王莽의 겸손함과 공경스러움이 결국은 한나라 왕실을 해치는 원흉이었고, 왕안석王安石[61]의 신학新學이 실은 송宋을 좀먹는 독이었음을 어찌 알았겠는가! 저들의 심술心術이 몹시도 극악하구나."

저들이 말했다.

其言曰:

"사물 중에는 시작도 있고 끝도 있는 것이 있으니, 초목과 짐승이 그렇다. 시작은 있지만 끝이 없는 것이 있으니, 천지와 귀신, 그리고 사람의 영혼이 그렇다. 오직 천주만이 시작도 끝도 없으며 능히 만물의 처음과 끝을 주관할 수 있다. 천주가 없으면 사물도 없다."[62]

"物或有始終, 如草木鳥獸. 或有始而無終, 如天地神鬼及人之靈魂. 惟天主無始無終, 而能始終萬物. 無天主則無物矣."

검증하여 말한다.

徵曰:

"우리 유가들이 이른바 '성誠이란 만물의 시작이자 끝이다. 성이 없으면 만물도 없다.'[63], '그 다음은 곡曲에 이르게 하는 것이다.[64] 곡에도 성이 있으니, 성해지면 나타난다.'[65]에서부터 '오직 천하에서 지성만

"吾儒謂'誠者物之終始, 不誠無物.' '其次致曲, 曲能有誠. 誠則形.' 乃至'惟天下至誠爲能化.' '至誠之道, 可以前知', '至

61 王安石(1021~1086)은 자는 介甫, 호는 半山이며, 북송의 시인이자 문필가로 당송 팔대가의 한 사람이다. 1069~1076년에 新法이라는 혁신 정책을 단행한 것으로 유명하다.

62 『천주실의』 3편에 있는 내용이다.

63 『中庸』 25장에 있는 내용이다.

64 曲에 이르게 한다는 것은 사소한 일에도 극진히 함을 이르는 말이다.

65 『中庸』 23장에 있는 내용이다.

이 화육을 이룰 수 있다.'[66], '지성의 도는 (앞일을) 미리 알 수 있다.'[67], '지성은 신神과 같다.'[68], '지성은 그 성性을 다 드러낼 수 있다.', '인人과 물物의 성을 다 드러낼 수 있으면 화육에 참여하고 천지와 나란히 할 수 있다'[69]에 이르기까지, 먼저 두 마디로 그 취지를 정해 놓았으니, 이른바 '정성됨으로 말미암아 밝아짐을 성이라고 하고, 밝음으로 말미암아 정성되어짐을 교敎라고 한다.'[70]가 그것이다. 또 성수불이性修不二[71]와 천인합일天人合一의 뜻을 결론적으로 보여주셨으니, 이에 '성誠하면 밝아지고(明), 밝아지면 성해진다.'[72]고 말씀하셨다. 이것이야말로 만물의 변화의 근원이니, 결코 이른바 천주라는 것이 아니다. 기어코 하나의 천주를 세워, 지극히 신령하고 지극히 성스럽고 하지 못하는 일이 없어 둘도 없는 위세와 권력을 지니고 있다고 말한다면, 화육에 수고스럽게 참여할 필요 없고 천지와 결단코 나란히 할 수 없다. 이게 어찌 이치에 맞는 소리이겠는가!

誠如神', '至誠能盡其性, 能盡人物之性, 贊化育而參天地', 故先以二語定其宗趣, 所謂'自誠明謂之性, 自明誠謂之敎.' 而又結示性修不二天人合一之旨, 故曰, '誠則明矣, 明則誠矣.' 此眞物化根源, 非所謂天主也. 若必立一天主, 至靈至聖無所不能, 威權不二, 則化育決無勞贊, 而天地決不可參. 豈理也哉!

또 저들이 만들어 낸 유시유종, 유시무종, 무시무종 세 구절은 더욱 뜻이 통하지 않는다. 『주역』에서

又彼所立有始有終, 有始無終, 無始無終三句, 尤爲不通. 『易』

---

66 『中庸』 23장에 있는 내용이다.

67 『中庸』 24장에 있는 내용이다.

68 『中庸』 24장에 있는 내용이다.

69 『中庸』 22장에 있는 내용이다. 『중용』의 원문은 "오직 천하의 지성만이 그 성을 다할 수 있다.(唯天下至誠爲能盡其性.)"이다.

70 『中庸』 21장에 있는 내용이다.

71 『楞嚴經』에 나오는 가르침으로, 본성을 따라 수행을 일으키고 다시 그 본성을 수행해야 하니, 본성과 수행은 둘이 아님을 가리키는 말이다.

72 『中庸』 21장에 있는 내용이다.

말하길, '형이상形而上의 것을 도라 하고, 형이하形而下의 것을 기器라 한다.'[73]고 하였다. 기器는 시작이 있으면 반드시 끝이 있고, 도는 끝이 없으면 반드시 시작도 없다. 기왕에 유시무종이라는 말을 허여하였으면서 어찌하여 무시유종이라는 한 마디를 나란히 세우지 않았는가? 게다가 초목과 짐승은 차이가 그토록 심한데 모두 유시유종하고, 사람은 짐승과 다른 점이 극히 미미한데도 사람만 유시무종이라 하였으니, 이는 또 어째서인가? 또 세간의 법을 보면, 부자父子란 반드시 닮기 마련이고 인과란 반드시 부합하기 마련이다. 지금 보아도 사람은 무슨 일이 있어도 사람을 낳고, 새는 무슨 일이 있어도 새를 낳으며, 오이가 콩을 낳지 못하고 콩이 오이를 낳지 못한다. 천주가 기왕에 사람을 낳았으니, 사람이 유시무종이면 천주 또한 반드시 유시무종이어야 할 것이다. 만약 천주가 영묘靈妙하여서 시작이 없는 존재라면, 사람의 마음 또한 영묘할 터인데, 어찌하여 사람만 시작이 있다고 하는 것인가? 만약 사람 마음이 영묘한 것이 천주가 부여한 것이라고 한다면, 천주의 영묘함도 혹시나 부여한 자가 있는 것은 아닌지 또 어찌 알겠는가?

曰'形而上者謂之道, 形而下者謂之器.' 器則有始必有終, 道則無終必無始. 旣許有始無終一句, 何不幷立無始有終一句耶? 且草木與鳥獸, 其不同甚矣, 猶皆有始有終, 人之所以異於禽獸者幾希耳, 獨有始而無終, 何耶? 又世間之法, 父子必相類, 因果必相同. 現見人決生人, 鳥決生鳥, 瓜不生豆, 豆不生瓜. 天主旣生人也, 人有始無終, 天主亦必有始而無終矣. 若天主靈妙故無始, 則人心亦靈妙, 何謂獨有始乎? 若人心靈妙, 天主賦之, 則天主靈妙, 安知不亦有賦之者乎?

천주가 사람을 낳았기에 사람들의 큰 아버지라면, 어찌하여 짐승도 낳았으면서 짐승의 아버지는 되지 않는가? 초목을 낳았으면서 초목의 아버지는 되지 않는가? 짐승과 초목의 아버지라면, 어찌 존귀한 주라

又天主生人, 則謂人之大父也, 生鳥獸, 不爲鳥獸父乎? 生草木, 不爲草木父乎? 鳥獸草木之父, 亦何足爲尊主乎?"

73 『周易』「繫辭上」에 있는 내용이다.

고 부를 만하겠는가?"

저들이 말했다.

"비유하자면 나무의 꽃과 과실, 가지와 잎과 줄기가 모두 뿌리에서 생겨나므로 뿌리가 없으면 아무것도 없는 것과 같다. 하지만 나무의 뿌리는 다른 나무의 뿌리로 인해 생겨난 것이 아니다. 천주는 만물의 뿌리이니, 어디에서 생겨날 수 있었겠는가?"[74]

검증하여 말한다.

"나무의 뿌리는 반드시 땅에 의지해야 한다. 그런데 유독 천주만은 의지하는 바가 없단 말인가?"

其言曰:

"譬如樹之花果枝葉及幹, 皆繇根生, 無根則皆無. 乃樹之根, 固無他根所繇生也. 天主是萬物根底, 何所繇生?"

徵曰:

"樹根必依地者也. 天主獨能無所依乎?"

저들이 말했다.

"천주께서는 처음 만물을 낳으시어 사람들이 쓸 수 있게 하시고, 천지를 개벽하기 이전에 만물의 근본을 만들어 자라게 한 다음에 남자 하나와 여자 하나를 만들어 자라게 하시었다."[75]

검증하여 말한다.

"천지개벽 이전에는 사람이 없었는데, 무엇 때문에 만물을 낳아 사람이 쓰도록 했다는 것인가?"

其言曰:

"天主當初欲生萬物以爲人用, 先開闢天地, 化生萬物之諸宗, 然後化生一男一女等."

徵曰:

"天地未闢, 尙未有人, 云何欲生萬物以爲人用乎?"

저들이 말했다.

"생전에 지은 선업과 악업은 죽은 후 그 혼령이 천

其言曰:

"生前爲善爲惡, 其魂各以死後

74 『天主聖教約言』의 내용이다.

75 만물을 창조하여 사람들로 하여금 날마다 쓰게 하였다는 말은 『천주실의』 5편에 보이고, 아담과 하와를 창조하였다는 말은 『천주실의』 6편에 보인다.

주께 나아가 심판을 받는다."[76]

검증하여 말한다.

"만약 천주에게 형상도 목소리도 거처도 없다면, 죽은 자는 장차 어디로 가야 하는가? 만약 어디론가 가서 심판을 받을 수 있다면, 이는 거의 세간의 재판관[77]과 진배없으며, 불가에서 말하는 염라대왕과도 같다. 만약 재판관과 같은 것이라면 재판관 또한 부모가 낳았으니 늙어 죽음을 면치 못할 것이고, 만약 염라대왕과 같다면 그 또한 중생 중의 하나인지라 윤회를 면치 못한다. 그런데도 무시무종이요 만물을 창조한 진정한 주재자라 칭할 수 있는가?"

赴天主審判."

徵曰:

"若天主無形聲處所, 則死者將何所赴? 若可赴聽審判, 殆如世間士師, 亦如釋氏所稱閻羅. 然設如士師, 則士師亦父母所生, 不免老死者也. 設如閻羅, 則閻羅亦衆生數目, 不免輪廻者也. 猶可稱無始無終造物之眞宰耶?"

저들이 말했다.

"천당과 지옥의 응보는 결코 면할 수 없으니, 이것이 바로 반드시 후세(내세)가 있다고 말하는 이유이다. 또한 전생을 기억하는 사람이 하나도 없으니, 이것이 바로 전생이란 절대 없다고 말하는 이유이다."[78]

其言曰:

"天堂地獄之報, 決不可免, 所以定有後世. 無有一人能憶前世事者, 所以定無前世."

검증하여 말한다.

"길 가는 사람을 잡고 막 태어났을 때의 일을 물어봐도 그걸 기억하는 사람은 하나도 없다. 그렇다고 처음 태어났던 일조차 없다고 말할 수 있는가? 처음 태어났을 적을 기억하지 못한다고 하여 처음 태어난

徵曰:

"執途之人而問以初生時事, 亦無一人能憶之者. 可謂幷無初生事乎? 初生雖不憶, 不可謂無初生. 前世雖不憶, 又安知無前

76 천당지옥설은 주로 『천주실의』 6편에 보인다.

77 원문에는 士師라 되어 있는데, 이는 古代 中國에서 法令과 형벌에 관한 일을 맡아보던 재판관을 가리킨다.

78 『천주실의』 6편에 있는 내용이다.

적이 없다고 말할 수는 없다. 전생의 일을 기억하지 못한다고 하여 전생이 없음을 어찌 안단 말인가?"

世也?"

저들이 말했다.

"신선과 부처와 보살들은 사람들에게 자기를 받들어 섬기게 하면서 천주의 권한에 대항한다."

검증하여 말한다.

"신선과 부처와 보살이 비록 우리 유가에서 받드는 바는 아니지만, 뭇 신선과 부처와 보살에게 세상 사람들의 존경을 받을 만한 점이 있다고 말한다. 또 하늘과 땅, 해와 달, 뭇별과 귀신도 모두 섬겨야 한다고 하지 오직 자기만을 받들라고 하지는 않는다. 그런데 예수는 사람들에게 오로지 하나뿐인 주로 섬기라고 하면서 하늘과 땅, 해와 달에게 제사 지내지 못하게 한다. 이로움을 독차지하려는 투기심이 너무 심하지 아니한가?"

其言曰:

"仙佛菩薩, 令人奉敬自已而抗天主之權."

徵曰:

"仙佛菩薩, 雖非吾儒所宗, 然必說有諸仙諸佛諸菩薩等以爲世人所敬. 又說天地日月星辰鬼神皆應奉事, 則非專奉自已也. 耶穌乃令人專奉一主, 不得拜祭天地日月等. 其專利嫉妬, 不尤甚乎?"

4. 『벽사집』 부록

闢邪集附

요지

「천학초징」과 「천학재징」에 이어 부록 성격으로 수록된 글이다.

앞의 두 편은 종진지와 제명 선사가 주고받은 편지인데, 종진지는 지욱智旭의 속명으로 유가의 입장을 대표하는 인물이고, 이 편지의 수신인인 제명 선사 역시 지욱으로 불가의 입장을 대표하는 인물이다. 즉 동일 인물이 유교와 불교의 입장에서 글을 주고받음으로써 유교와 불교 간의 대화를 진행하고 있는 셈이다. 여기서 지욱은 유가의 입장에서 세상의 불교도들에게 천주교의 사설을 배격하는 데 뜻을 같이해 줄 것을 호소하고 있다. 그러나 제명 선사는 「천학초징」이 뛰어난 변설이긴 하지만, 속세를 떠난 산승은 세상의 가르침을 이미 버렸음을 밝히고, 불교가 저들의 공격 따위에 흔들릴 리 없을 터, 자신은 잠자코 불교가 이 외난으로 인해 더욱 성대해질 날을 고대하겠다는 뜻을 전했다.

뒤의 편지 두 편은 종진지가 제명 선사에게 거듭 촉구하는 내용과 제명 선사가 거듭 거절하는 내용으로 되어 있다. 여기에서 지욱은 비록 천주교를 격파하고자 하는 절실한 마음에서 「천학초징」과 「천학재징」을 지었지만, 더욱 중요한 것은 불교 연구에 더욱 정진하는 것임을 스스로 다짐하고 있는 것이다.

4.1. 종진지 거사가 「천학초징」을 제명 선사에게 보내며 쓴 편지

鍾振之居士寄初徵與際明禪師柬

생각해 보니, 우리 두 사람은 같은 날 태어나 한 스승에게 배웠고, 어려서 한뜻을 세웠습니다. 그러나 뜻밖에 선사께서 스물넷 되던 해에 유교를 버리고 선문禪門에 들어가신 바람에 이십 년 동안 각기 다른 길을 걸으며 소식마저 뜸해졌습니다.

憶吾兩人, 生同一日, 學同一師, 幼同一志. 不謂尊者至廿四歲逃儒入禪, 二十年來, 所趨各別, 音問遂疎.

저는 호숫가에 몸져누웠다가 갑자기 천주교의 사설을 듣게 되었기에 저들의 창을 빌려 저들의 방패를 공격하면서, 그 대략적인 내용으로 「천학초징」을 지었습니다.

玆者病臥湖濱, 忽聞天主邪說, 借彼矛攻彼盾, 略爲「初徵」.

선사께서는 오랫동안 선학을 공부하셨으니, 적을 물리칠 넉넉한 재주가 있으리라는 것을 저는 잘 알고 있습니다. 게다가 저들은 전적으로 불교를 공격하고 있으니, 선사께서도 묵묵히 계시면서 용납할 수는 없으시겠지요. 졸고를 보내오니, 가르침을 주십시오.

知尊者久事禪學, 必有破敵餘才. 且彼旣專攻佛教, 尊者似亦不容默默. 拙稿呈政, 惟進而教之.

4.2. 제명 선사의 답장

際明禪師復柬

속세를 떠나 구름처럼 떠다니느라 오랫동안 듣지도 묻지도 않고 지냈으나, 유년 시절에 세웠던 천고의 뜻만은 감히 잠시라도 잊은 적이 없습니다.

方外雲踪, 久失聞問, 而髫年千古之志, 則未敢或忘也.

직접 쓰신 가르침을 받고, 「천학초징」까지 읽어 보니 어찌나 통쾌하던지요! 거사께서는 성학의 책임을 맡으신 분이라, 이처럼 뛰어난 학식을 드러내신 것도 당연합니다. 그러나 산승은 이미 세상의 가르침을 버린 몸이니, 더 이상 변론할 필요조차 없을 것입니다.

接手教, 兼讀「初徵」, 快甚! 居士擔當聖學, 正應出此手眼. 山衲旣棄世法, 不必更爲辯論.

다만 저들이 불교를 공격한다고 하셨는데, 불교란 저들이 공격해서 능히 깨뜨릴 수 있는 그런 것이 아닙니다. 게다가 요즘 불자들 가운데 유명무실한 자들이 무척 많은데, 이 외난外難 덕에 그런 자들이 놀라 두려워할 수 있다면, 이 또한 불법에 있어 다행이 아니라는 법은 없겠지요.

若謂彼攻佛教, 佛教實非彼所能破. 且今時釋子, 有名無義者多, 藉此外難以警悚之, 未必非佛法之幸也.

칼은 갈지 않으면 들지 않고, 종은 두드리지 않으면 울지 않습니다. 삼무三武가 불교를 멸하려고 하였으나[1] 불법은 더욱 성해졌습니다.

刀不磨不利, 鐘不擊不鳴. 三武滅僧而佛法益盛.

산승은 이제 눈 크게 뜨고 고대하겠습니다. 이만 적습니다.

山衲且拭目俟之矣. 草復不旣.

---

1 '三武滅佛' 혹은 '三武之禍'라고도 불린다. 北魏의 太武帝, 北周의 武帝, 그리고 唐 武宗 치하에서 이루어진 불교박해를 부르는 말이다. 여기에 後周의 世宗에 의한 폐불 사건까지 합하여 三武一宗의 法難이라고 한다.

4.3. 종진지가 「천학재징」을 보내며 쓴 편지

鍾振之寄再徵柬

지난번에 「천학초징」을 보내드리면서 선사께서 반드시 훌륭한 학식을 내놓으시어 더불어 성도聖道를 지켜 낼 것이라 생각했는데, 끝내 수수방관하고 계시니, 유년 시절에 세운 천고의 뜻을 세상 법도와 함께 내버리신 것입니까? '감히 잠시도 잊은 적이 없다.'는 말은 무엇입니까?

曩寄「天學初徵」呈政, 意尊者必出手眼, 共閑聖道, 而竟袖手旁觀, 豈髫年千古之志, 與世法俱棄耶? 何謂'未敢或忘也?'

요즈음에 사설이 더욱 기승을 부리기에 부득이 다시금 검증하는 글을 지었습니다. 저와 의견을 나눠 주실 것으로 기대하니, '너도 불법에 귀의하지 않는데 내가 왜 유가의 뜻에 간섭해야 하느냐.'고 말하지 말아 주십시오.

邇來邪說益熾, 不得已再爲之徵. 必祈爲我斟酌, 毋曰'爾旣不歸投佛法, 吾亦不預聞儒宗也'.

4.4. 제명 선사의 답장
際明禪師復柬

유교와 불교는 같으면서도 다르고, 다르면서도 같습니다. 오직 지혜로운 자가 깊이 탐구해야만 사설邪說이 섞여 들어가지 못합니다. 진정한 유자만이 불교를 알 수 있듯이, 불교를 배운 자만이 유교를 알 수 있습니다.

儒釋二家, 同而復異, 異而復同. 惟智人能深究之, 非邪說可混淆也. 惟眞儒方能知佛, 亦惟學佛始能知儒.

거사의 「천학재징」을 읽어 보니, 이치를 드러냄이 저 하늘에 걸린 해와도 같았고, 삿됨을 격파한 곳은 양유기養由基가 버드나무 잎을 쏘는 것[1] 같았으니, 공자와 안연顔淵[2]의 학맥이 땅바닥에 떨어지지 않을 것이라고 말해도 될 것입니다. 산승이 어찌 한마디 군더더기 말을 덧붙일 수 있겠습니까?

讀居士「再徵」, 其揭理處如日輪中天, 其破邪處如基箭射柳, 孔·顔一脈可謂不墜地矣. 山衲豈能更贊一辭?

다만 거사께서 이와 같은 총명을 가지고 불교의 심전心傳을 깊이 연구해 보시기를 바랄 뿐입니다. 그리하면 이 세상 사람과 출가한 사람 모두 서로 의지하는 바가 있을 테니까요.

惟冀居士以此慧性, 更復深究西竺心傳, 則世出世道, 均爲有賴.

자주 만나지는 못하지만, 그렇다고 정신적 교유가 막힌 것은 아닙니다. 부디 제 말을 미치광이 소리쯤으로 여기지 말아 주십시오.

形迹雖踈, 神交匪隔. 當不以我爲狂言也.

---

1 『史記』「周本紀」에 "초나라 양유기는 활을 잘 쏘아서 백 보 떨어진 곳의 버드나무 잎을 쏘아도 백발백중이었다.(楚有養由基者, 善射者也, 去柳葉百步而射之, 百發而百中之.)"라는 말이 있다.

2 顔淵(또는 顔回, 기원전 521~?)은 字가 淵이며, 春秋時代의 魯나라 사람으로 孔子의 수제자이다. 공자가 仁者라고 인정하였고, 평생 부귀와 권세를 좇지 않아 매우 가난하였으나 意에 뜻을 두지 않고 道를 즐겼다. 『史記』「仲尼弟子列傳」에서는 공자보다 30세 아래라고 한다. 도가에서도 현인으로 추대하고 삼국 시대 魏나라 이후 釋奠祭에서 공자와 함께 받들어지고 있다.

5.『벽사집』 발문

闢邪集跋語

신안 몽사 정지용

新安 夢士 程智用

요지 「천학초징」과 「천학재징」은 자신의 종지를 세우려다 도리어 공격을 당하는 여타 서적들과 달리 천주교의 허점을 찔러 공격을 하였으므로 사교를 깨뜨리고 세도를 바로잡는 데 큰 도움이 될 것이라며 가치를 부여하고 있다.

내 일찍이 『관소연연론觀所緣緣論』[1]을 읽어 보니, 이리저리 치고 빼앗으며 외인外人을 공격한 다음에 정의를 한가운데 세우고 있었다. 외인의 계책을 아직 깨뜨리지 못했다면 먼저 자신의 종지를 세워서는 안 된다. 마치 훌륭한 장수가 용병술을 펼 때, 먼저 위엄으로써 제압한 다음 자애로써 위무하듯이 말이다.

余嘗讀『觀所緣緣論』, 先展轉縱奪以破外人, 然後中立正義. 倘外計未破, 不應先立自宗. 譬如良將用兵, 先以威伏後以慈撫也.

요즈음에 유행하는 천주교의 비루함은 말할 가치조차 없다. 그 말에 쏠려 따르는 자들을 보면, 현달賢達한 선비는 이익에 미혹되었을 뿐이고, 평범한 사람은 남들을 따라 동화되었을 뿐이니, 모두 이상하게 여길 만하지 못하다.

近日天主之教, 淺陋殆不足言. 彼翕然信向者, 達士不過爲利所惑, 庸人不過望風趨影, 皆無足怪.

나는 늘 천주교를 깨뜨리고자 하는 자들이 대체

獨怪夫破之者不能借矛攻盾,

1 佛教 唯識宗의 논저이다.

왜 저들의 창을 빌려 방패를 치지 않고, 종종 먼저 자신의 종지를 세우다가 도리어 도적에게 양식을 가져다주고 외적에게 병사를 대 주는 꼴을 당하는지 참 이상했다.

往往先自立宗, 反未免齎盜糧而藉寇兵耳.

그러나 이 「천학초징」과 「천학재징」은 한 가지 법만을 고집하지 않고, 저들의 틈을 엿보아 공격하였으니, 위지경덕尉遲敬德[2]이 벌거숭이 맨손으로 적진에 뛰어들어 창을 빼어 승리를 거둔 것이나, 임제臨濟의 백념적白拈賊 전략[3]을 얻은 것과 크게 흡사하지 않은가?

惟玆二徵, 絶不自執一法, 惟乘其釁而攻之, 大似尉遲敬德裸身赤手入陣而奪矛取勝, 其得臨濟白拈賊之作略者耶?

이 책이 나오면 사교를 깨뜨릴 수 있고, 세상을 바로잡을 수 있고, 성도聖道를 지킬 수 있고, 국운을 보호할 수 있으니, 그 이익이 실로 크도다. 이에 용렬하나마 평을 달아 인쇄에 부친다.

是集一出, 可以破邪, 可以匡世, 可以閑聖道, 可以護國運, 利亦偉矣. 爰不揣庸劣, 評而梓之.

신안 몽사 정지용이 삼가 발문을 짓다

新安 夢士 程智用 謹跋

---

2 尉遲敬德은 당나라의 장수 尉遲恭(585~658)을 가리킨다. 李世民을 도와 전공을 세워 凌烟閣 二十四功臣의 한 명이 되었다.

3 臨濟는 당나라 때 고승 義玄(?~867)을 가리킨다. 의현은 임제종의 창시자로 黃蘗과 불법을 닦아 대의를 터득했다고 한다. 白拈賊은 雪峰 선사가 임제를 극찬한 불교 용어이다. 백은 空, 즉 無를 뜻하고 拈은 손으로 물건을 잡는다는 뜻이다. 즉 손에 아무런 무기 없이 남의 물건을 훔치고도 도적의 흔적을 남기지 않음을 말하는 것으로, 禪宗에서 學人들이 망상과 집착을 흔적도 없이 소멸시키는 솜씨를 가리킨다.

제 10 권

1. 사설을 주벌하는 명백한 증거 기록

誅邪顯據錄

서구 사람 이왕정

西甌 李王庭

요지

『파사집』에 수록된 「주사현거록」은 종시성이 편찬한 초판 『벽사집』에는 수록되어 있지 않다. 우가이 테츠죠우養鸕徹定가 『번각벽사집』을 편찬하면서 집어넣은 것으로 보이는데 서로 참조한 『파사집』의 판본이 달랐는지 뒤에 내용이 더 첨가되어 있다. 이에 중복되는 앞부분은 이 책의 제6권(449~452쪽)에 싣고 여기에서는 첨가된 내용만 수록하였는데, 주로 대서大西라는 명칭을 공공연히 사용하며 대명大明과 맞서려는 저들의 음흉함을 지적하고 오랑캐를 몰아내 중화中華로써 오랑캐를 개변시켰던 전통을 이어갈 것을 호소하고 있다.

이단들이 우리의 실제를 훔치는 것은 아무런 소용도 없는 짓이라 다행히 간교한 음모가 스스로 깨뜨려지겠지만, 우리의 명분을 훔치는 것은 가히 근심할 만하다. 특히 천조의 숨은 근심이 될 것이다. 이에 더욱더 뒷말을 하지 않을 수 없으니, 그 말은 무엇인가?

第異端竊我以實而不售, 幸奸謀之自破, 而竊我以名而可虞, 尤天朝之隱憂. 余更不能不有後言矣, 何也.

우리 태조 고황제께서는 오랑캐의 원나라를 이어 왕조를 세우셨다. 자고로 천하의 정기正氣를 얻은 자에게는 맞설 자가 없다. 이에 국호를 대명大明이라 하셨으니, 명실상부한 칭호였다. 그런데 저들이 무엇이기에 감히 대서大西라 명명한단 말인가? 생각건대, 한 나라에 두 개의 '대大'가 있을 수 있는가? 이는 아래에 처한 자가 위를 범한 것이라 용서받을 수 없는 죄

我太祖高皇帝定鼎胡元, 從古得天下之正, 未有匹之者也. 故建號大明, 名稱實也. 何物么麽輒命名大西? 抑思域中有兩'大'否? 此以下犯上, 罪坐不赦, 旋于'大'字下, 以'西'字續之, 隱寄西爲金方兵戈之象, 則其思逞

이거늘, '대大' 자 뒤에 '서西' 자를 붙임으로써 '서'가 곧 금金의 방위요 이는 곧 무기를 상징한다는 뜻을 은밀히 실었으니, 이는 모반을 꾀하고 몰래 반란을 도모하려던 본래 의도를 드러낸 것이다. 그러니 임금께 충성하고 나라 사랑하는 마음을 가진 자가 어찌 놀라 경계하지 않을 수 있으리오.

不軌潛謀之素矣. 抱忠君愛國之心者, 可不寒心哉.

요즈음에 보니, 중국의 이름난 선비들이 힘써 저들의 망령됨을 내치며 태서泰西[1]가 결코 쉬이 여길 상대가 아님을 점차 알아 가는 듯하다. 그러나 저들이 불교·도교에 대항하여 논란을 벌인 일은 우리 유교에도 도움되는 바 있다고 말하는 자도 있었다.[2] 이는 유·불·도 삼교가 병립하면서 서로 균형 있게 대치하고 있었지, 결코 어느 한쪽으로 치우친 적은 없었다는 사실을 모르고서 하는 소리다. 유독 저들 무리만은 오늘날 하늘을 섬기고 하늘을 안다는 거짓 해석을 꾸며 내었고, 저들에게 입교한 자들은 장차 이루려 하지 않아도 이루어지는 하늘까지도[3] 포함하여 하늘을 주인으로 삼고자 한다. 이것이 대체 우리 유가에 무슨 보탬이 된단 말인가!

頃見中國名流輩出力斥其妄, 稍自知非易以泰西. 說者謂其與佛·老爲難也, 有功于吾儒. 殊不知三敎並行, 鼎峙兩間, 原不甚左. 獨此輩今日詭事天知天之解, 而入者將來倂莫爲而爲者, 以天爲主, 究且何有于儒哉!

---

1 泰西는 일반적으로 유럽을 가리킨다.

2 당시 중국의 선비들 대부분은 그리스도교 자체에 대하여 아예 관심조차 표시하지 않았으며, 일부 지방에서 극소수의 선비들만이 반응을 보였는데, 이들을 기독교 이해나 접근 동기에 따라, ① 봉교사인(奉敎士人, Serving Chinese Christians), ② 용교사인(容敎士人, Permitting Liberal Confucian Scholars), ③ 반교사인(反敎士人, Opposing Anti-Christian Intellectuals)으로 나누어 볼 수 있다. (최소자, 1987, 『동서 문화 교류사 연구』, 서울: 삼영사, 79~81쪽 참고)

3 『孟子』「萬章上」에 "이루려 하지 않아도 이루어지는 것이 하늘이다.(莫之爲而爲者, 天也.)"라는 말이 나온다.

나는 전에 애유략艾儒略(알레니)을 황화산방黃華山房과 새로 지은 천주교당에서 만나 함께 이야기 나눈 적이 있다. 알고 지낸 시간도 꽤 되었고, 왕래 또한 빈번하였으니, 내 어찌 차마 그자를 용서치 않을 수 있겠는가! 하지만 그자의 도통道統과 관심사는 결국 사이비였고, 사람들에게 해악을 끼친 것이 얕지 않았다. 그가 보내 준 책을 읽어 보았더니, 입만 열었다 하면 천주를 불렀다.[4] 한나라 애제哀帝 때 강림하였다[5]고 하니, 그렇다면 반고盤古가 천지를 개벽한 이래로 (애제 때까지는) 하늘이 없었다는 말 아닌가?

抑余昔年與艾子, 會晤黃華山房及新創天主堂. 識面有日. 拜酬相頻, 何忍于彼不恕也! 但道脈關心, 似是而非, 害人不淺. 一閱所送之書, 及開口便稱天主. 自漢哀帝降生, 不幾盤古以後無天乎?

이토록 근거도 없고 천박하기 짝이 없는 말로 사람을 속이기 어렵다는 것은 쉬이 알 수 있다. 다만 무뢰배가 저들의 돈을 기웃거리고, 무식한 선비들이 이익에 눈이 멀어 먹고살 생계를 도모하고자 했을 뿐이다. 대재大齋와 소재小齋[6]를 지키면서도 물고기와 자라는 먹어도 무방하다 여기며 맘껏 배를 채운다. 이는 공문孔門에서 육식을 절제하는 재계의 뜻에 분명 어긋나는 행위 아닌가? 그러나 저들만은 음식이 별 것 아니라고 말한다. 어찌하여 한차례 저들과 만나

此其淺近不根, 應難騙人易知也. 獨是無稽之輩, 心覬其金, 無識之士智昏于利, 圖餔餟計. 且樂大齋小齋, 以水族魚鱗爲無妨, 而恣其口腹也. 其于孔聖不茹葷之齋, 不顯悖耶? 然獨曰飮食細事也. 何一邂逅之後, 久與周旋, 周旋不已, 浸假詞色, 詞色不已, 遂成意氣, 意氣不已,

4 圓悟는 張廣湉을 시켜서 杭州의 천주당으로 黃貞의 『不忍不言』과 자신의 『辨天說』을 전해 주었는데, 1625년부터 항주의 천주당에 머물던 푸르타도 신부(Francisco Furtado, 포르투갈 출신의 예수회 선교사)는 그 책자들의 내용을 살폈으나 이해할 수 없었으므로 李之藻에게 도움을 청하였다. 李之藻는 圓悟·黃貞과 항주에서 만나 직접 토론할 것을 제의하였으나 상면할 수 없어서 『辨學遺牘』을 내주어 읽어 보라고 한 적이 있다.(자세한 내용은 이 책 530~536쪽 참조) 천주교에서는 마테오 리치가 『辨學遺牘』의 저자라고 주장하지만 이설이 있다.

5 『천주실의』 8편에 있는 내용이다.

6 齋는 먹고 마심을 절제하는 것을 말한다. 소재는 육식을 하지 않는 齋이고, 대재는 단식을 하는 齋이다.

면 오래도록 어울리고, 어울리기를 그치지 않다가 저들의 말투와 몸짓에 물들며, 물들기를 그치지 않다가 신앙심을 굳히고, 신앙심 굳히기를 그치지 않다가 점차 다른 사람들을 끌어들인단 말인가!

漸引徒衆!

앞으로 더욱 예측할 길 없어질까 두렵다. 아아! 처음에는 먹고 즐기는 사소한 것이라 우습게 여기다가 종국에는 간사한 사교의 무리들과 허물없이 지내는 큰 실수를 저지르고, 소인배들의 입을 빌려 대도大道의 담장을 허물어뜨리고 있으니, 위풍당당한 대명大明이 저 광대들이 중화를 어지럽히는 것을 내버려 둘 수 있겠는가?

恐日後愈不可測矣. 噫! 始恃飮食燕笑之微, 終成昵狎奸邪之失, 借小人以口實敗大道之門墻. 曾堂堂大明堪令小醜亂華乎?

나는 우리들이 옛날 성인들의 고원한 뜻과 오묘한 쓰임을 떠올려 보길 바란다. 은殷나라 기자箕子가 무왕武王에게 바친 「홍범洪範」[7]을 가지고 조선朝鮮에 거했듯, 오吳나라 태백泰伯이 단위端委[8]를 입고 남쪽 오랑캐 땅에서 주나라의 예를 행했듯, 이른바 중화로써 오랑캐를 개변시키는 일은 실로 우리 손에 달려 있나니, 이단에게 미혹당해서는 안 될 것이다.

願我輩思古之至人高致妙用. 如殷箕子陳範而居朝鮮, 吳泰伯端委而行周禮于荊蠻, 所謂用夏蠻夷實在吾徒, 甚勿爲異端所惑.

7 천하를 다스리는 大法으로 삼는 것을 비유한다. 夏나라의 禹임금 때에 洛水에서 나온 神龜의 등에 있었다는 9章으로 된 문장을 말하며, 洪軌라고도 한다.

8 주나라 통일 이전의 예복이다.

2. 존정설
尊正說

고포의 석행기
古蒲 釋行璣

요지

승려 행기[1]는 이 글에서 중국에서 유·불·선 삼교가 정립鼎立한 채 서로를 거스르지 않고 백성들도 각자 옳은 것을 종주 삼아 받들고 있는데, 이마두(마테오 리치)가 좁은 소견으로 감히 태극을 재단하려 하고, 지식으로 천지만물을 분별하려 한다면서 속히 대공大公과 대동大同의 바른 도리로써 사설을 내칠 것을 호소하고 있다. 또 삼교의 근원을 분석하고 구체적인 것들이 온전히 갖추어져 있음을 증명함으로써, 아직 사교에 빠지지 않은 자들로 하여금 잘못된 길로 들어가지 못하게 하고, 이미 빠진 자라도 경각심을 가지고 돌아오게끔 해야 한다고 주장하였다.

지극히 바른 도리에는 하늘과 사람의 명맥이 깃들어 있기에 대동大同이라 부르고 또 대공大公이라 부른다. 대공이란 아무리 신성한 자라도 사사로이 가질 수 없고, 천지라도 그 권한을 비밀리에 장악할 수 없다. 대동이란 사람이 그것을 어떻게 품부받느냐에 따라 성인이 되거나 범인이 되고 귀인이 되거나 천인이 되며 사물은 지각을 지니거나 지니지 못하기도 하며

原夫至正之理, 天人之命脈寓焉, 故謂之大同, 亦謂之大公. 大公也者, 神聖不得私其有, 天地不能秘其權. 大同也者, 人禀之而爲聖爲凡爲貴爲賤, 物禀之或有知覺或無知覺, 萬彙千種各安其位, 一道坦然不壞其

1 黃蘗 萬福寺의 승려로 通容의 제자이다. 崇禎 연간에 『黃檗寺志』 3권을 편집하였다. 古蒲는 지금의 山東省 永濟이다.

천만 가지 존재가 모두 제 위치에 안정되게 자리하여 대도大道가 행해져 그 상태가 무너지지 않는다. 이는 예나 지금이나 불변의 정해진 이치이다.

相. 此古今不易之定旨也.

오직 위대한 성인만이 세상에 나와 대공과 대동의 바른 이치를 미루어 밝히고, 하늘과 사람의 명맥을 바른 곳으로 인도할 수 있으니, 이는 곧 앞서 안 자가 늦게 안 자를 깨우치는 것이요, 먼저 깨달은 자가 나중 깨달은 자를 깨우치는 것이다.

惟大聖人出興于時, 推明公同之正理, 指歸天人之命脈, 是則以先知覺後知, 以先覺覺後覺者矣.

이 때문에 우리의 스승이신 석가모니께서 도솔천을 떠나 황궁에 강림하셨고, 왕위를 버리고 설산雪山에 들어가 6년간 명상하신 끝에 (음력) 12월 8일 한밤중에 샛별을 보다가 갑자기 큰 깨달음을 얻으셨다. 그리고 탄식하시기를, "기이하구나! 모든 중생이 여래如來의 지혜와 덕을 지니고 태어났거늘, 망상과 집착 때문에 이를 증득[2]하지 못하는구나." 하셨다. 법화회상法華會上에서는 "모든 부처는 일대사인연 때문에 세상에 나타난다. 즉 중생에게 부처의 지혜를 열어 주고, 중생에게 부처의 지혜를 보여 주며, 중생에게 부처의 지혜를 깨닫게 하고자 한다."고 하셨다.[3]

故我釋迦本師, 離兜率, 降皇宮, 捨王位, 入雪山, 靜思六年, 於臘八子夜, 覩明星, 忽然大悟, 乃歎曰"奇哉! 一切衆生具有如來智慧德相, 良繇妄想執著, 不能證得." 至法華會上曰 "諸佛世尊爲一大事因緣故, 出現于世. 欲令衆生開佛之知見故, 欲示衆生佛之知見故, 欲令衆生悟入佛之知見故."

---

2 證得이란 證悟라고도 하며 수행으로 진리를 체득하는 것, 또는 깨치는 것을 말한다.

3 法華會上은 『法華經』을 강설하는 법화를 말하며, 『法華經』은 대승 불교 경전의 하나로 『妙法蓮華經』의 약칭이다. 天台宗을 비롯한 여러 불교 종파에서 불교의 정수를 담고 있는 경전으로 존중되고 있다. 佛知見이란 諸法實相의 이치를 깨닫고 비춰 보는 부처의 지혜를 가리킨다. 석가모니는 法華會上에서 '세상의 모든 부처가 세상에 출현하는 까닭(一大事因緣)은 중생으로 하여금 이러한 佛知見을 얻게 하기 위한 것이며, 이에 開示悟入의 차례가 있다.'며 다음과 같이 말하였다. "모든 부처님은 중생으로 하여금 佛知見을 열어서(開) 청정케 하시려고 세상에 나타나며, 중생에게 佛知見을 보이시려고(示) 세상에 나타나며, 중생으로 하여금 佛知見을 깨우치게(悟) 하시려고 세상에 나타나며, 중생으로 하여금 佛知見의 道에 들어가게(入) 하시려고 세상에 나타나느니라.(諸佛世尊, 欲令衆生開佛知見,

이어 달마가 서쪽으로부터 와서 경전의 가르침에 의지하지 않고(敎外) 마음으로써 마음에 전하는 법(單傳)을 알려 주었으니, (그것은 곧) 자기의 마음을 바로 보아(直指人心) 본성을 찾아 깨달음을 이루는 것(見性成佛)이다.[4]

繼而達磨西來, 稟教外單傳之旨, 直指人心見性成佛.

그 후 선종이 다투어 일어나, 바로 정면에서 제지提持[5]하고 기용機用[6]을 크게 떨쳤다. 비록 방법이 다양해지기는 하였으나, 모두 원래의 정견正見을 드러내는 것이다. 만약 자신을 바로 비추어 보면(直指人心) 최초의 (본래의) 정체正體가 입증되어 아무것에도 의지하지 아니한 진여眞如가 홀로 드러날 것이니, 이는 다름 아니라 본디부터 모든 사람에게 성불할 수 있는 요소가 갖추어져 있기 때문이다.

嗣後禪宗競挺, 覿面提持奮大機用. 雖方便多端, 特揭元本之正見. 倘能廻光返照, 立證元初正體, 則卓然無依至眞獨露, 此無他, 蓋從本以來各各具足成佛故也.

공자께서 "대학의 도는 밝은 덕을 밝히는 데 있고, 백성을 새롭게 하는 데 있고, 지극한 선에 머무는 데 있다."[7] 하시고, 또 "증삼아, 나의 도는 하나로

孔子曰"大學之道在明明德, 在親民, 在止於至善", 曰"參乎, 吾道一以貫之."子思子曰

使得淸淨故, 出現於世. 欲示衆生佛之知見故, 出現於世. 欲令衆生悟佛知見故, 出現於世. 欲令衆生入佛知見道故, 出現於世.)"

4 선종에서 전하는 고사와 숙어 등을 宋의 睦庵 善卿이 엮은 『祖庭事苑』 권 5에 다음과 같은 기록이 보인다. "여러 조사께서 법을 전할 때, 처음에는 경·율·논 삼장의 가르침과 함께했지만, 달마 조사께서는 오직 '마음'만을 전한 뒤 집착을 깨뜨려 근본 뜻이 드러나게 했다. 이것이 이른바 교외별전 이요 불립문자요 직지인심이요 견성성불인 것이다.(傳法諸祖, 初以三藏教乘兼行, 後達磨祖師, 單傳心印, 破執顯宗, 所謂教外別傳, 不立文字, 直指人心, 見性成佛.)"

5 '提持'는 선종에서 사용하는 용어로, 스승이 수행자의 이전 견해를 바꾸어 향상의 계기를 주는 把住의 수행법이다.

6 '機用'은 玄機妙用의 뜻이다. 깨달음을 얻은 선종의 스승이 지팡이나 손짓, 또는 몽둥이로 꾸짖기 등 언어 이외의 방법으로 학승들을 선의 경지로 인도하는 것을 일러 기용이라 하는데, 깊은 이치와 신묘한 작용을 가리키는 말로 사용된다.

7 『大學』에 있는 내용이다.

일관되어 있다."[8]고 말씀하셨다. 자사子思께서는 "천명을 성性이라 하고, 성을 따르는 것을 도라 한다."[9]고 하시고, 또 "성誠으로 말미암아 밝아지는 것을 성性이라 한다."[10]고 말씀하셨다. 맹자께서 말씀하시기를, "만물이 모두 내 안에 갖추어져 있다."[11]고 하셨다. 이는 모두 성현께서 하늘의 뜻을 이어 최고의 법칙을 세우고, 성명性命의 단서를 밝힌 것이니, 구체적인 것들의 온전함을 밝혀 본연의 오묘함을 드러내고자 한 것이다.

"天命之謂性, 率性之謂道.", 曰 "自誠明謂之性." 孟子曰 "萬物皆備於我." 蓋聖賢繼天立極, 闡當人性命之緖. 蓋明具體之圓, 而發其本然之妙也.

노자老子도 "섞여 있는 그 어떤 것이 천지 이전에 있었으니, 소리도 없고, 형체도 없고, 홀로 서서 변하지도 않고, 두루 다니며 없어질 위험이 없다. 천하의 어머니가 될 수도 있을 터, 내 그것의 이름을 몰라, 도道라는 글자를 붙인다."[12] 하고, 또 "성인은 하나를 품고 세상의 본보기가 된다."[13]고 하고, 또 "옛날에 하나를 얻은 자를 보면, 하늘은 하나를 얻어 맑아졌고, 땅은 하나를 얻어 평안해졌고, 신神은 하나를 얻어 영험해졌고, 사람은 하나를 얻어 가득 찼다. 만물은 하나를 얻어 삶을 얻었고, 제후와 왕은 하나를 얻어 천하의 주인이 되었다."[14]고 하셨다. 하늘과 땅, 사

而老氏亦曰 "有物混成, 先天地生, 寂兮寥兮, 獨立而不改, 周行而不殆, 可以爲天下母, 吾不知其名, 字之曰道." 曰 "聖人抱一爲天下式.", 曰 "昔之得一者, 天得一以淸, 地得一以寧, 神得一以靈, 人得一以盈, 萬物得一以生, 侯王得一以爲天下貞." 蓋天地人物總原于一, 而不假外成者, 渾然固有之理也.

8 『論語』「里仁」에 있는 내용이다.
9 『中庸』 1장에 있는 내용이다.
10 『中庸』 21장에 있는 내용이다.
11 『孟子』「盡心上」에 있는 내용이다.
12 『老子』 25장에 있는 내용이다.
13 『老子』 22장에 있는 내용이다.
14 『老子』 39장에 "계곡은 하나를 얻어 가득 찼다.(人得一以盈은 谷得一以盈.)"라는 말이 있다.

람과 사물은 모두 하나에 근원을 두고 있으니, 바깥의 것을 빌려 완성되지 않았다. 혼연渾然이란 본디부터 있었던 이치인 것이다.

이에 유·불·선 삼교가 정립鼎立한 채 지금까지 나란히 행해지면서 서로를 거스르지 않고 있다. 천자로부터 일반 백성에 이르기까지, 삼교의 도를 실천하여 높은 경지에 이른 자가 이루 다 열거할 수 없을 만큼 많이 또 분명하게 기록되어 있다. 정교한 중화이건 비루한 오랑캐이건, 또 존귀한 부자이건 천한 가난뱅이이건, 모두 바른 것을 종宗으로 삼았으되 사람마다 달랐을 따름이다. 이 때문에 조야를 막론하고 사람마다 (제각기) 삼교를 존숭하고, 삼교를 주인으로 삼고, 삼교를 배워 곧게 살고, 삼교를 널리 알렸던 것이다.

於是乎三敎鼎立, 今古並行, 而不相悖. 自天子以至於諸人, 踐其道造其極者, 史典昭然不可枚擧. 固無論中夏夷狄之精鄙, 富貴貧賤之崇卑, 唯正是宗, 存乎其人而已. 所以在朝在野人人得而尊之, 人人得而主之, 人人得而正之, 人人得而弘之.

저 이단 사설의 경우는 물과 불처럼 서로 어울리지 못하고, 곡선과 직선처럼 서로 부합하지 않으니, 터럭만 한 것도 그 사이에 서로 혼재할 수 없음이 명백하다. 저 서양에서 온 이마두의 무리가 대체 무엇이기에 사서邪書를 퍼뜨려 세상을 현혹하고, 지극히 바르고 본디부터 갖추어져 있는 이치를 멸시하여 인성을 갈기갈기 찢어 놓으며, 말 같지도 않은 여러 가지 억설로 태극은 사물을 낳을 수 없고, 천지만물은 한 뿌리가 아니라고 말하는가![15] 아아! 참으로 더불어 대도大道의 근원을 말할 만하지 못하구나. 산하와 대지,

至於邪說異端, 如水火之不同器, 曲直之不相侔, 毋容毫髮混乎其間者, 明且著矣. 何物西洋利瑪竇之夥者, 肆布邪書, 簧鼓當世, 蔑至正本具之理, 析裂心性, 多般臆說, 謂太極不能生物, 天地萬物不能同根一體. 噫! 誠不足與語大道之原矣. 豈知山河大地明暗色空, 咸是妙明眞心中物, 及人人法法各具

15 『천주실의』 2편에 있는 내용이다.

명암과 색공色空이 모두 묘명진심妙明眞心[16] 속의 사물이고, 모든 사람에게 또 만법에 각각 태극의 이치가 갖추어져 있음을 저들이 어찌 알겠는가. 이마두는 법법유심法法唯心과 심심본구心心本具의 의미[17]를 깨닫지 못하고서 외부로 나아가 계탁計度[18]하는 데 힘썼기에 천주라는 것에 집착해 그가 존경할 만하고 의지할 만하며, 능히 천지만물을 창조할 수 있다고 말하면서, 급기야 망상에 빠져 외물을 좇아 종종 옳지 않은 견해를 만들어 내기에 이르렀다. 업식業識이 망망하여 본디 근거할 것이라곤 없으면서 삼교의 궁실과 담장을 바라보고자 했으니, 어찌 몇 길 정도의 높이뿐이었겠는가.[19] 그런데도 감히 방자한 마음으로 태극도 부정하고, 또 동근일체[20]도 망령되이 부정하였다. 이마두는 자기의 좁은 소견으로 태극을 감히 재려하고 지식으로 천지만물을 분별하면서 옛 사람들에게는 동근일체의 이치가 없었다고 말하고 있으니, 거짓되고 황당무계함이 이 정도란 말인가!

太極之理. 瑪竇既不悟法法唯心, 心心本具, 而務外計度, 故別執有天主可尊可附, 能生能造, 以至趨妄逐物, 起種種差殊之見. 正是業識茫茫無本可據, 欲望三教之宮墻, 何啻數仞之崇高也. 而敢恣意, 輕擬太極與夫同根一體之非是. 則知瑪竇以己局見, 比量義文之太極, 以識心分別天地萬物, 而方古人無同根一體之理, 何狂誕之若是乎!

---

16 『楞嚴經』에 "산하 대지는 모두 밝고 묘한 참마음(妙明眞心) 속의 물건"이라는 말이 나오는데, 이는 華嚴經의 一切唯心造와 같은 의미이다.

17 法法唯心은 法마다, 즉 사물 모두가 마음이 지어내는 것이라는 一切唯心造를 의미하며, 心心本具는 각 마음에는 본래 본성이 구족되어 있다는 의미이다.

18 '계탁'이란 의식의 작용을 가지고 모든 사물을 판단하고 재는 것을 말한다.

19 『論語』「子張」에, 叔孫武叔이 子貢이 孔子보다 낫다고 하자 자공이 "궁궐의 담에 비유하면 저의 담은 겨우 어깨에 닿아 방과 집안의 좋은 것을 다 들여다볼 수는 있으나 부자의 담은 몇 길이나 되어서 그 문을 찾아 들어가지 않으면 종묘의 아름다움과 백관의 부유함을 보지 못한다.(譬之宮牆. 賜之牆也及肩, 窺見室家之好. 夫子之牆數仞, 不得其門而入, 不見宗廟之美, 百官之富.)"라고 말하는 내용이 보인다.

20 僧肇 法師가 "천지와 나는 뿌리가 같고, 만물과 나는 한 몸이다.(天地與我同根, 萬物與我一體.)"라는 말을 한 바 있는데, 이는 『莊子』「齊物論」에 나오는 "천지와 나는 나란히 태어났고, 만물과 나는 하나이다.(天地與我並生, 而萬物與我爲一.)"라는 말과 일맥상통한다.

장자가 말했다. "우물 안 개구리와는 바다를 이야기할 수 없고, 여름 곤충과는 얼음을 이야기할 수 없다."[21] 이마두를 두고 하는 소리 아니겠는가? 그런데도 태평성세를 사는 벼슬아치들은 어찌하여 저들의 말이 맞는지 틀리는지도 살피지 않고, 괴상망측한 소리에 마음이 홀려서 무리지어 분위기를 부추기고 사설의 불길을 치솟게 하는가? 간과 폐의 큰 우환을 기르다가 점차 피부의 독으로 번져 공격하기에 이르렀다. 도통道統의 명맥이 달과 별처럼 밝디 밝게 만세토록 드리워 있거늘, 하루아침에 저 오랑캐들의 손에 해침을 당했다. 이것을 견딜 수 있다면 무엇을 견디지 못하겠는가?

莊子曰 "井蛙不可以語於海, 夏蟲不可以語於氷." 瑪竇之謂與, 奈之何? 聖世紳衿不察其言之可否, 而甘醉心于怪妄, 群然煽其和風, 熾其邪說? 自釀肺肝之大患, 漸引膚毒以互攻. 獨不思道統命脈垂玆于萬世, 皎如月星, 一旦戕賊投之夷手, 是可忍乎, 孰不可忍乎?

나는 산에 사는 보잘것없는 사람이라 감히 분수에 맞지 않는 짓을 할 수는 없다. 다만 대공과 대동의 도는 하늘과 사람이 지켜 온 명맥이며, 관리나 민초 모두에 관계된 중대한 사안인지라, 사람마다 그것을 존숭하고 사람마다 이를 종주로 삼아야 한다고 말할 뿐이다. 삼교의 근원을 분석하고, 사람이 갖추고 있는 구체적인 것을 증명함으로써 정안자正眼者로 하여금 환히 밝혀 황당무계한 소리란 믿을 만한 것이 못됨을 깨닫게 할 수만 있다면, 아직 사교에 빠지지 않은 자들은 잘못된 길로 들어갈 우려가 없을 것이고, 이미 빠진 자라 하여도 경각심을 가지고 뼈아프게 후회하게 될 것이다. 대공과 대동을 크게 떨쳐 대공과

余山林拙朽, 匪敢僭越. 第公同之道, 天人命脈, 朝野均關, 所以云人人得而尊之, 人人得而主之, 緣剖三教之根源, 證當人之具體, 俾正眼者一燭洞然, 知無稽之言, 弗足採信, 則未陷者, 毋至覆轍之虞, 已陷者庶幾寒心痛悔. 咸發公同之憤, 誅公同之讐, 還公同之元, 尊公同之正, 則不惟理學幸甚, 而先聖幸甚, 不惟先聖幸甚, 而生靈亦幸甚. 是故著「尊正說」云.

21 『莊子』「秋水」에 나오는 내용이다.

대동의 원수를 꾸짖어 벌함으로써 대공과 대동의 근본으로 돌아오고 대공과 대동의 바른 도리를 존숭하는 것은 이학理學에 있어서 크게 다행한 일일 뿐만 아니라 전대의 성인에게도 크게 다행한 일이 될 것이요, 전대의 성인에게 크게 다행한 일일 뿐만 아니라 모든 생령에게 크게 다행한 일이 될 것이다. 그래서 「존정설」을 지었다.

3. 이마두를 배격하는 말들

拆利偶言

고포의 석행기

古蒲 釋行璣

요지

이마두(마테오 리치)의 여러 주장들을 조목조목 반박한 글이다. 우선 천주교의 천당지옥설은 저들이 불교의 윤회설을 훔쳐다가 지어낸 것이지만, 기실 불교에서는 명심견성明心見性으로 사람들의 성품을 이끌 뿐, 천당지옥설로 사람을 옭아맨 적이 없다고 하였다. 또 예수가 이른바 구세주로서 인류의 원죄를 구원하기 위해 기꺼이 십자가에 못 박혀 죽었다지만 이는 백성들에게 믿음을 얻지 못한 최악의 결과일 뿐이며, 저 나라 백성들이 조금도 경외하는 마음을 가지지 않고 도리어 사형에 처하였다면 이로써 예수의 전지전능이 거짓임을 알 수 있다고 하였다. 천지인물을 주재하는 권력을 쥐고도 자기 몸 하나 주재하지 못하였으니, 천주란 중국의 현자 하나에도 못 미치는 존재라고 일갈하면서, 예수에 관한 이야기는 모두 그럴싸하게 꾸며진 것일 뿐이라고 주장하였다.

손님이 물었다.

"이마두는 불교에서 하는 말을 배척한다 해 놓고서 이서국伊西國의 선민윤회설善民輪廻說을 훔쳐다가 천당과 지옥이란 것을 가지고 사람을 겁박하고 있습니다. 어찌하여 저들의 종교에도 천당지옥설이 있는 것입니까? 스스로 모순된 것 아닙니까?"

내가 말했다.

"우리 불교에서 말하는 천당과 지옥은 이마두가 말하는 것과 다르다. 이마두에 따르면, 산더미 같은

有客問曰:

"利瑪竇旣排佛氏謂, 竊伊西國善民輪廻之說, 以天堂地獄嚇人. 奈何渠教中亦有天堂地獄之說? 得非自己倒置乎?"

余曰:

"卽吾教謂天堂地獄亦異乎瑪竇之所說也. 據瑪竇云, 有人罪

죄를 짓고도 일단 천주에게 귀의하면 그 죄가 씻은 듯 사라지고 천주가 그에게 천당의 즐거움을 내린다고 한다. 천주교를 믿고 따르지 않은 사람이라면, 제아무리 성현이라 할지라도 연청지옥鍊淸地獄에 떨어진다고 한다. 천주가 이와 같이 주권을 행사한다면 공정하다고 말할 수 있는가? 천주라고 말할 수 있는가?

惡如山, 但一歸天主, 罪卽消滅, 天主畀之天堂之樂. 其或不知信向者, 雖聖賢猶入鍊淸之獄. 若天主如是主權, 可謂公乎? 可謂天主乎?

이마두는 우리 불교의 천당지옥설을 훔쳐다가 어리석은 백성을 속이고 홀리고 있다. 또 밝은 거울로부터 달아나기 어렵다는 사실이 두려워 도리어 불교가 사람들을 겁박한다며 무고하고 있다. 이로써 이마두의 교활함을 알 수 있다. 그러나 아무리 교활한들, 공명정대하여 만세토록 마멸되지 않을 우리 불교를 저자가 어찌할 수 있겠는가?

吾知瑪竇止竊吾教之天堂地獄, 以誑惑愚民. 又恐難逃至鑒, 遂反誣佛氏嚇人. 此所以見瑪竇之狡也. 然狡雖深, 其如我正大之教, 萬世不磨何哉?

그대를 위해 내 한번 이야기해 보겠다. 우리 세존世尊의 오시 설법五時說法[1]은 그때그때 가르침을 베풀고 그때그때 해석을 하였던 것이지 처음부터 정해진 뜻이 있었던 것은 아니다. 천당지옥설이라 해도 일시적인 방편으로 사람이 선업과 악업을 짓는 것을 보시고서, 업에는 경중이 있고 응보에는 각각 차이가 있다고 말씀하신 것이다. 즉 선한 자는 자기가 지은 선업에 따라 천당의 과보를 받고, 복이 끝나면 다시 세상에 태어나며, 악한 자는 자기가 지은 악업에 따라 지옥에 떨어지거나 아귀餓鬼나 축생의 과보를 받는다.

試爲子陳之. 我世尊說法五時, 因機設教隨機隨解, 初無定義. 雖言天堂地獄, 寔一時方便, 以人有造善惡之業, 故說業有輕重, 感報不同. 善者隨善業, 感天堂之報, 福盡還墮. 惡者隨惡業墮地獄, 餓鬼畜生之報, 乃至從迷入迷, 輪轉不息. 蓋天堂等報, 因人造業而有, 非有定所也. 若智者悟明, 業果本無自性,

1 '五時說法'이란 석가세존의 48년 설법을 시간의 순서에 따라 다섯 단계로 배열한 것이다.

이렇게 미혹의 세계에서 미혹의 세계로 쉬지 않고 돌고 돈다. 천당의 과보는 사람이 지은 업에 따라 생기는 것이지, 정해진 장소가 있는 것은 아니다. 지혜로운 자가 환히 깨우치고 보면, 업이나 과보는 본래 자성이 없는 것이다. 즉 그 자리에서 해탈하고 나면 죄나 복의 근원은 찾고자 해도 찾을 길이 없을 터, 선업과 악업이 어찌 뒤따를 수 있겠는가?

則當下解脫, 覓罪福之原, 了不可得, 安有善惡業之可隨耶?

과거 칠불의 게송 중에 이런 말이 있다. '몸은 형상이 없는 데에서 태어났으니, 마치 환상이 온갖 형상을 만들어 낸 것과 같다. 환상으로 만들어진 사람의 심식心識은 본래 없으니, 죄와 복도 모두 공空하여 머무는 바가 없다.'[2] 『화엄경』에서도 '법계의 성품을 비추어 관할지니 일체 모든 것은 마음이 지어낸 것이니라.'고 하였고, 옛말에 이르기를, '깨달으면 업장이 본래 공하지만, 깨닫지 못하면 모름지기 묵은 빚을 갚아야 한다.'[3]고 하였다.

古佛偈云'身從無相中受生, 猶如幻出諸形象, 幻人心識本來無, 罪福皆空無所住.'『華嚴經』云'應觀法界性, 一切唯心造.'古云'了卽業障本來空, 未了應須還夙債.'

이처럼 우리 불교에서는 본디 명심견성明心見性으로 사람들을 이끌어 따르게 했을 뿐, 그 언제 천당과 지옥 같은 것으로 사람을 옭아매었던가? 또 저 이마두처럼 천당지옥설을 고집하면서 천주가 위아래를 모두 주관한다고 말한 적이 있던가? 이마두가 우리 불교의 근원을 제대로 알지 못하고서 형적形迹에만 빠져서 미친 듯 짖어댔을 뿐임을 알 수 있으니, 한로韓

如是則吾教本以明心見性, 導人爲懷, 豈有天堂地獄之寔法縶縶於人乎? 又豈若瑪竇梗執有天堂地獄, 天主界之上下乎? 足見瑪竇不能明吾教之根源, 而徒滯迹狂吠, 何異韓獹舍人而逐塊哉!"

---

2 過去世의 七佛 중 제1불인 毘婆尸佛의 偈頌이다.

3 당나라 승려 永嘉 玄覺(665~713)의 시편인 「證道歌」의 한 구절이다.

獹가 사람은 놓치고 흙덩이만 쫓는 것[4]과 무엇이 다르겠는가!"

손님이 말했다.

客曰:

"유심唯心의 종지에 대한 가르침을 깊이 새겨들었습니다. 모든 업과란 사람이 불러들인 것이지, 마음 바깥에 달리 천당과 지옥이 없음이 분명하다는 사실도 알 수 있었습니다. 그런데 저들이 또 말하기를, '공자께서 서방에 큰 성인이 있다 한 것은 예수의 탄생을 미리 예언한 것인데, 불가에서 이 말을 훔쳤다.'고 합니다. 원컨대 이에 관한 말씀도 함께 들어서 여러 가지 의혹들을 모두 풀었으면 합니다."

"承教深領唯心之旨. 可知一切業果皆是當人分上召感, 無心外之天堂地獄明矣. 又彼謂'孔子曰, 西方有大聖人, 乃兆耶穌, 而佛氏竊之.' 幷願聞說以悉諸疑."

내가 말했다.

余曰:

"아아! 일에는 본디 이치라는 것이 존재하니, 어찌 함부로 논쟁할 수 있겠는가? 불가의 도는 저 해와 달이 하늘을 밝히듯 예나 지금이나 홀로 빛을 발하고 있으며, 불가의 덕은 천지가 만물을 덮어 기르듯 티끌처럼 무수히 많은 세계를 하나도 내버려 둠이 없다. 내가 불교인이라고 말을 덧붙여 자화자찬하는 것이 아니라, 도가 본디 그러할 뿐이다.

"噫! 事固有理存焉, 可妄爭乎? 佛之道如日月麗天古今獨輝, 佛之德如天地覆育塵刹無遺. 余爲佛氏之徒, 匪曰加辭自讚, 道本如是故也.

한나라 명제明帝 때부터 우리 불교가 중화에 들어오기 시작했다. 불교를 우러러 받들고 경건히 믿으면서 그 가르침에 귀의한 사람들은 모두 도덕을 갖춘

自漢明帝時, 吾教始入中華. 所尊崇敬奉降心歸信者, 皆有道君相也. 蓋尊佛之神明, 尊佛之

4 韓獹는 전국 시대 한나라의 검은색 名犬이다. 원래 뜻은 한로 같은 명견이 사람이 던진 흙덩이에만 집착하여 정작 사람은 놓치고 흙덩이만 따라간다는 것인데, 사물의 표면 형상에 미혹되어 본질을 놓치는 것을 비유하는 말로 쓰인다. 『景德傳燈錄』 권 11에 "(사자에게 돌을 던지면) 사자는 돌 던진 사람을 물지만 한나라 사냥개는 그 흙덩이를 쫓아간다.(獅子咬人, 韓獹逐塊.)"는 말이 나온다.

임금과 재상들이었다. 이는 아마도 부처의 신명함을 존경하고, 부처의 큰 도를 존경했기 때문일 것이다. 부처의 도가 위대했을 뿐만 아니라 유가의 도에도 부합했기에 천하를 두루 교화시킬 수 있었던 것이다. 온 천하가 불교의 가르침을 받들게 되자, 지혜로운 자이건 어리석은 자이건 귀한 자이건 미천한 자이건 남자이건 여자이건 모두 무생無生의 상리常理[5]가 있음을 알게 되었고, 본래 갖추고 있던 진심眞心을 명확히 보게 되었다. 지금까지 그렇게 이어져 내려와 부처께서 널리 베푸시는 제도濟度의 은덕을 입지 않은 곳이 없으니, 지극하고도 지극하구나. 이 때문에 후세의 올바른 군자들이 불교를 우러러 존숭하면서 서방의 대성인은 실로 공자의 보좌가 되기에 적합하다고들 이야기했던 것이니, 참으로 까닭이 있었던 것이다.

道大也. 道大而又合儒, 故其化通乎天下. 天下宗佛大道, 無智愚貴賤男女, 知有無生之常理. 廓明本具之眞心, 相承于玆, 無方不被佛之博施濟衆, 至矣極矣. 是以後世正人推而崇之, 曰西方大聖人實符孔聖之贊襄, 良有以也.

그런데 저 이마두의 무리는 근본을 잃어버리고 말단만을 좇으며, 더할 나위 없이 높고 귀한 자신을 버리고 망령되이 저 바깥에 천주라는 자를 따로 세워 마음 바깥에 있는 모든 것을 통섭한다고 하고 있으니, 이는 사특한 생각이자 외도外道에 지나지 않는다. 그러니 어찌 만세의 위대한 스승께서 사특한 생각과 외도를 미리 칭송하실 수 있겠는가?

瑪竇輩迷本逐末, 舍自己莫尊莫太之貴, 而向外妄立一天主司攝是心外有法, 乃邪見外道耳. 豈有萬世師聖而預稱邪見之外道乎?

게다가 열어구列禦寇도 '공자가 서방에 대성인이 있어, 다스리지 않아도 어지럽지 않고, 말하지 않아도 절로 믿으며, 교화를 행하지 않아도 절로 교화되니,

且列禦寇載 '孔子曰, 西方有大聖人焉, 不治而不亂, 不言而自信, 不行而自化, 蕩蕩乎民無

5 無生의 常理란 生死를 초월하는 영원한 진리를 뜻한다.

넓고 넓어 백성들이 그것을 이름 짓지 못한다고 말했다.'[6]고 하지 않았던가. 이와 같이 전일全一하고도 순후한 세계인지라 위아래가 혼연일체를 이루게 되니, 가히 천하가 태평하여 이를 가리킬 만한 형상이 없다. 이처럼 형상이 없는 진정한 교화에, 비록 형명刑名이 있다 한들 장차 어디에 쓰겠는가?

能名焉.' 如是則全一淳龎世界, 上下渾然, 可謂太平無象矣. 以無象之眞風, 雖有刑名, 將安用哉?

이마두가 스스로 말하길, 예수는 억조창생을 구하기 위해 기꺼이 십자가에 못 박혀 죽음으로써 그 죄를 대속했다고 한다. 예수는 천주의 화신이요 공자의 미언微言에 부합하는 인물이니, 그가 머무는 나라마다 임금은 성군이요 신하는 현신賢臣이요 백성은 양민이요 시절은 태평성세였을 터인데, 억조창생 모두가 죄인이었다니, 그런 세상을 일러 다스리지 않아도 어지럽지 않은 세상이라고 말할 수 있겠는가?

瑪竇自言, 耶蘇爲救兆民, 甘心臨刑於十字架, 以贖其罪. 然耶穌旣爲天主化生, 符孔聖之微, 處其國必君聖臣賢民良時泰, 而有億兆之刑民, 謂之不治而不亂, 可乎?

또 예수는 사람들에게 믿음을 얻지 못해 백성들의 죄를 사해 주지 못하고 자기 몸으로써 죄를 대속하는 지경에 이르렀으니, 말하지 않아도 절로 믿었다고 말할 수 있겠는가?

又耶穌無取信于人, 不能釋民之罪, 而致以身贖之, 謂之不言而自信, 可乎?

또 예수는 만백성을 구원한다고 하여 스스로를 교화황敎化皇이라 불렀으니, 그 은혜가 필시 멀리에 또 가까이에 미쳤을 것이며, 심지어 백성을 위해 죄를 대속하기까지 했다. 그러나 저 나라 백성들은 조금도 경외하는 마음을 가지지 않았으며, 이내 십자가 형틀 위에서 사형에 처하였다. 이미 처형되었으니 교화를

又耶蘇以度人自勝稱爲敎化皇, 則必澤及遐邇, 至爲民贖罪. 彼國殊無敬畏之心, 直以十字架之刑刑之, 旣刑矣, 謂之不行而自化, 可乎?

6 『列子』「仲尼」에 있는 내용이다.

행하지 않아도 절로 교화된다고 말할 수 있는가?

공자께서 '짤막한 한두 마디 말로 옥사를 판결할 수 있는 자는 바로 유由가 아닐까!'[7]라고 말씀하셨다. 유由는 현자였다. 다만 이교異教[8]에 뜻을 두었으나 행실이 강직하고 언사가 곧아 평상시 사람들의 신임을 얻기에 충분했기에 공자는 그가 몇 마디 말로 옥사를 판결할 수 있으리라 감탄했던 것이다. 그런데 하물며 저 예수는 천지와 사람, 만물을 주재하는 권력을 쥐고 온전한 인仁과 온전한 지智의 덕을 갖추고 있으면서도 자기 몸뚱이 하나 주재하지 못하였으니, 그의 전능함은 대체 어디에 있단 말인가? 중국의 현자 하나에도 못 미치는 천주가 어디 있단 말인가? 이마두가 성스러운 말씀을 훔쳐 예수를 그럴싸하게 꾸몄지만, 죄짓고 죽은 귀신이 지하에서나마 편치 못할까 내 심히 근심스럽다."

孔子曰 '片言可以折獄者, 其由也與!' 夫由賢者也, 特有異教之志, 其行剛其言直, 平日信足以取人, 孔子歎其片言而獄可折. 矧耶穌有主宰天地人物之權, 幷全仁全智之德, 而不能主宰一形軀, 則全能之術又安在哉? 豈有天主而不迨我土一賢者耶? 瑪竇妄竊聖言以嘉耶穌, 余恐罪鬼反不能安於地下定矣."

손님이 감사하며 말했다.

客謝曰:

"진실로 옳은 말씀입니다. 당신의 말씀을 우리 유자들의 경전과 비교해 보면, 마치 손금 들여다보듯 사정邪正을 확연히 구분할 수 있을 것입니다."

"誠哉! 是言也. 以子之言質諸吾儒, 當自了然燭邪正, 如指掌間矣."

---

7 『論語』「顏淵」에 있는 내용이다.

8 여기서의 異教는 法家를 가리킨다.

4. 간교함을 밝히다
昭奸

복당의 석적기
福唐 釋寂基

요지

승려 적기[1]가 이마두(마테오 리치)가 주장한 천주교설에 대해 유불儒佛 이론을 기반으로 반박한 글이다.

앞부분에서는 천주교도들의 교활함을 네 가지로 열거하였는데, 첫째는 유가와 불가의 학설을 훔쳐다 '천주'라는 개념을 날조하고, 유불을 배척하고 있다는 점, 둘째는 진기한 물건을 해마다 조정에 바쳐 나라의 경계심을 늦추고 있다는 점, 셋째는 육경의 상제 개념을 빈번히 언급하여 무지한 자들로 하여금 믿고 따르게 만들지만, 『주역』과 『중용』의 미언微言을 모두 부정하고 있다는 점, 넷째는 도솔천에 있던 부처가 서역에 강생하였다는 말을 훔쳐다 애제 때 예수가 강생했다고 주장하는 점 등이다.

또 저들은 태극의 무사無思·무위無爲·무방無方·무체無體를 가지고 천지만물을 생육하는 이치인 이른바 이理를 배척하면서 이理는 결코 만물의 근원이 될 수 없다고 하는데, 이는 만법유심萬法唯心과 심외무법心外無法의 오묘한 뜻을 모르기 때문이라며 반박하였다. 이 밖에 불교에서 자성自性을 밝히기 위해 삼신三身을 말한 것에 기인하여 천주 삼위三位설을 지어냈다며 비판하였고, 아담과 하와에게 신령하지 못한 영혼을 부여하여 마귀의 유혹에 넘어가게 한 것은 인류를 사랑하지 않는 것이나 진배없다며 비판하였다. 마지막으로 저들이 만물일체의 이치에 어두워 천주의 성性과 사람의 성이 다르고 사람의 성과 짐승의 성이 다르다고 여기는데, 이는 사람과 사물은 모두 신령하며 하나의 본체에서 근원했음을 몰랐기 때문에 빚어진 오류임을 지적하였다.

1 寂基에 관한 자세한 사항을 알 수 없다. 福唐은 복건성 福州를 말한다.

살펴보건대, 이마두가 내세운 '천주'라는 두 글자는 비록 허공에서 날조해 낸 것이긴 하나[2] 그 속내가 매우 교활하다. 유가와 불가를 번갈아 훔쳐다 번갈아 배척하고, 죽을힘을 다해 집요하게 파고들며 수시로 이랬다저랬다 변화하니, 우리들이 그 말에 미혹당하는 것도 이상한 일이 아니니다. 저들은 우리 모두가 하늘을 경외하고 하늘의 뜻에 순응하고 있음을 짐작하고서, 거짓 이야기를 지어내 세상 사람들을 속이고 겁주었으며, 천하에 감히 응징할 자가 없을 것이라 예측하였다. 이것이 바로 저들의 첫째 교활함이다.

按利瑪竇立'天主'兩字, 雖是望空扭捏, 然其機關狡猾. 將儒佛兩家互竊互排, 抵死穿鑿, 隨時變幻, 無怪吾人被其惑也. 蓋揣知吾人莫不敬天畏天順天, 故譸張其說, 以誑嚇天下, 料天下莫敢膺懲. 此其狡猾者一也.

또 진기한 물건을 만들 줄 알아서, 해마다 조정에 공물로 바치면서 이 땅에서 살게 해 달라고 청하였다. 그로 인해 중화의 오랑캐에 대한 방비가 위로는 조정에서부터 엄격해지지 못하고, 아래로는 관문에서도 막지 않게 되었다. 이것이 바로 저들의 둘째 교활함이다.

又克作奇珍, 趨世貢獻以求容我土, 致夏夷之防, 上不嚴於朝廷, 下不禁於關津. 此其狡猾者二也.

또 유가의 말씀을 도적질해 삼황三皇 때 화化를 시행하고, 오제五帝 때 교敎를 베풀었다는 말을 가져다 요망한 술수를 부려 망령되이 교화황敎化皇[3]을 지어냈다. 교화가 유儒보다 신성하고, 황皇이 제帝보다 높기 때문일 것이다. 또 삼황오제의 모든 공덕을 표절하여 명분을 표방했기에, 학식이 낮은 필부匹夫들이 저들의 황당한 소리를 즐겨 따르기에 이르렀다. 육경

又漁獵儒言, 以三皇之時用化, 五帝之時用教, 遂誕其妖妄之術爲教化皇. 蓋以教化神於儒, 皇優於帝, 擧三皇五帝之功德, 盡剽竊之以標名, 致令淺識之夫樂其誕也. 凡六經言天言上帝處, 頻引爲證, 於『易』中太極

2 李之藻(1565~1630)는 『천주실의』 재판의 서문에서 유가의 말을 빌려 '천주'의 뜻을 설명하였다.
3 『천주실의』 8편에 있는 내용이다.

에서 하늘이나 상제를 말한 부분이 있으면 빈번히 가져다가 증명하려 들었고, 『주역』에서 태극이 양의兩儀를 낳았다는 말과 하늘과 땅을 본뜨고(範圍) 천지를 망라하고 있다(彌綸)[4]고 한 말, 그리고 『중용』에 나오는 참배參配[5] 등의 미언을 모두 온당치 않다며 배척하였다. 이렇게 한 것이 무슨 까닭이겠는가? 장차 천주를 내세워 유가와 불가를 말살하고자 하는 저들로서 범위니 참배니 하는 미언을 없애지 않고서는 유교의 종지에 맞서기 어려워질 것이며, 천주를 세우는 일도 도모하기 어려워질 것이기 때문이다. 이것이 바로 저들의 셋째 교활함이다.

生兩儀, 共範圍彌綸, 及『中庸』參配之微言, 皆斥爲不當, 若是者何也? 彼將以天主抹煞儒佛, 倘不遮範圍參配等微言, 則難抗儒宗, 而天主之創立難圖矣. 此其狡猾者三也.

저들 무리는 입만 열었다 하면 부처를 마귀라고 배척하면서 천주를 날조하는 과정에서는 도리어 불가의 교설을 모조리 훔쳐다 썼다. 불경에서 무시무종無始無終하며 늘어나지도 줄어들지도 않은 채 법계에 충만하여 측량할 수 없다고 말한 것은, 모두 옛 성인이 말한 이성理性의 본뜻을 밝히고자 한 것이다. 그런데 저들은 그 말을 모두 훔쳐다 오로지 천주에게만 돌리고 있으며, 부처가 도솔천으로부터 서역에 강생하였다는 말을 좇아 천주 또한 하늘에 있다가 서

彼輩開口便斥佛爲魔鬼, 所創天主之義, 反全然竊佛. 蓋佛典謂無始無終不增不減, 充滿法界而不可測量者, 皆發明古人理性之宦旨. 彼盡竊之以獨歸天主, 又以佛從兜率天降生于西域, 遂詭言天主, 亦從天降生于西洋. 又以漢明帝夢佛遣使求佛, 卽詭言天主生于漢哀帝

4 '範圍'와 '彌綸'은 모두 『周易』「繫辭上」에 나오는 말이다. "하늘과 땅의 조화를 본뜨고 테두리 삼아 지나침이 없게 하며(範圍天地之化而不過)"라는 말에 대해 韓康伯은 注에서 "범위란 천지를 본떠 이치를 두루 갖추는 것(範圍者, 擬範天地而周備其理也)"이라고 설명하였다. 또 "역은 하늘과 땅과 더불어 수준을 같이한다. 그러므로 하늘과 땅의 도를 모두 망라한다.(易與天地準准, 故能彌綸天地之道.)"는 구절이 있는데, '彌綸'은 널리 포괄하는 것을 뜻한다.

5 『中庸』 22장에 나오는 "천지의 화육을 도울 수 있으면 천지와 함께 參與할 수 있게 된다.(可以贊天地之化育, 則可以與天地參矣.)"라는 구절을 가리킨다.

양에 강생하였다고 허튼소리를 하였다. 또 한나라 명제明帝가 꿈에 부처를 보고 나서 사신을 보내 불법을 구했다는 말[6]을 따라 천주가 한나라 애제哀帝 때 강생하였다[7]고 허튼소리를 하였다. 아마도 애제가 명제보다 시대상 먼저이기 때문에 명제가 꿈에서 보았다는 부처가 바로 천주라며 억지로 그 말을 훔쳐다 썼을 것이다. 이것이 바로 저들의 넷째 교활함이다.

時. 蓋以哀帝在明帝之前, 遂硬竊明帝所夢之佛爲天主. 此其狡猾者四也.

저들은 일찍이 불교가 복福과 이익으로써 사람들을 유인한다면서 배척해 놓고, 또 불교의 천당지옥설을 훔쳐다가 말하기를, 천주를 섬기는 자는 죽어서 천당에 오르고 섬기지 않는 자는 죽어서 지옥에 들어간다[8]고 하였다. 심지어는 어리석은 백성을 속이면서 "천주를 위해 고난받아 죽는 자는 가장 높은 하늘에 태어난다"고 하였다. 이는 복과 이익으로써 사람을 유인할 뿐 아니라, 천당으로써 사람을 꾀어 목숨까지 걸게 만드는 것이다. 저들의 교활함은 참으로 차마 말로 다할 수 없을 지경이다. 이 때문에 옛날 만력 연간에 오랑캐 왕풍숙(바뇨니) 등이 남경에서 백성을 선동하자 정사를 맡았던 자들이 참주參奏하여 저들을 체포하였던 것이다. 그런데도 어리석은 백성 가운데 누런 깃발을 손에 쥐고 천주를 위해 죽겠노라 소리치는 자가 있었다.[9] 백성을 선동함이 정도가 깊

彼嘗排佛以福利誘人, 又竊佛天堂地獄之說云, 奉天主者, 死後昇天堂, 不奉天主者, 死後入地獄. 甚有紿愚民曰, "爲天主死難者, 生最上天." 斯不特以福利許人, 且以天堂誘人致命. 此其狡猾直令人不忍言矣. 故昔萬曆年間, 夷人王豊肅等簧鼓南都, 被當事者參奏擒拿. 卽有愚民執小黃旗, 自云願爲天主死者. 則其煽惑深入勢寔艱危, 固爲忠君愛國者所隱憂, 而語言矯誣日益浸淫, 最爲衛道輔世者所遠慮也. 詎意縉紳君子懵懵然而與之相附會哉!

6 『천주실의』 8편에 있는 내용이다.

7 『천주실의』 8편에 있는 내용이다.

8 『천주실의』 6편에 있는 내용이다.

9 이 책 122쪽에 남경교안 당시 체포된 중국인 중 姚如望은 왕풍숙 사건이 터지자 "황기를 손에 들고

어 이미 실로 어렵고 위태로운 상황에 처해 있었기에 충직한 애국지사들이 몰래 근심하였던 것이며, 저들의 옳지 못한 교설이 날로 민심에 스며들었기에 도를 지키며 세상을 지키던 자들이 가장 깊이 염려하였던 것이다. 소위 벼슬아치들과 군자들마저 어리석게도 저들과 서로 뜻이 맞을 줄 어찌 알았으랴!

논자들이 말하길 “하늘에 기도하는 것은 바른 학문이며, 하늘에 주재자가 있다고 하는 것 또한 도리에 맞는 소리인 듯하다. 하물며 우리가 말하는 천명과 천도와 천덕 모두가 믿을 만한 소리인데, 어찌 저들의 말만 유독 의심하려 드는가?”라고 한다.

說者謂“祀天爲正學, 謂天有主亦似有理. 況吾人天命天道天德之語又甚可據, 何獨於彼而疑之?”

이는 저 오랑캐들이 간교함을 부릴 수 있었던 까닭이 바로 이와 같은 말에 빌붙었기 때문임을 모르고서 하는 소리이다. 우리가 저들에게 미혹되는 이유 또한 바로 이러한 말의 뜻을 제대로 밝히지 못했기 때문이다. 어째서인가? 형체로 말할 때는 하늘이라 하고, 주재라는 측면에서 말할 때는 상제라 한다. 하늘이건 상제이건, 이름은 달라도 기실 하나이다. 천명이니 천도니 하는 미언은 끝내 자성自性과 성명誠明 밖으로 나가는 법이 없기에, 천명을 일러 성性이라 하고, 성誠이란 하늘의 도라고 이야기했던 것이다. 언제 성性 바깥에 하늘이 있고, 하늘 바깥에 주가 있어 만물을 창조함과 동시에 영혼까지 만들었다는 식의 황

不知夷得售其奸者正依附此語也. 吾人所以被其惑者, 寔未究此義也. 何者? 以形體而言, 謂之天, 以主宰而言, 謂之帝. 曰天, 曰帝, 名殊而體一也. 若夫天命天道等微言, 總不出乎自性誠明之外. 故云天命之謂性, 誠者天之道. 何曾謂性外有天, 天外有主, 以制造萬物, 幷造魂靈之怪誕哉? 頻以六經所稱上帝爲天主明證, 而制造萬物之誕, 何六經無一言可影響乎?

‘천주를 위해 죽기를 바란다’고 외쳐 체포되었다.(手執黃旗, 口稱 ‘願爲天主死’, 遂被獲.)”는 내용이 있다.

당한 소리를 지어낸 적이 있었던가? 저들은 빈번히 육경에서 상제라고 한 대목을 인용해서 천주를 입증하려고 하는데,[10] 만물을 창조했다는 황당한 소리는 어찌하여 육경에 단 한마디도 없는가?

상제란 유가에서 하는 말이고, 태극이란 유가에서 종지로 삼는 바이다. 만약 유가에서 종지로 삼는 것을 배척하고자 한다면 유가의 말에 빌붙어서는 안 될 것이고, 기왕 (유가의) 말에 빌붙고자 한다면 종지로 삼는 바를 배척해서는 안 될 것이다.[11]

夫上帝, 儒言也, 太極, 儒宗也. 若排斥其宗, 則不宜附會其言, 旣附會其言, 則不宜排斥其宗.

그러니 어찌 태극을 배척하면서 '태극을 오직 이른바 이理로밖에 설명할 수 없다면 만물의 근원이 될 수 없다.'고 말할 수 있겠는가? 또 '이理 또한 무언가에 의지하는 것으로 자립할 수 없는데 어떻게 다른 사물을 세울 수 있겠는가?'라고 말할 수 있겠는가? 살펴보건대, 이 얼마나 방자한 태도인가! 천지개벽 이래 학맥을 이어 온 가장 큰 줄기를 감히 어지럽히고 바꿔 놓으려고 하였으니, 오랑캐의 죄는 결코 용납될 수 없다.

奈何排太極云, '若太極者只解之以所謂理, 則不能爲萬物之原.' 又云 '理亦依賴之類, 自不能立, 曷立他物?' 按此何等橫恣! 將開闢以來之學脈最關係者, 敢變亂之, 夷罪不容誅矣.

태극을 어떻게 설명할 수 있겠는가? 원래부터 설명할 수 없는 것이다. 선유들이 이를 설명하였지만, 이른바 이理란 태극의 무사無思·무위無爲·무방無方·무체無體로서 천지만물을 생육하는 섭리를 갖추고 있

夫太極焉可解? 原不容解也. 卽先儒解之, 所謂理者, 以太極無思·無爲·無方·無體, 而具有生天地萬物之理也. 惟具有生天

10 『천주실의』 2편에 있는 내용이다.

11 마테오 리치는 『천주실의』 2편에서 "그러나 저는 옛 군자들이 천지의 하느님을 공경했다는 말은 들었으나 태극을 높이 받들었다는 말은 듣지 못했습니다. 만약 태극이 하느님이요 만물의 시조라면 옛 성인들이 무엇 때문에 그런 이론을 숨겨 두고 말하지 않았겠습니까?"라고 말했다.

음을 말할 뿐이다. 천지만물을 생육하는 섭리를 갖추었기에 선유들이 이를 이理라고 설명한 것이니, 이 또한 마땅치 아니한가?

地萬物之理, 先儒解之所謂理, 不亦宜乎?

그런데 이마두는 망령되이 이를 배척하면서, 이른바 (태극을) 이理라고 설명할 수 있다면 만물의 근원이 될 수 없다고 하였다. 또 말하길, '이理 또한 무엇인가에 의지해야 한다.'고 하였다. 태극은 이른바 이理로만 설명하기 때문에 태극이 이理에 의지한다는 사실도, 모르고, 또 이理의 본뜻도 모른다. 어째서인가? 만법유심萬法唯心이요, 심외무법心外無法이라 하였다. 마음이란 형상이 없으며 영감과 지각만이 있다. 영감과 지각만 있으면 천하 만물의 이치가 거기 다 갖추어진다. 이른바 '잡된 것 없이 깨끗하고 신령스러워 어둡지 않아서 뭇 이치를 갖추어서 만사에 응한다'[12]는 것이다.

而利氏妄排云, 解之所謂理, 則不得爲萬物之原. 又云'理亦依賴之類'. 以太極只解所謂理, 固不知太極以理爲依賴, 且不識理矣. 何則? 萬法唯心, 心外無法. 心也者, 無形相, 有靈覺. 唯有靈覺, 而天下物理具矣. 所謂'虛靈不昧, 具衆理而應萬事者'也.

지금 이마두는 망령되게도 사람 스스로 이치(理)를 세워 의지하는 바로 삼는다고 여겼으니, 어찌 만법유심과 심외무법의 오묘한 뜻을 안다고 하겠는가! 유·불儒佛 양가에서는 모두 체용體用을 말하는데, 모든 이를 갖추고 있는 마음을 체體라 하고, 만사에 두루 응하는 것을 용用이라 한다. 하지만 말할 때는 비록 체와 용을 나누어 말할지라도 기실 체와 용은 하나의 근원에서 비롯된 것이며, 하나의 근원이라는 것도 결국에는 찾아낼 수 있는 것이 아니어서, 오직 하

今利氏妄以人爲自立理爲依賴, 豈知萬法唯心, 心外無法之微旨哉! 卽儒 佛兩家並說體用, 蓋以心具衆理爲體, 而應萬事爲用. 然說雖分體用, 寔則體用一源, 究竟卽一源亦不可得, 惟一靈任運而已. 今利氏妄分兩端, 豈識理哉!

12 『大學』에 나오는 표현으로, 하늘에서 받은 밝은 덕성(明德)의 體用을 형용한 말이다.

나의 영靈에 모든 운행을 맡기고 있을 뿐이다. 그런데 이마두는 망령되게도 이를 둘로 나누었으니, 어찌 이理를 안다고 하겠는가![13]

그는 또 말하기를, "이른바 이理에는 오직 양단兩端만이 있어서 혹 사람 마음에 있거나 혹 사물에 있다. 사물의 이치가 사람의 마음에 부합하면 그 사물을 비로소 진실이라 부르고, 사람의 마음이 능히 사물의 이치를 궁구할 수 있을 때 이를 일러 격물格物이라 부른다. 이 두 가지에 근거해 보면, 여기서의 이理 또한 의지하는 바가 있는 것이니, 어찌 만물의 근원이 될 수 있겠는가?"라고 했다.

又曰, "所謂理者, 只有二端, 或在人心, 或在事物. 事物之理合乎人心, 則事物方謂眞寔, 人心能窮彼在物之理, 則謂之格物. 據此兩端, 則理固依賴矣, 奚得爲物原云?"

이는 정식情識을 격물이라 착각한 것이다. 무릇 격물이란 본디 명덕明德에 있으니, 덕이 밝아지면 사물은 절로 다스려진다. 이마두의 이 말은 눈앞의 정식일 뿐이다. 눈앞의 정식으로 선천적으로 사물을 내고 기르는 이치를 비난하려 들다니, 가소롭지 않은가! 선천적으로 사물을 내고 기르는 이치는 건원乾元의 자강불식에 통합되고,[14] 건원의 자강불식은 곧 우리 마음이 지니고 있는 늘 밝디 밝은 본각이다. 우리

此又錯認情識爲格物也. 夫格物原在明德, 德旣明而物自格. 利氏此言乃目前情識耳. 以目前情識, 執難先天發育之理, 豈不可嗤! 夫先天發育之理, 統于乾元自強不息, 乾元之自強不息, 卽吾心之本覺常明. 吾心之本覺常明, 於先天後天, 無二無分,

13 마테오 리치는 『천주실의』 1편에서 "理의 體와 用은 너무나 넓어서 비록 성현이라고 해도 또한 다 안다고 할 수 없다.(理之體用廣甚, 雖聖賢亦有所不知焉.)"라고 말했다. 體와 用은 중국적 사유의 기본 골격으로, 한 개의 體를 결코 고립된 자족적인 완성체로 보지 않았다. 중국인들은 한 개의 體는 그것이 주어져 있는 주위의 장과 생동적인 연관 속에서 그때그때 활동하는 用에 의해서 임시적으로 파악되는 것이라고 이해했다.

14 『周易』 「乾卦」의 彖辭에 "위대하다, 건의 원이여! 만물이 그에 근거하여 시작하니, 이에 하늘을 거느리는구나.(大哉乾元, 萬物資始, 乃統天.)"라는 말이 나오는데, 象辭에서는 "하늘의 운행이 굳건하니 군자는 이로써 스스로를 굳세게 하는 데 쉬지 않는다.(天行健, 君子以自強不息.)" 라고 풀이하고 있다.

마음이 지니고 있는 늘 밝디 밝은 본각은 선천적으로나 후천적으로나 다르지 않고 나뉘지도 않으며 구분도 없고 끊이지도 않는다. 이와 같은즉, 합하면 만물이 일체를 이루고 흩어지면 각각 하나의 태극을 지닌다. 이는 깊고 오묘한 견해이자 광명정대한 도이니, 어찌 사설이 그 자취를 없애는 것을 용납할 수 있으리오!

無別無斷也. 如是則合之, 物物爲一體, 散之, 各具一太極, 此乃窮深極微之見, 光明正大之道, 豈容邪說所泯沒哉!

아아! 업식業識이 망망하여 본디 근거할 것이라곤 없었던 이마두는 저 크디 큰 천지와 많고 많은 만물은 최초에 반드시 그것을 내고 이루어 준 자가 있을 것이라 마음대로 생각하고서 천주라는 자를 만들어 냈던 것이다. 또 오로지 천주만을 세우고자 태극을 억지로 배척했던 것이다. 군자들이 태극을 종지로 삼으면 천주와 양립할 수 없고, 그리되면 사설이 결국 물러나게 될까 두려웠을 것이다. 그리하여 멋대로 배척하고 해괴망측한 말을 날조하여, 이 성명한 세상을 어지럽히고자 했던 것이다.

嗟乎! 利氏業識茫茫無本可據, 橫計天地之大萬物之多, 最初必有生成之者, 遂創立一天主焉. 專欲立天主, 遂硬排太極. 蓋恐士君子以太極爲宗, 則與天主不兩立, 而邪說自遁矣. 故橫意排斥揑妄衙怪, 計將搖惑吾聖明之世也.

어떤 사람이 말했다.

或曰:

"당신은 불자인데, 어찌하여 직접 불교를 천양하지 않고 유가를 이야기하는 것입니까?"

"吾子學佛者也, 何不直闡佛, 尙言儒乎?"

내가 말했다.

曰:

"유가에서는 태극을 종지로 삼고, 불가에서는 무생無生을 이야기한다. 무생과 태극은 이름은 다르나 본체는 같다. 그 본체가 같기 때문에 서로 편안히 거하며 거스름이 없다. 그런데 천주교 사설은 (종지가 없고) 이理와 성性을 끊어 없애므로 유가 및 불가와 상반된다. 내가 유가를 이야기하는 것은 유가와 불가가

"儒宗太極, 佛說無生. 無生太極, 名殊體同. 惟其體同, 故相安而不相悖. 今邪說無宗, 斷滅理性, 與儒佛並相反. 吾所以言儒者, 正明儒與佛同. 蓋欲士君子繇知儒以知佛, 會儒佛一貫,

같다는 것을 밝히기 위함이다. 사군자士君子로 하여금 유가를 아는 것으로 말미암아 불가를 알게 하고, 유·불을 하나로 회통함으로써 사설이 일어나지 못하게 하기 위함이다.

令邪說不得作也.

가장 놀라운 것은, 저들이 갑자기 튀어나온 요사스런 말들로 우리 나라 개벽 이래의 학맥을 감히 어지럽히고 있는데, 우리 나라 개벽 이래의 학맥이 도리어 갑자기 튀어나온 요사스런 말을 징벌하지 못하고 있다는 사실이다. 이와 같다면 삼교의 후학 된 자로서 부끄럽지 않을 수 있겠는가?"

所最可駭者, 彼輩以一時突出之妖邪, 敢亂吾國開闢以來之學脈, 吾輩衍開闢以來之學脈者, 反不能懲一時突出之妖邪, 則爲三教後昆者, 能不慚惶乎?"

어떤 사람이 말했다.

或曰:

"저들은 오직 불교만을 멸시할 뿐, 유가를 감히 비방하지는 못합니다."

"彼秖欲蔑佛, 儒猶不敢毁也."

나는 태극이 곧 유가라고 생각한다. 그 종지로 삼는 것을 반대하면서, 그 교를 비방하지 않는다고 말할 수 있겠는가? 순임금·문왕·주공·공자가 지옥에 들어갔다 운운한 것이 문림文林에서 절치부심할 일임은 일단 차치하더라도, 『천주실의』 제2편만 보아도 이러한 말이 있다. '우리 나라의 이웃에는 상고 시대부터 삼교에 그치지 않고 수천백 가지 종교가 있었으나, 서양의 유자들이 정리正理로써 가르치고 선행으로써 교화시켰다. 그래서 지금은 오직 천주교 하나만을 따르고 있다.' 이 말만으로 오랑캐들의 방자한 마음을 훤히 볼 수 있다. 저들 안중에 어찌 불교와 도교만 없었겠는가. 주공과 공자도 없었다. 얼마 후 저들은 과연 주공과 공자가 지옥에 들어갔다는 말을 하기에 이르렀다. 오랑캐의 언사가 이렇게까지 스며

吾以爲太極儒家也. 旣反其宗, 安謂不毁其教乎? 且毋論舜·文·周·孔入地獄等語, 在文林尤可切齒, 只見『寔義』第二篇, 有云 '敝國之鄰方, 上古不止三教, 纍纍數千百枝, 後爲西儒以正理辨喩, 以善行嘿化. 今惟天主一教是從.' 審此語, 灼見夷心横恣. 目中豈直無佛老, 抑亦無周孔矣. 未幾果有周孔入地獄等語, 察夷言之浸潤如此, 則夷心之包藏誠叵測耳.

든 것을 보면, 오랑캐들의 속셈이 참으로 예측하기 어려움을 알 수 있다.

세상에 뿌리를 내리고 혹세무민하며, 갖가지 거짓말을 일삼으며 사람들을 속여 온 것이 여기에 그치지 않는다.

而蔓延惑世, 多種譸張, 不止於是.

『천주실의』 첫 편에 나오는 몇천 마디의 말들은 모두 삼교에서 말하는 '이理와 성性은 무시무종이다', '육합六合은 그 끝을 헤아릴 수 없다' 등의 말을 훔쳐다가 천주를 위해 온갖 거짓을 꾸며 낸 것인데, 삼신일성三身一性이라는 말은 어디에도 없었다. 마지막 편에 이르러서도 천주가 한나라 애제 때 태어났으며 이름은 예수라고만 하였으니, 여기도 삼신일성의 말은 없었다.

其『寔義』首篇幾千言, 竊三教'理性無始無終', '六合不能爲邊際'等語, 誕爲天主嘵嘵萋菲, 並無一性三身之義. 至終篇亦只言天主生於漢哀帝時, 名爲耶穌, 亦無一性三身之義.

그 후 이마두가 세상을 뜨자 그의 무리가 북경과 남경에서 창궐하였다. 그때 세도世道를 근심하던 자들은 좌도가 군중을 현혹하는 것을 혐오하여 거듭 상소를 올려 탄핵하였다. 심종백(沈㴶)이 올린 세 번째 참주문[15] 가운데 '그 술수가 사악하고 비열하다는 것은 말로 다 표현할 수 없다. 저들이 말하는 바에 따르면 천주는 저들 나라의 한낱 죄인일 뿐이다.'는 내용이 있으니, 정말 따질 만하지 못하다. 또 말하기를, '상제가 오랑캐로 환생하고, 오랑캐가 못 박혀 죽은 후에 다시 상제가 되는 법이 어디 있단 말인가?' 또 말하기를, '천주가 강생하여 오랑캐가 되었다면, 강생

厥後利氏既死, 其黨與猖獗于兩京. 爾時憂世者, 皆惡其左道惑衆, 累疏劾駁. 如沈宗伯三參中有云'其術之邪鄙不足言也. 據其所稱, 天主乃是彼國一罪人,' 誠不足辨也. 又有云'豈有上帝化爲胡人, 胡人釘死之後, 復返爲上帝乎?' 又有云'以天主降生爲胡人, 豈降生以後天遂無主乎?' 夫夫也可謂有識矣.

15 이 책 61~66쪽 참조.

한 이후에 하늘에는 주인이 없었단 말인가?' 이러한 말들은 대략 식견을 갖추었다 이를 만하다.

저 오랑캐들은 자기들의 속셈과 거짓이 탄로 나면 사람을 속이기 어렵다는 것을 알고 『유전遺詮』[16]을 지었는데, 불경에 나오는 하나의 성性이 세 개의 몸(身)을 갖추고 있다는 뜻을 훔쳐다가 천주에게 삼위三位가 있으니, 제1위位의 이름은 '성부', 제2위의 이름은 '성자', 제3위의 이름은 '성령'이라 하였다.[17] 제2위인 성자가 비록 강생하여 예수가 되었으나 성부는 여전히 하늘에 있었다고 하였으니, 이는 상제가 오랑캐로 환생하였고, 오랑캐가 돌아가 상제가 되었으며, 천주 강생 이후 하늘에는 주인이 없어졌다는 힐난을 모면하고자 한 것이다.

彼夷自知情僞敗露, 難以欺人, 遂著『遺詮』一册, 竊佛典一性具三身之義, 謂天主有三位, 一位名'罷德肋', 二位名'費略', 三位名'須彼利多三多'. 第二位費略雖降生爲耶蘇, 而罷德肋猶在天, 將以遁逃上帝化爲胡人, 胡人返爲上帝, 天主降生以後, 天遂無主之詰.

『천주실의』는 천주의 뜻을 분명히 하고 있다. 만일 천주에게 세 개의 몸이 있었다면, 어찌하여 이마두가 여기(천주실의)에 그렇게 적지 않고 그의 무리와 『유전』이 훗날 나올 때까지 기다려야 했는가? 수시로 변환하고 이리저리 도망 다니는 속셈이 불 보듯 뻔하다. 그렇지 않고서 만일 천주에 관한 이야기가 사실이라면, 강생한 이후에 직접 그런 사실을 말

夫『天主寔義』, 正著明天主之義也. 豈天主有三身, 利瑪竇不著明於前, 尙待其黨與遺詮于後耶? 則其隨時變幻遁逃情僞, 斷可見矣. 不然, 天主之說果眞, 則自降生以後, 當親口宣揚. 及彼輩之來我土, 惟飜譯親

16 스페인 태생의 예수회 선교사 판토하(龐廸峨)가 지은 4권으로 된 천주교 교리 해설서인 『龐子遺詮』(1617)을 가리킨다.

17 '삼위일체' 역시 중국인들에게 혼란과 오해를 부르는 그리스도교의 교리였기 때문에 선교사들은 중국의 전통 사상에서 이에 상응하는 개념들을 찾아 설명하였다. 알레니(艾儒略)는 體(body, substance)라는 개념을 차용하여 예수는 천주와 同體이고 천주의 本性을 비추어(照) 만든 像이라고 설명하였다. 許大受는 「사설 변박에 도움 되는 글」(이 책 269쪽)에서 삼위일체설은 불교의 三身說(法身·報身·化身)을 훔친 것이라고 주장하였다.

했어야 했다. 또 저들이 우리 땅에 왔을 때, 번역하여 직접 읽어 준 성경에 적어 우리들에게 보여 주는 것이 급선무였는데 어찌 처음에는 일언반구도 없었는가! 그 후로 20년 동안이나 우리의 경전을 훔쳐 내 동으로 서로 베낀 다음에야 그런 말을 지어내고, 강생과 관련한 이야기가 동으로 서로 폄하되고 반박당한 후에야 삼신三身이라는 말을 지어내어 달아났으니, 이 무슨 짓이란 말인가! 이처럼 날조하고 천착한 것이 『방자유전』이나 『천주실의』만이 아니겠지만, 아무리 책이 많다고 하여도 대강의 정황을 미루어 짐작할 수 있다.

口所宣之經, 以示吾人, 是其急務, 何最初無一字? 將來待二十年漁獵我土經書, 東瞟西竊, 然後杜撰, 而降生之謬又被人東貶西駁, 然後以三身爲躱竄, 此何爲哉! 如是則扭揑穿鑿不特『遺詮』·『寔義』, 雖汗牛充棟, 可類推矣.

저들의 말을 들은 사람들은 저들이 실제를 이야기했다며 좋아하지만, 나는 지나친 칭찬이라 생각한다.

聞人樂其譚實, 吾以爲過譽.

이른바 실제로 따지자면 우리 불경만 한 것이 없다. 불경에서 삼신을 말한 것은 사람의 자성自性을 밝히기 위함이었지 저 오랑캐들처럼 날조하거나 천착한 것이 아니다. 무릇 삼신 중에 청정법신淸淨法身은 성性이다. 성은 맑고 깨끗하며 형체가 없으므로 청정법신이라 부른다. 원만보신圓滿報身은 행行이다. 텅 비고 신령한 성에 모든 것이 갖추어져 있기에 원만보신이라 부른다. 천백억화신千百億化身은 용用이다. 텅 비고 신령한 성은 만사와 감통할 수 있으므로 천백억화신이라 부른다. 이 모두는 자성을 벗어나지 않아 영통하다. 그리고 상세히 말하자면 삼신이고, 간단히 말하자면 체용體用이니, 성은 곧 체體요, 행은 곧 용用인 것이다.

所謂實者, 莫尙佛典. 佛典說三身之義, 只明當人自性, 非如彼夷之扭揑穿鑿也. 夫三身者, 淸淨法身性也. 以性淸虛無物, 故謂之淸淨法身. 圓滿報身行也. 以性虛靈具足一切, 故謂之圓滿報身. 千百億化身用也. 以性虛靈能感通萬事, 故謂之千百億化身. 是皆不離自性靈通而已. 然詳言之三身, 約言之體用, 蓋性卽體行卽用也.

『중용』을 찾아보니 ‘군자의 도는 광대하면서도 은

卽質之『中庸』云 ‘君子之道費

미하다.'[18]고 하였다. 비費란 용用의 드넓음을 말한 것이니, 이는 곧 천백억화신이 아니겠는가? 은隱이란 체體의 은미함을 말한 것이니, 이는 곧 청정법신이 아니겠는가? '큰길이 숫돌처럼 편평하니'[19] 백성들이 함께 따른다. 다만 일용의 것이라 잘 모르기 때문에 성인과 선각자들이 그 자성으로써 일깨워 주었던 것이다. 자성에는 삼신이 갖추어져 있고 군자의 도는 광대하고도 은미하므로, 자성만 깨달으면 모든 것이 분명해진다.

而隱.' 費用之廣, 非千百億化身而何? 隱體之微, 非淸淨法身而何? '周道如砥', 百姓共繇. 第此日用不知, 故聖人先覺就其自性, 而提醒之云. 自性具三身, 君子之道費而隱, 苟悟自性卽了然矣.

그런데 지금 저 오랑캐들은 그 설을 훔쳐다가 천주 강생에 대한 반박을 막으며, 천주에게는 삼위가 있는데 제1위의 이름은 성부이고, 성부가 스스로의 모습에 비추어 성자를 낳았다고 말한다. 성자를 낳은 뒤에는 성자와 서로 애모하여서 함께 성령을 발한다고 말한다. 또 성령의 공력으로 피와 몸으로써 예수의 몸을 만들고, 서한 말년에 세상에 내려왔다고 말한다. 이처럼 요망하고 황당무계하다니, 이른바 혹세무민도 이보다 더 심할 수가 없다.

今夷黨竊之以護天主降生之駁, 謂天主有三位, 一位名罷德肋, 謂罷德肋照己而生費略. 旣生費略, 與費略互相愛慕, 共發須彼利多三多. 又因須彼利多三多之功, 以血體造成耶蘇之身, 卽降生于西漢末年. 如此妖妄怪誕, 所謂惑世誣民莫此爲甚.

자성과 체용의 도로써 따져 보건대, 과연 누가 옳고 누가 그르며, 누가 사도이고 누가 정도인가? 사서邪書에 적힌 내용을 가지고 저들에게 물어보건대, 성부는 제1위의 천주이니, 자신의 모습에 비추어 현명한 성자를 낳은 것은 그렇다고 치자. 그런데 아담과

試以自性體用之道詰之, 果孰是而孰非, 孰邪而孰正乎? 且就邪書以問彼云, 罷德肋旣是第一位天主, 照己而生費略之賢可也. 至於生亞當·厄襪爲人類

18 『中庸』 12장에 있는 내용이다.
19 『詩經』「小雅」「大東」에 있는 내용이다.

하와를 창조하여 인류의 시조로 삼았다면, 어찌하여 자성과 능력을 그들에게도 주어 함께 지니게 하지 않고, 하필 못나고 탐욕스러운 성품을 부여하여 아버지의 명을 어기고 신령하지 못한 영혼으로 하여금 마귀에게 흔들림을 당하도록 하였는가? 성자와 아담과 하와는 모두 성부가 낳았으니 모두 성부의 한 자식이다. 어떻게 다 같은 자식을 누구는 친애하고 누구는 홀대하며, 누구는 미워하고 누구는 사랑할 수 있단 말인가? 전지전능하고 대공무사大公無私한 천주에게도 편애하는 마음이 있단 말인가?

之始祖, 何不更推一性一能以與之共, 而乃賦以頑梗之性, 父命不遵, 不靈之魂被魔作擾耶? 夫費略與亞當·厄襪, 均是罷德肋所生, 則均是罷德肋一子也. 安有一子之中不惟有親疎而有憎愛? 豈全能大公之天主尙且有憎愛之情僻乎?

이뿐만이 아니다. 저 오랑캐들은 만물이 일체라는 사실을 깨닫지 못하고서 마음대로 천주가 만물을 낳았으리라 짐작하고, 천주의 성性과 사람의 성이 다르고 사람의 성과 짐승의 성이 다르다고 여기면서 짐승의 성은 "본디 어리석고 둔하며 신령하지 않다고 하였다. 그러나 배고프면 먹이를 구할 줄 알고, 목마르면 마실 것을 구할 줄 알며, 화살이 두려워 하늘로 오르고, 그물에 놀라 깊은 못에 잠기며, 까마귀가 먹이를 물어다 어미에게 먹이고, 양이 꿇어 앉아 새끼에게 젖을 물리는 등 제 몸을 지키고 새끼를 기르고 해를 막고 이로움에 나아가는 것은 저 신령한 존재와 다를 바가 없다. 이는 분명 존귀한 주가 은연중에 가르쳤기에 그리될 수 있었다."[20]고 말한다.

不特此乎. 彼夷不悟萬物一體, 故揣摩有天主, 以生萬物, 遂以天主之性不同人性, 人性不同禽獸性, 謂禽獸之性, "本冥頑不靈, 然饑知求食, 渴知求飮, 畏矰繳而薄青冥, 驚罟網而潛深澤, 或反哺跪乳, 俱以保身孳子, 防害就利, 與夫靈者無異. 此必有尊主者默敎之纔能如此也."

이토록 황당한 이야기로는 안목을 지닌 자를 행여

此荒唐之說, 諒有目者莫之或

20 『천주실의』 1편에 있는 내용이다.

나 속일 수 없을 것이다. 대지의 짐승들을 보라. 어쩌면 저리도 많은가. 배고프면 먹고 목마르면 마시고 해로움은 막고 이로움은 취하고, 그 일이 어쩌면 그리도 번다한가. 만약에 은연중에 가르쳐야 한다면, 존귀한 주가 제아무리 전지전능하다 하더라도 만방을 비추고 일 년 내내 부지런히 살피는 것을 면치 못할 터, 그 많은 번거로움을 어찌 감당할 수 있겠는가? 천주가 자성을 다 발현하더라도 사람과 사물의 성을 다 발현토록 할 수 없다. 그러므로 이는 사람과 사물은 모두 신령하며 하나의 본체에서 근원했음을 몰랐기 때문에 빚어진 오류이다.

欺. 試觀大地禽獸, 何其綦多. 饑飡渴飮, 防害就利, 何其綦紊. 若一一必經嘿教, 吾恐爲尊主者縱有全能全智, 亦未免萬方照顧終歲翘勤, 又何其數數不憚煩耶? 此不能盡自性以盡人物之性. 故不知人物同靈原爲一體, 至錯謬乃爾.

더구나 짐승의 신령함에 어미에게 먹이를 물어다 주는 것이나 꿇어앉아 새끼에게 젖을 먹이는 것, 제 몸을 지키고 새끼를 기르는 것만 있는 것은 아니다. 둥지를 틀고 사는 새들은 바람의 방향을 알고, 땅에 구멍을 파고 사는 생물은 비가 올 것을 안다. 바람을 알고 비를 알고 있으니 무지하다고 말할 수 없으며, 무지하지 않으니 신령하지 않다고 말할 수 없다.

且禽獸之靈不止反哺跪乳保身孳子而已. 如巢者莫不知風, 穴者莫不知雨. 知風知雨不可謂無知也, 有知不可謂無靈也.

적어도 존귀한 주가 있어 은연중에 가르친다고 하는데, 큰 시내와 깊은 못이 간간이 폭우에 넘쳐흘러 시체가 들판에 뒹구는 광경이 참으로 가련하지 않은가. 혹은 배를 타고 강이나 호수를 건너다 광풍을 만나 배가 뒤집히면 물고기 배에 장사 지내기도 하고 모래밭에 시체가 드러나기도 하니, 얼마나 처참한가. 존귀한 주께서 어찌하여 가르쳐 주어 미리 막아 주지 않으시는가?

倘云必有尊主嘿教之, 則往往大川深澤之際, 被暴雨源流, 橫屍遍野, 誠可憫矣. 或舟過江湖, 被狂風覆逝, 或葬魚腹, 或暴沙礫, 何其慘也. 尊主何不默教之以預防乎?

사람은 버리고 짐승을 가르친다면, 천주는 짐승을

若舍諸人而教禽獸, 則天主似

사랑하고 사람을 사랑하지 않는 셈이니, 세상에 그런 법이 어디 있는가? 저들의 서적에서 늘 말하길, 천주가 짐승을 낳은 것은 사람을 위해 쓰려 함이라고 하였다. 짐승을 내어 사람을 위해 쓰이게 하려 했다면, 화살에 맞더라도 하늘로 날아오르라고 가르칠 필요 없고, 그물에 걸리더라도 깊은 못에 숨으라고 가르칠 필요 없지 않은가. 그런데 천주가 그렇게 하라고 가르친다면, 이는 더더욱 사람을 사랑하지 않고 짐승을 사랑하는 것이다. 천주의 전도됨과 착오가 어찌 이 지경에 이를 수 있단 말인가?

愛禽獸而不愛諸人耳, 豈理世哉? 且彼籍嘗云, 天主生禽獸無非以爲人用. 然旣生禽獸以爲人用, 則矰繳之罹不必教其薄青冥, 網罟之人不必教其潛深澤. 天主並教之如此, 則又不愛人而愛禽獸耳. 何諸天主之顚倒錯亂竟若此乎?

아아! 저 오랑캐가 하늘을 무고하고 세상을 속인 죄가 막심하도다. 갖가지 요망함과 갖가지의 환술은 사람으로 하여금 실로 깊이 증오하고 통절히 끊어 내지 않고서는 그만둘 수 없게 한다.

噫! 彼夷之誣天誑世, 罪莫大焉. 其種種妖妄, 種種變幻, 令人不深恨, 不痛絶不能已也.

5. 사교를 돕는 자에게 말하다

爲翼邪者言

하장의 석행원

霞漳 釋行元

요지

승려 행원[1]이 이마두(마테오 리치)가 지은 『천주실의』의 지리멸렬함과 허무맹랑함, 그리고 불경스러움을 비난한 글이다. 심성을 갈기갈기 찢어 놓고, 삼분오전三墳五典을 넘어뜨리고, 백성을 선동하고, 불조佛祖를 능멸한 점과 유가의 태극을 비방하고, 삼교三教의 법도를 멸시한 점 등 중국에 끼친 해악을 열거하면서 중화의 선비들이 이에 동요하고 있는 현실을 안타까워하였다. 또 천주의 존재 자체를 부정하면서, 천지개벽 이래 그 많은 성인들께서 남긴 수억 마디 말들 가운데 하늘만 있고 천주는 없는 것이 명백한 증거라고 반론하였다. 이어 모든 선비들에게 천주교에 미혹되지 말고 그의 무리와 어울리지도 말며, 저들을 배격하고 천주교의 불씨를 꺼뜨려 아직 죽지 않은 인심을 지켜 내고, 아직 떨어지지 않은 도통을 이어 갈 것을 호소하였다.

늘 생각했다. 우리는 훤칠한 칠 척의 몸에 높이 중화의 관을 쓰고 중화의 옷을 입고서 문장과 의리를 숭상하고 주공周公과 공자를 읊고 익혀 왔다. (주공과 공자는) 우주 안에 우뚝 서서 만백성과 만물 위에 성대히 거하고 있다. 그러니 품격이 높고도 귀하다고

蓋嘗思之. 吾人以魁然七尺之軀, 峩而冠華而裾, 推尚義文, 誦習周孔, 卓乎宇宙之中, 藹焉民物之上. 其自任也, 品格亦旣崇且貴矣. 而所以葆夫崇且

1 行元(1611~1662)은 청나라 때 고승으로, 호는 百痴이다. 속세의 성은 蔡이며 福建 漳浦 사람이다. 불가에 입문한 후 費隱 通容을 만나 배움을 얻었다. 후에 절강성 金粟寺에 장기간 머물렀다. 『百痴禪師語錄』 30권이 전한다.

자부할 만하다. 그런 까닭에 이 높고도 귀한 것을 보호하는 자라면 본성이 지극히 영명靈明하여 추호도 오염되지 않았다. 그러므로 사특한 학문으로 거짓을 꾸며 내는 자가 천하 백성을 선동하는 것을 보면 반드시 소리 높여 입을 열어 사설을 잠재웠으며, 타오르는 화염을 모조리 꺼뜨리지 않고서는 그만두지 않았다. 정교正教를 종지로 삼아 사교를 배격하며, 그 근원을 모두 틀어막지 않으면 만족하지 않았다. 이 모두가 대도大道를 행하는 공적인 마음을 만물일체에까지 넓혀 나간 것이니, 그런 다음에 선대의 덕을 이어받아 빛을 발하였고, 후대에게 전해 주어 아무 폐단이 없을 수 있었다.

貴者, 本性極爲靈明, 絲毫爛然不染. 故當其世而有邪學僞造之徒鼓煽於天下, 則必立昌言以熄之, 不大灰其焰不止也. 宗正教以排之, 不盡遏其源不願也. 凡此皆以行大道爲公之心, 擴萬物一體之量, 夫然後續之先德而有光, 綿之後禩而無弊也.

오랑캐 이마두(마테오 리치)는 스스로 수만 리를 항해하여 동쪽으로 왔다고 말하면서 우리 중국 땅에서 천주교를 제창하였는데, 그가 지은 『천주실의』 여덟 편은 대부분이 지리멸렬하고 허무맹랑하고 불경스런 말들뿐이다. 심성을 갈기갈기 찢어 놓고, 삼분오전三墳五典[2]을 넘어뜨렸으며, 백성을 동요시키고, 불조佛祖를 능멸하였다. 또 유가의 태극을 비방하고 삼교三教의 법도를 멸시하였다. 그것이 끼친 해악은 이루 다 말할 수 없을 정도이며, 그 내용 또한 입에 올릴 가치조차 없다.

夷人利瑪竇自稱航數萬里而東, 倡天主教於我中國, 所述『實義』八篇, 大都皆支離孟浪不經之說. 決裂心性, 傾越典墳, 煢擾黔黎, 淩欺佛祖. 謗儒家之太極, 蔑三教之綱彝. 其蠹害固不可勝言, 其爲詞亦不屑齒論.

그러나 사람들의 일반적인 정서는 재미난 것을 좋

然而恒情樂玩, 邪見易薰, 徒安

2 三墳은 三皇 시대의 책, 五典은 五帝 시대의 책을 가리킨다.

아하고 사특한 교설에 쉬이 물드는 법이니, 아직 위태함이 드러나지 않았다[3] 하여 안일함을 탐하다가 양을 잃고 하릴없이 눈물만 흘리게 된다면, 우리 중국의 군자들이 사특함을 막고 도를 지키고자 했던 고심도 백성들의 굶주림과 허우적댐을 가슴 아파하던 본래 뜻[4]도 아닐 것이다. 오직 아침부터 힘쓰고 저녁까지도 두려워하며,[5] 굴속 개미나 사창社倉의 쥐새끼 하나까지 모두 우환으로 여겨야 할 것이다. 근심이 깊을수록 말은 더욱 절실해지니, 산림에 숨어 있는 무리를 이끌고 나가 고상한 덕행을 함께 실천하고, 절조 높은 영웅들을 격발시켜 한마음으로 공의公議를 돕는다면, 감히 우리 대국을 어지럽혀 놓은 저 누린내 나는 하찮은 무리들이 오래가지 못해 절로 끊기게 될 것이다. 그리되면 인심과 도통道統과 국맥國脈이 미친 파도에 휩쓸려 가는 것을 면할 수 있으리라.

厝火空泣亡羊, 殆非我中國君子防邪衛道之苦心, 民饑民溺之素志. 惟是朝乾夕惕, 悉抱蟻穴鼷社之憂. 憂之愈深, 言之稱切, 牽林總之群而共踐景行, 激節操之英而合佐公議, 則彼腥羶小蠢輩, 敢洶洶亂我大邦者, 勢不久而自絶. 而人心道統國脈, 亦庶乎免狂瀾矣.

그런데 어찌하여 저 오랑캐 족속들이 강론하고 예배 보는 것이 우리 중국의 장절章節이며, 오랑캐들이 책을 쓰고 서문을 모아 놓은 것이 우리 중국의 붓과 먹이며, 오랑캐 무리들이 세운 경교당(교회당)이 우리

獨奈何夷族之講求瞻禮者, 我中國之章絶[6]也, 夷書之撰文輯序者, 我中國之翰墨也, 夷類之設爲景敎堂者, 我中國之畵軒

3 '厝火'는 厝火積薪의 준말로, 장작을 쌓아 놓고 그 아래에 불을 두면 당장은 불이 피어오르지 않고 얼마 동안 지나서야 비로소 불이 피어오른다는 뜻에서, 표면에 아직 나타나지 않은 災害를 뜻한다.

4 『孟子』 『離婁下』에 "우임금은 세상에 물에 빠진 자가 있으면 마치 자기가 빠진 것처럼 생각하였고, 稷은 세상에 굶주린 자가 있으면 마치 자기가 굶주린 것처럼 생각했다. 그렇기 때문에 그같이 바삐 서둘러 다닌 것이었다.(禹思天下有溺者, 由己溺之也, 稷思天下有饑者, 由己饑之也, 是以如是其急也.)"라는 내용이 보인다. 백성의 질고를 자책하며 이를 없애기 위해 노력한다는 뜻이다.

5 『周易』 「乾卦」에 "군자가 종일토록 힘쓰고 힘써 저녁까지도 두려워하면 위태로우나 허물이 없으리라.(君子終日乾乾, 夕惕若, 厲, 無咎.)"라는 표현이 보인다.

6 원문에는 '絶'이나 문맥상 章節을 의미한다.

중국의 알록달록한 처마와 마룻대란 말인가! 높은 다리에서 어두운 계곡으로 옮겨 가고[7] 오랑캐의 풍속으로 중화를 개변시키려 하다니, 아아, 세상에! 차마 견딜 수 있겠는가! 삼척동자를 속이면서 "너는 왜 개나 돼지에게 절하지 않느냐?"고 한다면, 동자는 부끄러워하며 그 말을 들으려 하지 않을 것이다. 하물며 당당히 수염을 기르고서 오랑캐의 제사를 지내고, 꿋꿋한 정강이를 오랑캐 무리 앞에서 굽히며, 평생 탄복해 오던 말씀을 하루아침에 싹 없애 버릴 수 있단 말인가. 가의賈誼가 살아 있다면 얼마나 많은 눈물을 흘릴지 모를 일이다.

華棟也! 遷喬入幽用夷變夏, 噫嘻嗟哉! 是尙可忍言乎! 今試執三尺之童而紿之曰, "汝盍拜犬豕?" 童子猶恥不受. 而況以堂堂鬚眉, 覲瀆夷祀, 亭亭脛骨, 屈折夷徒, 生平佩服之謂, 何一旦而淪胥乃爾. 賈生若在, 吾不知其涕哭幾多.

또 말을 꾸미고 비유를 들어 가면서, 외사外史(즉 野史)나 유가 경전에 적힌 한두 가지 그럴듯한 말을 훔쳐다가 증거 삼아, "이것이 모두 천주를 설명하는 것들이다. 정말로 천주가 있으며, 믿고 경외하고 만물을 다스리고 거둔다."고 하였다. 하지만 정말로 천주가 있다면 천지개벽 이래 그 많은 성인들께서 남긴 수억 마디 말들 가운데 어찌하여 하늘(天)만 있고 천주는 없단 말인가? 뭇 성현들이 몰랐던 것인가, 아니면 알고도 오히려 감추었던 것인가?

且又爲之飾辭設喩, 竊取外史儒謨一二彷彿者, 代爲劵曰, "是皆明天主者也. 實有天主在, 而可信可畏可格可斂者也." 夫苟寔有天主在, 則開闢已後諸聖億萬言, 何獨言天而不言天主? 豈諸聖不知, 抑果知而反秘之乎?

만일 천주가 정말로 한나라 애제哀帝 때 강생하였다면 이보다 더 신령하고 기이한 일이 없으니, 일반 백성들이 노래하고 간책을 올려 고하였을 것이다. 그

而苟謂天主降生於漢哀之時, 則莫大靈奇, 閭巷歌之, 簡册誥之. 歷五代唐宋以來, 須聞有天

7 좋은 처지에 있다가 열악한 처지로 옮겨 가는 것을 뜻한다. 『孟子』 「滕文公上」에 "나는 으슥한 계곡에서 나와 높은 나무로 옮겨 간다는 말은 들어 보았어도 높은 나무에서 내려와 으슥한 계곡으로 들어간다는 말은 들어 본 적이 없다.(吾聞出於幽谷, 遷於喬木者, 未聞下喬木而入於幽谷者.)"는 내용이 있다.

렇다면 오대五代와 당송唐宋 이후에 천주라는 이름을 분명 들었어야 할 터인데, 어찌하여 옛날에는 전해 오는 바 없다가 지금 갑자기 그런 이야기가 생겨났단 말인가?

主之名可矣, 何古昔無傳而今反創見之乎?

저들은 또 천주가 십자가의 형벌을 받아 죽음으로써 만백성의 죄를 대속하기를 청했다고 말하고 있는데, 천주가 죽었다면 아무리 영혼 불멸이라 하더라도 십자가에 화를 당해 놓고 어떻게 모든 신들을 초월하여 홀로 만백성과 만물의 주인이 될 수 있단 말인가? 또 덕을 닦지 못하고 부질없이 그 몸을 방치했으니, 이를 두고 교화의 큰 요체가 어디에 있다고 할 것인가? 그 이치는 지극히 분명하고 저들의 교설은 심히 그릇되었으니, 무릇 군자라면 자세히 살펴 가벼이 믿어서는 아니 될 것이다.

抑又謂天主受十字刑架以死, 請代兆民贖罪, 則天主死矣, 縱爾靈魂不滅, 祇一橫架厲祟, 何能超百神而獨爲民物主? 更以不能修德, 徒然委置其身, 恃此敎化大體安在? 斯其理至明, 其說甚舛, 凡百君子所宜察焉, 而不可輕信者也.

우리 불가에서 말하는 삼신설三身說을 훔쳐다가 천주는 능히 화생化生할 수 있으며, 본래 위치로 돌아갈 수도 있다고 하였다. 그 말은 묻지도 않겠으나, 다만 그 근원에 차이가 있어 대부분이 중국의 정교正敎와 어긋나기 때문에 어쩌다가 저들에게 해독을 입게 된다면 위가 타들어 가고 장에 궤양이 생길 것이다.

卽使盜我佛家三身之說, 而謂天主能化生還其本位. 亦置之勿問, 但根源有差, 多與中國正敎相背戾, 設或身遭其毒, 便自焦胃潰腸.

또 무릇 군자라면 타오르는 불길 같고 들끓는 시냇물 같고 포악한 이리나 도깨비와도 같은 오랑캐를 반드시 엄하게 막아야 할 것이다. 그런데 도리어 저 오랑캐를 비호하다니, 이 무슨 짓인가? 이것이 내가 천주교가 중국에서 선교하는 것을 탓하지 않고 중국 사람들이 천주교를 믿는 것을 심히 탓하는 까닭이다. 나는 중국 사람들이 천주교를 믿는 것을 심히 탓

又凡百君子所宜嚴閑焉, 如火之燃, 如川之沸, 如狼魅之暴者也. 而反左袒彼夷者胡爲? 此余所以不咎天敎之行於中國, 而深咎中國之人行乎天敎也. 余固深咎中國之人行乎天敎, 而尤痛咎行天德之人叛乎正敎也.

하기도 하였지만, 천덕天德을 행한다는 사람들이 정교를 배반함을 더욱 통절히 탓했다. 정교를 배반하고 천주교를 따른다면, 예의와 문물이 발달한 나라가 왼쪽으로 옷깃을 여미는 오랑캐[8]와 다를 것이 무엇인가?

正教叛而天教行, 禮義文物之邦何異侏離左衽之俗?

사특한 도당들이 날로 길에 넘쳐 나고 날로 잠식해 들어오게 된다면, 장차 빈틈을 타고서 마치 손바닥 뒤집듯 쉽게 부정한 음모를 꾀하지나 않을지 걱정이다. 사람들이 하는 말 가운데 "모기도 한데 모이면 우레와 같은 소리를 내고,[9] 비방이 쌓이면 굳은 뼈도 녹인다."[10]는 말이 있다. 『시경』에서 이르기를 "처음에는 정말 저 작은 뱁새가, 날개 떨쳐 날 때는 큰 새"[11]라고 하였다. 예로부터 사람들이 남긴 일언반구도 모두 우리에게 시종일관 조심할 것을 경계하고 있으니, 여기에 실로 취할 바가 있는 것이다.

吾恐邪黨盈途蠶食日衆, 將乘虛以逞不軌之謀較若覆掌之易. 語云"聚蚊成靁, 積毁銷骨."『詩』曰"肇允桃蟲, 拚飛維鳥."古來人一言半句, 所以懲戒我人謹始毖終者, 寔有取于玆焉.

지금은 성명한 황제께서 세상을 다스리고 온 나라가 조정을 받들고 있으며, 오동나무에 봉황이 깃들고 풀숲에 할미새가 깃들고, 활도 창도 모두 창고에 들어가 있다. 이에 원하노니, 온 나라 안 상중하 모든 선비들이 이마두의 말일랑 듣지 말고, 이마두의 무리와는 어울리지도 말며, 저들을 배격하고 천주교의 불씨를 꺼뜨려 아직 죽지 않은 인심을 지켜 냄과 동시

迄今聖明馭世, 合國朝宗, 梧鳳萋雝, 弓櫜矢戢. 是願一切上中下士勿利言是聽, 勿利輩是從, 排之熄之, 以維不死之人心, 紹未墜之道統, 培長存之國脈. 固其宜也, 否則晛見雪消, 自貽伊戚, 一污青史, 萬古凄涼, 悔奚

8 '侏離'는 중국 서쪽 오랑캐의 음악을 가리키는 말로, 오랑캐를 범칭하기도 한다.

9 『漢書』「景十三王傳」에 나오는 말이다.

10 『漢書』「景十三王傳」 및 『史記』「張儀列傳」에 나오는 말이다.

11 『詩經』「周頌」「閔予小子之什」에 나오는 말이다.

에, 아직 떨어지지 않은 도통을 이어 장구히 존속할 국맥을 길러 가길 바란다. 그래야 마땅할 것이니, 그렇지 않고 햇빛에 눈 녹듯 (가만히 두면) 스스로 우환을 남기고 말아, 청사에 오점을 남기고 만고에 처량한 처지가 되고 말 것이다. 그때 후회한들 무엇하리! 후회한들 무엇하리! 이 글을 읽고서 길이 남길 우환을 잊지 말기 바란다.

及哉! 悔奚及哉! 幸藉此毋忘長慮.

6. 『대의편』 서문 요약

代疑序略記

하장의 석행원

霞漳 釋行元

요지

양정균楊廷筠이 지은 『대의편代疑編』에 이지조李之藻가 서문을 지었는데, 행원이 그 대략의 내용을 인용하면서 그것이 얼마나 지정至正의 도를 거스르고 있는지 비판하였다. 주로 '사람에게 가까운 도는 지극한 것이 아니며, 그 지극한 것은 성인이라도 알지 못하고 하지 못하는 바가 있다.'는 주장에 대해 성인도 모르는 바가 있는 것이 앎의 지극함이고, 성인도 못하는 바가 있는 것이 능能의 지극함이라고 반론을 가하였다. 그가 옳은 의심(正疑)이니 망령된 의심(妄疑)이니 떠벌린 것은 스스로의 잘못을 인정하지 못하고 남의 입을 막고자 한 것에 지나지 않는다면서 서문의 허무맹랑함을 지적하였다.

무림武林(杭州)의 양미격楊彌格[1]은 이마두의 말을 좇아 예수의 황당무계한 행적을 세상에 널리 알리고자 『대의편代疑篇』을 지었는데, 처음부터 끝까지 24조목이었다.

武林楊彌格, 襲瑪竇之唾餘, 恢耶蘇之誕蹟, 刊著『代疑篇』, 始末二十四條.

양암자凉庵子[2]라는 자가 그 책에 서문을 지었는데, 양암자가 어떤 사람인지는 알 수 없으나, 아마도 양미격과 같은 부류의 사람일 것이다. 그 행실은 온당

而凉庵子者復爲序云, 凉庵子不知何許人, 想亦彌格之流也. 其行過當, 其言甚詭, 其心寔欲

1 楊彌格은 楊廷筠(1562~1627)의 세례명이다.

2 凉庵子는 李之藻(1565~1630)를 가리킨다.

함을 넘어섰고, 그 언사는 심히 해괴하며, 그 마음은 중용中庸 지정至正의 도를 거스르고자 하였다. 그러면서 기이하고 은밀한 것들을 긁어모으는 술수로 천하의 사람들을 끌어들여, "가까운 도는 지극한 것이 아니며, 그 지극한 것은 성인이라도 알지 못하고 하지 못하는 바가 있다. 새로운 해석이 한 번 나오면 반드시 한바탕 토론하고, 서로의 견해에 같고 다른 것이 있으면 반드시 변석을 진행해야 진정한 의리가 그로부터 도출될 수 있다."고 하였다.

反中庸至正之道. 而暨挽天下以鉤奇索隱之術, 曰"道之近人者非其至也, 及其至, 聖人有不知不能焉. 一翻新解, 必一翻討論, 一翻異同, 必一翻疑辨, 然後眞義理從此出矣."

나는 사람에게 가까운 도란 곧 지극한 것이며, 기울지도 삐뚤지도 않을 뿐 아니라 알기 쉽고 행하기에도 간단한 것이라 생각한다. 날마다 먹이를 먹는 동안 솔개는 위에서 (하늘을) 날며 물고기는 아래에서 (물에서) 뛰어오르며 먹이를 찾는 중에도[3] 어딜 가건 도가 아닌 것이 없고, 어디 있건 진실이 아닌 것이 없다. 이러한 까닭에 눈으로만 보아도 도가 있는 곳을 알 수 있고,[4] 손바닥 가리키듯 쉬이 도를 깨우칠 수 있다.

余以爲道之近人者, 乃其至也, 不偏不倚易知簡能. 凡日用飮食之間, 鳶魚上下之察, 無適而非道, 無在而非眞也. 是故目擊而道存, 指掌而道喩.

공자께서 말씀하시길, "도는 사람에게서 멀리 있

子曰"道不遠人, 人之爲道, 而

3 『詩經』「大雅」「旱麓」에 "솔개는 하늘까지 날아오르고, 물고기는 연못에서 뛰어오른다.(鳶飛戾天, 魚躍于淵.)"라는 구절이 보인다.

4 『莊子』「田子方」에서 따온 구절로, 한눈에 도가 있는 것을 꿰뚫어 볼 수 있는 것을 뜻한다. "자로가 묻기를, '스승님께서는 온백설자를 보고 싶어 하신 지 오래인데, 지금 보고도 아무 말씀도 하시지 않는 것은 어째서입니까?' 중니가 말하기를, '그 사람은 눈길만 마주쳐도 거기에 도가 있으니, 말을 할 필요가 없다.'(子路曰, '吾子欲見溫伯雪子久矣, 見之而不言, 何邪?' 仲尼曰, '若夫人者, 目擊而道存矣, 亦不可以容聲矣.')"

지 않나니, 사람들이 도를 행하며 사람에게서 멀리 한다면 도일 수 없다."[5]고 하셨다. 우리가 본디 갖추고 있는 이치는 어디에나 있으니, 저 멀리 고원한 곳에 따로 있는 것이 아님을 밝히신 것이다.

遠人不可以爲道." 蓋明吾人具足之理觸處如如, 而非騖遠之之謂耳.

우리 부처님께서도 법화회상에서 말씀하시길, "이 법은 법의 위치에 머물며, 세간의 형상에도 항상 머문다."고 하셨다. 천지만물은 모두 법의 자리에 머물러서 세간에 나타나는 相은 곧 출세간에 상주하는 법임을 말하는 것이다. 이 불생불멸의 법을 깨달을 수 있다면, 도가 사람에게서 멀지 않음도 알 수 있다. 손 가는 대로 아무것이나 집어도 온전한 진리眞體가 홀로 드러나 본체를 환히 볼 수 있으니 소리도 형상도 초월하고, 새것도 헌것도 없고, 다른 것도 같은 것도 없으며, 깨달음도 의구심도 없고, 진실도 거짓도 없다. 터럭만큼의 차이를 찾으려고 해도 깨달음의 세계란 (실제로) 있지 않다.

卽我佛於法華會上亦曰 "是法住法位, 世間相常住." 蓋直指天地萬物各住其位, 而世間現前之相, 卽出世間常住之法耳. 悟此常住之法, 便知道不遠人. 信手隨拈全眞獨露, 覿體逈然, 超聲越色, 無新無舊, 無異無同, 無悟無疑, 無眞無僞. 卽欲覔其纖毫差別之相, 究竟無有.

성인도 모르는 바가 있는 것이 앎의 지극함(知至)이다. 앎이 지극하면 그 아는 것에 집착하지 않는다. 성인도 못하는 바가 있는 것이 능能의 지극함(能至)이다. 능이 지극하면 능의 힘을 빌리지 않는다. 어찌 저들이 말하는 것처럼 알지 못하고 하지 못하는 것이 있다 하여 성인이 반드시 알기를 구하고 능하기를 구하겠는가? 게다가 저들 말대로 알기를 구하고 능하기를 구한다면, 장차 쉽고 간단한 것을 떠나 그 바깥에

然則聖人有所不知, 知之至也. 知至而不著於知. 聖人有所不能, 能之至也. 能至而不假於能. 豈如彼云不知不能, 聖人必以求知求能乎? 幷如彼之求知求能, 將離易簡外以求之乎?

5 『中庸』 13장에 있는 내용이다.

서 구하겠는가?

옳은 의심(正疑)이니 망령된 의심(妄疑)이니, 나를 칭찬한다느니 나를 꾸짖는다느니 떠벌린 것은 스스로의 잘못을 인정하지 못하고 또 다른 황당한 소리를 지껄임으로써, 저 의심하는 자들로 하여금 전혀 의심할 필요가 없다는 식으로 남의 입을 막고자 한 것에 지나지 않는다. 그런 까닭에 여기서는 생략하고 더 이상 따지지 않겠다.

至於正疑妄疑譽我詰我等語, 是又不自坐其非, 而異喙橫言, 以掩夫疑者之不必疑也. 緣略之而不復贅辨.

7. 경전을 무고한 내용 요약

誣經證略

하장의 석행원

霞漳 釋行元

요지 장갱張賡이 지은 『천학증부天學證符』에 대해 집필 의도와 내용의 오류까지 상세히 반박한 글이다. 행원은 장갱이 이러한 책을 지은 의도는 유자로서 천주교를 믿는다는 세상의 혐의가 두려웠기 때문임을 간파하고, 유가 성현의 말씀이 천주교 교설과 부합함을 입증하는 말이나 천주를 배우는 것이 곧 유교를 배우는 것임을 주장하는 말 등은 그저 자신의 행위를 합리화하기 위한 것에 지나지 않는다고 비판하였다. 또한 공자·맹자·증자와 같은 유가 성현들을 천주 아래에 둠으로써 유학을 배우느니 천주를 배우는 것만 못하다고 말하는 등 도리에 어긋난 판단을 한 곳이 헤아릴 수 없을 정도로 많으니, 유가뿐 아니라 불가의 입장에서도 통탄할 노릇이라며 탄식하였다.

『천학증부天學證符』[1]란 책은 저명한 유학자가 지었다. 나는 처음에 그 말을 듣고서 감히 믿을 수 없었다. 유학을 익힌 학자라면 유가의 이치에 정통할 터이니, 시비의 판단과 거동에 있어 결단코 구차한 짓은 하지 않을 것이다. 혹시 교활하고 추악한 오랑캐의 무리가 유가의 이름과 명분을 훔쳐다가 어리석은 백성을 유혹한 것일지 모르는 일 아닌가? 그런데 직접

『天學證符』一書, 儒而名者所作也. 余始聞之而未敢遽信也. 蓋習儒之學者, 精儒之理, 是非舉動斷不苟焉已也. 或者狡醜夷徒浮藉名色, 以誘惑愚民, 未可知乎? 迨親閱其書, 稽其寔, 而信作之果出於眞者, 迺不覺

1 張賡이 지은 책이다. 천주교의 교설로 유가의 학설을 해석한 저작으로, 天學으로 유가 경전에 주석을 달았다고도 할 수 있다.

그 책을 읽어 보고 사실을 살핀 후에야 그 글이 진짜 유자에게서 나왔음을 알게 되었고, 이에 나도 모르게 책을 덮고 가슴을 내리치며 장탄식을 하고야 말았다.

掩卷拊心, 而深爲長歎息也.

우리 중국의 공자와 맹자의 도는 중정中正을 줄기 삼고, 인애를 뿌리 삼아 옛날을 잇고 앞날을 열어 임금께 가르침을 바치고 만물에 은택을 입혔다. 해와 달이 온 세상을 비추듯 저 높이 밝게 빛나고 있어 망가뜨릴 수도 건드릴 수도 없다. 이것이 바로 경전이 고금을 통해 만세의 법이 될 수 있었던 까닭이다. 그 가운데 상제를 말하고 도를 말하고 학문을 말하고 명命을 말한 것이 갖가지로 일치하지 않으나, 이理가 있는 곳, 마음이 주로 삼는 것에 근거하여 하늘로 귀결시키기는 늘 마찬가지였다. 이理 바깥에 다른 글자를 놓은 일도 없고, 마음과 하늘 바깥에서 달리 하늘을 주관하는 자를 찾은 일도 없다.

夫以吾中國孔孟之道, 中正爲幹, 仁愛爲根, 繼往開來, 致君澤物. 巍巍朗朗, 如兩曜之環霄, 毀不得, 讙莫及. 此經傳所以流宣乎古今而爲萬世法也. 然其中之言帝言道言學言命者種種不一, 總不外據其理之所是心之所主, 而歸之天已矣. 未嘗於理外別措一詞, 於心與天外更尋一主天者也.

저 교활한 오랑캐는 논할 필요도 없다. 문물과 윤리의 땅, 이 중국에만 높은 관을 쓰고 넓은 의대를 두르는 등 성현의 유풍이 고스란히 남아 있다. 그런데 어떻게 성현의 무리라는 자가 오랑캐 천주교를 위해 책을 지어 해석을 달고는 상제는 천주이고, 도는 천주의 도이고, 학문은 천주의 학문이고, 명은 천주의 명이고, 하늘과 감통感通하여도 천주와 감통한 것이고, 하늘을 섬겨도 천주를 섬긴 것이고, 하늘을 경외해도 천주를 경외하는 것이고, 하늘에 죄를 지어도 천주에게 죄를 짓는 것이라 말할 수 있단 말인가? 아아! 이 말이 맞다면, 공자나 맹자라 할지라도 천주를 우러러 존숭하면서 먼저 말해야 할 것이다. 우리가

彼狡夷毋論已. 惟此中國車書倫物之區, 高巾而博帶者, 儼然聖賢之遺風在焉. 是焉可以聖賢之什取爲夷教撰解, 曰帝者天主也, 道者天主之道也, 學者天主之學也, 命者天主之命也, 至格天亦卽格此天主也, 事天亦卽事此天主也, 敬天畏天亦卽敬畏此天主也, 獲罪於天亦卽獲罪此天主也? 嗟乎! 斯言若當, 孔孟宜推尊而先言之矣. 抑豈吾人之聰明, 吾人之睿智, 有

아무리 총명하고 지혜롭다손 치더라도 공자와 맹자보다 더 뛰어날 수 있는가?

過於孔孟者乎?

그가 지은 「증시습장證時習章」을 보니, "동해에 성인이 있는데 이 천학을 함께하고, 서방에 성인이 있는데 이 천학을 함께하며, 멀리서 온 벗을 반가워하는 것은 하늘을 즐거워할 뿐이지 나와 함께 있음을 즐거워하는 것이 아니다."라고 하였다. 정말 그 말대로라면 동해와 서방의 성인은 모두 천주학을 공부한 셈이 되고, 공자의 즐거움은 천주의 즐거움을 즐거워한 것일 따름이다. 이는 성인을 무고하는 말이다.

故觀彼之「證時習章」也, 曰 "東海有聖人焉, 共此天學也, 西方有聖人焉, 共此天學也, 樂遠方之朋來樂天而已, 非樂與我同也." 誠如所言, 則東西聖人無不學天主之學, 而尼山樂意祇是樂天主之樂也. 此爲誣聖之說也.

또 그가 지은 「증이단장證異端章」을 보니, "온 천하에 오직 천주교만이 지극히 참되고 지극히 바르고 지극히 크고 지극히 공정하여 원근에서 똑같이 우러러 따르고 있어 차이가 없다. 이 밖에 갖가지 이단들은 견지하는 논조나 부리는 술수가 극히 영험하고 극히 변화무쌍하더라도 모두 이단이다."라고 하였다. 정말 그 말대로라면, 정립鼎立하여 세상에 빛을 드리우고 있는 삼교를 우러러 받들고 융숭히 지켜 온 뭇 성군과 어진 재상과 이름난 공경과 빼어난 선비들은 모두 이단의 무리인 셈이며, 오직 저 천주를 떠받든 자만이 정의로운 자다. 이는 삼교를 모멸하고 스스로 교만을 부리는 수작이다.

又觀彼之「證異端章」也, 曰"普天下惟天教, 至眞至正, 至大至公, 故遠近同遵無異也. 外此, 諸端雖持論操術極靈極變, 皆異也." 誠如所言, 則三教鼎立奕世昭垂, 諸聖君賢相名公哲士所欽崇所隆守者, 悉異端之徒, 而獨彼之奉天主者爲正也. 此則蔑教自驕之說也.

또 그가 지은 「증언선장證言善章」을 보니, "대대로 볼 때 천주를 섬기지 않은 자는 죽을 때 모두 발광하며 슬프게 부르짖고, 경건히 섬긴 자는 죽을 때 안색과 말소리 모두 안온하다."고 하였다. 세상에서 사람이 죽을 때 발광하며 슬프게 부르짖는 것을 몇 차례

又觀其「證言善章」, 曰"歷看不奉天主者, 死候都發狂哀號, 而虔奉者之死候言語色貌都安善也." 幾曾見世間人死者盡發狂哀號乎? 倘以爲不奉天主而致

나 보았던가? 만약 천주를 섬기지 않아 그렇게 된 것이라면, 천주가 있다는 소리를 들어 본 적도 없는 그 많은 사람이 죽을 때 안온한 것은 또 어째서인가? 이는 못난 백성을 겁주는 말일 뿐이다.

之使然, 則從來生民幾多不聞有天主, 而死候安善又何如也? 此乃嚇頑民之說也.

심지어 천주가 사람들의 큰 부모라고 증언하면서 악하고 박덕한 자는 반드시 큰 부모의 견책을 받게 되어 있다고 하였다. 우리의 시조를 탄생시킨 상제를 일러 천주라 하며, 천주교에 어두운 자는 곧 하늘의 이치에 어두운 자라고 하였다. 성학聖學에 법도가 있다면 천주교에는 계율이 있다면서, 뜻을 세운 자는 이 계율로써 뜻을 세우고, 유혹받지 않는 자는 이 계율로써 유혹받지 않는다고 하였다. 천명을 알게 되면 하늘의 주재자가 누구인지를 밝게 알게 되어 그의 가르침만을 따르게 된다고 하였다.

甚且證天主爲人中一大父母, 其惡薄者必受譴於大父母也. 吾人始祖所自出之帝謂之天主, 昧天主敎者卽昧禘之理也. 聖學之有矩, 卽天敎之有誡規, 志立者志立此誡, 不惑者不惑此誡. 至知天命, 則直洞夫天之主宰而惟命是從也.

또 (유가를) 해석하기를, 공자가 기도한 지 오래라 한 것은 천지란 굳이 기도하지 않아도 고요히 기도가 되는 대상이지 그저 푸르기만 한 하늘이 아님을 알았기 때문이라고 하였다. 증자曾子[2]가 이불을 걷고 손과 발을 보라[3] 한 까닭은 제자들로 하여금 안온하고 우왕좌왕하지 않으면 지옥에 떨어지는 것을 면할 수

更證云夫子之禱久, 是以天地爲不必禱而自有嘿禱焉, 非蒼蒼之天也. 曾子之啓手足, 正欲門弟子知其安穩不忙亂而免墮地獄也. 顏淵喟然之嘆, 必有允可瞻仰, 至賢無瑕者爲最上之

2 曾子(기원전 505~기원전 436경)는 이름은 參, 字는 子輿이다. 공자의 문하생이며 『大學』의 저자로 알려진다. 『大學』은 『禮記』의 한 부분이며 四書 가운데 하나로, 여기에서 유가의 덕목인 忠과 恕를 강조하고 있다. 그는 "부모를 기리고, 부모를 등한시하지 않으며, 부모를 부양한다."라고 하여 효를 3단계로 열거하면서 재확립하는 데 힘썼다.

3 『論語』「泰伯」에 "증자가 병에 걸리자 제자들을 불러 말하길, '이불을 걷고 나의 발을 보아라, 나의 손을 보아라.'고 하였다.(曾子有疾, 召門弟子曰, '啓予足, 啓予手.')"라는 말이 나오는데, 이는 임종 전에 부모로부터 물려받은 수족이 온전한지를 확인하는 말로써, 효도와 善終을 의미하는 말로 사용된다.

있음을 알게 하기 위해서였다고 하였다. 안연顔淵이 한숨 쉬며 탄식했던 것[4]은 우러러볼 만하고 지극히 어질고 흠이라곤 없는 지존의 주께서 계심을 알았기 때문이지 도를 탄식하고 공자를 탄식한 것은 아니라고 하였다. 맹자가 만물이 내 안에 모두 갖추어져 있다[5]고 한 것은 천주의 명을 따르지 않고서는 물아物我가 함께 인仁으로 돌아갈 수 없음을 알았기 때문이라고 하였다.

主, 而非歎道歎夫子也. 孟氏之萬物皆備, 以爲非遵天主之命, 不能罄物我同歸于仁也.

이처럼 도리에 어긋난 판단을 한 곳이 이루 헤아릴 수 없을 정도이다. 그 속내를 헤아려 보건대, 천주가 정말로 있는 것을 보았다면 뜻을 낮춰 어울리기 어렵지 않았을 터이나, 천하 후세가 유학을 배운 자가 천주학을 배웠다며 의심할까 두려워 부득이 성현의 말씀을 빌려다가 (성현의 말씀이) 저들의 교설과 서로 부합한다는 사실을 밝힘으로써 천주를 배우는 것은 곧 유학을 배우는 것임을 드러내고자 한 것이다. 또 천하 후세가 천주를 등지고 유학을 배울까 두려워 성현의 말씀이 천주교와 서로 같음을 증명하고, 유학을 배우는 것은 천주를 배우느니만 못하다고 말한 것이다.

如斯判合乖亂不可勝數. 揣其意, 蓋眞視天主爲寔有, 不難降心以相從, 而益恐天下後世疑其學于儒者學於天主, 不得已借聖賢之什以明其相符, 謂學天主卽學儒也. 又恐天下後世背於天主者學于儒, 而剛然以聖賢之什證天教之相同, 謂學儒者不若學天主也.

명교名教(유교)의 창으로 가슴을 찌르다니 가히 두려워할 만하다. 짐승을 몰고 와 사람을 잡아먹게 하는 것도 이보다 심하지는 않으리라. 유가만이 이런 일

名教干矛刺胸, 可畏. 率獸食人莫此爲甚. 非惟儒家當之而怒目切齒, 卽我釋氏計之, 亦爲痛

4 『論語』「子罕」에 "안연이 한숨 쉬며 탄식하여 말하기를, '우러를수록 더욱 높고, 뚫을수록 더욱 단단하며, 바라보면 앞에 있다가 갑자기 뒤에 있다.'(顔淵喟然嘆曰, '仰之彌高, 鑽之彌堅, 瞻之在前, 忽焉在後.')"라는 내용이 있다.

5 『孟子』「盡心上」에 있는 내용이다.

을 당해 눈을 부릅뜨고 이를 갈 뿐 아니라, 우리 불가의 입장에서 보아도 가슴이 찢어질 듯 아프다. 이에 나는 그자의 성씨를 밝히지 않고 『천학증부』라는 책의 이름만을 거론하며, 이른바 유자儒者라 불리는 자가 지었다고 하였다. 또 그렇게 함으로써 세상의 유자 중에도 정말 그러한 자가 있음을 알리고자 하는 바이다.

膽傷心者矣. 余於是不列其姓氏, 而特揭之曰『天學證符』一書, 儒而而名者所作也. 亦以見世間儒者果有如是人也.

8. 양정균을 비난하다

非楊篇

하장의 석행원

霞漳 釋行元

요지

양정균은 서광계·이지조와 더불어 천주교의 삼대 주석三大柱石으로 일컬어지는 인물이다. 일찍이 불교에 입문하여 거사居士라 불리기도 했던 그가 천주교에 깊이 빠져『대의편』등을 저술하자, 그의 그러한 행동과 사상의 오류에 대해 비난한 글이다. 특히 불교의 유아독존을 부처가 스스로를 높인 것이라고 비방한 점에 대해 모든 혼돈과 착오와 방자함과 거짓의 화근이 바로 여기서 비롯되었다고 지적하며, 더불어 불가의 도를 논할 만한 상대가 아니라고 일축하였다.

교敎를 따르는 자는 먼저 진정한 안목을 갖추고 둘도 없는 종지를 택해 따라야 한다. 교를 논하는 자는 먼저 하나로 귀결되는 본연의 이치를 궁구하여, 언사에 집착하여 장차 오류가 생기게 해서는 안 된다.

凡從敎者, 必先具乎眞正之眼, 而擇其不二之宗以爲因. 論敎者, 必先究乎本然同歸之理, 而不可泥其辭以啓將來之謬.

우리 불세존께서는 비람원毘藍園(룸비니)에 강생하시고, 하늘과 땅을 가리키며 주위로 일곱 걸음을 걸으신 후 사방을 둘러보며, "천상천하 유아독존"이라 말씀하셨다. 이는 우리 몸의 본체가 유아독존의 뜻을 각각 품부받음에, 천차만별한 일체의 만물이 다 그러하다는 뜻을 드러내 보이신 것이다. 이른바 고금이 한결같고 물아物我에 차이가 없으며, 마음과 부처와 중생 이 셋은 차별이 없다[1]는 것이다.

如我佛世尊降生於毘藍園中, 指天指地周行七步, 目顧四方曰 "天上天下唯我獨尊." 此蓋當陽指示吾人之本體, 各稟夫惟我獨尊之旨, 乃至一切物彙, 萬種千差, 莫不皆然. 所謂今古常如, 物我靡間, 心佛及衆生三無差別也.

양정균은 이와 같은 뜻을 깨닫지 못하고, 이마두의 울타리 안으로 뛰어들어 가서 우리 부처께서 말씀하신 유아독존이라는 말에만 집착하여 우리 부처께서 사람을 누르고 스스로를 높였다고 비방하였으니, 혼돈과 착오와 방자함과 거짓된 모든 병폐의 화근이 바로 여기 잠복돼 있었다. 이로써 미루어 보건대, 그가 천지의 조화와 만물이 모두 하나뿐인 주에게 귀결된다고 말한 것은 유아독존의 뜻을 투철히 깨닫지 못했기 때문임을 알 수 있다. 생사와 상벌 모두가 하나뿐인 주에게 달려 있고 뭇 신들은 그러한 권한에 참여할 수 없다고 말한 것은 유아독존의 뜻을 깨닫지 못했기 때문이다. 물성物性이 인성人性과 다르고 인성이 천주의 성과 다르다고 말한 것은 유아독존의 뜻을 철저히 알지 못했기 때문이다. 천주교에서 육식을 끊지 않고 짐승에게 윤회가 없다고 말한 것은 유아독존의 뜻을 미처 관통하지 못했기 때문이다. 이 밖에 그 사이에 어지러이 등장하는 천박한 견해와 갖은 억측들 모두 유아독존의 뜻과는 아무런 상관도 없는 것들이다. 그러니 저들과 더불어 우리 불가의 도를 논할 만하겠는가!

彌格子不悟中意, 躍入利氏之圈, 妄執我佛之唯我獨尊, 謗我佛爲抑人尊己, 迷錯譎訛病根全伏於是. 繇是推之, 而知彼所謂造化萬物一歸主者之作用, 唯我獨尊之義未透也. 生死賞罰偏係一主, 百神不得參其權, 唯我獨尊之義未證也. 物性不同人性, 人性不同天主性, 唯我獨尊之義未徹也. 西教不斷腥味, 更無禽獸輪廻, 唯我獨尊之義未貫也. 其餘膚見臆說紛然雜出於其間, 總於唯我獨尊之義了無交涉也. 是奚足與論我佛之道哉!

장정한 책 7천 부가 향산오香山澳(마카오)에 있다[2]는 말은 저들의 교활함을 더욱 잘 드러내 준다. 저들은

若夫裝潢七千餘部書笈見頓香山澳云云, 此益見若輩之狡.

1 『華嚴經』에 있는 내용이다.

2 프랑스 선교사 Nicolas Trigault(1577~1628, 중국명 金尼閣)가 1610년에 인문학, 신학, 철학 및 의학, 법학, 음악 관련 도서 7천 부를 싣고 와 마카오에 비치해 두었다가 조정에 바치려고 했는데, 이 사건을 가리키는 듯하다.

조정의 뭇 신하들의 마음을 사로잡았다가, 일단 호응만 하면 백마에 불경을 실어 온 고사를 내세워 (향산오에 있는) 그 책들을 가져와 번역한 다음, 방자한 도모를 획책하여 나라 안의 귀한 자들, 천한 자들, 어진 자들, 어리석은 자들을 막론하고 모두 유아독존의 뜻을 믿지 않고 서로서로 천주를 섬기게 할 속셈인 것이다. 그리고 우리 부처님의 49년간의 참된 깨달음을 분경대焚經臺에 올린 뒤라야 비로소 통쾌해할 것이다.

欲邀天朝群輔之心, 一旦相應, 而以白馬駝經之故事, 迎取而飜譯之, 然後遂其謀以放恣, 使海內貴賤賢愚不信唯我獨尊之旨, 相率共祀一天主焉. 而我佛四十九年之眞詮, 必至於集焚經臺而始快也.

아! 우리 부처님께서 정법안장正法眼藏[3]을 국왕과 대신에게 부탁하여 지금까지도 불당에서 영원히 지키고 있고, 불경이 밝디 밝게 전해지고 있는데, 저들이 아무리 훼멸시키려 한들 해되고 손상될 것이 무엇 있겠는가! 그저 제 스스로 천제闡提[4]가 되어 불행한 사람이 되거나 지옥 가마솥에 떨어질 죄수의 우두머리가 될 뿐이다. 소우蕭瑀[5]는 "부처는 성인이다. 성인이 아닌 자는 법도가 없다."고 말했다. 양정균이야말로 그런 자이다.

噫! 我佛以正法眼藏囑付國王大臣, 肆今琳宮永餝貝葉流輝, 彼縱毁磨, 何傷何害! 徒自作闡提之逆種, 鑊炭之辠魁耳. 蕭瑀有言, "佛聖人也, 非聖人者無法." 彌格有焉.

3 부처가 成覺한 비밀의 極意로 直指人心 見性成佛의 妙理를 가리킨다.

4 '一闡提'는 成佛할 성품이 없는 사람을 가리키는 범어이다.

5 蕭瑀(575~648)는 蕭皇后의 아우로, 효행과 학문으로 세상에 이름났으며, 특히 佛理에 조예가 깊었다.

9. 질문을 받고 마음속 생각을 밝히다

緣問陳心

하장의 석행원

霞漳 釋行元

요지 천주교를 내치자는 의론을 비평하는 질문에 그럴 수밖에 없는 상황을 설명한 글이다. 불법佛法이 적에게 공격당하는 이때, 의기를 품고 용감히 일어나 진격함으로써 저들의 보루를 치지 않을 수 없으니, 이는 위기에 처한 임금과 아비를 두고 신하와 자식 된 자가 근심하지 않을 수 없는 것과 마찬가지라고 하였다. 황정黃貞이 글을 지어 온 천하에 천주교를 격파할 것을 호소하였기에 자신 또한 미약한 힘이나마 보태 천하에 이름난 스승과 큰 덕을 지닌 어른들 및 진신 군자縉紳君子들의 호응을 이끌어 내고자 한다고 밝히고 있다.

어떤 사람이 말했다.

"천주교가 횡행하는 것은 사람들의 잘못이 아닙니다. 화근은 다른 곳에 있습니다. 전략에 뛰어난 사람은 우두머리를 사로잡고, 잡초를 벨 때는 뿌리를 없애기 위해 힘쓰는 법입니다. 지금 그대의 말씀을 살펴보니 오랑캐에게는 좀 관대하고 우리들에게는 너무 각박한 듯한데, 지나치게 격분한 탓에 혐오감을 자초하지 않을 수 있겠습니까?"

내가 깜짝 놀라 말했다.

"그대는 말하는 자의 고심을 어찌하여 모르십니까? 마음이 절실한 사람은 그 소리가 슬프고, 이치가 곧은 자는 기운이 장대하다 했으니, 이는 굴원의 「이소離騷」와 『한비자』의 「고분孤憤」 편을 통해 옛사람

或告曰:

"天教之行, 非諸人咎也. 禍端有繇來矣. 夫善戰必俘其首, 斬草務芟其根. 今觀吾子之言, 似于夷略恕, 于我輩甚刻者, 得不過激而招惡與?"

余瞿然曰:

"君盍知夫立言者苦心乎? 情切者聲哀, 理直者氣壯, 此「離騷」·「孤憤」諸篇古人所以發也. 雖然, 吾正恐其不知惡也.

이 드러낸 감정이었습니다. 비록 그러하나 나는 사람들이 혐오를 모를까 그것이 두렵습니다. 혐오를 아는 자의 경우 그것이 오래 쌓이면 의심을 갖게 될 터, 그러면 자기가 반박당하는 것이 무슨 일 때문이고, 내가 저들을 반박하는 것은 무슨 내용인지 생각하게 될 것입니다. 마음이 아프면 후회하게 되고, 후회하면 돌이키게 되고, 돌이키면 초심을 회복함으로써 대도大道로 돌아가게 될 것입니다. 그러나 반드시 그렇게 된다고는 말할 수 없을지도 모르지요. 설사 그렇게 되지 못한다 하더라도 나는 혐오를 기꺼이 받을 것이니, 이는 세상에 내 뜻을 드러낼 수 있기 때문입니다. 그 사이 누군가가 분연히 일어나 깊이 사고하고, 내가 저들을 반박하는 것이 무슨 내용이며, 저들이 반박당하는 것은 무엇 때문인가를 생각하여, 내가 도저히 참을 수 없는 것이 무엇인지를 정말로 알아준다면, 그에게는 대도大道를 기약할 수 있어서 저들 무리에게 좌지우지 당하지 않을 것입니다. 이 때문에 혐오란 없어서는 안 되는 것입니다."

어떤 사람이 말했다.

"지금 오랑캐 도당이 기승을 부리고 만연하여 민심이 들끓고 있습니다. 거대한 건물은 작대기 하나로 버틸 수 없고, 수레 가득 실은 땔감은 한 잔 물에 띄워 보낼 수 없습니다. 어찌 그대의 말 한마디로 뭇사람들의 의혹을 씻어 낼 수 있겠습니까?"

내가 말했다.

"예로부터 사교란 오래 버티지 못하였고, 이치에 맞는 말은 사람들을 복종시켰습니다. 내 말이야 아

試知惡則必積久生疑, 思夫己之被駁者何事, 我之駁彼者何意. 痛而悔, 悔而返, 返而復初心以還大道. 料亦勢之不可必者也. 即或未能如是, 而吾樂受惡之懷, 猶可白於人世. 間有人焉, 起而代爲推窮思, 夫我之駁彼者何意, 彼之被駁者何事, 諒有知子懷之大不忍者, 則即此已相期大道而不爲若輩所撓, 是又惡之不可無者也."

曰:

"方今夷黨滋蔓, 人心鼎沸, 巨廈非獨木之支, 輿薪非杯水之濟. 豈子一言能肅淸群惑哉?"

余曰:

"從來邪教難可久居, 理語易以服衆. 縱貿貿不顧吾言, 獨不有

랑캐 무리가 하루라도 중국에 머물 수 없으려면 정치하는 사람들이 하루도 내 말을 염두에 두지 않으면 안 됩니다. 『주좌집誅左集』「허선생許先生」 마지막 편에 '엎드려 바라건대 높은 안목으로 세상의 환란을 근심하는[1] 대인 호걸들께서는 깊은 우려와 멀리 내다보는 사려로써 애유략(알레니)과 방적아(판토하) 등을 곤장쳐 죽이든 나라 밖으로 압송하여 내보내든 하시고, 조정에 소장을 올려 다시는 입국하지 못하도록 하십시오. 저들의 책을 모조리 없애시어 백성들로 하여금 사설의 그릇됨을 알게 하십시오.'라는 말이 있는데, 이 몇 마디 말이 나의 마음에 흡족하게 시행될 때, 나의 말은 그칠 수 있을 것입니다! 저 날아다니는 벌레만 보아도 어쩌다 잡힐 때가 있거늘, 깨끗이 제거할 수 없을 것이라는 생각 때문에 감히 입을 다물고 주저주저 살 궁리만을 할 수 있겠습니까?"

天下公論在耶? 公論一日在天下, 夷輩不可一日在中國, 夷輩不可一日在中國, 當事者不可一日無吾言也. 所以『誅左集』「許先生」末篇云, '伏願蒿目時艱之大人豪傑, 憂深慮遠, 如艾·龐等, 或斃之杖下, 或押出口外, 疏之朝廷, 永不許再入. 復悉毁其書, 使民間咸知邪說之謬.' 祇此數語寔愜予心, 然則余言固得已哉! 相彼飛蟲, 時亦弋獲, 安敢以未必肅淸之念, 箝其口而首鼠作活計也?"

어떤 사람이 말했다.

曰:

"천주교를 따르는 자들을 보면 똑똑한 사람과 어리석은 사람이 반반씩입니다. 그대는 어리석은 자에게는 관대하고 똑똑한 자에게는 각박하게 구는 것 같은데, 어리석은 자는 세상의 우환이 될 만하지 않

"天敎之行也, 賢智凡愚各居其半. 子似恕凡愚而刻賢智, 將謂凡愚者不足爲世病耶?"

1 원문의 '蒿目'은 멀리 내다보는 안목이고 '時艱'은 위험한 형국을 가리킨다. 이 말은 『莊子』「騈拇」의 "요즘 세상의 인자한 사람은 높은 안목을 지니고 세상의 환란을 근심한다.(今世之仁人, 蒿目而憂世之患.)"라고 한 데서 비롯되었다.

기 때문입니까?"

내가 말했다.

"어리석은 자가 세상의 우환이 될 만하지 않아서가 아니라, 똑똑한 사람보다 (사안이) 약간 가볍기 때문입니다. 어리석은 자는 이치에 어두운 자이니, 이치에 어두워 유혹에 넘어간다 하더라도 필경은 뇌물을 탐해 부림을 당하는 것에 불과합니다. 하지만 똑똑한 자는 이치에 밝은 자이니, 이치에 밝은데도 저들을 따른다면, 대나무를 다 베어내 기록하고 물을 다 써서 씻어 낸들[2] 그 죄상을 이루 다 따질 수나 있겠습니까? 천하의 비범한 일을 창시하고 세상에 없는 기이한 물건으로 사람을 놀라게 하는 일이라면, 절대 한두 명의 용렬하고 둔한 자가 그 만분의 일이나마 해낼 능력이 없을 것입니다."

余曰:

"非謂凡愚者不足爲世病也, 對賢智而若輕耳. 夫凡愚昧理者也, 昧理而媚之, 畢竟是貪賂所使. 賢智明理者也. 明理而趨之, 雖罄竹決波, 何能以窮其罪? 大抵創天下非常之事, 駭人世不有之奇, 定非一二庸駑者所能希圖萬一也."

어떤 사람이 말했다.

"그대의 말을 듣고 그대의 뜻을 알고 보니 참으로 절실합니다. 다만 그대들은 불자임에도 불구하고 그 청정한 마음으로 세속의 더러운 것을 이야기하고 있으니, 혹 본분을 따르지 않고 인아견人我見[3]에 사로잡혀 있는 것은 아닙니까?"

曰:

"聞子之言而識子之意, 切且盡矣. 第子等爲佛徒, 而察察以譚世之汶汶, 毋乃不循本分而執人我見乎?"

---

2 '罄竹決波'는 죄행이 너무 많아 이루 다 적을 수 없음을 뜻한다. 『新唐書』「李密傳」에 보면, 隋 煬帝를 토벌하는 檄文을 "종남산의 대나무를 다 베어 기록해도 그 죄행을 다 적을 수 없고, 동해의 물을 다 쓴다 해도 그 죄악을 다 씻을 수 없다.(罄南山之竹, 書罪未窮, 決東海之波, 流惡難盡.)"고 적었다는 내용이 있다.

3 人我見은 五蘊으로 이루어진 자신을 영원불변하는 실체로서의 자아가 있다고 고집하는 그릇된 견해로, 邪執의 하나이다. 邪執의 다른 하나는 法我見으로 자신이 아닌 대상이 되는 사물이나 현상에 실체가 있다고 집착하는 그릇된 견해를 말한다.

내가 말했다.

“인아견은 공空하니, 우리는 그저 평범히 거할 뿐입니다. 그러므로 불법이 적에게 공격당한 이때에 의기를 품고 용감히 일어나 앞으로 진격함으로써 저들의 보루를 치지 않을 수 없지 않겠습니까. 예컨대 임금과 아비가 어려움에 처해 있는데 신하와 자식 된 자로서 전혀 개의치 않고 아무런 근심도 하지 않는다면, 이는 결단코 있을 수 없는 이치겠지요. 그래서 우리 장주漳州의 천향天香 황정黃貞 거사께서 노래를 지어 나라 위한 마음을 전하며, 천하에 이름난 스승과 큰 덕을 지닌 어른들 앞에 호소했던 것입니다. 아마도 천하에 이름난 스승과 큰 덕을 지닌 어른들께서 몸소 이와 같은 뜻을 시행해 힘껏 천주교를 격파함으로써 바람에 쓰러지는 깃발을 보고 저들이 승리의 깃발 아래 몰려들게 하려 했겠지요. 나는 주제도 모르고 감히 이 가늘고 가는 팔을 뻗어 수레바퀴나마 밀어주는 힘을 보탬으로써 천하에 이름난 스승과 큰 덕을 지닌 어른들 및 진신 군자縉紳君子들이 더불어 몸소 저들을 무너뜨리고 힘껏 격파해 주기를 바랄 뿐입니다. 그리되면 부처님의 은덕에 보답할 수 있고, 황제의 치세가 융성해질 수 있고, 성교聖教가 높아지고 인심이 곧아질 것입니다. 아까 본분을 따르지 않고 깨끗한 몸으로 인물 품평이나 한다고 하셨는데, 그대의 말씀이 심하셨습니다.”

余曰:

“人我見空, 吾人平居固爾. 然當法城被敵之秋, 自不得不仗義勇以前驅爲折衝營壘地也. 譬如君父有難, 而臣子能恬然無所慮者, 此必無之理矣. 故我漳天香黃居士, 托以歌謠行國之思, 籲控于天下名師碩德之前. 蓋深冀天下之名師碩德躬推而量破之, 俾若輩望風旗靡群立赤幡之下也. 余不揣敢以螳臂纖纖, 聊效輿輪一擊, 亦欲冀天下之名師碩德, 及縉紳君子相與躬推而量破之云者. 則佛恩報而帝治隆, 聖教尊而人心正. 曾謂不循本分而專察察爲月旦之評哉, 子言過矣.”

어떤 사람이 말했다.

“제가 심했습니다. 함께 북을 울리며 그 뜻에 따르겠습니다.”

或曰:

“吾過也, 願協鳴鼓以從事.”

10. 간사함을 통찰하다

燃犀

보양의 석성잠

莆陽 釋性潛

요지

승려 성잠[1]이 「연서燃犀」[2]라는 글에서 양정균이 『대의편』에서 거론한 몇 가지 항목에 대해 그 그릇됨을 비난하고 사특함을 밝히고 있다. 즉 불교는 중국에 들어온 이래 교화를 돕고 백성을 이끌고 만물을 구제했으며, 열조의 제왕들은 불법을 친히 깨달았고, 경상들은 그 가르침을 터득했으니, 저들이 불교를 비난하는 것은 곧 대국을 멸시하고 이 나라 왕과 공경을 폄하하는 것이나 다름없다고 분노하였다. 또 십자가에 못 박혀 처형당한 사나운 귀신 예수를 떠받들며 중국을 기망하고 예수를 어기는 자는 큰 화를 입게 될 것이라고 겁박하는데, 이는 어리석은 자들로 하여금 믿지 않을 수 없게 하려는 술수에 불과하다면서, 사특함은 끝내 정의를 이길 수 없다고 하였다.

항주의 양정균은 천주교에 빌붙어 『대의편』[3]을 지었는데, 그 안에 '부처가 서쪽에서 왔다면 구라파가

武林楊彌格附西夷天主教, 著『代疑篇』, 內有'答佛繇西來,

1 지은이에 관한 자세한 사항은 알 수 없다.

2 '燃犀'는 간사한 것을 통찰함을 뜻한다. 『晋書』「温嶠傳」에 온교가 "牛渚磯에 이르렀는데, 헤아릴 길 없을 정도로 물이 깊었다. 사람들이 말하길 그 아래 괴물이 많다고 하기에 무소의 뿔에 불을 붙여 수면을 비추어 보았다. 잠시 후 어류들이 불을 향해 다가왔는데, 보았더니 형상이 기괴하여서 마차를 타고 붉은 옷을 입은 것도 있었다. 온교는 밤에 꿈을 꾸었는데, 어떤 사람이 나타나 '나와 그대는 幽明의 길이 다르거늘, 어찌하여 나를 비추었소?'라고 하였다. 그 뜻이 온교를 매우 싫어하는 듯했다.(至牛渚磯, 水深不可測. 世云其下多怪物, 嶠遂燃犀角而照之. 須臾, 見水族覆出, 奇形怪狀, 或乘馬車著赤衣者. 嶠其夜夢人謂己曰 '與君幽明道別, 何意相照也?'意甚惡之.)"는 내용이 있다.

3 천주교에 대한 의문을 답변 형식으로 정리한 안내서로 1621년에 출간되었다.

극서에 있으니 직접 지나왔을 터인데도 부처는 없었다고 답한 조목'[4]에서 다음과 같이 말했다.

歐邏巴旣在極西, 必所親歷, 獨昌言無佛條'云:

"제왕이 꿈을 꾸자 재상들이 아부하여 사신을 보냈던 데서 나온 이야기다. 임금과 재상의 뜻을 받들기 위해서라면 무슨 일인들 꾸며 내지 못하겠는가? 외국 글을 가져왔으니 누가 알아볼 수 있었겠는가? 마음대로 꾸며댄 것을 누가 증명할 수 있겠는가? 채음蔡愔과 진경秦景이 백마에 불경을 싣고 돌아왔다는 이야기부터가 허망하고 해괴하고 거짓되더니, 갖은 허위와 망령됨이 이미 잠복되어 있어 더 이상 따질 수조차 없게 되었다. 이후에 이러한 방법에 더욱 익숙해지고, 이러한 기술에 더욱 정교해지며, 노자老子와 열자列子 부류의 청담淸談을 익힌 결과, 오호五胡가 중원을 어지럽히고 육조六朝는 강남에서 구차히 명맥을 유지했다. 성명한 군주가 세교世敎를 유지하지 못하자 처사들의 의론이 횡행하였고, 사설이 민심에 파고들었다. 이를 부추기는 자마다 곧 경상의 지위에 오르니, 이에 너도나도 더욱 심하게 흉내 내기에 이르렀다."

"始緣帝王托夢, 宰相貢諛, 差去使臣. 奉君相意旨, 何事不可崇飾? 取至番文, 誰人識之? 以意翻演, 誰人證之? 蓋自蔡愔·秦景用白馬駝回, 虛怪譎詐, 而百端僞妄已潛伏, 不可究詰矣. 後此途徑漸熟, 知術漸工, 又襲老列淸談之餘, 五胡雲擾, 六朝偏安. 無明王聖主擔持世敎, 處士橫議, 邪說浸淫. 助其爛者, 便立取卿相, 遂爾轉相效尤." 云者.

오랑캐의 도당이 지껄이는 이 소리는 참으로 사람으로 하여금 분노에 겨워 눈이 찢어지고 머리털이 솟구치게 하나니, 기필코 박살을 낸 후라야 속이 후련할 것 같다. 여기서 분노는 저들이 부처가 없다고 한데 대한 분노가 아니다. 부처가 있었는지 없었는지는

夷黨此言直令人指髮裂眥, 必須磔撲而後甘心者也. 蓋所憤者, 非憤其言無佛也. 佛之有無不須與辨, 以佛非小兒之輩所能毁謗而遏滅之者焉.

---

4 『代疑篇』의 여섯 번째 조목이다.

저들과 왈가왈부할 필요도 없으니, 부처는 저 어린애들이 비방한다고 해서 없앨 수 있는 분이 아니기 때문이다.

몹시 분노했던 까닭은 저들이 우리의 임금과 재상을 모욕했기 때문이다. 불교는 중국에 들어온 이래 교화를 돕고, 인자함으로 백성을 이끌고, 덕을 넓혀 만물을 구제했다. 몇 차례 도태될 위기를 넘겼지만, 그럴수록 더욱 드러나 열조의 제왕들이 불법을 친히 깨달았고, 경상들이 그 가르침을 터득하였다. 『전등록傳燈錄』[5]에 기재된 것만도 한두 건이 아니다. 우리 명나라 성조聖祖 고황제高皇帝에 이르러 불교를 더욱 총애하시고 큰 상을 내리시어 신묘神廟의 성모에게까지 그 은혜가 미치더니, 지금은 위로는 황제에서 아래로는 공후 경상들까지 모두 성조의 훈계를 받들어 불상과 불교를 존숭하고 각처의 명산에 반포하여 지극한 다스림을 돕고 있다. 그런데 저 추악한 오랑캐가 무엇이기에 감히 예로부터 성명한 군주가 없었고, 공경대부들은 모두 간신배였다고 말하는가? 이는 거리낌 없이 함부로 지껄이는 말로 우리 대국을 멸시하고 이 나라 왕과 공경을 폄하한 것임에 분명한데, 중국의 교활한 간신배들이 저들의 선동질을 감히 부추기고 있으니, 바로 맹자께서 '가르칠 필요도 없이 죽여야 한다.'[6]고 말한 그런 자들일 것이다.

所深憤者, 辱我君相耳. 夫自佛教入中國, 佐化導慈廣德濟物. 雖幾經沙汰, 益見顯著, 而列朝帝王親悟至教, 卿相親徹宗猷, 『傳燈』所載, 非止一二. 迨我皇朝聖祖高皇帝, 更加寵錫, 以及神廟聖母, 迄今上皇帝下之公侯卿相, 皆欽祖訓, 尊崇像教, 頒賜名山以翼至治. 何物醜夷, 乃敢謂自古及今無明王聖主, 而公卿大夫相與奸佞? 此其肆言無忌, 藐視我大邦, 貶斥我王公, 而中國狡徒復敢爲助揚簧惑, 正孟氏所謂'不待教而誅者也.'

5 宋나라 고승 道原이 지은 『景德傳燈錄』을 가리킨다.

6 『孟子』「萬章下」에 있는 내용이다.

저들은 또 불경이 외국 문자로 되어 있어 읽을 줄 아는 자가 없으며, 말을 꾸며 내었을 경우 증명할 사람이 없다고 하였다. 이는 한나라 명제가 태평성세의 영명한 군주였고, 채음과 진경 또한 아첨이나 하는 하찮은 신하가 아니었으며, (불경을) 백마에 태워 온 고승들(가섭마등과 축법란)이 번역하고, 공경들이 옆에서 도왔다는 사실을 일일이 입증할 수 있음을 모르고서 한 소리이다. 그런데도 오랑캐 무리가 혼미한 군주와 아첨하는 신하의 미혹됨과 거짓은 믿을 만하지 못하다고 함부로 지적하였으니, 그 무고와 훼방이 어떠한가!

且彼言佛經爲番文而無人識, 飜演而無人證. 殊不知漢明帝乃太平英睿之主, 而蔡愔·秦景亦非諂佞宵小之臣, 白馬馱來, 高僧翻譯, 公卿贊襄, 歷歷可據. 而夷黨謬指爲昏君佞臣惑僞而不足信, 其誣謗爲何如哉!

저들의 말대로라면 천주교 또한 외국 문자로 되어 있는 것을 이마두(마테오 리치)가 우리 중국의 문자로 사사로이 번역한 것이며, 우리 중국 사람 또한 이마두가 번역한 것에 의거해 천주교를 믿는 것에 지나지 않는다. 하물며 그 뜻은 통하지 않으며, 속으로는 훔치고 빌붙으면서 겉으로는 폄하하고 깎아내리지 않았던가. 조정 관부의 사대부들이 함께 부연하여 만든 광명정대한 책을 일러 거짓되고 믿을 만하지 못하다고 하는 것인가? 이마두 혼자서 사사로이 지어이치도 뒤틀리고 문장도 비루한 책을 일러 도리어 믿을 만하다고 하는 것인가? 아! 오랑캐에 빌붙어 중화를 그르치는 것은 법으로 용서치 못할 바이며, 사특한 것으로 정도를 어지럽히는 것은 도리로 용납지 못할 바이다. 그러한 자들로 하여금 의관 차려입은 사대부와 같은 대오를 이루어 맘껏 뜻을 펼치도록 내버려 둘 수 있단 말인가?

卽如所言, 天主之教亦係番文, 不過利瑪竇影響我國之文字私爲翻譯, 我國之人亦只依瑪竇而信之爾. 況其意義不通, 陰竊附而陽貶剝. 是豈出於朝廷公府士大夫所共演者, 光明正大之書以爲僞而不足信乎? 出于瑪竇一人之私, 理致乖舛, 詞章鄙匿反爲足信乎? 噫! 附夷矯夏, 法所不赦, 以邪亂正, 理所不容. 尙可與列衣冠者伍, 俾之得肆以逞也耶?

『대의편』 안에 '십자가는 위력이 매우 커서 마귀가 그 앞에 서면 즉시 소멸되고 만다고 답한 조목'[7]이 있다.

『代疑篇』內, '答十字架威力甚大, 萬魔當之立見消隕條'者.

오호라! 이 무리의 속내가 참으로 교활하더니, 도리어 지금 이처럼 어리석어진 것은 무엇 때문인가? 예수가 십자가에 못 박히는 중죄를 짓고 처형되었다고 하니, 생각해 보면 감옥에서 폐사한 사나운 귀신에 지나지 않는다. 또 고집스런 영혼이 흩어지지 아니하고 아수라처럼 한 지역에서 위복威福을 행사할 수 있다 하더라도, 일단 정직한 자를 만나면 자연 흔적이 감추어질 터인데, 누구를 가리켜 마귀라 하며 소멸되라 명령한단 말인가?

嗚呼! 此輩情甚狡猾, 反成若此之愚者, 何也? 夫耶蘇受十字架之重刑以死, 想不過一斃獄之厲鬼. 或其強魂不散, 如阿修羅者流, 亦能作威福於一方, 一遇正直者自然匿迹, 復指誰爲魔, 而令之消隕哉?

십자가의 형벌이 지극히 고통스러운 것이지만, 예수는 사람을 위하여 기꺼이 죄를 대속하여 지극한 덕을 행하였다. 이에 그의 형상을 그려 제사 지내는 것이라고 저들은 말한다. 만약 지극한 덕이라면, 형벌을 받기 이전에 의관을 갖춘 버젓한 모습을 그려 사람들로 하여금 우러르게 하면 왜 아니 되는가? 꼭 형벌을 받는 모습을 그려 물의를 일으켜야 하는가?

乃駕言十字架爲極苦之刑, 耶蘇爲人, 贖罪甘心, 當之爲至德, 故圖其形以祀之. 夫苟至德, 則圖其未受刑之容貌衣冠儼然儀形, 令人瞻仰有何不可? 何必作刑因之狀以招物議乎?

게다가 몸으로 벌을 받고 속죄하는 것을 지극한 덕이라고 하는 것을, 덕으로써 사람을 교화하여 아무 죄도 짓지 않는 것을 일러 지극한 덕이라고 하는 것과 어찌 비교할 수 있겠는가? 교화시킬 덕이 없어 자기 몸을 처형당하게 내버려 둔 것은 인仁이 아니다.

且與其以身受罪而贖罪爲至德, 孰若以德化人無罪爲至德乎? 無其德以化, 處其身於刑, 非仁也. 以十字架立表彰君之惡, 非義也. 披髮棵體, 狀成鬼

7 『代疑篇』의 스물네 번째 조목이다.

십자가를 세워 임금의 죄악을 널리 내보인 것은 의義가 아니다. 풀어 헤친 머리와 벌거벗은 몸으로 귀신 같은 모습을 한 것은 예禮가 아니다. 죽어 죄를 대속한 것은 우물에 빠져 사람을 구한 것과 다르지 않으므로 지智가 아니다. 인의예지의 실체도 없으면서 인의예지의 말만을 훔쳐 백성을 기망한 것은 신信이 아니다. 이러한 오상五常을 갖추지 못하고 개나 돼지의 마음, 승냥이나 이리의 성품을 지녔으니, 개나 돼지의 나라에서 저들을 개나 돼지로 섬긴다면 그렇게 하는 것이 마땅할 것이다. 그런데 교설을 떠벌리면서 감히 중국을 기망하려 드는가?

蜮, 非禮也. 斃身贖罪, 何異從井救人, 非智也. 無仁義禮智之寔, 假竊仁義禮智之言, 欺罔人民, 非信也. 五常不具, 犬豕爲心, 豺狼爲性, 則犬豕之邦事之以犬豕, 而事犬豕者宜也. 乃欲倡之以欺中國耶?

게다가 저들은 예수를 어기는 자는 반드시 큰 화를 입게 될 것이라고 말하는데, 이는 어리석은 자들을 협박해 감히 믿지 않을 수 없게 만드는 술수일 뿐이다. 만일 정말로 재앙이 즉시 도래한다면, 만력 44년(1616)에 대신臺臣들이 임금의 뜻을 받들어 저들의 집을 허물고 저들을 쫓아내고 예수의 상을 없앴는데, 어찌하여 그 사이 대신들에게는 아무런 환란도 생기지 않았단 말인가? 사특함은 정의를 이기지 못한다. 어쩌다 사악한 마귀가 득세한다 하여도 이는 모두 사람의 마음이 사특함을 믿어 사특함이 내부로부터 생겨난 것이지, 어찌 형벌을 받아 죽은 죄수가 우리의 화복을 주관할 수 있겠는가?

且言逆耶蘇者, 必罹橫禍之災, 此是恐嚇愚人不敢不事之術耳. 使果災禍立至, 則萬曆四十四年, 被臺臣奉旨拿禁毀其廬, 逐其人, 滅其像, 何嘗有分毫禍患于其間耶? 邪不勝正, 間或邪魔得逞, 皆以人心自信其邪, 而邪從內發, 豈眞刑囚能禍福我乎?

11.「사설을 발본색원하는 글」 뒤에 쓰다

拔邪略引

난계의 석행문

蘭谿 釋行聞

요지

양정균이 『대의편』에서 "기氣란 지각이 없고 이理란 신령하지 않다."고 한 말에 대해 승려 행문[1]이 반박한 글이다. 기와 이를 부정하는 것은 모두 식심識心으로 헤아려 빗어진 결과일 뿐, 기란 모든 생령이 본디부터 갖추고 있는 것으로서 태초의 혼돈부터 가득 차 있는 하나의 순정한 본체이고, 이理는 만물을 낳고 운행하는 본체임을 강조하였다. 공맹의 미언을 읽던 이 나라의 의젓한 선비가 하루아침에 만물의 근원도 이치도 모르는 사특한 도당에게 넘어간 것은 모두 양정균에게서 비롯된 화라며 직접적으로 공격하였다.

살펴보건대, 천주교의 사특한 도당이 지은 『대의편』 제1절에서 이르기를, "기氣란 지각이 없고 이理란 신령하지 않다. 기氣의 움직임은 하늘과 땅의 기운이 합해진 성한 기운이 때에 따라 가득 찼다 고갈되었다, 거꾸로 갔다 바로 갔다 하는 것에 지나지 않는데, 어떻게 만물에 각각 다르게 기를 불어넣을 수 있으며, 또 어떤 법칙이 있고 어떻게 믿을 수 있겠는가? 또 이理라고 부르는 것도 결국은 사물 안에 있는 것이니 사물을 낳을 수는 없다."고 하였다.

按天學邪黨『代疑篇』首謂 "氣無知覺, 理非靈材. 若任氣所爲, 不過氤氳磅礴, 有時而盈, 有時而竭, 有時而逆, 有時而順焉, 能吹萬不齊, 且有律有信也? 卽謂之理, 理本在物, 不能生物"等語.

---

1 行聞(1610~1666)은 梓州 사람이며 속세의 성은 張이다. 『佛古聞禪師語錄』 4권이 전한다.

오호라! 이는 모두 식심識心으로 헤아려 옳지 않은 것을 옳다 여기고, 단견斷見[2]에 집착하여 업인業因이 없다고 여기며, 스스로 지혜롭다 자부하면서 근본도 없는 말을 함부로 지껄인 것이다. 기氣란 모든 생령이 본디부터 갖추고 있는 것으로, 태초의 혼돈부터 가득 차 있는 하나의 순정한 본체임을 저들은 알지 못한다. 쉬지 않고 생령 사이에서 흐르다가 동動과 정靜 두 개의 현상이 생겨나고, 동정이 상생하고 강유剛柔가 상보相輔하면서 가볍고 맑은 것은 나뉘어 하늘이 되고 무겁고 탁한 것은 땅이 되었다. 이를 일러 건乾이라 하니 곧 양陽이요, 곤坤이라 하니 곧 음陰이다. 두 기운이 서로 교차하고 융합된 것을 이름하여 법계法界라 한다. 이것은 형상도 없고 이름도 없는 본원本元으로, 형상도 있고 이름도 있는 온전한 천지를 이룬다. 그래서 『주역』에 기재되어 있기를, '육효六爻가 변동하여 음이 생기고 양이 생기고 강剛이 생기고 유柔가 생긴다.'고 한 것이니, 이는 인심에도 부합하고 도덕 교화에도 분명히 보이는 바이다. 이 때문에 "원형이정元亨利貞은 하늘의 덕이니 한 기운에서 시작하였고, 상락아정은 부처의 덕이니 한 마음에 근본을 두고 있다. 한 기운을 오롯이 하여 부드러움을 이루고, 하나의 마음을 닦아 도를 이룬다."[3]고 한 것이다. 이렇게 하면 성명性命에 순응하고, 유명幽明에 통달하

嗚呼! 此皆識心測度, 認邪作正, 執斷滅因, 自矜爲智, 而恣其不本之說也. 殊不知氣乃萬靈本具之元, 彌乎混沌之始, 純是一眞之體. 靈通不息, 遂有動靜二相, 以動靜相生剛柔相濟, 分輕淸爲天, 重濁爲地. 曰乾成陽, 曰坤成陰, 而二氣交徹融攝, 名曰法界. 是無相無名之本元, 全成有相有名之天地. 所以『易經』備載'六爻變動, 有陰有陽, 有剛有柔' 合乎人心, 明乎德化. 故曰"元亨利貞, 乾之德也. 始於一氣, 常樂我淨佛之德也, 本乎一心, 專一氣而致柔, 修一心而成道," 庶幾順性命, 通幽明, 別邪正, 辨是非, 盡事盡理而顯其開物成務之道也.

2 '斷滅論'이라고도 한다. '常見'의 반의어로 중생이 죽고 난 뒤에 모든 것이 끊기고 空無로 돌아간다고 여기는 견해이다.

3 『大慧普覺禪師書』 권 27 중 「答劉寶學(彦脩)」에 나오는 내용이다.

고, 사정邪正을 구별하고, 시비를 판단하고, 사리를 모두 깨달아 만물이 시작되어 완수되는 도리를 드러낼 수 있다.

공자는 그 근본을 얻어 "나의 도는 일이관지一以貫之한다."[4]고 하였고, 맹자는 그 근본을 얻고 "나는 나의 호연지기浩然之氣를 잘 기른다. 기가 천지간을 가득 메우고 있다."[5]고 하였거늘, 사특한 도당들은 본원이 되는 일기一氣의 이치를 알지 못하고서, 성한 기운이 차고 이지러지고 순행하고 역행하는 현상만을 가지고 기를 헤아린 결과, 기를 일러 지각이 없다 하고 이理를 일러 신령하지 못하다고 하였다. 그래서 나는 저들이 생멸에 집착하여 식심으로 이理와 성性을 판단하고 있다 단언한 것이니, 저들은 실로 옳지 못한 견해를 지닌 외도임에 분명하다. 그런데도 도리어 이理가 사물에 있기 때문에 사물을 낳을 수 없다고 거짓말을 하고 있다. 이理가 사물을 낳을 수 없다면, 너희들이 식심으로 분별한 것 이외에 과연 무엇이 물物이고 무엇이 이理인가?

孔子得其本曰"吾道一以貫之." 孟子得其本曰"吾善養吾浩然之氣, 塞乎天地之間," 而邪黨不明本元一氣之理, 以氤氳磅礴逆順盈虧等相, 取量于氣而謂氣無知覺, 理非靈材. 余故斷彼執生滅識心測度理性, 誠邪見外道也. 而反謬說理本在物不能生物. 然理既不能生物, 除汝識心分別之外, 何者爲物, 何者爲理?

또한 사물이 이루어지기 이전에는 반드시 훌륭한 장인이 있어 이理로써 추진하여야 비로소 사물이 이루어지나니, 이른바 손과 마음이 호응하여 얻어지는 것으로[6], 이理로 인해 물物을 이룬다는 것이다. 사물

且夫物之未成也, 必良工巧匠以理推之, 始成一物, 所謂得之於心應之於手, 因理而成物也. 物成而理顯, 理若不推, 物亦不

4 『論語』「里仁」에 있는 내용으로, 一以貫之란 '하나의 이치로써 모든 것을 꿰뚫고 있다'는 뜻이다.

5 『孟子』「公孫丑上」에 있는 내용이다. 浩然之氣란 천지간에 가득 차 있는 넓고 큰 기운을 말하는데, 孟子는 그 기운은 義가 쌓여서 생겨나는 것이라 하였다.

6 『莊子』「天道」에 목수가 수레바퀴를 깎는 법을 설명하며 "엉성하지도 꼭 끼이지도 않게 하는 것은

이 이루어지고 나면 이理가 드러나는 법, 만약 이理로 써 추진하지 않았다면 사물 또한 이루어질 수 없다. 이理는 사물을 이루고 사물은 이理를 드러내니, 이理와 물物이 완전히 융화되어 두 개가 아님이 매우 분명하다.

成. 理成物, 物顯理, 理物渾融, 不二之道曉然明矣.

사특한 도당들은 근원도 모르고 이치도 등진 채, 기어코 천주에게 공을 돌리고자 하다가 점차 풍속을 바꾸고 윤상을 저버리고 올바른 견해를 없애는 데까지 이르렀다. 아아! 문물이 성한 이 나라의 의젓하고 훌륭한 선비가 공맹의 미언微言을 읽다가 하루아침에 성명한 자들을 속이고 교활한 자들을 돕게 된 것은 분명 양정균에게서 시작된 것이다. 나는 그가 언젠가는 주륙을 자초해 죽임당할 것임을 알고 있다.

邪黨迷元背理, 必欲歸功于天主, 漸至易俗敗倫滅絶正見. 嗟夫! 文物之邦, 堂皇之士, 讀孔·孟之微言, 一旦欺聖明而佐狡猾者, 必自楊彌格始. 吾知自取誅戮淹沒有日耳.

손의 감각에 의해 마음으로 호응으로 결정되는 것이지, 입으로 말할 수는 없는 것입니다.(不徐不疾, 得之於手而應於心, 口不能言.)"라고 하는 말이 나온다.

12. 『원도벽사설』 끄트머리에 쓰다

原道闢邪說尾

통용

通容

요지

통용 비은 선사가 『원도벽사설』을 완성한 뒤 이 책을 지은 이유가 천주교가 유독 심각하게 불교를 훼손했기 때문임을 밝히고 있다. 이 책을 널리 유통시킴으로써 천하 사람들과 더불어 이치에 근거해 저들을 쫓아낼 수 있다면, 이는 불조佛祖의 큰 은혜를 갚는 길이자 삼교의 도통을 지켜 낼 방도라 하였다.

이 책은 외도外道 천주교가 삼교(유·불·도교) 성인의 지극한 이치를 배척하고, 특히 불교를 배척함이 유독 심하여 불경을 불사르고 불상을 없애고 승려를 비난하고 절을 허무는 등 못 하는 짓이 없기에 지은 것이다.

此書因外道天主教排三教聖人之至理, 而獨排佛更尤甚, 至於焚經滅像非僧毁廬, 靡所不至.

불자라면 부모의 원수와는 한 하늘 아래 살 수 없음을 염두에 두어야 하거늘, 하물며 불조佛祖의 은덕은 부모보다 더하지 않은가!

凡爲釋子, 當念父母之讐不共戴天, 況佛祖恩德逾於父母.

비록 돈은 없지만 옷이라도 팔아 널리 이 책을 유통하고자 하는 것이 분수에 벗어나는 행동은 아닐 것이다. 혹은 사람들에게 판각하여 간행할 것을 권하기도 하고, 혹은 각처의 암자나 사원에 비치해 두기도 하며, 혹은 촌락의 사당에 비치해 두기도 하였는데, 천하 사람들과 더불어 읽고서 저들의 그릇됨

縱無錢鈔, 賣其衣, 單請去流通不爲分外. 或勸人刊刻, 或置各處庵院, 或於村落廟宇, 與天下人共見以知其邪謬, 據理而驅逐之, 則報佛祖之大恩, 維持三教之道統. 固爲賢行衲子, 在於

을 깨달아 이치에 근거해 저들을 쫓아낸다면, 불조의 큰 은혜도 갚고 삼교의 도통도 지킬 수 있을 것이다. 보현행普賢行을 실천하는 승려가 되어 명교를 영원히 지켜 낸다면 가히 도라 칭할 만할 것이다. 정법을 지켜 낼 수 있다면, 그 공은 더할 나위 없이 클 것이다.

名教永遠, 可稱道也. 砥柱正法, 功莫大焉.

엮은이

서창치(徐昌治, 1582~1672)　자(字)는 근주(覲周), 절강성(浙江省) 해염(海鹽) 사람. 젊어서는 유학을 공부했으나 밀운 원오(圓悟)를 뵙고 불문에 귀의하였다. 원오의 제자 비은 통용(通容)과 천동산(天童山)에 머물던 중 스승 통용으로부터 황정(黃貞)이 엮은 『파사집(破邪集)』을 건네받아 복건(福建)과 절강 지역에서 발표된 '파사'의 문장들을 추가하여 『성조파사집(聖朝破邪集)』을 편찬하였다.

우가이 테츠죠우(養鸕徹定, 1814~1891)　일본 정토종 승려. 구루메(久留米) 출신으로 속가의 성은 우가이(鵜飼)이며 기우도인(杞憂道人)이라고도 불린다. 에도의 조죠지(增上寺)에서 수학하였고 지온인(知恩院)의 제75대 주지가 되어 대중을 교화했다. 명나라의 지욱(智旭)이 저술하고 엮은 『벽사집(闢邪集)』에 반천주교 문서들을 추가 찬집하여 『번각벽사집』을 편찬하였다.

옮긴이

안경덕　연세대학교 경영학과를 졸업하고, 서울대학교 신문대학원을 수료하였다. 산업은행과 대우그룹에서 근무하였고, 경영 컨설턴트로도 일하였다. 은퇴 후 연세대학교 대학원에서 신학(선교학)을 공부하였으며, 몽골에서 고전을 번역 · 보급하는 출판사를 경영하였다. 현재 번역가와 저술가로 활동 중이다. 주요 역서로는 『실크로드 기독교』, 『부득이』(공역) 등이 있다.

이주해　연세대학교 국학연구원 연구교수. 연세대학교 중어중문학과를 졸업하고, 타이완국립대학에서 중국고전산문으로 석사 및 박사 학위를 받았다. 현재 연세대학교 및 한국예술종합학교에서 강의하면서 학술연구와 번역작업을 병행하고 있다. 주요 저서로는 『집단감성의 계보: 동아시아 집단감성과 문화정치』(공저), 역서로는 『한유 문집』, 『당송고문운동』, 『우초신지』(공역), 『육구연집』(공역) 등이 있다.

명말청초 반기독교 문서

제1권 **부득이—17세기 중국의 반기독교 논쟁**　안경덕, 김상근, 하경심 옮김

청 초, 기독교 및 서양 천문학과 역법에 대한 비판과 기독교의 세 확장에 대한 경계의 글을 모은 양광선(楊光先)의 『부득이(不得已)』, 이를 조목조목 반박한 서양인 신부 이류사(利類思)의 『부득이변(不得已辯)』과 남회인(南懷仁)의 『역법부득이변(曆法不得已辨)』을 수록하고, 당시의 반기독교 운동 관련 자료를 함께 소개하고 있다.

제2권 **파사집—17세기 중국인의 기독교 비판**　안경덕, 이주해 옮김

명 말, 기독교 박해 사건과 관련하여 남경 예부를 중심으로 주고받은 공문·고시문과 함께 승려·관료·문인 들이 쓴 기독교 비판의 글을 모아 황정(黃貞)이 편찬하고 서창치(徐昌治)가 최종 완성한 『파사집(破邪集)』을 수록하고, 승려 지욱(智旭)이 천주교 교리를 비판한 글 두 편(天學初徵, 天學再徵)을 비롯하여 당시 승려들의 글을 모은 『벽사집(闢邪集)』을 함께 실었다.

제3권 (근간) **오문기략—마카오에서 만나는 유럽**　하경심, 이주해, 정찬학 옮김

『오문기략(澳門記略)』은 18세기 초 오문(마카오)의 두 관리 인광임(印光任)과 장여림(張汝霖)의 오문에 대한 종합보고서로, 상권(形勢篇, 官守篇)과 하권(澳蕃篇)으로 이루어져 있다. 오문의 형세, 행정과 법, 풍물 뿐 아니라 이곳을 드나들던 외국인 및 외국의 종교와 풍속 등을 다양한 삽화와 함께 담고 있어 당시 오문의 모습 및 관리들의 대외인식과 위기감도 엿볼 수 있다.

명말청초
반기독교
문서 ②

파사집

17세기 중국인의 기독교 비판

1판 1쇄 펴낸날 2018년 8월 31일

엮은이 | 서창치·우가이 테츠죠우
옮긴이 | 안경덕·이주해
펴낸이 | 김시연

펴낸곳 | ㈜일조각
등록 | 1953년 9월 3일 제300-1953-1호(구 : 제1-298호)
주소 | 03176 서울시 종로구 경희궁길 39
전화 | 02-734-3545 / 02-733-8811(편집부)
02-733-5430 / 02-733-5431(영업부)
팩스 | 02-735-9994(편집부) / 02-738-5857(영업부)
이메일 | ilchokak@hanmail.net
홈페이지 | www.ilchokak.co.kr

ISBN 978-89-337-0744-9 93210

값 50,000원

* 옮긴이와 협의하여 인지를 생략합니다.

* 이 도서의 국립중앙도서관 출판예정도서목록(CIP)은
서지정보유통지원시스템 홈페이지(http://seoji.nl.go.kr)와
국가자료공동목록시스템(http://www.nl.go.kr/kolisnet)에서
이용하실 수 있습니다.
(CIP제어번호 : CIP2018024921)